Dieter Schiecke, Susanne Walter, Ute Simon, Eckehard Pfeifer

Microsoft Office PowerPoint 2007 – Das Handbuch

Dieter Schiecke, Susanne Walter, Ute Simon, Eckehard Pfeifer

Microsoft Office PowerPoint 2007 – Das Handbuch

Dieter Schiecke, Susanne Walter, Ute Simon, Eckehard Pfeifer: Microsoft Office PowerPoint 2007 –
Das Handbuch
Microsoft Press Deutschland, Konrad-Zuse-Str. 1, D-85716 Unterschleißheim
Copyright © 2007 by Microsoft Press Deutschland

15 14 13 12 11 10 9 8 7 6 5 4 3 2 1
09 08 07

ISBN 978-3-86645-105-6

© Microsoft Press Deutschland
(ein Unternehmensbereich der Microsoft Deutschland GmbH)
Konrad-Zuse-Str. 1, D-85716 Unterschleißheim
Alle Rechte vorbehalten

Fachlektorat: Frauke Wilkens, München
Korrektorat: Elisabeth Melachroinakes, München
Layout und Satz: Gerhard Alfes, mediaService, Siegen (www.media-service.tv)
Umschlaggestaltung: Hommer Design GmbH, Haar (www.HommerDesign.com)
Gesamtherstellung: Kösel, Krugzell (www.KoeselBuch.de)

Übersicht

Inhaltsverzeichnis

Teil B
Praxiswissen rund um das Thema Präsentation 145

5 Visuelle Wahrnehmung und Foliengestaltung 147

6 Layout und Farbe 161

Teil C
Folien professionell gestalten

11 Textfolien effektiv erstellen und zuschauergerecht gestalten

12 Der Umgang mit Bildern

Teil D
Animationseffekte und Präsentationsvorführung 483

Vorwort

»Microsoft Office PowerPoint 2007 ... Insider-Wissen – praxisnah und kompetent« ... so wurde der Titel dieses Buches gewählt. Ein hoher Anspruch. Wir wollen dem gerecht werden, indem wir Ihnen neben einer umfassenden Referenz, vielen Tipps und Tricks zum Umgang mit PowerPoint 2007 etwas weiteres Wichtiges zur Verfügung stellen: Präsentationswissen. Denn mit PowerPoint allein entsteht noch längst keine gute Präsentation. Daher bieten wir Ihnen zusätzlich in mehreren Kapiteln das Know-how, worauf es beim Erstellen guter Präsentationen ankommt. Wir liefern Ihnen – und darin wollen wir uns von »normalen« PowerPoint-Büchern ganz bewusst unterscheiden – zahlreiche Hinweise und komplette Lösungen, die diesen Band für Sie zu einem wirklichen Präsentationshandbuch machen.

Die Autoren dieses Buches

Dieses Buch ist das Ergebnis einer mehr als sechs Monate währenden angestrengten Teamarbeit. Mehrere Spezialisten vom Community-Portal »PowerPoint-User« haben in diesem Handbuch ihre Erfahrungen im Umgang mit PowerPoint 2007 und bei der Vorbereitung und Durchführung von Präsentationen zusammengetragen.

- Dieter Schiecke aus Berlin ist seit 1992 freiberuflich als Berater und Trainer für Microsoft-Produkte tätig. Er führt Workshops und Coachings zum Aufbereiten und Visualisieren von Daten mit PowerPoint und Excel durch. Regelmäßig publiziert er in betriebswirtschaftlichen und PC-Fachzeitschriften Beiträge zum Praxis-Einsatz der Office-Programme. 1999 startete er die erfolgreiche Reihe der PowerPoint-Handbücher bei Microsoft Press. Er ist Initiator und Mitautor des Bestsellers »PowerPoint – Das Ideenbuch für kreative Präsentationen«. Vielen Anwendern ist er als Chefredakteur der Zeitschrift »PowerPoint aktuell« (*www.powerpoint-aktuell.de*) bekannt. Er leitet die beiden Internet-Portale »PowerPoint-User« (*www.ppt-user.de*) und *www.anwendertage.de*.

- Susanne Walter aus Stuttgart hat als Dienstleisterin für Präsentationen umfangreiche Praxiserfahrung beim Visualisieren von Businessdaten. Sie beherrscht PowerPoint und die Schnittstellen zu gängigen Grafikprogrammen virtuos. Ihr Credo sind Präsentationen mit Erinnerungswert: einheitlich gestaltet, treffend formuliert, sinnvoll animiert. Sie ist Mitautorin des Bestsellers »PowerPoint – Das Ideenbuch für kreative Präsentationen«. Ihr Know-how gibt sie in Workshops und in der Monatszeitschrift »PowerPoint aktuell« weiter. Ihr verdanken wir in diesem Buch u.a. die Kapitel zu den großen Themen Zeichnen und Bildbearbeitung. Sie erreichen sie über ihre Website *www.text-grafik-walter.de*.

- Ute Simon aus Bad Nauheim ist Microsoft MVP (Most Valuable Professional) für PowerPoint und unterstützt mit ihrem immensen Fachwissen seit mehreren Jahren Anwender in Newsgroups und Foren zu PowerPoint. Sie arbeitet in einer großen Werbeagentur in Frankfurt am Main als Software-Trainerin und im Anwender-Support. Ihr verdanken wir vor allem die Beiträge zum CI-gerechten Anlegen von Vorlagen, Mastern und Designs sowie zum Thema Multimedia. Sie schreibt regelmäßig Beiträge für die Monatszeitschrift »PowerPoint aktuell«, ist Redakteurin des monatlichen E-Mail-Newsletters »PowerPoint-User« und zu erreichen über *www.ppt-user.de*.

- Dr. Eckehard Pfeifer aus Dresden ist habilitierter Mathematiker und als freiberuflicher Berater, Entwickler und Trainer tätig. In der deutschsprachigen PowerPoint-Newsgroup von Microsoft ist er für seine kompetenten und punktgenauen Antworten bekannt. Als Microsoft Certified Application Developer .NET hat er sich auf das Entwickeln kundenspezifischer Lösungen im

Office-Umfeld spezialisiert. PowerPoint und Excel stehen dabei im Mittelpunkt. Er schreibt für verschiedene Entwickler-Zeitschriften und ist Mitautor mehrerer Bücher zu Entwicklerthemen sowie der Handbücher zu Excel. Sie erreichen ihn über seine Website *www.dr-e-pfeifer.net*.

Inhaltlich beraten haben uns bei dem Buch drei weitere Mitglieder aus dem Team von »PowerPoint-User«: Pia Bork aus München, ebenfalls MVP (Most Valuable Professional) für PowerPoint und besonders bekannt durch ihre Website *www.ppt-faq.de*, Herbert Manthei, kreativer Animations-spezialist aus Berlin, sowie G.O.Tuhls, ebenfalls aus Berlin, ein Zauberer, wenn es darum geht, in PowerPoint dreidimensionale Objekte zu zeichnen.

Bei der Arbeit an dem Buch haben uns außerdem Thomas Pohlmann von Microsoft Press und unsere Lektorin Frauke Wilkens unterstützt. Ihnen möchten wir an dieser Stelle herzlich danken.

Wir sind auch nach dem Lesen des Buches für Sie da. Teilen Sie uns Ihre Fragen in der deutschen Microsoft-Newsgroup zu PowerPoint mit. Besuchen Sie unser Community-Portal »PowerPoint-User« unter *www.ppt-user.de*. Abonnieren Sie dort unseren kostenlosen monatlichen PowerPoint-Newsletter.

Tipp: Lesen Sie unseren Blog zu PowerPoint 2007 unter *www.ppt-user.de/blogger*. Am besten ist es, wenn Sie den Blog gleich per RSS-Feed abonnieren.

So ist dieses Buch aufgebaut

Dieses Buch enthält einige durchgängig verwendete Elemente, die Sie auf bestimmte Fakten, Hinweise, Tricks und Tipps besonders aufmerksam machen möchten:

HINWEIS	Bietet wissenswerte Zusatzhinweise zum Thema

WICHTIG	Macht Sie auf Fakten aufmerksam, die Sie unbedingt wissen und beachten sollten

TIPP	Verrät Tipps und Tricks

Neu   Zeigt an, dass eine Funktion in PowerPoint 2007 neu ist oder verändert wurde

PROFITIPP

> Bietet Hinweise, die Ihnen besonders schnelle oder effektive Lösungen ermöglichen

Bevor Sie beginnen, mit diesem Buch zu arbeiten, sollten Sie sich über den Umgang mit der Maus informiert und die wichtigsten Tastaturbedienungen erlernt haben. Kurz: Sie sind mit der grundlegenden Bedienung eines PCs unter Windows vertraut. Wenn Sie diese Voraussetzung mitbringen, können Sie loslegen.

Teil A – Der gekonnte Einstieg

Teil A empfehlen wir als »Pflichtlektüre« für Einsteiger, aber auch für Umsteiger von Vorgängerversionen. Hier gibt es eine systematische Beschreibung der komplett neu gestalteten Oberfläche von PowerPoint 2007. Sie erhalten außerdem Hinweise zur Installation und eine Übersicht über die neuen Funktionen. Schließlich können Sie sich an einem Beispiel Schritt für Schritt in wichtige neue Funktionen einarbeiten und die Abläufe in der neuen Oberfläche praktisch kennenlernen.

Teil B – Praxiswissen rund um das Thema Präsentation

PowerPoint ist ein modernes Werkzeug zum Anfertigen von Folien und deren Vorführung als Bildschirmpräsentation. Doch der technisch gekonnte Umgang mit diesem Werkzeug allein reicht nicht aus, um auch gute Präsentationen zu gestalten. Wichtig ist auch, dass Sie eine Präsentation als Teil eines Kommunikationsprozesses verstehen. Und dazu sollten Sie sich klarmachen, wie eine Folie wirkt und wodurch sie wirkt. Dem tragen wir in diesem Teil Rechnung. Erfahren Sie, welche Regeln und Wirkungen in der visuellen Kommunikation für eine erfolgreiche, also zuschauergerechte Präsentation wichtig sind. Betrachten Sie diese Kapitel als Theorie-Teil mit sehr praktischer Wirkung. Fundierte Kenntnisse zu Farben, Schriften und Layout sowie zum systematischen Planen einer Präsentation werden Ihnen dann beim Erstellen von Folien von Nutzen sein. Sie betrachten nach diesem Teil Ihre Folien mit anderen, kritischeren Augen. Leser unserer vorangegangenen Handbücher haben den besonderen Nutzen gerade dieses Teils mehrfach hervorgehoben.

Teil C – Folien professionell gestalten

In diesem Teil steigen Sie detailliert und Schritt für Schritt in die Praxis ein. Nutzen Sie die Beispiele und praktischen Übungen und lernen Sie, wie Sie Textfolien anfertigen, diese mit Grafiken versehen, Tabellen und Diagramme sowie Strukturen und Abläufe auf Folien einfügen. Alle Kenntnisse, Techniken und Tricks, die Sie zum Anfertigen von Folien brauchen, finden Sie in diesem Teil.

Teil D – Animationseffekte und Präsentationsvorführung

Nachdem Sie sich im Anfertigen zuschauergerechter Folien fit gemacht haben, folgt die nächste Stufe – die der animierten Bildschirmpräsentation. Hier lernen Ihre Texte und Bilder sozusagen das Laufen. Sie finden zunächst eine Übersicht über das System der Animationsmöglichkeiten in PowerPoint. Danach folgt anhand von Beispielen Detailwissen zu den Animationsoptionen und ihrer Kombination. Auch für erfahrene PowerPoint-Anwender ist dieser Teil ein Muss, denn es gibt immer wieder neue Anregungen und Tricks zu entdecken, die dann mit eigenen Ideen weiterentwickelt werden können. Wichtig in diesem Teil ist auch das Kapitel zum souveränen Vortragen von Bildschirmpräsentationen.

Teil E – Multimedia und fortgeschrittene Techniken

Ein Blick in die Foren und Newsgroups zeigt es: PowerPoint wird immer häufiger genutzt, um multimediale Präsentationen zu erstellen. Doch für die Anwender ergeben sich dabei viele Fragen, deren Beantwortung einen technischen Blick »unter die Haube« von PowerPoint erfordert. Wie werden Videosequenzen eingebaut, wie lässt sich eine Präsentation »vertonen«, wie gelangen Flash-Filme in eine Bildschirmpräsentation, was sind Codecs und welche Bedeutung haben sie? Das sind nur einige der Fragen, auf die Sie in diesem Teil des Buches Antwort finden.

Teil F – PowerPoint, Office und Teamarbeit

Mit PowerPoint allein können Sie gute Präsentationen erstellen. Aber richtig interessant und effizient wird es, wenn Sie PowerPoint mit anderen Programmen verwenden und über die Grenzen von PowerPoint hinausgehen. Wie gelangen Diagramme aus Excel in Ihre Folien, wie lässt sich aus einer

Gliederung in Word im Handumdrehen eine Präsentation erstellen? In diesem Teil können Sie es an konkreten und praktischen Beispielen nachvollziehen.

Teil G – Automatisierung und Programmierung

Als Profi fehlt Ihnen jetzt nur noch der Punkt auf dem »i« – die Fähigkeit, eigene Lösungen zu programmieren. Das, was in PowerPoint noch an Funktionalität fehlt, kann teilweise ergänzt werden. Machen Sie sich mit den Grundzügen der Programmierung vertraut. In diesem Teil erfahren Sie anhand konkreter Beispiele, wie Sie mit der Programmiersprache VBA Variablen und Konstanten definieren, Programmstrukturen aufbauen, Benutzerdialoge handhaben und schließlich Add-Ins herstellen können.

Teil H – Anhang

Im Anhang finden Sie eine Übersicht über alle auf der Buch-CD verfügbaren Anschauungs- und Übungsdateien. Darüber hinaus gibt es zahlreiche Internet-Links rund um das Thema PowerPoint und Präsentieren und – nicht zu vergessen – eine Liste mit Tastenkombinationen zum noch effektiveren Arbeiten mit PowerPoint.

Jetzt bleibt uns nur noch, Ihnen Lesespaß und zahlreiche Aha-Effekte zu wünschen und natürlich viele gelungene, mit PowerPoint 2007 erstellte Präsentationen.

Teil A

Der gekonnte Einstieg

Kapitel 1

Die Installation

In diesem Kapitel:

PowerPoint 2007 ist Bestandteil aller Editionen von 2007 Microsoft Office System und auch als Einzellösung erhältlich.

Die folgende Beschreibung einiger Installationsdetails basiert auf der Installation von Microsoft Office Professional Plus 2007. Andere Versionen lassen sich auf analoge Weise installieren.

Vor der Installation sollten Sie einige Überlegungen anstellen:

■ Handelt es sich um die erstmalige Installation eines Office-Produkts auf dem Zielrechner? Welche Anforderungen werden an diesen gestellt?

■ Gibt es bereits eine frühere Version von Office auf dem Zielrechner? In einem solchen Fall sollten Sie sich vergewissern, dass es Sicherungskopien von wichtigen Dokumenten (Präsentationen), Vorlagen und selbst erstellten Add-Ins gibt.

■ Soll eine eventuell vorhandene Version (etwa 2003) parallel zu 2007 betrieben werden? Gemeint ist hier nicht eine Beta-Variante der Version 2007, diese ist in jedem Fall vollständig vom Rechner zu entfernen.

TIPP   Erstmals in der Geschichte des Office-Pakets konnten lange vor dessen Erscheinen in der finalen Variante verschiedene Entwicklungsstufen (sogenannte Beta-Versionen) durch Anwender installiert und ausprobiert werden. Sie müssen unter Umständen damit rechnen, dass sich Dokumente (Präsentationen), die mit einer Beta-Version erstellt wurden, nicht mehr öffnen lassen. Deshalb sollten Sie wichtige Präsentationen, obwohl gewisse Features verloren gehen können, im Format der vorhergehenden Version (2003) speichern, bevor Sie die Beta-Version deinstallieren.

Dieses Kapitel wird Sie in der Reihenfolge der genannten Fragen bei der Durchführung der erforderlichen Schritte begleiten.

Die Neuinstallation

 Microsoft hat für die verschiedenen Installationsversionen der Office-Suite eine detaillierte Beschreibung der Systemanforderungen auf *http://office.microsoft.com/de-de/products/HA101668 651031.aspx* ins Internet gestellt. Auf der Produkt-CD gibt es eine *Readme*-Datei, die Sie im Internet Explorer öffnen können, um dem im Dokument befindlichen Hyperlink zur Office-Website von Microsoft zu folgen und dort die Details zu erkunden.

Systemanforderungen

Um »vernünftig« etwa mit Office in der Professional-Ausführung arbeiten zu können, sollten Sie die folgenden Voraussetzungen schaffen:

■ Der Computer muss über ein integriertes oder externes CD- bzw. DVD-Laufwerk verfügen.

■ Der auf der Festplatte (nach der Installation des Betriebssystems) verbleibende Speicherplatz soll auf einer zusammenhängenden Partition 2 Gigabyte zur Installation von Office Professional Plus nicht unterschreiten. Ein Teil davon kann nach der Installation durch Entfernen des Installationspakets wieder frei gegeben werden. Der Bedarf für andere Editionen ist deren Beschreibung zu entnehmen und fällt in aller Regel geringer aus.

■ Der Computer soll mit einem Prozessor ausgestattet sein, der wenigstens mit 500 Megahertz taktet.

- Der Arbeitsspeicher (RAM) soll mindestens 256 Megabyte betragen, wobei gewisse Features (von Outlook oder Word) 512 MB verlangen.

- Vom Bildschirm wird eine Auflösung von mindestens 1024 mal 768 Pixel erwartet.

- Das Betriebssystem muss Microsoft Windows XP mit Service Pack 2 oder Microsoft Windows Server 2003 mit SP1 sein. Ein späteres Betriebssystem (wie das in diesem Handbuch grundsätzlich vorausgesetzte Windows Vista) ist natürlich möglich, setzt allerdings von sich aus die Grundanforderungen an den Rechner hoch.

Neben diesen Grundvoraussetzungen gibt es solche, die nur bestimmte Features betreffen. Diese verlangen zu ihrer Nutzung das Vorhandensein eines Mikrofons bzw. das von Lautsprechern, die Installation von Microsoft Windows XP Tablet PC Edition (oder einer späteren Version), die Verbindung zu einem Unternehmensserver auf der Basis von Windows 2003 Server bzw. die zu einem Microsoft Exchange Server 2000 (oder einer späteren Version). Die meisten Features zur Teamarbeit sind nur dann nutzbar, wenn eine Verbindung zu einem Rechner besteht, auf dem die Microsoft Windows SharePoint Services installiert sind.

Standardinstallation

Sie beginnen die Installation mit dem Einlegen der CD in das Laufwerk. Das Setup-Programm sollte dann von selbst starten. Dies geschieht mit einem Dialogfeld wie in Abbildung 1.1, wobei Sie sich für *SETUP.EXE ausführen* entscheiden. Die anschließende Bestätigungsfrage beantworten Sie zustimmend.

Abbildg. 1.1   Der Installationsstart unter Windows Vista

> **HINWEIS**   Startet die CD nicht von selbst, so suchen Sie mit dem Windows-Explorer in deren Stammverzeichnis nach der Datei *setup.exe* und doppelklicken darauf. Die Endung *.exe* ist allerdings nur zu sehen, wenn Sie die Ordneroptionen Ihres Betriebssystems so angepasst haben, dass die Endungen bekannter (registrierter) Dateitypen nicht ausgeblendet werden. Im anderen Fall heißt die Datei einfach *setup*.

Es ist durchaus denkbar, den CD-Inhalt vor der Installation auf ein Laufwerk des Computers oder im Netz zu kopieren und den Installationsprozess durch Doppelklick auf die Installationsdatei *setup.exe* zu starten.

Es sollte nun kurz ein Eröffnungsbildschirm eingeblendet werden, der durch den zur Eingabe des *Product Keys* (Produktschlüssel, den Sie auf der CD-Hülle finden) auffordernden abgelöst wird. Die Beachtung von Groß- und Kleinschreibung bei der Eingabe des Produktschlüssels spielt keine Rolle. Ohne die Eingabe eines solchen Schlüssels lässt sich das Produkt zwar einige Male starten, danach stehen jedoch nur noch stark eingeschränkte Features zur Verfügung.

Im nächsten Schritt sollten Sie sich die Software-Lizenzbedingungen durchlesen und, was zur Verwendung des Produkts unumstößlich ist, akzeptieren. Damit stehen Sie vor der Wahl des gewünschten Installationstyps (siehe Abbildung 1.2) als

- Standardinstallation oder
- angepasste Installation.

Abbildg. 1.2 Standard- oder angepasste Installation – eine Frage der Vorkenntnisse

Haben Sie in der Vergangenheit noch kein Office-Produkt auf dem momentanen Rechner installiert, so sollten Sie zunächst der Standardinstallation mit *Jetzt installieren* folgen. Dabei werden die grundlegenden Features installiert und viele andere (nicht alle) so bereitgestellt, dass sie bei erstmaliger Verwendung relativ automatisch nachinstalliert werden. Sie selbst können jederzeit später (vgl. den Abschnitt »Nachträgliche Anpassungen der Installation« etwas weiter hinten in diesem Kapitel) mithilfe weniger Handgriffe den Zustand Ihrer Installation verändern und damit an Ihre Erfordernisse anpassen.

Während des nun folgenden Kopier- und Einrichtungsvorgangs hält Sie ein Dialogfeld mit Informationen zum Installationsfortschritt in Kenntnis; nach erfolgreicher Installation informiert Sie ein Abschluss-Dialogfeld über die Möglichkeit, direkt auf die Office-Website von Microsoft zu wechseln (eine aktive Internetverbindung wird dazu natürlich vorausgesetzt) und das dortige Leistungsangebot zu nutzen.

Um sofort mit PowerPoint zu arbeiten, haben Sie mindestens zwei Einstiege:

- Sie klicken auf die *Start*-Schaltfläche von Windows, suchen unter *Alle Programme/Microsoft Office* den Eintrag *Microsoft Office PowerPoint 2007* und klicken darauf oder
- Sie klicken in einem Ordner Ihrer Wahl (das kann auch der Desktop sein) mit der rechten Maustaste, suchen den Eintrag *Neu* und klicken im darauf erscheinenden Untermenü auf den Eintrag *Microsoft Office PowerPoint-Präsentation*. Die daraufhin angelegte (im Prinzip noch leere) Datei öffnen Sie dann per Doppelklick und PowerPoint beginnt zu arbeiten.

Nach dem ersten Start von PowerPoint oder eines anderen Programms der Suite haben Sie allerdings noch zwei Dinge zu tun: Das Produkt ist zu aktivieren und einige Einstellungen zum Datenschutz bzw. Update-Verhalten sind vorzunehmen.

Die Produktaktivierung können Sie sofort starten oder aber den Vorgang um einige Starts des Programms in die Zukunft verschieben. Vermeiden lässt sie sich aber nicht, irgendwann läuft das Programm in einem reduzierten Modus, der es nur noch erlaubt, Dinge zu betrachten, aber nicht mehr zu bearbeiten. Folgen Sie zur Aktivierung den auf dem Bildschirm angezeigten Instruktionen:

- Haben Sie eine aktive Internetverbindung, so läuft der Aktivierungsprozess inklusive einer eventuell beabsichtigten freiwilligen Registrierung Ihres Produkts automatisch.

- Haben Sie sich entschieden, die Aktivierung telefonisch vorzunehmen, so nutzen Sie die kostenlose Rufnummer und folgen den Anweisungen der Automatenstimme zur Eingabe von Ziffern und Zeichen am Telefon bzw. in das erschienene Dialogfeld auf Ihrem Computer.

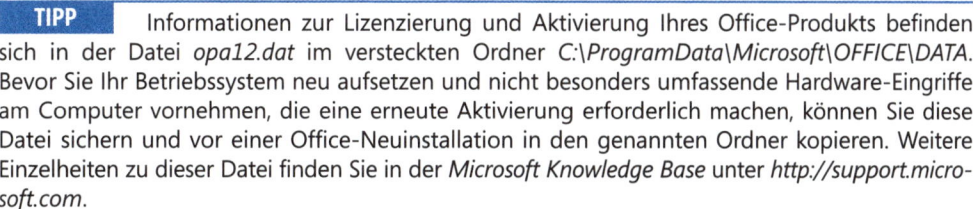

TIPP Informationen zur Lizenzierung und Aktivierung Ihres Office-Produkts befinden sich in der Datei *opa12.dat* im versteckten Ordner *C:\ProgramData\Microsoft\OFFICE\DATA*. Bevor Sie Ihr Betriebssystem neu aufsetzen und nicht besonders umfassende Hardware-Eingriffe am Computer vornehmen, die eine erneute Aktivierung erforderlich machen, können Sie diese Datei sichern und vor einer Office-Neuinstallation in den genannten Ordner kopieren. Weitere Einzelheiten zu dieser Datei finden Sie in der *Microsoft Knowledge Base* unter *http://support.microsoft.com*.

Die vorzunehmenden Einstellungen zum Datenschutz bestehen aus

- der unmittelbaren Anforderung von Online-Hilfe während der Arbeit mit PowerPoint oder einem der anderen Office-Programme

- dem Download von Dateien, die als Problemlösungstools bezeichnet werden können (für die Fälle, dass das Office-Produkt nicht einwandfrei arbeitet) und

- der Anmeldung beim Programm zur Verbesserung der Anwenderfreundlichkeit.

Bei allen drei Optionen geht es also darum, Informationen von Ihrem Computer via Internet an Microsoft zu senden, wobei Anonymität und Vertraulichkeit zugesichert werden. Sie können später in den *PowerPoint-Optionen* diese Einstellungen korrigieren (in den Datenschutzoptionen des *Vertrauensstellungscenters*).

Bei den Einstellungen zum Update handelt es sich um die Möglichkeit des automatischen Herunterladens von Programmteilen (Patches), die Office fehlerfreier und vor allem sicherer machen sollen. Gerade der letzte Aspekt ist angesichts der häufigen Attacken aus dem Internet auch auf private Rechner des Nachdenkens wert. Auch hier haben Sie die Möglichkeit, Ihre zunächst ablehnende Entscheidung im Abschnitt *Ressourcen* der *PowerPoint-Optionen* zu korrigieren.

Wie es nach diesen ersten Schritten weitergeht, lesen Sie im nächsten Kapitel.

Angepasste Installation

Eine angepasste Installation beginnen Sie in dem Dialogfeld, dessen Ausschnitt Sie in Abbildung 1.2 sehen, durch Klick auf die Schaltfläche *Anpassen*. Danach sind drei Einstellungsthemen relevant:

- Installationsoptionen
- Speicherort der Installation
- Benutzerinformationen

Während die letzten beiden Anpassungen im Wesentlichen selbsterklärend sind, bedarf die erste einiger Erläuterungen. In Abbildung 1.3 sehen Sie bereits eine Anpassung der Wahlmöglichkeiten.

Abbildg. 1.3   Anpassen der Installation

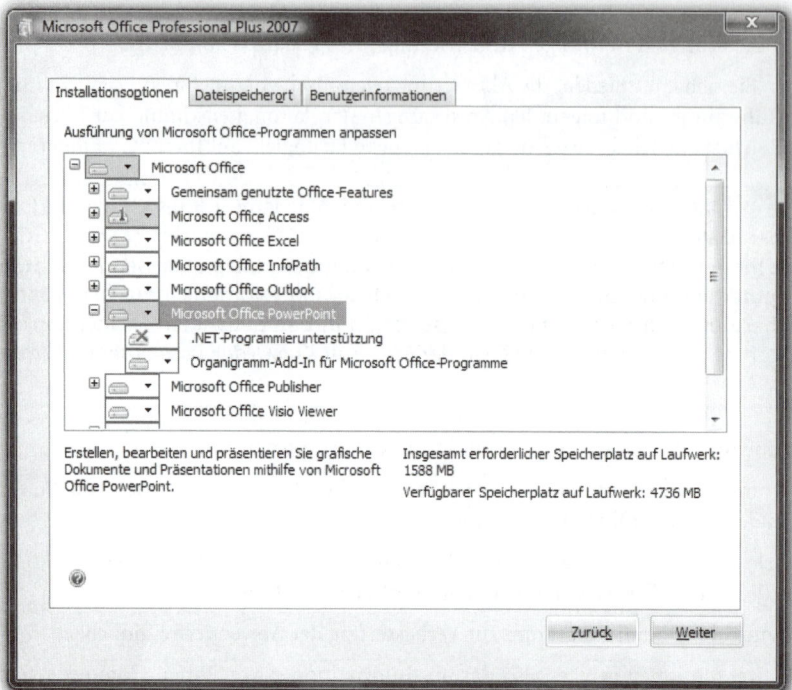

Die Kombinationsschaltflächen im »Baum« der Einstellungsoptionen (Plus- bzw. Minus-Schalt-flächen helfen beim »Auf- und Zuklappen« des Baumes) haben vier verschiedene Bedeutungen, die Sie sich erarbeiten, wenn Sie auf das kleine dreieckige Symbol der Schaltflächen klicken (siehe Abbildung 1.4):

- ein Feature wird installiert

- ein Feature wird mit allen seinen untergeordneten Features installiert

- ein Feature wird beim ersten Gebrauch nachinstalliert

- ein Feature steht niemals zur Verfügung (diese Entscheidung ist, wie Sie weiter unten sehen werden, zum Glück nicht unwiderruflich)

Abbildg. 1.4   Die Art, wie Features installiert bzw. nachinstalliert werden

TIPP   In den Dialogfeldern des Installationsprozesses findet sich links unten eine Hilfe-Schaltfläche, nach deren Anklicken in einem separaten Fenster einige Instruktionen als Setup-Hilfe erscheinen. Diese eignen sich, obwohl die dort verwendete Symbolik leicht von der des Dialogfeldes differiert, zum besseren Verständnis der vorzunehmenden Handlungen.

Den in dieser Hilfe enthaltenen Satz, dass ein Feature nicht installiert wird, weil es nicht zur Verfügung steht, deuten Sie um: Es wird nicht installiert, steht also später nicht zur Verfügung.

Sie sehen also am Zustand in Abbildung 1.3, was bei der Standardinstallation tatsächlich geschieht:

- Die *.NET-Programmierunterstützung* (ein Begriff, der nur unzureichend beschreiben kann, dass es um die Möglichkeit der Einbindung spezieller Add-Ins geht) werden nicht bereitgestellt.

   Das *Organigramm-Add-In für Microsoft Office-Programme* (zur Kompatibilität mit dem Ihnen vielleicht bekannten *Organigramm* früherer Versionen) wird gemeinsam mit PowerPoint installiert.

HINWEIS   Die Dialogfelder zum Ändern des Speicherorts bzw. der Benutzerinformationen erschließen Sie sich leicht selbst.

Lassen Sie sich beim *Speicherort* des Produkts nicht verwirren. Eine deutsche Version von Windows Vista zeigt die *Beschriftungen* von für den Nutzer wichtigen Ordnern wie *Benutzer* oder *Programme* in deutscher Sprache an. Dahinter verbergen sich allerdings *Dateipfade* auf der Festplatte in englischer Sprache. Das sind in den beiden genannten Fällen *C:\Users* und *C:\Program Files*.

Benutzerinformationen werden Office-übergreifend verwendet. Der Name und die Initialen können in den PowerPoint-Optionen verändert werden, ohne die Installation selbst nochmals anzupassen.

Nachdem Sie alle Einstellungen vorgenommen haben, klicken Sie auf die Schaltfläche *Jetzt installieren*. Die Installation wird mit dem oben genannten Abschluss-Dialogfeld beendet.

Nachträgliche Anpassungen der Installation

Um zu einem späteren Zeitpunkt die vorgenommene Installation zu verändern, gibt es wenigsten zwei Wege:

- Sie legen die CD erneut in das Laufwerk und folgen wie oben beschrieben den einzelnen Schritten (starten also automatisch oder von Hand die Datei *setup.exe*) oder

- Sie wechseln in die Systemsteuerung Ihres Computers und suchen dort den Eintrag *Programme/ Programm deinstallieren*. Ein Klick darauf führt Sie zur Liste der installierten Anwendungen, in der Sie auch Ihre Office-Installation finden. Wählen Sie diese aus und klicken Sie auf das oben rechts erscheinende *Ändern*.

In beiden Fällen erscheint ein Dialogfeld der Office-Installation, in dem die Möglichkeit besteht,

- Features hinzuzufügen oder zu entfernen.

- die Installation zu reparieren (d.h. deren Originalzustand, der durch andere Programme oder Unachtsamkeit gestört worden ist, zu erzeugen).

Haben Sie die CD erneut eingelegt, so erscheint zusätzlich der Punkt zur Deinstallation (Entfernen), den Sie auf dem zweiten Weg gesondert in der Systemsteuerung angeboten bekommen.

Wenn Sie sich für das Hinzufügen oder Entfernen von Features entschlossen haben, so führt der nächste Schritt zum Dialogfeld aus Abbildung 1.3, wobei dort nur die Registerkarte *Installations- optionen* zu sehen ist. Nun folgenden Sie den Hinweisen aus dem Abschnitt »Angepasste Installa- tion« weiter vorn in diesem Kapitel und nehmen Ihre Korrekturen vor.

TIPP   Der Installationsprozess legt auf Ihrem Rechner den versteckten Ordner *C:\MSO- Cache* an. Dieser wird für eine eventuelle Reparatur Ihrer Installation sowie für die fällige auto- matische bzw. manuelle Nachinstallation optionaler Features genutzt.

Wenn Sie diesen Ordner aus Platzgründen löschen, müssen Sie bei Veränderungen die CD zur Hand haben oder, je nach Installationsstart, die Verbindung zur Datei *setup.exe* im Netz herstel- len.

Das Update

Darüber, was ein *Update* ist und wie es sich von einem *Upgrade* unterscheidet, gehen die Meinungen auseinander. Hier soll darunter der Wechsel von einem Produkt einer früheren Version von Office zu dem aus der 2007 Office-Suite verstanden werden.

Es wird also davon ausgegangen, dass Sie PowerPoint in einer früheren Version auf Ihrem Rech- ner installiert haben.

TIPP   Obwohl es nicht notwendig zu Komplikationen kommen muss, kann eine Siche- rung selbst erstellter Dateien, das sind Präsentationen, Vorlagen und Add-Ins, in einen Ordner oder auf eine beschreibbare CD nur empfohlen werden. Schritt für Schritt sollten Sie dann die verbleibenden Originale auf ihre Verträglichkeit mit der neuen Version prüfen und dann auch die neuen Dateiformate und Features von Office 2007 einsetzen.

Legen Sie so wie oben beschrieben Ihre Produkt-CD ein und folgen Sie den Anweisungen. Das Dia- logfeld aus Abbildung 1.2 sieht nun wie das in Abbildung 1.5 aus.

Abbildg. 1.5   Der Einstieg zum Update

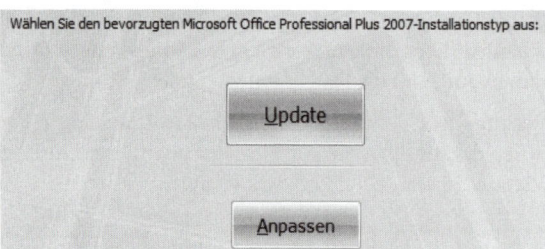

Wählen Sie den bevorzugten Microsoft Office Professional Plus 2007-Installationstyp aus:

Update

Anpassen

Der einzige Unterschied besteht also in den beiden Schaltflächen *Jetzt installieren* und *Update*.

Entscheiden Sie sich für den Standard-Update-Vorgang, so installiert Windows alle Programme der neuen Version und entfernt die dazugehörigen Vorgänger. Es wird so installiert, als ob Sie in Abbil- dung 1.2 *Jetzt installieren* gewählt haben.

Wollen Sie diesen Standard durchbrechen, so greifen Sie in Abbildung 1.5 zu *Anpassen*. Daraufhin erscheint ein Dialogfeld wie in Zu den aus Abbildung 1.3 bekannten Registerkarten des Dialogfeldes kommt eine weitere (*Update*) hinzu, die über den Verbleib der alten Version entscheidet.

Drei Dinge stehen zur Auswahl:

- Alle Anwendungen der früheren Version entfernen
- Alle früheren Versionen behalten
- Nur einen Teil der früheren Anwendungen entfernen

HINWEIS   Unter »frühere Version« darf hier in keinem Fall eine Beta-Version von Office 2007 verstanden werden. Diese ist vor der Installation über die Systemsteuerung vollständig zu de-installieren.

Abbildg. 1.6   Angepasstes Update

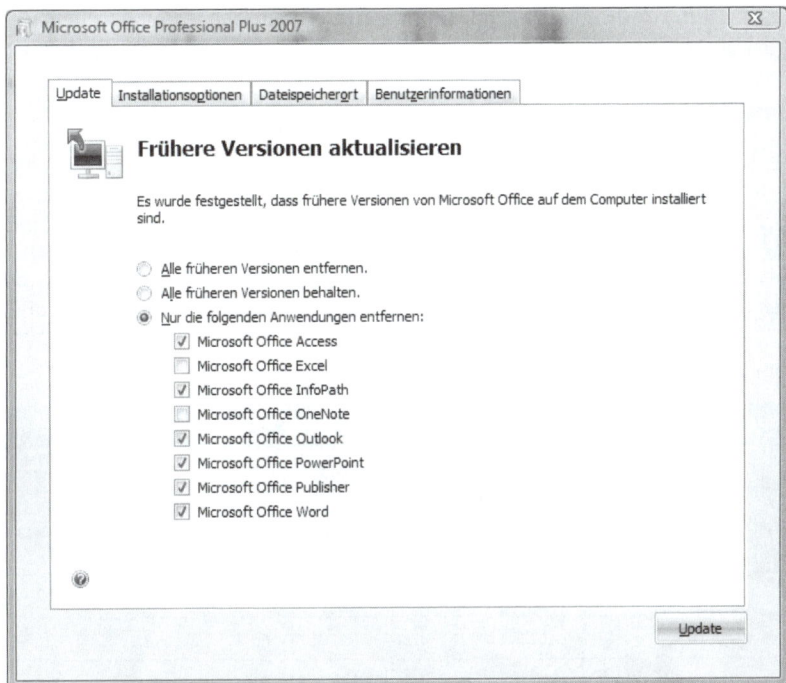

Bei den zu entfernenden Programmen auf der ersten Registerkarte in Abbildung 1.6 erscheinen diejenigen, die bereits als Vorgänger installiert sind, unabhängig davon, ob auf der eingelegten CD ein Nachfolger existiert.

Die anderen Installationsoptionen auf den restlichen drei Registerkarten folgen denen, die bei der angepassten Neuinstallation weiter vorn in diesem Kapitel beschrieben wurden.

Parallele Installationen verschiedener Versionen

In früheren Office-Versionen war der Anwender bestens beraten, wenn er eine Parallelinstallation mehrerer Office-Versionen oder ihrer Teile vermieden hat. Es kam trotz entsprechender Vorkehrungen zu »regelmäßigen Unregelmäßigkeiten«, die immer etwas unangenehmen Reparaturaufwand mit sich brachten.

Besser war da die Installation auf verschiedenen Partitionen der Festplatte unter jeweils einem anderen Betriebssystem oder die Verwendung von Microsoft Virtual PC. Letzteres Programm bietet sich nach wie vor an, zumal es seit einiger Zeit von Microsoft kostenlos zur Verfügung gestellt wird. Virtual PC erlaubt (bei entsprechender Hardware-Ausstattung Ihres Computers und Einhaltung lizenzrechtlicher Bestimmungen) die Simulation mehrerer Gast-Betriebssysteme (die dann in einem eigenen Fenster oder im Vollbildmodus laufen) unter einem (gastgebenden) Host-Betriebssystem. Diese Variante ist in jedem Fall dem im Folgenden diskutierten Parallelbetrieb vorzuziehen, wenn sie denn durchführbar ist.

Neue Dateiformate

Die neuen Dateiformate von PowerPoint (Word und Excel) bringen neue Dateiendungen mit sich. Die Bedeutung für die PowerPoint 2007-Dateien sehen Sie in Tabelle 1.1.

> **HINWEIS** Sie erkennen im Dateiexplorer Ihres Betriebssystems die Endungen (manchmal werden sie auch Erweiterungen genannt) allerdings nur dann, wenn Sie die entsprechenden *Ordneroptionen* angepasst haben: Erweiterungen für bekannte Dateitypen nicht ausblenden lassen.

Tabelle 1.1 Eine Auswahl der Dateiformate unter PowerPoint 2007

Erweiterung	Bedeutung
pptx	PowerPoint-Präsentation (ohne Makros)
pptm	PowerPoint-Präsentation (mit Makros)
potx	PowerPoint-Vorlage (ohne Makros)
potm	PowerPoint-Vorlage (mit Makros)
ppsx	PowerPoint-Bildschirmpräsentation (ohne Makros)
ppsm	PowerPoint-Bildschirmpräsentation (mit Makros)
ppam	PowerPoint-Add-In

All diese Formate werden nur von PowerPoint 2007 verstanden, jedoch kann PowerPoint auch in anderen Formaten, besonders dem von Office 2003, Dateien ablegen.

Die unterschiedlichen Dateiformate zur Vorgängerversion mit den unterschiedlichen Dateiendungen – hier fehlte in der Vorgängerversion der jeweils vierte Buchstabe – sollten einen weitestgehend »friedlichen« Parallelbetrieb erlauben.

HINWEIS Am Rande bemerkt: Für frühere Office-Versionen gibt es Anpassungen (Konverter) zum Downloaden, die die neuen Dateiformate unter Verlust der neuen Features in frühere Dateiformate umwandeln: *Microsoft Office Compatibility Pack* unter *http://www.microsoft.com/downloads/*.

Zusammenfassung

Der Installationsprozess ist sowohl für den Erstanwender als auch für den bereits erfahrenden Office-Profi mit dieser Version einfacher geworden. Von der bisherigen Auswahl aus vier Installationstypen (mit den Bezeichnungen typische Installation, minimale Installation, vollständige Installation und benutzerdefinierte Installation) sind zwei geblieben: Standardinstallation (ohne Eingriffe des Anwenders) und angepasste Installation (mit Eingriffsmöglichkeiten durch den Anwender). Die Zahl der möglichen Anpassungsvarianten ist ebenfalls geringer als in den Vorversionen, sodass nach einer Eingewöhnungsphase an die Möglichkeiten des Produkts die Features nach und nach relativ automatisch und übersichtlich nachgeladen werden können. Wer das Nachinstallieren vermeiden möchte, kann von Anfang an bei einer angepassten Installation alle Features als »Alle von 'Arbeitsplatz' ausführen« markieren (siehe Abbildung 1.4).

Kapitel 2

Was ist neu?

In diesem Kapitel:

Angesichts der komplett umgestalteten Benutzeroberfläche und der daraus resultierenden geänderten Bedienung werden sich viele Anwender eher fragen »Was ist geblieben?«, und nicht »Was ist neu?«. Aber der erste Eindruck täuscht. Zwar sind Benutzeroberfläche und Bedienung neu gestaltet, aber viele Kernfunktionen sind geblieben – wenn auch oft in neuem Gewand oder an ungewohnter Stelle. Neu hinzugekommen sind zahlreiche Funktionen in den Bereichen Grafik, Design und Dateiformat.

Die folgenden Abschnitte benennen vor allem die Neuerungen in PowerPoint 2007 im Vergleich zur Version 2003. Wenn Sie von einer älteren Office-Version umsteigen, finden Sie eine kurze Übersicht über weitere Unterschiede am Ende des Kapitels.

Die neue Benutzeroberfläche

Der Funktionsumfang von Office ist im Laufe der Jahre und der Versionen stark angewachsen. Dadurch nahm auch die Zahl der Menü- und Untermenüeinträge, der Symbolleisten und der Aufgabenbereiche deutlich zu. Die Folge war, dass Befehle oft schwer zu finden waren. Anstatt für die neuen Funktionen der Version 2007 die bestehenden Strukturen noch mehr zu erweitern, hat man sich bei Microsoft entschlossen, die Benutzeroberfläche neu zu gestalten.

Manchem Anfänger und Gelegenheitsnutzer von PowerPoint wird es nun leichter fallen, das Programm zu bedienen. Die Anordnung häufig benutzter Befehle ist aus Sicht der Arbeitsabfolge beim Anlegen von Folien logischer und übersichtlicher geworden. Erfahrene PowerPoint-Profis hingegen, die das Programm seit Jahren nutzen und Befehlsfolgen bisher »im Schlaf« beherrschten, werden sich umgewöhnen müssen und wohl erheblich länger für den Umstieg brauchen.

Die Multifunktionsleiste

Die bisherigen Menüs und Symbolleisten werden durch die Multifunktionsleiste (in der englischen Version *Ribbon* genannt) ersetzt (siehe Abbildung 2.1). Auf mehreren Registerkarten sind die Befehle nach Aufgaben zusammengefasst worden.

Die Zahl der am rechten Bildschirmrand auftauchenden Aufgabenbereiche ist auf einige wenige reduziert worden.

HINWEIS Mehr zum Umgang mit der neuen Multifunktionsleiste finden Sie in Kapitel 3.

Abbildg. 2.1 Die Befehle sind in PowerPoint 2007 auf den Registerkarten der Multifunktionsleiste gruppiert

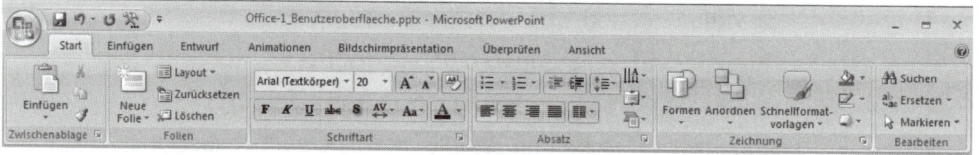

Ungewohnt an der Multifunktionsleiste ist, dass sich ihr Aussehen ständig verändern kann: je nach Bildschirmgröße oder Breite des Programmfensters werden Befehle in Gruppen zusammengefasst oder erscheinen einzeln nebeneinander. Manchmal sehen Sie nur ein Symbol, steht mehr Platz zur Verfügung oder ist die Auflösung höher, erscheint neben dem Symbol noch eine Beschriftung. Manche Registerkarten erscheinen nur in einem bestimmten Kontext – beispielsweise wenn ein Diagramm oder eine Tabelle oder ein Foto markiert ist. Daher ist es wohl sehr treffend, die Multifunktionsleiste als eine Art »dynamisches Menüband« zu verstehen.

Die meisten Bildschirmfotos in diesem Buch wurden bei einer Fensterbreite von 1024 Pixeln erstellt. Auch wenn es zunächst so scheint als beanspruche die Multifunktionsleiste mehr Platz als die bisherigen Menüs – dadurch dass die sonst standardmäßig am unteren Fensterrand eingeblendete Zeichnen-Symbolleiste entfällt, bleibt für die Folie genauso viel Platz auf dem Bildschirm wie bisher, die Arbeitsfläche ist lediglich etwas nach unten versetzt. Und wenn Sie doch einmal mehr Platz benötigen: Mit `Strg`+`F1` oder einem Doppelklick auf den Namen einer Registerkarte lässt sich die Multifunktionsleiste bei Bedarf aus- und wieder einblenden.

Im Gegensatz zu den bisherigen Symbolleisten kann die Multifunktionsleiste ohne Programmierung nicht angepasst werden. Und es gibt auch keinen versteckten Befehl, um das Aussehen von PowerPoint 2003 wiederherzustellen. Nur mit XML-Kenntnissen können Sie ihr Aussehen verändern (vgl. Kapitel 30). Anpassbar ist lediglich die Symbolleiste für den Schnellzugriff (siehe weiter unten).

TIPP   Das Wiederfinden der gewohnten Befehle am neuen Ort erleichtert das *Interaktive Referenzhandbuch*, eine Flash-Animation, die Microsoft auf der folgenden Webseite zur Verfügung stellt: *http://office.microsoft.com/de-de/powerpoint/HA101490761031.aspx?pid= CH100668131031*. Dort sehen Sie die Menü- und Symbolleisten der bisherigen Version 2003, klicken auf den gesuchten Befehl und bekommen anschließend seine Position in der neuen Multifunktionsleiste angezeigt. Für die englischsprachige PowerPoint-Version ist dieser *Reference Guide* auch als Download verfügbar: *http://www.microsoft.com/downloads/details.aspx?FamilyId=BEF41DC3-8E28-4282-82D4-CEC2F416CD40&displaylang=en*.

Zum Offline-Nachschlagen finden Sie hier eine Befehlsübersicht als Excel-Tabelle: *http:// office.microsoft.com/de-de/powerpoint/HA100666231031.aspx?pid=CH100668131031*

Die Symbolleiste für den Schnellzugriff

Oberhalb der Registerkarten der Multifunktionsleiste, rechts neben der *Office-Schaltfläche* finden Sie die *Symbolleiste für den Schnellzugriff*. Dies ist der einzige Ort, an dem Sie Symbole selbst hinzufügen können. Die Befehle der kurz als *Schnellzugriffsleiste* bezeichneten Leiste sind immer verfügbar, unabhängig davon, welche Registerkarte Sie gerade aktiviert haben.

Einen Befehl hinzufügen ist einfach: Klicken Sie ihn mit der rechten Maustaste an und wählen Sie dann *Zu Symbolleiste für den Schnellzugriff hinzufügen*. Erweiterte Möglichkeiten zur Anpassung finden Sie über die *PowerPoint-Optionen* (mehr dazu in Kapitel 3).

Die Office-Schaltfläche

Wenn Sie PowerPoint 2007 öffnen, werden Sie das Menü *Datei* mit seinen Befehlen zum Öffnen, zum Speichern und zum Drucken von Dateien vergeblich suchen. Es wurde ersetzt durch die *Office-Schaltfläche* in der linken oberen Ecke des Programmfensters.

Was auf den ersten Blick wie ein dekoratives Office-Logo aussieht, ist anklickbar und eröffnet Ihnen den Zugang zu einem umfangreichen Menü. Hier finden Sie einerseits die Befehle des bisherigen *Datei*-Menüs, andererseits viele der Einstellungen, die in vorherigen Versionen unter *Extras/Optionen* zu finden waren. Schließlich gibt es hier auch einige Neuerungen, auf die in Kapitel 3 und im weiteren Verlaufe dieses Buches noch detailliert eingegangen wird.

Grundlegend anders: Die neuen Dateiformate

Wie in den übrigen Office 2007-Programmen wurden auch in PowerPoint neue, auf XML basierende Dateiformate eingeführt. Sie erkennen im neuen Dateiformat gespeicherte Präsentationen an der Dateiendung *.pptx* (eine Übersicht über alle neuen Dateiformate gibt Tabelle 2.1).

XML (Extensible Markup Language) ist in der Spezifikation Office Open XML die Grundlage auch von PowerPoint-Dateien. Dabei handelt es sich um komprimierte ZIP-Archive, in denen Inhalte, Form und Verhalten der Dateien getrennt voneinander in XML-Teildateien gespeichert sind. Dies hat mehrere Vorteile:

- Die Dateien sind komprimiert und dadurch oft kleiner als die Binärdateien der bisherigen PowerPoint-Versionen.

- Beschädigte Dateien lassen sich einfacher wiederherstellen. Da XML-Dateien mit einem Editor geöffnet und bearbeitet werden können, ist es so möglich, zumindest einen Teil der Informationen einer beschädigten Datei zu retten.

- Geschäftsprozesse lassen sich leichter automatisieren, da per Programmierung auf die Daten innerhalb der XML-Dateien zugegriffen werden kann.

Ein neues Dateiformat wird aber immer wieder auch zu Situationen führen, in denen Geschäftspartner, die noch nicht auf die neue Office-Version umgestellt haben, Ihre Dateien nicht öffnen können. Hier haben Sie zwei Möglichkeiten:

- Sie können Ihre Präsentation im Dateiformat *PowerPoint 972003* speichern. (Dateien aus PowerPoint 95 können zwar noch geöffnet, aber nicht mehr in diesem Format gespeichert werden.)

- Sie empfehlen Ihrem Gegenüber, das kostenlose *Microsoft Office Compatibility Pack für Dateiformate von Word, Excel und PowerPoint 2007* zu installieren.

HINWEIS Hier können Anwender der älteren PowerPoint-Versionen 2000 bis 2003 das Compatibility Pack herunterladen: *http://www.microsoft.com/downloads/details.aspx?familyid= 941b3470-3ae9-4aee-8f43-c6bb74cd1466&displaylang=de*

Tabelle 2.1 Die neuen Dateiformate in PowerPoint 2007

Endung	Bezeichnung
PPTX	PowerPoint-Präsentation ohne Makros
PPTM	PowerPoint-Präsentation mit Makros
PPSX	Bildschirmpräsentation ohne Makros
PPSM	Bildschirmpräsentation mit Makros

Tabelle 2.1   Die neuen Dateiformate in PowerPoint 2007 *(Fortsetzung)*

Endung	Bezeichnung
POTX	PowerPoint-Vorlage ohne Makros
POTM	PowerPoint-Vorlage mit Makros
PPAM	PowerPoint-Add-In
SLDX	PowerPoint-Folien-Datei
SLDM	PowerPoint-Folie mit Makros
THMX	Office-Design
GLOX	SmartArt-Layoutdefinition
CRTX	Diagrammvorlage
PDF	PDF-Datei
XPS	XML Paper Specification

Neu ist auch, dass Sie (nach Installation eines kostenlosen Add-Ins) direkt aus PowerPoint heraus PDF-Dateien erzeugen können. Als weiteres Dateiaustauschformat steht in Office 2007 nun das XML-basierte XPS-Format zur Verfügung. Mehr zu diesen Formaten finden Sie in Kapitel 26.

Attraktiv und spannend: Die neuen grafischen Möglichkeiten

PowerPoint 2007 bietet zahlreiche grafische Möglichkeiten, für die Sie bisher auf Grafik- und Bildbearbeitungsprogramme zurückgreifen mussten. Dazu gehören die neuen SmartArts, die breite Palette neuer grafischer Effekte und Formatierungsmöglichkeiten für Bilder. Allein diese Neuerungen dürften für eine Reihe von Anwendern Grund genug sein für den Umstieg auf die Version 2007.

Schaubilder schneller erstellen mit SmartArt-Grafiken

In PowerPoint 2002 und 2003 konnten Sie mithilfe der *Schematischen Darstellungen* bestimmte Schaubilder schnell erstellen. Dies ist in PowerPoint 2007 wesentlich komfortabler und vielfältiger geworden. *SmartArts* sind vorgefertigte Vorlagen für Schaubilder; sie können mit wenigen Mausklicks eingefügt oder aus Aufzählungen erstellt werden und so Ihre Folien attraktiver und anschaulicher machen.

Abbildg. 2.2   Mit den SmartArt-Grafiken stehen vorgefertigte Schaubilder zur Verfügung

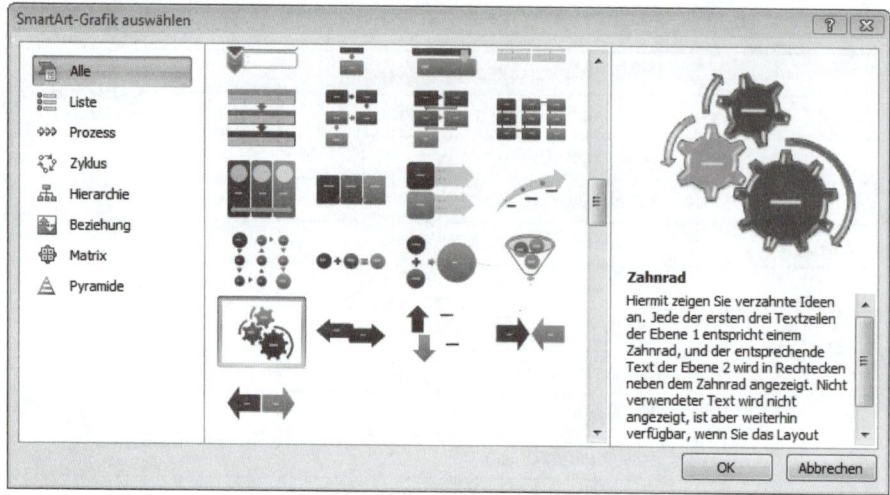

Organigramme, Prozesse, Pyramiden und andere typische Darstellungen, die im Unternehmensalltag häufig benötigt und bisher aus AutoFormen zusammengesetzt werden mussten, sind nun als vorgefertigte, schnell einsetz- und anpassbare Grafikbausteine vorhanden.

HINWEIS   Detaillierte Informationen über SmartArt-Grafiken, ihre Verwendungs- und Formatierungsmöglichkeiten finden Sie in Kapitel 15.

Zeichnungen ansprechender gestalten mit den neuen Grafikeffekten

Zu den AutoFormen, jetzt nur noch *Formen* genannt, sind einige neue Typen hinzugekommen, z.B. Rechtecke mit einer oder zwei abgerundeten bzw. abgeschrägten Ecken.

Wesentlich erweitert wurden die Formatierungsmöglichkeiten für diese Formen.

- Sie können ihnen durch abgerundete Kanten, 3D-Effekte und Drehungen ein plastisches Aussehen verleihen.

- Softschatten und Spiegelungen heben Objekte vom Hintergrund ab.

- Farbverläufe können selbst definiert werden und aus mehr als zwei Farben bestehen.

- Und viele dieser Effekte lassen sich genauso auf Text anwenden und lösen die eingeschränkten bisherigen WordArt-Formate ab.

Ob Sie nun deutliche Akzente setzen wollen oder nur subtile Hervorhebungen bevorzugen, zusammenpassende Effekte sind in Sets von Designeffekten vordefiniert, die Ihnen ein durchgängiges Formatieren erleichtern. Abweichende Formatierungen einzelner Objekte sind natürlich weiterhin möglich.

Abbildg. 2.3   Einige Beispiele für die neuen Grafikeffekte

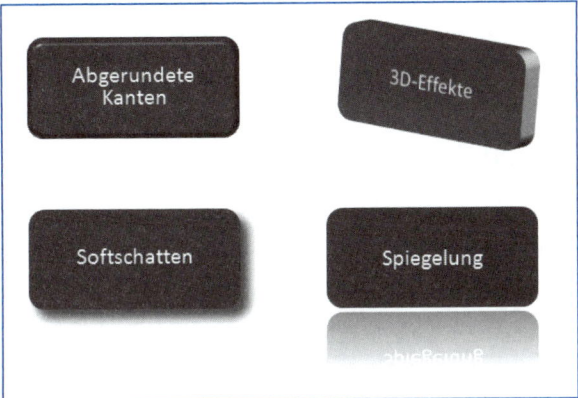

> **HINWEIS**   Ausführliche Anleitungen zum Zeichnen in PowerPoint und Anwendungsmöglich-
> keiten für die neuen Grafikeffekte finden Sie in Kapitel 15.

Objekte schneller formatieren mithilfe von Katalogen und Livevorschau

Die Schaltfläche *Rückgängig* bzw. die Tastenkombination Strg + Z war einer der am häufigsten benutzten Befehle in den bisherigen PowerPoint-Versionen. PowerPoint 2007 erspart Ihnen so manchen Mausklick, denn häufig verwendete Formatierungen sind bereits als Schnellformatvorlagen vorgefertigt. Mit einem Mausklick klappen Sie einen *Katalog* mit Formatvorschlägen auf, und durch bloßes Zeigen mit der Maus auf eines dieser Schnellformate sehen Sie per *Livevorschau* sofort die Auswirkungen auf das markierte Objekt. Erst ein weiterer Mausklick weist das ausgewählte Format zu.

Abbildg. 2.4   Die Schnellformatvorlagen für Formen bieten die Akzentfarben und unterschiedlich intensive Effekte

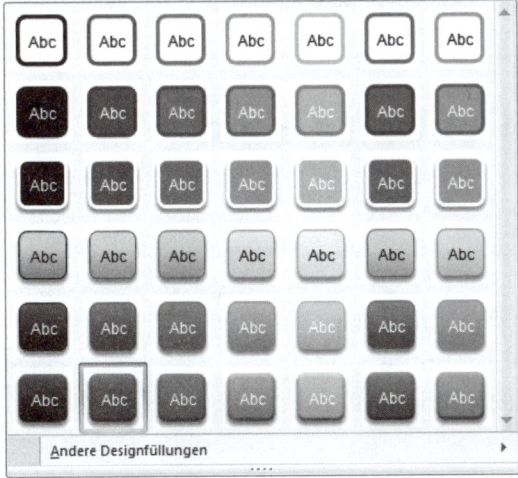

Kataloge und Livevorschau sind nicht nur für Formen, sondern z.B. für das Formatieren von Smart-Art-Grafiken und Diagrammen verfügbar. Auch wenn das Format nicht über Schnellformatvorlagen, sondern mithilfe des Dialogfeldes eingestellt wird, zeigt die Livevorschau sofort das Ergebnis der Einstellung, noch vor dem Schließen des Dialogfeldes.

Bilder in PowerPoint bearbeiten

Viele der neuen Formatierungsmöglichkeiten sind auch für Fotos verfügbar. Neben voreingestellten Schnellformatvorlagen können Sie Ihre Fotos auch individuell mit abgerundeten Kanten, weichen Rändern, Spiegelungen und anderen Effekten versehen.

Abbildg. 2.5　Für die Formatierung von Fotos ergeben sich viele neue Möglichkeiten

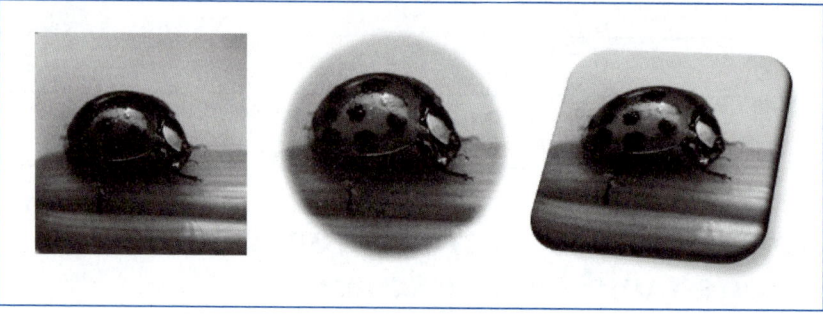

Mit wenigen Mausklicks ist es darüber hinaus möglich, aus einem Foto ein Schwarz-Weiß-Bild zu machen oder es farblich an das Farbspektrum der Präsentation anzupassen. Mit anderen Worten: Was früher nur für Vektorgrafiken möglich war, gilt jetzt auch für Pixelgrafiken.

Sollte es erforderlich sein, ein bereits formatiertes und animiertes Foto durch ein anderes Motiv zu ersetzen, so lässt sich nun das Bild ersetzen, ohne dass dabei Formatierungen und Animationen verloren gehen – sie werden einfach auf das neue Bild übertragen.

HINWEIS　Mehr zum Umgang mit Bildern in Präsentationen und zur Anwendung der Formatierungsmöglichkeiten lesen Sie in den Kapiteln 8 und 12.

Deutlich mehr Möglichkeiten zur Textformatierung

Nicht nur bei den Grafiken, sondern auch bei der Textformatierung hat sich einiges getan. Die Neuerungen tragen sicher zu besser aussehenden Folien bei.

- Die *Minisymbolleiste* beschleunigt die Formatierung,
- sechs neue Schriftarten verbessern die Darstellung und
- WordArt erstellen Sie nunmehr direkt aus vorhandenem Text.

Kürzere Mauswege dank der Minisymbolleiste

Sobald Sie einen Text mit der Maus markieren, erscheint rechts oberhalb der Markierung eine kleine, schwebende Symbolleiste. Sie ist zunächst transparent, erscheint aber dann vollständig, wenn Sie mit der Maus darauf zeigen.

In dieser *Minisymbolleiste* finden Sie die wichtigsten Symbole zum Formatieren von Text. Wenn Sie sich erst einmal daran gewöhnt haben, erspart sie Ihnen die weiten Mauswege bis hoch zur Multifunktionsleiste; sie stellt Ihnen die wichtigsten Textformatierungen auch dann zur Verfügung, wenn gerade eine andere als die Registerkarte *Start* eingeblendet ist.

Abbildg. 2.6   Die Minisymbolleiste erscheint direkt neben dem markierten Text

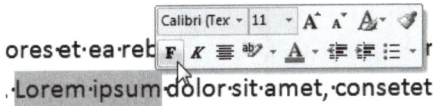

Klarere Bildschirmdarstellung dank neuer Schriftarten

Mit Office 2007 werden neue *ClearType-Schriftarten* installiert. Diese wurden speziell für die Darstellung auf LCD-Monitoren, die heute als Laptop-Monitore und Flachbildschirme verbreitet sind, entwickelt. Sechs unterschiedliche Schriftarten für verschiedene Anwendungsfälle stehen zur Verfügung (siehe Tabelle 2.2 und Abbildung 2.7).

Tabelle 2.2   Übersicht über die neuen ClearType-Schriftarten

Name der Schriftart	Eigenschaften
Calibri	Calibri ist eine serifenlose Schrift mit gleichmäßiger Strichstärke und leichten Rundungen. Kursive und Kapitälchen entstehen nicht durch Schrägstellung bzw. Verkleinerung der Buchstaben, sondern wurden speziell entwickelt. Calibri ist sowohl in kleinen als auch in großen Schriftgrößen gut lesbar. Sie ist die neue Standardschrift in den Office-Programmen und eignet sich für Präsentationen genauso wie für Word-Dokumente, Excel-Tabellen und E-Mails.
Corbel	Corbel ist ebenso eine serifenlose Schrift. Ihre Buchstaben sind offener als die in Calibri. Dadurch ist sie auch in kleinen Schriftgrößen gut lesbar. Auch Corbel ist vielseitig einsetzbar. Da ihre Standardziffern allerdings unterschiedlich hoch sind (sogenannte Mediävalziffern), sollte sie in Präsentationen mit vielen Zahlen und Formeln vermieden werden.
Candara	Candara ist die dritte serifenlose Schriftart. Ihre Strichstärke ist nicht ganz gleichmäßig und weist leichte Schwünge in diagonalen Linien auf. Sie wirkt dadurch lebendig und ist eher für etwas informellere Texte geeignet.
Cambria	Cambria ist eine Schrift mit Serifen. Zwar wurde sie für gute Lesbarkeit auf dem Bildschirm optimiert und weist eine gleichmäßige Strichstärke auf, jedoch ist sie für Präsentationsfolien weniger empfehlenswert als für Fließtexte. In gedruckten Texten ist sie aufgrund ihres gleichmäßigen Buchstabenabstands und ausgeglichener Proportionen auch in kleinen Schriftgrößen gut lesbar.

Tabelle 2.2 Übersicht über die neuen ClearType-Schriftarten *(Fortsetzung)*

Name der Schriftart	Eigenschaften
Constantia	Constantia ist die zweite Serifenschrift unter den neuen Schriften. Auch sie ist eher für längere Fließtexte und gedruckte Dokumente geeignet.
Consolas	Consolas ist die einzige nicht-proportionale unter den neuen Schriften. Sie wurde speziell für die Verwendung in der Programmierung entworfen, ihre gleich breiten Buchstaben eignen sich gut für die Wiedergabe von Code. Ihr Erscheinungsbild ist moderner als bei der bisher für solche Zwecke verwendeten Courier.

Abbildg. 2.7 Schriftbeispiele der ClearType-Schriftarten

Calibri
Dies ist Text
kursiv KAPITÄLCHEN
1234567890

Cambria
Dies ist Text
kursiv KAPITÄLCHEN
1234567890

Corbel
Dies ist Text
kursiv KAPITÄLCHEN
1234567890

Constantia
Dies ist Text
kursiv KAPITÄLCHEN
1234567890

Candara
Dies ist Text
kursiv KAPITÄLCHEN
1234567890

Consolas
Dies ist Text
kursiv KAPITÄLCHEN
1234567890

Professionelle Texteffekte mit WordArt

Viele der neuen Grafik-Formate wie abgerundete Kanten, weiche Schatten und Spiegelungen lassen sich auch auf Texte anwenden. Damit können Sie nun Passagen in Sätzen oder Beschriftungen in Formen besser und einfacher hervorheben als mit den bisherigen WordArt-Objekten.

Abbildg. 2.8 Neue WordArt-Formatierungen ermöglichen vielfältigere Hervorhebungen

HINWEIS Ausführlicheres zur Verwendung von Schriften in Präsentationen erfahren Sie in Kapitel 7. Details über ClearType-Schriften können Sie auf Microsofts Typografie-Webseite (in Englisch) nachlesen: *http://www.microsoft.com/typography/ClearTypeInfo.mspx*

Einheitliches Erscheinungsbild mithilfe von Office-Designs

Farben, Schriften und Hintergründe von Folien ließen sich in bisherigen PowerPoint-Versionen schon in gewissem Umfang an Corporate Identity (»CI«) und Corporate Design eines Unternehmens anpassen. Schwieriger wurde es bei Word-Texten und Excel-Tabellen, da die drei Office-Programme nicht auf eine gemeinsame Gestaltungsbasis zurückgriffen.

Dies hat sich nun grundlegend geändert: Mit den *Office-Designs* stehen programmübergreifende Gestaltungsmuster zur Verfügung, mit denen Sie Farben, Schriften und Effekte gleichzeitig für PowerPoint, Word und Excel festlegen können. Ihre Dokumente weisen somit nach außen ein einheitliches Erscheinungsbild auf.

Anwendungsübergreifende Formatierung mit Office-Designs

Mit den Office-Designs können Sie folgende drei Gestaltungsmerkmale festlegen:

- zwölf Designfarben,
- zwei Designschriftarten und
- ein Set von Designeffekten.

Wenn Sie diese Elemente als Office-Design (mit der Dateiendung .thmx) speichern, können Sie auf dasselbe Design auch in Word und Excel zugreifen und so die drei genannten Bausteine auch dort verwenden.

Abbildg. 2.9   Designs wählen Sie bequem aus dem Design-Katalog aus

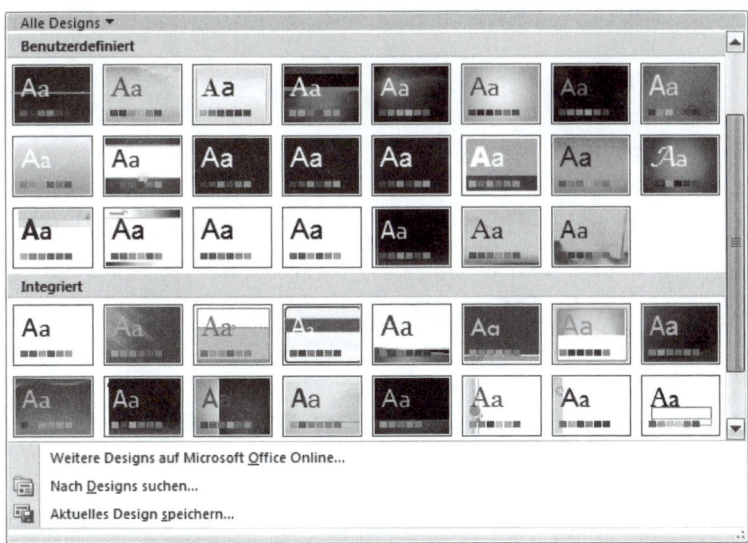

Auch die Designs, die Designfarben, -schriftarten und -effekte können Sie aus einem Katalog auswählen und die Auswirkung auf Ihre Folie per Livevorschau beurteilen, noch bevor Sie sie endgültig
anwenden.

Bessere Farbanpassung mit den Designfarben

In einem *Farbschema* stehen jetzt nicht mehr nur acht Farben zur Verfügung, sondern Sie können
aus zwölf Designfarben wählen und jede davon bietet zudem noch verschiedene Abstufungen:

- Die ersten vier Designfarben sind helle und dunkle Hintergrund- und Schriftfarben,

- sechs weitere ermöglichen Ihnen als Akzentfarben eine gute Anpassung an Ihr Corporate
  Design,

- die letzten beiden Farben sind ausschließlich für Hyperlinks reserviert. Die Zeiten, in denen eine
  Änderung des Farbschemas Hyperlinks unlesbar machte, sind also endgültig vorbei.

Dadurch, dass zu den zehn Hintergrund-, Text- und Akzentfarben je fünf Farbabstufungen angeboten werden, ist es wesentlich leichter, harmonische Farben für Folien zu finden.

Abbildg. 2.10 Es stehen nun zwölf Designfarben mit passenden Abstufungen zur Verfügung

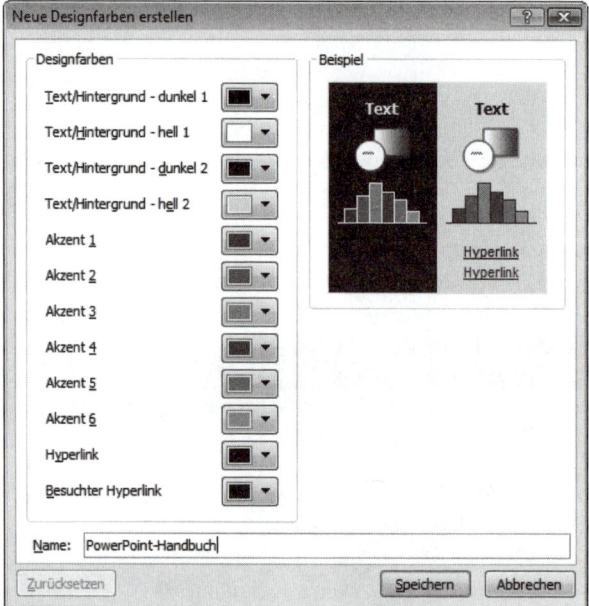

Individuelle Foliengestaltung mit selbst definierten Layouts

In der Vergangenheit gab es recht häufig den Wunsch, Folienlayouts an die eigenen Bedürfnisse
anpassen zu können. Ab PowerPoint 2007 ist das nun möglich. Layouts gehören zum jeweiligen
Master und können angepasst werden. Dreispaltige Folien sind nun genauso machbar wie Textfolien

mit Titel und Untertitel. Gestalten Sie einfach Ihre eigenen Folienlayouts mit beliebig vielen Platzhaltern in vorgegebener Größe und Anordnung.

Darüber hinaus können Sie jetzt auch vorgegebenen Text in den Platzhaltern individuell formulieren.

Abbildg. 2.11   Folienlayouts können nun selbst gestaltet werden

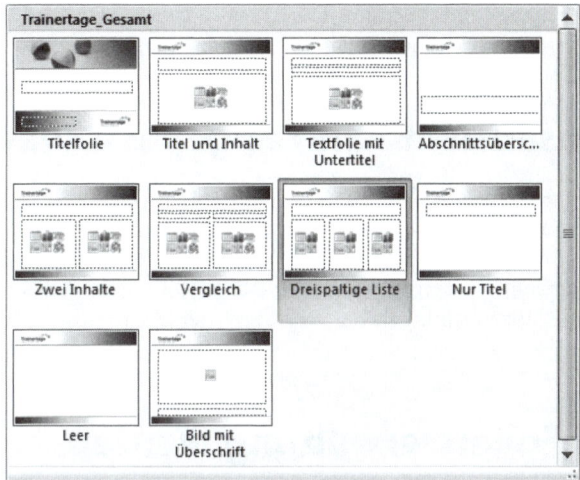

HINWEIS   Details zu den Themen Design, Vorlage, Master und Layout finden Sie in Kapitel 9.

Weitere Neuerungen

Die Liste der Neuerungen in PowerPoint 2007 ist lang – eine amerikanische MVP-Kollegin führt auf ihrer Webseite mindestens 45 auf. Deshalb sollen abschließend hier nur noch vier weitere aufgegriffen werden.

Diagramme werden mit Excel erstellt

Microsoft Graph mit all seinen Einschränkungen gehört der Vergangenheit an. Diagramme, die Sie in PowerPoint einfügen, sind nun echte Excel-Diagramme. Mit all ihren Formatierungs- und Berechnungsmöglichkeiten. Auch dies ist ein Feature, das PowerPoint und Excel näher zusammenrücken lässt und zu einem einheitlichen Erscheinungsbild des Unternehmens beiträgt. (Mehr zu Diagrammen in Kapitel 14.)

Objekte können im Auswahlbereich geordnet werden

Jedes neue Objekt, das Sie auf einer PowerPoint-Folie erstellen, liegt auf einer eigenen Ebene. Bei komplexen Folien ist es da oft nicht ganz einfach, den Überblick über die Reihenfolge zu behalten. Dies erleichtert der neue Auswahlbereich, in dem nicht nur die Reihenfolge angezeigt, sondern auch geändert werden kann. Darüber hinaus ist es möglich, Objekte vorübergehend auszublenden, z.B. um komplexe Animationen zu erstellen oder Hinzufügungen nicht anzuzeigen.

Die Präsentationsansicht kann angepasst werden

Dass die Präsentationsansicht in der Vergangenheit wenig bekannt war und nicht oft genutzt wurde, lag auch daran, dass die Notizen nur in einer 14-Punkt-Schrift angezeigt wurden und der Vortragende deshalb recht nah am Rechner bleiben musste, um sie lesen zu können. Die Präsentationsansicht wurde überarbeitet und ist nun flexibler. Sie bietet eine bessere Vorschau auf die nächsten Folien und die Schriftgröße der Notizen kann beliebig vergrößert werden, sodass sie dem Vortragenden mehr Freiheiten erlaubt.

Teamarbeit und Folienverwaltung werden deutlich erleichtert

Spürbar einfacher und schneller können Sie das Zusammenstellen und Aktualisieren von Präsentationen aus bereits vorhandenen Folien erledigen. Wenn Sie einen Office SharePoint Server 2007 verwenden, können Sie dort die einzelnen Folien Ihrer Präsentation als Folienbibliothek ablegen. Bei jedem Öffnen einer so zusammengestellten Präsentation werden Sie auf Aktualisierungen hingewiesen. Ihre Präsentationen sind also immer auf dem neuesten Stand, auch wenn sie aus Folien aus völlig verschiedenen PowerPoint-Dateien zusammengesetzt sind.

Darüber hinaus – und das ist für viele Unternehmen sicher ebenso wichtig wie die erstgenannte Funktion der Verknüpfung und Aktualisierung – lassen sich über Jahre gewachsene Bestände an Präsentationen mithilfe der Folienbibliotheksfunktion leicht und effektiv verwalten. Über die *Office-Schaltfläche* und den Befehl *Veröffentlichen* gelangen Sie zu dem in Abbildung 2.12 gezeigten Dialogfeld. Hier können Sie zu jeder Folie eine Beschreibung eingeben. Damit schaffen Sie die Basis, um später mithilfe von Suchbegriffen bestimmte Folien schneller zu finden.

Abbildg. 2.12 Für viele sicher eine der wichtigen Neuerungen: die Möglichkeit, Präsentationen in Folienbibliotheken zu verwalten

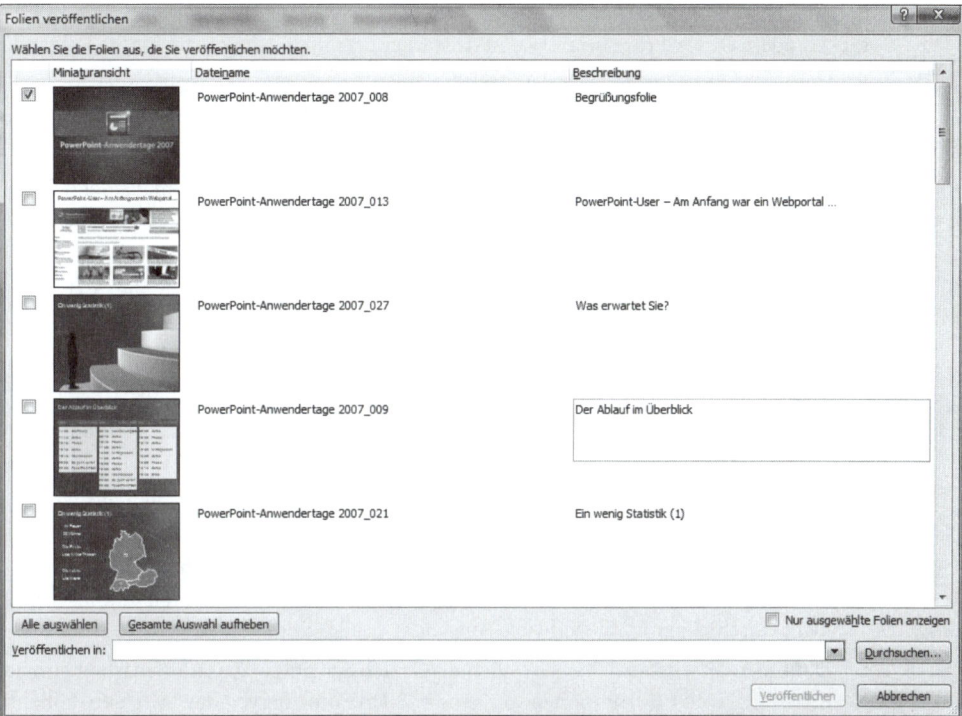

Fazit

Über die komplett überarbeitete Benutzeroberfläche hinaus bietet PowerPoint 2007 eine Reihe von Neuerungen, die einen Umstieg gerade für viele Power-User lohnenswert machen. Mit den Beispielen und Beschreibungen in diesem Buch wollen wir Ihnen auch ein wenig Entscheidungshilfe geben.

TIPP Weitere Unterstützung finden Sie auch in unserem Weblog unter *www.ppt-user.de/blogger.*

Die Unterschiede zu älteren PowerPoint-Versionen

Wenn Sie nicht von PowerPoint 2003, sondern von einer der älteren Versionen auf PowerPoint 2007 umsteigen, sind auch die zwischenzeitlich eingeführten Funktionen für Sie neu. Deshalb hier ein kurzer Überblick, was auf Sie zukommt.

Neuerungen im Vergleich zu PowerPoint 2002

Beim Wechsel von PowerPoint 2002 auf 2003 wurden vergleichsweise wenig neue Features hinzugefügt – andere Office-Programme waren da stärker betroffen. Neu dürfte für Sie Folgendes sein:

- **Verpacken für CD:** Dieser Befehl löst das ältere *Pack & Go* ab, das sich noch an Disketten orientierte. Er unterstützt Sie dabei, die mit Ihrer Präsentation verknüpften Dateien vor dem Brennen zusammenzustellen und ggf. Links zu korrigieren.

- **Thesaurus und Recherchedienste:** Mit PowerPoint 2002 war es erstmals möglich, direkt aus der Folienbearbeitung heraus auf Wörterbücher und Informationen im Internet zuzugreifen.

- **SmartTags:** Daten wie Namen und Datumsangaben können gekennzeichnet und programmübergreifend genutzt werden. Diese Möglichkeiten werden durch die XML-Technologie in PowerPoint 2007 erweitert.

- **Unterstützung von Tablet-PCs:** Funktionen wie die Handschrifterkennung schaffen neu Möglichkeiten, Präsentationen zu erstellen und zu bearbeiten. Aber auch die Tragbarkeit von Tablet-PCs schafft neue Flexibilitäten beim Präsentieren.

- **Verbesserte Freihandanmerkungen:** Infolge der für Tablet-PCs erforderlichen Verbesserung der Handschrifterkennung profitieren auch Freihandanmerkungen auf Standardlaptops und -desktops. Sie können leichter hinzugefügt und gespeichert werden.

- **Neue Navigationstools für Bildschirmpräsentationen:** Eine halbdurchsichtige Navigationsleiste in der linken unteren Ecke soll das Weiterschalten zwischen Folien reibungsloser machen. Da sie nicht verschiebbar ist, ziehen viele Anwender es allerdings vor, sie ganz zu deaktivieren.

- **Dokumentarbeitsbereiche:** Sie stellen den ersten Schritt zur Zusammenarbeit von Teams bei der Erstellung von Präsentationen auf einem SharePoint-Server dar. Mit den Folienbibliotheken geht die neue Version hier einen großen Schritt weiter.

Neuerungen im Vergleich zu PowerPoint 2000

Wenn Sie zwei Versionen überspringen, ist die Zahl der Neuerungen deutlich größer. Einige der Änderungen, die in PowerPoint 2002 eingeführt wurden und die Ihnen als PowerPoint 2000-Anwender noch nicht vertraut sind, wurden in PowerPoint 2007 nahezu unverändert beibehalten.

- **Aufgabenbereiche:** Die Befehle in den Menüs und Symbolleisten wurden erstmals durch Aufgabenbereiche am rechten Rand des Fensters ergänzt, die für mehr Überblick sorgen sollten. Eine Reihe dieser Aufgabenbereiche wurde in PowerPoint 2007 an anderer Stelle in der Multifunktionsleiste integriert. Einige Aufgabenbereiche, z.B. für die Animationen, wurden beibehalten.

- **Animationen:** Der Umfang der Animationsmöglichkeiten wurde in PowerPoint 2002 stark erweitert. Die bekannten Eingangsanimationen wurden um einige ansprechende Varianten wie Verblassen ergänzt, hinzu kamen aber auch viele verspielte Varianten. Darüber hinaus betonen Hervorgehoben-Animationen schon auf der Folie vorhandene Elemente, Beenden-Animationen lassen Objekte verschwinden und mithilfe von Animationspfaden kann die Bewegung auf der Folie frei definiert werden. Eine weitere Neuerung, vorgefertigte Animationsschemas, wurden allerdings in PowerPoint 2007 wieder aufgegeben.

- **Übersichtsbereich:** Nicht nur die Foliensortierungsansicht, sondern auch ein Bereich am linken Fensterrand ermöglicht die Übersicht über die Abfolge der Folien. Hier ist nun auch die Gliederungsansicht zu finden.

- **Mehrere Master:** In PowerPoint 2000 stand nur je ein Folien- und ein Titelmaster zur Verfügung. Ab PowerPoint 2002 konnten mithilfe mehrerer Master unterschiedliche Hintergründe und Farbschemas für die verschiedenen Abschnitte einer Präsentation definiert werden. Dieses Konzept wird in PowerPoint 2007 erweitert, indem auch Layouts frei definiert werden können.

- **Druckvorschau:** Sie ermöglicht eine bessere Kontrolle über das Ergebnis, bevor die Präsentation ausgedruckt wird.

- **AutoKorrektur- und AutoAnpassen-Optionen:** Sie sollten einerseits die nützliche Steuerung der Rechtschreibkorrektur während der Texteingabe ermöglichen, andererseits Text und Grafiken an Platzhalter anpassen – und lieferten oft unerwünschte Ergebnisse. Auch wenn das Verhalten in PowerPoint 2007 verbessert wurde, sollten Sie die Tipps zum Einstellen der PowerPoint-Optionen in Kapitel 3 beachten.

- **Fotoalbum:** Der Version 2000 konnte die Fotoalbum-Funktion zum schnellen Erstellen einer Präsentation aus einer großen Menge von Bildern schon als Add-In hinzugefügt werden, in den Versionen 2002 bis 2007 ist sie fest integriert.

- **Komprimieren von Bildern:** Wachsende Verfügbarkeit von digitalisierten Bildern und erschwinglichen Digitalkameras führte zu sehr großen Präsentationen aufgrund (zu) großer Bilder. Die Komprimieren-Funktion erlaubt das nachträgliche Verkleinern von bereits in die Präsentation eingefügten Bildern und somit das Verringern der Dateigröße.

Nicht mehr unterstützte Funktionen

Der Befehlsumfang von PowerPoint 2007 ist insgesamt zwar gewachsen, einige Funktionen aus älteren Versionen wurden jedoch aufgegeben.

- **AutoInhalt-Assistent:** Wenn Sie Hilfestellung beim Zusammenstellen einer Präsentation zu einem bestimmten Thema benötigen, können Sie nun auf Präsentationsvorlagen mit Musterfolien zurückgreifen. Einige nützliche Beispiele können Sie auch von Microsoft Office Online, *http://office.microsoft.com,* herunterladen.

- **Inhaltsfolien:** Die automatische Erstellung von Inhaltsfolien ist nicht mehr möglich, Sie können sich die Arbeit jedoch durch Kopieren der Titel aus der Gliederungsansicht erleichtern (vgl. Kapitel 19).

- **Titelmaster:** Statt eines speziellen Titelmasters bestimmt nun das Titellayout innerhalb des Masters das Aussehen der Titelfolie.

- **Hinzufügen von Bildern vom Scanner oder Kamera:** Speichern Sie die eingescannten oder fotografierten Bilder zunächst als Grafikdatei auf Ihrem Rechner und fügen Sie sie dann mit *Einfügen/Grafik* hinzu. Häufiger verwendete Bilder können Sie direkt vom Scanner zu den ClipArts hinzufügen und von dort auf Ihren Folien einfügen.

- **Add-In für Live-Übertragungen:** Arbeiten Sie mit anderen mithilfe von *Live Meeting* zusammen. Oder legen Sie gemeinsam genutzte Dateien auf einem *SharePoint*-Server oder in einem *Groove*-Arbeitsbereich ab.

- **Zur Überarbeitung senden:** Hängen Sie stattdessen die Präsentation an eine E-Mail an.

- **Schnellspeicherung zulassen:** Diese schon sehr lange in PowerPoint vorhandene Option brachte auf modernen Computern keinen Geschwindigkeitsgewinn mehr, führte aber zu einem starken Anwachsen der Dateigröße. Sie wurde aufgegeben; PowerPoint speichert nun immer die ganze Präsentation.

- **Unterstützung für Apple QuickTime-Movies:** Auch ältere Versionen von QuickTime-Movies können nicht mehr eingefügt werden. Verwenden Sie stattdessen eine Aktion, um sie zu verknüpfen.

- **Makroaufzeichnung:** Aufgrund der geänderten Benutzeroberfläche können Makros nicht mehr durch Aufzeichnen von Tastaturbefehlen und Mausklicks erstellt werden. Verwenden Sie stattdessen den Makroeditor, um Makros in VBA zu programmieren.

Kapitel 3

Die Oberfläche

In diesem Kapitel:

PowerPoint starten

Nach der Installation steht Ihnen PowerPoint über das Startmenü von Windows zur Verfügung. Klicken Sie auf *Start/Alle Programme/Microsoft Office/Microsoft Office PowerPoint 2007*.

Abbildg. 3.1 Per Klick mit der rechten Maustaste auf den Eintrag *Microsoft Office PowerPoint 2007* rufen Sie das Kontextmenü auf

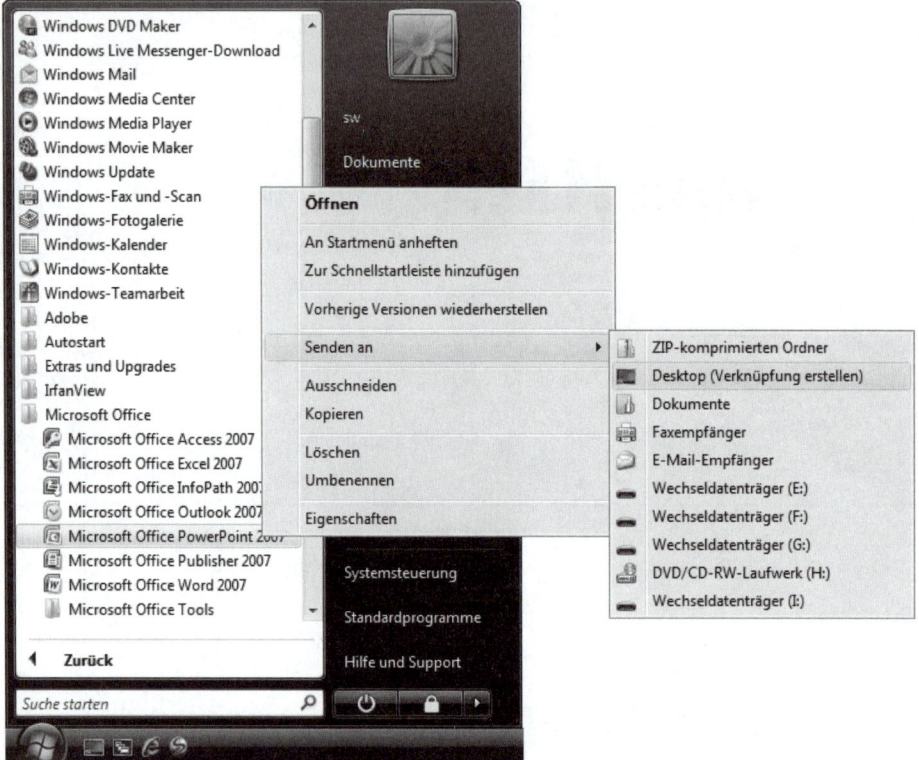

Nutzen Sie PowerPoint häufiger, wird es in der Liste der zuletzt verwendeten Programme im Startmenü angezeigt. Sie können PowerPoint dann per Klick auf den entsprechenden Eintrag direkt aufrufen.

Alternativ zum Programmstart über das Startmenü können Sie sich auch den direkten Zugriff auf PowerPoint einrichten:

1. Klicken Sie im Startmenü mit der rechten Maustaste auf den Eintrag *Microsoft Office PowerPoint 2007* (siehe Abbildung 3.1).

2. Wählen Sie im Kontextmenü *Zur Schnellstartleiste hinzufügen*, um das PowerPoint-Symbol in der Schnellstartleiste neben der *Start*-Schaltfläche anzuzeigen. Dann genügt ein einfacher Mausklick auf das Symbol, um PowerPoint zu starten.

   Die Alternative: Erstellen Sie über *Senden an/Desktop* eine Verknüpfung auf dem Desktop und starten Sie PowerPoint dann per Doppelklick auf die Verknüpfung.

Dateien schließen und PowerPoint beenden

Per Klick auf das X in der rechten oberen Ecke des Programmfensters schließen Sie die aktuelle Präsentation. Ist keine weitere Präsentation geöffnet, wird gleichzeitig auch PowerPoint beendet.

Um lediglich die Präsentation zu schließen, ohne gleichzeitig auch PowerPoint zu beenden, rufen Sie per Klick auf die *Office-Schaltfläche* den Befehl *Schließen* auf.

Der PowerPoint-Bildschirm

Nach dem Start präsentiert sich PowerPoint 2007 mit einer gegenüber früheren Programmversionen vollständig überarbeiteten, neuen Benutzeroberfläche (siehe Abbildung 3.2).

Abbildg. 3.2   In der Voreinstellung startet PowerPoint mit einer neuen, leeren Präsentation

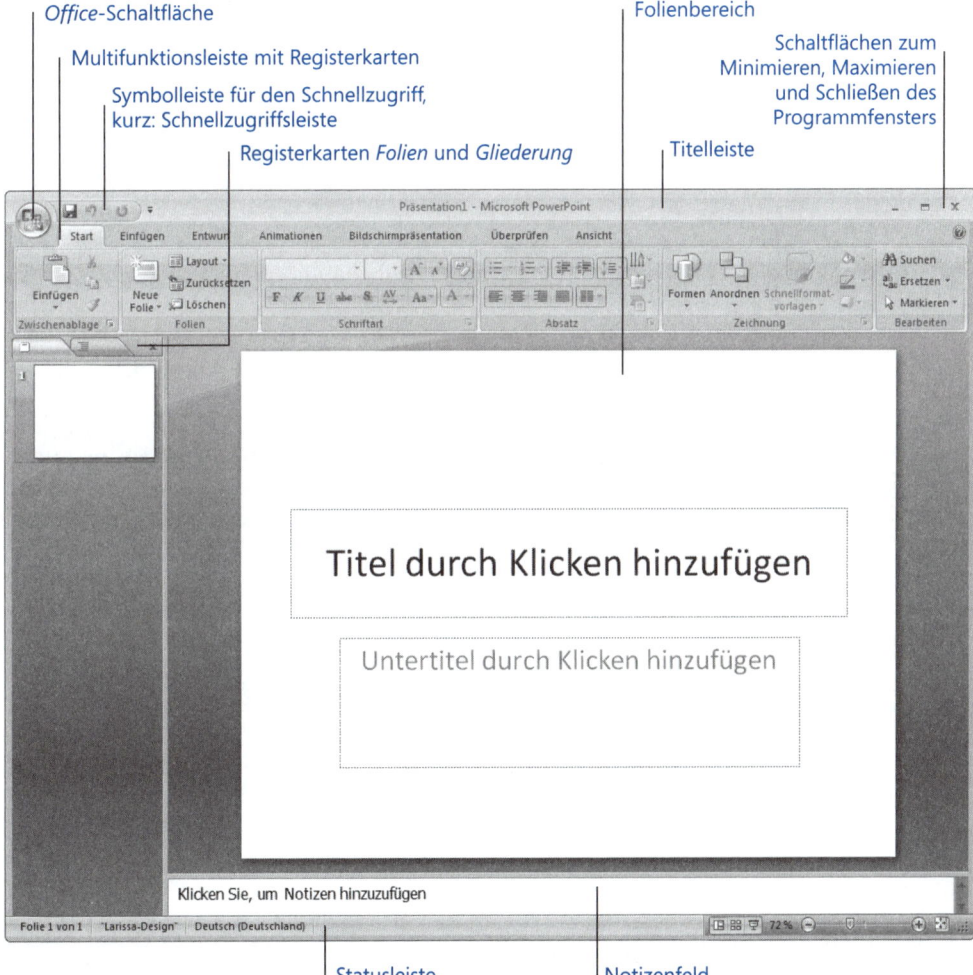

Die Multifunktionsleiste: dynamisch und kontextbezogen

An die Stelle der Menüs früherer Programmversionen ist die Multifunktionsleiste getreten. Sie stellt in nach Aufgaben gegliederten Registerkarten jeweils die Programmbefehle bereit, die Sie zum Bearbeiten der Präsentation gerade brauchen.

Dynamische Anpassung an das Programmfenster

Wie die Multifunktionsleiste auf Ihrem Bildschirm im Detail aussieht, hängt davon ab, in welcher Größe Sie das PowerPoint-Fenster geöffnet haben bzw. welche Bildschirmauflösung Sie verwenden.

Denn die Multifunktionsleiste verhält sich wie ein dehnbares Band: Je mehr Platz zur Verfügung steht, desto mehr Schaltflächen werden unmittelbar auf der Multifunktionsleiste angezeigt und desto ausführlicher ist ihre Beschriftung.

Abbildg. 3.3   Die Multifunktionsleiste in voller Breite bei einer Bildschirmauflösung ab 1280 x 1024

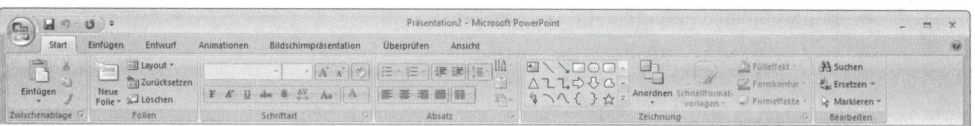

HINWEIS   Mit der Bildschirmauflösung wird die Zahl der Pixel (Bildpunkte) angegeben, die Ihr Monitor in der Breite und Höhe anzeigt. Bei höherer Bildschirmauflösung erscheint die Bildschirmanzeige schärfer, gleichzeitig ist die Anzeige der Elemente der Benutzeroberfläche kleiner. Dadurch können auf ein- und demselben Bildschirm bei einer hohen Bildschirmauflösung mehr Elemente der Benutzeroberfläche auf der Multifunktionsleiste angezeigt werden als bei einer niedrigeren Auflösung.

Wenn Sie Abbildung 3.3 mit Abbildung 3.4 vergleichen, stellen Sie fest, dass in Abbildung 3.4 die Schaltflächen *Fülleffekt*, *Formkontur* und *Formeffekte* der Gruppe *Zeichnung* auf ihre Symbole ohne Beschriftung reduziert sind. Auch der Ausschnitt aus dem Formenkatalog ist nicht mehr in der Multifunktionsleiste zu sehen und wird erst per Klick auf die Schaltfläche *Formen* eingeblendet.

Abbildg. 3.4   Bei einer Auflösung von 1024 x 768 wird die Multifunktionsleiste komprimiert dargestellt

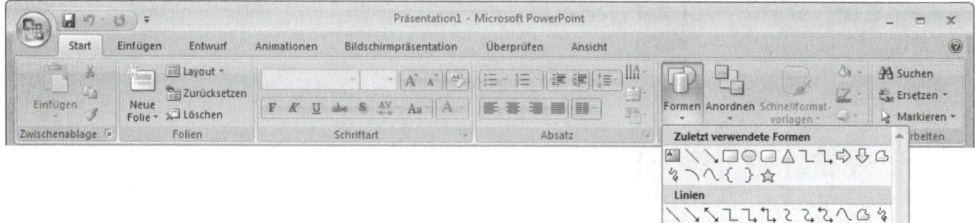

Steht noch weniger Platz zur Verfügung, wird die Multifunktionsleiste noch stärker zusammengeschoben wie in Abbildung 3.5 dargestellt:

- Die Schaltflächen der Gruppen *Schriftart* und *Absatz* werden in drei statt in zwei Zeilen untereinander angeordnet.

- An die Stelle der Schaltflächen *Suchen*, *Ersetzen* und *Markieren* ist eine *Gruppenschaltfläche* getreten. Dabei ist das Fernglas der Schaltfläche *Suchen* nur ein optischer Hinweis darauf, welche Befehle in der Gruppenschaltfläche hinterlegt sind. Per Klick auf das Pfeilsymbol wird nicht der Befehl *Suchen* ausgeführt, sondern ein Menü mit allen Befehlen der Gruppe *Bearbeiten* geöffnet.

Abbildg. 3.5 Bei starker Verkleinerung des Programmfensters bzw. niedriger Bildschirmauflösung (hier 800 x 600) wird die Multifunktionsleiste unübersichtlich und die Orientierung im Programm schwierig

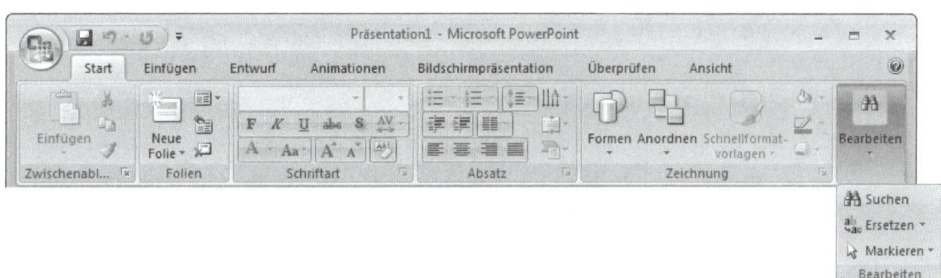

HINWEIS   Die Bildschirmfotos in diesem Buch haben wir vorwiegend bei einer Bildschirmauflösung von 1024 x 768 erstellt. Wenn Sie mit einer höheren Auflösung arbeiten, können Sie manche Programmbefehle direkt in der Multifunktionsleiste aufrufen, während im Buch eine Klickreihenfolge beschrieben ist.

Kontextbezogene Erweiterung um zusätzliche Programmbefehle

Eines der Ziele der neuen Benutzeroberfläche von PowerPoint 2007 ist die übersichtlichere und einfachere Bedienung des Programms. Aus diesem Grund werden Programmfunktionen, die Sie nur in ganz bestimmten Situationen benötigen, auch nur dann angezeigt, wenn diese Situation gegeben ist.

Haben Sie beispielsweise eine *Form* auf die Folie gezeichnet, blendet PowerPoint in der Multifunktionsleiste zusätzlich die Registerkarte *Format* der *Zeichentools* ein. Sie steht nur zur Verfügung, solange die Form auf der Folie markiert ist.

Abbildg. 3.6 Die Registerkarte *Format* der *Zeichentools* enthält weitergehende Formatierungsoptionen für *Formen* als die Registerkarte *Start*

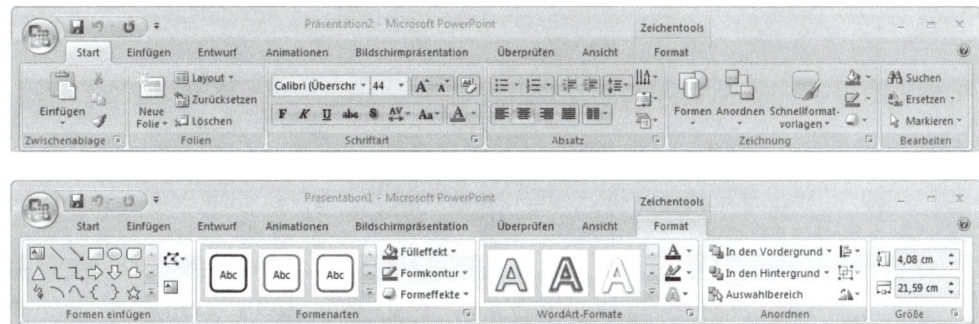

Nach dem Zeichnen der Form lässt Ihnen PowerPoint zunächst die Wahl, ob Sie Formen mit den Befehlen der Gruppe *Zeichnung* auf der Registerkarte *Start* formatieren oder die flexibleren Formatierungsmöglichkeiten der Registerkarte *Format* nutzen.

Haben Sie die Registerkarte *Format* aktiviert, müssen Sie zum Einfügen weiterer Formen nicht zur Registerkarte *Start* zurückkehren: Die Registerkarte *Format* enthält auf ihrer linken Seite in der Gruppe *Formen einfügen* ebenfalls den Formenkatalog.

Dies ist ein weitere Neuerung in Office 2007: Die bisher strenge Zuordnung eines Programmbefehls zu einem bestimmten Menü bzw. Oberbegriff ist aufgehoben. Stattdessen sind häufig benötigte Befehle an mehreren Stellen der Benutzeroberfläche hinterlegt mit dem Ziel, dass Sie ohne viel zu klicken genau die Programmfunktionen finden, die Sie gerade benötigen.

Die Office-Schaltfläche

Ebenfalls Bestandteil der Multifunktionsleiste, im Gegensatz zu den Registerkarten aber jederzeit verfügbar, ist die runde *Office-Schaltfläche* (siehe Abbildung 3.7). Sie ersetzt das *Datei-Menü* früherer Versionen.

Abbildg. 3.7 Per Klick auf die *Office-Schaltfläche* rufen Sie die Programmbefehle zum Öffnen, Speichern, Drucken und Bearbeiten von Voreinstellungen auf

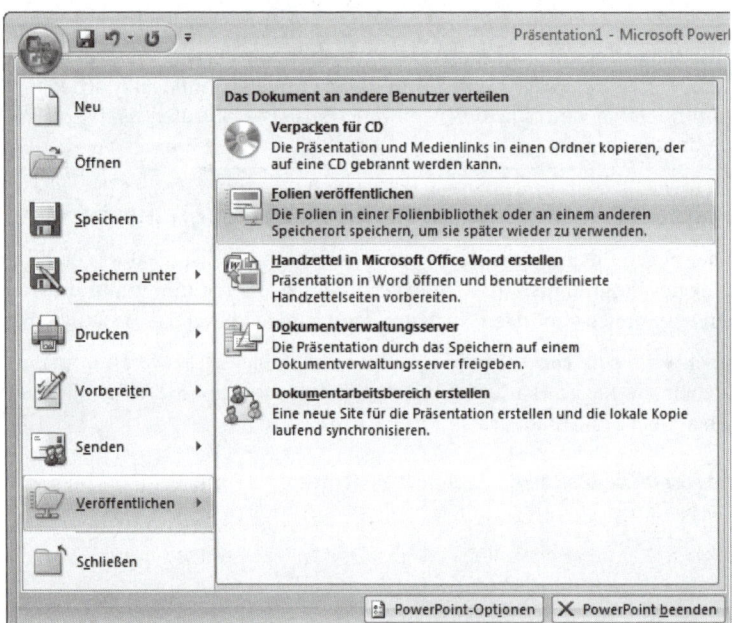

Die Multifunktionsleiste im Überblick

Zu Ihrer einfacheren Orientierung in PowerPoint 2007 hier eine Übersicht, wie die Standardregisterkarten aufgebaut sind:

- Auf der Registerkarte *Start* finden Sie Schaltflächen zum Einfügen von Folien, Formatieren von Schrift und Absätzen, Einfügen und Formatieren von Formen, die Zwischenablage sowie die Befehle *Suchen*, *Ersetzen* und *Markieren*.

- Die Registerkarte *Einfügen* enthält die Befehle zum Einfügen von Folienobjekten – nicht von Folien! – einschließlich Kopf- und Fußzeile sowie Hyperlinks und Aktionen.

- Mit den Optionen auf der Registerkarte *Entwurf* richten Sie das Seitenformat der Präsentation ein und wählen das Design aus.

- Die Registerkarte *Animationen* enthält die Befehle zum Einrichten von Folienübergängen sowie zum Festlegen von *Benutzerdefinierten Animationen*.

- Auf der Registerkarte *Bildschirmpräsentation* nehmen Sie alle Einstellungen für die Wiedergabe der Bildschirmpräsentation vor.

- Die Registerkarte *Überprüfen* enthält die Befehle für die Rechtschreibprüfung, den Thesaurus, die Kommentarfunktionen sowie die Verwaltung von Benutzerrechten.

- Über die Registerkarte *Ansicht* wählen Sie die Präsentationsansicht, blenden *Lineal* und *Gitternetzlinien* ein und aus und ordnen mehrere Programmfenster an.

- Per Klick auf die blaue Schaltfläche mit Fragezeichen am rechten Rand der Multifunktionsleiste rufen Sie die Hilfe auf.

Alle weiteren Programmbefehle zum Bearbeiten von Grafiken, SmartArt, Diagrammen, Tabellen und Multimedia sind in zusätzlichen Registerkarten hinterlegt, die nur dann in der Multifunktionsleiste angezeigt werden, wenn auf der Folie ein entsprechendes Objekt markiert ist.

Gruppen, Schaltflächen und Befehle

Wiederum thematisch zusammengefasst sind auch die Schaltflächen einer Registerkarte in Gruppen angeordnet.

Enthält eine solche Gruppe ein Pfeilsymbol in der rechten unteren Ecke, wird per Klick auf das Symbol ein Dialogfeld geöffnet.

Abbildg. 3.8   Das Pfeilsymbol unten rechts in einer Gruppe reagiert wie eine Schaltfläche mit einer farblichen Hervorhebung, sobald Sie mit der Maus darauf zeigen. Es wird als *Startprogramm für ein Dialogfeld*, kurz *Dialogfeldstarter* bezeichnet.

Per Klick auf eine Schaltfläche führen Sie entweder einen vordefinierten Programmbefehl aus oder öffnen zunächst einen Katalog oder ein Dialogfeld, in dem Sie weitere Einstellungen vornehmen. Wie eine Schaltfläche beim Anklicken reagiert bzw. ob und welche Optionen sie bietet, erkennen Sie an ihrem Aussehen:

Einfache Schaltflächen führen per Mausklick einen vordefinierten Befehl aus, ohne dass Sie weitere Einstellungen vornehmen können oder müssen.

Schaltflächen mit Pfeil öffnen Kataloge oder Listen, aus denen Sie wählen müssen, mit welcher Einstellung der Befehl ausgeführt wird.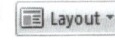

Ist eine Schaltfläche mit Pfeil dagegen zweigeteilt, haben Sie die Wahl: Ein Klick auf das Symbol führt den Befehl in der zuletzt gewählten Einstellung aus. Per Klick auf den Pfeil treffen Sie eine Auswahl.

QuickInfos und Tastenkombinationen

Office 2007 setzt deutlich stärker auf visuelle Komponenten der Benutzeroberfläche als frühere Programmversionen. Wenn Sie PowerPoint bereits aus früheren Versionen kennen, werden Ihnen allerdings die meisten Symbole schon vertraut sein. Zusätzlich unterstützt PowerPoint Sie mit sogenannten QuickInfos bei der Orientierung im Programm. Sie werden angezeigt, sobald Sie mit dem Mauszeiger auf eine Schaltfläche zeigen.

Abbildg. 3.9 QuickInfos zeigen den Namen einer Schaltfläche, ihre Funktion und – sofern verfügbar – auch die Tastenkombination, mit der der Befehl per Tastatur ausgeführt werden kann

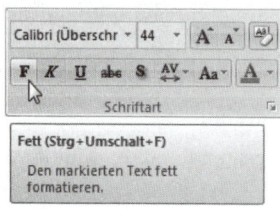

HINWEIS Wenn auf Ihrem Rechner QuickInfos oder Tastenkombinationen nicht angezeigt werden, ist ihre Anzeige deaktiviert. Um diese Informationen einzublenden, rufen Sie über die *Office-Schaltfläche* die *PowerPoint-Optionen* auf. Wählen Sie unter *Häufig verwendet* als Quick-Info-Format die Einstellung *Featurebeschreibungen in QuickInfos anzeigen*.

Programmbefehle per Tastenkombination ausführen

Schneller als über die Multifunktionsleiste rufen Sie Programmbefehle per Tastatur auf. Hier die gute Nachricht für Umsteiger: Die meisten Tastenkombinationen aus früheren Programmversionen funktionieren auch in PowerPoint 2007.

Wenn Sie bisher nicht mit Tastenkombinationen gearbeitet haben: Achten Sie auf die Angaben in den QuickInfos und eignen Sie sich nach und nach für häufig benötigte Programmbefehle die Tastenkombination an. Haben Sie sich erst einmal an diese Art der Programmbedienung gewöhnt, werden Sie kaum noch darauf verzichten wollen.

Und so führen Sie Tastenkombinationen aus:

- Um markierten Text wie in Abbildung 3.9 per Tastatur in Fett zu formatieren, halten Sie zunächst die ⌨Strg-Taste gedrückt. Als Nächstes drücken Sie zusätzlich die ⌨⇧-Taste und halten diese ebenfalls gedrückt. Zum Schluss drücken Sie die ⌨F-Taste und lassen dann alle drei Tasten wieder los.

HINWEIS Eine Übersicht der Tastenkombinationen in PowerPoint 2007 finden Sie im Anhang.

Die Multifunktionsleiste per Zugriffstasten bedienen

Neu Alternativ und ergänzend zu Maus, Tastenkombinationen und Touchpad können Sie die Registerkarten und Befehle der Multifunktionsleiste auch über Zugriffstasten aufrufen:

1. Drücken Sie die ⌨Alt-Taste. PowerPoint blendet daraufhin die Zugriffstasten für die Registerkarten unter der Beschriftung der Registerkarten ein (siehe Abbildung 3.10).

Abbildg. 3.10   Die Multifunktionsleiste mit Zugriffstasten

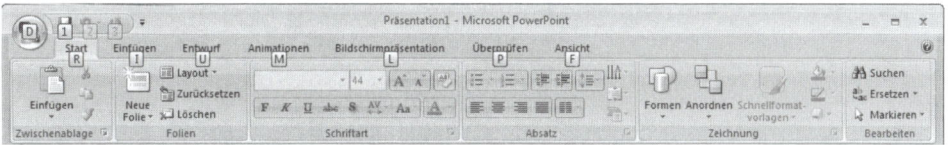

2. Drücken Sie beispielsweise die ⌶-Taste, um die Registerkarte *Einfügen* aufzurufen.

3. Rufen Sie über Ⓦ den WordArt-Katalog auf. Navigieren Sie im Katalog mithilfe der Richtungstasten der Tastatur zum gewünschten Format und bestätigen Sie Ihre Auswahl mit der ⏎-Taste.

4. PowerPoint wechselt nach der Auswahl des WordArt-Formats automatisch zur Registerkarte *Format* der *Zeichentools*. Drücken Sie dort erneut die Alt-Taste, um die Zugriffstasten einzublenden.

5. Drücken Sie Ⓙ, Ⓓ für *Format*. PowerPoint blendet daraufhin die Zugriffstasten für die Schaltflächen und Dialogfeldstarter der Registerkarte *Format* ein (siehe Abbildung 3.11).

Abbildg. 3.11   Die Registerkarte *Format* mit Zugriffstasten für Schaltflächen und Dialogfeldstarter

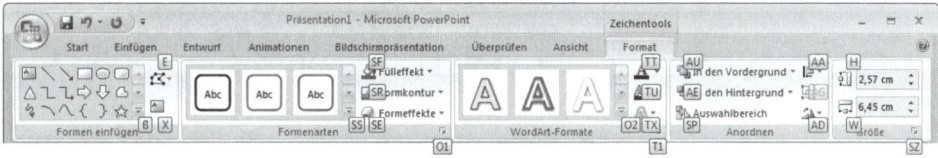

6. Drücken Sie beispielsweise Ⓢ, Ⓩ, um das Dialogfeld der Gruppe *Größe und Position* aufzurufen.

Dialogfelder und Kataloge

Neben den bereits aus früheren Versionen bekannten Dialogfeldern stellt PowerPoint 2007 zum Formatieren von Objekten ein Dialogfeld mit neuen Funktionen zur Verfügung.

In Dialogfeldern wie dem Dialogfeld *Schriftart* in Abbildung 3.12 vorgenommene Einstellungen werden erst per Klick auf *OK* auf die Folie übernommen. Klicken Sie auf *Abbrechen*, wird die Folie nicht geändert.

Dialogfelder zum Formatieren von Folienobjekten verfügen dagegen nur über die Schaltfläche *Schließen*. Alle Änderungen der Einstellungen werden sofort auf der Folie übernommen. Dadurch können Sie bereits während der Bearbeitung von Einstellungen beurteilen, wie sich diese auf der Folie auswirken. Sind Sie mit Ihren Änderungen nicht zufrieden, nehmen Sie sie per Klick auf *Rückgängig* in der Schnellzugriffsleiste zurück.

Dialogfelder zum Formatieren können geöffnet bleiben, während Sie ein anderes Objekt auf der Folie markieren. Sie können also mehrere Objekte nacheinander formatieren, ohne das Dialogfeld jedes Mal erneut aufrufen zu müssen. PowerPoint erkennt das markierte Objekt und stellt im Dialogfeld die passenden Formatierungsoptionen zur Verfügung.

Abbildg. 3.12 Links das Dialogfeld *Form formatieren* mit Kategorien, rechts das Dialogfeld *Schriftart* mit Registerkarten und den Schaltflächen *OK* und *Abbrechen*

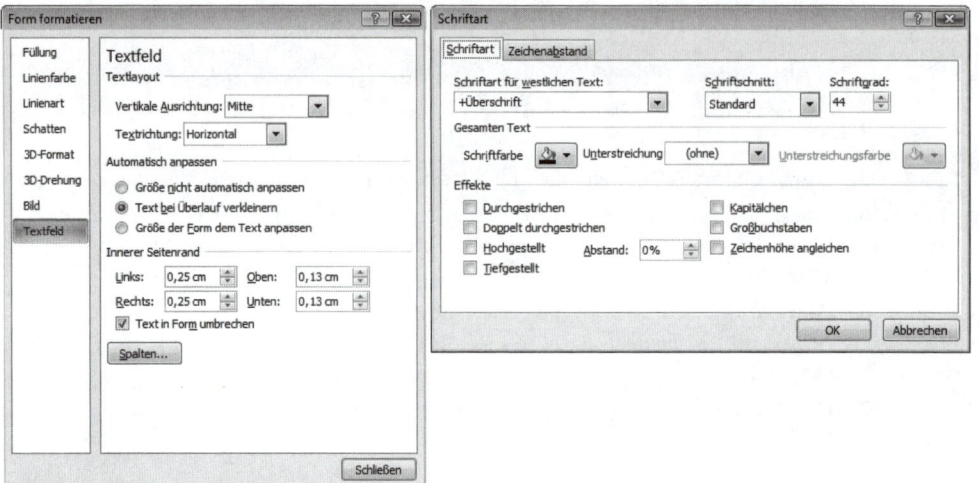

Eine weitere Neuerung in PowerPoint 2007 stellen die Kataloge mit den Miniaturansichten ihrer Formatoptionen dar (siehe Abbildung 3.13).

Abbildg. 3.13 Kataloge enthalten Miniaturansichten der Auswahl, die sie zur Verfügung stellen

Kataloge, die grafische Voreinstellungen wie z.B. Schatten- oder 3D-Effekte bereitstellen, verfügen in der Regel auch über eine Livevorschau. Sobald Sie mit der Maus auf eine Miniaturansicht zeigen, wird die Folie mit der gewählten Formatierung angezeigt. So können Sie mehrere Einstellungen miteinander vergleichen und erst dann per Mausklick das gewünschte Format auf die Folie oder ein Objekt anwenden.

Aufgabenbereiche

Einige Programmfunktionen wie das Einrichten von Animationen werden durch Aufgabenbereiche ergänzt, die neben Programmbefehlen in der Regel auch eine Liste der bearbeiteten Objekte enthalten. Per Klick auf das X in der Titelleiste des Aufgabenbereichs schließen Sie den Bereich, wenn Sie ihn nicht mehr benötigen.

Abbildg. 3.14 Aufgabenbereiche, hier die *Zwischenablage* und *Benutzerdefinierte Animation*, werden am linken oder rechten Rand des Programmfensters angezeigt

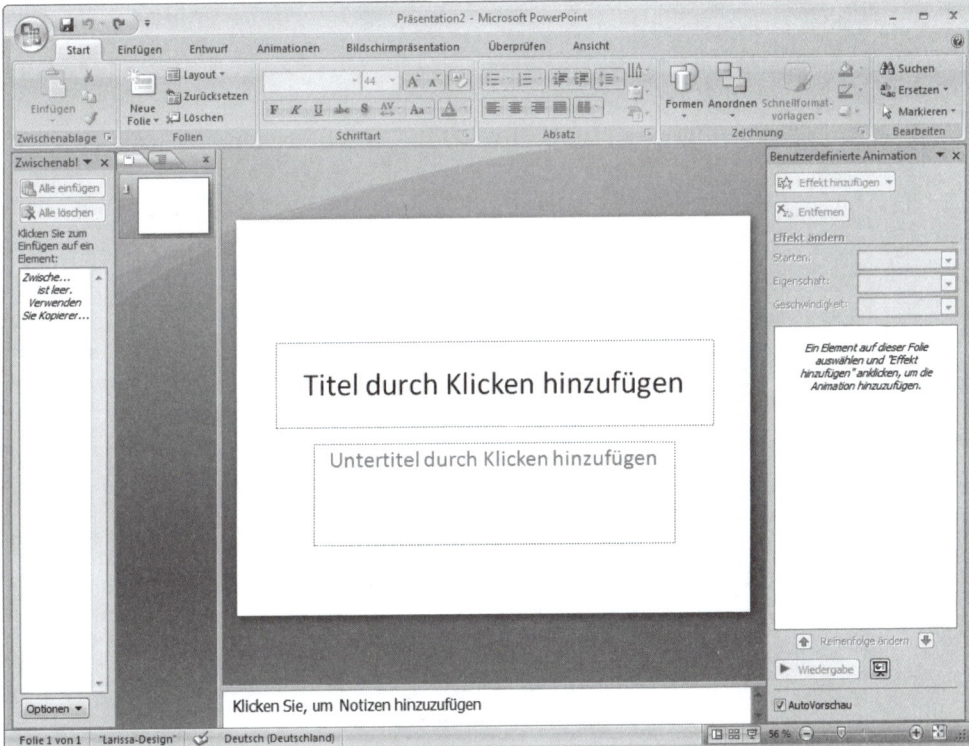

Kontextmenüs und Minisymbolleiste

Neben Tastenkombinationen ist das Kontextmenü ein weiteres Programmelement, das Ihre Arbeit mit PowerPoint deutlich beschleunigt. Es wird per Klick mit der rechten Maustaste in ein Objekt aufgerufen und enthält eine Auswahl von Programmbefehlen, mit denen das markierte Objekt bearbeitet werden kann. Dabei kommt es ganz entscheidend darauf an, wie Sie die Markierung vornehmen. Abbildung 3.15 stellt das Kontextmenü eines markierten Absatzes im Platzhalter dem Kontextmenü des Platzhalters gegenüber.

> **HINWEIS** Das Markieren von Objekten ist in Kapitel 4 ausführlich beschrieben.

Abbildg. 3.15 Das Kontextmenü eines markierten Absatzes im Platzhalter (links) enthält eine größere Auswahl an Befehlen als das Kontextmenü des Platzhalters selbst (rechts)

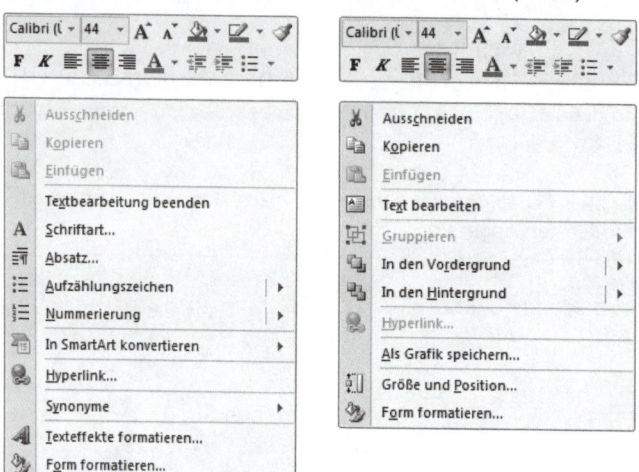

Beim oberen Teil der in Abbildung 3.15 gezeigten Kontextmenüs handelt es sich um die sogenannte *Minisymbolleiste*. Wenn Sie die Voreinstellungen in den *PowerPoint-Optionen* nicht geändert haben, wird sie automatisch eingeblendet, sobald Sie Text markieren. Dabei erscheint sie zunächst transparent auf der Programmoberfläche und wird erst dann vollständig angezeigt, wenn Sie mit der Maus darauf zeigen. Über die *Minisymbolleiste* können Sie Text jederzeit formatieren, ohne zuerst die Registerkarte *Start* aufzurufen.

Wie bei den Schaltflächen der Multifunktionsleiste erkennen Sie auch an der Gestaltung der Befehle in Katalogen und Kontextmenüs, ob ein Befehl einfach ausgeführt wird oder weitere Optionen bietet:

■ Einfache Befehle wie *Ausschneiden* oder *Kopieren* (siehe Abbildung 3.15) führen nach Anklicken den angegebenen Befehl sofort aus.

■ Enthält ein Befehl einen Pfeil wie z.B. *Gruppieren*, wird automatisch ein Untermenü geöffnet, sobald Sie mit der Maus auf den Eintrag zeigen oder klicken. Hier müssen Sie eine Auswahl vornehmen, der Befehl kann nicht unmittelbar ausgeführt werden.

■ Sind Befehl und Pfeil wie bei *In den Hintergrund* durch eine vertikale Linie getrennt, können Sie entweder per Mausklick den Befehl unmittelbar ausführen oder im Untermenü wählen, ob das Objekt im Hintergrund angeordnet oder nur eine Ebene nach hinten verschoben wird.

■ Enthält ein Befehl drei Punkte wie beispielsweise *Objekt formatieren*, müssen Sie klicken, um ein Dialogfeld aufzurufen, in dem Sie weitere Einstellungen vornehmen.

Titelleiste und Symbolleiste für den Schnellzugriff

Oberhalb der Multifunktionsleiste befinden sich die Schnellzugriffsleiste, die Titelleiste mit dem Namen der Präsentation sowie die Schaltflächen zum Minimieren, Maximieren und Schließen des Programmfensters (siehe Abbildung 3.16).

Abbildg. 3.16   Neben der *Office-Schaltfläche* sind die Schnellzugriffsleiste und die Titelleiste angeordnet

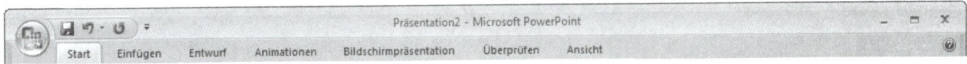

Die Schnellzugriffsleiste

Anders als bei den Schaltflächen auf den Registerkarten haben Sie auf die Befehle der Schnellzugriffsleiste immer direkten Zugriff. Sie ist auch der einzige Bestandteil der Oberfläche von PowerPoint 2007, den Sie an Ihre Erfordernisse anpassen können. Mehr dazu lesen Sie im Abschnitt »PowerPoint anpassen und optimieren« weiter hinten in diesem Kapitel.

In der Voreinstellung enthält die Schnellzugriffsleiste die Befehle *Speichern*, *Rückgängig* sowie *Wiederholen* bzw. *Wiederherstellen*.

 Haben Sie einen Befehl ausgeführt, steht die Schaltfläche *Wiederholen* zur Verfügung, um den gleichen Befehl ein- oder mehrmals zu wiederholen.

 Haben Sie dagegen einen Befehl über *Rückgängig* zurückgenommen, wird anstelle von *Wiederholen* die Schaltfläche *Wiederherstellen* eingeblendet.

Der Titel der Präsentation

Präsentationen, die Sie noch nicht gespeichert haben, benennt PowerPoint in der Titelleiste mit *Präsentation1*, *Präsentation2* usw. Nach dem Speichern wird in der Titelleiste der Dateiname angezeigt.

Die Schaltflächen zum Anpassen des Programmfensters

 Über *Minimieren* schließen Sie das Programmfenster, ohne PowerPoint zu beenden. Um PowerPoint wieder zu öffnen, klicken Sie auf das entsprechende Symbol in der Taskleiste.

 Die mittlere der drei Fensterschaltflächen passt ihr Aussehen und ihre Funktion an den Programmstatus an. Ist das Programmfenster vollständig geöffnet, wird die Schaltfläche *Verkleinern* angezeigt.

 Ist das Fenster verkleinert, steht die Schaltfläche *Maximieren* zur Verfügung, die das Programmfenster wieder auf seine volle Größe öffnet.

 Per Klick auf das X schließen Sie die aktuelle Präsentation. Ist keine weitere Präsentation geöffnet, wird gleichzeitig auch PowerPoint beendet.

Die Registerkarten *Folien* und *Gliederung*

Im Bereich der Registerkarten *Folien* und *Gliederung* auf der linken Seite neben dem Folienbereich haben Sie die Wahl, ob Sie Miniaturansichten Ihrer Folien in der Registerkarte *Folien* oder den Folientext in der Registerkarte *Gliederung* anzeigen.

Abbildg. 3.17   Durch Verschieben der Teilungsleisten passen Sie die Oberfläche von PowerPoint an

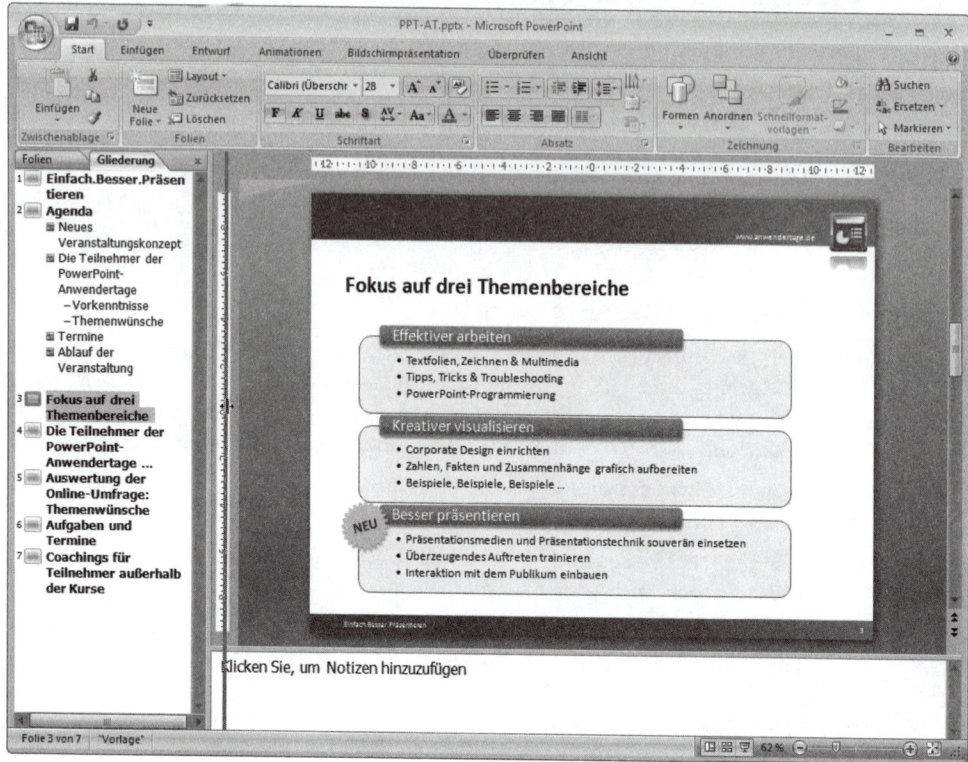

Wenn Sie PowerPoint auch zur Konzeption von Präsentationen einsetzen, können Sie durch Ziehen an der Teilungsleiste zwischen Gliederungsansicht und Folienbereich die Gliederungsansicht vergrößern, um die Stichpunkte für Ihr Präsentationskonzept direkt in der Gliederungsansicht statt auf der Folie einzugeben (siehe Abbildung 3.17). Mehr zum Umgang mit der Gliederungsansicht lesen Sie in Kapitel 10.

Notizenfeld

Unterhalb des Folienbereichs befindet sich das Notizenfeld, in dem Sie Bearbeitungshinweise oder Vortragsnotizen hinterlegen können.

Auch die Größe des Notizenausschnitts können Sie durch Verschieben der Teilungsleiste beliebig anpassen.

Noch komfortabler bearbeiten Sie Ihre Notizen, wenn Sie über die Registerkarte *Ansicht* die *Notizenseite* aufrufen.

Statusleiste

Die Statusleiste am unteren Rand des Programmfensters enthält Informationen zur Präsentation sowie Schaltflächen zum Anpassen und Wechseln der Ansicht.

Über das Kontextmenü der Statusleiste können Sie wählen, welche Informationen und Steuerelemente angezeigt werden sollen.

Abbildg. 3.18 Per Klick mit der rechten Maustaste auf die Statusleiste rufen Sie ihr Kontextmenü auf

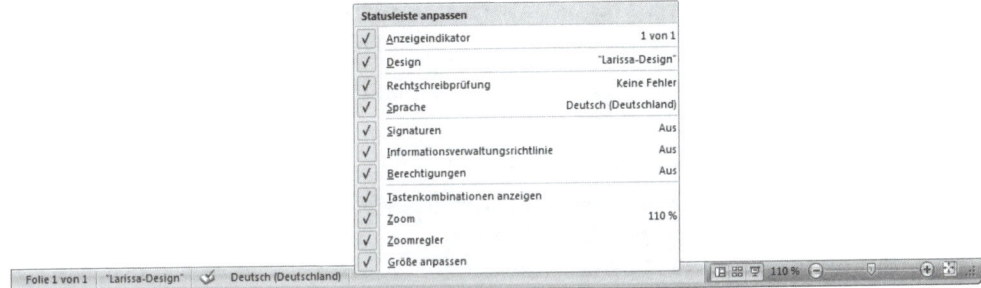

Die Steuerelemente der Programmoberfläche

Ergänzend zu den Schaltflächen der Multifunktionsleiste verwendet PowerPoint sowohl für die Programmoberfläche als auch in Katalogen und Dialogfeldern Steuerelemente, mit denen Sie das Programm bedienen und Eingaben vornehmen. Die Funktion solcher Steuerelemente ist immer gleich, unabhängig davon, an welcher Stelle im Programm sie sich befinden.

Bildlaufleiste und Bildlaufpfeile begegnen Ihnen immer dann, wenn ein Bereich der Oberfläche nicht vollständig angezeigt werden kann. Per Klick auf die Pfeile nach oben oder unten verschieben Sie schrittweise den sichtbaren Ausschnitt.

Durch Ziehen des Bildlauffeldes in der Leiste wird der sichtbare Ausschnitt interaktiv verschoben.

Listenfelder in Dialogfeldern und Katalogen sind durch einen Pfeil nach unten 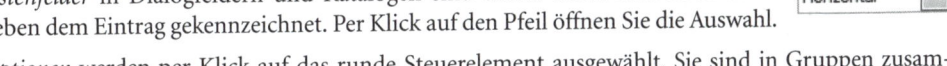 neben dem Eintrag gekennzeichnet. Per Klick auf den Pfeil öffnen Sie die Auswahl.

Optionen werden per Klick auf das runde Steuerelement ausgewählt. Sie sind in Gruppen zusammengefasst, wobei innerhalb einer Gruppe immer nur eine Option ausgewählt werden kann. Die aktive Option ist mit einem Punkt im Steuerelement gekennzeichnet.

Kontrollkästchen werden wie Optionen durch Anklicken aktiviert und zeigen dann ein Häkchen. Anders als bei Optionen können mehrere Kontrollkästchen gleichzeitig innerhalb einer Gruppe aktiviert werden.

Die Werte in *Eingabefeldern* reduzieren bzw. erhöhen Sie entweder schrittweise per  Klick auf die Pfeile der *Drehfelder* oder durch Überschreiben des vorgegebenen Wertes im *Eingabefeld*.

Schließlich enthalten auch Dialogfelder *Schaltflächen*, über die Sie weitere Programmfunktionen aufrufen.

PowerPoint anpassen und optimieren

PowerPoint verfügt über eine ganze Reihe von Automatismen wie die Großschreibung des ersten Wortes in einer Aufzählung oder die Rechtschreibprüfung während der Eingabe. Hier die Anleitung, wie Sie diese und andere Voreinstellungen für Ihre Arbeit mit PowerPoint optimieren und die Programmoberfläche anpassen:

Die Oberfläche von PowerPoint anpassen

Neu

Die PowerPoint-Optionen finden Sie in PowerPoint 2007 im sogenannten *Office-Menü*. Klicken Sie auf die *Office-Schaltfläche* und dann auf *PowerPoint-Optionen* am rechten unteren Rand des daraufhin angezeigten Menüs.

Überprüfen Sie zunächst in der Rubrik *Häufig verwendet* die Voreinstellungen:

- Wenn es Sie stört, dass PowerPoint beim Markieren von Text automatisch die *Minisymbolleiste* einblendet, entfernen Sie das Häkchen vor *Minisymbolleiste für die Auswahl anzeigen*. Rufen Sie stattdessen per Klick mit der rechten Maustaste die *Minisymbolleiste* zusammen mit dem Kontextmenü dann auf, wenn Sie sie tatsächlich benötigen.

> **TIPP** In der Voreinstellung markiert PowerPoint beim Markieren automatisch das ganze Wort. Diese Einstellung ist praktisch, wenn Sie schnell Text formatieren möchten. Wenn Sie jedoch häufig nur einzelne Zeichen markieren möchten, um diese hoch oder tief zu stellen, ist die Funktion unpraktisch. In der Kategorie *Erweitert* der *PowerPoint-Optionen* schalten Sie die automatische Wortmarkierung aus, indem Sie unter *Bearbeitungsoptionen* das Häkchen vor *Beim Markieren automatisch ganzes Wort markieren* entfernen.

- Die Option *Livevorschau aktivieren* sollten Sie unbedingt nutzen. Denn dann werden Designs, Grafikformate und Schnellformatvorlagen in einer Vorschau auf der Folie angezeigt, sobald sich der Mauszeiger über einer Miniaturansicht im Katalog befindet. Endgültig zugewiesen wird Ihre Auswahl jedoch erst per Mausklick, sodass Sie mühelos mehrere Einstellungen miteinander vergleichen können, bevor Sie sich für eine Einstellung entscheiden.

- Unter *Farbschema* können Sie wählen, ob die Oberfläche von PowerPoint in *Blau*, *Silber* oder *Schwarz* angezeigt wird.

- Wählen Sie im Listenfeld *QuickInfo-Format* die Einstellung *Featurebeschreibungen in QuickInfos anzeigen*. Dann blendet PowerPoint zu den Schaltflächen der Multifunktionsleiste eine Beschreibung des Programmbefehls ein und ggf. auch die Tastenkombination, mit der der Befehl per Tastatur aufgerufen werden kann.

Flash-Filme in PowerPoint importieren

Nicht nur für Programmierer von Bedeutung ist die Option *Entwicklerregisterkarte in der Multifunktionsleiste anzeigen*. Denn die Entwicklerregisterkarte – in der Multifunktionsleiste wird sie als *Entwicklertools* angezeigt – enthält die Schaltfläche *Weitere Steuerelemente*, die Sie zum Einfügen von Flash-Filmen benötigen. Mehr zu Flash lesen Sie in Teil E.

Die Schnellzugriffsleiste erweitern

In PowerPoint 2007 ersetzt die Schnellzugriffsleiste die benutzerdefinierten Symbolleisten aus früheren Programmversionen. In dieser Leiste können Sie Schaltflächen ablegen, auf die Sie unabhängig von der gerade aktiven Registerkarte immer direkten Zugriff haben möchten. Hier der einfache, schnelle Weg:

- Um der Schnellzugriffsleiste einen Befehl der Multifunktionsleiste hinzuzufügen, genügt ein Klick mit der rechten Maustaste auf die betreffende Schaltfläche in der Multifunktionsleiste. Wählen Sie dann im Kontextmenü den Eintrag *Zu Symbolleiste für den Schnellzugriff hinzufügen*.

- Um eine Schaltfläche aus der Schnellzugriffsleiste zu entfernen, klicken Sie mit der rechten Maustaste auf die Schaltfläche in der Schnellzugriffsleiste und wählen dann *Aus Symbolleiste für den Schnellzugriff entfernen*.

Die Schnellzugriffsleiste organisieren

Flexibler passen Sie die Schnellzugriffsleiste über die *PowerPoint-Optionen* an:

1. Wechseln Sie in den *PowerPoint-Optionen* zur Rubrik *Anpassen*.
2. Entscheiden Sie im Listenfeld *Symbolleiste für den Schnellzugriff anpassen* auf der rechten Seite des Dialogfeldes zunächst, ob Sie die Schnellzugriffsleiste nur für die aktuelle Präsentation oder für alle Präsentationen anpassen möchten.
3. Öffnen Sie dann das Dropdown-Listenfeld *Befehle auswählen* und wählen Sie die Registerkarte oder die Befehlsgruppe, die den gesuchten Befehl enthält.

> **TIPP**   Über die *PowerPoint-Optionen* können Sie auch Makros in der Schnellzugriffsleiste hinterlegen bzw. solche Befehle, die nicht auf den Registerkarten der Multifunktionsleiste enthalten sind.

4. Markieren Sie einen Befehl im Listenfeld und klicken Sie auf *Hinzufügen*. Der ausgewählte Befehl wird daraufhin auf der rechten Seite des Dialogfeldes angezeigt.
5. Passen Sie als Nächstes die Reihenfolge an, in der die ausgewählten Schaltflächen in der Schnellzugriffsleiste angezeigt werden. Markieren Sie dazu einen Eintrag in der Liste auf der rechten Seite des Dialogfeldes und verschieben Sie ihn per Klick auf die Pfeiltasten in der Liste an eine andere Position.
6. Fassen Sie zum Schluss mithilfe von *Trennzeichen* thematisch zusammengehörende und nebeneinander auf der Schnellzugriffsleiste liegende Schaltflächen zu Gruppen zusammen:

   - Markieren Sie dazu in der Liste auf der rechten Seite des Dialogfeldes den Eintrag, nach dem ein *Trennzeichen* eingefügt werden soll.

   - Klicken Sie in der Liste auf der linken Seite auf *Trennzeichen* und anschließend auf *Hinzufügen*.

Abbildg. 3.19 In den *PowerPoint-Optionen* finden Sie auch Befehle, die die Multifunktionsleiste nicht anzeigt

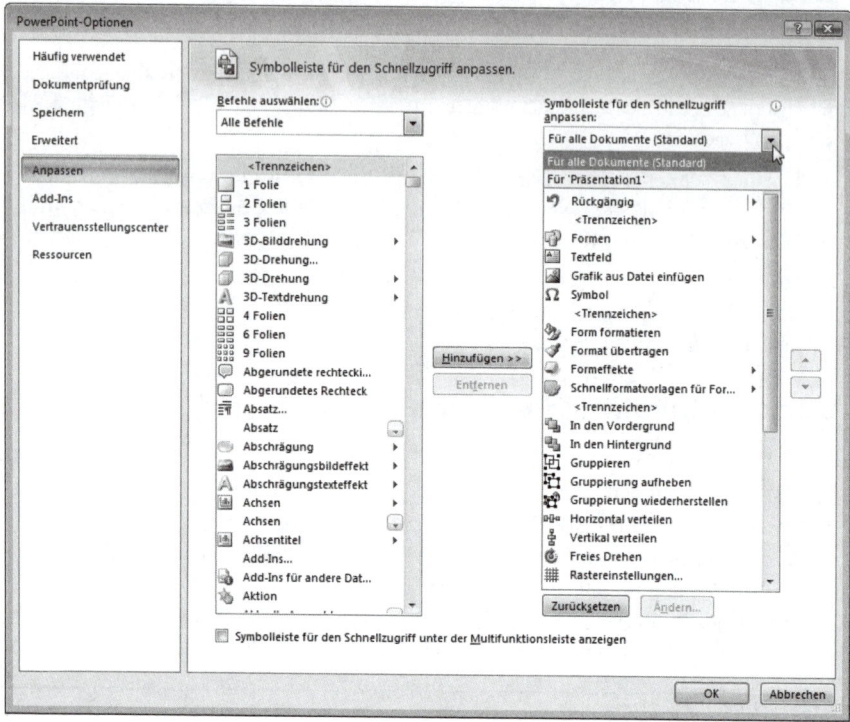

Abbildg. 3.20 Durch die erweiterte Schnellzugriffsleiste wird der Titel der Präsentation verkürzt dargestellt. Vertikale Linien als Trennzeichen unterteilen die Symbole in der Schnellzugriffsleiste in Gruppen.

7. Um Ihre Schnellzugriffsleiste wieder in der Voreinstellung zum Zeitpunkt der Installation anzuzeigen, klicken Sie auf *Zurücksetzen*.

ACHTUNG   Beim Hinzufügen von Schaltflächen zur Schnellzugriffsleiste wird zunächst der Titel der Präsentation in der Menüleiste verkürzt, damit die erweiterte Schnellzugriffsleiste vollständig angezeigt werden kann. Sobald Sie auf der Folie aber ein Objekt einfügen oder markieren, das zusätzliche Registerkarten verwendet, endet die Anzeige der Schnellzugriffsleiste auf Höhe dieser zusätzlichen Registerkarte. Abbildung 3.21 zeigt die verkürzte Schnellzugriffsleiste. Nicht sichtbare Schaltflächen stehen erst nach Klick auf den kleinen Pfeil am rechten Rand der Schnellzugriffsleiste wieder zur Verfügung.

Abbildg. 3.21 Sobald in der Multifunktionsleiste zusätzliche Registerkarten eingeblendet werden, wird die Schnellzugriffsleiste verkürzt. Per Klick auf den Doppelpfeil am rechten Rand blenden Sie nicht sichtbare Symbole ein.

TIPP   Wenn es Sie stört, dass kontextbezogene Registerkarten Ihre angepasste Schnellzugriffsleiste »abschneiden«, können Sie die Leiste auch unterhalb der Multifunktionsleiste
anordnen. Klicken Sie dazu mit der rechten Maustaste auf die Schnellzugriffsleiste und wählen
Sie im Kontextmenü *Symbolleiste für den Schnellzugriff unter der Multifunktionsleiste anzeigen*.

Die Einstellungen der Schnellzugriffsleiste sichern und auf andere Rechner übertragen

Wenn Sie die Schnellzugriffsleiste *Für alle Dokumente* angepasst haben, speichert PowerPoint Ihre
Einstellungen in der Datei *PowerPoint.qat*. In dieser Datei können Sie Ihre Einstellungen nicht nur
sichern, sondern auch auf andere Rechner übertragen, indem Sie die Datei kopieren und auf dem
anderen Rechner im richtigen Verzeichnis ablegen. Nach dem Neustart von PowerPoint steht dann
auch auf diesem Rechner Ihre angepasste Schnellzugriffsleiste zur Verfügung.

Unter Windows Vista wird die Datei *PowerPoint.qat* im Ordner *Laufwerk:\Users\Username\App-
Data\Local\Microsoft\Office* gespeichert. Wenn Sie PowerPoint 2007 unter Windows XP einsetzen,
ist die Datei im Ordner *Laufwerk:\Dokumente und Einstellungen\Username\Lokale Einstel-
lungen\Anwendungsdaten\Office* abgelegt.

Die Datei *PowerPoint.qat* ist eine Systemdatei und in den Voreinstellungen von Windows ausgeblendet. Um sie zu sehen, müssen Sie die *Ordneroptionen* im Windows-Explorer anpassen:

1. Rufen Sie in einem Ordnerfenster in der Menüleiste über *Extras* die *Ordneroptionen* auf.
2. Wechseln Sie zur Registerkarte *Ansicht*.
3. Entfernen Sie das Häkchen vor *Geschützte Systemdateien ausblenden*.
4. Scrollen Sie in der Liste nach unten und aktivieren Sie außerdem unter *Versteckte Dateien und
   Ordner* die Option *Alle Dateien und Ordner anzeigen*.

TIPP   Wenn unter Windows Vista die Menüleiste nicht angezeigt wird, blenden Sie
sie über *Organisieren/Layout/Menüleiste* ein.

HINWEIS   Haben Sie die Schnellzugriffsleiste nur für die aktuelle Datei angepasst, werden
Ihre Einstellungen in der PowerPoint-Datei gespeichert. Wenn Sie die Datei auf einem anderen
Rechner öffnen, steht Ihnen auch dort die angepasste Schnellzugriffsleiste zur Verfügung.

Rechtschreibung, AutoKorrektur und AutoFormat

Rufen Sie in den *PowerPoint-Optionen* die *Dokumentprüfung* auf. Hier legen Sie fest, welche Eingaben automatisch korrigiert und formatiert werden sollen und nach welchen Kriterien die Rechtschreibprüfung erfolgt.

Die Einstellungen für die Rechtschreibprüfung anpassen

Bei der Rechtschreibprüfung können Sie u.a. zwischen alter und neuer Rechtschreibprüfung wählen sowie Internetadressen und Wörter mit Großbuchstaben oder Zahlen von der Rechtschreibprüfung gänzlich ausnehmen.

In der Voreinstellung überprüft PowerPoint die Rechtschreibung automatisch während der Eingabe. Unbekannte oder falsch geschriebene Wörter werden durch eine rote Wellenlinie markiert.

Klicken Sie mit der rechten Maustaste in ein als unbekannt bzw. falsch geschrieben markiertes Wort, blendet PowerPoint das in Abbildung 3.22 gezeigte Kontextmenü für die Rechtschreibung anstelle des Standardkontextmenüs zum Formatieren von Text ein. Auf diesem Weg können Sie bereits beim Erstellen der Präsentation die Rechtschreibprüfung durchführen.

Abbildg. 3.22 Bereits beim Erstellen einer Präsentation können Sie per Kontextmenü die Rechtschreibung bearbeiten

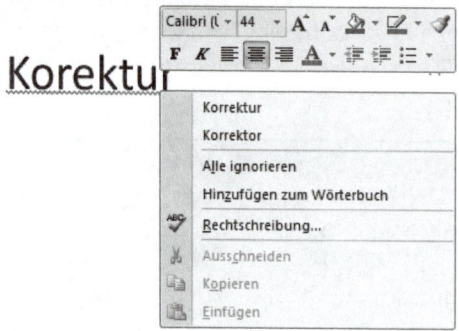

TIPP   Wenn Sie die roten Wellenlinien während der Arbeit mit PowerPoint stören, entfernen Sie das Häkchen in den *PowerPoint-Optionen* vor *Rechtschreibung während der Eingabe überprüfen.*

Führen Sie stattdessen nach dem Fertigstellen der Präsentation per Klick auf die Schaltfläche *Rechtschreibung* auf der Registerkarte *Überprüfen* die Rechtschreibprüfung durch.

Die automatische Großschreibung abschalten

In der Standardeinstellung nach der Installation beginnt PowerPoint jeden Absatz – also nach jedem Drücken der ⏎-Taste und nicht nur den Satzanfang nach einem Punkt – mit Großschreibung und ändert Ihre Eingaben automatisch ab. Auch in Tabellen wird automatisch großgeschrieben. Dies ändern Sie, indem Sie in den *PowerPoint-Optionen* unter *Dokumentprüfung* die *AutoKorrektur-Optionen* aufrufen und dann auf der Registerkarte *AutoKorrektur* die Häkchen vor *Jeden Satz mit einem Großbuchstaben beginnen* und *Ersten Buchstaben in Tabellenzellen groß* entfernen.

Abbildg. 3.23 Optimale Voreinstellungen für *AutoKorrektur* und *AutoFormat* erleichtern Ihnen die Arbeit mit PowerPoint

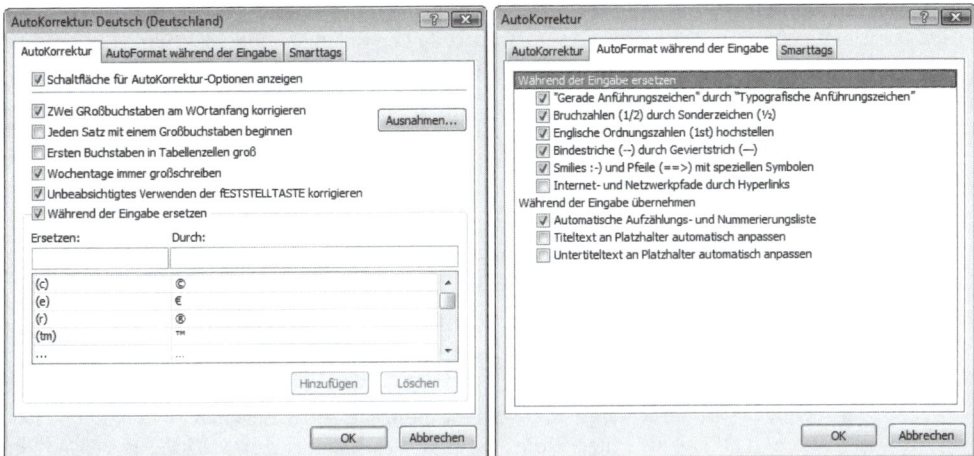

Per AutoFormat für übersichtliche Textfolien sorgen

Wenn Sie mehr Text in einen Platzhalter eingeben, als dieser aufnehmen kann, reduziert PowerPoint zunächst den voreingestellten Zeilenabstand und, wenn dies nicht ausreicht, auch die Schriftgröße. Dabei entsteht ein unschönes und schlecht lesbares Schriftbild. Für einen optisch einheitlichen Gesamteindruck Ihrer Präsentation sollten Sie darüber hinaus auf allen Folien die gleiche Schriftgröße für gleichartige Elemente verwenden.

Deaktivieren Sie deshalb im Dialogfeld *AutoKorrektur* auf der Registerkarte *AutoFormat während der Eingabe* die Optionen *Titeltext an Platzhalter automatisch anpassen* und *Untertiteltext an Platzhalter automatisch anpassen*. Geben Sie bei dieser Voreinstellung zu viel Text in einen Platzhalter ein, läuft der Text über die Begrenzungslinie des Platzhalters hinaus: ein deutlich sichtbarer Hinweis, dass entweder die Textmenge gekürzt oder der Inhalt auf zwei Folien verteilt werden muss.

PROFITIPP

> Wenn Sie nicht möchten, dass Hyperlinks, Netzwerkpfade und E-Mail-Adressen automatisch in einer anderen Farbe und mit Unterstreichung hervorgehoben werden, deaktivieren Sie auch die Option *Internet- und Netzwerkpfade durch Hyperlinks*.

Schnellerer Zugriff auf Ihre Dateien

Beim Öffnen und Speichern von Dateien sind oft sehr viele Mausklicks erforderlich, bis der gesuchte Ordner endlich geöffnet ist. Mit den folgenden Einstellungen greifen Sie schneller auf Ihre Dateien zu:

Einen Standardspeicherort in PowerPoint definieren

In der Voreinstellung springt PowerPoint beim Speichern und Öffnen zunächst zum Ordner *Dokumente* bzw. *Eigene Dateien*. Wenn Sie Ihre Ordnerstruktur an einem anderen Speicherplatz angelegt haben, bestimmen Sie in der Kategorie *Speichern* der *PowerPoint-Optionen* den *Standardspeicherort*.

Geben Sie dazu den vollständigen Pfad zum gewünschten Ordner im Format *Laufwerksbuchstabe:\Ordner* ein.

Abbildg. 3.24 Die Angabe eines *Standardspeicherorts* spart Zeit beim Öffnen und Speichern von Dateien

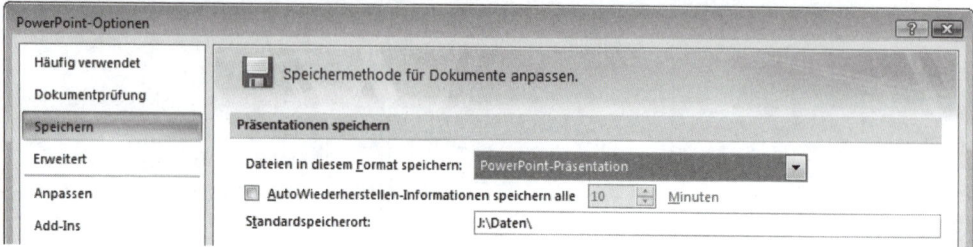

Direkter Zugriff auf häufig benötigte Dateien

Das Menü, das Sie per Klick auf die *Office-Schaltfläche* öffnen, zeigt auf der rechten Seite der Kategorien *Neu* und *Öffnen* die Dateien, die Sie zuletzt bearbeitet haben. Per Klick auf einen Eintrag in dieser Liste können Sie die Datei ohne langes Suchen direkt öffnen. Die Zahl der Dateien, die in der Liste *Zuletzt verwendete Dokumente* angezeigt wird, bestimmen Sie in den *PowerPoint-Optionen*:

1. Wechseln Sie in den *PowerPoint-Optionen* zur Kategorie *Erweitert*.
2. Bestimmen Sie unter *Anzeigen*, wie viele Dateien in der Liste *Zuletzt verwendete Dokumente* angezeigt werden sollen. Die Einstellung kann auf maximal 50 erhöht werden. Tatsächlich zeigt die Liste aber nur die Einträge, die ohne zu scrollen im Menü dargestellt werden können. Die Anzahl ist abhängig von der verwendeten Bildschirmauflösung.

Die Liste der zuletzt verwendeten Dokumente organisieren

Die Liste der zuletzt verwendeten Dokumente ist dynamisch. Präsentationen, die Sie schon vor längerer Zeit bearbeitet haben, werden im Menü durch später geöffnete Dateien ersetzt.

Um dieses dynamische Überschreiben zu verhindern und Präsentationen, die Sie regelmäßig benötigen, dauerhaft in der Liste anzuzeigen, klicken Sie auf die Pinn-Nadel neben dem betreffenden Eintrag. Der Eintrag wird daraufhin im Menü fixiert und nicht durch später geöffnete Dateien ersetzt.

Zusammenfassung

Microsoft Office PowerPoint 2007 verfügt über eine gegenüber früheren Programmversionen völlig überarbeitete Benutzeroberfläche, die auf den Registerkarten der Multifunktionsleiste kontextbezogen die Befehle zur Verfügung stellt, die Sie gerade benötigen.

Die Multifunktionsleiste verhält sich wie ein dehnbares Band. Sie passt sich dynamisch an die Größe des Programmfensters bzw. an die Bildschirmauflösung an.

Um mit PowerPoint 2007 schnell und komfortabel zu arbeiten, sollten Sie die Programmoberfläche sowie Rechtschreibprüfung und AutoKorrektur an Ihren Arbeitsstil anpassen. Hier die wichtigsten Fundstellen zum Anpassen und Optimieren von PowerPoint:

Der gekonnte Einstieg

Kapitel 4

Basiswissen und Schnelleinstieg – Die erste Präsentation

In diesem Kapitel:

Neue Präsentationen erstellen

Nach der Installation öffnet PowerPoint beim Programmstart eine neue, leere Präsentation. Sie verwendet keine Hintergrundgrafiken und ist in erster Linie dann geeignet, wenn Sie »auf die Schnelle« etwas skizzieren oder gar keine Präsentation, sondern eine PowerPoint-Vorlage erstellen möchten.

> **HINWEIS**   Detaillierte Informationen zu Designs und Vorlagen finden Sie in Kapitel 9.

Beim Erstellen von Präsentationen sollten Sie auf jeden Fall grafische Hintergrundelemente einsetzen. Die Folie erhält dadurch Struktur und wirkt angenehmer auf das Auge des Betrachters als eine völlig weiße Fläche.

Ein Design zuweisen oder ändern

Designs enthalten Hintergrundgrafiken sowie Voreinstellungen für Farbe, Schrift und Layout. Eine Ausnahme bildet das *Larissa-Design* der *integrierten Designs*, das lediglich Farbe, Schrift und Layout definiert und keine Hintergrundgrafiken verwendet. Die leere Präsentation, die PowerPoint beim Programmstart oder über die Befehlsfolge *Office-Schaltfläche Neu/Leer und zuletzt verwendet/Leere Präsentation* erstellt, benutzt das *Larissa-Design*.

PROFITIPP

> Per Klick mit der rechten Maustaste auf eine Miniaturansicht im Design-Katalog rufen Sie ihr Kontextmenü auf (siehe Abbildung 4.1). Dort können Sie das gewählte Design *Als Standarddesign festlegen*. Anstelle einer leeren Präsentation wird dann beim Start von PowerPoint automatisch eine neue Präsentation in diesem Design angelegt. Diese Funktion sollten Sie nutzen, wenn Sie für alle Präsentationen das gleiche Design verwenden.
>
> **Abbildg. 4.1**   Designs, die Sie selbst erstellt und gespeichert haben, zeigt PowerPoint in der Kategorie *Benutzerdefiniert* getrennt von den mit PowerPoint installierten, integrierten Designs an

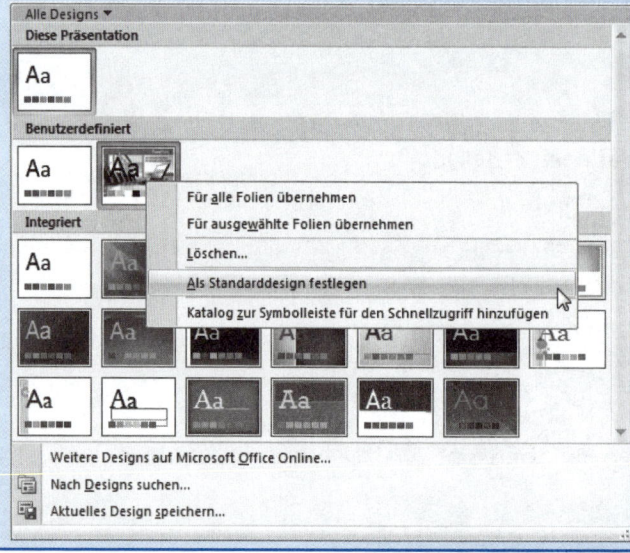

Um ein anderes Design zuzuweisen, öffnen Sie auf der Registerkarte *Entwurf* den Design-Katalog (siehe Abbildung 4.1). Er enthält in der Kategorie *Integriert* alle Designs, die zusammen mit Power-Point installiert werden. Eigene Designs, die Sie als Office-Design im Format *.thmx* gespeichert haben, stehen in der Kategorie *Benutzerdefiniert* zur Verfügung.

Um mehrere Designs miteinander zu vergleichen, zeigen Sie mit dem Mauszeiger auf die Miniatur-ansichten im Katalog. Die aktuelle Folie wird dann in einer Livevorschau mit dem jeweiligen Design angezeigt. Haben Sie Ihre Auswahl getroffen, klicken Sie auf die Miniaturansicht, um das Design zuzuweisen.

> **HINWEIS** Im Kontextmenü benutzerdefinierter Designs steht darüber hinaus auch der Befehl *Löschen* zur Verfügung, wenn das Design von keiner aktiven Präsentation verwendet wird (siehe Abbildung 4.1). Dadurch wird nicht nur die Miniaturansicht im Katalog entfernt, sondern auch das Design vom Datenträger gelöscht.

Neue Präsentationen auf der Basis von Vorlagen und Designs erstellen

Wählen Sie im Menü zur *Office-Schaltfläche* den Befehl *Neu*:

- Unter *Leer und zuletzt verwendet* (siehe Abbildung 4.2) finden Sie neben der *Leeren Präsentation* ohne Hintergrund eine Übersicht der Vorlagen, die Sie zuletzt verwendet haben. Markieren Sie eine der Miniaturansichten und klicken Sie dann auf *Erstellen*.

- *Installierte Vorlagen* enthalten neben einem Design auch fertig gestaltete Folien, die Sie nur noch anpassen müssen.

- *Installierte Designs* entsprechen den Designs im Design-Katalog auf der Registerkarte *Entwurf*.

- Haben Sie bereits eigene PowerPoint-Vorlagen erstellt, wird per Klick auf *Meine Vorlagen* das Dialogfeld *Neue Präsentation* mit einer Übersicht aller Vorlagen geöffnet, die Sie im Standard-vorlagenordner *C:\Users\Benutzername\AppData\Roaming\Microsoft\Templates* im Format *.potx* gespeichert haben. Wenn Sie mehrere Vorlagen parallel einsetzen, ist dies der schnellste Weg, um eine neue Präsentation mit den richtigen Voreinstellungen zu erstellen.

> **HINWEIS** Wie installierte Vorlagen können auch eigene Vorlagen ergänzend zum Design fertig gestaltete Folien, Kopf- und Fußzeileneinträge sowie Dokumenteigenschaften enthalten.

Beim Erstellen einer neuen Präsentation auf der Basis einer Vorlage erzeugt PowerPoint eine Kopie der vorhandenen Datei. Beim ersten Speichern wird das Dialogfeld *Speichern unter* geöffnet, sodass ein versehentliches Überschreiben der vorhandenen Datei ausgeschlossen ist.

- Per Klick auf *Neu von vorhandenem* öffnen Sie das Dialogfeld *Neu aus vorhandener Präsentation*. Im Gegensatz zum Erstellen der Präsentation über *Meine Vorlagen* können Sie hier Ihre Ordner-struktur nach der richtigen Datei durchsuchen. Dabei ist es gleichgültig, ob die Datei mit Power-Point 2007 oder einer früheren Programmversion erstellt oder als Bildschirmpräsentation gespeichert wurde oder ob es sich um eine PowerPoint-Vorlage handelt. Auch hier arbeiten Sie mit einer Kopie der Datei und werden beim ersten Speichern zur Vergabe eines neuen Datei-namens aufgefordert.

Abbildg. 4.2   Auch in der Kategorie *Leer und zuletzt verwendet* finden Sie im Kontextmenü den Befehl *Vorlage entfernen*. Hier wird lediglich die Miniaturansicht entfernt. Die Datei wird nicht vom Datenträger gelöscht.

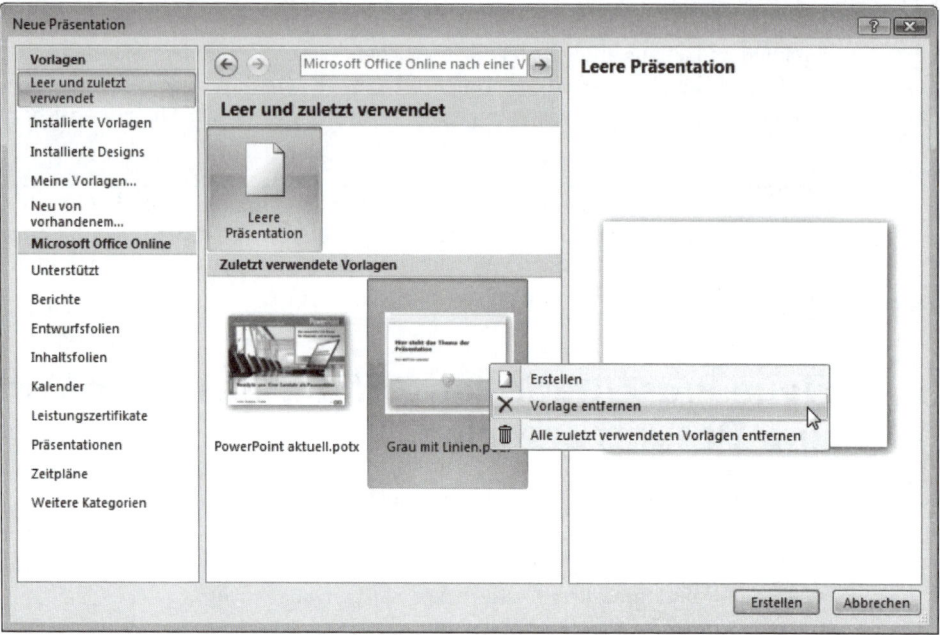

■ In der Kategorie *Microsoft Office Online* haben Sie direkten Zugriff auf kostenlose Vorlagen von Microsoft. Dabei handelt es sich zum einen um thematisch sortierte Musterfolien zu den unterschiedlichsten Themen, zum anderen um (Hintergrund-)Designs. In der Rubrik *Unterstützt* finden Sie Vorlagen, die speziell für PowerPoint 2007 entwickelt wurden.

Zum Download einer Vorlage klicken Sie auf die Miniaturansicht im mittleren Bereich des Dialogfeldes und dann auf *Download*. Nach dem Download wird die Vorlage als neue Präsentation in PowerPoint geöffnet.

Das zentrale Element der Präsentation – die Folie

Das Hauptelement einer Präsentation ist die *Folie*. Diese muss nicht unbedingt als ausgedruckte, transparente Folie erscheinen. Auch die einzelnen Seiten während einer Bildschirmpräsentation tragen den Namen *Folie*. Auf einer Folie ordnen Sie alle Texte, Bilder, Tabellen, Diagramme, Filme und Tondateien an und nehmen die Einstellungen für die Animation vor.

Foliengröße und Ausrichtung

Die Foliengröße ist voreingestellt auf die Bildschirmpräsentation im Format 4:3 (Breite:Höhe), was eine querformatige Ausrichtung bedingt. Größe und Ausrichtung gelten grundsätzlich für die gesamte Präsentation. Sie können also innerhalb einer PowerPoint-Datei nicht verschiedene Papierformate und auch nicht Hoch- und Querformat mischen.

Abbildg. 4.3   Im Dialogfeld *Seite einrichten* haben Sie die Wahl zwischen vordefinierten Standardformaten und benutzerdefinierten, eigenen Einstellungen

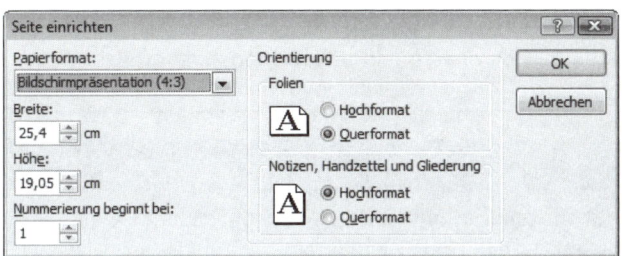

Über *Seite einrichten* auf der Registerkarte *Entwurf* passen Sie das Seitenformat Ihrer Präsentation an das gewünschte Ausgabemedium an (siehe Abbildung 4.3):

- Die voreingestellte Format *Bildschirmpräsentation (4:3)* ist abgestimmt für die Darstellung auf Computermonitoren und über den Beamer.

- Die Voreinstellungen *Bildschirmpräsentation (16:9)* und *Bildschirmpräsentation (16:10)* setzen Sie ein, wenn die Wiedergabe der Präsentation über ein Notebook oder einen Flachbildschirm mit entsprechendem Format erfolgt.

- *Letter* und *Ledger* sind in den USA gebräuchliche Papiergrößen.

- *A3*, *A4*, *B4* und *B5* sind in Deutschland genormte Papiergrößen. *A3* können Sie nur ausdrucken, wenn Ihr Drucker so großes Papier verarbeitet.

- *35-mm-Dias* sind bei gleicher Höhe etwas breiter als das Seitenformat *Bildschirmpräsentation (4:3)*.

- Die Größe von *Overheadfolien* entspricht *A4*.

- Unter *Benutzerdefiniert* können Sie von den aufgeführten Voreinstellungen abweichende Maße bestimmen.

HINWEIS   Bildschirmpräsentationen, 35-mm-Dias und A4-Seiten verfügen über jeweils unterschiedliche Seitenmaße, die PowerPoint auch dann verwendet, wenn Sie das Ausgabemedium wechseln. Eine Präsentation, die im A4-Format erstellt wurde, zeigt bei der Wiedergabe als Bildschirmpräsentation auf einem Monitor im 4:3-Format einen schwarzen horizontalen Streifen am oberen und unteren Bildschirmrand. Umgekehrt macht sich beim Drucken von Folien im 4:3-Format das abweichende Seitenformat durch unterschiedliche Seitenränder bemerkbar.

Mit der Auswahl des Seitenformats optimieren Sie gleichzeitig Ihre Präsentation für ein bestimmtes Ausgabemedium, während bei der Verwendung mit anderen Medien Einschränkungen auftreten.

Wenn Sie das Seitenformat ändern, nachdem Sie bereits Folien erstellt haben, werden nicht nur der Folienhintergrund, sondern auch alle Folienobjekte an das neue Format angepasst und dabei leicht verzerrt. Bei komplexeren Zeichnungen, die aus vielen einzelnen Objekten bestehen, kann der Wechsel des Seitenformats dazu führen, dass die Ausrichtung der einzelnen Objekte zueinander nicht mehr korrekt ist.

> **HINWEIS** Beim Einstellen des Papierformats wird die effektiv zu bedruckende Größe einer Fläche angegeben, nicht die tatsächliche Papier- oder Folienabmessung. Eine DIN-A4-Seite misst 29,7 cm x 21,0 cm, in PowerPoint sehen Sie als Maß hierfür aber 27,51 cm x 19,05 cm. Im Ausdruck macht sich dieser Rand als weißer Streifen bemerkbar, wenn eine Folie einen farbigen Hintergrund hat. Der Rand ist zudem nicht symmetrisch, sondern variiert je nach Drucker etwas. Die Differenzen zwischen den Rändern basieren auf den unterschiedlich breiten nicht bedruckbaren Rändern. Viele Drucker haben für den oberen und den rechten Rand größere Werte als für den unteren und linken Rand.

Randlos drucken

Folien mit Hintergrundbildern sehen im Ausdruck schöner aus, wenn es keine weißen Papierränder rings um den Folieninhalt gibt. Einen randlosen Ausdruck können Sie mit speziellen Druckern erzeugen, die für den Fotodruck geeignet sind.

1. Richten Sie im Dialogfeld *Seite einrichten* ein benutzerdefiniertes Seitenformat mit den tatsächlichen Maßen einer A4-Seite, also 29,7 cm x 21,0 cm ein.

2. Klicken Sie im Dialogfeld *Drucken* neben dem ausgewählten Drucker auf die Schaltfläche *Eigenschaften*.

3. Aktivieren Sie in den Druckereigenschaften die Option für Randlosdruck.

Beachten Sie aber, dass auch beim randlosen Druck leicht asymmetrisch gedruckt wird.

Folien einfügen, anpassen und löschen

Neue Präsentationen, die Sie auf der Basis eines Designs erstellen, enthalten zunächst nur eine einzige Folie mit Platzhaltern für Titel und Untertitel der Präsentation. Vorlagen können dagegen bereits mehrere Folien enthalten.

■ Um weitere Folien in die Präsentation einzufügen, klicken Sie auf der Registerkarte *Start* auf die Schaltfläche *Neue Folie*. Diese Schaltfläche besteht aus zwei Teilen. Per Klick auf das Symbol in der oberen Hälfte der Schaltfläche erstellen Sie eine neue Folie, deren Layout sich an dem der vorherigen Folie orientiert. Eine nach der Titelfolie eingefügte neue Folie erhält automatisch das Layout *Titel und Inhalt*. In allen anderen Fällen verwendet PowerPoint das Layout, das der vorherigen Folie zugewiesen wurde.

> **HINWEIS** Layouts enthalten vorformatierte Platzhalter für die Inhalte einer Folie wie Titel, Text, Grafiken usw. und sorgen für die korrekte Anordnung und Größe dieser Inhalte.

■ Per Klick auf die untere Hälfte der Schaltfläche, die die Beschriftung und einen kleinen Pfeil enthält, öffnen Sie den *Layout-Katalog* (siehe Abbildung 4.4) und bestimmen per Klick auf eine der Miniaturansichten, mit welchem Layout die neue Folie erstellt werden soll.

Abbildg. 4.4   Der Layout-Katalog steht sowohl beim Einfügen neuer Folien als auch beim nachträglichen Ändern des Layouts einer Folie zur Verfügung

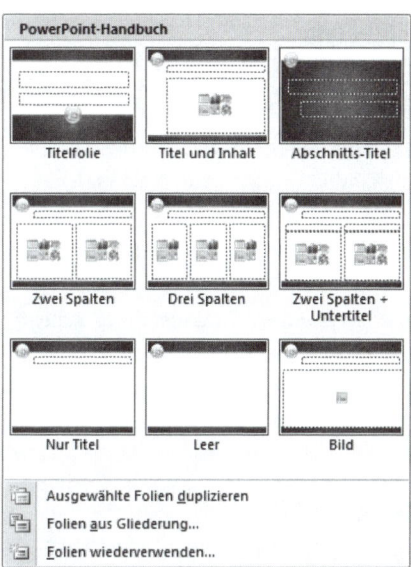

HINWEIS   Zahl und Art der Layouts im Katalog hängen vom verwendeten Design bzw. der PowerPoint-Vorlage ab. Anders als in früheren Programmversionen sind in PowerPoint 2007 benutzerdefinierte Layouts mit zusätzlichen Platzhaltern möglich, sodass Sie auch Layoutvarianten mit Untertitel oder drei Spalten erstellen können. Mehr zum Erstellen eigener Layouts lesen Sie in Kapitel 9.

■ Um das Layout einer Folie nachträglich zu ändern, klicken Sie auf der Registerkarte *Start* auf die Schaltfläche *Layout* und wählen im Katalog das Layout aus, gegen das das vorhandene ausgetauscht werden soll. Vorhandene Inhalte in Platzhaltern, die im neuen Layout nicht verfügbar sind, müssen dann manuell nachbearbeitet werden.

■ Um ein Duplikat einer vorhandenen Folie zu erstellen, rufen Sie über *Neue Folie* den Befehl *Ausgewählte Folien duplizieren* auf. Die Alternative: Markieren Sie die Folie in der Registerkarte *Folien* und drücken Sie `Strg`+`D`. Über `Strg`+`⇧`+`D` duplizieren Sie die aktuelle Folie, ohne eine gesonderte Markierung vorzunehmen.

■ Über *Folien aus Gliederung* importieren Sie die Gliederung eines Word-Dokuments.

■ Per Klick auf die Schaltfläche *Zurücksetzen* in der Gruppe *Folien* auf der Registerkarte *Start* setzen Sie manuelle Formatierungen wie beispielsweise Schriftart oder Schriftfarbe auf die Standardeinstellungen des Platzhalters zurück. Soll nur ein einzelner Platzhalter auf die Formatierung des Layouts zurückgesetzt werden, können Sie auch den Platzhalter markieren und `Strg`+`Leertaste` drücken.

■ Per Klick auf die Schaltfläche *Löschen* entfernen Sie die aktuelle Folie aus der Präsentation.

> **TIPP** Um Folien aus der Präsentation zu löschen, müssen Sie nicht unbedingt die Regis-
> terkarte *Start* aufrufen; Alternative: Markieren Sie die betreffende Folie in der Registerkarte
> *Folien* und drücken Sie dann ⟦Entf⟧ auf Ihrer Tastatur.

Folien aus einer anderen Präsentation einfügen

Sehr häufig werden Sie beim Erstellen von Präsentationen nicht alle Folien komplett neu gestalten, sondern in anderen Präsentationen bereits vorhandene Folien wiederverwenden:

1. Rufen Sie dazu im Menü zur Schaltfläche *Neue Folie* den Befehl *Folien wiederverwenden* auf.

2. PowerPoint öffnet daraufhin am rechten Bildschirmrand den Aufgabenbereich *Folien wiederverwenden*.

3. Klicken Sie auf die Schaltfläche *Durchsuchen* und wählen Sie *Datei durchsuchen*.

4. Markieren Sie im Dialogfeld *Durchsuchen* die gewünschte Datei und klicken Sie dann auf *Öffnen*. Im Aufgabenbereich werden daraufhin Miniaturansichten der Folien sowie die Folientitel angezeigt. Wenn Sie mit der Maus auf eine der Miniaturansichten zeigen, blendet PowerPoint eine vergrößerte Vorschau ein.

5. Entscheiden Sie, ob beim Einfügen der Folien die Formatierung an das Design der aktuellen Präsentation angepasst oder die *ursprüngliche Formatierung beibehalten* werden soll, indem Sie ein Häkchen in das betreffende Kontrollkästchen am unteren Rand des Aufgabenbereichs setzen.

6. Klicken Sie auf die Miniaturansichten der Folien, die Sie in die aktuelle Präsentation einfügen möchten.

> **HINWEIS** Den Umgang mit Folienbibliotheken lernen Sie in Kapitel 28 kennen.

Per Layout Zeit sparen und professionelle Ergebnisse erzielen

Die Platzhalter eines Layouts bestimmen Anordnung und Größe des Inhalts einer Folie. Beim Erstellen von Aufzählungen sowie beim Einfügen von Grafiken, Diagrammen und Tabellen über die Symbole eines Platzhalters ist durch das Layout automatisch sichergestellt, dass die eingefügten Inhalte die korrekten Abstände zum Folienrand, zum Folientitel und anderen Elementen wie Hintergrundgrafiken, Fußnoten etc. haben. Über die Schaltflächen der Registerkarte *Einfügen* eingefügte Objekte werden dagegen ohne Rücksicht auf das Layout zentriert auf der Folie angeordnet.

Gegenüber der freien Anordnung von Objekten auf der Folie bieten die Layouts einer Vorlage deshalb gleich mehrere Vorteile:

- Durch die einheitliche Anordnung wiederkehrender Folienelemente und die Einhaltung einheitlicher Randabstände kann sich der Betrachter nach kurzer Zeit auf den Aufbau der Präsentation einstellen.

- Der konsequente Einsatz von Layouts spart viel Zeit beim Erstellen und vor allem auch beim Überarbeiten einer Präsentation. Denn die Anordnung der Platzhalter, Formatierungen und Hintergrundgrafiken eines Layouts werden zusammen mit dem Folienmaster zentral verwaltet. Alle Änderungen, die an einem Layout vorgenommen werden, wirken sich automatisch auf alle Folien aus, die dieses Layout verwenden. Manuelle Formatierungen müssen dagegen auch manuell nachbearbeitet werden, wenn sich beispielsweise das Corporate Design geändert hat.

- Der im Platzhalter eines Layouts eingegebene Folientitel wird im Navigationsmenü während der Bildschirmpräsentation und in der Gliederungsansicht angezeigt. Folientitel, die in einem Textfeld auf der Folie angeordnet sind, erkennt PowerPoint dagegen nicht als Titel.

Den Hintergrund einer einzelnen Folie ändern

Um auf einer einzelnen Folie störende Elemente des Layouts wie Logo und Hintergrundgrafiken auszublenden, wechseln Sie zur Registerkarte *Entwurf* und setzen in der Gruppe *Hintergrund* ein Häkchen in das Kontrollkästchen *Hintergrundgrafiken ausblenden*. Damit blenden Sie alle Objekte aus, die auf dem Layout bzw. dem Folienmaster angeordnet sind.

Um auch die Hintergrundfarbe zu ändern, klicken Sie auf den Dialogfeldstarter der Gruppe *Hintergrund*. Im Dialogfeld *Hintergrund formatieren* (siehe Abbildung 4.5) können Sie dann eine andere Füllfarbe, einen Verlauf oder eine Bild- oder Texturfüllung für den Hintergrund der Folie auswählen. Die Änderungen werden sofort übernommen – Sie müssen nur auf *Schließen* klicken.

Per Klick auf *Für alle übernehmen* wird der Hintergrund für alle Folien der Präsentation angepasst.

Um den ursprünglichen Hintergrund einer einzelnen Folie wiederherzustellen, klicken Sie entweder im Dialogfeld *Hintergrund formatieren* oder im Menü zur Schaltfläche *Hintergrundformate* auf *Hintergrund zurücksetzen*. Entfernen Sie außerdem das Häkchen im Kontrollkästchen *Hintergrundgrafiken ausblenden*.

Abbildg. 4.5   Über das Dialogfeld *Hintergrund formatieren* passen Sie den Hintergrund einzelner Folien oder der gesamten Präsentation an

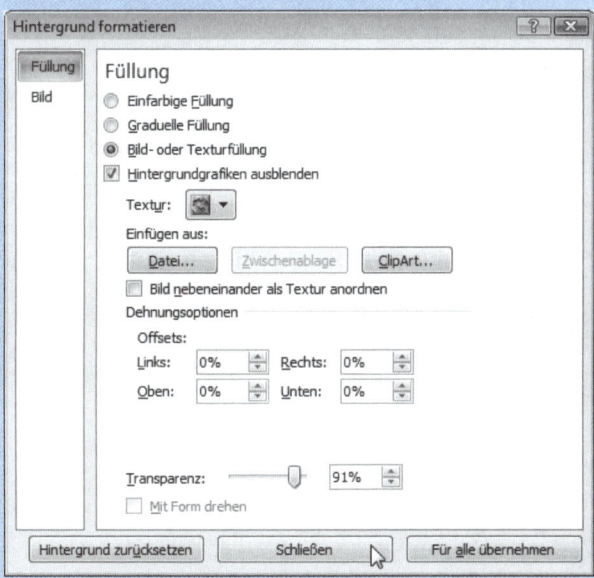

Präsentationen speichern und öffnen

Um schmerzliche Datenverluste zu vermeiden, müssen Sie Ihre Arbeit regelmäßig sichern. Spätestens nach den ersten Vorbereitungen zum Erstellen einer Präsentation sollen Sie zum ersten Mal den Befehl *Speichern* ausführen.

Die Arbeit sichern: Speichern

Sofern Sie keine abweichenden Einstellungen für Ihre Schnellzugriffsleiste vorgenommen haben, ist der Befehl *Speichern* dort als erste Schaltfläche angeordnet. Alternativ zur Schnellzugriffsleiste finden Sie den Befehl auch in dem Menü zur *Office-Schaltfläche*. Noch schneller speichern Sie, indem Sie die Tastenkombination ⌨Strg⌨+⌨S⌨ drücken.

Beim ersten Speichern müssen Sie immer angeben, auf welchem Laufwerk, in welchem Ordner und unter welchem Namen die Datei abgelegt werden soll.

> **TIPP**   Vergeben Sie immer aussagekräftige Namen, unter denen Sie sich auch nach einigen Monaten etwas vorstellen können. Die Dateinamenerweiterung *.pptx* vergibt PowerPoint automatisch – es ist also nicht notwendig, dass Sie diese Endung anfügen.

Um den jeweiligen Stand Ihrer Präsentation zu sichern, sollten Sie nach dem ersten Speichern Ihre Arbeit in regelmäßigen Abständen zwischenspeichern. Da die Datei bereits einen Speicherort und einen Dateinamen hat, werden Sie beim folgenden Speichern nicht mehr danach gefragt. Die bisherige Version der Präsentation wird dabei immer überschrieben.

Im Menü zur *Office-Schaltfläche* gibt es neben dem Befehl *Speichern* noch einen zweiten Befehl, mit dem Sie Ihre Dateien sichern können – *Speichern unter*. Diesen Befehl verwenden Sie, wenn eine bereits gespeicherte Datei unter einem anderen Namen oder in einem anderen Ordner abgelegt werden soll. Sie erzeugen mit *Speichern unter* somit eine Kopie der ursprünglich geöffneten Datei.

Speichern als Bildschirmpräsentation

Sie können eine Präsentation so abspeichern, dass sie beim Öffnen sofort als Bildschirmpräsentation startet. Das ist praktisch, wenn Sie die Präsentation per E-Mail versenden und der Empfänger sich nicht erst mit dem Programm befassen soll.

1. Rufen Sie über die *Office-Schaltfläche* den Befehl *Speichern unter* auf.
2. Klicken Sie im Dialogfeld *Speichern unter* im unteren Bereich auf den Pfeil neben *Dateityp*.
3. Markieren Sie den Dateityp *PowerPoint-Bildschirmpräsentation (*.ppsx)*.
4. Benennen Sie die Datei.
5. Bestätigen Sie Ihre Angaben mit einem Klick auf *Speichern*.

Per Doppelklick auf eine Datei im Format *.ppsx* im Windows-Explorer wird die Präsentation ebenfalls als Bildschirmpräsentation geöffnet. Um sie in PowerPoint zu bearbeiten, starten Sie zunächst PowerPoint und öffnen die Datei dann über *Öffnen* im Menü zur *Office-Schaltfläche*.

Speichern für ältere PowerPoint-Versionen

Wenn Sie eine in PowerPoint 2007 erstellte Präsentation an Empfänger weitergeben, die ältere Programmversionen einsetzen, sollten Sie Ihre Präsentation als *PowerPoint 97-2003-Präsentation (*.ppt)* bzw. *PowerPoint 97-2003-Bildschirmpräsentation (*.pps)* speichern, indem Sie im Dialogfeld *Speichern unter* den entsprechenden Dateityp einstellen. Andernfalls kann der Empfänger Ihre PowerPoint 2007-Präsentation unter Umständen nicht öffnen. Zwar gibt es für ältere PowerPoint-Versionen ein Compatibility Pack, mit dem auch Präsentationen im Format *.pptx* geöffnet werden können. Sie können bei der Weitergabe von Präsentationen aber nicht davon ausgehen, dass der Empfänger Ihrer Präsentation das Compatibility Pack installiert hat.

Das Compatibility Pack steht zum kostenlosen Download unter *www.microsoft.com/downloads/details.aspx?displaylang=de&FamilyID=941b3470-3ae9-4aee-8f43-c6bb74cd1466* zur Verfügung. Anstelle des langen Links können Sie auch unter *www.microsoft.de* den Begriff »compatibility pack« in das Suchfeld am oberen rechten Seitenrand eingeben.

> **HINWEIS**   Mehr zum Weitergeben von Präsentationen lesen Sie in Kapitel 22.

> **TIPP**   Wenn Sie nach dem Speichern als Bildschirmpräsentation oder für ältere PowerPoint-Versionen Ihre Arbeit an der Präsentation fortsetzen, achten Sie darauf, welche Datei Sie bearbeiten. Andernfalls erzeugen Sie zwei Versionen der gleichen Präsentation.

Die Arbeit abschließen: Schließen oder Beenden

Sobald Ihre Arbeit beendet ist, können Sie die PowerPoint-Datei schließen. Je nachdem, ob Sie lediglich die Arbeit an dieser Präsentation abschließen möchten oder ob Sie PowerPoint 2007 komplett beenden wollen, stehen Ihnen mehrere Wege zur Verfügung:

- Sie können die Präsentation schließen und gleichzeitig PowerPoint 2007 beenden, indem Sie im Menü zur *Office-Schaltfläche* am unteren rechten Rand auf die Schaltfläche *PowerPoint beenden* klicken.

- Klicken Sie auf die Schaltfläche *Schließen* (die Schaltfläche mit dem X) rechts oben in der Titelleiste des Programmfensters, wird die aktuelle Präsentation geschlossen und, sofern keine weitere Präsentation geöffnet ist, auch PowerPoint beendet. Wenn Sie die Tastatur bevorzugen, können Sie mit [Alt]+[F4] zunächst alle geöffneten Präsentationen schließen und anschließend das Programm beenden.

- Um nur die Präsentation zu schließen, ohne gleichzeitig auch PowerPoint zu beenden, wählen Sie im Menü zur *Office-Schaltfläche* den Befehl *Schließen*. Alternativ können Sie auch die Tastenkombination [Strg]+[F4] verwenden.

In jedem Fall kontrolliert PowerPoint, ob Sie nach dem letzten Speichern noch Änderungen an der Präsentation durchgeführt haben. Ist das der Fall, wird nachgefragt, ob Sie die Änderungen auch speichern wollen. Klicken Sie in der betreffenden Meldung auf *Ja*, um die aktuelle Version der Präsentation mit den letzten Änderungen zu speichern; klicken Sie auf *Nein*, wenn die Änderungen nach dem letzten Speichern unbeabsichtigt waren. Wenn Sie unsicher sind, welche Änderungen Sie gemacht haben, können Sie die Aktion per Klick auf die Schaltfläche *Abbrechen* stoppen und Ihre Präsentation erst noch einmal kontrollieren. Anschließend müssen Sie entweder speichern oder die Präsentation schließen, ohne die Änderungen zu speichern.

Die Arbeit wieder aufnehmen: Öffnen

Auf die zuletzt bearbeiteten Dateien haben Sie raschen Zugriff: Öffnen Sie per Klick auf die *Office-Schaltfläche* das zugehörige Menü. Auf der rechten Seite zeigt PowerPoint die Liste der *Zuletzt verwendeten Dokumente*. Per Klick auf einen Eintrag in der Liste wird die betreffende Datei geöffnet.

Ist die gesuchte Datei nicht in der Liste der *Zuletzt verwendeten Dokumente* aufgeführt, klicken Sie auf *Öffnen*. Im Dialogfeld *Öffnen* können Sie dann Ihre Ordnerstruktur nach der benötigten Datei durchsuchen. Mit einem Doppelklick auf den Dateinamen öffnen Sie die Datei in PowerPoint.

Als Kopie öffnen

Sie können sicherstellen, dass Sie nicht versehentlich eine Originaldatei überschreiben, wenn Sie die Datei als Kopie oder mit Schreibschutz öffnen.

1. Markieren Sie im Dialogfeld *Öffnen* die Datei, die Sie öffnen möchten.
2. Klicken Sie auf den Pfeil neben der Schaltfläche *Öffnen*.
3. Wählen Sie entweder *Schreibgeschützt öffnen* und *Als Kopie öffnen* (siehe Abbildung 4.6).

Abbildg. 4.6   Wählen Sie die Option *Schreibgeschützt öffnen*, wenn Änderungen an einer Datei unter einem anderen Namen gespeichert werden sollen

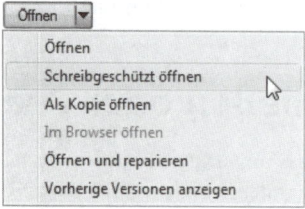

Eine schreibgeschützt geöffnete Datei kann nicht unter dem gleichen Namen wie die Originaldatei gespeichert werden. Sobald Sie versuchen, diese Datei zu speichern, fordert PowerPoint Sie auf, einen anderen Namen zu vergeben.

Öffnen Sie hingegen die Präsentation als Kopie, vergibt PowerPoint 2003 sofort selbst einen Namen für diese Datei. Das führt leider zu einer unglücklichen Benennung in der Form *Kopie(1)Dateiname* und ist nicht empfehlenswert, d.h., die Datei sollte baldmöglichst umbenannt werden.

Diagramme, Organigramme und schematische Darstellungen aus früheren PowerPoint-Versionen mit PowerPoint 2007 bearbeiten

Für Präsentationen, die Sie im PowerPoint 97-2003-Format öffnen, steht im Menü zur *Office-Schaltfläche* der Befehl *Konvertieren* zur Verfügung. Mit diesem Befehl konvertieren Sie alle Diagramme, die Sie mit früheren Versionen von PowerPoint erstellt haben, in das aktuelle Format. Anschließend können Sie sie wie mit PowerPoint 2007 erstellte Diagramme weiterbearbeiten.

Führen Sie keine Konvertierung über den Befehl *Konvertieren* durch, haben Sie nach einem Doppelklick auf das Diagramm die Wahl, ob nur das aktuell markierte Diagramm oder alle Diagramme der Präsentation konvertiert werden sollen (siehe Abbildung 4.7). Möchten Sie das Diagramm statt mit PowerPoint und Excel 2007 mit Microsoft Graph bearbeiten, klicken Sie auf *Vorhandenes bearbeiten*. Dann findet keine Konvertierung statt und Microsoft Graph wird gestartet. ▶

Abbildg. 4.7 Nach dem Doppelklick auf ein Diagramm im PowerPoint 97-2003-Format haben Sie die Wahl, ob das Diagramm konvertiert oder ob über *Vorhandenes bearbeiten* Microsoft Graph gestartet werden soll

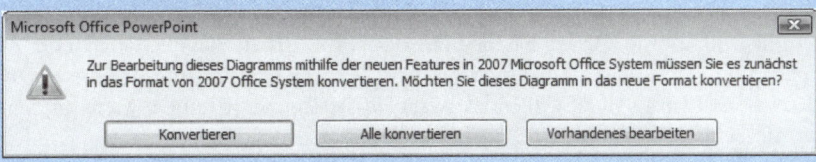

Schematische Darstellungen aus PowerPoint 2002 und 2003 liegen auch nach dem Konvertieren zunächst noch als Bilder auf der Folie. Um sie weiterzubearbeiten, doppelklicken Sie auf das Schaubild auf der Folie. Dann können Sie wählen, ob die Konvertierung in eine *SmartArt-Grafik* oder in *Formen* erfolgen soll.

TIPP   Um die Bestandteile einer in *Formen* konvertierten schematischen Darstellung einzeln zu bearbeiten, müssen Sie die Gruppierung aufheben. Klicken Sie dazu mit der rechten Maustaste auf das Objekt und wählen Sie dann *Gruppieren/Gruppierung aufheben*.

Zur Bearbeitung von in PowerPoint 2000 erstellten OrgChart-Organigrammen wird nach einem Doppelklick auf das Schaubild das *Organigramm-Add-In für Microsoft-Office-Programme* gestartet.

Unterschiedliche Ansichten kennen und nutzen

PowerPoint verfügt über mehrere Ansichten, die jeweils für einen bestimmten Einsatzbereich optimiert sind. Die unterschiedlichen Ansichten finden Sie auf der Registerkarte *Ansicht*. Zusätzlich enthält die Statusleiste rechts unten Schaltflächen zum Wechseln zwischen den Ansichten *Normal*, *Foliensortierung* und *Bildschirmpräsentation*.

Die Normalansicht – optimal für die Foliengestaltung

Die Arbeitsansicht *Normal* ist die Zentrale von PowerPoint, in der Sie die Bearbeitung der Folien Ihrer Präsentation vornehmen. Sie verfügt über maximal drei Fensterbereiche: den Folienbereich, den Bereich der Registerkarten *Folien* und *Gliederung* sowie das Notizenfeld am unteren Rand.

Im Bereich der Registerkarten *Folien* und *Gliederung* können Sie zwischen der Anzeige der *Gliederung* und der *Miniaturdarstellung* der Folien wechseln. Da der Randbereich ein Fenster ist, kann er per Klick auf das X in der rechten oberen Ecke geschlossen werden.

In welcher Anordnung und Größe die einzelnen Fensterbereiche angezeigt werden, können Sie frei definieren.

- Ändern Sie die Breite für die Gliederungsansicht, indem Sie den Mauszeiger auf die Trennlinie zwischen den Registerkarten *Folien* und *Gliederung* und dem Folienbereich setzen. Mit gedrückter linker Maustaste können Sie die Linie nach links ziehen, um den Bereich der Registerkarten *Folien* und *Gliederung* schmaler zu machen, oder nach rechts, um ihn breiter zu ziehen. Der Bereich wird komplett ausgeblendet, wenn Sie die Trennlinie mit der Maus an den linken Fensterrand schieben.

- Die Darstellung der Miniaturbilder in der Registerkarte *Folien* wird automatisch an den zur Verfügung stehenden Platz angepasst. Um den Text in der Registerkarte *Gliederung* zu vergrößern oder zu verkleinern, klicken Sie zuerst in den Bereich und dann in der Multifunktionsleiste auf der Registerkarte *Ansicht* auf *Zoom*. Wählen Sie anschließend einen Zoomwert zwischen *33%* und *100%* aus.

- Das Notizenfeld befindet sich unterhalb der Folie und ist anfangs nur wenige Zeilen hoch. Um Notizen zu erfassen, ist dieser Bereich zu klein. Ziehen Sie mit gedrückter linker Maustaste die Trennlinie zwischen unterem Folienrand und oberem Notizenrand nach oben. Wenn Sie die Trennlinie nach unten ziehen, verkleinern Sie den Bereich oder blenden ihn sogar ganz aus.

Über *Normal* auf der Registerkarte *Ansicht* stellen Sie die Arbeitsansicht mit allen drei Bereichen jeweils wieder her.

Die Normalansicht anpassen

Schriften und die präzise Ausrichtung von Objekten sollten Sie immer bei einem Zoom der Folie von 100% beurteilen. Bei anderen Zoomeinstellungen kommt es häufig zu leichten Abweichungen beim Bildschirmaufbau mit der Konsequenz, dass Folienobjekte verschoben wirken, obwohl sie richtig ausgerichtet sind und in der Bildschirmpräsentation auch korrekt angezeigt werden. Beim Zeichnen dagegen ist ein möglichst großer Zoom hilfreich.

Den Zoom für den Folienbereich einstellen

Schneller als über die Registerkarte *Ansicht* stellen Sie den Zoom über die betreffenden Schaltflächen in der Statusleiste am unteren Programmfensterrand ein (siehe Abbildung 4.8).

- Per Klick auf die Schaltflächen *Vergrößern* und *Verkleinern* passen Sie den Zoom des Folienbereichs schrittweise an, bis ein Zoom von 100% erreicht ist. Um Objekte auf der Folie möglichst groß zu sehen, ist ein maximaler Zoom von 400% möglich.

- Per Klick auf *Folie an das aktuelle Fenster anpassen* wählt PowerPoint einen Zoom, bei dem die Folie größtmöglich und vollständig zu sehen ist.

Abbildg. 4.8   In der Statusleiste haben Sie jederzeit Zugriff auf die Zoomeinstellungen der Ansicht und wechseln zwischen den Ansichten *Normal, Foliensortierung* und *Bildschirmpräsentation*

Die Multifunktionsleiste vorübergehend ausblenden

Auch bei hohem Zoom ist es hilfreich, neben dem eingezoomten Objekt noch möglichst viel von der Folie zu sehen. Durch Ausblenden der Multifunktionsleiste schaffen Sie vorübergehend mehr Platz für den Folienbereich.

- Drücken Sie dazu `Strg`+`F1`. Dann zeigt PowerPoint nur noch die Beschriftung der Registerkarten an.

- Um die Multifunktionsleiste wieder vollständig anzuzeigen, drücken Sie nochmals `Strg`+`F1`.

- Um bei ausgeblendeter Multifunktionsleiste auf Schaltflächen einer Registerkarte zuzugreifen, klicken Sie auf deren Beschriftung. Die Multifunktionsleiste wird dann wieder eingeblendet und Sie können den gesuchten Befehl ausführen. Anschließend wird die Multifunktionsleiste automatisch wieder geschlossen.

Die bevorzugte Ansicht in der Präsentation speichern

Jede Präsentation behält die Ansicht, die zum Zeitpunkt des Speicherns eingestellt war. Beim nächsten Öffnen der Datei wird diese Ansicht wiederhergestellt. Neue Präsentationen starten gewöhnlich mit der Ansicht *Normal*.

Wenn Sie eine bestimmte Ansicht oder eine bestimmte Anordnung der Fensterbereiche bevorzugen, können Sie diese als Standard einstellen:

1. Klicken Sie im Menü zur *Office-Schaltfläche* am rechten unteren Rand auf *PowerPoint-Optionen*.
2. Rufen Sie in den *PowerPoint-Optionen* die Kategorie *Erweitert* auf.
3. Öffnen Sie unter *Anzeigen* das Listenfeld *Alle Dokumente in dieser Ansicht öffnen* und wählen Sie eine der Optionen.

Jede Präsentation wird ab jetzt in dieser neuen Standardansicht geöffnet, unabhängig davon, wie die Präsentation gespeichert wurde. Auch neu erstellte Dateien halten sich an Ihre Voreinstellung.

Die Registerkarte *Gliederung* für das Konzept

Die Ansicht *Gliederung* ist sehr gut geeignet, um eine grobe Planung Ihrer Präsentation zu erstellen und Ihre Überlegungen zunächst in Textform festzuhalten. Wie Sie mit der Gliederungsansicht effektiv arbeiten, lesen Sie in Kapitel 10.

Die Registerkarte *Folien* für die Navigation

Die Registerkarte *Folien* zeigt eine Übersicht der Folien Ihrer Präsentation. Per Klick auf eine Miniaturansicht zeigen Sie die ausgewählte Folie im Folienbereich an. Auch kleine Änderungen in der Reihenfolge der Folien können Sie im Bereich der Registerkarte *Folien* vornehmen. Klicken Sie dazu auf eine Miniaturansicht, halten Sie die Maustaste gedrückt und ziehen Sie die Folie an die gewünschte Position. Eine dünne horizontale Linie markiert die Position, an die die Folie verschoben wird. Um in umfangreichen Präsentationen die Anordnung der Folien zu ändern, wechseln Sie in die *Foliensortierung*.

Foliensortierungsansicht – gut für den schnellen Überblick

Einen besseren Überblick als die Registerkarte *Folien* bietet die Ansicht *Foliensortierung*, die Miniaturansichten der Folien einer Präsentation in einem eigenen Fenster zeigt. Die Größe der Miniaturansichten ändern Sie über die Schaltfläche *Zoom* der Registerkarte *Ansicht* oder über die Schaltflächen in der Statusleiste.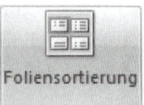

In der Ansicht *Foliensortierung* können Folien sehr bequem mit der Maus verschoben oder kopiert werden; auch das Löschen von Folien ist einfach.

- Verschieben Sie eine Folie mit gedrückter linker Maustaste an die neue Stelle.

- Verwenden Sie die rechte Maustaste beim Verschieben, so wird beim Loslassen der Maustaste ein kleines Kontextmenü angezeigt, aus dem sich die Wahl zwischen den Optionen *Verschieben* und *Kopieren* ergibt.

- Überflüssige Folien löschen Sie nach deren Markierung mit der `Entf`-Taste.

In der *Foliensortierung* können Sie einzelne Folien markieren, indem Sie diese anklicken. Markierte Folien werden mit einem Rahmen hervorgehoben. Mehrere Folien markieren Sie durch Anklicken mit gedrückter `Strg`-Taste. Zwischen den markierten Folien dürfen dabei dann Lücken sein. Liegen die zu markierenden Folien alle nacheinander vor, klicken Sie die erste an, halten die `⇧`-Taste gedrückt und klicken dann auf die letzte Folie, die markiert werden soll. Alle dazwischen liegenden Folien werden so in einem Zug ebenfalls markiert.

HINWEIS   Die Befehle *Übersichtfolie* und *Formatierung anzeigen* sind in PowerPoint 2007 nicht mehr verfügbar.

TIPP   Die Foliensortierung können Sie leider nicht ausdrucken. Stattdessen bietet sich der Ausdruck als Handzettel an. Rufen Sie über das Menü zur *Office-Schaltfläche* das Dialogfeld *Drucken* auf. Dort können Sie wählen, dass nicht die Folien, sondern Handzettel mit 1, 2, 3, 4, 6 oder 9 Folien gedruckt werden. Nachteilig ist dabei, dass die Folien nicht nummeriert werden.

Notizenseiten für den Vortragenden

Notizen können Sie im unteren Fensterbereich der Ansicht *Normal* oder in der speziellen Ansicht *Notizenseiten* erfassen, die Sie per Klick auf die Schaltfläche *Notizenseite* auf der Registerkarte *Ansicht* aufrufen. Dann sehen Sie die Seite so, wie sie später ausgedruckt wird: oben ein kleines Abbild der Folie, unten das Feld für Ihre Anmerkungen.

TIPP   Nutzen Sie Notizen, um für Ihren Vortrag detaillierte Informationen und Hinweise aufzuschreiben. Beispielsweise können Sie Zitate vermerken, Quellenangaben zu Tabellen oder Bildern machen oder passende Beispiele für das Folienthema notieren. Sie sparen sich damit zusätzlichen »Papierkram«.

Wenn Sie die Notizen nicht als Vortragsunterstützung für sich selbst benötigen, können Sie stattdessen ausführliche oder ergänzende Informationen für Ihr Publikum unterbringen und die gesamte Präsentation inklusive Notizen später als Handout ausdrucken. Überschreiten Ihre Notizen eine halbe DIN-A4-Seite, können Sie die Notizen nicht mehr in PowerPoint ausdrucken. Exportieren Sie dann die gesamte Präsentation mit den Notizen nach Word – dort lassen sich auch Notizen von weitaus mehr als einer Seite anzeigen und ausdrucken. Lesen Sie in Kapitel 25, wie Sie Folien und Notizen von PowerPoint nach Word exportieren.

Generalprobe in der Bildschirmpräsentation

Die Bildschirmpräsentation vermittelt Ihnen einen Eindruck vom endgültigen Aussehen der Folien und vom Ablauf der Präsentation. Alles, was sich in dieser Darstellung fehlerhaft zeigt, wird auch später bei der Präsentation mit einem Beamer fehlerhaft sein.

Die Bildschirmpräsentation starten

Zum Starten der Bildschirmpräsentation stehen Ihnen mehrere Wege zur Verfügung:

- Die Schaltfläche *Bildschirmpräsentation* in der Statusleiste startet die Bildschirmpräsentation mit der aktuellen Folie.

- Auf der Registerkarte *Bildschirmpräsentation* in der Multifunktionsleiste haben Sie die Wahl, die Bildschirmpräsentation *Von Beginn an* oder *Aus aktueller Folie* zu starten.

- Schneller und einfacher starten Sie die Bildschirmpräsentation per Tastatur: F5 startet die Präsentation mit der ersten Folie, ⇧ + F5 mit der aktuellen Folie.

Navigation in der Bildschirmpräsentation

Mit der ⏎ -Taste blättern Sie eine Folie vorwärts. Mit der Rück -Taste gehen Sie entweder eine Folie rückwärts oder Sie nehmen Animationen schrittweise zurück. Sobald Sie die letzte Folie erreicht haben, beendet ein erneutes Drücken der ⏎ -Taste die Bildschirmpräsentation. Abgebrochen wird die Bildschirmpräsentation mit der Taste Esc .

> **TIPP** Sie können eine Liste aller Tastenkombinationen für die Bildschirmpräsentation anzeigen lassen, wenn Sie während der Bildschirmpräsentation die Taste F1 drücken.

Drucken

Für den Ausdruck bietet PowerPoint eine ganze Palette von Optionen an. Sie können Folien für den Overheadprojektor oder als Tischvorlage ausdrucken, Handzettel für Ihr Publikum mit einer oder mehreren Folien pro Seite erstellen oder die Präsentation (z.B. als Moderationshilfe) mit Sprechernotizen ausdrucken.

Um den Ausdruck zu starten, klicken Sie auf die *Office-Schaltfläche* und dann auf *Drucken*. Damit öffnen Sie das Dialogfeld *Drucken*, in dem Sie die Einstellungen für den Ausdruck vornehmen.

> **HINWEIS** Weitere Optionen zum Drucken bietet PowerPoint, wenn Sie nicht auf *Drucken* im Menü zur *Office-Schaltfläche* klicken, sondern lediglich mit dem Mauszeiger auf *Drucken* zeigen. Im daraufhin angezeigten Menü finden Sie dann drei Optionen (siehe Abbildung 4.9):

■ Per Klick auf *Drucken* rufen Sie das Dialogfeld *Drucken* auf.

■ *Schnelldruck* startet den Ausdruck mit den zuletzt verwendeten Einstellungen. Dies ist in der Regel nicht empfehlenswert, da so sehr häufig Fehldrucke produziert werden.

■ Mit *Seitenansicht* rufen Sie eine Vorschau auf den Ausdruck auf.

Abbildg. 4.9   Per Klick auf *Drucken* öffnen Sie das Dialogfeld *Drucken*. Zeigen Sie mit dem Mauszeiger lediglich auf den Eintrag, werden weitere Optionen eingeblendet.

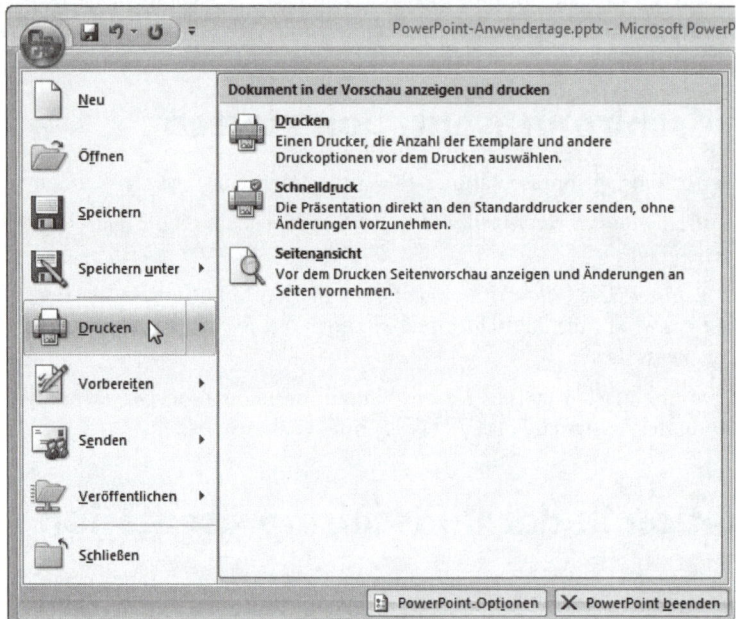

Das Dialogfeld *Drucken*

Im Dialogfeld *Drucken* (siehe Abbildung 4.10) bestimmen Sie die Art des Ausdrucks:

■ Im Abschnitt *Druckbereich* definieren Sie, ob alle Folien, die aktuelle Folie oder bestimmte Folien gedruckt werden sollen. Für bestimmte Folien tragen Sie in das Textfeld neben *Folien* die Foliennummern ein. Ein Bindestrich zwischen den Foliennummern steht für »bis«, so wird beispielsweise mit der Angabe *4-9* ein Folienbereich von Folie vier bis Folie neun gedruckt. Einzelfolienangaben trennen Sie durch Semikolon (z.B. *3;5;9*).

Sie können nur komplette Folien ausdrucken. Die Option *Markierung* bezieht sich auf mehrere markierte Folien, nicht auf einen markierten Teil einer einzelnen Folie. Als besonderer Fall wird noch die Option *Zielgruppenorientierte Präsentation* aufgeführt. Diese Option ist erst wählbar, wenn Sie eine zielgruppenorientierte Präsentation angelegt haben.

■ Im Feld *Anzahl Exemplare* stellen Sie ein, wie oft die Folien gedruckt werden. Wenn Sie für einen Vortrag sieben Exemplare benötigen, stellen Sie das Drehfeld auf die Ziffer *7* oder geben die Zahl direkt in das Feld ein. Bei mehreren Exemplaren ist es sinnvoll, ein Häkchen bei *Sortieren* zu setzen. Damit wird die Präsentation immer komplett gedruckt, bevor der nächste Durchgang beginnt. Ohne dieses Häkchen erhalten Sie die erste Folie siebenmal, dann siebenmal die zweite Folie usw. Anschließend müssen Sie alle Blätter von Hand sortieren.

Abbildg. 4.10 Nehmen Sie im Dialogfeld *Drucken* alle Einstellungen für den Ausdruck vor. Überprüfen Sie per Klick auf *Vorschau*, wie die Präsentation im Druck aussehen wird.

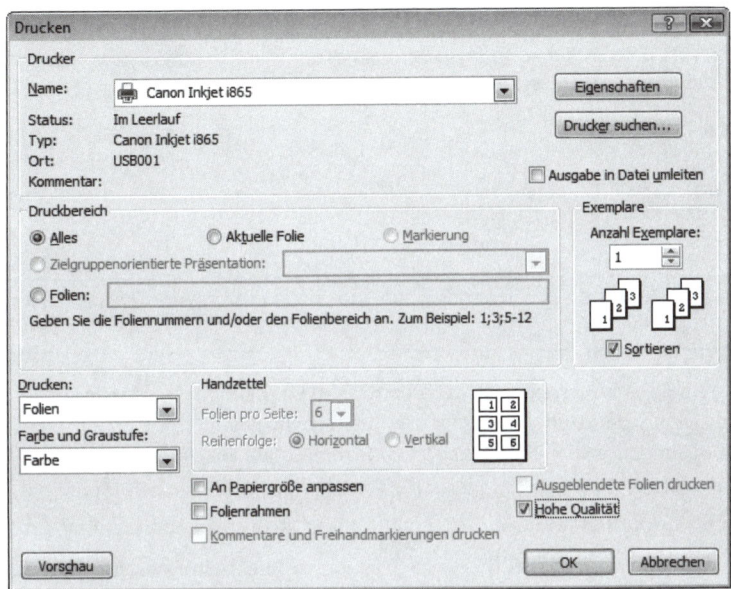

Am unteren Rand des Dialogfeldes *Drucken* finden Sie weitere Optionen:

- *An Papiergröße anpassen:* Damit werden Größe und Blattorientierung der Folie auf die Größe des für den Druck gewählten Papiers angepasst.

- *Folienrahmen:* Jede Folie erhält einen schwarzen Rand.

- *Kommentare und Freihandmarkierungen drucken:* Kommentare werden über den Befehl *Neuer Kommentar* (Registerkarte *Überprüfen*) während der Bearbeitung einer Präsentation eingefügt; Freihandmarkierungen entstehen während der Bildschirmpräsentation durch Zeichnen auf dem Bildschirm. Beides wird mit dieser Option ausgedruckt. Die Option ist nur wählbar, wenn es in der aktuellen Präsentation entweder Kommentare oder Freihandmarkierungen gibt.

- *Ausgeblendete Folien drucken:* Folien, die als ausgeblendet markiert wurden, lassen sich mit dieser Option ausdrucken.

- *Hohe Qualität:* Dieses Kontrollkästchen müssen Sie aktivieren, wenn Sie Grafikeffekte wie Softschatten ausdrucken möchten.

Kontrolle mit der Seitenansicht

Damit Sie eine bessere Vorstellung davon haben, wie die Folien im Ausdruck aussehen werden, sollten Sie sich die *Seitenansicht* anschauen. Rufen Sie entweder im Menü zur *Office-Schaltfläche* über *Drucken* den Befehl *Seitenansicht* auf oder klicken Sie im Dialogfeld *Drucken* auf *Vorschau*. Anfangs sehen Sie die Druckvorschau für den Folienausdruck. Da standardmäßig eine Folie pro DIN-A4-Seite gedruckt wird, zeigt auch die *Seitenansicht* nur eine Folie. Per Klick auf *Nächste Seite* und *Vorherige Seite* (siehe Abbildung 4.11) auf der Registerkarte *Seitenansicht* blättern Sie durch die Folien.

Per Klick auf *Druckvorschau schließen* beenden Sie die Seitenansicht und kehren zurück zur *Normalansicht*.

Abbildg. 4.11 Über *Nächste Seite* und *Vorherige Seite* blättern Sie in der Präsentation. Mit *Druckvorschau schließen* beenden Sie die Seitenansicht.

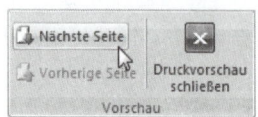

> **TIPP** Auch über ⌨ Esc beenden Sie die *Seitenansicht* und kehren zur *Normalansicht* zurück.

Über das Listenfeld *Druckbereich* auf der Registerkarte *Seitenansicht* können Sie auch überprüfen, wie der Ausdruck als Handzettel mit einer, zwei oder mehr Folien aussehen wird. Bei drei Folien pro Seite werden neben jedem Folienbild zusätzlich Schreiblinien ausgedruckt.

Über die Schaltfläche *Orientierung* wählen Sie für Handzettel, Notizenseiten und Gliederungsansicht zwischen *Hochformat* und *Querformat*. Für Folien steht diese Option nicht zur Verfügung.

Per Klick auf *Optionen* auf der Registerkarte *Seitenansicht* nehmen Sie weitere Einstellungen wie die Eingabe von Kopf- und Fußzeileneinträgen vor, wählen zwischen Farbe und Graustufenausdruck, bestimmen die *Druckreihenfolge* für Handzettel und/oder aktivieren die Option *Folienrahmen*, bevor Sie über die Schaltfläche *Drucken* den Ausdruck aus der *Seitenansicht* heraus starten.

Handzettel, Notizen und Gliederungen drucken

Im Listenfeld *Drucken* legen Sie fest, in welcher Form die Präsentation gedruckt wird. Voreingestellt sind *Folien*. Sie können zwischen Handzetteln (mit einer, zwei oder mehr Folien pro Seite) sowie Notizen und Gliederungen wählen.

Handzettel sind eine beliebte Zugabe bei Vorträgen und werden heute zu fast jedem Referat verteilt. Das Verfahren ist praktisch und schnell, aber Folienausdrucke sind kaum mehr als eine Gedächtnisstütze zu einem Vortrag. In vielen Fällen müssen Sie separate Zusammenfassungen erstellen und verteilen. Hierfür sind die automatischen Handzettelausdrucke nicht geeignet. Lesen Sie dazu in Kapitel 25 die Ausführungen über den Ausdruck der Präsentation in Zusammenarbeit mit Word.

Für den Vortragenden empfehlen sich Notizenseiten. Erfassen Sie dazu zu jeder Folie die Information in der Ansicht *Notizenseite* oder im kleinen Notizenfeld der Ansicht *Normal*. Die Notizenseiten eignen sich für alle Details, die Sie an dieser Stelle in der Präsentation vortragen möchten: wörtliche Zitate, detaillierte Zahlen oder genaue Quellenangaben.

Eine sehr geraffte Darstellung erhalten Sie über die *Gliederung*. Im Ausdruck werden ausschließlich die Textanteile der Folien wiedergegeben, die in Platzhaltern stehen. Grafiken oder der Inhalt von Textfeldern und Formen finden keine Berücksichtigung.

HINWEIS Die Möglichkeit, mehrere Exemplare zu drucken, wirkt sich auch auf die Handzettel, Notizenseiten und Gliederungen aus. Wenn Sie z.B. im Feld *Anzahl Exemplare* eine 7 eingetragen haben, werden Sie auch je sieben Exemplare der Handzettel oder Notizenseiten bekommen.

Farbe oder Graustufe?

Voreingestellt ist der farbige Ausdruck, das gilt sowohl für den Folienausdruck als auch für die Handzettel oder die Notizenseiten. Wenn Ihr Drucker nicht farbig drucken kann, werden alle Farben automatisch in Graustufen umgerechnet. Bei manchen Druckertypen ist diese Umrechnung nicht optimal und Sie erzielen bessere Ergebnisse, wenn Sie im Listenfeld *Farbe und Graustufe* die Option *Graustufen* wählen.

Reines Schwarzweiß ist nur für Konzeptausdrucke empfehlenswert. Farben werden hierbei nicht in Graustufen umgewandelt, sondern entweder als Schwarz oder als Weiß (also gar nicht) dargestellt. Auch Füllfarben werden nicht gedruckt.

Weder bei der Option *Graustufen* noch bei der Option *Reines Schwarzweiß* wird der Hintergrund der Folie ausgedruckt.

Overheadfolien ausdrucken

Der Ausdruck auf das Medium Folie erfordert bei den meisten Druckern eine besondere Einstellung, damit der Auftrag von Tinte oder Toner auf der glatten Folie korrekt erfolgt. Da die Auswahl der Medientypen bei jedem Drucker anders verwaltet wird, können nachfolgend nur allgemeine Hinweise zu den Schritten gegeben werden:

1. Klicken Sie im Dialogfeld *Drucken* neben dem Druckernamen auf die Schaltfläche *Eigenschaften*.
2. Suchen Sie in den Einstellungen Ihres Druckers nach einer Auswahl der *Medientypen*. Sie können normalerweise zwischen Papier, Fotopapier, Karton usw. auswählen. Markieren Sie *Folie*, *Transparentfolie* oder einen ähnlichen Eintrag und bestätigen Sie Ihre Auswahl.

HINWEIS Achten Sie darauf, dass Sie nur die für Ihren Druckertyp zugelassenen Folien verwenden. In einen Laserdrucker dürfen Sie wegen der großen Hitzeentwicklung nur Folien einlegen, die ausdrücklich für Laserdrucker gekennzeichnet sind. Farblaserdrucker tragen die Tonerpartikel sehr intensiv auf und die Farbpartikel streuen das Licht stark. Ist die Folie nicht transparent genug oder der Overheadprojektor nicht sehr lichtstark, werden farbige Flächen bei der Projektion beinahe schwarz dargestellt. Verwenden Sie hochtransparente Folien und (wenn möglich) moderne Overheadprojektoren mit starker Lichtquelle.

Folien für Tintenstrahldrucker haben eine besondere Beschichtung, damit die Tinte auf der glatten Oberfläche haftet. Legen Sie die Folien so ein, dass die beschichtete Seite bedruckt wird. Sie ist meistens durch einen Klebestreifen gekennzeichnet.

Die PowerPoint-Hilfe

Die in PowerPoint 2007 integrierte Hilfe bietet Ihnen Informationen zu den wichtigsten Programmfunktionen und gibt Antworten auf häufig gestellte Fragen. Ein Teil der Informationen ist auf Ihrer Festplatte installiert, ein weiterer basiert auf Internetseiten.

 Per Klick auf das Fragezeichen ganz rechts in der Multifunktionsleiste starten Sie die PowerPoint-Hilfe in einem eigenen Fenster. Sie enthält auf ihrer Startseite (siehe Abbildung 4.12) eine thematisch gegliederte Themenübersicht.

> **HINWEIS** Auch mit F1 oder per Klick auf das Fragezeichen in der rechten oberen Ecke von Dialogfeldern starten Sie die PowerPoint-Hilfe.

Abbildg. 4.12 Die Startseite der PowerPoint-Hilfe

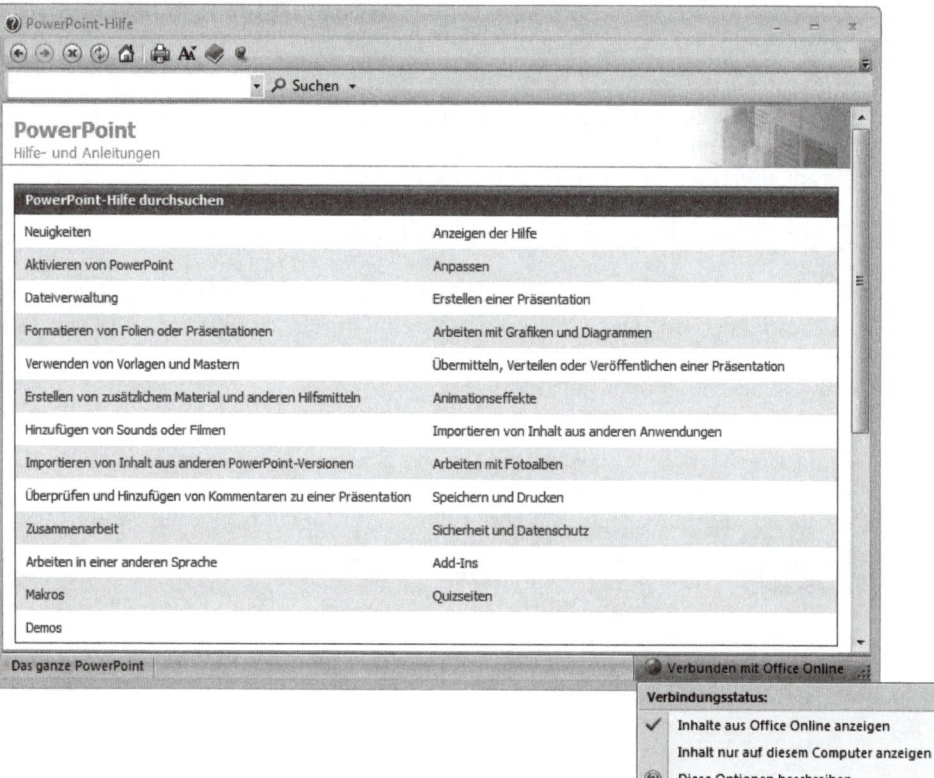

Rechts unten in der Statusleiste des Fensters *PowerPoint-Hilfe* (siehe Abbildung 4.12) können Sie erkennen, ob lediglich die Offline-Inhalte auf Ihrem Computer angezeigt werden oder ob Sie mit Office Online verbunden sind. Per Klick auf die Statusanzeige rufen Sie die Optionen auf, um die Verbindung zu Office Online herzustellen oder zu trennen.

Für die Navigation in der Hilfe steht eine eigene Symbolleiste (siehe Abbildung 4.13) zur Verfügung.

Abbildg. 4.13   Die PowerPoint-Hilfe verfügt über eine eigene Symbolleiste

- Per Klick auf die Schaltflächen *Zurück* und *Weiter* blättern Sie in den Hilfethemen.
- *Anhalten* stoppt eine zeitaufwendige Suche.
- Mit *Aktualisieren* überprüfen Sie die Online-Hilfe auf neue Inhalte.
- Über *Start* gelangen Sie zurück zur Startseite der Hilfe.
- *Drucken* öffnet das Dialogfeld *Drucken*, in dem Sie weitere Einstellungen zum Ausdrucken eines Hilfethemas vornehmen können.
- Über *Schriftgrad ändern* vergrößern oder verkleinern Sie die Schriftgröße, in der die Hilfethemen angezeigt werden.
- Mit *Inhaltsverzeichnis anzeigen* blenden Sie ein alphabetisch sortiertes Inhaltsverzeichnis der Hilfe am linken Rand des Hilfefensters ein.
- Per Klick auf die Schaltfläche mit der Pinn-Nadel legen Sie fest, dass das Hilfefenster dauerhaft im Vordergrund angezeigt wird.

Durch Eingabe eines Stichwortes im Suchfeld können Sie die Hilfe darüber hinaus nach eigenen Suchbegriffen filtern. Die Suchergebnisse erscheinen in einer Liste, von der aus Sie das betreffende Hilfethema direkt aufrufen können. Per Klick auf den Pfeil der Schaltfläche *Suchen* schränken Sie ein, welche Teile der Hilfe durchsucht werden sollen.

Schnelleinstieg in PowerPoint 2007: Die erste Präsentation

Ob Sie PowerPoint 2007 nun als Einsteiger kennenlernen oder als Umsteiger bereits seit mehreren Versionen mit dem Programm arbeiten: Vermutlich möchten Sie dieses Buch nicht erst zu Ende lesen müssen, bevor Sie Ihre Präsentationen mit PowerPoint 2007 erstellen. In den folgenden Abschnitten lernen Sie die wichtigsten Programmfunktionen anhand eines Präsentationsbeispiels kennen. Es geht darum, das Konzept und die Organisation der PowerPoint-Anwendertage vorzustellen – eine Veranstaltung, die tatsächlich jedes Jahr im Herbst stattfindet.

Die Präsentation vorbereiten

In dem Präsentationsbeispiel werden die teilnehmenden Trainer mit dem Konzept bekannt gemacht und erhalten Informationen zum Know-how sowie zu den Themenwünschen der Teilnehmer. Darüber hinaus werden der Terminplan und die Aufgabenverteilung vor Ort abgestimmt.

Die fertige Präsentation finden Sie in der Datei *Kap04_Anwendertage.pptx* auf der CD-ROM zum Buch im Ordner *\Buch\Kap04*. Wenn Sie die Beispielfolien Schritt für Schritt mit den gleichen Voreinstellungen nachvollziehen möchten, finden Sie im gleichen Ordner die PowerPoint-Vorlage *Kap04_Vorlage.potx* sowie das auf Folie 2 verwendete Bild *Meeting.jpg*.

Abbildg. 4.14   Die fertigen Folien der Beispielpräsentation

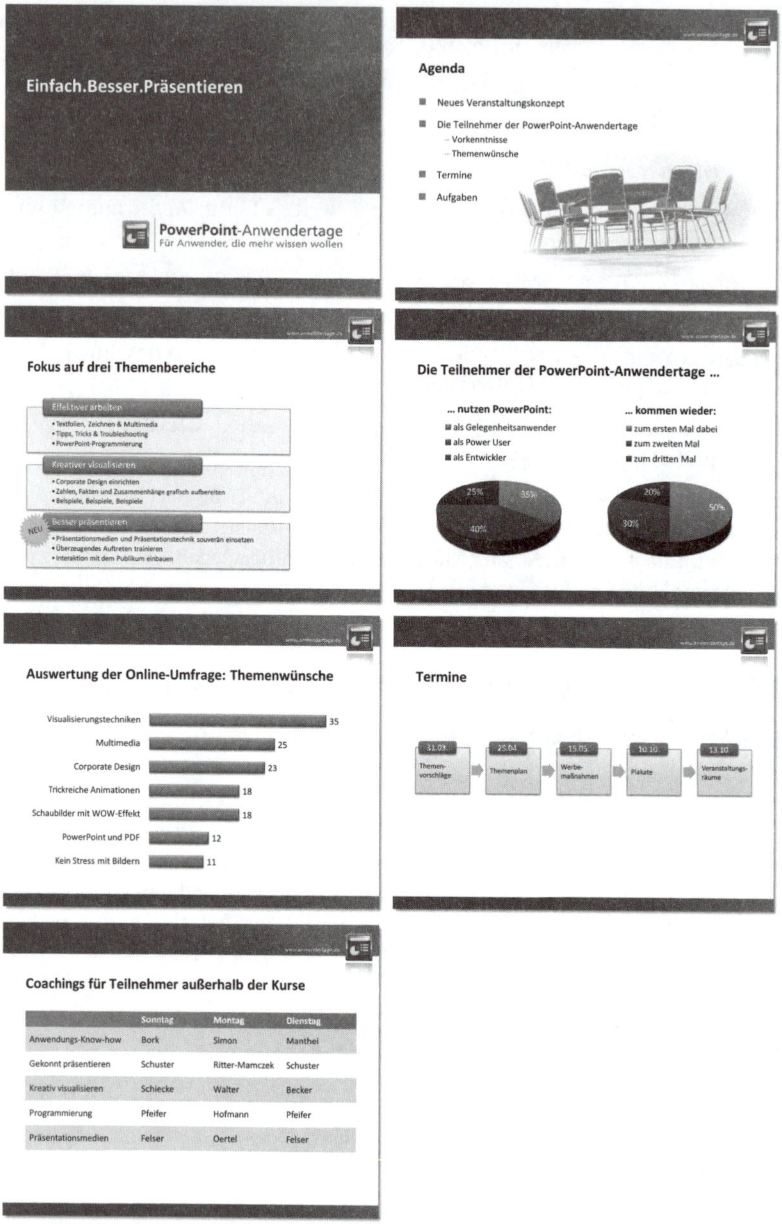

Die Titelfolie zur Einstimmung auf die Präsentation

Erstellen Sie per Klick auf die *Office-Schaltfläche* eine neue Präsentation über *Neu/Neu von vorhandenem* und wählen Sie als Vorlage die Datei *Kap04_Vorlage.pptx* von der CD-ROM zum Buch.

PowerPoint erstellt daraufhin eine neue Präsentation, die zunächst nur eine Folie im Layout *Titelfolie* mit zwei Platzhaltern für Titel und Untertitel enthält.

| **TIPP** | Bevor Sie mit dem Bearbeiten der Folien beginnen, sollten Sie die neue Präsentation erst einmal speichern. Auch während der Arbeit an einer Präsentation ist es empfehlenswert, in regelmäßigen Abständen per Klick auf die Schaltfläche *Speichern* in der Schnellzugriffsleiste oder über ⌨Strg + ⌨S das bisher erreichte Ergebnis zu sichern. |

Text in einen Platzhalter eingeben

Als Titel der Präsentation wird das Motto der Veranstaltung vorgestellt: »Einfach.Besser.Präsentieren«

Klicken Sie in den Platzhalter für den Folientitel. Der vorgegebene Text im Platzhalter verschwindet, die Einfügemarke beginnt zu blinken und Sie können den Text eingeben.

Nicht benötigte Platzhalter löschen

Im Beispiel erhält die Präsentation keinen Untertitel, der dafür vorgesehene Platzhalter bleibt leer. Leere Platzhalter werden weder in der Bildschirmpräsentation angezeigt noch erscheinen sie im Druck. Sie können sie also unbesorgt ignorieren – es sei denn, Sie möchten die Präsentation per E-Mail verteilen und sicherstellen, dass Ihre Folien auch dann gut aussehen, wenn der Empfänger sie nicht in der Bildschirmpräsentation, sondern in der Normalansicht betrachtet. Dann können Sie nicht benötigte Platzhalter löschen. Markieren Sie dazu den Platzhalter, indem Sie auf seine Rahmenlinie klicken, und drücken Sie dann ⌨Entf. Wichtig ist, dass tatsächlich der Platzhalter markiert und nicht das Textfeld mit der blinkenden Einfügemarke aktiv ist. Dass der Platzhalter markiert ist, erkennen Sie dann daran, dass seine Rahmenlinie durchgezogen und nicht mehr gestrichelt angezeigt wird.

Abbildg. 4.15 Im oberen Platzhalter blinkt die Einfügemarke, hier kann nur der Text bearbeitet werden. Im Bild darunter ist der Platzhalter selbst markiert, zu erkennen an der durchgezogenen Markierungslinie.

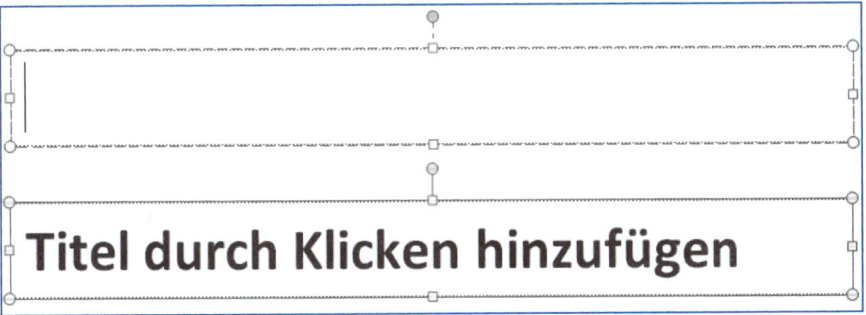

Gelöschte Platzhalter wiederherstellen

Haben Sie es sich anders überlegt und möchten Sie einen gelöschten Platzhalter doch verwenden, weisen Sie über die Schaltfläche *Layout* auf der Registerkarte *Start* das Layout der Folie erneut zu. Gelöschte Platzhalter werden dabei wiederhergestellt.

Die Agenda für den Überblick zum Ablauf des Meetings

Als nächste Folie wird die Agenda erstellt. Sie listet die Themen des Meetings in einer einfachen Textfolie auf, die mit besonderen Aufzählungszeichen und einem Bild im Hintergrund ein wenig aufgepeppt wird.

Abbildg. 4.16 Die fertige Agenda mit angepasstem Layout, ausgetauschten Aufzählungszeichen und Bild im Hintergrund

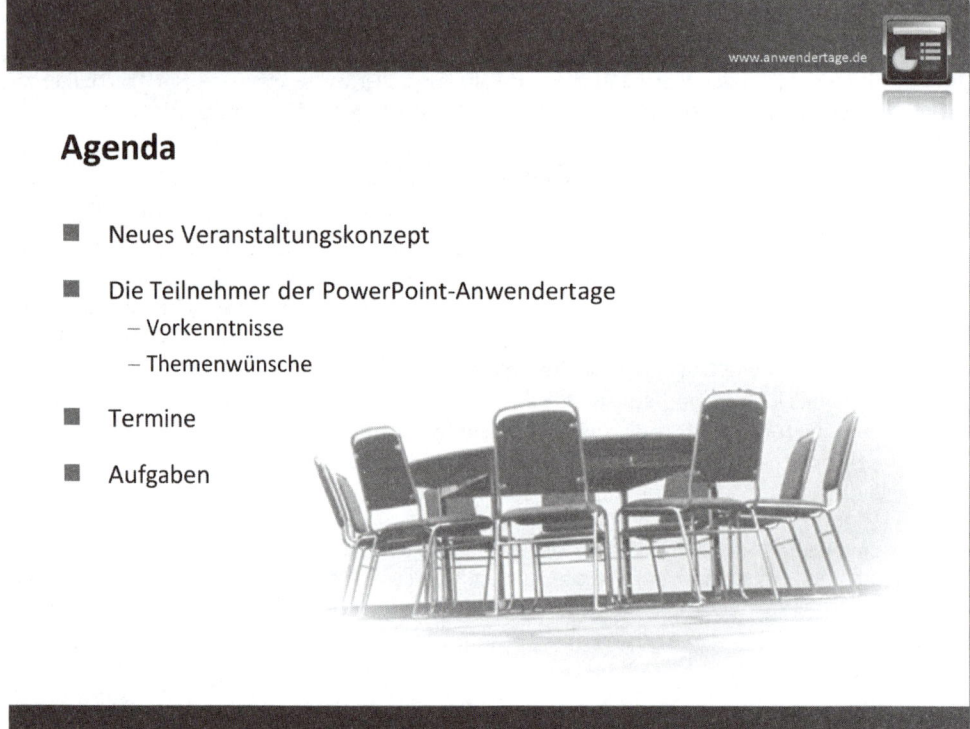

Neue Folien einfügen

Neue Folien fügen Sie entweder per Klick auf die Schaltfläche *Neue Folie* auf der Registerkarte *Start* ein oder Sie drücken die Tastenkombination ⌨Strg+⌨M. Dabei wird die neue Folie im Layout *Titel und Inhalt* erstellt, wenn sie nach einer Titelfolie eingefügt wird. In allen anderen Fällen verwendet PowerPoint beim Erstellen einer neuen Folie das Layout der vorherigen Folie.

Um bereits beim Erstellen der neuen Folie das Layout zuzuweisen, klicken Sie auf die Beschriftung der Schaltfläche *Neue Folie*. Damit öffnen Sie wie beim nachträglichen Ändern des Layouts den

Layout-Katalog, in dem Sie aus den in der Vorlage hinterlegten Layoutvarianten das passende Layout auswählen können.

Mit gegliederten Listen arbeiten

Erstellen Sie eine neue Folie mit dem Layout *Titel und Inhalt*. Geben Sie als Titel der Folie Agenda in den Titelplatzhalter ein. Geben Sie dann folgenden Text in den Inhaltsplatzhalter ein und drücken Sie nach jeder Zeile die ⏎-Taste, um einen neuen Absatz zu erzeugen:

> *Neues Veranstaltungskonzept*
>
> *Die Teilnehmer der PowerPoint-Anwendertage*
>
> *Vorkenntnisse*
>
> *Themenwünsche*
>
> *Termine*
>
> *Aufgaben*

HINWEIS   In der Regel sind die Inhaltsplatzhalter einer PowerPoint-Vorlage bereits mit Aufzählungszeichen formatiert. Sollte dies einmal nicht der Fall sein, schalten Sie per Klick auf *Aufzählungszeichen* in der Gruppe *Absatz* auf der Registerkarte *Start* die Listenfunktion ein. PowerPoint erzeugt dann für jeden Absatz, also nach jedem Drücken der ⏎-Taste, ein neues Aufzählungszeichen.

TIPP   Um manuell in die nächste Zeile zu schalten, ohne einen neuen Absatz mit neuem Aufzählungszeichen zu erstellen, drücken Sie ⇧ + ⏎ .

- Um die Liste zu gliedern und die Absätze »Vorkenntnisse« und »Themenwünsche« als Unterpunkte des Absatzes »Die Teilnehmer der PowerPoint-Anwendertage« zu formatieren, klicken Sie jeweils in den betreffenden Absatz und dann auf *Listenebene erhöhen* in der Gruppe *Absatz* auf der Registerkarte *Start*.

- Per Klick auf *Listenebene verringern* ordnen Sie Unterpunkte bei Bedarf wieder eine Gliederungsebene höher an.

TIPP   Schneller als über die Schaltflächen der Gruppe *Absatz* erstellen Sie die Gliederung einer Liste bereits während der Eingabe. Drücken Sie am Anfang der Zeile ⇥ , um die Listenebene zu erhöhen, und Alt + ⇧ + ← , um zur vorherigen Listenebene zurückzukehren.

Steht der Cursor am Anfang der Zeile, können Sie auch mit ⇧ + ⇥ zur vorherigen Listenebene zurückkehren.

TIPP   Um nach der Eingabe des Folientitels im Inhaltsplatzhalter die Besprechungsthemen aufzulisten, können Sie entweder den Platzhalter anklicken oder Strg + ⏎ drücken. Mit dieser Tastenkombination springen Sie von einem Platzhalter zum nächsten und erzeugen, wenn der letzte Platzhalter auf der Folie erreicht ist, eine neue Folie mit gleichem Layout.

Text korrigieren

Um Texte zu korrigieren, klicken Sie an die Stelle, die Sie ändern wollen. Achten Sie dabei darauf, dass Sie die Einfügemarke an der richtigen Stelle platzieren. Löschen Sie einzelne Zeichen links der Einfügemarke mit der `Rück`-Taste und rechts der Einfügemarke mit der `Entf`-Taste. Ganze Wörter löschen Sie mit der Tastenkombination `Strg`+`Rück` links der Einfügemarke bzw. mit der Tastenkombination `Strg`+`Entf` rechts der Einfügemarke. Um mehrere Wörter oder ganze Absätze zu löschen, markieren Sie diese mit der Maus und drücken anschließend `Entf` oder `Rück`.

Zeichen und Wörter lassen sich jederzeit dem Text hinzufügen. Klicken Sie an die Stelle, an der eine Ergänzung notwendig ist, und geben Sie den Text ein. PowerPoint befindet sich ständig im Einfügemodus; die Überschreibfunktion, die Ihnen vielleicht aus Word geläufig ist, kann in PowerPoint nicht aktiviert werden.

Das Aufzählungszeichen austauschen

Im Moment wirkt die Agenda noch etwas schlicht. Sie erhält zunächst ein anderes Aufzählungszeichen.

1. Um das Aufzählungszeichen zu ändern, müssen Sie zunächst die Absätze markieren, die formatiert werden sollen.

   ■ Um nur einen einzelnen Absatz zu formatieren, genügt es, wenn Sie per Mausklick die Einfügemarke in den betreffenden Absatz setzen.

   ■ Sollen alle Absätze eines Platzhalters formatiert werden, markieren Sie den Platzhalter, indem Sie ihn anklicken und `F2` drücken.

   ■ Mehrere aufeinanderfolgende Absätze markieren Sie, indem Sie mit gedrückter Maustaste über die betreffenden Absätze ziehen.

   ■ Im Beispiel sollen die Aufzählungszeichen der ersten und zweiten Listenebene getrennt voneinander formatiert werden. Um nicht aufeinanderfolgende Absätze zu markieren, halten Sie `Strg` gedrückt, während Sie die Markierung der einzelnen Absätze durch Ziehen mit gedrückter Maustaste vornehmen.

Abbildg. 4.17   Mit dieser Markierung werden nur die Absätze der ersten Listenebene formatiert

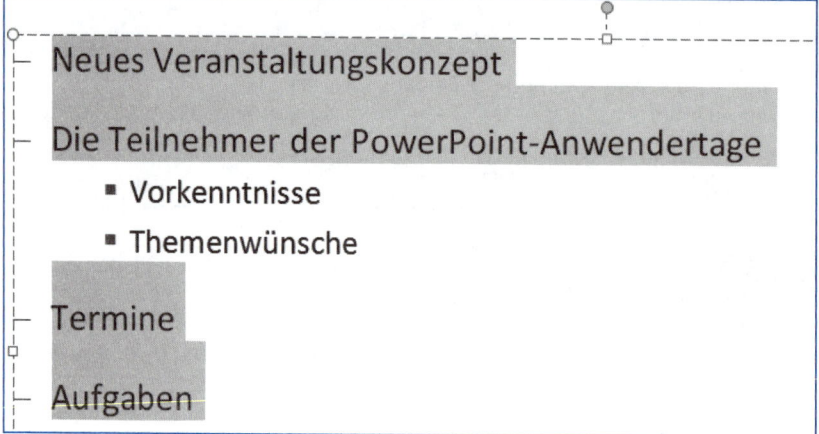

2. Klicken Sie dann auf der Registerkarte *Start* in der Gruppe *Absatz* auf den Pfeil der Schaltfläche *Aufzählungszeichen*.

HINWEIS Per Klick auf das Symbol der Schaltfläche *Aufzählungszeichen* schalten Sie lediglich die Listenfunktion ein und aus.

---

3. Klicken Sie am unteren Rand des Katalogs (siehe Abbildung 4.18) auf *Nummerierung und Aufzählungszeichen*.

Abbildg. 4.18 Per Klick auf *Nummerierung und Aufzählungszeichen* öffnen Sie das gleichnamige Dialogfeld, in dem Sie Art, Farbe und Größe eines Aufzählungszeichens flexibel ganz nach Wunsch festlegen können

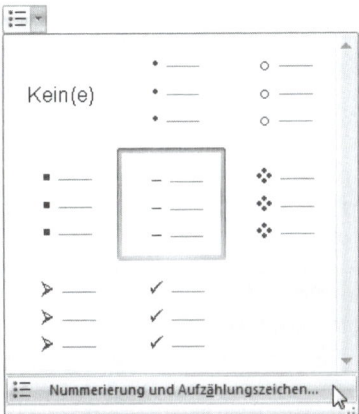

4. Damit öffnen Sie das Dialogfeld *Nummerierung und Aufzählungszeichen*. Klicken Sie dort auf *Anpassen*.

5. Öffnen Sie im Dialogfeld *Symbol* das Listenfeld *Schriftart* (siehe Abbildung 4.19).

6. Scrollen Sie in der Liste nach unten, bis der Eintrag *Wingdings* zu sehen ist, und klicken Sie dann darauf.

7. Anschließend können Sie alle Symbole sehen, die die Schriftart Wingdings enthält. Scrollen Sie ggf. auch hier ein Stück nach unten, bis das große gefüllte Quadrat zu sehen ist.

8. Klicken Sie auf das Symbol und bestätigen Sie mit *OK*.

9. Öffnen Sie im Dialogfeld *Nummerierung und Aufzählungszeichen* per Klick auf den Pfeil der Schaltfläche *Farbe* die Designfarbenpalette und wählen Sie als Farbe für das Aufzählungszeichen *Orange, Akzent 1*.

10. Ändern Sie die proportionale Größe des Aufzählungszeichens zum Text auf *105%*, indem Sie den vorhandenen Wert im Feld *Größe* überschreiben oder per Klick auf die Drehfelder schrittweise erhöhen.

11. Bestätigen Sie mit *OK*.

Abbildg. 4.19 Schriften wie Wingdings enthalten eine große Auswahl an Symbolen, die auch als Aufzählungszeichen geeignet sind

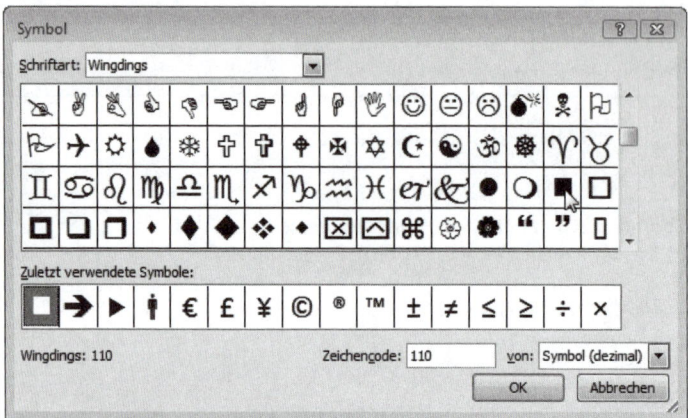

12. Ändern Sie als Nächstes die Aufzählungszeichen der zweiten Listenebene, indem Sie die beiden Absätze markieren und über *Aufzählungszeichen/Nummerierung und Aufzählungszeichen* den Geviertstrich (siehe Abbildung 4.20) als Aufzählungszeichen auswählen. Formatieren Sie auch diesen orange und bestätigen Sie mit *OK*.

Abbildg. 4.20 Der Geviertstrich oder auch Spiegelstrich als Aufzählungszeichen (die Bezeichnung Silbentrennung-Aufzählungszeichen in der QuickInfo ist nicht richtig)

Den Texteinzug an das geänderte Aufzählungszeichen anpassen

Durch den Austausch des Aufzählungszeichens ist der Abstand zum Text zu klein geworden.

1. Um den Texteinzug anzupassen, aktivieren Sie auf der Registerkarte *Ansicht* das *Lineal*.
2. Markieren Sie wiederum nur die Absätze der ersten Gliederungsebene.
3. Auf dem *Lineal* (siehe Abbildung 4.21) sehen Sie zwei Markierungen. Die obere kennzeichnet die Position des Aufzählungszeichens, die untere den Einzug des Textes. Klicken Sie auf die

untere Markierung, halten Sie die Maustaste gedrückt und verschieben Sie die Markierung nach rechts. Eine gestrichelte Linie zeigt auf der Folie, wie weit der Text nach rechts verschoben wird.

Abbildg. 4.21   Durch Verschieben der Markierungen auf dem Lineal passen Sie die Ausrichtung von Aufzählungszeichen und Text an die Größe des Aufzählungszeichens an

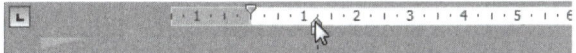

ACHTUNG   Von den Vorgaben der PowerPoint-Vorlage bzw. des gewählten Layouts abweichende Formatierungen sollten Sie nur in Ausnahmefällen vornehmen, etwa um wie im Beispiel eine attraktivere Agenda zu erstellen. Eine Präsentation, die auf jeder Folie andere Formatierungen für gleichartige Elemente einsetzt, wirkt kunterbunt zusammengewürfelt und erschwert dem Betrachter die Orientierung.

TIPP   Wenn Sie grundsätzlich für die Agenda einer Präsentation, Abschnittsfolien o.Ä. besondere Aufzählungszeichen einsetzen möchten, ist es sinnvoll, für diesen Zweck ein eigenes Layout zu erstellen. Mehr dazu lesen Sie in Kapitel 9.

Die Aufzählung mit einem Hintergrundbild kombinieren

Textfolien mit sehr wenig Inhalt wirken attraktiver, wenn Sie sie mit einem passenden Bild kombinieren. Wichtig dabei ist, dass sich das Bild gegenüber dem Text nicht in den Vordergrund drängt. Dies erreichen Sie, indem Sie das Bild nach dem Einfügen aufhellen und in den Hintergrund ausblenden.

1. Klicken Sie auf der Registerkarte *Einfügen* auf die Schaltfläche *Grafik*.
2. PowerPoint öffnet daraufhin das Dialogfeld *Grafik einfügen*, in dem Sie Laufwerk, Ordner und zuletzt die gesuchte Bilddatei auswählen.
3. Per Klick auf die Schaltfläche *Einfügen* fügen Sie die markierte Bilddatei in die Präsentation ein. Das Bild wird zunächst zentriert und über dem Text liegend auf der Folie angeordnet.
4. Spiegeln Sie zunächst das Bild, sodass der Besprechungstisch auf der rechten Seite der Folie zu sehen ist. Klicken Sie dazu auf der Registerkarte *Bildtools/Format* auf die Schaltfläche *Drehen* und wählen Sie *Horizontal kippen*.
5. Als Nächstes entfernen Sie nicht benötigte Bildbereiche. Klicken Sie dazu auf der Registerkarte *Bildtools/Format* in der Gruppe *Schriftgrad* auf *Zuschneiden*. Anstelle der Markierungspunkte des Bildes werden daraufhin Schnittmarkierungen angezeigt.
6. Ziehen Sie die Schnittmarkierung nach innen und schneiden Sie das Bild wie in Abbildung 4.22 zu. Drücken Sie nach dem Zuschneiden Esc, um die Schnittmarkierungen wieder auszublenden.

Das Bild nach dem Entfernen nicht benötigter Bildbereiche

7. Ordnen Sie das zugeschnittene Bild im rechten unteren Bereich der Folie an, indem Sie das Bild anklicken, die Maustaste gedrückt halten und es dann an die gewünschte Position verschieben.

8. Um das Bild in den Hintergrund zu überblenden, maskieren Sie zunächst seine Ecken, indem Sie ihm über *Bildform* in der Gruppe *Bildformatvorlagen* die *Ellipse* aus den *Standardformen* zuweisen.

9. Weisen Sie dem Bild dann in der Gruppe *Bildformatvorlagen* über *Bildeffekte* die Option *Weiche Kanten/50 Punkt* zu. Dabei werden die Ränder des Bildes in einer Breite von 50 Punkt mit zunehmender Transparenz formatiert, sodass ein weicher Übergang in den Hintergrund entsteht.

10. Färben Sie das Bild jetzt in den Designfarben der PowerPoint-Vorlage ein. Klicken Sie dazu in der Gruppe *Anpassen* auf *Neu einfärben* und wählen Sie das Orange aus den *Hellen Varianten* aus.

11. Hellen Sie das Bild zusätzlich auf, indem Sie in der Gruppe *Anpassen* auf *Helligkeit* klicken und die Voreinstellung *+10 %* wählen.

12. Vergrößern Sie jetzt das Bild ein wenig, indem Sie ⎡Strg⎤+⎡⇧⎤ gedrückt halten und gleichzeitig einen der Eckmarkierungspunkte nach außen ziehen. Die Tastenkombination bewirkt, dass das Bild aus der Mitte heraus gleichmäßig vergrößert wird und ein versehentliches Verzerren des Bildes ausgeschlossen ist.

Das Veranstaltungskonzept als Schaubild

Die dritte Folie des Präsentationsbeispiels zeigt die drei Themenbereiche des Veranstaltungskonzepts (siehe Abbildung 4.23). Obwohl die Folie eigentlich nur Text enthält, ist durch die Kombination des Textes mit grafischen Elementen die Struktur des Konzepts auf den ersten Blick zu erkennen und viel deutlicher, als dies in einer gegliederten Liste der Fall wäre.

Abbildg. 4.23 Anschaulicher als eine Aufzählung zeigt diese SmartArt-Grafik das Veranstaltungskonzept

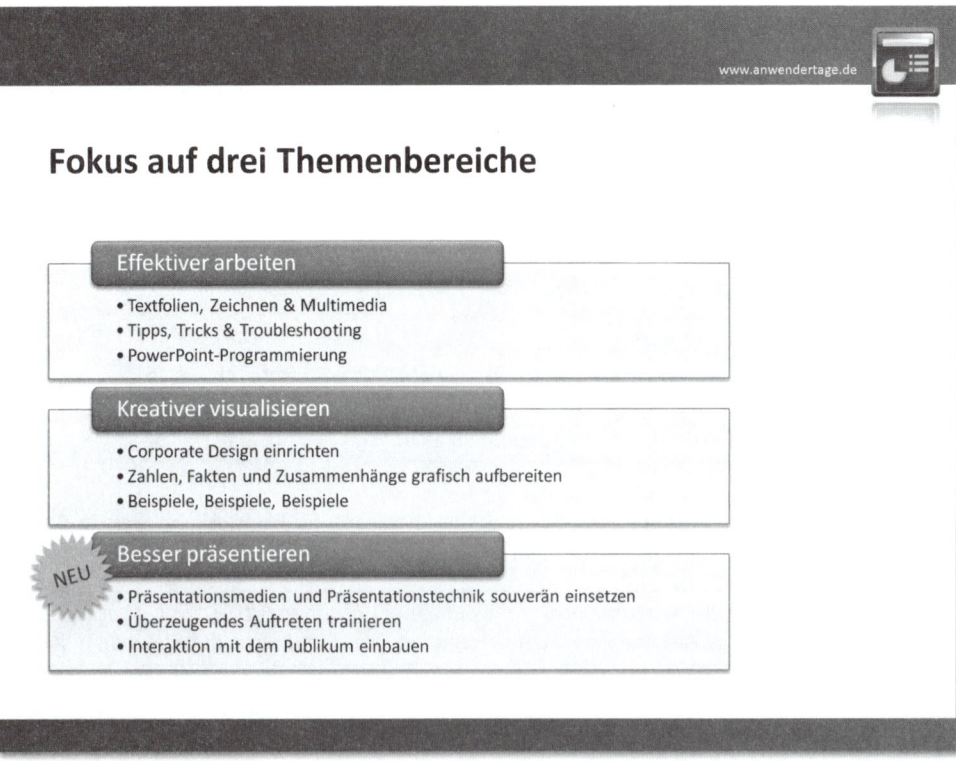

Textfolien in eine SmartArt-Grafik konvertieren

Neu PowerPoint 2007 verfügt über eine umfangreiche Bibliothek sogenannter *SmartArt-Grafiken*. Dabei handelt es sich um vordefinierte und editierbare Schaubilder für Listen, Abläufe, Hierarchien etc. Sie lösen die *Schematischen Darstellungen* früherer Programmversionen ab.

Beim Erstellen einer SmartArt-Grafik haben Sie die Wahl, ob Sie das Schaubild gleich als *SmartArt* erstellen (wie in Kapitel 15 beschrieben) oder eine bereits vorhandene Textfolie in eine SmartArt-Grafik konvertieren. Hier die Vorgehensweise bei der Konvertierung einer Textfolie:

1. Erstellen Sie eine neue Folie mit dem Layout *Titel und Inhalt*.
2. Geben Sie unter dem Titel »Fokus auf drei Themenbereiche« den in Abbildung 4.24 gezeigten Text ein oder kopieren Sie den Text aus dem Anhang der Musterpräsentation *Kap04_Anwendertage.pptx* in Ihre Präsentation wie im Kasten »Die Zwischenablage verwenden« beschrieben.

Das Veranstaltungskonzept als Aufzählung

- Effektiver arbeiten
  - Textfolien, Zeichnen & Multimedia
  - Tipps, Tricks & Troubleshooting
  - PowerPoint-Programmierung

- Kreativer visualisieren
  - Corporate Design einrichten
  - Zahlen, Fakten und Zusammenhänge grafisch aufbereiten
  - Beispiele, Beispiele, Beispiele

- Besser präsentieren
  - Präsentationsmedien und Präsentationstechnik souverän einsetzen
  - Überzeugendes Auftreten trainieren
  - Interaktion mit dem Publikum einbauen

3. Markieren Sie den Platzhalter und klicken Sie auf der Registerkarte *Start* in der Gruppe *Absatz* auf die Schaltfläche *In eine SmartArt-Grafik konvertieren*.

> **HINWEIS**   Im Kontextmenü steht der Befehl *In SmartArt-Grafik konvertieren* nur zur Verfügung, wenn die Absätze im Platzhalter markiert sind und nicht der Platzhalter selbst.

4. Rufen Sie im Katalog per Klick auf *Weitere SmartArt-Grafiken* das Dialogfeld *SmartArt-Grafiken auswählen* (siehe Abbildung 4.25) auf, das thematisch sortiert eine größere Auswahl bietet.

5. Wechseln Sie im Dialogfeld zur Kategorie *Liste*.

6. Wählen Sie per Klick auf die betreffende Miniaturansicht die *Vertikale Feldliste* aus und bestätigen Sie mit *OK*.

Abbildg. 4.25   Auf der rechten Seite des Dialogfeldes *SmartArt-Grafik auswählen* finden Sie neben einer vergrößerten Ansicht der markierten Grafik auch Informationen, für welche Zwecke das Schaubild geeignet ist

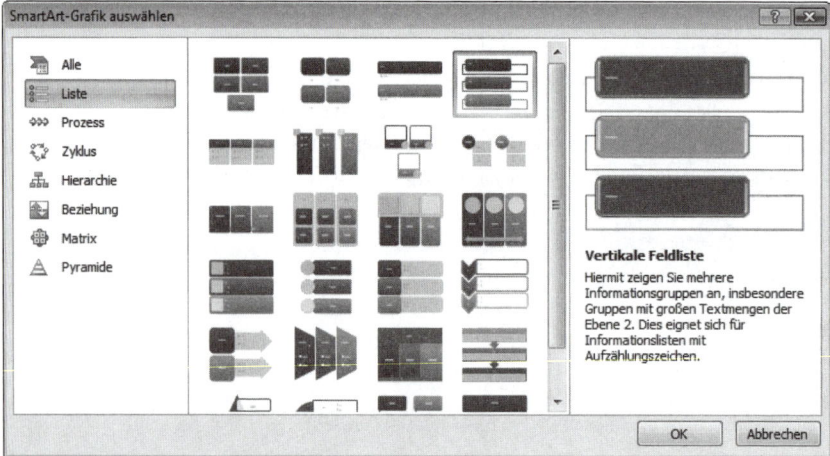

Die Zwischenablage verwenden

Wenn Sie den Text für das Schaubild nicht neu eingeben möchten, kopieren Sie ihn aus der Beispielpräsentation in Ihre eigene Datei. In gleicher Weise können Sie auch alle anderen Inhalte einer Präsentation auf einer anderen Folie oder in einer anderen Präsentation wiederverwenden.

 Auf der CD-ROM zum Buch finden Sie unter *Buch\Kap04*\ im Anhang der Datei *Kap04_Anwendertage.pptx* die Textfolie, mit der die hier beschriebene SmartArt-Grafik erstellt wurde.

1. Markieren Sie alle Absätze im Inhaltsplatzhalter.
2. Klicken Sie auf der Registerkarte *Start* in der Gruppe *Zwischenablage* auf *Kopieren*.
3. Wechseln Sie in Ihrer eigenen Präsentation zu der Folie, auf der das Schaubild erstellt werden soll.
4. Klicken Sie in den Inhaltsplatzhalter und dann auf das Symbol der Schaltfläche *Einfügen*.

Unmittelbar nach dem Einfügen erscheint neben den eingefügten Inhalten eine kleine Schaltfläche mit dem Symbol für *Einfügen-Optionen*. Per Klick darauf können Sie wählen (siehe Abbildung 4.26), ob der eingefügte Inhalt an die Design- und Formatvorgaben der verwendeten Vorlage angepasst werden soll.

Abbildg. 4.26 Unmittelbar nach dem Einfügen von Inhalten aus der Zwischenablage können Sie wählen, ob eine Anpassung aller Formatierungen an die in der aktuellen Präsentation verwendete Vorlage erfolgen soll

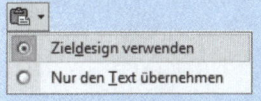

TIPP Schneller als über die Schaltflächen in der Multifunktionsleiste führen Sie den Befehl *Kopieren* über Strg+C und den Befehl *Einfügen* über Strg+V aus. Mit Strg+X schneiden Sie Inhalte aus, das Objekt wird damit auf der Originalfolie entfernt.

Korrekturen am Schaubild vornehmen

Nach der Auswahl des Schaubildtyps konvertiert PowerPoint Ihre Textfolie in das gewünschte Schaubild (siehe Abbildung 4.27). Die Grafik ist fast perfekt – nur ein paar Kleinigkeiten müssen Sie noch ändern.

1. Schließen Sie zunächst den Textbereich per Klick auf das X in der rechten oberen Ecke des Textbereichs. Für die Bearbeitung dieser Grafik wird er nicht benötigt.

HINWEIS Per Klick auf *Textbereich* auf der Registerkarte *Entwurf* der *SmartArt-Tools* können Sie den Textbereich jederzeit wieder einblenden, wenn Sie ihn benötigen. Wie Sie den Textbereich einsetzen, lesen Sie in Kapitel 15.

Abbildg. 4.27 Die SmartArt-Grafik nach dem Einfügen

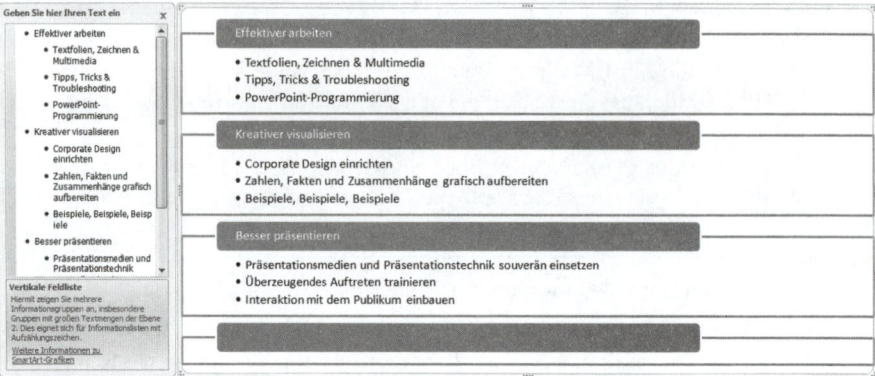

2. Beim Erstellen der SmartArt-Grafik im Beispiel wurde ein Listenpunkt zu viel erzeugt. Entfernen Sie ihn, indem Sie die übergeordnete Form anklicken und ⌈Entf⌋ drücken. Die untergeordnete Form wird dann ebenfalls entfernt.

3. Passen Sie als Nächstes die zu stark verkleinerte Schrift der Texte der ersten Listenebene an.

- Markieren Sie die Formen der ersten Listenebene, indem Sie die ⌈⇧⌋-Taste gedrückt halten und eine Form nach der anderen anklicken.

- Wechseln Sie zur Registerkarte *Start*.

- Öffnen Sie in der Gruppe *Schriftart* das Listenfeld *Schriftgrad* (siehe Abbildung 4.28) und weisen Sie den markierten Formen den Schriftgrad 18 zu.

Abbildg. 4.28 Das Listenfeld *Schriftgrad* auf der Registerkarte *Start*

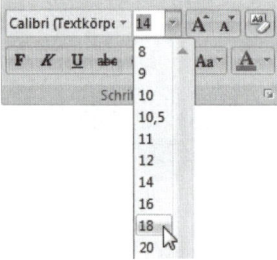

Die SmartArt-Grafik per Formatvorlage optisch verbessern

PowerPoint 2007 verfügt über eine große Auswahl sogenannter Formatvorlagen, die Voreinstellungen für Farbverläufe, Schatten und 3D-Effekte enthalten. Mithilfe dieser Voreinstellungen können Sie nicht nur SmartArt-Grafiken, sondern auch Diagramme, Tabellen und Formen per Mausklick optisch deutlich aufwerten.

HINWEIS Wie beim Umgang mit Farbe, Schrift und anderen Gestaltungselementen gilt auch für den Einsatz von Grafikeffekten: Weniger ist im Zweifelsfall mehr. Probieren Sie die Voreinstellungen aus, vergleichen Sie und entscheiden Sie sich dann für ein bis zwei Grafikstile, die Sie in Ihren Präsentationen konsequent einsetzen.

1. Öffnen Sie auf der Registerkarte *Entwurf* der *SmartArt-Tools* den Formatvorlagen-Katalog (siehe Abbildung 4.29).

Abbildg. 4.29 Kataloge mit Formatvorlagen öffnen Sie per Klick auf den unteren Pfeil. Per Klick auf die beiden oberen Pfeile verschieben Sie den sichtbaren Ausschnitt des Katalogs.

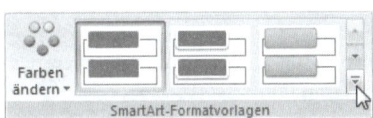

2. Weisen Sie der SmartArt-Grafik per Klick auf die Miniaturansicht im Katalog den *Intensiven Effekt* zu.

Die Größe der SmartArt-Grafik anpassen

Bei der Konvertierung der Textfolie wurde die Breite der Grafik an den Objektbereich des Platzhalters angepasst. Die Formen sind viel zu groß für die Textmenge, sodass der Text etwas verloren wirkt.

1. Markieren Sie wieder mit gedrückter ⇧ -Taste die drei übergeordneten Formen.
2. Zeigen Sie mit dem Mauszeiger auf den mittleren Markierungspunkt auf der rechten Seite einer der drei Formen, bis der Zeiger sich in einen Doppelpfeil ändert.
3. Klicken Sie und halten Sie die Maustaste gedrückt, während Sie die Maus nach links ziehen und damit die Breite aller drei Formen gleichzeitig anpassen (siehe Abbildung 4.30).
4. Verfahren Sie in gleicher Weise mit den untergeordneten Formen.

Abbildg. 4.30 Die Vorschau beim Anpassen der Größe von SmartArt-Grafiken ist nicht ganz zuverlässig; probieren Sie ein bisschen, bis die richtige Breite erreicht ist

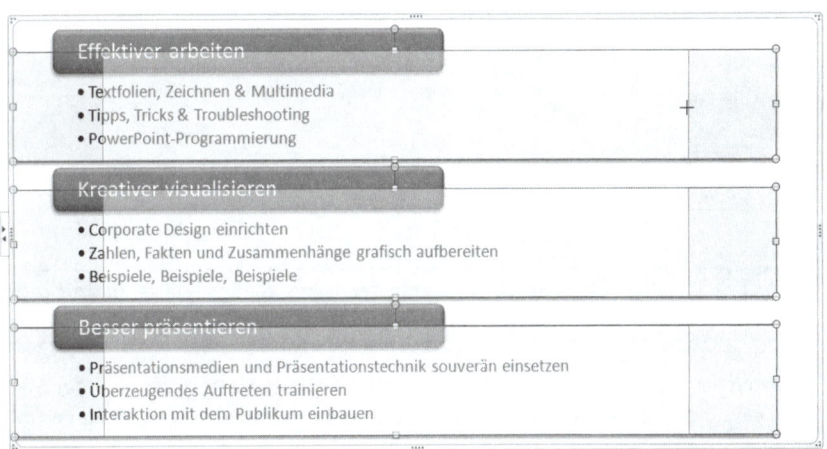

HINWEIS Die Vorschau von PowerPoint beim Verkleinern der Formen ist nicht ganz zuverlässig. Unter Umständen müssen Sie ein bisschen ausprobieren, bis die Formen die richtige Größe haben.

Text formatieren

Wie beim Formatierung von Absätzen kommt es auch beim Formatieren von Text auf die richtige Markierung an.

- Um die Formatierung eines einzelnen Wortes zu ändern, genügt es, wenn die Einfügemarke in dem betreffenden Wort steht.
- Um nur einen Buchstaben eines Wortes zu formatieren, müssen Sie diesen durch Klicken und Ziehen mit gedrückter Maustaste markieren. Wie bei Absätzen wird auch die Markierung eines einzelnen Buchstabens durch eine farbliche Hinterlegung angezeigt.
- Soll die Schrift für alle Inhalte eines Objekts geändert werden, markieren Sie das Objekt.
- Um den Text in Platzhaltern, Textfeldern oder Formen zu markieren, klicken Sie zunächst in das Objekt und drücken dann F2.
- Diagramme, SmartArt-Grafiken und Tabellen markieren Sie per Klick auf den blauen Objektrahmen. Damit wirklich das ganze Objekt und nicht nur ein einzelnes Objekt formatiert wird, dürfen keine einzelnen Elemente des Objekts mehr markiert sein und die Einfügemarke darf sich nicht in einer Tabellenzelle befinden.

Den Stern zur Hervorhebung des neuen Themenbereichs einzeichnen

Der neue Themenbereich »Besser präsentieren« soll noch mit einem Stern mit der Aufschrift »NEU« hervorgehoben werden. Dazu wird eine Form auf die Folie gezeichnet und beschriftet.

1. Wählen Sie auf der Registerkarte *Start* im Katalog zur Schaltfläche *Formen* unter *Sterne und Banner* den *Stern mit 24 Zacken* aus.

2. Nach der Auswahl der Form verwandelt sich der Mauszeiger in ein Kreuz. Klicken Sie auf die Folie, halten Sie die Maustaste gedrückt und ziehen Sie einen Stern in zunächst beliebiger Größe auf.

Abbildg. 4.31   Beim Zeichnen ändert sich der Mauszeiger in ein Kreuz

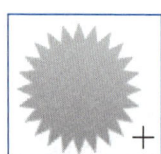

TIPP   Halten Sie beim Ziehen mit der Maus die ⇧-Taste gedrückt, um schon beim Zeichnen einen Stern mit gleicher Höhe und Breite zu erstellen.

3. Passen Sie jetzt die Größe des Sterns an. Diese können Sie entweder mit der Maus durch Ziehen an einem der Markierungspunkte ändern oder Sie definieren in der Gruppe *Größe* (siehe Abbildung 4.32) auf der Registerkarte *Format* der *Zeichentools* die genauen Werte für *Formenhöhe* und *Formenbreite*.

TIPP   Wie beim Skalieren von Bildern bewirkt das Drücken der Tastenkombination Strg+⇧ auch beim Skalieren von Formen, dass die Größe aus der Mitte heraus ohne Änderung des Seitenverhältnisses erfolgt.

Passen Sie Höhe und Breite entweder schrittweise per Klick auf die Drehfelder oder durch Überschreiben der vorhandenen Werte an

4. Formatieren Sie den Stern mit einer Füllfarbe, die sich gut von den anderen Farben auf der Folie abhebt. Klicken Sie dazu entweder auf der Registerkarte *Start* oder auf der Registerkarte *Format* der *Zeichentools* auf den Pfeil der Schaltfläche *Fülleffekt* (siehe Abbildung 4.33).

Von den Designfarben Ihrer PowerPoint-Vorlage abweichende Formatierungen sollten Sie nur in Ausnahmefällen vornehmen – sonst wird Ihre Präsentation zu bunt

5. Als Hervorhebungsfarbe wird im Beispiel abweichend von den Designfarben der PowerPoint-Vorlage das Orange aus den Standardfarben verwendet.

6. Geben Sie als Nächstes den Text *NEU* in die markierte Form ein. Wird der Text automatisch umbrochen, steht in der Form nicht genug Platz für den Text zur Verfügung.

   ■ Rufen Sie dann per Klick mit der rechten Maustaste das Kontextmenü auf und wählen Sie *Form formatieren*.

   ■ Reduzieren Sie im Dialogfeld *Form formatieren* in der Kategorie *Textfeld* die Werte für *Innerer Seitenrand Links* und *Rechts*, bis der Text einzeilig angezeigt wird.

   ■ Alternativ und ergänzend können Sie auch den Schriftgrad des Textes noch etwas verkleinern.

7. Passen Sie die Schriftfarbe an, indem Sie auf der Registerkarte *Start* in der Gruppe *Schriftart* auf den Pfeil der Schaltfläche *Schriftfarbe* klicken und eine geeignete Farbe auswählen, die sich gut von der Füllfarbe abhebt.

8. Ordnen Sie den Stern in der SmartArt-Grafik neben »Besser präsentieren« an, indem Sie ihn anklicken und mit gedrückter Maustaste verschieben.

9. Drehen Sie den Stern, sodass die Schrift leicht schräg steht. Zeigen Sie dazu mit dem Mauszeiger auf den grünen Markierungspunkt, bis sich der Zeiger in einen Rundpfeil ändert (siehe Abbildung 4.34). Klicken und ziehen Sie mit gedrückter Maustaste, um die Form zu drehen.

Abbildg. 4.34 Sobald Sie mit dem Mauszeiger auf den grünen Markierungspunkt eines Objekts zeigen, ändert sich der Zeiger in einen Rundpfeil und Sie können das Objekt mit der Maus drehen

Die Zusammensetzung der Teilnehmer per Kreisdiagramm darstellen

Die nächste Folie der Beispielpräsentation analysiert die Erfahrung, die die Teilnehmer im Umgang mit PowerPoint haben. Dazu werden zwei Kreisdiagramme erstellt. Das erste zeigt die Häufigkeit, mit der die Teilnehmer der PowerPoint-Anwendertage das Programm beruflich und privat nutzen, das zweite, wie viele Teilnehmer schon einmal oder mehrmals an den PowerPoint-Anwendertagen teilgenommen haben.

Abbildg. 4.35 Die Vorkenntnisse der Teilnehmer werden mithilfe von zwei Kreisdiagrammen visualisiert

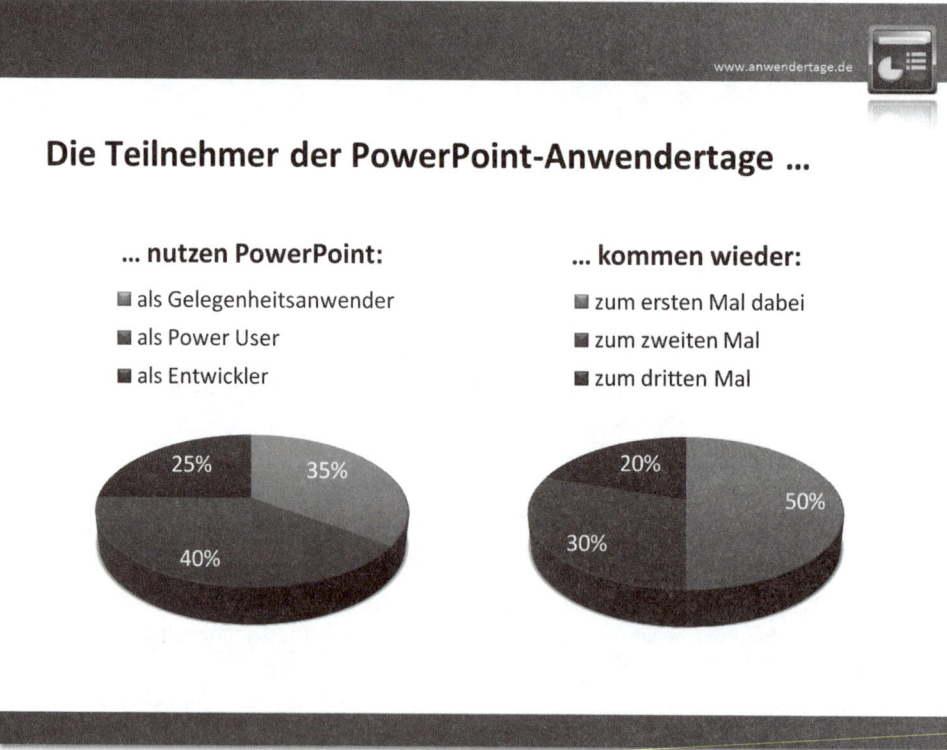

Ein Diagramm auf der Folie einfügen

Erstellen Sie zunächst eine neue Folie mit dem Layout *Zwei Inhalte* und geben Sie als Titel der Folie Folgendes ein: ***Die Teilnehmer der PowerPoint-Anwendertage***

Die Titel der beiden Diagramme werden im Diagramm hinterlegt, sodass kein Layout mit Platzhaltern für Untertitel oder Zwischentitel erforderlich ist.

Abbildg. 4.36   Per Klick auf das Symbol im Platzhalter fügen Sie das Diagramm ein

1.   Klicken Sie im Platzhalter auf das Symbol *Diagramm einfügen* (siehe Abbildung 4.36).

2.   Wählen Sie im Dialogfeld *Diagramm einfügen* den *3D-Kreis* in der Kategorie *Torte*.

ACHTUNG   3D-Diagramme sind grundsätzlich schlechter lesbar als 2D-Darstellungen. Wenn ein Diagramm wie im Präsentationsbeispiel lediglich einen groben Überblick vermitteln soll, ist dies unschädlich und die 3D-Torte kann – Schönheit vor Präzision – zum Einsatz kommen.

Für Diagramme, in denen es auf die exakte Abbildung von Daten ankommt, sollten Sie jedoch 2D-Darstellungen verwenden.

Neu

3.   Nachdem Sie Ihre Auswahl mit *OK* bestätigt haben, wird automatisch Excel mit Musterwerten für den gewählten Diagrammtyp gestartet. Parallel dazu wird auf der PowerPoint-Folie das Diagramm mit den in Excel vorgegebenen Musterwerten erstellt.

4.   Geben Sie in der Excel-Tabelle die in Abbildung 4.37 gezeigten Daten ein.

Abbildg. 4.37   Überschreiben Sie die in der Excel-Tabelle hinterlegten Musterwerte mit Ihren eigenen

	A	B	C
		… nutzen PowerPoint:	
1			
2	als Gelegenheitsanwender	28	
3	als Power User	32	
4	als Entwickler	20	
5	4. Quartal	1,2	
6			

- Um in eine Excel-Tabelle Text oder Zahlen einzugeben, klicken Sie die betreffende Zelle an. In einer Zelle bereits vorhandener Inhalt wird dabei automatisch überschrieben.

- Um von einer Zelle zur nächsten zu springen, drücken Sie ⇥ .

- Die blaue Markierung kennzeichnet den Datenbereich der Excel-Tabelle, der die Werte für das Diagramm liefert. Dabei legt PowerPoint auch Datenpunkte für Zeilen und Spalten ohne Inhalt an. Nicht benötigte Spalten und Zeilen müssen Sie deshalb entfernen, indem Sie im Kontextmenü einer Zelle des betroffenen Bereichs die Befehlsfolge *Zeile/Spalte löschen/Tabellenspalten* bzw. *Tabellenzeilen* wählen.

- Um die Breite von Tabellenzellen zu ändern, verschieben Sie in der Kopfzeile der Spalten die Trennlinie zwischen zwei Zellen mit der Maus.

5. Wechseln Sie nach der Eingabe der Datenwerte zurück zu Ihrer PowerPoint-Präsentation.

HINWEIS Die Diagrammdaten werden mit der PowerPoint-Präsentation gespeichert, sodass Sie die Arbeitsblätter in Excel schließen können, ohne sie gesondert zu speichern.

Über *Daten bearbeiten* auf der Registerkarte *Entwurf* der *Diagrammtools* können Sie die Excel-Tabelle jederzeit wieder aufrufen.

Die Lesbarkeit des Diagramms verbessern

Nach dem Einfügen ist das Diagramm noch nicht optimal lesbar. Die Legende muss über oder unter dem Diagramm angeordnet werden, damit sie vollständig angezeigt werden kann. Außerdem fehlt die Anzeige der Datenwerte.

Abbildg. 4.38 Das Kreisdiagramm nach der Eingabe der Daten in Excel

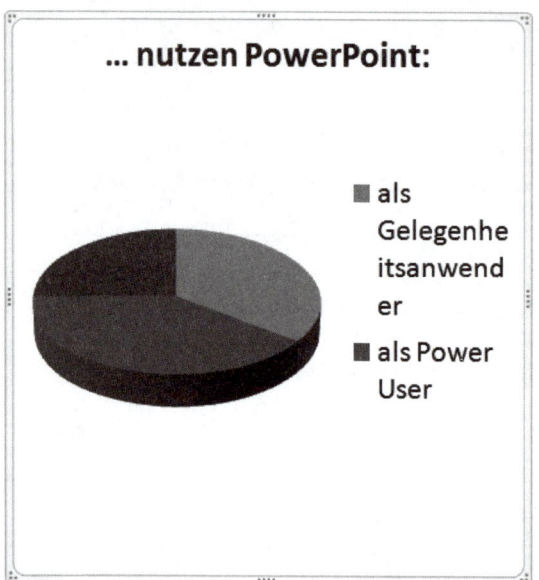

Neu Anders als in früheren PowerPoint-Versionen müssen Sie diese Formatierungen nicht unbedingt manuell vornehmen. PowerPoint 2007 verfügt über vordefinierte Diagrammlayouts, in denen diese Einstellungen bereits hinterlegt sind.

Abbildg. 4.39 Vor der manuellen Formatierung eines Diagramms lohnt der Blick in die Schnelllayouts

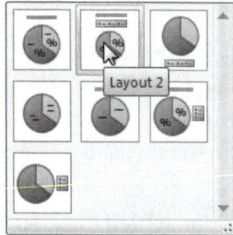

1. Öffnen Sie auf der Registerkarte *Entwurf* der *Diagrammtools* in der Gruppe *Diagrammlayouts* den Katalog *Schnelllayouts* (siehe Abbildung 4.39) und wählen Sie *Layout 2*. Es enthält exakt die gewünschten Voreinstellungen – nur die Schriftfarbe muss der besseren Lesbarkeit wegen noch angepasst werden.

2. Um die Schriftfarbe der Datenbeschriftungen anzupassen, klicken Sie auf die Beschriftung eines Datenpunkts. Die Beschriftung der anderen Datenpunkte wird dabei automatisch mit ausgewählt.

3. Rufen Sie per Klick mit der rechten Maustaste die Minisymbolleiste auf und stellen Sie als Schriftfarbe *Weiß* ein.

Den Grafikstil des Diagramms an den der SmartArt-Grafik anpassen

Die übergeordneten Formen der SmartArt-Grafik auf Folie 3 sind mit einer abgerundeten 3D-Kante formatiert. Für einen optisch konsistenten Gesamteindruck Ihrer Präsentation sollten Sie diesen soweit möglich auch in allen anderen Schaubildern nachempfinden.

Für Diagramme steht Ihnen dazu auf der Registerkarte *Entwurf* der *Diagrammtools* in der Gruppe *Diagrammformatvorlagen* die *Formatvorlage 26* zur Verfügung, die abgerundete Kanten und einen leichten Schatten enthält (siehe Abbildung 4.40).

Abbildg. 4.40 Bei der Übernahme von Diagrammformatvorlagen können Sie wählen, ob vorangegangene manuelle Formatierungen beibehalten oder gelöscht werden

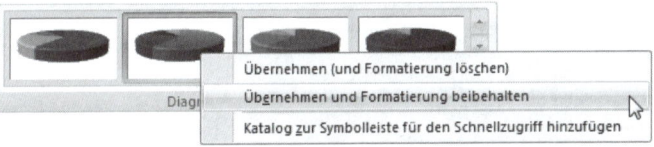

PROFITIPP

Beim Zuweisen einer Diagrammformatvorlage werden alle vorangegangenen manuellen Formatierungen zurückgesetzt. Dies vermeiden Sie, indem Sie mit der rechten Maustaste auf die Miniaturansicht der gewünschten Formatvorlage klicken und im Kontextmenü die Option *Übernehmen und Formatierung beibehalten* wählen.

Das zweite Diagramm erstellen

Erstellen Sie in gleicher Weise das zweite Kreisdiagramm mit den in Abbildung 4.41 abgebildeten Werten.

Abbildg. 4.41 Der Diagrammdatenbereich in Excel für das zweite Diagramm

	A	B	C
1		... kommen wieder:	
2	zum ersten Mal dabei	40	
3	zum zweiten Mal	24	
4	zum dritten Mal	16	
5			

Mithilfe von Schnelllayouts und Diagrammformatvorlagen nehmen Sie nach der Eingabe der Datenwerte die Formatierung des Diagramms im Handumdrehen vor. Noch schneller kommen Sie zum Ziel, wenn Sie die Formatierung gelungener Diagramme *Als Vorlage speichern* (Gruppe *Typ* auf der Registerkarte *Entwurf* der *Diagrammtools*). Sie stehen im Dialogfeld *Diagramm einfügen* dann im Ordner *Vorlagen* zur Verfügung, sodass Sie neue Diagramme gleich mit Ihren benutzerdefinierten Formatierungen erstellen können. Dies ist insbesondere dann von Vorteil, wenn Sie wie im folgenden Beispiel nicht per Schnelllayout zum Ziel kommen und in größerem Umfang manuell formatieren.

Das Themen-Ranking aus einer Online-Umfrage abbilden

Die seitens der Teilnehmer in einer Umfrage am häufigsten geäußerten Themenwünsche werden in einem weiteren Diagramm abgebildet. Für das Ranking wird ein Balkendiagramm verwendet, in dem die Werte vom niedrigsten zum höchsten ansteigend dargestellt werden.

Abbildg. 4.42 Für Rangfolgen ist ein Balkendiagramm am besten geeignet

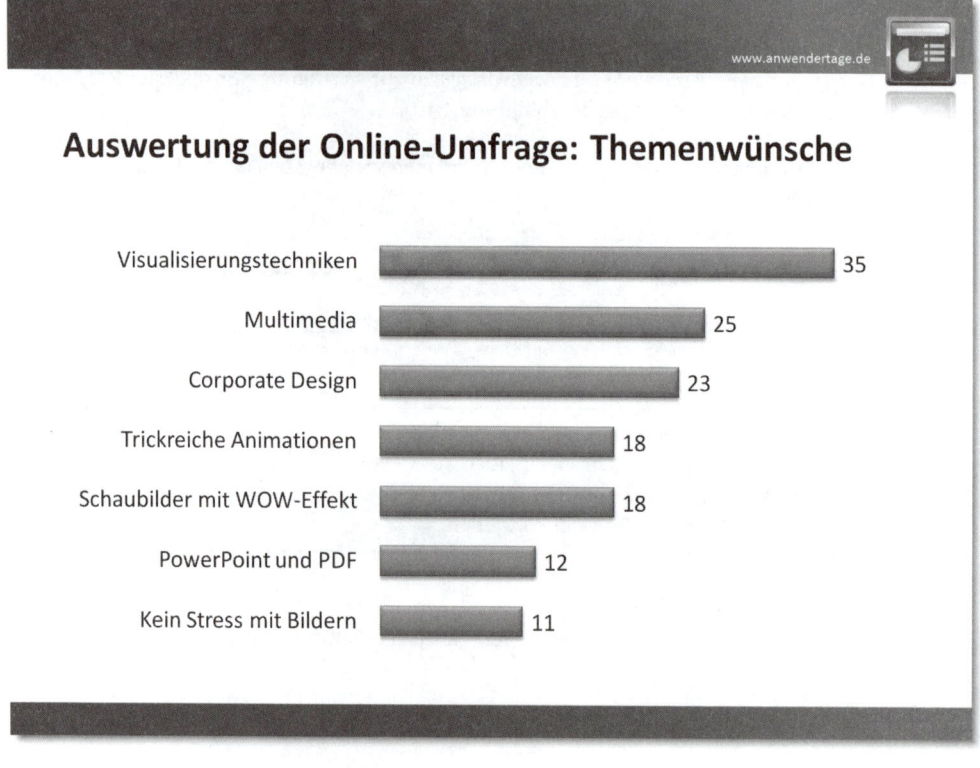

Das Ranking in Excel vorbereiten

Neu

Anders als in früheren Versionen von PowerPoint müssen Sie in PowerPoint 2007 die Daten nicht mehr manuell sortieren. Denn selbstverständlich können Sie bei der Eingabe der Datenwerte in Excel auch alle Programmfunktionen zum Auswerten der eingegebenen Daten verwenden.

1. Erstellen Sie eine neue Folie mit dem Layout *Titel und Inhalt* und geben Sie als Titel *Auswertung der Online-Umfrage: Themenwünsche* ein.

2. Fügen Sie per Klick auf das Symbol im Platzhalter ein Diagramm ein.

3. Wählen Sie im Dialogfeld *Diagramm einfügen* in der Kategorie *Balken* die Option *Gruppierte Balken*.

4. Entfernen Sie den in der Arbeitsmappe hinterlegten Hinweis zum Ändern des Diagrammdaten-bereichs.

5. Geben Sie die Daten in Abbildung 4.43 in das Datenblatt ein.

Abbildg. 4.43   Die noch unsortierten Daten im Diagrammdatenbereich

	A	B	C	D	E
1		Datenreihe 1	Datenreihe 2	Datenreihe 3	
2	Trickreiche Animationen	18	2,4	2	
3	Schaubilder mit WOW-Effekt	18	4,4	2	
4	Multimedia	25	1,8	3	
5	Corporate Design	23			
6	Visualisierungstechniken	35			
7	PowerPoint und PDF	12			
8	Kein Stress mit Bildern	11			
9					

6. Reduzieren Sie den Diagrammdatenbereich auf Datenreihe 1, indem Sie das kleine blaue Drei-eck in der rechten unteren Ecke des Diagrammdatenbereichs nach links verschieben.

7. Nehmen Sie als Nächstes die Sortierung der Daten vor. Markieren Sie dazu die Rubri-ken sowie Datenreihe 1 und klicken Sie in Excel auf der Registerkarte *Start* auf *Sortie-ren und Filtern*.

8. Wählen Sie den Befehl *Benutzerdefiniertes Sortieren* und bestimmen Sie im Dialogfeld *Sortieren* (siehe Abbildung 4.44) für *Sortieren nach* die Optionen *Datenreihe 1*, *Werte*, *Nach Größe* (*abstei-gend*).

Abbildg. 4.44   Mit diesen Einstellungen nehmen Sie in Excel die Sortierung der Diagrammdaten vor

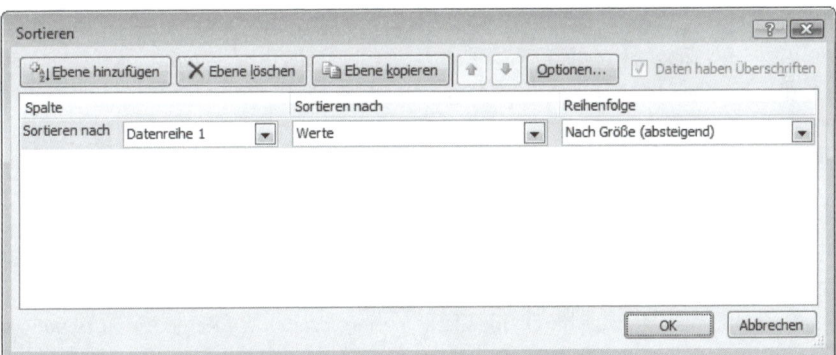

Das Balkendiagramm in PowerPoint optimieren

In Excel haben Sie die Sortierung von oben nach unten absteigend vorgenommen. In der Excel-Tabelle werden die Daten auch korrekt dargestellt. PowerPoint baut das Diagramm jedoch in umge-kehrter Reihenfolge auf (siehe Abbildung 4.45).

Störend wirken auch die Legende und der Diagrammtitel. Die Gitternetzlinien werden ebenfalls nicht benötigt. Stattdessen soll der Datenwert zu jedem Datenpunkt angezeigt werden.

Für dieses Diagramm steht kein perfekt passendes Schnelllayout zur Verfügung, sodass es einfacher ist, die Formatierung manuell vorzunehmen.

Abbildg. 4.45 Das Balkendiagramm in PowerPoint nach der Eingabe der Werte in Excel

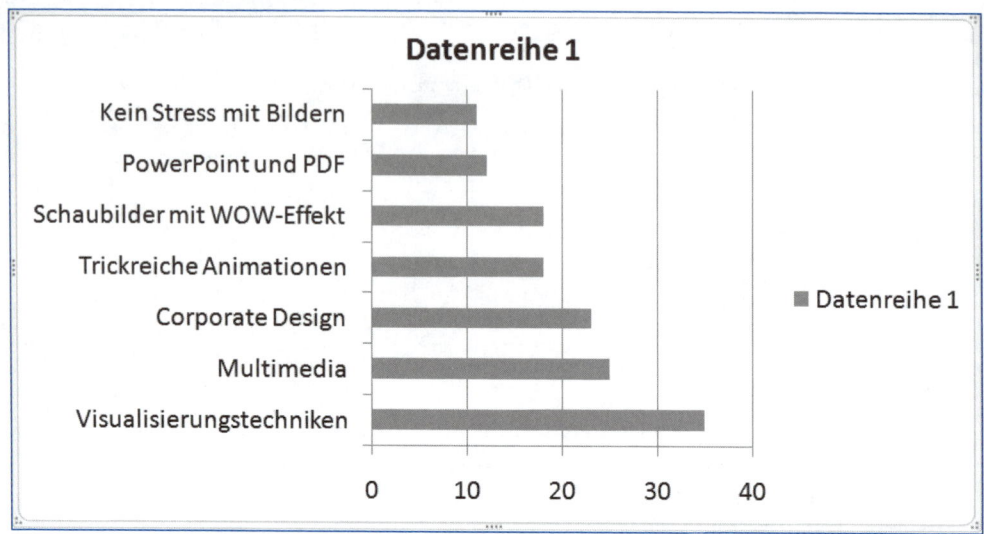

1. Rufen Sie die Registerkarte *Layout* der *Diagrammtools* auf.
2. Klicken Sie in der Gruppe *Beschriftungen* auf die Schaltfläche *Diagrammtitel* und wählen Sie die Einstellung *Keine*.
3. Wählen Sie für die *Legende* ebenfalls die Einstellung *Keine*, um die für dieses Diagramm nicht erforderliche Anzeige der Legende zu deaktivieren.
4. Deaktivieren Sie die Anzeige der Gitternetzlinien, indem Sie in der Gruppe *Achsen* über *Gitternetzlinien/Primäre vertikale Gitternetzlinien* ebenfalls die Einstellung *Keine* wählen.
5. Blenden Sie als Nächstes über *Achsen/Horizontale Primärachse/Keine* die Anzeige der Größenachse aus.
6. Klicken Sie nochmals auf die Schaltfläche *Achsen* und wählen Sie *Vertikale Primärachse/Weitere Optionen für vertikale Primärachse*.
7. Wählen Sie im Dialogfeld *Achse formatieren* in der Kategorie *Linienfarbe* die Option *Keine Linie*. Dadurch blenden Sie die Achse und die Teilstrichbeschriftungen der Achse aus, während die Achsenbeschriftung weiterhin angezeigt wird.
8. Rufen Sie als Nächstes im Dialogfeld *Achse formatieren* die Kategorie *Achsenoptionen* auf. Setzen Sie ein Häkchen vor *Kategorien in umgekehrter Reihenfolge*. Dadurch werden die Werte im Diagramm von unten nach oben ansteigend angezeigt.
9. Klicken Sie jetzt in der Gruppe *Beschriftungen* auf *Datenbeschriftungen* und wählen Sie die Einstellung *Ende außerhalb*.
10. Markieren Sie als Nächstes alle Datenpunkte und rufen Sie per Klick mit der rechten Maustaste das Kontextmenü auf. Klicken Sie dort auf *Datenreihen formatieren*.
11. Reduzieren Sie in der Kategorie *Reihenoptionen* den Wert der *Abstandsbreite* auf ca. *100%*.

12. Wählen Sie zum Schluss auf der Registerkarte *Entwurf* der *Diagrammtools* in den *Diagrammformatvorlagen* die *Formatvorlage 26*, um das Balkendiagramm stilistisch an die übrigen Schaubilder der Präsentation anzupassen. Bestimmen Sie auch hier im Kontextmenü, dass die Übernahme der Formatvorlage unter Beibehaltung manueller Formatierungen erfolgen soll.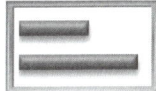

Überblick über wichtige Termine im Zeitstrahl

Die nächste Folie zeigt die Termine, zu denen einzelne Etappen der Veranstaltungsvorbereitung abgeschlossen sein müssen. Auch für diesen Zweck hält PowerPoint 2007 vordefinierte *SmartArt-Grafiken* bereit. Flexibler erstellen Sie das Beispiel aus der Musterpräsentation jedoch als Zeichnung, die Sie aus *Formen* zusammensetzen.

Abbildg. 4.46   Der Zeitstrahl aus Formen – mit den richtigen Voreinstellungen im Handumdrehen gezeichnet

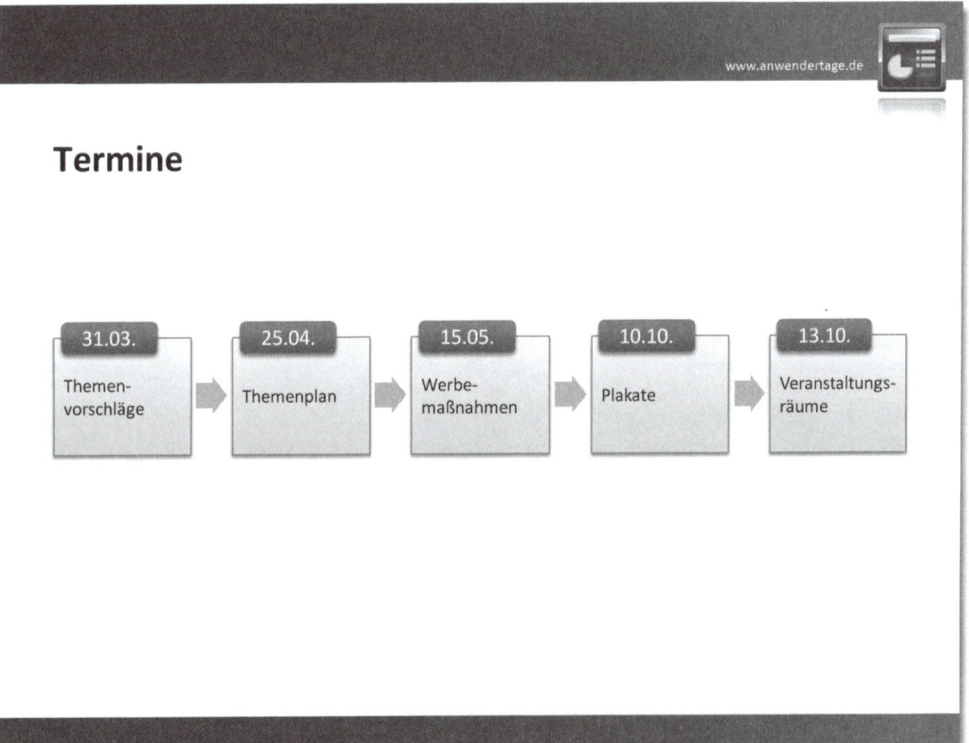

Die Zeichnung vorbereiten

Für Zeichnungen verwenden Sie am besten das Layout *Nur Titel* ohne Platzhalter für den Inhalt, die beim Zeichnen auf der Folie störend wären. Da die Ausrichtung der Objekte auf der Folie und insbesondere die Einhaltung eines einheitlichen Abstands zum Folienrand nicht über das Layout gesteuert wird, benötigen Sie ein anderes Hilfsmittel, das den Bereich für den Folieninhalt markiert. Dazu kennzeichnen Sie den Objektbereich eines Inhaltsplatzhalters mithilfe von *Führungslinien* (auf der Registerkarte *Ansicht* als *Gitternetzlinien* bezeichnet).

1. Erstellen Sie eine neue Folie mit dem Layout *Titel und Inhalt* und geben Sie als Titel *Termine* ein.

2. Blenden Sie mit `Alt`+`F9` die Führungslinien ein.

3. Klicken Sie auf die vertikale Führungslinie, halten Sie `Strg` gedrückt und ziehen Sie die Führungslinie auf eine der vertikalen Rahmenlinien des Inhaltsplatzhalters. Das Drücken der `Strg`-Taste bewirkt, dass eine Kopie der Führungslinie erstellt wird.

4. Markieren Sie in gleicher Weise die drei anderen Seiten des Platzhalters.

5. Danach benötigen Sie den Inhaltsplatzhalter nicht mehr. Löschen Sie den Platzhalter von der Folie oder ändern Sie das Layout in *Nur Titel*.

Formen zeichnen, formatieren, ausrichten und beschriften

Am schnellsten zeichnen Sie Schaubilder, wenn Sie für mehrere identische Objekte auf der Folie zunächst einen Prototyp erstellen, dem Sie alle Formatierungen zuweisen. Beim anschließenden Kopieren des Prototyps bleiben diese Formatierungen erhalten, sodass Sie nicht für jedes Objekt immer wieder die gleichen Befehle aufrufen müssen.

1. Wählen Sie das *Rechteck* aus den *Formen* und zeichnen Sie es auf die Folie.

2. Wechseln Sie anschließend zur Registerkarte *Format* der *Zeichentools* und passen Sie in der Gruppe *Größe* Höhe und Breite des Rechtecks an. Damit der auf der Folie zur Verfügung stehende Platz für die fünf Etappen der Vorbereitungsmaßnahmen sowie für die Pfeile dazwischen ausreicht und gleichzeitig die Rechtecke in ausreichender Größe beschriftet werden können, benötigen Sie für die Breite des Rechtecks *3,6 cm*. Wählen Sie für Höhe *3 cm*.

3. Formatieren Sie das Rechteck in Anpassung an die SmartArt-Grafik auf Folie 3 mit *Subtiler Effekt – Akzent 4* aus den Schnellformatvorlagen (siehe Abbildung 4.47) in der Gruppe *Formenarten*.

Abbildg. 4.47 Die Schnellformatvorlagen enthalten vordefinierte Grafikeffekte für Formen

4. Wählen Sie für die Rahmenlinie des Rechtecks über *Formkontur* aus den  *Designfarben* die Option *Orange, Akzent 1*.

5. Beschriften Sie das erste Rechteck mit **Themenvorschläge**, indem Sie es anklicken und den Text eingeben.

6. Rufen Sie per Klick mit der rechten Maustaste die Minisymbolleiste auf. Wählen Sie als *Schriftgrad* 14 und für die Ausrichtung des Textes in der Form *Linksbündig* (siehe Abbildung 4.48).

Abbildg. 4.48 Mithilfe der Minisymbolleiste formatieren Sie Text ohne den Umweg über die Registerkarte *Start*

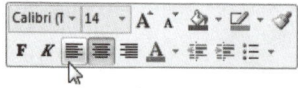

7. Da die Beschriftung trotz der reduzierten Schriftgröße nicht einzeilig angezeigt werden kann, müssen Sie außerdem eine manuelle Silbentrennung durchführen.

8. Erstellen Sie jetzt eine Kopie des ersten Rechtecks, indem Sie es anklicken und dann mit gedrückter Maustaste verschieben, während Sie gleichzeitig `Strg`+`⇧` drücken. Erstellen Sie in gleicher Weise drei weitere Kopien.

HINWEIS Das Drücken der ⇧-Taste bewirkt beim Verschieben von Objekten, dass diese nur horizontal oder vertikal in gerader Linie verschoben werden können. Durch das Drücken der Strg-Taste wird die Kopie erzeugt.

9. Ordnen Sie das erste Rechteck an der linken vertikalen Führungslinie, das letzte Rechteck an der rechten aus. Die Führungslinien haben eine »magnetische Funktion«, sodass die exakte Ausrichtung automatisch erfolgt.

10. Markieren Sie mit gedrückter ⇧-Taste alle fünf Rechtecke. Klicken Sie auf der Registerkarte *Format* in der Gruppe *Anordnen* auf die Schaltfläche *Ausrichten* und wählen Sie *Horizontal verteilen*. Dadurch werden die fünf Rechtecke gleichmäßig auf den innerhalb der Markierung zur Verfügung stehenden Platz verteilt.

11. Beschriften Sie jetzt die Rechtecke neu, indem Sie ein Rechteck anklicken und dann F2 drücken. Der im Rechteck vorhandene Text wird dadurch markiert – erkennbar an der farblichen Hinterlegung –, sodass Sie ihn einfach überschreiben können.

12. Im letzten Rechteck reicht der zur Verfügung stehende Platz nicht ganz aus, um das Wort »Veranstaltungsräume« bei sinnvoller manueller Silbentrennung einzugeben.

   ■ Rufen Sie per Klick mit der rechten Maustaste in die Form das Kontextmenü auf und wählen Sie *Form formatieren*.

   ■ Wechseln Sie zur Kategorie *Textfeld* des Dialogfeldes *Form formatieren* (siehe Abbildung 4.49).

   ■ Reduzieren Sie den Wert für *Innerer Seitenrand Rechts* so weit, dass die Beschriftung des Textfeldes korrekt angezeigt wird. Da die Änderungen im Dialogfeld sofort auf die Folie übertragen werden, können Sie während der Eingabe überprüfen, wann der richtige Wert erreicht ist.

Abbildg. 4.49 Das Dialogfeld *Form formatieren* – der innere Seitenrand bestimmt den Abstand zwischen Text und Rand der Form

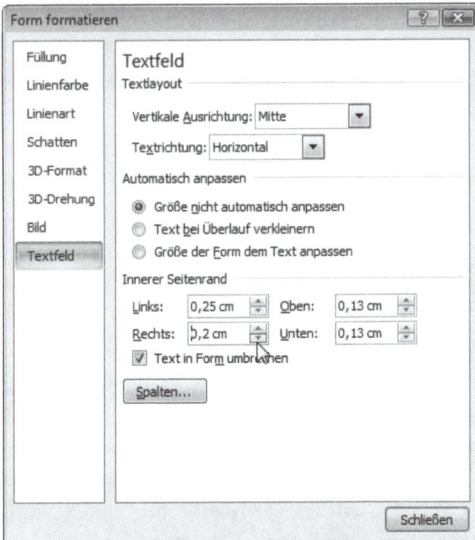

13. Zeichnen Sie für die Termine die Form *Abgerundetes Rechteck* aus dem Formenkatalog auf die Folie und tragen Sie in der Gruppe *Größe* auf der Registerkarte *Format* für Breite und Höhe 2,5 x 0,8 cm ein.

14. Formatieren Sie das abgerundete Rechteck mit *Moderater Effekt – Akzent 1* aus den Schnellformatvorlagen der *Formenarten* und beschriften Sie es.

15. Ordnen Sie das abgerundete Rechteck überlappend und leicht versetzt zum Rechteck an (siehe Abbildung 4.50).

Abbildg. 4.50 Formatierung und Anordnung von Termin und Aufgabe sind optisch an die SmartArt-Grafik von Folie 3 angepasst

16. Erstellen Sie wie beschrieben vier Kopien des abgerundeten Rechtecks und passen Sie die Beschriftung an.

17. Richten Sie das letzte abgerundete Rechteck genau wie das erste zum darunter liegenden Rechteck aus. Ganz präzise nehmen Sie die Ausrichtung vor, wenn Sie `Strg` gedrückt halten und das abgerundete Rechteck mit den Richtungstasten der Tastatur in kleinen Schritten verschieben.

18. Markieren Sie alle abgerundeten Rechtecke und nehmen Sie über *Ausrichten/Horizontal verteilen* die Ausrichtung der drei mittleren Formen vor.

Die Form von Pfeilen anpassen

Damit das Schaubild auf den ersten Blick als Zeitstrahl zu erkennen ist, werden zwischen die Etappen noch kleine Pfeile eingezeichnet.

1. Zeichnen Sie aus den *Formen* den *Pfeil nach rechts* auf die Folie.

2. Passen Sie seine Größe durch Verschieben der mittleren horizontalen und vertikalen Markierungspunkte so an, dass er zwischen zwei Rechtecke angeordnet werden kann, ohne diese zu überlappen.

3. Da der Pfeil nur sehr klein auf der Folie zu sehen ist, sind Grafikeffekte wie Verlauf und Schatten oder auch eine dicke Rahmenlinie störend. Weisen Sie dem Pfeil aus den Schnellformatvorlagen der *Formenarten* die Option *Farbige Füllung Akzent 4* zu.

4. Entfernen Sie dann über *Formkontur/Keine Gliederung* die Rahmenlinie.

Anders als die Formen *Rechteck* und *Abgerundetes Rechteck* verfügt der Pfeil über zwei zusätzliche Markierungspunkte in Form von gelben Rauten. Dabei handelt es sich um sogenannte Formkorrekturpunkte. Sobald Sie mit dem Mauszeiger auf einen Formkorrekturpunkt zeigen, ändert sich der Zeiger in ein Dreieck und Sie können durch Verschieben des Formkorrekturpunktes die Form des Pfeils ändern, indem Sie beispielsweise seine Spitze verkürzen oder verlängern (siehe Abbildung 4.51).

Abbildg. 4.51 Durch Verschieben der Formkorrekturpunkte können Formen bearbeitet werden

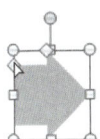

1. Passen Sie die Form des Pfeils nach Belieben an und ordnen Sie ihn dann zwischen den ersten beiden Rechtecken an.
2. Erstellen Sie Kopien des Pfeils, indem Sie auch diesen mit gedrückter ⎡Strg⎤+⎡⇧⎤ horizontal verschieben.
3. Richten Sie die Pfeile wie für die abgerundeten Rechtecke beschrieben gleichmäßig im Schaubild aus.

TIPP Erhöhen Sie per Klick auf die Schaltfläche *Vergrößern* rechts unten in der Statusleiste den Zoom der Ansicht, während Sie die Form des Pfeils bearbeiten.

Die Aufgabenverteilung vor Ort

Die letzte Folie der Präsentation zeigt eine Übersicht über die Aufgabenverteilung vor Ort. Für solche Übersichten sind Tabellen am besten geeignet.

Abbildg. 4.52 Tabellen wirken offener und übersichtlicher, wenn sie nicht durch zu viele Rahmenlinien zerstückelt werden

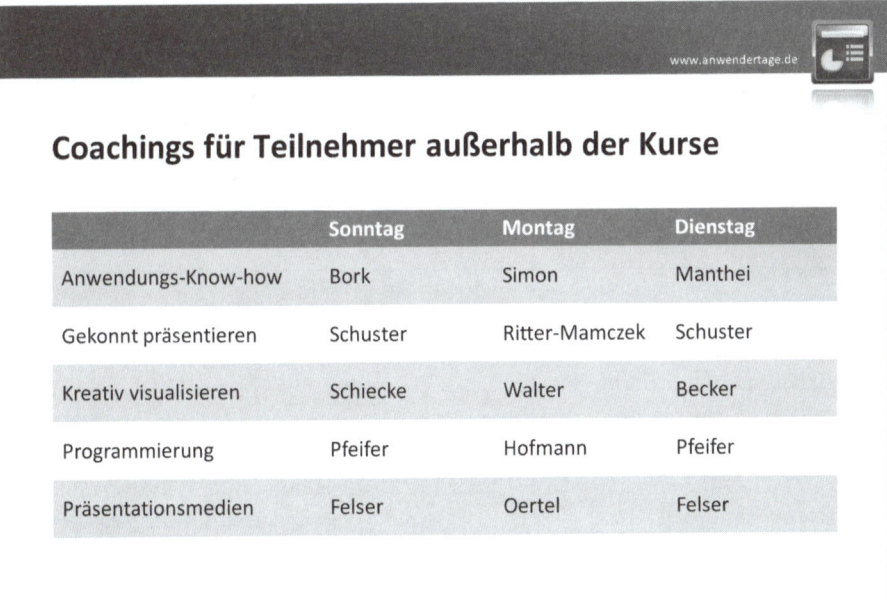

Die Tabelle erstellen

1. Erstellen Sie eine neue Folie mit dem Layout *Titel und Inhalt*. Geben Sie als Folientitel *Coachings für Teilnehmer außerhalb der Kurse* ein.

2. Klicken Sie im Platzhalter auf das Symbol *Tabelle einfügen* (siehe Abbildung 4.53).

Abbildg. 4.53   Per Klick auf das Symbol *Tabelle einfügen* erstellen Sie eine Tabelle im vorgegebenen Layout

3. Geben Sie im Dialogfeld *Tabelle einfügen* die Zahl der benötigen Spalten und Zeilen ein. Für das Beispiel benötigen Sie vier Spalten und sechs Zeilen.

4. Füllen Sie die Tabelle wie in Abbildung 4.54 angezeigt aus, indem Sie eine Zelle anklicken und den Text eingeben. Wenn Sie den Text nicht vollständig neu eingeben möchten, finden Sie auf Folie 10 der Musterpräsentation zu diesem Kapitel die ausgefüllte Rohtabelle, mit der Sie die weiteren Schritte in diesem Abschnitt nachvollziehen können.

Abbildg. 4.54   Text wird in Tabellenzellen ohne Berücksichtigung von Silbentrennung automatisch umbrochen

	Sonntag	Montag	Dienstag
Anwendungs-Know-how	Bork	Simon	Manthei
Gekonnt präsentieren	Schuster	Ritter-Mamczek	Schuster
Kreativ visualisieren	Schiecke	Walter	Becker
Programmierung	Pfeifer	Hofmann	Pfeifer
Präsentationsmedien	Felser	Oertel	Felser

HINWEIS   Wie in Excel-Tabellen können Sie auch in PowerPoint-Tabellen mithilfe der ⇥-Taste von einer Zelle zur nächsten springen.

Die Tabellenstruktur bearbeiten

Text in Tabellen wird während der Eingabe automatisch und ohne Rücksicht auf Silbentrennung umbrochen. Dies können Sie ändern, indem Sie an geeigneten Stellen eine manuelle Silbentrennung durchführen. Allerdings müssen Sie bei einer späteren Änderung der Spaltenbreite überflüssige Trennstriche manuell wieder entfernen. Passen Sie deshalb zuerst die Struktur der Tabelle an und führen Sie dann bei Bedarf die manuelle Silbentrennung durch.

Im Beispiel steht genügend Platz zur Verfügung, um alle Einträge in den Tabellenzellen einzeilig anzuzeigen. Es muss nur die Spaltenbreite angepasst werden.

1. Zeigen Sie mit der Maus auf die Trennlinie zwischen Zeilenkopf und erster Spalte. Sobald sich die Maus exakt über dieser Linie befindet, ändert sich der Mauszeiger in einen Doppelpfeil.

2. Klicken Sie, halten Sie die Maustaste gedrückt und ziehen Sie die Trennlinie an die gewünschte Position und damit die Spalte in die gewünschte Breite.

Beim Anpassen der Breite einer Spalte wird die benachbarte Spalte vergrößert oder verkleinert, die übrigen Spalten bleiben unverändert. Im Beispiel hat dies zur Folge, dass die Spalten mit den Wochentagen ungleichmäßig breit sind.

3. Um mehrere Spalten auf den zur Verfügung stehenden Raum gleichmäßig zu verteilen, markieren Sie eine Zeile des betroffenen Bereichs.

4. Klicken Sie dann auf der Registerkarte *Layout* der *Tabellentools* in der Gruppe *Zellengröße* auf die Schaltfläche *Spalten verteilen*.

Die Zeilenhöhe einer Tabelle passt PowerPoint zunächst an den Inhalt der Tabelle an. Im Beispiel steht auf der Folie genügend Platz zur Verfügung, um die Zeilenhöhe zu vergrößern und damit die Lesbarkeit der Tabelle zu verbessern, da die Inhalte dann nicht mehr so nah beieinander stehen.

5. Markieren Sie alle Zellen einer Spalte ohne den Spaltenkopf.

6. Vergrößern Sie die Zeilenhöhe, indem Sie auf der Registerkarte *Layout* in der Gruppe *Zellengröße* (siehe Abbildung 4.55) den voreingestellten Wert für die *Höhe* der *Tabellenzeilen* entweder überschreiben oder per Klick auf das Drehfeld Schritt für Schritt erhöhen. Ihre Änderungen werden auf der Folie sofort umgesetzt, sodass Sie genau sehen können, wann die richtige Einstellung erreicht ist.

Abbildg. 4.55   Über die Gruppe *Zellengröße* legen Sie für alle Zellen eines markierten Bereichs eine einheitliche Größe fest

7. Markieren Sie zum Schluss alle Zeilen der Tabelle außer der obersten und richten Sie über *Ausrichtung* (siehe Abbildung 4.56) auf der Registerkarte *Layout* die Zelleninhalte vertikal zentriert aus.

Abbildg. 4.56   Wenn Sie eine höhere Bildschirmauflösung von 1024x768 verwenden, können Sie die Ausrichtung von Text in Tabellen unmittelbar in der Multifunktionsleiste vornehmen. In den *Tabellentools* machen sich unterschiedliche Bildschirmauflösungen ganz besonders stark bemerkbar.

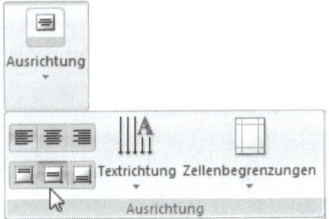

Das Layout der Tabelle anpassen

Eigentlich ist die Tabelle bereits fertig. Störend ist lediglich die rosa Farbe der Tabellenzeilen, die durch das Aufhellen der Designfarben in der Tabellenformatvorlage entstanden ist.

1. Öffnen Sie in den *Tabellenformatvorlagen* auf der Registerkarte *Entwurf* der *Tabellentools* die Schnellformatvorlagen für Tabellen (siehe Abbildung 4.57).

Abbildg. 4.57   Verwenden Sie für Tabellen nach Möglichkeit Formatvorlagen ohne zu viele Rahmenlinien

2. Weisen Sie der Tabelle aus der Kategorie *Mittel* die Option *Mittlere Formatvorlage 3 – Akzent 4* zu.

3. Entfernen Sie die schwarzen Linien, indem Sie in der Gruppe *Tabellenformatvorlagen* im Menü zur Schaltfläche *Rahmen* die Einstellung *Kein Rahmen* wählen.

4. Fügen Sie stattdessen eine weiße Trennlinie zwischen der obersten und den folgenden Tabellenzeilen ein, um die Spaltenköpfe besser vom Inhalt abzusetzen.

   ▪ Markieren Sie dazu die oberste Tabellenzeile.

   ▪ Stellen Sie auf der Registerkarte *Entwurf* der *Tabellentools* in der Gruppe *Rahmenlinien zeichnen* als *Stiftfarbe* die Option *Weiß* ein (siehe Abbildung 4.58).

   ▪ Wählen Sie für die *Stiftstärke* den Wert *3 Pt*.

   ▪ Wählen Sie im Katalog *Rahmen* der *Tabellenformatvorlagen* die Einstellung *Rahmenlinie unten*. Damit übernehmen Sie die für *Stiftfarbe* und *Stiftstärke* getroffenen Einstellungen in den markierten Bereich der Tabelle.

Abbildg. 4.58   Die Einstellungen für Rahmenlinien werden beim Zuweisen eines Rahmens übernommen

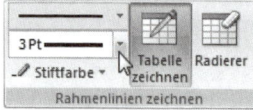

Die Präsentation fertigstellen

Ihre erste Präsentation ist so gut wie fertig. Nur ein paar wenige Grundeinstellungen fehlen noch:

Folienübergänge einrichten

Wechseln Sie mit `F5` zur Bildschirmpräsentation und blättern Sie durch die Folien. Der Übergang von einer Folie zur nächsten findet mit einem harten Wechsel statt. Angenehmer für das Auge sind animierte Übergänge.

1. Wechseln Sie zur Registerkarte *Animationen*.

2. In der Gruppe *Übergang zu dieser Folie* finden Sie einen Katalog mit 40 verschiedenen Effekten zum Einblenden der nächsten Folie (siehe Abbildung 4.59).

Abbildg. 4.59   PowerPoint verfügt über 40 vordefinierte Effekte für den Übergang zur nächsten Folie

3. Sobald Sie mit der Maus auf eine der Miniaturansichten zeigen, wird die aktuelle Folie mit dem ausgewählten Effekt animiert.

4. Wie ein Folienübergang wirkt, hängt immer auch vom Inhalt der Folie ab. Sehr gute Ergebnisse erzielen Sie mit *Sanft ausblenden* in der Kategorie *Verblassungen und Auflösungen*. Weisen Sie diesen Folienübergang zu, indem Sie auf die betreffende Miniaturansicht klicken.

5. Klicken Sie anschließend auf *Für alle übernehmen*, um alle Folien der Präsentation mit diesem Effekt einzublenden.

6. Wechseln Sie wieder mit [F5] in die Bildschirmpräsentation und begutachten Sie das Ergebnis.

7. Wenn Sie nicht möchten, dass auch die Titelfolie mit einem Übergangseffekt eingeblendet wird, ändern Sie für diese Folie die Animationseinstellung auf *Kein Übergang*.

Folienübergänge sind Animationen, die der ganzen Folie zugewiesen werden. Wie Sie einzelne Objekte einer Folie animieren, d.h. per Mausklick nach und nach ein- oder ausblenden, hervorheben und entlang eines Pfades über die Folie bewegen, lesen Sie ab Kapitel 17.

Kopf- und Fußzeile einfügen

In den Feldern für Kopf- und Fußzeile können Sie Seitenzahlen, das aktuelle Datum oder ein festes Datum sowie Angaben zum Verfasser u.Ä. hinterlegen. Auf jeden Fall sollten Sie Seitenzahlen verwenden, die bei Rückfragen aus dem Publikum die Bezugnahme auf eine bestimmte Folie erleichtern.

1. Klicken Sie auf der Registerkarte *Einfügen* in der Gruppe *Text* auf *Kopf- und Fußzeile*.

2. Setzen Sie im Dialogfeld *Kopf- und Fußzeile* (siehe Abbildung 4.60) ein Häkchen in das Kontrollkästchen *Datum und Uhrzeit*. Dann haben Sie die Wahl, ob das aktuelle Datum oder ein festes Datum, das Sie manuell eingeben, angezeigt wird. Anstelle eines festen Datums können Sie auch beliebigen anderen Text hinterlegen. In der Beispielpräsentation wird das Motto der Veranstaltung aus dem Titel der Präsentation nochmals aufgegriffen: Einfach.Besser.Präsentieren

Abbildg. 4.60   Die Anzeige von Foliennummern erleichtert bei Rückfragen aus dem Publikum die Bezugnahme auf eine bestimmte Folie. Auf Titelfolien wird ihre Anzeige in der Regel unterdrückt.

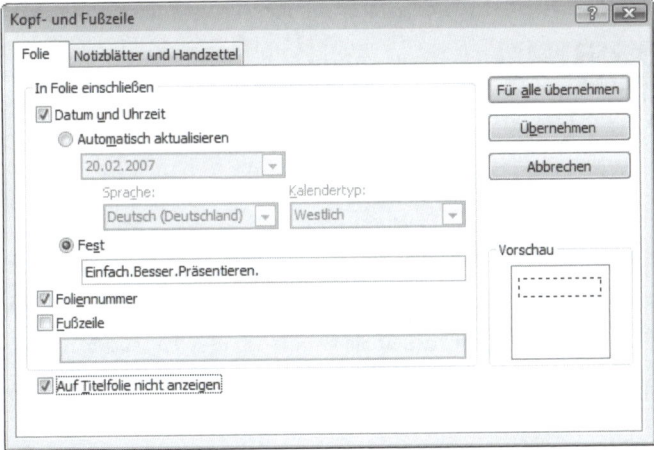

3. Setzen Sie außerdem ein Häkchen vor *Foliennummer*. Das dritte Feld der Fußzeile bleibt im Beispiel leer. Auch hier können Sie beliebige Angaben hinterlegen.

4. Setzen Sie zum Schluss ein Häkchen vor *Auf Titelfolie nicht anzeigen*. Damit unterdrücken Sie auf allen Folien, die das Layout *Titelfolie* verwenden, die Anzeige der Fußzeileneinträge.

5. Klicken Sie auf *Für alle übernehmen*, um die Einstellungen allen Folien der Präsentation zuzuweisen. Per Klick auf *Übernehmen* wird nur die Fußzeile der aktuellen Folie geändert.

Neu Anders als in den Vorgängerversionen von PowerPoint liegen Fußzeileneinträge nicht unzugänglich im Hintergrund der Folie, sondern in Textfeldern auf der Folie. Diese Textfelder können Sie bearbeiten und die Fußzeileneinträge einzelner Folien unabhängig vom verwendeten Layout entfernen oder ändern, ohne dass die übrigen Folien der Präsentation hiervon betroffen wären.

Die Rechtschreibung prüfen

Tippfehler auf einer Folie, die Sie erst während Ihres Vortrags bemerken, sind recht peinlich. Starten Sie deshalb nach dem Fertigstellen der Präsentation per Klick auf *Rechtschreibung* auf der Registerkarte *Überprüfen* die Rechtschreibprüfung.

Wie Sie die Rechtschreibprüfung optimal einsetzen und die Spracheinstellungen von PowerPoint anpassen, lesen Sie in Kapitel 23.

Die Ansicht *Normal* für die Weitergabe optimieren

Auch wenn Sie Präsentationen im Format *PowerPoint-Bildschirmpräsentation* speichern wie im Abschnitt »Speichern als Bildschirmpräsentation« in diesem Kapitel beschrieben, können Sie nicht verhindern, dass der Empfänger der Präsentation diese über den Befehl *Öffnen* in der Normalansicht von PowerPoint ansieht. Deshalb sollten Sie die Normalansicht optimieren, bevor Sie die Präsentation zum letzten Mal speichern:

1. Blenden Sie mit Alt + F9 die Führungslinien aus.

2. Blenden Sie mit ⇧ + F9 die Anzeige des Rasters aus, wenn Sie diese Funktion aktiviert haben.

3. Klicken Sie rechts unten in der Statusleiste auf *Folie an das aktuelle Fenster anpassen*. Dadurch wird die Darstellungsgröße beim Empfänger an den zur Verfügung stehenden Platz im Folienbereich angepasst.

Zusammenfassung

Zum Erstellen neuer Präsentationen öffnen Sie per Klick auf die *Office-Schaltfläche* das zugehörige Menü und rufen über *Neu* das Dialogfeld *Neue Präsentation* auf.

Foliengröße und *Ausrichtung* bestimmen Sie auf der Registerkarte *Entwurf* per Klick auf *Seite einrichten*.

Neue Folien fügen Sie über die Registerkarte *Start* per Klick auf *Neue Folie* ein.

Den Befehl zum *Speichern* finden Sie in der *Schnellzugriffsleiste* und im Menü zur *Office-Schaltfläche*.

Zum Öffnen vorhandener Präsentation klicken Sie auf die *Office-Schaltfläche* und dann auf *Öffnen*.

Die Bildschirmpräsentation starten Sie am einfachsten per Tastatur. F5 startet die Präsentation mit der ersten Folie, ⇧ + F5 mit der aktuellen Folie.

Um eine Präsentation auszudrucken, rufen Sie im Menü zur *Office-Schaltfläche* den Befehl *Drucken* auf.

Die PowerPoint-Hilfe öffnen Sie mit F1 oder per Klick auf die Schaltfläche mit dem Fragezeichen ganz rechts in der Multifunktionsleiste.

Thema	Seite
Einen Überblick zum Erstellen neuer Präsentationen auf der Basis von Designs und Vorlagen erhalten Sie ab	88
Was Sie bei der Wahl des Seitenformats beachten müssen, lesen Sie ab	90
Wie Sie Layouts zeitsparend einsetzen, ist beschrieben ab	94
Um Folien aus anderen Präsentationen wiederzuverwenden, lesen Sie ab	94
Besonderheiten beim Öffnen und Speichern von Dateien sind beschrieben ab	96
Informationen zum Bearbeiten von Diagrammen, Organigrammen und schematischen Darstellungen aus früheren Programmversionen finden Sie ab	98
Welche Ansicht für welche Aufgabe während der Vorbereitung einer Präsentation am besten geeignet ist und wie Sie die Ansicht an Ihre Arbeitsweise anpassen, lesen Sie ab	99
Den Umgang mit der Bildschirmpräsentation lernen Sie kennen ab	103
Informationen rund ums Drucken finden Sie ab	104
Der Schnelleinstieg in PowerPoint anhand eines Präsentationsbeispiels beginnt auf	109

Teil B

Praxiswissen rund um das Thema Präsentation

Kapitel 5

Visuelle Wahrnehmung und Foliengestaltung

In diesem Kapitel:

Präsentationstechnik und Didaktik

PowerPoint wird nicht nur genutzt, um Vorträge anzufertigen. In der Wissensvermittlung generell findet es seit Jahren zunehmenden Einsatz. Die Nutzung des PCs klammert heutzutage kaum noch einen Bereich aus: computerbasierte Kurse zum Einsatz einer neuen Software, zum Erlernen von Fremdsprachen, zum Vorstellen neuer Projekte, zum Umgang mit Gefahrengütern und selbst Führungskräftetrainings sind im Angebot und werden mit PowerPoint realisiert.

Angesichts dieses hohen Tempos, mit dem sich das Lernwerkzeug Computer technisch entwickelt, stellt sich die Frage, ob auch die didaktischen Konzepte und das didaktische Wissen derer, die Vorträge oder computerbasierte Selbstlernkurse anfertigen, im gleichen Maße vorhanden ist oder mitwächst.

Egal ob Vortrag oder multimedialer Selbstlernkurs, in jedem Falle ist es nützlich und erforderlich zu wissen, wie Text, Bild und Ton die verschiedenen Sinneskanäle beim Empfänger ansprechen und wie seitens des Senders ein Optimum angestrebt werden kann.

Wenn es also um PowerPoint geht, stellt sich hauptsächlich die Frage, welche Form der Visualisierung unter welchen Bedingungen und für welchen Zweck am besten geeignet ist. Konkret: Wie wirkt die Visualisierung auf den Prozess des Wissenserwerbs, auf die Struktur des entstehenden Wissens und auf das »Speichern« beim Empfänger der Informationen.

Um sich diese Vorgänge beim Anfertigen von Folien oder Präsentationen oder Lernmaterialien wirklich bewusst zu machen, ist es nicht nur angeraten, sondern auch interessant, grundlegende Elemente der Wahrnehmung einmal näher zu betrachten.

Wahrnehmung und Informationsverarbeitung – kleiner Exkurs

Bei der Wahrnehmung werden von der Wissenschaft zwei Systeme unterschieden: Ein verbales, das gesprochene und geschriebene sprachliche Informationen aufnimmt und verarbeitet, sowie ein imaginales, das für die Aufnahme und Verarbeitung von Bildinformationen verantwortlich ist.

Worte oder Texte werden also im verbalen System verarbeitet, beispielsweise um einen abstrakten Sachverhalt zu beschreiben. Bilder hingegen werden doppelt wahrgenommen und verarbeitet, nämlich sowohl im imaginalen als auch im verbalen System.

Nützliche Kombination von Text und Bild

Natürlich lassen sich diese beiden Systeme nur theoretisch voneinander trennen, in der Praxis wirken sie aufeinander ein und ergänzen sich. Hier ein Beispiel dafür, dass Sprach- und Bildinformation im Prozess eines wechselseitigen Ausgleichs wirken. Nehmen Sie den Satz »Sie packt es«. Was ist damit gemeint? Was bedeutet »sie« und was »es«? Der Text allein reicht nicht aus, um hier eine exakte Antwort zu geben. Wird jedoch zusammen mit dem Text ein Bild gezeigt, auf dem eine Frau, ein Karton, eine Schere und eine Rolle Klebeband zu sehen sind, werden die Fragen, die sich aus der allein verbalen Information ergeben haben, durch die zusätzliche visuelle Information einer Antwort zugeführt: Die Frau packt ein Paket oder in Kurzform »Sie packt es«.

Das Beispiel zeigt, wie die Kombination von Text und Bild zunächst einmal die Wahrnehmung unterstützt. Doch auch das Verständnis und das Behalten der Information wird durch den Einsatz von Bildern oder bildhaften Darstellungen erleichtert. Damit lässt sich für die Arbeit in PowerPoint resümieren: Eine Verbindung von Text- und Bildinformation bietet wesentliche didaktische Vorteile beim Überbringen der »Botschaft«.

Zudem machen Bilder einen Text interessanter, animieren zum Lesen, lockern Text auf.

Der Mensch sei ein Augentier, behaupten Biologen. Vielleicht motiviert Sie diese Sicht, der visuellen Wirkung Ihrer Folien ebenso viel Aufmerksamkeit zu widmen wie der rhetorischen Brillanz Ihres Vortrags.

Auf der CD finden Sie im Ordner *Buch**Kap05* übrigens Zitate einiger bekannter Persönlichkeiten zum Thema bildhafte Sprache und visuelle Wahrnehmung.

Zuschauergerechte Kommunikation

Aus dem bisher Gesagten ergibt sich: Sie können Ihre Gedanken nicht einfach so auf die Folie schreiben, wie diese Ihnen in den Sinn kommen. Vielmehr müssen Sie sich fragen, wie das Publikum Ihre Informationen aufnehmen wird. Nicht das, was Sie denken, ist entscheidend, sondern das, was bei Ihren »Empfängern« ankommt.

Gute Ideen auf Ihren Folien setzen sich nicht nur durch, weil sie gut sind, sondern auch, weil sie in einer für den Empfänger fassbaren Weise sowie seinen Einstellungen, Bedürfnissen und Motiven entsprechend angeboten werden. Die »Verpackung« ist also ebenso wichtig wie der Inhalt.

Sender und Empfänger

Präsentieren bedeutet »vorzeigen«, »vor Augen führen« und »erkennen lassen«. Die Präsentation ist eine Veranstaltung, in der Ideen oder Gegenstände einem Publikum vorgestellt werden. Die meisten Präsentationen wollen informieren, überzeugen und motivieren. Das Spannende an diesem Vorgang ist die Tatsache, dass es sich bei der Präsentation um einen Prozess wechselseitiger Einflussnahme zwischen dem Präsentierenden und dem Publikum handelt: Die offenen und verdeckten gedanklichen Aktivitäten beider Seiten wirken auf das Ergebnis der Präsentation ein; der Präsentierende und sein Publikum befinden sich in ständiger Interaktion.

Vortragende können spüren, ob sie das Publikum mitreißen oder langweilen, ob sie es erstaunen oder provozieren. Das Publikum seinerseits spürt sehr wohl, ob der Vortragende das Thema beherrscht oder nicht, ob er von seinen Argumenten überzeugt ist oder sie nur mechanisch wiedergibt. Es spürt gedankliche Unklarheit und quittiert eine Überhäufung mit ungeordneten oder zu viel Informationen mit deutlich eingeschränkter Aufmerksamkeit, mit verringerter Bereitschaft zum Mitdenken, im schlimmsten Fall mit der Verweigerung, weiter zuzuhören (»Abschalten«).

Der große Vorteil von Vortragspräsentationen ist die persönliche Anwesenheit desjenigen, der die Informationen weitergibt. Dadurch kommt ein Reiz hinzu, der dem Publikum die Aufnahme der Informationen erleichtert. Der Vortragende kann mit seiner Kompetenz, seiner sympathischen Ausstrahlung, seinen Entertainer-Qualitäten das Publikum zusätzlich stimulieren. Die Informationen, die er überbringt, werden bereitwilliger aufgenommen. Der Umkehrschluss gilt natürlich auch.

Sie sehen also: Der eingangs beschriebene Einfluss der Technik kann dem Vortragenden die wesentlichen Aufgaben bei einer Präsentation nicht abnehmen:

- Inhaltliche Klarheit und erkennbare Zielstellung

- Strukturierte Aufbereitung und richtige Dosierung der Informationsmengen

- Sinnvolle Zusammenfassung der Hauptinhalte und Prüfung, ob diese beim Publikum angekommen sind

Technische Entwicklungen der Software PowerPoint wie beispielsweise die Verfügbarkeit von noch mehr Schriften, Farben, Grafik- und Animationseffekten lösen diese Aufgabenstellungen nicht. Jeder Vortrag ist auch immer ein Lernprozess, der hauptsächlich vom Vortragenden in Richtung Publikum erfolgt. Die Didaktik oder – wenn Sie lieber wollen – die unbedingte Orientierung auf das (lernende) Publikum ist und bleibt die zentrale Herausforderung für all diejenigen, die vortragen. Deshalb ist es so wichtig, beim Vorbereiten einer Präsentation weit mehr als nur die Software PowerPoint zu beherrschen. Auch exzellentes Fachwissen zum Thema des Vortrags reicht nicht aus. Wesentlich ist das Eingehen auf die Teilnehmer, auf deren Wissensstand und Erwartungshaltung, auf ihre Aufnahmebereitschaft und -fähigkeit und nicht zuletzt auf ihre Fragen.

Aufnahme und Verarbeitung von Informationen

Vortragende müssen neben der unbedingten Orientierung auf das Publikum auch die weiteren Faktoren für die Wirkung von Informationen auf das Publikum kennen und beachten. In Abbildung 5.1 werden verschiedene Kommunikationskanäle und ihre Wirkung dargestellt.

Abbildg. 5.1 Wahrnehmung: Wir nehmen auf und behalten

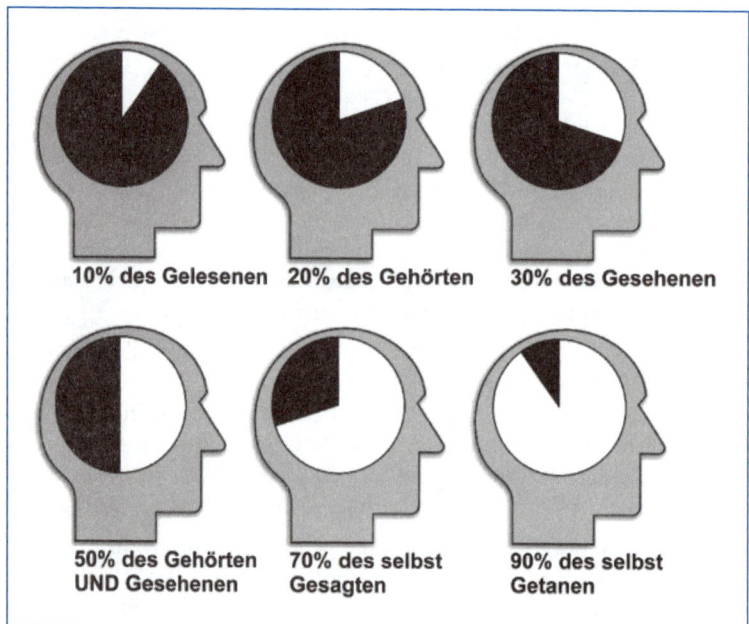

Die Abbildung lässt Folgendes erkennen: Je mehr Sinne in einer Präsentation angesprochen werden, desto höher ist die Chance, dass die Informationen im Langzeitgedächtnis gespeichert werden. Informationen, die nur über das Ohr aufgenommen werden, werden zu 80 Prozent wieder vergessen. Von Informationen, die sowohl über das Ohr als auch über das Auge aufgenommen werden, werden immerhin bereits 50 Prozent behalten.

Wichtig ist also zum einen die strukturierte und gut dosierte Übermittlung der Informationen per Sprache und visueller Anreize. Wichtig ist aber auch die direkte Einbeziehung des Publikums, die Möglichkeit zum Dialog, zum Selbermachen. Auch die Tatsache, dass ein vorgestellter Gegenstand nicht nur gezeigt wird, sondern auch angefasst werden kann, hilft, einen höheren Prozentwert für das Aufnehmen und Behalten der Informationen zu erreichen.

Verarbeitung und Speicherung von Sinneswahrnehmungen

Hirnforscher gehen davon aus, dass nur eine Information, die im Langzeitgedächtnis des menschlichen Gehirns gespeichert wurde, nicht mehr verloren geht. Biochemische Prozesse haben dann dafür gesorgt, dass diese Information im Gehirn gewissermaßen materialisiert wurde.

Alle durch die Sinneswahrnehmungen, durch Auge, Ohr oder auch die Haut ankommenden Impulse kreisen zunächst einmal in Form von elektrischen Impulsen in unserem Gehirn, wo sie nach 10 bis 20 Sekunden wieder abklingen. Ist keine Aufmerksamkeit vorhanden oder lassen sich diese Informationen nicht mit bereits bekannten Gedankenverbindungen verknüpfen, gehen diese Wahrnehmungen an uns vorbei. Sie werden als uninteressant für die weitere Speicherung durch den »Pförtner« (das Ultrakurzzeitgedächtnis) abgewiesen.

Wichtig ist also hier für Vortragende die Aufgabe, die zu übermittelnden Informationen in Zusammenhänge zu stellen. Schematische Darstellungen der Inhalte – also Bilder – helfen den Zuschauern ungemein, die vorgetragenen Informationen »geordnet abzuspeichern«.

Abbildg. 5.2 Diese Schritte beim Empfänger muss der Vortragende beim Darstellen von Informationen auf Folien bedenken

Prozesse beim Empfänger

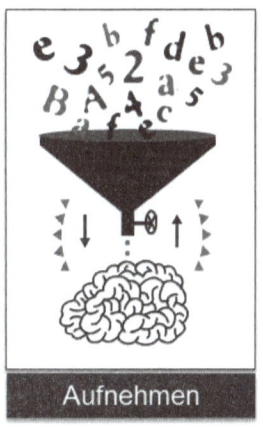

Ein wenig Biologie: Neuronen, Dendriten und Synapsen

Wie viel Sinneseindrücke nehmen Sie gerade wahr? Sie lesen – also strömen über Ihr Auge Tausende von Eindrücken herein; Sie blättern die Seiten um – Ihr Tastsinn meldet die Struktur und die Temperatur des Papiers; die Seiten rascheln beim Umblättern – Schallwellen erreichen Ihr Ohr und werden im Gehirn zu Tönen verarbeitet.

Alle Sinneswahrnehmungen werden durch Nervenzellen, Neuronen, registriert. Neuronen haben eine ungewöhnliche Gestalt: ein kleiner Zellkörper mit vielen verzweigten und lang gestreckten Fortsätzen, den Dendriten, die in alle Richtungen aus dem Zellkörper hervorsprießen. Die Neuronen und Dendriten bilden untereinander ein dichtes Netz, die Nervenzellen sind miteinander verwoben und verknüpft.

Was passiert, wenn ein Ton unser Ohr erreicht? Die Schallwellen treffen im Innenohr auf winzige Härchen, die sich durch den Druck verbiegen und dabei schwache elektrische Signale erzeugen. Dieses Signal schießt durch die Dendriten bis zur nächsten Nervenzelle. Den Übergang von einem Dendriten zur Nachbarzelle besorgen die Synapsen, das sind die köpfchenförmigen Endpunkte der Dendriten, die sich an die Nachbarzellen anlagern. In der Synapse wird der elektrische Impuls in einen chemischen Botenstoff umgewandelt und an die Nachbarzelle weitergeleitet. Da jede Nervenzelle mehrere Dendriten aussendet, werden auch mehrere Zellen in der Nachbarschaft über den eingegangenen Reiz unterrichtet – die Nervenzellen arbeiten im Verbund und kommunizieren ständig mit den nächsten Nachbarzellen.

Eine Nervenzelle kann einen starken oder einen schwachen Impuls abgeben. Im Ohr gibt es beispielsweise Sinneshärchen, die stärker bei einem tiefen Ton schwingen, und andere, die intensiver durch hohe Töne in Schwingung versetzt werden. Trifft ein Brummton auf das Ohr, werden die für tiefe Töne zuständigen Sinneshaare stärker ausschlagen und auch kräftigere Impulse aussenden. Die für hohe Töne zuständigen Zellen erzeugen nur schwache Signale. Außerdem verstärken sich die Neuronen gegenseitig: Je mehr Nervenzellen aktiv sind, desto stärker wird der Reiz im Gehirn gewichtet. »Feuert« lediglich eine Zelle, wird der Impuls nicht weiter beachtet.

Genauso wenig Beachtung findet allerdings ein ununterbrochenes Dauerfeuer. Wir hören nach einer Weile das gleichmäßige Meeresrauschen oder das permanente Geräusch einer Straße nicht mehr, erst die Änderung in der Geräuschkulisse lässt uns wieder aufmerken: der Möwenschrei, das Quietschen von Autoreifen oder die plötzliche Stille.

Aus der Sicht unseres Gehirns ist Information die Änderung des gleichförmigen Datenstroms. Hebt sich Information nicht deutlich genug heraus, geht sie im alltäglichen »Hintergrundrauschen« unter. Wer Wissen vermitteln möchte, muss also zuerst einmal die Aufmerksamkeit des Zuhörers erreichen – die Information muss von den Zuhörern als solche erkannt werden. Ist die Aufmerksamkeit einmal erreicht, muss sie noch erhalten bleiben – ein monotoner Datenfluss bietet keine Änderungen mehr an und schläfert die Aufmerksamkeit ein. Monotonie ist also der Feind der Aufmerksamkeit.

Schritt eins: Aufmerksamkeit erwecken

Auf das Erkennen von Neuigkeiten ist der Hippocampus spezialisiert. Hippocampus bedeutet »Seepferdchen« – der Name leitet sich von seiner Form ab. Der Hippocampus liegt unter den beiden Großhirnhälften.

Hereinflutende Sinneswahrnehmungen landen nicht sofort in der Denkzentrale »Großhirn«, sondern werden durch einfache Gehirnstrukturen gefiltert.

Jeder Sinneseindruck muss zuerst daraufhin untersucht werden, ob unmittelbar Gefahr besteht. Wenn der Tastsinn meldet, dass der Finger gerade eine heiße Herdplatte berührt, geht der Befehl »Zurückziehen« blitzschnell an die Muskulatur. Es würde viel zu lange dauern, wenn das Großhirn erst darüber nachdenken und eine Entscheidung fällen müsste.

Nachdem die gröbste Gefahr ausgeschlossen wurde, kommt der Hippocampus ins Spiel. Er vergleicht neue Wahrnehmungen ständig mit den bereits abgelegten Erfahrungen und sortiert sie nach »eindeutig bekannt«, »eindeutig unbekannt« und »indifferent«. Erkennt der Hippocampus eine Wahrnehmung als eindeutig bekannt, kümmert er sich nicht weiter darum. Indifferentes wird als Hintergrundrauschen ebenfalls nicht weiter beachtet. Auf Neues aber stürzt er sich – bewertet die neue Situation und vergleicht sie mit bereits abgelegten Informationen. Ist die Neuigkeit interessant genug, leitet der Hippocampus sie weiter.

Wie kann der Hippocampus Neuigkeiten erkennen? Er vergleicht mit bereits erlebten Situationen oder schon gespeichertem Wissen. Das bedeutet aber auch, dass er Vergleichsmuster braucht. Der Hippocampus kann nicht vergleichen, wenn ihm noch nichts Vergleichbares vorliegt.

Nun hat jeder Mensch andere Erfahrungen gesammelt und verfügt über andere Vergleichsmöglichkeiten. Ein Musiker hört aus dem Strom der Orchestermusik den falschen Ton heraus, er merkt auf, weil der Ton an dieser Stelle nicht dem bekannten Muster entspricht. Ein nicht auf Musik trainierter Zuhörer hört diesen Ton nicht als »unbekannt« heraus, seine Aufmerksamkeit wird nicht geweckt. Ein Ornithologe hört sofort den ungewöhnlichen Ruf des Pirols im Frühlingswald – für den Nichtfachmann ist es ein Pfiff unter vielen anderen Vogelstimmen, er misst ihm keine besondere Bedeutung bei.

Wenn der Hippocampus nicht auf Erfahrungswerte zurückgreifen kann oder den passenden Vergleich nicht erkennt, wird ihm das Ungewöhnliche oder Neue an einer Situation nicht auffallen. Die Aufmerksamkeit wird nicht auf diesen Gegenstand gelenkt. In Vortrag und Unterricht ergibt sich daraus die Notwendigkeit, nicht nur das Neue und Unbekannte zu erklären, sondern auch Parallelen zu Bekanntem herauszuarbeiten. Je neuer und ungewohnter der zu lernende Stoff ist, desto mehr Unterstützung braucht der Lernende beim Zuordnen und Vergleichen der Information.

Schritt zwei: Das Behalten

Für das Behalten ist der Hippocampus nicht mehr zuständig. In ihm bleiben die Informationen nur für einige Tage bis wenige Wochen, dann ändern sich die Zellverbindungen und -strukturen und »überschreiben« den alten Inhalt. Wurde die neue Information in dieser Zeit nicht weitergereicht, geht sie verloren. Erst was einmal in Vorder- oder Großhirn gelandet ist, wird gut verwahrt.

Ob Informationen dauerhaft abgelegt werden, hängt davon ab, wie aufmerksam wir uns einem Gegenstand zuwenden. Ist die Aufmerksamkeit gering, wird auch der spektakulärste Gegenstand kein Behalten hervorrufen. Aber sobald wir den Lerngegenstand im Geiste drehen und wenden, ihn von möglichst vielen Seiten betrachten, behalten wir ihn am besten. Beim intensiven Durchdenken finden wir Ähnlichkeiten und Unterschiede zu bereits Gelerntem, wir erkennen, ob das Neue zu einer bekannten Regel passt oder ob es die Ausnahme zu einer Regel darstellt. Je mehr Verknüpfungen zu alten Themen gefunden werden, desto mehr Suchhinweise erhalten wir später. Das neue Wissen ist vielfältig verankert und lässt sich über mehrere Kanäle auffinden. Das bedeutet aber auch umgekehrt, dass wir eine isoliert dargebrachte Information später kaum noch auffinden. Auch wenn sie dauerhaft abgespeichert wurde, ist der Zugang versperrt – es gibt zu wenig Suchhinweise.

Und zum Schluss: Lernen und Können

Beim Lernen eines Musikinstruments lässt sich gut verfolgen, wie eine neu gelernte Tätigkeit langsam zum Können wird. Auch wenn wir um die Lage der Noten auf dem Gitarrenhals schon wissen, muss anfangs jeder Griff wohlüberlegt gesetzt werden. Der Anfänger überlegt noch, wie er die Finger für den nächsten Griff zu setzen hat. Erst durch ständiges Üben werden die Bewegungen automatisch, man muss nicht mehr für jeden Griff überlegen, das Spiel wird flüssig – wir können es. Fähigkeiten wie Tanzschritte, Zehnfingerschreiben oder ein Musikinstrument lernen wir ausschließlich durch ständiges Üben und häufiges Wiederholen.

Kenntnisse wie mathematische Formeln oder englische Vokabeln erwerben wir teilweise durch Üben, zum Teil aber durch das Entwickeln und Anwenden von Regeln. Aus dem gelernten Stoff versucht das Gehirn, allgemeine Regeln zu erstellen. Diese Regeln werden anhand neuer Erfahrungen überprüft – verworfen oder bestätigt und immer weiter verfeinert. Diesen Vorgang können Sie schön an einem Kind beobachten, das gerade das Sprechen lernt. Nur anhand von gehörten Beispielen lernen die meisten Kinder bis zum vierten Lebensjahr die Grundzüge der deutschen Grammatik und können sie weitgehend korrekt anwenden.

Hinweise für zuschauergerechte Präsentationen

Nachfolgend einige kurz gefasste Hinweise, die Sie beim Erstellen oder nach dem Fertigstellen einer Präsentation verwenden können, um die Antwort auf eine der wichtigsten Fragen zu erhalten: Ist die Präsentation zuschauergerecht oder halte ich nur meine Gedanken auf Folien fest?

Erzeugen Sie Informationseinheiten durch Gliederung!

Ein Problem, an dem Präsentationen immer wieder leiden: Die Zuschauer wissen nicht, wie umfangreich die Informationen sein werden. Sie fühlen sich etwas »verloren«. Deshalb ist es wichtig, die Informationen so zu strukturieren, dass das Publikum stets den Überblick behält. Gruppieren Sie Informationen zu sinnvollen Einheiten. Arbeiten Sie mit einer Inhaltsübersicht, um den Zuschauern jederzeit die Orientierung zu ermöglichen.

Sprechen Sie mit Grafiken die Betrachter unmittelbarer an

Illustrationen wirken interessanter als einfacher Text. Versuchen Sie daher immer wieder, Ihre Informationen bildlich darzustellen. Damit die verwendeten Abbildungen unmittelbar kommunizieren können, müssen sie aber einfach gehalten und konsistent verwendet werden.

Illustrationen können sehr viele Informationen auf kleinem Raum darstellen. Die Arbeit mit Bildern kann allerdings sehr kompliziert sein: Es gibt fast unbegrenzte Möglichkeiten, Formen, Größen, Farben und Formate auszuwählen. Außerdem benötigen Sie natürlich einiges grafisches Talent, um wirklich gute Bilder zu gestalten. Verwenden Sie Abbildungen nur dort, wo sie einen Zweck erfüllen. Es genügt nicht, dass eine Illustration einfach gut aussieht, sie muss auch kommunizieren und informieren. Bevor Sie ein Bild verwenden, sollten Sie sich daher fragen, ob es einen oder mehrere der folgenden Zwecke erfüllt:

- Zieht es die Aufmerksamkeit Ihres Publikums auf einen wichtigen Punkt?

- Macht es Ihre Folie interessanter, regt es das Publikum zu eigenen Ideen an?

- Hat es eine erläuternde Funktion?

- Erklärt es komplexe Zusammenhänge?

- Ist es in der Lage, das Publikum zu überzeugen und zu beeinflussen?

- Handelt es sich um ein anklickbares Objekt, das zu einer anderen Folie führt?

Doch auch wenn Ihre Grafiken einen oder mehrere dieser Zwecke erfüllen, heißt das nicht automatisch, dass sie optimal für eine Präsentation geeignet sind. Betrachten Sie das verwendete Bildmaterial kritisch und bedenken Sie, dass Ihr Publikum von Fernsehen, Computerspielen und anderen modernen Medien verwöhnt ist und eine ähnliche Qualität von Ihrer Präsentation erwartet. Auf jeden Fall ist es besser, eine einfache, aber technisch und ästhetisch perfekt gestaltete Grafik einzusetzen als eine komplizierte, die in ihrer Ausführung zu wünschen übrig lässt.

HINWEIS   Wenn Sie einmal Profis über die Schulter schauen wollen, die täglich Informationen visualisieren müssen, lohnt sich ein Besuch der folgenden Website:

http://www.globus-infografik.de

Hier gibt es in der Kategorie *Datenbank* Infografik pur und Sie können sich auch Anregungen für die Gestaltung Ihrer eigenen Schaubilder holen.

Setzen Sie gezielt Farbe ein!

Das Element Farbe wirkt sowohl bei Texten als auch bei Bildern. Durch den Einsatz von Farbe wird eine Botschaft – egal ob Text oder Bild – anders transportiert. Nicht unbedingt besser, denn sicher haben Sie auch schon bei Vorträgen Fälle erlebt, bei denen durch ein Zuviel an Farbe die Informationsaufnahme und -verarbeitung nicht unterstützt, sondern eher erschwert wurde. Richtig eingesetzt kann Farbe jedoch Folgendes bewirken:

- Motivation und Anregung – Eine geeignete Farbgebung erzeugt eine positive Empfindung beim Zuschauer oder Lernenden und hat somit positiven Einfluss auf die Motivation, zuzuschauen, weiterzulesen oder weiterzulernen.

- Aufmerksamkeit und Hervorhebung – Farbe erhöht die Aufmerksamkeit des Betrachters. Studien zur Bewegung des Blickverhaltens von Lernenden haben ergeben, dass farbige Flächen bevorzugt mit dem Auge aufgesucht und vom Studierenden bearbeitet werden. Helle Farben eignen sich für den Hintergrund eines Inhaltsbereichs. Demgegenüber wird – in dosierter Weise – auf Signalfarben zurückgegriffen, wenn die Aufmerksamkeit gezielt auf einen Satz oder ein bestimmtes Wort zu lenken ist.

- Ordnen und strukturieren – Dosiert und einheitlich eingesetzt kann Farbe dabei unterstützen, Inhalte und Aufbau von Informationskomplexen schnell und richtig zu erfassen. Die Farbgebung erlaubt das Erkennen von Zusammengehörigkeit, Unterschiedlichkeit, Wichtigkeit und auch Funktionalität von Text- und Bildelementen.

Optimieren Sie die Lesbarkeit Ihrer PowerPoint-Präsentation!

Ziehen Sie bei der Arbeit mit PowerPoint die Tatsache in Betracht, dass elektronische Dokumente weniger leicht lesbar sind als gedruckte. Helfen Sie daher den Betrachtern Ihrer PowerPoint-Präsentation, indem Sie große und einfache Schriftarten und einen ausgewogenen Kontrast zwischen Text und Hintergrundfarbe verwenden. Bedienen Sie sich außerdem großzügig weißer Leerräume. Wichtige Informationen können durch abweichende Formatierung (vor allem Fett) oder durch Farbe hervorgehoben werden.

Prüfen Sie das Layout Ihrer Folien!

Bevor Sie Ihre PowerPoint-Präsentation gestalten, sollten Sie die Informationen analysieren und sich überlegen, auf welche Art Sie diese am besten präsentieren. Arbeiten Sie mit visuellen Eigenschaften wie Leerraum, Position und Größe, um die Struktur Ihrer Informationen zu kommunizieren.

In diesem Zusammenhang ist es hilfreich, sich folgende Fragen zu stellen:

- Welche Elemente auf meiner Folie sind gleichartig oder müssen gleichartig sein?
- Welche Elemente hängen funktional zusammen?
- In welcher Reihenfolge sollen die verschiedenen Elemente präsentiert werden?
- Welche Elemente sind am wichtigsten?
- Welche Information ist weniger dominant?

Wenn Ihnen diese Fragen zu kompliziert oder zahlreich erscheinen, dann reduzieren Sie die Prüfung des Layouts einer soeben angefertigten Folie auf die folgende Frage:

- Könnte meine Folie auf den Betrachter verwirrend wirken oder ermöglicht sie ihm ein leichtes und schnelles Erfassen der gewünschten Informationen oder Aussagen?

Unterscheiden Sie zwischen wichtigen und Detailinformationen!

Damit Ihre Folien nicht vor Informationen überquellen – egal ob in Form von Text, Bild oder Zahlen –, trennen Sie wichtige von den entbehrlichen Informationen. Unterscheiden Sie dabei nicht nur aus Ihrem eigenen Blickwinkel, sondern vor allem auch aus Sicht der Zuschauer. Klassifizieren Sie Ihre Informationen,

- damit das wirklich Wichtige deutlich wird und leicht zu erfassen ist,
- um auf verschiedene Zielgruppen individuell einzugehen,
- um Selektionsprozesse beim Publikum zu unterstützen.

Zusammenfassung: Warum Informationen aufbereiten

Auch wenn die Anforderungen an die Informationsaufbereitung und der damit verbundene Aufwand hoch sind, sollten Sie diesen Weg gehen. Denn

- das Publikum kann die Informationen besser ein- und zuordnen,
- Verarbeitungsprozesse beim Empfänger werden erleichtert und
- schließlich wird auch die Kommunikation zwischen Vortragendem und Publikum gefördert.

Foliengestaltung: Wichtige Regeln im Überblick

Ausgerüstet mit diesen Hinweisen zur visuellen Wahrnehmung und den Tipps für zuschauergerechte Präsentation bleibt jetzt der Schritt der Umsetzung. Diese erfolgt Folie für Folie und ist zu großen Teilen recht technisch. Deshalb finden Sie nachfolgend eine Checkliste, die wichtige Kriterien der Foliengestaltung in fünf Gruppen zusammenfasst.

Folientitel

- Wenn möglich nur aus *einer* Zeile bestehend, nur in Ausnahmen zwei Zeilen
- Titel wirklich treffend zum Inhalt der Folie wählen
- Nicht den gleichen Titel über mehrere Folien verwenden
- Einheitlichkeit des Formulierungsstils einhalten (beispielsweise nur Fragewörter oder nur Fragen oder Substantive stets mit vorangestelltem Artikel)

Aufzählungstext

- Möglichst nur sechs Aufzählungen pro Folie
- Einzeilige Aufzählungen am besten geeignet
- Keinesfalls mehr als zwei Zeilen pro Aufzählungspunkt verwenden (Ausnahme: Zitate)
- Zweizeiligen Text in Sinngruppen aufteilen
- Keine Schachtelsätze und keinen Blocksatz verwenden
- Keine unverständlichen Abkürzungen gebrauchen

Gliedern

- Text in der Regel immer gliedern (Ausnahme: Zitate)
- Zum Gliedern passende Symbole verwenden
- Nicht mehr als drei Gliederungsebenen nutzen
- Schrittfolgen nummerieren
- Bei großen Aufzählungssymbolen den hängenden Einzug vergrößern
- Bei Weitergabe der Präsentation keine »exotischen« Schriften für Symbole nutzen

Schrift

- Nicht mehr als zwei Schriftarten verwenden
- Vorzugsweise serifenlose Schriften einsetzen, serifenbetonte nur bei Titeln
- Titel mit Schriftgrad von mindestens 28 pt formatieren
- Aufzählungstext mit mindestes 20 pt gestalten
- Bei Diagrammen und Tabellen nur serifenlose Schriften verwenden und dabei einen Schriftgrad von mindestens 16 pt einhalten

- Problem hauseigener Schriften beachten, wenn Präsentationen an externe Empfänger geschickt werden sollen

Abbildg. 5.3 Auszug aus der Checkliste mit den Kriterien zur Verwendung von Schrift

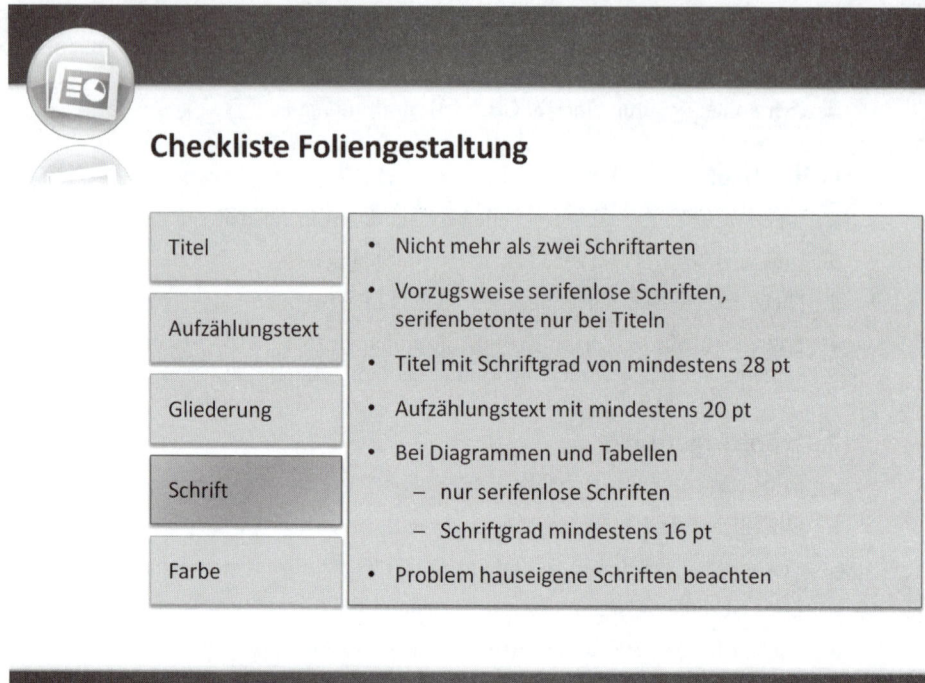

Farben

- Farben nach Corporate Design festlegen
- Unterschied der Farbwerte für Monitor und Printmedien kennen und beachten
- In der Vorlage (*.potx) die Farbskala definieren
- Die Farbskala der Vorlage konsequent einsetzen
- Bei Abweichungen nur verschiedene Tonstufen der Grundfarben verwenden
- Farbskala unbedingt auf die Gegebenheiten des Vorführraums einstellen

 Die vollständige Checkliste finden Sie auch als PowerPoint-Bildschirmpräsentation in der Beispieldatei *Checkliste.ppsx* auf der CD zum Buch im Ordner *\Buch\Kap05*.

In den nun folgenden Kapiteln 6 bis 8 erhalten Sie detaillierte Einblicke und Anleitungen für die Umsetzung dieser Regeln bei der Foliengestaltung.

Zusammenfassung

Beim Erstellen von Präsentationen oder anderen Informationsmedien wird immer häufiger Power-Point eingesetzt. Doch das Programm selbst kann nur den technischen Teil des Erstellens einer Präsentation erfüllen. Es ist nicht mehr als ein Werkzeug. Weitaus wichtiger sind aber die Anwender, die das Werkzeug bedienen. Für sie ist neben der Kenntnis der technischen Bedienung von PowerPoint vor allem das Wissen wichtig, wie Informationen so aufbereitet werden, dass sie das Publikum möglichst optimal erreichen. Hier die wichtigsten Fundstellen zu dieser Thematik:

Praxiswissen rund um das Thema Präsentation

Kapitel 6

Layout und Farbe

In diesem Kapitel:

Über den Zusammenhang von Layout und Farbe

Beim Betrachten der in PowerPoint integrierten Designs fallen wohl am stärksten die Unterschiede in Farbe und Layout auf. Diese beiden grundlegenden Signale werden auch von Ihrem Publikum aufgenommen und zusammen mit den Inhalten eines Vortrags gespeichert. Mit der Wahl eines Designs bzw. einer Vorlage treffen Sie die Entscheidung über grundlegende Gestaltungsmerkmale und damit über die Wahrnehmung Ihrer Präsentation durch das Publikum. Waren die Kontraste ausreichend oder zu schwach, die Farben schreiend oder harmonisch, das Layout chaotisch oder strukturiert? Diese Fragen stellt sich das Publikum nahezu unbewusst während oder auch nach einer Präsentation.

Obwohl eine Vorlage die Arbeit des Gestaltens und Formatierens weitgehend abnehmen oder zumindest erleichtern soll, verwendet wohl die Mehrheit der Anwender trotzdem beträchtliche Zeit darauf, manuelle Formatierungsoptionen und individuelle Gestaltungswünsche in einer Präsentation umzusetzen.

Dagegen ist keineswegs etwas einzuwenden. Wichtig ist nur, dass Sie bei all diesen »Verschönerungen« immer an Ihr Publikum denken, das aus Ihren Gestaltungskünsten Nutzen ziehen soll. Denn letztlich machen Sie die Präsentation für das Publikum und nicht für sich selbst. Natürlich ist nicht jedes Publikum gleich. Es gibt jedoch einige Erfahrungswerte und allgemeine Regeln für die Gestaltung, auf die Sie sich stützen können.

Bei der Gestaltung von PowerPoint-Folien sind neben den beiden Bereichen Layout und Farbe auch noch die Schrift und die Illustration von Bedeutung. In diesem Kapitel geht es zunächst um das Thema Layout, also die Anordnung von Elementen wie Textblöcken, grafischen Formen, Titeln, Illustrationen usw. Danach folgen detaillierte Erläuterungen und Anleitungen zum Umgang mit Farbe. Die beiden Themen Schrift und Illustration folgen in den Kapiteln 7 und 8.

Wie interpretiert unser Gehirn Farben und Formen?

Kontraste

Die Farbenlehre besagt, dass wir die Dinge um uns herum visuell wahrnehmen können, weil sie voll von optischen Kontrasten sind, die durch die Reflexion von Licht hervorgerufen werden: Zum einen sind es die Hell/Dunkel- zum anderen die Farbkontraste. Diese Kontraste helfen uns beim räumlichen Orientieren. Ohne diese Unterschiede wäre die uns umgebende Welt wie Nebel: eine nahezu gleichförmige und kontrastlose Masse.

Der Wahrnehmung eines visuellen Eindrucks folgt als nächster Schritt dessen Klassifizierung und schließlich die Speicherung durch das Gehirn. Und bei dieser Klassifizierung wird ein weiteres Gegensatzpaar zu Rate gezogen – nämlich das von Gleichartigkeit und Verschiedenartigkeit.

Gleich und verschieden

Das Gehirn versucht, über die Eigenschaften »gleich« und »verschieden« einen zusätzlichen Kontrast auszumachen. Damit kann das Gehirn bei der Prüfung von Eindrücken noch exakter und feiner differenzieren.

Bei der Informationsaufnahme ordnet das Gehirn also Farben und Formen, die es optisch erkannt hat, nach Gleichartigkeit und Verschiedenartigkeit. Dieses Messen von Gleichartigem und Verschiedenartigem ist wie das Suchen nach Ordnung. Werden gleichartige und ungleichartige Farben und Formen gefunden, so wird daraus eine Ordnung abgeleitet.

Wirkung in Präsentationen

Nun werden Sie sich vielleicht fragen, was all diese Theorie denn für Sie praktisch bedeutet. Sie wollen ja eigentlich »nur« eine Präsentation vorbereiten. Die Antwort ist ganz einfach: Nutzen Sie für gleiche Dinge, Aussagen, Zustände, Einordnungen die gleichen Farben, die gleichen Formen, die gleichen Schriften. Damit kann das Gehirn die Informationen schneller interpretieren, klassifizieren und ablegen. Ihr Publikum hat die von Ihnen übermittelten Informationen besser und schneller »im Griff«.

Widerstehen Sie also der Verlockung, reihenweise ClipArts in Ihre Folien einzubinden, die noch dazu verschiedenste Farbkombinationen besitzen, Rechtecke mit und ohne abgerundete Ecken wahllos zu verwenden, die Hervorhebungsfarbe in Texten mehrfach zu wechseln, Texte in Formen mal mittig, mal unten, mal oben zu positionieren, die Farbe von Formen auf jeder Folie mit weiteren Tonarten und Schattierungen zu »bereichern«.

Das Ausgabemedium bestimmen

Bevor Sie Layout und Farben für Ihre Präsentation bestimmen, sollte feststehen, welches Ausgabemedium verwendet wird. Wird die Präsentation über einen Beamer wiedergegeben oder am Bildschirm betrachtet? Verwendet der Bildschirm das Standardseitenverhältnis 4:3 oder die neuen Formate 16:9 oder 16:10? Soll die Präsentation als Tischvorlage ausgedruckt werden?

Jedes der genannten Medien hat Besonderheiten für die Layoutgestaltung – auch für die Farbwahl, aber dazu weiter unten mehr. Es beginnt bei den abweichenden Abmessungen für einzelne Medien. Das, was Sie bei der Arbeit mit PowerPoint am Bildschirm als Folie sehen, kann später beim Ausdruck auf Papier abweichend erscheinen. Haben Sie eine Präsentation als Bildschirmpräsentation im Format 4:3 angelegt, erscheinen beim Ausdruck ungleichmäßige weiße Ränder auf dem Papier. Wechseln Sie nachträglich über *Seite einrichten* (Registerkarte *Entwurf*) das *Papierformat*, wirken Folienobjekte unter Umständen verzerrt oder sind in einem Schaubild nicht mehr korrekt ausgerichtet.

Abbildg. 6.1 Quadrat und Kreis in der Skizze oben werden beim Wechsel des Papierformats von Bildschirmpräsentation zu DIN A4 zu Rechteck und Ellipse verzerrt

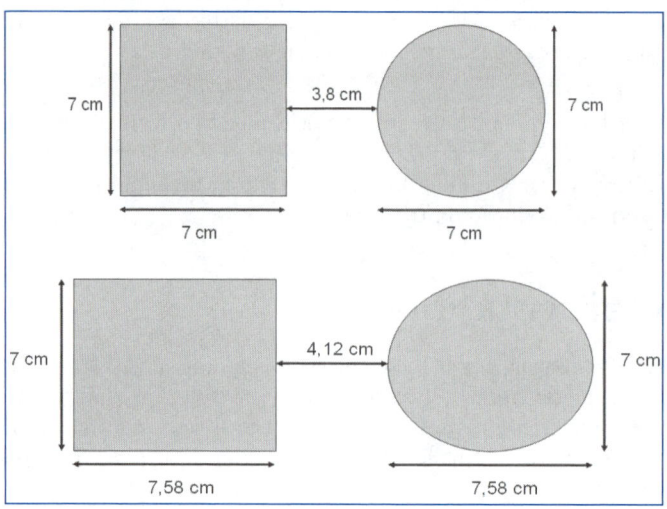

Tabelle 6.1 zeigt die Seitenmaße für unterschiedliche Ausgabemedien.

Tabelle 6.1 Beim Layout sind die abweichenden Abmessungen für unterschiedliche Ausgabemedien zu beachten

Medium	Breite (in cm)	Höhe (in cm)
Bildschirmpräsentation 4:3	25,4	19,05
Bildschirmpräsentation 16:9	25,4	14,29
Bildschirmpräsentation 16:10	25,4	15,87
DIN-A4-Seite	27,51	19,05
Overheadfolie	25,4	19,05
35-mm-Dias	28,57	19,05

Bildschirmpräsentationen im Format 4:3

Voreingestellt verwendet PowerPoint für neue Präsentationen das Format »Bildschirmpräsentation 4:3«, das dem Seitenverhältnis des Beamers entspricht. Wird eine solche Präsentation an einem Notebook-Display oder Flachbildschirm mit abweichenden Maßen (16:9, 16:10) wiedergegeben, sind während der Bildschirmpräsentation schwarze Ränder an den Seiten zu sehen.

Beachten Sie, dass Farben bei der Beamer-Projektion oft nicht so dargestellt werden, wie Sie sie beim Erstellen am Monitor zuvor gesehen haben. Wenn Sie also beispielsweise zum Abtrennen einzelner Layoutbereiche auf den Folien mit zu hellen Farben arbeiten, wird diese Trennabsicht bei der Bildschirmpräsentation gar nicht mehr sichtbar sein.

Wenn Sie öfter Präsentationen vorführen, die in großen Räumen stattfinden, sollten Sie von vornherein den Kontrast der Farben verstärken und die Schrift noch vergrößern.

Auch bei der Betrachtung unmittelbar am Bildschirm kann es bei der Darstellung der Farben abhängig vom Gerät zu mehr oder weniger starken Abweichungen kommen. Flachbildschirme zeigen Farben generell heller und leuchtender als Röhrenmonitore, die darüber hinaus im Lauf der Zeit ohne Korrektur der Farbeinstellungen immer dunkler werden.

Bildschirmpräsentationen im Format 16:9 und 16:10

Mit der zunehmenden Verbreitung von Flachbildschirmen bietet PowerPoint jetzt auch Voreinstellungen für diese beiden Formate. Sie bieten mehr Raum in der Breite und dadurch mehr Spielraum beim Anordnen von zwei oder auch drei Folieninhalten nebeneinander. Auf Textfolien entsteht jedoch das zwingende Erfordernis, den Layoutbereich durch Flächen, Bilder o.Ä. zu unterteilen, da ansonsten die Zeilen zu lang (zu breit) und damit schlecht lesbar werden.

Ausdrucke im DIN-A4-Format

Ähnlich wie Dias und Overheadfolien sind auch Tischvorlagen in PowerPoint eigentlich mehr ein Außenseiterformat. In der Regel werden Präsentationen nur gedruckt, wenn die Präsentation als solche als Handout verteilt werden soll. Wie weiter oben beschrieben, entstehen dann entweder Ränder im Ausdruck (siehe Abbildung 6.2) oder die Folienobjekte werden beim Wechsel des Formats verzerrt (siehe Abbildung 6.1).

Abbildg. 6.2   Anhand der Seitenansicht (Druckvorschau) können Sie überprüfen, wie Ihre Folien im Ausdruck aussehen werden. Auf Folien mit Hintergrundbildern und Flächenfüllungen wie im Beispiels links macht sich das abweichende Format des Papiers besonders stark bemerkbar.

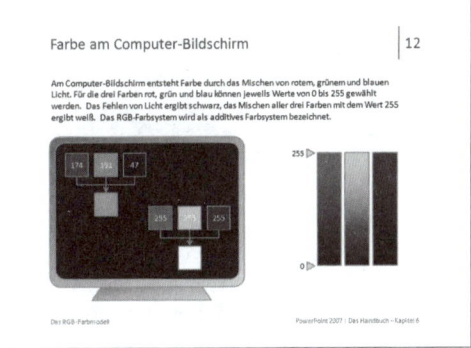

PROFITIPP

Wenn Sie *nach* dem Fertigstellen einer Präsentation das Papierformat wechseln, können Sie die in Abbildung 6.1 gezeigten Verzerrungen vermeiden, indem Sie vor dem Wechsel des Formats eine Kopie der Datei erstellen. Prüfen Sie nach dem Formatwechsel, auf welchen Folien Verzerrungen aufgetreten sind. Fügen den Inhalt verzerrter Schaubilder dann aus dem Original über die Zwischenablage in die neue Präsentation ein. Beim *Kopieren* und *Einfügen* bleiben die ursprünglichen Proportionen der Objekte erhalten.

> **HINWEIS** Eine Anleitung zum randlosen Drucken von Folien finden Sie in Kapitel 4.

Overheadfolien

Beim Format für Overheadfolien verbleiben auf einer Folie im DIN-A4-Format Ränder von etwa 2 cm auf jeder Seite. Das ist recht wenig und sollte Sie nicht dazu verlocken, die Folien tatsächlich bis zum Rand mit Informationen zu füllen. Zu unterschiedlich sind die Projektionsgeräte, deren Position und Abstand zur Projektionswand und zum Publikum. Möglicherweise wird nur der mittlere Bereich der Folie gut ausgeleuchtet, aber die wichtigen Informationen stehen auf Ihren Folien immer ganz unten. Dies sollten Sie daher bei der Textmenge und deren Verteilung auf der Folie in Betracht ziehen.

35-mm-Dias

Das 2:3-Verhältnis von Dias erscheint breiter als die Formate der bisher besprochenen Medien. Daher ist es wichtig, dass Sie bereits *vor* der Gestaltung Ihrer Folien in PowerPoint im Dialogfeld *Seite einrichten* unter *Papierformat* die Option *35-mm-Dias* auswählen. Wenn Sie diese korrekte Seiteneinrichtung versäumen, wird das fertige Dia nicht vollständig ausgefüllt sein, sodass Sie wertvollen Platz verschenken.

Einige Layout-Grundregeln

Bei der Gestaltung von PowerPoint-Präsentationen ist zunächst alles erlaubt, was sinnvoll ist. Mit anderen Worten: Lassen Sie alles weg, was überflüssig oder nicht nötig ist. Und überflüssig ist jedes Gestaltungselement, für das es keinen triftigen Grund gibt, z.B. reine »Dekorationselemente«. Manche machen den Fehler, ein schlechtes Layout durch grafische Mittel aufbessern zu wollen. Besser wäre es in diesem Fall, das Folienlayout neu zu überdenken. Das Layout dient dem Zweck, Ihre Aussage zu vermitteln. Daher hat die Platzierung dieser Aussage an der richtigen Stelle Vorrang vor allen »dekorativen« Bemühungen.

Ein weiterer wichtiger Tipp: Wir sehen uns einer unüberschaubaren Vielzahl von Gestaltungsmöglichkeiten gegenüber. Ein puristisches, klares Design wirkt jedoch auch heute noch (oder wieder?) professionell. Wenden Sie zunächst bewährte Gestaltungslehren an; umso schneller werden Sie zu Ihrem eigenen, unverkennbaren Layoutstil gelangen.

Nachfolgend wichtige Grundregeln für gutes Folienlayout:

■ Farbige Hintergrundflächen, Rahmen, Punkte, Symbole, auffällig markierte Wörter sichern die Aufmerksamkeit und bleiben besser im Gedächtnis. Setzen Sie diese Gestaltungsmittel bewusst ein.

■ Verwenden Sie auf jeder Folie eine Überschrift, und zwar möglichst immer an gleicher Stelle.

■ Ordnen Sie Texte, Bilder und freie Flächen ausgewogen an. Haben Sie Mut zur lernbiologisch und ästhetisch sinnvollen Leerfläche: Mindestens 30 Prozent der Fläche frei lassen ist »angesagt«.

■ Bilden Sie komplexe Darstellungen großflächig ab. Das Wichtigste gehört dabei in die Bildmitte.

- Ordnen Sie die Informationseinheiten an einem (unsichtbaren) Raster an. Verwenden Sie dazu die Führungslinien von PowerPoint.

- Machen Sie Hierarchiestufen Ihrer Informationen deutlich, beispielsweise durch Farbe und Schriftgröße.

- Geben Sie gleichen Sachverhalten die gleichen Gestaltungsmerkmale (Formen, Farben, Symbole usw.).

- Gruppieren Sie zusammengehörige Informationen.

- Betonen Sie Textinhalte durch Rahmen, Tonflächen und Pfeile. Oder stellen Sie diese bewusst auf eine freie Fläche der Folie.

- Verwenden Sie pro Folie möglichst nicht mehr als zwei, höchstens aber drei verschiedene, jedoch zusammenpassende Schriften.

- Wenig Inhalt pro Darstellung bleibt verständlich und lässt Raum für eigene Ideen und Gedanken. Wenig Darstellungen oder kleine Pausen zwischen einzelnen Themenblöcken erhalten die Spannung, steigern das Aufnahmeinteresse und reaktivieren das Denkvermögen.

- Gliedern Sie Ihren Präsentationsinhalt nach Themen. Wählen Sie für jeden Gedanken, für jede Information eine Folie. Eine Folie sollte nicht mehr als fünf Kernaussagen enthalten.

- Bilden Sie kurze Sätze. Vermeiden Sie aber stichwortartigen Text. Verben verleihen Dynamik.

Praxiswissen rund um das Thema Präsentation

Die Fläche optimal ausnutzen

Nicht nur das Format der Fläche, also der Folie, ist entscheidend für das Aussehen der fertigen Arbeit. Vielmehr ist die Flächenaufteilung, also das Verhältnis von der freien zur gefüllten Fläche, ein wesentlicher Faktor. Bereits das Verhältnis der Begrenzungslinien einer Fläche und die Proportionen der Höhe zur Breite bestimmen ihren Ausdruckswert. Zu einem guten Layout gehört, dass Sie nicht mit den Rändern sparen.

Es müssen genügend Leerflächen vorhanden sein. Sie können dieses Problem leicht nachvollziehen, indem Sie einige Textbeispiele anfertigen. Sie werden selbst feststellen, dass Text mit wenig Folienrand beim Lesen anstrengend ist, die Folie wirkt überladen. Andererseits sollen Grafiken und Texte auf der Folie möglichst groß dargestellt werden, damit das Publikum sie auch aus dem entferntesten Winkel des Präsentationsraums gut erkennen kann.

HINWEIS   Beim Erstellen von Präsentationsfolien gilt folgende Faustregel: Der Abstand zu allen Rändern sollte mindestens 5 Prozent der Gesamtbreite der Folie betragen.

Die Raumverteilung

Setzen Sie ein kleines Symbol in die Mitte einer Fläche (siehe Abbildung 6.3 oben). Die Form unterteilt die Fläche in imaginäre Teilflächen mit sich kreuzenden oder überschneidenden Bezugslinien. Da das Symbol genau in der Mitte der Fläche positioniert ist, erhalten wir einen Eindruck der Ruhe. Sobald es jedoch aus der Mitte an den Rand gerückt wird, entsteht ein Spannungsverhältnis, da die Ränder jetzt unterschiedlich weit von dem Symbol entfernt sind (siehe Abbildung 6.3 links unten). Diese Spannung kann wieder aufgehoben werden, indem ein zweites Symbol spiegelbildlich entgegengesetzt wird. Das Auge zieht eine gedachte Verbindungslinie, der Gesamteindruck ist symmetrisch (siehe Abbildung 6.3 rechts unten).

Abbildg. 6.3 Die Position eines Symbols auf einer Fläche bestimmt deren Ausdruck

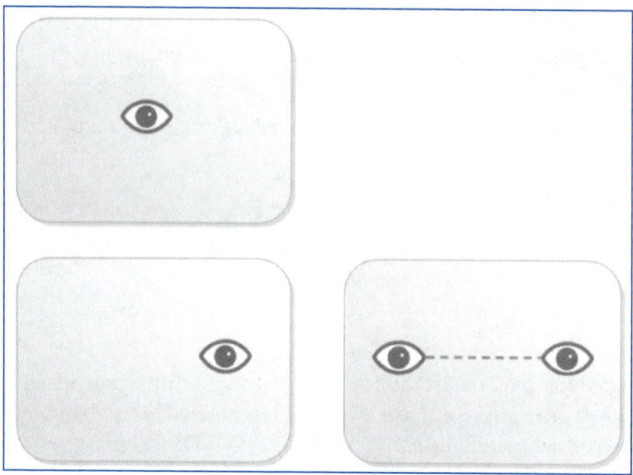

Aber auch zwischen oben und unten wird ein deutlicher Unterschied empfunden. Elemente, die auf einer PowerPoint-Folie oben angeordnet sind, werden als lockerer und leichter angesehen als Elemente, die im unteren Teil der Folie angeordnet sind. Zusätzlich werden die Elemente auch durch die Lage der anderen Elemente auf der Folie beeinflusst. In Abbildung 6.4 sehen Sie drei Möglichkeiten, Überschriften auf einer Titelfolie anzuordnen.

- Links oben wurde die Information vertikal exakt in der Mitte positioniert. Diese Lösung mag einerseits korrekt wirken, sieht dafür aber ziemlich langweilig aus.

- Rechts oben steht die Information unterhalb der mathematischen Mitte. Diese Lösung wirkt besonders unbefriedigend und geradezu negativ. Wichtige Aussagen, Bilder, Texte usw. sollten möglichst nicht unterhalb der mathematischen Mitte stehen.

Abbildg. 6.4 Die Kernaussage sollte in der optischen Mitte platziert werden (rechts unten)

■ Harmonisch wirkt die Lösung rechts unten, da die Information ein wenig oberhalb der *mathematischen Mitte*, nämlich auf der *optischen Mitte*, platziert wurde. Die optische Mitte liegt etwas über der mathematischen Mitte.

Aufmerksamkeit und Blickfolge

Wie Sie gesehen haben, ist es sinnvoll, besonders wichtige Aussagen an »strategisch günstigen« Positionen auf Ihrer Folie zu positionieren. Dies wird Ihrem Publikum helfen, die Aussagen auf Ihrer Folie auf einen Blick zu erfassen und besser zu verstehen. Einen wichtigen Platz in diesen Überlegungen nimmt die übliche Blickfolge des Betrachters ein. Der Blick wandert beim Betrachten einer Folie normalerweise von links nach rechts und von oben nach unten. Dabei verweilt er länger an den oberen beiden Ecken, in der (optischen) Mitte und in der rechten unteren Ecke. An diesen Stellen sollten Sie wichtige oder auch stets wiederkehrende Elemente wie beispielsweise Ihr Firmen- oder Produktlogo positionieren.

Abbildg. 6.5 Stark vereinfachte Darstellung der üblichen Blickfolge; die Symbole bezeichnen Stellen, an denen das Auge länger verweilt

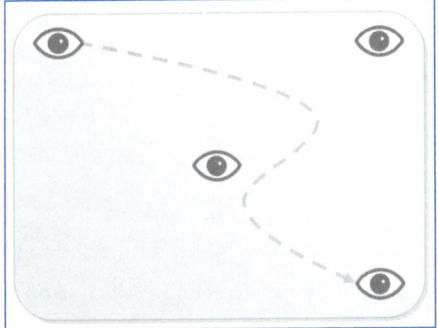

Die Blickfolge bewusst lenken

Diese natürliche Blickfolge können Sie entweder ausnutzen, um besonders wichtige Punkte herauszuheben, oder Sie können sie auch durchbrechen, indem Sie die Bereiche, die zuerst wahrgenommen werden sollen, besonders hervorheben.

■ So können Sie das zentrale Element Ihrer Folie, das bevorzugt wahrgenommen werden soll, mit einer leuchtenden Farbe betonen oder Sie können es größer als andere Elemente gestalten.

■ Sie können Elemente, auf die Sie besonders hinweisen möchten, auch mit einer Grafik oder einem Rahmen kombinieren, um die Aufmerksamkeit darauf zu lenken.

Verschiedene Elemente werden vom Betrachter auch in unterschiedlicher Intensität wahrgenommen. Die Wahrnehmung von Darstellung erfolgt in der Reihenfolge:

■ menschliche Darstellungen

■ Darstellungen von Tieren

■ Darstellungen von Gegenständen

■ Farben

■ geometrische Formen

■ Texte

Studieren Sie Abbildung 6.6, um sich selbst von dem Erklärten zu überzeugen.

Abbildg. 6.6 Selbst wenn sich die wichtige Information an wenig günstiger Stelle befindet, kann sie durch entsprechende Gestaltung gegenüber anderen Elementen hervorgehoben werden

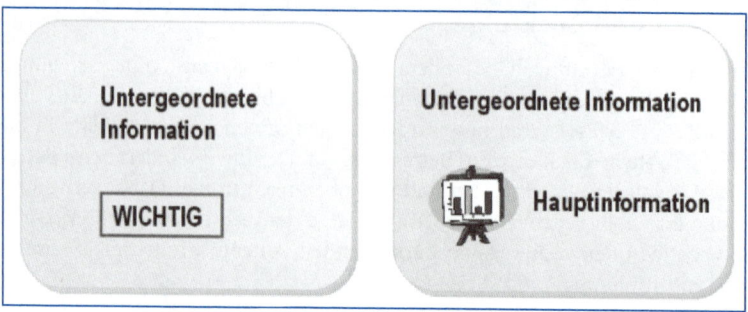

Strukturiertes Layout

Gerüstet mit diesem Wissen können Sie nun darangehen, das Layout Ihrer Folien bewusster auszuwählen und zu testen. Zu Beginn einer Präsentation steht im Normalfall eine Titelfolie. Sie dient als Information, Begrüßung und Einstimmung.

Die Gestaltung von Titelfolien

Anhand der Titelfolie kann sich das Publikum orientieren. Sie wird meist schon gezeigt, während die Teilnehmer es sich bequem machen, Sie Ihre Unterlagen zurechtlegen und sich dann vorstellen.

Die Titelfolie soll auf einen Blick erfassbar und daher sehr einfach sein. Der Titel kann ruhig ziemlich groß gestaltet und im oberen Teil der Folie platziert sein (siehe auch weiter vorn in diesem Kapitel den Abschnitt »Die Raumverteilung«). Darunter gehören der Name des Redners und ggf. weitere Informationen.

Beachten Sie, dass die Titelfolie mit der Gestaltung der übrigen Folien bezüglich Farben- und Formensprache sowie mit den Schriftarten korrespondieren soll, aber sich auch optisch klar von diesen abgrenzen sollte. Meist ist beispielsweise auch der Schriftgrad auf der Titelfolie größer als auf den Folgefolien.

Die Titelfolie kann zusätzlich mit dem Firmenzeichen, dem Datum der Veranstaltung usw. versehen werden. Beachten Sie dabei, dass diese Zusätze auf keinen Fall den Präsentationstitel, der das Wesentliche auf dieser Folie bleiben soll, »übertönen« dürfen. Eine Ausnahme stellt die Vorstellung z.B. eines neuen Produkts dar, dessen Markenzeichen sich gleich zu Beginn der Präsentation dem Publikum einprägen soll. In diesem Fall darf dieses Zeichen auch dominierender gestaltet sein.

Aufbau und Gestaltung von Textfolien

In den meisten Folienpräsentationen wird größtenteils Text gezeigt. Jedoch wirkt eine Präsentation, die nur aus Text besteht, schnell langweilig. Beleben Sie Ihre Folien daher durch Diagramme und Grafiken und haben Sie Mut auch zu ungewöhnlichen Darstellungsweisen.

Der Titel

Der Titel beinhaltet die Kernaussage Ihrer Folie und sollte daher den größten Schriftgrad erhalten. Mancher wird durch das Zeitunglesen »verdorben« sein und ohnehin nur den Titel und den Untertitel Ihrer Folie lesen. Überlegen Sie sich daher passende, aussagekräftige Schlagworte. Auf keinen Fall soll der Titel zu lang sein. Für weitergehende Informationen ist die Hauptaussage reserviert. Sie können für den Titel eine andere, passende Schriftart oder einen anderen Schriftschnitt (fett, kursiv) wählen, ihn unterstreichen oder einrahmen, um ihn weiter zu betonen. Achten Sie darauf, dass der Titel auf allen Folien die gleiche Position und die gleiche Größe hat, um das Auge des Betrachters zu »führen«.

In den meisten Fällen wird der Folientitel an der günstigsten Stelle positioniert, also links oben oder über der Mitte. Beachten Sie die Textausrichtung: Wenn Sie den Titel in der Mitte der Folie platzieren, sollte die Textausrichtung zentriert sein, wenn der Titel links oben beginnt, sollte er linksbündig ausgerichtet werden.

Der Untertitel

Wenn es nicht möglich ist, die Titelinformationen in wenigen Schlagworten auszudrücken, greifen Sie lieber zum Untertitel, anstatt den Titel zu verlängern. Wählen Sie hierzu die gleiche Schriftart, den Schriftgrad aber ein paar Punkte kleiner.

Der Zwischentitel

Zwischentitel eignen sich zur Strukturierung größerer Textmengen. Durch geschickten Einsatz des Zwischentitels ist es dann möglich, den Text kürzer zu halten, als er ohne Zwischentitel wäre. Der Schriftgrad des Zwischentitels sollte dem des Fließtextes entsprechen und z.B. durch einen anderen Schriftschnitt oder eine andere Farbe hervorgehoben werden.

Der Textkörper

Der Textkörper beinhaltet die eigentliche Aussage der Folie. Wählen Sie eine gut lesbare Schriftgröße. Der Fließtext muss von jedem Zuschauer in wenigen Sekunden erfasst werden können.

Zur schnellen Erfassbarkeit gehört nicht nur, dass der Text ausreichend groß und kurz sein sollte. Bemühen Sie sich auch um eine einfache, klare Sprache. Umgehen Sie Konstruktionen mit allzu viel substantivisch gebrauchten Verben (vgl. Tabelle 6.2). Vermeiden Sie möglichst Fremdwörter und Abkürzungen. Verzichten Sie auf überflüssige Worte und bringen Sie Ihre Aussagen auf den Punkt.

Tabelle 6.2   Einfache Konstruktionen mit einem Verb am Ende fördern den Lesefluss

Häufig anzutreffen	Die bessere Variante
Beginn der Konzipierung des Projekts	Konzept für Projekt beginnen
Planung der Durchführung der Phasen	Projektphasen planen
Realisierung des Umsatzziels bis November	Umsatzziel bis November realisieren

Die Wirkung von Tonflächen

Richtig positionierte Linien und Flächen können das Gesamtbild Ihrer Folie verbessern: Sie stellen eine Struktur her und geben damit dem Auge eine Orientierung, wo welche Informationen zu suchen sind. Dabei ist zu beachten, dass Elemente, die sich innerhalb einer Tonfläche oder eines Rahmens befinden, als zusammengehörig betrachtet werden. Sie können pro Folie eine oder mehrere Tonflächen sowie Rahmen oder Linien verwenden. Die Verwendung mehrerer Flächen oder Rahmen ist dann angebracht, wenn einerseits verschiedene Informationen voneinander abgegrenzt und diese andererseits dennoch als Gesamtheit angesehen werden sollen.

Einzelne Tonflächen, die (fast) die gesamte Folie einnehmen, können Sie immer dann verwenden, wenn zusammengehörige Dinge dargestellt werden sollen. Eine solche Fläche neigt allerdings dazu, sich in den Vordergrund zu drängen, sodass sie mit Vorsicht behandelt werden muss.

Fehlerhaft wirkt die Tonfläche in der Abbildung 6.7 links oben. Solche Fehlgestaltungen kommen zustande, wenn die Folie durch eine Tonfläche in zwei genau gleiche Hälften geteilt wird. In solchen Fällen muss die Fläche vergrößert oder verkleinert werden (links unten).

Abbildg. 6.7 Achten Sie darauf, dass Sie beim Einsatz von Tonflächen die Folie nicht in gleich große (konkurrierende) Hälften teilen

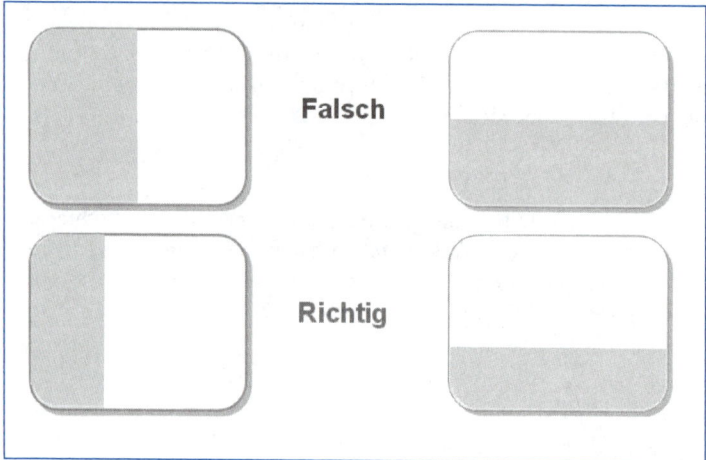

Tonflächen und Linien sollten in Farbe und Form durch die gesamte Präsentation eingehalten werden. Dann wirken sie als optische Klammer und haben einen hohen Wiedererkennungswert.

Layout-Beispiele für Folien

Zum Abschluss des Themas Layout finden Sie in diesem Abschnitt eine Gegenüberstellung von Textfolien und Schaubildern, die die gleichen Inhalte mithilfe von Tonflächen, Rahmen und plakativen Bildern deutlich eingängiger strukturieren. Beachten Sie insbesondere auch das dritte Beispiel. Dort wurde auch die Textmenge auf das Wesentliche reduziert. Während auf der Textfolie die Bilder lediglich als Verzierung dienen, ist das Schaubild auf vier visuelle Reize reduziert: Zwei Bilder und zwei Begriffspaare erleichtern dem Publikum die Verarbeitung der technischen Informationen.

Die auf den folgenden Seiten abgebildeten Beispiele finden Sie auch auf der CD-ROM zum Buch im Ordner *\Buch\Kap06* in der Datei *Kap06_Layout.pptx*.

Meilensteine seit 1999

1999 Aufbau von zwei neuen Filialen

München 2.600 m²

Dresden 1.900 m²

2001 Markteinführung der Produkte

Frühlingszauber

Herbstzauber

2006 Erste internationale Vereinbarungen

in Asien und Australien

sowie in Lateinamerika

Kapitel 6 PowerPoint 2007 | Das Handbuch 2

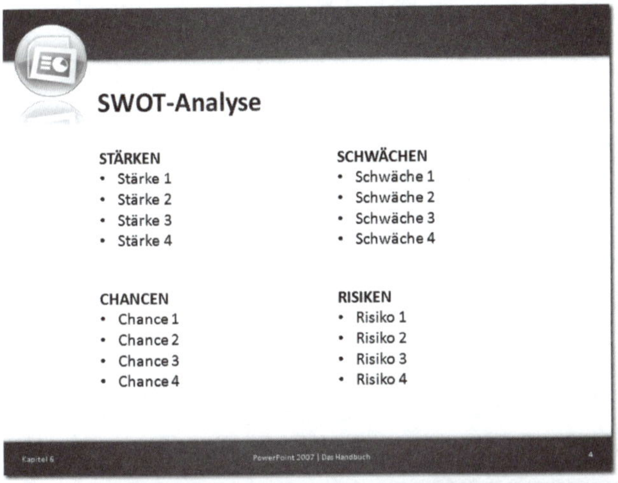

SWOT-Analyse

STÄRKEN
- Stärke 1
- Stärke 2
- Stärke 3
- Stärke 4

SCHWÄCHEN
- Schwäche 1
- Schwäche 2
- Schwäche 3
- Schwäche 4

CHANCEN
- Chance 1
- Chance 2
- Chance 3
- Chance 4

RISIKEN
- Risiko 1
- Risiko 2
- Risiko 3
- Risiko 4

Kapitel 6 PowerPoint 2007 | Das Handbuch 4

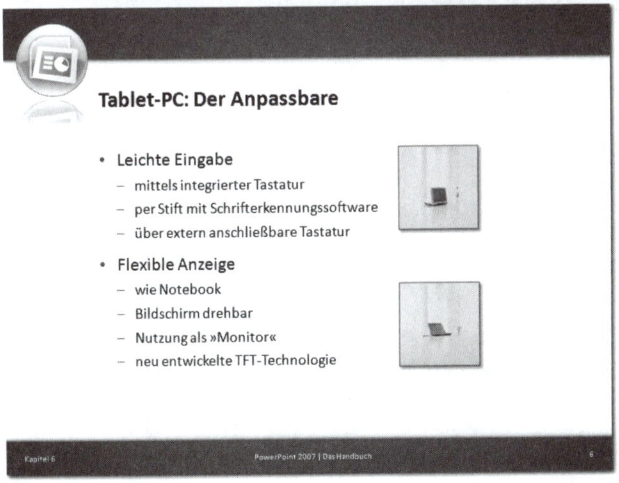

Tablet-PC: Der Anpassbare

- Leichte Eingabe
  - mittels integrierter Tastatur
  - per Stift mit Schrifterkennungssoftware
  - über extern anschließbare Tastatur

- Flexible Anzeige
  - wie Notebook
  - Bildschirm drehbar
  - Nutzung als »Monitor«
  - neu entwickelte TFT-Technologie

Kapitel 6 PowerPoint 2007 | Das Handbuch 6

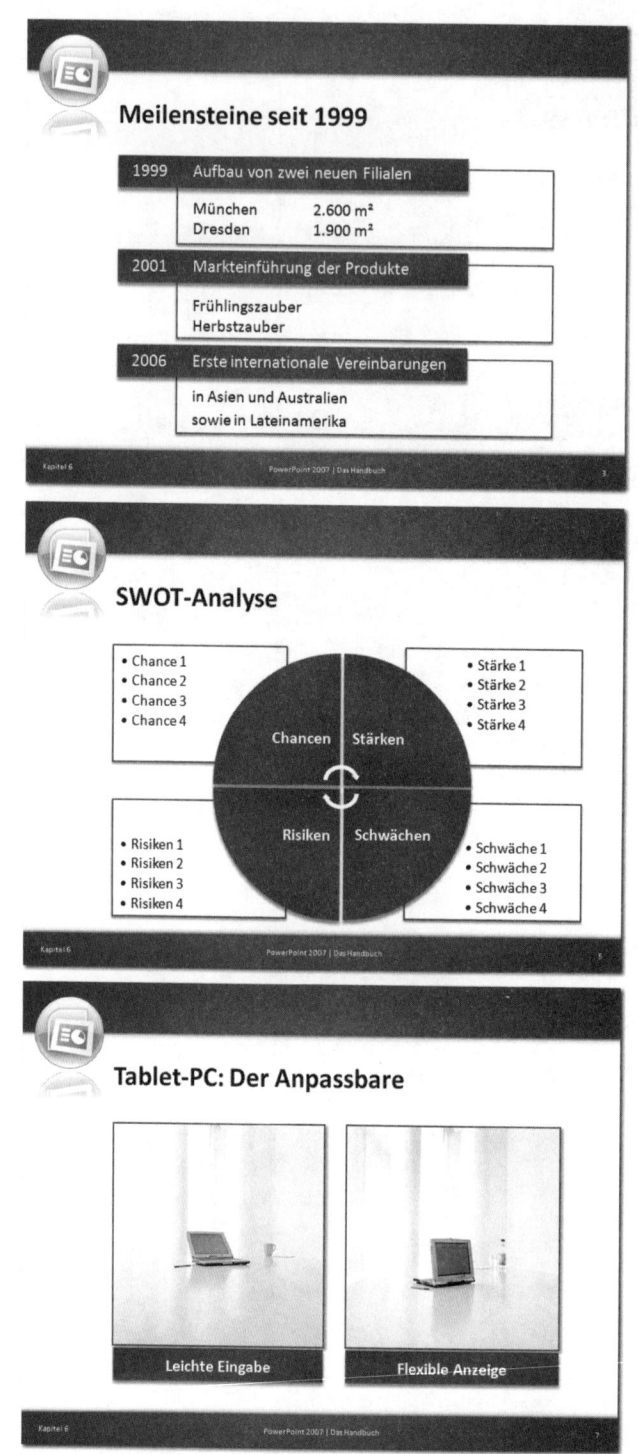

Wirkung und Einsatz von Farbe in Präsentationen

Zusammen mit PowerPoint werden 21 verschiedene Farbskalen, sogenannte Designfarben, installiert, die über zwei Hell-Dunkel-Kombinationen für Text und Hintergrund sowie sechs aufeinander abgestimmte Akzentfarben verfügen. Für den Fall, dass Sie nicht besonders farbsicher sind (und damit stehen Sie nicht allein), finden Sie in den Designfarben ansprechende Farbkombinationen für fast jeden Anlass.

HINWEIS	Mehr zu Designfarben lesen Sie in Kapitel 9.

Wenn es in Ihrer Firma eine oder mehrere eigene Vorlagen für das Erstellen von PowerPoint-Präsentationen gibt, müssen Sie sich um das Thema Farben kaum Sorgen machen, denn diese firmeneigenen Vorlagen enthalten im Normalfall auch vordefinierte Designfarben.

Geht es darum, für wichtige Anlässe eine Präsentation zu erstellen oder müssen Sie selbst eine Vorlage anfertigen, dann sind Sie allerdings mit der Aufgabe konfrontiert, eigene Designfarben zu finden. Hier ist manchmal guter Rat teuer: Wie lassen sich harmonierende Farben finden, die auch noch zum Anlass der Präsentation passen?

Wie nehmen wir Farben wahr?

Längst hat die Wissenschaft sich der Farbe und ihrer Wirkung auf den Menschen angenommen. Untersuchungen haben ergeben, dass wir in unterschiedlich beleuchteten oder unterschiedlich gefärbten Räumen ganz differenzierte Reaktionen zeigen. In roten Räumen beispielsweise erscheinen uns Temperaturen um ca. drei Grad wärmer als in blauen. Zeiträume kommen uns in roten Räumen länger vor als in blauen. Noch auffälliger ist das Reaktionsvermögen: Es ist in roten Räumen um zwölf Prozent höher als in normal beleuchteten.

Farbige Folien haben eine stärkere Wirkung auf den Betrachter als Schwarz-Weiß-Folien. Ohne Zweifel gehören Farben zu den ausdrucksvollsten Gestaltungsmitteln. Daher sollten Sie auf jeden Fall mit Farben arbeiten und zugleich wichtige Grundregeln berücksichtigen, um das richtige Maß und die richtigen Farben zu finden. Wie Sie eben gelesen haben, ist dies wichtig, da die Auswahl der Farben Aufmerksamkeit, Interesse und Stimmung Ihrer Zuhörer stark beeinflusst.

Der richtige Gebrauch von Farben kann auch den Lernprozess unterstützen. Wählen Sie ähnliche Farben, um auf verschiedenen Folien wiederkehrende Sachverhalte anzuzeigen. Sie können so auf manche Erklärung verzichten.

Farbe wirkt jedoch nur, wenn sie sparsam eingesetzt wird. Eine knallbunte Folie wirkt auf den ersten Blick vielleicht attraktiv, ermüdet mit der Zeit aber das Auge des Betrachters.

Was ist eigentlich Farbe?

Wenn Sie sich an einem bunten Blumenbeet oder den subtilen Grüntönen eines Werkes von Matisse erfreuen, brauchen Sie sich keine Gedanken darüber zu machen, warum und wie Sie Farben wahrnehmen. Sobald Sie aber beginnen, selbst Farben zu verwenden, um ein Bild zu malen, einen Garten zu gestalten oder eben eine PowerPoint-Präsentation vorzubereiten, sollten Sie wenigstens in Grundzügen mit der Farbtheorie vertraut sein. Sie stellt eines Ihrer Werkzeuge dar, das ohne »Bedienungsanleitung« in den seltensten Fällen korrekt benutzt werden kann.

Der Farbkreis

Um die richtigen Farben auszuwählen, sollten Sie die Beziehungen der Farben untereinander näher kennenlernen. Dabei ist der Farbkreis, den Sie vielleicht noch aus dem Schulunterricht kennen, sehr hilfreich. Er zeigt Ihnen, in welchem Zusammenhang die Farbkombinationen zueinander stehen und welche Sie vermeiden sollten.

Abbildg. 6.8　Die Primärfarben Rot, Gelb, Blau und die Sekundärfarben Orange, Grün und Violett auf dem Farbkreis

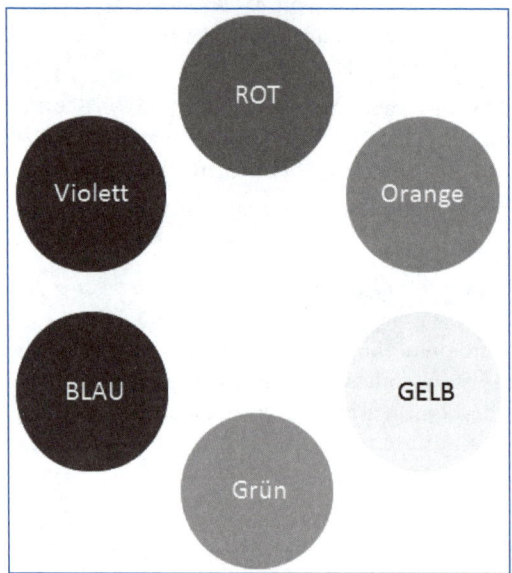

In der Präsentation *Kap06_Farbe.pptx* im Ordner *\Buch\Kap06* auf der CD-ROM zu diesem Buch finden Sie die Farbbeispiele zu den folgenden Abschnitten. Am besten sehen Sie sich parallel zu den Erläuterungen über das Thema Farbe die zugehörige Präsentation an. Folie 3 zeigt den oben abgebildeten Farbkreis.

Die Grundlage jeder Farbgestaltung sind die beiden neutralen Farben Schwarz und Weiß und die drei nicht »ermischbaren« Grundtöne Gelb, Rot und Blau, die als Primärfarben bezeichnet werden. Aus diesen lassen sich wiederum sämtliche anderen Farbtöne herstellen.

Werden jeweils zwei der Grundtöne Gelb, Rot und Blau zu gleichen Anteilen gemischt, ergeben sich Orange, Violett und Grün. Auf diese Weise lassen sich, je nach Mengenanteil, auch Blauviolett, Rotorange und Gelbgrün herstellen. Mit den neutralen Farben Schwarz und Weiß können Sie diese Farben abdunkeln bzw. aufhellen. Eine weitere Möglichkeit besteht darin, die Komplementärfarbe beizumischen. Komplementär- oder Gegenfarben liegen sich im Farbkreis genau gegenüber. Jede Farbe hat demnach ihre eigene Komplementärfarbe: Gelb zu Violett, Rot zu Grün, Blau zu Orange.

Eine wesentliche Eigenschaft komplementärer Farben ist, dass sie sich gegenseitig stets zu Grau ergänzen. Sie sehen also, dass kein Schwarz/Weiß erforderlich ist, um einen Grauton zu erhalten.

Zwei wichtige Merkmale der menschlichen Farbempfindung sind die Helligkeit und die »Wärme« bzw. »Kälte« eines Farbtons. Auch diese Farbeigenschaften können Sie anhand des Farbkreises nachvollziehen: Der dunkelste Ton des Kreises ist Blauviolett, der hellste Gelb. Diese beiden Farben stehen sich im Farbkreis genau gegenüber. Ziehen Sie eine Verbindungslinie zwischen den beiden Farbtönen, so werden Sie feststellen, dass der Kreis genau in eine warme und eine kalte Hälfte geteilt ist. Genauso verhält es sich mit der »Wärme« bzw. der »Kälte« eines Farbtons. Ziehen Sie eine Linie vom wärmsten Ton, Rot, zum kältesten Ton, Hellblau, so erhalten Sie eine »warme« und eine »kalte« Kreishälfte.

PowerPoint-Farbmodelle

Zum Auswählen und Definieren von Farben werden sogenannte *Farbmodelle* verwendet. Farbmodelle bilden eine Methode zur möglichst exakten Beschreibung einer Farbe. Bei der Arbeit mit PowerPoint sind Sie mit zwei Farbmodellen konfrontiert:

- mit dem *RGB*-Modell und
- dem *HSB*-Modell (teilweise auch als *HSL*-Modell bezeichnet)

Das additive Farbmischverfahren und das RGB-Farbmodell

In der Netzhaut des Menschen gibt es drei verschiedene Zäpfchentypen, deren Empfindlichkeiten den Farben Rot, Grün und Blau zugeordnet werden können. Auch der Farbfernseher und der Farbmonitor Ihres Rechners verwenden rote, grüne und blaue Leuchtmasse, um Farben darzustellen. Aus diesen drei Primärfarben können durch Mischung von farbigem Licht alle Farben hergeleitet werden. Dieser Erkenntnis bedient sich das additive Farbmischverfahren, das auch in PowerPoint angewendet wird. Bei diesem Verfahren entsteht durch Mischen von Rot und Grün die Farbe Gelb, aus Grün und Blau wird Cyan und aus Rot und Blau entsteht Magenta. Werden drei Lichtstrahlen in den drei Primär- oder Grundfarben zusammen auf einen weißen Hintergrund projiziert, entsteht ein weißes Licht. Die Überschneidung zweier Lichtstrahlen in Primärfarben erzeugt eine Sekundärfarbe.

Im Farbmodell *RGB* (*Rot/Grün/Blau*) wird das additive Farbsystem direkt in ein Zahlenmodell umgesetzt und üblicherweise in einem Farbwürfel dargestellt. Dieser liegt auch der PowerPoint-Farbpalette zugrunde. Die Abbildung 6.9 zeigt den Einheitsfarbwürfel.

An den acht Würfelecken finden sich die Farben Rot, Grün, Blau, Cyan, Magenta und Gelb, außerdem Schwarz und Weiß. Jede Farbe wird durch eine Koordinate, die sich aus den Anteilen der drei Grundfarben Rot, Grün und Blau zusammensetzt, beschrieben. Die Farbe Rot beginnt beispielsweise bei null und wird entlang der horizontal verlaufenden x-Achse intensiver. Dasselbe geschieht entlang der y-Achse mit Grün, entlang der z-Achse mit Blau. Am Schnittpunkt dieser drei Vektoren findet sich die Farbe Schwarz. Dieser Punkt ist auf unserer Abbildung nicht sichtbar. Würde von diesem Punkt eine Diagonale durch den ganzen Würfel gezogen, träfe diese auf die nach vorne zeigende weiße Würfelkante. Diese Farbe kann auch durch die Addition von Rot, Grün und Blau ermischt werden. Die drei anderen Vektoren des Farbwürfels enden in den Umkehrfarben der diagonal gegenüberliegenden Grundfarben.

Abbildg. 6.9 Das RGB-Modell basiert auf dem Einheitsfarbwürfel

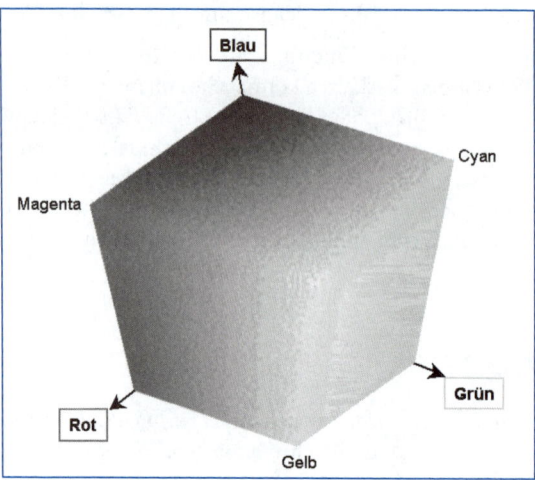

Die RGB-Werte in PowerPoint einstellen

In PowerPoint ist das Farbmodell nicht als Würfel abgebildet, sondern als flache Palette. Sie stellen die RGB-Parameter auf der Registerkarte *Benutzerdefiniert* des Dialogfeldes *Farben* ein, das Sie über den Befehl *Weitere Farben* der Kataloge für Füllfarbe, Kontur und Schriftfarbe aufrufen.

Abbildg. 6.10 In PowerPoint stellen Sie die RGB-Werte über die Registerkarte *Benutzerdefiniert* des Dialogfeldes *Farben* ein

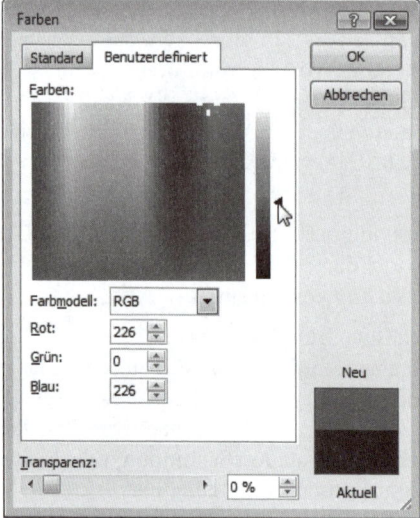

Auf der Registerkarte *Benutzerdefiniert* des Dialogfeldes *Farben* können Sie jede beliebige Farbe mischen.

Der höchste Parameter, den Sie eingeben können, ist *255*. Geben Sie im rechten unteren Teil in das Feld *Rot* den Wert *255* ein, so erhalten Sie die Primärfarbe Rot. Wenn Sie alle Parameter im rechten unteren Teil auf *255* setzen, erhalten Sie Weiß; wenn Sie alle Parameter auf *0* setzen, ergibt das Schwarz.

Das HSB-Farbmodell

Das andere Farbmodell, das von PowerPoint unterstützt wird, ist das *HSB*-Modell (auch *HSL*-Modell), in dem eine bestimmte Anzahl von primären Farben enthalten ist. *HSB* ist die Abkürzung der Wörter *H*ue = Farbton, *S*aturation = Sättigung und *B*rightness = Helligkeit (bzw. L für *Lumi*nance).

Abbildg. 6.11   Das HSB-Modell sieht etwas komplizierter aus, ist aber einfach anzuwenden

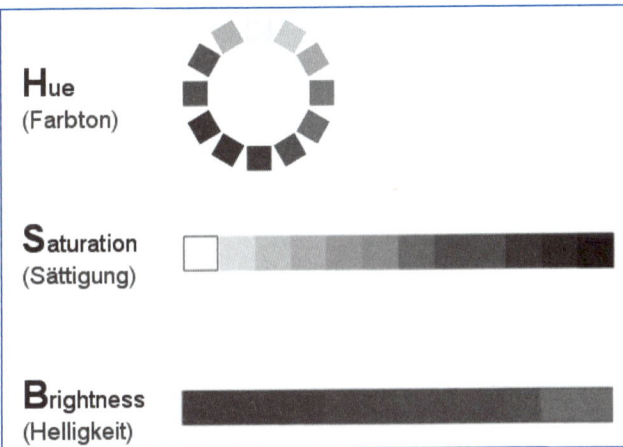

Das HSB-Modell stellt die vorhandenen Farben auf einem scheibenförmigen Spektrum dar. Das Spektrum reicht von Rot über Orange, Gelb, Grün, Cyan, Blau, Violett bis Magenta und geht dann wieder in Rot über. Jede Farbe wird durch ihren Farbton, ihre Sättigung und ihre Helligkeit definiert.

Das HSB-Modell anwenden

In das HSB-Farbmodell wechseln Sie in PowerPoint, indem Sie im Dialogfeld *Farben* (siehe Abbildung 6.10) im Dropdown-Listenfeld *Farbmodell* die Option *HSL* einstellen.

Die Schwierigkeit bei der Arbeit mit dem RGB-Modell besteht darin, dass Sie das richtige Verhältnis der Primär- und Sekundärfarben mischen müssen, anstatt wie beim HSB-Modell z.B. eine eigentlich befriedigende Farbe durch die Verringerung der Sättigung aufzuhellen. Das HSB-Modell ist somit einfacher anzuwenden:

- Bei maximaler Sättigung erhalten Sie den vollen Farbton, bei minimaler Weiß.
- Um die volle Farbe abzudunkeln, verringern Sie den Wert *Helligkeit*, wobei die minimale Helligkeit Schwarz ergibt, die maximale den reinen Farbton.

Experimentieren Sie mit beiden Modellen und finden Sie heraus, welches Ihnen mehr liegt. PowerPoint bietet Ihnen die praktische Möglichkeit, beide Verfahren miteinander zu kombinieren, z.B. die

Farbe Gelb zunächst über die RGB-Farben *255/255/0* zu definieren und dann über den Sättigungswert des HSB-Modells aufzuhellen.

Die Farbauswahl treffen und Farbeffekte einsetzen

Da mit einer Präsentation stets eine Absicht verbunden ist, sollten Sie sich um die richtige Auswahl der Farben Gedanken machen und so die gewünschte Wirkung unterstützen.

- Welches Ausgabemedium – Bildschirm, Beamer – ist vorgesehen?
- Welche Aufgabe soll die Farbe übernehmen (Auszeichnung, Belebung, Verdeutlichung einer bestimmten Intention)?
- Welchem Kulturkreis entstammt das Publikum (Grün z.B. hat in islamischen Ländern eine stark religiöse Bedeutung)?

WICHTIG Man kann davon ausgehen, dass es kaum zwei Personen gibt, die eine bestimmte Farbe auf genau die gleiche Weise empfinden.

Diese und ähnliche Faktoren sind maßgeblich für die Auswahl der Farben. Nehmen wir beispielsweise an, Sie möchten Ihr neues Softwareprogramm, das die Komposition elektronischer Musik ermöglicht, vorstellen. Dann werden Sie höchstwahrscheinlich ein junges, unkonventionelles Publikum vorfinden, das auf kühne, auffällige Farben anspricht. Für die Vorstellung einer Software für Steuerberater eignen sich eher konservative, »seriöse« Farben.

Beginnen Sie mit einer groben Farbauswahl. Dabei können Sie sich an den Farbgruppen für den Hintergrund, den Text sowie für Grafiken bzw. Hervorhebungen orientieren.

Hintergrund

Die vielleicht größte Bedeutung haben die Hintergrundfarben. Von der Farbe des Hintergrunds hängt die allgemeine Stimmung ab, die Ihre Präsentation ausstrahlt. Gleichzeitig unterliegt die Präsentationsgestaltung gerade auch im Hinblick auf den Hintergrund modischen Trends. Während im angloamerikanischen Raum nach wie vor dunkle Folienhintergründe bevorzugt werden, hat sich in den Businesspräsentationen deutscher Firmen weitgehend ein weißer Hintergrund durchgesetzt, der nur durch sparsam eingesetzte Visuals strukturiert wird. Lediglich für Titelfolien werden dunkle Folienhintergründe oder folienfüllende Fotografien eingesetzt.

Text

Die Farben des Textes sollen die dunkelsten bzw. die hellsten Farben der Skala sein.

Grafiken und Hervorhebungen

Die Farben für Grafiken und Hervorhebungen sollten eine mittlere Helligkeitsstufe aufweisen: dunkler bzw. heller als der Hintergrund, aber heller bzw. dunkler als der Text (je nachdem, ob Sie einen hellen oder einen dunklen Hintergrund ausgewählt haben).

Warme Farben

Unter »warmen« Farben versteht man Rot, Orange und Gelb. Besonders »hitzig« wirken Rot und Rotorange. Sie sollten diese Farben nicht für Präsentationshintergründe verwenden. Im Allgemeinen sind solche Farben für Hintergründe nicht so gut geeignet. Annehmbar sind sie eventuell für Präsentationen, in denen ein Gefühl der Energie erzeugt und Aktion provoziert werden soll, z.B. für Verkaufs- oder Marketingveranstaltungen. Normalerweise ermüden aber warme, intensive Hintergründe den Betrachter zu stark. Außerdem ist es nicht einfach, kalte kontrastierende Farben für den Vordergrund zu finden (vgl. weiter hinten in diesem Kapitel den Abschnitt »Der Warm-Kalt-Kontrast«). Kalte Farben auf warmem Hintergrund wirken oft eher wie ein Loch in der Folie. Wenn Sie Wert auf die Kraft der »feurigen« Farben legen, verwenden Sie diese lieber für Vordergrundobjekte auf einem kalten Hintergrund.

Kalte Farben

Als »kalt« gelten Farben wie Blau und Blaugrün. Diese Farben entspannen den Betrachter eher als warme Farben. Kalte Farben bilden die idealen Hintergründe für die meisten Präsentationen, da festgestellt wurde, dass z.B. Blau die Aufmerksamkeit des Publikums erhöht. Außerdem treten warme Farben auf einem »kalten« Hintergrund deutlich hervor. Besonders empfehlenswert sind kalte Hintergründe für alle Präsentationen, die ein konzentriertes Publikum verlangen, beispielsweise wissenschaftliche Vorträge, Schulungen oder Gesellschafterversammlungen.

Neutrale Farben

Neutrale Farben wie Schwarz, Grau und Weiß schließlich sind eine gute Grundlage für Ihre Gestaltungen. Arbeiten Sie viel damit, aber nicht ausschließlich. Dann wirkt der Einsatz von kontrastierenden Farben viel überraschender und stimulierender. Vollständig graue Hintergründe können langweilig wirken. Mischen Sie in Ihre Grautöne kleine Mengen von Farbe, z.B. Gelb oder Blau. Das wirkt auf jeden Fall besser als das typische Einheitsgrau.

Die Wirkung von Kontrasten

Für die Praxis ist nicht nur die Farbe an sich von Bedeutung. Noch wichtiger ist ihre Wirkung im Zusammenhang mit anderen verwendeten Farben, also der *Farbkontrast*. Dieser wiederum ist eine Grundlage des farbigen Gestaltens, denn der Kontrast verändert oder verstärkt den Ausdruck jeder Farbe. Das Verständnis dieser Grundlage ist wesentlich für Ihre Arbeit mit Farben. Kontrast wird mit den Begriffen Hintergrund- und Vordergrundobjekt(e) definiert. In der Präsentationsgestaltung sind der Text und die Grafiken die Vordergrundobjekte, während der Rest der Folie ein Hintergrundobjekt ist.

Um gut lesbare Folien zu erzeugen, benötigen Sie starke Kontraste. Es ist daher wichtig, für Grafiken und Texte Farben zu wählen, die sich gut vom Hintergrund abheben.

Der Simultankontrast

Der *Simultankontrast* verändert direkt den Farbeindruck durch die in der Grafik benachbarte Farbe. Dabei kommt jeweils der größte Gegensatz in Ton, Helligkeit und Sättigung zum Tragen. Sie können hier deutlich sehen, dass der Farbeindruck immer von den anderen Farben, die zur selben Zeit gesehen werden, abhängig ist.

Die Folie 10 der auf der CD-ROM zu diesem Buch im Ordner \Buch\Kap06 befindlichen Power-Point-Präsentation Kap06_Farbe.pptx zeigt ein Beispiel: Die orangefarbene Fläche besitzt in beiden Fällen genau denselben Farbwert, wirkt aber auf der blauen Fläche (rechts) intensiver, wärmer, heller und leuchtender als auf der gelben (links).

Abbildg. 6.12 Der Simultankontrast kann dieselbe Farbe leuchtend oder stumpf erscheinen lassen

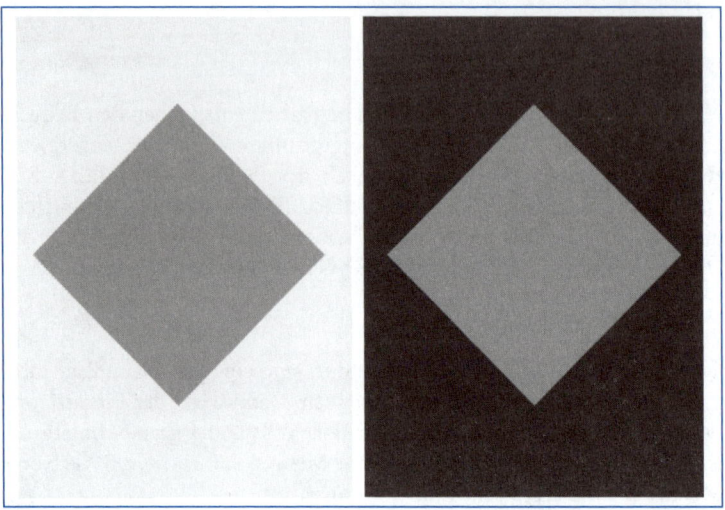

Der Sukzessivkontrast

Dies ist ein sogenannter *Nachkontrast*. Der *Sukzessivkontrast* entsteht dadurch, dass das menschliche Auge die Neigung hat, zu jedem Farbeindruck die Komplementärfarbe zu erzeugen.

TIPP Probieren Sie einmal Folgendes aus: Sehen Sie eine Zeit lang auf eine einfarbige Fläche und schließen Sie dann die Augen.

Sie werden vor Ihrem »inneren Auge« die gleiche Fläche in der Komplementärfarbe »sehen«.

HINWEIS Beachten Sie den Sukzessivkontrast bei der Farbgestaltung Ihrer Folien, um unerwünschte Wirkungen zu vermeiden.

Der Komplementärkontrast

Der *Komplementärkontrast* vereint den Simultan- und den Sukzessivkontrast. Er entsteht, wenn Sie zwei komplementäre Farben direkt gegeneinander setzen.

Seien Sie vorsichtig bei der Verwendung von Komplementärfarben, wie z.B. Grün und Rot. Dieser Kontrast verleiht einer Grafik etwas Grelles, Scharfes. Die Farbflächen scheinen an ihren Grenzen zu vibrieren und zu flimmern. Der Kontrast wirkt hart, da keine der Farben sich in ihrem Ausdruck unterordnet und beide gleichermaßen in den Vordergrund drängen. Der harmonische Ausdruck der Grafik verbessert sich, wenn Sättigungsgrad oder Helligkeit einer der Farben verändert wird.

Der Warm-Kalt-Kontrast

Zu den warmen Farben zählen Gelbgrün, Gelb, Orange, Zinnober und Rot. Auf der kalten Hälfte des Farbkreises liegen Blaugrün, Blau, Violett. Als neutral, also weder kalt noch warm, gelten Karmin und Grün. Werden warme und kalte Farben direkt gegeneinander gestellt, scheinen die warmen Farben die kalten zu übertönen und diese in den Hintergrund zu drängen. Dies ist bei der Gestaltung von Hintergründen unbedingt zu beachten: Eine kaltfarbige Figur auf warmem Hintergrund erscheint leicht wie ein »Loch« in der Fläche.

Daher muss auch auf die Hell/Dunkel-Wirkung der kalten und warmen Farben geachtet werden. Ein Hintergrund in tiefem Blau lässt eine gelbe Figur noch intensiver erscheinen.

Der Leuchtend-Stumpf-Kontrast

Der letzte Farbkontrast, der in diesem Abschnitt besprochen werden soll, ist der *Leuchtend-Stumpf-Kontrast*. Die Anwendung dieses Kontrasts bietet sich beispielsweise bei der Verwendung eines komplementären Farbenpaars an. Wie Sie gesehen haben, kann jede Farbe durch die Verwendung der neutralen Farben Schwarz und Weiß oder ihrer Komplementärfarbe getrübt, abgedunkelt oder gebrochen werden. Die rein belassene Farbe wird dann in ihrer Wirkung gesteigert. Aber auch die gebrochene Farbe kann einen ganz eigenen, entschiedenen Ausdruck bekommen.

> **TIPP**   Vielleicht werden Sie sich nach dem Gelesenen fragen, wie Sie einer Farbe ihren reinen Ausdruck am besten belassen können, ohne dass sie durch Kontraste in ihrem Wert verändert wird: Stellen Sie dem Farbton am besten ein neutrales Grau gegenüber.

Wichtig beim Experimentieren ist, dass Sie immer nur einen Kontrast in den Vordergrund stellen. Entscheiden Sie sich beispielsweise für einen Leuchtend-Stumpf-Kontrast, sollten Sie andere Kontraste sehr verhalten behandeln.

Kontraste für die Schriftgestaltung

Der Mengenkontrast

Für die Schriftgestaltung gelten besondere Regeln. Gerade hier hat aus naheliegenden Gründen der Einsatz der neutralen Farben Schwarz und Weiß besondere Bedeutung. In der Regel wird Schrift schwarz auf hellen Foliengrund, weiß auf dunklen Foliengrund gebracht. In vielen Fällen ist auch eine zweifarbige Gestaltung mit Schwarz und einer bunten Farbe vorgesehen. Auch dabei sollte Schwarz bzw. Weiß in der Regel Grundfarbe bleiben, die bunte, stärker leuchtende Farbe als Auszeichnungsfarbe verwendet werden. Je sparsamer Sie diese Auszeichnungsfarbe verwenden, desto größer ist ihre Wirkung.

Der Hell-Dunkel-Kontrast in der Textgestaltung

Berücksichtigen Sie, dass das Schwarz bzw. Weiß des Fließtextes nicht als Schwarz bzw. Weiß empfunden wird, sondern als Grau in verschiedenen Abstufungen. Je fetter die Schrift, desto dunkler wird dieser Grauton sein, und je kleiner und magerer der Schriftschnitt ist, desto heller sollte der Untergrund (die Folie) sein.

Umgekehrt wirkt eine helle Folie, die mit einer großen, fetten Schrift in Schwarz bedruckt ist, heller als eine mit einer kleinen, mageren Schrift bedruckte. Verzichten Sie darauf, kleine Schriftfiguren in einer hellen Farbe auf helle Folie zu setzen, da der Kontrast zu gering wäre. Und achten Sie bei der

Schriftgestaltung mit zwei bunten Farben darauf, dass die bunten Farben, auch in ihrem Hell-Dunkel-Verhältnis, entschieden abgestuft sind. Die Auszeichnungsfarbe sollte dabei deutlich heller und leuchtender sein als die Textfarbe.

Die Farbauswahl für Schriften

Aus dem Vorhergehenden wird klar, dass sich bei Weitem nicht alle bunten Farben zur Schriftgestaltung eignen. Cyan z.B. erfordert ein sehr kräftiges Schriftbild, um lesbar zu sein. Braun und Orange werden weniger gut wahrgenommen, müssen sozusagen »ausgeklammert« werden. Schwarz und Blau hingegen stehen in der Wahrnehmbarkeit klar an der Spitze.

Der beste Weg ist oft, den Text in traditionellem Schwarz/Dunkelgrau bzw. Weiß/Hellgrau zu halten und lediglich zur Unterstreichung und Kontrastierung einige passende Farben, in der Regel nicht mehr als zwei, zu verwenden. Farbe wirkt also nur, wenn sie sparsam eingesetzt wird. Wie erwähnt, wirkt eine knallbunte Gestaltung nur auf den ersten Blick anregend, ermüdet aber rasch das Auge des Betrachters.

Farbgestaltung für verschiedene Ausgabemedien

Bei Ihrer Farbauswahl ist es natürlich bedeutsam, welches Medium bei der Präsentation zum Einsatz kommen soll. In den folgenden Abschnitten erhalten Sie einige Tipps zur Farbauswahl bei verschiedenen Präsentationsmedien.

Farbgestaltung für Beamer-Präsentationen

Eventuell sehen die Farben auf Ihrem Bildschirm anders aus als auf dem Equipment, das während der Präsentation benutzt wird. Auch die Projektionsausrüstung beeinflusst die Farben. Insbesondere mit der Darstellung von Gelb haben viele Beamer Probleme. Als vorherrschende Farbe auf der Folie ist Gelb deshalb nicht empfehlenswert. Auch sehr schwache Kontraste wie hellgraue Flächenfüllungen und Linien vor weißem Hintergrund können Probleme verursachen. Wenn Sie in sehr hellen Räumen präsentieren, sind diese Elemente unter Umständen nicht mehr zu erkennen.

WICHTIG Wenn möglich, sollten Sie Ihre Farbauswahl auf dem Bildschirm und mit dem Beamer, den Sie für die Präsentation verwenden, vorab testen.

Monitor

Mehr Gestaltungsfreiheit haben Sie bei Präsentationen, die ausschließlich am Monitor betrachtet werden. Aber auch hier gilt, dass die Darstellung der Farben vom jeweiligen Gerät abhängt. Präsentationen, die auf CD verteilt werden sollen, sollten Sie deshalb vor der Massenproduktion auf mehreren verschiedenen Geräten testen.

Für Informationskioske benötigen Sie in den meisten Fällen auch ein benutzerfreundliches Navigationsdesign. Denken Sie daran, alle Hyperlinks, ob Text- oder grafische Hyperlinks, in derselben Farbe zu halten. In jeder gut gestalteten Präsentation wird es mehrere Bereiche geben: allgemeine Navigation (Home, Ende, Vor, Zurück), lokale Navigation (einzelne Themen), allgemeine Identität (Firmenzeichen), lokale Identität (Hauptüberschriften) usw. Diese Elemente sollten bei jeder Folie dasselbe Aussehen und dieselbe Farbe haben. Den lokalen Elementen können Sie eine themenspezifische Farbe geben, um dem Betrachter die Orientierung zu erleichtern, ohne Ihr schlüssiges Foliendesign opfern zu müssen. Besonders in vielfarbigen Anwendungen erleichtern Sie so dem Benutzer die Orientierung. Zu diesem Zweck kann zusätzlich ein zyklisches Design, bei dem immer nur ein Farbelement, z.B. der Hintergrund, verändert wird, vorteilhaft sein.

Overheadfolien und Ausdrucke auf Papier

Wie Sie in den vorangegangenen Abschnitten lesen konnten, unterstützt PowerPoint nur das *RGB*-System und das *HSB*-System, da hiermit leicht gerechnet werden kann und keine Umrechnung erfolgen muss, um die Farben auf dem Monitor darzustellen. Beide lassen aber keine exakte Beschreibung von Druckfarben zu. Dafür wäre das Farbsystem *CMY(K)* (*Cyan/Magenta/Yellow/Black*) notwendig, das aber von PowerPoint nicht unterstützt wird. Bei diesem »subtraktiven« Farbmischverfahren werden, ausgehend von den drei Grundfarben Cyan, Magenta und Gelb, die Farben durch Subtraktion oder Filtern gemischt.

Sie sehen also, dass für die korrekte Farbdefinition am Monitor und für die auf Papier oder Folie zwei grundsätzlich verschiedene Farbmischungssysteme erforderlich sind. Auch die Farbräume, die mit RGB-Farben einerseits und den Druckfarben CMYK andererseits definiert werden können, sind nicht identisch mit der Konsequenz, dass manche Bildschirmfarben nicht gedruckt werden können. Auf diesem Grund werden die Farben im Ausdruck in den meisten Fällen von denen am Bildschirm abweichen.

TIPP Machen Sie immer rechtzeitig Probedrucke von Ihrer Farbauswahl, bevor Sie die gesamte Präsentation gestalten.

35-mm-Dias

Wählen Sie einen dunklen Hintergrund und starke Farbkontraste – immerhin könnte es sein, dass der Präsentationsraum nicht vollständig abgedunkelt ist.

Ein heller Hintergrund für Dias wäre zu anfällig gegen Staubteilchen, die bei der Projektion um bis zu 4.000 Prozent vergrößert werden könnten. Der Text sollte nicht ganz weiß, sondern eher pastellfarben sein. Ein völlig weißer Text auf einem schwarzen Hintergrund in einem abgedunkelten Raum ist das ideale »Augenpulver«!

Harmonische Farbkombinationen finden

Neben den grundsätzlichen Überlegungen, welche Farbstimmung für den Anlass der Präsentation geeignet ist, trägt auch die harmonische Kombination der Farben entscheidend zum Gesamteindruck bei, den Ihre Präsentation bei Ihrem Publikum hinterlässt. Wenn Sie wenig oder gar keine Erfahrung im Zusammenstellen von Farben haben, leistet wie beim Mischen einzelner Farbtöne auch hier das Farbsystem *HSB* (*HSL*) wertvolle Hilfe.

Am einfachsten finden Sie harmonische Farbkombinationen, wenn Sie Farben verwenden, die sich ähnlich sind. Dies können Farben sein, die auf dem Farbkreis nahe beieinander liegen oder auch in der Helligkeit abgestufte Schattierungen ein- und desselben Farbtons (letztere berechnet PowerPoint allerdings automatisch aus den in der PowerPoint-Vorlage hinterlegten Designfarben; mehr dazu lesen Sie in Kapitel 9).

So finden Sie ausgehend von einer Grundfarbe über die HSL-Werte auf dem Farbkreis benachbarte Farben:

1. Zeichnen Sie ein Quadrat auf die Folie und weisen Sie diesem Quadrat die gewünschte Farbe als Füllfarbe zu.

2. Erstellen Sie eine Kopie des Quadrats.

3. Rufen Sie auf der Registerkarte *Format* der *Zeichentools* über *Fülleffekt/Weitere Füllfarben* das Dialogfeld *Farben* auf. Wechseln Sie dort zur Registerkarte *Benutzerdefiniert*.

4. Stellen Sie im Dropdown-Listenfeld *Farbmodell* das HSL-Farbmodell ein.

5. Erhöhen oder reduzieren Sie den Wert für *Farbton*, bis der unter *Neu* in der rechten unteren Ecke des Dialogfeldes angezeigte Farbton sich vom aktuellen Farbton ausreichend unterscheidet. In der Regel genügt dazu eine Änderung des Wertes um 10 bis 15. Lassen Sie die Werte für *Sättigung* und *Intensität* unverändert.

6. Wiederholen Sie die Schritte 2 bis 5, um weitere Farbtöne zu ermitteln.

Auf Folie 9 der Präsentation *Kap06_Farbe.pptx* im Ordner *\Buch\Kap06* auf der CD-ROM zum Buch finden Sie Beispiele, wie Sie durch schrittweises Anpassen der Werte für Farbton, Sättigung und Intensität Farbreihen aus ähnlichen Farbtönen erzeugen.

Hilfe aus dem Internet: Die ultimative Webseite zum Thema Farbwahl

Sie sind sich nicht sicher, ob die von Ihnen für Ihre Präsentation gewählten Farben optimal zusammenpassen? Kein Problem, holen Sie sich einfach Rat im Internet. Natürlich gibt es zum Thema Farben Hunderte guter Webseiten, aber wir denken, dass Sie vielleicht nicht die Zeit haben, alle zu besuchen und zu studieren. Daher möchten wir Ihnen hier eine Empfehlung geben: *http://kuler.adobe.com*

Egal, ob Sie nach Analog- oder Komplementärfarbkombinationen, nach einem Farbdreiklang oder nach Schattierungen innerhalb einer Farbe suchen – hier werden Sie stets fündig.

Nutzen Sie die Farbkombinationen, die andere bereits zusammengestellt haben oder erstellen Sie selbst ein eigenes Farbschema. Und so geht's:

1. Wollen Sie ausgehend von einer gewählten Grundfarbe weitere passende Farben finden, klicken Sie auf der Webseite links in der Navigation auf *Create* und gelangen so zum Online-Werkzeug für das »Farbenmischen«.

2. Wählen Sie unter *From a Rule* eine Regel aus.

3. Stellen Sie bei *Base Color* die entsprechenden RGB-Werte ein.

4. Bewegen Sie dann in dem Farbkreis die Pendel, um unterschiedliche Kombinationen zu kreieren.

5. Unter den Farben finden Sie die für PowerPoint wichtigen RGB-Werte.

TIPP Ein Flash-basiertes, leicht verständliches Tutorial zum Umgang mit diesem Online-Werkzeug finden Sie unter folgender Adresse: *http://kuler.adobe.com/links/tutorial/*

Zusammenfassung

Layout und Farbe gehören zu den spannendsten Elementen in dem Bemühen um eine optimale Gestaltung von Präsentationen. Für viele PowerPoint-Anwender ist der Umgang mit diesem Thema nicht einfach. Dies spiegelt sich dann oft in Folien wider, die weder ein einheitliches Layout haben noch Farbimpulse geben, mit denen die Aufmerksamkeit der Zuschauer gezielt angeregt und gelenkt werden könnte.

Hier wichtige Fundstellen zu den Themen Layout und Farbe in diesem Kapitel:

Thema	Seite
Layout-Grundregeln	166
Layout-Beispiele für Folien	172
Wirkung von Farbe	175
Farbmodelle in PowerPoint	177
Farbauswahl für Schriften	184
Farben für unterschiedliche Medien	184

Praxiswissen rund um das Thema Präsentation

Auswahl und Einsatz von Schriften

Ähnlich wie die Thematik Layout und Farbe gehören auch Wahl und Einsatz von Schriften für viele PowerPoint-Anwender zu den »Sorgenkindern«. Eine schier unbegrenzte Auswahl von Schriften sorgt nicht selten für Unsicherheit bei der Schriftwahl oder verführt zu Experimenten, deren Ergebnisse alles andere als zuschauergerecht sind. Folien mit verspielten Schrifteffekten oder mit Schriften, die von den Zuschauern nur mit Mühe gelesen werden können, sind das Resultat.

Die Wahl der richtigen Schrift für Ihre Präsentationen wird von vier Faktoren bestimmt:

- Optimale Lesbarkeit Ihrer Folien
- Schriftbild bzw. Anmutung der Schrift
- Qualität der Schrift, d.h. die sorgfältige Ausarbeitung des Schriftbildes
- Korrekte Anzeige der Präsentation auf anderen Rechnern

Die Anatomie der Schrift

Insbesondere zur Beurteilung von Schriften unter dem Aspekt der Lesbarkeit ist es hilfreich, die wichtigsten Bestandteile eines Buchstabens und Grundbegriffe der Typografie zu kennen.

Abbildg. 7.1   Die wichtigsten Bestandteile einer Schrift am Beispiel der *Bodoni*

Wie Sie in Abbildung 7.1 erkennen können, besteht ein Buchstabe aus folgenden Teilen:

- Bei den meisten für Präsentationen geeigneten Schriften macht die Mittellänge den größten Teil des Buchstabens aus. Sie wird nach unten hin durch die Grundlinie begrenzt.
- Die Oberlänge setzt über der Mittellänge an.
- Die Unterlänge bezeichnet die Teile eines Buchstabens unter der Grundlinie.
- Die Anmutung einer Schrift wird sehr stark durch den Strich bestimmt, aus dem die Buchstaben geformt sind. Dieser variiert bei manchen Schriftarten sehr stark, bei anderen ist er von gleichmäßiger Stärke (siehe Abbildung 7.2).
- Die Serife ist der querstrichförmige Abschluss am oberen und unteren Ende eines Buchstabens. Es gibt serifenbetonte Schriften (z.B. *Times New Roman*, *Garamond*, *Bodoni*, *Georgia*) und serifenlose Schriften (z.B. *Tahoma*, *Arial*, *Gill Sans*). Betrachten Sie auch dazu Abbildung 7.2.

Abbildg. 7.2　Oben die serifenlose Schrift *Tahoma* mit nahezu gleichmäßiger Strichstärke, unten die serifenbetonte Schrift *Times New Roman* mit ungleichmäßiger Strichstärke

> # Tahoma
>
> ## Times New Roman

■ Weitere Kriterien bei der Beurteilung von Schriften sind Laufweite, Buchstabenbreite und Buchstabenabstand. Die Laufweite ergibt sich aus der Buchstabenbreite und dem Abstand zum nächsten Buchstaben. Abbildung 7.3 zeigt dazu zum einen unterschiedliche Schnitte der Schriftart *Gill Sans*, deren Buchstabenbreite und Buchstabenabstand in den Schnitten *Condensed* und *Extra Condensed* zunehmend reduziert ist. Die Schriften *Tahoma* und *Verdana* unterscheiden sich dagegen nur durch den Buchstabenabstand.

Abbildg. 7.3　Geringe Laufweite und schmale Buchstaben verschlechtern die Lesbarkeit eines Textes

> ## Gill Sans MT
> Gill Sans MT Condensed
>
> Gill Sans MT Extra Condensed
>
> ### Verdana
>
> ### Tahoma

Praxiswissen rund um das Thema Präsentation

Was ist gut lesbar, was nicht?

Wenn in gedruckten Unterlagen Schriften verwendet werden, die nicht leicht zu lesen sind, kann der Betrachter bei Bedarf Hilfsmittel wie eine Lampe, Brille oder Lupe hinzuziehen. In der Bildschirmpräsentation wird die Abfolge der Informationen in der Regel nicht vom Zuschauer bestimmt. Erschwerend kommt hinzu, dass eine niedrigere Auflösung des Computermonitors gegenüber dem gedruckten Dokument mit einer schlechteren Darstellung der Schrift einhergeht.

Daher ist es wichtig, die Schriften für eine Präsentation streng nach dem Kriterium der Lesbarkeit auszuwählen.

Abbildg. 7.4　Enge, hohe Schriften mit ausgeprägten Serifen und Kursivschnitte mit dünnem Strich sind für Präsentationen ungeeignet

Serifenbetont oder serifenlos?

Bei der Wahl von Schriften für Ihre Präsentation stehen Sie in erster vor der Entscheidung, ob Sie serifenbetonte oder serifenlose Schriften einsetzen (vgl. Abbildung 7.2).

Serifenbetonte Schriften

Serifenbetonte Schriften sind hervorragend für gedruckte Dokumente geeignet. Die feinen Striche am Ende der Buchstaben »fesseln« das Auge und erleichtern damit das Lesen eines Textes. In der Bildschirm- und Beamer-Präsentation verkehrt sich dieser Vorteil ins Gegenteil. Die feinen Serifen sind durch die geringere Auflösung des Bildschirms nicht klar zu erkennen und wirken störend.

Eine Ausnahme bilden Schriften, die speziell für die Anzeige am Bildschirm entwickelt wurden wie *Georgia* oder *Cambria*. Ihre Serifen sind für das Raster des Bildschirms optimiert, sie sind weniger fein als ihre ursprünglich für den Druck entwickelten Verwandten und dadurch besser lesbar. Dieser Unterschied wird insbesondere beim Vergleich von *Garamond* und *Georgia* in Abbildung 7.5 sehr gut deutlich.

Abbildg. 7.5 Schriftarten wie *Garamond* sind in Präsentationen nur in großen Schriftgraden gut lesbar

HINWEIS Dies bedeutet nun nicht, dass Sie in Ihren Präsentationen – wenn überhaupt – ausschließlich Serifenschriften wie *Georgia* und *Cambria* verwenden sollen. Auch Schriften wie *Times New Roman* oder *Garamond* sind geeignet. Der Unterschied besteht vielmehr darin, dass für die Anzeige am Bildschirm optimierte Schriften auch in kleineren Schriftgraden noch gut lesbar sind, während für andere ein ausreichend großer Schriftgrad zwingende Voraussetzung ist. Letztlich entscheidet also auch der Rahmen, in dem Ihre Präsentation stattfindet, über die Wahl der richtigen Schrift. Enthalten Ihre Folien ohnehin nur sehr knapp formulierten Text, haben Sie bei der Wahl der richtigen Schrift (fast) freie Wahl. Muss dagegen aus Platzgründen der Schriftgrad reduziert werden, um Zahlentabellen, Flussdiagramme o.Ä. zu präsentieren, hat die Lesbarkeit der Schriftart als solcher oberste Priorität.

Serifenlose Schriften

Das für serifenbetonte Schriften Gesagte gilt auch für serifenlose. Zwar gibt es hier keine feinen Striche, die am Bildschirm schlecht dargestellt werden und die Lesbarkeit erschweren. Aber auch bei serifenlosen Schriften haben Laufweite und Strichstärke einen ganz entscheidenden Einfluss auf die Lesbarkeit der Schrift. Den Einfluss der Laufweite auf die Lesbarkeit konnten Sie bereits in Abbildung 7.3 anhand der *Gill Sans* sehr gut beobachten. Hier ein weiteres Beispiel, das den Einfluss der Strichstärke deutlich macht. Extrem fette Schriften wie *Haettenschweiler* sind im Fließtext zu aufdringlich und schlecht lesbar. Die dünne Strichstärke der *Cordia New* resultiert in einem schwächeren Kontrast als beispielsweise *Calibri*.

Abbildg. 7.6 *Cordia New*, *Haettenschweiler* und *Calibri*, jeweils bei einem Schriftgrad von 20 Punkt

Cordia New

Calibri

Haettenschweiler

Fazit

Gut lesbar sind Schriften mit breiten Buchstaben, großzügiger Laufweite und ausreichender Strichstärke. Schlecht lesbar sind sehr fette, dünne sowie enge Schriften. Kursivschnitte, hohe Oberlängen und ausgeprägte Serifen sind für Präsentationen ebenfalls ungünstig.

Von Extrem-Beispielen wie *Gill Sans Extra Condensed* in Abbildung 7.3 oder *Bodoni MT Poster Compressed* in Abbildung 7.4 einmal abgesehen, können Sie auch solche Schriften in Präsentationen verwenden, die nicht alle Bedingungen für optimale Lesbarkeit erfüllen wie beispielsweise *Garamond*. Dann aber müssen Sie unbedingt auf eine ausreichende Schriftgröße (mindestens 20 pt im Textkörper) achten, damit Ihre Folien problemlos lesbar sind.

TIPP Windows Vista und Office 2007 werden mit neuen Schriften ausgeliefert, die für Präsentationen sehr gut geeignet sind: *Calibri*, *Cambria*, *Constantia* und *Corbel*.

Weitere bildschirmoptimierte Schriften sind *Verdana*, *Tahoma*, *Georgia* und *Trebuchet MS*.

Schrift als Bestandteil des Designs

Zunächst einmal ist Schrift natürlich zum Lesen da. Daneben erfüllt sie eine zweite wichtige Rolle: Als Bestandteil des Designs Ihrer Präsentationen trägt sie Emotionen, sie »wirkt«. Auch wenn sich die verschiedenen Schriftarten oft nur durch Nuancen unterscheiden, werden diese doch unbewusst aufgenommen. Die Schriften, die Sie in Ihren Präsentationen verwenden, beeinflussen die Wahrnehmungsweise des Publikums, und zwar sowohl in Bezug auf Sie als Vortragender als auch in Bezug auf Ihr Unternehmen.

Schriften vergleichen

Am besten können Sie die Wirkung einer Schrift beurteilen, wenn Sie sie im Fließtext vor sich sehen.

Auf der CD-ROM zum Buch finden Sie im Ordner *\Buch\Kap07* die Datei *Schriftbilder.ppsx*, die anhand eines Mustertextes verschiedene Schriftarten gegenübergestellt. Auch wenn Sie keine Erfahrung im Umgang mit Typografie haben: Lehnen Sie sich zurück, betrachten Sie die Musterfolien und beobachten Sie, wie die verwendeten Schriften auf Sie wirken.

Hier ein paar Empfehlungen:

- Wenn Sie das Gefühl von Seriosität, konservativer Einstellung oder Traditionsgebundenheit vermitteln wollen, verwenden Sie serifenbetonte Schriften.

- Serifenlose Schriften wirken dagegen moderner und dynamischer.

Abbildg. 7.7   Oben die serifenbetonte *Bodoni MT*, unten die serifenlose *Franklin Gothic Book*

> Ich bin ein kleiner Blindtext. Wenn ich mal
> groß bin, möchte ich Titel einer PowerPoint-
> Präsentation werden. Bis es so weit ist,
> lohnt es sich aber noch nicht, mich zu lesen.
>
> *Bodoni MT*

> Ich bin ein kleiner Blindtext. Wenn ich mal
> groß bin, möchte ich Titel einer PowerPoint-
> Präsentation werden. Bis es so weit ist,
> lohnt es sich aber noch nicht, mich zu lesen.
>
> *Franklin Gothic Book*

- Schon aufgrund ihrer schlechten Lesbarkeit für Präsentationen ungeeignet sind Zier- und Schreibschriften. Ihr Einsatz ist nur in Ausnahmefällen zur Betonung besonderer Sachverhalte sinnvoll.

- Bildschirmoptimiert und perfekt lesbar, aufgrund ihres informellen Charakters jedoch für Business-Präsentationen völlig ungeeignet ist auch die *Comic Sans MS* (siehe Abbildung 7.8 unten). Sie wird häufig als »Kindergartenschrift« bezeichnet.

Abbildg. 7.8   Schreib- und Zierschriften sowie Schriften mit sehr informellem Charakter sind für Präsentationen ungeeignet

> Ich bin ein kleiner Blindtext. Wenn ich mal groß bin,
> möchte ich Titel einer PowerPoint-Präsentation werden.
> Bis es so weit ist, lohnt es sich aber noch nicht, mich zu
> lesen.
>
> *Monotype Corsiva*

> Ich bin ein kleiner Blindtext. Wenn ich mal groß
> bin, möchte ich Titel einer PowerPoint-
> Präsentation werden. Bis es so weit ist, lohnt es
> sich aber noch nicht, mich zu lesen.
>
> *Gigi*

> Ich bin ein kleiner Blindtext. Wenn ich mal
> groß bin, möchte ich Titel einer PowerPoint-
> Präsentation werden. Bis es so weit ist,
> lohnt es sich aber noch nicht, mich zu lesen.
>
> *Comic Sans MS*

Schriften mischen

Um Titel und Textkörper optisch voneinander zu trennen, werden häufig unterschiedliche Schnitte einer Schrift oder verschiedene Schriftarten miteinander gemischt. In gedruckten Dokumenten ist es dabei üblich, für den Titel eine serifenlose und für den Textkörper eine serifenbetonte Schrift zu verwenden. Auf diesem Prinzip basieren auch die *Designschriftarten* der Registerkarte *Entwurf*.

Für PowerPoint-Präsentationen wird dieses Prinzip häufig umgekehrt und eine serifenbetonte Schrift im Folientitel (mit dem größeren, leichter lesbaren Schriftgrad) und eine serifenlose für Aufzählungen und Schaubildbeschriftungen eingesetzt.

Während das Mischen unterschiedlicher Schriftarten sehr viel Fingerspitzengefühl und Erfahrung im Umgang mit Typografie erfordert, sind Sie mit der Kombination unterschiedlicher Schriftschnitte einer Schriftart auf der sicheren Seite und erzielen auf jeden Fall ein ansprechendes Ergebnis.

Abbildg. 7.9   Die Kombination unterschiedlicher Schriftschnitte einer Schriftart ist der schnellste und sicherste Weg zur ansprechenden Schriftenmischung

> *Titel: Cambria kursiv*
> Fließtext: Cambria

> **Titel: Franklin Gothic Demi**
> Fließtext: Franklin Gothic Book

HINWEIS   Wie beim Umgang mit Farben gilt auch für den Einsatz von Schrift: Weniger ist mehr! Verwenden Sie in einer Präsentation nicht mehr als zwei verschiedene Schriftarten bzw. maximal zwei Schriftschnitte einer Schriftart.

Verwenden Sie für Hervorhebungen im Textkörper die Einstellung *Fett* oder setzen Sie eine andere Farbe ein.

Die Qualität einer Schrift beurteilen

Die Entwicklung einer Schrift ist ein zeitaufwendiger Prozess, bei dem für unterschiedliche Schriftgrößen und Schrittschnitte für jedes Schriftzeichen anhand komplexer Tabellen genau berechnet wird, wie dieses aussehen muss. Es liegt auf der Hand, dass dieser Zeitaufwand bei gut gearbeiteten Schriften seinen Preis hat und bei Schriften, die Sie kostenlos aus dem Internet downloaden, Qualität eher Glückssache ist.

Darauf sollten Sie bei der Auswahl von Schriften ganz besonders achten:

- Enthält die Schrift alle erforderlichen Sonderzeichen wie das Euro-Symbol und die deutschen Umlaute?
- Sieht das Schriftbild auch in sehr großen und sehr kleinen Schriftgraden gut aus?
- Sind mit *Fett* hervorgehobene Schriftpassagen in allen benötigten Schriftgrößen gut lesbar oder laufen die Buchstaben ineinander?
- Wirkt das Schriftbild auch bei Buchstabenfolgen wie »*Wa*« oder »*To*« ausgeglichen oder entstehen Lücken?

Schriftenprobleme bei der Weitergabe von Präsentationen vermeiden

Bei der Darstellung von Text nutzt PowerPoint die als Bestandteil des Betriebssystems installierten Schriften. Diese können von Rechner zu Rechner variieren. Windows Vista und Office 2007 werden mit einer umfangreicheren Auswahl an Schriften installiert als frühere Windows- und Office-Versionen. Setzen Sie neben Office auch Grafik- und Bildbearbeitungsprogramme ein, verfügen Sie über zusätzliche Schriften, die auf anderen Rechnern nicht vorhanden sind.

Bei der Wiedergabe der Präsentation auf einem anderen Rechner ersetzt PowerPoint fehlende Schriften durch auf dem Rechner vorhandene – in der Regel mit unbefriedigendem Ergebnis: Zeilenumbrüche und Schaubildbeschriftungen werden dabei verschoben, die fehlerhafte Darstellung der Folie ist nicht zu übersehen.

Um dies zu vermeiden, stehen Ihnen zwei Möglichkeiten offen:

- Sie verwenden in Präsentationen, die auf anderen Rechnern wiedergegeben werden sollen, ausschließlich solche Schriften, die auf allen Rechnern vorhanden sind.

- Sie betten die verwendeten Schriften in die Präsentation ein.

Weit verbreitete Standardschriften

Hier zunächst eine Übersicht, welche Schriften auf anderen Rechnern in der Regel verfügbar sind bzw. unter welchen Voraussetzungen Sie davon ausgehen können, dass die von Ihnen verwendete Schrift vorhanden ist:

- *Arial*, *Times New Roman* und *Wingdings* sind auf allen Rechnern vorhanden.

- *Verdana*, *Tahoma* und *Webdings* stehen seit Windows 98 auf allen Windows-Rechnern zur Verfügung.

- Seit Windows 2000 werden außerdem *Georgia* und *Trebuchet MS* mit dem Betriebssystem installiert.

- Zusammen mit Windows Vista bzw. Office 2007 werden die neuen Schriften *Calibri*, *Cambria*, *Candara*, *Consolas*, *Constantia* und *Corbel* ausgeliefert. Sie stehen auch auf Rechnern ohne Windows Vista oder Office 2007 zur Verfügung, wenn entweder der PowerPoint Viewer 2007 oder das Compatibility Pack zum Öffnen und Bearbeiten von Office 2007-Dokumenten mit früheren Office-Versionen installiert ist.

 Eine Übersicht, welche weiteren Schriften zusammen mit bestimmten Microsoft-Produkten installiert werden, finden Sie unter folgender Adresse: *www.microsoft.com/typography/fonts/default.aspx*

Die Schrift in der Präsentation speichern

Das Verwenden von Standardschriften bietet große, aber keine absolute Sicherheit, dass der Text Ihrer Präsentationen auf anderen Rechnern korrekt dargestellt wird. Die benötigte Schriftendatei kann beschädigt oder deinstalliert worden sein.

Auch wenn Sie eine spezielle Firmenschrift einsetzen, müssen Sie diese vor der Weitergabe nicht unbedingt durch eine andere, weit verbreitete Standardschriftart ersetzen. Durch das Einbetten der Schrift wird diese in der Präsentation gespeichert und der Text korrekt angezeigt, auch wenn auf einem anderen Rechner die verwendete Schrift nicht verfügbar ist.

So betten Sie Schriften in die PowerPoint-Datei ein

1. Um Schriften in der PowerPoint-Datei zu speichern, rufen Sie über die *Office-Schaltfläche* die *PowerPoint-Optionen* auf.

2. Wechseln Sie zur Kategorie *Speichern* und setzen Sie ein Häkchen vor *Schriftarten in der Datei einbetten*.

3. Anschließend können Sie wählen, ob nur die in der Präsentation verwendeten Zeichen eingebettet werden sollen oder alle Zeichen, damit die Präsentation vom Empfänger mit der angegebenen Schrift auch bearbeitet werden kann.

Voraussetzungen für das erfolgreiche Einbetten von Schriften

Mit PowerPoint 2007 können TrueType- und OpenType-Schriften eingebettet werden. Das Einbetten von Type1-Schriften ist nicht möglich.

Ob es sich bei einer Schrift um TrueType, OpenType oder Type1 handelt, finden Sie über die *Eigenschaften* im Kontextmenü der Schrift im Ordner *C:\Windows\Fonts* heraus (siehe Abbildung 7.11). Auf der Registerkarte *Allgemein* ist der Dateityp der jeweiligen Schrift angegeben.

Voraussetzung für ein erfolgreiches Einbetten von TrueType- und OpenType-Schriften ist, dass die Lizenzierung der Schrift auch die Berechtigung zur Weitergabe vorsieht. Diese Lizenzüberprüfung erfolgt unabhängig davon, ob Sie nur die verwendeten Schriftzeichen oder alle Zeichen zur Bearbeitung der Präsentation durch den Empfänger einbetten.

ACHTUNG Wenn Sie versuchen, Type1-Schriften einzubetten, blendet PowerPoint keine Fehlermeldung ein. Auf dem Rechner eines Empfängers der Präsentation, der nicht über die verwendete Schrift verfügt, wird der Name der Schrift zwar im Listenfeld *Schriftart* angezeigt, die verwendete Schrift auf der Folie aber durch eine andere ersetzt.

So überprüfen Sie die Lizenzierung von Schriften

TrueType- und OpenType-Schriften haben sogenannte Flags, von denen abhängt, ob die Schrift eingebettet werden kann oder nicht:

- *Bearbeitbar* und *Installierbar* erlauben das vollständige Einbetten. Der Text wird nicht nur korrekt angezeigt, sondern kann auch bearbeitet werden.

- Mit *Vorschau/Drucken* kann die Präsentation nur schreibgeschützt oder nach Entfernen der geschützten Schriftart geöffnet werden. Beim schreibgeschützten Öffnen wird der Text korrekt angezeigt.

- Ist die Einbindbarkeit einer Schrift *eingeschränkt*, ist kein Einbetten möglich. PowerPoint blendet beim Speichern eine entsprechende Meldung mit Hinweis auf die eingeschränkte Lizenz ein.

Abbildg. 7.10 Das Einbetten von Schriften ist abhängig von der Lizenzierung der Schrift. Ohne Berechtigung zur Weitergabe kann der Empfänger die Präsentation nur schreibgeschützt öffnen. Andernfalls wird die Schrift durch eine andere Schrift ersetzt.

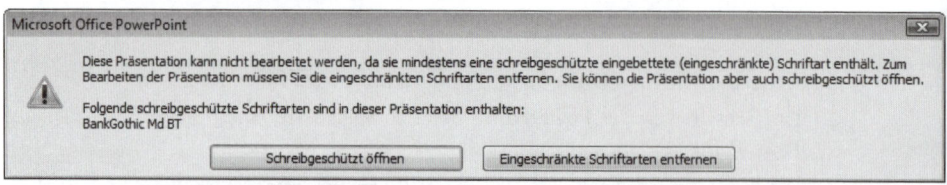

Unter Windows Vista können Sie die Einbindbarkeit von Schriften ohne weitere Hilfsmittel überprüfen, indem Sie im Ordner *C:\Windows\Fonts* die Schrift mit der rechten Maustaste anklicken und im Kontextmenü *Eigenschaften* wählen. Auf der Registerkarte *Details* finden Sie den Hinweis zur *Einbindbarkeit* der Schrift.

Abbildg. 7.11 Die Einbindbarkeit von Schriften überprüfen Sie in den Eigenschaften einer Schriftendatei im Schriftenordner von Windows

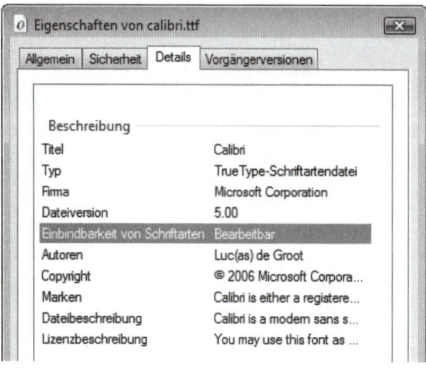

 Wenn Sie Office 2007 unter Windows XP einsetzen, können Sie die Lizenzierung Ihrer Schriften mithilfe des Tools *Font properties extension* überprüfen, das Sie unter *www.microsoft.com/typography/TrueTypeProperty21.mspx* kostenlos downloaden können.

Text optimal lesbar formatieren

Nicht nur die Schriftart hat einen entscheidenden Einfluss auf die Lesbarkeit von Folien und den stimmigen Gesamteindruck Ihrer Präsentation, sondern auch die Art und Weise, wie Sie die gewählte Schrift einsetzen. Hier die wichtigsten Punkte, auf die Sie bei Ihrer Arbeit mit PowerPoint achten sollten.

Zu enge Zeilenabstände vermeiden

Die Lesbarkeit von Text wird nicht nur durch die Schriftgröße, sondern auch vom Zeilenabstand bestimmt. Ist er zu groß, »fällt der Text auseinander«. Ist er dagegen zu klein, wirkt das Schriftbild erdrückend. Optimale Ergebnisse erzielen Sie mit einem Zeilenabstand von 100% bis 120%.

Abbildg. 7.12 Optimal ist ein einfacher bis 1,2facher Zeilenabstand

> Ich bin ein Blindtext mit 1,2fachem
> Zeilenabstand. Ich bin gut lesbar.

> Ich bin Blindtext mit 0,8fachem
> Zeilenabstand. Ich bin schlecht lesbar
> und wirke erdrückend.

Den Zeilenabstand für einen Absatz bestimmen Sie auf der Registerkarte *Start* per Klick auf den Dialogfeldstarter der Gruppe *Absatz*. Einen Zeilenabstand von 120% stellen Sie ein, indem Sie im Dialogfeld *Absatz* (siehe Abbildung 7.13) unter *Zeilenabstand* die Einstellung *Mehrere* wählen und daneben im Feld *Maß 1,2* eingeben.

Abbildg. 7.13 Über die Einstellung *Mehrere* bestimmen Sie ein benutzerdefiniertes *Maß* für den *Zeilenabstand*

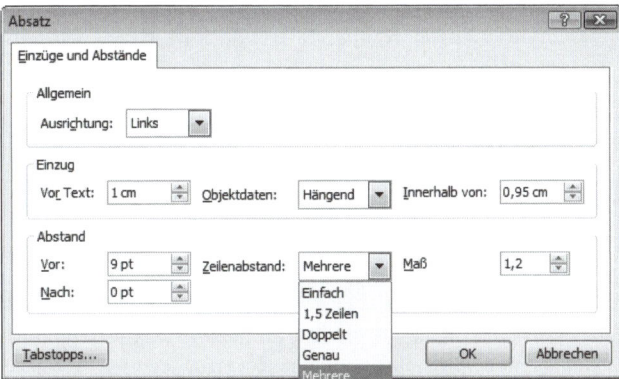

Häufige Ursache für zu kleine Zeilenabstände wie in Abbildung 7.12 unten ist eine AutoFormat-Voreinstellung von PowerPoint, die Zeilenabstand und Schriftgröße automatisch verringert, wenn Sie zu viel Text in einen Platzhalter eingeben.

Diese Voreinstellung können Sie deaktivieren:

1. Rufen Sie über die *Office-Schaltfläche* die *PowerPoint-Optionen* auf und wechseln Sie zur Kategorie *Dokumentprüfung*.

2. Klicken Sie dort auf *AutoKorrektur-Optionen* und deaktivieren Sie dann auf der Registerkarte *AutoFormat während der Eingabe* die Optionen *Titeltext an Platzhalter automatisch anpassen* und *Untertiteltext an Platzhalter automatisch anpassen*.

Für Präsentationen ungeeignet: Blocksatz

Der Blocksatz mit einheitlichen, gleich langen Zeilen ist die traditionelle Satzart für Bücher und Zeitschriften. Dort erhält der Satzspiegel durch die geraden rechten und linken Kanten eine harmonische, geschlossene Form. In Präsentationen entstehen bei Blocksatz mangels Silbentrennung und großer Schriftgrade jedoch unvermeidlich Lücken im Text, die die Lesbarkeit erschweren und außerdem nicht schön aussehen.

HINWEIS PowerPoint verfügt über keine automatische Silbentrennung. Das macht Sinn: Denn während einer Präsentation sind Silbentrennungen für den Betrachter mühsam zu lesen.

Wenn sich manuelle Silbentrennungen nicht vermeiden lassen, sollten Sie versuchen, mit möglichst wenigen Trennungen auszukommen. Denn bei nachträglichen Änderungen am Text steht der Trennstrich plötzlich mitten in der Zeile und Sie müssen zeitaufwendig nachformatieren.

Verwenden Sie für Präsentationen deshalb ausschließlich die Einstellung *Linksbündig* für Fließtext. Eine Ausnahme bilden lediglich Zitate, für die auch die zentrierte Ausrichtung geeignet ist.

Abbildg. 7.14 In der Einstellung *Blocksatz* (oben) treten ungleichmäßige Lücken im Text auf. Der linksbündige Flattersatz (unten) ist für Präsentationen besser geeignet.

> Ich bin ein kleiner Blindtext. Wenn ich groß bin, möchte ich Titel einer Präsentation werden. Bis es so weit ist, lohnt es sich aber noch nicht, mich zu lesen.

> Ich bin ein kleiner Blindtext. Wenn ich groß bin, möchte ich Titel einer Präsentation werden. Bis es so weit ist, lohnt es sich aber noch nicht, mich zu lesen.

Treppenförmigen Zeilenfall nachbearbeiten

Beim linksbündigen Flattersatz entsteht abhängig vom Text immer wieder ein treppenförmiger Zeilenfall. Hier bleibt Ihnen nichts anderes übrig, als manuell nachzuarbeiten:

- Versuchen Sie, durch Ändern der Breite des Platzhalters eine »automatische« Optimierung des Zeilenfalls zu erreichen.
- Klappt dies nicht, können Sie durch ⇧ + ↵ manuelle Zeilenumbrüche erzeugen, ohne dass ein Absatz entsteht. Der Nachteil bei dieser Methode: Wie bei manueller Silbentrennung müssen Sie auch hier bei Änderungen im Text aufwendig manuell nacharbeiten.

Abbildg. 7.15 Treppenförmiger Zeilenfall (oben) und ausgeglichene Zeilenumbrüche (unten)

> Ein treppenförmiger Zeilenfall wirkt langweilig. Besonders bei kurzer erster Zeile wirkt diese „Treppe" abfallend und dadurch negativ. Viel besser ist es, wenn sich lange und kurze Zeilen abwechseln.

> Ein treppenförmiger Zeilenfall wirkt langweilig. Besonders bei kurzer erster Zeile wirkt diese „Treppe" abfallend und dadurch negativ. Viel besser ist es, wenn sich lange und kurze Zeilen abwechseln.

Schlecht lesbar und überflüssig: Gesperrte Schrift

In gut gearbeiteten Schriften wurde der Buchstabenabstand mit sehr viel Sorgfalt ausgearbeitet, um ein harmonisches Schriftbild zu erzielen.

Auch wenn PowerPoint 2007 über die Funktion zum Sperren von Schriften verfügt: Machen Sie keinen Gebrauch davon. Die Lesbarkeit des Textes leidet und das Schriftbild wird zerstört.

Verwenden Sie zum Hervorheben von wichtigen Textpassagen stattdessen einen fetten Schriftschnitt oder setzen Sie Farbe ein.

HINWEIS Unterstreichungen sind für Hervorhebungen in Präsentationen nicht geeignet. Zum einen werden sie leicht mit Hyperlinks verwechselt. Zum anderen sind die dünnen Linien in der Beamer-Projektion nicht immer gut zu sehen.

Automatisch die richtigen Zeichen setzen

Um die Verwendung korrekter Anführungszeichen müssen Sie sich nicht kümmern. PowerPoint erstellt automatisch die richtigen Zeichen, sobald Sie ⇧ + 2 drücken.

Abbildg. 7.16 PowerPoint sorgt per Voreinstellung für typografische Anführungszeichen

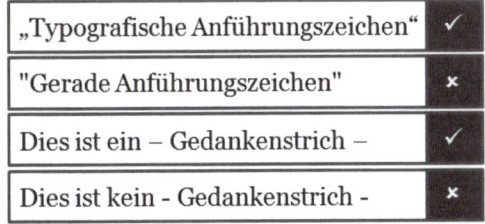

Greift diese automatische Formatierung nicht, sind Ihre *AutoKorrektur-Optionen* nicht optimal eingerichtet.

1. Rufen Sie dann über die *Office-Schaltfläche* die *PowerPoint-Optionen* auf und wechseln Sie zur Kategorie *Dokumentprüfung*.

Abbildg. 7.17 Über die *AutoFormat*-Einstellungen bestimmen Sie die gewünschten Anführungszeichen

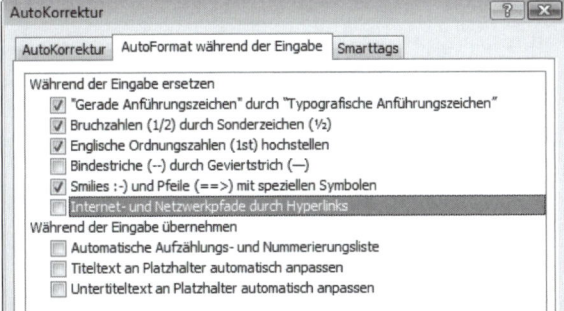

2. Klicken Sie auf *AutoKorrektur-Optionen*.

3. Setzen Sie auf der Registerkarte *AutoFormat während der Eingabe* ein Häkchen in das Kontroll-kästchen *"Gerade Anführungszeichen" durch "Typografische Anführungszeichen"*.

Gedankenstrich statt Trennstrich

Wenn Sie das Kontrollkästchen *Bindestriche (--) durch Geviertstrich (–)* aktivieren, erhalten Sie zwar recht schnell den Gedankenstrich, aber die Sache hat eine Kehrseite: Wenn Sie bei Wortteilen einen Trennstrich voransetzen, wird der auf einmal zum Gedankenstrich. So wird beispielsweise aus »Computeranwender und -technik« plötzlich »Computeranwender und –technik«. Office ersetzt den Trennstrich vor dem Wortteil »technik« durch einen Gedankenstrich, was an der Stelle falsch ist.

Fehler korrigieren

Wollen Sie fehlerhafte Zeichensetzung in einer bestehenden Präsentation korrigieren, markieren Sie das betroffene Zeichen und ersetzen es über die folgenden Tastenkombinationen:

- Anführungszeichen: `Alt` + `0132` bzw. `Alt` + `0147`

- Gedankenstrich: `Alt` + `0150`

Um die Tastenkombination auszuführen, halten Sie die `Alt`-Taste gedrückt und geben anschlie-ßend die Ziffernfolge über den Nummernblock Ihrer Tastatur ein.

Zusammenfassung

Die geringe Auflösung des Computerbildschirms, das Fehlen von Hilfsmitteln wie Lupe oder Brille und die fremdbestimmte Abfolge von Informationen während eines Vortrags stellen eine Heraus-forderung an die Betrachter Ihrer Folien dar. Der Einsatz von Schrift unter dem Aspekt optimaler Lesbarkeit hat beim Erstellen von Präsentationen deshalb oberste Priorität.

Hier die wichtigsten Fundstellen zum Thema Schriftenwahl:

Thema	Seite
Schrift unter dem Aspekt der Lesbarkeit beurteilen	191
Das geeignete Schriftbild finden	193
Anzeigeprobleme auf anderen Rechnern vermeiden	196
Nützliche Voreinstellungen für die Gestaltung von Text	198

Kapitel 8

Bilder in Präsentationen

Warum Bilder in Präsentationen?

In Kapitel 5 konnten Sie lesen, dass visuelle Darstellungen mithilfe von Schaubildern die Aufnahme, Verarbeitung und das Behalten von Informationen wesentlich beeinflussen. Die bildhafte Darstellung von Informationen ist übrigens nicht nur für Ihr Publikum wichtig. Denn neben den Empfängern sind auch für Sie als Sender bildhafte Informationen auf Ihren Folien hilfreich. Versuchen Sie einmal, jeden Gedanken, den Sie auf der Folie darlegen möchten, in eine Grafik umzusetzen. Gelingt es Ihnen hier und da nicht? Dann sollten Sie diesen Gedankengang vereinfachen. Machen Sie sich in diesem Zusammenhang eines bewusst: Wenn nicht einmal Sie selbst den Gedanken in ein Bild umsetzen können, wie soll dann erst Ihr Publikum ihn verstehen?

Wenn Sie es aber geschafft haben, Ihre Informationen in einem Bild darzustellen, wird Ihnen das eine wichtige Gedankenstütze sein. Ihr Gehirn wird das Bild speichern und sobald Sie an den entsprechenden Punkt des Vortrags kommen, wird es präsent sein. Ganz bestimmt werden Sie *diesen* Gedankengang während der Präsentation nicht vergessen – die beste Vorbereitung für ein sicheres Auftreten.

Was lässt sich überhaupt visualisieren?

Eigentlich fast alles. Das Problem sind eher die Beschränkungen, die uns die eigene Vorstellungskraft und die zur Verfügung stehende Zeit setzen – wobei sich die Vorstellungskraft trainieren lässt.

Zahlen lassen sich in Diagramme umsetzen. Informationen über Abläufe bringen Sie in einem Flussdiagramm unter. Daten zu Strukturen stellen Sie in einem Organigramm dar. Die Neuerungen an einer Maschine beschreiben Sie mithilfe von Textkommentaren neben den Fotos der Maschine. Ideen stellen Sie mit einer Mindmap dar. All das sind Möglichkeiten, Informationen in Bildern zu kommunizieren.

Visualisierung lässt sich trainieren

Gehen Sie einfach einmal eine aktuelle Präsentation in Gedanken durch. Versuchen Sie dabei, den Hauptgedanken auf jeder Folie mit einem Bild zu beschreiben. Holen Sie sich dazu Hilfsmittel: Studieren Sie ruhig Zeitschriften oder nehmen Sie ganz aktiv und bewusst Werbeplakate wahr, um Ideen und Anregungen für eigene bildhafte Darstellungen zu erhalten.

Wenn Sie es nicht nur für eine aktuelle Präsentation tun, sondern regelmäßig versuchen, für wichtige Gedanken eine adäquate bildhafte Darstellung zu finden, werden Sie auch schneller Bilder entwerfen. Sie trainieren sich darauf. Nach einer Weile werden Sie merken, dass Sie die Schaubilder in Zeitschriften, Werbung auf Plakaten oder im Fernsehen viel aufmerksamer wahrnehmen, verarbeiten und als Ausgangspunkt für eigene Ideen nutzen.

Sie achten mehr und bewusster auf gut visualisierte Informationen und entwickeln damit auch selbst ein Gefühl dafür, was »ankommt«. Und Sie haben sehr wahrscheinlich immer mehr Spaß daran, eigene Ideen kreativ zu visualisieren.

Abbildungen verwenden: Die Qual der (richtigen) Wahl

Der Einsatz von Bildern ist vorteilhaft, wirft jedoch auch Probleme auf: Welche Bilder sind geeignet, welche passen zueinander? Wird eine Präsentation (und damit eine Firma) durch ungeschicktes Auswählen des Bildmaterials etwa unseriös wirken?

Verwenden Sie zur Visualisierung von Informationen nur sparsam ClipArts – sie wurden schon x-mal in anderen Präsentationen verwendet. Auch Cartoons sollten Sie weitestgehend ausklammern. Arbeiten Sie stattdessen mit Abstraktionen und mit Bildern, die Symbolkraft besitzen.

Sie müssen kein Grafiker sein, um Ihre Aussagen mit sinnvollen Illustrationen zu unterstützen, sondern nur lernen, bewusst in Bildern zu denken (unterbewusst tun Sie das ohnehin). Achten Sie aufmerksam auf Ihre Umwelt und Sie werden entdecken, dass bereits die einfachsten Hinweisschilder zeigen, wie sich Informationen in ein prägnantes Bild »übersetzen« lassen. Im Grunde sind wir von Symbolen geradezu »umgeben«; viele davon sind nur so »alltäglich«, dass wir sie – wenn überhaupt – nur am Rande registrieren.

Für Abbildungen gilt grundsätzlich dasselbe wie für Schriften: Sie dienen in Präsentationen nur in Ausnahmefällen zur reinen »Verzierung«, sondern sind ebenfalls Informationsträger.

Text und Bild gehörten in der Gestaltung von Dokumenten schon immer zusammen. Heute haben Abbildungen durch die starke Verbreitung audiovisueller Kommunikationsmittel zusätzlich an Bedeutung gewonnen. Es sind oft fertige Elemente: Produktfotos, Konstruktionszeichnungen oder Diagramme, die sich zur Nutzung geradezu anbieten.

Wichtig ist, dass Sie die Elemente *Text* und *Bild* in Ihrer Präsentation in ein gutes Verhältnis zueinander bringen. Zur praktischen Arbeit mit Grafiken erhalten Sie in Kapitel 12 zahlreiche Hinweise. An dieser Stelle soll es darum gehen, bestimmte Regeln bei der Auswahl von Bildmaterial kennenzulernen.

Welcher Illustrationsstil für Ihre Präsentation?

Illustrationsquellen, z.B. der *Clip Organizer*, beinhalten Hunderte von Bildern in den unterschiedlichsten Stilrichtungen. Oft ist es gar nicht so leicht, zueinander passende Grafiken zu finden. Versuchen Sie zunächst, einen Illustrationsstil auszuwählen, der zu Ihrer Präsentation und den darin enthaltenen Aussagen passt. Noch wichtiger ist es dann, diesen Stil durchzuhalten. Damit wirken Ihre Folien professionell und wie »aus einem Guss«.

Wie finden Sie einen einheitlichen Stil?

- Beachten Sie die Linien, Schatten und Farben der Illustrationen. Sie sollten übereinstimmen.
- Sind die Bilder mehr wie Cartoons oder eher realistisch gezeichnet?
- Sind es gar Fotos?

Sehen Sie sich dazu Abbildung 8.1 sowie Abbildung 8.2 an.

Abbildg. 8.1   Hier sind Fotografien und Illustrationen unterschiedlicher Stilrichtungen kunterbunt gemischt

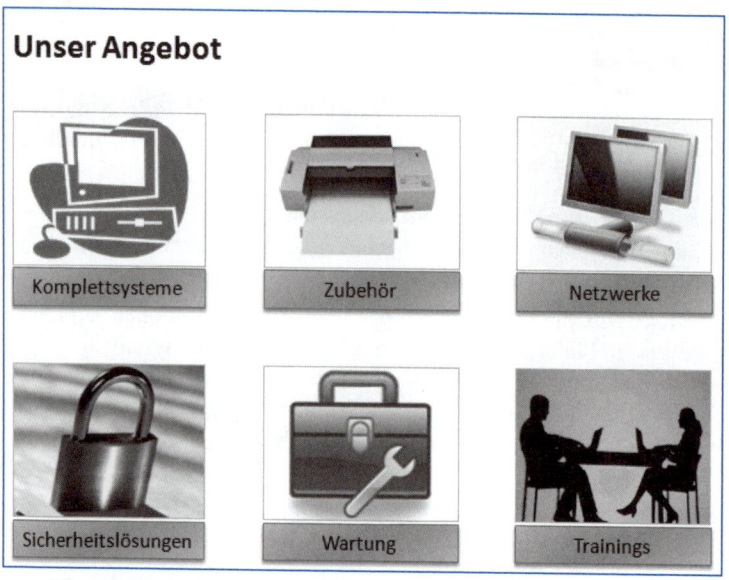

Abbildg. 8.2   Durchgehender Einsatz eines Bildstils

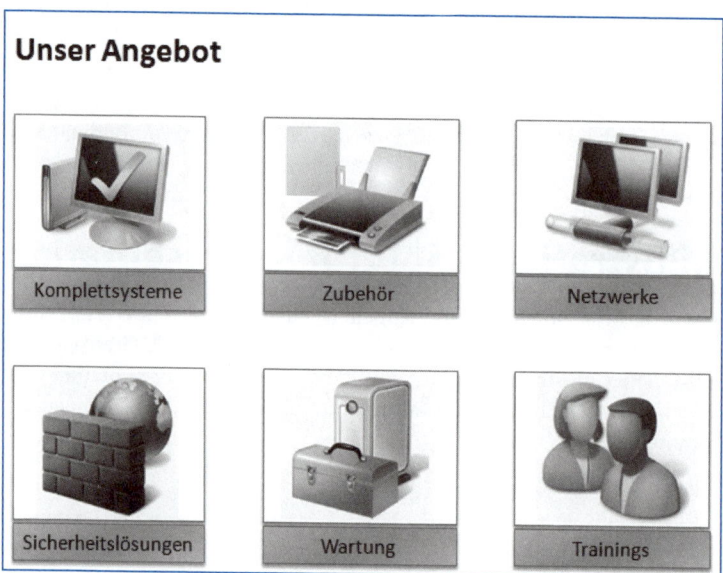

Illustrationen lassen sich in verschiedene Kategorien unterteilen (nicht zu verwechseln mit den unterschiedlichen Bildformaten). Die in einer Präsentation verwendeten Bilder sollten möglichst aus nicht mehr als zwei dieser Kategorien stammen. So lassen sich beispielsweise Symbole sehr gut mit Fotografien kombinieren. Unterschiedliche Grafikstile in Illustrationen, noch dazu wenn sie auf einer Folie eingesetzt werden, wirken dagegen unprofessionell.

Symbole

Am Anfang soll die Kategorie der Symbole stehen. Diese bestehen aus stark vereinfachten Umrissen und flächigen Füllungen. Symbole sind quasi »Minimal«-Illustrationen.

Gerade weil es so stark reduziert ist, kommuniziert ein gutes Symbol unmittelbar (denken Sie beispielsweise an Straßenverkehrsschilder). Symbole eignen sich für die Übermittlung allgemeiner Gedanken und Hinweise. Sie werden oft wiederkehrend eingesetzt. In PowerPoint können Sie Symbole sehr einfach erstellen, indem Sie sie aus *Formen* zeichnen oder mithilfe der Symbolschriftart *Webdings* erstellen.

Abbildg. 8.3   Symbole enthalten kaum Details, die Formen sind auf das Wesentliche reduziert

Illustrationen

Dieser Typ umfasst sehr verschiedene Abbildungen, von der technischen Zeichnung über Organisationsdiagramme bis hin zur freien Illustration. Illustrationen können sehr realistisch oder stark abstrahiert sein.

Beachten Sie in Abbildung 8.4 die Einheitlichkeit des Grafikstils. Alle Grafiken haben die gleiche Linienstärke, einen einfachen Schatten und sind konsequent in 2D gezeichnet. Der Lichteinfall ist für alle Grafiken einheitlich aus der gleichen Richtung kommend mithilfe plakativer Farbverläufe angedeutet.

Abbildg. 8.4   Detailreicher als Symbole, jedoch einfacher als die Illustrationen in Abbildung 8.2

Neben Zeichnungen (siehe Abbildung 8.2 und Abbildung 8.4) kommen zunehmend auch 3D-Grafiken (siehe Abbildung 8.5) bei der Gestaltung von Präsentationen zum Einsatz. Sie sind von echten

Fotografien kaum zu unterscheiden – lediglich die allzu große Perfektion der Objektoberflächen verrät ihre Herkunft.

Von Fotografien kaum zu unterscheiden sind diese in einem 3D-Programm erstellten Grafiken

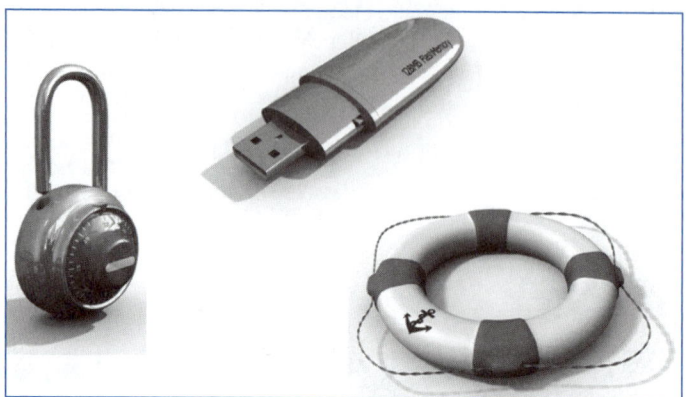

> **HINWEIS**   Bei den Illustrationen in Abbildung 8.2 handelt es sich um Elemente der Benutzeroberfläche von Windows Vista. Zu allen anderen in diesem Kapitel verwendeten Abbildungen finden Sie entsprechende Sammlungen auf der Webseite *Microsoft Office Online*.

PROFITIPP

> Das Angebot auf *Office Online* ist regionalisiert. Eine umfangreichere Auswahl als auf den deutschen Seiten von Office Online steht Ihnen zur Verfügung, wenn Sie Ihre Standorteinstellungen auf *Vereinigte Staaten* ändern. Klicken Sie dazu links oben auf der Webseite auf *Ändern*.

Einheitlicher Grafikstil auch in Zeichnungen, SmartArts und Diagrammen

Auf die Einheitlichkeit des Grafikstils sollten Sie auch achten, wenn Sie mit PowerPoint Zeichnungen, SmartArt-Grafiken oder Diagramme erstellen. Verwenden Sie auf allen Folien Ihrer Präsentation die gleichen Einstellungen für Linienstärke, Farbverläufe, 3D-Optionen und Schatten.

Fotos

Besonders wirkungsvoll sind Präsentationen, wenn Sie Fotos verwenden können. Leider geht dem Einfügen eines digitalisierten Fotos in eine Präsentation häufig aufwendiges Arbeiten an Dateigröße und -format voraus.

Fotos eignen sich hervorragend zur Darstellung von Produkten. Ein Foto verleiht einer Folie Glaubwürdigkeit und gibt dem Betrachter die Möglichkeit, einen Gegenstand richtig einzuschätzen und ihn sich plastisch vorzustellen. Denken Sie beispielsweise an eine Pkw-Präsentation: Transportiert durch gut ausgewählte Hochglanzfotos in brillanten Farben mit stimmungsvollem Hintergrund, darüber ein Schimmer Chromglanz – so wirkt der neue Wagen schon von der Leinwand weg fast »dreidimensional« auf das Publikum ein. Ein Foto vermittelt mehr als eine Idee über Materie – es liefert Stimmungen und initiiert Emotionen. Zeichnungen hingegen eignen sich eher für technisch orientierte Präsentationen vor einem entsprechenden Publikum – etwa zum Demonstrieren von Sachdarstellungen.

TIPP   Wenn Sie auf der Suche nach kostengünstigen Fotos für Ihre Präsentationen sind, sollten Sie auf jeden Fall die folgende Website besuchen:

http://www.istockphoto.com

Sie finden dort die am schnellsten wachsende Onlinesammlung für Fotos und Bilder (weit über 1 Mio.). Sie können dort Fotos nicht nur nach Stichwörtern, sondern auch nach Farben suchen. Die Fotos gibt es zu Preisen unter einem Euro pro Stück.

TIPP   Auch bei der Auswahl von Fotografien erzielen Sie bessere, stimmigere Ergebnisse, wenn Sie auf einheitliche, zum Foliendesign Ihrer Präsentation passende Farbstimmungen und gleichartige stilistische Merkmale achten. Dies gilt insbesondere dann, wenn Sie mehrere Bilder auf einer Folie zeigen.

Abbildung 8.6 und Abbildung 8.7 zeigen die Ergebnisse einer Recherche zum Thema »Planen – Kalkulieren – Entscheiden«. In beiden Fällen handelt es sich um Bildmaterial, das nicht ohne Weiteres mit anderen Fotografien gemischt werden kann.

Abbildg. 8.6   Schwarz-Weiß-Bilder mit stimmungsvoller Beleuchtung

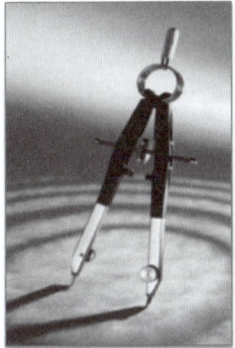  

Abbildg. 8.7   Hier verwenden alle drei Bilder die gleichen Hintergrundfarben, Perspektive und Bewegungsunschärfe

  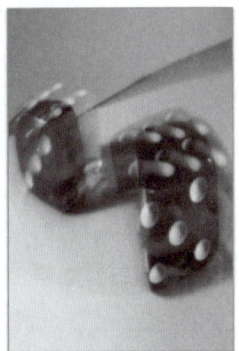

Praxiswissen rund um das Thema Präsentation

Zum Einsatz von Produkt- und Firmenlogos

Logos haben die Aufgabe, den Wiedererkennungswert für eine Firma, eine Marke oder ein Produkt zu sichern. Logos sind damit den bereits oben erwähnten Hinweisschildern sehr ähnlich – sie transportieren auf einen Blick eine ganz bestimmte Botschaft.

Wenn es in Präsentationen darum geht, Produkte vorzustellen, Referenzkunden zu nennen oder auf Lieferanten hinzuweisen, nutzen Sie ruhig die Möglichkeit, hier die entsprechenden Logos einzusetzen.

Es reicht völlig aus, wenn auf Ihrer Folie nur Logos zu sehen sind, während Sie die entsprechenden Detailinformationen mündlich dazu vortragen. Bei den Zuschauern bleiben die Bilder im Gedächtnis, denen die von ihnen gesprochenen Detailinformationen zugeordnet werden.

Ein Beispiel dafür zeigt Abbildung 8.8. Dort werden die neuen Editionen von Windows Vista nicht mit einer Textfolie, sondern durch Abbildungen der DVD-Boxen vorgestellt.

Abbildg. 8.8   Bilder anstelle von Text

 Die in diesem Kapitel genannten und beschriebenen Beispiele finden Sie in der Datei *Kap_8.pptx* auf der CD-ROM zu diesem Buch im Ordner *\Buch\Kap08*.

Was Sie beim Umgang mit Abbildungen vermeiden sollten

Abschließend einige Tipps, wovor Sie sich beim Umgang mit Bildern hüten sollten:

- Vermeiden Sie *komplizierte und detailreiche Bilder.* Erstens hat es keinen Zweck, wenn Sie stundenlang am Computer sitzen, um Ihre Folien zu illustrieren, denn Sie haben zweifellos Wichtigeres zu tun: die Konzentration auf das Wesentliche, auf Ihren Vortrag und das Publikum. Zweitens ist eine komplizierte Grafik eine völlig ungeeignete Illustration für eine Folie, die ja nur kurze Zeit auf den Betrachter einwirkt.

- Die chinesische Weisheit »Ein Bild sagt mehr als tausend Worte« verkehrt sich ins Gegenteil, wenn *zu viele Bilder* auf einer Folie verwendet werden. In diesem Fall hat der Betrachter Schwierigkeiten, Wichtiges von Unwichtigem zu unterscheiden und seine Aufmerksamkeit der Aussage der Folie zuzuwenden.

- Vermeiden Sie *ungewöhnliche Perspektiven* und *verzerrte Ansichten*. Bemühen Sie sich stets um eine übliche dreidimensionale Ansicht.

- Fehlerhaft ist es auch, Bilder *zu klein* darzustellen. Solche Abbildungen wirken unwichtig, nicht ernst zu nehmen und lösen eher negative Gefühle aus. Noch schlimmer ist es, wenn das Bild so klein ist, dass man nicht richtig erkennen kann, was dargestellt wurde.

Wissenswertes zu Grafikformaten

Beim Importieren von Grafiken in die Programme von 2007 Microsoft Office System, bei deren Bearbeitung sowie beim Erstellen eigener Zeichnungen ist es nützlich, zunächst einmal den grundlegenden Unterschied zwischen zwei Arten von Grafiken zu kennen:

- *Bitmap*-Grafiken und
- *Vektor*-Grafiken

Bitmap-Grafiken

Bitmaps – auch Rasterbilder genannt – werden aus einer Vielzahl von kleinen Bildpunkten zusammengesetzt. Alle eingescannten Grafiken und Fotos sind beispielsweise Bitmaps.

Grafikprogramme legen beim Speichern der Bilder u.a. die Information ab, wie viel Bildpunkte auf einer bestimmten Fläche (Höhe x Breite) vorhanden sind. Vergrößern Sie dann ein solches Bild, sind für die dabei entstehenden zusätzlichen Flächen keine Informationen über Bildpunkte vorhanden. Das Bild wird sozusagen zerrissen und die einzelnen Bildpunkte, die das Bild ausmachen, werden sichtbar. Die Bilder erscheinen dann verschwommen oder am Rand ausgefranst (Treppcheneffekt).

Bei der Anzeige der Bitmap-Grafik am Bildschirm oder beim Ausdrucken werden die als Bits gespeicherten Bildinformationen in Pixel umgesetzt. Dabei bestimmt die Dichte der Punkte – also die Auflösung – die Bildqualität. Dieser Wert wird entweder in Punkten pro Inch (dpi = dots per inch) oder einfach in der Anzahl der Punkte pro Zeile und Spalte angegeben (beispielsweise 640 x 480 oder 800 x 600).

Neben den Einschränkungen beim Skalieren ist ein weiteres Manko von Bitmap-Grafiken ihre oft beachtliche Speichergröße. Gerade bei Fotos sind Grafikdateien von 1 bis 4 MB keine Seltenheit.

Das Bitmap-Format eignet sich gut für digitale Bilder, da die einzelnen Bildpunkte des Fotos über die Speicherung als Pixel besser wiedergegeben werden können als über glatte geometrische Formen, die in einer Vektor-Grafik enthalten sind.

Bei starker Vergrößerung werden die Bildpunkte eines Rasterbildes sichtbar

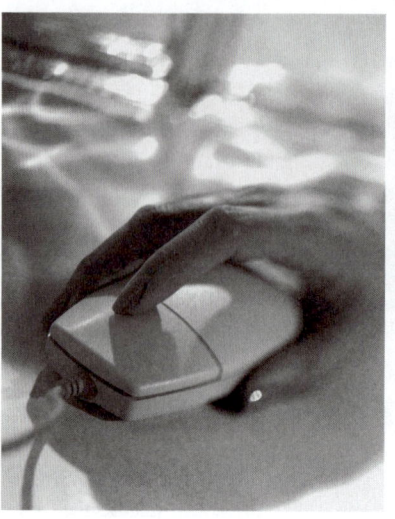

Die Farbdarstellung von Bitmap-Dateien kann durch die Veränderung von Helligkeit, Kontrast sowie durch die Umwandlung in Zweitonbilder angepasst werden. Wirkungsvoll ist auch das Definieren transparenter Bereiche. Sollen einzelne Farben geändert werden, bedarf es eines speziellen Bildbearbeitungsprogramms.

Typische Bitmap-Formate haben die Dateiendung *.bmp*, *.tif*, *.png*, *.jpg* oder *.gif*. Mehr Details zu diesen Grafikformaten erfahren Sie weiter hinten in diesem Kapitel.

Vektor-Grafiken

Vektor-Grafiken werden nicht aus Punkten zusammengesetzt, sondern über Kurvenpunkte mathematisch berechnet. Sie können verlustfrei stufenlos vergrößert werden und haben eine geringere Dateigröße als Rasterbilder.

Vektor-Grafiken werden über Kurvenpunkte und ihre Tangenten definiert

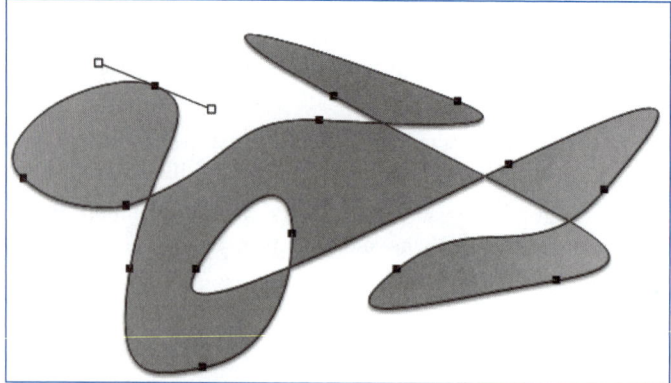

Vektor-Grafiken, die in Programmen wie Illustrator oder CorelDRAW erstellt werden, können für den Einsatz mit PowerPoint wahlweise als Rasterbilder oder unter Beibehaltung ihrer »Vektor-Eigenschaften« in die Formate *.cgm*, *.emf* und *.wmf* exportiert werden. Ob es sich bei einem in PowerPoint eingefügten Bild um ein Rasterbild oder eine Vektorgrafik handelt, erkennen Sie daran, dass im Kontextmenü von Vektorgrafiken der Befehl *Gruppierung aufheben* zur Verfügung steht. Nach dem Aufheben der Gruppierung – diesen Befehl müssen Sie zweimal ausführen – können Sie die importierte Vektorgrafik dann mit allen auch für *Formen* zur Verfügung stehenden Befehlen bearbeiten. Sinnvoll ist diese Vorgehensweise jedoch nur bei einfachen, plakativen Grafiken. Komplexere Zeichnungen werden beim Aufheben der Gruppierung in eine unüberschaubare Vielzahl von einzelnen Bestandteilen zerlegt, die eine Bearbeitung der Grafik nahezu unmöglich macht.

Wichtige Grafikformate im Überblick

JPG oder JPEG

Dieses Format ist das wohl gängigste Bitmap-Format beim Erstellen von Präsentationen. JPG-Bilder werden beim Speichern komprimiert, wobei Sie wählen können, wie stark die Bildinformationen komprimiert werden. Ausschlaggebend für die Wahl ist die gewünschte Dateigröße. Die Bildinformationen werden je nach Stärke der Kompression entfernt und später entweder fast exakt oder nur noch annähernd wiedergegeben. Je höher die Komprimierungsrate, desto geringer die Bildqualität. Wichtig: Bei jedem Speichern als JPG findet eine Kompression der Bilddaten statt, sodass nach mehrmaligem Speichern auch bei niedriger Komprimierungsrate Kompressionsspuren sichtbar werden.

 Ein Beispiel für Kompressionsspuren finden Sie auf *Folie 11* der Datei *Kap_8.pptx* auf der Buch-CD im Ordner *\Buch\Kap_08*.

GIF

Das GIF-Format komprimiert Bilder auf ein Minimum an Speichergröße. Allerdings ist dies nur bei Bildern mit maximal 256 Farben ohne größere Qualitätseinbußen möglich. Das GIF-Format unterstützt einfache Hintergrundtransparenz (d.h. eine transparente Bildfarbe) und kann Animationen speichern.

PNG

PNG ist ebenfalls ein Bitmap-Format, das Bilddaten verlustfrei komprimiert. Es unterstützt 16 Mio. Farben und stufenlose Transparenz und ist für Logos und Fotografien gleichermaßen gut geeignet. Sein Speicherbedarf ist allerdings auch deutlich höher als der von GIF- oder JPG-Bildern.

BMP

Dies ist das allgemeine Windows Bitmap-Format. Es speichert Bilddaten ohne Qualitätsverlust. Aufgrund seiner Dateigröße ist es für Präsentationen nur bedingt geeignet.

TIFF

Das TIFF-Format dient zum Austausch von Bilddaten zwischen unterschiedlichen Plattformen. Wie das Format PNG kann auch das TIFF-Format stufenlose Transparenz speichern. Aufgrund der Größe von TIFF-Dateien sind diese wie BMP-Bilder für Präsentationen jedoch nur dann geeignet, wenn sehr wenige Bilder zum Einsatz kommen und eine Optimierung der Dateigröße nicht erforderlich ist.

CGM, WMF und EMF

CGM, WMF und EMF sind Dateiformate für Vektor-Grafiken, die von allen gängigen Grafikprogrammen unterstützt werden.

PROFITIPP

> Wenn Sie selbst Vektorgrafiken erstellen, ist für den Einsatz in PowerPoint das EMF-Format am besten geeignet. Im Gegensatz zu CGM- und WMF-Grafiken, die Kurven durch Punkte ersetzen, speichert das EMF-Format echte Bezierkurven, sodass die Ränder der Grafik nach dem Import und Vergrößern in PowerPoint geglätteter erscheinen. Abbildung 8.10 zeigt eine EMF-Datei im Punktebearbeitungsmodus, Abbildung 8.11 die gleiche Grafik im Format WMF.

Abbildg. 8.11   Beim Speichern als *CGM* oder *WMF* werden Kurven durch viele kurze Geraden ersetzt

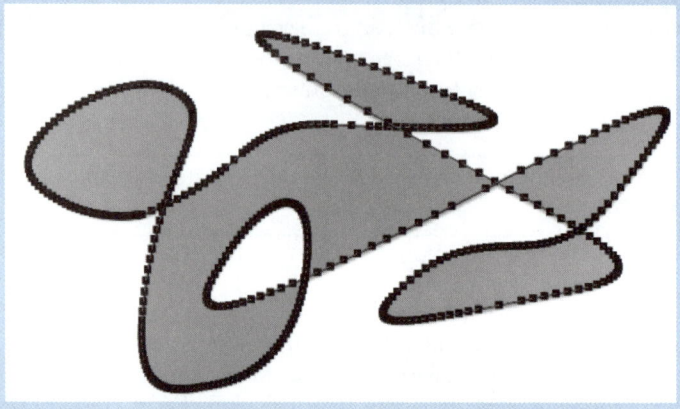

HINWEIS   Den Befehl zum Bearbeiten der Kurvenpunkte von Vektor-Grafiken finden Sie in PowerPoint auf der Registerkarte *Format* der *Zeichentools* über *Form bearbeiten/Punkte bearbeiten* (in der Gruppe *Formen einfügen*).

HINWEIS   Anders als frühere Versionen von Windows zeigt Windows Vista weder im Windows-Explorer noch im Dialogfeld *Grafik einfügen* eine Miniaturansicht von WMF- und EMF-Dateien. Um solche Grafiken mit PowerPoint zu verwenden, ist es sinnvoll, sie im Clip Organizer wie in Kapitel 13 beschrieben zu organisieren.

Zusammenfassung

Bilder sind in einer Präsentation das Salz in der Suppe. Doch das Salz muss in der richtigen Dosis verwendet werden: Bilder sollen die Aussage des Vortragenden unterstützen und nicht davon ablenken. Daher kommt der Wahl der passenden Bilder eine Schlüsselrolle zu.

Hier die wichtigsten Fundstellen zum Umgang mit Bildern in Präsentationen:

Thema	Seite
Illustrationsstile	205
Tipps zum Umgang mit Fotos	208
Wissenswertes zu den in PowerPoint einsetzbaren Grafikformaten	211
Detailinformationen zu Bitmap- und Vektor-Grafiken	213

Praxiswissen rund um das Thema Präsentation

215

Kapitel 9

Der Umgang mit Vorlagen und Designs

In diesem Kapitel:

Ganz gleich, ob Sie ein Referat halten wollen und eine dem Thema angepasste Präsentationsvorlage suchen, ob Sie gerade ein mittelständisches Unternehmen gegründet haben und nun Brief- und Folienvorlagen brauchen oder ob Sie in einem Konzern die kompletten Office-Vorlagen für Power-Point, Word und Excel an die Corporate Identity (»CI«) anpassen müssen – in allen dieser Fälle stehen Sie vor der Aufgabe, PowerPoint-Vorlagen zu erstellen.

Neu   In 2007 Microsoft Office System ist es erstmals möglich, *Designs* nicht nur in PowerPoint, sondern auch in den anderen Office-Programmen zu verwenden. Damit können Sie nun unternehmensweite und anwendungsübergreifende Standards beispielsweise für Farben definieren.

Neu   Mehr noch: Aus den neuen 3D- und Schatteneffekten können Sie einen Satz aufeinander abgestimmter, vorinstallierter *Effekte* für Ihre Vorlagen auswählen.

Neu   Falls Ihnen die vorgegebenen *Folienlayouts* nicht ausreichen, können Sie in PowerPoint 2007 die Auswahl um eigene, benutzerdefinierte Layouts erweitern. Dreispaltige Folien oder große Fotos mit Bildunterschrift lassen sich so von vornherein einplanen.

Um all diese Neuerungen, aber auch um bewährte Themen wie Vorlagen und Master wird es in diesem Kapitel gehen. Es vermittelt Ihnen zunächst kurz die theoretischen Grundlagen. Danach erfahren Sie an einem praktischen Beispiel, wie Sie vorgehen, um Ihre eigenen Designs und Vorlagen zu planen und zu erstellen.

Design, Vorlage, Master und Layout – eine Begriffsklärung

Die drei Begriffe *Vorlage*, *Master* und *Layout* sorgten schon in den vorherigen Versionen von Power-Point für Begriffsverwirrung – in PowerPoint 2007 ist als vierter wichtiger Begriff das *Design* hinzugekommen. Daher sind hier einige Erläuterungen zu Unterschieden und Gemeinsamkeiten und vor allem zur Hierarchie angebracht.

Designs: Einheitliche Gestaltung mit nur einem Mausklick

Neu   Beginnen wir mit den *Designs*, gelegentlich auch als Dokumentdesigns oder Office-Designs bezeichnet. Sie können von jedem der drei Programme PowerPoint, Word oder Excel aus gespeichert werden (in den übrigen Office-Programmen sind sie nicht verfügbar). Es spricht allerdings einiges dafür, sie in PowerPoint zu definieren – wie Sie im Folgenden noch sehen werden. Designs tragen die Dateiendung *.thmx* (vom englischen Begriff »Theme« abgeleitet).

Mit Office werden 20 Designs mitgeliefert, weitere können Sie von der Webseite *Microsoft Office Online* herunterladen (Details dazu finden Sie im Abschnitt »Tipps und Tricks zu Vorlagen und Designs – Fertige Designs aus dem Internet herunterladen« weiter hinten in diesem Kapitel). Die 20 Designs unterscheiden sich in ihren

- *Farben* – von farbenfroh bis dezent
- *Schriften* – von sachlich-modern bis klassisch-konservativ
- *Effekten* – von auffällig dreidimensional bis zurückhaltend schattiert

Für PowerPoint kommen als Besonderheit noch Folienhintergründe und Folienlayouts dazu, die ebenfalls im Design gespeichert werden. Designs, die Sie von Word oder Excel aus speichern, enthalten nur die drei oben genannten Bausteine Farben, Schriften und Effekte. (Details zu diesen Bausteinen finden Sie weiter hinten in diesem Kapitel im Abschnitt »Grundbausteine von Design und Vorlage: Farben, Schriften und Effekte«.)

Dieser Dreiklang aus Farben, Schriften und Effekten bildet aber nur die übergreifende Klammer, die Dokumente in den drei Office-Anwendungen verbindet. Auf diesen Vorgaben basieren wiederum die *Vorlagen* in den einzelnen Programmen, die die von Ihnen gesetzten Standards zum Leben erwecken und praxistauglich machen.

- In *PowerPoint* können Sie Präsentationsvorlagen erstellen, die ihr einheitliches Aussehen aus dem gemeinsamen Design übernehmen und durch ihre Gestaltungsdetails und Musterfolien zur Grundlage für Unternehmensdarstellungen, Verkaufspräsentationen, Hauptversammlungsbilanzen u.v.m. werden.

- In *Word* erstellen Sie mit demselben Design Vorlagen für Briefe, Broschüren, Geschäftsberichte und mehr.

- In *Excel* dienen sie als Basis für übersichtlich formatierte Bilanzvorlagen, Marketingdiagramme etc.

Ihren Kunden, Geschäftspartnern und Mitarbeitern zeigen Sie so ein konsistentes Erscheinungsbild. Dies erhöht den Wiedererkennungswert, unabhängig davon, ob Sie eine börsennotierte Aktiengesellschaft vertreten oder selbstständiger Trainer sind.

Abbildung 9.1 verdeutlicht den Zusammenhang von Design und Vorlagen.

Abbildg. 9.1   Designs definieren die gemeinsamen Grundlagen von Vorlagen in PowerPoint, Word und Excel

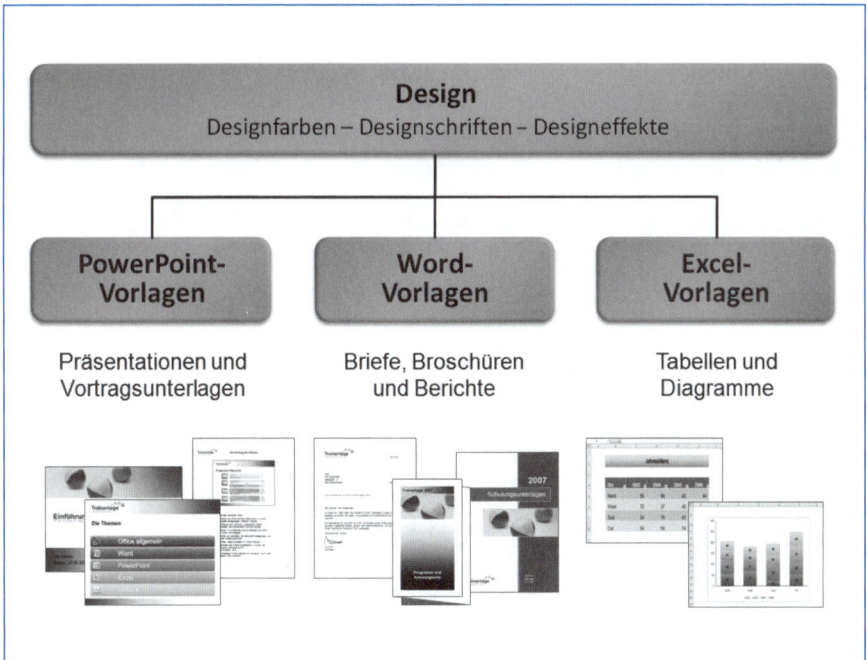

Vorlagen: Tägliche Arbeitserleichterung

Designs werden einmal für ein Unternehmen festgelegt und in großen Zeitabständen erneuert.

Vorlagen hingegen werden Sie öfter erstellen. Neue Geschäftsbereiche, neue Projekte und neue Arbeitsabläufe erfordern neue Vorlagen, um die Erstellung von Präsentationen und anderen Office-dokumenten zu erleichtern und zu beschleunigen.

> **HINWEIS** Wenn Sie nicht in der Rolle dessen sind, der die Vorlagen entwirft, sondern sie als Anwender von Ihrem Unternehmen vorgeschrieben bekommen, sollten Sie Vorlagen mit ihren festen Vorgaben nicht als Einengung sehen. Sehen Sie sie als Hilfsmittel, damit Sie sich nicht bei jeder Folie erneut Gedanken über Ränder, Farbtöne und Schriftgrößen machen müssen. So können Sie sich voll auf Ihre Inhalte konzentrieren.

Alle Office-Vorlagen übernehmen vom zugrunde liegenden Design ihre *Designfarben, Designschriften* und *Designeffekte*. In PowerPoint kommen weitere Bausteine hinzu: *Hintergründe, Folienmaster* und *Folienlayouts*.

Somit kann ein Design fast alle Gestaltungselemente enthalten, die auch eine Vorlage enthält. In der Vorlage kommen dann die praktischen Elemente dazu, die Ihnen die Erstellung von Präsentationen erleichtern:

- Logos und andere Grafiken,
- Fußzeilen und vor allem
- vorbereitete Musterfolien.

Ein Design kann auch die Funktion einer »Basisvorlage« erfüllen, wenn Sie bei Ihrer Präsentation von formatierten, aber leeren Folien ausgehen wollen. Ebenso können Sie einer fertigen Präsentation durch Zuweisen eines anderen Designs schnell ein neues Aussehen geben. Um die Zahl benutzerdefinierter Designs nicht zu groß und somit den Design-Katalog unübersichtlich werden zu lassen, empfiehlt es sich aber, im Design nur solche Elemente zu speichern, die allen Ihren Vorlagen gemeinsam sein sollen. In den einzelnen Vorlagen fügen Sie dann nach Bedarf weitere Details hinzu. Durch diese Elemente, die von der Funktion der Vorlage abhängen, unterscheiden sich dann die Vorlagen für spezielle Einsatzbereiche.

Abbildg. 9.2 Designs und Vorlagen enthalten unterschiedliche Bestandteile

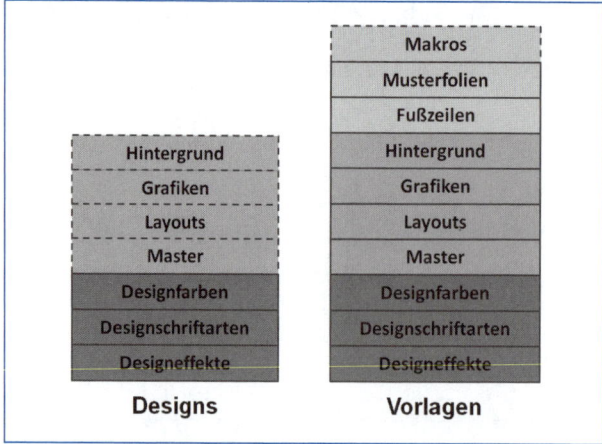

Tabelle 9.1
Entscheidungshilfe: Wann sollten Sie ein Design erstellen, wann eine Vorlage?

Aufgabenstellung	Design	Vorlage
Sie wollen Farben, Schriften und Effekte nicht nur für PowerPoint, sondern auch für Word und Excel festlegen	+	–
Sie wollen für die Anwender fertige Musterfolien als Bestandteil ihrer Präsentationen bereitstellen	–	+
Sie brauchen eine unternehmenseinheitliche Gestaltungsvorgabe (CI) für Präsentationen	+	–
Sie wollen aus der Unternehmens-CI Präsentationen für einzelne Abteilungen und Projekte entwickeln	–	+
Sie benötigen eigene Layouts für spezielle Einsatzzwecke	–	+
Sie benötigen mehrere Master mit jeweils mehreren Layouts	(+)	+
Sie benötigen mehr als ein Farbschema	–	+
Sie wollen Makros weitergeben	–	+

Master: Differenzierung innerhalb einer Vorlage

Ihr Logo und andere grafische Gestaltungselemente sollen auf jeder Folie auftauchen. Damit Sie sie aber nicht auf jeder Folie erneut einfügen und positionieren müssen, haben alle Folien eine gemeinsame Ebene, den *Master*.

Schon vor Jahren, als noch überwiegend mit Overheadprojektoren und aufgelegten Folien aus Plastik präsentiert wurde, war es bei großen Firmen üblich, eine Grundfolie zu erstellen, die das Firmenlogo und einfache Gestaltungselemente wie z.B. Rahmen enthielt. Diese wurde mit einer Glasscheibe oder Klebestreifen auf dem Projektor fixiert und mit wechselnden Folien überdeckt, die mit dem Vortragsinhalt beschrieben oder bedruckt waren.

Bei Computerpräsentationen übernimmt der Master diese Rolle der untersten, gleichbleibenden Ebene. Er wird in einer eigenen Ansicht, der Folienmasteransicht, die Sie über die Registerkarte *Ansicht* erreichen, bearbeitet. (Einzelheiten dazu weiter hinten in diesem Kapitel im Abschnitt »Differenzierung innerhalb von Präsentationen: Mehrere Master«.)

Im Master fügen Sie dem Hintergrund, der vom Design für alle Vorlagen übernommen wird, weitere Elemente hinzu. Jede Vorlage kann mehrere Master enthalten. Mit ihnen untergliedern Sie Ihre Präsentation in mehrere Abschnitte, z.B. um mehrere Unternehmensbereiche, Produkte o.Ä. zu präsentieren. Die einzelnen Abschnitte können sich durch unterschiedliche Markenlogos, Grafiken, Farbgebung etc. unterscheiden.

HINWEIS   Aus programmiertechnischer Sicht ist diese Formulierung nicht ganz korrekt, eigentlich handelt es sich um mehrere *Varianten* des *einen* Masters, der der gesamten Präsentation zugrunde liegt. Der Einfachheit halber wird hier die (auch in der PowerPoint-Hilfe anzutreffende) Formulierung »mehrere Master« verwendet.

Layouts: Anwendungsbezogene Gestaltung

Jeder Master wiederum enthält mindestens ein, meist aber mehrere *Layouts.* Vorgege- 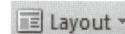 ben sind neun Layouts, also überschaubarer als in den vorhergehenden Versionen.

Das Folienlayout bestimmt die Aufteilung des auf der Folie für Text und Grafiken zur Verfügung stehenden Raumes. *Platzhalter,* in denen Sie Text und andere Elemente einfügen können, sorgen beispielsweise dafür, dass Überschriften immer an derselben Stelle stehen, Textspalten immer gleich breit sind und Tabellen und Diagramme an derselben vorderen Fluchtlinie anfangen wie Aufzählungstexte.

Neu Neu in PowerPoint 2007 ist, dass Sie diese Layouts frei gestalten können. Sie können beliebig viele Platzhalter hinzufügen, also z.B. auch eine dreispaltige Folie gestalten. Wie Sie dabei vorgehen, lesen Sie weiter hinten in diesem Kapitel an einem Beispiel.

Abbildg. 9.3 Der Katalog *Layout* zeigt Ihnen die im Design vorhandenen Layouts

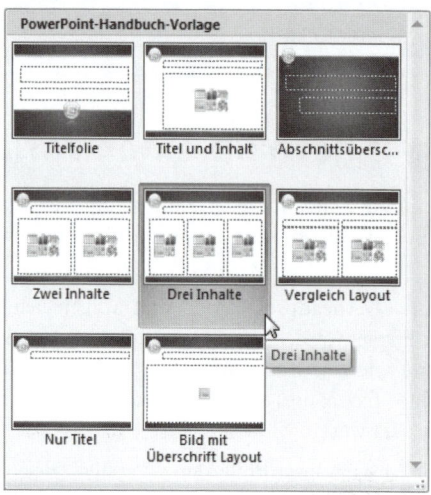

> **HINWEIS** Layouts werden mit dem Design gespeichert; wenn Sie einer vorhandenen Präsentation ein neues Design zuweisen, steht Ihnen anschließend eine andere Layoutauswahl zur Verfügung. Die Layoutauswahl des Designs können Sie in der Vorlage oder in einer einzelnen Präsentation individuell ergänzen.

Grundbausteine von Design und Vorlage: Farben, Schriften und Effekte

Drei Grundbausteine gibt das Design an jede Vorlage und jede darauf basierende Präsentation mindestens weiter:

- zwölf Designfarben,
- zwei Designschriftarten und
- die Designeffekte.

Diese heißen jeweils so wie das Design, in dem sie standardmäßig enthalten sind. Das Design *Larissa* enthält also die Designfarben *Larissa*, gleich mehrere Schriftschemas *Larissa* und die Designeffekte *Larissa*. Sie können sie aber natürlich jederzeit untereinander und mit Ihren benutzerdefinierten mischen.

Weitere Designfarben, -schriftarten und -effekte können Sie zurzeit nicht separat herunterladen, fertige Designs werden aber meist mit diesen Elementen als separate Dateien (bzw. zusammen in einer CAB-Datei) zur Verfügung gestellt.

Einen Überblick über die Elemente der 20 zusammen mit Office 2007 installierten Designs und ihrer Designelemente gibt die Datei *KAP09_Installierte-Designs.pptx*, die Sie auf der Begleit-CD zu diesem Handbuch im Ordner *\Buch\Kap09* finden.

Von pastellig bis knallbunt: Designfarben

Während die acht Farben, die Sie in vorhergehenden PowerPoint-Versionen speichern konnten, in der Praxis oft zu wenig waren, können Sie in PowerPoint 2007 nun zwölf Designfarben definieren:

- vier Farben für Hintergrund und Schriften,
- sechs Akzentfarben und
- zwei Farben für Hyperlinks.

Abbildg. 9.4   Bei der Installation werden 21 Farbschemas für die Designfarben
bereits vorgegeben, weitere können Sie hinzufügen

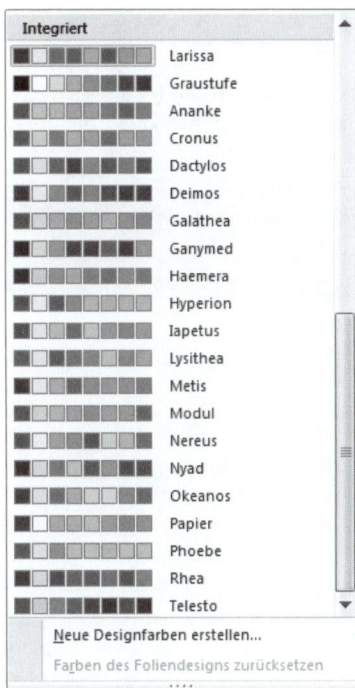

Mit den Designs werden 21 Farbschemas für die Designfarben schon mit Office mitgeliefert; diese können Sie nicht löschen, Sie können aber eigene Sätze von Designfarben hinzufügen. Für unterschiedliche Anwendungsgebiete können Sie mehrere Sätze von Designfarben in einer Vorlage speichern.

Wenn Sie eigene Designfarben zusammenstellen und speichern, stehen Ihnen diese ebenso in Word und Excel zur Verfügung. Damit können Sie in diesen beiden Programmen nun auch auf das gesamte Spektrum über 16 Mio. Farben – also mehr als das menschliche Auge unterscheiden kann – ganz einfach zurückgreifen.

Die gestalterischen Grundlagen zum Einsatz von Farben und Empfehlungen zur Auswahl zusammenpassender Farben finden Sie in Kapitel 6.

Von klassisch bis modern: Designschriftarten

Während Schriftarten bislang direkt in den Platzhaltern definiert wurden, bringt jedes Design nun zwei vordefinierte Schriften mit:

- eine für die Überschrift

- eine für den Textkörper

Die Designs bringen jeweils ein Schriftschema mit, einzig für das Standarddesign *Larissa* stehen vier Schriftschemas zur Auswahl. Sie müssen für die Designschriftarten nicht zwei verschiedene Schriftarten wählen, es darf sich auch zweimal um dieselbe Schriftart handeln.

Das Schriftschema gibt dabei nur die Schrift*arten* vor. Die Schrift*farben* werden über die ersten beiden Farben der Designfarben definiert, sie können aber genau wie die Schrift*größen* und Schrift*schnitte* im Master definiert werden.

Bei Bedarf können Sie für einzelne Texte vom Design und vom Master abweichende Schriften einstellen, zugunsten der guten Lesbarkeit sollten Sie davon aber nur in Ausnahmefällen Gebrauch machen. Mehr zu Schriften und ihrer Auswahl lesen Sie in Kapitel 7.

Abbildg. 9.5 Designschriftarten (hier: *Larissa*) definieren zwei durchgängige Schriften für jede Präsentation

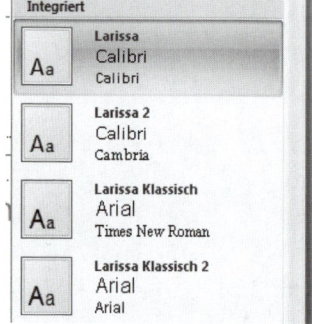

Von subtil bis intensiv: Designeffekte

Ob für Formen, SmartArts und Diagramme bei den vordefinierten Grafikformaten ein leichter Schatten, intensiver Glanz oder eine Struktur zur Verfügung steht, bestimmen die *Designeffekte*. Auch hier gibt es 20 vorgegebene Schemas (vgl. Abbildung 9.6), denen Sie allerdings nicht so ohne

Weiteres eigene hinzufügen können. Um die Auswahl zu erweitern, sind einerseits gute XML-Kenntnisse, andererseits ein geschulter Blick für zusammenpassende Effekte nötig – also eine Aufgabe für Spezialisten.

Zusammen mit weiteren Designs werden aber zukünftig auch weitere Effekte bei Microsoft und bei Drittanbietern zum Download zur Verfügung stehen.

Den Designeffekten liegt eine Effektmatrix (vgl. Abbildung 9.7) zugrunde, die sich auswirkt auf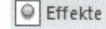

- Linien (Linienstärke, Linienart)
- Füllbereiche (hell oder dunkel, einfarbig oder mit Farbverlauf, Struktur)
- Schatten und 3D-Effekte (schmaler oder breiter Schatten, flach oder räumlich)

Die Designeffekte wirken sich in drei unterschiedlichen Intensitäten aus:

- subtil (helle Farben, schmale Linien)
- moderat (kräftigere Farben, flache Ränder)
- intensiv (Ränder mit auffälligen Linien oder Abschrägungen)

Abbildg. 9.6   Bereits in Office integriert sind 20 unterschiedliche Effekte

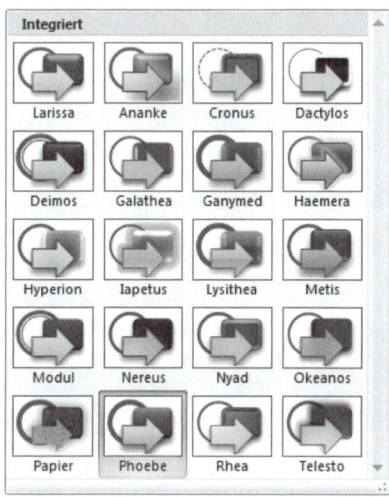

Dabei wirkt sich ein Effekt immer auf Linien, Füllbereiche und Schatten bzw. 3D-Effekte gleichzeitig aus, wenn Sie über den entsprechenden Katalog auf der Registerkarte *Format* der *Zeichentools* einer Form eine der vordefinierten *Formenarten* zuweisen.

Abbildg. 9.7   Effekte wirken sich unterschiedlich stark auf Linien, Füllbereiche, Schatten und 3D-Effekte aus

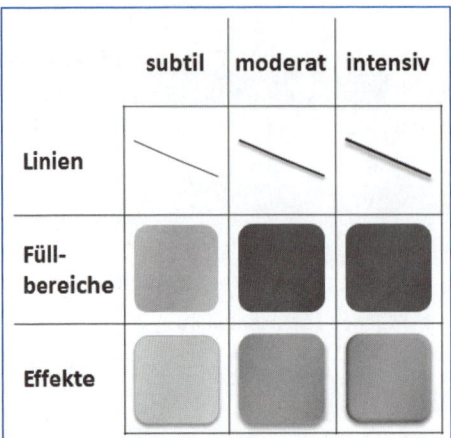

Aus der Theorie wird Praxis: Ein eigenes Design erstellen

Das Erstellen von Vorlagen und Designs lässt sich am besten an einem konkreten Fall zeigen. Da in der Praxis häufig für Messen, Kongresse, Jahreshauptversammlungen und ähnliche Großereignisse spezielle Vorlagen benötigt werden, wurde als Beispiel für dieses Kapitel die Erstellung von Design und Vorlagen für eine Veranstaltung gewählt. Für die »Trainertage« im Juni 2007 haben sich ein EDV-Beratungsunternehmen, ein internationales Trainerteam und eine Informatikschule zusammengefunden, um in einer gemeinsamen Veranstaltung deutschsprachige Office-Trainer für das neue Office 2007 weiterzubilden. Für dieses gemeinsame Vorhaben sollte keiner der drei Partner mit seinem Firmendesign im Vordergrund stehen, sodass nach einer neuen Webseite auch eine eigene Präsentationsvorlage entwickelt wurde. Diese soll in diesem Kapitel als Beispiel dienen

Das fertige Beispieldesign und eine Beispielvorlage finden Sie auf der CD zu diesem Handbuch im Ordner *\Buch\Kap09*.

Die Vorgaben: Die Corporate Identity beachten

Nur selten entsteht eine PowerPoint-Vorlage »aus dem Nichts«. Meist existieren schon Designvorgaben, die beachtet werden müssen. Sei es das umfangreiche Corporate-Identity-Handbuch eines Großkonzerns oder das Logo eines Startup-Unternehmens, das Farben und Schriften nur implizit vorgibt.

Exkurs: Was ist Corporate Identity?

Corporate Identity (abgekürzt *CI*) ist die »Unternehmenspersönlichkeit«. Sie umfasst nicht nur die Designrichtlinien, das Corporate Design, sondern das gesamte Auftreten des Unternehmens nach außen und innen, das sich ebenso in Corporate Communications (Werbeauftritt, interne Kommunikation) und Corporate Behaviour (Verhalten gegenüber Kunden und Geschäftspartnern, Mitarbeiterführung) äußert.

Von diesen Aspekten ist für die Gestaltung des Präsentationsdesigns und der PowerPoint-Vorlagen vor allem das Corporate Design bedeutsam, das das visuelle Erscheinungsbild bestimmt. Die Firmenfarben, die Hausschrift, das Logo und weitere Gestaltungsmittel müssen natürlich berücksichtigt werden. Eine gut gestaltete PowerPoint-Vorlage kann sich aber durchaus auch auf andere Bereiche der Corporate Identity auswirken, indem sie z.B. die Klarheit der Kommunikation fördert. Innerhalb der Corporate Identity können für die einzelnen Marken eigenständige Richtlinien gelten, das sogenannte »Branding«.

Fragen Sie deshalb, ob es ein CI-Handbuch oder »Guidelines« gibt, bevor Sie für eine Firma ein PowerPoint-Design erstellen. Anschließend sollten Sie die in den PowerPoint-Vorlagen festgelegten Einstellungen schriftlich festhalten, damit diese wiederum Eingang in das CI-Handbuch finden können.

Selbst wenn Sie noch Student sind, ist dieses Prinzip für Sie wichtig. Nach den gleichen Designkriterien gestaltete Referate, Protokolle und Seminararbeiten erhöhen auch hier Ihren Wiedererkennungswert und lassen Sie aus der Masse positiv herausragen. Zudem reduzieren Sie Ihren Stress während der Diplom- und Doktorarbeitsphase, wenn Sie sich schon frühzeitig mit Formatierungshilfen und -regeln befassen.

Der Beginn: Auswahl des Ausgangspunktes

Nach einigen kurzen theoretischen Vorüberlegungen zu den Einflussfaktoren starten Sie in diesem Abschnitt anhand des Praxisbeispiels mit der Festlegung der Grundparameter Ihrer ersten Vorlage.

Die möglichen Startpunkte

Es gibt mehrere Möglichkeiten, die Arbeit an einer neuen Vorlage zu beginnen:

- Öffnen Sie mit *Neu/Leere Präsentation* im Menü zur *Office-Schaltfläche* eine neue, leere Präsentation basierend auf dem Design *Larissa* mit neutralem, weißem Hintergrund.

- Gehen Sie von einem beliebigen anderen Design aus, das Sie über *Neu/Installierte Designs* im Menü zur *Office-Schaltfläche* aufrufen.

- Öffnen Sie mit *Neu/Neu von vorhandenem* im Menü zur *Office-Schaltfläche* eine bereits bestehende Vorlage oder ein vorhandenes Dokument.

Welchen dieser Wege Sie wählen, bleibt Ihnen überlassen. Haben Sie schon viele Vorgaben, die Sie berücksichtigen müssen, ist es meist am leichtesten, von einer weißen, leeren Präsentation auszugehen. Haben Sie dagegen noch keine festen Vorstellungen, lassen Sie sich vielleicht eher von einem vorhandenen Design inspirieren. Liegt Ihnen bereits eine Vorlage aus einer älteren PowerPoint-Version vor, so ist diese natürlich Ihr Ausgangspunkt.

> **HINWEIS** Wenn Sie über *Neu* im Menü zur *Office-Schaltfläche* auf vorhandene Dateien zugreifen, werden Ihnen zwei Gruppen angeboten:
>
> ■ Einerseits die *Installierten Vorlagen* bzw. *Installierte Designs*: Diese werden bei der Installation von Office 2007 mitinstalliert. Diese Auswahl können Sie nur bei der Installation beeinflussen, später können Sie sie weder ändern noch ergänzen
>
> ■ Andererseits *Meine Vorlagen:* Hier finden Sie alle Vorlagen wieder, die Sie selbst erstellt oder aus dem Internet oder anderen Quellen heruntergeladen und im Vorlagenordner installiert haben.
>
> Haben Sie ein Design nur als *thmx*-Datei abgespeichert und noch keine Vorlage (*dotx* oder *dotm*) auf dieser Grundlage erstellt, können Sie nicht mit *Neu*, sondern nur über die Registerkarte *Entwurf*, Gruppe *Designs* darauf zugreifen.

Design oder Vorlage erstellen?

Wie bereits oben erwähnt, umfasst das Design die gestalterischen Vorgaben aller zu einem Projekt gehörenden Präsentationen. Die Vorlagen differenzieren das Design, indem sie für spezielle Einsatzzwecke weitere Gestaltungselemente und vor allem Musterfolien hinzufügen.

Da für die Trainertage noch keinerlei Office-Vorlagen bestehen, wird die Aufgabe also zunächst sein, ein neues Design zu erstellen. Auf diesem können später diverse Vorlagen aufbauen.

Das Praxisbeispiel: Grundlegende Designparameter festlegen

Für die Office-Trainertage existieren schon ein Logo und eine Webseite. Es wurden allerdings noch keine Designrichtlinien schriftlich festgehalten.

In der Datei *KAP09_Entwicklungsschritte.ppxt* im Ordner *\Buch\Kap09* auf der CD zu diesem Buch finden Sie Screenshots zu den einzelnen Entwicklungsschritten des Trainertage-Designs.

Abbildg. 9.8 Webseite und Logo bilden die Ausgangspunkte der Designentwicklung

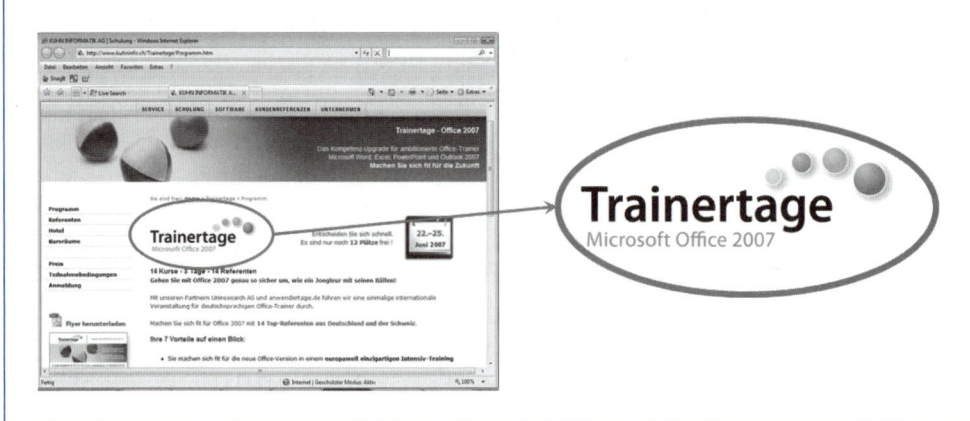

Detailarbeit: Die Basiselemente der Vorlage zusammenstellen

Allein aus den beiden Ausgangspunkten Webseite und Logo lassen sich Designfarben, -schriften und -effekte ableiten. Sie werden einzeln abgespeichert und nach und nach einer leeren Vorlage, die auf dem vorinstallierten Design *Larissa* basiert, hinzugefügt.

Da ein Design keine Folien enthalten kann, kann die eigentliche Designdatei nicht auf dem Bildschirm angezeigt werden, sondern immer nur eine darauf basierende Präsentation. Arbeiten Sie also zunächst mit einer normalen PowerPoint-Präsentation *(.pptx)*. Die darin getroffenen Festlegungen werden dann später als Design *(.thmx)* abgespeichert.

Farbenspiele: Die Designfarben festlegen

Das Trainertage-Logo verwendet einerseits die Idee des Jonglierens, andererseits die vier Grundfarben des Office-Logos. Die vier »Bälle« liefern somit vier der sechs Akzentfarben, Schwarz und Weiß der Schrift und der Umrandung sollten sich in den Text- und Hintergrundfarben wiederfinden ebenso wie das Grau des Webseitenkopfes.

PROFITIPP

Bei der Designentwicklung taucht immer wieder die Aufgabe auf, Farben aus Bitmapgrafiken zu übernehmen. Leider verfügt PowerPoint noch nicht über eine eigene Funktion für diese Aufgabe. Mit *Pixie* steht aber ein kleines, kostenloses Tool zum Download zur Verfügung, das diese Lücke füllt: *http://www.nattyware.com/pixie.html*

Abbildg. 9.9 *Pixie* liefert die genauen Farbwerte eines Pixels

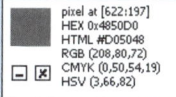

Pixie ist ein Color Picker, der Ihnen die RGB-Werte für die Farbe des Pixels angibt, auf die der Cursor gerade zeigt. Diese Werte können Sie allerdings nicht direkt aus dem Programm nach PowerPoint übernehmen, sondern müssen sie abschreiben.

Drei Gruppen von Farben gilt es im Folgenden festzulegen:

- vier Text- und Hintergrundfarben
- sechs Akzentfarben
- zwei Hyperlinkfarben

Festlegung der Text- und Hintergrundfarben

Die Entscheidung für die erste Hintergrundfarbe ist schnell gefällt: In Anlehnung an das Design der Webseite soll die Trainertage-Präsentation einen weißen Hintergrund bekommen. In den hellen Unterrichtsräumen liefert Schwarz als Schriftfarbe darauf einen guten Kontrast. Die zweite, dunkle Hintergrundfarbe wird mithilfe des Color Pickers im Farbverlauf am Kopf der Webseite gefunden: ein dunkles Grau. Diese Farbe kann später z.B. als dunkler Hintergrund für Zwischenfolien dienen, die die Präsentation in Abschnitte gliedern. Als vierte Farbe wird ein sehr helles Grau gewählt. Es kann benutzt werden, wenn der Kontrast zwischen dunklem Hintergrund und heller Schrift nicht so hart sein soll.

> **TIPP** Als erste Farben *(Text/Hintergrund 1)* werden Schwarz und Weiß vorgegeben. Diese beiden Farben sollten Sie möglichst nicht ändern, denn Sie werden sie in fast allen Präsentationen brauchen. Andererseits besteht so normalerweise auch keine Notwendigkeit, Schwarz als Akzentfarbe erneut aufzugreifen.

So gehen Sie bei der Definition der ersten Farben vor:

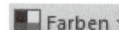

1. Wechseln Sie zur Registerkarte *Entwurf*.
2. Klappen Sie in der Gruppe *Designs* den Katalog der *Designfarben* auf.
3. Wählen Sie das Farbschema, das als Ausgangspunkt dienen soll (hier: *Larissa*).
4. Klicken Sie unten im Farbenkatalog auf *Neue Designfarben erstellen*; es öffnet sich das gleichnamige Dialogfeld.
5. Klicken Sie auf den Pfeil rechts neben der Farbe, die Sie ändern möchten.
6. Unten im Farbauswahlfeld wählen Sie *Weitere Farben*.
7. Nun können Sie den gewünschten Farbton auf der Registerkarte *Benutzerdefiniert* als RGB- (oder HSL-) Werte eingeben oder eine der Standardfarben wählen.
8. Denken Sie daran, für Ihr Farbschema einen *Namen* zu vergeben. Schließen Sie das Dialogfeld mit *Speichern*.

Auswahl der Akzentfarben

Die Akzentfarben machen als Fülleffekt- und Formkonturfarben die »Buntheit« einer Folie aus. Da PowerPoint automatisch hellere Schattierungen der gewählten Farben als Füllfarbe zur Verfügung stellt, werden für die Akzentfarben die dunkelsten Stellen der Bälle gesucht. Notieren Sie sich die RGB-Werte dieser Farben. Diese vier Akzentfarben werden durch die Mischfarben Violett und Orange ergänzt, mit der Empfehlung, sie in der Präsentation eher selten einzusetzen.

> **TIPP** Wählen Sie als Akzentfarben möglichst keine reinen, gesättigten Farben. Diese werden im Farbauswahlfeld sowieso schon angeboten und sind somit immer zur Verwendung vorhanden. Gebrochene (d.h. mit Schwarz, Weiß oder Grau abgetönte) Farben sind für das Auge meist wesentlich angenehmer (zur harmonischen Farbwahl siehe auch Kapitel 6).

Abbildg. 9.10 Ein Klick mit der rechten Maustaste ermöglicht das nachträgliche Bearbeiten der Designfarben

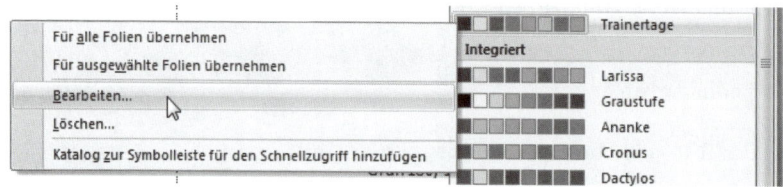

> **HINWEIS** Sie können nur benutzerdefinierte Designfarben bearbeiten, bei den vorinstallierten ist der Befehl *Bearbeiten* nicht vorhanden.

So definieren Sie weitere Farben:

1. Wenn Sie nicht alle 12 Farben gleichzeitig festlegen, öffnen Sie zum Ändern das Dialogfeld mit einem Klick mit der rechten Maustaste auf das soeben angelegte benutzerdefinierte Farbschema und wählen *Bearbeiten*.

2. Nehmen Sie die gewünschten Änderungen wie oben beschrieben vor und schließen Sie das Dialogfeld mit *Speichern*.

ACHTUNG   Denken Sie bei der Wahl der Farben für das Design auch schon an die spätere Verwendung der Farben in den übrigen Office-Programmen: Die Akzentfarben des Farbschemas werden in Word und Excel als Überschriften- und Linienfarben verwendet. Auch deshalb ist es wichtig, keine zu hellen Farben zu wählen, um ausreichenden Kontrast zu gewährleisten.

Abbildg. 9.11   Das Dialogfeld *Designfarben bearbeiten* zeigt auch eine kleine Vorschau auf die Verwendung der Farben

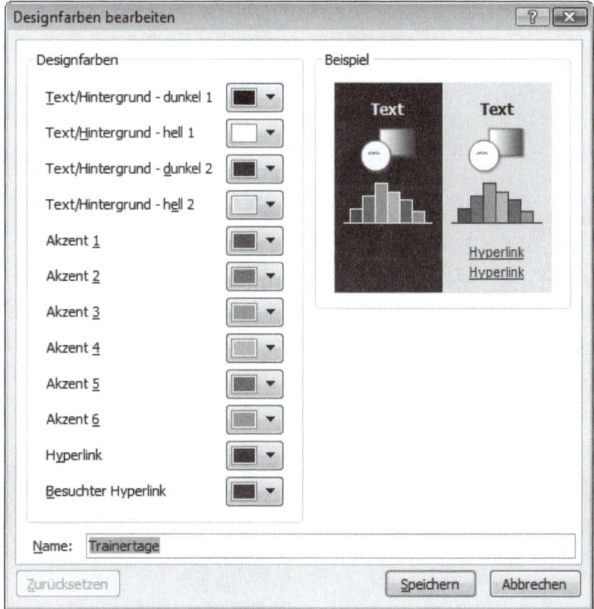

Werfen Sie abschließend einen Blick auf die Schattierungen, die Ihnen z.B. als Füllfarben für Formen angeboten werden. Zeichnen Sie einige beliebige Formen auf eine leere Folie und wenden Sie verschiedene Farben darauf an. Harmonieren die Farben untereinander? Tauchen in den Schattierungen Farben auf, die Sie in Ihren Präsentationen lieber vermeiden würden? Insbesondere die hellen Schattierungen von Rot können zum »Zuckerguss-Rosa« tendieren, die dunklen Schattierungen von Gelb zu einem schmutzigen Braun. Da es sich bei dem für die Trainertage-Designfarben gewählten Rot um ein gelbstichiges Ziegelrot handelt, ist die Gefahr hier gering. Nehmen Sie bei Bedarf jetzt schon Korrekturen an den Farben vor. Einen abschließenden Test sollten Sie dann nach der Fertigstellung des kompletten Designs machen.

Farben für Hyperlinks

Neu

Zwei weitere Farben sind in den Designfarben festzulegen: Die Farben für *Hyperlinks* und *besuchte Hyperlinks*. Während hierfür in den vorigen PowerPoint-Versionen Akzentfarben verwendet wurden, was immer wieder zu schlecht lesbaren Hyperlinks führte, ist in PowerPoint 2007 dafür die elfte und zwölfte Farbe vorgesehen. Diese beiden Farben werden an keiner anderen Stelle in den Office-Programmen verwendet.

In den Designfarben *Larissa* sind dafür die Farben Blau (noch nicht angeklickter Hyperlink) und Violett (besuchter Hyperlink) vorgesehen. Da diese Farben so auch auf vielen Internetseiten benutzt werden, also eine intuitive Bedienung ermöglichen und außerdem gut mit dem hellen Hintergrund kontrastieren, werden sie in diesem Fall nicht geändert.

 Die fertigen Beispieldesignfarben *Trainertage.xml* sind auf der CD zu diesem Handbuch im Ordner *Buch**Kap09* in der ZIP-Datei *KAP09_Trainertage-Design.zip* enthalten.

Für Lesbarkeit sorgen: Die Designschriften auswählen

Im nächsten Schritt müssen ein oder zwei Schriftarten als Designschriften für Überschriften und Textkörper festgelegt werden. Diese Schriften sollten zu den im Logo und auf der Webseite verwendeten Schriften passen. Das Trainertage-Logo wurde in einem Grafikprogramm erstellt, die darin verwendete Schriftart steht auf den meisten PCs in den Office-Programmen nicht zur Verfügung. Die für PowerPoint zu verwendende Schrift sollte aber auf jeden Fall passend dazu eine serifenlose Schrift sein. (Mehr zu Schriftarten lesen Sie in Kapitel 7.)

Ein Vergleich der Buchstabenformen mit den installierten Schriften legt Corbel und Arial als geeignete Schriftarten nahe. Die Wahl fiel letztlich auf Arial, und zwar sowohl für Überschriften als auch für den Fließtext. Den Ausschlag gab hier die Überlegung, dass das Design ebenfalls in Excel verwendet werden soll. Corbel aber verwendet Ziffern mit Ober- und Unterlängen, sogenannte Mediävalziffern, die für die Tabellendarstellung nicht so gut geeignet sind wie die gleichhohen Ziffern der Schriftart Arial.

Abbildg. 9.12   Arial ist auf Folien gut lesbar und passt zum Logo

In diesem Fall ist das Vorgehen einfach: Die Kombination aus Arial sowohl für die Überschriften als auch Arial für den Textkörper steht mit den Designschriftarten *Larissa Klassisch 2* schon vorinstalliert zur Verfügung.

Sollten Sie sich für eine andere Kombination entscheiden, legen Sie die Designschriftarten so fest:

1. Wechseln Sie zur Registerkarte *Entwurf*.

2. Öffnen Sie in der Gruppe *Designs* mit einem Mausklick auf *Schriftarten* den Designschriftarten-Katalog. Dort finden Sie unten den Befehl *Neue Designschriftarten erstellen*.

Abbildg. 9.13   *Neue Designschriftarten erstellen* ermöglicht es Ihnen, eigene Designschriftarten zu definieren

3. Dies öffnet das gleichnamige Dialogfeld, in dem Sie im oberen Feld die Schriftart für die Überschriften auswählen, im unteren die für den Textkörper.

Abbildg. 9.14   Im Dialogfeld *Neue Designschriftarten erstellen* legen Sie die Schriftarten für Ihr Design fest

4. Vergeben Sie einen *Namen* für die neuen Designschriftarten und schließen Sie das Dialogfeld mit *Speichern*.

HINWEIS   Benutzerdefinierte Designschriftarten bearbeiten Sie, indem Sie mit der rechten Maustaste auf den entsprechenden Eintrag im Schriftarten-Katalog klicken und *Bearbeiten* wählen. Für vorinstallierte Designschriftarten steht der Befehl *Bearbeiten* nicht zur Verfügung.

Im Design wählen Sie zunächst nur die Schrift*arten* aus, alle weiteren Schrifteigenschaften wie Schriftgröße, -farbe und -schnitt werden in den Platzhaltern von Master und Layouts festgelegt.

Schneller und einheitlicher formatieren: Designeffekte

Als dritte Komponente, die in jedem Design enthalten ist, sind nun noch die Design-effekte festzulegen. Sie bestimmen das Erscheinungsbild der Formenarten, Diagramm- und SmartArt-Formatvorlagen.

Die Designeffekte sind nur als Kombination verschiedener Effekte auswählbar. Sie können Sie am leichtesten beurteilen, indem Sie sie an konkreten Beispielen ausprobieren:

1. Fügen Sie einige Objekte – Formen, Diagramm, SmartArt etc. – auf einer leeren Folie ein.

2. Weisen Sie diesen Objekten sowohl Formatvorlagen mit subtilen als auch mit intensiven Effekten zu.

3. Wechseln Sie zur Registerkarte *Entwurf* und klicken Sie in der Gruppe *Designs* auf *Effekte*.

Abbildg. 9.15 Effekte wirken sich kombiniert mit den Designfarben auf die Formenarten aus

		Hintergrund dunkel 1	Akzent 1	Akzent 2	Akzent 3	Akzent 4	Akzent 5	Akzent 6
einfache Füllfarbe	**Füllung:** Hintergrund hell 1, **Linie:** Akzentfarbe	Abc	Abc	Abc	Abc	Abc	Abc	Abc
	Füllung: Akzentfarbe **Linie:** dunklerer Farbton	Abc	Abc	Abc	Abc	Abc	Abc	Abc
	Füllung: Akzentfarbe, **Linie:** weiß mit Effekt	Abc	Abc	Abc	Abc	Abc	Abc	Abc
Farbverlauf	**Füllung:** helle Schattierung **Rand:** subtiler Effekt	Abc	Abc	Abc	Abc	Abc	Abc	Abc
	Füllung: Akzent mit Verlauf **Rand:** moderater Eff., flach	Abc	Abc	Abc	Abc	Abc	Abc	Abc
	Füllung: Akzent mit Verlauf **Rand:** intensiver 3D-Effekt	Abc	Abc	Abc	Abc	Abc	Abc	Abc

4. Fahren Sie mit der Maus über die Symbole im Designeffekte-Katalog; der entsprechende Effekt wird sofort als Vorschau auf die Objekte auf der Folie angewendet.

5. Wenn Sie den passenden Effekt gefunden haben, wählen Sie ihn mit einem Mausklick aus.

Für das Beispieldesign wurden die Designeffekte *Phoebe* gewählt, da sie gut mit den im Logo verwendeten Effekten harmonieren.

Abbildg. 9.16 Testen Sie die Designeffekte an unterschiedlichen Objekten

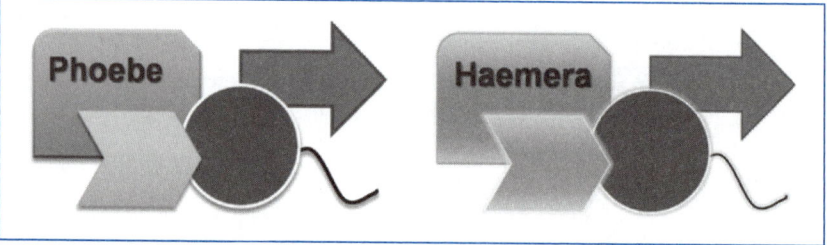

Das Design endgültig abspeichern

Nachdem Sie diese drei grundlegenden Einstellungen zu Farben, Schriften und Effekten getroffen haben, können Sie die Datei als Design speichern. Klicken Sie dazu im Menü zur *Office-Schaltfläche* auf *Speichern unter/Andere Formate*. Für *Dateityp* wählen Sie *Office-Design (*.thmx)* aus. Wenn Sie Ihr Design ergänzen wollen, arbeiten Sie am Bildschirm weiter mit der PPTX- (oder POTX-) Datei und überschreiben das Design später. Details zum Speichern von Designs finden Sie im Abschnitt »Tipps und Tricks zu Vorlagen und Designs – Die Speicherorte für Vorlagen und Designs« weiter hinten in diesem Kapitel

Das fertige Beispieldesign *Trainertage.thmx* finden Sie auf der CD zu diesem Handbuch im Ordner *Buch**Kap09* in der ZIP-Datei *KAP09_Trainertage-Design.zip*.

Transparenz für alle Beteiligten: Guidelines

Sobald die ersten Festlegungen für ein neues Design getroffen wurden, sollten Sie beginnen, diese schriftlich festzuhalten. Wählen Sie dazu die Arbeitsmittel, die Ihnen am besten zusagen, sei es zunächst auf Papier, in einem Textdokument oder als PowerPoint-Präsentation, in der Sie die während der Arbeit erstellten Test- und Musterfolien sammeln.

TIPP Probieren Sie einmal Microsoft Office OneNote zum Sammeln der Informationen aus. In diesem Programm können Sie sowohl Textnotizen machen als auch mit einem praktischen Clip-Werkzeug einen Teil des Bildschirms kopieren.

Abbildg. 9.17 OneNote hilft Ihnen beim Sammeln von Informationen zu Ihrem Design

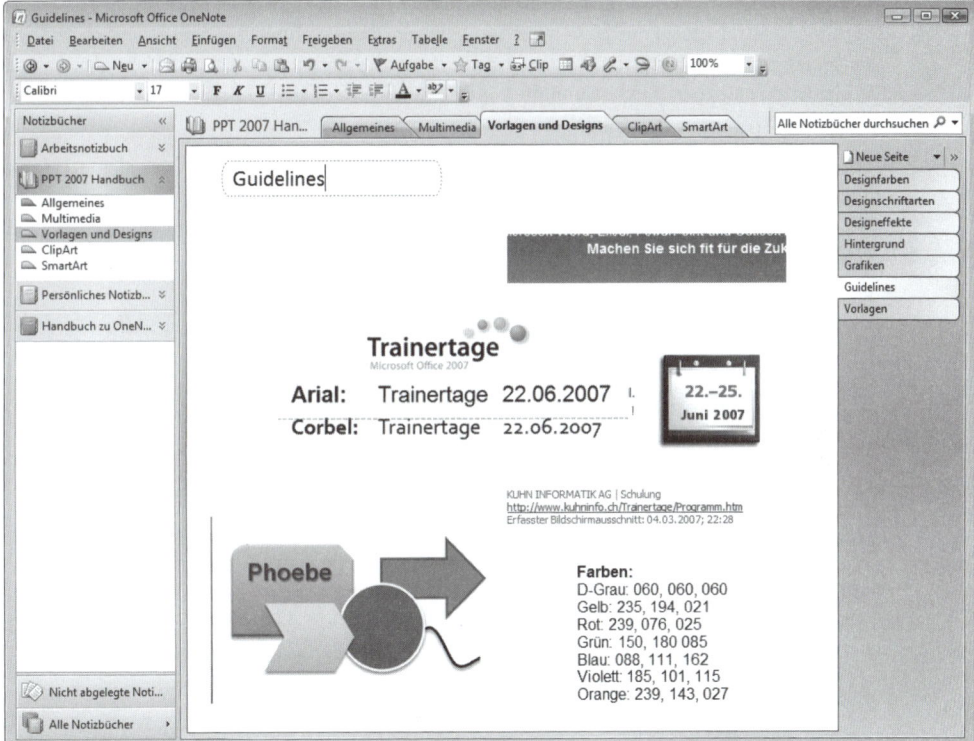

Feinarbeit: Weitere Bausteine der Vorlage festlegen

Bis jetzt wurden die drei Bausteine des Designs festgelegt, die sich in allen drei Office-Programmen auswirken. Speziell für PowerPoint ist es aber empfehlenswert, weitere Bausteine bereits im Master festzulegen, damit sie in allen darauf basierenden Vorlagen zur Verfügung stehen:

- Hintergrund
- Grafische Elemente, evtl. auch das Logo
- Zusätzliche Folienlayouts
- Mehrere Folienmaster

Wenn Sie sehr stark unterschiedliche Vorlagen planen, können Sie dies natürlich auch erst in den jeweiligen Vorlagen definieren.

Den Hintergrund gestalten

Dadurch, dass Sie bei der Entwicklung Ihres Designs von einem vorhandenen Design ausgegangen sind und vier Hintergrundfarben definiert haben, stehen Ihnen automatisch zwölf Hintergrundformatvorlagen zur Verfügung. Diese kombinieren die vier Hintergrundfarben des Farbschemas mit verschieden starken Effekten. Bei diesen Effekten kann es sich je nach Design um Farbverläufe, aber auch um Strukturen handeln.

Diese Hintergründe werden in vielen Designs durch im Master darübergelegte Grafiken ergänzt. Wenn Sie für Ihr eigenes Design eine bestimmte Hintergrundstruktur oder eine bestimmte Grafik eines installierten Designs nutzen wollen, sollten Sie mit diesem Design starten, denn die Grafiken sind nicht separat gespeichert, sondern nur innerhalb des Designs.

So weisen Sie sie zu:

1. Wechseln Sie zur Registerkarte *Entwurf*.
2. Klicken Sie in der Gruppe *Hintergrund* auf *Hintergrundformate*.
3. Fahren Sie mit dem Mauszeiger, ohne zu klicken, über die Symbolbilder im Katalog, um eine Vorschau des Hintergrundeffekts auf Ihrer Folie anzuzeigen.
4. Weisen Sie den gewünschten Hintergrund mit einem Mausklick zu.

HINWEIS Wenn Sie mit den weiteren, im Folgenden beschriebenen Bearbeitungsschritten weitermachen wollen, können Sie die Folienmasteransicht geöffnet lassen. Auf der Registerkarte *Folienmaster*, die links neben der Registerkarte *Start* auftaucht, sehen Sie, ob Sie sich noch in dieser Ansicht befinden. Auf dieser Registerkarte finden Sie auch die Schaltfläche *Masteransicht schließen*.

Alternativ dazu können Sie mit der Schaltfläche *Normal* auf der Registerkarte *Ansicht* zur Normalansicht zurückkehren. Sie können die Präsentation in der Masteransicht zwischenspeichern, sollten sie aber nicht in der Masteransicht schließen, da sie beim nächsten Öffnen dann in der Folienmasteransicht geöffnet würde, was zu Verwirrung führen kann.

Abbildg. 9.18 Die Hintergrundformatvorlagen kombinieren die vier Hintergrundfarben mit subtilen, moderaten und intensiven Effekten

Wenn Ihnen keines der vorgegebenen Hintergrundformate zusagt, können Sie auch einen eigenen Hintergrund festlegen:

1. Klicken Sie dazu unterhalb des Formatvorlagenkatalogs auf *Hintergrund formatieren* (dasselbe Dialogfeld können Sie auch mit einem Klick auf das kleine, nach rechts unten weisende Pfeil-symbol in der rechten unteren Ecke der Gruppe *Hintergrund* starten).

2. Wählen Sie aus, welche Art der Füllung Sie möchten:
   - *Einfarbige Füllung*
   - *Graduelle Füllung* (mit Farbverlauf)
   - *Bild- oder Texturfüllung*

3. Falls Sie ein Bild gewählt haben, können Sie dies mit der Kategorie *Bild* weiterbearbeiten, z.B. neu einfärben oder aufhellen.

Abbildg. 9.19 Über das Dialogfeld *Hintergrund formatieren* fügen Sie Fotos als Hintergrund ein und passen sie an

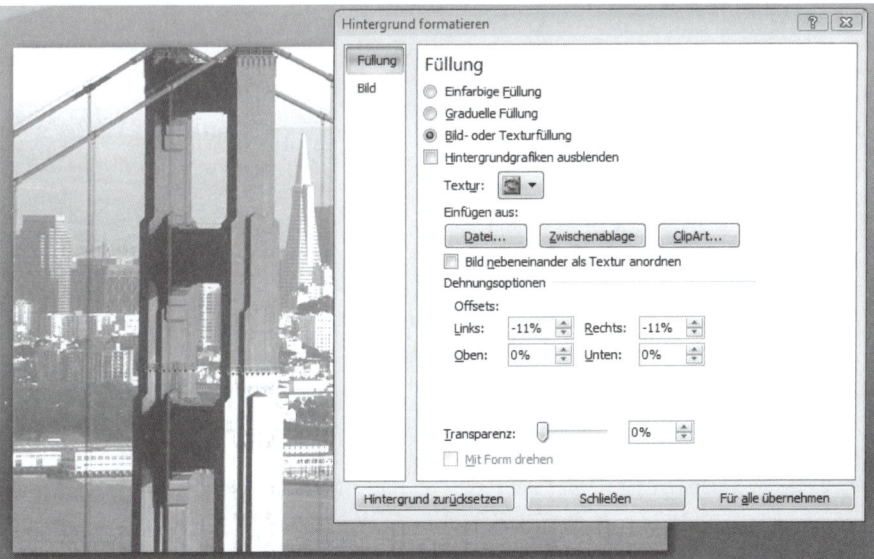

Beim Design für die Trainertage bietet es sich an, einen Balken mit grauem Farbverlauf als Grafik einzufügen, deshalb wird hier ein einfarbig weißer Hintergrund festgelegt.

Logo und Grafiken

In Anlehnung an die Webseite sollen die Trainertage-Folien oben einen Balken mit grauem Farbverlauf haben. Damit dieser auf allen Folien erscheint, muss er im Folienmaster eingefügt werden. So wird's gemacht:

Folienmaster

1. Wechseln Sie zur Registerkarte *Ansicht* und klicken Sie in der Gruppe *Präsentationsansichten* auf die Schaltfläche *Folienmaster*.

2. Am linken Rand des Bildschirms wird ein Fenster eingeblendet, das oben ein etwas größeres Vorschaubild für den Folienmaster und darunter einzelne Vorschaubilder für die enthaltenen Folienlayouts zeigt. Klicken Sie oben auf den Folienmaster, denn nur was Sie dort einfügen, ist anschließend in allen Layouts vorhanden.

Abbildg. 9.20   Ändern Sie den Folienmaster, um das Aussehen aller Folien zu beeinflussen

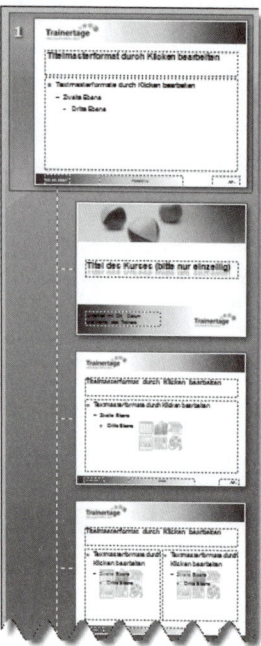

3. Das Aussehen des Masters entspricht einer Textfolie. Verschieben oder verkleinern Sie den Titelplatzhalter, um Platz für den Balken zur Verfügung zu haben.

4. Zeichnen Sie am oberen Rand ein Rechteck über die ganze Folienbreite.

5. Mit *Formkontur/Keine Gliederung* auf der Registerkarte *Format* der *Zeichentools* entfernen Sie die Rahmenlinie.

6. Mit *Fülleffekt/Farbverlauf* weisen Sie dem Rechteck einen Farbverlauf von Weiß am linken Rand nach Dunkelgrau am rechten Rand *(Text-/Hintergrundfarbe 2)* zu.

7. Als Gegengewicht wird ein wesentlich schmaleres Rechteck am unteren Folienrand mit einem gegenläufigen Farbverlauf versehen. Dies können Sie schnell erzeugen, indem Sie das erste Rechteck kopieren und horizontal kippen.

8. Markieren Sie beide Rechtecke und sorgen Sie mit *In den Hintergrund* auf der Registerkarte *Format* der *Zeichentools* dafür, dass sie in der Ebene hinter den Platzhaltern liegen.

> **HINWEIS**   Wenn Sie für solche Grafiken Farben aus den Designfarben nehmen, werden die Grafiken bei einem späteren Wechsel der Designfarben automatisch angepasst. Einen ähnlichen Effekt erzielen Sie mit transparenten Grafiken, durch die der Hintergrund durchscheint und sie so mithilfe der Mischfarbe anpasst.

Um die Folien nicht zu unruhig werden zu lassen, werden in diesem Fall im Master keine weiteren Grafiken oder Fotos eingefügt, sondern nur das Trainertage-Logo. Das Vorgehen entspricht dem Einfügen einer Grafik auf einer Folie:

1. Bleiben Sie in der Folienmasteransicht und wechseln Sie zur Registerkarte *Einfügen*.

Grafik

2. Klicken Sie auf die Schaltfläche *Grafik*, wählen Sie die Logo-Grafik aus und bestätigen Sie diese Auswahl mit *Einfügen*.

3. Verschieben Sie die Grafik in die linke obere Ecke an die gewünschte Stelle und passen Sie die Größe an.

4. Sie können Rechteck und Logo gruppieren, um ihre Position zueinander zu fixieren.

> **TIPP**   Wenn Sie die Grafiken noch stärker schützen wollen, markieren Sie beide Rechtecke und das Logo und klicken sie mit der rechten Maustaste an. Wählen Sie *Als Grafik speichern* und speichern Sie sie im Dateiformat PNG oder JPG ab. Diese Grafik können Sie dann wie weiter oben beschrieben als Hintergrundbild einfügen und die Zeichnungen löschen.

Wenn Sie mit dem nächsten Formatierungsschritt weitermachen wollen, können Sie die Folienmasteransicht geöffnet lassen. Ansonsten schließen Sie diese Ansicht wie oben beschrieben, um die Wirkung Ihrer Einstellungen auf der Folie zu testen.

Abbildg. 9.21   Die fertige Kopfleiste enthält das Logo und einen Farbverlauf

Alles am richtigen Ort: Die Platzhalter anordnen und formatieren

Durch das Einfügen der Balken am Rand ist nun festgelegt, welcher Platz noch für Texte und andere Inhalte der Folie bleibt. Im nächsten Schritt werden also die Größe der Platzhalter im Master und die Eigenschaften der Schrift darin angepasst.

So ordnen Sie die Platzhalter an

Die Platzhalter dienen in der fertigen Vorlage zum Einfügen von Texten und anderen Inhalten. Dies ist vorteilhaft, wenn alle Folien später ein einheitliches Aussehen haben sollen. Entsprechend sorgfältig sollten Sie beim Anpassen der Platzhalter im Master vorgehen.

> **TIPP** Nutzen Sie beim Anordnen der Platzhalter die Möglichkeiten der Führungslinien. Ziehen Sie mit der Maus bei gedrückter `Strg`-Taste an den vorhandenen Führungslinien, um sie zu duplizieren. Schieben Sie das erste Paar aus einer senkrechten und einer waagerechten Führungslinie in die Mitte des verbleibenden Freiraums. Je eine weitere markiert rechts, links, oben und unten die Ränder, die keinesfalls überschritten werden sollen.

Richten Sie zunächst den Titelplatzhalter an der oberen Führungslinie aus, die die beschreibbare Fläche begrenzt, verfahren Sie genauso unten mit dem Textplatzhalter. Insbesondere beim seitlichen Ausrichten sollten Sie bedenken, dass die Platzhalter noch einen inneren Seitenrand von 0,25 cm haben. Wenn der Text also senkrecht an einer Fluchtlinie beginnen soll, die z.B. durch das Logo vorgegeben wird, müssen Sie die linke Führungslinie vorübergehend etwas nach rechts ziehen und dann den linken Rand des Platzhalters daran ausrichten.

So bestimmen Sie die Eigenschaften der Titelzeile

Um die Höhe des Titelplatzhalters zu bestimmen, ist erstens zu überlegen, welche Schriftgröße Sie für den Titel verwenden wollen, und zweitens, ob Ihre typischen Titel ein- oder zweizeilig sind. So passen Sie den Titelplatzhalter an:

1. Markieren Sie den Blindtext im Titelplatzhalter. Etwas oberhalb erscheint nun die Minisymbolleiste, in der die in den Designschriftarten ausgewählte Überschriftenschriftart schon voreingestellt ist. (Wenn die Minisymbolleiste nicht erscheint, können Sie sie mit einem Klick mit der rechten Maustaste aufrufen.)

2. Wählen Sie eine geeignete *Schriftgröße*. Übliche Überschriftenschriftgrößen liegen zwischen 26 und 36 pt. Je größer die Räume sind, in denen Sie gewöhnlich präsentieren, desto größer sollte die Schrift sein. Manche Schriftarten haben kleinere Buchstaben als andere und vertragen deshalb eine etwas größere Schriftgröße. Im Beispiel wurden 28 pt gewählt.

3. Wenn Sie eine Schriftgröße wählen wollen, die nicht in der Auswahlliste voreingestellt ist, tippen Sie sie ein und bestätigen mit `↵`.

4. Passen Sie bei dieser Gelegenheit auch den *Schriftschnitt* an. Wie bei vielen Präsentationen wurde in der Beispielpräsentation fette Schrift für die Überschrift gewählt, damit sie sich gut vom Textkörper abhebt.

5. Als Nächstes richten Sie Ihr Augenmerk auf die *Schriftfarbe*. Normalerweise ist eine der beiden dunkleren Textfarben aus den Designfarben dafür vorgesehen. Kurze Überschriften vertragen auch farbige Schrift in einer nicht zu leuchtenden Farbe. Im Beispieldesign wurde Schwarz gewählt, um nicht mit der Logo-Farbe zu kontrastieren.

6. Passen Sie die *Höhe* des Platzhalters an eine ein- oder zweizeilige Überschrift an.

So formatieren Sie die Schrift im Textplatzhalter

Ziehen Sie nun den Textplatzhalter auf die gewünschte Höhe. Nehmen Sie auch für diesen Text die Einstellungen für die Schrift*größe* vor. Die Schrift der ersten Aufzählungsebene sollte deutlich kleiner als die Überschrift sein, 20 bis 26 pt sind in der Regel gut lesbar. Die Schrift der weiteren Aufzählungsebenen ist in der Regel jeweils 2 bis 4 pt kleiner. Beim Schrift*schnitt* sollten Sie möglichst nicht von der Standardschrift abweichen, Fett und Kursiv sind schlechter lesbar und fehlen Ihnen später für Hervorhebungen. Legen Sie eine Schrift*farbe* fest, die einen guten Kontrast zum Hintergrund ergibt.

So legen Sie Aufzählungszeichen fest

Als Besonderheit kommen im Textplatzhalter die Aufzählungszeichen (»Bullet Points«) hinzu. Sie haben mehrere Möglichkeiten, diese zu formatieren:

■ Ein Klick auf die Schaltfläche *Aufzählungszeichen* fügt einen Punkt als Standardaufzählungszeichen ein, wenn der Absatz vorher kein Aufzählungszeichen hatte. Er blendet es aus, wenn schon eines vorhanden war.

■ Ein Klick auf den Pfeil rechts neben der Schaltfläche zeigt einen Katalog mit sieben Standardaufzählungszeichen.

■ Mehr Möglichkeiten öffnet die Option *Nummerierung und Aufzählungszeichen* am unteren Rand des Katalogs. Sie öffnet das gleichnamige Dialogfeld, in dem Sie zwischen Bildaufzählungszeichen (Schaltfläche *Bild*) und Sonderzeichen aus Symbolschriftarten (Schaltfläche *Anpassen*) wählen und diese formatieren können.

Die Trainertage-Vorlage soll runde Punkte als Aufzählungszeichen bekommen, allerdings etwas größer als die vorgegebenen. So gehen Sie vor, um ein Sonderzeichen als Aufzählungszeichen auszuwählen:

1. Markieren Sie den Absatz, dem Sie ein Aufzählungszeichen hinzufügen wollen.

2. Rufen Sie auf der Registerkarte *Start* in der Gruppe *Absatz* über den Pfeil neben der Schaltfläche *Aufzählungszeichen* das Dialogfeld *Nummerierung und Aufzählungszeichen* auf.

3. Klicken Sie die Schaltfläche *Anpassen* an, um das Dialogfeld *Symbol* aufzurufen.

4. Wählen Sie die Schriftart aus, zu der das gewünschte Aufzählungszeichen gehört. Einen großen, runden Punkt finden Sie z.B. in der Schriftart *Wingdings*.

> **ACHTUNG** Das Aufzählungszeichen wird auf fremden Rechnern nur korrekt angezeigt, wenn entweder dort ebenfalls diese Schriftart installiert ist oder wenn Sie die Schriftart in die Präsentation einbetten. Wählen Sie deshalb möglichst keine »exotischen« Schriften. Wingdings ist auf den meisten Rechnern vorhanden.

5. Wählen Sie das gewünschte Zeichen aus (der Punkt hat den Zeichencode 108; wenn Sie diese Nummer wissen, können Sie sie auch in das Feld *Zeichencode* eintippen, statt durch die Tabelle zu scrollen).

6. Bestätigen Sie Ihre Auswahl mit *OK*.

7. Ändern Sie die *Farbe*; die Beispielpräsentation verwendet hier die blaue Akzentfarbe 1.

8. Passen Sie ggf. die *Größe* an. Sie wird hier in Prozent angegeben, wobei 100 % die Größe des Zeichens in der Schriftgröße ist, die Sie für diese Aufzählungsebene gewählt haben. Wenn Sie die Textgröße ändern, wird auch das Aufzählungszeichen größer oder kleiner.

9. Weisen Sie das Aufzählungszeichen mit *OK* dem Text zu.

Neu

Passen Sie im Dialogfeld *Absatz*, das Sie mit der Schaltfläche dem kleinen, nach rechts unten weisenden Pfeil unten rechts in der Gruppe *Absatz* öffnen, den Einzug des Textes hinter dem Aufzählungszeichen an seine Größe an. Um die Wirkung des Aufzählungszeichens zu testen, wechseln Sie nun in die Normalansicht und geben einige Wörter Mustertext ein. Falls Sie Änderungen vornehmen möchten, müssen Sie die obigen Schritte erneut durchlaufen.

Wenn Ihnen die Sonderzeichen nicht ausreichen, können Sie auch kleine Grafiken als Bildaufzählungszeichen verwenden. Sie werden im Dialogfeld *Nummerierung und Aufzählungszeichen* mit der Schaltfläche *Bild* oberhalb von *Anpassen* eingefügt.

> **TIPP**   Microsoft stellt Ihnen eine große Auswahl vorinstallierter Bildaufzählungszeichen zur Verfügung. Nach weiteren wird automatisch auf der Microsoft Office Online-Webseite, *http://office.microsoft.com*, gesucht, wenn das Häkchen bei *Inhalte aus Office Online einschließen* gesetzt ist. Mit *Importieren* können Sie eigene kleine Grafiken einfügen. Meist werden GIF-Grafiken verwendet, aber auch PNG, JPG und alle anderen Dateiformate, die der Clip Organizer verwalten kann, sind möglich.

Wählen Sie auch für die anderen Aufzählungsebenen passende Aufzählungszeichen. Dafür können Sie dasselbe Zeichen verwenden, das Ihnen nun im Katalog der Standardaufzählungszeichen schnell zur Verfügung steht, oder ein beliebiges anderes.

Vorformatiert: Layouts formatieren und erstellen

Bis jetzt haben Sie auf dem Folienmaster anhand einer Textfolie die Grundlagen für alle Folien gelegt. Sie werden in Ihrer Präsentation aber vielleicht auch andere Seitenaufteilungen benötigen. Diese Aufgabe übernehmen die Layouts. Mit ihnen legen Sie die Anordnung von Text und anderen Inhalten auf der Folie fest.

Neun Layouts für unterschiedliche Bedürfnisse bringt PowerPoint schon mit.

Aussagekräftiger Beginn: Das Titellayout

Die Titelfolie bestimmt den ersten Eindruck, den Ihr Publikum von Ihrer Präsentation bekommt. Gestalten Sie ihn eindrucksvoll. Anders als bei den Textfolien, bei denen die Hintergrundgrafiken möglichst viel Platz für den Folieninhalt lassen müssen, enthalten Titelfolien normalerweise wenig Text, nämlich außer dem Vortragstitel vielleicht noch den Namen des Redners, Datum und Ort. Damit lassen sie mehr Raum für grafische Gestaltung. Dies gibt Ihnen z.B. Gelegenheit, ein zum Thema passendes Foto einzufügen, breitere Farbbalken an den Rändern oder einen farbigen Hintergrund zu benutzen.

Im Beispiel des Trainertage-Designs wurden zunächst einmal die beiden grauen Farbverlaufsbalken ausgeblendet, indem auf der Registerkarte *Folienmaster* in der Gruppe *Hintergrund* ein Häkchen bei *Hintergrundgrafiken ausblenden* gesetzt wurde. So steht mehr Raum für größere Grafiken zur Verfügung. Der obere Rand greift das Foto mit den Jonglierbällen von der Webseite wieder auf. An den unteren Rand wird das untere Farbverlaufsrechteck des Folienmasters kopiert, es wird aber nach oben verbreitert, um den Namen des Trainers sowie Ort und Datum aufzunehmen. Als Gegengewicht zu den Bällen wird das Logo diesmal unten rechts angeordnet.

Ordnen Sie nun den Titel- und Untertitelplatzhalter neu an. Im Beispiel wurde der *Untertitelplatzhalter* in den unteren Balken verschoben, er nimmt Trainername und Datum auf. Rechts wird er in der Breite begrenzt, um genügend Raum für das Logo zu lassen. Der Titelplatzhalter wird etwas oberhalb der Mitte angeordnet und erhält so mehr Spannung als bei zentrierter Anordnung. Als besonderer Effekt erhält die Schrift eine Spiegelung.

Abbildg. 9.22   Das Titellayout verwendet größere Grafiken und weniger Text

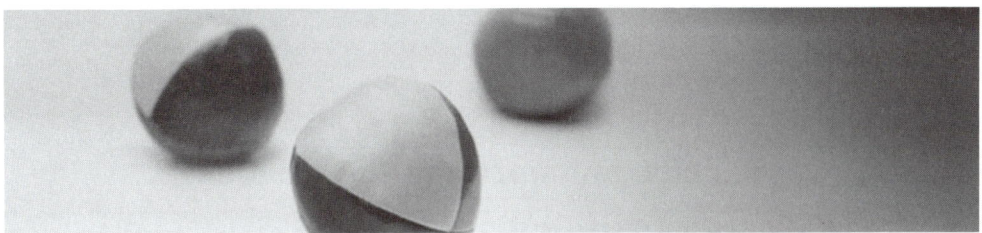

Einführung in Office 2007

Ute Simon
Aarau, 22.06.2007

TIPP   Spiegelungseffekte wirken nur bei einzeiligen Titeln gut. Darauf wird durch Änderung des Platzhaltervorgabetextes hingewiesen. So werden Vorgaben aus den CI-Guidelines für
die Nutzer nochmals betont.

Abbildg. 9.23   Der Platzhaltertext weist auf die Guidelines hin

Titel des Kurses (bitte nur einzeilig)

Flexible Gestaltung: Ein neues Layout hinzufügen

Wenn Sie für Listen in Ihrer Präsentation z.B. ein dreispaltiges Layout benötigen oder Ihrem Titel
einen Untertitel hinzufügen möchten, so ist auch dies jetzt möglich.

Abbildg. 9.24 Durch Hinzufügen von Platzhaltern können Sie eigene Layouts definieren, z.B. mit Untertiteln

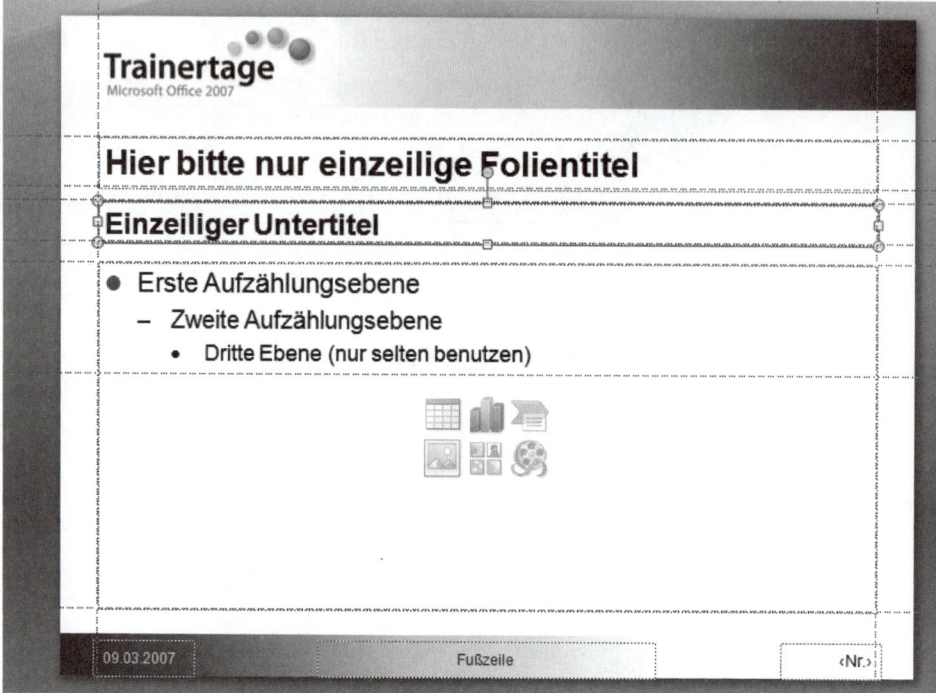

Die Platzhalter nehmen die Folieninhalte auf und passen sie automatisch an Ihre Vorgaben an. Acht Platzhaltertypen stehen Ihnen zur Auswahl:

Abbildg. 9.25 Sie können unter acht verschiedenen Platzhaltertypen für unterschiedliche Verwendungszwecke wählen

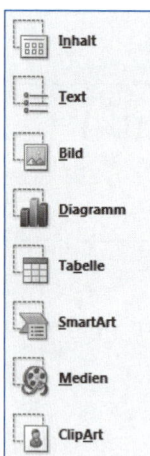

- *Inhalt:* Dies ist der vielseitigste von allen Platzhaltern, denn er ermöglicht das Einfügen aller folgenden sieben Arten von Inhalt.

- *Text:* Nutzen Sie diesen Platzhalter z.B. für eine zweite Überschrift.

- *Bild:* Nutzen Sie Bildplatzhalter für Präsentationen mit vielen Abbildungen. Die eingefügten Bilder werden in ihrer Größe automatisch angepasst, ohne verzerrt zu werden.

- *Diagramm:* Ruft das Dialogfeld *Diagramm einfügen* auf, in dem Sie den Diagrammtyp wählen können. Das Diagramm wird automatisch an die Größe des Platzhalters angepasst.

- *Tabelle:* Ein Klick auf das Tabellensymbol öffnet ein Dialogfeld, in dem Sie die Anzahl der Spalten und Zeilen der einzufügenden Tabelle angeben können.

- *SmartArt:* Ermöglicht Ihnen, eine SmartArt-Grafik aus dem Katalog auszuwählen, auch diese wird an die Platzhaltergröße angepasst.

- *Medien:* Der Name ist etwas irreführend, denn nicht alle Multimedia-Inhalte können in diesen Platzhalter eingefügt werden, sondern nur Filme.

- *ClipArt:* Öffnet den Aufgabenbereich *ClipArt*, mit dem Sie Ihre Sammlung und die *Office Online*-Seite nach einem passenden Clip durchsuchen können.

Sie können Platzhalter vorformatieren, für den Text also alle Schriftattribute bestimmen, für Bilder und ClipArts über die Registerkarte *Bildtools/Format* Effekte definieren. So erreichen Sie eine große Einheitlichkeit Ihrer Präsentation.

> **TIPP** Wenn Sie die Layouts im Folienmaster an Ihre Bedürfnisse anpassen und bei der Erstellung der Präsentation konsequent verwenden, erleichtern Sie sich eine spätere Anpassung der Präsentation an ein anderes Design sehr. Die Inhalte in Platzhaltern werden an die Platzierung und Formatierung der Platzhalter im neuen Design automatisch angepasst.

Um beispielsweise ein dreispaltiges Layout hinzuzufügen, gehen Sie wie folgt vor:

1. Wechseln Sie mit *Folienmaster* auf der Registerkarte *Ansicht* in die Masteransicht. 　🖳 Folienmaster

2. Klicken Sie links im Übersichtsfenster in die Lücke zwischen zwei Vorschaubilder, zwischen denen Sie das neue Layout einfügen möchten.

3. Klicken Sie auf der Registerkarte *Folienmaster* in der Gruppe *Master bearbeiten* auf die Schaltfläche *Layout einfügen*. Es wird eine neue Layoutseite eingefügt, die zunächst nur einen Titelplatzhalter enthält, der genauso formatiert ist wie der Titel auf dem Folienmaster.

4. Klicken Sie auf die Schaltfläche *Platzhalter einfügen*. Die obere Hälfte dieser Schaltfläche fügt dabei den zuletzt verwendeten Platzhaltertyp ein, die untere Hälfte ermöglicht Ihnen die Auswahl des Typs.

5. Wenn Sie den Platzhaltertyp bestimmt haben, verwandelt sich der Mauszeiger in ein Fadenkreuz, mit dem Sie den neuen Platzhalter auf die Folie zeichnen können. Es sind nur rechteckige Platzhalter möglich.

6. Formatieren Sie den Platzhalter wie gewünscht.

7. Drei gleichgroße Platzhalter erreichen Sie am leichtesten, indem Sie den fertig formatierten Platzhalter einfach kopieren und die Abstände zwischen den drei Platzhaltern mit *Anordnen/Ausrichten/Horizontal verteilen* (Registerkarte *Start*, Gruppe *Zeichnung*) ausgleichen.

(Seitenleiste) Praxiswissen rund um das Thema Präsentation

Neu

8. Nicht nur die Anzahl der Platzhalter auf einer Folie können Sie in PowerPoint 2007 frei bestimmen, Sie können auch einen eigenen Vorgabetext für Textplatzhalter festlegen, indem Sie einfach den Standardtext überschreiben (siehe Abbildung 9.23 und Abbildung 9.24 weiter oben sowie Abbildung 9.26).

Abbildg. 9.26 In zusätzlichen Layouts bestimmen Sie Art und Anzahl der Platzhalter und den Vorgabetext selbst

9. Klicken Sie abschließend im linken Fenster mit der rechten Maustaste auf den Platzhalter, wählen Sie *Layout umbenennen* und vergeben Sie einen eindeutigen Namen, unter dem Sie das neue Layout später im Layout-Katalog wiederfinden.

Abbildg. 9.27 Geben Sie dem neuen Layout einen aussagekräftigen Namen

HINWEIS Hinweise zur Verwendung der drei Standardplatzhalter *Datum, Fußzeile* und *Foliennummer* am unteren Rand des Layouts finden Sie im Abschnitt »Tipps und Tricks zu Vorlagen und Designs – Kopf- und Fußzeilenplatzhalter in Vorlagen« weiter hinten in diesem Kapitel.

Sie müssen nicht alle Layouts schon bei der Erstellung des Designs bedenken und entwerfen, auch Vorlagen können eigene Layouts haben. So könnten Sie z.B. der Vorlage für die Präsentation Ihrer

Jahresbilanz Layouts für Tabellen- und für Diagrammfolien hinzufügen, die in Ihren anderen Präsentationen nicht erforderlich sind.

ACHTUNG Alle Layouts haben dieselbe Seitengröße und -orientierung, wie sie für die gesamte Präsentation festgelegt wurde. Sie können auch mithilfe von Layouts *nicht* zwischen Hoch- und Querformat innerhalb einer Präsentation wechseln.

Differenzierung innerhalb von Präsentationen: Mehrere Master

Oft sollen in einer Präsentation mehrere Produkte präsentiert werden. Oder mehrere Abteilungen stellen gemeinsam ihre Ergebnisse vor. In solchen Fällen kommt der Wunsch auf, dies auch durch die Gestaltung der Folien deutlich zu machen. Sei es durch andere Farbgebung oder durch Fotos oder Piktogramme. Zu diesem Zweck können mehrere Variationen des Masters im Design oder in der Vorlage eingefügt werden.

ACHTUNG Abweichend von den älteren PowerPoint-Versionen werden Master und Layout nicht getrennt zugewiesen. Vielmehr wird in PowerPoint 2007 für die einzelne Folie mit dem Befehl *Layout* auf der Registerkarte *Start* ein Folienlayout zugewiesen, das zu einem bestimmten *Master* gehört. Alle Layouts aller Master tauchen im Layout-Katalog auf, es besteht also die Gefahr, dass dieser unübersichtlich wird.

Vor dem Erstellen unterschiedlicher Master ist also die wichtige Vorüberlegung erforderlich, wo diese angesiedelt werden sollen.

WICHTIG Sowohl Designs als auch Vorlagen als auch Präsentationen können jeweils mehrere Master enthalten. Überlegen Sie deshalb genau, wann Sie unterschiedlich gestaltete Folien zur Verfügung haben müssen. Denn mehrere Master wirken sich nicht nur vorteilig auf die Gestaltungsvielfalt aus. Jeder dieser Master bringt seine eigenen Layouts mit und wirkt sich somit nachteilig auf die Übersichtlichkeit im Layout-Katalog aus.

Bereits im *Design* mehrere Master vorzusehen ist deshalb nur dann sinnvoll, wenn Sie diese *immer* zur Verfügung haben müssen. In den meisten Fällen ist es sinnvoller, erst in den auf den Designs basierenden *Vorlagen* mehrere Master anzulegen.

Legen Sie in einer *Vorlage* mehrere Master an, so können Sie diesen durch innerhalb der Vorlage vorgenommene Änderungen ein unterschiedliches Aussehen geben, etwa durch ein ausgetauschtes Logo oder durch geänderte Designfarben. Sie können aber auch den Mastern einer Vorlage verschiedene Designs zuweisen und so mehrere Designs in einer Vorlage verfügbar machen.

Und schließlich können auch einzelne *Präsentationen* mehrere Master enthalten, etwa wenn die Folien aus unterschiedlich formatierten Präsentationen wiederverwendet wurden und jeweils ihren eigenen Master mitbringen.

Im Beispiel Trainertage gibt es mehrere Kurs-Schwerpunkte. So sollen einerseits die Gemeinsamkeiten und Neuheiten von Office 2007 dargestellt werden, andererseits gibt es Kurse, die eines der Programme Word, Excel, PowerPoint oder Outlook zum Schwerpunkt haben. Das Logo zeigt in seiner Standardform die Farben aller vier Office-Programme, es gibt aber daneben vier spezielle Logos, die jeweils nur eine Farbe zeigen. Daraus entstand die Idee, fünf Varianten des Masters zu entwickeln, die auf die Themen zugeschnitten sind und statt des Standardlogos die produktspezifischen Logos zeigen.

Da allerdings in jedem Kurs nur jeweils ein Thema behandelt wird, gibt es keine Notwendigkeit, alle fünf Master mit entsprechend vielen Layouts bereits im Design anzulegen und die drohende Unübersichtlichkeit in Kauf zu nehmen. Vielmehr wird das Design nur mit dem allgemeinen mehrfarbigen Logo angelegt und eine Differenzierung findet erst bei der Erstellung der einzelnen Vorlagen statt.

Einzelheiten zum Umgang mit mehreren Mastern finden Sie deshalb weiter hinten in diesem Kapitel im Abschnitt »Mehr als nur Designs: Mehrere Vorlagen anfertigen – Mehrere Master hinzufügen«.

Notizen- und Handzettelmaster

Bis jetzt haben Sie sich vorwiegend um das Erscheinungsbild Ihrer Präsentation auf Monitor bzw. Leinwand gekümmert. Zu vielen Vorträgen und Kursen werden Sie aber auch gedruckte Unterlagen für die Teilnehmer brauchen, die als Handzettel oder Notizenseiten erstellt werden. Deshalb sollten Sie kurz einen Blick auf den Handzettel- und den Notizenmaster werfen. Auch diese können Sie an Ihre Firmen-CI anpassen.

Übersichtliche Ausdrucke: Der Handzettelmaster

Handzettel dienen dazu, Ihrem Publikum oder Ihnen selbst einen Überblick über die Folien der Präsentation zu geben (mehr dazu in Kapitel 22). Neben den kleinen Folienbildern haben Sie die Möglichkeit, den Hintergrund und die Kopf- und Fußzeilen des Masters anzupassen:

1. Wechseln Sie zur Registerkarte *Ansicht*, rufen Sie dort in der Gruppe *Präsentationsansichten* den Befehl *Handzettelmaster* auf.

2. Klicken Sie auf die Schaltfläche *Handzettelorientierung* und wählen Sie zwischen Hoch- oder Querformat.

ACHTUNG Sie können für den Handzettelmaster zwar eine andere Ausrichtung als für die Folien wählen, also querformatige Folien mit hochformatigen Handzetteln kombinieren, Sie können aber *keine* vom Folienformat unabhängige *Papiergröße* wählen, alle Einstellungen, die Sie ggf. über *Seite einrichten* für das Papierformat vornehmen (also z.B. eine Umstellung von *Bildschirmpräsentation* auf *DIN A4)*, wirken sich auf Folien *und* Handzettel- bzw. Notizenmaster aus.

3. Stellen Sie über die Schaltfläche *Folien pro Seite* ein, wie viele Folien standardmäßig pro Handzettelseite angezeigt werden sollen. Sie können diesen Wert jederzeit zum Drucken ändern. Die Einstellungen, die Sie in den folgenden Schritten zu Kopf- und Fußzeilen vornehmen werden, wirken sich auf alle Handzetteltypen aus.

4. Der Handzettelmaster enthält neben den Miniaturabbildungen der Folien vier Platzhalter:

   ■ *Kopfzeile:* Hier können Sie z.B. den Präsentationstitel oder Ihren Firmennamen einfügen.

   ■ *Datum:* Hier können Sie zwischen dem aktuellen oder einem festen Datum wählen.

   ■ *Fußzeile:* Zum Beispiel für den Namen des Redners.

   ■ *Seitenzahl:* Dies bezieht sich auf die Nummer der ausgedruckten Handzettelseite, nicht auf die Foliennummer.

   Weitere Hinweise zu diesen vier Platzhaltern finden Sie im Abschnitt »Tipps und Tricks zu Vorlagen und Designs – Kopf- und Fußzeilenplatzhalter in Vorlagen« weiter hinten in diesem Kapitel.

Im Gegensatz zu den Folienmastern können Sie auf dem Handzettelmaster keine weiteren Platzhalter hinzufügen. Sie können lediglich die Anordnung der vorgegebenen ändern, sie formatieren oder ganz löschen. Die Größe und Anordnung der Miniaturbilder auf den Handzetteln können Sie nicht ändern.

5. Weisen Sie dem Handzettelmaster *Designfarben*, *Designschriftarten* und *Designeffekte* zu. Üblicherweise werden dies dieselben Einstellungen wie für den Folienmaster sein.

> **ACHTUNG** Die Einstellungen für Farben, Schriften und Effekte werden *nicht* automatisch vom Folienmaster auf den Handzettelmaster übernommen. Sie müssen sie gesondert zuweisen.

6. Fügen Sie bei Bedarf Grafiken ein, z.B. ein Logo.

> **ACHTUNG** Wenn Sie als Foliengröße *Bildschirmpräsentation* oder auch *A4-Papier* eingestellt haben, entsprechen die *Seitenränder*, die Sie in der Handzettelmasteransicht sehen, nicht den Papierrändern. Bei der Seitengröße berücksichtigt PowerPoint, dass die meisten Bürodrucker nicht bis zum Papierrand drucken können und fügt im Ausdruck weiße Ränder hinzu. Berücksichtigen Sie dies bei der Platzierung z.B. eines Logos. Kontrollieren Sie die Anordnung über den Befehl *Drucken/Seitenansicht* im Menü zur *Office-Schaltfläche*.

7. Beenden Sie die Bearbeitung des Handzettelmasters, indem Sie mit *Masteransicht schließen* auf der Registerkarte *Handzettelmaster* zur Normalansicht zurückkehren.

Detaillierte Zusatzinformationen: Der Notizenmaster

Notizen können Sie auf zweierlei Arten nutzen: Entweder für Ihr eigenes Vortragsmanuskript oder um Ihren Zuschauern zusätzliche Informationen als Ausdruck mitzugeben. Insbesondere im zweiten Fall bietet es sich natürlich an, auch den Notizenmaster zu formatieren.

Das Vorgehen ist weitgehend dasselbe, wie oben beim Handzettelmaster beschrieben, auch im Notizenmaster haben Sie die vier Standardplatzhalter für Kopf- und Fußzeile sowie Datum und Seitenzahl. Ihre Position und Formatierung können Sie unabhängig vom Handzettelmaster festlegen, der Inhalt, den Sie über *Einfügen/Kopf- und Fußzeile/Notizblätter und Handzettel* festlegen, ist für beide gleich (siehe die Details zu Kopf-/Fußzeile im Abschnitt »Tipps und Tricks zu Vorlagen und Designs«). Denken Sie auch hier daran, Farben, Schriften und Effekte festzulegen.

Zwei weitere Platzhalter stehen Ihnen hier zur Verfügung:

■ *Folienbild:* Dieses können Sie auf dem Notizenmaster in der Größe verändern und ihm auch Effekte wie z.B. Linien oder Schatten hinzufügen.

■ *Textkörper:* Hier erscheint im Ausdruck der Text, den Sie in das Notizenfeld eingegeben haben. Legen Sie mithilfe dieses Platzhalters die Standardformatierung fest. Das Vorgehen ist ähnlich wie weiter oben für den Textplatzhalter auf den Folienmaster beschrieben.

Beenden Sie die Bearbeitung des Notizenmasters, indem Sie mit *Masteransicht schließen* auf der Registerkarte *Notizenmaster* zur Normalansicht zurückkehren.

Im Notizenmaster können Sie zwei weitere Platzhalter formatieren: Folienbild und Textkörper

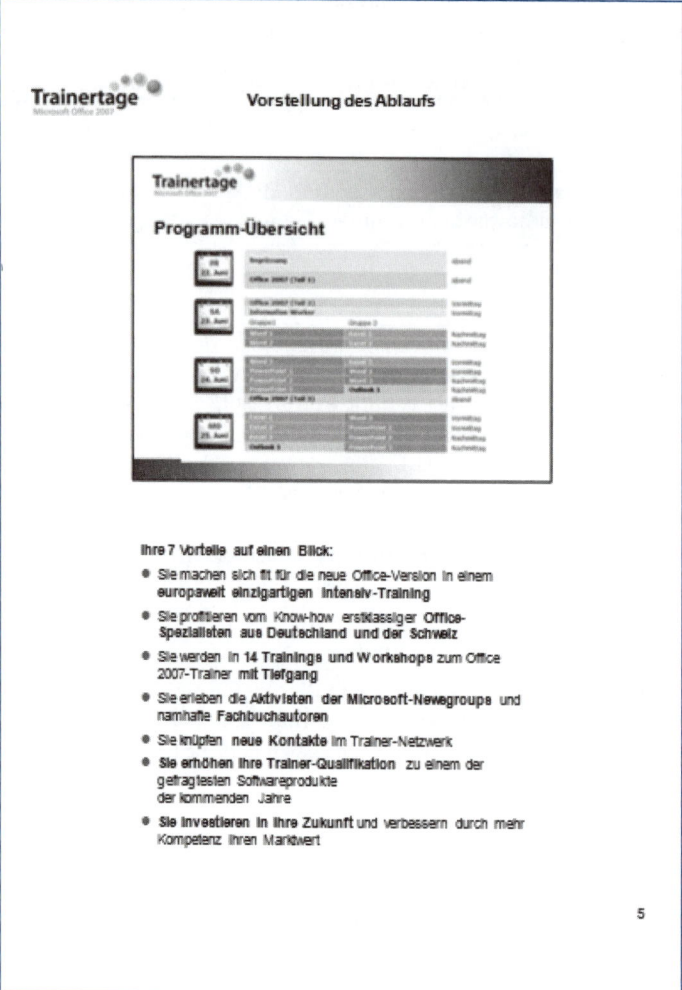

Das Design abschließend speichern

Nachdem Sie nun alle Anpassungen Ihres Designs vorgenommen haben, sollten Sie es abschließend speichern. Klicken Sie dazu auf die *Office-Schaltfläche*, wählen Sie *Speichern unter* und dann unter *Dateityp* die Option *Office-Design* (*.thmx*). (Weitere Details zum Speichern von Designs und Vorlagen finden Sie im Abschnitt »Tipps und Tricks zu Vorlagen und Designs – Die Speicherorte für Vorlagen und Designs« weiter hinten in diesem Kapitel.)

Ein Design verwenden

Das Vorgehen beim Verwenden von Designs ist dem ähnlich, wenn Sie eine neue Präsentation erstellen oder das Design auf eine bestehende Präsentation anwenden wollen. Im ersten Fall öffnen Sie eine neue, leere Präsentation, im zweiten Ihre bereits bestehende Präsentation.

1. Wechseln Sie zur Registerkarte *Entwurf*.

2. In der Gruppe *Designs* erscheinen die zuletzt verwendeten Designs. Wenn das gewünschte dabei ist, können Sie es mit einem Klick hier auswählen.

3. Falls das gesuchte Design noch nicht erscheint, öffnen Sie den Design-Katalog durch Klicken auf die Schaltfläche *Weitere*. Sie sehen oben das (bzw. die) in der aktuellen Präsentation verwendete(n) Design(s). Darunter erscheinen Ihre selbst erstellten oder aus dem Internet heruntergeladenen benutzerdefinierten Designs. In der Kategorie *Integriert* finden Sie die 20 mit PowerPoint installierten Designs.

Abbildg. 9.29   Der Design-Katalog zeigt verwendete, selbst erstellte, heruntergeladene und vorinstallierte Designs an

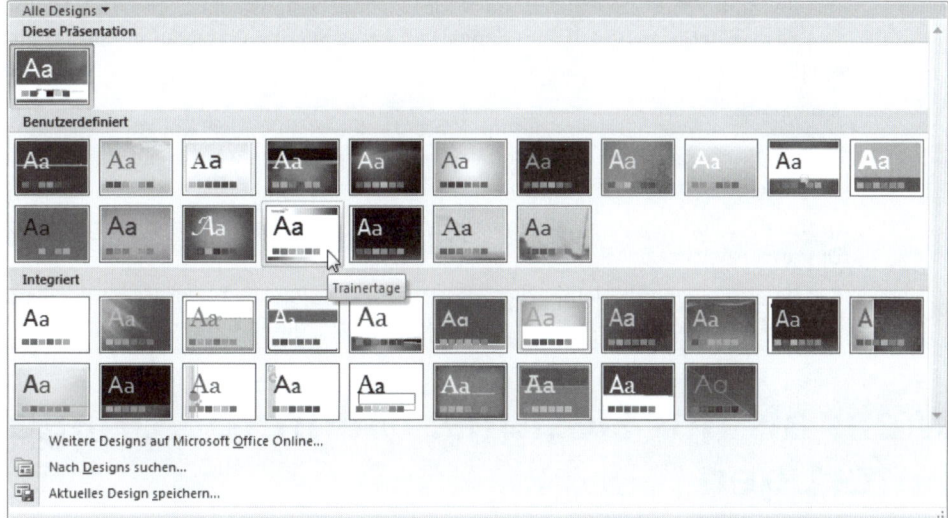

4. Fahren Sie mit dem Mauszeiger über die Miniaturbilder, um eine Vorschau der Auswirkung auf Ihre Präsentation zu sehen.

5. Weisen Sie das gewünschte Design mit einem Mausklick allen Folien in Ihrer Präsentation zu.

Wollen Sie nur einigen Folien ein neues Design geben, markieren Sie diese Folien im linken Folienübersichtsfenster oder in der Ansicht *Foliensortierung* und führen dann die oben aufgeführten Schritte aus.

Falls Sie nur einer einzelnen Folie ein anderes Design zuweisen wollen, klicken Sie im Design-Katalog das gewünschte Design mit der rechten Maustaste an und wählen *Für ausgewählte Folien übernehmen*.

Abbildg. 9.30   Mit der rechten Maustaste stehen Ihnen im Design-Katalog weitere Möglichkeiten zur Auswahl

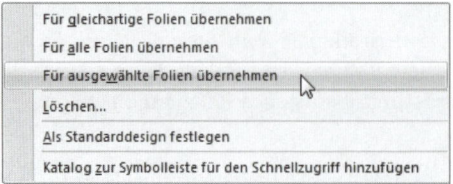

Wenn Sie eine neue Präsentation erstellen wollen, haben Sie zwei weitere Möglichkeiten:

- Klicken Sie auf die *Office-Schaltfläche* und dann auf *Öffnen*. Wählen Sie als Dateityp *Office-Designs* (*.thmx), navigieren Sie zu dem Ordner, in dem die Designs gespeichert sind, und wählen Sie das gewünschte aus.

- Im Windows-Explorer können Sie ebenfalls zum Design-Ordner wechseln und dort auf die gewünschte THMX-Datei doppelklicken.

Beide Wege haben den Nachteil, dass Sie den Ablageort der Designs kennen müssen (Näheres siehe im Abschnitt »Tipps und Tricks zu Vorlagen und Designs – Die Speicherorte für Vorlagen und Designs« weiter hinten in diesem Kapitel) und dass Sie eine Präsentation mit nur einer leeren Folie erhalten.

WICHTIG   Wenn Sie eine fertige Präsentation weitergeben wollen, brauchen Sie das Design *nicht* mit weiterzugeben. Alle erforderlichen Informationen werden aus der Designdatei automatisch in die Präsentationsdatei kopiert.

Umgekehrt können Sie, wenn Ihnen die Gestaltung einer Präsentation gefällt, diese selbst als Design abspeichern.

Für Sie als Designer bedeutet dies, dass Sie Ihre Designs nicht vor Weiterverwendung schützen können, es sei denn, Sie belegen die komplette Präsentation mit einem Kennwort.

Mehr als nur Designs: Mehrere Vorlagen anfertigen

Gerade in großen Unternehmen werden sehr unterschiedliche Präsentationen erstellt. Unterschiedliche Abteilungen haben unterschiedliche Ziele und Bedürfnisse. Oft existieren schon Musterfolien, die in viele Präsentationen eingefügt werden. Alle Vortragenden sollen aber immer dasselbe firmenweite Design nutzen. Dies erreichen Sie mit Vorlagen, die Sie für die verschiedenen Einsatzgebiete maßschneidern. Während das Design mit einem Mausklick die einheitliche Gestaltung liefert, enthalten Vorlagen zusätzlich Musterfolien, die vorgefertigte Inhalte liefern können.

In der Praxis werden Sie nur selten bei der Erstellung einer Präsentation mit einem Design starten, sondern eher auf Vorlagen aufbauen.

Im folgenden Beispiel wird daher vom Trainertage-Design ausgegangen und darauf aufbauend werden mehrere Vorlagen für unterschiedliche Einsatzzwecke erstellt. Vergleichen Sie auch noch einmal Abbildung 9.2, die die möglichen Bestandteile von Design und Vorlage zeigt.

Die fertige Beispielvorlage *Trainertage_PowerPoint.potx* finden Sie auf der CD zu diesem Handbuch im Ordner *\Buch\Kap09*.

Aus einem Design wird eine Vorlage

Öffnen Sie eine neue, leere Präsentation und weisen Sie ihr über die Registerkarte *Entwurf*, Gruppe *Designs* das soeben entworfene Design zu.

Abbildg. 9.31   Der Name des verwendeten Designs erscheint in der Statusleiste

Speichern Sie diese Datei unter einem passenden Namen ab. Wählen Sie dazu *Speichern unter/Andere Formate* und stellen Sie unter *Dateityp* die Option *PowerPoint-Vorlage (*.potx)* ein.

> **TIPP**   Es ist empfehlenswert, den Designnamen als Teil des Vorlagennamens zu verwenden, um später die Zusammengehörigkeit besser nachvollziehen zu können.

Im Beispiel basieren auf dem Design *Trainertage.thmx* z.B. die Vorlagen *Trainertage_Vorlage.potx* und *Trainertage_PowerPoint.potx*.

> **HINWEIS**   Im Gegensatz zu früheren PowerPoint-Versionen gibt es in PowerPoint 2007 zwei verschiedene Dateitypen für Vorlagen *mit* und *ohne Makros*. Falls Sie planen, Ihrer Vorlage Makros hinzuzufügen, sollten Sie den Dateityp *PowerPoint-Vorlage mit Makros (*.potm)* wählen. Sie können *nicht* durch Umbenennen von dem einen zum anderen Dateityp wechseln, sondern müssen die Vorlage neu abspeichern. Natürlich können Sie später auf einer Vorlage ohne Makros (*.potx) eine Präsentation mit Makros (*.potm) aufbauen.

Mehrere Master hinzufügen

Am Anfang steht die Überlegung, wie unterschiedlich oder wie ähnlich die Teile der Präsentation sein sollen. Davon ist es abhängig, wie der neue Master eingefügt wird:

- Wenn Sie mit einer weißen Fläche anfangen wollen, um einen komplett neuen Master zu erstellen, wählen Sie auf der Registerkarte *Folienmaster* in der Gruppe *Master bearbeiten* den Befehl *Folienmaster einfügen*. Er fügt hinter dem bestehenden Master einen neuen mit den neun Standardlayouts ein.

- Wenn Sie Teile des bestehenden Masters übernehmen möchten, klicken Sie ihn mit der rechten Maustaste an und wählen im Kontextmenü *Folienmaster duplizieren*. Neben dem Master werden damit auch die benutzerdefinierten Layouts dupliziert.

> **TIPP**   Noch schneller können Sie einen Master duplizieren, indem Sie auf den gewünschten Master klicken und dann die Tastenkombination ⌨Strg + ⌨D drücken.

Für die Trainertage-Vorlage wird der vorhandene Master dupliziert. Im neuen Master soll das PowerPoint-spezifische Logo erscheinen und das Farbschema geändert werden.

Um die Master unterscheiden zu können, ist es wichtig, sie eindeutig zu benennen. 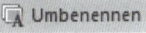 Klicken Sie dazu mit der rechten Maustaste auf den Folienmaster und wählen Sie im Kontextmenü *Master umbenennen* oder klicken Sie auf der Registerkarte *Folienmaster* in der Gruppe *Master bearbeiten* auf *Master umbenennen*. Dieser Name taucht später im Layout-Katalog wieder auf und unterteilt die verfügbaren Layouts in Gruppen.

Abbildg. 9.32 Ein farbig hinterlegter Balken mit dem Namen des Masters trennt die Layouts

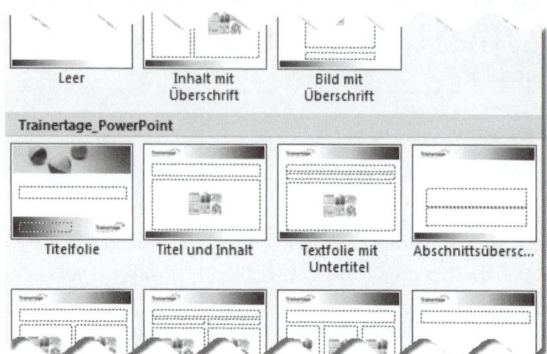

Alle Änderungen im Master nehmen Sie wie weiter oben für die Formatierung des Masters beschrieben vor.

Im Beispiel wurden die Designfarben des zweiten Masters geändert, sodass nun Rot die dominierende Farbe für PowerPoint ist (siehe auch den nächsten Abschnitt »Weitere Designfarben hinzufügen«). Darüber hinaus wurde das Logo gegen die PowerPoint-spezifische Variante ausgetauscht. Diese Änderung muss im Titellayout, in dem der Hintergrund des Masters ausgeblendet und das Logo an anderer Stelle eingefügt wurde, gesondert vorgenommen werden.

Weitere Designfarben hinzufügen

In der Vorlage für PowerPoint-Kurse soll neben dem Logo auch die Reihenfolge der Farben geändert werden, damit das Rot des PowerPoint-Logos dominiert. Um einer Vorlage weitere Farbschemas hinzuzufügen, gehen Sie wie folgt vor:

1. Wechseln Sie über der Registerkarte *Ansicht* mit dem Befehl *Folienmaster* in die Masteransicht und klicken Sie dort auf den zweiten Folienmaster.

2. Rufen Sie über *Farben* in der Gruppe *Design bearbeiten* den Katalog der verfügbaren Farbschemas auf. Hier sollte das Farbschema ausgewählt sein, auf dem die neuen Farben basieren sollen.

3. Rufen Sie mit *Neue Designfarben erstellen* das entsprechende Dialogfeld auf und nehmen Sie die Änderungen vor. In unserem Beispiel wurden keine neuen Farben definiert, sondern es wurde lediglich die Reihenfolge der Akzentfarben 1 bis 4 vertauscht.

4. Vergeben Sie einen eindeutigen *Namen* und speichern Sie die neuen Farben.

5. Kehren Sie mit einem Klick auf *Masteransicht schließen* zur Normalansicht zurück.

Die Vorlage mit Leben füllen: Musterfolien

In einer typischen Trainingspräsentation wechseln sich Folien mit theoretischen Erläuterungen mit praktischen Demonstrationen ab. Um diese beiden Teile auch optisch voneinander zu trennen, wird eine Zwischenfolie erstellt, die diese Demoabschnitte einleitet.

Prinzipiell könnte eine solche Folie auch als Layout hinzugefügt werden, wenn sie oft verwendet wird. Wird sie nur wenige Male pro Präsentation benötigt, ist es vorteilhafter, sie als Musterfolie in der Vorlage zu hinterlegen und bei Bedarf zu kopieren.

Bei der Erstellung solcher Folien gehen Sie wie bei der Erstellung normaler Folien vor, nur mit dem Unterschied, dass Sie sie mit der Vorlage abspeichern.

Abbildg. 9.33 Musterfolien in der Vorlage erleichtern die Arbeit des Vortragenden

Musterfolien können aber nicht nur fertige Inhaltsfolien sein, auf ihnen können Sie auch zum Thema passende Abbildungen, beispielsweise kleine Icons, oft einfacher als mit ClipArt-Sammlungen weitergeben.

Abbildg. 9.34 Musterfolien können auch veranstaltungsspezifische ClipArts bereithalten

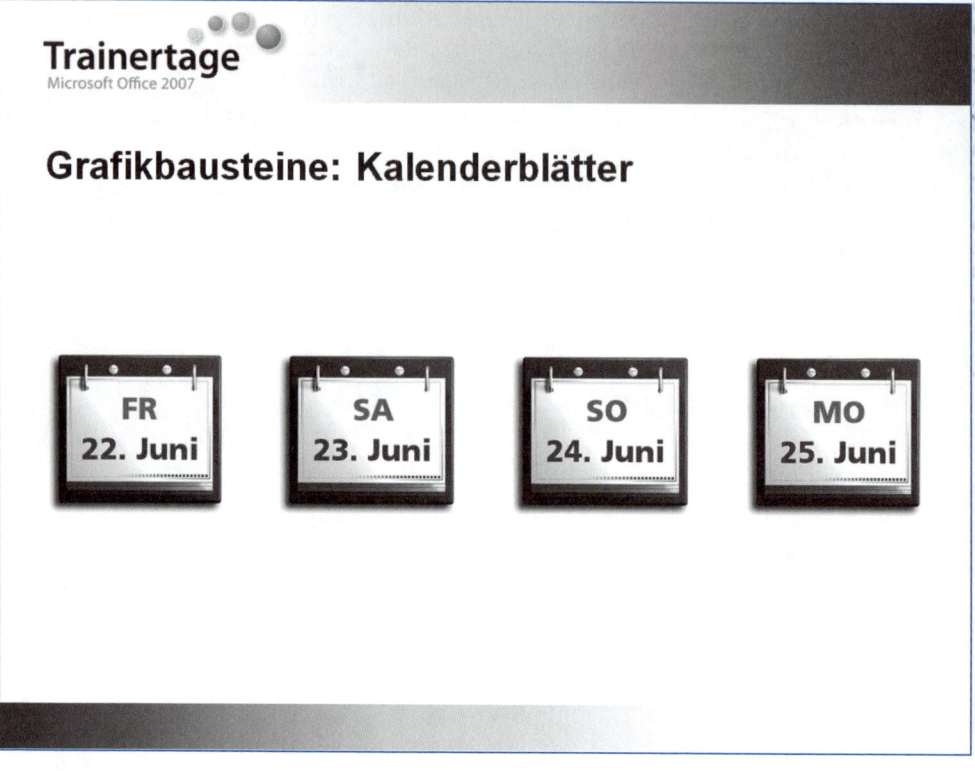

Oder Sie stellen einige vorformatierte Formen, aus denen z.B. schnell Organigramme erstellt werden können, zur Verfügung. Ihrer Fantasie sind hier kaum Grenzen gesetzt.

Probelauf: Die Vorlage testen

Bevor Sie die Vorlage verteilen, sollten Sie sie mit einigen für Ihr Anwendungsgebiet typischen Folien testen. Einige Ideen:

- Fügen Sie *Textfolien* ein: Wie viele Zeilen Text können Sie auf einer Folie maximal unterbringen? Reicht dies in der Praxis aus?

- Erstellen Sie ein *SmartArt-* Diagramm: Wie wirken sich Farben und Effekte aus?

- Zeichnen Sie eine *Tabelle:* Wie erscheinen die gewählten Farben in den Tabellenvorlagen?

- Fügen Sie einige *Formen* ein und formatieren Sie diese: Liefern Farben, Schriften, Effekte das gewünschte Ergebnis?

- Zusätzlich zu den Designfarben werden im Farbauswahl-Dialogfeld stets auch hellere und dunklere *Schattierungen* der Farben angeboten. Testen Sie auch diese, denn darauf greifen einige Formatvorlagen für Diagramme, Tabellen, SmartArts und Formen zurück.

- Sind in den Designfarben formatierte Objekte gut vor dem gewählten *Hintergrund* zu erkennen?

Nehmen Sie jetzt noch erforderliche Änderungen an Ihrer Vorlage und ggf. auch am Design vor.

TIPP   Denken Sie daran, nachträgliche Änderungen, die Sie nun vorgenommen haben, auch in den *PowerPoint-CI-Guidelines* zu dokumentieren.

Beim Probelauf wird sich eventuell herausstellen, dass bestimmte Schnellformatvorlagen besser geeignet sind als andere. Nehmen Sie solche Empfehlungen für bevorzugte Formate ebenfalls auf.

Die Praxistauglichkeit einer Vorlage erweist sich oft erst im täglichen Einsatz. Als *Designer* sollten Sie eine neu erstellte Vorlage deshalb nach Ihren eigenen Tests von einigen versierten Anwendern einige Tage lang in der Praxis testen lassen, bevor Sie sie unternehmensweit verteilen. Als *Anwender* sollten Sie in den konstruktiven Dialog mit den Designern treten, wenn Ihnen beispielsweise immer wieder ein bestimmtes Layout fehlt. Sie haben in diesem Kapitel mit dem übergreifenden Konzept der Designs und den Details wie Platzhaltertypen das dazu erforderliche Basiswissen erhalten.

Die fertige Beispielvorlage *Trainertage_PowerPoint.potx* finden Sie auf der CD zu diesem Handbuch im Ordner *\Buch\Kap09*.

Tipps und Tricks zu Vorlagen und Designs

In diesem Abschnitt finden Sie Übersichten, die Ihnen helfen, das Praxisbeispiel zu verallgemeinern und an Ihre Bedürfnisse anzupassen.

Die vorinstallierten Designs

Bei der Installation werden 20 Designs schon mitinstalliert. Diese enthalten jeweils Designfarben, Designschriftarten und Designeffekte gleichen Namens sowie einen Folienhintergrund. Diese Bausteine können Sie beliebig mischen, so könnten Sie z.B. mit wenig Aufwand aus dem Hintergrund von *Ananke* mit den Farben *Iapetus*, den Schriften *Okeanos* und den Effekten *Modul* ein eigenes Designs bzw. eine eigene Vorlage zusammenstellen.

Eine Übersicht über die Eigenschaften – Designfarben, -schriften und -effekte – der bereits installierten Designs finden Sie in der Datei *KAP09_Installierte-Designs.pptx* auf der CD zu diesem Buch im Ordner *\Buch\Kap09*.

Diese Beispieldatei enthält als letzte Folie auch eine Tabelle, die deutsche und englische Bezeichnungen der Designs vergleicht.

Fertige Designs aus dem Internet herunterladen

Seit dem Frühjahr 2007 stellt Microsoft weitere Designs auf der Webseite *Office Online* zum kostenlosen Download bereit. Zum Zeitpunkt der Drucklegung dieses Buches waren auf der englischsprachigen Webseite von Microsoft USA wesentlich mehr Designs zu finden; ein Blick dorthin lohnt also ebenfalls.

TIPP   Rufen Sie die Website *http://office.microsoft.com* auf und wechseln Sie dort zur Registerkarte *Vorlagen*. Geben Sie als Suchbegriff **Design** ein.

Um zusätzlich auf der englischsprachigen Webseite zu suchen, klicken Sie ganz links oben auf der Webseite auf das Weltkugel-Symbol. Wählen Sie in der Länderliste *Vereinigte Staaten* und bestätigen Sie mit *OK*. Wechseln Sie zur Registerkarte *Templates* und geben Sie als Suchbegriff **Theme** ein.

Office 2007-Designs und SmartArt-Vorlagen erkennen Sie an dem neuen Symbol mit einer stilisierten gelben Folie.

Wenn Sie ein solches Design auf einem Rechner herunterladen, auf dem Office 2007 installiert ist, wird das Design in PowerPoint geöffnet und Sie können es, wie weiter vorn in diesem Kapitel im Abschnitt »Das Design endgültig abspeichern« beschrieben, auf Ihrem Rechner speichern. Laden Sie es auf einen Rechner ohne Office 2007 herunter, erhalten Sie eine CAB-Datei, die neben dem eigentlichen Design meist auch Farben, Schriften und Effekte enthält. Diese Datei müssen Sie entpacken (z.B. mit Windows XP, Vista oder WinZip) und die Dateien in den passenden Ordnern ablegen (siehe hierzu weiter unten im Abschnitt »Die Speicherorte für Vorlagen und Designs«).

Es ist zu erwarten, dass weitere Dienstleister Designs und Vorlagen anbieten werden. Angekündigt haben dies *http://www.presentationload.de* und *http://www.indezine.com*. Sofern diese kostenlos sind, werden Sie einige davon mit der oben beschriebenen Suche nach Designs finden und von dort aus mit einem Link auf die jeweilige Webseite gelangen können. Zu kostenpflichtigen Vorlagen gelangen Sie links in der Navigation der Webseite *Office Online* auch über den Link *Weitere Vorlagen von Drittanbietern*.

Ein neues Standarddesign festlegen

Wenn Sie beim Öffnen eines neuen Dokuments sofort Ihr eigenes Design statt des vorinstallierten *Larissa*-Design öffnen möchten, können Sie es als Standarddesign festlegen. Das Vorgehen ist recht einfach:

1. Während der Erstellung des Designs haben Sie wahrscheinlich mit dem Dateityp Präsentation (*.pptx) gearbeitet. Diese Datei muss zunächst als Design gespeichert werden. Klicken Sie dazu auf die *Office-Schaltfläche,* wählen Sie *Speichern unter* und dann unter *Dateityp* die Option *Office-Design* (*.thmx) aus. Damit steht es Ihnen auch in Word und in Excel zur Verfügung.

2. Dann klicken Sie auf die Registerkarte *Entwurf*.

3. In der Befehlsgruppe *Designs* sehen Sie schon einige der verfügbaren Designs; klappen Sie den ganzen Katalog mit dem Pfeil rechts unten auf.

4. Klicken Sie mit der rechten Maustaste auf das gewünschte Design in der Gruppe *Integriert* oder in der Gruppe *Benutzerdefiniert*.

5. Wählen Sie im Kontextmenü *Als Standarddesign festlegen*.

Beim nächsten Start von PowerPoint wird die leere Präsentation nicht mit dem weißen Larissa-Design geöffnet, sondern mit Ihrem eigenen. Das Larissa-Design steht Ihnen aber immer noch im Design-Katalog zur Verfügung, falls Sie zu Microsofts Standard zurückkehren wollen.

Bedenken Sie aber bitte, dass zu einem Design außer den Schriften immer auch Farben und Effekte und der Folienhintergrund gehören. Sie sollten also zumindest kontrollieren, ob diese Ihren Vorstellungen entsprechen, bevor Sie das Standarddesign ändern.

Kopf- und Fußzeilenplatzhalter in Vorlagen

Die Inhalte der Platzhalter, die sich normalerweise am unteren Rand der Folie befinden und die für Datum, Fußzeile und Foliennummer vorgesehen sind, können Sie nicht mit einem Design, sondern nur mit einer Vorlage speichern.

> **TIPP** Entscheiden Sie zunächst, ob Sie diese Informationen auf Ihren Folien überhaupt brauchen. Während einer *live* vorgetragenen Präsentation stellen alle Informationen, die nicht zum Inhalt Ihrer Präsentation gehören, eine Ablenkung der Zuschauer dar. Informationen zu Vortragstitel, Name des Referenten und Datum haben Sie normalerweise schon auf der Titelfolie angegeben und müssen sie nicht noch einmal wiederholen. Auch die Foliennummer ist eine eher ablenkende als nützliche Information, insbesondere wenn sie mit der Gesamtzahl der Folien kombiniert wird.
>
> Eine Daseinsberechtigung haben diese Fußzeileninformationen allenfalls in *gedruckten* Unterlagen, um die Zugehörigkeit zu einem Vortrag zu kennzeichnen, insbesondere wenn mehrere Vorträge z.B. einer Konferenz zusammen gedruckt und gebunden werden. Aber auch dann ist zu überlegen, ob diese Information auf der Folie selbst auftauchen muss oder nicht besser im Handzettel- bzw. Notizenausdruck untergebracht wird.

Fußzeilen formatieren

Die Bezeichnung *Kopf- und Fußzeilen* ist ein wenig irreführend. Es gibt nur einen Fußzeilenplatzhalter, er wird erst zur Kopfzeile, wenn Sie ihn an den oberen Rand der Folie schieben.

Haben Sie sich entschieden, ein oder mehrere Angaben aus der Fußzeile zu verwenden, wechseln Sie in die Folienmasteransicht und verschieben die Platzhalter zunächst an die entsprechenden Stellen. Sie sind dabei natürlich nicht auf den unteren Folienrand beschränkt, sondern können sie beliebig platzieren. Formatieren Sie ihre Schriftart, -größe und -farbe so, wie Sie Textfelder formatieren. Schließen Sie anschließend die Folienmasteransicht wieder.

Fußzeilentext eingeben

Kopf- und Fußzeile

Welchen Inhalt die Platzhalter haben und ob sie überhaupt angezeigt werden, bestimmen Sie über das Dialogfeld *Kopf- und Fußzeile*. Auch wenn ein Fußzeilenplatzhalter im Folienmaster vorhanden ist, wird er nur dann angezeigt, wenn Sie einen Inhalt vorgeben *und* ihn als sichtbar markieren.

Um das Dialogfeld *Kopf- und Fußzeilen* aufzurufen, wechseln Sie zur Registerkarte *Einfügen* und klicken dann in der Gruppe *Text* auf *Kopf- und Fußzeile*.

- *Datum und Uhrzeit:* Hier haben Sie die Wahl zwischen dem aktuellen Datum in verschiedenen Formaten. Das Datum wird jeweils beim Aufruf der Präsentation automatisch aktualisiert. Oder Sie geben ein festes Datum, z.B. das Datum der Konferenz, ein. Hier können Sie beliebigen Text, z.B. auch einen Ort, eingeben oder auch dieses Feld für den Namen des Vortragenden verwenden, falls Sie kein Datum benötigen.

- *Foliennummer:* Die Foliennummer wird automatisch vergeben. Die Nummer der ersten Folie bestimmen Sie auf der Registerkarte *Entwurf* über *Seite einrichten/Nummerierung beginnt bei*.

- *Fußzeile:* In diesem Feld geben Sie beliebig langen Text für die Fußzeile ein (maximal 255 Zeichen).

Abbildg. 9.35   Alle Einstellungen für die Inhalte der Kopf- und Fußzeilen nehmen Sie in einem Dialogfeld vor

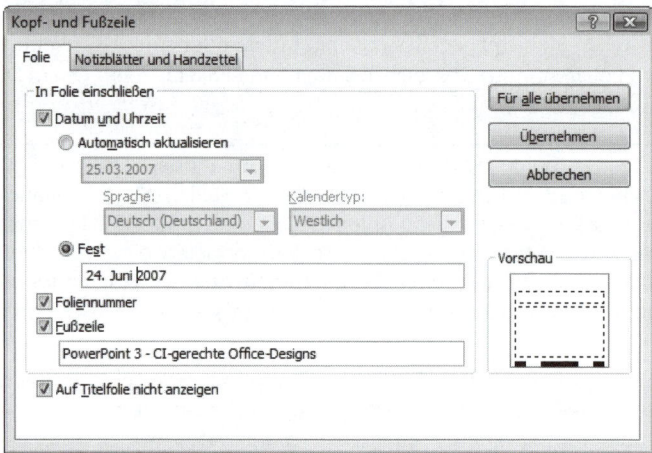

- *Auf Titelfolie nicht anzeigen:* Da auf dem Titel die Fußzeileninformationen oft nicht erforderlich sind, können Sie sie auf allen Folien, denen das Layout *Titel* zugeordnet ist, mit dieser Option ausblenden.

Abbildg. 9.36   Die fertig formatierten Fußzeilenplatzhalter in der Masteransicht

TIPP   Fußzeilenplatzhalter, die Sie für den Druck der Folien benötigen, können Sie über dieses Dialogfeld kurz vor dem Vortrag noch mit wenigen Mausklicks ausblenden.

Standardmäßig sind die Platzhalter auf allen Layouts vorgegeben. Sie können sie für einzelne Layouts löschen, um z.B. auch auf Zwischenfolien keine Nummerierung anzuzeigen.

Einzelne Fußzeilen ändern

Neu   Im Gegensatz zu früheren PowerPoint-Versionen sind die Fußzeilenplatzhalter nicht im Master vor Zugriffen geschützt (und so für Anfänger schwer handhabbar), sondern werden als Textfeld auf jede Folie kopiert. Das bedeutet, dass Sie sie für einzelne Folien ändern können. Wenn Sie einmal mehr Platz brauchen, können Sie die Fußzeilen-, Datums- und Nummern-Felder auf einer Folie löschen, ohne die anderen Folien oder Hintergrundgrafiken dadurch zu beeinflussen. Das bedeutet auch, dass Sie den enthaltenen Text oder auch die Foliennummer für eine einzelne Folie ändern können. Intern zählt PowerPoint allerdings weiter, auch wenn Sie beispielsweise aus der Folie »8« eine Folie »7a« machen, wird die nächste Folie automatisch als »9« gezählt und gekennzeichnet.

Gelöschte Fußzeilen wiederherstellen

Sie können im Folienmaster oder in einem Layout einen der Fußzeilenplatzhalter löschen, indem Sie ihn anklicken und dann die [Entf]-Taste drücken.

Falls Sie ihn später wiederherstellen wollen, wechseln Sie über die Registerkarte *Ansicht* zum Folienmaster.

Masterlayout

- Wenn der *Master* angezeigt wird und Sie den Platzhalter für alle Layouts wiederherstellen wollen, klicken Sie in der Gruppe *Masterlayout* auf die Schaltfläche *Masterlayout*. Es wird ein kleines Dialogfeld eingeblendet, in dem Sie bestimmen können, welche Platzhalter verfügbar sein sollen.

- Wird ein *Layout* angezeigt und wollen Sie nur für dieses einen gelöschten Platzhal- ☑ Fußzeilen
ter wieder einblenden, finden Sie in der Gruppe *Masterlayout* den Befehl *Fußzeilen*. Klicken Sie ihn an (auch wenn er bereits ein Häkchen enthält), um wieder alle drei Standard-Fußzeilenplatzhalter anzuzeigen. Durch Entfernen des Häkchens blenden Sie alle drei Platzhalter gleichzeitig aus.

Die Einstellungen für den Master überschreiben aber in jedem Falle die Einstellungen für einzelne Layouts.

Fußzeilenplatzhalter auf Handzetteln und Notizenseiten

Im *Handzettelmaster* und im *Notizenmaster* können Sie Fußzeilen getrennt von den Folien festlegen. Ob die Platzhalter sichtbar sein sollen oder nicht, legen Sie für Handzettel und Notizen in der jeweiligen Masteransicht getrennt fest, indem Sie in der Gruppe *Platzhalter* die entsprechenden Optionen mit einem Häkchen versehen und die Platzhalter entsprechend positionieren.

Abbildg. 9.37 Im Notizenmaster können Sie Platzhalter mit wenigen Mausklicks ein- und ausblenden

Den Inhalt der Platzhalter legen Sie über *Kopf- und Fußzeile* (Registerkarte *Einfügen*) im Dialogfeld *Kopf- und Fußzeile* auf der Registerkarte *Notizblätter und Handzettel* unabhängig von den Folien, aber stets für Notizblätter und Handzettel gemeinsam fest.

Die Speicherorte für Vorlagen und Designs

Sobald Sie sich für einen Ausgangspunkt zur Erstellung einer neuen Vorlage entschieden und eine neue Datei geöffnet haben, sollten Sie diese zunächst einmal speichern, um sich vor Datenverlust zu schützen. Klicken Sie dazu im Menü zur *Office-Schaltfläche* auf *Speichern unter/Andere Formate*. Unter *Dateityp* wählen Sie *PowerPoint-Vorlage (*.potx)* aus. Falls Sie Ihrer Vorlage später Makros hinzufügen wollen, steht Ihnen auch der neue Dateityp *PowerPoint-Vorlage mit Makros (*.potm)* zur Verfügung.

ACHTUNG   In den vorhergehenden Office-Versionen war es problemlos möglich, eine Datei zunächst als normale PowerPoint-Datei mit der Endung *.ppt* zu speichern und diese Dateierweiterung später im Windows-Explorer in *.pot* umzubenennen, um aus einer Präsentation eine Vorlage zu machen.

Dieses Vorgehen funktioniert in Office 2007 *nicht* mehr, da aufgrund des neuen XML-Dateiformats der Dateityp mit in der Datei gespeichert wird. Dies hat den Vorteil, dass Sie einer Datei schon vor dem Öffnen aufgrund des »m« in der Dateiendung ansehen, ob sie Makros enthalten kann. Es bedeutet aber auch, dass Sie eine Datei in PowerPoint öffnen und auf dem beschriebenen Wege explizit als Vorlage abspeichern müssen, um eine Vorlage zu erstellen.

Wenn Sie ein neues Design erstellen und dies als THMX-Datei speichern, wird auf dem Bildschirm eine PPTX-Datei angezeigt. Dies liegt daran, dass Designs keine Folien enthalten können. Führen Sie alle gewünschten Einstellungen an dieser Präsentation durch und speichern Sie sie dann als Design ab. Wenn Sie das Design zu Beginn der Bearbeitung schon einmal gespeichert hatten, werden Sie dabei gefragt, ob Sie die bestehende Datei überschreiben wollen.

Vorlagen und Designs werden nur dann in den entsprechenden Katalogen angezeigt, wenn sie in den richtigen *Verzeichnissen* liegen. Der Kasten »Verwaltung von Vorlagen und Designs« enthält eine Übersicht über die Dateispeicherorte unter PowerPoint 2007 und Windows Vista.

Verwaltung von Vorlagen und Designs

Die Speicherorte für *Vorlagen* werden zentral von *Word* aus für die drei Office-Programme Word, PowerPoint und Excel verwaltet. Um den Ablageort für Ihre Vorlagen zu ändern, klicken Sie in Word auf die *Office-Schaltfläche* und dann auf *Word-Optionen*. In der Kategorie *Erweitert* finden Sie ganz unten die Schaltfläche *Dateispeicherorte*. Hier können Sie zwei unterschiedliche Speicherorte festlegen:

- Benutzervorlagen

- Arbeitsgruppenvorlagen

Abbildg. 9.38 Die Speicherorte für Benutzer- und Arbeitsgruppenvorlagen werden von *Word* aus festgelegt

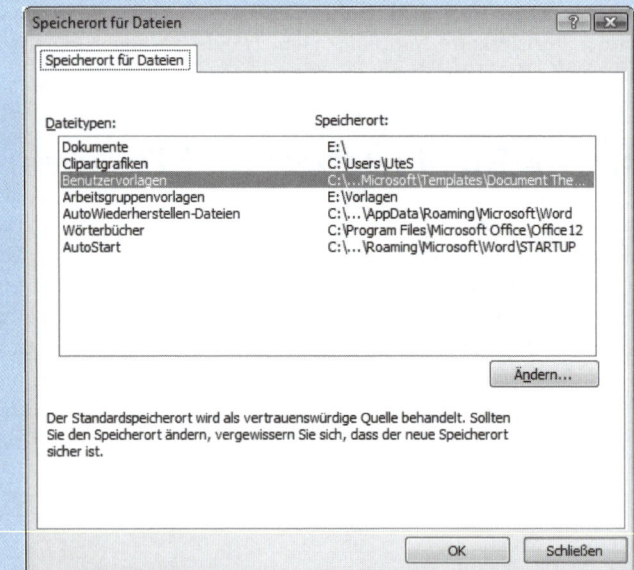

Wenn Sie innerhalb eines großen Firmennetzwerks arbeiten, speichern Sie im *Benutzervorlagen-Verzeichnis* Ihre persönlichen Vorlagen. Im *Arbeitsgruppenvorlagen-Verzeichnis* werden alle Vorlagen abgelegt, die sämtlichen Mitarbeitern zur Verfügung stehen sollen. In großen Unternehmen ist das Arbeitsgruppenvorlagen-Verzeichnis meist ein schreibgeschütztes Verzeichnis auf einem Netzlaufwerk, um die dem Corporate Design entsprechenden allgemeinen Vorlagen vor versehentlichen Änderungen zu schützen. Benutzen Sie Ihren Rechner nicht innerhalb eines Netzwerks, sondern als Einzelperson, brauchen Sie kein Arbeitsgruppenvorlagen-Verzeichnis zu definieren und legen all Ihre Vorlagen im Benutzervorlagen-Verzeichnis ab.

Wenn Sie eine neue *Vorlage* abspeichern, wird sie automatisch zunächst in Ihrem Benutzervorlagen-Verzeichnis gespeichert. In der Regel müssen Sie sich nicht zum passenden Verzeichnis durchklicken, sobald Sie im Menü zur *Office-Schaltfläche* über *Speichern unter/Andere Formate* einen der Dateitypen *PowerPoint-Vorlage (*.potx)* oder *PowerPoint-Vorlage mit Makros (*.potm)* wählen, wird das richtige Verzeichnis vorgegeben. Soll eine Vorlage allen Mitarbeitern zur Verfügung gestellt werden, müssen Sie sie in das Arbeitsgruppenvorlagen-Verzeichnis verschieben (bzw. vom Administrator verschieben lassen).

Für *Designs* legt Office unterhalb dieser beiden Vorlagenverzeichnisse jeweils einen Unterordner *Document Themes* an. Die 20 bereits mit Office installierten Designs werden Sie in diesen Ordnern nicht finden. Sie sind fest im Programm verankert und können nicht geändert werden.

Öffnet ein Anwender in einer der Office-Anwendungen den Design-Katalog, werden ihm unter *Benutzerdefiniert* alle Designs aus beiden Ordnern angeboten, wobei für ihn kein Unterschied erkennbar ist, aus welchem der beiden Ordner ein Design stammt.

> **ACHTUNG**   Wenn Sie eine Design oder eine Vorlage speichern, wird dieses bzw. diese zunächst in Ihrem *Benutzervorlagen-Verzeichnis* abgelegt. Das heißt, sie steht *nur* Ihnen (auch keinem anderen Benutzer, der sich auf Ihrem Rechner mit seinem Benutzerkonto anmeldet) zur Verfügung. Wenn Sie dieses Design oder diese Vorlage auch Ihren Kollegen zugänglich machen wollen, müssen Sie es bzw. sie in das *Arbeitsgruppenvorlagen-Verzeichnis* verschieben oder kopieren.

Designs, die Sie an anderen Stellen auf Ihrem Rechner speichern, werden nicht automatisch im Design-Katalog angezeigt, Sie können sie aber mit dem entsprechenden Befehl *Nach Designs suchen* am unteren Rand des Katalogs finden.

Abbildg. 9.39   Designs, die nicht unter *Document Themes* abgelegt wurden, suchen Sie mit diesem Befehl

Die Ordner für die Designs (*Document Themes*) enthalten wiederum folgende Unterordner:

- *Theme Colors* für die Designfarben
- *Theme Fonts* für die Designschriftarten
- *Theme Effects* für die Designeffekte

In ihnen werden Designfarben und Designschriftarten abgelegt, die Sie zusätzlich erstellen. Designeffekte können Sie zurzeit nur mit guten XML-Kenntnissen selbst erstellen. Werden Farben, Schriften oder Effekte in einem Design verwendet, werden diese Informationen in der THMX-Datei gespeichert. Die Dateien in diesen Unterverzeichnissen dienen dazu, einzelne Einstellungen unabhängig vom Design weitergeben zu können.

Wenn Sie die Einstellungen nach der Installation nicht verändert haben, gelten unter Windows Vista die folgenden Pfade für das Benutzervorlagen-Verzeichnis:

- Vorlagen:
  C:\Users\Ihr Name\AppData\Roaming\Microsoft\Templates
  Dateiformat: *POTX, POTM*

- Designs:
  C:\Users\Ihr Name\AppData\Roaming\Microsoft\Templates\Document Themes
  Dateiformat: *THMX*

- Designfarben:
  C:\Users\Ihr Name\AppData\Roaming\Microsoft\Templates\Document Themes\Theme Colors
  Dateiformat: *XML*

- Designschriftarten:
  C:\Users\Ihr Name\AppData\Roaming\Microsoft\Templates\Document Themes\Theme Fonts
  Dateiformat: *XML*

- Designeffekte:
  C:\Users\Ihr Name\AppData\Roaming\Microsoft\Templates\Document Themes\Theme Effects
  Dateiformat: *EFTX*

Unter Windows XP finden Sie die Vorlagen im folgenden Verzeichnis:

- *C:\Dokumente und Einstellungen\Ihr Name\Anwendungsdaten\Microsoft\Vorlagen*

sowie in den entsprechenden Unterordnern.

Designs löschen

Manchmal entstehen während des Entwurfsprozesses später nicht mehr benötigte Versionen eines Designs. Sie haben mehrere Möglichkeiten, diese zu löschen:

- Entweder klicken Sie auf der Registerkarte *Entwurf* in der Gruppe *Designs* auf die Schaltfläche *Weitere*. Klicken Sie anschließend mit der rechten Maustaste auf ein benutzerdefiniertes Design und wählen Sie dann im Kontextmenü den Befehl *Löschen*.

- Oder Sie navigieren im Windows-Explorer zum Ordner *Document Themes* und löschen dort die entsprechende THMX-Datei.

HINWEIS Wenn die benutzerdefinierten Designs zwar nicht im Design-Katalog angezeigt, aber auch nicht endgültig gelöscht werden sollen, können Sie die Designdateien in einen anderen Ordner verschieben.

Exkurs: Vorlagen in Word und Excel

Designs haben den Vorteil, dass sie auch in Word und Excel zur Verfügung stehen. Übernommen werden dabei nur die drei Grundelemente

- Designfarben,
- Designschriften und
- Designeffekte.

Alle anderen in der THMX-Datei gespeicherten Eigenschaften stehen nur in PowerPoint zur Verfügung.

In den jeweiligen Programmen können Sie auf den Designs Vorlagen aufbauen und ihnen programmspezifische Details hinzufügen. Dies werden natürlich in Word-Vorlagen ganz andere als in PowerPoint sein. Genau dieselben Farben, Schriftarten und Effekte signalisieren aber dennoch programmübergreifend die Firmenzugehörigkeit. Hinzu kommen Zeichen- und Absatzformatvorlagen. Elemente wie Logo, Adress- und Datumsfelder machen eine Briefvorlage daraus, ein Deckblatt, Kopf- und Fußzeilen kennzeichnen die Berichtsvorlage.

Abbildg. 9.40 Verschiedene Word-Dokumente, deren Vorlagen ebenfalls auf dem Trainertage-Design basieren

Wiederum dieselben Farben stehen für Tabellen und Diagramme in Excel zur Verfügung. Mit Arbeitsmappenvorlagen, die vorbereitete Tabellen und Formeln sowie benutzerdefinierte Diagrammtypen enthalten, greifen Sie auf bewährte Formatvorgaben zurück.

Abbildg. 9.41   Excel-Tabelle und -Diagramm, die auf dem Trainertage-Design aufgebaut wurden

Zusammenfassung

Vorlagen und Designs erleichtern die tägliche Arbeit beim Gestalten von Dokumenten und legen das grundlegende Aussehen fest. In diesem Kapitel haben Sie gesehen, wann Sie ein Design verwenden, um unternehmensweite und programmübergreifende Vorgaben zu machen, und wann Sie eine Vorlage erstellen, um außer den Gestaltungselementen des Designs Musterfolien zur Verfügung zu stellen und nach Abteilungen oder Projekten zu differenzieren.

Darüber hinaus haben Sie den Umgang mit Mastern, Layouts, Designfarben, Designschriften und Designeffekten und ihr Zusammenspiel kennengelernt. Die wichtigsten Schritte finden Sie im Folgenden noch einmal zusammengefasst:

Der richtige Ausgangspunkt	Wählen Sie ein geeignetes Design oder eine Vorlage, das bzw. die Sie für Ihre Zwecke abwandeln wollen. Stellen Sie die Vorgaben zusammen, die einzuhalten sind (»CI«).
Die drei Grundelemente	Definieren Sie zwölf Designfarben, zwei Designschriftarten und die Designeffekte.
Ergänzende grafische Elemente	Legen Sie einen Folienhintergrund und weitere Hintergrundgrafiken, z.B. Logos, fest.
Eigene Layouts	Benutzerdefinierte Layouts erleichtern Ihnen die Formatierung immer wieder benötigter Folientypen.
Mehrere Master	Zusätzliche Master ermöglichen die Differenzierung innerhalb einer Vorlage oder eines Designs.
Musterfolien	Eine nicht zu unterschätzende Arbeitserleichterung stellen Musterfolien dar, die mit einer Vorlage gespeichert werden und halbfertige oder fertige Inhalte vorgeben.

Zur detaillierten Lektüre hier noch einmal wichtige Themen aus diesem Kapitel:

Praxiswissen rund um das Thema Präsentation

Kapitel 10

Präsentationen planen und durchführen

In diesem Kapitel:

Ein guter Vortrag zeichnet sich nicht allein dadurch aus, dass der Präsentierende sein Fachwissen vermittelt. Es kommt auch darauf an, a) das Publikum zu »fesseln«, b) stets erkennen zu lassen, dass die Gedanken einem »roten Faden« folgen, der c) für die Zuhörer von Interesse ist.

Damit stellen sich beim Planen und Durchführen einer Präsentation Herausforderungen auf drei Ebenen:

- **Das Strukturieren des Vortrags:** Dies ist eine in erster Linie intellektuelle Aufgabe, die Power-Point Ihnen nicht abnehmen kann. Aber es stellt die technischen Mittel zur Verfügung, um dies schnell und einfach zu erledigen.

- **Der passende Einsatz der Medien während des Vortrags:** PowerPoint bietet umfangreiche Unterstützung beim Anfertigen wirklich professioneller Präsentationen, die heutzutage meist per Beamer, über Display oder Monitor vorgeführt werden. Darüber hinaus sollten aber auch bewährte Medien wie Handouts, Flipchart und Pinnwand nicht außer Acht gelassen werden. Der zum Thema und zur Zielgruppe passende Medien-Mix sorgt dafür, dass die unterschiedlich strukturierten Teilnehmer die jeweils für sie beste Informationsdarbietung erhalten: Manche Teilnehmer sind eher visuell, andere eher auditiv ansprechbar, wieder andere brauchen eher etwas zum Anfassen und Mitnehmen. Und dann gibt es natürlich auch die »Mischformen«. Bereiten Sie für jede dieser Gruppen etwas vor.

- **Die richtige Kommunikation zwischen Vortragendem und Publikum:** Auch hier kann Ihnen PowerPoint ein Stück weit helfen: Nämlich dann, wenn Sie die Informationsmenge auf Ihren Folien abwägen und wenn Sie nach Mitteln suchen, um herausragend wichtige Dinge auch in besonderer Weise darzustellen – beispielsweise mit einem außergewöhnlichen Bild oder einer spektakulären Animation. Schließlich unterstützt PowerPoint Sie auch dabei, interaktiv zu sein, die Präsentation also im Dialog mit Ihrem Publikum vorzuführen. Bauen Sie bewusst Informationen und Bilder in den Vortrag ein, die Sie nur auf Zuruf oder nach Aufforderung aus dem Publikum zeigen.

Abbildg. 10.1   Aufgaben für einen Vortragenden im Vorfeld einer Präsentation

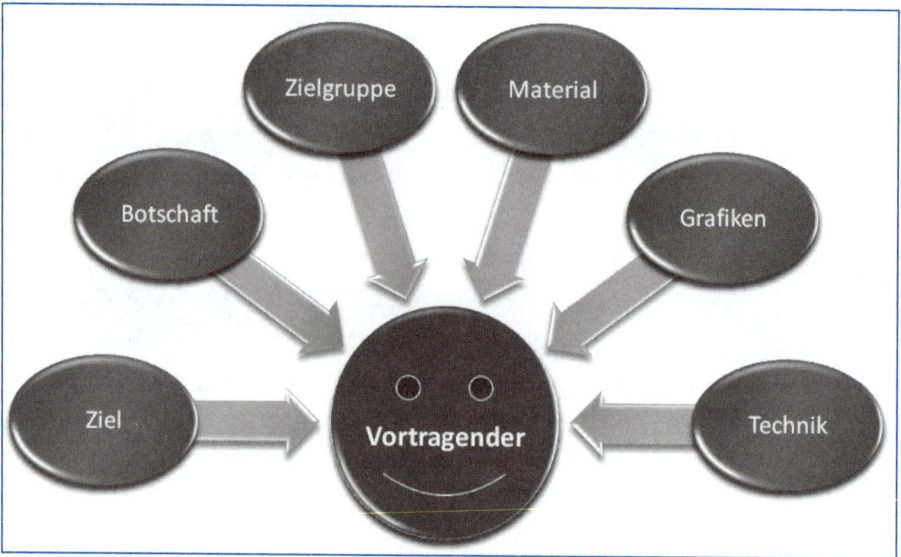

Was ist das Besondere einer Präsentation?

Es spielt keine Rolle, ob Sie schon oft eine Präsentation gehalten haben oder zum ersten Mal diese Hürde nehmen – es lohnt sich in jedem Fall, vor Beginn der Vorbereitung einige wenige Reflexionen anzustellen. Als Erstes stellt sich die Frage, was eigentlich eine Präsentation ist. Oft werden Präsentation und Vortrag als Wortpaar benutzt, aber auch Rede und Vortrag werden als Synonyme verwendet. Was genau ist also eine Präsentation und worin unterscheidet sie sich von einer Rede?

Bei einer *Präsentation* handelt es sich um eine Situation, in der ein Publikum geplant und systematisch von einem Vortragenden informiert wird – und zwar über die bewusste Nutzung von mindestens zwei Sinnesorganen: Ohr und Auge. Beispiele hierfür sind Kongresse, Meetings, Verkaufsveranstaltungen, Produktvorstellungen, Schulungen, Projektberichte usw. Bei der Einladung zu einer Präsentation erwartet das Publikum demzufolge, dass es einen Vortrag nicht nur hört, sondern ihn – zumindest in Teilen – auch sieht. Die Präsentation unterscheidet sich demnach von einer *Rede* dadurch, dass neben dem gesprochenen Vortrag parallel visuelle und teilweise auch auditive Informationen und Reize gezielt eingesetzt werden. Hierbei können recht unterschiedliche Präsentationsmedien zum Einsatz kommen (siehe hierzu weiter hinten in diesem Kapitel).

Damit ergeben sich für Vortragende bei der Vorbereitung einer Präsentation gleich zwei Aufgaben:

■ Anfertigen einer Disposition für gesprochene Informationen – die Rede

■ Erstellen einer Sammlung von visualisierten Informationen – die Folien

Und genau hier ist der springende Punkt: Die Vortragenden sollten beide Teile gleich gut beherrschen – in der Vorbereitung wie auch in der Umsetzung. Oft genug ist es aber so, dass Vortragende rhetorisch zwar begabt sind, diesen positiven Eindruck jedoch mit ihren Folien nicht bestätigen können. Auf der anderen Seite gibt es die Vortragenden, die »ihr Heil« in den Folien suchen. Als Zuschauer erkennen Sie dies daran, dass sich der Akteur während der Präsentation voll auf seine Folien konzentriert, diese zum großen Teil vorliest, dem Publikum häufig den Rücken zuwendet, sich hinter der Technik verschanzt, kurz: nicht wirklich in einem aktiven Dialog mit seinem Publikum ist.

PowerPoint kann Sie weder zum guten Redner noch zum begeisternden Vortragenden machen. Aber bei der zweiten Aufgabe, nämlich Informationen perfekt zu visualisieren, hilft Ihnen PowerPoint sehr.

Welche Präsentationsmedien gibt es, wie wirken sie?

Wie schon erwähnt, ist eine erfolgreiche Präsentation nicht allein auf die perfekte Vorführung per Beamer begrenzt. Andere Präsentationsmedien kommen ins Spiel und können an wichtigen Stellen des Vortrags das Publikum wieder aktivieren. Doch bevor Sie den Einsatz unterschiedlicher Medien erwägen und planen, lohnt noch ein Blick darauf, *wie* Präsentationen bei den Zuschauern »ankommen«.

Unsere fünf Sinne – oder wie werden Informationen wahrgenommen?

Informationen allgemein und somit auch Präsentationen können vom Publikum über die fünf Sinne Hören, Sehen, Riechen, Fühlen und Schmecken aufgenommen werden. Mit Ausnahme von Weinproben, der Vorstellung eines Kochbuchs im Kochstudio oder dem Besuch einer Parfümerie reduzieren sich die fünf Wahrnehmungskanäle bei »gewöhnlichen« Business-Präsentationen auf drei: das Hören, das Sehen und das Fühlen (Tasten).

Die audiovisuelle Kombination gehört zum Pflichtprogramm einer Präsentation. Nutzen Sie aber auch die Wirkung von »greifbaren« Anschauungsobjekten. Wann immer Sie Informationen vermitteln wollen: Ihr Bestreben sollte sein, möglichst viele Sinne anzusprechen (lesen Sie dazu auch die Kapitel 5 bis 8).

Mit fortschreitender Technik ergeben sich immer neue Möglichkeiten zum Präsentieren. Die Technik wird leider oft in den Mittelpunkt gestellt. Aber: Sie kann den Vortragenden nicht ersetzen. Er sollte schon der Hauptakteur bleiben.

Ungeachtet dessen ist es durchaus sinnvoll, sich dem Thema Präsentationsmedien näher zuzuwenden. Dies sind allgemein gefasst Gegenstände oder technische Geräte, die dazu verwendet werden, um Informationen zu übermitteln bzw. verständlich zu machen. Es sind also Träger von Informationen, wobei sie visueller Art (Flipchart, Tageslichtprojektor, Beamer, Plasmabildschirm) oder auditiver Art (Tonbandgerät, CD-Player) sein können oder beides (Video-, DVD-Player).

Abbildg. 10.2   Verschiedene Präsentationsmedien

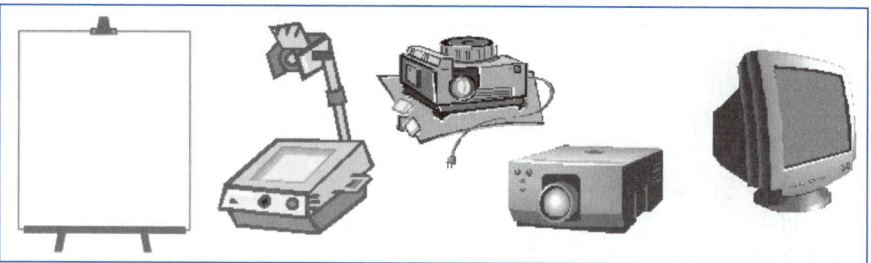

Welche Präsentationsmedien gibt es?

Präsentationsmedien lassen sich in vier Gruppen einteilen:

- Tafelmedien
- Projektionsmedien
- Monitormedien
- Tischmedien

Tafelmedien

Neben der traditionellen Tafel gibt es das moderne und kreidelose Whiteboard. Ebenfalls häufig im Einsatz sind Flipchart und Pinnwand.

Besonders interessant für Lehrveranstaltungen aller Art – von der Vorlesung bis zum Kleingruppen-training – sind interaktive Whiteboards, auf denen Informationen, die vom PC kommen, im Dialog dem Publikum gezeigt, mit ihm gemeinsam erarbeitet oder auch verändert werden können.

Informationen und Beispiele dazu finden Sie z.B. unter *www.teamboard.de.*

Projektionsmedien

Hier sind der Overheadprojektor, der Diaprojektor, der Datenprojektor und interaktive White-boards wie beispielsweise »Teamboards« einzuordnen.

Monitormedien

Dazu gehören Fernseher, PC-Monitore und Großbildmonitore. Sie sind verbunden mit unter-schiedlichsten »Datenlieferanten«. Bilddaten beispielsweise können aus dem Photo-CD-Player, dem Videorecorder, der Videokamera oder dem Computer kommen.

Tischmedien und weitere

Hierzu zählen Teilnehmerunterlagen – die sogenannten Handouts – und alle Arten von Anschau-ungsobjekten (Modelle, Prototypen von Produkten, Teile einer Maschine, Dokumente, Bücher usw.)

Altbewährte Präsentationsmedien im Umfeld von PowerPoint-Präsentationen

Folie und Overheadprojektor

Folien haben normalerweise das A4-Format. Ihre Lesbarkeit bei der Präsentation ist abhängig von der Größe der Projektionsfläche und dem Abstand zu ihr. Darüber hinaus entscheiden auch eine ausreichend große Schrift sowie eine lichtstarke Technik darüber, ob die Zuschauer Ihre Folien gut lesen können.

Einsatz von Overheadprojektoren

Vorträge mit Folien auf dem Overheadprojektor sind besonders flexibel hinsichtlich der Teilneh-merzahl, denn sie eignen sich für Präsentationen vor kleinen Gruppen bis hin zu einem Publikum von mehreren Dutzend Personen. Während des Vortrags können die Folien je nach Situation mit Zeichnungen und Bemerkungen mit einem entsprechenden Stift ergänzt werden.

Overhead- oder Tageslichtprojektoren sind heute in jedem Besprechungsraum und bei fast jeder Präsentation anzutreffen. Die Projektorleistung muss auf die Entfernung bzw. die Raumgröße abge-stimmt sein. Im Normalfall ist die Aufstellung und Nutzung eines Projektors auch für einen Laien kein Problem. Ein Grund übrigens, warum viele Vortragende lieber Folien selbst bei wichtigen Präsentationen auflegen, anstatt die Informationen über einen Video-Beamer zu zeigen.

Vorteile von Overheadprojektoren

Die Vorteile des Overheadprojektors sind vielfältig. Zum einen ist er bei Tageslicht (bzw. bei nur leichter Verdunklung) einsetzbar und wenig störanfällig. Sowohl am PC vorgefertigte als auch mit Stift spontan erstellte Folien können projiziert werden. Sein Einsatz kann somit Tafelmedien ersetzen.

Natürlich ist auch die Bedienung eines Overheadprojektors ungleich einfacher als der Umgang mit Notebook und Beamer. Es gibt Vortragende, die eine verständliche Hemmschwelle gegenüber moderner Technik haben und die auch auf Animationen komplett verzichten wollen. Für sie ist es technisch einfacher, nur Folien aufzulegen anstatt sich mit Notebook und Beamer auseinanderzusetzen.

OHP-Projektoren selbst sind inzwischen technisch so ausgereift, dass sie relativ leicht transportiert werden können. Da Folien ziemlich einfach herzustellen sind, neigen viele Vortragende dazu, diese in großer Menge zu fertigen. Doch auch hier gilt: Qualität geht vor Quantität. Immerhin geht es nicht darum, als »Folienschleuder« innerhalb von einer Stunde den Teilnehmern Folien im Minutentakt darzubieten. Damit wird das Publikum überfordert und schaltet mit Sicherheit ab. Folienvorträge werden zumeist im Bereich der Wissenschaft (Vorlesungen, Konferenzen) sowie bei firmeninternen Anlässen genutzt, beispielsweise bei Bereichs- oder Projektbesprechungen. Bei wichtigen Höhenpunkten in der Firma sowie bei Auftritten außerhalb des Unternehmens setzen sich mehr und mehr Bildschirmpräsentationen mit eingebauten Animationen durch, die per Video- bzw. Daten-Beamer vorgetragen werden.

Diapositive und Diaprojektor

Die Verwendung von Diapositiven ist besonders dann sinnvoll, wenn Sie Wert auf größtmögliche Realitätsnähe und Farbtreue legen. Dies ist oft bei technischen Produkten der Fall. Auch bei diesem Visualisierungsmedium spielt die Teilnehmeranzahl nur eine untergeordnete Rolle. Als Problem ist zu beachten, dass Sie zuvor bei einem Belichtungsstudio einen entsprechenden Treiber beschaffen müssen, um die Präsentation im erforderlichen Format abzuspeichern. Von Ihren elektronischen Folien werden dann 35-mm-Dias angefertigt. Sie haben also eine Zwischenstufe in der Vorbereitung Ihres Vortrags und dies sollten Sie hinsichtlich der Konsequenzen für Zeit und Qualität in Ihrer Planung berücksichtigen.

Tischvorlagen

Beim Thema Präsentation wird meist an einen Tageslichtprojektor mit Folien oder an ein Notebook mit Beamer gedacht. Aber häufig wird PowerPoint einfach nur dazu benutzt, um in kürzester Zeit Tischvorlagen für Meetings zu erstellen und auszudrucken. Sie werden im Vorfeld, spätestens aber zu Beginn der Präsentation an die Zuhörer verteilt. Gerade für Besprechungen mit informellem Charakter und in Situationen, in denen aufwendige technische Vorbereitungen nicht möglich sind (mangelnde Zeit, ungeeignete Räumlichkeiten), eignen sie sich sehr gut. Tischvorlagen bieten den Vorteil, dass die Teilnehmer ihre Notizen direkt aufschreiben und nach Belieben darin blättern können. Nachteil dieses Mediums: Die Teilnehmer können bereits im Voraus Informationen lesen, dazu Fragen aufwerfen und so den geplanten Ablauf verändern.

Distribution per Datenträger, im Internet oder auf Informationsterminals

Eine Sonderstellung nehmen PowerPoint-Präsentationen ein, die für die Verbreitung auf einem Datenträger oder für die Darstellung im Informationsterminal »maßgeschneidert« wurden. Eine solche Präsentation ist meist mit interaktiven Merkmalen, also Hyperlinks oder Hypergrafiken, ausgestattet. Die Fertigstellung solcher Präsentationen wird in Kapitel 27 beschrieben. Lesen Sie hierzu auch die Hinweise zum Thema Navigation in Kapitel 19.

Moderne Präsentationstechnik im Einsatz

Beim Stichwort Bildschirmpräsentation denken die meisten PowerPoint-Anwender und Vortragenden sofort an einen Beamer. Doch nicht in jedem Fall ist er die optimale Lösung.

Ein kurzer Überblick

Nachfolgend finden Sie eine kurze Zusammenstellung, welche Präsentationsmedien es derzeit noch am Markt gibt und wo sie zum Einsatz kommen.

Plasma- und LCD-Displays – die Edlen

Wer häufiger Messen besucht, weiß: Displays sind der Renner. Der Grund: Mit Plasma- und LCD-Displays sind Sie von abgedunkelten Räumen unabhängig. Auch der geringere technische Aufwand und Platzbedarf sprechen für den Einsatz von Displays.

Das LCD-Display ist in puncto Lebensdauer dem Plasmadisplay weit überlegen. Allerdings hat es einen deutlich höheren Anschaffungspreis. Plasmadisplays sind bis zu einer Bildschirmdiagonalen von ca. 50 Zoll bezahlbar. Bei größeren Bildschirmdiagonalen liegen die Preise über 15.000 Euro und können bis zu fast 100.000 Euro reichen.

Interaktive Präsentationsmittel – Beispiel TeamBoard

Wer das Zeigen von Informationen mit Interaktion verbinden will, sollte sich einmal näher mit dem TeamBoard befassen. Es ist in Verbindung mit einem Beamer mit seinen Abmessungen von 150 cm x 120 cm ein überdimensionaler Touchscreen. Vortragende können ihre Präsentation direkt vom TeamBoard aus steuern und interaktiv auf ihr Publikum reagieren. Sie können Notizen in die laufende PowerPoint-Präsentation eingeben oder vom TeamBoard aus den Rechner bedienen. Für Trainings also ein ideales Präsentationswerkzeug. Eine praktische Lösung für alle, die viel unterwegs sind, ist die kleine Ausführung des TeamBoards mit Maßen von 79 cm x 64 cm.

 Mehr dazu unter *www.teamboard.de*.

Bildschirmpräsentation und Video-Beamer

Datenprojektoren oder Video-Beamer gehören zu einer relativ neuen Generation technische Geräte. Sie ermöglichen es, Daten von Videorecordern oder Computern einem größeren Publikum zu zeigen. Die Technik dazu ist unterschiedlich, ebenso der Kaufpreis und die Bildqualität. Es können damit Computersimulationen und der schrittweise Aufbau von Diagrammen und anderen Grafiken projiziert werden.

Vorteile und Einsatzgebiete

Die Präsentation von Vorträgen mithilfe eines Video-Beamers ist die professionellste und zugleich qualitativ beste Variante der Visualisierung von Informationen vor einem Teilnehmerkreis von mehr als fünf Personen. Farben und Animationen können weitgehend so dargestellt werden, wie dies in der Bildschirmpräsentation am Monitor für kleine Gruppen möglich ist. Auch Multimediaeffekte (Ton und Video) sind über einen Beamer gut realisierbar. Die Daten kommen vom PC und werden direkt zur Projektionswand übertragen. Die Investitionskosten haben sich in den letzten Jahren rapide verringert. Dies hängt damit zusammen, dass mit der Verbreitung der DVD als Filmmedium sogenannte Heimkinosysteme am Massenmarkt verkauft werden. Die Produktion für den Massenmarkt hat positive Effekte auf die Preisentwicklung. Bereits für weniger als 700 Euro sind inzwischen Geräte im Angebot, die nahezu Notebook-Größe haben und somit auch leicht zu transportieren sind. Sie können zumindest im kleineren Rahmen gut eingesetzt werden. Für größere Räume empfehlen sich Geräte ab 1.000 Euro.

Technik-Exkurs Beamer

Im Zusammenhang mit dem Einsatz von Beamern gibt es neben der Frage nach dem Preis vor allem viele Fragen zur Technik. Daher hier kurze Erläuterungen zu zwei wichtigen Begriffen, die im Zusammenhang mit Beamer-Technik auftauchen.

ANSI-Lumen

Die Lichtstärke eines Beamers wird in *ANSI-Lumen* gemessen. ANSI-Lumen steht für die Bildhelligkeit der Daten- und Videoprojektoren. Hierbei wird eine Projektionsfläche von einem Quadratmeter in neun gleich große Felder geteilt. Der Durchschnitt der im Zentrum jedes Feldes gemessenen Lichtstärke ergibt den Wert der ANSI-Lumen.

Für die meisten Präsentationsfälle genügen Beamer mit einer Leistung zwischen 1.000 und 1.500 ANSI-Lumen. Kann ein Raum nicht vollständig abgedunkelt werden, sollten es 2.000 ANSI-Lumen oder mehr sein. Beamer mit dieser Lichtstärke sind inzwischen bezahlbar geworden.

> **HINWEIS** Viele Projektoren fallen nicht nur durch ein gutes oder weniger gutes Bild auf, sondern auch durch leise oder lästige Lüftergeräusche. Es gibt (analog zu Computern) noch keine gänzlich »stummen« Beamer. Bei der Anschaffung lohnt daher ein Geräuschtest auf jeden Fall.

Auflösung

Die Auflösung gibt die Zahl der Pixel (Bildpunkte) wieder, mit der ein Bild aufgebaut ist. Je größer die Zahl der Pixel desto höher die Bildauflösung. Die Folge einer höheren Auflösung sind feinere und schärfere Kanten bei der Darstellung. Eine höhere Auflösung ermöglicht auch mehr Informationen auf der gleichen Bildwandfläche. Tabelle 10.1 zeigt die aktuell verfügbaren Standards für Daten-Beamer. Hier gibt es ständig neue Standards.

Tabelle 10.1 Übersicht über aktuelle Anzeigemodi bei Beamern

Modus	Auflösung	Format	Modus	Auflösung	Format
VGA	640 x 480	4:3	SXGA+	1.400 x 1.050	4:3
SVGA	800 x 600	4:3	WSXGA+	1.680 x 1.050	16:10
XGA	1.024 x 768	4:3	UXGA	1.600 x 1.200	4:3
WXGA	1.360 x 768	16:9	WUXGA	1.920 x 1.440	4:3
SXGA	1.280 x 1.024	5:4	QXGA	2.048 x 1.536	4:3
WSXGA	1.600 x 900	16:9			

Empfehlenswerte Internetadressen zum Thema Beamer

- *http://www.anders-kern.de* – Website von Anders+Kern mit Technik-Glossar im Bereich *Support Center*

- *http://www.presentation-pointers.com* – Zahlreiche Artikel zu verschiedenen Aspekten des Präsentierens mit Technik

- *http://www.avacademia.com* – Umfassende und aktuelle deutschsprachige Marktübersicht zum Thema Präsentationstechnik plus Newsletter

- *http://www.beamervergleich.de* – Mit Beamer-Berater und Kurz-Glossar zu wichtigen technischen Begriffen. Die ultimative Vergleichsseite, wenn man seine persönlichen Favoriten schon gefunden hat und nun in medias res gehen möchte, was die technischen Daten des Beamers betrifft. Bis zu drei Geräte können gleichzeitig verglichen werden. Zusätzlich werden noch weitere Alternativen vorgeschlagen.

Checkliste Beamer-Kauf

Beim Kauf eines Beamers gilt es, neben dem Preis auch eine Reihe weiterer Kriterien in die Überlegungen einzubeziehen. Hier eine kleine Checkliste:

- Wie groß und wie schwer ist das Gerät?

- Wie hoch ist die Lichtleistung? Weniger als 1.500 ANSI-Lumen sollten es heutzutage nicht mehr sein.

- Wie hoch ist die Farbtreue der angezeigten Bilder? Dies ist besonders wichtig bei DLP-Projektoren, die Schwächen bei Gelb- und Rottönen haben. Einige Hersteller bieten hier mit einem Fünfsegment-Farbrad eine deutlich verbesserte Farbqualität. Mehr dazu finden Sie beispielsweise unter *www.optoma.de*.

- Welchen Geräuschpegel verursacht das Gerät? Werte bis 32 dBA sind wünschenswert.

- Wie stark ist das Kontrastverhältnis? Werte ab 2.000:1 sind erstrebenswert.

- Welche Projektionsabstände meistert das Gerät? Hier ist der Einsatzort entscheidend.

- Wie leicht lassen sich Zoom, Fokus und Trapezentzerrung (Keystone) einstellen?

- Wie einfach und wie schnell ist die Menüführung? Was bietet die Fernbedienung? Ein- und Ausschalten sowie Standby sind ein Muss.

- Gibt es einen Eco-Modus? Der ist für die Lebensdauer der Lampe und den Geräuschpegel wichtig.

- Ist die gleichzeitige Projektion per Beamer und auf einem PC-Monitor möglich (sogenanntes Monitordurchschleifen)?

- Gibt es eingebaute Lautsprecher und wie gut sind sie?

- Ist der Beamer kompatibel zum Notebook/Computer? Welche Anzeigemodi werden unterstützt (siehe Tabelle 10.1)?

- Wie hoch sind die Folgekosten? Bei Druckern ist es der Preis von Patronen oder Toner, bei Beamern sind es die Kosten für eine Ersatzlampe, die ein weiteres wichtiges Argument bei der Kaufentscheidung sind.

WLAN oder nicht?

Viele Beamer-Hersteller werben mit immer neuen technischen Raffinessen. Brauchen Sie aber die neuesten technischen Errungenschaften auch wirklich? Hier einmal eine Entscheidungshilfe zu dem Beispiel WLAN, also kabellose Verbindung zwischen Notebook und Beamer.

- Zeigen Sie fast ausschließlich normale PowerPoint-Präsentationen (wenig Animationen), kann der Anschluss des Beamers per WLAN erfolgen. Das macht ein VGA-Kabel zum Beamer überflüssig.

- Sind hingegen Filmsequenzen oder gar ganze Filme in Ihre Präsentation integriert, ist es unumgänglich, den Beamer per VGA-Kabel anzusteuern. Dies gewährleistet ruckelfreie Bilder und einen schnellen Bildaufbau.

Die Frage nach dem richtigen Format: 4:3 oder 16:9

Auch wenn Ihnen das bisher gar nicht bewusst war: Im Normalfall sind Präsentationen im 4:3-Format angelegt. Übrigens wird dieses Format häufig bei Fernsehern eingesetzt. Bei Notebooks, TFT- und Plasmadisplays entwickelt sich der Trend in Richtung 16:9. Wer seine Präsentationen in diesem Format anlegt und später auch per Beamer vorführen möchte, sollte bei der Beamer-Wahl unbedingt darauf achten, dass dieses Format vom Beamer unterstützt wird. Mehr zu Formaten lesen Sie in Tabelle 10.1.

Computerpräsentationen: Chancen und Risiken

Der Trend beim Visualisieren von Präsentationen geht eindeutig in Richtung computergesteuerter Vorführungen mittels Beamer. Neben den vielen Vorteilen, die dies bietet, sollte man aber auch die Nachteile oder zumindest Risiken nicht verkennen. Nicht selten weicht das Nachdenken über Inhalt und Struktur einer Präsentation einer übertriebenen Technikverliebtheit. Die Folge sind »multimediale Überflutungen« des Publikums durch Animationen, Bilder, Ton- und Musiksequenzen.

Vorteile und Chancen

Die Chancen computergestützter Präsentationen überwiegen gegenüber den Risiken. Sie bestehen in folgenden Punkten:

- Dynamik im Bildaufbau durch Animation
- Verzweigung zu anderen Informationen und Anwendungen per Hyperlink
- Direkter Zugang zum Internet »live« während einer Bildschirmpräsentation
- Zeitersparnis bei Korrekturen im Vorfeld
- Positive imagebildende Wirkung durch den Einsatz moderner Technik

Nachteile und Risiken

Bei den Nachteilen bzw. Risiken sind folgende zu nennen:

- Die Gefahr, dass der Vortragende in den Hintergrund tritt
- Damit verbunden: Das Publikum bleibt passiv und konsumiert nur
- Erhöhtes Risiko technischer Pannen
- Höhere Investitionskosten
- Mehr technischer Vorbereitungsaufwand

Abwechslungsreich agieren mit dem passenden Medien-Mix

Auch wenn hier natürlich das Hauptaugenmerk auf das Erstellen von Präsentationsfolien gelegt wird, darf trotzdem nicht vergessen werden, dass der Einsatz mehrerer Medien eine Präsentation erfolgreicher macht und das Publikum in größerem Maße aktiviert. Zudem hat jedes einzelne Präsentationsmedium spezifische Vorteile, die Vortragende bewusst im Verlauf ihrer Präsentation einsetzen sollten. Deshalb soll hier zumindest auf ein Medium eingegangen werden, das sich sehr gut mit Präsentationsfolien kombinieren lässt.

Abbildg. 10.3   Fälle für den Einsatz von Flipchart und Beamer

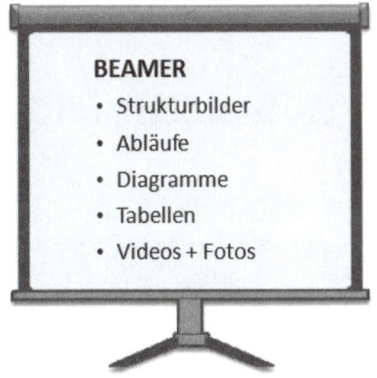

BEAMER
- Strukturbilder
- Abläufe
- Diagramme
- Tabellen
- Videos + Fotos

FLIPCHART
- Gliederung
- Kernaussagen
- Zitate
- Skizzen
- Fragen
- Zusatzinformationen

Flipcharts

Flipcharts können verwendet werden, um ein Meeting oder eine Schulung vorzubereiten. Beispiels weise bereiten Sie anstelle von Folien ganz bewusst Blätter für die Begrüßung, zur Bekanntgabe de Gliederung und des Ablaufs vor.

Auch bei Diskussionen sind Flipcharts besonders praktisch, denn Vorschläge können damit schne aufgezeichnet werden. Die Teilnehmer ihrerseits fühlen sich in ihrem Mitspracherecht bestätig Flipcharts eignen sich weitaus besser als PC-gesteuerte Folien, um innerhalb einer Präsentatio bestimmte Zwischenergebnisse zusammenzufassen, Sachverhalte schnell mit ein paar Notizen ode einer Skizze zu klären. Auch für die Erinnerung an bereits Gesagtes eignen sich Flipcharts, denn Si können leicht zu bestimmten Stellen zurückblättern und dies ohne jeden Technikeinsatz.

Nutzen Sie das Medium Flipchart nur, wenn Sie eine leserliche Handschrift haben und schne schreiben können, damit Sie nicht zu lange Zeit mit dem Rücken zu den Teilnehmern verbringen Halten Sie auch deshalb Schaubilder möglichst einfach. Den Einsatz von Flipcharts sollten Sie au Gründen der Lesbarkeit auf Gruppen von maximal 15 Teilnehmern begrenzen.

Pinnwände

Auf Pinnwänden lassen sich mithilfe von Haftmagneten, Reisnägeln und Klebeband Poster, Plakat und beschriftbare Kartons in unterschiedlicher Form, Farbe und Größe fixieren.

Die Stärke einer Pinnwand liegt also darin, dass sich in Situationen der Gedankenfindung (Brain storming) oder dann, wenn Zustände noch nicht endgültig sind, Informationen, Abläufe und Struk turen schnell und ohne Aufwand umstellen lassen. Auch für das Feedback seitens des Publikums sind Pinnwände gut geeignet.

Eine Präsentation Schritt für Schritt planen

Sicher kann jeder, der an einem Dutzend oder mehr Präsentationen teilgenommen hat, die folgende Aufstellung bestätigen oder gar erweitern. Die »Sünden«, die Vortragende gemeinhin begehen, wer den trotz vieler Ratgeber zu diesem Thema immer wieder neu begangen. Meist ist es noch nicht ein mal Gedankenlosigkeit oder Ignoranz, die dahinter steht, sondern einfach der Zeitdruck oder eben die Routine beim Abarbeiten von Aufgaben, was dazu führt, dass Präsentationen nicht optimal für das Publikum vorbereitet werden. Hier eine kurze »Negativ-Hitliste«:

Was Sie bei Präsentationen vermeiden sollten: Eine »Negativ-Hitliste«

- Die Folien werden kurz entschlossen aus bestehenden Präsentationen zusammengestellt. Folge: Keine Folie sieht wie die vorangegangene aus, Farben und Schriften haben keine Konsistenz, der »rote Faden« wird auf Basis der vorhandenen Folien neu festgelegt, ist aber nicht wirklich schlüssig.

- Auf »langatmigen« Textfolien sind wesentliche Informationen und Kernaussagen nicht ausrei chend erkennbar.

- Tabellen zeigen nur ein »Durcheinander« von Zahlen, die wirklich wichtigen Kennziffern gehen in der »Zahlenflut« unter.

- Die Zuschauer verlieren bei zu vielen aufeinanderfolgenden Text- oder Zahlenfolien die Aufmerksamkeit.

- Komplizierte Abläufe werden durch eine Vielzahl von Objekten, Pfeilen und Verbindungslinien dargestellt, die Folie wirkt zum Schluss völlig überladen.

- Der Vortrag wird vom Redner auf reine Informationsvermittlung ausgerichtet; die Kommunikation bleibt »eine Einbahnstraße« und das Publikum wird nicht angeregt, die übermittelten Informationen aktiv zu verarbeiten; die Behaltensquote ist gering.

- Die Folien werden in »affenartiger Geschwindigkeit« gezeigt, dem Publikum wird ein Maximum an Aufmerksamkeit abverlangt, um die Informationen aufzunehmen. Schnelle Ermüdung und Desinteresse sind die Folge.

Sehr wahrscheinlich können Sie aus eigener Erfahrung diese Negativliste mit einer Reihe weiterer Punkte ergänzen.

Natürlich ist es gut, sich dieser Präsentationssünden bewusst zu sein. Noch wichtiger aber ist es, sich intensiv und ganz bewusst mit den Abläufen und Zusammenhängen zu beschäftigen, die dafür sorgen, dass Ihre Präsentation ein Erfolg wird.

Praxiswissen rund um das Thema Präsentation

bbildg. 10.4   Erfolgsbausteine für Präsentationen

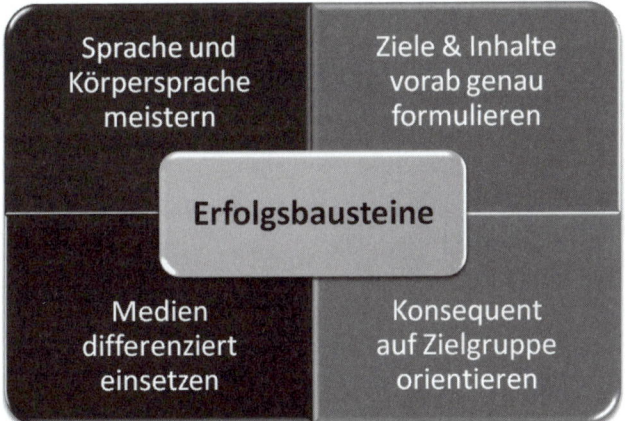

Solange es darum geht, »nur mal eben« eine Folie zu gestalten, ist es meist nicht erforderlich, dafür vorab ein Konzept zu erstellen. Sie wissen, welches Ziel Sie mit dieser Folie verfolgen, und haben eine Bild vom Aufbau der Informationen vor Augen. Um bei einer Präsentation mit mehreren Folien zu erreichen, dass mehr als 50 Prozent des Gehörten und Gesehenen im Gedächtnis haften bleiben, sind zahlreiche Dinge zu bedenken.

Das wichtigste Ziel einer Präsentation sollte immer darin bestehen, dass die Teilnehmer so viel wie möglich davon profitieren. Das bedeutet, dass möglichst viele Informationen im Gedächtnis haften bleiben bzw. Impulse zum Handeln ausgelöst werden. Das ist die Zielsetzung eines Vortrags überhaupt.

Daraus ergeben sich folgende vier Grundanforderungen an jede Präsentation:

Informationen …

- auf das Wesentliche reduzieren,
- klar strukturieren,
- verständlich visualisieren und
- überzeugend vortragen.

Checkliste: Was beim Aufbereiten der Informationen zu beachten ist

Sobald es darum geht, Informationen über mehrere Folien verteilt an die Zuschauer zu bringen, stellen sich die nachfolgenden Fragen:

- Müssen die Vorgaben zum Auftreten des Unternehmens nach außen, also das Corporate Design, berücksichtigt werden?
- Wie soll die Präsentation überhaupt von der allgemeinen Gestaltung her aufgebaut werden? Farbig oder schwarz-weiß?
- Eng verbunden damit ist die Wahl des Mediums, mit dem die Präsentation gezeigt wird: mit Folien über Overheadprojektor oder direkt vom PC über ein Data-Display oder einen Video-Beamer? Oder soll eine interaktive Anwendung für die Distribution per Diskette oder CD-ROM entstehen?
- An wen richtet sich die Präsentation?
- Welche allgemeinen und welche konkreten Ziele verfolgt sie?
- Welche Botschaft, welche Formulierung soll »rübergebracht« werden?
- Was soll im Ergebnis der Präsentation bewirkt werden?
- Wie viel Zeit verbleibt für die Vorbereitung?
- Welche Materialien liegen bereits vor und welche Informationen müssen noch zusammengetragen werden? Wie hoch ist der Zeitaufwand dafür?
- Welches grafische Material ist bereits vorhanden, müssen noch Fotos eingescannt, Bilder gesucht und Grafiken erstellt werden?
- In welchen Räumlichkeiten wird der Vortrag gehalten? Wie sind die Licht-, Schall- und Platzverhältnisse, wie ist die Belüftung?
- Welche Technik steht zur Verfügung, welche muss noch beschafft werden?
- Welche Materialien müssen für Teilnehmer und Vortragenden vorbereitet werden?

Sicher ließe sich dieser Katalog noch beliebig erweitern. Sie sehen aber schon an diesen wenigen Fragestellungen, wie komplex die Vorbereitung einer guten Präsentation ist. Doch gerade das macht die Vorbereitung einer Präsentation auch zu einer interessanten und spannenden Herausforderung. Man kann sich inhaltlich, kreativ und organisatorisch »verausgaben«. Es ist keine alltägliche Aufgabe; meist ist eine solche Präsentation ein bestimmter Höhepunkt in der eigenen Entwicklung im beruflichen Umfeld. Man kann sich beweisen und die Rückkopplung für den Erfolg ist auch sehr unmittelbar. Alles Gründe, die dafür sprechen, die Vorbereitung umso systematischer anzugehen.

Schritt für Schritt zur erfolgreichen Präsentation

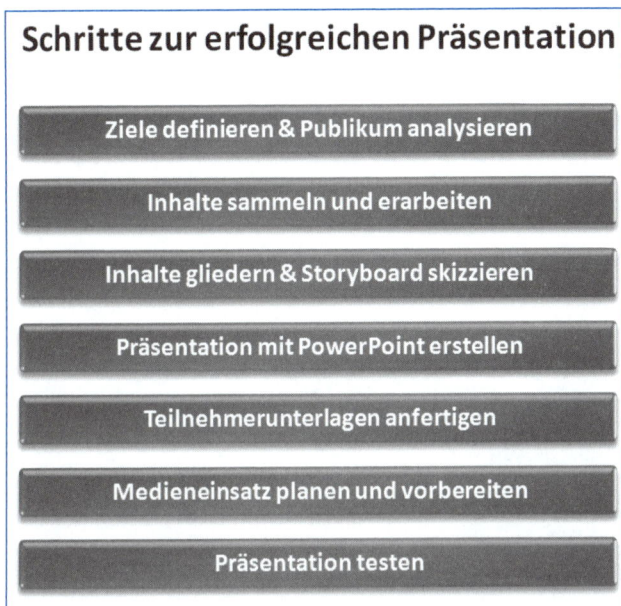

Ziel, Botschaft und Zielgruppe definieren

Unabhängig davon, ob es sich bei Ihrer Präsentation um die Vorstellung eines Produkts, einer Dienstleistung, einer Firma, eines Projekts, eines Berichts oder auch einer Person handelt, beginnen Sie nicht mit dem Erstellen der ersten Folie, bevor Sie nicht Antworten auf die folgenden drei vitalen Fragen haben:

- Was wird mit dem Vortrag bezweckt?
- Welche Botschaft soll sich bei den Zuschauern einprägen?
- An welche Zielgruppe richtet sich der Vortrag überhaupt?

Natürlich ergeben sich daraus gleich ein Dutzend anderer Fragen, aber versuchen Sie zunächst, möglichst einfache und eindeutige Antworten auf diese drei zu erhalten. Verfallen Sie nicht auf den Fehler, den viele PowerPoint-Anwender immer wieder machen: Programm starten und *sofort* (ohne genauen und wirklich durchdachten Plan) Folien produzieren. Denn natürlich verführt das Programm mit seinen Designvorlagen, AutoLayouts, den Grafiken aus dem Clip Organizer, den vielen AutoFormen und all den anderen Funktionen dazu, sofort loszulegen. Das Ergebnis ist auf jeden Fall »schön bunt«, gespickt mit Grafiken, Animationen usw.

Aber haben Sie auch ständig im Blick gehabt, dass Ihre definierte Botschaft für die Zuschauer klar wird? Sind die Hauptinformationen so aufbereitet und am Ende noch einmal so zusammengefasst, dass Sie bei Ihren Zuschauern einen hohen Erinnerungseffekt erreichen?

Und apropos Zuschauer: Haben Sie daran gedacht, ob Sie Ihre Zielgruppe überhaupt kennen, und damit auch wissen, wie Sie diese richtig ansprechen? Viele wichtige Fragen, zu denen Sie in den folgenden Abschnitten Handlungshinweise erhalten.

Beginnen Sie mit den Zielen

Folgende Situation kommt immer wieder in Unternehmen vor: Mitarbeiter werden beauftragt, eine Präsentation zu erstellen, und ihnen wird dazu nur das Thema und der Zeitpunkt der Fertigstellung mitgeteilt – mehr nicht. Sie sollten sich auf so etwas nicht einlassen und auf keinen Fall mit derart undifferenzierten Anweisungen versehen die Präsentation anfertigen. Denn am Ende ist meist keine der beiden Seiten glücklich mit dem Ergebnis: weder die Person, die den Auftrag gegeben hat, noch die Person, die den Vortrag anfertigen musste. Denn die wichtigen Fragen sind zu Beginn nicht geklärt worden.

Abbildg. 10.6 Fünf mögliche Ziele einer Präsentation

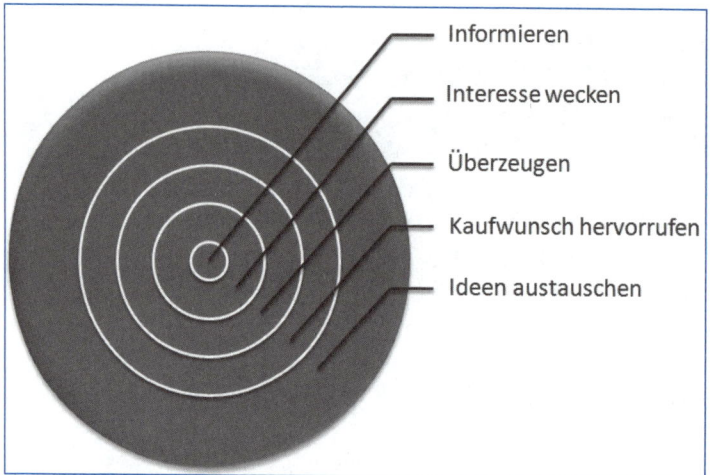

Informieren

Interesse wecken

Überzeugen

Kaufwunsch hervorrufen

Ideen austauschen

Oft reicht es hier aus, durch Hinterfragen die Dinge schnell auf den Punkt zu bringen, z.B.: »Was ist denn eigentlich das Ziel oder der Grund der Präsentation?«

Checkliste: Zielvorgaben für die Präsentation

Folgende alternative Fragestellungen sollen Ihnen zeigen, wie wichtig eine differenzierte Zielvorgabe für das Anfertigen einer Präsentation ist:

- Soll das Publikum über ein neues Produkt nur informiert werden? Oder sollen die Zuhörer dazu bewegt werden, anschließend das Produkt gleich zu bestellen?

- Sollen die besonders nützlichen Eigenschaften eines am Markt befindlichen Produkts hervorgehoben werden? Oder geht es vielmehr darum, Zweifel an dem Produkt zu zerstreuen oder gar Widerstände abzubauen?

- Soll einfach nur die Firma vorgestellt werden? Oder geht es darum, die Firma als Technologieführer in einem ganz bestimmten Bereich zu positionieren?

- Sollen die Umsätze des Unternehmens dargestellt werden? Oder sollen die anwesenden Banker und Analysten gezielt mit Informationen zum Zukunftspotenzial eines bestimmten Produkts oder zur stabilen Finanzsituation des Unternehmens (etwa trotz Umsatzeinbrüchen) versorgt werden?

Sie erkennen an diesen wenigen Beispielen sicherlich den Wert einer differenzierten Aufgabenstellung *vor* dem Anfertigen der Präsentation. Noch einen Vorteil hat dieses Hinterfragen der Ziele eines Vortrags: Wenn Sie mehrere Stunden oder gar Tage in das Anfertigen der einzelnen Folien investiert und sich dabei auch auf alle Details konzentriert haben, geht allmählich der Blick für das Ganze verloren. Doch dann kommt die Stunde der Wahrheit: Sie lassen die fertige Präsentation »im stillen Kämmerlein« ablaufen. Schauen Sie nun ruhig auf den Notizzettel, auf dem Sie die Ziele niedergeschrieben haben, und vergleichen Sie kritisch, ob diese Ziele auch tatsächlich in der fertigen Präsentation auftauchen.

Die Botschaft definieren

Um diese nächste Voraussetzung für eine gelungene Präsentation zu meistern, begeben Sie sich einmal in die Rolle des Zuschauers oder Zuhörers.

Der Vortrag ist vorbei, die referierende Person schaut erwartungsvoll und spricht den nahezu obligatorischen Satz, ob es noch Fragen gibt und ob alle Informationen angekommen sind. Spätestens jetzt beginnen Sie als Zuschauer oder Zuhörer darüber nachzudenken, was Ihnen der Vortrag eigentlich an Wissenszuwachs gebracht hat.

Die Referenten sind sich meist sicher, Ihnen alles ganz genau und logisch erklärt zu haben. Doch was haben Sie sich als Zuschauer oder Zuhörer gemerkt? Fallen Ihnen auf Anhieb wichtige Kernpunkte des Vortrags ein? Haben sich bestimmte Informationen bei Ihnen eingeprägt? Wenn es jetzt noch »die richtigen« Informationen waren, die Sie sich gemerkt haben, dann war der Vortrag zumindest in dem Bereich gut und hat sein Ziel erfüllt.

Abbildg. 10.7 Haben Sie die Botschaft richtig formuliert und ist sie beim Publikum angekommen?

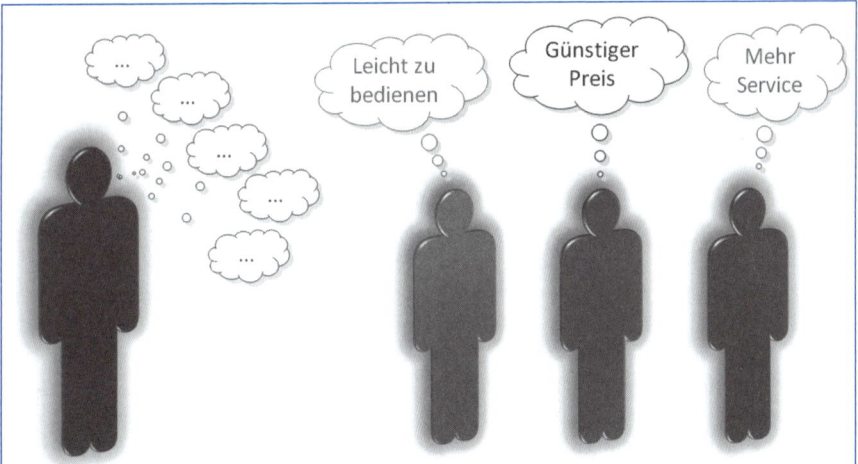

Die Zielgruppe kennen und berücksichtigen

Fall Nr. 1: Wenn Sie eine Präsentation für eine Fachmesse oder einen Fachvortrag vorbereiten, ist die Frage nach der Zielgruppe scheinbar leicht zu beantworten. Sie haben ein interessiertes und sachkundiges Publikum zu erwarten. Sachkundig bedeutet allerdings auch: Sie können mit Befürwortern Ihres Produkts bzw. Ihrer Idee, aber auch mit Kritikern und Gegnern rechnen. Haben Sie für einen solchen Fall entsprechende Folien vorbereitet, die kritische Argumentationen entkräften können?

Fall Nr. 2: Sie müssen aber gar nicht so weit gehen. Nehmen Sie an, dass Sie im Unternehmen ein neues Projekt oder zunächst nur eine neue Idee vorstellen. Ist es da nicht ganz natürlich, dass nicht gleich alle Teilnehmer begeistert oder wenigstens überzeugt von Ihrem Anliegen sind? Denn jeder Teilnehmer hat seinen individuellen Erfahrungshorizont und gleicht damit die von Ihnen vorgetragenen Informationen ab. Verständlich, dass da Fragen und Zweifel auftauchen. Haben Sie für diesen Fall zusätzliche Argumente, überzeugende Zahlen und Fakten vorbereitet, um Ihr Anliegen so sachlich und informativ wie möglich vorzutragen?

Abbildg. 10.8 Kennen Sie Ihre Zielgruppe?

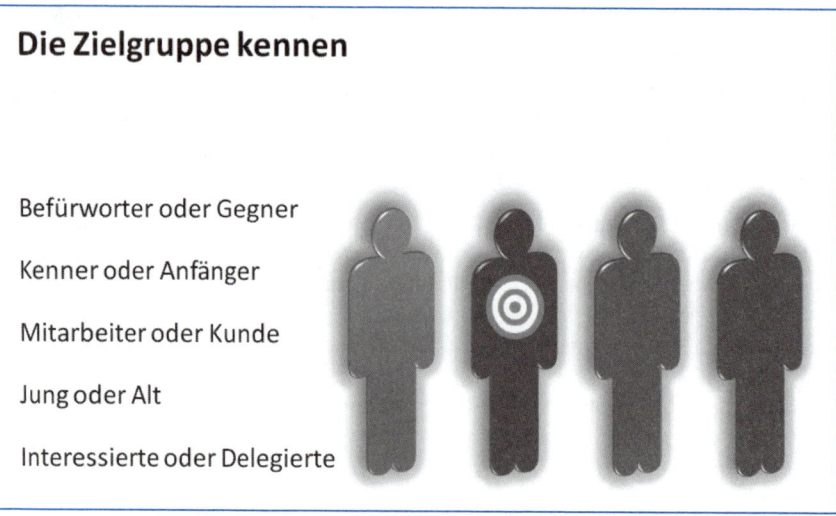

An diesen zwei Fällen sehen Sie, wie wichtig die Kenntnis der Zielgruppe ist. Dieses Wissen kommt zur Wirkung, wenn Sie daraus konkrete Konsequenzen für Abfolge, Aufbau und Inhalt Ihrer Folien ableiten. Mit »wilden« Animationen können Sie ein jugendliches Publikum gewinnen, wohl kaum aber ein Fachpublikum erfahrener Führungskräfte. Allerdings sollten Sie auch bei Führungskräften nicht zu konservativ sein. Zumindest eine Prise Humor und eine aufgelockerte Darstellung bestimmter Situationen und Daten bringen Ihnen als Vortragender einen Bonus ein. Denn wer trockene Informationen attraktiv aufbereitet, strahlt inhaltliche Souveränität aus und das verfehlt seine Wirkung nicht. Überhaupt werden Führungskräfte allzu oft mit steifen Präsentationen gelangweilt. Und daher sind gerade sie ansprechbar für die Kombination aus solider Information und souveräner und kreativer Darbietung. Technische Details sind kaum interessant für Controller, wohl aber für Ingenieure. Beide Berufsgruppen können wiederum weitaus mehr mit Zahlenmaterial konfrontiert werden als andere Personengruppen.

Mit dem Präsentationsplan den Überblick behalten

Ausgehend von der Reflexion der bisher aufgeworfenen Fragen können Sie nun einen strukturierten Aktionsplan erstellen. Er verschafft Ihnen einen Überblick über die anstehenden Aufgaben und gestattet zugleich, diese Aufgaben nach Prioritäten, aber auch chronologisch abzuarbeiten.

Je kürzer die Vorbereitungszeit, desto wichtiger ist es, die erforderlichen Schritte so aufzuschreiben, damit nichts vergessen wird.

TIPP Einen guten Plan mit konkreten Aufgaben können Sie nicht nur für die aktuelle Präsentation, sondern auch für künftige Vorträge als Checkliste verwenden.

Konzentrieren Sie Ihren Aktionsplan auf drei Bereiche:

- die Inhalte
- das Publikum
- das technische Umfeld

Praxiswissen rund um das Thema Präsentation

Inhalte und Dramaturgie planen: Das Storyboard

Wenden Sie sich nach dem Erstellen des Aktionsplans den Inhalten zu. Setzen Sie die Gedanken aus der Planungsphase in ausformulierte Informationen um und suchen Sie nach passendem grafischem Material zur Unterstützung Ihrer Aussagen.

Skizzieren Sie auf einem Block kurz den Aufbau jeder zu erstellenden Folie. Stellen Sie dabei fest, ob sich nicht unnötig oft das gleiche Folienlayout wiederholt. Es ist ein häufig zu beobachtender Fehler, dass die Zuschauer mit Textfolien »überflutet« werden. Zu wenig passende grafische Darstellungen werden angeboten, die rechte Hemisphäre des Gehirns wird kaum beansprucht. Demzufolge wird diese für das Verankern der Informationen auch nicht ausreichend einbezogen.

Das Storyboard ist für Sie ein außerordentlich nützliches Kontrollinstrument beim Erstellen Ihrer Präsentation. Sie können sehen, welche Informationen, Bilder, Diagramme usw. Ihnen noch fehlen. Sie schaffen sich Denkvorlauf, einen besseren Überblick über noch zu bearbeitende Folien und können somit Ihre Zeitplanung immer an den Tatsachen orientieren. Schließlich lässt sich ein Storyboard auch hervorragend nutzen, um mit dem Auftraggeber oder Kollegen über Zusammenhänge und wichtige Details des Vortrags ganz konkret und vor allem anschaulich zu diskutieren.

Vom Plan zur Gliederung: Die Techniken in PowerPoint kennen und anwenden

Eigentlich müsste jedes Präsentationsprogramm so aufgebaut sein, dass die Gestaltungsfunktionen erst dann eingeblendet werden, wenn ein gut formulierter und sinnvoll strukturierter Text vorliegt. Das würde Sie als Zuschauer davor bewahren, eine weitere Präsentation über sich ergehen lassen zu müssen, in der viel Farbe, viel Grafik, viel Animation und mit Text überladene Folien die Hauptmerkmale waren. Sicher haben Sie solche Darbietungen schon erlebt.

Folien und Gedanken in der Gliederungsansicht organisieren

Was bewahrt Sie vor solchen Fehlern? Wechseln Sie in PowerPoint probehalber einmal in die Gliederungsansicht, d.h. zur Registerkarte *Gliederung* am linken Bildschirmrand.

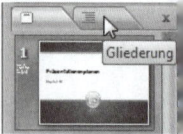

Abbildg. 10.9 Links von der Folie in die Gliederungsansicht wechseln

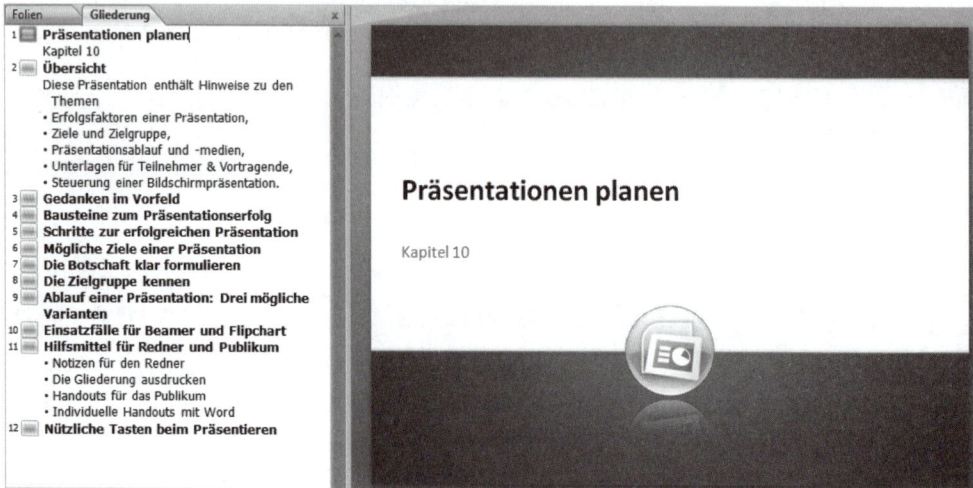

Diese Ansicht (siehe Abbildung 10.9 links) ist sehr nüchtern gehalten, Gestaltung spielt hier keine Rolle. Geben Sie jetzt Ihre Texte ein und konzentrieren Sie sich dabei auf prägnante Formulierungen. Achten Sie darauf, pro Folie nicht mehr als sechs Botschaften zu bringen, und versuchen Sie, für jede Information nicht mehr als zwei Zeilen zu verwenden.

Sorgen Sie anschließend auf den einzelnen Folien mithilfe von Aufzählungszeichen oder Nummerierungen und der Zuweisung verschiedener Ebenen dafür, dass sich Ihr Publikum sehr schnell orientieren und die Informationen leicht und aufbereitet in den »Arbeitsspeicher« übernehmen kann. Nehmen Sie sich also Ihr Storyboard und erfassen Sie auf diese Weise als Erstes die reinen Textinformationen.

Kurzüberblick: Der Nutzen der Gliederungsansicht

Die Registerkarte *Gliederung* ist gut geeignet, um einen raschen Überblick über Präsentationen zu bekommen, die im Wesentlichen aus Textfolien bestehen.

Da Grafiken oder frei gezeichnete Textfelder in der Gliederungsansicht nicht erscheinen, ist diese Ansicht für frei gestaltete Präsentationen nicht geeignet. Haben Sie hingegen vor allem Textfolien mit den Folienlayouts *Titel und Inhalt* oder *Zwei Spalten* verwendet, bietet die Gliederungsansicht einen guten Überblick.

▶

Als Ausdruck ist die Gliederung eine wesentliche Hilfe für den Vortragenden. Berücksichtigen Sie aber, dass nur Texte aus den beiden Platzhalterfeldern *Titel* und *Textfeld* in die Gliederung einfließen. Texte, die Sie in freie Textfelder eingeben, werden nicht angezeigt.

Alle Folientitel werden in der Registerkarte *Gliederung* in Fettdruck gezeigt und mit dem Symbol einer Folie gekennzeichnet, Texte aus den Textplatzhaltern erscheinen als eingerückter Aufzählungstext und etwas kleinerer Schrift.

So nutzen Sie die Gliederungsansicht

Die Arbeit in und mit der Gliederungsansicht ist mit dem Textverarbeitungsprogramm Word vergleichbar.

- Klicken Sie in den Text in der Registerkarte *Gliederung*. Sobald die Einfügemarke dort blinkt, können Sie Texte hinzufügen oder löschen.

- Nutzen Sie zum Aufrufen der verschiedenen Befehle das Kontextmenü, das Sie per rechten Mausklick in die Gliederung aufrufen. Wie in Abbildung 10.10 zu sehen, sind im Kontextmenü alle wichtigen Anweisungen zum Gliedern verfügbar. Über die Befehle *Höher stufen* und *Tiefer stufen* können Sie die Ebenen für Textabsätze und über *Nach oben* und *Nach unten* die Reihenfolge von Absätzen und Folien verändern.

Abbildg. 10.10   Nutzen Sie das Kontextmenü, um schnell und komfortabel in der Gliederung zu arbeiten

 ACHTUNG   Die Schaltflächen *Listenebene verringern* und *Listenebene erhöhen*, die Sie auf der Registerkarte *Start* der Multifunktionsleiste in der Gruppe *Absatz* finden, eignen sich *nicht* dazu, Texte in der Gliederungshierarchie höher oder tiefer zu stufen.

Abbildg. 10.11   Die komplette Gliederung oder nur die Überschriften anzeigen lassen

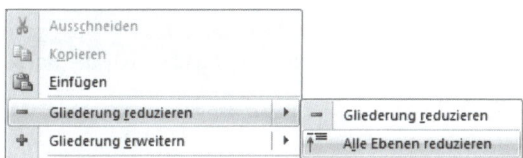

- Mit den Befehlen *Gliederung reduzieren* und *Gliederung erweitern* können Sie je nach Bedarf Textebenen aus- oder einblenden. Bei umfangreichen Gliederungen ist es hilfreich, wenn nicht alle Unterpunkte angezeigt werden. Nach der Wahl der Befehlsfolge *Gliederung reduzieren/Alle*

Ebenen reduzieren sind nur noch die Folientitel sichtbar. So behalten Sie den Überblick über den »roten Faden« einer Präsentation.

PROFITIPP

> Das Reduzieren der Gliederung nur auf die Folientitel – wie in Abbildung 10.12 rechts gezeigt – ist besonders wichtig für Vortragende. Wird eine solche reduzierte Gliederung ausgedruckt, ist dies die ideale Orientierung für den Vortragenden während der Präsentation. Da nur Foliennummer und Folientitel sichtbar sind, hat der Vortragende eine kompakte Übersicht, kann sich wie an einem Fahrplan orientieren und auch einfach zu einer bestimmten Folie wechseln. Natürlich kann sich der Vortragende auch beide Varianten der Gliederung – die komplette und die reduzierte – ausdrucken. Zuvor muss jedoch auf der Registerkarte *Gliederung* die gewünschte Variante eingestellt werden. Das Drucken erfolgt dann per Klick auf die *Office-Schaltfläche* und den Befehl *Drucken*. Im Dialogfeld *Drucken* wählen Sie unten links im Listenfeld *Drucken* statt *Folien* den Eintrag *Gliederungsansicht*.

Abbildg. 10.12 Komplette Gliederung oder auf Folientitel reduzierte Gliederung

Handouts: Wichtig für Teilnehmer und Vortragende

Korrekturen und Ergänzungen für die Folien bis zur letzten Minute – das gehört zum Alltag derer, die eine Präsentation vorbereiten. Dabei wird mitunter vergessen, dass zu einer guten Präsentation auch Teilnehmerunterlagen gehören. Beachten Sie: Handouts wirken über die Präsentation hinaus. Sie dienen als

- ergänzendes Arbeitsmaterial,

- Zusammenfassung der Präsentation, sodass die Teilnehmer nur zuhören bzw. folgen und nicht gleichzeitig mitschreiben müssen,

- Unterlage zum Nachschlagen auch Monate nach der Veranstaltung und

- dauerhafte Visitenkarte desjenigen, der präsentiert.

HINWEIS Handouts ersetzen nicht die Tätigkeit des Vortragenden, nämlich Inhalte verständlich zu machen. Zur besseren Kontrolle der Aufmerksamkeit werden sie in der Regel vorab angekündigt, jedoch erst nach der Präsentation ausgeteilt.

Teilnehmerunterlagen können die während der Präsentation benutzten Folien oder Schaubilder enthalten, sollten jedoch nicht den Originalvortragstext wiedergeben. Platz für Notizen ist sinnvoll. Zudem bieten sie die Möglichkeit, all das, was die Präsentation inhaltlich und zeitlich nicht belasten soll, als Information zugänglich zu machen.

Ein guter Vortrag wird für die Zuschauer also durch das Begleitmaterial aufgewertet. Darüber hinaus ist eine gute Unterlage auch geeignet, Interessierten, die nicht am Vortrag teilgenommen haben, eine Übersicht über wichtige Inhalte zu geben. Schließlich braucht auch der Vortragende selbst Material, auf das er während seiner Präsentation bei Bedarf zurückgreifen kann.

Vielzahl der Möglichkeiten zum Drucken von Unterlagen

PowerPoint unterscheidet ganz verschiedene Arten von Unterlagen. Allen ist gemeinsam, dass sie über den Befehl *Drucken* (im Menü zur *Office-Schaltfläche*) hergestellt werden. Eine Präsentation beinhaltet stets die Möglichkeit für drei verschiedene Arten von Unterlagen:

- Handzettel
- Notizenseite
- Gliederung

In Abbildung 10.13 sehen Sie eine Übersicht dieser verschiedenen Möglichkeiten.

Abbildg. 10.13 Drei Varianten zum Drucken von Unterlagen

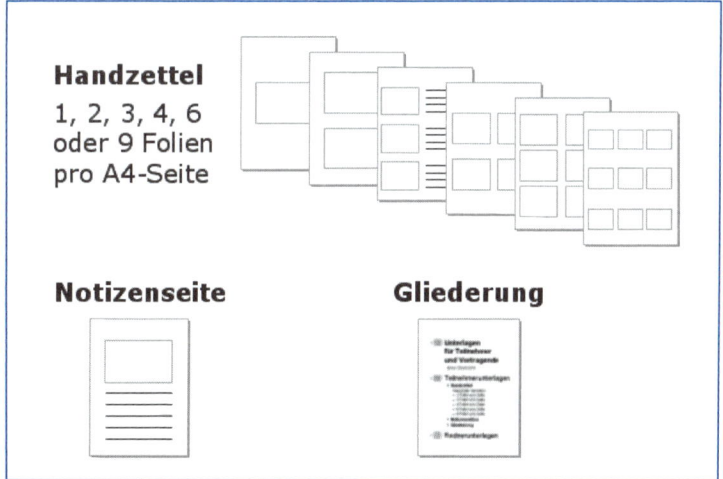

Unterlagen für den Vortragenden

Selbst bei einer technisch gut vorbereiteten Bildschirmpräsentation ist es für den Vortragenden nützlich, dass ihm das fertige Produkt auch auf Papier vorliegt, beispielsweise um sich auf bestimmte Passagen des Vortrags mithilfe von Notizen besser vorzubereiten oder bei Zwischenfragen einen schnellen Überblick über die Reihenfolge der Folien zu haben.

Für all diese Fälle bietet Ihnen PowerPoint die Möglichkeit, eine Präsentation auf Notizenseiten, auf Handzetteln oder als Gliederung auszudrucken. Sie brauchen also kein spezielles Programm und auch keine besondere Bearbeitung Ihrer Folien, um diese als Begleitmaterial aufzubereiten. Es genügt im Dialogfeld *Drucken* die entsprechende Auswahl zu treffen.

Handzettel

Handzettel in den verschiedenen Varianten sind nützlich, um für einen ersten Entwurf ausgedruckt zu werden, der anderen zur Begutachtung vorgelegt wird. Sie erleichtern auch während des Vortrags selbst das Navigieren zwischen den Folien und geben eine gute Übersicht.

Notizenseiten

Notizenseiten eignen sich aus Sicht des Vortragenden für Folien mit erhöhtem Erklärungsbedarf, beispielsweise technische Parameter oder eine Vielzahl von Finanzdaten. Nützlich sind sie auch, wenn es gilt, bestimmte vorher abgestimmte Formulierungen oder fremdsprachige Wendungen für den Vortragenden aufzubereiten.

> **TIPP**   Da die Notizenansicht unabhängig von der Folienansicht ist, können in der Notizenseite auf dem Folienabbild noch zusätzliche – aber nur für den Redner selbst verfügbare – Informationen oder Objekte platziert werden. So können Sie beispielsweise Pfeile zu bestimmten Informationen auf dem Folienabbild zeichnen und beschriften, ohne dass dies auf der Folie sichtbar wird. Auf diese Weise gestalten Sie unabhängig von den Folien ganz individuelle Notizen.

Gliederung

Der Ausdruck der Gliederung ist eigentlich ein Muss für jeden Vortragenden. Hier hat er auf einen Blick seinen »roten Faden« und was noch viel wichtiger ist: Bei Rückfragen kann er sich ganz schnell orientieren, auf welcher Folie das angefragte Thema steht. So kann er problemlos zur richtigen Folie verzweigen und anschließend seinen Vortrag wie geplant fortsetzen.

Beim Druck einer auf die Folientitel reduzierten Gliederung können Sie auf einer A4-Seite mehr als 20 Folien unterbringen und haben somit einen guten Überblick.

Unterlagen für die Teilnehmer

Der Umfang der Teilnehmerunterlagen richtet sich natürlich nach dem Thema, dem Kenntnisstand des Publikums und weiteren Faktoren. PowerPoint bietet angesichts der vielfältigen Optionen für jeden Fall eine Lösung an.

Notizblätter

Notizenseiten sind neben dem Ausdruck der Folien auf Papier die großzügigste Variante der Vorbereitung von Begleitmaterial, denn zu jeder Folie erhalten die Teilnehmer eine A4-Seite im Hochformat, die in der oberen Hälfte die jeweilige Folie abbildet und im unteren Teil Raum für Notizen bietet.

Abbildg. 10.14   Die beiden besten Varianten für Teilnehmerunterlagen: Notizenseiten oder Handzettel

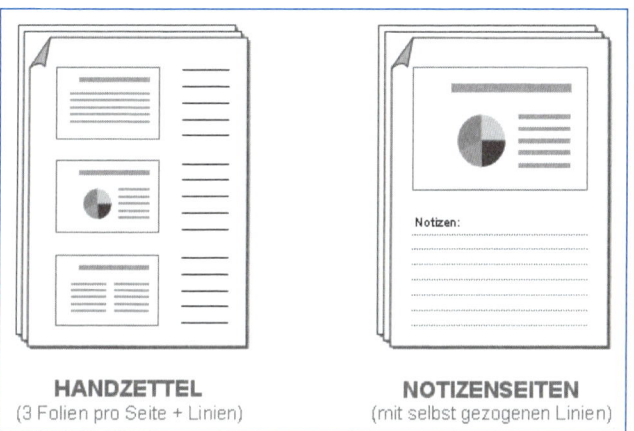

Handzettel

Dies ist die »papiersparende« Option unter den Teilnehmerunterlagen. Sie können auf Handzetteln 1, 2, 3, 4, 6 oder 9 Folien auf einer A4-Seite im Hochformat ausdrucken. Es ist dabei auch möglich, die Anordnung und Reihenfolge der Folien auf den Handzetteln differenziert zu bestimmen. Im Dialogfeld *Drucken* können Sie diese Einstellungen – so wie in Abbildung 10.15 zu sehen – im linken unteren Teil individuell vornehmen.

Abbildg. 10.15   Anzahl der Folien pro Handzettel und deren Anordnung bestimmen

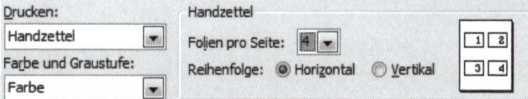

Besonders geeignet ist die Variante der Handzettel, bei der drei Folien je Seite ausgedruckt werden (siehe Abbildung 10.14). Dabei werden die drei Folienbilder im linken Teil des Handzettels abgebildet und rechts daneben druckt PowerPoint Hilfslinien für Notizen aus – eine sehr benutzerfreundliche, schnelle und zudem beim Drucken zeitsparende Variante der Vorbereitung von Teilnehmerunterlagen.

HINWEIS   Übrigens können Sie im Unterschied zum Notizenmaster beim Handzettelmaster die Position der Folien nicht selbst bestimmen, sondern nur den Inhalt von eventuellen Kopf- oder Fußzeilen festlegen.

Dramaturgie: So kann Ihre Präsentation ablaufen

Beim Vorbereiten einer Präsentation geht es nicht nur darum, die Rede und die Folien vorzubereiten. Wichtig ist auch der Ablauf oder, wenn Sie so wollen, die Dramaturgie. Bei jeder Präsentation gibt es einen einführenden und einen Schlussteil. Dazwischen liegt der Vortrag und ggf. eine Diskussion mit dem Publikum.

Abbildg. 10.16   Drei mögliche Ablaufvarianten für eine Präsentation

Jede der in Abbildung 10.16 gezeigten Varianten ist für unterschiedliche Zielsetzungen mehr oder weniger gut geeignet. Deshalb stellt sich vor einer Präsentation immer die Frage: Geht es um reine Informationsvermittlung, einen Erfahrungsaustausch, eventuell um Meinungsbildung oder um das Zusammentragen des Wissens einzelner oder gar aller Teilnehmer?

Beispiele für Einleitung und Schlussteil

Oft hört man, der erste Eindruck sei entscheidend. Gewiss gilt das auch zu einem großen Teil für das Auftreten bei einer Präsentation. Machen Sie bereits mit einer gekonnten und sicher vorgetragenen Einleitung klar, dass das Publikum »auf seine Kosten kommen« wird: inhaltlich, technisch und auch kommunikativ.

Die Einleitung

Machen Sie mit der Einleitung deutlich, dass trotz aller Technik, die Sie in Folge benutzen werden, Sie der zentrale Punkt der Präsentation sind. Stellen Sie daher zu Beginn der Präsentation den persönlichen Kontakt zum Publikum her und lassen Sie sich nicht durch die Beschäftigung mit der Technik davon abbringen. Sprechen Sie die Einleitung in der Nähe der Zuhörer. Demonstrieren Sie damit, dass Sie keine Barriere zwischen sich und dem Publikum errichten.

In Abbildung 10.17 sehen Sie Elemente, die Sie bei Ihrer Einleitung nutzen können. Nehmen Sie diese als roten Faden für einen erfolgreichen Start in die Präsentation. Ist der erst einmal gelungen, laufen die Dinge danach für Sie wie auch für Ihr Publikum leichter und unverkrampfter.

Abbildg. 10.17 Mögliche Elemente für Einleitung und Abschluss

Einleitung	**Abschluss**
① Zuhörer begrüßen	① Fazit ziehen
② eigene Person vorstellen	② Botschaft wiederholen
③ Einleitungsgedanken formulieren, der Publikum aufmerksam macht	③ Ausblick geben
④ Thema benennen	④ Zur Diskussion überleiten
⑤ Information zum Ablauf geben – Gliederung – zeitlicher Rahmen – organisatorische Details	⑤ Dank formulieren
	⑥ Verabschieden

Hauptteil

Wie Sie den Hauptteil gestalten, hängt natürlich vom zeitlichen Rahmen, vom Thema und anderen Rahmenbedingungen ab. Unabhängig davon sollten Sie jedoch folgende drei Regeln nicht vergessen:

- Behalten Sie auch bei perfekt gestalteten Folien und dem Einsatz modernster Technik Ihr Publikum im Auge, um dessen Reaktionen aufzunehmen und zu verarbeiten.

- Nutzen Sie Möglichkeiten zum Dialog mit Ihren Zuhörern. Sie fördern damit die Aufmerksamkeit und verlassen die Einbahnstraße in der Kommunikation.

- Unterbrechen Sie bei Bildschirmpräsentationen bewusst an mehreren Stellen das Anzeigen der Folien und bringen Sie damit sich selbst wieder als Vortragender in den Mittelpunkt des Geschehens.

TIPP Bei einer Präsentation mit dem Beamer können Sie ganz leicht solche Pausen der Folienanzeigen bewirken, indem Sie die Taste B drücken (»B« steht für Black). Damit wird der Bildschirm schwarz geschaltet. Für das Publikum scheint es, als ob Sie den Beamer ausgestellt haben. Sie selbst können nun auch vor dem Beamer vorbeilaufen, da der Lichtstrahl nicht zu sehen ist. Das Gerät selbst bleibt jedoch betriebsbereit und nach erneutem Drücken der Taste B können Sie die Anzeige der Folien »nahtlos« fortsetzen. Weitere Tasten zum Steuern einer Bildschirmpräsentation finden Sie am Ende im nächsten Abschnitt.

Schlussteil

Auch wenn es merkwürdig klingen mag: Mit dem Satz »Ich möchte meinen Vortrag zusammenfassen« werden Sie bei Ihrem Publikum auf positive Resonanz stoßen. Selbst wenn Sie einen hochinteressanten Vortrag gehalten haben, der viele tolle und neue Ideen enthielt: Ihr Publikum wird eine solche Ankündigungen zu schätzen wissen. Zum einen können Sie damit das Ende der Veranstaltung oder zumindest Ihres Vortrags ankündigen, zum anderen ist für viele eine Zusammenfassung generell ein wichtiges Element der Präsentation. In Ihrem »Epilog«

- fassen Sie wesentliche Fakten zusammen,
- wiederholen Ihre Empfehlung(en) bzw. Ihre Botschaft,
- nennen (ganz knapp) die nächsten Aktionen oder Termine und
- bitten die Teilnehmer um ein Feedback.

Tipps zum souveränen Präsentieren

Kündigen Sie Pausen an!

Unabhängig davon, welche Präsentationsform für Sie in Frage kommt – bei längeren Vorträgen wird es immer Pausen geben. Bereiten Sie für diesen Fall ein bis zwei Folien vor, mit denen Sie die Pausen ankündigen. Dabei ist es egal, ob es ein witziger Spruch, eine Karikatur oder eine gut fotografierte Kaffeetasse ist. Entscheidend ist, dass das Publikum die Aufforderung wahrnimmt und versteht.

Steuern Sie die Bildschirmpräsentation souverän mit den richtigen Tasten!

Die Bildschirmpräsentation läuft, Sie zeigen eine Folie nach der anderen und plötzlich stellt ein Teilnehmer eine Zwischenfrage. Wie sollen Sie reagieren? Sicher müssen Sie nicht auf jede Zwischenfrage sofort antworten. Aber bei wichtigen Fragen oder solchen, die sich gut in Ihre Zielführung einordnen, sollten Sie die Gelegenheit nutzen, um mit Ihrem Publikum in Dialog zu treten.

Es gibt auch Situationen, in denen ein Teilnehmer etwas nicht verstanden hat oder eine Information noch einmal sehen möchte. Auch in dem Fall wird der geplante Folienfluss unterbrochen und Sie müssen reagieren. Möglicherweise müssen Sie mehrere Folien zurückblättern oder aber eine Folie zeigen, die Sie sich »in Reserve« gehalten haben, weil Sie für den Fall dieser Zwischenfrage gerüstet sein wollten.

In all diesen Fällen ist es außerordentlich nützlich, die Tasten zu kennen, die Ihnen die Steuerung Ihrer Bildschirmpräsentation problemlos gestatten.

Wenn Sie während einer Bildschirmpräsentation die Funktionstaste F1 drücken, erhalten Sie eine komplette Übersicht der zur Verfügung stehenden Tastenbefehle. Die meisten davon werden Sie nie verwenden müssen. In Abbildung 10.18 finden Sie die wichtigsten Tasten für das Steuern einer Bildschirmpräsentation zusammengefasst.

Prägen Sie sich die für Sie wichtigen ein, probieren Sie verschiedene Optionen aus. Drucken Sie ggf. wichtige Tasten auf einem Blatt aus und legen Sie dieses während der Präsentation bereit.

Abbildg. 10.18   Diese Tasten leisten Ihnen während der Bildschirmpräsentation gute Dienste

Zusammenfassung

Der gekonnte Umgang mit PowerPoint ist noch längst keine Garantie für eine erfolgreiche Präsentation. In diesem Kapitel können Sie nachlesen, was neben der reinen Folienerstellung noch alles wichtig ist.

Hier die Fundstellen für wichtige Elemente bei der Planung einer Präsentation:

Thema	Seite
Unterschiedliche Präsentationsmedien	271
Moderne Präsentationstechnik	275
Medien-Mix	279
Schritte zur Informationsaufbereitung	282
Gliedern einer Präsentation	287
Teilnehmerunterlagen	290
Ablauf der Präsentation	294

Praxiswissen rund um das Thema Präsentation

Teil C

Folien professionell gestalten

Textfolien effektiv erstellen und zuschauergerecht gestalten

In diesem Kapitel:

Textfolien überwiegen bei den meisten Präsentationen – sie sind als Grundfolien unabdingbar für jeden Vortragenden. Problematisch wird es, wenn Textfolien »nur geschrieben« werden: Lange Sätze, große und ungegliederte Textmengen sowie ein Mangel an Gestaltung machen Textfolien nicht nur langweilig, sondern auch schwer lesbar. Die Aufmerksamkeit Ihrer Zuhörer sinkt rapide ab, wenn Sie die fünfte Textfolie mit langen Textpassagen zeigen.

In diesem Kapitel geht es darum, wie Sie Textfolien schnell und effektiv erstellen und dabei auch zuschauergerecht gestalten.

Folienlayouts für Textfolien verwenden

In vielen Fällen reicht es aus, wenn Sie für Ihre Textfolien die fertigen Textplatzhalter verwenden, die auf den verschiedenen Folienlayouts angeboten werden. Der Vorteil liegt darin, dass das Aussehen der Platzhalter durch den Folienmaster bestimmt wird und für alle Folien gleich ist. Außerdem kommen Sie beim Erstellen einer Präsentation mit den vorbereiteten Layouts wesentlich schneller voran; das Zusammenstellen von Textfeldern auf jeder einzelnen Folie ist zeitraubend und mühselig.

> **TIPP** Auch bei einer freien Foliengestaltung mit Textfeldern sollten Sie ein Folienlayout mit einem Titel verwenden. Nur Folientitel, die Sie in den Titelplatzhalter einer Folie schreiben, werden auf der Registerkarte *Gliederung* und bei der Foliennavigation angezeigt. Wenn Sie selbst erstellte Textfelder anstelle eines regulären Folientitels verwenden, werden diese von PowerPoint ignoriert.

Alle Folienlayouts des Standarddesigns haben einen kombinierten Inhaltsplatzhalter für einen beliebigen Inhalt wie Texte, Tabellen oder Diagramme. Eine Ausnahme ist das Layout *Leer*, das gänzlich ohne Platzhalter auskommt.

Welchen Inhalt Sie in den Platzhalter einfügen, entscheiden Sie nach der Auswahl des grundlegenden Layouts. Je nachdem, welches Symbol Sie anklicken, ändert sich der Platzhalter zu einem Text- oder Tabellen- oder Diagrammplatzhalter.

Unabhängig davon, welches Folienlayout Sie verwenden, haben alle Textplatzhalter standardmäßig die gleichen Eigenschaften, die aus den Folienmastern resultieren:

- Die Aufzählungszeichen für fünf Textebenen sind vorgegeben.
- Die Schriftart und die Schriftgröße sind für jede Ebene voreingestellt.
- Ein hängender Einzug für die Absätze sorgt dafür, dass der Text der zweiten Zeile eines Absatzes an der gleichen Position wie der Text der ersten Zeile steht.
- Die Abstände vor bzw. nach einem Absatz sind voreingestellt.

Somit wird Ihnen schon eine Menge an Formatierungsarbeit abgenommen. Folienlayouts unterscheiden sich standardmäßig leicht in der Schriftgröße. So weisen die Layouts *Zwei Inhalte* oder *Vergleich* eine um zwei bzw. vier Punkte kleinere Schrift auf, als das Layout des Standardfolienmasters für das gewählte Design vorgibt. Sie können aber für jedes einzelne Folienlayout den entsprechenden Master nacharbeiten und andere Schriftarten oder -größen einstellen.

Folienlayouts können Sie jederzeit einer bestehenden Folie neu zuweisen. Eine Folie, die mit dem Layout *Titel und Inhalt* einspaltig begonnen wurde, kann jederzeit in das Layout *Zwei Inhalte* oder *Vergleich* geändert werden. Klicken Sie auf der Registerkarte *Start* der Multifunktionsleiste in der Gruppe *Folien* auf *Layout* und dann einfach auf das andere Folienlayout, um es zuzuweisen. Der bereits vorhandene Text wird allerdings nicht nachträglich auf zwei Platzhalter aufgeteilt, alles landet im linken Platzhalter. Umgekehrt ist das Umwandeln zwar auch möglich, bereitet aber viel Arbeit. Von einem zweispaltigen Text, der in ein einspaltiges Layout umgewandelt wird, bleibt der rechte Textblock erhalten, der sich unter den nun größeren Textplatzhalter des Folienlayouts schiebt. Sie müssen den Text markieren, kopieren und in das größere Textfeld einfügen. Anschließend können Sie den rechten, nun überflüssigen Textblock löschen.

Tipps für optimale Textfolien

Das Hauptaugenmerk beim Gestalten von Textfolien muss auf der Lesbarkeit liegen. Schriftart und -größe müssen dem Ausgabemedium angepasst sein. Bei Präsentationen, die mit Beamer vorgeführt werden, sollten Sie eine Schriftgröße von 16 pt nicht unterschreiten. Verwenden Sie serifenlose Schriftarten wie Calibri, Candara, Arial oder Tahoma.

Eine Vielzahl der nachfolgenden Tipps können Sie sich am Beispiel ansehen und zwar in der Datei *Textfolien.pptx*, die Sie auf der CD zum Buch im Ordner *\Buch\Kap11* finden.

Schriften ersetzen

Falls Sie in einer Präsentation ungeeignete Schriften eingesetzt haben, können Sie diese schnell durch besser lesbare Schriften ersetzen lassen. Rufen Sie auf der Registerkarte *Start* in der Gruppe *Bearbeiten* den Befehl *Ersetzen/Schriftarten ersetzen* auf. Im oberen Dropdown-Listenfeld *Ersetzen* wählen Sie die verwendete Schrift, im unteren die Schrift, die stattdessen benutzt werden soll.

PROFITIPP

Von der Double-Byte-Schrift zur Single-Byte-Schrift

TrueType-Schriften für europäische Schriftsysteme kommen mit 256 Zeichen aus, jedes Zeichen wird mit einem Byte definiert. Andere Schriften, wie z.B. viele asiatische Schriften, haben wesentlich mehr Zeichen. Damit diese Schriften dargestellt werden können, wurden TrueType-Schriften entwickelt, die mit zwei Bytes pro Zeichen arbeiten und so 65.536 Zeichen abdecken. Diese Schriften werden Double-Byte-Schriften genannt. Eine bekannte Double-Byte-Schrift ist z.B. *Arial Unicode*. Sie bringt es wegen ihrer großen Zeichenzahl auf eine Dateigröße von 22 MB, was ein Problem bereitet, wenn die Schrift eingebettet werden muss. Ein Ersetzen der Double-Byte-Schrift *Arial Unicode* durch eine normale Single-Byte-Schrift wie *Arial* oder *Tahoma* ist nicht möglich und wird von PowerPoint mit einer Fehlermeldung quittiert.

Hier ein Weg, wie Sie das Problem lösen:

Abbildg. 11.1 Beim Speichern als Webseite wird ein Ordner angelegt

Name	Änderungsdatum	Typ
buttons.gif	29.01.2007 11:41	GIF-Bild
filelist.xml	29.01.2007 11:41	XML-Dokument
frame.htm	29.01.2007 11:41	HTML-Dokument
fullscreen.htm	29.01.2007 11:41	HTML-Dokument
master03.htm	29.01.2007 11:41	HTML-Dokument
master03.xml	29.01.2007 11:41	XML-Dokument
master03_stylesheet.css	29.01.2007 11:41	Kaskadierendes Stylesheet-Dokument
outline.htm	29.01.2007 11:41	HTML-Dokument
pres.xml	29.01.2007 11:41	XML-Dokument
preview.wmf	29.01.2007 11:41	Paintbrush-Bild
script.js	29.01.2007 11:41	JScript-Skriptdatei
slide0001.htm	29.01.2007 11:41	HTML-Dokument
slide0002.htm	29.01.2007 11:41	HTML-Dokument

1. Klicken Sie auf die *Office-Schaltfläche* und wählen Sie dann *Speichern unter/Andere Formate*. Wählen Sie als Dateityp *Webseite (*htm; *.html)*. Vergeben Sie einen Dateinamen und klicken Sie dann auf *Speichern*.

2. Rufen Sie aus dem Windows-Startmenü über *Alle Programme/Zubehör* das Programm *Editor* auf.

3. Klicken Sie im Editor auf *Datei/Öffnen* und wählen Sie als Dateityp *Alle Dateien*.

4. Doppelklicken Sie zuerst auf den Ordner, den PowerPoint für die HTM-Dateien angelegt hat. Das ist der gleiche Name, den Sie gerade als Dateinamen für die Webseite vergeben haben.

5. Öffnen Sie die Stylesheet-Datei, die PowerPoint unter dem Namen »stylesheet.css« angelegt hat.

Abbildg. 11.2 Die Stylesheet-Datei definiert die Formatierung der Elemente

```
master03_stylesheet.css - Editor
Datei  Bearbeiten  Format  Ansicht  ?
body
            {width:534px;
            height:400px;}
.TB
            {mso-special-format:nobullet•;}
.T
            {text-align:center;
            font-family:"Arial Unicode MS";
            mso-ascii-font-family:"Arial Unicode MS";
            mso-fareast-font-family:"Arial Unicode MS";
            mso-bidi-font-family:"Arial Unicode MS";
            mso-hansi-font-family:"Arial Unicode MS";
            color:black;
            mso-color-index:1;
            font-size:209%;
            mso-char-wrap:1;
            mso-kinsoku-overflow:1;}
.BB
            {mso-special-format:bullet•;
            font-family:Arial;}
```

6. Suchen Sie nach dem Schriftnamen *Arial Unicode MS*. Im Windows-Editor verwenden Sie dazu den Befehl *Bearbeiten/Suchen*. Ersetzen Sie den Namen durch *Arial*.

7. Ist die Schrift ersetzt worden, speichern Sie die CSS-Datei im Editor ab. Anschließend rufen Sie PowerPoint auf und öffnen die HTM-Datei, die Sie zuvor in PowerPoint gespeichert hatten.

Abstände zwischen Absätzen und Zeilen definieren

Neben der Wahl der Schriftart und -größe ist es für die Lesbarkeit der Folien entscheidend, wie groß der obere und der untere Abstand zwischen den Informationen ist. Gut unterscheidbare, optisch voneinander getrennte Blöcke kann der Leser leichter und schneller erfassen. Beachten Sie die folgenden Richtlinien:

- Der Abstand zwischen den Absätzen sollte eine halbe bis eine ganze Zeile betragen. Damit wird für den Leser klar, dass ein neuer Gedanke beginnt.

- Ideale Zeilenabstände liegen zwischen einer und anderthalb Zeilen. Zu kleine Abstände wirken gedrängt; bei zu großen Abständen »zerfällt« der Text.

- Der Abstand zwischen den Absätzen muss deutlich größer sein als zwischen den Zeilen innerhalb des Absatzes.

Die Einstellungen für Absatz- und Zeilenabstände gelten immer für den aktuellen Absatz. Um mehrere Absätze zu formatieren, markieren Sie sie vorher. Um das gesamte Textfeld schnell zu markieren, drücken Sie die Taste F2 oder Esc.

Rufen Sie über die Registerkarte *Start* das Dialogfeld *Absatz* auf. Mithilfe der Drehfelder *Vor* und *Nach* im Gruppenfeld *Abstand* bestimmen Sie die Abstände vor und nach einem Absatz. Sie können hier lediglich die Maßeinheit pt wählen. Um eine halbe Zeile Abstand zu erhalten, müssen Sie die Schriftgröße des Textfeldes halbieren und hier eintragen.

Das Dropdown-Listenfeld *Zeilenabstand* gibt als Abstände *Einfach, 1,5 Zeilen, Doppelt, Genau* und *Mehrere* vor. Das Maß für *Genau* wird in »pt«, für *Mehrere* in »Zeilen« angegeben. Sie können bei der Auswahl *Mehrere* die Zeilenhöhe in Dezimalschreibweise eintragen, z.B. 1,1.

Abbildg. 11.3 Achten Sie bei der Eingabe auf die unterschiedlichen Maßeinheiten

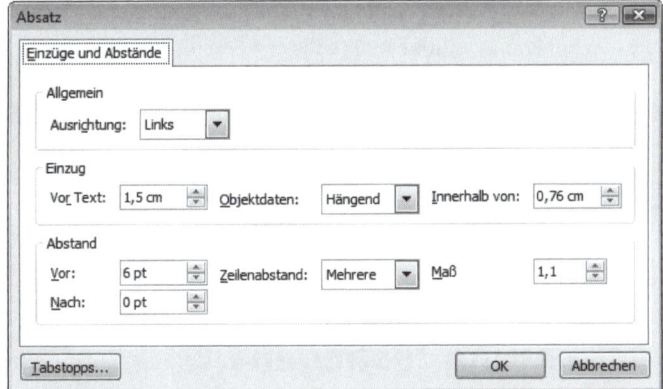

HINWEIS Für Zeilenabstände ist das Maß *Genau* nicht zu empfehlen. Die Zeilen werden nicht mehr an eine größere Schrift angepasst, sondern bleiben »genau« bei der eingetragenen *pt*-Zahl.

Absätze werden durch die ↵-Taste erzeugt, neue Zeilen entstehen entweder automatisch oder mit der Tastenkombination ⇧+↵. Leider können Sie in PowerPoint 2007 nicht erkennen, wo nur eine Zeile beginnt und wo ein neuer Absatz anfängt. Es gibt keine nicht druckbaren Sonderzeichen als Orientierungshilfe, wie z.B. in Word. Was Sie zu Absätzen und Zeilen wissen sollten:

- Der Zeilenabstand gilt innerhalb eines Absatzes.

- Sobald Sie die ⏎-Taste drücken, erzeugen Sie einen Absatz, der einen Abstand vor dem Absatz (also oberhalb) und einen Abstand nach dem Absatz (also unterhalb) haben kann. Die Abstände werden zum Zeilenabstand addiert.

- Folgt auf einen Absatz mit einem Abstand danach der nächste Absatz mit Abstand davor, werden beide Abstände addiert.

- Bei einem ersten Absatz im Textfeld wird ein Abstand davor ignoriert, er beginnt bündig mit der Oberkante des Textfeldes.

Abstände zentral vorgeben

Damit Sie nicht auf jeder Folie die Abstände neu einstellen müssen, sollten Sie sich die Abstände vor und nach einem Absatz sowie die Zeilenabstände zentral in den Folienmastern einrichten.

1. Rufen Sie auf der Registerkarte *Ansicht* in der Gruppe *Präsentationsansichten* die *Folienmaster* auf.
2. Um für alle Folienmaster gleichzeitig die Abstände einzurichten, markieren Sie im Design-Folienmaster (das ist der oberste Folienmaster, unter dem sich die anderen gruppieren) das Feld für das Textmasterformat.
3. Wechseln Sie zur Registerkarte *Start* und rufen Sie das Dialogfeld *Absatz* auf. Richten Sie die Abstände für Absätze und Zeilen ein.
4. Einzelne Master können abweichende Abstände bekommen. Das ist beispielsweise für zweispaltige Layouts sinnvoll, da dort die Schrift häufig kleiner ist. Richten Sie immer zuerst die Abstände für den obersten Folienmaster, und ändern Sie erst anschließend auf den entsprechenden Mastern die Abstände.
5. Verlassen Sie die Masteransicht, indem Sie auf der Registerkarte *Folienmaster* auf *Masteransicht schließen* klicken.

ACHTUNG Diese Einstellungen werden nicht auf freie Textfelder übertragen. Deren Voreinstellungen müssen Sie über die Standardeinstellungen der Formen vorgeben. Lesen Sie dazu den Abschnitt »Textfelder und beschriftete Formen« weiter hinten in diesem Kapitel.

Die Absatzausrichtung festlegen

Für Textfelder bietet sich linksbündiger Flattersatz an. Damit wird der Text am linken Rand bündig ausgerichtet und zeigt an der rechten Kante ein unregelmäßiges Zeilenende. Rechtsbündige Zeilen werden nur für kurze, einzeilige Texte oder Beschriftungen eingesetzt. Überschriften und Titel werden häufig zentriert.

TIPP Vermeiden Sie zentrierte Zeilen für längere, zusammengehörende Textzeilen. Das Auge kann dem Zeilenfall nur schwer folgen und nimmt die zentrierten Zeilen nicht als Einheit wahr, sondern als getrennte Inhalte.

Blocksatz wirkt bei gedruckten Medien gediegen und elegant, ist aber für Folien nicht geeignet. Die fehlende Silbentrennung von PowerPoint führt zu unregelmäßigen und teilweise großen Lücken im Text, was das Lesen sehr erschwert. Falls Sie in Ausnahmefällen Blocksatz einsetzen möchten, müssen Sie den Text am Zeilenende manuell mit Bindestrichen trennen. PowerPoint kennt keine bedingten Trennstriche, Sie müssen also nach Textänderungen gut auf eventuell überflüssig gewordene Bindestriche achten! Da Texte auf Folien nur im Ausnahmefall über mehrere Zeilen gehen sollten, ist der Anwendungsbereich für Blocksatz allerdings begrenzt.

Einspaltig oder zweispaltig

Gegensätze wie »Pro und Contra« oder »Soll und Ist« lassen sich optisch gut mit zweispaltigem Text darstellen. Sie haben zwei Anordnungen zur Auswahl:

- Das Folienlayout *Zwei Inhalte* mit zwei Textblöcken nebeneinander;
- das Folienlayout *Vergleich* mit zwei Textblöcken und zugehörigen Überschriften über den Blöcken.

Abbildg. 11.4 Durch hervorgehobene Überschriftenplatzhalter wird eine Gegenüberstellung deutlicher

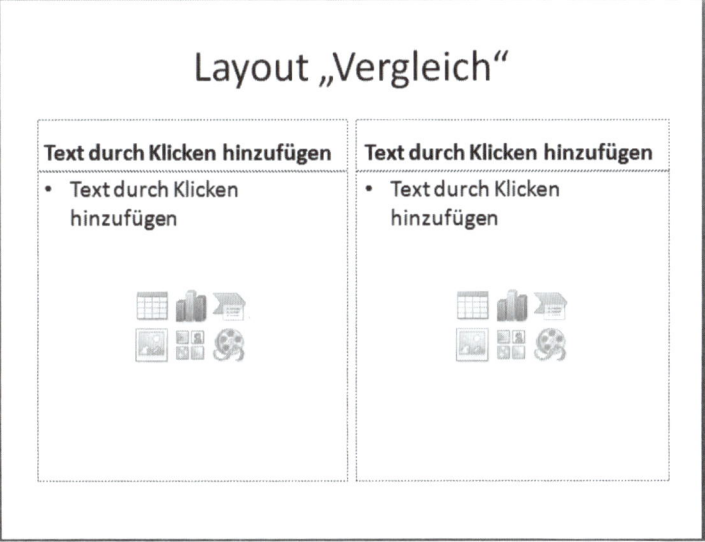

Folien professionell gestalten

Um zwei Aussagen einander gegenüberzustellen, eignen sich beide Layouts. Der Unterschied besteht in den Überschriften über den Blöcken, der beim Layout *Vergleich* die Gegenüberstellung deutlicher macht als beim Layout *Zwei Inhalte*.

Ein fortlaufender Text lässt sich in Spalten aufteilen, wenn Sie ein Textfeld mit *Spalten* (Registerkarte *Start*, Gruppe *Absatz*) in zwei oder mehr Spalten aufteilen. Die Spaltenaufteilung wird im Textfeld erst sichtbar, wenn die linke Spalte mit Text gefüllt ist. Am unteren Ende des Textfeldes bricht der Text von allein um und setzt sich in der daneben liegenden Spalte fort.

> **TIPP**   Der Abstand zwischen den Spalten ist mit standardmäßig *0 cm* sehr eng. Einer größeren Abstand stellen Sie über die Registerkarte *Start*, Gruppe *Absatz* ein, indem Sie auf *Spalten* klicken und dann *Weitere Spalten* wählen. Tragen Sie die Anzahl der Spalten ein und legen Sie den Abstand zwischen den Spalten fest.

Achten Sie bei der Animation mehrspaltiger Textfolien darauf, dass die rechten Textteile nicht über den linken Block geschoben werden. Gut geeignet sind alle Animationseffekte, die den Text nicht sichtbar über die Folie bewegen, sondern am Platz aufbauen. Dazu zählt beispielsweise *Wischen von links* oder *Teilen vertikal*.

Lesbarkeit von Textfolien

Neben Schriftart und -größe sowie Abständen wird die Lesbarkeit von Textfolien durch die Formulierungen und die Textlängen bestimmt: je knapper und kürzer die Aussage ist, desto besser behält der Zuschauer den Text. Lange, komplizierte Satzstrukturen gehören nicht auf eine Folie!

Leitlinie beim Schreiben von Folien muss immer sein, dass der Zuschauer einen zusätzlichen Gewinn beim Blick auf die Folie hat. Wenn die Folie lediglich den Text wiederholt, den Sie auch vortragen, ergibt sich kein zusätzlicher Nutzwert. Folien müssen den gesprochenen Text zusammenfassen und strukturieren. Schreiben Sie auf die Folie nur die auf das Wesentliche reduzierten Kernaussagen.

> **TIPP**   Lesen Sie keinesfalls Ihre Folien vor! Das macht die Präsentation langweilig und überfordert das Publikum, weil es nicht gleichzeitig hören und lesen kann. Folien müssen den vorgetragenen Text verdeutlichen und unterstützen, nicht ihn wiederholen. Hinzu kommt, dass das Publikum dazu übergeht, die Folieninhalte schnell zu lesen und dem Vortragenden nicht mehr oder nur noch kaum zuhört.

Gute Textfolien, die dem Zuhörer einen Gewinn bringen,

- reduzieren den Text auf das Wesentliche,
- stellen Argumente heraus und gewichten sie,
- strukturieren die Zusammenhänge und
- präsentieren eine Quintessenz.

Dieses Ziel erreichen Sie, wenn Sie mit Stichpunkten oder kurzen Sätzen arbeiten und lange Sätze vermeiden. Ziehen Sie einfache, kurze Worte vor und vermeiden Sie alle Begriffe und Abkürzungen, die nicht allgemein bekannt sind. Denken Sie daran, dass Ihr Publikum die Folie in kurzer Zeit erfassen muss. Während Sie sprechen, muss der Zuschauer den Folien mit den Augen unproblematisch folgen und die Kernaussagen und wichtigsten Begriffe schnell finden können. Lange Sätze lenken die Konzentration des Publikums vom Zuhören zum Lesen der Folien ab. Sie verlieren die Aufmerksamkeit Ihrer Zuhörer!

Textfelder und beschriftete Formen

Anstelle vorbereiteter Folienlayouts mit fertigen Textplatzhaltern können Sie auch Folien mit freien Textfeldern oder beschrifteten Formen gestalten. Die Textfelder lassen sich sowohl auf Folienlayouts verwenden, die schon Textplatzhalter haben, als auch auf leeren Folien.

HINWEIS Wenn Sie eine leere Folie mit eigenen Textfeldern frei gestalten möchten, ist das Layout *Nur Titel* dem Folienlayout *Leer* vorzuziehen. Eine gänzlich leere Folie hat keinen Platzhalter für den Folientitel und wird in der Gliederungsansicht oder der Foliennavigation als leere Stelle angezeigt. Selbst erstellte Textfelder für den Folientitel berücksichtigt PowerPoint nicht für die Anzeige der Folientitel.

Textfelder und Formen eignen sich immer dann, wenn Sie die Texte frei anordnen, separat formatieren oder animieren wollen. Sie können durch die Anordnung und Formatierung der Textfelder und Formen den Inhalt unterstützen:

- Eine Abfolge von Themen kann durch nebeneinander liegende Textfelder verdeutlicht werden.
- Um einen Mittelpunkt angeordnete Texte machen Abhängigkeiten deutlich.

Textfelder erstellen

Textfelder sind ein Bestandteil der *Formen*. Sie finden die *Formen* auf den Registerkarten *Start* und *Einfügen*. Klicken Sie auf *Formen/Standardformen/Textfeld*, sodass der Mauszeiger sich zu einem umgedrehten t wandelt, mit dem Sie die Größe des Textfeldes durch Klicken und Ziehen bestimmen.

Abbildg. 11.5 Textfelder gehören zu den *Standardformen*

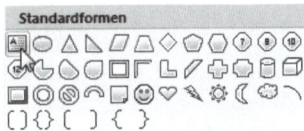

Es gibt zwei Wege, das Textfeld auf die Folie zu zeichnen. Aber egal, welchen Sie wählen: Sie müssen in das neue Textfeld sofort Text schreiben. Leere Textfelder erlaubt PowerPoint 2007 nicht – sie verschwinden, sobald Sie außerhalb des Textfeldes klicken. Eine Ausnahme sind Textfelder mit Rahmenlinien oder Füllfarben. Hier nun die zwei Wege für das Erstellen:

- Klicken Sie auf die Folie und lassen Sie die Maustaste gleich wieder los. Sie erzeugen ein einzeiliges Textfeld von geringer Breite. Es wird mit zunehmender Textmenge breiter, aber niemals höher. In den Eigenschaften wird automatisch die Option *Größe der Form dem Text anpassen* aktiviert. Ein automatischer Zeilenumbruch wird nicht voreingestellt.
- Ziehen Sie mit gedrückter linker Maustaste die in etwa gewünschte Breite des Textfeldes auf der Folie auf. Lassen Sie die Maustaste wieder los. Das Textfeld hat jetzt eine fest vorgegebene Breite und die Höhe einer Textzeile. Mit zunehmender Textmenge wird das Textfeld höher, aber nicht breiter. Für das Textfeld wurde die Option *Text in Form umbrechen* aktiviert.

Folien professionell gestalten

Eigenschaften von Textfeldern

Textfelder sind zunächst ohne Füllfarbe und ohne Rahmenlinie; ihre Texte sind linksbündig ausgerichtet, haben weder Aufzählungszeichen noch Einzüge. Darüber hinaus haben alle Textfelder einer Präsentation die gleiche Standardschrift. Diese vorgegebenen Eigenschaften können Sie nach Belieben ändern. Sie können die Einstellungen für einzelne Textfelder anpassen oder einen Standard für alle neuen Textfelder dieser Präsentation festlegen.

Abbildg. 11.6 Die Kategorie *Textfeld* bietet alle Einstellungen für Ausrichtung und Abstand des Textes

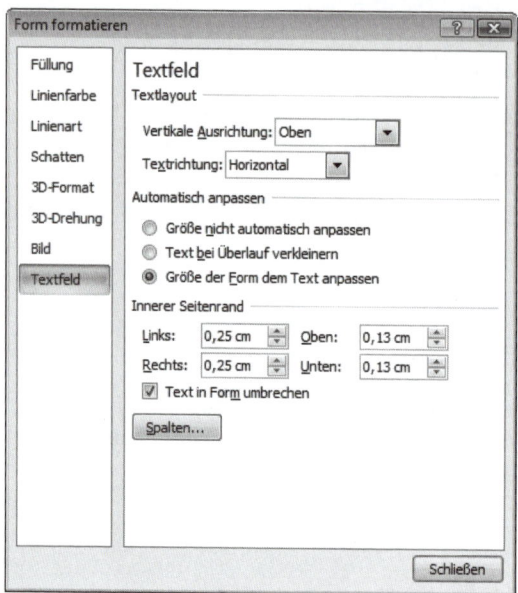

Die Eigenschaften sind im Dialogfeld *Form formatieren* zusammengefasst. Sie öffnen dieses Dialogfeld mit einem Rechtsklick auf den Rand eines Textfeldes. Alternativ können Sie das Textfeld markieren und auf der Registerkarte *Start* in der Gruppe *Zeichnung* auf die Schaltfläche mit dem nach rechts unten weisenden Pfeil klicken. Hier eine kurze Auflistung der Möglichkeiten:

- Die Kategorie *Füllung* bietet mit jeder Option andere Farb- und Füllmöglichkeiten. *Einfarbige Füllung* öffnet die Auswahl von Farben und Transparenz. Die *Graduelle Füllung* erlaubt verschiedene Varianten von voreingestellten und frei zu wählenden Farbverläufen. Ein Bild oder ein Muster fügen Sie mit *Bild- oder Texturfüllung* hinzu. Die *Folienhintergrundfüllung* weist dem Textfeld die gleiche Farbe zu, die der Folienhintergrund hat.

- In der Kategorie *Linienfarbe* wählen Sie, ob das Textfeld eine Linie bekommen soll und welche Farbe Sie dieser Linie zuweisen möchten. Sie haben die Wahl zwischen einer *Einfarbigen Linie* und einer *Graduellen Linie* mit einem Farbverlauf.

- Die Linienstärke bestimmen Sie in der Kategorie *Linienart*. Neben der Breite der Linie wählen Sie hier aus, ob die Linie einfach oder doppelt sein soll, durchgezogen oder gestrichelt.

- Die Kategorie *Schatten* gibt Ihnen umfangreiche Möglichkeiten, dem Textfeld einen Schatten zuzuweisen. Textfelder ohne Füllfarbe werfen einen Schatten für den Text! Wenn nur das Textfeld einen Schatten haben soll, müssen Sie das Textfeld mit einer Farbe füllen.

- Die dreidimensionale Darstellung richten Sie über die Kategorien *3D-Format* und *3D-Drehung* ein. Der Text wird der dreidimensionalen Darstellung angepasst und gedreht oder gestaucht.

- Wie sich der Text innerhalb des Textfeldes verhält, definieren Sie über die Kategorie *Textfeld*.

  - Die *Vertikale Ausrichtung* ist die Anordnung zwischen der oberen und der unteren Kante des Textfeldes. Damit kombiniert ist die Ausrichtung links, mittig oder rechts. Sie haben die Wahl zwischen den Kombinationen aus linksbündig oder zentriert mit *Oben*, *Mitte* und *Unten*.

  - *Textrichtung* bestimmt die Drehung des Textes um 90 oder 270 Grad. Außerdem können Sie Text senkrecht untereinander schreiben, wenn Sie *Gestapelt* wählen.

  - Die Rubrik *Automatisch anpassen* bestimmt, ob sich die Größe des Textfeldes an die Textmenge oder ob sich die Schriftgröße an die Größe des Textfeldes anpasst. Aktivieren Sie *Größe nicht automatisch anpassen*, wenn das Textfeld seine Größe unabhängig von der Textmenge beibehalten soll, bzw. *Größe der Form dem Text anpassen*, wenn das Textfeld sich bei mehr Text vergrößern und bei weniger Text verkleinern soll. *Text bei Überlauf verkleinern* passt die Schriftgröße an das Textfeld an.

  - Welchen Abstand der Text zu den Rändern des Textfeldes einhält, geben Sie über die Optionen im Gruppenfeld *Inneren Seitenrand* an.

  - *Text in Form umbrechen* sorgt für einen automatischen Zeilenumbruch am rechten Rand des Textfeldes.

  - Soll der Text mehrspaltig geschrieben werden, stellen Sie die Anzahl der Spalten und ihre Abstände voneinander über die Schaltfläche *Spalten* ein.

Die Einstellungen gelten ausschließlich für das aktuell markierte Textfeld. Bereits vorhandene oder neue Textfelder werden nicht geändert. Um beispielsweise einen größeren Innenrand für alle künftigen Textfelder innerhalb einer Präsentation vorzugeben, gehen Sie so vor:

1. Formatieren Sie ein beliebiges Textfeld nach Wunsch.
2. Klicken Sie den Rand des Textfeldes mit der rechten Maustaste an und wählen Sie *Als Standardtextfeld festlegen*.

Ab sofort gelten diese Einstellungen für alle neuen Textfelder innerhalb der Präsentation. Bereits vorhandene Textfelder ändern sich nicht.

HINWEIS   Bedenken Sie, dass nicht nur alle Einstellungen des Dialogfeldes *Form formatieren* als Standard für Textfelder hinterlegt werden, sondern auch die Schriftart. Sie können nicht nur eine der vielen Eigenschaften zum neuen Standard machen!

Die Standardeinstellungen gelten nur für Textfelder. Alle übrigen Formen haben ihre separate Standardeinstellung.

Die Größe eines Textfeldes eingeben

Normalerweise ist es ausreichend, ein Textfeld zu zeichnen und eine ungefähre Größe zu erhalten. Aber es kommt auch vor, dass Sie ein Textfeld mit exakten Maßen benötigen. Am schnellsten stellen Sie das über das Kontextmenü ein.

Abbildg. 11.7 Genaue Maße für eine Form und ein Textfeld tragen Sie im Dialogfeld *Größe und Position* ein

1. Zeichnen Sie ein Textfeld ungefähr in der gewünschten Größe auf die Folie.
2. Klicken Sie mit der rechten Maustaste auf den Rand des Textfeldes und wählen Sie im Kontextmenü *Größe und Position*.
3. Stellen Sie *Höhe* und *Breite* in Zentimetern ein oder wählen Sie eine *Skalierung* in Prozent der Originalgröße.
4. Die Registerkarte *Position* gibt die Entfernung von der *Oberen linken Ecke* oder bei *Zentriert* vom Mittelpunkt der Folie an.

Größe und Position lassen sich nicht als Standard vorgeben.

Mit Aufzählungszeichen und Absatzeinzügen arbeiten

Standardmäßig haben Textfelder weder einen Einzug noch Aufzählungszeichen. Sie können für einzelne Textfelder den Absatzeinzug oder Aufzählungszeichen aktivieren.

Probieren Sie es aus:

1. Markieren Sie ein Textfeld und klicken Sie auf der Registerkarte *Start* in der Gruppe *Absatz* auf den Pfeil neben *Aufzählungszeichen* bzw. neben *Nummerierung*.

2. Wählen Sie eine der Aufzählungs- bzw. Nummerierungsvarianten.

3. Weitere Aufzählungssymbole finden Sie über den Befehl *Nummerierung und Aufzählungszeichen* am Ende des Katalogs. Klicken Sie auf der Registerkarte *Aufzählungszeichen* auf die Schaltfläche *Anpassen* und suchen Sie sich eine Schriftart und daraus ein Zeichen als Aufzählungssymbol aus. Bestätigen Sie alle geöffneten Dialogfelder mit Klick auf *OK*.

4. Damit Aufzählungssymbole bzw. Ziffern nicht so dicht am Text stehen, müssen Sie die Absatzeinrückung nacharbeiten. Öffnen Sie über die Gruppe *Absatz* (Registerkarte *Start*) das Dialogfeld *Absatz*. Stellen Sie *Einzug Vor Text: 1,27 cm* ein und den gleichen Wert für *Objektdaten: Hängend/Innerhalb von: 1,27 cm*. Die Zentimeterangabe kann je nach Schriftgröße und Größe des Aufzählungszeichens zwischen 1,00 und 1,50 cm variieren.

Abbildg. 11.8   Mit *Einzug Hängend* geben Sie den Abstand zwischen Aufzählungszeichen und Text ein

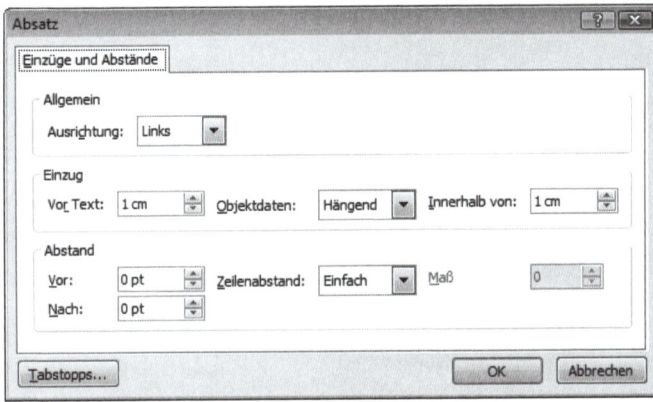

HINWEIS   Die Angabe für *Einzug Vor Text* gibt den Abstand zwischen dem linken Rand des Textfeldes und dem Beginn des Textes an. Dieses Maß gilt für den Textbeginn der ersten Zeile und den Beginn der zweiten und folgenden Zeilen. Die Zentimeterangabe für *Hängend* berechnet sich vom Textbeginn nach links und gibt an, wie weit das Aufzählungszeichen links vor dem Text steht.

5. Drücken Sie am Ende der Textzeile die ⏎-Taste für einen neuen Absatz oder die Tastenkombination ⇧+⏎ für eine neue Zeile im Absatz.

Formen beschriften und formatieren

Jede Form, die genug Platz für Text bietet, kann direkt beschriftet werden. Sobald Sie die Form gezeichnet haben, können Sie sofort mit dem Schreiben starten. Es ist nicht notwendig und sogar sehr hinderlich, für diesen Zweck auf die Form ein zusätzliches Textfeld zu legen. Beide wären unabhängig voneinander, d.h., es handelt sich um zwei gesonderte Objekte, die nicht gemeinsam verschoben werden. Sie müssten die zwei Elemente zuerst zu einer Gruppe verbinden, um sie als Einheit verschieben zu können. Das ist bei einem Text in einer Form natürlich anders: Der Text ist fester Bestandteil der Form und wird immer gemeinsam mit ihr verschoben.

Formen unterscheiden sich einigen Punkten von Textfeldern.

- Während Textfelder standardmäßig ohne Füllfarbe und Rahmenlinie sind, haben Formen in der Regel eine Füllung und einen sichtbaren Rahmen.

- Formen lassen sich in beliebiger Größe auf die Folie zeichnen, für Textfelder hingegen geben Sie nur die Breite vor.

- In Formen richtet sich der Text zentriert und mittig, in Textfeldern dagegen linksbündig und oben aus.

Jede dieser Voreinstellungen kann individuell geändert werden:

1. Die Eigenschaften sind im Dialogfeld *Form formatieren* zusammengefasst. Sie öffnen dieses Dialogfeld durch Klicken mit der rechten Maustaste auf den Rand einer Form. Alternativ können Sie die Form markieren und auf der Registerkarte *Start* in der Gruppe *Zeichnung* auf die Schaltfläche mit dem nach rechts unten weisenden Pfeil klicken.

2. Die Einstellungen sind die gleichen, wie weiter oben für Textfelder bereits beschrieben.

Auch wenn die Eigenschaften für Textfelder und Formen weitgehend gleich sind, gibt es einen Unterschied bei den Innenrändern. Maßgeblich für die Innenränder ist die Struktur der Form. Bei einer rechteckigen Form entspricht der Innenrand dem eines Textfeldes; bei einer Pyramide werden Texte immer im breiteren Teil angeordnet.

Standards setzen

Nichts ist lästiger, als wiederholt die gleichen Formatierungen und Einstellungen vornehmen zu müssen. Sie sollten dann überlegen, ob nicht ein neuer Standard angebracht ist. Im Verlaufe dieses Kapitels haben Sie bereits gesehen, dass sich alle Optionen des Dialogfeldes *Form formatieren* als Standard festlegen lassen, wenn Sie im Kontextmenü den Befehl *Als Standardform festlegen* bzw. *Als Standardtextfeld festlegen* wählen.

Eine Besonderheit ist die Schrift, die in Textfeldern und Formen verwendet wird. Grundsätzlich wird die Schriftart des gewählten Designs verwendet, Sie können aber andere Schriftkombinationen wählen. Klicken Sie dazu auf der Registerkarte *Entwurf* in der Gruppe *Designs* auf *Schriftarten*. Dieses Vorgehen wirkt sich auf die Schriften der Folienplatzhalter genauso aus wie auf die Textfelder und Formen.

Um nur für Textfelder oder Formen eine andere Schrift einzustellen, gehen Sie so vor:

1. Weisen Sie einem Textfeld bzw. in einer Form die neue Schriftart oder eine andere Schriftgröße zu. Sie können jeweils für Textfelder und Formen eine eigene Standardschrift definieren.

2. Wählen Sie in dem Kontextmenü zum Textfeld bzw. zur Form den Befehl *Als Standardtextfeld festlegen* bzw. *Als Standardform festlegen*.

> **HINWEIS** Auf diesem Wege wird nicht nur die neue Schrift als Standard für künftige Formen zugewiesen. Auch alle anderen Formatierungen der Form oder des Textfeldes werden so als Standard festgelegt!

Auch wenn die neue Schrift ab sofort standardmäßig für neue Textfelder oder Formen verwendet wird, ist sie nicht wirklich als neuer Standard hinterlegt. Sie merken das, wenn Sie aus einem Textfeld mit dieser von Ihnen definierten Standardschrift alle Formate entfernen. Das geht entweder mit Strg + Leertaste oder durch Klicken auf die Schaltfläche *Alle Formatierungen löschen* in der Gruppe *Schriftart* auf der Registerkarte *Start*. Es wird wieder die in den Designs vorgegebene Schriftart verwendet.

Text mit Bildlaufleiste

Um der Lesbarkeit willen sollten Sie auf längere Texte auf einer Folie verzichten. Dennoch gibt es immer wieder die Notwendigkeit, auch einen langen Text darzustellen. Besonders wenn die Zuschauer die Präsentation nicht in Form eines Vortrags erleben, sondern am eigenen Bildschirm durch die Folien blättern, kann es sinnvoll sein, auch einen langen Text zu zeigen.

Da die Foliengröße begrenzt ist, müssen Sie lange Textpassagen auf mehrere Folien aufteilen. Alternativ können Sie ein Textfeld erstellen, das am Rand eine Bildlaufleiste aufweist, sodass der Anwender durch den Text blättern kann, ohne die Folie zu verlassen.

Sie brauchen für diesen Fall ein besonderes Feld von der normalerweise verborgenen Registerkarte *Entwicklertools*. So lassen Sie zuerst die *Entwicklertools* anzeigen und erstellen dann ein Textfeld mit Bildlaufleiste:

1. Klicken Sie auf die *Office-Schaltfläche* und dann unten rechts auf *PowerPoint-Optionen*. In der Rubrik *Häufig verwendet* aktivieren Sie das Kontrollkästchen *Entwicklerregisterkarte in der Multifunktionsleiste anzeigen*.
2. Klicken Sie auf der nun angezeigten Registerkarte *Entwicklertools* in der Gruppe *Steuerelemente* auf *Textfeld* und zeichnen Sie mit der linken Maustaste ein Textfeld auf die Folie.
3. Klicken Sie es mit der rechten Maustaste an und wählen Sie den Befehl *Eigenschaften*.
4. Sie müssen mehrere Eigenschaften einstellen. Zuerst ändern Sie die Eigenschaft *MultiLine* von *False* auf *True*. Anschließend wählen Sie bei *ScrollBars* den Wert *2 – fmScrollBarsVertical* für eine senkrechte Bildlaufleiste.

Abbildg. 11.9 Die Eigenschaft *ScrollBars* kann vertikale und horizontale Bildlaufleisten erzeugen

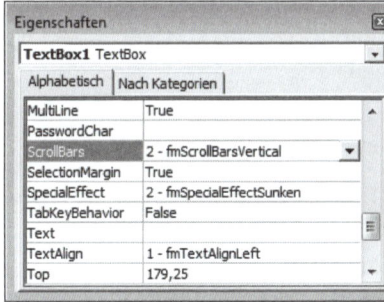

5. Über die Eigenschaft *Font* ändern Sie Schriftart und -größe, wenn Sie am rechten Ende der Zeile auf die Schaltfläche mit den drei Punkten klicken.
6. Wenn alle Eigenschaften eingestellt sind, schließen Sie das Eigenschaftenfenster über das kleine X am oberen rechten Rand. Klicken Sie das Textfeld erneut mit der rechten Maustaste an und wählen Sie im Kontextmenü *Textfeld-Objekt/Bearbeiten*.
7. Schreiben jetzt Ihren Text in das Textfeld. Sie können auch Texte von anderen Stellen kopieren und mit der Tastenkombination ⌞Strg⌟+⌞V⌟ einfügen. Sobald Sie mit der Texteingabe fertig sind, schieben Sie das Bildlauffeld der Bildlaufleiste wieder nach oben.

Während der Präsentation können Sie mit der Bildlaufleiste durch den Text blättern.

Interaktion pur mit einem besonderen Textfeld

Textfelder aus der Gruppe *Steuerelemente* eignen sich auch, um während der Bildschirmpräsentation Texte auf die Folien zu schreiben. Die »live« geänderten Texte bleiben erhalten, wenn Sie die Bildschirmpräsentation verlassen. Beispielsweise können Sie während einer Arbeitsbesprechung Ideen sammeln oder Formulierungen zur Diskussion stellen und direkt ändern.

So erstellen Sie Textfelder für eine Eingabe während der Präsentation:

1. Zeichnen Sie wie oben beschrieben ein Textfeld aus den *Steuerelementen*.
2. Klicken Sie das Textfeld mit der rechten Maustaste an, wählen Sie *Eigenschaften* und stellen Sie die Eigenschaft *MultiLine* auf *True*. Das kann unterbleiben, wenn Sie nicht mehrzeilig in ein Textfeld schreiben möchten.
3. Schließen Sie das Eigenschaftenfenster mit dem *Schließen*-Symbol im oberen rechten Eck.
4. In der Normalansicht der Folie können Sie über den Kontextmenübefehl *Textfeld-Objekt/ Bearbeiten* einen Text als Vorgabe in das Feld hineinschreiben; das Feld kann aber auch leer bleiben.

Während der Bildschirmpräsentation klicken Sie mit der linken Maustaste in das Textfeld und können sofort schreiben.

WordArt für Texte verwenden

Mit WordArt können Sie Texte grafisch gestalten, verformen, biegen oder dehnen. Sie können WordArt auf bereits geschriebene Texte anwenden oder einen Text neu erfassen.

- Für neu zu schreibenden Text verwenden Sie auf der Registerkarte *Einfügen* die Schaltfläche *WordArt*. Wählen Sie aus dem angezeigten Katalog Füllungen, Konturen und Schatten aus und tippen Sie anschließend Ihren Text in das Textfeld.

- Bereits geschriebenen Text markieren Sie und bestimmen dann auf der Registerkarte *Format* der *Zeichentools* im Katalog *WordArt-Formate* das Aussehen.

Abbildg. 11.10 Wählen Sie im Katalog der *WordArt-Formate* eine fertige Kombination aus Farbe, Linie und Effekt

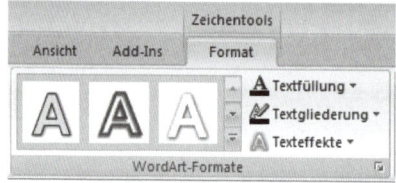

Für jeden Text, der mit WordArt formatiert wurde, können Sie nachträglich die Farbfüllung, die Konturen, Schatten und Texteffekte ändern. Markieren Sie dazu das WordArt-Objekt oder das Textfeld und rufen Sie die Registerkarte *Format* der *Zeichentools* auf. In der Befehlsgruppe *WordArt-Formate* finden Sie alle Formatierungen:

- Mit der Schaltfläche *Weitere* wählen Sie im WordArt-Katalog aus vorbereiteten Kombinationen aus Füllung, Linienfarbe, Schatten und 3D-Darstellung die gewünschte aus.

- *Textfüllung* verändert die Füllfarbe und erlaubt Ihnen das Füllen einer Schrift mit einer Grafik.

- Über *Textgliederung* wird die Farbe und Stärke der Rahmenlinien um jeden Buchstaben geändert.

- *Texteffekte* fasst mehrere Formatierungsmöglichkeiten wie Schatten, Spiegelung oder 3D-Drehung zusammen. Auch das Transformieren und Verzerren finden Sie hier.

Zeichenformate wie Schriftgröße, Kapitälchen oder Zeichenweite lassen sich wie bei jedem Text über die Gruppe *Schriftart* auf der Registerkarte *Start* einstellen. Das Dialogfeld *Schriftart* bietet auf zwei Registerkarten alle Zeichenformate auch für WordArt-Texte an. Besonders wichtig für WordArt sind wegen der oft großen Schrift die Zeichenabstände. Wählen Sie als Abstand *Gesperrt* und probieren Sie aus, welches Maß einen ästhetischen Eindruck macht. Je größer die Schrift ist, desto größer sollte auch der Zeichenabstand sein.

> **TIPP** Anstelle von Versalien oder Großbuchstaben können Sie sich auch für Kapitälchen entscheiden. Diese Buchstaben sehen von der Form wie Großbuchstaben aus, sind aber im Wort etwas kleiner als der beginnende Großbuchstabe. Text in Kapitälchen ist besser lesbar als solcher in Großbuchstaben.

WordArt-Texte mit Farben und Fülleffekten formatieren

Sie können WordArt-Buchstaben genauso formatieren, wie Sie es bereits von Formen her gewohnt sind. Ihnen stehen alle Farben, Farbverläufe, Texturen und Rahmenlinien zur Verfügung. Alle Befehle befinden sich auf der Registerkarte *Format* der *Zeichentools* in der Gruppe *WordArt-Formate*.

- Markieren Sie den WordArt-Text und wählen Sie in dem Katalog möglicher Formate einen anderen Stil aus.

- Um nur die Füllfarbe für die Buchstaben zu ändern, klicken Sie auf den Pfeil neben *Textfüllung*. Verwenden Sie eine der Designfarben oder eine Standardfarbe. Sie können auch mit *Farbverlauf* eigene Kombinationen erzeugen.

- Der Pfeil neben *Textgliederung* gibt die Farben für die Rahmenlinien um die Buchstaben vor. Mit *Stärke* wählen Sie die Breite und mit *Striche* die Art der Linie.

- Besondere Formatierungen bietet der Pfeil neben *Texteffekte*. Dank der Livevorschau können Sie sofort sehen, wie sich *Schatten*, *Spiegelungen*, *Leuchten*, *Abschrägungen* oder eine *3D-Drehung* auf Ihren Text auswirken.

Einen interessanten Effekt erzielen Sie, wenn Sie Grafiken oder Fotos als Füllung verwenden:

1. Markieren Sie den fertigen WordArt-Text, klicken Sie auf der Registerkarte *Format* der *Zeichentools* auf den Pfeil neben *Textfüllung* und wählen Sie *Bild*.

2. Durchsuchen Sie Ihre Ordner nach einem geeigneten Bild, markieren Sie es und bestätigen Sie die Auswahl mit *Einfügen*.

Die Buchstaben des WordArt-Textes sind jetzt mit einem Bild gefüllt.

 In der Musterdatei *Textfolien.pptx*, die Sie auf der CD zum Buch im Ordner *\Buch\Kap11* finden, gibt es eine Reihe von Beispielen für den Einsatz und die Wirkung von WordArt.

WordArt-Texte transformieren und verzerren

Die Texte können nicht nur gerade stehen, sondern auch *schräg nach oben*, *nach unten vergrößer* oder in Form einer *Schaltfläche* angeordnet werden. Die Einstellungen finden sich im Menü zur Schaltfläche *Texteffekte* im Untermenü zum Befehl *Transformieren*.

Abbildg. 11.11 WordArt-Texte können Sie über *Transformieren* zu Bögen oder Kreisen verzerren

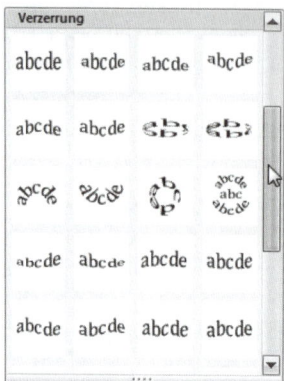

Einige Formen wie *Bogen nach oben* oder *Abnehmend nach unten* weisen neben den Symbolen für Vergrößern und Drehen noch ein drittes Symbol auf, mit dem sich die Proportionen der Form ändern lassen. Probieren Sie es aus:

1. Weisen Sie den Effekt *Transformieren/Bogen nach oben* für einen Text zu.
2. Zeigen Sie mit dem Mauszeiger auf die rosafarbene Raute am linken unteren Bogenrand und ziehen Sie mit gedrückter Maustaste den Bogen nach unten und innen.

   Der Text folgt der neuen Krümmung.

Für andere Formen wie *Schaltfläche* oder *Verkleinern Vergrößern* sind mehrzeilige Texte unabdingbar. Fügen Sie in Ihren WordArt-Text Zeilenschaltungen mit der ⏎-Taste ein, um die Anordnung korrekt zu sehen.

Zusammenfassung

Textfolien überwiegen in fast allen Präsentationen. Deshalb ist es besonders wichtig, dass Sie beim Anfertigen großen Wert auf eine zuschauergerechte Gestaltung legen und die Folien nicht mit Informationen überladen.

Hier kurz gefasst noch einmal wichtige Tipps zum Arbeiten mit Textfolien.

Abstände einrichten

Markieren Sie die Absätze oder das gesamte Textfeld und stellen Sie die Abstände für Absätze und Zeilen ein:

- Über die Gruppe *Absatz* auf der Registerkarte *Start* rufen Sie das Dialogfeld für die Absatzformatierung auf. Wählen Sie einen ausreichenden Abstand davor oder danach und bestimmen Sie einen Zeilenabstand von 1 bis 1,5 Zeilen.

- Stellen Sie per Klick mit der rechten Maustaste auf den Text über den Kontextmenübefehl *Form formatieren* in der Kategorie *Textfeld* die Ausrichtung zwischen oberer und unterer Kante, die inneren Seitenränder und den Umbruch ein.

Textfelder und Formen beschriften

- Textfelder ohne Füllung und Rahmen müssen Sie sofort beschriften, da Sie nach einem Klick auf eine andere Stelle der Folie das leere Textfeld nicht mehr sehen.

- In Formen können Sie direkt schreiben oder sie nachträglich mit Text füllen.

- Legen Sie keine Textfelder auf Formen, sondern schreiben Sie direkt in die Formen!

- Zeilenumbrüche und das Anpassen der Form an die Textmenge stellen Sie per Klick mit der rechten Maustaste über den Kontextmenübefehl *Form formatieren* in der Kategorie *Textfeld* ein.

Standards einrichten

Formatieren Sie eine Form oder ein Textfeld nach Wunsch und wählen Sie per Klick mit der rechten Maustaste den Kontextmenübefehl *Als Standardform festlegen* bzw. *Als Standardtextfeld festlegen*. Alle Formate dieser markierten Form werden damit zum Standard für neue Formen in dieser Präsentation.

WordArt verwenden

Sie können WordArt für bestehende Texte genauso zuweisen wie für neu zu erfassende Texte.

- Klicken Sie auf der Registerkarte *Einfügen* auf *WordArt*, wenn Sie einen neuen Text gleich im WordArt-Format schreiben wollen.

- Markieren Sie vorhandenen Text und wählen Sie auf der Registerkarte *Format* der *Zeichentools* eines der *WordArt-Formate*, um den Text nachträglich zu formatieren.

Abschließend noch einmal die Fundstellen zu den wichtigsten Themen in diesem Kapitel:

Thema	Seite
Textfolienlayouts anwenden	302
Schriftart ersetzen	303
Abstände in Texten beachten	305
Textfelder erstellen und bearbeiten	309
Beschriftete Formen einsetzen	309
Aufzählungszeichen und Absatzeinrückungen	312
WordArt verwenden	316

Folien professionell gestalten

Bild 1:   Agenda-Folie mit passendem Bildmotiv

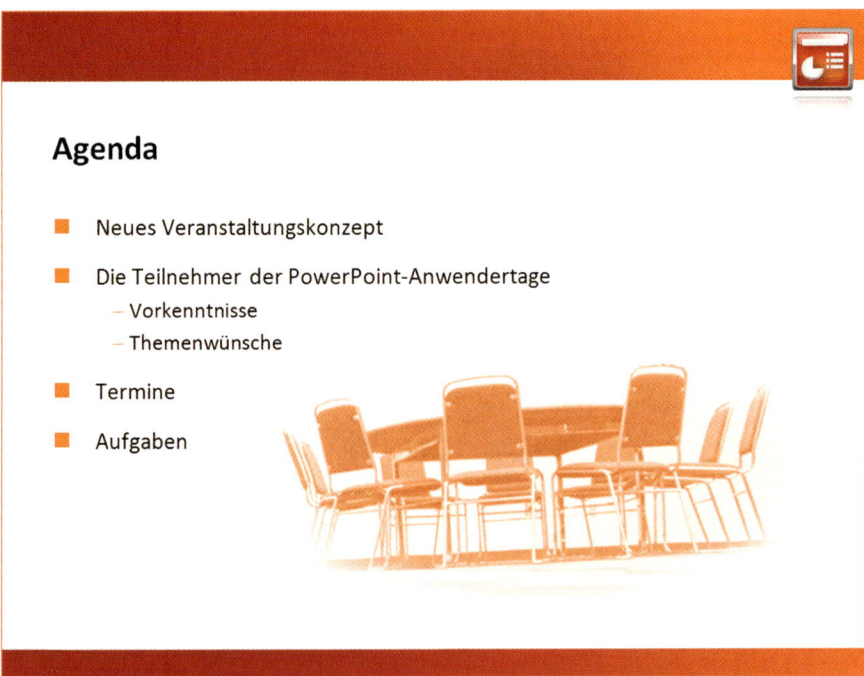

Bild 2:   Schnelle Informationsaufteilung per SmartArt

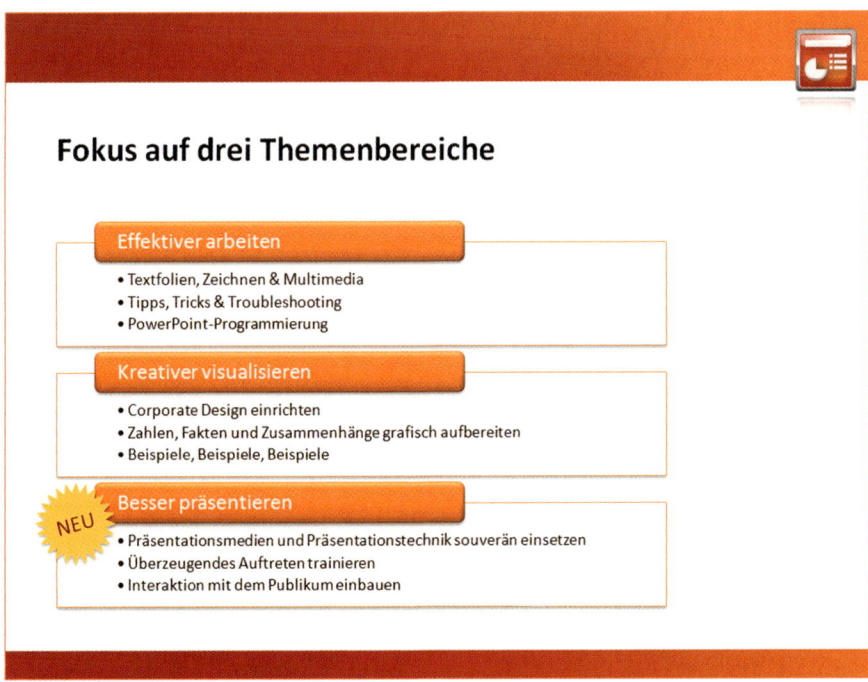

Bild 3:   Kreisdiagramme mit attraktiven 3D- und Lichteffekten

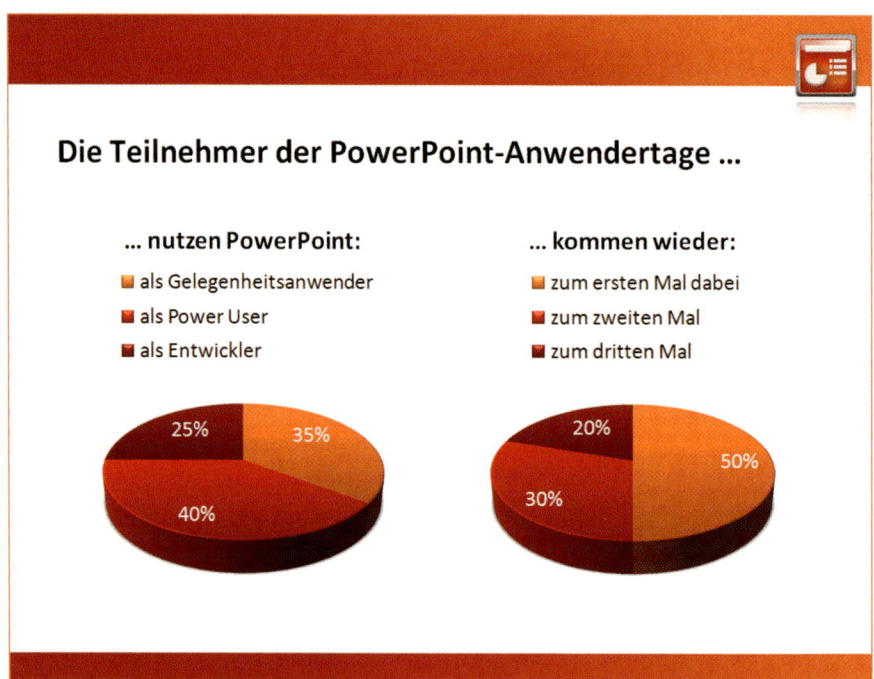

Bild 4:   Umfrageauswertung per Balkendiagramm

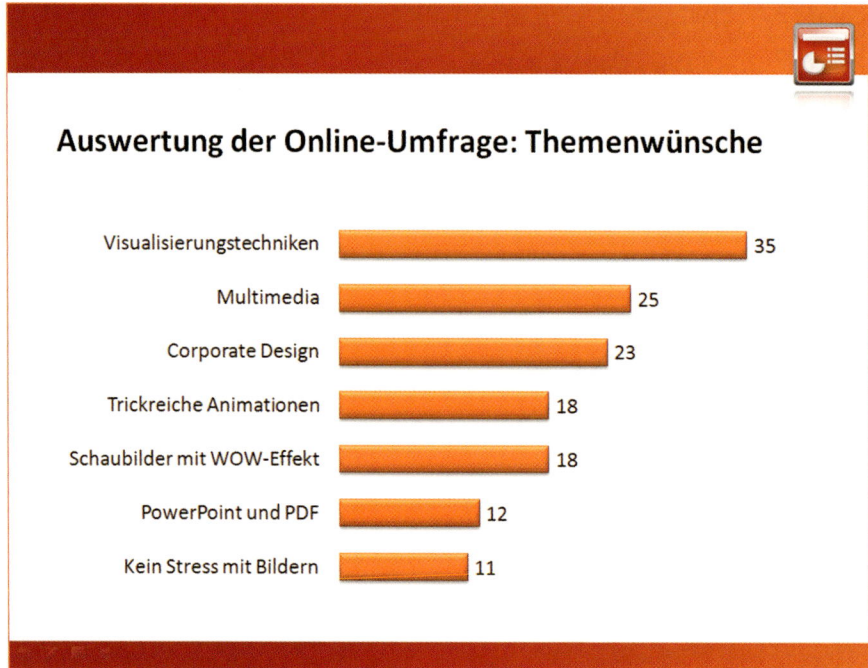

Bild 5: Schnelle Terminanzeige per SmartArt

Termine
31.03.
Themen-
vorschläge
25.04.
Themenplan
15.05.
Werbe-
maßnahmen
10.10.
Plakate
13.10.
Veranstaltungs-
räume

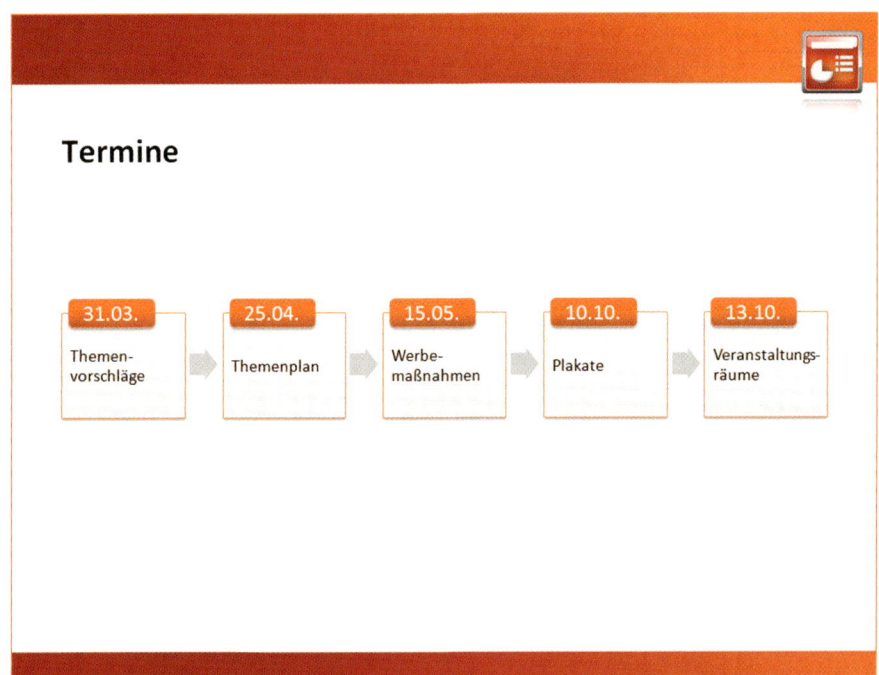

Bild 6: Das Modell der RGB-Farben

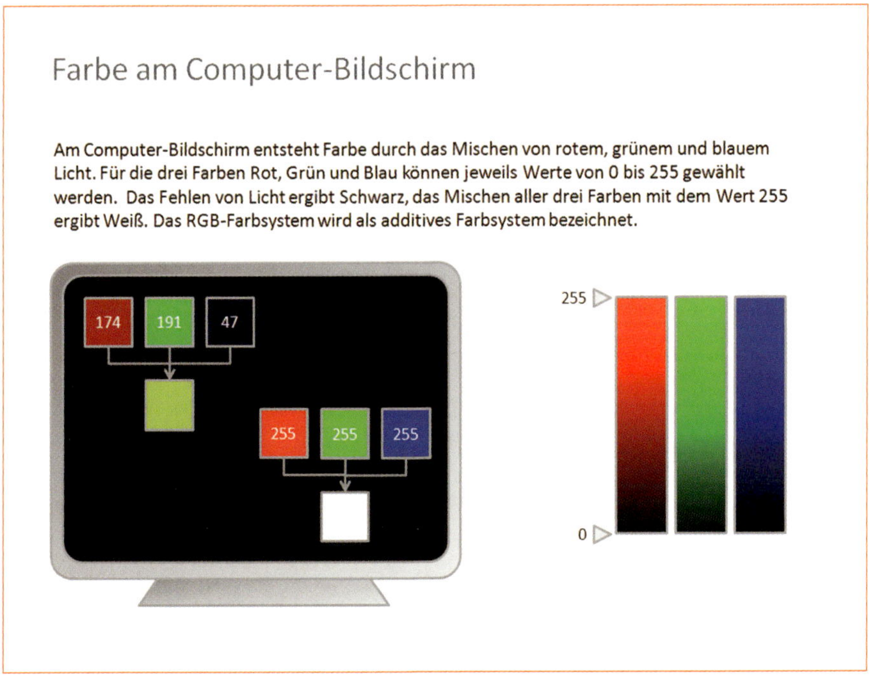

Farbe am Computer-Bildschirm
Am Computer-Bildschirm entsteht Farbe durch das Mischen von rotem, grünem und blauem Licht. Für die drei Farben Rot, Grün und Blau können jeweils Werte von 0 bis 255 gewählt werden. Das Fehlen von Licht ergibt Schwarz, das Mischen aller drei Farben mit dem Wert 255 ergibt Weiß. Das RGB-Farbsystem wird als additives Farbsystem bezeichnet.
174
191
47
255
255
255
255
0

Bild 7:   Titelfolie mit gespiegeltem Text

Bild 8:   Universell einsetzbare Kalenderblätter

Bild 9: Individuelle Anordnung von Bildern in Formen

Bild 10: Zoomwirkung für Bilder in Formen

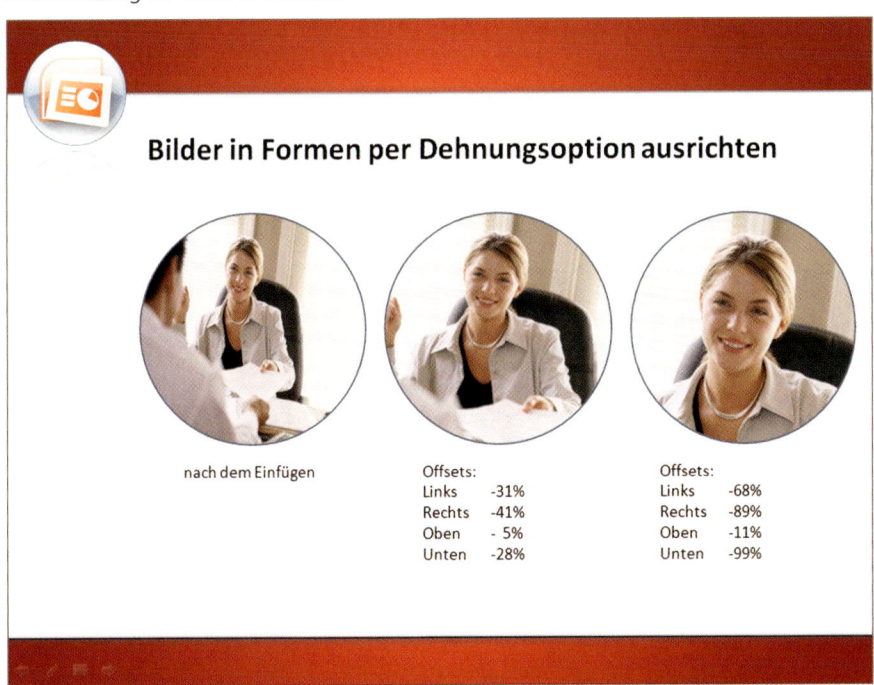

Bild 11: Fotorealistische 3D-Grafiken mit Schatten

Bild 12: ClipArts mit einheitlichem und modernem Aussehen

Bild 13: Alte und neue Effekte beim Beschriften von Formen

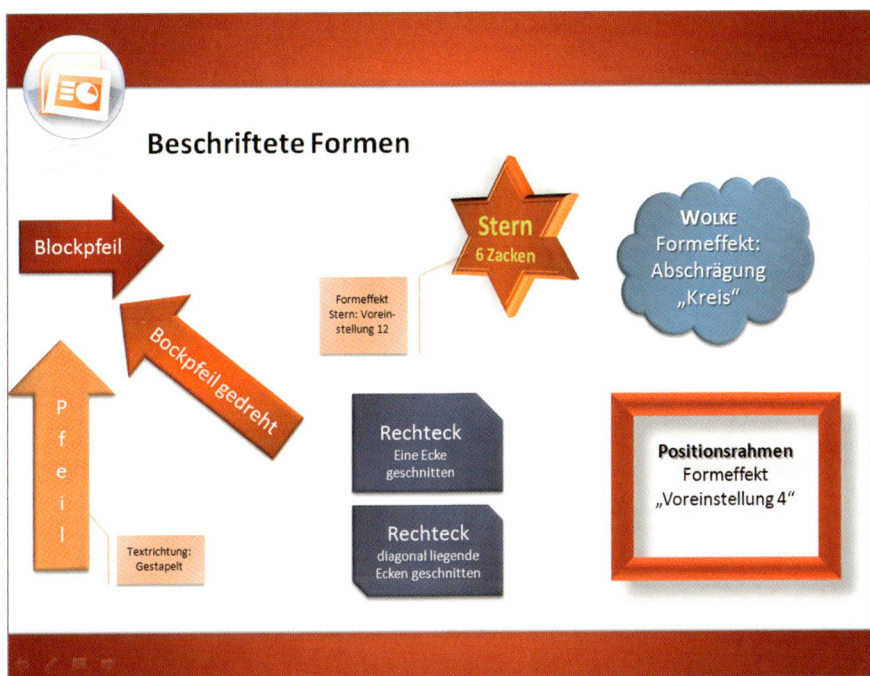

Bild 14: Bildtexte per WordArt

Bild 15: Einflussfaktoren per SmartArt visualisieren

Bild 16: Attraktive Matrix per SmartArt

Bild 17: Zielscheibenfolie per SmartArt

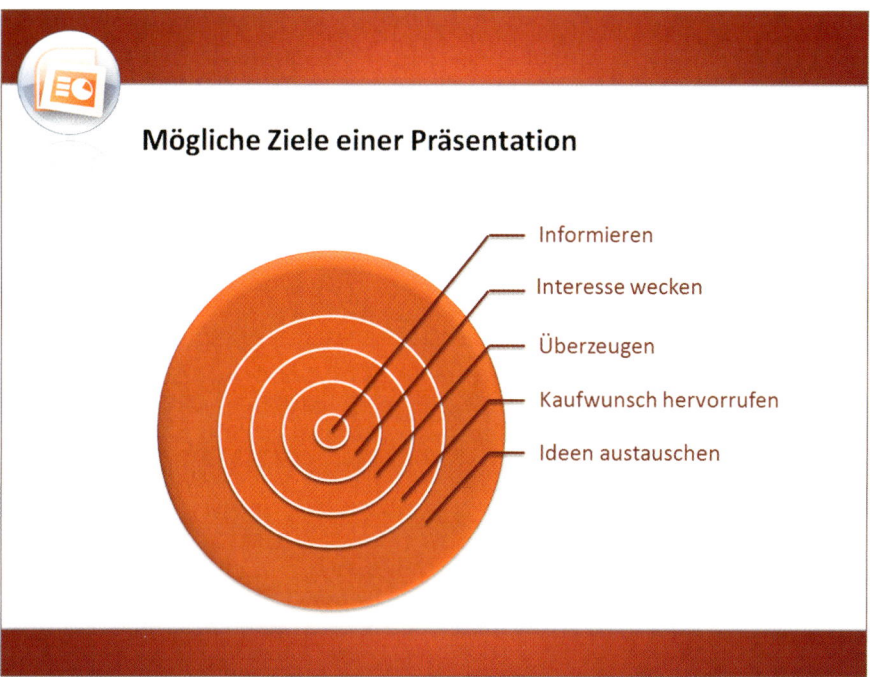

Bild 18: Figuren-Ensemble per WordArt

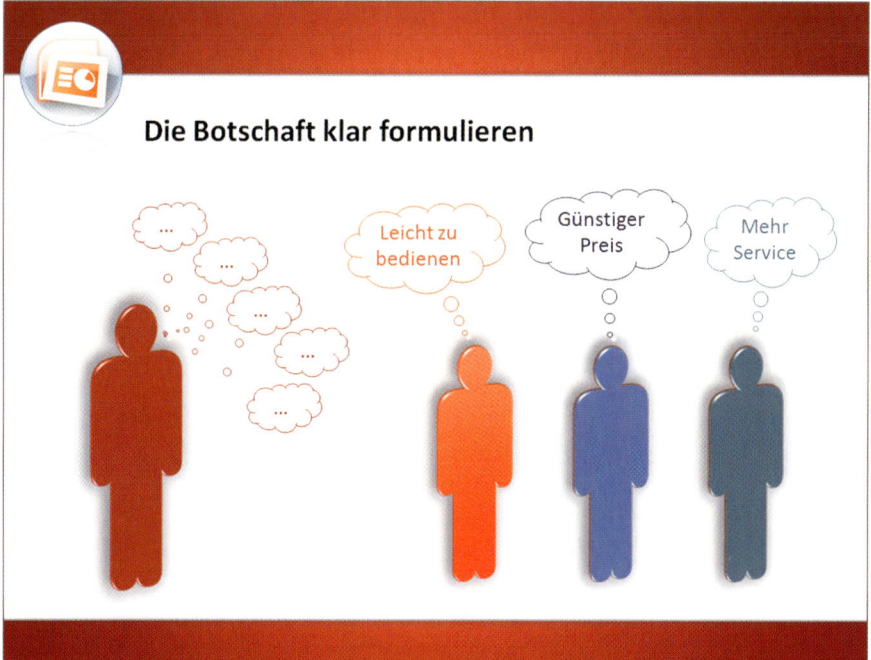

Bild 19:   Animierte Agenda-Folie mit dunklem Hintergrund

Bild 20:   Animierte Agenda-Folie mit hellem Hintergrund

Bild 29:   Farbverläufe gekonnt und individuell einstellen 1

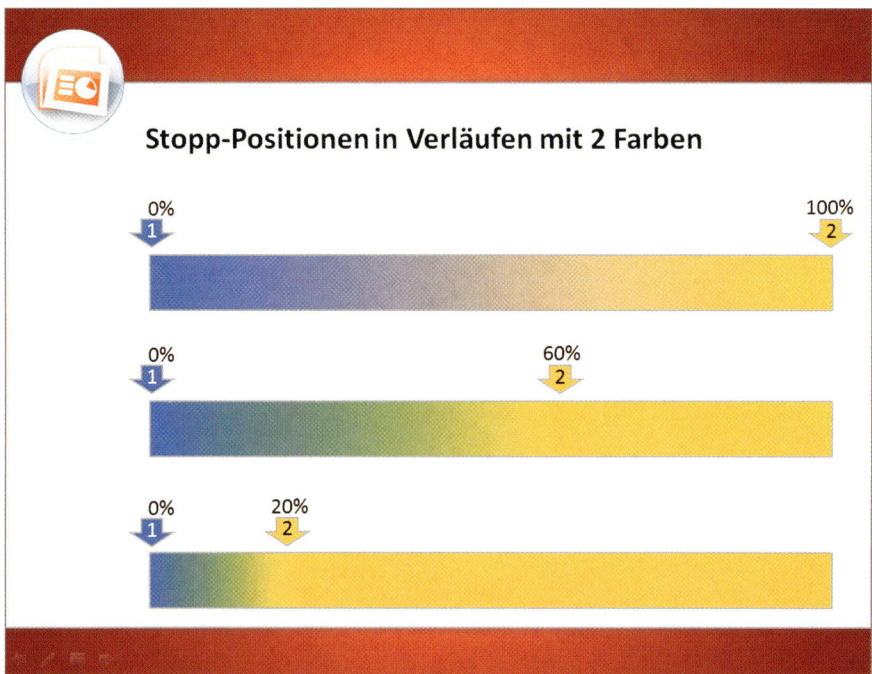

Bild 30:   Farbverläufe gekonnt und individuell einstellen 2

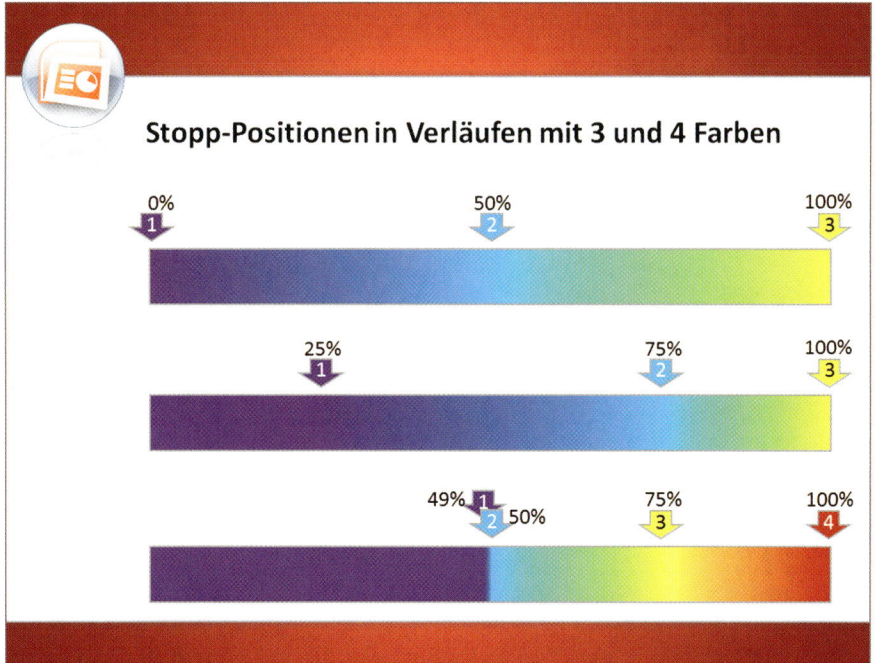

Bild 31:   Organigramm mit neuen Formeffekten

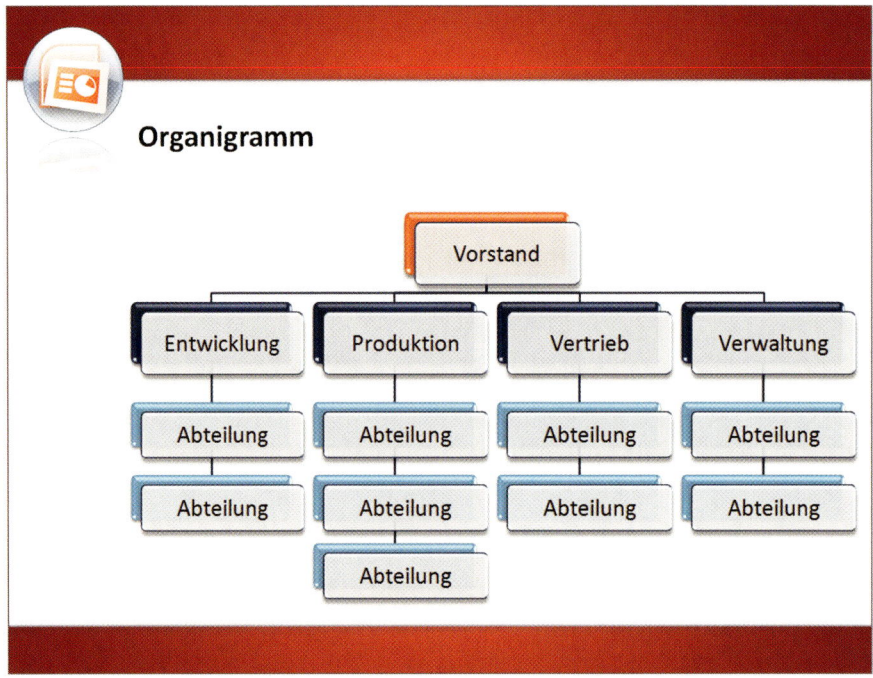

Bild 32:   Produktmerkmale übersichtlich per SmartArt

Der Umgang mit Bildern

In diesem Kapitel:

Haben Sie das geeignete Bildmaterial für Ihre Präsentation gefunden, stellt sich als Nächstes die Frage, wie Sie Ihre Bilder optisch ansprechend, mit möglichst wenig Zeitaufwand und ohne die Dateigröße unnötig zu belasten in PowerPoint einbinden. Neben dem Für und Wider unterschiedlicher Importwege lernen Sie in diesem Kapitel auch die Werkzeuge kennen, die PowerPoint zur Bearbeitung von Bildern bereitstellt.

Wenn in diesem Kapitel von »Bildern« die Rede ist, sind übrigens nicht nur Fotografien gemeint, sondern alle Bilder, Illustrationen, ClipArt und Vektorgrafiken, die in einem von PowerPoint unterstützten Format vorliegen.

Welche Bildformate Sie mit PowerPoint verwenden können und was Sie bei der Auswahl von Bildern beachten sollten, lesen Sie in Kapitel 8.

Bilder in Folien einbinden

Grafik

Beim Einfügen von Bildern haben Sie zunächst die Wahl, ob Sie ein Bild über den Befehl *Grafik aus Datei einfügen* oder als *ClipArt* importieren. Diese Entscheidung hängt davon ab, aus welcher Quelle Sie das Bild einfügen.

- Bilder, die nicht im *Microsoft Clip Organizer* erfasst, aber auf einem Speichermedium (Festplatte, Netzwerk, CD) abgelegt sind, fügen Sie als *Grafik aus Datei* ein.

ClipArt

- Ist das Bild im *Microsoft Clip Organizer* erfasst oder möchten Sie eine Bildrecherche im *Clip Organizer* oder auf *Office Online* durchführen, wählen Sie *ClipArt*.

Unabhängig von der Quelle, aus der Sie ein Bild einfügen, stehen Ihnen auch mehrere Wege zum Einfügen von Bildern offen. Hier hängt Ihre Wahl davon ab, wie Sie das Bild auf der Folie anordnen und weiterbearbeiten möchten:

- Beim Einfügen über die Symbole *Grafik aus Datei einfügen* oder *ClipArt* eines Platzhalters wird das Bild automatisch entsprechend der Layoutvorgaben Ihrer PowerPoint-Vorlage auf der Folie angeordnet.

- Möchten Sie das Bild dagegen frei auf der Folie positionieren, fügen Sie es per Klick auf die Schaltfläche *Grafik aus Datei einfügen* oder *ClipArt* (Registerkarte *Einfügen* in der Multifunktionsleiste) ein.

- Um Teile eines Bildes auszublenden, bietet sich der Fülleffekt *Bild* für Formen ein.

- Haben Sie das Bild in einem Bildbearbeitungsprogramm zur Bearbeitung geöffnet, können Sie es über die Zwischenablage, d.h. über *Kopieren* und *Einfügen* in PowerPoint einfügen.

> **HINWEIS**   Der Befehl *Einfügen von Scanner oder Kamera* steht in PowerPoint 2007 nicht mehr zur Verfügung.

Inhaltslayout oder Bildlayout?

Zum Einfügen von Bildern in ein Layout stellt PowerPoint zwei verschiedene Platzhalter (siehe Abbildung 12.1) zur Verfügung. In einen Inhaltsplatzhalter können wahlweise Text, Tabellen, Diagramme, SmartArt sowie Bilder und ClipArt eingefügt werden. Spezielle Bildplatzhalter enthalten dagegen nur das Symbol *Grafik aus Datei einfügen*.

Abbildg. 12.1 Links der Inhaltsplatzhalter, rechts der Platzhalter speziell für Bilder

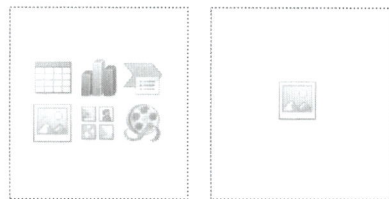

Die Vorgehensweise beim Einfügen von Bildern ist bei beiden Platzhaltern identisch:

1. Klicken Sie im Platzhalter auf das Symbol *Grafik aus Datei einfügen*.
   PowerPoint öffnet daraufhin das Dialogfeld *Grafik einfügen* (siehe Abbildung 12.2).
2. Wechseln Sie dort zum entsprechenden Laufwerk und Ordner und markieren Sie die Bilddatei, die Sie importieren möchten.
3. Bestätigen Sie Ihre Auswahl per Klick auf die Schaltfläche *Einfügen*.

Abbildg. 12.2 Windows Vista bietet im Dialogfeld *Grafik einfügen* unter *Ansichten* die Option *Extra große Symbole* für eine komfortable Vorschau auf das Bild

Der Unterschied zwischen Bildplatzhalter und Inhaltsplatzhalter macht sich in der Art und Weise bemerkbar, wie das Bild im Platzhalter angeordnet wird. Abbildung 12.3 zeigt jeweils das gleiche Bild: links in einem Inhaltsplatzhalter, dessen Größe vor dem Einfügen des Bildes durch eine gestrichelte Linie gekennzeichnet ist, rechts in einem Bildplatzhalter. In beiden Fällen ist das Bild ohne Verzerrung seines Bildseitenverhältnisses eingefügt worden, obwohl dieses nicht dem Seitenverhältnis des Platzhalters entspricht.

Abbildg. 12.3 Das Bild links wurde über einen Inhaltsplatzhalter eingefügt, das Bild rechts über einen Bildplatzhalter

- Beim Einfügen in einen Inhaltsplatzhalter wird das Bild so groß wie möglich und vollständig im Platzhalter angezeigt, füllt aber den Objektbereich des Platzhalters nicht vollständig aus, wenn das Seitenverhältnis des Platzhalters nicht dem des Bildes entspricht.

- Beim Einfügen in einen Bildplatzhalter füllt das Bild den Objektbereich vollständig aus. Es wird in der Mitte des Platzhalters angeordnet und entweder horizontal oder vertikal in seinen Randbereichen ausgeblendet, wenn das Seitenverhältnis des Platzhalters nicht dem des Bildes entspricht.

TIPP   Verwenden Sie zum Einfügen von Bildern Inhaltsplatzhalter, wenn das Bild in voller Größe zu sehen sein soll und PowerPoint die automatische Anordnung auf der Folie vornehmen soll.

Verwenden Sie spezielle Bildlayouts, wenn das Bild als Bestandteil des Layouts in einer ganz bestimmten Größe auf der Folie eingefügt werden soll und bei zentrierter Anordnung im Platzhalter alle wichtigen Elemente des Bildes zu sehen sind.

ACHTUNG   Im Kontextmenü von Platzhaltern mit eingefügten Bildern steht der Befehl *Bild ändern* zur Verfügung. Tauschen Sie das Bild in einem Bildplatzhalter über diesen Befehl aus, verliert der Bildplatzhalter seine statische Größe und passt sein Seitenverhältnis wie ein Inhaltsplatzhalter an das Bild an.

Dies können Sie umgehen, indem Sie zum nachträglichen Austausch des Bildes dieses markieren und `Entf` drücken. Dadurch wird das Bild aus dem Platzhalter entfernt, auf der Folie erscheint wieder der leere Platzhalter. Anschließend können Sie per Klick auf das Symbol *Grafik aus Datei einfügen* ein anderes Bild einfügen, ohne dass der Platzhalter seine Größe ändert.

Bilder frei auf der Folie anordnen

Wenn Sie Bilder nicht in ein vorgegebenes Layout einfügen möchten, wechseln Sie zur Registerkarte *Einfügen* und klicken dort auf die Schaltfläche *Grafik aus Datei einfügen*. Die weitere Vorgehensweise entspricht der beim Einfügen der Grafik in einen Platzhalter. PowerPoint blendet das Dialogfeld *Grafik einfügen* ein, in dem Sie Laufwerk und Ordner und schließlich die gesuchte Bilddatei auswählen.

Nach dem Einfügen ordnet PowerPoint das Bild zentriert auf der Folie an. Die im Bild gespeicherten Seitenmaße werden dabei übernommen, wenn die Seitenmaße des Bildes nicht größer sind als die der Folie.

Neu

Ist das eingefügte Bild größer als die Folie, passt PowerPoint die Größe des Bildes automatisch an die Größe der Folie an. Das in früheren Programmversionen mühsame Verkleinern zu großer Bilder, die weit über den Folienbereich hinausragen, ist in PowerPoint 2007 nicht mehr erforderlich.

Direkt aus Bildbearbeitungsprogrammen einfügen

Wenn Sie Bilder in einem Bildbearbeitungs- oder Grafikprogramm für die Präsentation vorbereiten, ist die Zwischenablage ein schneller und einfacher Weg, um ein Bild in PowerPoint einzufügen. Hierzu gehen Sie wie folgt vor:

1. Kopieren Sie Ihr Bild im Bildbearbeitungsprogramm in die Zwischenablage.
2. Wechseln Sie in der PowerPoint-Präsentation zu der gewünschten Folie und klicken Sie dann auf der Registerkarte *Start* auf Schaltfläche *Einfügen*.

Neu

In früheren Versionen von PowerPoint führte das Einfügen von Bildern über die Zwischenablage zu einem enormen Anstieg der Dateigröße der PowerPoint-Präsentation, da nicht nur das Bild in der PowerPoint-Datei gespeichert wurde, sondern auch umfangreiche Informationen zu dem Programm, mit dem es als sogenannter OLE-Server bearbeitet wurde.

In PowerPoint 2007 können Sie wählen, wie Bilder aus der Zwischenablage eingefügt werden. Treffen Sie keine weiteren Voreinstellungen über *Inhalte einfügen* (siehe Abbildung 12.4), wird ausschließlich das Bild eingefügt und kein Objekt erstellt.

Abbildg. 12.4 Per Klick auf die Beschriftung der Schaltfläche *Einfügen* können Sie über die betreffenden Optionen bestimmen, wie Inhalte aus der Zwischenablage eingefügt werden

Folien professionell gestalten

PROFITIPP

> Auch wenn das Einfügen über die Zwischenablage nicht mehr zu einem drastischen Anstieg der
> Dateigröße der Präsentation führt: Mehr Kontrolle über den Speicherbedarf eines Bildes haben
> Sie, wenn Sie es nicht über die Zwischenablage in PowerPoint einfügen, sondern im Bildbearbei-
> tungsprogramm beim Speichern eine Bildoptimierung durchführen und das optimierte Bild in
> PowerPoint als *Grafik aus Datei* einfügen.

ACHTUNG   Beim Einfügen von Bilder aus Internetseiten über die Zwischenablage wird nicht
nur das Bild, sondern auch der dazugehörige Quellcode wie z.B. ein Hyperlink in die Präsentation
eingefügt. Dies ist nicht immer beabsichtigt. Versehentliches Klicken auf das Bild führt dazu, dass
während der Präsentation der Browser gestartet wird.

Einfügen oder Verknüpfen?

Beim »normalen« Einfügen wird die Bilddatei in der PowerPoint-Präsentation gespeichert. Auch
wenn das Bild irgendwann von der Festplatte gelöscht oder die Präsentation auf einem anderen
Rechner wiedergegeben wird, kann PowerPoint das Bild korrekt anzeigen.

Die Speichergröße der PowerPoint-Datei nimmt dabei entsprechend der Speichergröße der eingefügten Bilddateien zu. In Präsentationen mit vielen Bildern muss deshalb die Dateigröße von Bildern optimiert werden wie im Abschnitt »Bilder komprimieren« weiter hinten in diesem Kapitel
beschrieben.

Bilder als Verknüpfung einfügen

Als Alternative zum Einfügen von Bildern in die Datei bietet PowerPoint Ihnen die Möglichkeit, Bilder lediglich zu verknüpfen. Anstelle des Bildes wird in der PowerPoint-Datei dann lediglich ein
Verweis auf Speicherort und Name der Bilddatei gespeichert. Beim Öffnen einer Präsentation, die
Folien mit verknüpften Bildern enthält, lädt PowerPoint auf der Basis der gespeicherten Verknüp-
fungsinformation (Pfad, Dateiname) das Bild von seinem Originalspeicherort in den Arbeitsspeicher. Damit sind die Bilder in der Bildschirmpräsentation und auch beim Drucken verfügbar.

Verknüpfungen können Sie sowohl beim Einfügen von Bildern in einen Platzhalter als auch beim
freien Einfügen auf der Folie erstellen:

1. Klicken Sie wie beim »normalen« Einfügen auf das Symbol bzw. die Schaltfläche *Grafik aus Datei
   einfügen.*
2. Markieren Sie im Dialogfeld *Grafik einfügen* die gesuchte Datei.
3. Öffnen Sie per Klick auf den Pfeil der Schaltfläche *Einfügen* die Optionen und wählen Sie *Mit
   Datei verknüpfen.*

Abbildg. 12.5   Per Klick auf den Pfeil der Schaltfläche *Einfügen* können Sie wählen, ob das Bild in der PowerPoint-
Datei gespeichert oder lediglich verknüpft wird

Verknüpfte Bilder nachträglich in die Präsentation einbinden

Sobald Sie die PowerPoint-Datei auf einen anderen PC kopieren und die verknüpfte Bilddatei nicht in der gleichen Ordnerstruktur und unter dem gleichen Namen auf diesem zweiten PC vorliegt, erscheint sie nicht mehr auf der Folie. Dies geschieht auch, wenn Sie die Präsentation auf Ihrem PC belassen, aber versehentlich das verknüpfte Bild löschen, in einen anderen Ordner verschieben oder umbenennen. In diesen Fällen zeigt PowerPoint anstelle des Bildes den in Abbildung 12.6 gezeigten leeren Bilderrahmen mit einem roten X in der linken oberen Ecke.

Abbildg. 12.6 Steht die verknüpfte Grafikdatei nicht mehr zur Verfügung, zeigt PowerPoint einen leeren Bilderrahmen

Neu 1. Rufen Sie deshalb vor der Weitergabe von Präsentationen oder dem Kopieren der Präsentation auf einen anderen PC über die *Office-Schaltfläche* das Untermenü zum Befehl *Vorbereiten* auf.

2. Enthält die Präsentation Verknüpfungen, ist am unteren Rand des Menüs ein blauer Balken mit Pfeil zu sehen. Zeigen Sie mit dem Mauszeiger auf den Pfeil, um den Befehl *Verknüpfungen mit Dateien bearbeiten* einzublenden.

Abbildg. 12.7 Nur wenn eine PowerPoint-Datei Verknüpfungen enthält, steht im Untermenü zum Befehl *Vorbereiten* der Befehl *Verknüpfungen mit Dateien bearbeiten* zur Verfügung

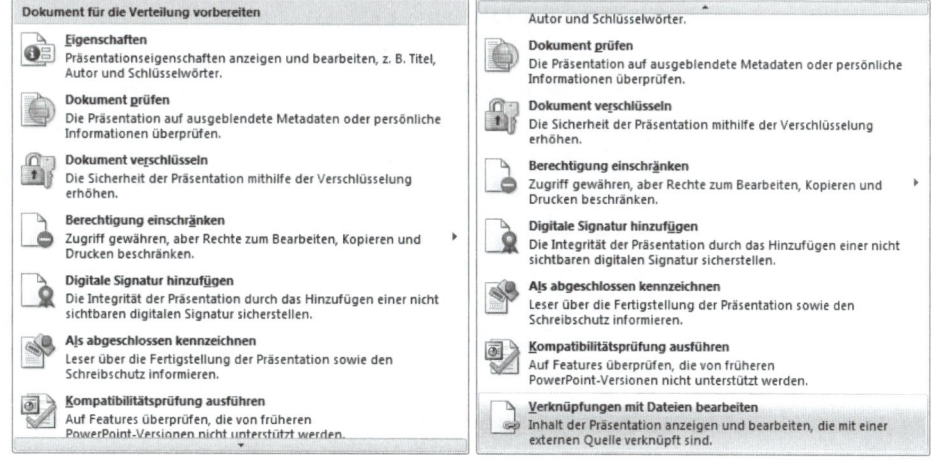

3. Im Dialogfeld *Verknüpfungen* zeigt PowerPoint alle in der Präsentation vorhandenen Verknüpfungen.

4. Markieren Sie einen Eintrag in der Liste der Verknüpfungen – oder mehrere, indem Sie die ⎡Strg⎤-Taste gedrückt halten und die Einträge nacheinander anklicken.

5. Um das verknüpfte Bild in der Präsentation zu speichern, klicken Sie auf *Verknüpfung aufheben*.

Abbildg. 12.8 Per Klick auf *Verknüpfung aufheben* fügen Sie verknüpfte Bilder endgültig in die Präsentation ein

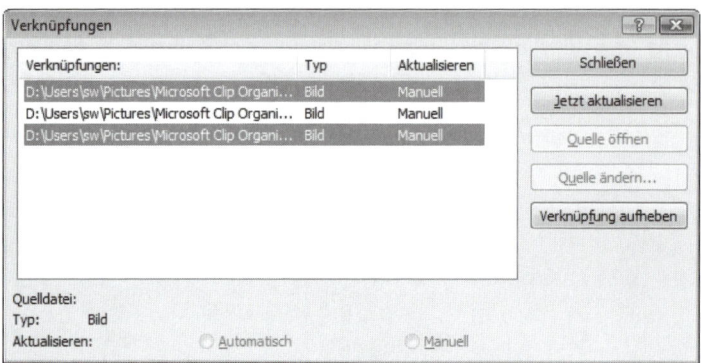

HINWEIS Mehr zum Bearbeiten von Verknüpfungen lesen Sie in Kapitel 24.

Bildrecherche mit dem Microsoft Clip Organizer

Neben den Bildern, die Sie selbst auf verschiedensten Datenträgern finden und in Ihre Folien einbinden, gibt es die sogenannten ClipArts. Sie stehen in allen Office-Anwendungen zur Verfügung und bieten den Vorteil, dass Sie Ihre im Clip Organizer organisierten Mediendateien per Suchfunktion filtern können. Wie Sie Ihre Bilder für eine schnelle Bildrecherche im Clip Organizer organisieren, lesen Sie in Kapitel 13.

Um ClipArt auf der Folie einzufügen, klicken Sie entweder auf das Symbol *ClipArt* in einem Platzhalter oder auf die Schaltfläche *ClipArt* auf der Registerkarte *Einfügen*. In beiden Fällen wird der in Abbildung 12.9 gezeigte Aufgabenbereich *ClipArt* am rechten Programmfensterrand eingeblendet.

1. Geben Sie im Aufgabenbereich *ClipArt* im Feld *Suchen nach* ein geeignetes Stichwort ein.

2. Bestimmen Sie im Listenfeld *Suchen in*, welche Ihrer Bildsammlungen durchsucht werden sollen.

3. Legen Sie im Listenfeld *Ergebnisse* fest, ob nach allen Medientypen oder nur nach ClipArt, Fotos, Filmen oder Sounds gesucht werden soll.

4. Starten Sie die Suche mit *OK*.

5. Per Klick auf ein Miniaturbild in den Suchergebnissen fügen Sie dieses Bild auf der Folie ein.

TIPP Hat Ihre Suche zu keinem geeigneten Ergebnis geführt, klicken Sie auf *ClipArt auf Office Online* am unteren Rand des Aufgabenbereichs. Mit diesem Link gelangen Sie direkt zur Startseite von *Microsoft Office Online*, wo Sie in über 140.000 kostenlosen Bildern und Sounds nach dem für Ihre Präsentation geeigneten Material recherchieren können.

Der Aufgabenbereich *ClipArt* wird automatisch eingeblendet, sobald Sie auf das Symbol bzw. die Schaltfläche *ClipArt* klicken

HINWEIS Beim Einfügen eines Bildes als ClipArt macht es keinen Unterschied, ob Sie einen Inhaltsplatzhalter oder einen speziellen ClipArt-Platzhalter verwenden. In beiden Fällen wird das Bild so eingefügt, dass es vollständig im Objektbereich des Platzhalters zu sehen ist.

Fügen Sie ein Bild unabhängig vom Layout über die Schaltfläche *ClipArt* der Registerkarte *Einfügen* auf der Folie ein, berücksichtigt PowerPoint wie beim Einfügen über *Grafik aus Datei* die Seitenmaße des Bildes bzw. passt die Größe des Bildes an die Größe der Folie an.

Bilder in Form bringen

Neben dem Einfügen als *Grafik aus Datei* und als *ClipArt* steht Ihnen ein dritter Weg offen, um Bilder in Folien einzubinden, nämlich als *Fülleffekt Bild* in Formen. Dieser Weg bietet sich vor allem dann an, wenn Sie Teile eines Bildes wie in Abbildung 12.10 ausblenden möchten.

Störende Elemente im Bild links werden mithilfe einer *Form* maskiert, d. h. ausgeblendet

Bilder als Fülleffekt in Formen einsetzen

Um störende Bereiche eines Bildes auszublenden, gehen Sie wie folgt vor:

1. Rufen Sie auf der Registerkarte *Start* beispielsweise die *Ellipse* aus den *Formen* auf und halten Sie beim Zeichnen die ⬙-Taste gedrückt, um einen Kreis zu erstellen.

> **HINWEIS** Wie Sie *Formen* auf die Folie zeichnen, lesen Sie in Kapitel 4.

2. Öffnen Sie per Klick auf den Dialogfeldstarter der Gruppe *Zeichnung* das Dialogfeld *Form formatieren*.
3. Wählen Sie in der Kategorie *Füllung* die Option *Bild- oder Texturfüllung* (siehe Abbildung 12.11).
4. Fügen Sie per Klick auf die Schaltfläche *Datei* oder die Schaltfläche *ClipArt* das gewünschte Bild in die Form ein.

Abbildg. 12.11 Auch die im Dialogfeld *Grafik formatieren* zur Verfügung stehenden Befehle sind kontextbezogen. Sie werden durch die für Füllung und Anordnung gewählten Optionen bestimmt.

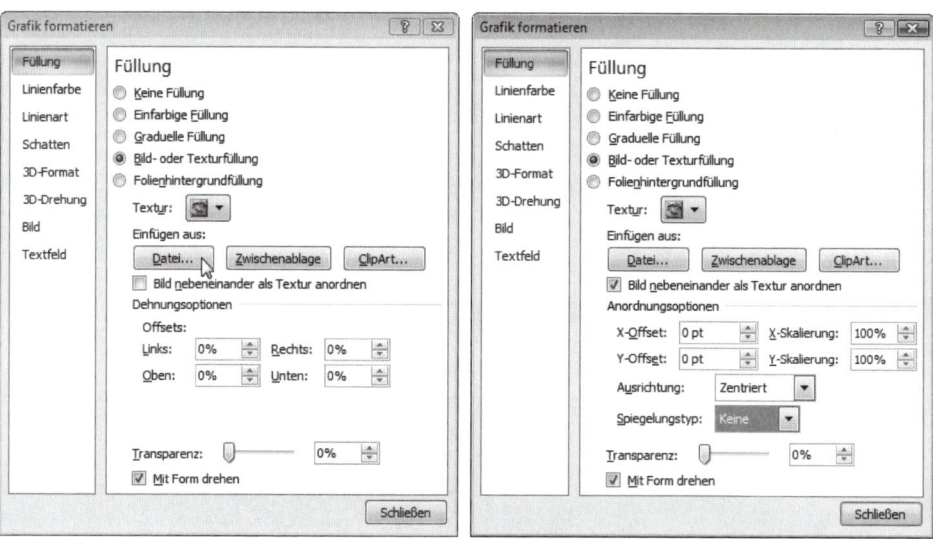

> **HINWEIS** Sobald Sie einer Form ein Bild als Fülleffekt zuweisen, ändert sich die Bezeichnung des Dialogfeldes *Form formatieren* in *Grafik formatieren*. Trotz dieser Änderung der Bezeichnung können Sie die Form auch weiterhin mit allen Befehlen der Registerkarte *Start* und der Registerkarte *Format* der *Zeichentools* weiterbearbeiten.

Die Anordnung des Bildes in der Form korrigieren

Neu Als Bildfüllung in einer Form wird das Bild zunächst vollständig in der Form angezeigt. Dabei kommt es zu einer Verzerrung des Bildes wie in Abbildung 12.12 links, wenn das Seitenverhältnis des Bildes und das der Form nicht übereinstimmen. Dies vermeiden Sie, indem Sie die Anordnung des Bildes in der Form nachbearbeiten. PowerPoint stellt zu diesem Zweck zwei Optionen zur Verfügung: Dehnungsoptionen und Anordnungsoptionen (Textur).

Ausrichten per Anordnungsoption

Eigentlich dient die Option *Bild nebeneinander als Textur anordnen* dazu, gekachelte Strukturen zu erzeugen. Sie leistet aber auch gute Dienste, um Bilder in Formen auszurichten. Einziger Nachteil: Als Textur kann ein Bild nicht über seine tatsächliche Größe hinaus, d.h. nicht über 100%, skaliert werden. Ist das Bild kleiner als die Form, macht sich der Kacheleffekt der Texturoption bemerkbar, d.h., in den Randbereichen werden Kopien des Bildes erzeugt.

Abbildg. 12.12 Der Kreis links zeigt das vollständige (verzerrte) Bild, der mittlere einen Bildausschnitt bei zentrierter Ausrichtung des Bildes als Textur. Rechts wurde die Anordnung über die Offset-Einstellungen optimiert.

1. Aktivieren Sie im Dialogfeld *Grafik formatieren* in der Kategorie *Füllung* das Kontrollkästchen *Bild nebeneinander als Textur anordnen*. Das Dialogfeld blendet daraufhin *Anordnungsoptionen* (siehe Abbildung 12.11 rechts) ein, mit denen Sie Ausrichtung und Größe des Bildes in der Form korrigieren können.

HINWEIS   In PowerPoint 2007 führen oft mehrere Wege zum Ziel: Das Dialogfeld *Grafik formatieren* zum Bearbeiten eines Bildes als Fülleffekt in einer Form öffnen Sie entweder

- über den Dialogfeldstarter der Gruppe *Zeichnung* auf der Registerkarte *Start* oder
- über den Dialogfeldstarter der Gruppe *Formenarten* auf der Registerkarte *Format* der *Zeichentools* oder
- über den Dialogfeldstarter der Gruppe *Bildformatvorlagen* auf der Registerkarte *Format* der *Bildtools* oder
- über den Befehl *Grafik formatieren* im Kontextmenü einer Form.

Wenn Sie zu den Menschen gehören, die diese Auswahl als überwältigend empfinden, ist der Aufruf des Kontextmenüs per Klick mit der rechten Maustaste auf ein Objekt die beste Lösung – hier finden Sie die Formatoptionen auf jeden Fall.

2. Wählen Sie im Listenfeld *Ausrichtung* die Einstellung *Zentriert*, wenn sich der Teil des Bildes, der in der Form zu sehen sein soll, in etwa in der Mitte des Bildes befindet.
3. Bestimmen Sie über *X-Skalierung* und *Y-Skalierung*, wie groß der Bildausschnitt in der Form angezeigt wird.
4. Verschieben Sie zum Schluss über *X-Offset* und *Y-Offset* den in der Form sichtbaren Teil des Bildes, bis das Motiv optimal in der Form ausgerichtet ist.

Ausrichten per Dehnungsoption

Über die Offset-Einstellungen der *Dehnungsoptionen* wird das Bild in einer Form wie eine elastische Folie nach links, rechts, oben und unten gezogen, bis die gewünschte Anordnung erreicht ist. Im Gegensatz zur Texturoption ist hier auch ein Vergrößern des Bildes über seine ursprüngliche Größe hinaus möglich.

Abbildg. 12.13 Die Form links zeigt das (verzerrte) Bild nach dem Einfügen. In der Mitte wurde das Bildseitenverhältnis korrigiert. Rechts wurde das Bild in der Form weiter gedehnt und dadurch »gezoomt«.

Welche Offset-Einstellungen Sie wählen, hängt davon ab, welche Bereiche des Bildes Sie in der Form zeigen möchten und ob das Bild beim Einfügen in die Form verzerrt wurde. Hier die grundsätzliche Funktionsweise der *Dehnungsoptionen*:

- Eine Erhöhung des Wertes *Links* verschiebt den linken Bildrand nach rechts, das Bild wird dabei zusammengeschoben.Am linken Rand der Form kann dabei der Hintergrund der Folie sichtbar werden, wenn das Bild die Form nicht mehr vollständig ausfüllt.

- Eine Reduzierung des Wertes *Links* verschiebt den linken Bildrand nach links. Dabei werden Bildbereiche am linken Rand ausgeblendet.

- In gleicher Weise verschieben, dehnen und stauchen Sie das Bild in einer Form über die Offset-Einstellungen für *Rechts*, *Oben* und *Unten*.

Das Fotoalbum

Nicht selten werden mit PowerPoint Präsentationen erstellt, die in erster Linie Bilder enthalten, beispielsweise, um eine Fotodokumentation von Sanierungsarbeiten, Versicherungsschäden o.Ä. zu erstellen. Dann stellt sich die Frage, ob nicht zeitsparend mehrere Bilder in einem Arbeitsgang in die Präsentation importiert werden können. Diese Aufgabe lösen Sie per Fotoalbum.

TIPP Wenn Sie ein »echtes« Fotoalbum erstellen möchten, finden Sie in den mit Power-Point installierten Vorlagen *Klassisches Fotoalbum* und *Zeitgenössisches Fotoalbum* eine Vielzahl von Anregungen und fertige Bildlayouts. Dort müssen Sie die Bilder allerdings einzeln einfügen.

Ein Fotoalbum erstellen

Beim Erstellen eines Fotoalbums wird immer eine neue Präsentation erzeugt.

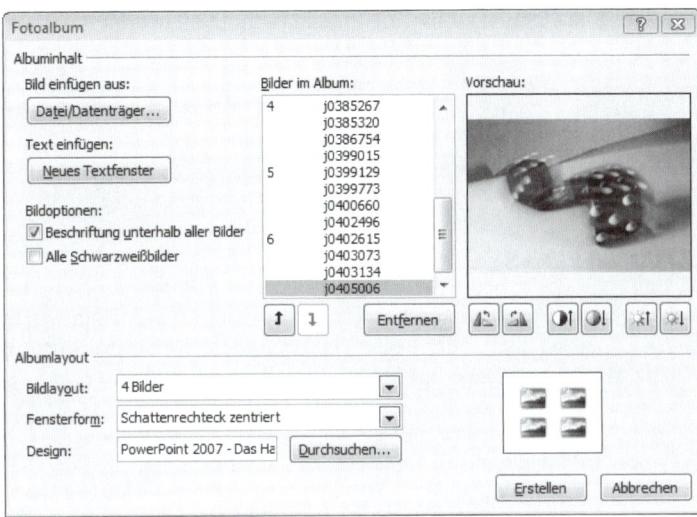

1. Klicken Sie auf der Registerkarte *Einfügen* auf die Schaltfläche *Fotoalbum*.

2. Suchen Sie im Dialogfeld *Fotoalbum* (siehe Abbildung 12.14) per Klick auf *Datei/Datenträger* die gewünschten Bilder aus.

Abbildg. 12.14 Im Dialogfeld *Fotoalbum* nehmen Sie die Bildauswahl vor und legen Schritt für Schritt alle Einstellungen für das Aussehen des Albums fest

3. Markieren Sie im Dialogfeld *Neue Bilder einfügen* die einzufügenden Fotos. Verwenden Sie dabei die ⌈Strg⌉-Taste, um Dateien auszuwählen, die nicht aufeinanderfolgen, und die ⌈⇧⌉-Taste, um zusammenhängende Blöcke zu markieren.

4. Klicken Sie dann auf *Einfügen*.

5. Für den Fall, dass sich die Bilder in mehreren Ordnern befinden, wiederholen Sie die Schritte für die Auswahl, bis alle Bilder in der Liste *Bilder im Album* enthalten sind.

6. Bearbeiten Sie bei Bedarf die Reihenfolge der Bilder in der Liste per Klick auf die beiden Pfeilschaltflächen unterhalb von *Bilder im Album*.

7. Wählen Sie als Nächstes in Dropdown-Listenfeld *Bildlayout*, wie viele Bilder auf einer Folie angeordnet werden sollen und ob Sie Folien mit Titel verwenden möchten.

8. Sofern Sie für *Bildlayout* nicht die Einstellung *An Folie anpassen* gewählt haben, können Sie unter *Bildoptionen* festlegen, dass unterhalb der Bilder ein Textfeld mit dem Dateinamen erstellt wird.

9. Im Dropdown-Listenfeld *Fensterform* haben Sie Zugriff auf verschiedene Rahmeneinstellungen. Wählen Sie hier eine passende Variante aus.

10. Einzelne Bilder können Sie vor der Übernahme ins Fotoalbum noch bearbeiten, indem Sie unterhalb des Vorschaufensters die Werkzeuge zum *Drehen* sowie für *Helligkeit* und *Kontrast* benutzen.

Folien professionell gestalten

> **TIPP** Korrigieren Sie über *Drehen* die Ausrichtung von Bildern bereits im Dialogfeld *Fotoalbum*. Nehmen Sie die Optimierung von *Helligkeit* und *Kontrast* nach dem Erstellen des Fotoalbums auf der Folie vor, wo Sie die Wirkung Ihrer Bildkorrektur besser beurteilen können.

11. Wählen Sie ein geeignetes Design für das Fotoalbum aus, indem Sie neben dem Feld *Design* auf *Durchsuchen* klicken. Stellen Sie im Dialogfeld *Design auswählen* als Dateityp *Alle Dateien* ein. Dann können Sie nicht nur auf die in PowerPoint integrierten Designs zugreifen, sondern das Design einer beliebigen vorhandenen PowerPoint-Präsentation übernehmen.

12. Klicken Sie abschließend auf die Schaltfläche *Erstellen*.

PowerPoint erzeugt jetzt eine neue PowerPoint-Präsentation. Die Titelfolie können Sie nach Inhalt und Bedarf ausfüllen.

> Auf der CD-ROM zum Buch ist im Ordner *Buch\Kap12*\ die Datei *Fotoalbum.pptx* enthalten. Sie entstand auf Basis der in Abbildung 12.14 gezeigten Einstellungen.

Fotoalbum anpassen

Möchten Sie nachträglich die Einstellungen ändern, mit denen das Fotoalbum erstellt wurde oder weitere Bilder einfügen, klicken Sie auf der Registerkarte *Einfügen* auf die Beschriftung der Schaltfläche *Fotoalbum* (siehe Abbildung 12.15) und wählen *Fotoalbum bearbeiten*.

Abbildg. 12.15 Per Klick auf die Beschriftung der Schaltfläche *Fotoalbum* öffnen Sie die Optionen. Per Klick auf das Symbol wird dagegen ein neues Fotoalbum erstellt.

> **HINWEIS** Die Option *Fotoalbum bearbeiten* steht nur zur Verfügung, wenn eine Datei aktiv ist, die als Fotoalbum erstellt wurde.

Nehmen Sie im Dialogfeld *Fotoalbum bearbeiten* die gewünschten Änderungen vor und klicken Sie anschließend auf *Aktualisieren*.

Bildbearbeitung mit PowerPoint

Beim Einfügen von Bildern stellt sich nicht nur die Frage nach dem technisch am besten geeigneten Weg. In der Regel sind auch Bildkorrekturen und Optimierungsarbeiten erforderlich, um Bilder optisch ansprechend in eine Folie zu integrieren. Die Werkzeuge zum Bearbeiten von Bildern finden Sie auf der Registerkarte *Format* der *Bildtools*, die automatisch in der Multifunktionsleiste angezeigt wird, wenn auf der Folie ein Bild markiert ist.

Wurde das Bild als Fülleffekt in eine Form eingefügt, werden die *Bildtools* zusätzlich zu den *Zeichen-tools* eingeblendet (siehe Abbildung 12.16). Mit Ausnahme von *Grafik ändern*, *Zuschneiden* sowie der Schnellformatvorlagen stehen die Befehle der *Bildtools* auch für Formen mit dem Fülleffekt *Bild* zur Verfügung.

Abbildg. 12.16 Die Multifunktionsleiste mit den Registerkarten *Format* der *Zeichentools* und der *Bildtools*

Bilder skalieren und anordnen

Zum Anordnen, Auswählen und gleichmäßigen Verteilen von Bildern auf der Folie stehen Ihnen die gleichen Programmfunktionen wie beim Zeichnen von Formen zur Verfügung. Die erforderlichen Schaltflächen finden Sie in der Gruppe *Anordnen* auf der Registerkarte *Format* der *Bildtools*, sodass Sie während der Bearbeitung von Bildern ohne Wechseln der Registerkarte auch die Anordnung vornehmen können. Der Umgang mit den Befehlen zum Anordnen von Folienobjekten ist in Kapitel 15 ausführlich beschrieben.

Bilder gleichmäßig vergrößern und verkleinern

Wie beim Zeichnen von Formen können Sie auch die Größe von Bildern durch Ziehen der Markierungspunkte verändern.

> **TIPP**   Ungleichmäßiges Ändern von Breite und Höhe eines Bildes verzerrt das Motiv. Beim Skalieren mit der Maus vermeiden Sie dies, indem Sie `Strg`+`⇧` gedrückt halten, während Sie das Bild durch Ziehen an einem seiner Eckmarkierungspunkte vergrößern oder verkleinern.

Soll das Bild eine ganz bestimmte Größe haben, geben Sie in der Gruppe *Schriftgrad* die benötigten Werte für *Höhe* und *Breite* ein. Voreingestellt ist dabei das Seitenverhältnis des Bildes gesperrt. Anders als beim Skalieren von Bildern mit der Maus erfolgt die Größenänderung hier automatisch proportional. Beim Ändern eines Wertes wird gleichzeitig auch der andere angepasst.

Die Sperrung des Bildseitenverhältnisses aufheben

Die automatische proportionale Anpassung der Werte für *Höhe* und *Breite* eines Bildes in der Gruppe *Schriftgrad* können Sie im Dialogfeld *Größe und Position* abschalten. Um dieses Dialogfeld zu öffnen, klicken Sie entweder auf den Dialogfeldstarter der Gruppe *Schriftgrad* oder Sie wählen im Kontextmenü des Bildes den Befehl *Größe und Position*.

Nach dem Entfernen des Häkchens vor *Ansichtsverhältnis sperren* können Sie die Werte für *Höhe* und *Breite* eines Bildes unabhängig voneinander anpassen. Empfehlenswert ist diese Vorgehensweise, wenn mehrere Bilder in exakt der gleichen Größe auf der Folie gezeigt werden sollen und nur eine geringfügige Änderung des Bildseitenverhältnisses vorgenommen wird.

Abbildg. 12.17 Das Dialogfeld *Größe und Position* zeigt sowohl die Größe eines Bildes auf der Folie als auch seine Originalgröße

PROFITIPP

Das Dialogfeld *Größe und Position* (siehe Abbildung 12.17) zeigt unter *Größe ändern und drehen* die Größe, in der das Bild auf der Folie angeordnet ist. Unter *Originalgröße* ist dagegen die tatsächliche Bildgröße angegeben. Insbesondere Bilder aus digitalen Kameras sind ohne vorherige Optimierung in einem Bildbearbeitungsprogramm oft viel größer, als es für die Verwendung in einer PowerPoint-Präsentation erforderlich wäre.

Wurde das Bild beim Einfügen in PowerPoint stark verkleinert, sollten Sie es unbedingt optimieren wie weiter hinten in diesem Kapitel im Abschnitt »Bilder komprimieren« beschrieben, um den Speicherbedarf Ihrer PowerPoint-Datei nicht unnötig zu vergrößern.

Bildkorrekturen vornehmen

Probleme entstehen beim Einfügen von Bildern vor allem dann, wenn mehrere Bilder nebeneinander gezeigt werden sollen und nur farblich uneinheitliches Material vorliegt. Über *Neu einfärben* können Sie dann alle Bilder in eine einheitliche und zum Design der Folie passende Farbe umfärben.

Dabei erzeugen Sie ein Zweiton-Bild, das neben Schwarz (*Dunkle Varianten*) oder Weiß (*Helle Varianten*) als erster Farbe die Designfarben Ihrer PowerPoint-Vorlage als zweite Farbe verwendet.

Unter *Farbmodi* stehen Ihnen außerdem die Varianten *Graustufe*, *Sepia*, *Ausgeblichen* und *Schwarzweiß* zur Verfügung.

bbildg. 12.18 Neben den hellen und dunklen Varianten der Designfarben Ihrer Vorlage können Sie über *Weitere Varianten* eine beliebige andere Farbe zum Einfärben eines Bildes wählen

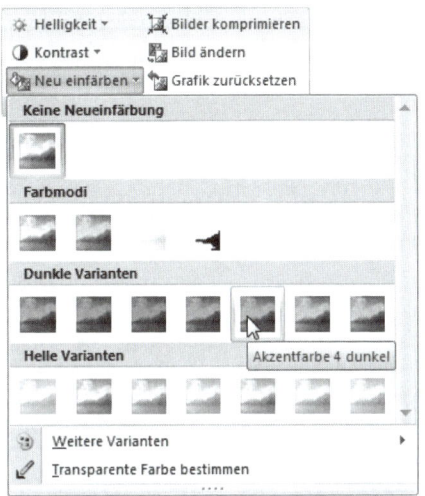

TIPP Bilder, die nach dem Einfärben zu dunkel oder kontrastarm wirken, können Sie über *Helligkeit* und *Kontrast* in der Regel noch etwas optimieren.

Nicht benötigte Bildbereiche ausblenden

Störende Details im Hintergrund oder der Wunsch, mehrere Bilder überlappend anzuordnen, führen häufig dazu, dass Teile eines Bildes entfernt werden müssen. Dazu stehen Ihnen in PowerPoint mehrere Wege offen:

- Über *Zuschneiden* in der Gruppe *Schriftgrad* blenden Sie überflüssige Bildbereiche einfach aus, indem Sie die Schnittmarkierungen des Bildes nach innen ziehen.

HINWEIS Beim *Zuschneiden* werden Bildbereiche zunächst tatsächlich nur ausgeblendet und nicht etwa entfernt. Solange die ausgeblendeten Bildbereiche nicht beim Komprimieren endgültig aus der Datei gelöscht wurden, können Sie das ursprüngliche Bild jederzeit wiederherstellen, indem Sie den Befehl *Zuschneiden* erneut aufrufen und die Schnittmarkierungen wieder nach außen ziehen.

HINWEIS Über *Grafik zurücksetzen* wird der ursprüngliche Zustand des Bildes ebenfalls wiederhergestellt. Dabei werden jedoch auch alle anderen Änderungen, die Sie an einem Bild vorgenommen haben, zurückgesetzt.

HINWEIS Der Befehl *Zuschneiden* steht für *animierte GIFs* nicht zur Verfügung.

- Die rechteckige Form eines Bildes ändern Sie, indem Sie über *Bildform* in der Gruppe *Bildformatvorlagen* den Formenkatalog öffnen und dem Bild eine beliebige Form zuweisen. Von der Bildform nicht abgedeckte Randbereiche des Bildes werden dabei ausgeblendet.

- Einen fließenden Übergang in den Hintergrund erzielen Sie über *Bildeffekte/Weiche Kanten*. Dabei wird der Rand des Bildes in der vorgegebenen Breite zunehmend transparent und geht nahtlos in den Hintergrund über.

- Über *Transparente Farbe bestimmen* im Dropdownmenü *Neu einfärben* (siehe Abbildung 12.18) entfernen Sie einen einzigen ganz bestimmten Farbton aus einem Bild. Auf diesem Weg können Sie beispielsweise den Hintergrund eines Firmenlogos entfernen, wenn das Logo mit transparentem Hintergrund vor einem Folienobjekt angeordnet werden soll.

> **ACHTUNG** Beim Entfernen der Hintergrundfarbe über *Transparente Farbe bestimmen* entstehen häufig ausgefranste Bildränder. Bessere Ergebnisse erzielen Sie, wenn Sie den Hintergrund eines Logos in dem Programm, in dem es erstellt wurde, ausblenden und das Logo dann im Format *PNG* oder *EMF* mit transparentem Hintergrund in die Präsentation einfügen.

Die Qual der Wahl: Grafikeffekte für Bilder

Neu in PowerPoint 2007 sind Grafikeffekte wie Softschatten, Kantenabschrägungen, Spiegelungen u.Ä., die Sie bisher nur in Bildbearbeitungsprogrammen erzeugen konnten.

Hier eine Übersicht, wie Sie sich in der fast unüberschaubaren Auswahl voreingestellter Effekte und benutzerdefinierter Einstellungen zurechtfinden:

- Im Katalog der *Bildformatvorlagen* finden Sie die unterschiedlichsten vorformatierten Effektkombinationen aus *Bildform*, *Grafikrahmen* und *Bildeffekten*.

- Nach der Auswahl einer Voreinstellung aus den *Bildformatvorlagen* können Sie per Klick auf die Schaltflächen der Gruppe *Bildformatvorlagen* die *Bildform* austauschen, die Einstellungen für den *Grafikrahmen* ändern und/oder weitere *Bildeffekte* zuweisen.

- Um mehrere Einstellungen in einem Arbeitsgang zu ändern, öffnen Sie per Klick auf den Dialogfeldstarter der Gruppe *Bildformatvorlagen* das Dialogfeld *Grafik formatieren*.

  - Über *Linienart* und *Linienfarbe* wählen Sie Farbe, Stärke und Art des Grafikrahmens.

  - In den Kategorien *Schatten*, *3D-Format* und *3D-Drehung* finden Sie zum einen die Voreinstellungen der Bildeffekte *Schatten*, *Abschrägung* (entspricht 3D-Format) und *3D-Drehung*. Zum anderen können Sie hier benutzerdefinierte Einstellungen für Schatten und 3D-Effekt vornehmen.

  - In der Kategorie *Bild* passen Sie bei Bedarf *Helligkeit* und *Kontrast* des Bildes an oder färben es neu ein wie im Abschnitt »Bildkorrekturen vornehmen« weiter vorn in diesem Kapitel beschrieben.

> **HINWEIS** Der Befehl *Weitere Varianten* zum Einfärben von Bildern steht nur per Klick auf die Schaltfläche *Neu einfärben* in der Gruppe *Anpassen* zur Verfügung. Im Dialogfeld *Grafik formatieren* können Sie beim Einfärben von Bildern nur aus den Designfarben Ihrer Vorlage wählen.

- Die Bildeffekte *Spiegelung*, *Leuchten* und *Weiche Kanten* finden Sie ausschließlich im Dropdown-menü *Bildeffekte*. Diese Effekte sind mit Ausnahme der Wahl der *Leuchtfarbe* nicht editierbar und stehen im Dialogfeld *Grafik formatieren* nicht zur Verfügung.

- Per Klick auf *Weitere Schatten* und *Weitere 3D-Einstellungen* in den Dropdownmenüs der Bild-effekte *Schatten*, *Abschrägung* und *3D-Drehung* gelangen Sie wiederum in die entsprechenden Kategorien des Dialogfeldes *Grafik formatieren*.

> Wie beim Umgang mit Farben, Schriften und Animationen gilt auch für Effekte unbedingt: Weniger ist mehr! Probieren Sie unterschiedliche Effektkombinationen aus und entscheiden Sie sich dann für ein bis zwei Varianten, die Sie in Ihrer Präsentation konsequent einsetzen. Weichen Sie von dieser Wahl nur ab, wenn es für das Ziel der Präsentation nützlich oder erforderlich ist, um etwas ganz besonders hervorzuheben.

HINWEIS   Wie Sie die Einstellungen für Schatten und 3D benutzerdefiniert anpassen, lesen Sie in Kapitel 15.

Ähnlich und doch nicht gleich: Form und Bildform

Beim Zuweisen einer Bildform wird wie beim Fülleffekt *Bild* in einer gezeichneten Form der Teil des rechteckigen Bildes, den die Form nicht umfasst, ausgeblendet. Auf den ersten Blick wirken Formen mit dem Fülleffekt *Bild* und Bildformen sehr ähnlich. Die meisten Befehle zum Bearbeiten von Bil-dern können tatsächlich auch mit beiden Lösungen verwendet werden. Auch sind die Formen im Katalog *Bildform* weitgehend identisch mit den Formen zum Zeichnen von Objekten.

Das sind die Unterschiede:

- Beim Zuweisen einer Bildform passt die Bildform ihr Seitenverhältnis an das des Bildes an.

- Das Bild kann in der Bildform mit dem Befehl *Zuschneiden* zugeschnitten werden. Dabei werden Teile des Bildes entfernt, die Form der Bildform bleibt erhalten.

- *Dehnungsoptionen* und *Anordnungsoptionen* stehen für Bildformen dagegen nicht zur Verfü-gung. Zwar werden sie im Dialogfeld *Grafik formatieren* angezeigt, Änderungen an den Einstel-lungen bleiben aber ohne Wirkung.

- Wird dagegen ein Bild als Fülleffekt in eine Form eingefügt, bleibt das Seitenverhältnis der Form erhalten. Das Bild wird in die Form gepresst und bei Bedarf verzerrt.

- Über *Anordnungsoptionen* und *Dehnungsoptionen* kann das ursprüngliche Seitenverhältnis des Bildes wiederhergestellt und die Anordnung des Bildes in der Form wie hinter einer Maske ver-schoben werden.

- Bilder als Fülleffekt in Formen können nicht zugeschnitten werden.

Zusammenfassend kann man auch sagen, dass für Bilder, die als Fülleffekt in eine Form eingefügt wurden, die Bearbeitungsmöglichkeiten der Form im Vordergrund stehen, während bei einem Bild in einer Bildform der Bildcharakter dominiert.

Die Beispiele zu diesem Kapitel finden Sie auf der CD-ROM zum Buch im Ordner *Buch**Kap12*\\.

Bilder komprimieren

In Präsentationen, deren Dateigröße zum Versand per E-Mail möglichst gering sein soll oder in Präsentationen mit sehr vielen Bildern ist die Komprimierung der Bilder in der Regel unumgänglich. Wenn Sie Ihre Bilder nicht bereits vor dem Einfügen in die PowerPoint-Präsentation mit einem Bildbearbeitungsprogramm optimiert haben, können Sie die Komprimierung auch in PowerPoint vornehmen. Dabei wird die Auflösung zu großer Bilder an die auf der Folie verwendete Bildgröße angepasst, der Speicherbedarf der Bilddateien reduziert und zugeschnittene (ausgeblendete) Bildbereiche werden endgültig aus der Datei gelöscht.

HINWEIS Das Komprimieren von Bildern ist immer mit einem Verlust der Bildqualität verbunden. Dieser Qualitätsverlust wird bei Bildern, die zum ersten Mal und nicht zu stark komprimiert werden, in der Regel nicht sichtbar. Wiederholtes Komprimieren führt jedoch früher oder später zu sichtbaren Kompressionsspuren im Bild.

TIPP In der Regel ist beim Einfügen eines Bildes nicht bekannt, ob, wie häufig und wie stark dieses bereits komprimiert wurde. Arbeiten Sie deshalb beim Komprimieren mit einer Kopie Ihrer Präsentation und überprüfen Sie anschließend die Qualität Ihrer Bilder. Ersetzen Sie bei Bedarf unbrauchbar gewordene Bilder, indem Sie sie aus dem Original der Präsentation in die komprimierte Version kopieren.

So führen Sie die Komprimierung von Bildern in PowerPoint 2007 durch:

1. Markieren Sie eines der Bilder in Ihrer Präsentation und wechseln Sie zur Registerkarte *Format* der *Bildtools*.

2. Klicken Sie in der Gruppe *Anpassen* auf *Bilder komprimieren*.

3. Entscheiden Sie im Dialogfeld *Bild komprimieren*, ob Sie nur das ausgewählte Bild oder alle Bilder der Präsentation komprimieren möchten.

4. Klicken Sie anschließend auf *Optionen*.

Abbildg. 12.19 Bestimmen Sie im Dialogfeld *Bild komprimieren*, ob alle Bilder einer Präsentation komprimiert werden sollen oder nur das markierte Bild

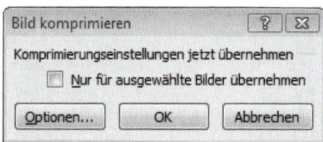

5. Setzen Sie ein Häkchen vor *Zugeschnittene Bildbereiche löschen*. Zugeschnittene Bildbereiche werden damit endgültig aus der Datei gelöscht und können nicht wieder eingeblendet werden.

6. Wählen Sie anschließend unter *Zielausgabe*, ob Ihre Präsentation für den Druck, die Wiedergabe am Bildschirm oder Beamer oder für den Versand per E-Mail optimiert werden soll.

7. Bestätigen Sie Ihre Einstellungen in beiden Dialogfeldern mit *OK*.

Abbildg. 12.20   In den *Komprimierungseinstellungen* legen Sie fest, für welches Ausgabemedium
die Bilder einer Präsentation optimiert werden sollen

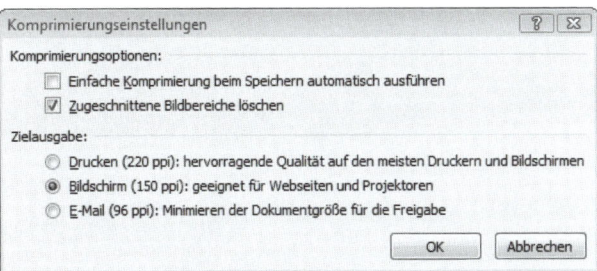

PROFITIPP

PowerPoint 2007 komprimiert Bilder automatisch beim Speichern. Nicht immer ist dies tatsächlich erwünscht. Deaktivieren Sie dann im Dialogfeld *Komprimierungseinstellungen* (siehe Abbildung 12.20) die Option *Einfache Komprimierung beim Speichern automatisch ausführen*, bevor Sie Ihre Präsentation zum ersten Mal speichern.

PROFITIPP

Verwenden Sie die Option *Bildschirm (150 ppi)*, wenn Sie noch nicht wissen, wie die Präsentation später eingesetzt wird. In dieser Auflösung erzielen Sie eine gute Bildqualität bei der Wiedergabe als Beamer-Präsentation. Der Ausdruck auf einem Desktop-Drucker ist ebenfalls noch in ausreichender Qualität möglich.

Zusammenfassung

Der Umgang mit Bildern gehört zu den kreativen und interessanten Aufgaben beim Erstellen einer Präsentation. Gleichzeitig wirft er eine Reihe von Fragen auf: Wie wird das Bild am besten eingefügt, wie kann es bearbeitet werden?

PowerPoint 2007 verfügt gegenüber früheren Programmversionen über deutlich umfangreichere und flexiblere Möglichkeiten zur Bearbeitung von Bildern. In der nachfolgenden Übersicht sind wichtige Fundstellen zu diesem Thema noch einmal aufgelistet:

Folien professionell gestalten

Kapitel 13

Den Clip Organizer nutzen

In diesem Kapitel:

Bilder spielen eine wichtige Rolle in vielen PowerPoint-Präsentationen. Gut ausgewählt veranschau lichen sie Zusammenhänge und verankern besser die Inhalte Ihres Vortrags im Gedächtnis Ihre Zuschauer.

In vielen Fällen werden Sie zwar wissen, dass Sie ein Bild einfügen wollen, aber Sie wissen noch nich ganz genau welches. Um einerseits die Fülle Ihrer Bilder (und anderer Multimediadateien) zu ver walten, andererseits gezielt Bildrecherchen offline und online durchzuführen, enthält Microsof Office den *Clip Organizer*. Er stellt ein bewährtes und effizientes Hilfsmittel beim Katalogisieren Verwalten und Suchen von Mediendateien dar. Seine Möglichkeiten lernen Sie in diesem Kapite kennen.

HINWEIS   Mehr zur Auswahl und zum Einsatz von Bildern finden Sie in den Kapiteln 8 und 12.

ClipArts suchen und verwalten

Wenn Sie auf die Schaltfläche *ClipArt* auf der Registerkarte *Einfügen* oder auf das Symbol *ClipArt* im Inhaltsplatzhalter einer Folie klicken, öffnet sich am rechten Rand des Programmfensters der Aufga benbereich *ClipArt* (siehe Abbildung 13.1). Hier können Sie ein Stichwort eingeben und nach geeig neten Abbildungen und anderen Multimediadateien suchen. So verschaffen Sie sich schnell einen Überblick über die Bilder, die Ihnen aus verschiedenen Quellen zur Verfügung stehen.

HINWEIS   Einen weiteren Vorteil hat der Clip Organizer: Der Windows-Explorer von Win dows Vista zeigt leider keine Vorschaubilder für die Vektorgrafikformate WMF und EMF an. Die normalerweise aus einer Buchstaben-Zahlen-Kombination zusammengesetzten Dateinamen der von *Microsoft Office Online* heruntergeladenen Medien sind ebenfalls keine Hilfe bei der Suche. Der Clip Organizer dagegen zeigt auch bei diesen Dateien eine Vorschau sowie eine Klartext- Bezeichnung und erleichtert somit das Auffinden.

Drei Quellen durchsucht PowerPoint, wenn Sie nach ClipArts suchen:

■ ClipArts und andere Medien auf der Webseite *Microsoft Office Online*

■ ClipArts, die bei der Installation von Office mitinstalliert wurden

■ Dateien auf Ihrem Computer bzw. in Ihrem Netzwerk

Dabei greift PowerPoint (und die anderen Office-Programme) aber nicht direkt auf die ClipArt- Dateien zu, sondern auf ein Verzeichnis, den *Clip Organizer*. Der Clip Organizer speichert einerseits die Dateinamen und Speicherorte der ClipArt-Dateien, andererseits Suchbegriffe zu den Clips. Nur wenn eine Datei im Clip Organizer katalogisiert ist und ihr die passenden Stichwörter zugeordnet sind, kann sie bei der ClipArt-Suche gefunden werden. Vergleichen Sie den Clip Organizer mit einer Bibliothek: Nur wenn der Katalog ständig auf dem neuesten Stand gehalten wird, können Sie das Gesuchte darin finden.

Abbildg. 13.1   Der Aufgabenbereich *ClipArt* ermöglicht die schnelle Suche nach Abbildungen und Multimediadateien

Die ersten beiden der drei oben genannten Quellen sind dabei automatisch stets auf dem neuesten Stand:

- Für die online verfügbaren Clips greift der Clip Organizer auf das aktuelle Verzeichnis auf der Webseite *Microsoft Office Online* zurück.

- Die mitinstallierten ClipArts werden bei der Installation von Office gleichzeitig in den Clip Organizer eingetragen. Sie können später weder ergänzt noch verändert werden.

Wenn Sie darüber hinaus mithilfe des Clip Organizer auch Ihre eigenen Bilder und Multimediadateien verwalten wollen, müssen Sie diese zunächst im Clip Organizer erfassen.

Die Sammlungen des Clip Organizer einrichten

Bevor Sie die Suchfunktionen in den Sammlungen optimal nutzen können, sollten Sie zunächst alle Laufwerke Ihres Computers nach entsprechenden Medien durchsuchen lassen. Wenn Sie 2007 Microsoft Office System auf einem Rechner installiert haben, auf dem schon Office 2003 installiert war, werden alle Sammlungen aus dieser (oder einer älteren) Version übernommen.

Sie können Ihre Mediendateien mithilfe des Clip Organizer katalogisieren. Am einfachsten ist es, sich dem Assistenten anzuvertrauen: Klicken Sie im Aufgabenbereich *ClipArt* im unteren Teil auf den Link *Organisieren von Clips*. Sie können den Clip Organizer aber auch als unabhängiges Programm starten, indem Sie im *Start*-Menü von Windows Vista nach dem Clip Organizer suchen.

Abbildg. 13.2   Starten Sie den Clip Organizer aus dem Aufgabenbereich *ClipArt*

🔲 Organisieren von Clips...

Abbildg. 13.3 …oder über das Windows-Startmenü

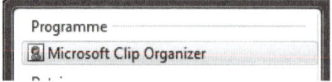

Wenn Sie diesen Befehl das erste Mal aufrufen, erscheint eine Meldung (siehe Abbildung 13.4), in der Sie aufgefordert werden, alle Datenträger nach Medien zu durchsuchen.

Abbildg. 13.4 Fügen Sie mit diesem Assistenten Clips zum Clip Organizer hinzu

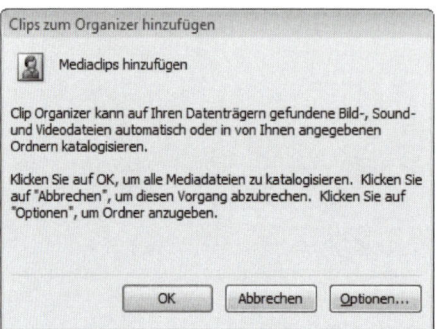

Nach einem Klick auf *OK* werden ausnahmslos *alle* Ordner auf Ihrer Festplatte nach Grafik- und Multimediadateien durchsucht. Bitte beachten Sie jedoch dabei, dass dieser Vorgang – je nach Anzahl und Größe Ihrer Festplatten – durchaus geraume Zeit dauern kann. Anschließend tauchen unter Umständen auch Programmicons und ähnliche Dateien in Ihrer ClipArt-Sammlung auf, die Sie voraussichtlich nie in ein Office-Dokument einfügen werden.

Empfehlenswert ist es daher eher, die Suche auf bestimmte Laufwerke oder Ordner einzugrenzen, indem Sie auf die Schaltfläche *Optionen* klicken und die gewünschten Laufwerke markieren. Warten Sie einige Sekunden, bis die Anzeige aller Ordner komplett ist. Jeder Ordner, in dem eine Mediendatei gefunden wurde, erhält ein Häkchen. Sie können diese Häkchen durch Anklicken entfernen und dadurch einen Ordner von der anschließenden Suche ausnehmen. Zum Abschluss klicken Sie in diesem Dialogfeld auf die Schaltfläche *Katalog*. Aus jedem markierten Ordner wird eine Sammlung erstellt.

Wenn Sie die Suche nicht eingegrenzt haben, sondern bereits im ersten Dialogfeld *Clips zum Organizer hinzufügen* (siehe Abbildung 13.4) auf die Schaltfläche *OK* geklickt haben, hat der Assistent alle Ordner, die Medien enthalten, ermittelt und daraus Sammlungen erstellt.

In beiden Fällen wird nach einigen Sekunden die fertige Sammlungsliste angezeigt. Sie sehen im linken Fensterbereich die drei Hauptsammlungen *Meine Sammlungen*, *Office-Sammlungen* und *Web-sammlungen* (siehe Abbildung 13.5). Darunter sind jeweils die Ordner aufgelistet, die Mediendateien enthalten und die Sie mit einem Klick auf das Plus-Symbol anzeigen können.

Die Sammlungsliste mit den drei Standardsammlungen

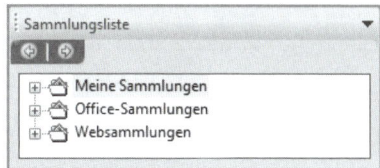

HINWEIS Alle Informationen zu den in der Sammlung *Meine Sammlungen* katalogisierten Dateien werden in einer Datei mit dem Namen *mstore10.mgc* gespeichert. Diese Datei finden Sie normalerweise in dem folgenden Verzeichnis:

C:\Users\Benutzername\AppData\Roaming\Microsoft\Clip Organizer. Die Speicherorte der Clip-Arts werden in ihr mit absoluten Pfaden gespeichert, sie wird also unbrauchbar, wenn Sie die Verzeichnisstruktur mit Ihren Bildern ändern.

Die Medientypen, die der Clip Organizer verwalten kann

In Tabelle 13.1 sowie in Tabelle 13.2 sind alle Medientypen aufgelistet, die der Clip Organizer verwalten kann.

Tabelle 13.1 Medientypen, die automatisch in den Clip Organizer aufgenommen werden

Medientyp	Dateiendung
Bilder und gezeichnete Grafiken	wmf, emf, gif, pcz, emz, wmz, cgm, eps, gfa, pct, pict, wpg
Fotos	jpg, jpeg, png, tif, tiff, bmp, jfif, jpe, dib, rle, bmz
Sounds	wav, wma, mp3, aif, aifc, aiff, au, snd, mid, rmi
Filme und Bewegung	avi, wmv, mpg, mpeg, gif, m1v, mp2, mpa, mpe, mp2v, mpv2, m2v, mod, jvf, m3u, asf, wm, wpl
Katalogdateien	mgc

Für andere Mediendateien benötigen Sie eigene Importfilter, die beim Standardinstallationsvorgang von Microsoft Office System nicht mitinstalliert werden. Sie können aber die Microsoft Office System-CD erneut einlegen und diese Filter nachinstallieren. Dann ist der Clip Organizer in der Lage, auch diese Mediendateien zu verwalten.

Tabelle 13.2 Medientypen, für die im Microsoft Office System-Setupprogramm Filter vorliegen

Medientyp	Dateiendungen
Corel Draw	cdr
Flash Pix, Photo Draw und Picture It!	fpx, mix
Kodak Photo CD	pcd

Tabelle 13.2 Medientypen, für die im Microsoft Office System-Setupprogramm Filter vorliegen *(Fortsetzung)*

Medientyp	Dateiendungen
PC Paintbrush	pct
WordPerfect Grafiken	wpg

ACHTUNG Sie können zwar mithilfe des Clip Organizer auch *Multimediadateien* verwalten. Wenn Sie Ihre Präsentation jedoch weitergeben wollen, ist davon abzuraten, Filme oder Sounds auf diesem Wege einzufügen. Insbesondere sollten Sie keine Multimediadateien direkt aus Websammlungen einfügen. Die Dateien werden in einem Standardverzeichnis tief im Dateisystem abgelegt, *nicht* in demselben Ordner wie die Präsentation, so werden absolute Dateipfade für die Verknüpfung verwendet, die beim Kopieren der Präsentation ungültig werden. Wenn die Dateien von *Microsoft Office Online* stammen, haben sie zudem wenig aussagekräftige Namen aus Buchstaben-Zahlen-Kombinationen. Verwenden Sie in diesem Falle möglichst die Funktion *Verpacken für CD* (vgl. auch Kapitel 22), um die Links zu korrigieren.

Das ClipArt-Verzeichnis ergänzen

Sie können die ClipArt-Sammlung jederzeit ergänzen. Dazu haben Sie mehrere Möglichkeiten:

- Sie nehmen eigene Fotos und Multimediadateien, die Sie auf Ihrer Festplatte abgespeichert haben, oder Grafiken, die Sie von einer CD oder einer Websammlung kopiert haben, in das Clip Organizer-Verzeichnis auf.

- Sie können ClipArts und Medien von der Webseite *Microsoft Office Online* herunterladen.

- Als Systemadministrator können Sie den Nutzern ClipArts und andere Medien in Form einer gemeinsam genutzten Sammlung auf einem Netzlaufwerk zur Verfügung stellen.

Eigene Medien suchen und importieren

Sie können jederzeit die Katalogisierung erneut aufrufen: Rufen Sie den Clip Organizer auf und wählen Sie den Menübefehl *Datei/Clips zum Organizer hinzufügen*. Um gezielt neue Dateien zum Clip Organizer hinzuzufügen, wählen Sie die Option *Manuell*, sie gibt Ihnen die Möglichkeit, die Ordner oder Laufwerke selbst nach Medien zu durchsuchen. Die manuelle Suche ist bei Einzelbildern vorzuziehen.

Abbildg. 13.6 Sie können Ihre ClipArt-Sammlung jederzeit ergänzen

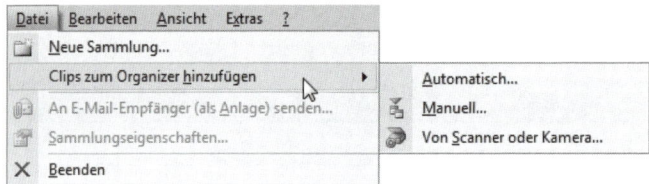

Gehen Sie wie folgt vor:

1. Klicken Sie das Laufwerk und den Ordner an, in dem sich das Bild befindet und markieren Sie das Bild.

2. Klicken Sie auf die Schaltfläche *Hinzufügen zu* und wählen Sie aus der anschließend angezeigten Sammlungsliste den geeigneten Sammlungsordner aus. Beachten Sie, dass Sie nur in *Meine Sammlungen* neue Clips hinzufügen können.

3. Sobald Sie Ihre Wahl mit Klick auf die Schaltfläche *OK* bestätigt haben, kehren Sie wieder in das erste Dialogfeld zurück.

4. Bestätigen Sie zum Schluss die Auswahl mit Klick auf die Schaltfläche *Hinzufügen*.

> **HINWEIS**   Jede Sammlung kann zwar beliebig viele Mediendateien enthalten, aber es können nur 10.000 Dateien angezeigt werden. Umfangreiche Sammlungen sollten Sie daher auf mehrere kleinere Sammlungen aufteilen.

Durch das automatische Hinzufügen wurden alle Mediendateien Ihres Computers in die Sammlung *Meine Sammlungen* aufgenommen. Die Namen der Ordner entsprechen denen der Ordner auf Ihrer Festplatte. Wenn Sie z.B. einen Ordner namens *Urlaubsbilder* angelegt haben, in dem Sie die Fotos der letzten Urlaubsreise gespeichert hatten, wird auch ein Sammlungsordner mit diesem Namen angelegt. Im Sammlungsordner wiederum finden Sie Verknüpfungen zu allen Bildern aus dem Festplattenordner vor.

Verschieben Sie eine Datei von einem Sammlungsordner in einen anderen, so wird nur die Anzeige im Clip Organizer geändert. Die Datei auf der Festplatte verbleibt im gleichen Ordner und wird nicht verschoben.

> **TIPP**   Es ist unpraktisch und eher verwirrend, die Medien im Clip Organizer anders zu ordnen als auf der Festplatte.

Hinzufügen aus einer Datei

Einzelne Bilder oder Grafiken lassen sich auch durch schlichtes Kopieren und Einfügen in die Sammlung übertragen. Dieses Vorgehen ist empfehlenswert, wenn Ihnen ein Bild nicht als Datei vorliegt, sondern nur innerhalb eines Dokuments:

1. Öffnen Sie die entsprechende Datei (in der sich das Bild findet).

2. Markieren Sie das Bild und kopieren Sie es in die Zwischenablage. Sie können dazu auf der Registerkarte *Start* in der Gruppe *Zwischenablage* die Schaltfläche *Kopieren* anklicken. Alternativ können Sie auch die Tastenkombination Strg + C verwenden.

3. Starten Sie den Clip Organizer und suchen Sie im linken Fensterbereich nach dem Sammlungsordner, in den Sie das Bild einfügen möchten.

4. Öffnen Sie diesen Ordner, indem Sie ihn anklicken.

5. Fügen Sie das kopierte Bild jetzt aus der Zwischenablage ein. Verwenden Sie hierzu die Schaltfläche *Einfügen* in der Standardsymbolleiste. Alternativ tut es auch die Tastenkombination Strg + V .

Sie können das Bild auch aus der Datei mit der Maus in die Sammlung ziehen (Drag & Drop):

1. Starten Sie den Clip Organizer und öffnen Sie dort den Ordner, der das Bild aufnehmen soll.

2. Öffnen Sie anschließend die Datei, in der das Bild vorhanden ist.

3. Ziehen Sie mit gedrückter linker Maustaste das gewünschte Bild auf das Programmsymbol des Clip Organizer in der Taskleiste. Es ist wichtig, dass Sie die Maustaste hierbei nicht loslassen!

4. Der Clip Organizer öffnet sich in einem Fenster und Sie können das Bild weiter in den geöffneten *Sammlungsordner* ziehen.

5. Sobald Sie mit dem Mauszeiger auf den gewünschten Sammlungsordner zeigen, können Sie die Maustaste loslassen und das Bild wird aus dem Dokument kopiert und in die Sammlung eingefügt.

Medien von Office Online herunterladen

Microsoft stellt auf einer eigenen Webseite ständig neue ClipArts und Mediendateien zum kostenlosen Download bereit. Es gibt zwei Wege, diese Dateien anzusehen und zu speichern: Sie können direkt auf der Webseite (siehe Abbildung 13.7) nach einer Mediendatei suchen oder die Anzeige im Clip Organizer verwenden. Beides setzt eine Internetverbindung voraus.

Abbildg. 13.7   Ausgewählte Clips können Sie von *Microsoft Office Online* herunterladen

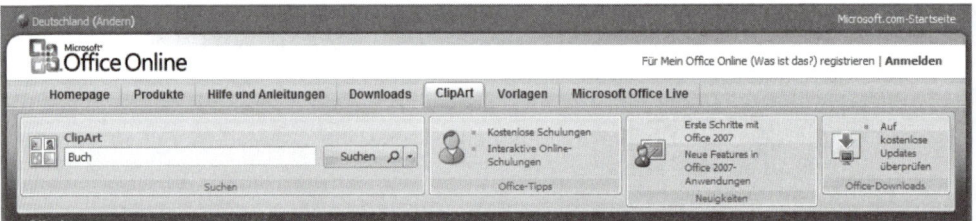

Um von PowerPoint aus direkt die Webseite *Microsoft Office Online* zu öffnen, klicken Sie unten im Aufgabenbereich *ClipArt* auf den Link *ClipArt auf Office Online*.
Im Clip Organizer finden Sie hierfür die Schaltfläche *Clips Online*. In beiden Fällen wird die Verbindung zum Internet hergestellt und Sie können sich die Mediendateien aus verschiedenen Kategorien anschauen.

TIPP Sind Ihnen die Vorschaubilder zu klein? Dann klicken Sie oben links auf der Webseite den Hyperlink *Optionen* an. Wählen Sie die Anzahl von Miniaturansichten und die Größe der Miniaturansichten bzw. die Größe der Vorschaubilder (siehe Abbildung 13.8). Mit Klick auf die Schaltfläche *Speichern* werden die Einstellungen übernommen und Sie werden automatisch zu den ClipArt-Bildern zurückgeleitet.

Abbildg. 13.8   Passen Sie mithilfe der Optionen die Anzeige der ClipArts an Ihre persönlichen Vorlieben an

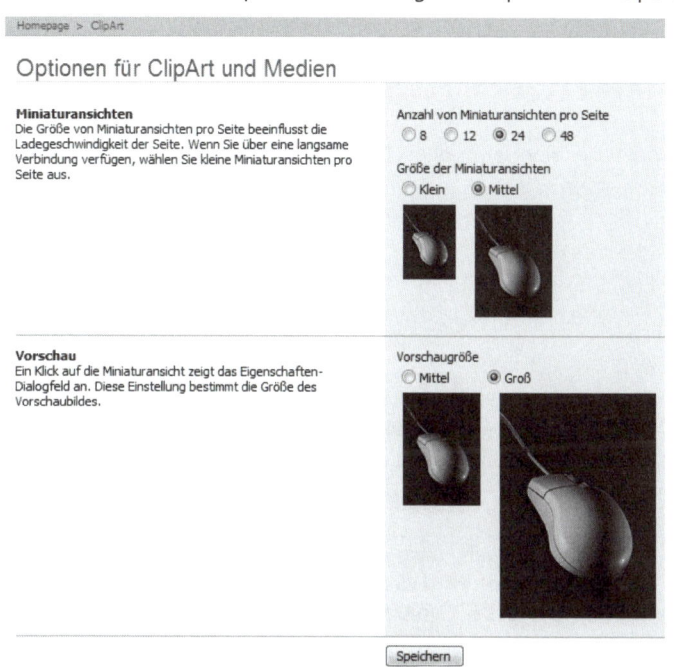

ClipArts, die Sie übernehmen möchten, können Sie jetzt entweder kopieren oder herunterladen. Dazu finden Sie unter jedem ClipArt drei Symbole.

Abbildg. 13.9   Drei Symbole unter jedem ClipArt erleichtern Ihnen den Umgang mit ClipArts auf der Webseite *Microsoft Office Online*

Einzelne ClipArts herunterladen

Für ein einzelnes ClipArt klicken Sie auf das rechte *Kopieren*-Symbol unter dem Vorschaubild. Die ClipArt-Datei wird dadurch in der Zwischenablage gespeichert. Wechseln Sie anschließend zu

Folien professionell gestalten

PowerPoint (oder einer anderen Office-Anwendung) und fügen Sie das ClipArt dort ein. Das geht am schnellsten mit $\boxed{\text{Strg}}$ + $\boxed{\text{V}}$ oder über die Schaltfläche *Einfügen* auf der Registerkarte *Start*.

Mehrere ClipArts herunterladen

Um mehrere ClipArts herunterzuladen und sie anschließend auch offline verfügbar zu haben, wenn Ihnen keine Internetverbindung zur Verfügung steht, können Sie sie in einem »Auswahlkorb« sammeln:

1. Markieren Sie dazu ein Element nach dem anderen mit Klick auf das jeweilige Auswahlkästchen links unter dem Vorschaubild. Jedes markierte Element wird in den Auswahlkorb am linken Rand übertragen.

Abbildg. 13.10   Im Auswahlkorb können Sie ClipArts vor dem Herunterladen sammeln

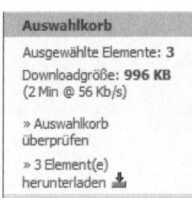

2. Sobald Sie alle gewünschten Mediendateien markiert haben, klicken Sie am linken Rand auf den Link *Elemente herunterladen* und folgen dann den Erläuterungen auf der Webseite.

3. Die ClipArts werden heruntergeladen und Ihrem Clip Organizer automatisch hinzugefügt.

WICHTIG   Beachten Sie den Hinweis, dass beim Download die Option *Öffnen* verwendet werden muss. Klicken Sie auf *Speichern*, wird der Clip Organizer zum Schluss nicht direkt angezeigt. Sie müssen dann nach der Datei *ClipArt.mpf* suchen und die *ClipArts* mit Doppelklick installieren.

PROFITIPP

So greifen Sie auf noch mehr ClipArts zu

Neue ClipArts werden zunächst auf der englischsprachigen *Office Online*-Webseite veröffentlicht. Erst nach einer gewissen Zeit werden die Stichwörter übersetzt und die ClipArts auch auf der deutschen Webseite verfügbar gemacht. Auf der US-amerikanischen Webseite stehen inzwischen schon über 150.000 ClipArts zum Download bereit.

Wenn Ihre Suche einmal kein passendes ClipArt ergibt, klicken Sie links oben auf der Webseite auf das Weltkugel-Symbol, um die Ländereinstellung zu ändern. Wählen Sie in der Dropdownliste unter *Office Online weltweit* den Eintrag *Vereinigte Staaten* und bestätigen Sie dies mit *OK*. Auf der amerikanischen Office Online-Webseite wechseln Sie nun wieder zur Registerkarte *ClipArt* und geben im Feld *Search* den gesuchten (englischsprachigen) Begriff ein.

Beachten Sie aber, dass diese ClipArts die englischsprachigen Stichwörter behalten. Wenn Sie sie später im Clip Organizer suchen, müssen Sie auch dort den englischen Suchbegriff verwenden oder aber selbst deutsche Stichwörter hinzufügen (siehe weiter hinten in diesem Kapitel den Abschnitt »Übersicht schaffen mit Schlüsselwörtern«).

Das Lupen-Symbol unterhalb des ClipArt-Bildes zeigt Ihnen zunächst (genauso wie ein Klick auf das ClipArt-Bild selbst) eine größere Vorschau in einem eigenen Fenster. Darin finden Sie auch die Dateieigenschaften und die zugeordneten Stichwörter. Auch in diesem Fenster haben Sie die Möglichkeit, die ClipArt-Datei sofort zu kopieren oder sie dem Auswahlkorb hinzuzufügen.

Die ClipArt-Suche verfeinern

Auf der ClipArt-Startseite von *Office Online* finden Sie unten eine umfangreiche Liste von *Kategorien*. Von *A* wie *Abstrakt* bis *W* wie *Wissenschaft* sind ClipArts dort thematisch sortiert. Werfen Sie auch einmal einen Blick in Kategorien wie *Schwarzweiß*, wenn Sie einen geeigneten, einfärbbaren Hintergrund für Ihre Präsentation suchen.

HINWEIS   Die Anzahl der ClipArts, die als Ergebnis einer Suche angezeigt werden, ist auf 1200 begrenzt. Bei großen Kategorien empfiehlt es sich deshalb, zusätzlich im Suchfeld einen Begriff einzugeben, um die Auswahl einzugrenzen.

Eine weitere Möglichkeit, die Suche zu verfeinern, ist die Beschränkung auf bestimmte *Medientypen*. Klicken Sie dazu auf den Pfeil neben der *Suchen*-Schaltfläche, um beispielsweise nur nach Fotos zu suchen. Mit ClipArts (im engeren Sinne) sind in diesem Falle Vektorgrafiken im Dateiformat *wmf* gemeint.

Abbildg. 13.11 Die Suche nach einem bestimmten Medientyp liefert schnell das passende Bild

Haben Sie ein ClipArt gefunden, dessen *Stil* Ihnen gefällt, so können Sie sowohl online als auch offline nach ähnlichen Clips suchen.

Auf der *Office Online*-Webseite gehen Sie wie folgt vor:

1. Blenden Sie durch Klick auf das ClipArt-Bild oder das Lupen-Symbol unterhalb des Bildes das Vorschaufenster ein.

   Bei vielen ClipArts ist unter den Eigenschaften auch eine Stil-Nummer aufgeführt.

2. Klicken Sie auf diese Nummer (rechts in Abbildung 13.12). Ein Hyperlink führt Sie zu weiteren ClipArts desselben Stils.

Abbildg. 13.12 Die Nummer gibt an, zu welchem Stil das ClipArt gehört

TIPP   Wenn Sie die Stil-Nummer eines ClipArts kennen (oder einmal auf gut Glück suchen wollen), reicht es *nicht*, im *Suchen*-Feld die Nummer einzugeben, Sie müssen das Wort *Stil* (getrennt durch ein Leerzeichen) davor setzen.

Abbildg. 13.13 Zueinander passende ClipArts finden Sie mithilfe der Stil-Nummer

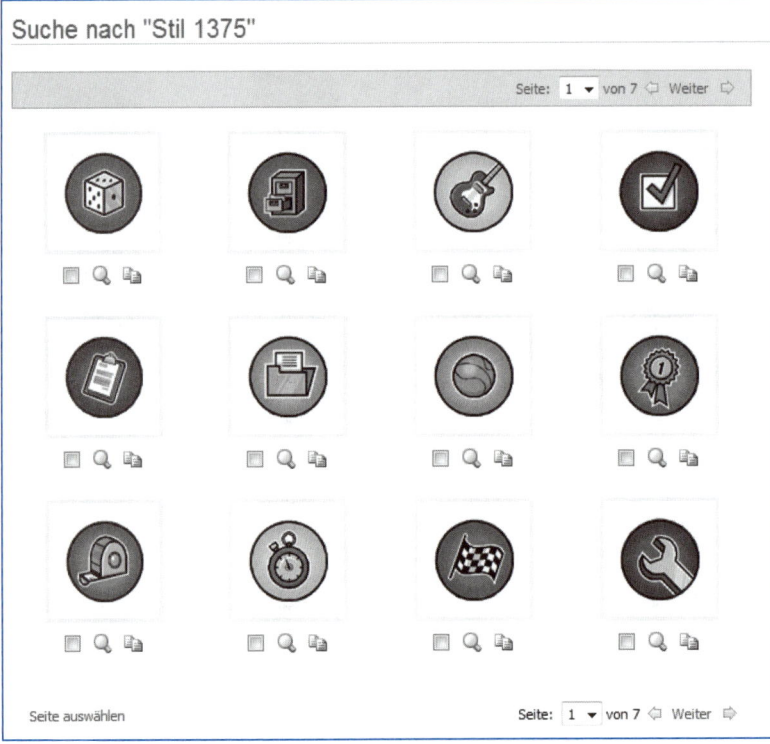

Leider wird diese Stil-Nummer nicht als Schlüsselwort gespeichert, wenn Sie ClipArts herunterladen, um sie offline verfügbar zu machen. Dennoch können Sie auch hier ClipArts desselben Stils suchen. Im Clip Organizer gehen Sie so vor:

1. Starten Sie zuerst den Clip Organizer, indem Sie im Aufgabenbereich *ClipArt* unten auf den Link *Organisieren von Clips* klicken. Lassen Sie mit *Ansicht/Sammlungsliste* die Listen anzeigen.

2. Klicken Sie auf das Pluszeichen von *Office-Sammlungen* und lassen Sie den Inhalt eines Ordners im rechten Fensterbereich anzeigen. Dazu klicken Sie einfach auf den Ordnernamen, beispielsweise auf *Menschen*.

3. Suchen Sie ein ClipArt aus, dessen Stil Ihnen gefällt, klicken Sie auf den Dropdownpfeil des Vorschaubildes und wählen Sie *Ähnliche Formatvorlage suchen*.

Der Clip Organizer sucht jetzt ähnlich aussehende Bilder in den Sammlungen. Clips, die keiner Formatvorlage zugeordnet sind, lassen sich auf diesem Wege nicht finden.

Abbildg. 13.14 Mit dem Befehl *Ähnliche Formatvorlage suchen* können Sie auch offline nach ClipArts desselben Stils suchen

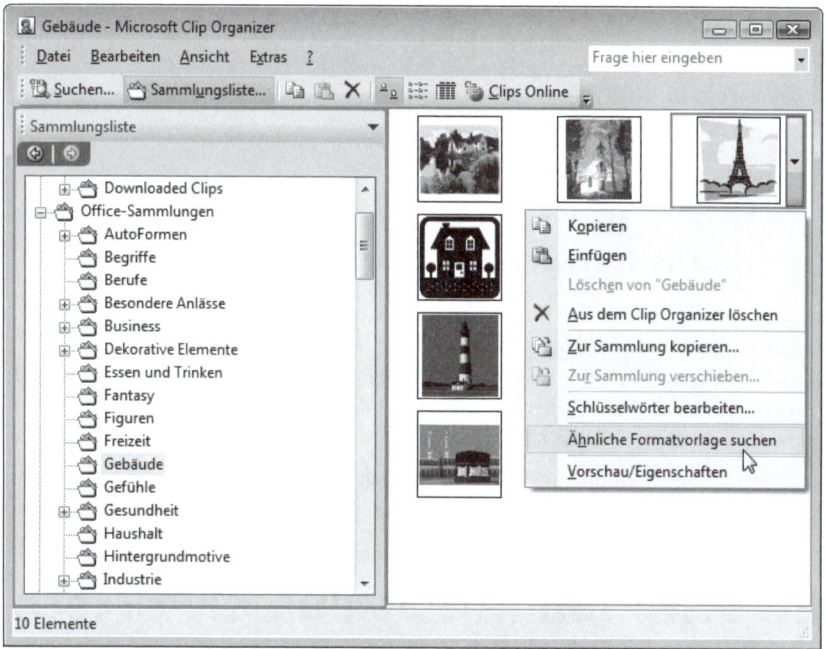

Ein ähnliches Vorgehen ist auch im Aufgabenbereich *ClipArt* möglich. Dort suchen Sie zunächst nach ClipArts des gewünschten Themas. Auch hier finden Sie im Kontextmenü des Dropdownpfeils des Vorschaubildes den Befehl *Ähnliche Formatvorlage suchen*. Allerdings steht der Befehl nur bei den ClipArts zur Verfügung, die auf Ihrem Computer gespeichert sind, nicht bei solchen aus Websammlungen.

Folien professionell gestalten

Abbildg. 13.15 Der Befehl *Ähnliche Formatvorlage suchen* funktioniert auch im Aufgabenbereich *ClipArt*

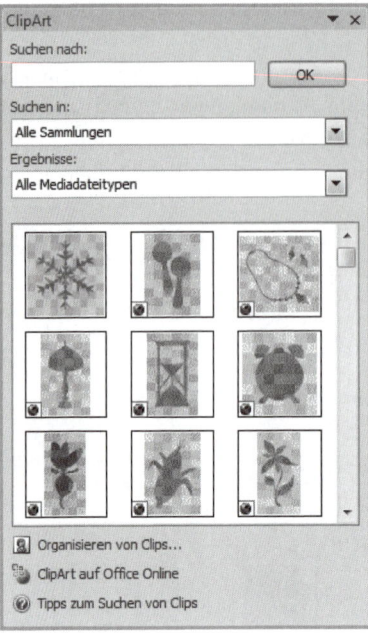

Gemeinsam genutzte Sammlungen

In einem Netzwerk besteht die Möglichkeit, dass der Systemadministrator ClipArts und andere Mediendateien zentral zur Verfügung stellt. Diese Sammlung trägt dann den Namen *Gemeinsam genutzte Sammlungen*. Diese Art der Verwaltung eignet sich sehr gut, um Logos und Bilddatenbanken zentral zu verwalten. Ein großer Vorteil besteht darin, dass die Mediendateien nur an einem Ort gepflegt werden müssen. So steht jedem Mitarbeiter die jeweils aktuelle Version zur Verfügung.

 Eine ausführliche Beschreibung der dazu erforderlichen Schritte finden Sie auf der Microsoft Office-Hilfe-Webseite: *http://office.microsoft.com/de-de/frontpage/HA010347611031.aspx?pid=CH063627531031*

Übersicht schaffen mit Schlüsselwörtern

Automatisch hinzugefügte Mediendateien erhalten zunächst einmal Standardschlüsselwörter bestehend aus dem Namen der Sammlung, dem Dateinamen und der Dateiendung. So finden Sie alle Bilder des Typs *jpg* sehr schnell über die Suche nach dem Schlüsselwort »jpg«.

Das Suchen wird wesentlich einfacher, wenn Sie Ihre Mediendateien zusätzlich mit eigenen Schlagwörtern beschreiben.

Wichtig ist dies auch bei ClipArts, die Sie von der amerikanischen *Microsoft Office Online*-Webseite heruntergeladen haben. Diese bringen zunächst einmal ihre englischsprachigen »Keywords« mit. Wenn Sie später im Aufgabenbereich *ClipArt* mit deutschsprachigen Begriffen danach suchen wollen, sollten Sie die Schlüsselwörter bearbeiten.

Abbildg. 13.16 Schlüsselwörter erleichtern das Suchen nach Clips

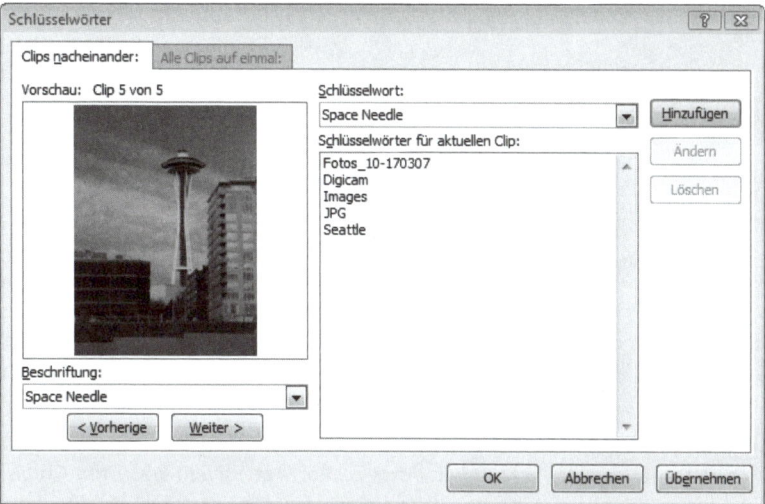

1. Starten Sie den Clip Organizer und öffnen Sie den Sammlungsordner, dessen Mediendateien Sie bearbeiten möchten.

2. Markieren Sie eine Datei im rechten Fensterbereich und klicken Sie anschließend auf den Menübefehl *Bearbeiten/Schlüsselwörter*.

3. Der Clip Organizer beginnt mit der markierten Datei und zeigt die vorhandenen Schlüsselwörter an. Sie können die Wörter ändern, löschen und neue hinzufügen.

4. Ändern Sie auch die angezeigte *Beschriftung* unterhalb des Vorschaubildes, diese wird später als QuickInfo angezeigt, wenn Sie den Mauszeiger über dieses Dateisymbol bewegen. Standardmäßig ist hier zunächst der Dateiname vorgegeben (der oft wenig aussagekräftig ist).

5. Um mehrere Dateien nacheinander zu bearbeiten, wählen Sie die Schaltflächen *Vorherige* und *Weiter*.

> **TIPP** Um mehreren Dateien die gleichen Schlüsselwörter zuzuweisen, markieren Sie die Dateien mit gedrückter [Strg]-Taste. Oder drücken Sie [Strg]+[A], wenn Sie alle Dateien des aktuellen Ordners markieren möchten. Rufen Sie dann im Clip Organizer den Menübefehl *Bearbeiten/Schlüsselwörter* auf. Wechseln Sie zur Registerkarte *Alle Clips auf einmal*. Die Schlüsselwörter, die Sie jetzt vergeben, gelten für alle markierten Dateien.

ClipArts löschen

Alle ClipArts (und sonstige Mediendateien) sind in der Sammlung nur als Verknüpfung vorhanden. Wenn Sie eine Mediendatei aus einem Sammlungsordner löschen, bleibt die Datei auf der Festplatte gespeichert. Sie löschen nur den Katalogeintrag der Mediendatei aus der Sammlung, nicht von der Festplatte.

Umgekehrt werden Medien, die vom Laufwerk gelöscht wurden, weiterhin in der Sammlung gezeigt. Sie sind mit einem kleinen gelben *x* in der unteren linken Ecke des Vorschaufensters gekennzeichnet (siehe Abbildung 13.17). Das gleiche Kennzeichen tragen auch Medien, die Sie verschoben haben.

Abbildg. 13.17 ClipArts, die nicht mehr verfügbar sind, sind mit einem gelben Kreuz gekennzeichnet

Wenn Sie sicher sind, dass Sie die Mediendatei vom Laufwerk gelöscht haben, können Sie das zugehörige Vorschaufenster ebenfalls mit der ⌑Entf⌑-Taste löschen. Wenn Sie die Datei nur verschoben haben, sollten Sie im Menü *Ansicht* den Befehl *Vorschau/Eigenschaften* wählen und im folgenden Dialogfeld die Schaltfläche *Aktualisieren* anklicken, damit der korrekte Speicherort ermittelt werden kann.

Wollen Sie eine ClipArt-Datei nicht nur aus dem Clip Organizer-Katalog, sondern endgültig von der Festplatte löschen, so müssen Sie dies mit Windows-Explorer erledigen. Von *Office Online* heruntergeladene Clips finden Sie unter Windows Vista normalerweise unter *C:\Users\Benutzername\Bilder\Microsoft Clip Organizer*. Bei ClipArts, die nicht in diesem Ordner gespeichert sind, können Sie in den Clip-Eigenschaften den Dateinamen und Speicherort finden (in Abbildung 13.18 unterhalb des Vorschaubildes).

Abbildg. 13.18 In den Dateieigenschaften eines Clips finden Sie auch den Speicherort der Datei und den des Katalogeintrags

Das Standardverzeichnis für ClipArts ändern

Die Speicherorte für ClipArts werden zentral von Word aus für die drei Office-Programme Word, PowerPoint und Excel verwaltet. Um den Standardablageort für Ihre ClipArts zu ändern, klicken Sie in Word auf die *Office-Schaltfläche* und dann auf *Word-Optionen.* In der Kategorie *Erweitert* finden Sie ganz unten die Schaltfläche *Dateispeicherorte.* Hier können Sie einen neuen Speicherort festlegen.

Abbildg. 13.19 Den Speicherort für ClipArt-Grafiken legen Sie in Word fest

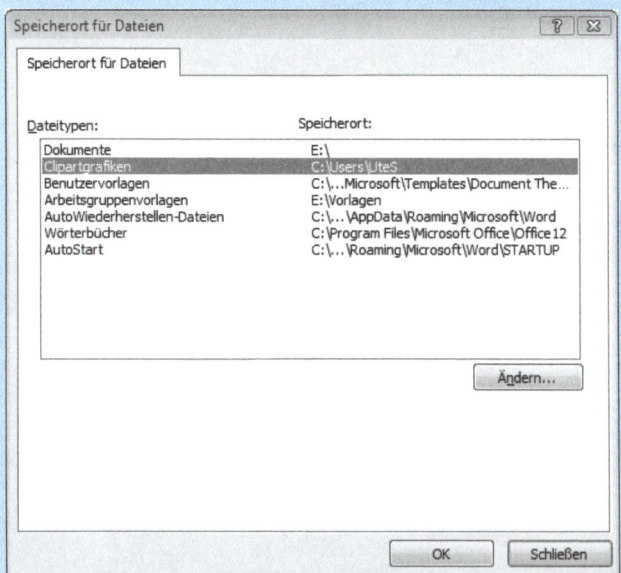

Folien professionell gestalten

Zusammenfassung

Bilder können eine Präsentation bereichern. Doch die Suche nach ihnen gestaltet sich manchmal langwierig. Hier kann Ihnen der Clip Organizer bei der Recherche helfen. Mit diesem nützlichen Tool können Sie ClipArts und andere Abbildungen auf Ihrem Rechner, bei Bedarf auch Multimediadateien, katalogisieren, finden und einfügen.

Hier noch einmal wichtige Fundstellen zu diesem Thema:

Thema	Seite
Den Clip Organizer einrichten	345
Medientypen, die der Clip Organizer verwalten kann	347
Medien importieren	348
Tipps zur ClipArt-Suche auf Office Online	352
Schlüsselwörter vergeben, die beim Suchen helfen	356
Nicht mehr benötigte ClipArts löschen	357

Kapitel 14

Zahlen in Präsentationen: Tabellen und Diagramme

In diesem Kapitel:

Zahlen auf Folien: Typische Fehler und wie Sie diese vermeiden

Als Bestandteil vieler Präsentationen sind Zahlen wie »das Salz in der Suppe«. Aber wer möchte diese schon »versalzen«?

Bei Vorträgen hat man allerdings öfter das Gefühl, dass hier mit dem »Salz« sehr großzügig umgegangen wird. Aus Zeitmangel oder in Unkenntnis der Wirkung auf die Zuschauer werden hier komplette Tabellen aus Excel auf PowerPoint-Folien eingefügt. Oder aber »lieblos« erstellte Excel-Diagramme werden schnell mal auf Folien verteilt – mit einer Vielzahl von Säulen oder einem undurchdringlichen Wirrwarr an sich überschneidenden Linien, kaum nachbearbeitet und mit viel zu kleiner Schriftgröße. Die Folge: Die Betrachter haben große Mühe, die Vielzahl der Informationen zu erfassen und zu verarbeiten und schalten einfach ab.

In diesem Kapitel erhalten Sie deshalb nicht nur Anleitungen, wie Sie Tabellen und Diagramme technisch aufbauen, sondern auch Anregungen, wie Sie Zahlen auf Folien *zuschauergerecht* verarbeiten.

Nicht immer ist es möglich und sinnvoll, Zahlen bildhaft, also in Diagrammform zu präsentieren. Manchmal ist eine Tabelle ebenso informativ. Abbildung 14.1 zeigt Ihnen einige typische Varianten für das Visualisieren von Zahlenmaterial mittels Diagramm und Tabelle.

Abbildg. 14.1   Typische Varianten für das Visualisieren von Zahlenmaterial auf Folien: als Säulen-, Balken-, Kreis- oder Liniendiagramm, als Tabelle oder als Diagramm mit Tabelle

 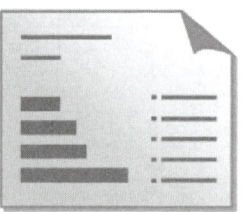 

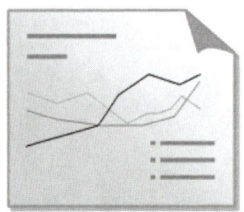  

Tabellen auf Folien: Das ist wichtig

Tabellen eignen sich für die übersichtliche Darstellung von Zahlenmaterial, von Projektvorgängen, von Produktmerkmalen und für viele andere Fälle, in denen es um Überblicksinformationen geht. Sie sind ein gutes Hilfsmittel, um Gedanken sortiert und übersichtlich zu visualisieren. Das setzt allerdings voraus, dass die Menge der Informationen überschaubar bleibt.

Typische Fehler beim Einsatz von Zahlen

Nur wenige, nämlich die eingeweihten oder im Lesen von Zahlen gut trainierten Zuschauer, sind in der Lage, Zahlen ohne große Mühe zu erkennen, zu bewerten und einzuordnen. Viele andere Personen sind von der Vielzahl der Daten einfach überflutet.

Sicher haben Sie eine solche Situation auch schon erlebt: Während sich einige Zuschauer noch mit dem Erfassen und Verarbeiten der Datenmenge mühen, gibt der Vortragende mehr oder weniger umfangreiche Kommentare zum Zahlenmaterial ab und wechselt dann zur nächsten Folie. Er kennt seine Zahlen und braucht demzufolge weniger Zeit, um sie zu verstehen.

Hier einige typische Fehler, die bei Zahlenfolien immer wieder zu konstatieren sind:

- **Zu viele Zahlen auf einer Folie**
  Die Folge: Die Zuschauer sind bei deren Anblick »erschlagen«.

- **Die Folie ist komplett mit Zahlen übersät**
  Die Folge: Wirklich wichtige Zahlen sind nicht erkennbar, da die Werte nicht differenziert dargestellt werden.

- **Die Zahlen wurden aus Excel mit Schriftgröße 10 oder 11 pt übernommen**
  Die Folge: Sie sind viel zu klein und nicht oder nur mit Mühe lesbar.

- **Die Zahlen werden nicht animiert angezeigt**
  Die Folge: Die Zuschauer müssen zu viele Daten auf einmal erfassen; besser wäre es, die Werte dosiert – also zeilen- oder spaltenweise – zu vermitteln.

Vermeiden Sie es, diese Fehler in Ihren Präsentationen zu wiederholen. Die Zuschauer werden es Ihnen u.a. mit mehr Aufmerksamkeit danken.

Gehen Sie unter Beachtung der oben genannten Fehler in Folien- oder Bildschirmpräsentationen sparsam mit Tabellen um. Auch wenn Tabellen gut gestaltet sind, treten schnell Ermüdungserscheinungen beim Publikum auf, wenn es folienweise mit Zahlenkolonnen konfrontiert wird.

Aus diesen Gründen ist es ratsam, bei der Verwendung von Tabellen einige Vorüberlegungen anzustellen, die die oben genannten Gefahren und Fehler berücksichtigen.

Regeln für den Einsatz von Tabellen auf Folien

Beim Einsatz von Tabellen auf Folien sollten Sie die nachfolgenden Hinweise in die Planung und Gestaltung einbeziehen:

- Begrenzen Sie eine Tabelle möglichst auf fünf bis sieben Informationseinheiten.

- Kennzeichnen Sie die wirklich wichtigen Informationen. Verwenden Sie dazu andere Farben und Formen wie etwa Ellipsen, Pfeile oder auch Balken zum Hervorheben.

- Achten Sie beim Anfertigen von Diagrammen und Tabellen darauf, möglichst gleiche Farben für gleiche Zusammenhänge zu verwenden.

- Konfrontieren Sie das Publikum nicht auf jeder Folie mit neuen Farben (mehr zur Wirkung von Farben lesen Sie in Kapitel 6).

- Gestalten Sie die Beschriftung für den Tabellenkopf *fett* und *zentriert*. Verwenden Sie für den Tabellenkopf kurze und aussagekräftige Bezeichnungen.

Folien professionell gestalten

- Bringen Sie Zahlen und Beschriftungen in Excel-Tabellen und -Diagrammen *vor* dem Export nach PowerPoint in eine Schriftgröße, die präsentationstauglich ist – in der Regel also 16 pt und mehr.

- Setzen Sie Linien sparsam und differenziert ein. Widerstehen Sie der »Vergitterung« der Tabellen. Sind beispielsweise die Abstände zwischen den Informationen der einzelnen Spalten groß genug, können Sie die trennenden Linien für die Spaltenbegrenzungen weglassen.

- Wenn Sie sich für die Verwendung von Linien in Ihren Tabellen entscheiden, sollten diese nicht zu dick sein und sich auch durch die Farbe nicht in den Vordergrund drängen. Schließlich soll das Augenmerk dem *Inhalt* der Tabelle gelten und nicht den Trennlinien. Färben Sie deshalb Linien beispielsweise grau und nicht schwarz ein. Schwarz sollte den Zahlen und Beschriftungen vorbehalten sein, die so vor einem weißem Folienhintergrund in einem maximalen Kontrast stehen und »ins Auge springen«.

- Verwenden Sie etwas stärkere oder doppelte Trennlinien, um End- oder Zwischenergebnisse optisch abzutrennen und eine Gliederung in der Tabelle deutlich zu machen.

- Verzichten Sie ggf. auf Randlinien zur seitlichen Begrenzung der Tabelle. Tabellen ohne Ränder wirken auf den Betrachter offener und besser »zugänglich«.

- Versuchen Sie, die Diagramm- und Tabellenobjekte in einer gleich bleibenden Größe und Anordnung auf den Folien zu platzieren. Den Betrachtern erleichtern Sie so das Studium der Daten.

- Setzen Sie beim Präsentieren von Zahlen per Bildschirmpräsentation am Monitor oder mit Beamer Animationseffekte ein. Auf diese Weise können Sie umfangreichere Zahlenbestände wohldosiert den Zuschauern vermitteln.

HINWEIS Sobald Sie PowerPoint lediglich als »Layoutprogramm« benutzen und nur eine gedruckte Schreibtischvorlage für Meetings brauchen, könnten Sie sogar eine Excel-Tabelle auf eine Folie einfügen. Die Leser sind den Umgang mit gedruckten Zahlenkolonnen mehr oder weniger gewohnt.

Tabellen anlegen und bearbeiten

Eine Tabelle mit Gitternetzlinien in PowerPoint zu erstellen ist nur eine der Möglichkeiten. Sie können eine Tabelle auch aus Word oder Excel importieren. Es gibt also mehrere Wege, um Daten in Tabellenform auf einer Folie anzuordnen:

- Die Tabellenfunktionen in PowerPoint einsetzen: Das ist der schnellste und bequemste Weg. Er hat allerdings Einschränkungen bei der Animation zur Folge.

- Eine Tabelle bestehend aus Formen und Textfeldern anlegen: Dies bietet Ihnen optimale Möglichkeiten zur Animation, da Sie sofort alle Bestandteile flexibel animieren können. Auch eine Kombination der beiden eben genannten Varianten ist denkbar und nützlich.

- Bereits bestehende Tabellen aus Word oder Excel importieren: Hierbei ist nur zu unterscheiden, ob die Daten aus der Quellanwendung in PowerPoint statisch oder dynamisch – also mit Verknüpfung – eingefügt werden.

Tabelle 14.1 fasst die Vor- und Nachteile der einzelnen Techniken zusammen.

Tabelle 14.1 Vergleich der Techniken, um in PowerPoint Daten in Tabellenform darzustellen

Technik	Vorteile	Nachteile
In PowerPoint eine Tabelle erstellen oder zeichnen.	Änderungen der Werte nur an einer Stelle erforderlich.	Tabelle muss neu angelegt und formatiert werden. Eingangsanimationen sind spalten- und zeilenweise *nicht* möglich.
In PowerPoint mit Rechtecken und Textfeldern eine Tabelle nachbilden.	Änderungen der Werte nur an einer Stelle erforderlich. Eingangsanimationen sind spalten- und zeilenweise ganz individuell möglich.	Tabelle muss neu angelegt und formatiert werden. Beherrschung von Tabulatoren ist erforderlich.
In PowerPoint die Struktur einer Tabelle über die Tabellenfunktionen erstellen und dann die Inhalte über Textfelder auf die Tabelle einsetzen.	Änderungen der Werte nur an einer Stelle erforderlich. Eingangsanimationen sind spalten- und zeilenweise ganz individuell möglich.	Tabelle muss neu angelegt und formatiert werden. Beherrschung von Tabulatoren ist erforderlich.
Eine Word-Tabelle über die Zwischenablage als *statische Information* einfügen.	Bereits vorhandene Tabelle kann sofort genutzt werden.	Formate der Originaltabelle aus Word gehen teilweise verloren. Nacharbeiten notwendig. Keine Aktualisierung der Werte in PowerPoint bei Änderungen am Original. Keine Möglichkeit, beim Präsentieren der Tabelle die Informationen spalten- oder zeilenweise einzublenden, das Tabellenobjekt kann nur als Ganzes erscheinen.
Eine Word-Tabelle über die Zwischenablage *als Verknüpfung* einfügen.	Bereits vorhandene Tabelle kann sofort genutzt werden. Bei Änderung der Werte in Word wird Tabelle in PowerPoint aktualisiert.	Nacharbeiten erforderlich. Keine Möglichkeit für Eingangsanimationen, Tabellenobjekt kann nur als Ganzes erscheinen.
Eine Excel-Tabelle über die Zwischenablage *als statische Information* einfügen.	Bereits vorhandene Tabelle kann sofort genutzt werden.	Nacharbeiten erforderlich. Keine Aktualisierung der Werte in PowerPoint bei Änderungen am Original. Keine Möglichkeit für Eingangsanimationen, Tabellenobjekt kann nur als Ganzes erscheinen.
Eine Excel-Tabelle über die Zwischenablage *als Verknüpfung* einfügen.	Bereits vorhandene Tabelle kann sofort genutzt werden. Automatische Aktualisierung der Tabellenwerte in PowerPoint bei Änderungen am Excel-Original.	Nacharbeiten erforderlich. Keine Möglichkeit für Eingangsanimationen, Tabellenobjekt kann nur als Ganzes erscheinen.

Folien professionell gestalten

Tabellen in PowerPoint anlegen

Mit den Tabellenfunktionen von PowerPoint können Sie mit wenigen Handgriffen Zahlen und andere Informationen in Tabellenform darstellen. Zum Anlegen einer Tabelle nutzen Sie entweder einen bereits vorhandenen Platzhalter oder fügen eine frei platzierbare Tabelle hinzu oder aber Sie zeichnen eine Tabelle mithilfe von Linien. Lesen Sie nachfolgend im Detail, wie Sie die einzelnen Methoden nutzen.

Methode 1: Eine Tabelle per Folienlayout einfügen

1. Zeigen Sie die Folie an, auf der Sie eine Tabelle hinzufügen möchten, oder fügen Sie eine neue Folie hinzu. Sorgen Sie dafür, dass das Folienlayout einen Inhaltsplatzhalter mit Tabellensymbol enthält. Das erledigen Sie über die Registerkarte *Start* und einen Klick auf die Schaltfläche *Layout* in der Befehlsgruppe *Folien*. Wählen Sie beispielsweise *Titel und Inhalt*.

Abbildg. 14.2   Im Inhaltsplatzhalter auf das Tabellensymbol klicken

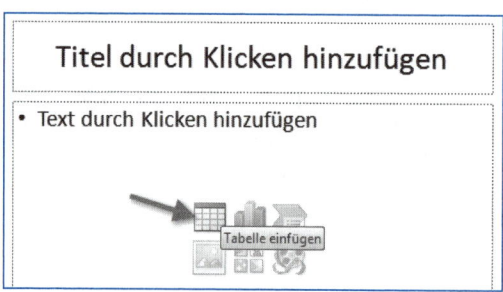

2. Klicken Sie auf das in Abbildung 14.2 gezeigte Tabellensymbol.

Abbildg. 14.3   Komfortabel die Spalten- und Zeilenanzahl bestimmen

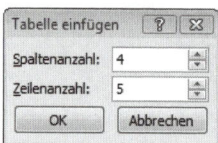

3. Geben Sie im folgenden Dialogfeld (siehe Abbildung 14.3) die gewünschte Anzahl der Spalten und Zeilen ein und schließen Sie per Klick auf *OK* ab.

HINWEIS   Wenn Sie einen Inhaltsplatzhalter zum Anlegen einer Tabelle nutzen, werden sich beim Wechsel des Designs nicht nur Farbe und Schrift in der Tabelle, sondern möglicherweise auch deren Größe ändern.

Methode 2: Eine Tabelle per Symbol hinzufügen

1. Zeigen Sie die Folie an, auf der Sie eine Tabelle anlegen wollen.

2. Klicken Sie auf der Registerkarte *Einfügen* in der Gruppe *Tabellen* auf *Tabelle*.

3. Bewegen Sie die Maus über das in Abbildung 14.4 gezeigte Raster nach rechts und nach unten, um die gewünschte Anzahl der Zeilen und Spalten auszuwählen, und klicken Sie abschließend auf die letzte Zelle. Die Tabelle mit der betreffenden Struktur wird eingefügt.

Alternativ zur Markierung über das Raster können Sie auch in dem in Abbildung 14.4 gezeigten Aufklappmenü unten den Befehl *Tabelle einfügen* anklicken, um die Zeilen- und Spaltenanzahl über das in Abbildung 14.3 gezeigte Dialogfeld festzulegen.

Abbildg. 14.4 Mit der Maus über das Raster fahren, bis die gewünschte Anzahl von Zeilen und Spalten in die Markierung eingeschlossen ist und dann kurz klicken

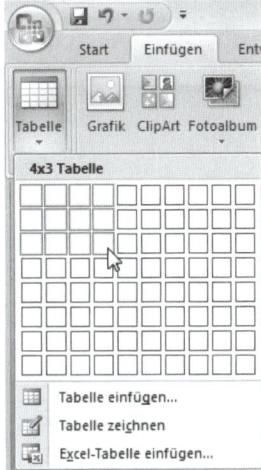

TIPP   Wenn die Tabelle unabhängig von der Wahl des Designs eine feste Größe und einen bestimmten Platz auf der Folie behalten soll, ist diese Methode zu empfehlen.

Methode 3: Eine Tabelle zeichnen

Neu

Wenn die zu erstellende Tabelle von vorgegebenen Standards abweichen soll, ist es möglicherweise besser, sie Stück für Stück aus Linien selbst zu zeichnen. Diese Methode setzen Sie beispielsweise dann ein, wenn

- unterschiedliche Zeilenhöhen oder Spaltenbreiten benötigt werden oder
- die Spaltenzahl in den einzelnen Zeilen abweichend sein soll oder
- die Zeilenzahl innerhalb einzelner Spalten differieren soll oder
- diagonale Linien in formularähnlichen Tabellen gebraucht werden.

1. Zum Zeichnen einer Tabelle klicken Sie auf der Registerkarte *Einfügen* auf *Tabelle*.

2. Wählen Sie in dem aufklappenden Menü unten den Befehl *Tabelle zeichnen*.   Tabelle zeichnen

3. Der Mauszeiger verwandelt sich in einen Stift und Sie können nun die Tabelle Stück für Stück zusammensetzen.

4. Zeichnen Sie zunächst den äußeren Rahmen der Tabelle. Wenn Sie die Maustaste loslassen, erscheint der Platzhalter für eine leere Tabelle.

5. In der Multifunktionsleiste werden jetzt die *Tabellentools* mit zwei Registerkarten angezeigt. Klicken Sie dort auf der Registerkarte *Entwurf* erneut auf die Schaltfläche *Tabelle zeichnen* und ziehen Sie mit gedrückter linker Maustaste Linie für Linie der Tabelle (siehe Abbildung 14.5).

6. Klicken Sie abschließend Esc, um den Zeichnen-Modus zu beenden.

7. Um eine versehentlich zu viel oder an der falschen Stelle gezeichnete Linie wieder zu löschen, klicken Sie auf der Registerkarte *Tabellentools/Entwurf* ganz rechts auf die Schaltfläche *Radierer* und dann auf die Linie, die Sie entfernen wollen. Drücken Sie Esc, um den Radier-Modus wieder auszustellen.

Abbildg. 14.5   Mit dem Stift die Tabelle Linie für Linie zeichnen, auch schräge Linien sind erlaubt

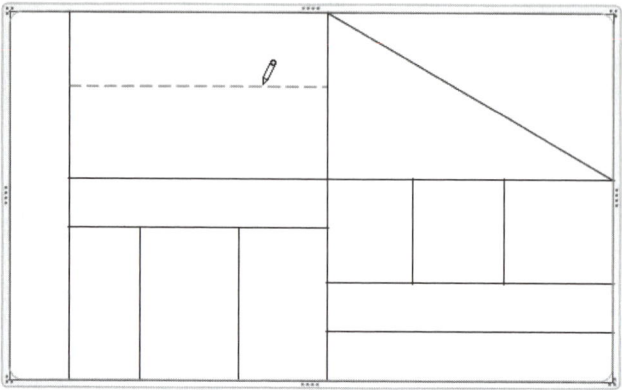

> Wenn Sie eine Tabelle benötigen, die nur an einigen Stellen vom Standard abweicht – beispielsweise einige verbundene oder geteilte Zellen –, dann legen Sie einfach mit Methode 1 oder 2 eine normale Tabelle an und nutzen dann die beiden Werkzeuge *Tabelle zeichnen* und *Radierer*.

Dateneingabe, Navigieren und Markieren in einer Tabelle

Nachdem Sie eine Tabelle angelegt haben, können Sie Ihre Daten eintragen. Verwenden Sie dabei die in Tabelle 14.2 aufgeführten Tasten, um schnell und zielgerichtet in einer Tabelle zu operieren.

Klicken Sie anschließend einmal außerhalb der Tabelle, um das Ergebnis zu begutachten.

Tabelle 14.2   Tasten zum Bewegen und Arbeiten in einer Tabelle

Ziel	Taste
Zur nächsten Zelle	[⇆]
Zurück zur vorherigen Zelle	[⇧] + [⇆]
Zur nächsten Zeile	[⇆] oder [↓]
Zurück zur vorherigen Zeile	[↑]
Tabstopp in einer Zelle	[Strg] + [⇆]
Neuer Absatz in einer Zelle	[↵]
Neue Zeile in einer Zelle	[⇧] + [↵]

TIPP   Klicken Sie in die letzte Zelle der Tabelle und drücken Sie die [⇆]-Taste, um der Tabelle eine weitere Zeile hinzuzufügen.

Vor dem Bearbeiten einer Tabelle ist es erforderlich, die jeweiligen Bestandteile zu markieren. Der einfachste Weg zum Markieren von Zeilen, Spalten oder der kompletten Tabelle führt über einen Klick in die Tabelle und die Registerkarte *Tabellentools/Layout*, wo Sie ganz links auf die in Abbildung 14.6 gezeigte Schaltfläche *Auswählen* klicken, um den Markierungsbereich zu bestimmen.

Abbildg. 14.6   Über die Registerkarte *Tabellentools/Layout* eine Tabelle
komplett oder teilweise markieren

Alternativ dazu können Sie natürlich auch die Maus benutzen, um einzelne Teile oder die gesamte Tabelle wie folgt zu markieren:

- **Eine einzelne Zelle:** Klicken Sie einfach in die Zelle. Oder bewegen Sie den Mauszeiger an den linken inneren Rand der Zelle, bis ein schräger schwarzer Pfeil erscheint (siehe Abbildung 14.7 oben), und klicken Sie einmal kurz.

- **Mehrere Zellen:** Ziehen Sie mit gedrückter linker Maustaste über den betreffenden Zellbereich.

- **Eine oder mehrere Zeilen:** Bewegen Sie die Maus links vor die Zeile, bis ein schwarzer horizontaler Pfeil erscheint (siehe Abbildung 14.7 unten), und klicken Sie, um diese Zeile zu markieren. Sollen mehrere Zeilen markiert werden, halten Sie nach dem Klick die Maustaste gedrückt und ziehen nach unten.

- **Eine oder mehrere Spalten:** Bewegen Sie die Maus über die betreffende Spalte, bis ein senkrechter schwarzer Pfeil erscheint (siehe Abbildung 14.7 Mitte), und klicken Sie einmal, um diese Spalte zu markieren. Sollen mehrere Spalten markiert werden, halten Sie nach dem Klick die Maustaste gedrückt und ziehen nach rechts (bzw. nach links).

- **Die gesamte Tabelle:** Klicken Sie einfach auf den Platzhalterrahmen, der die Tabelle umgibt.

TIPP   Befindet sich der Cursor gerade in einer Tabellenzelle, können Sie auch ohne Maus die komplette Tabelle blitzschnell markieren, indem Sie einfach die Tastenkombination `Strg` + `A` drücken.

Abbildg. 14.7   Form und Position des Mauszeigers beim Markieren von Zellen, Spalten und Zeilen

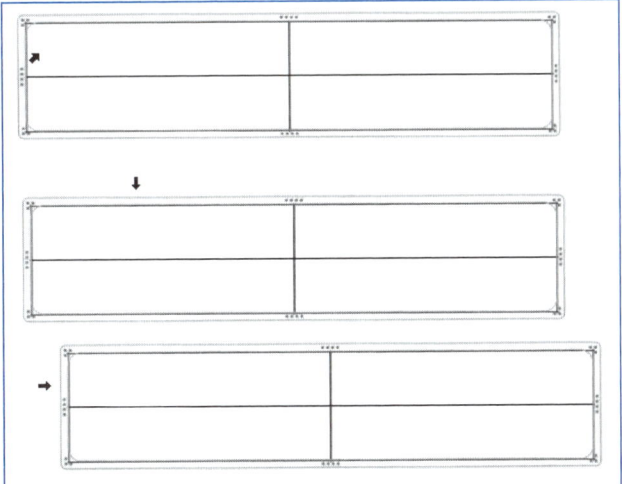

Tabellen bearbeiten

Nachdem Sie die Tabelle angelegt haben, muss sie in vielen Fällen noch angepasst werden. Alle dazu erforderlichen Befehle finden Sie in der Multifunktionsleiste auf den Registerkarten *Tabellentools/Entwurf* und *Tabellentools/Layout*. Hier eine Übersicht der wichtigsten Vorgehensweisen.

Die Größe einer Tabelle ändern

Klicken Sie auf den Platzhalterrahmen der Tabelle und ziehen Sie dann an einem der in Abbildung 14.8 gezeigten acht Anfasser, um die Tabelle größer oder kleiner zu machen.

Abbildg. 14.8 Acht Anfasser, um die Größe einer Tabelle zu ändern

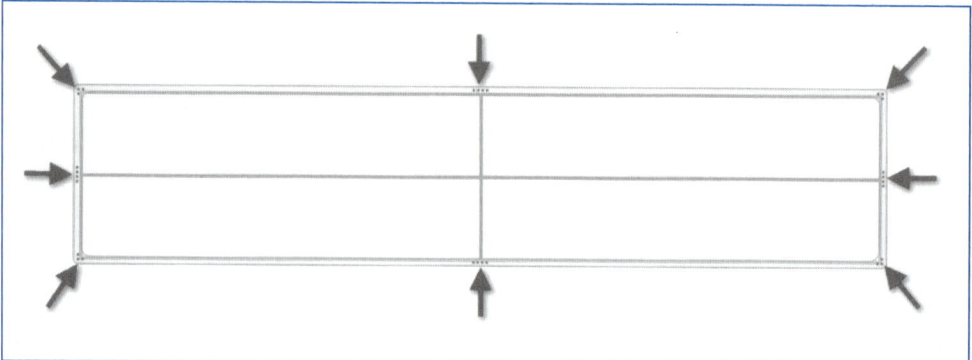

PROFITIPP

> Wollen Sie bei der Größenänderung das Verhältnis von Höhe und Breite der Tabelle beibehalten, dann halten Sie zusätzlich die Taste ⇧ gedrückt, während Sie an einem der vier Eckpunkte nach innen oder außen ziehen.

Neu

Besonders interessant sind in PowerPoint 2007 neu hinzugekommene Befehle, um für die gesamte Tabelle eine bestimmte Größe festzulegen. Sie finden diese Befehle – wie in Abbildung 14.9 rechts gezeigt – auf der Registerkarte *Tabellentools/Layout* in der Befehlsgruppe *Tabellengröße*.

Auch die Höhe und Breite einzelner Zeilen oder Spalten können Sie auf der gleichen Registerkarte anpassen und zwar in der Befehlsgruppe *Zellengröße*.

Abbildg. 14.9 Die Größe der Tabelle und einzelner Bestandteile auf den Millimeter genau festlegen

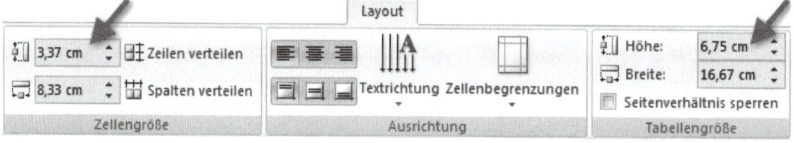

Die Struktur einer Tabelle anpassen: Zeilen und Spalten hinzufügen, löschen, verbinden oder teilen

Die Befehle zum Hinzufügen oder Entfernen von Tabellenteilen finden Sie auf der Registerkarte *Tabellentools/Layout* in den beiden Befehlsgruppen *Zeilen und Spalten* sowie *Zusammenführen*. In Tabelle 14.3 sind die wichtigsten Befehle aufgelistet.

belle 14.3   Die Befehle zum Löschen und Hinzufügen von Tabellenelementen

Symbol	Wirkung
Löschen — Spalten löschen / Zeilen löschen	Per Klick auf die Schaltfläche *Löschen* können Sie bequem Spalten oder Zeilen löschen, die Sie zuvor markiert haben.
Darüber einfügen / Darunter einfügen / Links einfügen / Rechts einfügen	Mit diesen vier Schaltflächen ist es ein Kinderspiel, Zeilen oder Spalten hinzuzufügen.
Zellen verbinden / Zellen teilen	Markieren Sie zwei oder mehr Zellen, um sie anschließend per Klick auf die Schaltfläche *Zellen verbinden* zu einer einzigen Zelle zusammenzufassen. Oder setzen Sie den Cursor in eine Zelle, die Sie in zwei oder mehr Zellen teilen wollen.

Tabellen gestalten

In Word und Excel gibt es schon seit Jahren vorgefertigte Muster, um Tabellen schnell und einheitlich gestalten zu können. Mit Office 2007 verfügt jetzt auch PowerPoint über solche Formatbausteine. Sie heißen *Tabellenformatvorlagen*. Mit ihrer Hilfe können Sie Tabellen komfortabel formatieren und dafür sorgen, dass auch mehrere Tabellen in einer Präsentation stets einheitlich aussehen.

Komplette Tabellen mit nur einem Mausklick formatieren

Für jede Tabelle, die Sie erstellen, wird automatisch eine Tabellenformatvorlage verwendet. Eine solche Vorlage ist eine Kombination mehrerer Formatierungsoptionen, die Sie mit nur einem Mausklick zuweisen. Neben Farbkombinationen, die aus den Designfarben der Präsentation abgeleitet werden, enthält eine Tabellenformatvorlage auch Anweisungen zu den Linien, die in der Tabelle sichtbar sein sollen.

Zugang zu den *Tabellenformatvorlagen* haben Sie, wenn Sie in eine Tabelle klicken und die Registerkarte *Tabellentools/Entwurf* anzeigen.

Am einfachsten ist es, wenn Sie den Katalog der *Tabellenformatvorlagen* so wie in Abbildung 14.10 gezeigt am rechten Rand per Klick auf die Schaltfläche *Weitere* öffnen.

Abbildg. 14.10 Per Klick auf die Schaltfläche *Weitere* erschließen Sie sich eine Auswahl von über 70 Farb- und Gestaltungsvarianten für Ihre Tabellen

Auch hier wirkt die Livevorschau; wenn Sie also mit dem Mauszeiger auf eine der über 70 Varianten zeigen, wird im Hintergrund die Tabelle umgefärbt. In den drei Kategorien *Hell*, *Mittel* und *Dunkel* können Sie auf 60 verschiedene Vorlagen zum Gestalten Ihrer Tabellen zugreifen. Hinzu kommt die etwas seltsam benannte Kategorie *Beste Suchergebnisse für Dokument* mit weiteren 14 Varianten.

Abbildg. 14.11 Der komplette Katalog der Tabellenformatvorlagen mit 74 Varianten

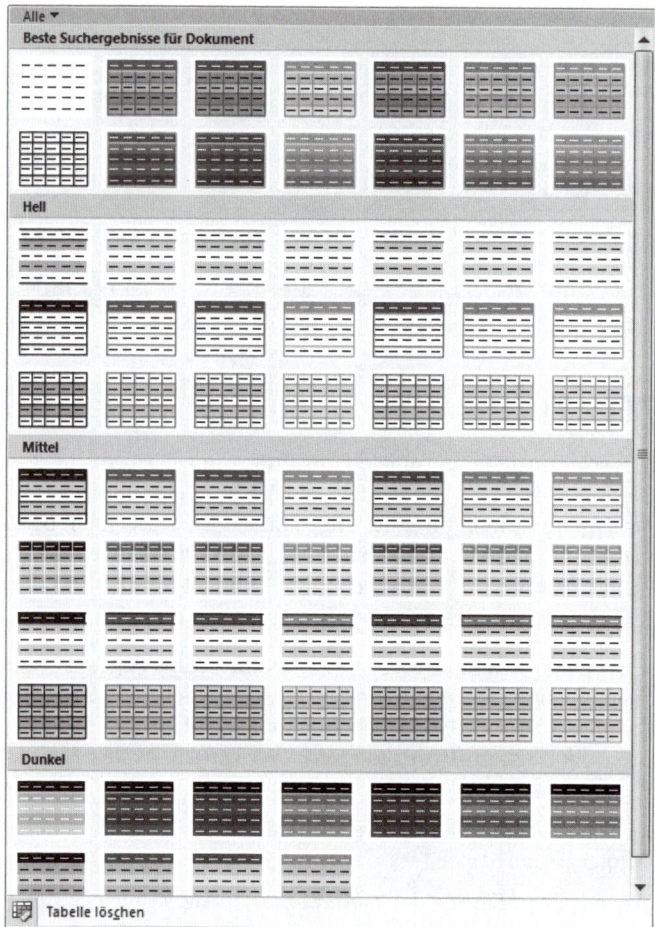

TIPP Bei den Tabellenformatvorlagen wurde auch an die optisch ansprechende Ausgabe von Tabellen auf Schwarz-Weiß-Druckern gedacht. In dem Katalog finden Sie auch eine Reihe geeigneter Vorlagen im »Graustufen-Look«.

Effektiv: Eine Formatvorlage als Standard festlegen

Beim Anlegen von Tabellen müssen Sie nicht jedes Mal den Katalog der Tabellenformatvorlagen öffnen, um die gewünschte Farb- und Rahmenlinienvariante auszuwählen.

Wenn Sie sich für eine der 74 Varianten entschieden haben, klicken Sie im Katalog mit der rechten Maustaste auf die gewünschte Vorlage und wählen im Kontextmenü den Befehl *Als Standard festlegen*.

Damit werden in der aktuellen Präsentation alle neuen Tabellen automatisch mit dieser Tabellenformatvorlage formatiert.

PROFITIPP

Im Normalfall werden Sie in einer Präsentation nicht mehr als ein bis drei Tabellenformatvorlagen nutzen. Wenn Sie es leid sind, beim Öffnen des Katalogs stets das komplette Angebot zu sehen, können Sie die Anzeige auf eine Auswahl beschränken. Klicken Sie dazu am oberen Rand des Katalogs – so wie in Abbildung 14.12 gezeigt – links auf die kleine Pfeilspitze, um ein kleines Menü aufzuklappen. Wählen Sie dort Ihre favorisierte Kategorie, beispielsweise *Mittel*.

Abbildg. 14.12 Die Auswahl der angezeigten Tabellenformatvorlagen deutlich einschränken

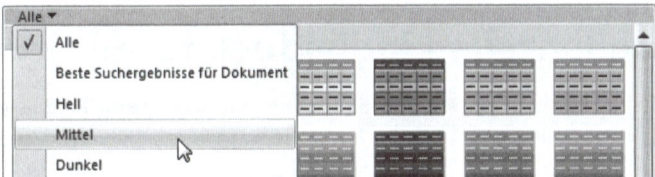

HINWEIS Im Unterschied zu Excel können Sie in PowerPoint *keine* eigenen Schablonen zum Formatieren kompletter Tabellen anlegen. Die Anleitung in der Online-Hilfe ist an dieser Stelle nicht korrekt – zumindest war das zu dem Zeitpunkt so, da dieses Buch geschrieben wurde –, denn sie beschreibt die Schritte zum Anlegen benutzerdefinierter Tabellenformatvorlagen.

Änderungen bei den Optionen einer Formatvorlage

Neben dem Zuweisen der Tabellenformatvorlagen sind die Optionen für die Tabellenformate ausschlaggebend für das Aussehen der Tabellen. Auf der Registerkarte *Tabellentools/Entwurf* lassen sich die Optionen ganz links in der ersten Befehlsgruppe – vgl. Abbildung 14.13 – ebenso einfach und schnell zuweisen wie die Tabellenformatvorlagen. In Abbildung 14.13 sehen Sie die typische Einstellung, der zufolge die beiden Optionen *Überschrift* und *Verbundene Zeilen* aktiviert sind.

Folien professionell gestalten

Abbildg. 14.13   Über die Optionen verändern Sie mit wenigen Mausklicks das Aussehen einer Tabelle

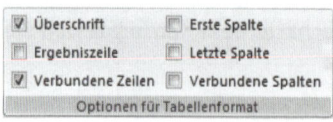

Tabelle 14.4 gibt eine kurze Übersicht über die Bedeutung der sechs Optionen.

Tabelle 14.4   Optionen für Tabellenformate und ihre Wirkung

Option	Wirkung
Überschrift	Aktivieren Sie das Kontrollkästchen, um die erste Zeile der Tabelle hervorzuheben.
Ergebniszeile	Aktivieren Sie das Kontrollkästchen, um die letzte Zeile der Tabelle hervorzuheben.
Verbundene Zeilen	Um abwechselnd formatierte Zeilen zu erzielen, aktivieren Sie dieses Kontrollkästchen.
Erste Spalte	Aktivieren Sie das Kontrollkästchen, um die erste Spalte der Tabelle hervorzuheben.
Letzte Spalte	Aktivieren Sie das Kontrollkästchen, um die letzte Spalte der Tabelle hervorzuheben.
Verbundene Spalten	Um abwechselnd formatierte Spalten zu erzielen, aktivieren Sie dieses Kontrollkästchen.

Einzelne Tabellenzellen individuell formatieren

Wenn Sie nur bestimmte Spalten, Zeilen oder Zellen, und nicht die komplette Tabelle, formatieren wollen, ist das natürlich auch möglich.

Die Befehle dafür finden Sie auf den Registerkarten *Tabellentools/Layout* und *Start*.

Größe von Zeilen und Spalten ändern

Neu   Das Anpassen von Zeilenhöhe oder Spaltenbreite in Tabellen ist in PowerPoint 2007 erstmals millimetergenau und zudem sehr komfortabel möglich. Auf der Registerkarte *Tabellentools/Layout* können Sie in der in Abbildung 14.14 gezeigten Befehlsgruppe *Zellengröße*

- die Höhe von Zeilen und die Breite von Spalten Ihrem Bedarf entsprechend einstellen, indem Sie die gewünschten Werte in die beiden Felder eingeben und

- dafür sorgen, dass mehrere markierte Zeilen bzw. mehrere markierte Spalten die gleiche Höhe bzw. Breite erhalten, indem Sie *Zeilen verteilen* bzw. *Spalten verteilen* anklicken. Diese Befehle gab es auch schon in früheren Versionen.

Abbildg. 14.14   Neue Befehle für das millimetergenaue Anpassen von Zeilen, Spalten und Zellen

Ausrichtung und Ränder von Zellen ändern

Nach dem Einfügen einer Tabelle werden die Daten, die Sie in die Zellen eingeben, dort standardmäßig links oben angeordnet. Das können Sie mit wenigen Mausklicks in der Befehlsgruppe *Ausrichtung* auf der Registerkarte *Tabellentools/Layout* ändern.

bbildg. 14.15 Die Befehle für horizontale und vertikale Ausrichtung in Zellen ansteuern

Die horizontale Ausrichtung stellen Sie über die drei Schaltflächen für linksbündige, zentrierte und rechtsbündige Anordnung ein.

Die vertikale Ausrichtung der Daten in Zellen regeln Sie über die drei Schaltflächen *Oben ausrichten*, *Vertikal zentrieren* und *Unten ausrichten*.

Über die Schaltfläche *Zellenbegrenzungen* in der gleichen Befehlsgruppe können Sie den Abstand der Inhalte zum Zellrand verändern, also dafür sorgen, dass beispielsweise Zahlen nicht zu eng am rechten Zellrand »kleben«. Am besten ist es, wenn Sie nach einem Klick auf *Zellenbegrenzungen* in dem Menü ganz unten auf *Benutzerdefinierte Seitenränder* klicken. In dem darauf folgenden Dialogfeld (siehe Abbildung 14.16) können Sie nicht nur komfortabel die Innenränder einer Zelle, sondern auch die vertikale Ausrichtung sowie die Textrichtung einstellen.

Zellenbegrenzungen

bbildg. 14.16 Über dieses Dialogfeld die vertikale Zellausrichtung und die Innenränder der Zelle definieren

PROFITIPP

Sehr interessant ist dabei die Möglichkeit, durch Werte von 0,2 cm und mehr die Zeilenhöhe zu beeinflussen und den Daten nach oben und unten »Luft zu verschaffen«.

Rahmenformate zuweisen

Die mit einer Tabellenformatvorlage zugewiesenen Rahmenlinien lassen sich weniger komfortabel ändern, als das bei vielen anderen Formatattributen der Fall ist. Auch der sonst fast immer zum Ziel führende Rechtsklick bietet keinen geeigneten Befehl im Kontextmenü an. Ihnen bleibt nichts anderes übrig, als in mehreren Schritten Farbe, Breite und Position der Rahmenlinien zu bestimmen. Die dazu erforderlichen Befehle sind auf zwei Befehlsgruppen verteilt und ihre Benutzung ist alles andere als intuitiv. Doch der Reihe nach:

Folien professionell gestalten

1. Markieren Sie zuerst die Zellen, für die Sie den Zellrahmen ändern möchten.

2. Zeigen Sie die Registerkarte *Tabellentools/Entwurf* an.

3. Klicken Sie in der Gruppe *Rahmenlinien zeichnen* auf den Pfeil neben Stiftfarbe, um die Rahmenfarbe zu bestimmen. Wählen Sie ggf. *Weitere Rahmenfarben*, wenn Ihnen die vorgeschlagenen Designfarben nicht zusagen.

4. Zum Ändern der Rahmenbreite klicken Sie auf den Pfeil neben *Stiftstärke* und wählen die gewünschte Stärke.

5. Zum Anpassen der Linienart des Rahmens klicken Sie auf den Pfeil neben *Stiftart* und wählen die gewünschte Linienart aus.

   So weit die Vorbereitung. Um nun diese gewählten Formatattribute für die markierten Zellen zu übernehmen, gehen Sie wie folgt vor:

6. Klicken Sie auf der gleichen Registerkarte in der Befehlsgruppe *Tabellenformatvorlagen* auf die kleine Pfeilspitze rechts neben *Rahmen* und wählen Sie dann in dem in Abbildung 14.17 gezeigten Menü die gewünschte Rahmenoption.

Abbildg. 14.17 Per Mausklick festlegen, wo Rahmenlinien erscheinen oder verschwinden sollen

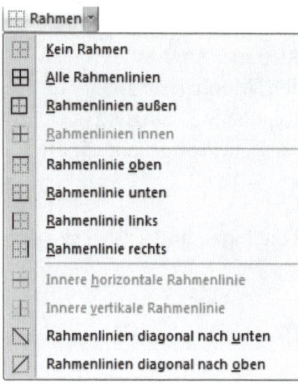

Textrichtung in Zellen ändern

Im Fall zu langer Texte haben Sie die Möglichkeit, die Richtung des Textes zu ändern. Beispielsweise können Sie so eine oder mehrere zu lange Spaltenüberschriften um 90° drehen und damit die erforderliche Spaltenbreite drastisch verringern.

Zum Ändern der Textrichtung zeigen Sie die Registerkarte *Tabellentools/Layout* an und klicken dort auf die Schaltfläche *Textrichtung*. Wählen Sie dann die passende Variante aus.

Tabellen und Zellen mit Farbe und Effekten füllen

Obwohl die meisten der Tabellenformatvorlagen für eine recht gute Farbgestaltung der Tabellen sorgen, kann es durchaus vorkommen, dass die Inhalte einzelner Zellen durch eine besondere »Signalfarbe« hervorgehoben werden sollen.

Das ist mit wenigen Mausklicks erledigt. Gehen Sie wie folgt vor, um einzelne Zellen farblich anders zu gestalten:

1. Markieren Sie die Zellen.

2. Lassen Sie die *Minisymbolleiste* erscheinen, indem Sie mit der rechten Maustaste klicken.

3. Klicken Sie dort – so wie in Abbildung 14.18 gezeigt – auf die kleine Pfeilspitze neben der Schaltfläche *Fülleffekt*.

Der schnellste Weg führt über die Minisymbolleiste

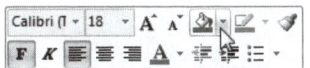

 Alternativ dazu finden Sie das gleiche Symbol auch auf der Registerkarte *Start* in der Befehlsgruppe *Zeichnung*.

Neben einfarbigen Füllungen können Sie Zellen über diesen Weg auch Farbverläufe, Strukturen oder Bilder als Hintergrund zuweisen. Mehr dazu lesen Sie im übernächsten Abschnitt zum Thema Eye-Catcher-Tabellen.

Tabellen aus Word oder Excel verwenden

Erfahrungsgemäß werden Tabellen meist in Excel oder auch in Word angelegt. Das ergibt sich allein aus der Tatsache, dass beide Programme weitaus häufiger eingesetzt werden. PowerPoint ist für viele Anwender eher ein Gelegenheitsprogramm, denn das Anfertigen von Präsentationen ist keine Aufgabe, die täglich ansteht.

Damit stellt sich natürlich die Frage, wie der Import von Tabellen aus Word und Excel funktioniert und welche Resultate zu erwarten sind. Um es kurz zu machen: Die Ergebnisse sind besser als in Vorgängerversionen, aber es bleibt noch genug zu tun.

Folien professionell gestalten

Hier irrt die Hilfe – oder: Tabellen sind nicht gleich Tabellen

In der Online-Hilfe zu PowerPoint 2007 stand zum Zeitpunkt, da dieses Kapitel geschrieben wurde, dass es beim Einfügen von Tabellen aus Word und Excel keine Probleme bei der Formatierung gäbe. Es heißt: »Nachdem Sie eine Tabelle in Office Word 2007 oder Office Excel 2007 erstellt und formatiert haben, können Sie die Tabelle in eine Office PowerPoint 2007-Präsentation einfügen, ohne das Aussehen oder die Formatierung der Tabelle anpassen zu müssen.«

Dem ist leider nicht so. Zwar können über die neuen Designs (siehe Kapitel 9) Farben, Schriften und Effekte zwischen den einzelnen Anwendungen standardisiert werden, aber bei Tabellen herrscht noch ein großes Tohuwabohu.

- In *Word* gibt es 98 Tabellenformatvorlagen. Diese sind anpassbar. Allerdings fehlt die durch Zwischentitel sichtbare Einteilung in Kategorien, was das Auswählen und Zuweisen nicht eben erleichtert.

- *PowerPoint* bietet bei den Tabellenformatvorlagen immerhin 74 Varianten. Diese lassen sich allerdings nicht anpassen. Dafür sind sie klar erkennbar in vier Kategorien unterteilt. ▶

- *Excel* verfügt über »nur« 60 Tabellenformatvorlagen. Diese sind in drei Kategorien eingeteilt und können angepasst werden.

Allein aus diesen Fakten lässt sich ohne kriminalistischen Spürsinn schließen, dass es wohl mit der eingangs behaupteten Einheitlichkeit doch noch etwas »hapert«. Hier bleibt wohl nichts anderes übrig, als auf die nächste Version zu warten und zu hoffen, dass die Qualitätskontrolle und die Abstimmungsprozesse zwischen den Entwicklerteams besser funktionieren.

Die wichtigste Verbesserung ist, dass die Schriften beim Einfügen und anschließenden Skalieren der Tabelle in PowerPoint nicht mehr verzogen werden.

Seltsam ist, dass Tabellen, die in Excel und Word noch die Attribute *Überschrift* und *Verbundene Zellen* hatten (Befehlsgruppe *Optionen für Tabellenformat* auf der Registerkarte *Tabellentools/Entwurf*), in PowerPoint nach dem Einfügen diese Attribute stets »verloren« haben. Ganz zu schweigen von der anderen farblichen Darstellung, die sich daraus ergibt.

Das Fehlen beider Attribute hat zur Folge, dass – wie in Abbildung 14.19 gezeigt – im Katalog der Tabellenformatvorlagen völlig andere Varianten angezeigt werden.

Abbildg. 14.19 Beide Male die gleiche Kategorie *Mittel*, aber die angebotenen Varianten sind unterschiedlich

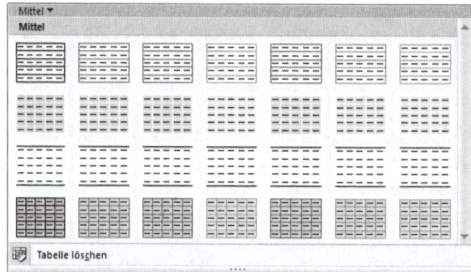 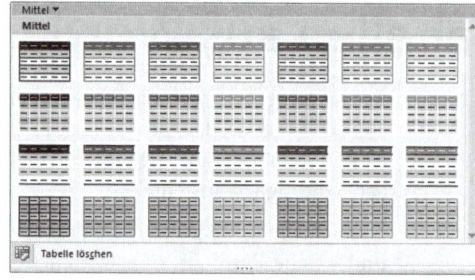

PROFITIPP

Wechseln Sie nach dem Einfügen einer Tabelle stets zur Registerkarte *Tabellentools/Entwurf* und setzen Sie in der Befehlsgruppe *Optionen für Tabellenformat* je ein Häkchen bei *Überschrift* und *Verbundene Zellen*.

Erst danach können Sie die Einheitlichkeit im Aussehen von eingefügter und PowerPoint-Tabelle über den Katalog der Tabellenformatvorlagen sichern.

Das bewirken unterschiedliche Tabellenformatvorlagen

In Abbildung 14.20 können Sie sich davon überzeugen, wie leistungsfähig und wie differenziert die Wirkung der verschiedenen Varianten der Tabellenformatvorlagen ist. Anhand einer Tabelle können Sie konkret vergleichen, welchen Effekt unterschiedliche Tabellenformatvorlagen haben.

Abbildg. 14.20   So wirken sich unterschiedliche Tabellenformatvorlagen auf ein und dieselbe Tabelle aus

DREI OPTOMA-BEAMER IM VERGLEICH

Produkt	Auflösung	Helligkeit	5-Segment-Farbrad	Gewicht
Optoma EP770	1024x768	3.000 L	ja	2,4 kg
Optoma EP773	1024x768	3.500 L	ja	3,4 kg
Optoma EP910	1400x1050	3.500 L	nein	4,5 kg

DREI OPTOMA-BEAMER IM VERGLEICH

Produkt	Auflösung	Helligkeit	5-Segment-Farbrad	Gewicht
Optoma EP770	1024x768	3.000 L	ja	2,4 kg
Optoma EP773	1024x768	3.500 L	ja	3,4 kg
Optoma EP910	1400x1050	3.500 L	nein	4,5 kg

DREI OPTOMA-BEAMER IM VERGLEICH

Produkt	Auflösung	Helligkeit	5-Segment-Farbrad	Gewicht
Optoma EP770	1024x768	3.000 L	ja	2,4 kg
Optoma EP773	1024x768	3.500 L	ja	3,4 kg
Optoma EP910	1400x1050	3.500 L	nein	4,5 kg

DREI OPTOMA-BEAMER IM VERGLEICH

Produkt	Auflösung	Helligkeit	5-Segment-Farbrad	Gewicht
Optoma EP770	1024x768	3.000 L	ja	2,4 kg
Optoma EP773	1024x768	3.500 L	ja	3,4 kg
Optoma EP910	1400x1050	3.500 L	nein	4,5 kg

DREI OPTOMA-BEAMER IM VERGLEICH

Produkt	Auflösung	Helligkeit	5-Segment-Farbrad	Gewicht
Optoma EP770	1024x768	3.000 L	ja	2,4 kg
Optoma EP773	1024x768	3.500 L	ja	3,4 kg
Optoma EP910	1400x1050	3.500 L	nein	4,5 kg

Folien professionell gestalten

Beispiele für Eye-Catcher-Tabellen

Tabellen müssen weder langweilig sein noch nur aus Zahlen und Texten bestehen. Bilder geben Tabellen ein professionelles Aussehen und »kurbeln« die Bereitschaft des Betrachters an, sich der Tabelle zuzuwenden.

Beispiel 1: Fahnen als Blickfang

In Abbildung 14.21 sehen Sie ein Beispiel für den Einsatz von Bildern in Tabellenzellen. Die Bilder ersetzen in dem Fall die Spaltenüberschriften und erhöhen gleichzeitig die Attraktivität der Tabelle deutlich.

Abbildg. 14.21 Bilder statt Länderbezeichnungen in den Spaltentiteln

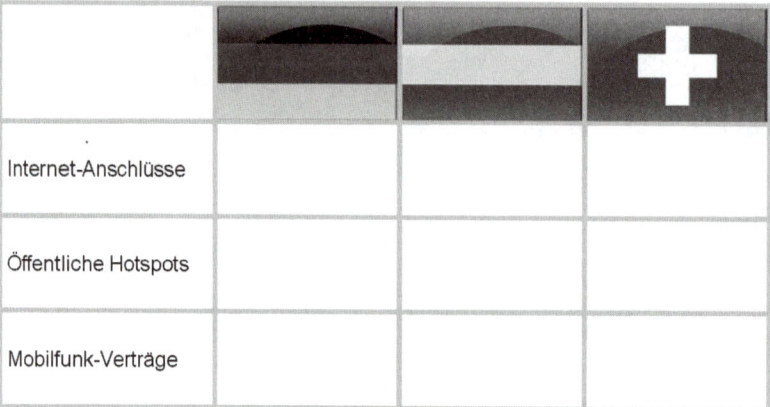

Diese Lösung erfordert nur geeignete Bilder. Haben Sie die gefunden, ist der Rest schnell erledigt:

1. Klicken Sie in die Zelle, in deren Hintergrund ein Bild erscheinen soll.
2. Klicken Sie auf die Pfeilspitze neben der Schaltfläche *Fülleffekt* (Registerkarte *Start*) und wählen Sie den Befehl *Bild*.
3. Stellen Sie den Dateipfad zu dem Bild ein und klicken Sie abschließend auf *Öffnen*.

Beispiel 2: Figuren als Blickfang

Hier noch ein weiteres Beispiel für den Einsatz von Bildern in Tabellen. Diesmal sind die Zeilenüberschriften durch Bilder ersetzt. Die Vorgehensweise ist analog zu der oben gezeigten mit den Spaltenüberschriften.

Neben der erhöhten Attraktivität gibt es einen weiteren Vorteil: Beim Skalieren und Verschieben der Tabelle passen sich die in die Zellen integrierten Bilder an.

bildg. 14.22   Bilder statt Zeilenüberschriften...

D-A-CH: Konsum von Schokolade steigt weiter

in kg pro Einwohner

	2005	2006	2007
	8,1	8,3	8,6
	8,8	8,9	9,4
	8,1	8,4	8,5

Beispiel 3: Bild als Hintergrund

In diesem Beispiel wurde zusätzlich noch ein zum Thema passendes Motiv hinter die Tabelle gestellt.

bbildg. 14.23   ...und hinter den Zahlen noch ein passendes Motiv – in dem Fall Pralinen

D-A-CH: Konsum von Schokolade steigt weiter

in kg pro Einwohner

	2005	2006	2007
	8,1	8,3	8,6
	8,8	8,9	9,4
	8,1	8,4	8,5

TIPP Hunderte geeigneter Vorlagen für Fahnen, Länder, Kontinente, Globen und andere Elemente mit geografischem Bezug finden Sie in Premiumqualität im Download-Porta *Presentationload.de*. Die Webadresse ist *www.presentationload.de*. Periodische Besuche diese Website lohnen sich, denn wöchentlich kommen neue, attraktive Grafiken für den Einsatz in Präsentationen hinzu.

Beispiel 4: Tabelle im 3D-Look

Es muss nicht unbedingt ein Bild im Hintergrund sein, um die Aufmerksamkeit auf eine bestimmte Tabelle zu lenken. Eine andere Möglichkeit ist, die Tabelle im 3D-Look erscheinen zu lassen.

Leider lassen sich die vielen neuen dreidimensionalen Effekte für Objekte nicht auf Tabellen anwenden. Doch mit einem kleinen Umweg können Sie auch eine Tabelle als 3D-Objekt anzeigen. So geht's:

1. Fügen Sie über die Befehlsgruppe *Zeichnung* der Registerkarte *Start* ein Rechteck ein.
2. Ziehen Sie das Rechteck exakt über der Tabelle auf.
3. Wechseln Sie zur Registerkarte *Zeichentools/Format* und weisen Sie dem Rechteck per Klick auf *Formeffekte* in der Befehlsgruppe *Formenarten* einen 3D-Effekt zu.
4. Lassen Sie das Rechteck markiert und klicken Sie auf der Registerkarte *Zeichentools/Format* in der Befehlsgruppe *Anordnen* auf *In den Hintergrund*.

Das Ergebnis könnte dann wie in Abbildung 14.24 aussehen.

Abbildg. 14.24 Eine Tabelle auf ein Objekt mit 3D-Gestaltung legen

Webstatistik 2. Quartal

	Besuche	Seiten pro Besuch	Ø Besuchszeit	Anteil neuer Besucher
April	30.341	3,4	03:13	67%
Mai	26.932	2,6	03:02	45%
Juni	28.845	2,8	02:46	52%

Grundwissen zum Thema Diagramme

Gute Schaubilder – und dazu gehören Diagramme – sind in erster Linie das Resultat klaren Denkens, nicht optischer Finessen. Auch wenn dieser Satz hart klingen mag, bringt er das Hauptproblem beim Anfertigen eines Diagramms auf den Punkt: Was soll das Diagramm den Betrachtern sagen? Sagt es überhaupt etwas aus?

Diagramme sind das Ergebnis klaren Denkens

Um diese Klarheit des Denkens einmal selbst zu prüfen, können Sie folgendes Experiment machen: Nehmen Sie ein fertiges Diagramm, schalten Sie über den Befehl *Graustufe* auf der Registerkarte *Ansicht* in die Graustufendarstellung. Betrachten Sie nun Ihr Diagramm und prüfen Sie kritisch, ob sich beim Betrachten dieses nüchternen, schmucklosen Schaubildes eine eindeutige Aussage »aufdrängt« und wenn ja, welche.

Sie werden auf diese Weise ganz schnell feststellen, dass möglicherweise zu viele Datenreihen im Diagramm vorhanden sind und sich dem Betrachter deshalb gar keine eindeutige Aussage erschließen kann. Oder Sie bemerken, dass die Daten falsch gruppiert sind und damit die beabsichtigte Aussage nicht offensichtlich wird. Oder Sie konstatieren, dass Sie das Diagramm mit zusätzlichen Informationen (Pfeile, Kommentare, Angabe prozentualer Unterschiede etc.) überfrachtet haben und daher die Hauptaussage nicht mehr ausreichend deutlich wird. Oder Sie merken, dass das Diagramm zu bunt ist und die Hauptaussage »untergeht«.

Diagramme lesen und verstehen

Das Verstehen von Diagrammen wird sehr stark vom Vorwissen der Betrachter beeinflusst. Im Unterschied zu Bildern, die der Wirklichkeit nachempfunden und ihr demzufolge ähnlich sind, stellen Diagramme einen Sachverhalt abstrakt dar. Wie beim Verstehen eines Bildes macht sich der Betrachter auch beim Verstehen eines Diagramms ein Modell des Sachverhalts. Er wird also versuchen, in dem Diagramm gleichartige und nicht gleichartige Informationen auszumachen. Gleichartige Informationen werden zu Gruppen zusammengefasst: beispielsweise alle roten Punkte oder alle grünen Flächen.

Beim Anschauen und Verstehen von Diagrammen kann der Betrachter nicht auf Erkennungsschemata der täglichen Wahrnehmung zurückgreifen (rote Ampel = Stopp; grüne Ampel = Gehen). Das Verstehen und Interpretieren von Diagrammen muss also erlernt werden. Daraus ergibt sich für Sie beim Anfertigen eines Diagramms die Aufgabe, diesen Lern- und Erkenntnisprozess so gut wie möglich zu unterstützen – mit Diagrammen, die sich dem Betrachter leicht erschließen. Da sind wir also wieder beim Ausgangspunkt: die Klarheit des Denkens, die sich in der Klarheit der Aussage niederschlagen wird.

Inhalte anschaulich darstellen

Diagramme sind Grafiken, die in Säulen, Balken, Kreissegmenten, Linien oder Flächen Trends, Zustände oder auch Abläufe widerspiegeln. Der Hauptzweck von Diagrammen ist die schnelle Veranschaulichung von Zahlenmengen und komplexen Zusammenhängen. Und diese Funktion von Diagrammen hat wachsende Bedeutung: Denn angesichts der Informationsflut in allen Bereichen des Lebens wird es immer schwieriger, sich ein Bild über bestimmte Entwicklungen und Situationen zu machen. Hier können Diagramme helfen, Informationen zu komprimieren und zu verständlichen Aussagen zusammenzufassen. Nun werden Sie selbst täglich in den verschiedensten Medien mit Diagrammen konfrontiert. Dabei lassen sich von der Wirkung her eigentlich drei Gruppen unterscheiden:

- Manche Diagramme sind sachlich knapp, informativ, schnörkellos; für die Gestaltung wurde keine Zeit »verschwendet«.

Folien professionell gestalten

- Andere sind verspielt, sehr schön anzusehen, aber – zumindest auf den ersten Blick – kaum verständlich.

- Wieder andere sind aussagekräftig und auch gestalterisch gelungen.

Natürlich sind es die zuletzt charakterisierten Diagramme, die besonders in Erinnerung bleiben. Nur, wie können Sie genau diesen Eindruck erreichen? Denn bei dem Angebot an Diagrammtypen und den verschiedensten Untervarianten fällt es gar nicht leicht, sich für die richtige Darstellung zu entscheiden (siehe Abbildung 14.25).

Abbildg. 14.25 Gebräuchliche Diagrammtypen im Überblick

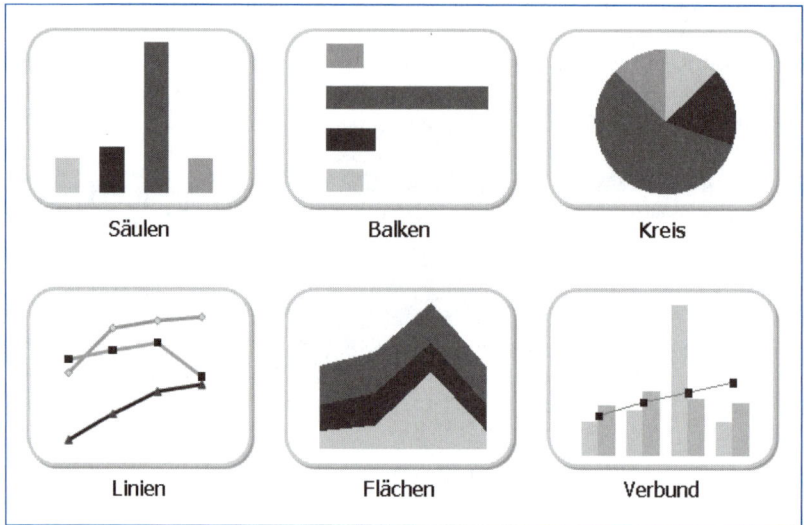

Die Planung von Diagrammen

Wie so oft bei komplexen Aufgaben sollte auch bei Diagrammen am Anfang zuerst einmal ein kleiner Plan stehen. Damit Diagramme ihren Zweck erfüllen, reicht die Kenntnis der Diagrammfunktionen allein nicht aus; mindestens zwei Dinge kommen auf jeden Fall noch hinzu:

- zum einen die konkrete Vorstellung von dem, was das Diagramm aussagen soll und was nicht,

- zum anderen der bewusste Einsatz der Möglichkeiten zum Zeichnen, um die Diagramme inhaltlich und optisch aufzuwerten.

Es ist also bei jedem Diagramm ein wenig Vorarbeit vonnöten. Und bei der Vielzahl von Diagrammtypen und Gestaltungsmöglichkeiten ist es nicht so leicht, sich auf Anhieb für die beste und auch klarste Variante zu entscheiden. Um Ihnen dabei ein wenig Unterstützung zu geben, hier eine kurze und bei Weitem nicht vollständige Checkliste, für die Sie vor und beim Erstellen von Diagrammen möglichst die Antworten finden sollten:

Checkliste für die Auswahl des Diagrammtyps

- Was soll die Hauptaussage des Diagramms sein?

- Welche Entscheidung soll das Diagramm unterstützen?

- Welche Daten sollen dargestellt werden, welche nicht?

- Welche verfügbaren Informationen laufen dem Ziel einer klaren Aussage im Diagramm entgegen?

- Wie sollen die darzustellenden Daten geordnet werden?

- Welcher Diagrammtyp und welcher Untertyp kann diese Aufgabe am besten erfüllen (welcher auf keinen Fall)?

- Welche Aussagen sollen besonders hervorgehoben werden?

- Welche Farben entsprechen dem Thema bzw. dem Corporate Design?

- Welche Zusatzelemente (Beschriftungen, Bilder, Logo usw.) können die Aussage des Diagramms wirkungsvoll unterstützen?

- Welche Diagrammelemente, die automatisch vom Programm mitgeliefert werden, sind verzichtbar oder störend?

- Ist es sinnvoll, mehrere Diagramme zu erstellen, um den Vergleich unterschiedlicher Sachverhalte oder großer Zahlenmengen besser und übersichtlicher darzustellen?

- Wie soll die Darstellung der Werte in der Größenachse erfolgen (kleinster und größter Wert, Intervall)?

- Wie sieht der Ausdruck des am Bildschirm farbig erstellten Diagramms auf einem Schwarz-Weiß-Drucker aus?

Sie sehen schon an diesen wenigen ausgewählten Fragen, dass Diagramme tatsächlich eine komplexe, aber auch reizvolle, weil anspruchsvolle Aufgabe sind.

Welcher Typ ist gefragt – oder wann setzen Sie welchen Diagrammtyp ein?

Mithilfe von Diagrammen können Sie Daten grafisch und in standardisierter Form aufbereiten. Diagramme dienen manchmal der Gegenüberstellung von absoluten Zahlen, ein anderes Mal dem Aufzeigen von Entwicklungen und Trends und wieder ein anderes Mal dem Vergleich von Anteilen. Bei all der Vielfalt der Informationen und deren möglicher Darstellung durch die zur Verfügung stehenden Diagrammvarianten fällt es nicht leicht, sich für den am besten geeigneten Diagrammtyp zu entscheiden. Abbildung 14.26 zeigt eine Übersicht über gebräuchliche Diagrammtypen in Präsentationen und deren gewöhnliche Einsatzgebiete. Der Abbildung folgen Erläuterungen zu einzelnen Diagrammtypen. Eine Beschreibung aller verfügbaren Diagrammvarianten würde zum einen den Rahmen dieses Buches sprengen, zum anderen ist auch nicht jedes Diagramm für die Darstellung auf Folien geeignet, sondern eher zum Lesen auf Papier.

Abbildg. 14.26 Die entscheidende Frage nach Sichtung der Daten und Auswahl der Aussage ist die nach dem am besten geeigneten Diagrammtyp

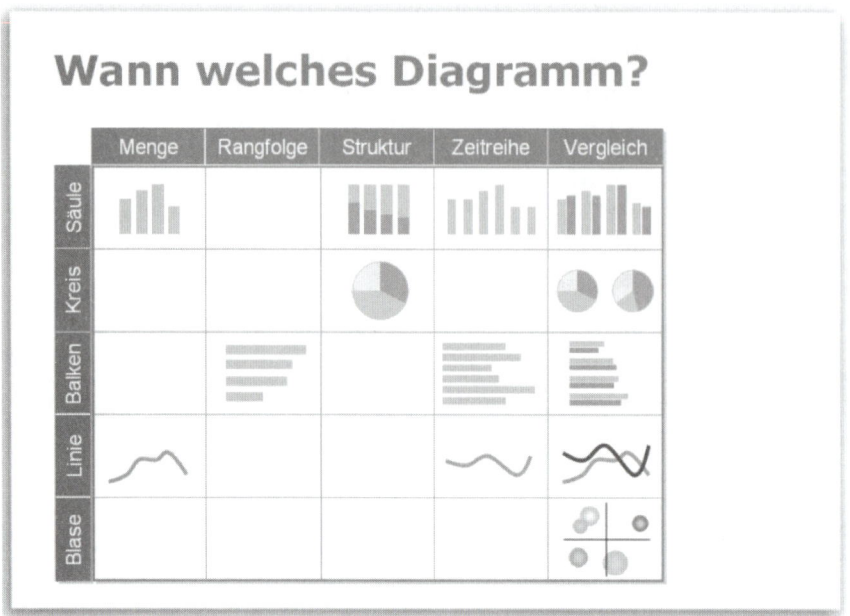

Säulen- und Balkendiagramme

Mit diesen beiden Diagrammarten können Sie mehrere Größen nebeneinander bzw. untereinander vergleichbar machen. Sie zeigen damit die Unterschiede zwischen absoluten Werten.

Säulendiagramme werden vor allem dann eingesetzt, wenn es darum geht, Daten zu vergleichen und dies auch über mehrere Zeiträume. Die Werte werden dabei in der vertikalen Achse, d.h. durch die Höhe der Säulen dargestellt. Die horizontale Achse dient oft zur Darstellung von Zeitperioden. Bei allzu vielen Werten in einer Kategorie sollten Sie erwägen, auf ein Liniendiagramm zurückzugreifen. Denn bei mehr als zehn Werten dürfte es schwerfallen, die Hauptaussage noch zu erkennen.

Balkendiagramme sind dann besonders geeignet, wenn es gilt, eine Reihenfolge innerhalb von Werten darzustellen. Die Länge der Balken nimmt dann von oben nach unten ab oder zu. Man kann auf den ersten Blick den höchsten oder niedrigsten Wert erkennen.

Linien- und Flächendiagramme

Linien- und Flächendiagramme sind mit Säulen- und Balkendiagrammen verwandt, aber im Gegensatz zu diesen werden hier die Daten durch miteinander verbundene Punkte bzw. durch Flächen dargestellt. Sie eignen sich besonders gut zum Aufzeigen von Entwicklungen und zur vergleichenden Darstellung von Prozessen. Hier können auch große Datenmengen sinnvoll dargestellt werden (bis zu 32.000 Datenpunkte). Linien- und Flächendiagramme berücksichtigen den Zeitfaktor auf der waagerechten Achse und zeigen die Werte auf der senkrechten Achse an. Sollen mehrere

Kurven oder Flächen in einem Diagramm dargestellt werden, verwenden Sie unterschiedliche Farben bzw. Grauschattierungen, um eine Unterscheidung der einzelnen Datenreihen zu erleichtern.

Liniendiagramme eignen sich sehr gut, um Trends aufzuzeigen. Typische Beispiele sind Umsatz- und Kostenkurven, Aktienkurse oder auch technische Messungen, wie etwa die der Temperatur oder einer Maschinenleistung.

Kreis- und Ringdiagramme

Diese Diagrammart ist dafür bestimmt, das Ganze in seinen Teilen darzustellen. Mit Kreis- und Ringdiagrammen geben Sie beispielsweise einen Überblick über die Umsatzverteilung zwischen verschiedenen Filialen oder Produkten, über die Zusammensetzung von Kosten oder auch über die Sitzverteilung. Die Teile aus der Gesamtmenge werden hierbei in Prozent umgerechnet und als Segmente dargestellt.

Zu beachten ist hierbei, dass nicht zu viele Teilmengen dargestellt werden. Wenn mehrere kleine Teilmengen abgebildet werden müssen, können diese als Sammelmengen zusammengefasst werden. Wichtig ist auch, dass Sie die einzelnen Segmente mit Farben und Mustern optisch deutlich voneinander abtrennen. Eine gute Variante zum Hervorheben einzelner Anteile ist das Herausziehen einzelner Segmente.

Verbunddiagramme

In Verbunddiagrammen kommen zwei verschiedene Diagrammtypen zum Einsatz. Somit können unterschiedlich geartete Informationen gegenübergestellt werden. Zum Erstellen von Verbunddiagrammen benötigen Sie mindestens zwei Datenreihen. Verbunddiagramme sind meist eine Kombination aus zweidimensionalem Säulendiagramm und Liniendiagramm. Ein Beispiel: Das Säulendiagramm zeigt die Umsatz-, das Liniendiagramm die Kostenentwicklung. Mit Verbunddiagrammen erhalten Sie außerdem die Möglichkeit, unterschiedliche Werte auf zwei verschiedenen Skalen darzustellen. Beispiele hierfür wären die Entwicklung eines Aktienkurses vor dem Hintergrund der Entwicklung einer Währung oder die Entwicklung der Umsätze eines Produkts vor dem Hintergrund eines Konkurrenzprodukts.

Blasendiagramme

Blasendiagramme eignen sich für das Darstellen von Portfolios. Beispielsweise lässt sich mit einem Produkt-Portfolio der Ist-Zustand hinsichtlich Marktanteil, -wachstum und Umsatz für eine Gruppe von Produkten analysieren und übersichtlich gegenüberstellen – bei internen Vergleichen wie auch beim Benchmarking mit Wettbewerbern. Solche Portfolio-Analysen sind auch in anderen Bereichen hilfreich. So können beispielsweise beim Projekt-Reporting mittels Blasendiagramm Projektfortschritt und -risiko sowie die Kosten auf einen Blick übersichtlich aufgezeigt werden. Der entscheidende Vorteil von Blasendiagrammen ist, dass sich quantitative und qualitative Faktoren zugleich darstellen lassen. Die Position der Datenpunkte in den Sektoren des Portfolios ermöglicht eine schnelle qualitative Zuordnung.

Folien professionell gestalten

Diagramme anlegen

Neu

Das Erstellen und Nachbearbeiten von Diagrammen ist in PowerPoint 2007 im Vergleich zu den Vorgängerversionen schneller und leichter geworden. Das Modul zum Anlegen und Bearbeiten von Diagrammen wurde nach vielen Jahren gründlich überarbeitet. Dabei haben die Microsoft-Entwickler den Fokus darauf gelegt, die bei der Arbeit mit Diagrammen erforderlichen Schritte zu reduzieren und die Funktionen einfacher zugänglich zu machen.

Die Neuerungen bei der Arbeit mit Diagrammen

Die Neuerungen konzentrieren sich auf eine andere Handhabung, optimierte Arbeitsabläufe und weitaus mehr Möglichkeiten der optischen Gestaltung. Neue Diagrammtypen sind nicht hinzugekommen. Hier wichtige Änderungen und Merkmale im Überblick:

- PowerPoint nutzt nicht mehr Microsoft Graph als Diagramm-Modul. Sowohl die Dateneingabe und -haltung wie auch die Erstellung und Bearbeitung der Diagramme wurden an Excel übergeben. Das heißt konkret: Wenn Sie ein Diagramm anlegen, wird automatisch Excel aktiv. Nur wenn Excel nicht installiert ist, nutzt PowerPoint noch das alte Microsoft Graph.

- Die in Excel eingegebenen *Daten für ein Diagramm* werden standardmäßig in die Präsentation *eingebettet*. Das bedeutet: Die Daten werden zwar in Excel geändert, aber das Arbeitsblatt wird mit der PowerPoint-Datei gespeichert.

- Wenn Sie ein *Excel-Diagramm* in eine PowerPoint-Präsentation einfügen, werden die Daten im Diagramm mit dem Excel-Arbeitsblatt *verknüpft*. Änderungen an den Daten nehmen Sie im verknüpften Excel-Arbeitsblatt vor. Das Excel-Arbeitsblatt ist in dem Fall eine *getrennte Datei* und wird nicht mit der PowerPoint-Datei gespeichert.

- Da Excel jetzt der Diagrammeditor ist, gehören zahlreiche Probleme beim Datenaustausch zwischen Excel und PowerPoint der Vergangenheit an.

- Beim Öffnen einer in älteren PowerPoint-Versionen erstellten Präsentation mit Diagramm(en) wird das Aussehen und Verhalten der Diagramme beibehalten – es sei denn, Sie konvertieren die Inhalte in das Format von 2007.

- Beim Anlegen und Aufbereiten eines Diagramms helfen zwar keine Assistenten, aber mithilfe zahlreicher vorgefertigter Sets typischer Diagrammbausteine gelangen auch ungeübte Anwender schnell und einfach zu ansprechenden Ergebnissen.

- Die Arbeitsabläufe sind so gestaltet und optimiert, dass sich die Anwender nach der Auswahl des Diagrammtyps in logischer Abfolge vom Allgemeinen zum Speziellen durcharbeiten: beginnend bei diagrammweit geltenden Entscheidungen wie das Layout, über Gestaltung der Achsen bis hin zu Details wie Farbe eines Elements.

- Eine Reihe früher gut versteckter Befehle ist jetzt direkt zugänglich oder wurde verständlicher benannt.

- Diagramme werden jetzt von den Office-weit geltenden Gestaltungsrichtlinien im Rahmen der *Office-Designs* erfasst. Das betrifft Schriften, Farbe und Effekte.

Diagramme einbauen: Zwei unterschiedliche Wege

Wenn Sie Ihre Folien mit Diagrammen versehen wollen, stehen Ihnen zwei Möglichkeiten zur Verfügung:

- Sie importieren ein bereits vorhandenes Diagramm aus Excel oder
- Sie erstellen das Diagramm in PowerPoint.

Diagramme aus Excel oder mit PowerPoint?

Diese Frage lässt sich ganz kurz wie folgt beantworten:

- Diagramme, die bereits in Excel vorliegen und optisch gut aufbereitet sind (z.B. geeignete Schriftgröße), können Sie sofort in PowerPoint verwenden. Kopieren Sie das fertige Excel-Diagramm einfach über die Zwischenablage in Ihre Präsentation. Sie können das so eingefügte Diagramm sogar animieren, also schrittweise aufbauen lassen – so, als sei es in PowerPoint erstellt worden.

- Besitzen Sie nur die erforderlichen Daten und noch kein Diagramm dazu, dann erstellen Sie dieses am besten direkt in PowerPoint.

Diagramme anlegen per Mausklick

Der schnellste Weg zum Anlegen eines Diagramms führt über das Einfügen einer neuen Folie, deren Layout einen Platzhalter für Diagramme enthält.

1. Klicken Sie dazu auf der Registerkarte *Start* auf die Schaltfläche *Neue Folie* und wählen Sie dann ein Layout mit Diagrammplatzhalter aus.

Abbildg. 14.27   Inhaltsplatzhalter bieten fast durchgängig ein Diagramm-Symbol an

2. Klicken Sie dann zum Erstellen des Diagramms auf das in Abbildung 14.27 hervorgehobene Symbol.

Wollen Sie hingegen auf einer schon vorhandenen Folie noch ein Diagramm hinzufügen, wechseln Sie zur Registerkarte *Einfügen* und klicken dort auf die Schaltfläche *Diagramm*.

Die Qual der (Diagramm-)Wahl

Nach einem Klick auf das eben beschriebene Diagramm-Symbol öffnet sich ein Katalog, in dem die verfügbaren Diagrammtypen angezeigt werden. Es sind insgesamt 73 verschiedene Untertypen verteilt auf elf Diagramm-Kategorien.

Abbildg. 14.28 Den Katalog der verfügbaren Diagrammtypen können Sie in Höhe und Breite vergrößern

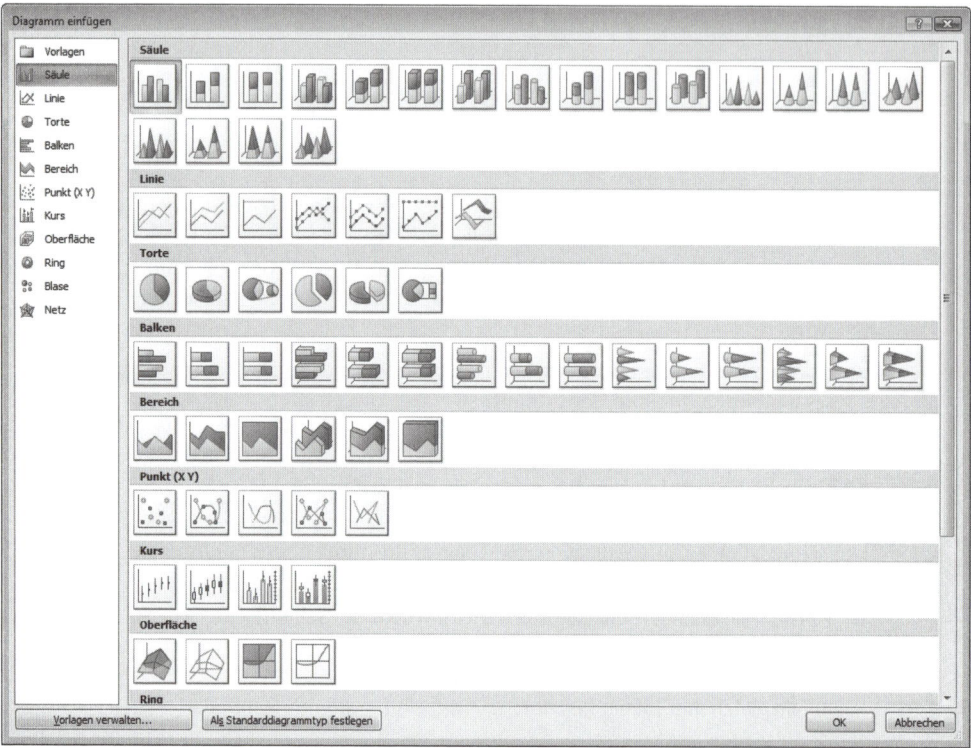

> **HINWEIS** Die Gruppe der benutzerdefinierten Diagramme aus früheren Versionen gibt es nicht mehr. Mithilfe eigener Diagrammvorlagen können Sie solche von den vorgegebenen Standards abweichende Diagrammtypen selbst definieren.

Die Eingabe der Daten: Jetzt direkt in Excel

Nach der Wahl des gewünschten Diagrammtyps öffnet sich automatisch Excel, damit Sie Ihre Daten eingeben können.

Microsoft Graph

Ist auf dem PC kein Excel vorhanden, wird das in älteren Office-Versionen eingesetzte Diagramm-Modul Microsoft Graph geöffnet. Mit Microsoft Graph legen Sie Diagramme so an wie in PowerPoint 97 bis 2003.

Falls Microsoft Graph nicht auf Ihrem PC installiert ist, können Sie es nachinstallieren, indem Sie das Setup-Programm von CD erneut starten und, so wie in Abbildung 14.29 gezeigt, unter *Office-Tools* die Option *Microsoft Graph* zur Installation auswählen.

Abbildg. 14.29 Microsoft Graph bei Bedarf nachträglich installieren

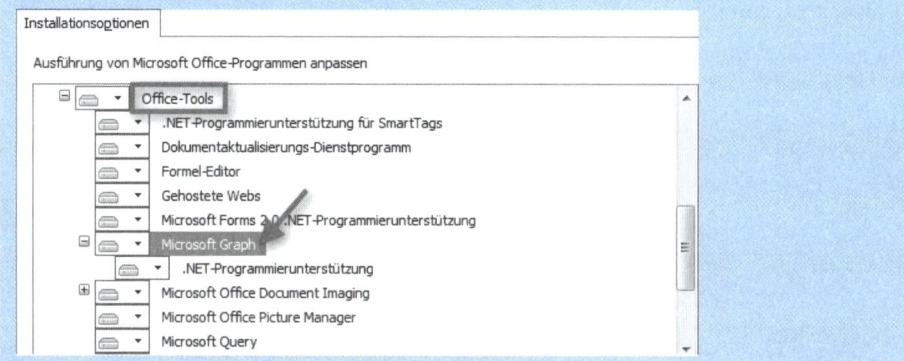

Das Excel-Blatt enthält bereits einige Zeilen und Spalten, damit Sie einen Eindruck von dem entstehenden Diagramm bekommen, das zeitgleich in PowerPoint angezeigt wird.

Abbildg. 14.30 Der Datenbereich wird von einem blauen Rahmen umgeben; mit dem kleinen Pfeil an der rechten unteren Ecke können Sie seine Größe korrigieren

	A	B	C	D
1		April	Mai	Juni
2	DLP	4,3	2,4	2
3	LCD	2,5	4,4	2
4	LED	3,5	1,8	3
5	Zubehör	4,5	2,8	5
6				

Daten und Datenbereich ändern

Der Datenbereich, der im Diagramm angezeigt wird, ist von einem blauen Rahmen umgeben. Um den Bereich größer oder kleiner zu machen, ziehen Sie – so wie in Abbildung 14.30 gezeigt – an der rechten unteren Ecke des Bereichs. Der Mauszeiger wird dort als diagonaler Doppelpfeil angezeigt.

Wenn Sie die Daten in der vorgegebenen Tabelle löschen wollen, markieren Sie sie und drücken dann die Taste ⌜Entf⌟. Das ist der beste Weg, wenn Sie Ihre Daten in ein leeres Blatt eingeben wollen.

Folien professionell gestalten

Im Unterschied zum früheren Microsoft Graph können Sie jetzt bei der Eingabe der Daten den kompletten Komfort und die Funktionalität von Excel nutzen.

- Nutzen Sie das Ausfüllkästchen und geben Sie so die Daten schneller ein. Bilden Sie beispielsweise blitzschnell Zahlenreihen, Monatslisten etc.

- Verwenden Sie die Funktionen zum Berechnen und machen Sie die Daten mit Formeln dynamisch.

Zeilen und Spalten von der Anzeige im Diagramm ausschließen

Sie können einzelne Datenreihen der Tabelle im Diagramm verbergen oder wieder einblenden, indem Sie Folgendes tun:

- Klicken Sie in der Datentabelle mit der rechten Maustaste auf den betreffenden Zeilen- oder Spaltenkopf und wählen Sie im Kontextmenü den Befehl *Ausblenden*.

- Wollen Sie eine zuvor ausgeblendete Zeile oder Spalte wieder im Diagramm sichtbar machen, klicken Sie mit der rechten Maustaste auf die Köpfe der umschließenden Zeilen oder Spalten und wählen im Kontextmenü *Einblenden*.

- Wollen Sie die letzte(n) Zeile(n) oder Spalte(n) aus der Datentabelle von der Anzeige im Diagramm ausschließen, ziehen Sie – so wie in Abbildung 14.30 gezeigt – an der blauen Ecke am rechten unteren Rand der Datentabelle. Mithilfe des Doppelpfeils ändern Sie den Bereich.

> **TIPP** Nach Eingabe der Daten können Sie das Excel-Fenster schließen oder auf Symbolgröße minimieren.

Die Werkzeuge bei der Arbeit mit Diagrammen

Die Befehle zum Auswählen, Anlegen und Bearbeiten eines Diagramms sind in der Multifunktionsleiste auf drei Registerkarten verteilt. Vorbei die Zeiten, als sich per Assistent oder über ein Dialogfeld die meisten Optionen für ein Diagramm festlegen ließen.

Um die Registerkarten der *Diagrammtools* sichtbar zu machen, reicht ein Klick auf das Diagramm.

Die Registerkarte *Diagrammtools/Entwurf*

Auf dieser Registerkarte treffen Sie grundlegende Entscheidungen zu einem Diagramm: dazu gehören Diagrammtyp, Art der Darstellung der Daten (zeilen- oder spaltenweise), Diagrammlayout und generelle Farbgebung.

Abbildg. 14.31 Die Befehle auf der Registerkarte *Diagrammtools/Entwurf*

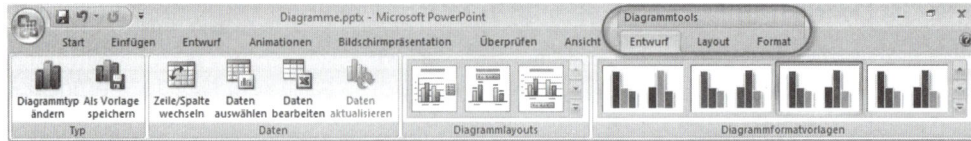

Die Registerkarte *Diagrammtools/Layout*

Hier treffen Sie Entscheidungen darüber, ob und wie einzelne Diagrammelemente dargestellt werden.

Abbildg. 14.32 Die Befehle auf der Registerkarte *Diagrammtools/Layout*

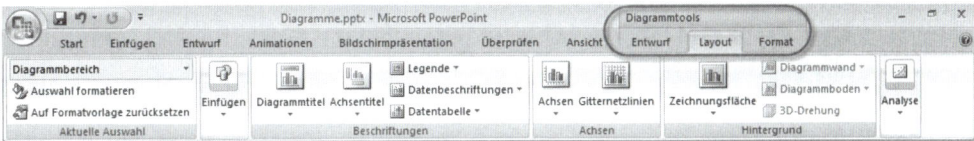

Die Registerkarte *Diagrammtools/Format*

Auf dieser Registerkarte legen Sie Details zu einzelnen Diagrammelementen fest, hier sorgen Sie für ergänzende Beschriftungen mittels WordArt und können auf die Befehle zugreifen, die zum Umgang mit mehreren Objekten erforderlich sind.

Abbildg. 14.33 Die Befehle auf der Registerkarte *Diagrammtools/Format*

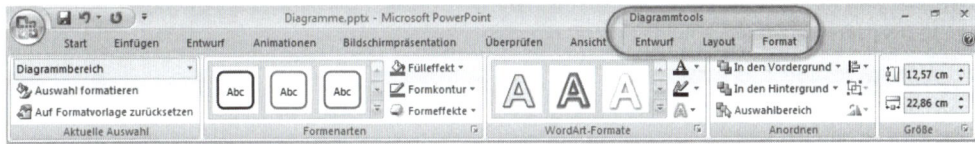

Zwischenfazit: Zeitsparend und mit System arbeiten

Egal, ob Sie ein Diagramm erstellen oder nachbearbeiten: Die drei Registerkarten erlauben Ihnen eine schnelle und direkte Abarbeitung der erforderlichen Schritte. Alle Anweisungen sind per Klick auf die einzelnen Schaltflächen erreichbar. Die Unterteilung in drei Registerkarten erleichtert zudem das Zurechtfinden im System der Diagrammbefehle. Abbildung 14.34 gibt noch einmal einen Überblick, welche der drei Registerkarten Sie wann nutzen.

Abbildg. 14.34 Die Einsatzfelder der Diagrammtools im Überblick

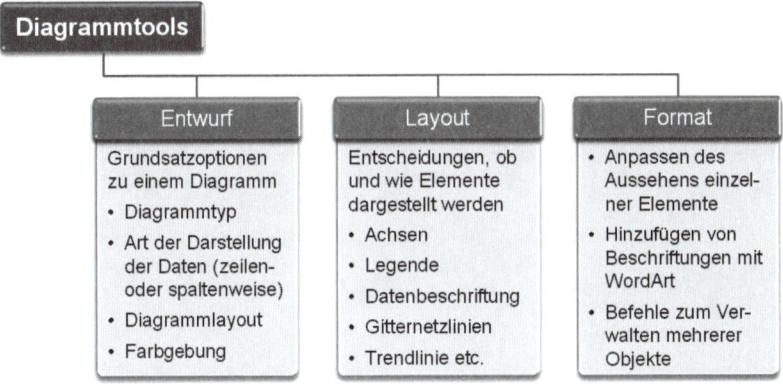

Diagramme bearbeiten und gestalten

Nach der Eingabe der Daten und der Wahl des passenden Diagrammtyps geht es weiter mit wichtigen Entscheidungen, die das Layout und die Gestaltung des gesamten Diagramms betreffen.

Das grundlegende Aussehen des Diagramms bestimmen

Es kann durchaus sein, dass Ihnen nach Eingabe der Daten die Darstellung im Diagramm noch nicht zusagt. Per Klick auf *Diagrammtyp ändern* in der Befehlsgruppe *Typ* am linken Rand der Registerkarte *Diagrammtools/Entwurf* weisen Sie dem aktuellen Diagramm einen anderen Diagrammtyp zu.

Diagrammtyp
ändern

Über die sich anschließende Befehlsgruppe *Daten* können Sie die Daten im Diagramm im Handumdrehen anders strukturieren. Beispielsweise können Sie per Klick auf die Schaltfläche *Zeile/Spalte wechseln* ganz einfach die Anordnung der Daten vertauschen.

Abbildg. 14.35 Komfortabel die Anordnung und den aktuellen Stand der Daten ändern

TIPP Sollte die Schaltfläche *Zeile/Spalte wechseln* nicht aktiv sein, können Sie dieses Manko umgehen, indem Sie die Schaltfläche *Daten auswählen* rechts daneben anklicken. In dem folgenden Dialogfeld (siehe Abbildung 14.36) können Sie mit einem Mausklick die zeilenweise Anordnung der Daten gegen die spaltenweise und umgekehrt tauschen.

Auch die Schaltfläche *Daten auswählen* bietet viel Komfort. Sie führt zu dem in Abbildung 14.36 gezeigten Dialogfeld, in dem Sie auf leichte und verständliche Weise

Daten
auswählen

- den Datenbereich und

- die Reihenfolge der Datenreihen im Excel-Arbeitsblatt und damit im Diagramm anpassen sowie

- den Wechsel von der zeilen- zur spaltenweisen Darstellung oder umgekehrt entscheiden können.

Mit einem Klick auf *Daten bearbeiten* lassen Sie das Datenblatt in Excel erneut anzeigen.

Daten
bearbeiten

Abbildg. 14.36 Anordnung und Reihenfolge per Dialogfeld ändern

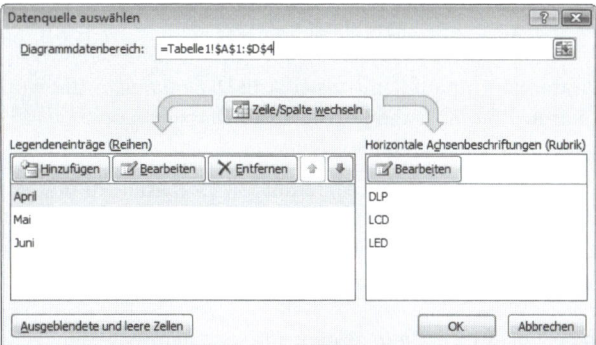

Diagrammlayouts und Diagrammformatvorlagen einsetzen

Neu Eine sehr nützliche Neuerung und besonders wichtig für die Gestaltung und die Aussage des Diagramms ist die Befehlsgruppe *Diagrammlayouts*. Sie enthält zahlreiche Vorschläge für den Aufbau des Diagramms (jeweils mit und ohne Gitternetzlinien, Datentabelle, Diagrammtitel usw.).

Abbildg. 14.37 Direkter Zugang zu wichtigen Befehlen für den Aufbau eines Diagramms

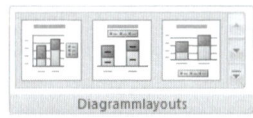

In der Befehlsgruppe *Diagrammformatvorlagen* haben Sie über einen Katalog mit Dutzenden verschiedener Muster die Möglichkeit, im Handumdrehen die Farbgebung, Linien- und Effektwahl des Diagramms zu entscheiden oder zu ändern.

PROFITIPP

> Merken Sie sich die Nummer der gewählten Formatvorlage und sorgen Sie dafür, dass allen anderen Diagrammen in der aktuellen Präsentation genau diese Formatvorlage zugewiesen wird.

Abbildg. 14.38 Farbgebung und Formeneffekte für ein Diagramm ganz einfach per Katalog auswählen

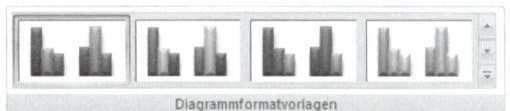

WICHTIG Die Auswahl an Diagrammlayouts und Diagrammformatvorlagen variiert je nach ausgewähltem Diagrammtyp.

Diagrammformatvorlagen stehen in direkter Beziehung zum Design einer Präsentation. Ändern Sie das Design, ändern sich die verfügbaren Gestaltungsmuster für Diagramme. Bestehende Diagramme werden an das neue Design angepasst. Der Vorteil: Ändert sich der Firmenstandard, ist nur eine Änderung am Design notwendig, Diagramme (und Tabellen) werden automatisch angepasst. Wird das Diagramm in eine andere Präsentation kopiert, erhält es das Design der Zielpräsentation.

Folien professionell gestalten

Das Layout einzelner Diagrammelemente einstellen

Während die Wahl eines Diagrammlayouts auf der Registerkarte *Diagrammtools/Entwurf* Folgen für das gesamte Diagramm hat, können Sie über die Registerkarte *Diagrammtools/Layout* gezielt einzelne Diagrammelemente anzeigen, ausblenden oder verändern.

Sie müssen nicht mehr umständlich die einzelnen Diagrammobjekte markieren und dann die Einstellungen ändern. Schalten Sie ganz komfortabel die Anzeige der verschiedenen Diagrammelemente ein – beispielsweise Diagramm- oder Achsentitel, Legende oder Datenbeschriftung – und wählen Sie dabei gleich das Anzeigeformat aus.

Abbildg. 14.39 Zwei wichtige Befehlsgruppen bei der Wahl der anzuzeigenden Diagrammelemente

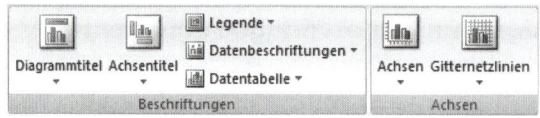

Die Schaltflächen in den beiden Befehlsgruppen *Beschriftungen* und *Achsen* decken einen Großteil der Befehle ab, die Sie zur Darstellung einzelner Diagrammelemente benötigen. Die jeweiligen Optionen stehen Ihnen in Katalogen zur Verfügung, die die am häufigsten verwendeten Einstellungen enthalten. Ist die gesuchte Einstellung nicht dabei, bringt Sie der Befehl *Weitere*, der am Ende jedes Katalogs angeboten wird, zu einem Dialogfeld mit den Formatoptionen des jeweiligen Diagrammelements.

- Für die *Achsentitel* stehen zwei Kataloge mit verschiedenen Optionen für horizontale und vertikale Achsen zur Verfügung.

- Über die Schaltfläche *Achsen* können Sie die Position der Achsen bestimmen und auch ob die Informationen zu Kategorie, Datenreihe oder Achsenwerten angezeigt werden sollen.

- Gleich daneben können Sie das Aussehen der *Gitternetzlinien* einstellen. Im Unterschied zu den Vorgängerversionen gibt es jetzt schon eine Auswahl voreingestellter Optionen.

- Auch für die Anzeige der *Legende* können Sie auf vorbereitete Einstellungen zurückgreifen.

Einzelne Elemente clever auswählen

Die in Abbildung 14.40 gezeigte Befehlsgruppe *Aktuelle Auswahl*, die auch auf der Registerkarte *Format* zu finden ist, enthält oben ein Dropdown-Listenfeld mit den Elementen des Diagramms. Wenn Ihnen das Markieren eines Diagrammelements mit der Maus zu umständlich ist oder Sie das Element ausgeblendet haben, dann aktivieren Sie das Diagrammelement über diese Auswahlliste.

Abbildg. 14.40 Schnell und zeitsparend einzelne Elemente markieren oder Formatierungen zurücksetzen

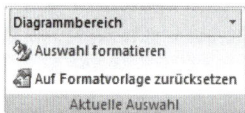

Der Befehl *Auswahl formatieren* ruft das Dialogfeld zum Formatieren des markierten Elements auf.

PROFITIPP

Bieten die Befehle der Registerkarte *Layout* nicht die gewünschte Einstellung, dann ist der Befehl *Auswahl formatieren* die erste Wahl. Mit der Tastenkombination `Strg`+`1` öffnen Sie dieses Dialogfeld ebenfalls im Handumdrehen.

Fehler und manuelle Formatierungen schnell korrigieren

Neu

Neu und außerordentlich nützlich ist der Befehl *Auf Formatvorlage zurücksetzen*. Er verwirft für das aktuell ausgewählte Element ohne Sicherheitsabfrage alle Formatierungen, die nachträglich durchgeführt wurden. Dieses neue Werkzeug ist besonders wichtig, denn mit ihm können Sie zur Einhaltung des Corporate Designs schnell manuelle Formatierungen und Abweichungen von vorgegebenen Standards beseitigen und für ein einheitliches Aussehen der Diagramme in einer Präsentation sorgen.

PROFITIPP

Soll das gesamte Diagramm wieder in den ursprünglichen Zustand zurückversetzt werden, klicken Sie im Dropdown-Listenfeld *Diagrammelemente* auf *Diagrammbereich* und wählen dann den Befehl *Auf Formatvorlage zurücksetzen*.

Individuell: Formate für einzelne Elemente des Diagramms anpassen

Mit den Einstellungen, die Sie auf der Registerkarte *Diagrammtools/Format* vornehmen, ändern Sie Details im Aussehen *einzelner Diagrammelemente* und von WordArt-Beschriftungen.

Abbildg. 14.41 Auch einzelne Diagrammelemente lassen sich schnell und einfach per Vorlagen anpassen

- Die Befehle der Gruppe *Formenarten* ermöglichen es, Füll- und Linienfarbe sowie Effektattribute ausgewählter Diagrammkomponenten individuell anzupassen.

- Am effektivsten arbeiten Sie, wenn Sie zunächst einmal den Katalog der Formenarten nutzen, in dem Ihnen 42 verschiedene Varianten zur Verfügung stehen.

WICHTIG   Es ist wichtig, dass Sie zuvor das richtige Element markiert haben, bevor Sie den Katalog der Formenarten aufrufen.

- Danach können Sie über die Befehle *Fülleffekt*, *Formkontur* und *Formeffekte* noch Änderungen im Detail vornehmen.

Weitere nützliche Optionen

Die bisher beschriebenen Befehle der Registerkarte *Diagrammtools/Format* werden durch einige Neuerungen noch ergänzt.

Folien professionell gestalten

Wenn Sie zur Beschriftung eines Diagramms auch *WordArt* verwenden, können Sie in der Gruppe *WordArt-Formate* die Darstellung noch anpassen.

Abbildg. 14.42 Word-Art-Effekte ändern

In den beiden Befehlsgruppen *Anordnen* und *Größe* passen Sie die Position und Abmessung von Diagrammelementen oder von Objekten an, die einem Diagramm hinzugefügt wurden. Über die Befehle für Vorder- und Hintergrund ändern Sie die Ebene, in denen die einzelnen Objekte liegen.

Abbildg. 14.43 Ebenen und Größe von Diagrammelementen anpassen

Eine nützliche Neuerung ist der Befehl *Auswahlbereich* in der Gruppe *Anordnen*. Bei sehr vielen, sich teilweise überlagernden Diagrammelementen können Sie damit blitzschnell einzelne Objekte auf der Folie vorübergehend ausblenden.

1. Klicken Sie in der Befehlsgruppe *Anordnen* auf *Auswahlbereich*.

2. Ändern Sie in dem in Abbildung 14.44 gezeigten Aufgabenbereich *Auswahl und Sichtbarkeit* bei Bedarf die Bezeichnung der Objekte auf der Folie, indem Sie einen Eintrag zweimal kurz anklicken und einen treffenderen Namen eingeben.

3. Blenden Sie Elemente, die gerade stören, einfach vorübergehend aus, indem Sie, wie in Abbildung 14.44 rechts gezeigt, per Klick die Schaltfläche mit dem Auge in eine leere Schaltfläche verwandeln.

Abbildg. 14.44   Die Namen der Elemente auf der Folie frei bearbeiten und über das Augensymbol rechts die gerade nicht gebrauchten Elemente ausblenden

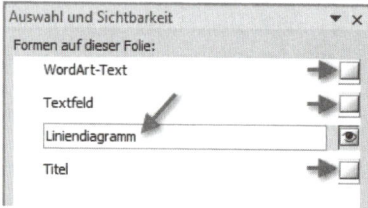

4. Blenden Sie ausgeblendete Objekte später wieder ein, indem Sie erneut rechts auf die kleinen Schaltflächen klicken, sodass das Auge wieder angezeigt wird.

Einzelne Elemente im Diagramm nachbearbeiten

Weiter oben konnten Sie sich bereits davon überzeugen, wie komfortabel Sie Diagramme über die Befehle der beiden Registerkarten *Diagrammtools/Layout* und *Diagrammtools/Format* anpassen können. Lesen Sie nachfolgend im Detail, wie Sie zwei Bearbeitungsschritte, die relativ häufig vorkommen, mit individuellen Optionen ausführen: Datenbeschriftungen zuweisen und Achsen anpassen.

Datenbeschriftungen anbringen und formatieren

Auf der Registerkarte *Diagrammtools/Layout* können Sie in der Befehlsgruppe *Beschriftungen* per Klick auf *Datenbeschriftungen* sehr komfortabel aus dem in Abbildung 14.45 gezeigten Katalog die passende Beschriftungsvariante wählen.

Abbildg. 14.45   Die Datenbeschriftung ist jetzt extrem komfortabel

Wichtig ist nur, dass Sie vorher das richtige Diagrammelement, also die gewünschte Datenreihe, markiert haben.

PROFITIPP

> Noch schneller geht es, wenn Sie einfach mit der rechten Maustaste auf die betreffende Datenreihe klicken und in dem in Abbildung 14.46 gezeigten Kontextmenü den Befehl *Datenbeschriftungen hinzufügen* wählen.

Abbildg. 14.46   Per Klick mit der rechten Maustaste Daten beschriften

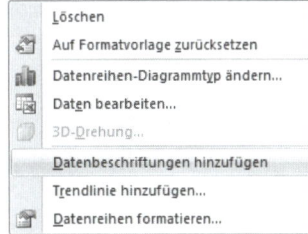

Die oben beschriebene Schnellvariante zum Anbringen von Datenbeschriftungen per Auswahl über den Katalog hat jedoch auch ihre Grenzen. Sie können zwar bestimmen, dass Werte angezeigt werden, aber nicht wie diese aussehen.

Sollen die Werte beispielsweise mit Tausender-Trennzeichen oder um drei Stellen verkürzt (statt 330.000 nur 330) oder noch ganz anders erscheinen?

1. Wenn Sie einer Datenreihe oder einem einzelnen Datenpunkt nicht nur Werte hinzufügen, sondern diese auch gleich noch formatieren wollen, empfiehlt sich der eben beschriebene Weg über das Kontextmenü oder der Klick auf den Befehl *Weitere Datenbeschriftungsoptionen* in dem in Abbildung 14.45 gezeigten Katalog.

2. Klicken Sie dann im Dialogfeld *Datenbeschriftungen formatieren* links auf die Rubrik *Zahl*.

Abbildg. 14.47   In der Rubrik *Zahl* die *Kategorie* auswählen und rechts einen *Typ* anklicken oder über die Kategorie *Benutzerdefiniert* einen eigenen Typ festlegen und diesen mit Klick auf *Hinzufügen* bestätigen

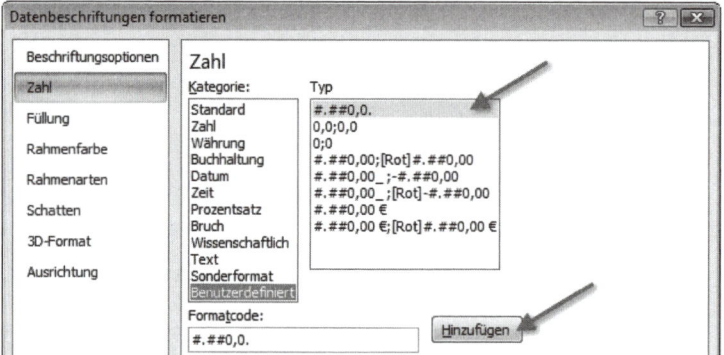

3. Sie können nun aus den vorhandenen Kategorien eine auswählen und sich dort rechts unter *Typ* für einen Formattyp entscheiden.

4. Suchen Sie hingegen eine individuelle Lösung, wählen Sie die Kategorie *Benutzerdefiniert*.

5. Klicken Sie dann rechts in der Liste unter *Typ* eine Variante an oder geben Sie unten in das Eingabefeld *Formatcode* ein selbst definiertes Format ein.

6. Wichtig ist – und das ist anders als bei früheren Versionen von Excel und PowerPoint –, dass Sie das eigene Format – so wie in Abbildung 14.47 gezeigt – mit einem Klick auf die Schaltfläche *Hinzufügen* bestätigen.

Mit der Wahl des in Abbildung 14.47 gezeigten Formats würden lange Zahlen um drei Stellen verkürzt und mit einer Nachkommastelle dargestellt werden. Aus der Zahl *43.123* würde dann einfach *43,1*.

Textrichtung der Datenbeschriftungen anpassen

In der Rubrik *Ausrichtung* des Dialogfeldes *Datenbeschriftungen formatieren* können Sie bei Bedarf noch die *Textrichtung* (horizontal oder beispielsweise um 90° gedreht) anpassen oder dabei den Winkel über das Feld *Benutzerdefinierter Winkel* sogar individuell einstellen.

Achsen anpassen

Ein Diagramm muss nicht unbedingt eine Rubriken- und eine Größenachse haben. Wurden die Datenpunkte mit den Werten beschriftet, kann beispielsweise die Größenachse wegfallen. In anderen Fällen ist es erforderlich, die Darstellung in der Größenachse anzupassen, beispielsweise weniger Zwischenwerte anzuzeigen. Lesen Sie, wie Sie solche individuellen Anpassungen vornehmen.

Abbildg. 14.48 Voreingestellte Optionen für die Rubrikenachse (links) und die Größenachse (rechts)

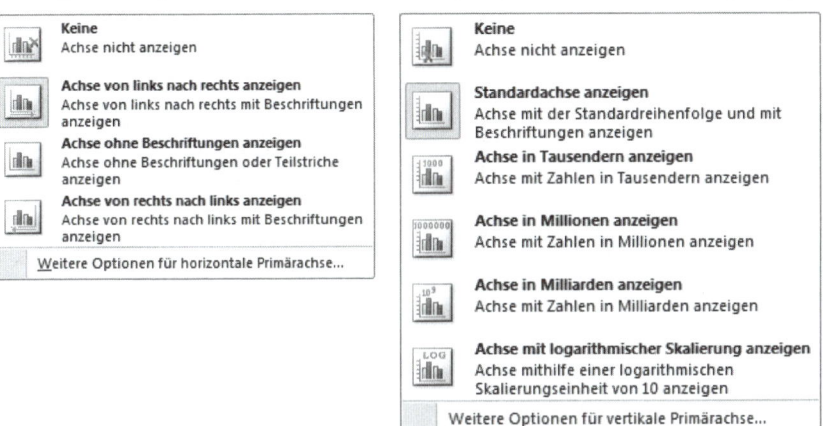

Über die Registerkarte *Diagrammtools/Layout* haben Sie in der Befehlsgruppe *Achsen* per Klick auf *Achsen* zunächst die Auswahl zwischen den in Abbildung 14.48 gezeigten voreingestellten Optionen für beide Achsen.

HINWEIS Lassen Sie sich nicht davon irritieren, dass hier die Rubrikenachse als *Horizontale Primärachse* und die Größenachse als *Vertikale Primärachse* bezeichnet werden. Wenn Sie eine der beiden Achsen anklicken und somit markieren, erscheint auf der gleichen Registerkarte links in der Befehlsgruppe *Aktuelle Auswahl* die Bezeichnung *Horizontal (Kategorie) Achse* bzw. *Vertikal (Wert) Achse*. Wenn Sie schon länger mit Microsoft-Programmen arbeiten, werden Sie sicher schon konstatiert haben, dass die Entwickler und die Übersetzer der Programme immer mal wieder dazu neigen, neue oder verschiedene Bezeichnungen für ein und dieselbe Sache zu »erfinden«.

Die Skalierung für die Größenachse ändern

Wenn Sie an einer Größenachse von 0 bis 500 die Eintragungen nicht in Schritten von 50, sondern von 100 oder gar 250 anzeigen wollen, müssen Sie die Skalierung anpassen. Gehen Sie dazu wie folgt vor:

1. Markieren Sie die Größenachse.
2. Rufen Sie mit Strg + 1 das Dialogfeld *Achse formatieren* auf.
   Alternativ dazu können Sie auch in der Befehlsgruppe *Aktuelle Auswahl* auf *Auswahl formatieren* klicken oder durch Klicken mit der rechten Maustaste auf die Achse das Kontextmenü aufrufen und dort *Achse formatieren* wählen.
3. Zeigen Sie im Dialogfeld *Achse formatieren* die Rubrik *Achsenoptionen* an.

4. Klicken Sie rechts bei *Hauptintervall* die Option *Fest* an und tragen Sie daneben in das Feld die gewünschte Schrittweite ein – in diesem Fall also beispielsweise *100* oder *250*. Bestätigen Sie mit einem Klick auf *Schließen*.

> **TIPP**   Analog zu dieser Vorgehensweise können Sie beispielsweise auch die Anfangs- und Endwerte der Größenachse anpassen, indem Sie im gleichen Dialogfeld bei *Minimum* und *Maximum* jeweils die Option *Fest* anklicken und dann den gewünschten Anfangs- und Endwert eintragen.

Ein Beispiel für die Anpassung der Größenachse sehen Sie in Abbildung 14.49. Die Achse beginnt bei 200 und endet bei 1000. Dazwischen werden in Schritten von 200 Werte an der Achse angezeigt, also 400, 600 und 800.

Abbildg. 14.49 Skalierung der Größenachse ändern und dabei jeweils von *Auto* auf *Fest* umstellen

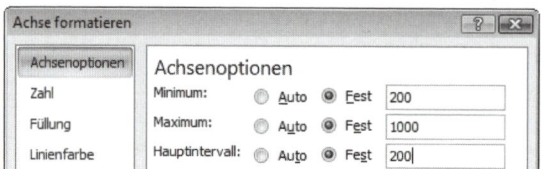

> **ACHTUNG**   Wenn Sie die Werte für *Minimum* und *Maximum* von *Auto* auf *Fest* umstellen, werden Daten, die erst später dazukommen und über 1000 liegen, einfach bei 1000 abgeschnitten. Werte unter 200 werden gar nicht erst angezeigt. Insofern ist bei einer Umstellung auf die Option *Fest* immer zu bedenken, ob möglicherweise nachträglich noch Daten hinzukommen, die außerhalb der getroffenen Eingrenzung liegen.

Die Rubriken beim Balkendiagramm umkehren

Balkendiagramme eignen sich hervorragend, um nicht nur einen Mengenvergleich durchzuführen, sondern gleichzeitig auch eine Reihenfolge aufzuzeigen. Dazu müssen die darzustellenden Daten vorher sortiert werden, damit sie beispielsweise im Diagramm dann von oben nach unten immer kürzer werden.

Wenn Sie allerdings Ihre Daten mit Bedacht absteigend sortiert haben, um genau diese Darstellung auch im Balkendiagramm zu erhalten, werden Sie enttäuscht sein. Statt den längsten Balken ganz oben zu sehen, ist er ganz unten.

Damit ärgern sich alle Anwender seit den ersten Versionen von Excel und PowerPoint herum. Auch in Version 2007 hat sich das nicht geändert.

Damit die in der Datentabelle absteigend sortierten Werte auch im Diagramm von oben nach unten als Balken mit abnehmender Länge angezeigt werden, gehen Sie wie folgt vor:

1. Markieren Sie die Rubrikenachse.

2. Rufen Sie mit `Strg`+`1` das Dialogfeld *Achse formatieren* auf.

Alternativ dazu klicken Sie in der Befehlsgruppe *Aktuelle Auswahl* auf *Auswahl formatieren* oder rufen durch Klicken mit der rechten Maustaste auf die Achse das Kontextmenü auf und wählen dort *Achse formatieren*.

3. Zeigen Sie im Dialogfeld *Achse formatieren* die Rubrik *Achsenoptionen* an.

4. Setzen Sie rechts – so wie in Abbildung 14.50 gezeigt – ein Häkchen in das Kontrollkästchen vor *Kategorien in umgekehrter Reihenfolge* und klicken Sie rechts unten auf *Schließen*.

bildg. 14.50 Durch das Setzen eines Häkchens die Balkenreihenfolge umstellen

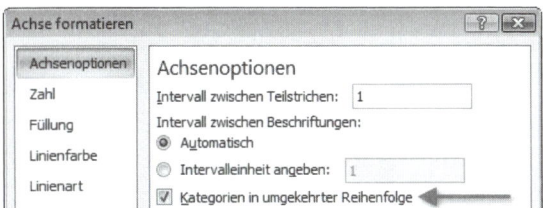

Eigene Diagrammvorlagen anlegen und nutzen

Wenn Sie häufig mit Diagrammen arbeiten, haben Sie sicher Anforderungen, die von den Standardvorgaben des Diagrammeditors von PowerPoint abweichen. Erfahren Sie auf den folgenden Seiten, inwieweit Sie eigene Standards definieren können.

Den Standardtyp für neue Diagramme ändern

Wenn Sie statt des voreingestellten 2D-Säulendiagramms lieber einen anderen Diagrammtyp als Standard verwenden wollen, gehen Sie wie folgt vor:

Diagrammtyp
ändern

1. Klicken Sie auf der Registerkarte *Diagrammtools/Entwurf* auf *Diagrammtyp ändern*.

2. Wählen Sie im folgenden Dialogfeld den gewünschten Diagrammtyp aus und klicken Sie dann ganz unten auf die Schaltfläche *Als Standarddiagrammtyp festlegen*.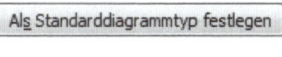

> **HINWEIS** Natürlich können Sie auch eine von Ihnen erstellte Diagrammvorlage als neuen Standardtyp festlegen.

Eine eigene Diagrammvorlage anlegen

PowerPoint bietet eine einfache und schnell zugängliche Option an, mit der Sie ein Diagramm als wiederverwendbare Vorlage abspeichern können. Es ist auch kein Problem, diese Vorlage an andere zu verteilen. Wie, erfahren Sie gleich. Doch lesen Sie zuvor, wie Sie eine eigene Diagrammvorlage definieren.

1. Legen Sie ein Diagramm mit allen gewünschten Formaten an.

2. Lassen Sie das Diagramm markiert und klicken Sie auf der Registerkarte *Diagrammtools/Entwurf* auf die Schaltfläche *Als Vorlage speichern*. Damit wird das in Abbildung 14.51 gezeigte Dialogfeld *Diagrammvorlage speichern* aufgerufen.
Als Vorlage
speichern

3. Vergeben Sie eine treffende Bezeichnung für die Vorlage. Sie wird als Dateityp mit der Endung *CRTX* abgelegt. Der Ordner, in dem diese Vorlagen gespeichert werden, ist dann für Sie von Bedeutung, wenn Sie eine Diagrammvorlage an andere Personen weitergeben wollen. Mehr dazu weiter unten.

4. Klicken Sie abschließend rechts unten auf die Schaltfläche *Speichern*.

Folien professionell gestalten

Das Dialogfeld zum Speichern eigener Diagrammvorlagen; oben sehen Sie den Pfad, in dem diese abgelegt werden

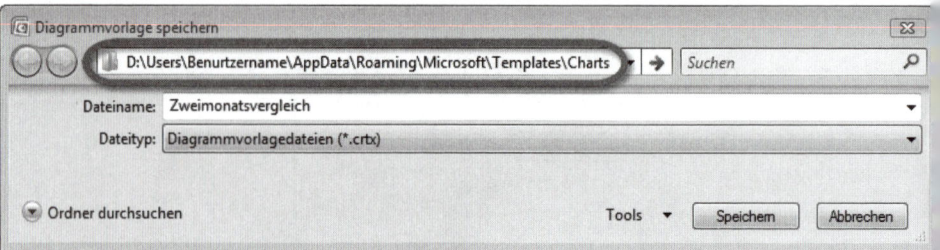

Eigene Diagrammvorlagen einsetzen

Wenn Sie künftig zum Erstellen eines neuen Diagramms auf Ihre eigenen Vorlagen zugreifen wollen klicken Sie beim Anlegen des Diagramms im Dialogfeld *Diagramm einfügen* – siehe Abbildung 14.52 – ganz oben links auf den gelben Ordner *Vorlagen*.

Abbildg. 14.52 Der Ordner *Vorlagen* befindet sich ganz oben in der Liste

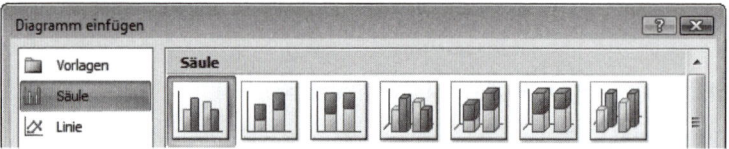

Wollen Sie hingegen ein bereits vorhandenes Diagramm mithilfe Ihrer eigenen Diagrammvorlagen schnell in eine gewünschte Form bringen, klicken Sie auf der Registerkarte *Entwurf* der *Diagrammtools* ganz links in der ersten Befehlsgruppe auf *Diagrammtyp ändern* und im folgenden Dialogfeld ebenfalls auf *Vorlagen*.

Diagrammtyp
ändern

Eigene Diagrammvorlagen weitergeben

Diagrammvorlagen werden wie bereits erwähnt mit der Dateiendung *CRTX* abgelegt und zwar in einem speziellen Ordner namens *Charts*. Der Pfad zu diesem Ordner ist in Abbildung 14.51 oben eingerahmt.

Merken Sie sich also den Pfad zu den Vorlagen, wenn Sie eine solche *CRTX*-Datei versenden wollen, damit andere Anwender Diagramme gleichen Typs produzieren können.

Die Vorlage muss dann auf dem PC des Empfängers wieder in diesen Vorlagenordner kopiert werden.

Kompatibilität mit früheren Versionen

In PowerPoint 2007 haben sich die Dateiformate gegenüber den Vorgängerversionen geändert und auch das Modul für das Anfertigen von Diagrammen wurde erneuert. Da stellt sich natürlich die Frage, inwieweit es Kompatibilitätskonflikte gibt.

Diagramme aus früheren Versionen in PowerPoint 2007 öffnen

Wenn Sie eine in früheren Versionen erstellte Präsentationsdatei in PowerPoint 2007 unkonvertiert öffnen, bleiben Diagramme zunächst im alten Format als Objekt erhalten, da Präsenstationen aus früheren Versionen grundsätzlich im Kompatibilitätsmodus geöffnet werden. Erst wenn Sie auf ein Diagramm doppelklicken, es also bearbeiten wollen, wird ein Dialogfeld angezeigt, das folgende drei Entscheidungsvarianten anbietet:

- Das aktuelle Diagramm konvertieren (Schaltfläche *Konvertieren*)
- Alle Diagramme in der aktuellen Präsentation konvertieren (Schaltfläche *Alle konvertieren*)
- Nicht konvertieren und das Diagramm mit den Werkzeugen der Vorversionen – also mit Microsoft Graph – bearbeiten (Schaltfläche *Vorhandenes bearbeiten*)

Abbildg. 14.53   Die Konvertierungsabfrage bei Diagrammen aus alten PowerPoint-Versionen

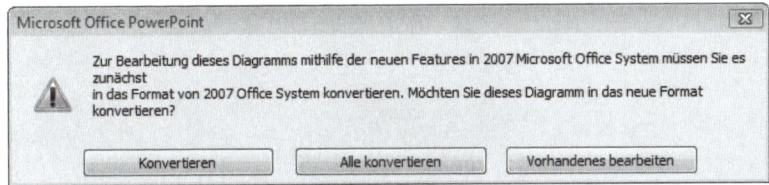

Diagramme aus PowerPoint 2007 in älteren Versionen öffnen

Wenn in Office 2000, XP (2002) oder 2003 das *Compatibility Pack* installiert ist, können Sie Diagramme, die in PowerPoint 2007 angelegt wurden, auch in den drei genannten Vorgängerversionen öffnen und bearbeiten.

Das *Compatibility Pack* (Dateigröße rund 28 MB) steht hier zum kostenlosen Download bereit:

http://www.microsoft.com/downloads/details.aspx?FamilyID=941B3470-3AE9-4AEE-8F43-C6BB74CD1466&displaylang=de

Abbildg. 14.54   Das *Compatibility Pack* herunterladen, um PowerPoint 2007-Dateien in Vorgängerversionen öffnen und bearbeiten zu können

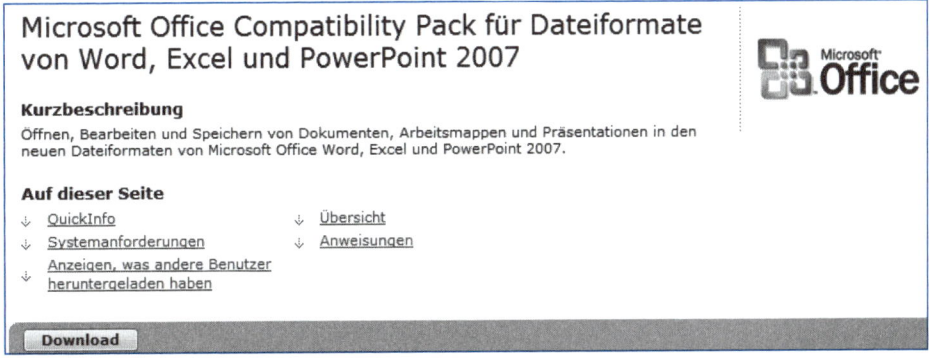

Folien professionell gestalten

> **WICHTIG** Achten Sie darauf, dass Sie auch die Updates für das *Compatibility Pack* installieren. Im August 2007 beispielsweise lag das *Compatibility Pack* bereits in Version 3 vor und Microsoft hatte zwischendurch schon zwei Updates bereitgestellt, um Mängel bei der Qualität der Konvertierungen zu beheben.

Diagramme animieren

Auch bei Diagrammen gilt, dass die Zuschauer Zahlen nur in begrenztem Maße aufnehmen und verarbeiten können. Sorgen Sie deshalb dafür, dass die Daten »portionsweise« gezeigt werden. Nutzen Sie dazu die Animationseffekte von PowerPoint. Sie machen aus einem statischen Diagramm eine Information, die sich dem Publikum Schritt für Schritt erschließt.

> **HINWEIS** Detaillierte Erläuterungen zum Animieren von Objekten auf einer Folie finden Sie in Kapitel 18.

Abbildg. 14.55 Obwohl die drei Produkte sichtbar voneinander abgetrennt sind, müssen neun Zahlen-Informationen wahrgenommen werden

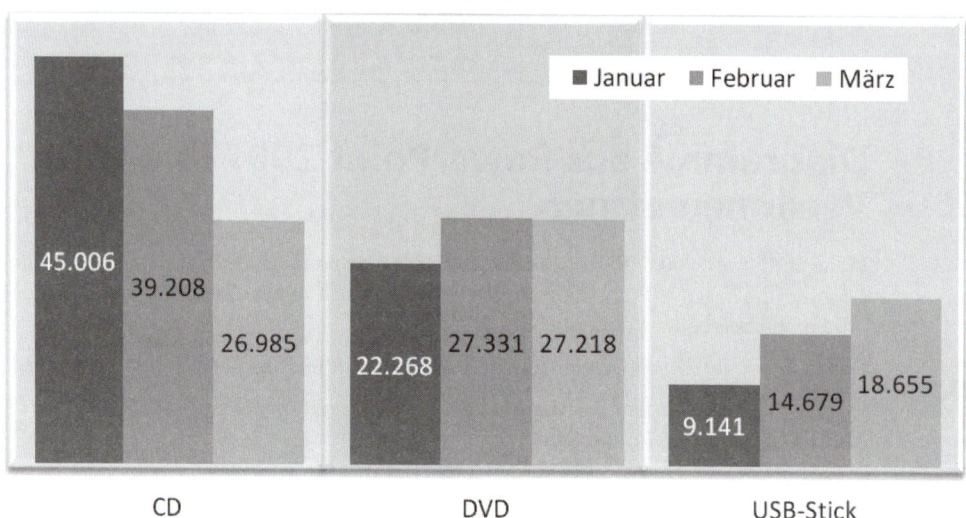

Säulendiagramm mit Animation

Das in Abbildung 14.55 gezeigte Säulendiagramm zeigt die Absatzentwicklung bei drei Speichermedien für ein Quartal. Obwohl die drei Produkte sichtbar voneinander abgetrennt sind, ist der Betrachter mit einem Mal mit neun Daten konfrontiert.

Soll beispielsweise die Entwicklung im Januar verglichen werden, muss der Betrachter diese Information aus dem Gesamtbild »herausfiltern«.

Der monatsweise Vergleich fällt deutlich leichter, wenn wie in der nachfolgenden Abbildung die Informationen schrittweise aufgebaut werden. Jetzt müssen nur jeweils drei Informationen wahrgenommen und bewertet werden.

Abbildg. 14.56   Das Säulendiagramm in mehreren (Animations-)Schritten aufbauen

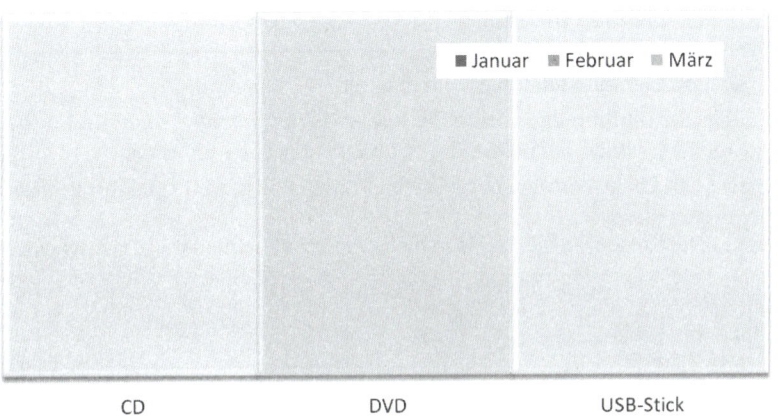

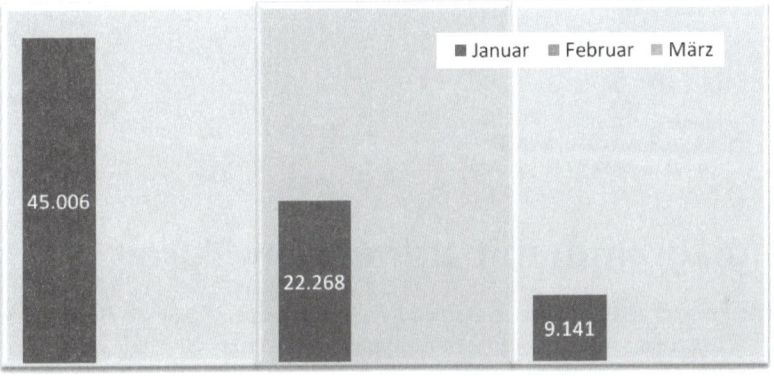

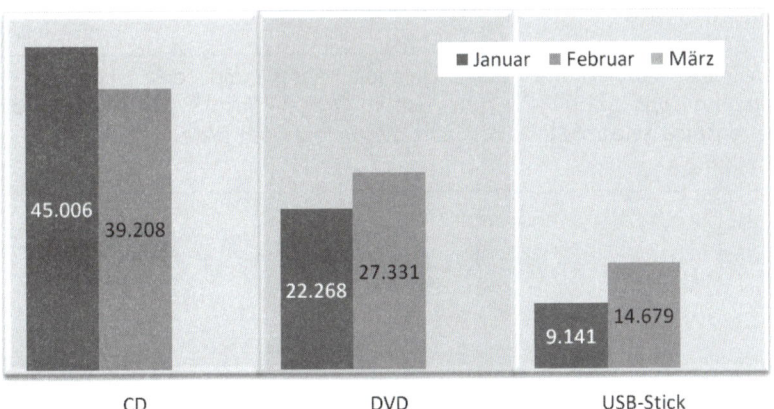

Die Diagrammanimation einstellen

Das Animieren des bislang statischen Diagramms ist mit wenigen Mausklicks erledigt.

Nutzen Sie *Folie 2* der Beispieldatei *Kap14_Diagramme.pptx*, um die erforderlichen Animations befehle selbst einzustellen. *Folie 3* zeigt die fertige Lösung. Sie finden die Präsentation auf de CD zum Buch im Ordner *\Buch\Kap14*.

1. Klicken Sie das Diagramm an, um es zu markieren.
2. Zeigen Sie in der Multifunktionsleiste die Registerkarte *Animationen* an und öffnen Sie in de Befehlsgruppe *Animationen* das Dropdown-Listenfeld neben *Animieren*.
3. Wählen Sie beim Effekt *Wischen* so wie in Abbildung 14.57 gezeigt den Eintrag *Nach Datenreihe*

Abbildg. 14.57   Mit diesem Befehl lassen Sie die Säulen in mehreren Schritten monatsweise erscheinen

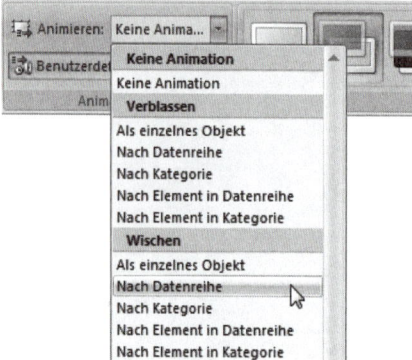

Liniendiagramm mit animiertem Euro

Das folgende Beispiel zeigt, wie Sie ein Liniendiagramm, dem eine Hauptrolle in der Präsentation zukommt, mittels einer speziellen Animation zusätzlich aufwerten. Die Linie zeigt einen deutlichen Aufwärtstrend des Umsatzes über einen bestimmten Zeitraum.

Um diese Umsatzsteigerung bei den Zuschauern wirksam »zu verankern«, soll der Umsatzkurve entlang ein Euro rollen.

Sie finden das Beispiel mit dem Liniendiagramm und dem Euro in der Datei *Kap14_Diagramme.pptx* auf der CD zum Buch im Ordner *\Buch\Kap14*. Nutzen Sie *Folie 4*, um den Animationspfad selbst zu zeichnen und die Animationseffekte einzustellen. *Folie 5* enthält die fertige Lösung.

Die Aufgabe: Den Euro per Animation auf der Linie nach oben rollen lassen

Die Euro-Münze entlang der Linie des Diagramms bewegen

Zunächst geht es darum, die Euro-Münze vom linken unteren Ende der Linie an das rechte obere Ende zu bewegen. Das geht wie folgt:

1. Markieren Sie die Euro-Münze und klicken Sie auf der Register-karte *Animationen* in der Befehlsgruppe *Animationen* auf die Schaltfläche *Benutzerdefinierte Animation*.

2. Wählen Sie rechts im Aufgabenbereich *Benutzerdefinierte Animation* die Befehlsfolge *Effekt hinzufügen/Animationspfade/Benutzerdefinierten Pfad zeichnen/Freihandform*.

3. Zeichnen Sie wie folgt entlang der vorgegebenen Linie des Diagramms einen Animationspfad: Klicken Sie einmal am Anfang der Linie. Lassen Sie die Maustaste los und bewegen Sie den Mauszeiger bis zum ersten Richtungswechsel. Klicken Sie kurz und bewegen Sie dann den Mauszeiger zum nächsten Richtungswechsel. Die Technik besteht also darin, bei jedem Richtungswechsel kurz zu klicken und zwischendurch stets die Maustaste loszulassen.

4. Wenn Sie die Linie bis zum Ende nachgezeichnet haben, schließen Sie das Zeichnen mit einem Doppelklick ab.

5. Weisen Sie dem selbst gezeichneten Animationspfad die Startoption *Beim Klicken* und eine Geschwindigkeit von maximal 2 Sekunden zu.

Die Münze zum Rollen bringen

Damit die Münze die Linie hinaufrollt, weisen Sie ihr jetzt noch einen weiteren Animationseffekt hinzu, dieses Mal aus der Gruppe *Hervorgehoben*. So geht's:

1. Lassen Sie die Münze markiert und wählen Sie im Aufgabenbereich *Benutzerdefinierte Animation* die Befehlsfolge *Effekt hinzufügen/Hervorgehoben*.

2. Klicken Sie auf *Weitere* und wählen Sie den Effekt *Rotieren*.

3. Damit der Rollen-Effekt zeitgleich mit der Aufwärtsbewegung per Animationspfad erfolgt, weisen Sie ihm die Startoption *Mit Vorheriger* zu.

4. Die Münze soll sich im Verlauf der Aufwärtsbewegung zweimal drehen. Doppelklicken Sie des halb rechts im Aufgabenbereich auf den *Hervorgehoben*-Effekt (Symbol mit gelbem Stern) und legen Sie auf der Registerkarte *Anzeigedauer* eine Geschwindigkeit von *0,9* Sekunden und *2* Wie derholungen fest.

Abbildg. 14.59 Die fertigen Animationseinstellungen

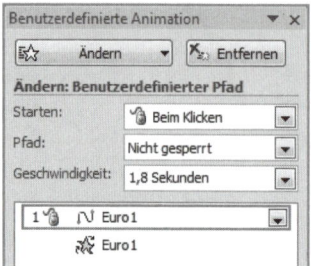

Zusammenfassung

Der gekonnte Umgang mit Zahlen ist wohl die größte Herausforderung in einer Präsentation. Was viele Vortragende nicht wissen oder zu wenig beachten: Oft ist nur eine Minderheit der Zuschauer wirklich in der Lage, problemlos größere Zahlenmengen in Tabellenform aufzunehmen und zu verarbeiten. In vielen Fällen ist deshalb ein Diagramm die zwar aufwendigere, aber dafür zuschauergerechte Art, um Zahlen aufzubereiten und zu präsentieren.

Hier noch einmal die wichtigsten Fundstellen zum Thema Zahlen in Präsentationen:

Thema	Seite
Regeln für die Darstellung von Zahlen auf Folien	362
Tabellen anlegen	364
Tabellen gestalten	371
Eye-Catcher-Tabellen	380
Grundwissen zum Einsatz von Diagrammen und Diagrammtypen	382
Diagramme anlegen	388
Diagramme bearbeiten	394
Diagramme animieren	406

Kapitel 15

Grafiken für Hierarchien, Abläufe und Zusammenhänge

In diesem Kapitel:

Wie Sie in Kapitel 5 lesen konnten, kann das menschliche Gehirn bildhafte Informationen leichter verarbeiten und besser merken als das geschriebene oder gesprochene Wort. Wenn Sie Abläufe, Strukturen, Zusammenhänge und dergleichen erläutern, kommt ein weiterer Vorteil der bildhaften Darstellung hinzu: Viele Sachverhalte lassen sich anhand einer grafischen Darstellung viel einfacher und kompakter erklären, als dies mit einer Textfolie möglich wäre.

Zum Erstellen solcher auch als Strukturgrafiken bezeichneten Schaubilder stehen Ihnen in Power-Point 2007 zwei Wege offen: zum einen die neue, umfangreiche SmartArt-Sammlung, zum anderen die Formen zum Zeichnen, die in Kapitel 16 ausführlich beschrieben werden.

SmartArt-Grafiken einsetzen

Bei SmartArt handelt es sich um eine Bibliothek von 83 Strukturgrafiken. Abbildung 15.1 zeigt einen Auszug aus dem Sortiment: Matrix, Trichter und Zahnrad.

Dass der Einsatz solcher vordefinierten Grafiken einerseits sehr zeitsparend sein kann, andererseits aber nicht alle Bedürfnisse erfüllt, liegt auf der Hand.

SmartArt-Grafiken sind sehr gut geeignet, wenn Sie

- einfache Sachverhalte darstellen möchten,
- optisch attraktive Alternativen zu Textfolien einsetzen möchten,
- nach grafischen Lösungen suchen, die sich mithilfe von Formen nicht ohne Weiteres zeichnen lassen,
- Sachverhalte nur grob skizzieren möchten.

Abbildg. 15.1 Optisch ansprechende Lösungen für einfache Strukturen

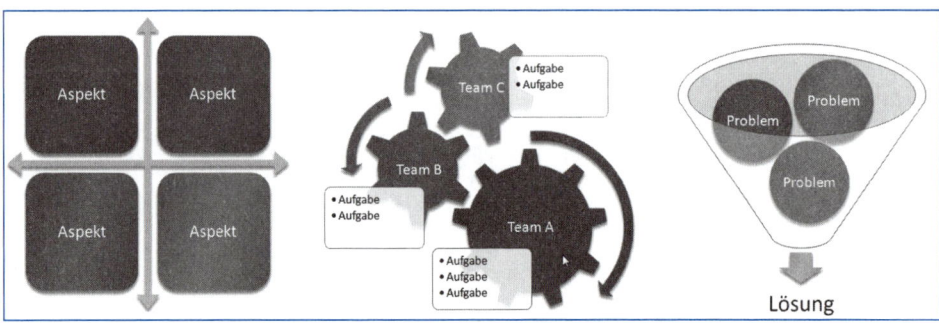

Um komplexe Hierarchien abzubilden oder individuelle Lösungen wie beispielsweise Flussdiagramme zu erstellen, benötigen Sie auf jeden Fall die in Kapitel 16 beschriebenen Funktionen zum Zeichnen.

HINWEIS SmartArt-Grafiken erinnern auf den ersten Blick stark an die *schematischen Darstellungen* der Office-Versionen 2002 und 2003. Allerdings handelt es sich bei SmartArt nicht um eine Weiterentwicklung der Schematischen Darstellungen, sondern um eine völlig neue Programmfunktion, die in weiten Teilen flexibler ist als die Schematischen Darstellungen aus Power-Point 2002 und 2003. Gleichzeitig verfügen SmartArt-Grafiken aber nicht über alle Funktionen der Schematischen Darstellungen. Insbesondere ist es nicht möglich, das AutoLayout von Smart-Art-Grafiken zu deaktivieren. Ein Mangel, der besonders dann auffällt, wenn Sie versuchen, individuelle Anpassungen an einer SmartArt-Grafik vorzunehmen.

Textfolien in SmartArt-Grafiken konvertieren

Wie bei vielen anderen Aufgaben stehen Ihnen in PowerPoint 2007 auch beim Erstellen von Smart-Art-Grafiken mehrere Wege zur Verfügung.

Wie Sie noch feststellen werden, ist das Erstellen und Bearbeiten von SmartArt-Grafiken sehr text-orientiert. Dies macht sich bereits daran bemerkbar, dass Sie SmartArt-Grafiken gar nicht von vornherein als solche konzipieren müssen. Auch die nachträgliche Konvertierung aus einer bereits vorhandenen Textfolie ist möglich. Diese Vorgehensweise ist dann empfehlenswert, wenn Sie sehr knapp formulierten Text als Grafik aufbereiten möchten.

1. Markieren Sie dazu Ihren Text und klicken Sie auf der Registerkarte *Start* in der Gruppe *Absatz* auf die Schaltfläche *In eine SmartArt-Grafik konvertieren* (siehe Abbildung 15.2).

HINWEIS Steht lediglich die Einfügemarke im Platzhalter oder Textfeld oder ist der Text markiert, steht der Befehl *In SmartArt konvertieren* auch im Kontextmenü zur Verfügung.

Ist dagegen der Platzhalter oder das Textfeld als Objekt markiert (zu erkennen an der durchgezogenen Linie), können Sie den Befehl *In eine SmartArt-Grafik konvertieren* lediglich über die Multifunktionsleiste aufrufen.

Abbildg. 15.2 Per Klick auf die Schaltfläche In eine *SmartArt-Grafik konvertieren* blenden Sie zunächst eine Vorauswahl häufig verwendeter Grafiken ein. Die vollständige SmartArt-Sammlung rufen Sie über *Weitere SmartArt-Grafiken* auf.

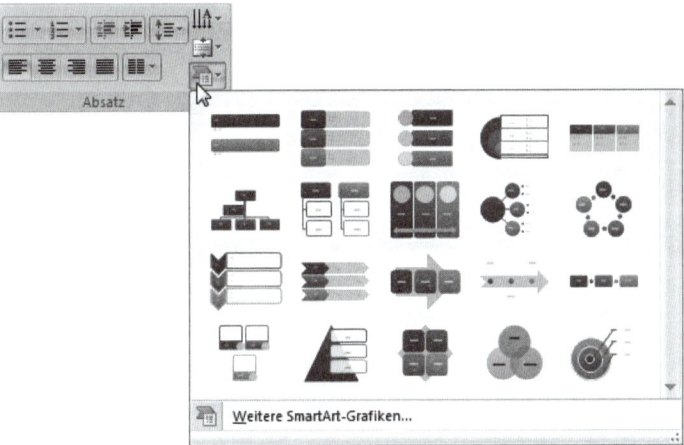

PowerPoint blendet daraufhin eine Auswahl häufig verwendeter Schaubilder ein. Sobald Sie mit den Mauszeiger auf eine Miniaturansicht zeigen, zeigt die Folie eine Vorschau auf das gewählte Schaubild. Per Klick auf eine Miniaturansicht weisen Sie die Grafik zu und der Text wird konvertiert.

2. Per Klick auf *Weitere SmartArt-Grafiken* rufen Sie das Dialogfeld *SmartArt-Grafik auswählen* (siehe Abbildung 15.3) auf, in dem Sie zwischen insgesamt 83 verschiedenen Grafiklayouts wählen können. Einige der Layouts kommen in mehreren Kategorien vor.

Abbildg. 15.3 Auf der rechten Seite des Dialogfeldes *SmartArt-Grafik auswählen* finden Sie Hinweise, für welche Aussage die markierte Grafik geeignet ist

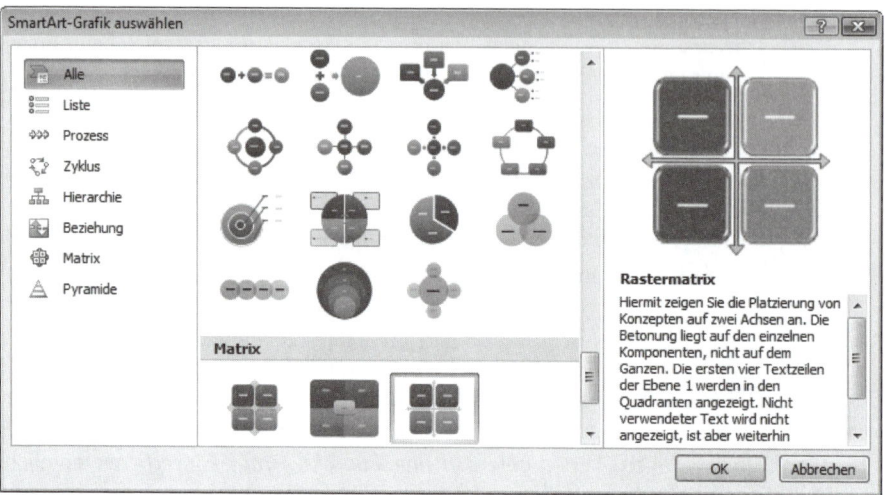

3. Per Klick auf eine Kategorie im linken Bereich des Dialogfeldes filtern Sie die SmartArt-Sammlung.

Auf der rechten Seite des Dialogfeldes finden Sie ein vergrößertes Bild der markierten Grafik sowie Hinweise zum Einsatzzweck und zur Bearbeitung.

4. Klicken Sie auf *OK*, um Ihre Auswahl zu bestätigen.

Abbildg. 15.4 In SmartArt-Grafiken wird die Schriftgröße automatisch angepasst und dabei häufig stärker als tatsächlich notwendig verkleinert. Wie Sie die Beschriftung von SmartArt-Grafiken nachträglich optimieren, lesen Sie im Abschnitt »SmartArt-Grafiken optimieren und gestalten« weiter hinten in diesem Kapitel.

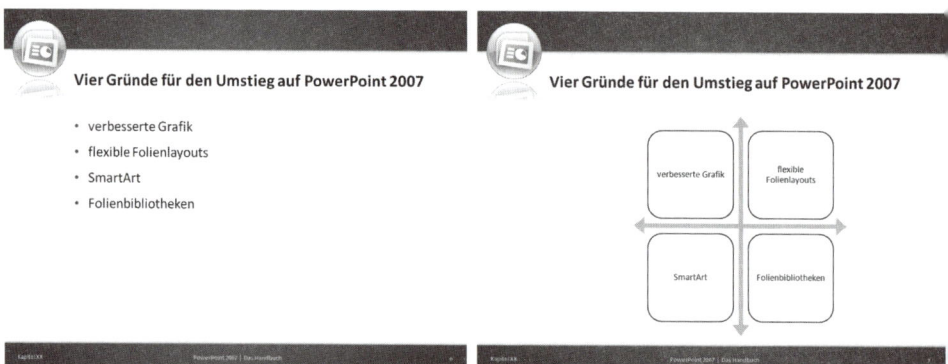

HINWEIS Das Rückkonvertieren von SmartArt-Grafiken in Textfolien ist nicht möglich.

HINWEIS Die Größe einer SmartArt-Grafik nach dem Konvertieren entspricht der Größe des Platzhalters oder des Textfeldes, aus dem sie erstellt wurde.

HINWEIS Konvertiert wird unabhängig von der Markierung immer der ganze Inhalt des Platzhalters oder Textfeldes. Eine selektive Konvertierung einzelner markierter Textpassagen ist nicht möglich.

Der umgekehrte Weg: Die Grafik erstellen und anschließend beschriften

Flexibler und intuitiver erstellen Sie SmartArt-Grafiken, wenn Sie zunächst die Grafik einfügen und anschließend die Beschriftung vornehmen. Diese Vorgehensweise empfiehlt sich vor allem dann, wenn Sie SmartArt-Grafiken einsetzen, die aus mehreren Komponenten bestehen. Wie Sie in den nächsten Abschnitten noch sehen werden, wird die Struktur solcher Grafiken über die Hierarchie der Listenebenen des Textes gesteuert, sodass es einfacher ist, wenn Sie auf Sicht arbeiten.

Die Grafik auf der Folie einfügen

Um SmartArt-Grafiken im Layoutbereich Ihrer PowerPoint-Vorlage zu erstellen, klicken Sie auf das Symbol *SmartArt-Grafik einfügen* im Platzhalter eines Layouts.

Alternativ dazu können Sie SmartArt-Grafiken auch über die Schaltfläche *SmartArt* auf der Registerkarte *Einfügen* erstellen.

HINWEIS Befindet sich auf der Folie ein leerer Platzhalter, wird die SmartArt-Grafik auch beim Einfügen über die Registerkarte *Einfügen* im Layout des Platzhalters erstellt. Dabei ist es gleichgültig, ob der Platzhalter für SmartArt-Grafiken oder andere Inhalte wie Tabellen, Diagramme oder Bilder vorgesehen ist. Lediglich Platzhalter, die ausschließlich für Text vorgesehen sind, nehmen keine anderen Inhalte auf.

Befindet sich kein Platzhalter auf der Folie oder enthält der vorhandene Platzhalter bereits andere Inhalte, wird die SmartArt-Grafik beim Einfügen über die Registerkarte *Einfügen* zentriert auf der Folie angeordnet.

In beiden Fällen öffnen Sie wie beim Konvertieren von Textfolien das Dialogfeld *SmartArt-Grafik auswählen*.

Die Beschriftung der Grafik vornehmen

Nach der Auswahl des SmartArt-Layouts wird die SmartArt-Grafik auf der Folie erstellt und die Einfügemarke blinkt im *Textbereich* (siehe Abbildung 15.5) neben der Grafik. Die dazugehörige Form in der Grafik ist markiert.

Abbildg. 15.5   Textfelder im Textbereich und Formen in der Grafik bilden eine Einheit

So nehmen Sie die Beschriftung der Grafik direkt im Textbereich vor:

- Nach der Eingabe der Beschriftung für die erste Form gelangen Sie mithilfe der ↓-Taste zum nächsten Textfeld.

- Drücken Sie dagegen ↵, wird ein neues Textfeld im Textbereich erstellt.

  - Sieht die Struktur der SmartArt-Grafik weitere Formen vor, wird in der Grafik auch die dazugehörige Form erzeugt.

  - Ist die Struktur der Grafik dagegen auf eine feste Anzahl von Formen begrenzt wie die in Abbildung 15.6 gezeigte Rastermatrix, wird das letzte Textfeld im Textbereich mit einem roten X gekennzeichnet als Hinweis darauf, dass in der Grafik nicht genügend Formen für den vorhandenen Text zur Verfügung stehen.

Abbildg. 15.6   In SmartArt-Grafiken mit fester Struktur wird Text, der in der Grafik nicht angezeigt werden kann, durch ein rotes X gekennzeichnet

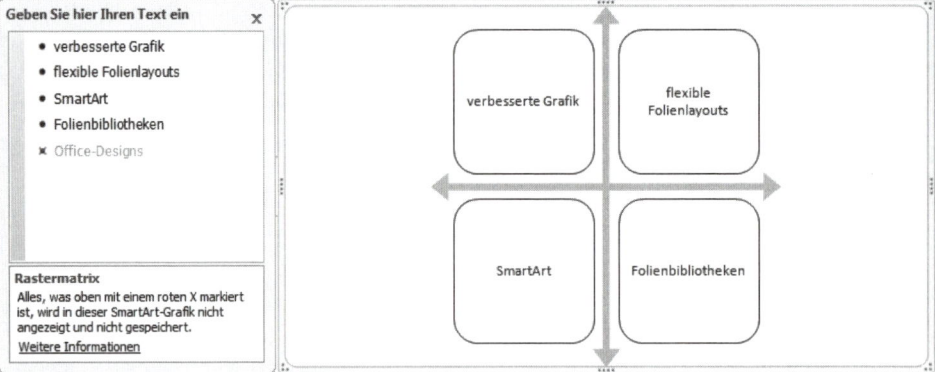

- Durch Drücken der ⇥-Taste erzeugen Sie eine untergeordnete Listenebene im Textbereich.

- In SmartArt-Grafiken mit nur einer Hierarchieebene erzeugen Sie auf diesem Weg in der vorhandenen Form eine zweite Gliederungsebene in Aufzählungsform (siehe Abbildung 15.7).

Abbildg. 15.7   In dieser Grafik ist die Zahl der Formen lediglich durch den verfügbaren Platz des Layouts begrenzt. Sie verfügt jedoch nur über eine Hierarchieebene innerhalb der Formen. Die zweite Listenebene im Textbereich wird deshalb als Aufzählung in der Form angezeigt.

- In SmartArt-Grafiken mit hierarchischen Strukturen, wie z.B. Organigramme (siehe Abbildung 15.8), entsteht eine zusätzliche Form in der Grafik, die den Text ohne Aufzählungszeichen anzeigt.

Abbildg. 15.8   In hierarchisch aufgebauten SmartArt-Grafiken entsprechen die Listenebenen im Textbereich den Hierarchieebenen der Formen in der Grafik

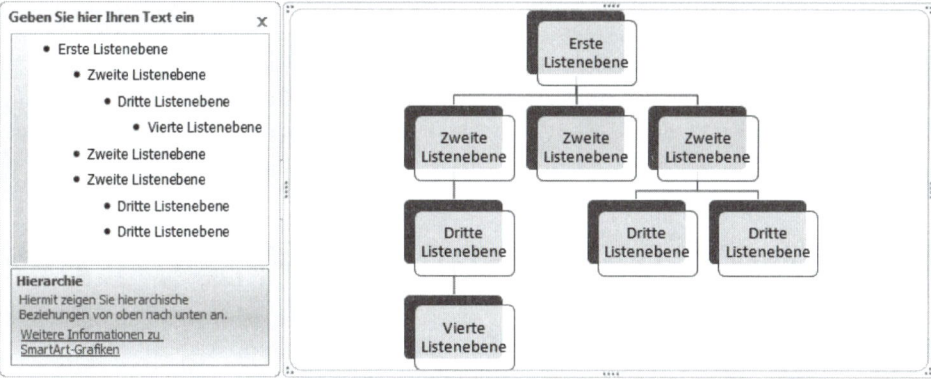

- Mit ⌂ + ⇥ kehren Sie zur übergeordneten Listenebene zurück.

TIPP   Anstelle der beschriebenen Tastenkombinationen können Sie auch die Schaltflächen *Höher stufen* und *Tiefer stufen* in der Gruppe *Grafik erstellen* auf der Registerkarte *Entwurf* der *SmartArt-Tools* zum Bearbeiten der Listenebenen einsetzen.

Folien professionell gestalten

ACHTUNG Damit Sie per Tastatur im Textbereich navigieren können, muss dieser aktiv sein. Haben Sie zwischendurch die Formen der Grafik bearbeitet, müssen Sie zunächst durch Klicken den Textbereich wieder aktivieren.

Die Beschriftung unmittelbar im Schaubild vornehmen

Wenn Ihnen die Arbeit mit dem Textbereich nicht behagt, können Sie SmartArt-Formen auch unmittelbar beschriften, indem Sie die jeweilige Form anklicken und den Text direkt in die Form eingeben.

- Um den Textbereich auszublenden, klicken Sie auf die Schaltfläche *Textbereich* in der Gruppe *Grafik erstellen* auf der Registerkarte *Entwurf* der *SmartArt-Tools*, Mit einem weiteren Klick auf die gleiche Schaltfläche blenden Sie den Textbereich bei Bedarf wieder ein.

- Das Hinzufügen von Formen nehmen Sie dann über die Schaltfläche *Form hinzufügen* vor.

HINWEIS Die Optionen beim Hinzufügen von Formen sind im Abschnitt »Die Struktur von SmartArt-Grafiken bearbeiten« weiter hinten in diesem Kapitel beschrieben.

Das Layout der Grafik nachträglich ändern

Wenn Sie beim Bearbeiten einer SmartArt-Grafik feststellen, dass die Struktur der Grafik für Ihr Schaubild nicht geeignet ist, weil beispielsweise nicht genügend Formen zur Verfügung stehen, können Sie nachträglich ein anderes Layout zuweisen.

1. Öffnen Sie dazu den Katalog der Gruppe *Layouts* auf der Registerkarte *Entwurf* der *SmartArt-Tools*. PowerPoint blendet daraufhin zunächst eine Auswahl von SmartArt-Grafiken der gleichen Kategorie an.

2. Per Klick auf *Weitere Layouts* am unteren Rand des Katalogs rufen Sie das Dialogfeld *SmartArt-Grafik auswählen* mit allen verfügbaren Grafiken auf.

Beim Ändern des SmartArt-Layouts bleiben alle Formatierungen, die Sie bereits an der Grafik vorgenommen haben, erhalten.

Text, der in der ursprünglichen Grafik nicht dargestellt werden konnte und im Textbereich mit einem roten X gekennzeichnet war, wird in einem anderen Layout, das genügend Formen zur Verfügung stellt, wieder angezeigt.

SmartArt-Grafiken optimieren und gestalten

SmartArt-Grafiken stellen eine sehr einfache und schnelle Lösung dar, um Schaubilder zu erzeugen. In den meisten Fällen müssen Sie die Grafik aber noch etwas nachbearbeiten.

Die Schriftgröße anpassen

SmartArt-Grafiken werden nach dem Einfügen unabhängig von der in der PowerPoint-Vorlage hinterlegten Standardschrift zunächst in einer Schriftgröße von bis zu 65 Punkt beschriftet. Abhängig von der Menge des Textes und der Zahl der Formen wird dieser Schriftgrad dann nach und nach reduziert, bis alle Beschriftungen vollständig in der jeweiligen Form angezeigt werden. Dabei wird die Schriftgröße sehr häufig stärker verkleinert, als dies vom verfügbaren Platz her notwendig wäre.

ACHTUNG PowerPoint führt bei der Anpassung der Schriftgröße keine automatische Silbentrennung durch und umbricht lange Wörter erst dann in die nächste Zeile um, wenn der Mindestschriftgrad von 5 Punkt erreicht ist und das Wort immer noch nicht einzeilig in der Form angezeigt werden kann. Ist dieser Mindestschriftgrad erst einmal erreicht, wird es sehr schwierig, den Text zu bearbeiten – er ist kaum noch lesbar. Führen Sie die nachfolgend beschriebenen Schritte zur Anpassung der Schriftgröße deshalb rechtzeitig durch, bevor die Schrift zu klein wird.

- Prüfen Sie zunächst, ob Sie durch manuelle Silbentrennung lange Wörter in eine zweite Zeile umbrechen können. Steht in der Form, die die Reduzierung der Schriftgröße verursacht hat, mehr Raum zur Verfügung, wird die Schriftgröße auch in allen anderen Formen automatisch angepasst.

- Passen Sie die Schriftgröße für alle SmartArt-Formen manuell an:

  - Markieren Sie dazu per Klick auf den blauen Rahmen das SmartArt-Objekt, sodass innerhalb der SmartArt keine einzelnen Formen mehr markiert sind.

  - Wechseln Sie zur Registerkarte *Start* und stellen Sie in der Gruppe *Schriftart* im Dropdown-Listenfeld *Schriftgrad* einen höheren Schriftgrad ein.

- Nach der manuellen Anpassung der Schriftgröße kann es vorkommen, dass der Text in einer Form mitten im Wort umbrochen wird, wenn der verfügbare Platz in der Form für den höheren Schriftgrad nicht ausreicht. Dann können Sie noch über eine Reduzierung des Innenrands der Form versuchen, der Beschriftung mehr Platz in der Form einzuräumen.

  - Markieren Sie dazu mit ⌷Strg⌷+⌷A⌷ alle Formen der SmartArt-Grafik. Um nur einen Teil der Formen zu markieren, halten Sie die ⌷⬦⌷-Taste gedrückt und klicken eine Form nach der anderen an.

Abbildg. 15.9 Die Bearbeitung der Textfelder von SmartArt-Grafiken ist nur für markierte Formen, nicht für das SmartArt-Objekt möglich

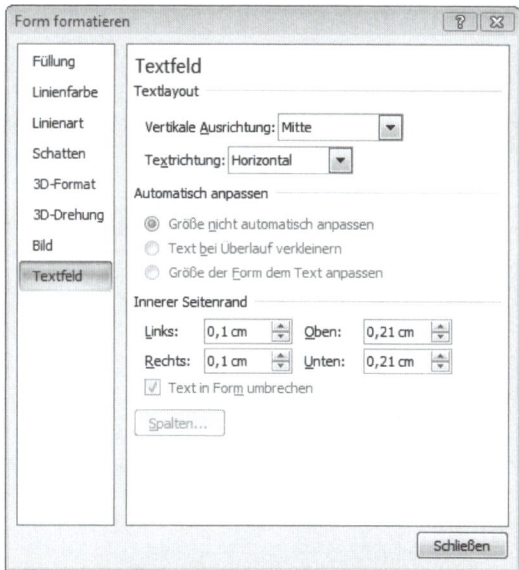

Folien professionell gestalten

- Rufen Sie per Klick mit der rechten Maustaste das Kontextmenü auf und wählen Sie den Eintrag *Form formatieren*.

- Wechseln Sie zur Kategorie *Textfeld* und reduzieren Sie die Werte für *Innerer Seitenrand* (siehe Abbildung 15.9). Die Einstellungen werden sofort auf die Folie übernommen, sodass Sie bei geöffnetem Dialogfeld überprüfen können, wann der benötigte Wert erreicht ist.

> **HINWEIS** Die Textfeldeinstellungen können nur für markierte Formen innerhalb der Smart-Art-Grafik bearbeitet werden. Für das markierte SmartArt-Objekt selbst steht der Befehl nicht zur Verfügung.

Farben und Grafikeffekte bearbeiten

SmartArt-Grafiken werden zunächst in der ersten Akzentfarbe der Designfarben Ihrer PowerPoint-Vorlage erstellt. Über die Farbpalette im Katalog *Farben ändern* und die voreingestellten Grafikeffekte in den Grafikformaten der *SmartArt-Formatvorlagen* auf der Registerkarte *Entwurf* der *SmartArt-Tools* ändern Sie Farbe, Fülleffekt, Kontur, 3D- und Schatteneinstellungen für alle Elemente einer SmartArt-Grafik. Die Einstellungen werden jeweils für die gesamte Grafik übernommen, sodass Sie mit wenigen Mausklicks das Aussehen der SmartArt-Grafik insgesamt anpassen können.

Darüber hinaus stehen Ihnen zum Gestalten der einzelnen Formen einer SmartArt-Grafik auf der Registerkarte *Format* der *SmartArt-Tools* alle *Füll-* und *Formeffekte* zur Verfügung, mit denen Sie auch gezeichnete Formen bearbeiten können. Diese Formatoptionen sind in Kapitel 16 beschrieben.

Das Farbschema für eine SmartArt-Grafik auswählen

Per Klick auf die Schaltfläche *Farben ändern* in der Gruppe *SmartArt-Formatvorlagen* auf der Registerkarte *Entwurf* der *SmartArt-Tools* öffnen Sie einen Katalog mit vordefinierten Farbkombinationen, die sich an den Designfarben Ihrer PowerPoint-Vorlage orientieren (siehe Abbildung 15.10).

Wie bei den meisten Katalogen zeigt PowerPoint auch hier eine Livevorschau der ausgewählten Farben auf der Folie, sobald sich der Mauszeiger über einer Miniaturansicht befindet. Per Klick auf eine Farbkombination weisen Sie diese endgültig zu.

- Die beiden ersten Formatvorlagen der *Primärdesignfarben* verwenden die zweite Text/Hintergrundfarbe der Designfarben als Füllfarbe und die erste und dritte Text/Hintergrundfarbe für die Kontur.

- Die dritte Formatvorlage der *Primärdesignfarben* verwendet die dritte und vierte Text/Hintergrundfarbe für Füllfarbe und Kontur.

- In der Kategorie *Farbig* des Katalogs finden Sie an erster Position die Akzentfarben 2 bis 6 der Designfarben.

- Für die vier weiteren Farbkombinationen werden Farbreihen aus zwei benachbarten Akzentfarben gebildet, d.h., es werden die beiden Akzentfarben und die auf dem Farbkreis (siehe Kapitel 6) zwischen diesen beiden Farben liegenden Farbtöne verwendet. Je nach Aufbau der Designfarben kann es hierbei zu einer sehr starken Abweichung von der ursprünglich in den Designfarben festgelegten Farbstimmung kommen.

Links die Schaltfläche *Farben ändern* mit einem Ausschnitt aus dem Katalog, rechts die *Designfarben* der PowerPoint-Vorlage

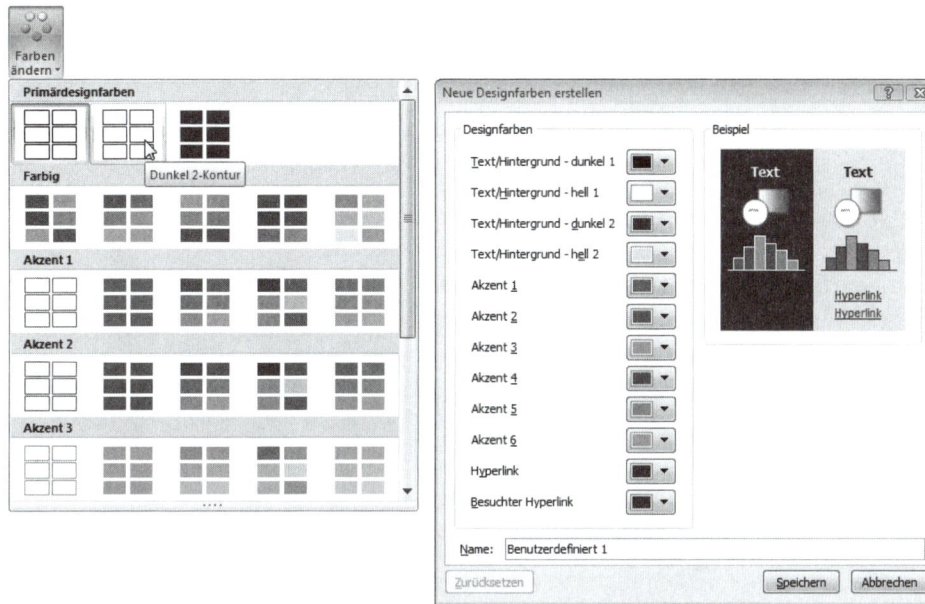

- Die Farben der Kategorien *Akzent 1* bis *Akzent 6* enthalten jeweils fünf Formatvorlagen, die auf den Akzentfarben der Designfarben basieren. Von links nach rechts:

  - *Farbige Kontur* verwendet die Akzentfarbe als Kontur und *Text/Hintergrund – hell 1* als Füllfarbe.

  - *Farbige Füllung* verwendet die Akzentfarbe als Füllfarbe und für die Kontur *Text/Hintergrund – hell 1*.

  - *Farbverlaufbereich* erzeugt Schattierungen der Akzentfarbe mit zunehmender Intensität (Helligkeit). Die Differenz der Helligkeitswerte wird dabei gleichmäßig auf die Zahl der Formen verteilt. Je mehr Formen die SmartArt-Grafik verwendet, desto geringer wird der Unterschied in der Füllfarbe der einzelnen Formen. Mit dieser Einstellung erzielen Sie ansprechende Ergebnisse, wenn Sie hierarchisch aufgebaute Strukturen farblich voneinander absetzen möchten.

  - *Farbverlaufschleife* verwendet wie *Farbverlaufbereich* Schattierungen der Akzentfarbe. Diese werden jedoch nicht wie bei *Farbverlaufbereich* linear erzeugt, sondern der Farbton wird zunächst zunehmend heller und dann wieder dunkler, bis die Schleife wieder beim ersten Farbton angelangt ist. Der dunkelste Farbton ist der ersten Form der SmartArt-Grafik (dem obersten Textfeld im Textbereich) vorbehalten. *Farbverlaufschleife* ist besonders für Zyklen sehr gut geeignet.

  - *Transparenter Farbverlaufbereich* entspricht *Farbverlaufbereich* mit dem Unterschied, dass die Formen der SmartArt-Grafik mit transparenter Füllfarbe formatiert sind, sodass hinter der SmartArt-Grafik liegende Folienobjekte zu sehen sind. Mit dieser Einstellung erzielen Sie sehr schöne Effekte, wenn Sie sie vor Folien mit Hintergrundstrukturen oder -bildern einsetzen.

Folien professionell gestalten

HINWEIS   Die Nummerierung der Text/Hintergrundfarben orientiert sich am Aufbau des in Abbildung 15.10 gezeigten Dialogfeldes *Neue Designfarben erstellen*. In den Farbkatalogen zum Formatieren von Schrift, Füllfarbe und Kontur ist die Position der hellen und dunklen Farbfelder gegenüber dem Dialogfeld *Neue Designfarben erstellen* vertauscht.

Auf der CD-ROM zum Buch finden Sie im Ordner *\Buch\Kap15* die Datei *Kap15_Formatvorlagen_Farben.pptx*, die die Wirkung der Farbschemas am Beispiel der Designfarben *Larissa*, *Telesto*, *Papier* und *Ganymed* zeigt.

Fülleffekte, Schatten und 3D per Mausklick zuweisen

Die Farbkombinationen des Katalogs *Farben ändern* werden ergänzt durch Grafikformate, die Voreinstellungen für Farbverlauf, Schatten, 3D-Effekte usw. enthalten.

Abbildg. 15.11 Sofern Sie die Anzeige von QuickInfos nicht deaktiviert haben, wird der Name einer Formatvorlage eingeblendet, sobald Sie mit dem Mauszeiger darauf zeigen

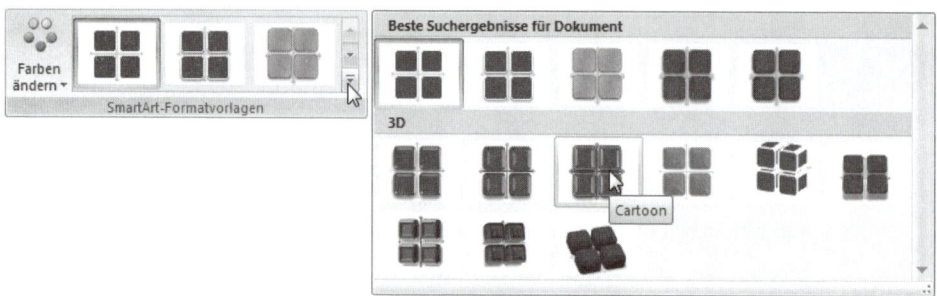

Um die Auswahl von verfügbaren Grafikformaten vollständig anzuzeigen, klicken Sie auf die untersten der Pfeilschaltflächen (siehe Abbildung 15.11 links) –die Schaltfläche *Weitere*. Wie bei den Farb-Formatvorlagen können Sie auch hier mithilfe der Livevorschau unterschiedliche Voreinstellungen vergleichen, bevor Sie eine der Formatvorlagen per Klick auf die Miniaturansicht im Katalog zuweisen. Sofern Sie die Anzeige von QuickInfos in den PowerPoint-Optionen nicht deaktiviert haben, wird beim Darüberfahren mit dem Mauszeiger auch der Name des Effekts eingeblendet.

Die Ausgestaltung der in den Grafikformaten hinterlegten Füll-, Schatten- und 3D-Effekte orientiert sich für die Formate *Einfache Füllung*, *Weiße Kontur*, *Subtiler Effekt*, *Moderater Effekt* und *Intensiver Effekt* an den in der PowerPoint-Vorlage hinterlegten *Effekten*. SmartArt-Grafiken, die Sie mit diesen Voreinstellungen formatieren, entsprechen stilistisch weitgehend gezeichneten Formen, die Sie mit den Grafikformaten *Farbige Füllung*, *Kontur, farbige Füllung*, *Subtiler Effekt*, *Moderater Effekt* oder *Intensiver Effekt* aus den Schnellformatvorlagen auf der Registerkarte *Start* bzw. der Registerkarte *Format* formatieren.

Auf der CD-ROM zum Buch finden Sie im Ordner *\Buch\Kap15* die Datei *Kap15_Grafikformate+Effekte.pptx*, die die Grafikformate für SmartArt-Grafiken und Formen für die zwanzig verschiedenen Designeffekte gegenüberstellt.

Die übrigen SmartArt-Grafikformate *Poliert*, *Abgesenkt*, *Cartoon*, *Pulver*, *Backsteinszene*, *Flache Szene*, *Metallische Szene*, *Sonnenuntergangsszene* und *Vogelperspektiveszene* verwenden Effekte, die leider sehr stark von denen abweichen, die für Formen und Diagramme verfügbar sind. Sie sind zwar geeignet, wenn Sie einzelne Grafiken besonders augenfällig gestalten möchten. Aber in einer Präsentation, die Zeichnungen, SmartArt-Objekte und Diagramme verwendet, entsteht durch die zusätzlichen Effekte für SmartArt-Grafiken sehr schnell ein grafisch-stilistisches Durcheinander.

ACHTUNG Insbesondere bei den 3D-Formatvorlagen mit perspektivischer Darstellung der SmartArt-Grafik sollten Sie unbedingt darauf achten, inwieweit die Beschriftung Ihrer Grafik noch optimal lesbar ist.

Formatieren über die Registerkarte *Format*

Während die Registerkarte *Entwurf* der *SmartArt-Tools* die Befehle zum Bearbeiten der SmartArt-Grafik insgesamt bereitstellt, finden Sie auf der Registerkarte *Format* die Funktionen, um einzelne Objekte der SmartArt-Grafik zu bearbeiten. Diese stehen jedoch nur zur Verfügung, wenn nicht die SmartArt-Grafik als Objekt, sondern einzelne oder mehrere Formen der SmartArt-Grafik markiert sind.

Die Bestandteile von SmartArt-Grafiken markieren

Beim Klick auf eine SmartArt-Grafik wird zunächst der blaue Objektrahmen sichtbar und die SmartArt-Grafik zur Bearbeitung aktiviert. Hat sich der Mauszeiger beim Klicken über einer der Formen der SmartArt-Grafik befunden, wird gleichzeitig auch die Form markiert.

Um weitere Formen einer SmartArt-Grafik gezielt auszuwählen, halten Sie die ⇧-Taste gedrückt und klicken eine Form nach der anderen an.

Bei SmartArt-Grafiken, die aus vielen einzelnen Formen bestehen, ist dies recht mühsam. Dann können Sie mit der Maus einen Markierungsrahmen um die gewünschten Formen aufziehen. Voraussetzung dafür ist, dass die SmartArt-Grafik bereits aktiv ist.

- Klicken Sie innerhalb des Objektbereichs der SmartArt-Grafik, halten Sie die Maustaste gedrückt und ziehen Sie die blaue Markierung wie in Abbildung 15.12 über die gewünschten Formen.

- Ziehen Sie ggf. die Markierung über den Objektrahmen der SmartArt-Grafik hinaus auf, um alle im Randbereich liegenden Formen zu erfassen.

- Halten Sie die ⇧-Taste gedrückt und fügen Sie durch Klicken vom Markierungsrahmen nicht erfasste Formen der Auswahl hinzu.

TIPP Besonders schnell und einfach markieren Sie per Tastatur alle Formen einer SmartArt-Grafik: Drücken Sie nach dem Aktivieren des SmartArt-Objekts einfach die Tastenkombination Strg + A. ▶

Abbildg. 15.12 Die oberste, unmittelbar am Rand des Objektbereichs liegende Form wird von der Markierung nicht erfasst und muss durch Klicken mit gedrückter ⌂-Taste hinzugefügt werden. Einfacher markieren Sie alle Formen mit Strg+A.

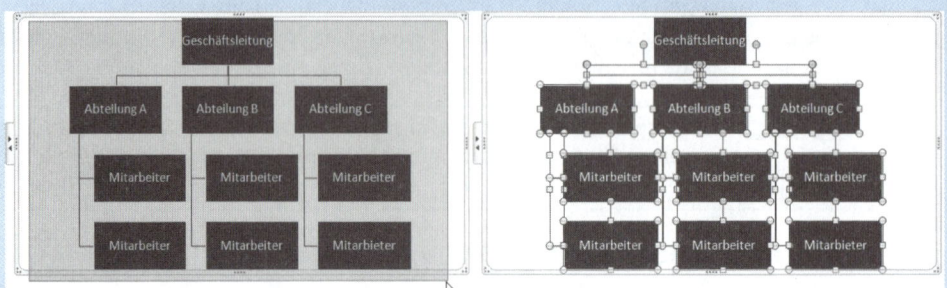

TIPP   Schwierigkeiten beim Markieren bereiten auch SmartArt-Grafiken, deren Beschriftung nicht in Formen, sondern in Textfeldern ohne Füllfarbe wie bei der *Zielscheibe* und *Radialliste* steht. Hier können Sie das erste Textfeld markieren, indem Sie einfach in den Text klicken. Alle weiteren Textfelder können Sie nur markieren, wenn sich der Mauszeiger exakt über der – nicht sichtbaren – Begrenzungslinie befindet und als Vierfachpfeil angezeigt wird. Auch hier kommen Sie leichter zum Ziel, wenn Sie nach dem Klick in das erste Textfeld mit gedrückter ⌂-Taste die übrigen Elemente auswählen.

Damit das Textfeld von der Markierung erfasst wird, müssen Sie den Rahmen in ausreichender Größe aufziehen, sodass das Textfeld vollständig in der Markierung enthalten ist. Werden dabei ungewollt weitere Formen von der Markierung erfasst, heben Sie deren Markierung wieder auf, indem Sie wiederum mit gedrückter ⌂-Taste die betreffenden Formen erneut anklicken.

- Über *In 2D bearbeiten* schalten Sie die perspektivische Darstellung von SmartArt-Grafiken vorübergehend aus bzw. wieder ein, die mit einer der perspektivischen Formatvorlagen auf der Registerkarte *Entwurf* (*Backsteinszene, Flache Szene, Metallische Szene, Sonnenuntergangsszene* und *Vogelperspektiveszene*) formatiert wurden. Durch  das Deaktivieren der 3D-Darstellung kann die Grafik einfacher markiert und formatiert werden.

- Per Klick auf *Form ändern* öffnen Sie den Formenkatalog. Dort können Sie eine beliebige andere Form wählen, die die in der SmartArt-Grafik markierten Formen ersetzt. Auf diesem Weg können Sie beispielsweise Formen mit abgerundeten Ecken durch Rechtecke ersetzen.

- Mit *Größer* und *Kleiner* passen Sie die Größe markierter Formen proportional an, d.h., es werden sowohl Höhe als auch Breite im gleichen Verhältnis geändert. Diese Funktion ist beispielsweise dann sehr hilfreich, wenn Sie alle Pfeile in einem Kreis gleichmäßig vergrößern möchten (siehe Abbildung 15.14 Mitte).

  In anderen SmartArt-Layouts wie beispielsweise der *Pyramide* führt das Vergrößern der Formen dagegen zu einer fehlerhaften Darstellung der Grafik.

- Mit den Befehlen der Gruppen *Formenarten* und *WordArt-Formate* gestalten Sie die Formen einer SmartArt-Grafik wie gezeichnete Formen unabhängig von den in der Formatvorlage definierten Einstellungen. Mehr dazu lesen Sie in Kapitel 16.

- Aus den Anordnungsoptionen der Gruppe *Anordnen* stehen für einzelne Formen einer Smart-Art-Grafik lediglich die Drehungsoptionen zur Verfügung. Bei niedriger Bildschirmauflösung müssen Sie diese Optionen erst etwas umständlich aus der verkürzten Multifunktionsleiste aufrufen (siehe Abbildung 15.13). Bei höheren Auflösungen können Sie direkt in der Gruppe *Anordnen* auf die Schaltfläche *Drehen* zugreifen.

Abbildg. 15.13 Die Optionen zum *Ausrichten* und *Anordnen* stehen nur für das SmartArt-Objekt zur Verfügung, die *Drehungsoptionen* dagegen auch für einzelne Formen einer SmartArt-Grafik

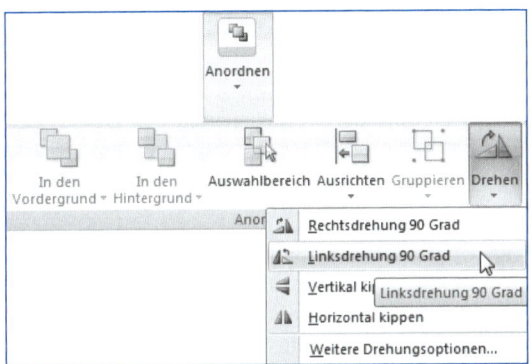

TIPP Um die Richtung der Pfeile eines Zyklus- oder Prozessdiagramms zu ändern, klicken Sie auf der Registerkarte *Entwurf* in der Gruppe *Grafik erstellen* auf die Schaltfläche *Von rechts nach links* (siehe Abbildung 15.14 rechts).

HINWEIS In SmartArt-Grafiken ohne bestimmte Richtung wird mit dem Befehl *Von rechts nach links* die horizontale Anordnung der Formen vertauscht.

Abbildg. 15.14 Links das Zyklusdiagramm nach dem Einfügen, in der Mitte mit vergrößerten Pfeilen und rechts nach dem Ändern der Richtung des Kreislaufs

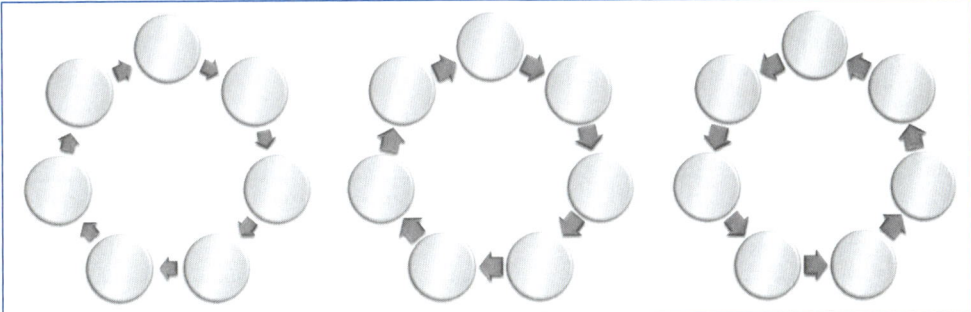

Beim manuellen Formatieren von SmartArt-Grafiken, insbesondere beim Anpassen der Größe einzelner Formen, kann es leicht passieren, dass die ganze Grafik »aus den Fugen« gerät. Per Klick auf *Grafik zurücksetzen* auf der Registerkarte *Entwurf* der *Smar-*

tArt-Tools stellen Sie die Standardformatierung nach dem Einfügen der Grafik wieder her. Beschriftung und Struktur der Grafik bleiben beim Zurücksetzen erhalten.

Möchten Sie lediglich eine einzelne Form auf ihre ursprüngliche Formatierung zurücksetzen, rufen Sie per Klick mit der rechten Maustaste auf die Form das Kontextmenü auf und wählen dort den Befehl *Form zurücksetzen*.

Die Struktur von SmartArt-Grafiken bearbeiten

Obwohl alle mit PowerPoint installierten SmartArt-Grafiken nach den gleichen Grundprinzipien bearbeitet werden können, gibt es abhängig von der Struktur des gewählten Layouts doch Ausnahmen und Sonderfälle beim Einfügen von Formen. Es würde den Umfang dieses Buches sprengen, sie alle zu beschreiben. Die grundsätzliche Vorgehensweise lernen Sie am Beispiel des sehr häufig benötigten Organigramms kennen.

Wie Sie im Abschnitt »Die Beschriftung der Grafik vornehmen« weiter vorn in diesem Kapitel lesen konnten, wird die Struktur einer SmartArt-Grafik über die Listenebenen im Textbereich gesteuert. Bei komplexeren Grafiken wie Organigrammen wäre die Strukturierung über Listenebenen jedoch alles andere als komfortabel.

Hierfür bietet PowerPoint auf der Registerkarte *Entwurf* der *SmartArt-Tools* in der Gruppe *Grafik erstellen* die Befehle der Schaltfläche *Form hinzufügen*. Um die in Abbildung 15.15 gezeigte Auswahl einzublenden, klicken Sie auf den Bereich mit dem Pfeil der zweigeteilten Schaltfläche. Klicken Sie dagegen auf den Bereich mit dem Symbol, wird ohne weitere Auswahl eine weitere Form eingefügt. Diese Vorgehensweise ist nur bei einfachen Strukturen ohne Hierarchieebenen geeignet.

Abbildg. 15.15 Per Klick auf den Pfeil der Schaltfläche *Form hinzufügen* blenden Sie die Auswahl ein

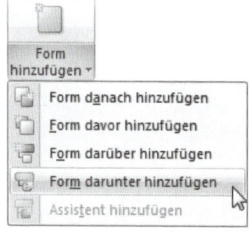

> **HINWEIS** Welche Optionen beim Einfügen von Formen zur Verfügung stehen, hängt von der Struktur der jeweiligen SmartArt-Grafik und von der Position der Markierung innerhalb der Grafik ab.

Organigramme erstellen

In der Kategorie *Hierarchie* des Dialogfeldes *SmartArt-Grafik auswählen* finden Sie zwei Organigramme, die sich auf den ersten Blick recht ähnlich sehen, sich in der Funktionalität aber grundlegend unterscheiden.

■ Das Layout *Organigramm* verfügt über eine Assistentenfunktion. Untergebene können nur in hängendem Layout und nicht in gerader Linie angeordnet werden. Der Befehl *Assistent hinzufügen* im Menü der Schaltfläche *Form hinzufügen* (siehe Abbildung 15.15) steht nur für dieses SmartArt-Layout zur Verfügung. Wie Untergebene vertikal angeordnet werden, bestimmen Sie über die Befehle des Menüs der Schaltfläche *Layout* (siehe Abbildung 15.16), die Sie ebenfalls in der Gruppe *Grafik erstellen* auf der Registerkarte *Entwurf* der *SmartArt-Tools* finden.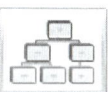

Abbildg. 15.16   Im Layout *Organigramm* können Untergebene nur hängend und
nicht in gerade Linie angeordnet werden

■ Im Layout *Hierarchie* können Sie Untergebene in gerader Linie untereinander anordnen. Es verfügt aber nicht über eine Assistentenfunktion. Auch die Schattierung der Kästchen durch eine zweite, im Hintergrund liegende Form kann nicht deaktiviert werden.

Ein Organigramm als Hierarchie erstellen

Als SmartArt-Grafiken erstellte Organigramme »funktionieren« am besten, wenn Sie sehr einfache Strukturen abbilden. Für Organigramme mit mehreren Ebenen wie in Abbildung 15.17 müssen Sie mit etwas Aufwand für die Nachbearbeitung rechnen.

Abbildg. 15.17   Das fertige Organigramm

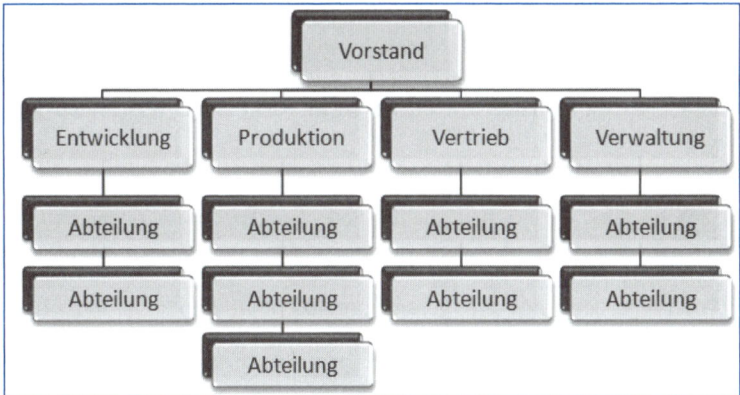

1. Fügen Sie eine neue Folie mit Layout *Titel und Inhalt* ein und klicken Sie auf das Symbol *SmartArt-Grafik einfügen* im Platzhalter.
2. Wählen Sie im Dialogfeld *SmartArt-Grafik auswählen* in der Kategorie *Hierarchie* das SmartArt-Layout *Hierarchie*.

3. Erstellen Sie dann über *Formen hinzufügen* zunächst die Struktur des Organigramms, bevor Sie im Textbereich die Beschriftung vornehmen:

- Über *Form davor hinzufügen* und *Form danach hinzufügen* erstellen Sie neue Formen der gleichen Hierarchieebene wie die markierte Form. Auf diesem Weg können Sie bei Bedarf auch Doppelspitzen in einem Organigramm erzeugen, die jedoch ohne Verbindungslinien erstellt werden.

- Über *Form darunter hinzufügen* erstellen Sie Formen in der nächsten Ebene. Fügen Sie mehrere Formen der nächsten Ebene hinzu, werden diese nebeneinander angeordnet wie die Formen D und E in Abbildung 15.18.

Abbildg. 15.18 Im SmartArt-Layout *Hierarchie* können Untergebene sowohl nebeneinander als auch untereinander angeordnet werden

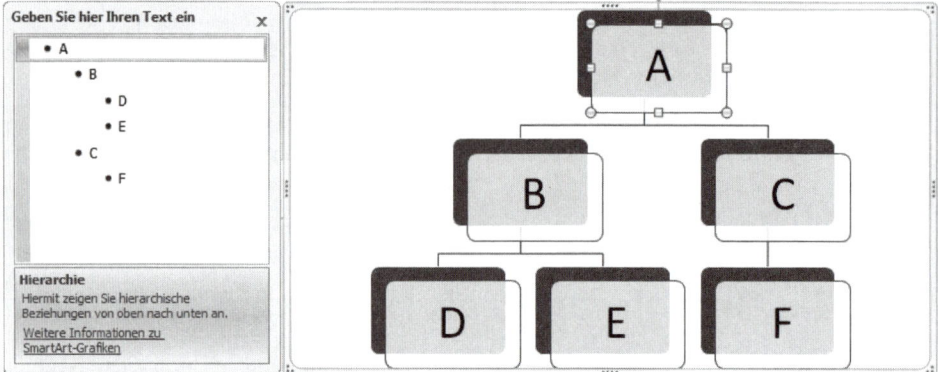

- Um mehrere Untergebene in gerader Linie untereinander anzuordnen, markieren Sie eine der Formen der entsprechenden Verzweigung und wählen *Form darüber hinzufügen*. Die markierte Form wird nach unten verschoben, die neu erstellte Form an der Stelle der markierten eingefügt.Die Alternative: Sie markieren die Form, unter der eine weitere Form eingefügt werden soll, wählen *Form darunter hinzufügen*, markieren die neu erstellte Form und wählen wiederum *Form darunter hinzufügen* usw. Auf diesem Weg fügen Sie neue Formen hinzu, ohne dass die bereits vorhandene Form nach unten verschoben wird und neu beschriftet werden muss.

- Um nicht benötigte Formen zu löschen, markieren Sie diese und drücken dann `Entf`.

4. Nehmen Sie anschließend die Beschriftung der Formen entweder im *Textbereich* oder direkt in den Formen vor.

HINWEIS Damit eine Form aus der Hierarchie gelöscht werden kann, muss die im Vordergrund liegende Form mit der Beschriftung markiert sein, nicht die im Hintergrund liegende.

Abbildg. 15.19 Nach dem Hinzufügen weiterer Formen nutzt das Organigramm den im Layout zur Verfügung stehenden Platz nicht mehr optimal aus

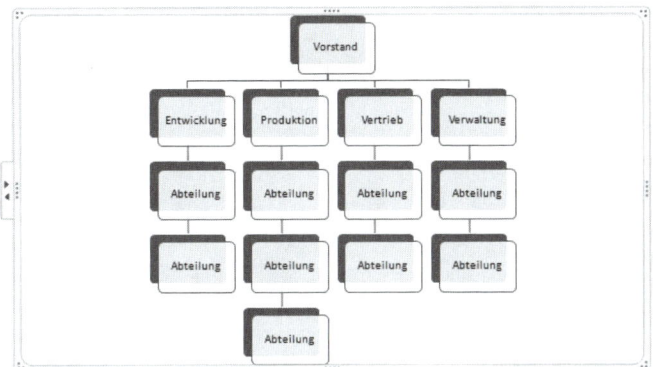

Beim Hinzufügen weiterer Formen macht sich die automatische Größenanpassung von SmartArt-Grafiken ungünstig bemerkbar. Da die Größe der Formen proportional in Höhe und Breite angepasst wird, nutzt das Organigramm den zur Verfügung stehenden Platz in der Breite nicht mehr optimal aus. Gleichzeitig wird die Schriftgröße unnötig stark verkleinert. Abhilfe schafft hier nur manuelles Nachformatieren:

5. Markieren Sie mit [Strg]+[A] alle Formen des Organigramms.
6. Zeigen Sie mit dem Mauszeiger auf den mittleren seitlichen Markierungspunkt einer Form, bis sich der Mauszeiger in einen Doppelpfeil verwandelt.
7. Klicken Sie und ziehen Sie die Formen mit gedrückter Maustaste in die Breite.

TIPP   Passen Sie die Breite in mehreren, kleinen Schritten an. Ein zu starkes Ändern der Größe kann dazu führen, dass die Grafik »zusammenfällt« und nur noch über *Grafik zurücksetzen* auf der Registerkarte *Entwurf* wiederhergestellt werden kann.

Da die Formen aller Hierarchieebenen die gleiche Größe haben, ist die Struktur des Diagramms noch nicht optimal zu erkennen. Um die Lesbarkeit des Diagramms zu verbessern, können Sie zum einen Farbe einsetzen, zum anderen aber auch die Höhe der Formen mit den Abteilungen etwas reduzieren.

8. Markieren Sie dazu alle Formen, die die Abteilungen darstellen.
9. Reduzieren Sie jetzt die Höhe aller markierten Formen, indem Sie den mittleren horizontalen Markierungspunkt einer Form nach innen verschieben.
10. Da durch die Reduzierung der Höhe der Formen etwas mehr Platz im Layout zur Verfügung steht, können Sie die markierten Abteilungen mit den [↓]-Taste nach unten verschieben und so optisch von den übergeordneten Formen absetzen. Die Verbindungslinien werden beim Verschieben der Formen automatisch angepasst.
11. Formatieren Sie zum Schluss das Organigramm mit den Formatvorlagen der Registerkarte *Entwurf* oder den Formatoptionen der Registerkarte *Format*.

 Das fertige Organigramm finden Sie auf der CD-ROM zum Buch in der Datei *Kap15_Beispiele.pptx* im Ordner *\Buch\Kap15*.

Folien professionell gestalten

SmartArt-Formen mithilfe der Tastatur vergrößern, verkleinern und drehen

Das interaktive Vergrößern und Verkleinern von SmartArt-Formen per Maus kann sehr schnell dazu führen, dass die Grafik »zusammenfällt«. Mithilfe der folgenden Tastenkombinationen passen Sie die Formen einer SmartArt-Grafik in kleinen Schritten an:

- Mit ⇧ + → vergrößern Sie Formen horizontal.
- Mit ⇧ + ← verkleinern Sie Formen horizontal.
- Mit ⇧ + ↑ vergrößern Sie Formen vertikal.
- Mit ⇧ + ↓ verkleinern Sie Formen vertikal.
- Mit Alt + → drehen Sie Formen nach rechts.
- Mit Alt + ← drehen Sie Formen nach links.
- Um die Schrittweite zu reduzieren, mit der die Anpassung über die aufgeführten Tastenkombinationen durchgeführt wird, halten Sie zusätzlich Strg gedrückt.

Organigramme und Schematische Darstellungen aus früheren Programmversionen weiterbearbeiten

Mit PowerPoint 2000 erstellte *Organigramme* können Sie in PowerPoint 2007 nach einem Doppelklick auf das Objekt wie gewohnt mit dem *Organigramm-Add-In für Microsoft Office-Programme* bearbeiten. Voraussetzung dafür ist, dass das Add-In zusammen mit Office 2007 installiert wurde. Sollte es auf Ihrem Rechner nicht zur Verfügung stehen, können Sie es von Ihrer Office-CD nachinstallieren.

Mit PowerPoint 2002 und 2003 erstellte *Schematische Darstellungen* können Sie nach einem Doppelklick auf die Grafik wahlweise in eine SmartArt-Grafik oder in Formen konvertieren. Nach der Konvertierung in Formen heben Sie anschließend über *Anordnen/Gruppierung* die Gruppierung der Grafik auf, um die Formen einzeln zu bearbeiten.

Tipps, Tricks und Troubleshooting

Dass eine Programmfunktion, die das Erstellen von Schaubildern automatisiert, nicht gleichzeitig grenzenlos flexibel sein und alle möglichen Bedürfnisse vorhersehen kann, liegt auf der Hand. Hier ein paar Anregungen, wie Sie SmartArt-Grafiken anpassen.

Einen Zeitstrahl per SmartArt-Grafik erstellen

Im Schnelleinstieg in Kapitel 4 finden Sie die Beschreibung, wie Sie einen Zeitstrahl mithilfe von Formen zeichnen. Die SmartArt-Grafiken stellen ein recht ähnliches Layout bereit, nämlich *Alternierender Fluss* (siehe Abbildung 15.20). Durch die runden Pfeile wirkt es dynamischer als das Beispiel in Kapitel 4.

bbildg. 15.20 Der fertige Zeitstrahl

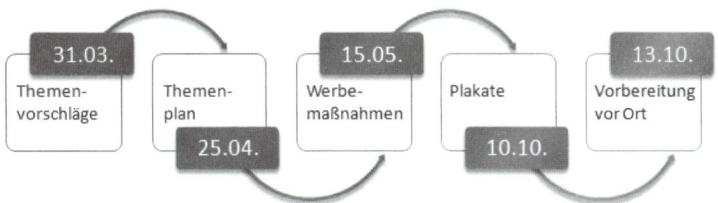

1. Erstellen Sie eine neue SmartArt-Grafik und wählen Sie als Layout *Alternierender Fluss* in der Kategorie *Prozess*.

2. Beschriften Sie zunächst nur die Formen der ersten Listenebene mit den Terminen.

3. Die Beschreibung der Aufgaben in der zweiten Listenebene ist insofern problematisch, als sich die Aufzählungsfunktion der Form nicht deaktivieren lässt, bei einem einzelnen Eintrag jedoch keinen Sinn macht.

   Abhilfe schafft die Beschriftung mithilfe von Textfeldern. Damit die Grafik auch in der Normalansicht übersichtlich bleibt, sollten Sie zunächst die in der Grafik vorhandenen Aufzählungspunkte löschen. Löschen Sie dazu die dazugehörige zweite Listenebene im Textbereich.

> **HINWEIS** In manchen SmartArt-Layouts sind der Eintrag im Textbereich und die dazugehörige Form untrennbar miteinander verbunden. Beim Löschen des Eintrags im Textbereich wird dann auch die Form entfernt. Dies vermeiden Sie, indem Sie im Textbereich hinter dem Aufzählungszeichen ein Leerzeichen eingeben.

4. Wechseln Sie zur Registerkarte *Einfügen* und klicken Sie in der Gruppe *Text* auf *Textfeld*.

5. Fügen Sie das Textfeld per Klick auf die Folie ein, nehmen Sie die Beschriftung vor und passen Sie ggf. die Schriftgröße an.

6. Halten Sie ⇧ + Strg gedrückt und verschieben/kopieren Sie das Textfeld so oft, wie Sie es für die Beschriftung der Grafik benötigen.

7. Richten Sie die Textfelder über den dazugehörigen Formen der Grafik aus.

8. Passen Sie bei Bedarf auch die Schriftgröße der Formen mit den Terminen an, indem Sie alle Formen markieren und die Formatierung im Dropdown-Listenfeld *Schriftart* auf der Registerkarte *Start* vornehmen.

PROFITIPP

Nach rechts oben ansteigende Linienführungen signalisieren Fortschritt und Wachstum. Im Layout *Alternierender Fluss* verläuft die Linienführung bei ungerader Zahl der Etappen in die andere Richtung: Das vorherrschende Element der Grafik, die Form, die das Datum enthält, ist unterhalb der Aufgabenbeschreibung angeordnet. Wenn Sie Ihre Grafik perfekt gestalten möchten, ordnen Sie die Datumsformen so an, dass die letzte Form rechts oben steht.

- Markieren Sie dazu zunächst alle über den Aufgaben angeordneten Datumsformen und verschieben Sie diese mithilfe der ↓ -Taste an die Position unterhalb der Aufgaben. Verfahren Sie in gleicher Weise mit den unter den Aufgaben angeordneten Datumsformen und verschieben Sie diese nach oben. ▶

■ Die Pfeile sind an die Formen gebunden und verrutschen beim Verschieben der Formen. Dies korrigieren Sie, indem Sie den von oben nach unten weisenden Pfeilen über *Drehen/ Weitere Drehungsoptionen* (Registerkarte *Format* der *SmartArt-Tools*, Gruppe *Anordnen*) im Dialogfeld *Größe und Position* (siehe Abbildung 15.21) eine Drehung von *–220°* zuweisen und anschließend den Befehl *Drehen/Horizontal kippen* ausführen.

Abbildg. 15.21 Lassen Sie sich nicht verwirren, wenn nach der Eingabe des Wertes zunächst einmal auf der Folie keine Änderung zu sehen ist. Nach dem horizontalen Kippen wird die Drehung übernommen.

■ Für die von unten nach oben weisenden Pfeile benötigen Sie eine Drehung von *220°* und ebenfalls den Befehl *Horizontal kippen*.

Den fertigen Zeitstrahl finden Sie auf der CD-ROM zum Buch in der Datei *SmartArt* im Ordner *\Buch\Kap15\Kap15_Beispiele.pptx*. Neben der fertigen Lösung enthält die Datei auch Folien, die die Etappen der Bearbeitung zeigen.

Fazit: Der Vorteil bei der Erstellung des Zeitstrahls als SmartArt-Grafik liegt hier darin, dass Sie das Schaubild zunächst einmal skizzieren und mithilfe des automatischen Layouts sehr schnell abschätzen können, wie viel Platz Ihnen auf der Folie zur Verfügung steht, ohne diesen erst umständlich berechnen zu müssen. Unter Berücksichtigung der manuellen Formatierungsarbeiten ist der Zeitgewinn gegenüber einem aus Formen erstellten und optisch etwas weniger spektakulär wirkenden Zeitstrahl jedoch eher geringfügig.

Die Textfelder von SmartArt-Grafiken formatieren

Für die Beschriftung von SmartArt-Grafiken stehen Ihnen im Wesentlichen die gleichen Formatoptionen wie für Textfelder und Formen zur Verfügung.

Text linksbündig ausrichten

Von Formen mit vordefinierten Aufzählungen einmal abgesehen sind die meisten SmartArt-Layouts
mit zentrierter Ausrichtung des Textes vorformatiert.

Um dies für die ganze SmartArt-Grafik zu ändern, klicken Sie auf den blauen Markierungsrahmen,
sodass innerhalb der Grafik keine einzelne Form mehr markiert ist.

Wechseln Sie dann zur Registerkarte *Start* und klicken Sie in der Gruppe *Absatz* (siehe Abbildung
15.22) auf die Schaltfläche *Linksbündig*.

Abbildg. 15.22 Die horizontale Ausrichtung des Textes in den Formen einer SmartArt-Grafik können Sie für die Grafik
insgesamt ändern

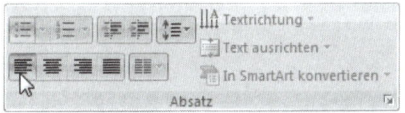

Die vertikale Ausrichtung des Textes in der Form ändern

Um die vertikale Ausrichtung des Textes zu ändern, müssen dagegen die einzelnen Formen markiert
sein.

Markieren Sie zunächst alle Formen. Klicken Sie dann auf der Registerkarte *Start* in der Gruppe
Absatz auf *Text ausrichten* und wählen Sie die Einstellung *Oben*, um beispielsweise in Organigrammen mit ungleichmäßiger Zeilenzahl eine gleichmäßigere Ausrichtung der Beschriftung zu erzielen.

Texteinzug, Absatzabstand und Zeilenabstand anpassen

Auch für diese Aufgabe müssen Sie die jeweiligen Formen der SmartArt-Grafik und nicht die Grafik
als Ganzes markieren.

Klicken Sie anschließend in der Gruppe *Absatz* auf den Dialogfeldstarter, um das Dialogfeld *Absatz*
zu öffnen (siehe Abbildung 15.23).

- Um den Abstand zwischen Aufzählungszeichen und Text zu vergrößern, geben Sie unter *Einzug*
  in den Feldern *Vor Text* und *Innerhalb von* den gleichen höheren Wert ein.

- Den Abstand zum nächsten Absatz definierten Sie über *Abstand Vor* bzw. *Nach*. Geben Sie für
  beide Einstellungen einen Wert größer 0 ein, werden die Werte addiert.

  Wenn Sie mehrzeiligen Text einsetzen, sollten Sie außerdem darauf achten, dass der Zeilenabstand nicht weniger als 1,0 beträgt.

Folien professionell gestalten

Abbildg. 15.23 Im Dialogfeld *Absatz* bestimmen Sie den Abstand zwischen Text und Aufzählungszeichen, den *Abstand* zum nächsten Absatz sowie den *Zeilenabstand*

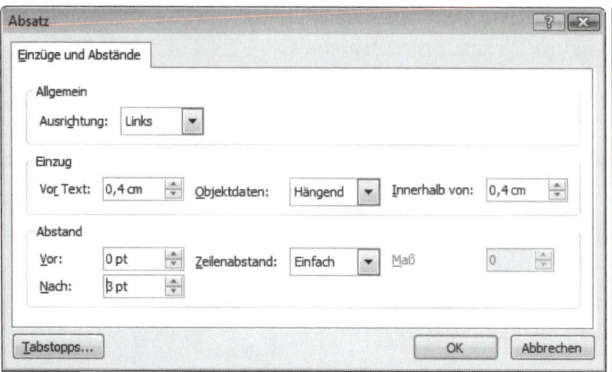

HINWEIS Mehr zum Formatieren von Absätzen lesen Sie in Kapitel 11.

SmartArt-Grafiken mit Bildern einsetzen

Eine ganze Reihe von SmartArt-Layouts ist für den Einsatz mit Bildern vorgesehen. Sobald Sie auf das Bild-Symbol in der dafür vorgesehenen Form klicken, wird das Dialogfeld *Grafik einfügen* geöffnet und Sie können Ihre Festplatte nach dem gewünschten Bild durchsuchen.

HINWEIS Mehr zum Einfügen von Bildern lesen Sie in Kapitel 12.

Nach dem Einfügen des Bildes wird dieses zunächst vollständig in der Form angezeigt. Abhängig vom Seitenverhältnis von Form und Bild kann es dabei zu einer mehr oder weniger stark sichtbaren Verzerrung des Bildes kommen.

Abbildung 15.24 zeigt zweimal dasselbe Bild innerhalb der SmartArt. In der linken Abbildung ist das Bildseitenverhältnis des Notebooks offensichtlich verzerrt. Außerdem wirkt das Motiv zu klein. Rechts wurde die Ausrichtung des Motivs in der Form korrigiert.

Abbildg. 15.24 Links das Bild nach dem Einfügen, rechts nach dem Ausrichten in der Form

So korrigieren Sie die Anordnung des Bildes in der Form:

1. Erstellen Sie eine neue SmartArt-Grafik und wählen Sie in der Kategorie *Beziehung* die Option *Radialliste*.

2. Klicken Sie auf das Bild-Symbol der großen mittleren Form und wählen Sie im Dialogfeld *Grafik einfügen* Ihr Bild aus.

Auf der CD-Rom zum Buch im Ordner *Buch\Kap15* finden Sie das im Beispiel verwendete Bild *Notebook.jpg* sowie das in Abbildung 15.24 gezeigte Beispiel in der Datei *Kap15_Beispiele.pptx*.

---

3. Klicken Sie anschließend mit der rechten Maustaste auf die Form mit dem Bild und wählen Sie im Kontextmenü *Form formatieren*.

4. Wechseln Sie im Dialogfeld *Form formatieren* (siehe Abbildung 15.25) zur Kategorie *Füllung*.

5. Aktivieren Sie die Option *Bild nebeneinander als Textur* anordnen.

6. Stellen anschließend die im Dialogfeld abgebildeten *Anordnungsoptionen* ein. Sie sind vom Bild abhängig – mehr zum Anordnen von Bildern in Formen lesen Sie in Kapitel 12.

7. Geben Sie anschließend Ihren Text – im Beispiel die Zahlen – in die Formen der ersten Listenebene der SmartArt-Grafik ein.

Abbildg. 15.25 Sobald Sie das Kontrollkästchen *Bild nebeneinander als Textur anordnen* aktiviert haben, sind auch die weiteren Optionen im unteren Bereich des Dialogfeldes zu sehen

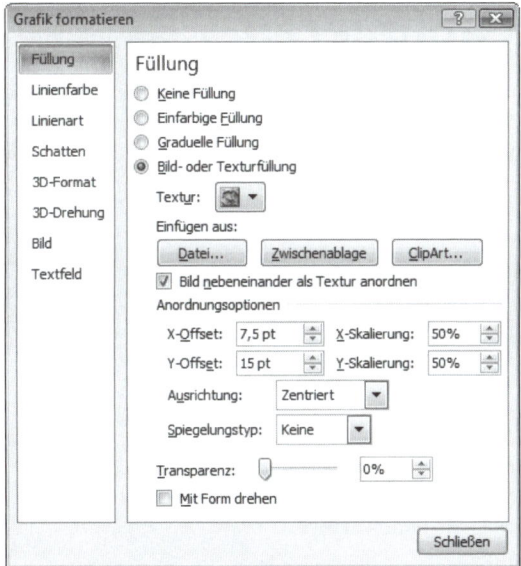

In den Textfeldern neben den Kreisformen steht nicht ausreichend Platz für die im Beispiel gezeigte Beschriftung zur Verfügung. Etwas ärgerlich: Beim Versuch, die Textfelder zu vergrößern, wird auch die Form der außenliegenden Kreise elliptisch.

8. Löschen Sie deshalb im Textbereich alle Einträge der zweiten Listenebene, um in der Grafik die dazugehörigen Textfelder zu entfernen.

9. Ersetzen Sie die Textfelder der SmartArt-Grafik durch solche, die Sie über die Registerkarte *Einfügen* erstellen.

10. Reduzieren Sie anschließend die Größe der mit den Zahlen beschrifteten Kreise, indem Sie die Formen markieren und anschließend mit gedrückter ⌈Strg⌉+⌈⇧⌉ einen der Eckmarkierungspunkte nach innen ziehen. Durch die Tastenkombination erfolgt das Verkleinern gleichmäßig, ohne den Kreis in eine Ellipse zu verzerren.

11. Formatieren Sie zum Schluss die SmartArt-Grafik mit Formatvorlagen oder den Befehlen der Registerkarte *Format*. Im Beispiel wurde für den inneren Kreis mit Bild eine dunkelblaue Kontur gewählt, damit sich die Form besser vom weißen Hintergrund abhebt.

PROFITIPP

SmartArt-Layouts mit Bildplatzhaltern können Sie auch ohne Bild einsetzen. Das Symbol *Grafik einfügen* ist in der Bildschirmpräsentation nicht zu sehen. Die unmittelbare Beschriftung solcher Formen ist jedoch nicht möglich. Diese können Sie nur mithilfe eines Textfeldes vornehmen.

PROFITIPP

Nicht immer werden Folien ausschließlich in der Bildschirmpräsentation betrachtet. Wenn Sie möchten, dass das Symbol *Grafik einfügen* auch in der Normalansicht nicht mehr hinter dem Textfeld zu sehen ist, weisen Sie der Form über die Registerkarte *Format* eine einfarbige Füllung oder einen Verlauf als *Fülleffekt* zu.

SmartArt-Grafiken animieren

Für die schnelle Animation von SmartArt-Grafiken stellt PowerPoint spezielle Animationsschemas bereit, mit denen Sie für die Eingangseffekte *Verblassen*, *Wischen* und *Einfliegen* per Mausklick den Animationsablauf einer SmartArt-Grafik bestimmen können. Die Animationsschemas finden Sie auf der Registerkarte *Animationen*, indem Sie das Dropdown-Listenfeld *Animieren* (siehe Abbildung 15.26) öffnen.

Abbildg. 15.26 Per Klick auf den Pfeil öffnen Sie das Dropdown-Listenfeld *Animieren* mit vordefinierten Animationsschemas

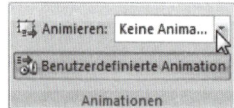

Die möglichen Abläufe, die PowerPoint für die Animation von SmartArt-Grafiken bietet, hängen von der Struktur der jeweiligen SmartArt-Grafik ab.

Abbildg. 15.27 Von links nach rechts das Animationsschema für *Rastermatrix, Pyramide, Organigramm* und *Auseinanderlaufendes Radial*

Sobald Sie mit dem Mauszeiger auf einen Eintrag der Liste zeigen, sehen Sie auf der Folie eine Livevorschau auf Effekt und Ablauf.

Die Animationsschemas für SmartArt im Überblick

SmartArt-Grafiken, deren Struktur nur eine Listenebene im Textbereich aufweist, können nur mit den voreingestellten Abläufen *Als einzelnes Objekt, Alle gleichzeitig* und *Schrittweise* animiert werden.

- *Als einzelnes Objekt* wendet den gewählten Effekt auf die SmartArt-Grafik als Ganzes an.
- Mit *Alle gleichzeitig* werden dagegen alle Formen und Beschriftungen einer SmartArt-Grafik gleichzeitig mit dem jeweiligen Effekt animiert.

> **HINWEIS**   Der Unterschied zwischen *Als einzelnes Objekt* und *Alle gleichzeitig* wird nur bei den Effekten *Wischen* und *Einfliegen* sichtbar; mit dem Effekt *Verblassen* läuft die Animation dagegen in beiden Einstellungen identisch ab.

- *Schrittweise* blendet die Formen einer SmartArt-Grafik einzeln nacheinander ein.

Für SmartArt-Grafiken, deren Struktur aus zusammengesetzten Formen besteht, d.h. aus mehreren Listenebenen im Textbereich, die in eigenen Formen stehen, bietet PowerPoint weitere Optionen:

- *Sofort nach Ebene* blendet jeweils gleichzeitig zunächst alle Formen der ersten Listenebene und dann alle Formen der zweiten Listenebene ein.
- *Schrittweise nach Ebene* blendet die Formen der ersten Listenebene und anschließend die Formen der zweiten Listenebene jeweils einzeln nacheinander ein.
- Die Einstellung *Schrittweise* bewirkt bei zusammengesetzten Formen, dass die zusammengehörenden Listenebenen/Formen jeweils nacheinander animiert werden.
- Für Hierarchien steht die Option *Schrittweise nach Verzweigung* anstelle von *Schrittweise* zur Verfügung. Damit werden zuerst die erste Gliederungsebene, dann von oben beginnend alle Formen der ersten Verzweigung, dann die der zweiten Verzweigung usw. einzeln animiert.

Einen Sonderfall beim Einrichten der Animation bilden einige der Radial-Layouts. Hier können Sie wählen, ob Sie *Sofort von Mitte* oder *Schrittweise von Mitte* animieren möchten.

- *Sofort von Mitte* bedeutet, dass erst die mittlere Form und anschließend alle außenliegenden Formen gleichzeitig animiert werden.

- *Schrittweise von Mitte* animiert zuerst die mittlere Form und dann im Uhrzeigersinn beginnend von der obersten Form alle weiteren Formen einzeln.

Animationsschemas durch eigene Einstellungen optimieren

Per Klick auf *Benutzerdefinierte Animation* im Dropdown-Listenfeld *Animieren* auf der Registerkarte *Animationen* blenden Sie den Aufgabenbereich *Benutzerdefinierte Animation* am linken Programmfensterrand ein. Hier können Sie die Eingangseffekte der Animationsschemas durch andere Effekte ersetzen, die Startoptionen für eine Animation ändern und die Feineinstellung für den Ablauf der Animation vornehmen. Auch das Entfernen einzelner Effekte aus der Animationsliste ist möglich, sodass ein Teil der Grafik bereits nach Aufruf der Folie zu sehen ist und weitere Informationen nach und nach per Animation eingeblendet werden.

> **HINWEIS** Detaillierte Informationen zum Einrichten benutzerdefinierter Animationen finden Sie in den Kapiteln 18 ff.

Abbildg. 15.28 Per Doppelklick auf den Effekt in der Animationsliste öffnen Sie die *Effektoptionen*, wo Sie die Reihenfolge des Ablaufs der Animation umkehren und auf der Registerkarte *Anzeigedauer* den zeitlichen Ablauf der Animation festlegen können

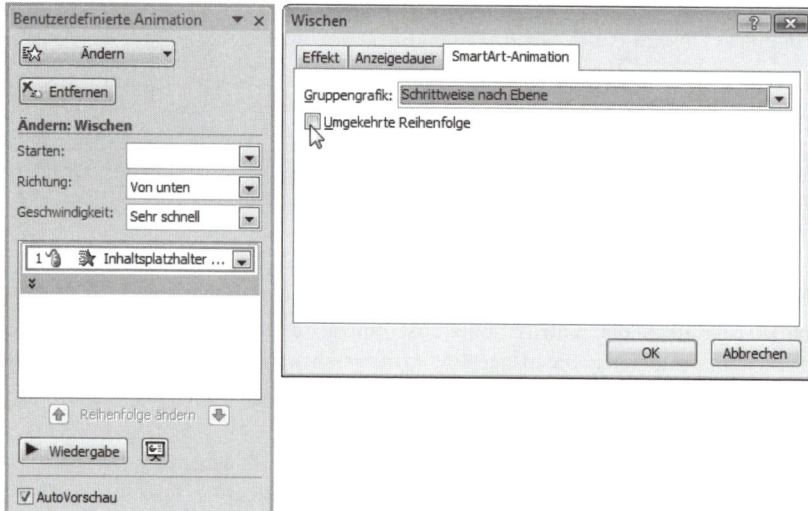

Eine Besonderheit bzw. Einschränkung gibt es jedoch bei der Animation von SmartArt-Grafiken: Die Reihenfolge, in der die Formen einer SmartArt eingeblendet werden, kann anders als bei der Animation von Formen nicht beliebig verändert werden. Für SmartArt-Grafiken steht Ihnen lediglich in den *Effektoptionen* (siehe Abbildung 15.28 rechts), die Sie per Doppelklick auf einen Eintrag in der Animationsliste (siehe Abbildung 15.28 links) öffnen, die Option *Umgekehrte Reihenfolge* zur Verfügung, mit der die Animationsreihenfolge umgedreht wird, also das ursprünglich letzte Objekt zuerst, dann das vorletzte usw.

Die SmartArt-Sammlung um weitere Grafiken ergänzen

Neben den SmartArt-Grafiken, die zusammen mit PowerPoint installiert werden, finden Sie auf den US-Seiten von Office Online und künftig wohl auch auf den deutschen Seiten von Office Online sowie bei Drittanbietern weitere SmartArt-Layouts, die Sie in Ihren Präsentationen einsetzen können.

1. Um auf die US-Seiten von Office Online zu gelangen, klicken Sie im Menü zur *Office-Schaltfläche* auf *Neu*.
2. Klicken Sie im Dialogfeld *Neue Präsentation* unter *Microsoft Office Online* auf *Unterstützt* und dann auf *Vorlagen* (siehe Abbildung 15.29).

Abbildg. 15.29   In den Download-Bereich von Office Online gelangen Sie am einfachsten direkt aus PowerPoint heraus

3. Wenn die deutsche Startseite von Office Online in Ihrem Browser angezeigt wird, klicken Sie links oben auf der Webseite auf den Link *Deutschland (Ändern)*.
4. Wählen Sie im Dropdown-Listenfeld *Landes-/Regional- und Spracheinstellungen* den Eintrag *Vereinigte Staaten* und klicken Sie dann auf *OK*.
5. Geben Sie SmartArt in das Suchfeld ein. Unter den Suchergebnissen finden Sie dann beispielsweise die in Abbildung 15.31 gezeigte *Picture Organization Chart SmartArt Graphic*.
6. Nach einer Echtheitsüberprüfung Ihrer Office-Installation können Sie die SmartArt-Grafik downloaden. Sie trägt die Dateierweiterung *.glox* und wird automatisch im richtigen Ordner gespeichert.

HINWEIS   SmartArt-Grafiken, die Sie von Drittanbietern beziehen, müssen Sie unter Umständen manuell im richtigen Ordner ablegen. Unter Windows Vista lautet der Pfad *Laufwerk:\Users\ Benutzername\AppData\Roaming\Microsoft\Templates\SmartArt Graphics*. Unter Windows XP finden Sie den richtigen Ordner unter *Laufwerk:\Dokumente und Einstellungen\Benutzername\ Anwendungsdaten\Microsoft\Templates\SmartArt Graphics*.

Folien professionell gestalten

Abbildg. 15.30 SmartArt-Grafiken, die Sie von Office Online downloaden,
werden automatisch im richtigen Ordner gespeichert

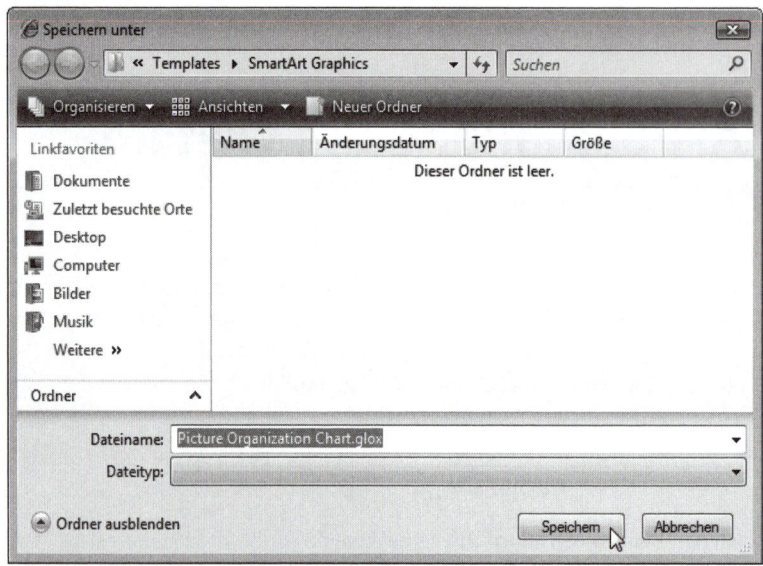

Nach dem nächsten Start von PowerPoint finden Sie Ihre zusätzlichen SmartArt-Grafiken entweder in der jeweiligen Kategorie (hier im Beispiel: *Hierarchie*) oder in einer neuen Kategorie *Andere* (siehe Abbildung 15.31).

Abbildg. 15.31 Nach dem Neustart von PowerPoint steht die zusätzliche SmartArt-Grafik – hier in der Kategorie *Hierarchie* – zur Verfügung. Manche SmartArt-Grafiken werden auch in einer eigenen Kategorie *Andere* eingeordnet.

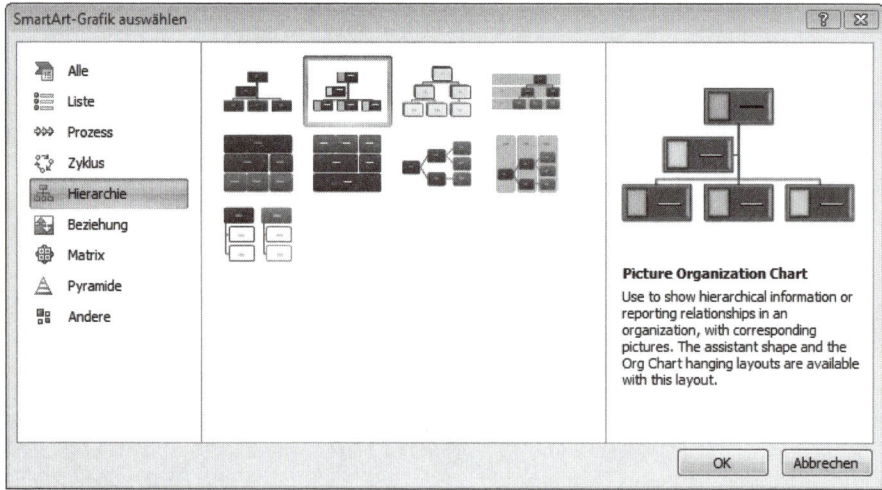

Zusammenfassung

Bei den SmartArt-Grafiken handelt es sich um eine umfangreiche Bibliothek von vordefinierten und editierbaren Strukturgrafiken, mit denen sich Schaubilder sehr einfach, gleichzeitig aber – zwangsläufig – nicht uneingeschränkt flexibel erstellen lassen. Unabhängig von der thematischen Kategorisierung lassen sich zwei Typen von SmartArt-Grafiken unterscheiden: solche mit feststehender Anzahl von Formen einerseits und dynamisch erweiterbare Grafiken andererseits.

Während statische SmartArt-Grafiken sich relativ problemlos bearbeiten lassen, müssen Sie beim Umgang mit dynamischen Layouts aufgrund der automatischen Größenanpassung Geduld und Fingerspitzengefühl aufbringen. Manueller Formatierungsaufwand ist nicht zu vermeiden, der dann aber auch mit sehr attraktiven Schaubildern belohnt wird.

Die Erwartungshaltung »Schaubild auswählen, Text eingeben, fertig« wird nicht erfüllt.

Die verschiedenen SmartArt-Layouts sind sehr individuelle Lösungen, die zwar alle den gleichen Grundprinzipien gehorchen, abhängig vom Layout aber auch Besonderheiten aufweisen und kleinere Workarounds erforderlich machen.

Hier die wichtigsten Fundstellen zum Umgang mit SmartArt-Grafiken:

Thema	Seite
SmartArt-Grafiken erstellen	412
Die Schriftgröße anpassen	418
Farbe und Grafikeffekte einsetzen	420
Ein Organigramm per SmartArt erstellen	426
Nützliche Tastenkombinationen beim Anpassen der Formen einer SmartArt	430
Organigramme und Schematische Darstellungen aus früheren Versionen bearbeiten	430
Einen Zeitstrahl per SmartArt erstellen	430
Aufzählungszeichen unterdrücken	430
Text in Formen ausrichten	433
Bilder in SmartArt-Formen positionieren	434
Animationsschemas für SmartArt einsetzen	437
Zusätzliche SmartArt-Grafiken installieren	439

Folien professionell gestalten

Kapitel 16

Zeichnungen nach Maß

In diesem Kapitel:

Flexibler als mit den in Kapitel 15 vorgestellten SmartArt-Grafiken erstellen Sie Schaubilder, wenn Sie *Formen* verwenden, die Sie frei auf der Folie anordnen und komplett individuell formatieren können.

Formen benötigen Sie insbesondere dann, wenn Sie

- Abläufe und Strukturen nach eigenen Wünschen abbilden oder

- oder Ihre Schaubilder flexibel animieren möchten.

Darüber hinaus können Sie mithilfe von Formen auch Pläne zeichnen oder bildhafte Darstellungen entwickeln, indem Sie mehrere einfache Formen zu einer komplexeren Form zusammensetzen.

Mit PowerPoint zu zeichnen ist gar nicht unbedingt zeitaufwendig und schwierig. Voraussetzung für schnelle und professionelle Ergebnisse ist allerdings, dass Sie systematisch, sozusagen nach Plan vorgehen.

In diesem Kapitel lernen Sie zunächst die Grundtechniken beim Zeichnen und die vielfältigen Gestaltungsmöglichkeiten für Formen kennen. Die Vorgehensweise beim systematischen Erstellen von Schaubildern ist am Ende des Kapitels im Abschnitt »Schaubilder planen und erstellen« beschrieben.

Grundtechniken beim Zeichnen

Formen

Neu

Auf der Registerkarte *Start* finden Sie in der Gruppe *Zeichnung* die Schaltfläche *Formen*. Per Klick darauf öffnen Sie den *Formenkatalog*, der in verschiedenen Kategorien eine umfangreiche Auswahl vordefinierter Formen bereithält.

Abbildg. 16.1   Der Formenkatalog

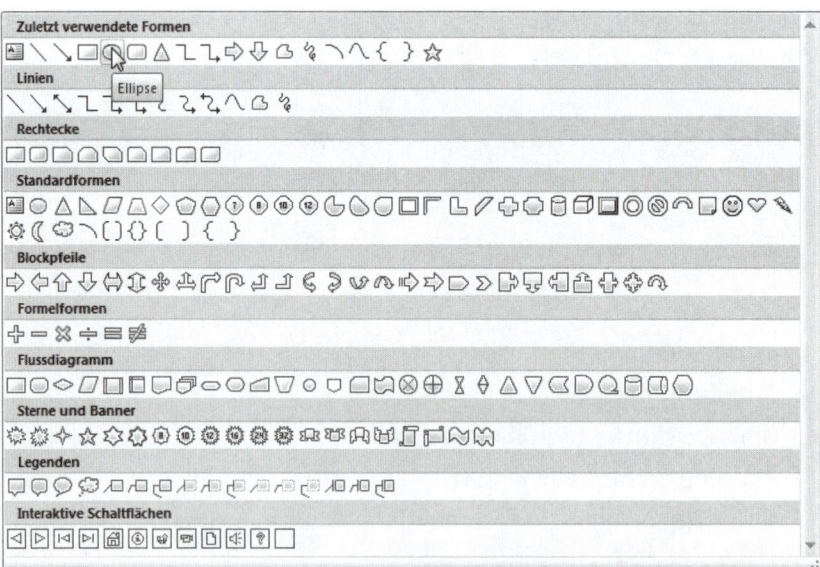

Neu im Formenangebot von PowerPoint 2007 ist neben den *Formelformen* die größere Auswahl an Rechtecken, die abgeschrägte oder abgerundete Ecken an einer oder mehreren Seiten der Form aufweisen.

Einfache Formen auf die Folie zeichnen

Die Vorgehensweise beim Zeichnen ist für alle Formen des Katalogs gleich:

1. Öffnen Sie den Formenkatalog und wählen Sie per Mausklick auf das Symbol im Katalog die Form aus, die Sie auf die Folie zeichnen möchten.

2. Zeigen Sie mit dem Mauszeiger auf die Folie. Sobald sich der Zeiger über der Folie befindet, wird er als Fadenkreuz angezeigt.

3. Positionieren Sie den Mauszeiger an der Stelle, an der Sie mit dem Zeichnen beginnen möchten.

4. Klicken Sie mit der linken Maustaste auf die Folie, halten Sie die Taste gedrückt und ziehen Sie die Form in der gewünschten Größe auf der Folie auf. Während Sie die Maustaste gedrückt halten, können Sie die Größe der Form in jede Richtung variieren.

5. Ist die gewünschte Größe der Form erreicht, lassen Sie die Maustaste wieder los.

HINWEIS   Statt Formen mit gedrückter linker Maustaste auf die Folie zu zeichnen, können Sie auch einfach klicken. Dann wird die gewählte Form in der Standardgröße auf der Folie erstellt. Eine Ausnahme bilden die Formen *Kurve*, *Freihandform* und *Skizze*. Diese müssen Sie immer mit gedrückter Maustaste auf die Folie zeichnen.

Nachdem Sie die Maustaste losgelassen haben, wird der Mauszeiger wieder als Pfeil angezeigt; die Zeichenfunktion ist damit beendet. Auf der Folie wird die gezeichnete Form als markiertes Objekt angezeigt.

TIPP   Geschlossene Formen können Sie sofort nach dem Zeichnen beschriften. Geben Sie einfach Ihren Text ein, während die Form noch markiert ist.

HINWEIS   Wie Sie Text innerhalb einer Form ausrichten und formatieren, lesen Sie in Kapitel 11.

Tastaturhilfen beim Zeichnen

Um perfekte Quadrate und Kreise oder exakt gerade Linien zu zeichnen, sind Sie nicht auf gutes Augenmaß und eine ruhige Hand angewiesen. Einfacher kommen Sie mit Tastaturhilfen zum Ziel:

- Quadrate und Kreise erstellen Sie, indem Sie beim Zeichnen von *Rechteck* und *Ellipse* die ⟨⇧⟩-Taste gedrückt halten.

- Gerade *Linien* und *Pfeile* zeichnen Sie ebenfalls mithilfe der ⟨⇧⟩-Taste.

- Zusätzlich können Sie beim Zeichnen von *Linien* und *Pfeilen* durch Drücken der ⟨⇧⟩-Taste eine 45°-Drehung erzwingen, wenn Sie die Maus nicht horizontal oder vertikal, sondern diagonal ziehen.

- Um Formen aus der Mitte heraus zu zeichnen, also so, dass der Startpunkt beim Klicken im Zentrum der Form liegt, halten Sie ⟨Strg⟩+⟨⇧⟩ gedrückt.

- Wenn Sie mehrere gleichartige Formen erstellen möchten, können Sie eine Form auch »daueraktivieren«.

  - Dazu klicken Sie mit der rechten Maustaste auf das Symbol der Form im Formenkatalog und wählen im Kontextmenü den Eintrag *Zeichenmodus sperren*.

  - Anschließend können Sie die Form mehrfach auf die Folie zeichnen, ohne sie nach jedem Zeichnen erneut im Katalog auswählen zu müssen.

  - Mit `Esc` heben Sie die Daueraktivierung der Form wieder auf.

Objekte auf einer Folie markieren

Vor jeder Bearbeitung einer Form steht das Markieren. Einzelne Elemente auf der Folie markieren Sie durch einen Mausklick. Um alle Objekte der Folie zu markieren, drücken Sie die Tastenkombination `Strg`+`A`.

Mehrere Elemente, die nahe beieinander liegen, können Sie mit einem Markierungsrahmen umgeben:

1. Platzieren Sie dazu den Mauszeiger oberhalb und etwas seitlich versetzt von der ersten Form.
2. Ziehen Sie dann mit gedrückter linker Maustaste einen Rahmen um alle Formen.

   Achten Sie darauf, dass alle zu markierenden Elemente im Markierungsrahmen enthalten sind. Keines darf herausragen. Wenn eine Ecke eines Elements von dem Markierungsrahmen nicht umschlossen wurde, ist es anschließend auch nicht markiert.
3. Lassen Sie die Maustaste los, sobald Sie alle Elemente »eingefangen« haben. Jetzt müssen alle gewünschten Elemente markiert erscheinen.

Sollen mehrere, nicht nebeneinander liegende Elemente markiert werden, führen Sie eine Mehrfachmarkierung durch:

1. Klicken Sie das erste Element an, um es zu markieren.
2. Lassen Sie die Maustaste wieder los. Drücken Sie nun die `⇧`-Taste und halten Sie diese während des ganzen folgenden Markierens gedrückt. Klicken Sie dann ein Element nach dem anderen an.

> **HINWEIS**   Auf Folien mit vielen Objekten setzen Sie am besten den Aufgabenbereich *Auswahl und Sichtbarkeit* ein, der im Abschnitt »Folienobjekte komfortabel verwalten« weiter hinten in diesem Kapitel beschrieben ist.

Die Größe von Formen anpassen

Nach dem Zeichnen einer Form ist diese auf der Folie markiert. Geschlossene Formen wie das Rechteck in Abbildung 16.2 Mitte verfügen über acht Ziehpunkte, an denen Sie die Form mit dem Mauszeiger »anfassen« und durch Ziehen an einem Punkt Größe und Proportionen ändern können.

1. Zeigen Sie mit dem Mauszeiger auf einen der Ziehpunkte. Der Mauszeiger wird daraufhin zu einem Doppelpfeil.
2. Klicken Sie, halten Sie die linke Maustaste gedrückt und verschieben Sie den Ziehpunkt nach innen, um die Form zu verkleinern, bzw. nach außen, um die Form zu vergrößern.
3. Lassen Sie die Maustaste wieder los, sobald die gewünschte Größe erreicht ist.

Links das Rechteck während des Zeichnens; in der Mitte das fertige, markierte Rechteck mit acht Ziehpunkten und grünem Drehpunkt. Linien haben in der Regel nur zwei Ziehpunkte.

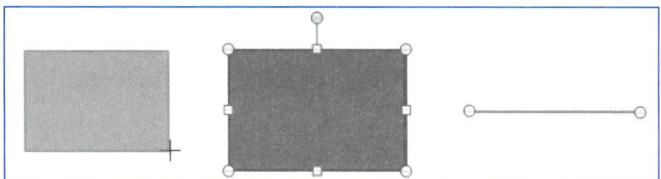

Bei dem grünen Punkt oberhalb von geschlossenen Formen handelt es sich um einen Drehpunkt, mit dem die Ausrichtung der Form geändert werden kann.

Linien verfügen dagegen nur über zwei Ziehpunkte, mit denen entweder die Länge der Linie verändert wird oder aber ihre Ausrichtung, wenn der Ziehpunkt nicht entlang der Linie, sondern in einer anderen Richtung verschoben wird.

Tastaturhilfen beim Anpassen der Größe

- Um beim Vergrößern oder Verkleinern einer geschlossenen Form die ursprünglichen Proportionen beizubehalten, halten Sie die ⬦-Taste gedrückt und ändern die Größe durch Ziehen an einem der runden Eckziehpunkte.

- Halten Sie dagegen die Strg-Taste gedrückt und ziehen an einem der rechteckigen mittleren Ziehpunkte einer geschlossenen Form, wird die Breite bzw. die Höhe gleichmäßig in beide Richtungen erhöht bzw. reduziert.

- Um eine geschlossene Form gleichmäßig aus der Mitte heraus zu vergrößern, halten Sie Strg+⬦ gedrückt und ziehen an einem der runden Eckziehpunkte.

- Beim Bearbeiten von Linien sorgt die gedrückte ⬦-Taste dafür, dass die Linie auch beim Verlängern/Kürzen gerade bleibt.

Die Wirkung der ⬦- und der Strg-Taste beim Zeichnen

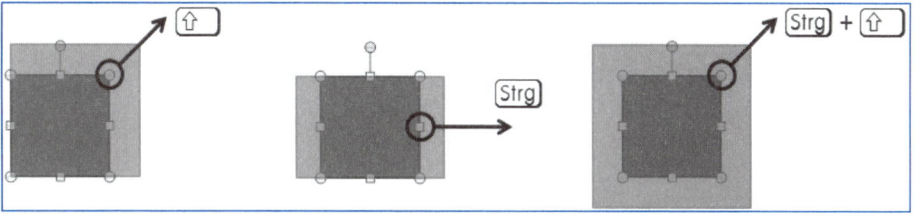

HINWEIS   Das gleichmäßige Verlängern von Linien in beide Richtungen mithilfe der Strg-Taste ist in PowerPoint 2007 nicht mehr möglich.

Exakte Maße für Breite und Höhe definieren

Präziser als durch Ziehen mit der Maus definieren Sie die Breite und Höhe von Formen bzw. die Länge von Linien über exakte Maßangaben.

Folien professionell gestalten

1. Wechseln Sie dazu zur Registerkarte *Format* der *Zeichentools*. Sie wird automatisch angezeigt, wenn auf der Folie eine Form markiert ist.

2. Passen Sie in der Gruppe *Größe* die Werte von *Höhe* und *Breite* der Form an. Durch Klicken auf die Pfeile nach oben und unten wird der Wert schrittweise erhöht bzw. reduziert. Alternativ dazu können Sie den vorhandenen Wert auch markieren und überschreiben.

Die in der Multifunktionsleiste eingegebenen Werte für Höhe und Breite werden sofort auf der Folie übernommen, sodass Sie den Wert bereits während der Eingabe überprüfen können.

Abbildg. 16.4 In der Gruppe *Größe* auf der Registerkarte *Format der Zeichentools* geben Sie exakte Werte für die Größe von Formen bzw. die Länge von Linien ein

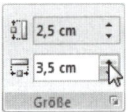

HINWEIS Auch die Länge von Linien können Sie über die Felder in der Gruppe *Größe* bestimmen. Die Länge von einfachen, geraden Linien wird dabei über den Wert für *Breite* bestimmt, auch wenn die Linie in vertikaler Richtung verläuft. Schräg verlaufende Linien und gewinkelte Verbindungen werden dagegen über *Höhe* und *Breite* definiert.

Rotieren, drehen, kippen

Um Pfeile in eine beliebige Richtung weisen zu lassen oder eine geschweifte Klammer horizontal anzuordnen, müssen Sie die Form drehen oder kippen.

Die Ausrichtung von Formen, die über einen grünen Drehpunkt verfügen, können Sie durch Ziehen mit der Maus interaktiv verändern:

1. Klicken Sie auf den grünen Drehpunkt oberhalb der Form und halten Sie die Maustaste gedrückt.

2. Bewegen Sie den Drehpunkt mit gedrückter Maustaste im Kreis um die Form herum.

 Halten Sie beim Drehen die ⇧-Taste gedrückt, erfolgt die Drehung in 15°-Schritten.

Abbildg. 16.5 Wenn Sie mit dem Mauszeiger auf den grünen Drehpunkt zeigen, ändert sich der Zeiger in einen Rundpfeil

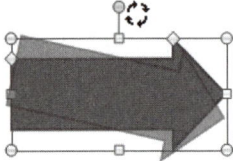

Alternativ zum Drehen mit der Maus können Sie die Ausrichtung von Objekten auch über die Befehle zum Anordnen auf den Registerkarten *Start* und *Format* der *Zeichentools* verwenden. Abbildung 16.16 zeigt links die Befehle der Schaltfläche *Anordnen* in der Gruppe *Zeichnung* auf der Registerkarte *Start*, rechts die Befehle der Schaltfläche *Drehen* in der Gruppe *Anordnen* auf der Registerkarte *Format*.

Abbildg. 16.6 Die Befehle zum *Drehen* und *Kippen* stehen Ihnen auf der Registerkarte *Start* in der Gruppe *Zeichnung* und auf der Registerkarte *Format* in der Gruppe *Anordnen* zur Verfügung

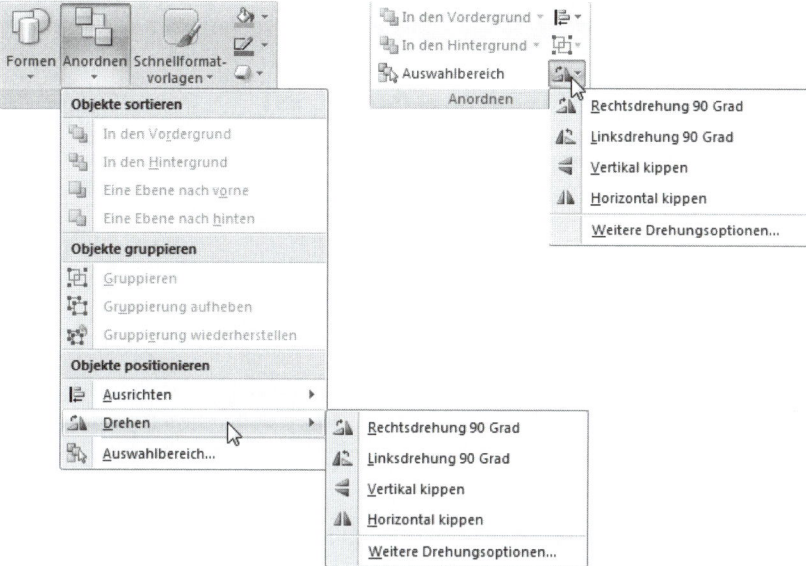

- *Rechtsdrehung 90 Grad* und *Linksdrehung 90 Grad* entsprechen jeweils einer Vierteldrehung mit der Maus.

- *Horizontal kippen* spiegelt das Element um die senkrechte Achse. Zeigt die Pfeilspitze vorher nach links, weist sie nach dem Kippen nach rechts. Die Ausrichtung des Textes in der Form bleibt unverändert.

- *Vertikal kippen* spiegelt das Element um die horizontale Achse. Ein Pfeil, der vorher nach oben gezeigt hat, weist nach dem Spiegeln nach unten. Hat der Pfeil vor dem Kippen nach rechts gezeigt, zeigt er auch nach dem Kippen nach rechts. Der Text in der Form steht jedoch auf dem Kopf.

Abbildg. 16.7 Die Auswirkung von *Drehen* und *Kippen* auf eine beschriftete Form

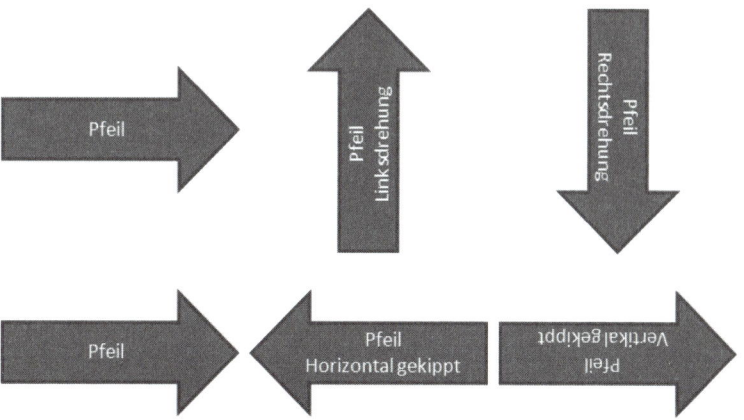

- Per Klick auf *Weitere Drehungsoptionen* rufen Sie das Dialogfeld *Größe und Position* auf. Hier können Sie auf der Registerkarte *Größe* unter *Größe ändern und drehen* einen exakten Wert für den Grad der Drehung festlegen.

Die Form von Formen anpassen

Bei Formen, die in markiertem Zustand neben Zieh- und Drehpunkten auch eine oder mehrere gelbe Rauten zeigen, können Sie die Form als solche anpassen. So können Sie bei abgerundeten Rechtecken die Stärke der Rundung bestimmen, bei Pfeilen die Größe der Pfeilspitze im Verhältnis zum Pfeilschaft, bei Smileys das Lächeln usw.

1. Zeigen Sie mit dem Mauszeiger auf einen *Formkorrekturpunkt*. Der Mauszeiger ändert sich daraufhin in eine Pfeilspitze.
2. Klicken Sie, halten Sie die linke Maustaste gedrückt und verschieben Sie den Korrekturpunkt.
3. Lassen Sie die Maustaste los, sobald die gewünschte Form erreicht ist.

Abbildg. 16.8   Durch Verschieben des gelben Formkorrekturpunkts ändern Sie die Objektform

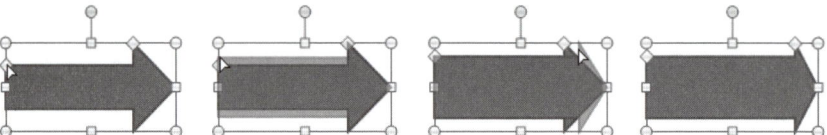

Formen ersetzen

Bereits gezeichnete Formen können Sie jederzeit durch eine andere Form ersetzen. Haben Sie beispielsweise ein Rechteck gezeichnet und möchten Sie stattdessen ein abgerundetes Rechteck verwenden, müssen Sie dieses nicht neu zeichnen:

1. Markieren Sie das Rechteck, indem Sie es anklicken.
2. Wechseln Sie zur Registerkarte *Format* der *Zeichentools*, sofern diese nicht bereits in der Multifunktionsleiste aktiv ist.

Abbildg. 16.9   Die Schaltfläche *Form bearbeiten* finden Sie auf der Registerkarte *Format* der *Zeichentools*

3. Klicken Sie in der Gruppe *Formen einfügen* auf die Schaltfläche *Form bearbeiten*.

4. Wenn Sie mit dem Mauszeiger auf *Form ändern* zeigen, wird der Formenkatalog eingeblendet.

5. Wählen Sie im Formenkatalog die gewünschte Form aus.

Höhe und Breite der ursprünglichen Form werden bei der ausgetauschten übernommen.

PROFITIPP

Über *Form bearbeiten/In Freihandform konvertieren* heben Sie die feste Kontur der Form auf. Führen Sie anschließend die Befehlsfolge *Form bearbeiten/Punkte bearbeiten* aus, zeigt Power-Point die Kurvenpunkte an, die die Objektform definieren. Indem Sie diese Kurvenpunkte verschieben, löschen oder ihre Tangenten bearbeiten, können Sie die vordefinierten Formen ähnlich wie in Vektorgrafikprogrammen beliebig an Ihre Vorstellungen anpassen.

Verbindungslinien erstellen

Haben Sie schon einmal versucht, zwei Formen durch einen Pfeil so zu verbinden, dass der Pfeil exakt in der Mitte der Formen ansetzt und in keine der Formen hineinragt? Dann wissen Sie, wie schwierig dies ist. PowerPoint bietet für diesen Zweck *Verbindungslinien*, die automatisch an der richtigen Stelle der Form andocken und fest mit der Form verbunden werden, sodass sie beim Verschieben der Form mitwandern.

Neu

In früheren Versionen von PowerPoint mussten Sie beim Zeichnen von Linien explizit die Verbindungslinien auswählen, um sogenannte intelligente Verbindungen zu erstellen. In PowerPoint 2007 können Sie alle Linien des Formenkatalogs mit Ausnahme von *Kurve* und *Skizze* wahlweise als freie Linien oder als Verbindungslinien einsetzen.

So gehen Sie vor:

1. Zeichnen Sie zwei Formen auf die Folie. Achten Sie darauf, dass der Abstand zwischen den beiden Formen groß genug ist, damit Sie später die Verbindungslinie gut erkennen können.

2. Wählen Sie die Option *Gewinkelte Verbindung* im Formenkatalog aus.

   Sobald Sie den Mauszeiger in die Nähe einer Form bewegen, werden an ihren Rändern rote Quadrate eingeblendet. Diese Quadrate sind die möglichen Andockstellen für die Verbindungslinie.

3. Klicken Sie auf eines der roten Quadrate, halten Sie die Maustaste gedrückt und ziehen Sie die Linie zu der zweiten Form.

   Auch an der zweiten Form werden rote Quadrate sichtbar, wenn sich der Mauszeiger der Form nähert.

4. Wählen Sie den gewünschten Andockpunkt der zweiten Form aus und lassen Sie die Maustaste los, sobald sich der Mauszeiger über dem gewünschten Punkt befindet.

Abbildg. 16.10   Die geschlossene Verbindung zwischen Formen und Linie erkennen Sie an den roten Markierungspunkten der Linie

Folien professionell gestalten

Dass die Linie mit den beiden Formen verbunden ist, erkennen Sie an ihren roten Markierungspunkten. Frei positionierte Linien(enden) haben dagegen weiße Markierungspunkte.

> **HINWEIS** Gerade Verbindungslinien entstehen nur, wenn Sie zwei Formen verbinden, die gleich groß und exakt auf einer Linie angeordnet sind. Wie Sie Formen exakt ausrichten, lesen Sie gleich im Anschluss im Abschnitt »Objekte auf der Folie ausrichten«.

> **HINWEIS** Gewinkelte Verbindungslinien verfügen über Formkorrekturpunkte, über die Sie den Verlauf der Verbindung anpassen können.

PROFITIPP

> Wenn Sie eine gerade Verbindungslinie nachträglich durch eine gekrümmte oder eine gewinkelte ersetzen möchten, müssen Sie die Verbindungslinie nicht löschen und neu zeichnen. Gehen Sie stattdessen so vor:
>
> 1. Rufen Sie per Klick mit der rechten Maustaste das Kontextmenü der Linie auf.
> 2. Wählen Sie im Kontextmenü *Verbindungstypen*. PowerPoint blendet daraufhin eine Auswahl möglicher Verbindungstypen ein.
> 3. Wählen Sie den benötigten Verbindungstyp aus.

Objekte auf der Folie ausrichten

Beim Erstellen einer Folie müssen Formen und andere Objekte ständig verschoben, kopiert und neu ausgerichtet werden. Die exakte Anordnung mehrerer Objekte in einer geraden Linie und gleichmäßige Abstände zwischen mehreren Objekten sind dabei »freihand« kaum möglich. PowerPoint bietet hierfür eine Fülle von Hilfsmitteln.

Raster und Zeichnungslinien

Als wichtigste Gestaltungshilfe stehen das *Raster* und die *Führungslinien* zur Verfügung. Alle Objekte richten sich daran aus. Sie merken das sehr deutlich, wenn Sie ein Objekt auf die Folie zeichnen oder wenn Sie es verschieben. Das Objekt macht immer »kleine Sprünge« – es bewegt sich nicht nahtlos. Die Größe der Sprünge wird durch die Rasterweite bestimmt (mit der Standardeinstellung *0,2 cm*).

Das Raster vorübergehend deaktivieren

Die Funktion des Rasters können Sie vorübergehend ausschalten, indem Sie beim Verschieben von Objekten mit der Maus die `Alt`-Taste drücken. Dann lassen sich Objekte nahtlos verschieben oder stufenlos zeichnen.

Verwenden Sie zum Verschieben von Objekten dagegen die Pfeiltasten der Tastatur, deaktivieren Sie vorübergehend das Raster, indem Sie beim Verschieben die `Strg`-Taste gedrückt halten.

Die Rasterweite einrichten und das Raster einblenden

Sie können das Raster auf dem Bildschirm ein- und ausblenden.

1. Rufen Sie dazu entweder auf der Registerkarte *Start* oder auf der Registerkarte *Format* der *Zeichentools* über *Anordnen/Ausrichten* den Befehl *Rastereinstellungen* auf.

Damit blenden Sie das in Abbildung 16.11 gezeigte Dialogfeld *Raster und Linien* ein.

2. Aktivieren Sie das Kontrollkästchen *Raster auf dem Bildschirm anzeigen*.

HINWEIS   Das Raster wird auch als Gitternetzlinien bezeichnet. Für Zeichnungslinien ist auch der Begriff Führungslinien gebräuchlich.

TIPP   Schneller als per Dialogfeld blenden Sie das Raster mit der Tastenkombination ⇧ + F9 ein und aus.

Abbildg. 16.11   Eingeblendetes Raster (gepunktete Linien) und Zeichnungslinien (gestrichelte Linien)

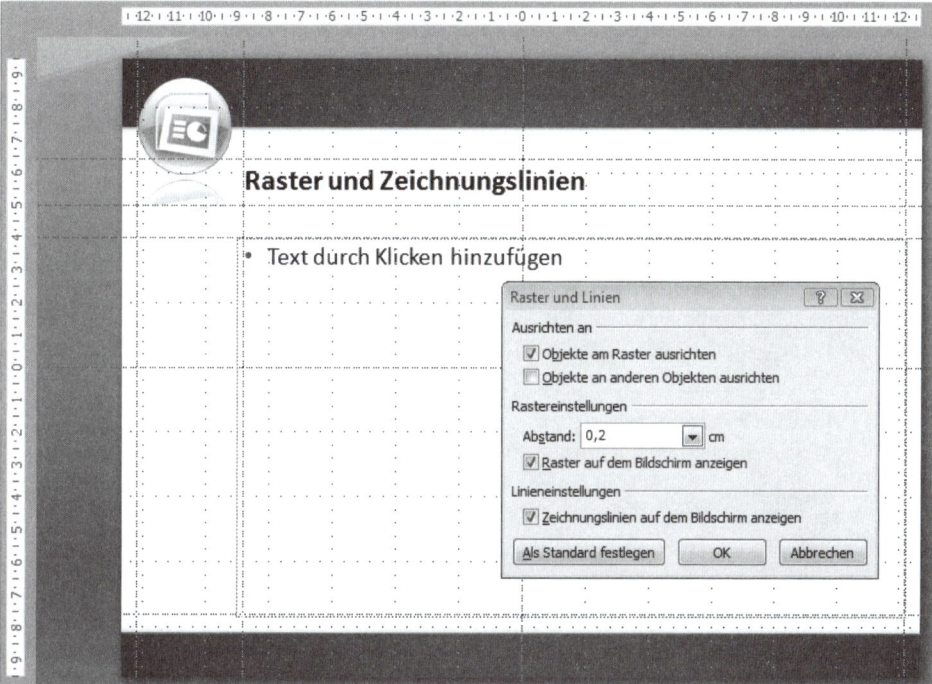

Folien professionell gestalten

- Voreingestellt ist die Option *Objekte am Raster ausrichten* aktiviert, sodass sich alle Objekte am Raster orientieren. Ein Raster von genau 1 cm lässt dann nur noch Bewegungen in 1-cm-Schritten zu. Wenn Sie das Kontrollkästchen *Objekte am Raster ausrichten* deaktivieren, hat dies den Effekt einer ständig gedrückten Alt-Taste. Die Objekte ignorieren das Raster und lassen sich stufenlos zeichnen und bewegen.

- *Objekte an anderen Objekten ausrichten* gibt zusätzlich zum Raster den anderen Formen eine magnetische Wirkung. Diese Option ist sehr hilfreich, wenn Formen exakt aneinander angrenzen sollen.

- Die Rasterweite ist variabel und reicht von *0,125 cm* bis zu *5 cm*. Wählen Sie im Dropdown-Listenfeld *Abstand* die gewünschte Rasterweite aus. Sie wird in Zentimetern oder, bei Abständen von weniger als einem Zentimeter, in Linien pro Zentimeter angegeben. Voreingestellt sind fünf Linien pro Zentimeter, das entspricht einem Maß von 0,2 cm.

Zeichnungslinien als Layouthilfe

Zusätzlich zum Raster oder anstelle des Rasters können Sie mit Zeichnungslinien arbeiten. Sie sind vor allem geeignet, um das Layout der Folie zu markieren. Die Anzeige der Zeichnungslinien aktivieren Sie ebenfalls im Dialogfeld *Raster und Linien* (siehe Abbildung 16.11), indem Sie das Kontrollkästchen *Zeichnungslinien auf dem Bildschirm anzeigen* aktivieren.

TIPP   Schneller blenden Sie die Zeichnungslinien mit der Tastenkombination `Alt` + `F9` ein und aus.

Wenn Sie die Zeichnungslinien in einer neuen Präsentation aktivieren, erhalten Sie anfangs zwei Linien: eine senkrechte und eine waagerechte. Sie gehen jeweils durch den Mittelpunkt der Folie und stellen den Nullpunkt dar. Von diesen Nulllinien aus werden die Abstände nach links und rechts bzw. nach oben und unten gemessen. Sie können diese Maße sehen, wenn Sie auf der Registerkarte *Ansicht* die Anzeige des *Lineals* aktivieren.

Gegenüber dem Raster haben die Zeichnungslinien den Vorteil, dass Sie sich Ihr eigenes Hilfsgitter über die Folien legen können. Die Zeichnungslinien können kopiert, verschoben und gelöscht werden – probieren Sie es aus:

1. Zeigen Sie mit dem Mauszeiger genau auf eine Führungslinie.
2. Ziehen Sie mit gedrückter linker Maustaste die Führungslinie an die neue Stelle. Während des Verschiebens müssen Sie am Mauszeiger eine Zahlenangabe sehen, sonst haben Sie die Linie nicht richtig getroffen. Die Zahlen geben den Abstand zum Mittelpunkt der Folie an.
3. Um die Linien zu kopieren, halten Sie während des Verschiebens die `Strg`-Taste gedrückt. Lassen Sie an der neuen Position zuerst die Maustaste und dann die `Strg`-Taste los.
4. Überflüssige Linien ziehen Sie mit gedrückter linker Maustaste einfach nach links oder rechts bzw. nach oben oder unten aus der Folie heraus.

WICHTIG   Sie können maximal acht senkrechte und acht waagerechte Zeichnungslinien erzeugen.

HINWEIS   Ist die Ausrichtung von Objekten am Raster aktiviert, werden auch die Zeichnungslinien innerhalb des Rasters verschoben.

Mit Zeichnungslinien messen

Mit den Führungslinien können Sie auch messen.
1. Ziehen Sie eine der Führungslinien an den Anfang der zu messenden Strecke und lassen Sie die Maustaste dann wieder los.
2. Drücken Sie die `⇧`-Taste und die linke Maustaste. PowerPoint zeigt den Beginn jetzt als neuen Nullpunkt an.
3. Ziehen Sie mit gedrückter `⇧`- und gedrückter linker Maustaste die Führungslinie an das Ende der zu messenden Strecke. PowerPoint zeigt die zurückgelegte Strecke in Zentimetern an.

Objekte verschieben

Um Elemente auf der Folie zu verschieben, stehen Ihnen drei Möglichkeiten zur Verfügung: Ganz schnell geht es mit der linken Maustaste, sehr kontrolliert mit den Pfeiltasten der Tastatur oder ganz exakt mit Entfernungsangaben vom Folienrand bzw. vom Folienmittelpunkt. Soll ein Element von einer Folie auf eine andere verschoben werden, gibt es verschiedene Varianten des Ausschneidens und Einfügens.

Ziehen mit der linken Maustaste ist der schnellste Weg, um ein Element auf der Folie zu verschieben.

■ Zeigen Sie mit dem Mauszeiger auf das Element, drücken Sie die linke Maustaste und ziehen Sie mit gedrückter Maustaste das Element an die neue Stelle.

  Achten Sie darauf, dass der Mauszeiger nicht auf einen Ziehpunkte oder auf den Drehpunkt zeigt. Der Mauszeiger muss an der Pfeilspitze einen kleinen Vierfachpfeil anzeigen.

Sie werden es beim Verschieben mit der Maus selten schaffen, die Maus ohne Richtungsänderung in die gleiche Richtung zu ziehen. Ein Verschieben endet meist mit einem leichten Versatz nach oben oder unten, weil Sie mit der Maus unbewusst »wackeln«.

■ Halten Sie die ⇧-Taste gedrückt, um eine exakte Bewegung zur Seite oder nach oben bzw. unten zu erreichen. Die ⇧-Taste verhindert das Ausweichen in eine andere Richtung.

■ Die ⌊Alt⌋-Taste bewirkt das genaue Gegenteil: Das Element lässt sich nahtlos bewegen und ist nicht mehr an das Raster gebunden.

> **TIPP**   Eine gute Kontrolle über die Bewegung haben Sie mit den Pfeiltasten: Markieren Sie ein Element und drücken Sie dann ⌊←⌋ oder ⌊→⌋, ⌊↑⌋ oder ⌊↓⌋. Sie sehen, wie mit jedem Tastendruck die Form ein Stück weiterwandert. Maß für die zurückgelegte Strecke ist wieder die voreingestellte Rasterweite.

Wenn es darauf ankommt, das Element in Bezug zum Folienrand oder zum Folienmittelpunkt exakt zu platzieren, rufen Sie auf der Registerkarte *Format* der *Zeichentools* per Klick auf den Dialogfeldstarter der Gruppe *Größe* das Dialogfeld *Größe und Position* (siehe Abbildung 16.12) auf. Wechseln Sie dort zur Registerkarte *Position* und geben Sie in den Feldern *Horizontal* und *Vertikal* die Entfernung in Zentimetern an. In den Dropdown-Listenfeldern *Von* wählen Sie den Bezugspunkt. Entweder messen Sie von der *Oberen linken Ecke* oder vom Folienmittelpunkt (*Zentriert*) aus.

Abbildg. 16.12 Das Dialogfeld *Größe und Position* rufen Sie entweder über den Dialogfeldstarter der Gruppe *Größe* auf der Registerkarte *Format* auf oder über das Kontextmenü der Form

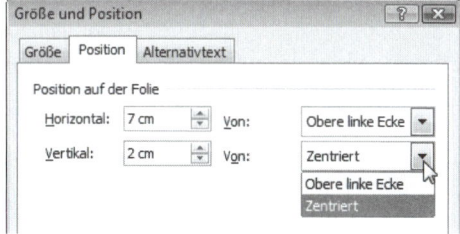

TIPP Schneller rufen Sie das Dialogfeld *Größe und Position* auf, wenn Sie per Klick mit der rechten Maustaste auf die Form ihr Kontextmenü aufrufen und dort den Befehl *Größe und Position* wählen.

HINWEIS Über den Bezugspunkt *Zentriert* erreichen Sie keine Zentrierung der Form auf der Folie! Die Werte für die Position einer Form auf der Folie bestimmen, wo sich die linke obere Ecke der Form, nicht ihr Mittelpunkt, befindet. Das Zentrieren auf der Folie ist im Abschnitt »Elemente zur Folie ausrichten« weiter hinten in diesem Kapitel erläutert.

Objekte kopieren und duplizieren

Kopien eines Objekts erstellen Sie, indem Sie das Objekt markieren und anschließend auf der Registerkarte *Start* auf die Schaltflächen *Kopieren* und *Einfügen* klicken. Alternativ dazu können Sie diese Befehle auch über das Kontextmenü aufrufen oder – die schnellste Lösung – die Tastenkombination `Strg`+`C` für Kopieren und `Strg`+`V` für Einfügen verwenden. Um ein Objekt auszuschneiden, drücken Sie `Strg`+`X`.

Abbildg. 16.13 Die Schaltflächen zum Kopieren, Ausschneiden und Einfügen finden Sie auf der Registerkarte Start der Multifunktionsleiste

Anders als in Word und Excel können Sie in PowerPoint zwischen Kopieren und Einfügen nicht die Zielstelle markieren, an der die Kopie eingefügt werden soll. PowerPoint fügt das kopierte Objekt leicht versetzt zum Original ein.

Anschließend müssen Sie das kopierte Objekt etwas umständlich an die neue Stelle verschieben. Einfacher ist daher der Weg über das Kontextmenü: Halten Sie beim Verschieben die rechte Maustaste gedrückt und ziehen Sie die Form an die neue Stelle. Sobald Sie die Maus an der Zielstelle loslassen, sehen Sie ein Kontextmenü mit den beiden Möglichkeiten *Hierhin verschieben* und *Hierhin kopieren*. Klicken Sie auf *Hierhin kopieren*.

HINWEIS Fügen Sie ein ausgeschnittenes oder kopiertes Element auf einer anderen Folie ein, platziert PowerPoint die Kopie normalerweise an genau der gleichen Stelle wie auf der Ursprungsfolie. Existiert aber am Ziel an der betreffenden Stelle ein Objekt gleicher Art und Größe, wird das eingefügte Element leicht nach unten versetzt eingefügt. Sind die Elemente unterschiedlich in der Größe oder in der Art, werden sie exakt aufeinander gesetzt.

Häufig werden Sie das zweite Element direkt unter oder neben das Ursprungselement kopieren wollen. Die Kopie soll auf der gleichen Höhe oder in der gleichen Fluchtlinie liegen. Verwenden Sie die `⇧`-Taste beim Kopieren, um zu verhindern, dass Sie beim Kopieren die Maus mit dem Objekt in eine unerwünschte Richtung bewegen. Die `Alt`-Taste bewirkt wiederum das Gegenteil: Die Bewegung geht nahtlos ohne Behinderung durch das Raster.

Regelmäßige Reihen erstellen

Regelmäßige Reihen von Elementen können Sie auch noch einfacher erzeugen; Sie müssen nicht ein Element nach dem anderen kopieren und anordnen:

1. Markieren Sie das Element, das Sie mehrfach benötigen, und klicken Sie dann auf der Registerkarte *Start* im Menü zur Schaltfläche *Einfügen* auf *Duplizieren* (siehe Abbildung 16.14). Einfacher erstellen Sie Duplikate mit der Tastenkombination `Strg`+`D`. Sie erhalten eine Kopie des Elements direkt unter dem ersten.

2. Ziehen Sie das kopierte Element mit gedrückter linker Maustaste an die gewünschte Stelle.

3. Wählen Sie erneut *Duplizieren*, behält auch das nächste Element Abstand und Richtung bei, die Sie für die erste Kopie gewählt haben.

4. Sie können jetzt beliebig oft *Duplizieren* wählen oder mit `Strg`+`D` weitere Duplikate erstellen.

Abbildg. 16.14 In der Multifunktionsleiste finden Sie den Befehl zum *Duplizieren* auf der Registerkarte *Start*, indem Sie auf den Pfeil der Schaltfläche *Einfügen* klicken

Tabelle 16.1 Die Tastenkombinationen beim Verschieben und Kopieren im Überblick

Taste	plus Taste	Effekt
`Strg`	`C`	Kopieren in die Zwischenablage
`Strg`	`X`	Ausschneiden in die Zwischenablage
`Strg`	`V`	Einfügen aus der Zwischenablage
`Strg`	`D`	Duplizieren
`⇧`	linke Maustaste	Verschieben in nur eine Richtung
`⇧`	rechte Maustaste	Kopieren in nur eine Richtung
`Alt`	linke Maustaste	Verschieben außerhalb des Rasters
`Alt`	rechte Maustaste	Kopieren außerhalb des Rasters
`Strg`	linke Maustaste	Kopieren (gleicher Effekt wie die rechte Maustaste)

Vordergrund und Hintergrund

Sie können Objekte so anordnen, dass sie sich gegenseitig überdecken. Dabei werden die Objekte in der Reihenfolge übereinandergeschichtet, in der sie entstanden sind. Das zuerst gezeichnete Objekt liegt im Stapel ganz unten, das zuletzt gezeichnete liegt obenauf. Sie können diese Reihenfolge nach Belieben ändern:

1. Markieren Sie das Objekt, das anders eingeordnet werden soll.

2. Klicken Sie dann auf der Registerkarte *Start* in der Gruppe *Zeichnung* auf die Schaltfläche *Anordnen*.

3. Sie können jetzt aus vier Möglichkeiten wählen:

   ■ *In den Vordergrund* bewegt das markierte Objekt ganz nach oben. Es überdeckt alle anderen Elemente.

   ■ *In den Hintergrund* setzt das markierte Objekt ganz nach unten. Es bildet die Basis des Stapels.

   ■ *Eine Ebene nach vorne* lässt das markierte Objekt stufenweise nach oben wandern.

   ■ *Eine Ebene nach hinten* lässt das markierte Objekt (ebenfalls stufenweise) nach unten wandern.

> **HINWEIS**   Auf der Registerkarte *Format* der *Zeichentools* finden Sie die beschriebenen Befehle in der Gruppe *Anordnen*. Hier können Sie die Anordnung im Vordergrund oder im Hintergrund direkt per Klick auf die jeweilige Schaltfläche vornehmen. Um ein Objekt schrittweise nach vorn oder hinten zu verschieben, klicken Sie auf den Pfeil der jeweiligen Schaltfläche und wählen den betreffenden Befehl.

PROFITIPP

> Wenn kleine Elemente hinter einem großen liegen, ist es schwierig oder sogar unmöglich, das verdeckte kleinere Objekt zu markieren. Ein einfacher Weg besteht darin, dass Sie zunächst neben die Folie klicken, um alle Markierungen aufzuheben, und anschließend mit der ⇥-Taste so lange durch alle vorhandenen Elemente springen, bis das gewünschte Objekt markiert ist.
>
> Noch komfortabler ordnen Sie die Reihenfolge von Objekten mithilfe des neuen Aufgabenbereichs *Auswahl und Sichtbarkeit* an, der im Abschnitt »Folienobjekte komfortabel verwalten« weiter hinten in diesem Kapitel beschrieben ist.

Objekte gruppieren

Mehrere Objekte auf einer Folie sollen oft ihre Abstände und ihre Anordnung zueinander auch bei Änderungen und Ergänzungen behalten. Es ist recht ärgerlich, wenn die Elemente sich beim Überarbeiten einer Präsentation versehentlich verschieben. Dieses Problem können Sie vermeiden, indem Sie so zusammengesetzte Formen direkt nach der Fertigstellung gruppieren. Sie sichern damit die Anordnung der Teile zueinander und vermeiden, dass Sie versehentlich einen der Bestandteile verschieben. Sie können jederzeit die Gruppierung wieder aufheben und so das gruppierte Objekt wieder in seine »Einzelteile« zerlegen.

Und so gruppieren Sie:

1. Markieren Sie alle Elemente, die Sie zu einem Objekt gruppieren möchten.

2. Klicken Sie auf der Registerkarte *Start* in der Gruppe *Zeichnung* auf *Anordnen/Gruppieren*.

Die gruppierten Elemente werden ab sofort als eine zusammenhängende Figur behandelt. Sie werden nur noch gemeinsam verschoben oder kopiert; alle Teile werden gleichzeitig gedreht oder gekippt und etwaige Größenänderungen wirken sich gleichmäßig auf sämtliche Bestandteile aus.

3. Haben Sie eine Gruppierung erstellt und möchten Sie einzelne Bestandteile des gruppierten Objekts bearbeiten oder entfernen, wählen Sie *Gruppierung aufheben*.

4. Um anschließend die Gruppierung wiederherzustellen, genügt es, wenn Sie ein einzelnes Element des vormalig gruppierten Objekts markieren und den Befehl *Gruppierung wiederherstellen* ausführen. PowerPoint gruppiert dann alle noch vorhandenen Elemente der früheren Gruppierung, ohne dass Sie diese wieder alle markieren müssen.

HINWEIS   Auf der Registerkarte *Format* der *Zeichentools* rufen Sie die Befehle zum *Gruppieren* in der Gruppe *Anordnen* per Klick auf die Schaltfläche *Gruppieren* auf.

Abbildg. 16.15   Die Befehle zum Gruppieren auf der Registerkarte *Format* der *Zeichentools*. Auf der Registerkarte *Start* rufen Sie sie per Klick auf *Anordnen* in der Gruppe *Zeichnung* auf.

ACHTUNG   Es ist nicht möglich, Textplatzhalter wie den Titel der Folie oder ein Aufzählungsfeld in die Gruppierung aufzunehmen. Platzhalter können nicht mit anderen Elementen gruppiert werden!

TIPP   Sehr rasch geht das Gruppieren mit der Tastenkombination `Strg`+`⇧`+`G`. Aufgehoben wird die Gruppierung mit der Tastenkombination `Strg`+`⇧`+`H`. Die ursprüngliche Gruppierung können Sie mit `Strg`+`⇧`+`J` wiederherstellen.

Elemente zueinander ausrichten

Selbst mit Raster und Zeichnungslinien ist es mühsam, Formen korrekt in einer Reihe oder mit gleichen Abständen zueinander auszurichten. Diese Aufgabe erleichtern die verschiedenen Optionen zum Ausrichten, die Sie entweder auf der Registerkarte *Start* in der Gruppe *Zeichnung* über *Anordnen/Ausrichten* oder auf der Registerkarte *Format* in der Gruppe *Anordnen* per Klick auf die Schaltfläche *Ausrichten* aufrufen.

Bei der Ausrichtung von Objekten haben Sie die Wahl, ob Sie diese relativ zur Folie oder zueinander ausrichten. Die Ausrichtung relativ zur Folie ist im nächsten Abschnitt beschrieben.

Die Optionen zum Ausrichten von Folienobjekten

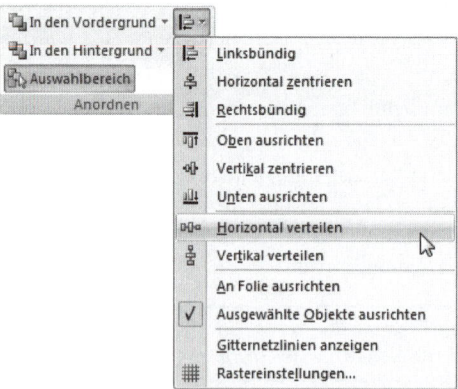

- Markieren Sie mindestens zwei Folienobjekte und aktivieren Sie die Option *Ausgewählte Objekte ausrichten*. Ist lediglich ein Objekt markiert, steht nur die Option *An Folie ausrichten* zur Verfügung.

- Wählen Sie *Linksbündig* bzw. *Rechtsbündig*, wenn zwei oder mehr untereinander angeordnete Objekte einen einheitlichen linken oder rechten Rand bilden sollen.

- Wählen Sie *Horizontal zentrieren*, wenn Sie aus allen untereinander angeordneten Formen eine Mittellinie errechnen möchten. Alle Elemente bewegen sich auf diese Mittellinie zu und zum Schluss haben alle eine gemeinsame Mittellinie.

Abbildg. 16.17 Nicht ausgerichtet (links), linksbündig ausgerichtet (Mitte), horizontal zentriert ausgerichtet (rechts)

- Um nebeneinander angeordnete Objekte vertikal auszurichten, wenden Sie in gleicher Weise die Befehle *Oben ausrichten*, *Vertikal zentrieren* und *Unten ausrichten* an.

- Sind mindestens drei Objekte markiert, erzielen Sie über *Horizontal verteilen* und *Vertikal verteilen* darüber hinaus gleichmäßige Abstände zwischen den Formen. Die jeweils außen liegenden Objekte bleiben dabei an Ort und Stelle, die dazwischen liegenden werden gleichmäßig auf den zur Verfügung stehenden Platz dazwischen verteilt.

Abbildg. 16.18 Die Formen in der zweiten Reihe wurden mithilfe des Befehls *Horizontal verteilen* in gleichmäßigen Abständen zueinander angeordnet

> **HINWEIS**   Es ist nicht möglich, in mehrere Richtungen gleichzeitig eine Ausrichtung vorzunehmen. Verteilen Sie immer zuerst in eine Richtung und anschließend in die andere. Um die bereits fertiggestellte Ausrichtung einer Reihe nicht wieder zu zerstören, können Sie als Zwischenschritt die bereits ausgerichteten Elemente gruppieren und die Gruppierungen anschließend zueinander ausrichten.

Elemente zur Folie ausrichten

Die Befehle zum Ausrichten erhalten eine andere Bedeutung, wenn Sie die Option *An Folie ausrichten* aktivieren.

Die Befehle zur horizontalen Ausrichtung richten die markierten Elemente dann am linken oder rechten Folienrand aus bzw. setzen die Elemente auf die senkrechte Mittellinie der Folie.

Die vertikale Ausrichtung setzt die markierten Elemente an den oberen oder unteren Folienrand bzw. auf die waagerechte Mittellinie der Folie.

Horizontal verteilen und *Vertikal verteilen* sorgen für eine symmetrische, regelmäßige Verteilung der Objekte auf der Folie.

> **TIPP**   Ein Objekt kann exakt auf dem Mittelpunkt der Folie platziert werden, wenn Sie nacheinander *Horizontal zentrieren* und *Vertikal zentrieren* verwenden. Genau in eine Folienecke wandert das Element z.B. mit *Linksbündig* und *Oben ausrichten* oder *Linksbündig* und *Unten ausrichten*.

Folienobjekte komfortabel verwalten

Neu   Auf Folien mit vielen Objekten, die möglicherweise sogar übereinanderliegen, ist es schwierig und manchmal sogar unmöglich, das richtige Objekt zu markieren, ohne die Anordnung der Objekte auf der Folie zu ändern. Dieses Problem tritt sowohl beim Erstellen von Schaubildern als auch beim Einrichten und Bearbeiten von Animationen auf. Hier kommt erschwerend hinzu, dass in der Animationsliste die animierten Objekte wenig aussagekräftig beispielsweise als Grafik 21 und Ellipse 12 bezeichnet sind.

Um Folien mit vielen Objekten komfortabler zu bearbeiten, bietet PowerPoint 2007 den Aufgabenbereich *Auswahl und Sichtbarkeit*. Hier können Sie Folienobjekte vorübergehend ausblenden, die Ebenenreihenfolge ändern und sogar eigene Objektnamen vergeben.

Den Aufgabenbereich öffnen Sie über *Markieren/Auswahlbereich* in der Gruppe *Bearbeiten* auf der Registerkarte *Start*. Darüber hinaus finden Sie ihn jeweils auch in der Gruppe *Anordnen* der Registerkarte *Format* der *Zeichentools*, *Bildtools*, *SmartArt-Tools* und *Diagrammtools*.

Der Aufgabenbereich *Auswahl und Sichtbarkeit* listet alle Objekte einer Folie auf, inklusive der Platzhalter des Layouts (siehe Abbildung 16.19 links).

- Per Klick auf die Schaltfläche mit dem Auge neben einem Eintrag in der Liste blenden Sie das jeweilige Objekt auf der Folie aus. Es wird dadurch nicht gelöscht, sondern ist lediglich nicht mehr zu sehen, sodass Sie dahinter liegende Objekte markieren und bearbeiten können.

- Auf der Folie ausgeblendete Objekte sind im Aufgabenbereich an einer leeren Schaltfläche ohne Auge zu erkennen.

- Um ein ausgeblendetes Objekt wieder anzuzeigen, klicken Sie nochmals auf die Schaltfläche.

- Per Klick auf einen Eintrag im Aufgabenbereich wird dieser farblich hinterlegt und gleichzeitig das jeweilige Objekt auf der Folie markiert.

- Per Klick auf die beiden Pfeile am unteren Rand des Aufgabenbereichs verschieben Sie das markierte Objekt in der Ebenenreihenfolge der Folie schrittweise nach oben (in den Vordergrund) bzw. nach unten (in den Hintergrund).

- Um mehrere Objekte auszuwählen, halten Sie die ⌜Strg⌟-Taste gedrückt und klicken die Einträge der gewünschten Objekte im Aufgabenbereich nacheinander an.

- Klicken Sie ein weiteres Mal auf einen im Aufgabenbereich *Auswahl und Sichtbarkeit* bereits markierten Eintrag, wird der Eintrag zum Textfeld und Sie können die Bezeichnung des Folienobjekts durch einen frei wählbaren Namen ersetzen.

- Die benutzerdefinierten Objektbezeichnungen, die Sie im Aufgabenbereich *Auswahl und Sichtbarkeit* definieren, finden Sie auch an anderen Stellen im Programm wieder, beispielsweise im Aufgabenbereich *Benutzerdefinierte Animation* (siehe Abbildung 16.19 rechts). Auch beim Zuweisen eines *Triggers* in den *Effektoptionen* werden Ihre selbst gewählten Objektnamen angezeigt.

Abbildg. 16.19 Im Aufgabenbereich *Auswahl und Sichtbarkeit* verwalten Sie die Objekte einer Folie. Der Aufgabenbereich *Benutzerdefinierte Animation* (rechts) zeigt in der Animationsliste die Objektnamen, die im Aufgabenbereich *Auswahl und Sichtbarkeit* (Mitte) vergeben wurden.

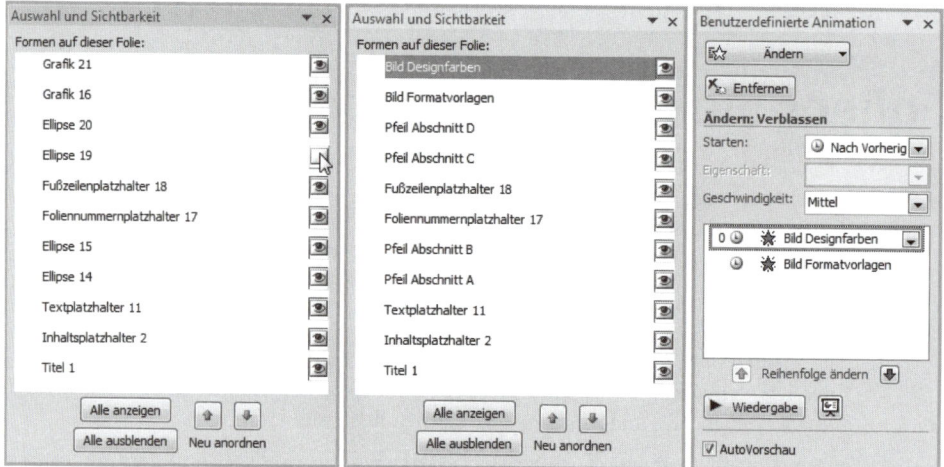

Füll- und Formeffekte einsetzen

Nach dem Zeichnen haben geschlossene Formen zunächst eine einfarbige Füllung. Linien werden mit einer dünnen Kontur erstellt. Diese Voreinstellungen können Sie anschließend flexibel an Ihre Vorstellungen anpassen.

Neu Die grafischen Möglichkeiten in PowerPoint 2007 sind deutlich vielseitiger als die früherer Versionen. So können Sie in PowerPoint 2007 mehrstufige Verläufe, Softschatten, Spiegelungen und dreidimensionale Kantenabschrägungen definieren.

Das Aussehen geschlossener Formen definieren Sie über Füllung, Kontur und Formeffekt. Für Linien können Sie Art und Stärke der Linie bestimmen, unterschiedliche Pfeilspitzen sowie die Form der Linienenden und Ecken. Darüber hinaus stehen auch für Linien Formeffekte zur Verfügung.

Abbildg. 16.20 Formatoptionen für geschlossene Formen und Linien

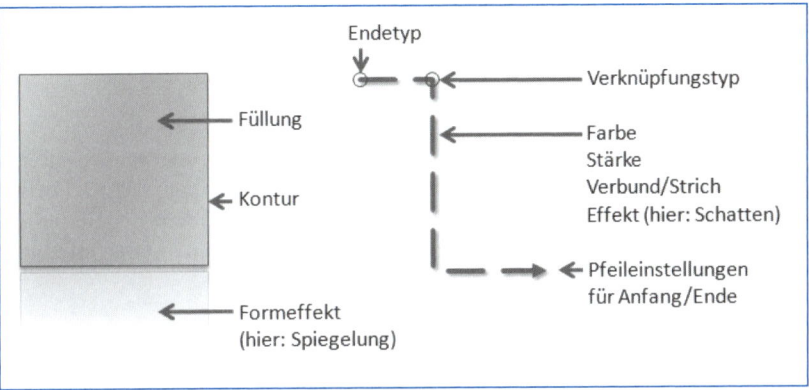

Schnelle und einheitliche Formatierung per Schnellformatvorlagen

Neu Sehr schnell kommen Sie bei der Gestaltung von Formen und Linien zum Ziel, wenn Sie die Voreinstellungen der *Schnellformatvorlagen* für Ihre Formen übernehmen. Diese stehen Ihnen sowohl auf der Registerkarte *Start* per Klick auf die Schaltfläche *Schnellformatvorlagen* als auch auf der Registerkarte *Format* der *Zeichentools* in der Gruppe *Formenarten* zur Verfügung.

Abbildg. 16.21 In den *Schnellformatvorlagen* finden Sie aufeinander abgestimmte Grafikeffekte für Formen und Linien

Das Angebot der *Schnellformatvorlagen* ist kontextbezogen und wird durch das auf der Folie markierte Objekt bestimmt. Für geschlossene Formen bietet PowerPoint sechs verschiedene Effektvoreinstellungen, für Linien drei.

Abbildg. 16.22 Links die *Schnellformatvorlagen* für geschlossene Formen, rechts die für Linien

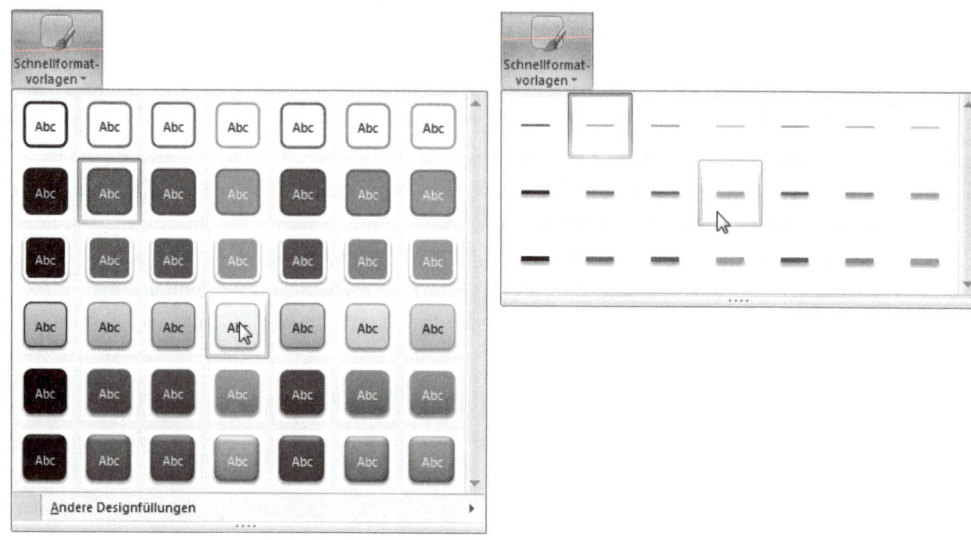

Die sieben Farben der *Schnellformatvorlagen* orientieren sich an den *Designfarben* Ihrer PowerPoint-Vorlage. Zum Einsatz kommen die erste Textfarbe sowie die sechs Akzentfarben. Die Ausgestaltung der sechs verschiedenen Effekte dagegen wird durch die in der Vorlage definierten Designeffekte bestimmt. Diese definieren unterschiedliche Voreinstellungen für Linienstärke und Linienart, Farbverlaufseinstellungen, Schatten und 3D-Abschrägungen.

Abbildg. 16.23 Das Angebot in den *Schnellformatvorlagen* wird bestimmt über den in der PowerPoint-Vorlage definierten *Designeffekt*

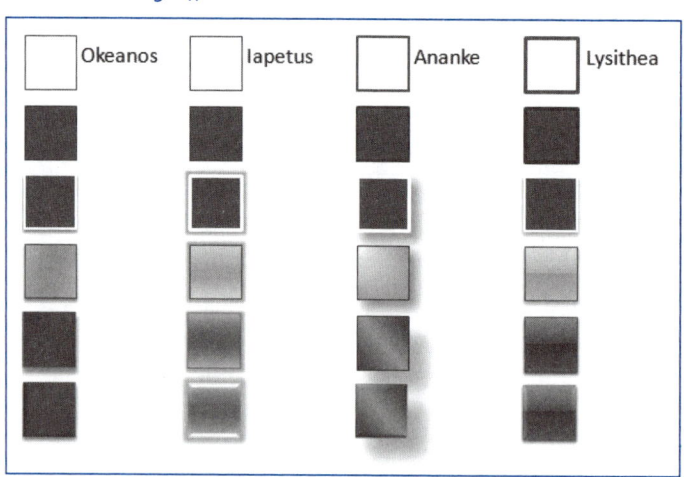

HINWEIS   Mehr zu *Designfarben* und *Designeffekten* lesen Sie in Kapitel 9.

Wenn Sie mit der Maus auf eine der Voreinstellungen zeigen, wird diese in einer Vorschau auf das markierte Objekt auf der Folie übernommen. Per Klick auf eine der Miniaturansichten weisen Sie die betreffende Formatierung zu.

PROFITIPP

Wenn Sie möchten, dass neu gezeichnete Formen automatisch mit einem bestimmten Grafikformat aus den Schnellformatvorlagen erstellt werden, klicken Sie mit der rechten Maustaste auf die betreffende Miniaturansicht und wählen im Kontextmenü *Als Standardform festlegen*.

Diese Voreinstellung wird dann in der aktiven Datei gespeichert. Formen, die Sie in anderen PowerPoint-Dateien zeichnen, werden nach wie vor mit dem voreingestellten Standard erstellt.

PROFITIPP

Die Effekte der Schnellformatvorlagen sind stilistisch aufeinander abgestimmt. Dennoch würde eine Präsentation, in der Sie die sechs voreingestellten Effekte wahllos miteinander kombinieren, einen zusammengewürfelten Eindruck machen. Entscheiden Sie sich deshalb für zwei Effekte, die Sie konsequent auf allen Folien einer Präsentation einsetzen, und weichen Sie nur in Ausnahmefällen von dieser Auswahl ab.

Fülleffekt, Formkontur und Formeffekte definieren

Fast grenzenlos flexibel, aber auch deutlich zeitaufwendiger in ihrer Anwendung sind die *Füll-* und *Formeffekte* sowie die Einstellungen für *Formkonturen*, die Sie wie die *Schnellformatvorlagen* ebenfalls wahlweise über die Registerkarte *Start* oder die Registerkarte *Format* der *Zeichentools* aufrufen können.

Abbildg. 16.24 Fülleffekte für geschlossene Formen

   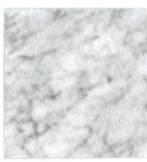

| Füllfarbe | Bild | Farbverlauf | Struktur |

Fülleffekte für geschlossene Formen

Um einer Form die zuletzt verwendete Füllfarbe zuzuweisen, klicken Sie auf den Farbeimer der Schaltfläche *Fülleffekt*.

Möchten Sie dagegen eine andere Farbe oder einen Fülleffekt auswählen, klicken Sie auf den Pfeil der Schaltfläche. Damit öffnen Sie den in Abbildung 16.25 gezeigten Katalog.

Abbildg. 16.25 Der Katalog *Fülleffekte*

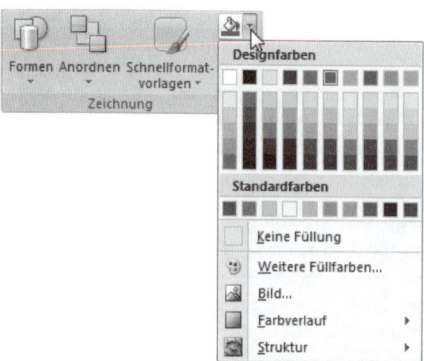

- Unter *Designfarben* finden Sie in der obersten Reihe die Farbtöne Ihrer PowerPoint-Vorlage. Einen optisch einheitlichen Gesamteindruck Ihrer Präsentation erreichen Sie, wenn Sie vorrangig diese Farbtöne in Ihren Schaubildern einsetzen.

- Darunter bietet PowerPoint zu jedem Farbton fünf in der Helligkeit abgestufte Schattierungen an. Diese sind dann sehr nützlich, wenn Sie beispielsweise die Hierarchieebenen in einem Organigramm voneinander abheben möchten, ohne den Farbton zu wechseln.

- Mit den *Standardfarben* stellt Ihnen PowerPoint zusätzlich reines Rot, Orange, Gelb usw. zur Verfügung. Setzen Sie diese Farben in Ausnahmefällen ein, wenn Sie zur Hervorhebung von Sachverhalten einen von den Designfarben Ihrer PowerPoint-Vorlage abweichenden Farbton benötigen.

- Mit *Keine Füllung* entfernen Sie die Füllfarbe oder den Fülleffekt einer Form, sodass der Folienhintergrund oder hinter der Form angeordnete Objekte zu sehen sind.

ACHTUNG   Geschlossene Formen ohne Füllung können Sie nur markieren, wenn Sie mit der Maus direkt auf die Rahmenlinie klicken. Ein Klick in das Innere der Form bleibt wirkungslos.

- Per Klick auf *Weitere Füllfarben* rufen Sie das Dialogfeld *Farben* auf.

  - Hier können Sie auf der Registerkarte *Benutzerdefiniert* durch Eingabe der Werte für *Rot*, *Grün* und *Blau* Farbtöne mischen.

  - Mithilfe des Schiebereglers am unteren Rand des Dialogfeldes bestimmen Sie bei Bedarf stufenlos die *Transparenz* der Füllfarbe, sodass hinter der Form liegende Objekte oder Bilder durch die Form hindurch zu sehen sind.

HINWEIS   Mehr zum Mischen von Farben lesen Sie in Kapitel 6.

- *Bild* öffnet das Dialogfeld *Grafik einfügen*. Auf diesem Weg können Sie ein auf Ihrem Rechner gespeichertes Bild als Fülleffekt für die Form verwenden.

HINWEIS   Beim Einsatz von Bildern als Fülleffekt kann es abhängig vom Motiv zu mehr oder weniger stark sichtbaren Verzerrungen des Bildes in der Form kommen, wenn das Seitenverhältnis der Form nicht dem des Bildes entspricht. Wie Sie solche Verzerrungen korrigieren, ist in Kapitel 12 ausführlich beschrieben.

■ Über *Farbverlauf* rufen Sie einen Katalog auf, der Ihnen ausgehend von der Füllfarbe der Form vordefinierte Farbverläufe in hellen und dunklen Varianten anbietet. Auch hier zeigt PowerPoint in einer Livevorschau, wie die markierte Form mit dem gewählten Verlauf aussehen wird.

Abbildg. 16.26   Auf der Grundlage der Füllfarbe einer Form berechnet PowerPoint geeignete Farbverläufe

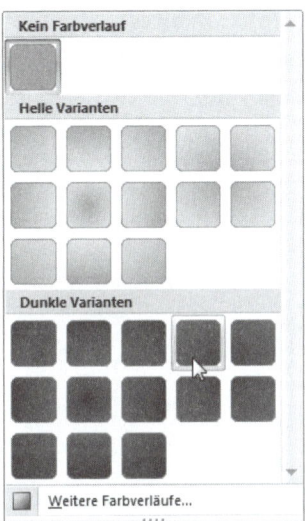

■ Per Klick auf eine der Miniaturansichten weisen Sie den jeweiligen Verlauf zu.

■ Haben Sie bereits einen Verlauf zugewiesen und rufen dann erneut den Befehl *Farbverlauf* auf, zeigt PowerPoint keine hellen und dunklen Varianten mehr, sondern lediglich Varianten des der Form bereits zugewiesenen Farbverlaufs.

■ Um von den Voreinstellungen im Katalog abweichende individuelle Farbverläufe zu definieren, klicken Sie auf *Weitere Farbverläufe* am unteren Rand des Katalogs. Anschließend definieren Sie im Dialogfeld *Form formatieren* Ihren Farbverlauf. Die Vorgehensweise beim Einrichten von Farbverläufen unterscheidet sich grundlegend von früheren Versionen von PowerPoint. Sie ist im Anschluss im Abschnitt »Farbverläufe einrichten« beschrieben.

■ Bei *Strukturen* handelt es sich ebenfalls um Bilder – mit dem Unterschied, dass die Strukturen im Katalog als nahtlos kachelbare Texturen angelegt wurden. Dies bedeutet, dass die Struktur unabhängig von Größe und Seitenverhältnis immer gleich angezeigt wird. Es entsteht weder eine Verzerrung des Motivs noch werden an den Bildrändern Übergänge sichtbar.

TIPP   Per Klick auf *Weitere Texturen* am unteren Rand des Katalogs können Sie eigene Bilder als Fülleffekt *Struktur* einsetzen. Voraussetzung dafür, dass das Bild nahtlos gekachelt werden kann, ist allerdings eine entsprechende Aufbereitung in einem Bildbearbeitungsprogramm.

Nahtlos kachelbare Motive finden Sie im Internet, wenn Sie nach »seamless textures« suchen.

Farbverläufe einrichten

Neu   Farbverläufe werden in PowerPoint 2007 nicht mehr über zwei Farben definiert, sondern über maximal zehn sogenannte *Stopppositionen*. Sie bestimmen, an welcher Position der Farbverlaufsstrecke sich ein ganz bestimmter Farbton befindet. Zwischen zwei Stopppositionen berechnet PowerPoint dann jeweils den Übergang zwischen den beiden Farbtönen – also den Farbverlauf.

Die Wirkungsweise von Stopppositionen wird am besten deutlich, wenn Sie einen Farbverlauf mit recht extremen Farben erstellen, also Farben verwenden, die sich sehr deutlich voneinander unterscheiden:

1. Zeichnen Sie ein *Rechteck* oder *Quadrat* auf die Folie.

2. Klicken Sie auf der Registerkarte *Format* auf *Fülleffekt* und wählen Sie dann *Farbverlauf/Weitere Farbverläufe*. Auf diesem Weg öffnen Sie das in Abbildung 16.27 gezeigte Dialogfeld *Form formatieren*.

Abbildg. 16.27 Das Dialogfeld *Form formatieren* rufen Sie entweder über die Schaltfläche *Fülleffekt*, über das Kontextmenü oder über die Dialogfeldstarter der Gruppe *Zeichnung* (Registerkarte *Start*) bzw. *Formenarten* (Registerkarte *Format*) auf

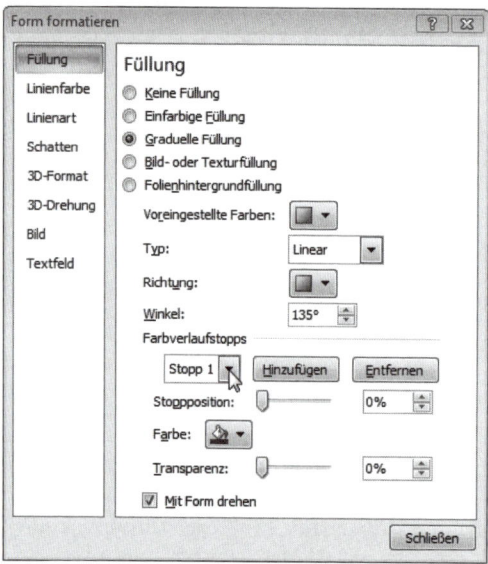

3. Wechseln Sie im Dialogfeld *Form formatieren* ggf. zur Kategorie *Füllung* und wählen Sie die Option *Graduelle Füllung*.

4. Unter *Farbverlaufstopps* sehen Sie voreingestellt *Stopp 1* an der Stoppposition 0%, also am Beginn des Farbverlaufs. Auf der Schaltfläche *Farbe* zeigt der Farbeimer den Farbton der Stoppposition 1. Klicken Sie auf den Pfeil der Schaltfläche um einen anderen Farbton auszuwählen.

TIPP   Ordnen Sie das Dialogfeld *Form formatieren* so auf Ihrem Bildschirm an, dass Sie gleichzeitig die Form auf der Folie sehen und die geänderten Einstellungen im Dialogfeld nachvollziehen können.

5. Wählen Sie anschließend im Dropdown-Listenfeld *Farbverlaufstopps* die nächste Stoppposition, *Stopp 2*, aus.

6. Weisen Sie der Stoppposition 2 wiederum über *Farbe* einen anderen Farbton zu. Wählen Sie, wie schon beschrieben, einen Farbton aus, der sich deutlich vom ersten abhebt.

7. Ändern Sie die Position des zweiten Farbtons auf der Farbverlaufsstrecke, indem Sie den Regler neben *Stoppposition* verschieben; achten Sie darauf, wie sich das Aussehen des Farbverlaufs in der Form ändert.

Voreingestellt erstellt PowerPoint Farbverläufe mit drei Stopppositionen. Dies können Sie ändern, indem Sie per Klick auf *Entfernen* die im Feld *Farbverlaufstopps* angezeigte Stoppposition löschen oder über *Hinzufügen* eine weitere Position nach der angezeigten Position einfügen.

Abbildg. 16.28 Farbverlaufstopps am Beispiel eines Verlaufs mit zwei Stopppositionen; die Prozentwerte über den Pfeilen stehen für die Position des Farbverlaufstopps auf der Gesamtstrecke des Verlaufs

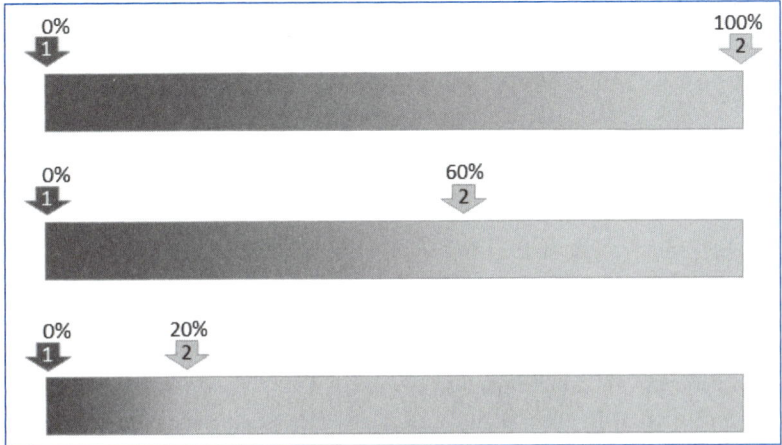

Farbverlaufstypen, Richtung und Winkel

Unter *Typ* finden Sie im Dialogfeld *Form formatieren* vier Voreinstellungen für Farbverläufe: *Linear*, *Radial*, *Rechteckig* und *Pfad*. Sie bestimmen, wie der Farbverlauf in der Form angeordnet wird (siehe Abbildung 16.29). Während die Einstellung *Pfad* bei manchen Formen ohne sichtbare Auswirkung bleibt, führt sie bei Formen wie *Stern* oder *Wolke* dazu, dass sich der Verlauf an der Kontur der Form orientiert.

Abbildg. 16.29 Die vier Farbverlaufstypen am Beispiel von *Quadrat*, *Pfeil* und *Stern*

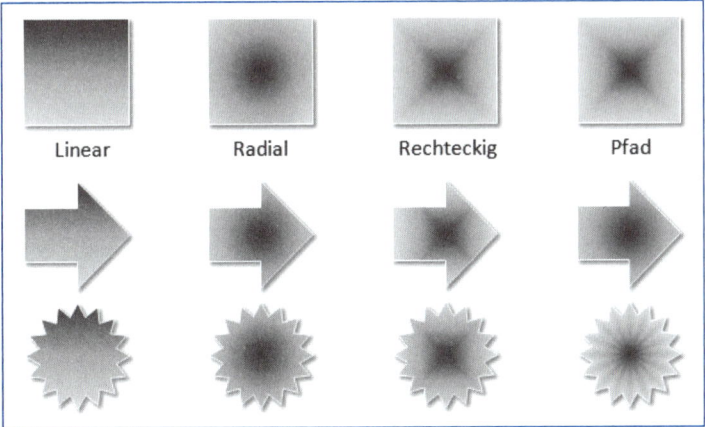

Über *Richtung* bestimmen Sie, ob der Farbverlauf – abhängig vom gewählten Farbverlaufstyp – horizontal, vertikal, aus der Ecke usw. verläuft.

Für lineare Verläufe können Sie darüber hinaus auch einen von den Voreinstellungen unter *Richtung* abweichenden *Winkel* für den Farbverlauf bestimmen.

Abbildg. 16.30 Die voreingestellten Winkel für lineare Farbverläufe

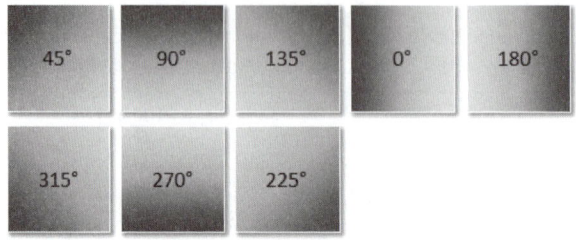

Transparente Farbverläufe

Über *Transparenz* legen Sie fest, ob die Farbe eines Farbverlaufstopps deckend oder transparent sein soll. Wenn Sie unterschiedliche Transparenzgrade für unterschiedliche Stopppositionen definieren, berechnet PowerPoint auch für den Grad der Transparenz einen weichen Übergang.

Solche teilweise transparenten Verläufe sind sehr gut geeignet, um ein Bild mit einem weichen Übergang in den Hintergrund auszublenden.

1. Positionieren Sie dazu über dem Bild ein Rechteck und weisen Sie diesem einen Farbverlauf mit zwei Stopppositionen zu.
2. Wählen Sie für eine der Stopppositionen die Farbe des Hintergrunds Ihrer Folie und die Transparenzeinstellung *0%*.
3. Wählen Sie für die zweite Stoppposition eine beliebige andere Farbe und die Transparenzeinstellung *100%*.

Abbildg. 16.31 Die rechte Hälfte des Bildes liegt hinter einer Form mit transparentem Farbverlauf. Der im Original blaue Himmel geht zunehmend in weiß über.

HINWEIS Mehrstufige Farbverläufe bieten den Vorteil, dass die Entstehung unschöner Mischtöne weitgehend vermieden werden kann. Dabei erzielen Sie optimale Ergebnisse, wenn Sie verschiedene Schattierungen eines einzelnen Farbtons verwenden – genau solche Verläufe bietet Ihnen PowerPoint in den Voreinstellungen. Um Formen ein etwas plastischeres Aussehen zu verleihen, werden Sie deshalb in der Regel keine eigenen Farbverläufe definieren müssen.

Benutzerdefinierte Farbverläufe sind dann sinnvoll, wenn Sie Glanzlichter (wie beispielsweise in *Voreingestellte Farben/Chrom* oder *Silber*) erzeugen oder wie beschrieben Bilder in den Hintergrund ausblenden möchten.

Formkonturen

Über die *Formkontur* bestimmen Sie sowohl die Rahmenlinie geschlossener Formen als auch das Aussehen von Linien.

Abbildg. 16.32 Die Formatierung von Linien nehmen Sie per Klick auf die Schaltfläche *Formkontur* vor

Neu Neu in PowerPoint 2007 ist, dass Sie auch Linien mit transparenter Farbe oder Farbverläufen formatieren können. Darüber hinaus können Sie für Linienenden und Winkel bestimmen, ob diese abgerundet, abgeschrägt oder flach sind.

- Per Klick auf *Weitere Gliederungsfarben* (ein Lokalisierungsfehler – es sollte *Weitere Konturfarben* heißen) öffnen Sie das Dialogfeld *Farben*, in dem Sie von den Designfarben abweichende Farbtöne oder den Grad der Transparenz festlegen können.

- Über *Stärke* und *Striche* bestimmen Sie die Breite und die Art der Linie.

- *Linien* und *Pfeilen* können Sie über *Pfeile* nachträglich eine (andere) Pfeilspitze, eine Raute oder einen Kreis als Anfangs- oder Endpunkt zuweisen.

HINWEIS An welchem Ende der Linie PowerPoint die Pfeilspitze erstellt, hängt davon ab, wo der Start- und der Endpunkt beim Zeichnen waren – also ob Sie die Linie von links nach rechts oder umgekehrt gezeichnet haben.

Per Klick auf *Weitere Linien* bzw. *Weitere Pfeile* am unteren Rand des jeweiligen Katalogs rufen Sie das Dialogfeld *Form formatieren* auf.

Folien professionell gestalten

Abbildg. 16.33 Im Dialogfeld *Form formatieren* finden Sie weitere Optionen zum Gestalten von Linien

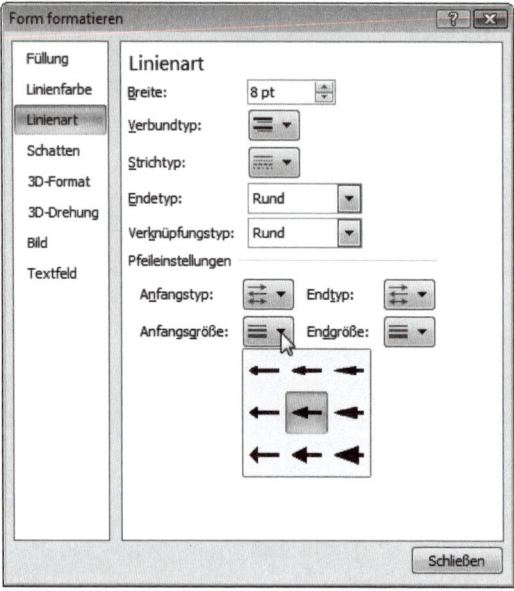

- In der Kategorie *Linienfarbe* haben Sie die Wahl zwischen den Optionen *Keine*, *Einfarbige* und *Graduelle Linie*. Die Vorgehensweise beim Einrichten eines Farbverlaufs für Linien (*Graduelle Linie*) entspricht der weiter vorn in diesem Kapitel im Abschnitt »Farbverläufe einrichten« für geschlossene Formen beschriebenen.

- In der Kategorie *Linienart* finden Sie über die Voreinstellungen in den Katalogen *Stärke*, *Striche* und *Pfeile* hinausgehende Gestaltungsmöglichkeiten.

  - Im Feld *Breite* können Sie über die im Katalog verfügbare maximale Breite von *6 pt* hinausgehende Werte für die Linienstärke bestimmen.

  - Im Dropdownmenü der Schaltfläche *Verbundtyp* finden Sie Voreinstellungen für doppelte und dreifache Linienführungen.

Abbildg. 16.34 In PowerPoint 2007 können Sie das Ende und den Winkel von Linien flexibel gestalten

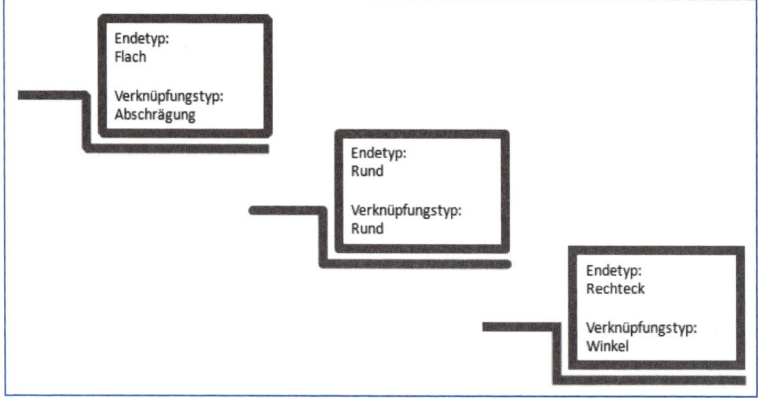

- In den Feldern *Endetyp* und *Verknüpfungstyp* bestimmen Sie, wie Linienenden und Winkel ausgeformt sind (siehe Abbildung 16.34). Diese Einstellungen werden vor allem bei breiteren Linien sichtbar.

- In den *Pfeileinstellungen* schließlich haben Sie neben der Auswahl unterschiedlicher Pfeilspitzen auch die Möglichkeit, die Größe der Pfeilspitze zu bestimmen.

Formeffekte für geschlossene Formen und Linien

Eine der großen Neuerungen in PowerPoint 2007 sind die verbesserten Grafikfunktionen, mit denen Sie Effekte wie Softschatten, 3D-Abschrägungen und Spiegelungen unmittelbar in PowerPoint definieren können. Bei früheren Programmversionen ließen sich solche Effekte nur – etwas umständlich – mithilfe eines Bildbearbeitungsprogramms erzeugen.

Abbildg. 16.35 Eine Auswahl der in PowerPoint 2007 voreingestellten Formeffekte

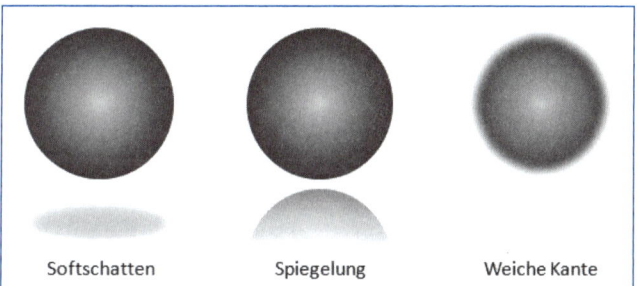

Softschatten   Spiegelung   Weiche Kante

Per Klick auf die Schaltfläche *Formeffekte* rufen Sie zunächst die Voreinstellungen für *Schatten*, *Spiegelung*, *Leuchten*, *Weiche Kanten*, *Abschrägung* und *3D-Drehung* auf. Sobald Sie mit der Maus auf eine der Miniaturansichten im Katalog zeigen, wird das markierte Objekt auf der Folie mit der gewählten Voreinstellung angezeigt.

Während Sie für die Effekte *Spiegelung*, *Leuchten* und *Weiche Kanten* lediglich aus den vordefinierten Effekten wählen können, haben Sie für die Kategorien *Schatten*, *Abschrägung* und *3D-Drehung* jeweils per Klick auf *Weitere* am unteren Rand des Katalogs die Möglichkeit, vielfältige Einstellungen für den jeweiligen Effekt vorzunehmen. PowerPoint blendet dann das Dialogfeld *Form formatieren* ein, in dem die betreffenden Kategorien mit *Schatten*, *3D-Format* und *3D-Drehung* bezeichnet sind.

Es würde den Umfang dieses Buches sprengen, die vielfältigen Optionen für die Ausgestaltung von Schatten und 3D im Detail vorzustellen. Da sich die verschiedenen Optionen auch gegenseitig beeinflussen, stehen Ihnen fast unbegrenzte Möglichkeiten offen, Ihre Schaubilder – nicht zuletzt auch mit perspektivischen Darstellungen – aufzupeppen.

Am besten erkunden Sie die vielfältigen Gestaltungsoptionen von PowerPoint 2007, indem Sie einer Form zunächst eine der Voreinstellungen zuweisen und die Optionen dieser Voreinstellung im Dialogfeld *Form formatieren* anschließend in kleinen Schritten verändern. Da das Dialogfeld frei auf dem Bildschirm positioniert werden kann und die Änderungen sofort auf die Folie übernommen werden, haben Sie volle Kontrolle, wie sich die geänderten Einstellungen auswirken.

Abbildg. 16.36 In den *Formeffekten* finden Sie eine Vielzahl von Möglichkeiten, um Ihre Schaubilder ansprechender zu gestalten

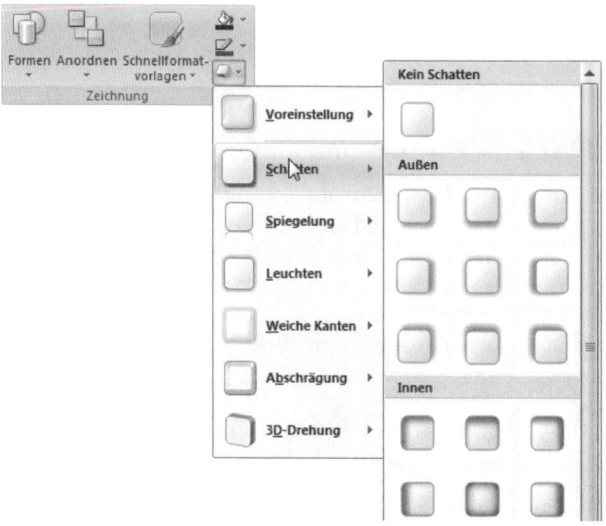

ACHTUNG Das Dialogfeld *Form formatieren* verfügt nicht über eine Schaltfläche *Abbrechen*. Einstellungen, die nicht zum gewünschten Ergebnis führen, nehmen Sie über die Schaltfläche *Rückgängig* in der Schnellzugriffsleiste zurück. Dies können Sie übrigens tun, ohne das Dialogfeld zu schließen. Auch die direkte Bearbeitung der Form auf der Folie ist bei geöffnetem Dialogfeld möglich.

TIPP **Die Formatierung einer Form auf andere Formen übertragen**

Haben Sie endlich die richtigen Einstellungen gefunden, erstellen Sie weitere Objekte mit den gleichen Einstellungen, indem Sie das vorhandene kopieren.

Um bereits vorhandene Formen in gleicher Weise zu gestalten, setzen Sie den Formatpinsel ein.

Die Schaltfläche *Format übertragen* finden Sie auf der Registerkarte *Start* in der Gruppe *Zwischenablage*.

1. Markieren Sie die formatierte Form.
2. Klicken Sie anschließend auf die Schaltfläche *Format übertragen*.

   Neben dem Mauszeiger wird daraufhin ein Pinsel angezeigt.

3. Klicken Sie damit auf die Form, der die Formatierung zugewiesen werden soll.

Das Objekt wird daraufhin mit der neuen Formatierung angezeigt, der Mauszeiger »verliert« die Funktion zum Übertragen der Formatierung.

Um die Formatierung auf weitere Objekte zu übertragen, müssen Sie sie zunächst neu aufnehmen. Schneller kommen Sie zum Ziel, wenn Sie auf die Schaltfläche *Format übertragen* doppelklicken. Die Funktion *Format übertragen* wird dadurch daueraktiviert und Sie können das mit dem Formatpinsel aufgenommene Format auf beliebig viele Objekte übertragen, indem Sie sie nacheinander anklicken.

Mit Esc heben Sie die Daueraktivierung wieder auf.

Schritt für Schritt die Schatteneinstellungen anpassen

Für Schatten können Sie im Dialogfeld *Form formatieren* von den Voreinstellungen abweichende Einstellungen für die *Farbe* des Schattens, *Transparenz*, *Größe*, *Weichzeichnung*, *Winkel* und *Distanz* bestimmen. Abbildung 16.37 zeigt die Änderung eines Schattens, für den nach und nach die Werte für *Distanz*, *Weichzeichner* und *Transparenz* geändert wurden.

Abbildg. 16.37 Am besten erkunden Sie die Optionen für Schatten und 3D, indem Sie die voreingestellten Werte eines Effekts aus den Katalogen in kleinen Schritten anpassen

Farbe	Schwarz
Transparenz	60 %
Größe	100%
Weichzeichner	4 pt
Winkel	45°
Distanz	3 pt

Farbe	Schwarz
Transparenz	60 %
Größe	100%
Weichzeichner	4 pt
Winkel	45°
Distanz	12 pt

Farbe	Schwarz
Transparenz	60 %
Größe	100%
Weichzeichner	14 pt
Winkel	45°
Distanz	12 pt

Farbe	Schwarz
Transparenz	75 %
Größe	100 %
Weichzeichner	14 pt
Winkel	45°
Distanz	12 pt

Abschrägung und 3D-Drehung

Noch vielseitiger als die Einstellungen für Schatten sind die Möglichkeiten, die sich aus der Kombination aus *Abschrägung* und *3D-Drehung* ergeben.

Abbildg. 16.38 Auszug aus den Abschrägungsvarianten – eine attraktive Lösung, um beispielsweise Schaltflächen für die Navigation zu gestalten

Von den Voreinstellungen für die Kantenabschrägung zweidimensionaler Formen (siehe Abbildung 16.38) einmal abgesehen sind diese beiden Effekte untrennbar miteinander verbunden: 3D-gedrehte Formen ohne Tiefe wirken lediglich verzerrt; die Tiefe einer Form wird jedoch erst in der 3D-Drehung erkennbar. Wie beim Schatten hilft auch hier nur das Ausprobieren, indem Sie nach und nach einzelne Werte einer Voreinstellung verändern.

Am Beispiel der in Abbildung 16.39 gezeigten Würfel lernen Sie die grundsätzliche Vorgehensweise kennen.

Aus der Kombination von Material, Beleuchtung und Beleuchtungswinkel ergeben sich vielfältige Gestaltungsmöglichkeiten

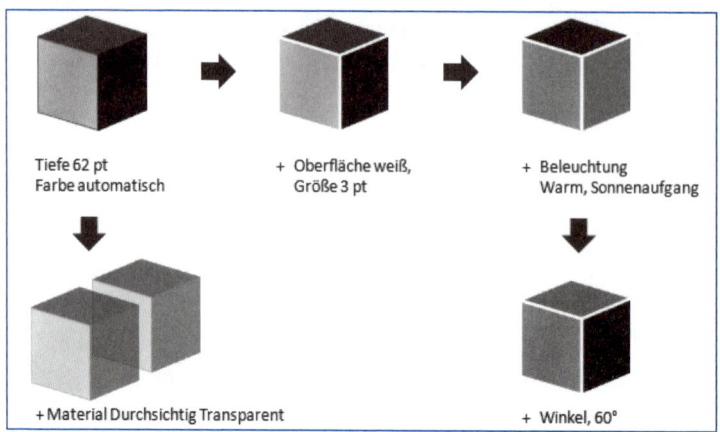

1. Zeichnen Sie mit dem *Rechteck* aus den *Formen* mit gedrückter ⇧-Taste ein Quadrat auf die Folie.

2. Verwenden Sie für Füll- und Linienfarbe den gleichen Farbton.

3. Rufen Sie das Dialogfeld *Form formatieren* auf und wechseln Sie zur Kategorie *3D-Format*.

4. Stellen Sie für *Tiefe* einen Wert von ca. 20 pt ein. Diese ist auf der Folie zunächst nicht zu erkennen, weil die Form noch in der Frontalansicht zu sehen ist.

Nach dem Anpassen der Werte für *Tiefe* in der Kategorie *3D-Format* und *Drehung* ist die Perspektive des Objekts auf der Folie zu sehen

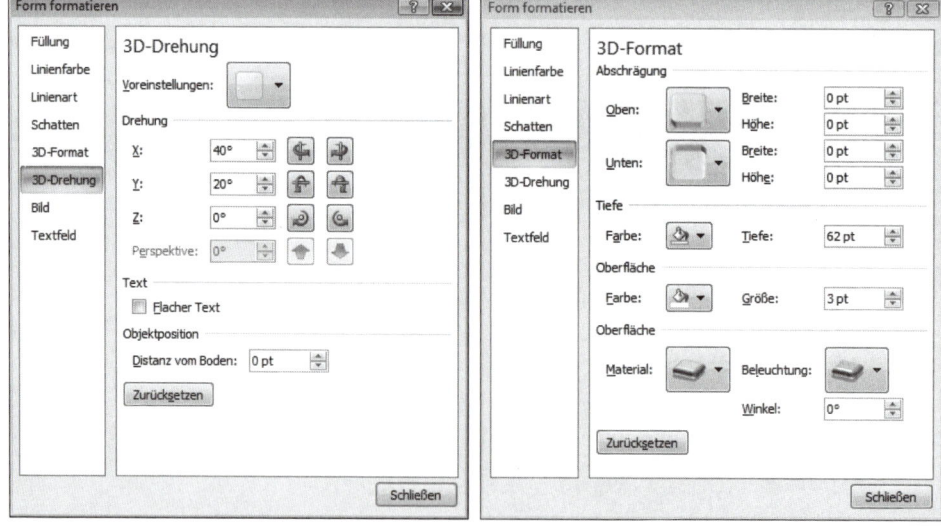

5. Wechseln Sie zur Kategorie *3D-Drehung* und wählen Sie unter *Drehung* für *X* 40°, für *Y* 20° und für *Z* 0°.

6. Kehren Sie zurück zur Kategorie *3D-Format* und passen Sie den Wert für *Tiefe* so an, dass der Eindruck eines gleichmäßigen Würfels entsteht. Der richtige Wert hängt von der Größe des Quadrats ab.

7. Wählen Sie für *Oberfläche* die Farbe Weiß und für *Größe* die Option *3 pt*.

8. Passen Sie über die Einstellungen für *Material, Beleuchtung* und *Winkel* des Lichteinfalls das Aussehen des Würfels nach Belieben an.

Text in 3D-Formen

Text, den Sie in 3D-gedrehte Formen eingeben, wirkt unscharf und ist unter Umständen schlecht lesbar.

In der Kategorie *3D-Drehung* des Dialogfeldes *Form formatieren* bietet PowerPoint deshalb die Option *Flacher Text*. Sie bewirkt, dass der Text in einer 3D-gedrehten Form zweidimensional dargestellt wird. Sie ist allerdings nur für sehr knappe Beschriftungen empfehlenswert. Bei längeren Texten macht sich die unterschiedliche Perspektive von Form und Text bemerkbar. Dieses Problem lösen Sie am einfachsten, indem Sie die Beschriftung des Schaubildes mit außerhalb der 3D-Form angeordneten Textfeldern vornehmen (siehe Abbildung 16.41).

Abbildg. 16.41 Der 3D-Würfel steht für die Etappen des Ablaufs, die Beschriftung ist darunter angeordnet

 Die Beispiele des Abschnitts »Füll- und Formeffekte einsetzen« finden Sie in der Datei *Kap16_Effekte.pptx* auf der CD-ROM zum Buch im Ordner *Buch\Kap16*.

Schaubilder planen und erstellen

Mit den in diesem Kapitel vorgestellten Formen und Linien können Sie Schaubilder absolut individuell erstellen und animieren. Dabei sparen Sie eine Menge Zeit und Nerven, wenn Sie nach Plan und systematisch vorgehen. Die Trial-and-Error-Methode führt hier wohl erst über vermeidbare Umwege zum Erfolg.

■ Schalten Sie vor dem Zeichnen die Führungslinien ein und bauen Sie mit diesen ein Gitternetz auf oder gestalten Sie ein passendes Raster. Rufen Sie dazu über *Anordnen/Ausrichten/Rastereinstellungen* (auf der Registerkarte *Start*) das Dialogfeld *Raster und Linien* auf.

■ Stellen Sie sich noch vor dem Zeichnen eines Objekts die Frage, ob Sie dieses Objekt mehrfach brauchen. Fertigen Sie dann stets erst *ein* fertiges Muster von diesem Objekt an, das alle Einstellungen hinsichtlich Größe, Füll- und Formeffekte sowie die Schriftformatierung enthält. Weisen Sie ggf. auch bereits den Animationseffekt zu. Machen Sie dann von diesem Prototyp Kopien.

■ Verwenden Sie die Tasten und Tastenkombinationen zum schnellen und präzisen Duplizieren, Kopieren und Verschieben von Objekten.

Einige dieser Techniken sind in den nächsten Abschnitten nochmals detailliert dargestellt. Lesen Sie ggf. auch noch einmal im Abschnitt »Grundtechniken beim Zeichnen« nach, welche Handgriffe im Umgang mit Formen nützlich sind.

Der gekonnte Einsatz der Führungslinien

Mit der Tastenkombination [Alt]+[F9] blenden Sie diese Hilfslinien ein. Sie können sie mit gedrückter linker Maustaste frei verschieben. Dabei wird jeweils der Abstand in Millimetern vom jeweiligen Nullpunkt angezeigt. Der Nullpunkt befindet sich in horizontaler wie auch in vertikaler Richtung in der Mitte der Folie. Sie können dies in den beiden Linealen gut sehen. Falls Sie die Lineale nicht eingeblendet haben, lässt sich das über die Registerkarte *Ansicht* nachholen. Wenn Sie das vertikale Lineal nicht sehen, rufen Sie über die *Office-Schaltfläche* die *PowerPoint-Optionen* auf und aktivieren in der Kategorie *Erweitert* unter *Anzeigen* das Kontrollkästchen *Vertikales Lineal anzeigen*.

Um eine Führungslinie zu kopieren, bewegen Sie die Maus auf die Linie und ziehen diese mit gedrückter [Strg]-Taste in die gewünschte Richtung. Anhand der beim Ziehen angezeigten Maßangabe können Sie die neuen Führungslinien relativ leicht positionieren.

Manchmal ist es erforderlich, mehrere Kopien einer Führungslinie im gleichen Abstand anzulegen. Erstellen Sie dazu die erste Kopie. Drücken Sie dann [⇧]+[Strg], um die weiteren Linien zu erzeugen. Die [⇧]-Taste bewirkt, dass der Nullpunkt immer auf die aktuelle Führungslinie gesetzt wird. Das erspart Ihnen mühsames Rechnen.

Wenn Sie einzelne Führungslinien wieder entfernen wollen, ziehen Sie diese mit gedrückter linker Maustaste einfach aus der Folie heraus. Mit [Alt]+[F9] schalten Sie die Führungslinien wieder ganz ab.

Es gibt Fälle, da soll eine Führungslinie exakt am Außenrand eines Objekts platziert werden, was aber durch das Raster verhindert wird. In dem Fall nutzen Sie die dritte Funktionstaste im Bunde: die [Alt]-Taste. Sie sorgt dafür, dass ein im Hintergrund wirkendes Raster vorübergehend ausgeschaltet wird.

Immer die richtige Funktionstaste zur Hand

Sie haben es soeben gesehen: Die Tasten [Strg] und [⇧] haben erhebliche Wirkung. Das ist auch beim Zeichnen, Kopieren und Positionieren von Objekten so.

Beim Zeichnen bewirkt die [⇧]-Taste, dass die Objekte in Höhe und Breite die gleichen Maße erhalten. Rechtecke werden zu Quadraten, Ellipsen zu Kreisen usw. Beim Zeichnen von Linien können Sie durch Gedrückthalten der [⇧]-Taste erreichen, dass sich der Winkel der Linie in 45°-Schritten verändern lässt. Nachdem Objekte gezeichnet wurden, bewirkt die gedrückte [⇧]-Taste beim Klicken, dass Sie weitere Objekte zu einer Markierung hinzufügen können. Das Drücken der [⇧]-Taste beim Ziehen von Objekten mit der Maus hat zum Ergebnis, dass die Objekte genau horizontal oder vertikal bewegt werden.

Die Tastenkombination [Strg]+[⇧] sorgt beim Zeichnen von Objekten dafür, dass Sie diese nicht von einem Eckpunkt her, sondern aus der Mitte heraus erstellen. Beim Ziehen von Objekten mithilfe der Maus können Sie durch das gleichzeitige Drücken der [Strg]-Taste erreichen, dass eine Kopie des Objekts erstellt wird.

Halten Sie beim Ziehen von Objekten mit der Maus gleichzeitig ⎡Strg⎤ + ⎡◊⎤ gedrückt, stellen Sie eine Kopie vom Original her, die vertikal in der gleichen Flucht bzw. horizontal auf gleicher Höhe liegt. Diese Technik ist besonders wichtig beim Erstellen von selbst gezeichneten Organigrammen.

Das Ablaufschema für ein Projekt darstellen

Die Abbildung von Projektabläufen ist wichtig für das Verständnis einzelner Projektinhalte und deren zeitliche Abfolge. An einem einfachen und schnell nachzuarbeitenden Beispiel soll ein solcher Ablauf erarbeitet werden.

In Abbildung 16.42 sind die einzelnen Schritte eines Projekts in horizontaler Abfolge dargestellt. Die Anordnung ist chronologisch und dies wird auch durch die verbindenden Pfeile unterstützt. Aus Platzgründen wurden die Schritte in drei untereinanderliegenden Reihen angeordnet. Die Darstellung ist sachlich und schmucklos.

Abbildg. 16.42 Sachliche Darstellung in chronologischer Reihenfolge von links oben nach rechts unten

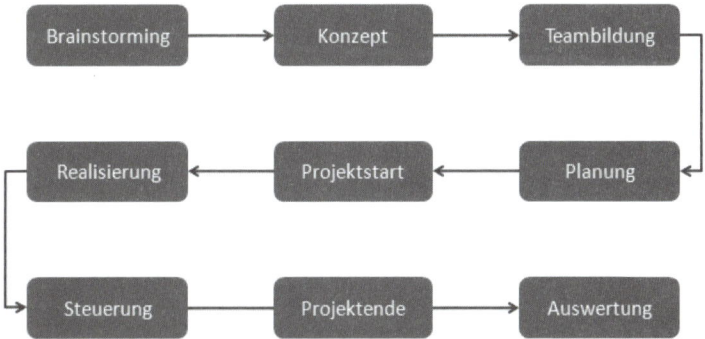

Abbildg. 16.43 Übersichtliche Darstellung unterteilt in einzelne Abschnitte und zusätzliche Abgrenzung durch unterschiedliche Farbschattierungen. In diesem Beispiel wurde auch ein Schatten als Formeffekt für eine räumlichere Darstellung eingesetzt.

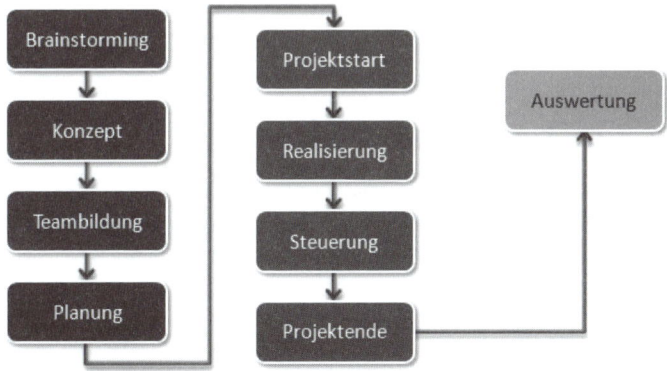

Folien professionell gestalten

Der gleiche Sachverhalt wird auch in Abbildung 16.43 aufgezeigt. Dieses Mal ist die ebenfalls lineare Abfolge aber in nebeneinanderliegende Abschnitte aufgeteilt. Die einzelnen Abschnitte unterscheiden sich durch abgestufte Farbgebung. Damit wird die Orientierung verbessert.

Egal, welche der beiden Varianten Sie bevorzugen – bei beiden sind die gleichen Techniken anzuwenden. Im Folgenden die Schritte für die zweite Variante:

1. Wählen Sie als Erstes eine neue Folie mit dem Layout *Nur Titel*. Geben Sie die Überschrift ein.

2. Ziehen Sie dann links oben das erste Rechteck in der gewünschten Größe (ca. 2 cm x 5 cm) auf. Tippen Sie einen beliebigen Buchstaben ein und markieren Sie das Objekt mit `F2`. Legen Sie nun nacheinander die Einstellungen für *Fülleffekt*, *Formkontur* und *Formeffekt* fest. Bestimmen Sie anschließend *Schriftart* und *Schriftgrad*. Damit wäre das Muster fertig.

3. Halten Sie nun `Strg`+`⇧` gedrückt und ziehen Sie das Objekt nach unten. Damit erzeugen Sie eine erste Kopie, die vertikal exakt unter dem Original liegt. Wiederholen Sie den Schritt noch zweimal, damit sich vier Objekte untereinander befinden. Den Abstand zum vorherigen Objekt müssen Sie dabei nicht beachten. Positionieren Sie aber das letzte Objekt dort, wo der Abschluss der Reihe sein soll.

4. Markieren Sie die vier Rechtecke und wählen Sie auf der Registerkarte *Start* oder *Format* die Befehlsfolge *Anordnen/Ausrichten/Vertikal verteilen*.

5. Lassen Sie die vier Objekte markiert und erstellen Sie von dieser Gruppe eine Kopie und zwar wiederum mit `Strg`+`⇧`. Geben Sie diesen Objekten einen anderen *Fülleffekt*. Schieben Sie die Objekte als Gruppe etwas nach unten.

6. Erstellen Sie dann noch eine Kopie für das abschließende Rechteck rechts und weisen Sie diesem auch eine andere Farbgebung zu.

7. Nun geht es darum, die verbindenden Linien zu zeichnen: Wählen Sie im Formenkatalog den *Pfeil* bzw. die *Gewinkelte Verbindung mit Pfeil* und rufen Sie per Klick mit der rechten Maustaste das Kontextmenü der Form auf. Wählen Sie dort *Zeichenmodus sperren*. Führen Sie den Mauszeiger auf das zuerst gezeichnete Rechteck. Sie sehen nun an dem Objekt vier rote Verankerungspunkte. Klicken Sie auf den Verankerungspunkt unten in der Mitte, halten Sie die Maustaste gedrückt, bewegen Sie die Maus zum darunterliegenden Rechteck und klicken Sie dort auf den roten Verankerungspunkt oben in der Mitte. Wiederholen Sie die Schritte für die anderen Rechtecke, um den Ablauf einzuzeichnen.

8. Korrigieren Sie abschließend die Texte in allen Objekten.

 Das fertige Beispiel finden Sie auf der CD zu diesem Buch im Ordner *Buch**Kap16* in der Datei *Kap16_Schaubilder.pptx*.

Pro & Kontra mit Formen abbilden

Ein weiteres häufig in Präsentationen anzutreffendes Thema ist die Gegenüberstellung von Argumenten im Vorfeld einer Entscheidung. An die Stelle der üblichen zweispaltigen Textfolie, die sich für diese Art der Darstellung am ehesten anbietet, soll eine Gestaltungslösung treten, die die Gegensätzlichkeit der Argumente verstärkt und beim Betrachter tatsächlich »ein Bild« hinterlässt.

Abbildg. 16.44　Die Textargumente der Gegenüberstellung werden mit Bildelementen verstärkt

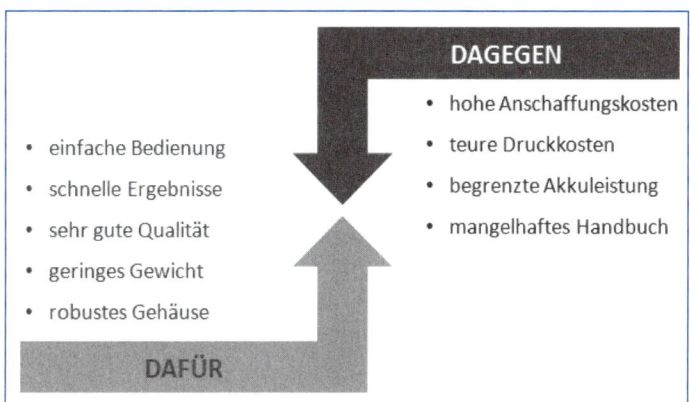

In Abbildung 16.44 sehen Sie das Ergebnis. Die beiden Pfeilkonstruktionen drängen sich beim ersten Betrachten in den Vordergrund und geben den Impuls zu erhöhter Aufmerksamkeit. Die nun folgenden Argumente werden in diesem Kontext genauer angeschaut, ja gleichsam studiert. Beim Betrachter bleibt im Gedächtnis: Die Entscheidungsfolie war von zwei Pfeilen dominiert. Die dazugehörenden (sequenziellen) Informationen (Texte) werden zusammen mit diesem Bild »abgespeichert«.

Übrigens: Beachten Sie auch die Verteilung der Farbe im Schaubild. Sie werden feststellen, dass diese Folie von jemandem präsentiert wird, der offenbar eher gegen den Kauf des Produkts ist. Die Argumente dagegen wiegen schwerer, da sie dunkler und mit einem stärkeren Kontrast zum Hintergrund formatiert sind. Auch die Anordnung im linken oberen Bereich der Folie sorgt dafür, dass die Gegenargumente besser wahrgenommen werden. Das Auge verweilt in diesem Bereich länger als in der rechten unteren Ecke der Folie. Lesen Sie dazu auch Kapitel 6.

Das Pfeilgebilde konstruieren

Zeichnen Sie zunächst einen *Pfeil nach oben*, den Sie im *Formenkatalog* in der Kategorie *Blockpfeile* finden.

Die waagerechte Verlängerung des Pfeils ist an sich kein Problem, denn es reicht, ein Rechteck zu zeichnen. Wenn Sie allerdings sicherstellen wollen, dass diese Verlängerung genau die Breite des Pfeilschafts hat, müssen Sie ein wenig Aufwand betreiben:

1. Positionieren Sie am rechten und linken Rand des Pfeilschafts je eine senkrechte Führungslinie.
2. Zeichnen Sie dann das Rechteck innerhalb des so vorgegebenen Rasters (siehe Abbildung 16.45).

Hier noch die Erläuterungen zum gezeigten Beispiel:

1. Drehen Sie das Rechteck über *Anordnen/Drehen/Rechtsdrehung 90 Grad*. Sie können in diesem Fall auch *Linksdrehung 90 Grad* wählen. Nutzen Sie die Führungslinien, um die Objekte im rechten Winkel zueinander anzuordnen.
2. Markieren Sie beide Objekte und sorgen Sie über die Schaltfläche *Formkontur* dafür, dass beide keinen Konturrahmen haben.
3. Lassen Sie beide Objekte markiert und fertigen Sie mit gedrückter ⌷Strg⌷-Taste eine Kopie an. Heben Sie die Markierung auf und spiegeln Sie das Objekt *Pfeil nach oben* über *Anordnen/Drehen/Vertikal kippen*.

Folien professionell gestalten

Abbildg. 16.45 Am rechten und linken Rand des Pfeilschafts die Führungslinien positionieren und dann das Rechteck innerhalb des vorgegebenen Rasters zeichnen

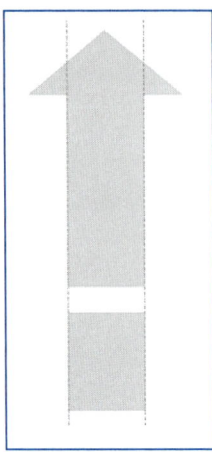

 Die fertige Lösung finden Sie auf der CD zu diesem Buch im Ordner *Buch**Kap16* in der Präsentation *Kap16_Schaubilder.pptx*.

Zusammenfassung

Im Unterschied zu den in Kapitel 15 behandelten SmartArt-Grafiken können Sie mit Formen weitaus individueller gestaltete Abläufe, Strukturen und komplexe Schaubilder erstellen. Allerdings ist damit meist ein beachtlicher manueller Aufwand verbunden und Grundwissen zum Zeichnen und Formatieren von Objekten ist unerlässlich. Genau dieses Wissen konnten Sie in diesem Kapitel erwerben.

Hier wichtige Fundstellen zum Zeichnen und zum Umgang mit Formen:

Thema	Seite
Formen zeichnen	445
Die Größe von Formen anpassen	446
Die Form von gezeichneten Objekten korrigieren	450
Formen durch andere ersetzen	450
Formen mit Linien verbinden	451
Formen komfortabel verwalten	452
Füll- und Formeffekte einsetzen	463
Schnellformatvorlagen verwenden	463
Schaubilder planen und erstellen	477

Teil D

Animationseffekte und Präsentations- vorführung

Kapitel 17

Animationen – der Einstieg

Animationseffekte und
Präsentationsvorführung

Animationen – Fluch oder Segen?

Beim Vorbereitungstreffen zu einer wichtigen Präsentation äußerte der Geschäftsführer einer Unternehmensberatung im Brustton der Überzeugung: »Animationen brauchen wir aber nicht. Das ist nur Spielerei.« Alle anderen in der kleinen Runde schauten sich schweigend an oder nickten beifällig. Einige Tage darauf fand die »Generalprobe« für die wichtige Präsentation statt, wiederum mit allen Entscheidern am Tisch. Die Folien wurden per Beamer gezeigt: »natürlich« alle ohne Animation und in der Mehrheit »zahlenlastig«, denn es ging um eine Unternehmensbewertung. Die Stimmung im Raum war zurückhaltend – alles andere als euphorisch. Am Ende des »starren« Folienvortrags bat ich darum, noch eine Alternative vorstellen zu dürfen. Es war zu spüren, wie dieses Mal alle den Informationen viel aufmerksamer folgten: Auf den Tabellenfolien erschienen die Daten nun nicht mehr alle auf einmal, sondern wurden jahresweise oder Produkt für Produkt eingeblendet. Am Ende der Vorführung war deutlich ein zustimmendes Murmeln zu vernehmen. Der Geschäftsführer reagierte genauso knapp wie zu Beginn und entschied: »So machen wir es.«

Was soll Ihnen diese kleine Geschichte sagen? Lassen Sie sich nicht durch Vorurteile und auch nicht aus Angst vor der Technik davon abbringen, die Informationen Ihres Vortrags so zu zeigen, wie es am besten für Ihre Zuschauer ist: in kleinen, »gut verdaubaren« Informationsmengen. Genau an der Stelle sind die Animationsmöglichkeiten von PowerPoint Gold wert. Ohne Animation können Sie eine Präsentation auch in Word layouten. Animationen hingegen machen es möglich, durch eine gezielte Abfolge von Informationen deutlich mehr dramaturgische Wirkung auf Ihr Publikum auszuüben und Spannung aufzubauen.

Ganz Unrecht hatte der eingangs erwähnte Geschäftsführer übrigens nicht: Nutzen Sie Animationseffekte nicht als »Spielerei«, es sei denn, Sie bereiten für einen Kollegen eine Geburtstagspräsentation vor.

Animationsvielfalt: Das System kennen

Wenn Sie einmal genau nachzählen, kommen Sie auf eine Zahl von über 250 – so viele Animationsvarianten für die verschiedensten Fälle hält PowerPoint bereit. Und das sind nur die voreingestellten. Sie können diese Zahl durch das Anlegen eigener und das Kombinieren vorhandener Animationseffekte noch deutlich erhöhen. Dass Sie nicht Hunderte von Animationsvarianten brauchen, schon gar nicht für Geschäftspräsentationen, dürfte Sie beruhigen.

> **WICHTIG**   Ein Repertoire von etwa 30 Effektoptionen reicht aus, um all Ihre Bildschirmpräsentationen eindrucksvoll zu gestalten: 20 bis 25 für die »normalen« Situationen und die restlichen für die Stellen, wo Sie die Zuschauer besonders aufmerksam machen wollen.

Anwender, die sich zum ersten Mal den Animationsmöglichkeiten von PowerPoint nähern, haben sicher Probleme, sich in dieser Vielzahl zurechtzufinden. Daher empfiehlt es sich, zunächst einmal das *System* der Animationen in PowerPoint kennenzulernen. Wenn Sie das verstanden haben, jonglieren Sie leicht mit den Effekten und haben sogar kreativen Spaß daran.

Abbildg. 17.1 Das System der Animationsmöglichkeiten im Überblick

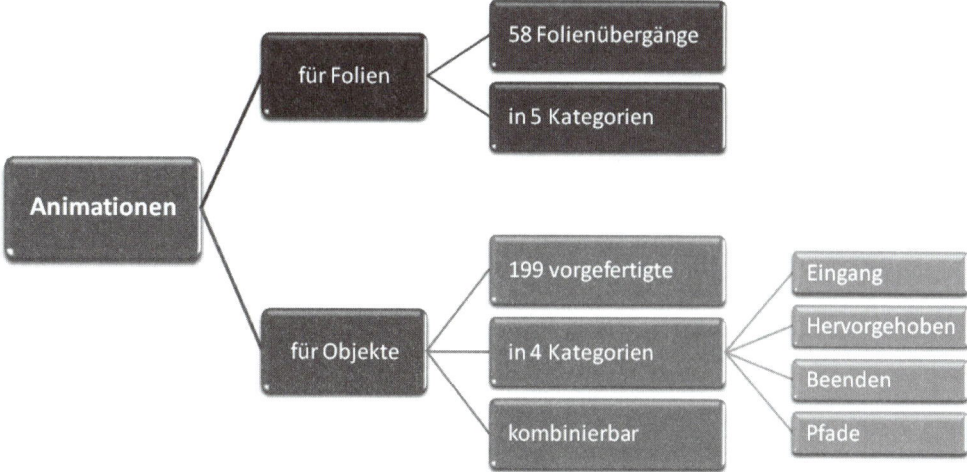

Zum Erschließen des Themas Animationen in PowerPoint gehen Sie am besten nach folgendem Fragenkatalog vor:

- Was lässt sich animieren?
- Welche fertigen Animationsmuster bietet PowerPoint?
- Lassen sich Dauer und Abfolge von Animationen bestimmen?
- Wo werden Animationen eingestellt?
- Welche Animationsvariante eignet sich für welchen Zweck?
- Lassen sich Animationseffekte kombinieren?
- Sind individuelle Animationseffekte möglich?

Die Antworten auf diese Fragen lesen Sie in diesem und in den beiden folgenden Kapiteln.

Was lässt sich animieren?

Die Antwort auf diese Frage fällt ganz kurz aus: *Folien* und *Objekte*.

- Die Animation, mit der eine Folie während der Bildschirmpräsentation erscheint, wird in PowerPoint als *Folienübergang* bezeichnet.
- Die Animationen für Objekte hingegen laufen unter der Bezeichnung *benutzerdefinierte Animation* oder schlicht *Animationseffekt*. Der Begriff »Objekt« umfasst dabei alles, was auf einer Folie sein kann – angefangen bei Text und ClipArts über Formen und Fotos bis hin zu Multimediaelementen.

Welche fertigen Animationsmuster bietet PowerPoint?

Rein quantitativ betrachtet gibt es für den Animationseinsatz folgende Varianten:

- 58 Übergänge für Folien sowie
- 199 Animationseffekte für Objekte

> **HINWEIS** Die Animationsschemas, mit denen in PowerPoint 2002 und 2003 ein schneller Zugriff auf vorgefertigte Sets von Folienübergang plus Animationseffekten möglich war, gibt es in PowerPoint 2007 nicht mehr.

Lassen sich Dauer und Abfolge von Animationen bestimmen?

Die Dauer von Animationen können Sie differenziert einstellen.

- Bei Folienübergängen haben Sie die Wahl zwischen den drei Geschwindigkeiten *Schnell*, *Mittel* und *Langsam* (vgl. Abbildung 17.2 links).

- Bei der Animation von Objekten auf einer Folie können Sie – wie in Abbildung 17.2 rechts zu sehen – die Zeiten sekundengenau einstellen.

Abbildg. 17.2 Zeiten für Animationen einstellen

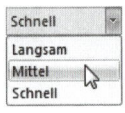
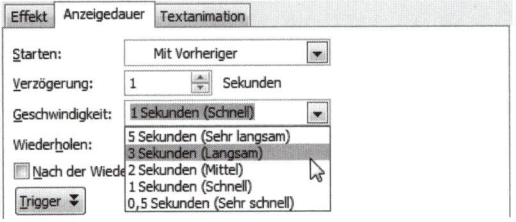

Die Abfolge bei der Animation verschiedener Objekte auf einer Folie ist komplett individuell wählbar. Nur bei Diagramm- und SmartArt-Objekten gibt es Einschränkungen, denn hier sind bestimmte Ablaufvarianten voreingestellt. Doch mit etwas Kreativität und Geduld können Sie auch in diesen Fällen PowerPoint an Ihre Bedürfnisse anpassen. Mehr dazu lesen Sie in Kapitel 19.

Wie viel Zeit kostet Animieren? Oder: Was ist vorbereitet, was muss individuell erstellt werden?

Beim Zuweisen von Animationen stellt sich eine zentrale Frage: Welche Effekte sind vorgefertigt und schnell einsetzbar, welche müssen individuell angepasst werden?

Folienübergänge sind vorgegeben. Aus Anwendersicht sind es 58 vorgefertigte Vorlagen, die schnell und leicht zuzuweisen sind.

Im Unterschied dazu verlangt das benutzerdefinierte Animieren einzelner Objekte auf einer Folie bedeutend mehr Arbeit. Es gilt, einen passenden Effekt zu wählen, diesen ggf. mit anderen zu kombinieren und vielleicht auch noch zeitlich zu synchronisieren. Der Aufwand ist größer, sowohl zeitlich als auch konzeptionell.

Beim Anfertigen einer animierten Bildschirmpräsentation sollten Sie immer mindestens 20 Prozent der Zeit für das Festlegen und Testen der Animationen einplanen. Die meiste Zeit davon werden Sie sehr wahrscheinlich mit benutzerdefinierten Animationen zubringen.

Weiterer wichtiger Unterschied zwischen Folienübergang und benutzerdefinierter Animation

Folienübergänge können Sie für einzelne oder mehrere Folien oder gar für die komplette Präsentation in einem Schritt festlegen.

Im Unterschied dazu können Sie die Animation für Objekte immer nur auf einer Folie festlegen und nicht für mehrere gleichzeitig.

Animationen zuweisen: Das sind die Wege

Nachdem klar ist, *was* in PowerPoint animiert werden kann, stellt sich nun die Frage, *wie* Sie dabei vorgehen. Hier zunächst ein kurzer Überblick, wo Sie die wichtigsten Befehle zum Animieren finden und was diese bewirken.

- Zentraler Anlaufpunkt ist die Registerkarte *Animationen* in der Multifunktionsleiste.

- Hier finden Sie zum einen alle Funktionen, die Sie beim Einsatz von Folienübergängen brauchen. Sie sind im rechten Teil der Registerkarte in der Gruppe *Übergang zu dieser Folie* angeordnet.

- Wollen Sie Animationseffekte für Objekte festlegen, stehen Ihnen dafür zwei Schaltflächen in der Gruppe *Animationen* zur Verfügung.

Abbildg. 17.3   Auf der Registerkarte *Animationen* finden Sie die Befehle zum Animieren von Folien und Objekten

Tabelle 17.1 enthält eine Auflistung aller Befehle der Registerkarte *Animationen* inklusive Kurzbeschreibung.

Tabelle 17.1   Die Befehle zum Animieren im Überblick

Symbol-Schaltfläche	Wirkung
Vorschau	Ruft für eine Folie die Vorschau bereits zugewiesener Animationen auf.
Animieren: Keine Anima... ▾	Erlaubt den Schnellzugriff auf die drei Animationseffekte für Objekte: *Verblassen*, *Wischen* und *Einfliegen*.
Benutzerdefinierte Animation	Blendet den Aufgabenbereich *Benutzerdefinierte Animation* ein, über den Sie Zugang zu allen Animationseffekten haben.
	Zeigt den aktuell gewählten Folienübergang als farbig hinterlegtes Symbol an und ermöglicht den Zugriff auf alle 58 Folienübergänge.

Tabelle 17.1 Die Befehle zum Animieren im Überblick *(Fortsetzung)*

Symbol-Schaltfläche	Wirkung
[Ohne Sound] ▾	Bietet eine Liste vordefinierter Soundeffekte und weitere Optionen an.
Schnell ▾	Stellt drei Optionen für das Tempo von Folienübergängen zur Verfügung.
Für alle übernehmen	Ermöglicht, den für die aktuelle Folie festgelegten Folienübergang komfortabel auf alle Folien der Präsentation zu übertragen.
☑ Bei Mausklick	Legt fest, ob der Übergang zur nächsten Folie per Mausklick oder ...
☐ Automatisch nach: 00:00 ▲▼	nach dem festgelegten Zeitintervall erfolgt.

Folienübergänge: Wofür werden sie gebraucht, wie werden sie eingestellt?

Folienübergänge sorgen dafür, dass der Wechsel von einer Folie zur nächsten nicht abrupt abläuft, sondern über eine kleine Animation erfolgt.

Folienübergänge können Sie auch gezielt als dramaturgisches Mittel einsetzen, um

- Spannung aufzubauen oder

- Verschiedene Abschnitte einer Präsentation deutlich zu trennen oder

- mit einzelnen Folien besondere Aufmerksamkeit beim Publikum zu bewirken.

Abbildg. 17.4 Alle Befehle zum Zuweisen und Konfigurieren der Folienübergänge

Wie bereits erwähnt, gibt es insgesamt 58 vordefinierte Folienübergänge. Sie erreichen diese über die Registerkarte *Animationen* der Multifunktionsleiste in der in Abbildung 17.4 gezeigten Befehlsgruppe *Übergang zu dieser Folie*. Wenn Sie am rechten Rand der Miniaturbilder auf die Schaltfläche *Weitere* klicken, öffnet sich der in Abbildung 17.5 gezeigte Katalog aller Folienübergänge.

Neu   In PowerPoint 2007 steht erstmals für jeden Folienübergang ein eigenes Symbol zur Verfügung. Sie müssen sich also nicht mehr anhand einer mehr oder weniger verständlichen Bezeichnung für einen Folienübergang entscheiden, sondern erhalten durch die Miniaturbilder eine recht konkrete, visuelle Vorstellung von dem jeweiligen Übergangseffekt. Das dürfte für den Großteil der Anwender von Nutzen sein, die nicht regelmäßig mit PowerPoint arbeiten und die sonst immer wieder von vorn die einzelnen Effekte studieren müssten.

Abbildg. 17.5 Der aufgeklappte Katalog der Folienübergänge

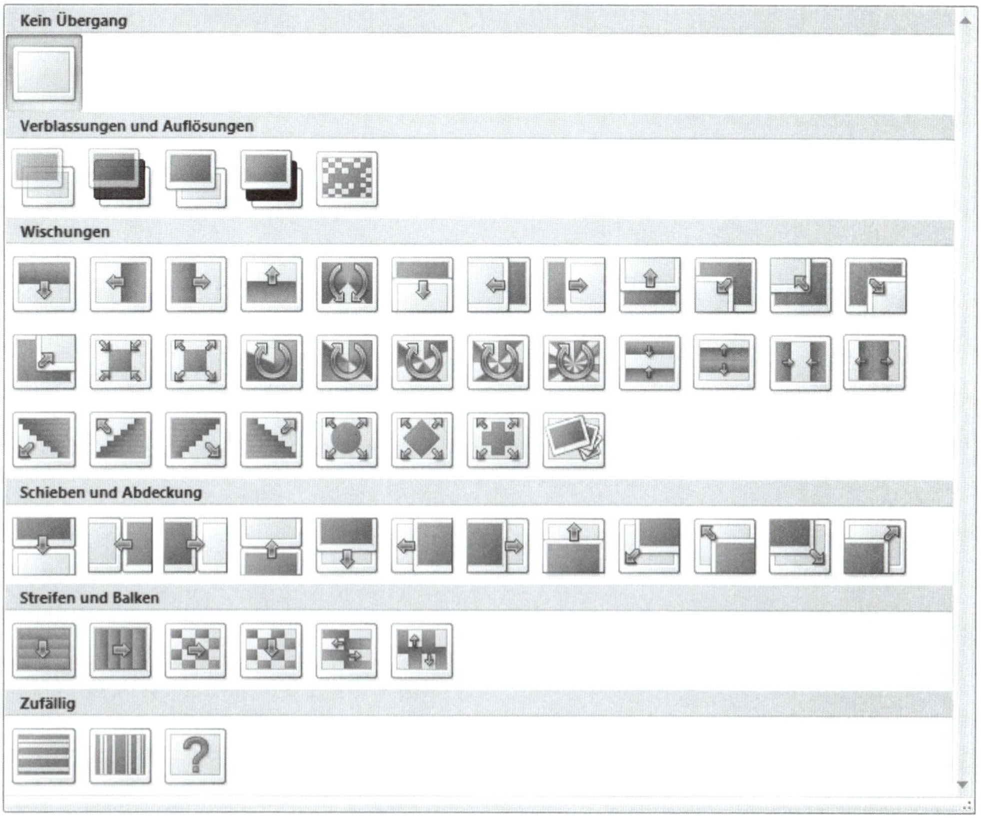

Wenn Ihnen die Symbolik der Miniaturbilder und die Livevorschau noch nicht reichen, können Sie sich in einer Musterpräsentation alle 58 Folienübergänge in aller Ruhe und ggf. auch mehrfach anschauen.

 Diese Zusammenstellung aller Folienübergänge finden Sie auf der CD zum Buch im Ordner *\Buch\Kap17* in der Datei *Folienwechsel.pptx*.

Tabelle 17.2 liefert Ihnen nicht nur eine Auflistung aller Folienübergänge, sondern auch eine – zugegeben subjektive – Empfehlung zum Einsatz der Folienübergänge. Diejenigen, die in der Spalte »Gut einsetzbar« ein »Ja« haben, eignen sich für nahezu alle Präsentationen. Diejenigen, die ein »Ja« in der Spalte »Zur Hervorhebung« aufweisen, sollten Sie einsetzen, wenn Sie einmal besondere Aufmerksamkeit erregen wollen. Solche Übergänge aber bitte nur sparsam verwenden!

Animationseffekte und Präsentationsvorführung

Tabelle 17.2   Alle Folienübergänge im Detail

Symbol	Bezeichnung	Gut einsetzbar	Zur Hervorhebung
	Kein Übergang		
Verblassungen und Auflösungen			
	Sanft ausblenden	Ja	
	Mit Schwarz ausblenden	Ja	Ja
	Schnitt		
	Schnitt über Schwarz		
	Auflösen		
Wischungen			
	Wischen nach unten	Ja	
	Wischen nach links	Ja	
	Wischen nach rechts	Ja	
	Wischen nach oben	Ja	
	Keil		Ja
	Aufdecken nach unten		
	Aufdecken nach links		
	Aufdecken nach rechts		

Tabelle 17.2   Alle Folienübergänge im Detail *(Fortsetzung)*

Symbol	Bezeichnung	Gut einsetzbar	Zur Hervorhebung
	Aufdecken nach oben		Ja
	Aufdecken nach links unten		
	Aufdecken nach links oben		
	Aufdecken nach rechts unten		
	Aufdecken nach rechts oben		
	Box nach innen		Ja
	Box nach außen	Ja	
	Rad im Uhrzeigersinn, 1 Speiche	Ja	
	Rad im Uhrzeigersinn, 2 Speichen		Ja
	Rad im Uhrzeigersinn, 3 Speichen		Ja
	Rad im Uhrzeigersinn, 4 Speichen		Ja
	Rad im Uhrzeigersinn, 8 Speichen		Ja
	Horizontal teilen einwärts		
	Horizontal teilen auswärts	Ja	
	Vertikal teilen einwärts		

Animationseffekte und
Präsentationsvorführung

493

Tabelle 17.2 Alle Folienübergänge im Detail *(Fortsetzung)*

Symbol	Bezeichnung	Gut einsetzbar	Zur Hervorhebung
	Vertikal teilen auswärts		Ja
	Streifen nach links unten		
	Streifen nach links oben		
	Streifen nach rechts unten		
	Streifen nach rechts oben		
	Kreisform	Ja	
	Rautenform	Ja	
	Pluszeichen		Ja
	Nachrichtenmeldung		Ja
Schieben und Abdeckung			
	Schieben nach unten		Ja
	Schieben nach links		Ja
	Schieben nach rechts		Ja
	Schieben nach oben		Ja
	Abdecken nach unten		
	Abdecken nach links		

Tabelle 17.2 Alle Folienübergänge im Detail *(Fortsetzung)*

Symbol	Bezeichnung	Gut einsetzbar	Zur Hervorhebung
	Abdecken nach rechts		
	Abdecken nach oben		
	Abdecken nach links unten		
	Abdecken nach links oben		
	Abdecken nach rechts unten		
	Abdecken nach rechts oben		
Streifen und Balken			
	Rollos horizontal	Ja	
	Rollos vertikal	Ja	
	Damebrett quer		Ja
	Damebrett unten		Ja
	Kamm horizontal		Ja
	Kamm vertikal		Ja
Zufällig			
	Horizontale Zufallsbalken	Ja	
	Horizontale Zufallsbalken	Ja	
	Zufälliger Übergang		

Einen Folienübergang festlegen – Schritt für Schritt

Das Zuweisen eines Folienübergangs gliedert sich in folgende Arbeitsschritte:

1. *Auswahl der Folien:* Markieren Sie die Folie(n), die einen Übergangseffekt erhalten soll(en).
2. *Wahl der Art des Übergangs:* Sofort nach dem Zeigen auf einen Effekt wird eine Vorschau des Übergangs angezeigt.
3. *Anpassen des Übergangs:* Wahlweise können Sie nun die Geschwindigkeit des Übergangs verändern und bestimmen, ob während des Übergangs ein Sound abgespielt werden soll. Wählen Sie hierzu einen Eintrag in den Dropdown-Listenfeldern *Übergangsgeschwindigkeit* und *Übergangssound* aus. Sollten Sie einen Sound ausgewählt haben, wird dieser einmal abgespielt, wenn der Übergang gestartet wird. Möchten Sie den Sound öfter wiederholen lassen, so wählen Sie die Option *Wiederholen bis zum nächsten Sound.*
4. *Art des Wechsels zur nächsten Folie:* Legen Sie fest, ob die nächste Folie per Mausklick erscheinen oder automatisch nach einer bestimmten Zeit eingeblendet werden soll. Bei Wahl der automatischen Weiterschaltung der Folie können Sie das Intervall sekundengenau einstellen.

Einen Übergang für eine oder mehrere Folien zuweisen

Egal ob Sie einer oder mehreren Folien einen Übergang zuweisen wollen, das Vorgehen ist gleich:

1. Klicken Sie links von der Folie im Bereich der beiden Registerkarten *Gliederung* und *Folien* – so wie in Abbildung 17.6 gezeigt – auf die Registerkarte *Folien.*

Abbildg. 17.6   Falls erforderlich, die Registerkarte *Folien* aktivieren, um alle Folien als Miniaturen zu sehen

2. Markieren Sie die Folie, für die ein Folienübergang eingestellt werden soll. Sollen es mehrere Folien sein, markieren Sie diese nacheinander, indem Sie ab der zweiten zu markierenden Folie zusätzlich die Taste `Strg` gedrückt halten.
3. Wählen Sie auf der Registerkarte *Animationen* der Multifunktionsleiste in der Gruppe *Übergang zu dieser Folie* den passenden Folienübergang. Klicken Sie zum Anzeigen aller Übergangseffekte auf die Schaltfläche *Weitere.*

Das Tempo eines Folienübergangs festlegen

Wenn Sie einen Folienübergang wählen, hat dieser als Voreinstellung immer die Geschwindigkeit *Schnell.* Daneben gibt es noch die beiden anderen Optionen *Mittel* und *Langsam.*

Zum Ändern der Übergangsgeschwindigkeit für eine oder mehrere Folien gehen Sie wie folgt vor:

1. Markieren Sie die betreffende(n) Folie(n). Für eine Mehrfachmarkierung verwenden Sie wieder zusätzlich die Taste `Strg`.

2. Klicken Sie in der Gruppe *Übergang zu dieser Folie* auf den Pfeil neben dem Feld *Übergangsgeschwindigkeit* und wählen Sie statt *Schnell* die gewünschte Geschwindigkeit aus.

Einen Übergang allen Folien der Präsentation zuweisen

Wenn Sie unter Zeitdruck stehen oder einfach schnell allen Folien den gleichen Folienübergang zuweisen wollen, lässt sich das wie folgt leicht erledigen:

1. Wählen Sie für eine beliebige Folie zunächst so wie oben beschrieben den gewünschten Folienübergang aus und legen Sie auch die Übergangsgeschwindigkeit fest.

2. Klicken Sie anschließend in der Gruppe *Übergang zu dieser Folie* auf die Schaltfläche *Für alle übernehmen*.

Alle Folienübergänge in einer Präsentation entfernen

Wenn Sie blitzschnell alle Folienübergänge entfernen wollen, gehen Sie wie folgt vor:

1. Aktivieren Sie links von der Folie im Bereich der beiden Registerkarten *Gliederung* und *Folien* die Registerkarte *Folien*.

2. Klicken Sie auf ein Folienminiaturbild und drücken Sie die Tastenkombination `Strg`+`A`, um alle Folien zu markieren.

3. Wählen Sie auf der Registerkarte *Animationen* in der Gruppe *Übergang zu dieser Folie* im Katalog der Übergangseffekte den Eintrag *Kein Übergang*.

> **TIPP**   Um nur für eine Gruppe von Folien den Folienübergang zu entfernen, markieren Sie in Schritt 2 nicht alle, sondern nur die betreffenden Folien.

Folienübergänge mit Sound verbinden

Wollen Sie bei einzelnen Folien die Aufmerksamkeit des Publikums besonders aktivieren, können Sie den Folienübergang mit einem Soundeffekt verbinden. So können Sie beispielsweise die Bekanntgabe des Namens eines neuen Produkts oder den Gewinner eines Wettbewerbs mit einem Trommelwirbel ankündigen oder das Einblenden der letzten Folie mit dem Applaus-Effekt kombinieren. Aber gehen Sie mit solchen Effekten sparsam um, sonst nutzen sie sich zu schnell ab.

Einen Soundeffekt zu einem Folienübergang hinzufügen

Das Hinzufügen eines Soundeffekts zu einer Folie ist mit wenigen Mausklicks erledigt:

1. Markieren Sie – so wie oben beschrieben – die betreffende(n) Folie(n).

2. Klicken Sie auf der Registerkarte *Animationen* der Multifunktionsleiste in der Gruppe *Übergang zu dieser Folie* auf den Pfeil neben dem Feld *Übergangssound*.

Animationseffekte und Präsentationsvorführung

3. Wählen Sie im nun aufklappenden Dropdown-Listenfeld – siehe Abbildung 17.7 – den passenden Soundeffekt aus. Es stehen 19 vorgefertigte zur Verfügung. Wenn Sie den Mauszeiger auf einen Effekt bewegen, können Sie ihn auch hören, denn er wird sofort abgespielt (vorausgesetzt, Sie haben eine Soundkarte und Lautsprecher für die Wiedergabe).

Abbildg. 17.7 Komfortabel: 19 vorgefertigten Soundeffekte zur Sofortauswahl inklusive Wiedergabe

Eigene Sounddateien verwenden

Eignet sich keiner der vorgefertigten Soundeffekte, können Sie per Klick auf den Eintrag *Anderer Sound* die passende Sounddatei auf Ihrer Festplatte suchen und mit *OK* als Klang zum Folienübergang hinzufügen.

HINWEIS Sounddateien, die Sie beim Einblenden einer Folie benutzen, müssen das Format WAV haben. Das weit verbreitete und zudem platzsparende MP3-Format wird an dieser Stelle nicht unterstützt. Mehr zum Umgang mit Sound in PowerPoint lesen Sie in Kapitel 20.

Einen Soundeffekt über mehrere Folien abspielen

Eine der besonders häufig gestellten Fragen in diversen PowerPoint-Foren ist die, ob und wie ein Sound oder eine Musikdatei über mehrere Folien als akustische Untermalung genutzt werden kann.

PowerPoint bietet schon lange die Möglichkeit, einen Sound über mehrere Folien ablaufen zu lassen, in PowerPoint 2007 wurden die dafür erforderlichen Schritte allerdings wesentlich vereinfacht.

In den meisten Fällen wird es eher eine eigene Sounddatei sein, die eine entsprechende Länge aufweist. Sie können aber auch einen der Standardsoundeffekte von Microsoft Office wählen und diesen beliebig oft über mehrere Folien wiederholen lassen. So gehen Sie vor:

1. Wechseln Sie zu der Folie, auf der der Soundeffekt beginnen soll.

2. Wählen Sie – wie bereits oben beschrieben – über das Dropdown-Listenfeld *Übergangssound* den gewünschten Soundeffekt aus – einen der von Microsoft bereit gestellten oder einen eigenen.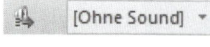

3. Öffnen Sie dann noch einmal das Dropdown-Listenfeld und klicken Sie ganz unten auf den Eintrag *Wiederholen bis zum nächsten Sound.*

4. Wechseln Sie abschließend zu der Folie, auf der die Soundumtermalung enden soll.

5. Öffnen Sie noch einmal das Dropdown-Listenfeld *Übergangssound* und klicken Sie ganz oben auf den Eintrag [*vorherigen Sound anhalten*].

Zusammenfassung

Angesichts der vielfältigen Animationsfunktionen und -variationen ist für alle Anwender das Wissen wichtig, was möglich ist und wo die betreffenden Optionen eingestellt werden. Hier die wichtigsten Fundstellen für den schnellen Einstieg in die Animationsthematik:

Thema	Seite
Das System der Animationsmöglichkeiten	486
Folienübergänge im Überblick	490
Folienübergänge im Detail	496
Sound mit Folienübergängen verbinden	497

Animationseffekte und Präsentationsvorführung

Kapitel 18

Texte und Objekte animieren: Vorgehensweise und Beispiele

In diesem Kapitel:

Animationseffekte und
Präsentationsvorführung

Das System der Animationsmöglichkeiten für Texte und Objekte

Im Vergleich zu den im vorherigen Kapitel behandelten Folienübergängen sind die Möglichkeiten zum Animieren von Texten und Objekten auf einer Folie weitaus vielfältiger. PowerPoint bietet zunächst einmal 199 voreingestellte Effekte. Da Sie diese nahezu beliebig miteinander kombinieren können, ergibt sich eine schier unendliche Vielfalt von Animationsvarianten.

Die vier Gruppen von Animationseffekten

Die 199 Animationseffekte sind in vier Kategorien unterteilt (siehe Abbildung 18.1): Eingangs-, Hervorhebungs- und Ausgangseffekte sowie Animationspfade.

Abbildg. 18.1 Übersicht über das System der Animationseffekte für Texte und Objekte

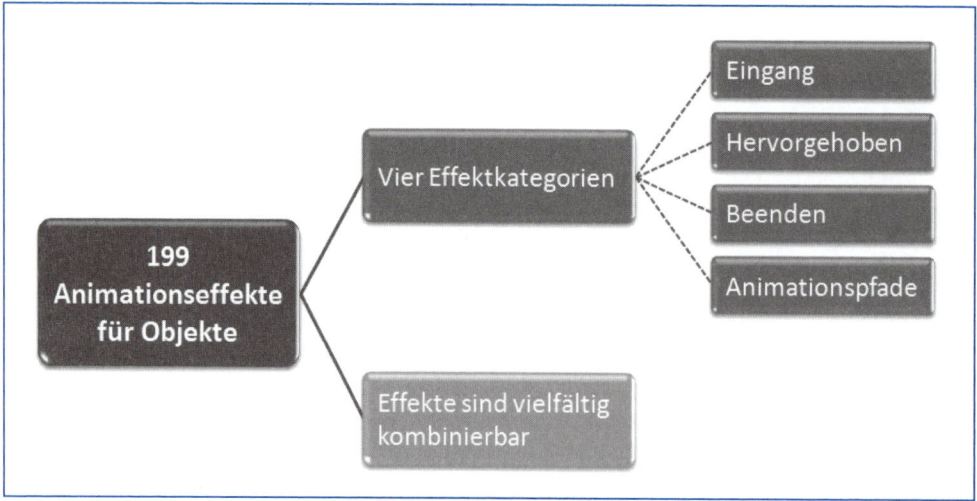

Ganz gleich, welche Effekte aus welcher Gruppe Sie einsetzen – Sie werden sehr bald feststellen, dass das Erstellen bzw. Anpassen einer benutzerdefinierten Animation zwar ein wenig Testarbeit und Erfahrung voraussetzt. Aber wenn Sie dann mithilfe von Animation die passende dramaturgische Wirkung erzielen, hat sich der Aufwand gelohnt.

Eingangseffekte

Die Effekte der Kategorie *Eingang* kommen wohl am häufigsten zum Einsatz. Mit ihnen werden Texte und Bilder nacheinander auf einer Folie angezeigt. Mit Eingangseffekten lassen sich auch Strukturen und Abläufe schrittweise aufbauen. In der Kategorie *Eingang* stehen 52 Effekte zur Verfügung. Abbildung 18.2 zeigt eine vollständige Übersicht.

Abbildg. 18.2 Die 52 Effekte der Kategorie *Eingang*

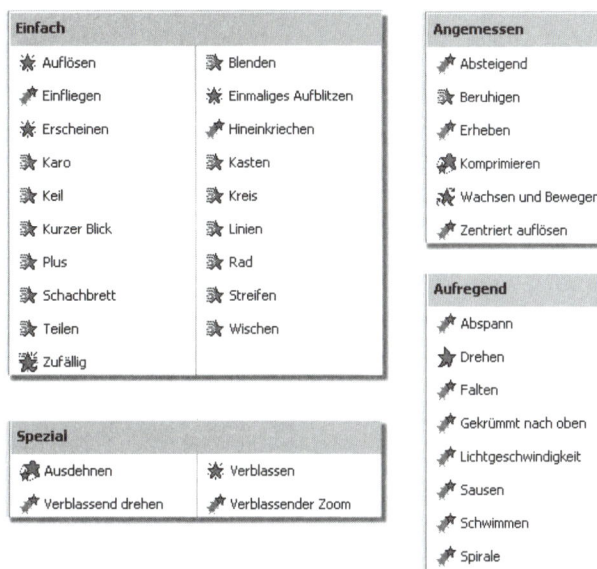

Hervorhebungs- oder Betonungseffekte

Die Effekte dieser Gruppe erscheinen in PowerPoint unter der Bezeichnung *Hervorgehoben*. Diese Effekte dienen dazu, ein bereits auf der Folie befindliches Element zu betonen und die Aufmerksamkeit des Betrachters darauf zu lenken. In dieser Kategorie gibt es eine ganze Reihe von Effekten, die sich nur für die Anwendung auf Text eignen. Die Kategorie umfasst zahlenmäßig die wenigsten Effekte – es sind »nur« 31. In Abbildung 18.3 finden Sie eine komplette Übersicht der Effekte aus der Gruppe *Hervorgehoben*.

Abbildg. 18.3 Die 31 Effekte der Kategorie *Hervorgehoben*

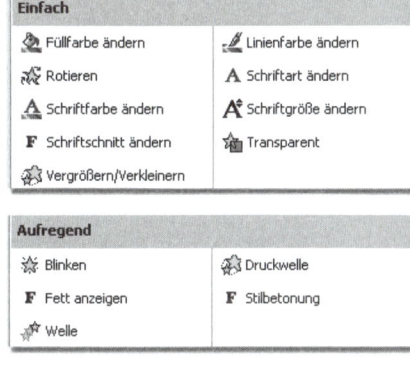

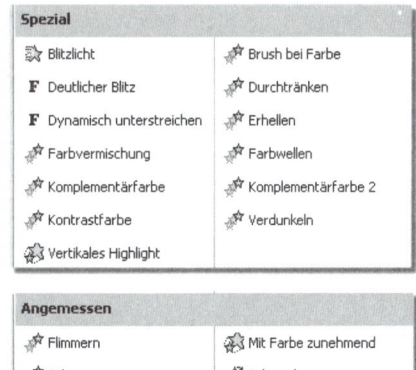

Animationseffekte und
Präsentationsvorführung

Die Betonungseffekte kommen meist in Kombination mit Eingangseffekten zum Einsatz. Das heißt: Erst nachdem Texte oder Objekte auf der Folie eingeführt wurden, werden sie noch einmal hervorgehoben, um die Aufmerksamkeit der Zuschauer auf einzelne Informationen zu lenken.

Ausgangseffekte oder Beenden-Effekte

Die Effekte dieser Kategorie werden in PowerPoint unter der Bezeichnung *Beenden* geführt. Mit Ausgangseffekten können Sie ein Element auf einer Folie ausblenden und durch ein anderes Element ersetzen oder auf diese Weise den verfügbaren Platz auf der Folie vergrößern. Ein Beispiel: Nach einem Text wird zur Illustration ein Bild eingefügt. Dieses verschwindet beim Anzeigen des nächsten Aufzählungstextes und macht so Platz für das nächste Bild.

Abbildung 18.4 zeigt eine Übersicht der insgesamt 52 Ausgangseffekte, die in PowerPoint zur Verfügung stehen.

> **HINWEIS** Die Bezeichnungen für die Beenden-Effekte sind zu großen Teilen mit denen aus der Kategorie *Eingang* identisch, nur dass sie die entgegengesetzte Wirkung haben.

Abbildg. 18.4 Die 52 Effekte der Kategorie *Beenden*

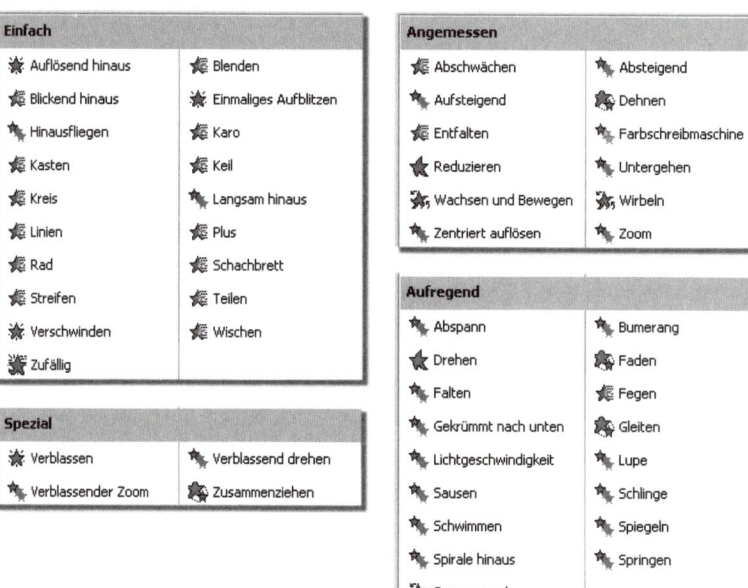

Animationspfade

Die vierte Kategorie im System der Animationseffekte sind die *Animationspfade*. Es handelt sich hier um virtuelle Linien, an denen entlang Sie Objekte bewegen können. Damit lassen sich Effekte ähnlich denen einer Flash-Animation erstellen. Abbildung 18.5 zeigt die 64 vorgegebenen Pfadvarianten.

Abbildg. 18.5   Die 64 voreingestellten Effekte der Kategorie *Animationspfade*

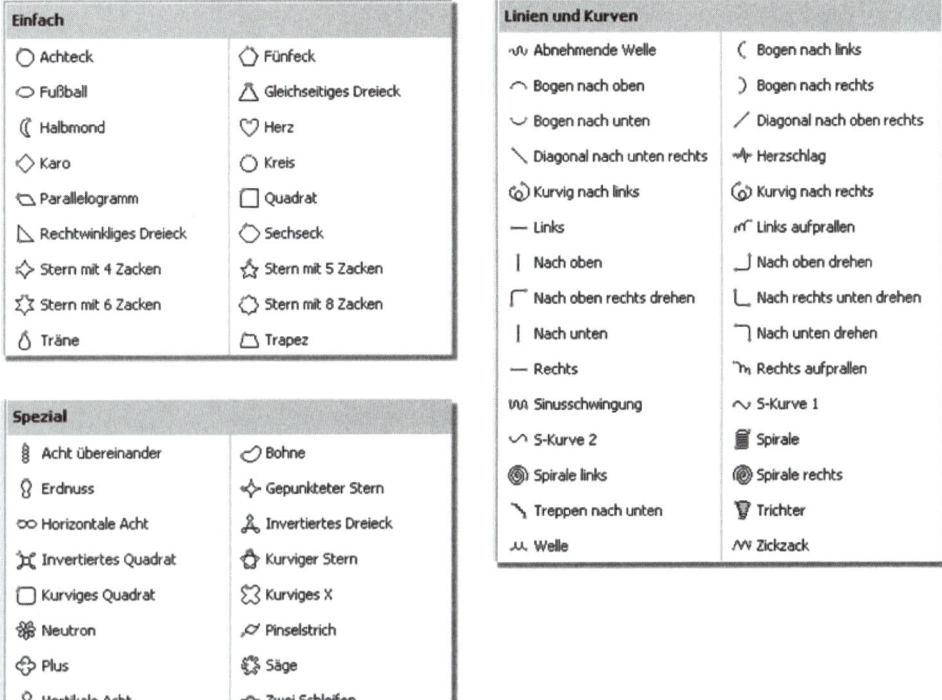

Über die Befehlsfolge *Animationspfade/Benutzerdefinierten Pfad zeichnen* können Sie die Anzahl der Effekte in dieser Kategorie beliebig erweitern und so an Ihre Erfordernisse angepasste Bewegungspfade für Texte und Objekte definieren. Mehr dazu lesen Sie weiter hinten in diesem Kapitel.

Animationseffekte identifizieren und unterscheiden

Wenn Sie Animationen festgelegt haben, erscheinen alle Effekte im Aufgabenbereich *Benutzerdefinierte Animation* in einer Liste. Damit Sie die einzelnen Effekte auf Anhieb voneinander unterscheiden können, tragen sie unterschiedliche farbliche Markierungen und Symbole (siehe Abbildung 18.6):

- Grün und Bewegungslinien von links steht für Eingangseffekte.

- Gelb und Strahlen kennzeichnen die Effekte zum Hervorheben.

- Rot und Bewegungslinien nach rechts weisen auf Ausgangseffekte hin.

- Animationspfade werden durch Sterne ohne Farbcodierung symbolisiert.

Abbildg. 18.6   Unterschiedliche Farben und Symbolik für die einzelnen Kategorien

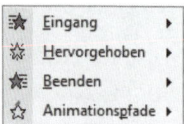

Die Schritte zum Animieren von Texten und Objekten

Nach den einführenden Erklärungen zu den Effektkategorien folgt nun die Praxis. Am Anfang steht die Frage, wie Sie Texten oder Objekten Animationseffekte zuweisen. Zwei Möglichkeiten stehen Ihnen zur Verfügung:

- der schnelle Weg über eine Kurzauswahl vordefinierter Effekte

- der Weg über den Aufgabenbereich *Benutzerdefinierte Animation*, der Ihnen alle Varianten eröffnet

Besonders schnell und einfach: Die Kurzauswahl vordefinierter Animationseffekte nutzen

Auf der Registerkarte *Animationen* der Multifunktionsleiste finden Sie in der Befehlsgruppe *Animationen* zuoberst das Dropdown-Listenfeld *Animieren*. Dies ist zweifellos der schnellste und einfachste Weg, einem Text oder Objekt einen Eingangsanimationseffekt zuzuweisen. Sie haben so direkten Zugriff auf drei Eingangseffekte, die in der Praxis besonders häufig verwendet werden.

> **TIPP**   Vor allem *Verblassen* und *Wischen* sind zwei alltagstaugliche Effekte, da sie Texte und Objekte »sanft« einblenden. *Einfliegen* hingegen sollten Sie eher sparsam verwenden, denn alle Objekte mit diesem Effekt fliegen über die Folie und sorgen für Unruhe.

Je nachdem, was Sie markiert haben – Texte, Bilder, Diagramme oder SmartArt-Grafiken –, ist die Liste der vorgegebenen Animationseffekte in dieser Liste kürzer oder länger. Abbildung 18.7 zeigt, wie 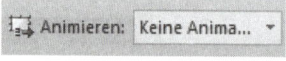 unterschiedlich lang die Schnellauswahl sein kann. Ganz links gibt es genau drei Effekte für Texte und Bilder, dann folgen vordefinierte Effektangebote für drei verschiedene Diagrammtypen und ganz rechts ist schließlich die Schnellauswahl für eine SmartArt-Grafik zu sehen.

> **HINWEIS**   Diese Kurzauswahl wird teilweise auch Animationsschemas genannt. Allerdings sind diese Animationsschemas nicht zu verwechseln mit den über 30, die es in PowerPoint 2002 und 2003 gab. Da war ein Animationsschema noch ein Set aus Folienübergang und Animationseffekten; jetzt müssen Folienübergänge und Animationseffekte für Objekte stets separat eingestellt werden.

Abbildg. 18.7   Die Kurzauswahl variiert je nachdem, ob es sich um Text und Objekte oder Diagramme oder SmartArts handelt

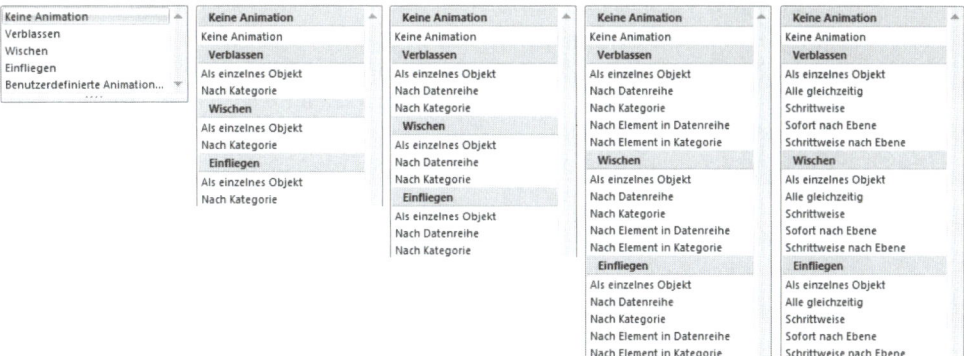

Mehr Flexibilität: Der Aufgabenbereich *Benutzerdefinierte Animation*

Wollen Sie Animationseffekte zuweisen, die individuell auf eine bestimmte Situation abgestimmt sind, benötigen Sie den Aufgabenbereich *Benutzerdefinierte Animation* (siehe Abbildung 18.8). Er ist die Schaltzentrale für die Dramatik in Ihrer Präsentation, denn hier entscheiden Sie, was wann wie animiert wird.

Abbildg. 18.8   Der Aufgabenbereich *Benutzerdefinierte Animation* rechts neben der Folie

Den Aufgabenbereich *Benutzerdefinierte Animation* schnell verfügbar machen

Den Aufgabenbereich *Benutzerdefinierte Animation* können Sie standardmäßig nur über die Befehlsfolge *Animationen/Benutzerdefinierte Animation* einblenden. Wenn Sie häufig Animationseffekte zuweisen müssen, kann das zeitraubend sein. Daher wäre eine Ansteuerung des erforderlichen Aufgabenbereichs mit nur einem Mausklick die effektivste Variante. Hier die Lösung: Bauen Sie die Schaltfläche zum Aufrufen der Funktion *Benutzerdefinierte Animation* in die Symbolleiste für den Schnellzugriff ein. Gehen Sie dazu wie folgt vor:

1. Zeigen Sie die Registerkarte *Animationen* an.
2. Klicken Sie in der Gruppe *Animationen* mit der rechten Maustaste auf die Schaltfläche *Benutzerdefinierte Animation*.
3. Wählen Sie im Kontextmenü den Befehl *Zu Symbolleiste für den Schnellzugriff hinzufügen*.

Ab sofort genügt ein Klick auf diese Schaltfläche, um den Aufgabenbereich einzublenden.

Die Befehle und Funktionen im Aufgabenbereich
Benutzerdefinierte Animation

Nachdem Sie nun wissen, wie Sie den Aufgabenbereich einblenden, ist es an der Zeit, sich die Befehle und Funktionen des Bereichs näher anzuschauen. Tabelle 18.1 gibt Ihnen einen detaillierten Überblick.

Tabelle 18.1 Befehle und Funktionen im Aufgabenbereich *Benutzerdefinierte Animation*

Symbol	Erläuterung
Effekt hinzufügen ▼	Wenn Sie ein oder mehrere Objekte auf der Folie angeordnet haben, weisen Sie über diese Schaltfläche den gewünschten Animationseffekt zu.
Entfernen	Um die Animation für ein Objekt zu löschen, markieren Sie das Objekt auf der Folie oder den Eintrag in der Liste der Effekte und klicken dann auf die Schaltfläche *Entfernen*.
Ändern ▼	Möchten Sie nachträglich den Effekt für ein Folienobjekt korrigieren, klicken Sie diesen in der Liste des Aufgabenbereichs *Benutzerdefinierte Animation* an und klicken dann auf die Schaltfläche *Ändern*. Sie ist nur verfügbar, wenn der Effekt in der Liste markiert wurde. Markieren Sie hingegen das entsprechende Objekt auf der Folie, steht nur die Schaltfläche *Effekt hinzufügen* zur Verfügung.
Beim Klicken ▼	Über diese Liste bestimmen Sie, ob ein Effekt per Mausklick oder automatisch nach oder mit einer anderen Animation erscheint (mehr dazu weiter hinten in diesem Kapitel).
Von unten ▼	Dieses Listenfeld heißt je nach gewähltem Effekt *Eigenschaft* oder *Richtung*. Hier legen Sie das Wie fest.
Sehr schnell ▼	Über die Liste für Geschwindigkeit bestimmen Sie das Tempo, mit dem ein Animationseffekt ausgeführt wird.
⬆ Reihenfolge ändern ⬇	Über diese beiden Pfeil-Schaltflächen können Sie die Reihenfolge der Effekte in der Liste ändern. Schneller geht es meist, wenn Sie die Effekteinträge einfach mit gedrückter linker Maustaste verschieben.

| **Tabelle 18.1** | Befehle und Funktionen im Aufgabenbereich *Benutzerdefinierte Animation* *(Fortsetzung)* |

Symbol	Erläuterung
▶ Wiedergabe	Per Klick auf diese Schaltfläche sorgen Sie dafür, dass die Animationen auf der aktuellen Folie in der Normalansicht abgespielt werden, also ohne dass die Bildschirmpräsentation gestartet wird.
▣	Hiermit wird für die aktuelle Folie die Bildschirmpräsentation gestartet, um die Animationseffekte anzuzeigen.
☑ AutoVorschau	Das Häkchen sorgt dafür, dass nach Wahl eines Effekts dieser sofort abgespielt wird.

Systematisch: In sieben Schritten Objekte animieren

Das Animieren von Texten und Objekten kann schnell zu einer zeitraubenden Tätigkeit werden. Daher ist es empfehlenswert, mit System vorzugehen, damit Sie mit möglichst wenigen Mausklicks ans Ziel gelangen. Machen Sie sich die folgenden Schritte und deren Reihenfolge zu eigen:

1. Markieren Sie die Objekte auf der Folie, die Sie animieren wollen (mit gedrückter `Strg`-Taste erreichen Sie eine Mehrfachmarkierung).

2. Blenden Sie den Aufgabenbereich *Benutzerdefinierte Animation* ein.

3. Klicken Sie auf die Schaltfläche *Effekt hinzufügen*.

4. Wählen Sie den gewünschten Effekt aus einer der vier Effektkategorien.

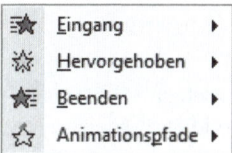

5. Bestimmen Sie über die Liste *Starten*, ob der Effekt bei Mausklick oder zeitgesteuert ausgeführt werden soll.

6. Legen Sie die gewünschte Richtung oder Eigenschaft fest.

7. Ändern Sie bei Bedarf die Geschwindigkeit.

In den meisten Fällen ist damit die Animationsarbeit abgeschlossen. Wie Sie weitere Detaileinstellungen vornehmen können, lesen Sie weiter hinten in diesem Kapitel.

Den Start eines Animationseffekts festlegen

Im oberen Teil des Aufgabenbereichs finden Sie das Feld *Starten*. Hierüber können Sie angeben, wann bzw. wie eine Animation gestartet wird. Zur Auswahl stehen dabei die in Tabelle 18.2 aufgelisteten Effekte.

Animationseffekte und Präsentationsvorführung

Tabelle 18.2   Die Startmethoden für Animationen

Option	Effekt
Beim Klicken	Die Animation wird erst bei einem Mausklick gestartet.
Mit Vorheriger	Die Animation wird gestartet, wenn die in der Reihenfolge davor liegende Aktion gestartet wird. Verwenden Sie diese Möglichkeit, wenn mehrere Aktionen zur selben Zeit ausgeführt werden sollen. Sie sparen sich damit den Arbeitsgang des Gruppierens von Objekten, die gleichzeitig animiert werden sollen.
Nach Vorheriger	Damit legen Sie fest, dass eine Animation mit zeitlichem Abstand zur vorherigen gestartet werden soll.

Die Eigenschaft bzw. Richtung von Effekten anpassen

Dieses Feld ist nicht bei allen Animationseffekten verfügbar. Hier können Sie z.B. die Richtung eines Eingangseffekts angeben oder die Schriftfarbe bei einem Betonungseffekt für Text oder die Anzahl der Speichen beim Effekt *Rad* etc.

Die Geschwindigkeit von Effekten ändern

Im Feld *Geschwindigkeit* geben Sie an, mit welchem Tempo ein Effekt ablaufen soll. Bedenken Sie bei Ihrer Wahl, dass zu langsame Effekte ermüdend wirken. Dahingegen kann eine zu schnell gezeigte Animation Unruhe verbreiten und auf den Zuschauer unangenehm wirken, da er nicht mehr erkennen kann, was auf der Folie passiert. Zur Auswahl stehen hier fünf Werte von *Sehr langsam* bis *Sehr schnell* (siehe Abbildung 18.9).

Die Geschwindigkeitswerte können natürlich bei den verschiedenen Animationen unterschiedlich wirken. Sie sollten daher einfach ausprobieren, welche Geschwindigkeit am besten passt.

Abbildg. 18.9   Die fünf Voreinstellungen für das Tempo eines Effekts

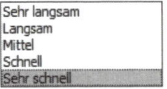

Wie Sie die Anzeigedauer auch ganz individuell einstellen können, lesen Sie weiter hinten in diesem Kapitel.

Noch mehr Details: Arbeiten in der Animationsliste

Nach diesen Möglichkeiten, über bestimmte Vorgaben schnell zum Ergebnis zu kommen, folgen nun die Feinheiten, die Sie im Aufgabenbereich unterhalb des Feldes *Geschwindigkeit* in der Liste der Animationseffekte einstellen können.

Abbildg. 18.10 Unterhalb des Feldes *Geschwindigkeit* folgt die Liste der Animationseffekte

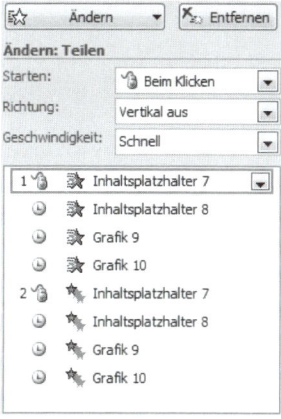

Markieren Sie in dieser Liste einen Effekt, erscheint – so wie in Abbildung 18.10 zu sehen – am rechten Rand ein Dropdownpfeil. Mit diesem klappen Sie ein Menü auf, das Ihnen zahlreiche Zusatzeinstellungen für Animationseffekte bietet.

Doch zuvor noch eine Besonderheit, die bei Textfeldern mit mehreren Absätzen, bei Diagrammen oder bei SmartArts auftritt. In allen drei Fällen handelt es sich um Objekte, die aus mehreren Einzelelemente bestehen. Eine solche Gruppe wird normalerweise zunächst auf das erste Element reduziert (siehe Abbildung 18.11 links). Um alle Elemente einer Gruppe anzuzeigen, klicken Sie auf den kleinen Doppelpfeil am unteren Rand des Animationseintrags. Danach wird die Liste aufgeklappt und es werden alle Einträge dieser Gruppe angezeigt. Mit dem Doppelpfeil blenden Sie also Animationseinträge ein und aus.

Abbildg. 18.11 Links die reduzierte und rechts die aufgeklappte Liste der Effekte

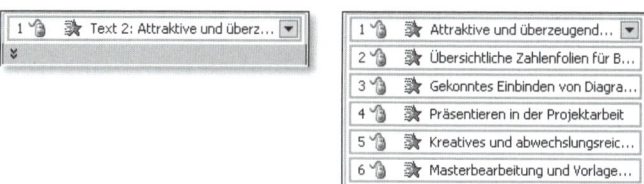

Jedem zugewiesenen Effekt können Sie nachträglich individuelle Einstellungen mit auf den Weg geben. Diese können Sie festlegen, wenn Sie auf den zu bearbeitenden Eintrag in der Animationsliste doppelklicken und in dem daraufhin eingeblendeten Dialogfeld die gewünschten Anpassungen vornehmen. Alternativ können Sie auch auf den kleinen Dropdownpfeil am rechten Rand eines markierten Eintrags klicken. In dem in Abbildung 18.12 gezeigten Menü gelangen Sie über die Einträge *Effektoptionen* und *Anzeigedauer* ebenfalls in das zuständige Dialogfeld.

Abbildg. 18.12 Einstellungen zu einem Animationseffekt können Sie über dieses Dropdownmenü steuern

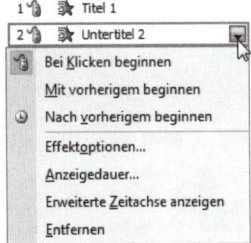

Das Dialogfeld zum Anpassen der Effektoptionen

Das Dialogfeld, das Sie über die oben genannten Wege aufrufen,

- trägt in der Titelleiste den Name des Effekts,
- enthält stets die Registerkarten *Effekt* und *Anzeigedauer* sowie
- häufig eine dritte Registerkarte, die je nach Objekt mit *Textanimation*, *Diagrammanimation* oder *SmartArt-Animation* beschriftet ist. Diese dritte Registerkarte gibt es nur bei Objekten, die aus mehreren Elementen bestehen; bei Bildern ist sie also nicht verfügbar. Bei Videos und Sounddateien heißt die dritte Registerkarte *Filmeinstellungen* bzw. *Soundeinstellungen* (mehr dazu lesen Sie in den Kapiteln 20 und 21).

Einstellungen auf der Registerkarte *Effekt*

Die Registerkarte *Effekt* in Abbildung 18.13 zeigt die Möglichkeiten, die für ein Textfeld verfügbar sind, dessen Inhalte mit dem Animationseffekt *Kurzer Blick* erscheinen:

- Sie können bei dem Effekt festlegen, aus welcher Richtung er ablaufen soll.
- Das Listenfeld *Sound* gibt Ihnen die Möglichkeit, aus einer Liste einen Sound auszuwählen, der während der Animation abgespielt werden soll. Gehen Sie damit sparsam um!
- Im Feld *Nach Animation* können Sie angeben, ob das jeweilige Objekt nach Ablauf der Animation farblich abgeblendet werden soll und in welcher Farbe. Sie können auch festlegen, ob das Element automatisch nach dem Ende der Animation oder beim nächsten Mausklick ganz ausgeblendet wird. Das hat den Vorteil, dass das Publikum sich immer nur auf die aktuelle Textpassage konzentriert.

Abbildg. 18.13 Das Dialogfeld mit den Effektoptionen für ein Textfeld

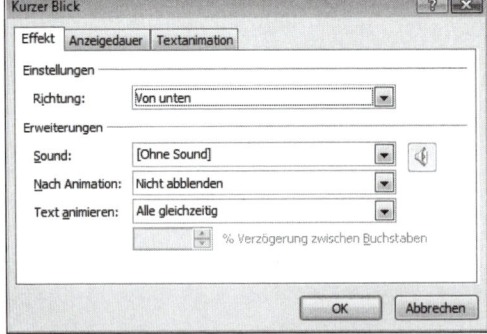

Das Dropdown-Listenfeld *Text animieren* beinhaltet drei Optionen:

■ *Alle gleichzeitig* bedeutet, dass der gesamte Absatz bzw. der gesamte Aufzählungspunkt als eine Einheit behandelt wird.

■ *Wortweise* bewirkt, dass jedes Wort des Absatzes einzeln animiert wird.

■ *Zeichenweise* hat zur Folge, dass die Animation auf jedes Zeichen des Absatzes einzeln angewendet wird.

Bei den Optionen *Wortweise* und *Zeichenweise* können Sie außerdem noch angeben, wie groß die Verzögerung zwischen den Animationen der einzelnen Wörter bzw. Zeichen sein soll. Hier bedeutet *10%*, dass die Animation des zweiten Zeichens dann beginnt, wenn die des ersten Zeichens zu 10 Prozent abgeschlossen ist.

Die zeitliche Steuerung von Animationseffekten auf der Registerkarte *Anzeigedauer*

Auf der Registerkarte *Anzeigedauer* finden Sie alle Einstellmöglichkeiten zum Thema Zeit und Geschwindigkeit der Animation (siehe Abbildung 18.14).

Abbildg. 18.14   Die Optionen zum Steuern der zeitlichen Abläufe

■ Das Dropdown-Listenfeld *Starten* ist das gleiche wie das im Aufgabenbereich.

■ Zu den Varianten, die Sie im Aufgabenbereich einstellen können, finden Sie hier noch weitere Möglichkeiten, um beispielsweise eine *Verzögerung*, nach der die Animation startet, sekundengenau einzustellen.

■ Auch das Dropdown-Listenfeld *Geschwindigkeit* finden Sie hier wieder. Es erlaubt ebenfalls mehr als das Dropdown-Listenfeld im Aufgabenbereich, denn hier können Sie ganz individuell eine gewünschte Zeitspanne eintragen, beispielsweise *1,3* für 1,3 Sekunden.

■ Interessant ist das Dropdown-Listenfeld *Wiederholen*. Hier können Sie angeben, ob eine Animation wiederholt werden soll und wie oft. Die Auswahlmöglichkeiten reichen von *Keine* bis hin zur Option *Bis zum Ende der Folie*. Letztere Option ist beispielsweise interessant, wenn Sie am unteren Folienrand wie bei einem Newsticker einen Text von links nach rechts durchlaufen lassen.

■ Das Kontrollkästchen *Nach der Wiedergabe zurückspulen* scheint auf den ersten Blick etwas unsinnig, denn wozu sollte man einen Effekt zurückspulen? Es sollte wohl eher *Nach der Wiedergabe zurücksetzen* heißen, das würde dem Sinn etwas näher kommen. Gemeint ist hier die Möglichkeit, ein Objekt am Ende der Animation automatisch in den Zustand zurückversetzen zu lassen, den es vor der Animation hatte. So wird beispielsweise ein Objekt, das vor der Animation nicht sichtbar war, nach der Animation wieder ausgeblendet.

Das Besondere: Interaktiv animieren mit einem Trigger

Als Nächstes sehen Sie auf der Registerkarte *Anzeigedauer* die Schaltfläche *Trigger*. Wenn Sie diese anklicken, werden zwei zusätzliche Effektoptionen eingeblendet (siehe Abbildung 18.15).

Abbildg. 18.15 Über den Trigger steuern Sie die Animationseffekte interaktiv

Standardmäßig ist hier ausgewählt, dass das Element in der Klickreihenfolge eingegliedert ist.

Doch nicht immer weiß der Vortragende mit Bestimmtheit, wann eine bestimmte Animation starten soll, und so ist eine vorgegebene Klickreihenfolge ungeeignet. Daher kann in solchen Fällen mittels Trigger alternativ festgelegt werden, dass eine Animation nur ausgelöst wird, wenn auf ein bestimmtes Objekt der Folie geklickt wird. So können Sie z.B. festlegen, dass der erste Punkt einer Aufzählung erst eingeblendet wird, wenn Sie auf den Folientitel klicken. Ein Beispiel für die Nutzung der Trigger-Funktion finden Sie in Kapitel 19.

> Nicht selten können sich Anwender unter der Trigger-Funktion nichts Richtiges vorstellen und tun sie als Spielerei ab – weit gefehlt! Wenn Sie mit Ihrem Publikum im Dialog bleiben wollen, wenn Sie immer wieder Spannung und Aufmerksamkeit aufbauen wollen, dann ist diese Funktion ein »Segen«.
>
> Sehr nützlich ist ein Trigger beispielsweise für jede Art der Erklärung eines Objekts (Maschine, Prozessablauf, Struktur einer Firma usw.). Erst wenn auf eine bestimmte Stelle des zu erklärenden Objekts geklickt wird, erscheint der dazugehörende Erläuterungstext. So können Sie gemeinsam mit den Zuschauern das Objekt tatsächlich kennenlernen.
>
> Auch für eine weitere Form der Interaktion in Ihrem Vortrag ist diese Funktion hervorragend geeignet: ein kleines Fragespiel. Sie zeigen die Frage als Text an und lassen zusätzlich dazu ein Fragezeichen erscheinen. Dann holen Sie die Antworten aus dem Publikum ein und geben die Lösung bekannt, indem Sie auf das Fragezeichen klicken. Es dient als Trigger, um nun den Text mit der richtigen Antwort erscheinen zu lassen.

Textanimationen individuell festlegen

Auf der Registerkarte *Textanimation* können Sie Einstellungen zur Wiedergabe von Texten vornehmen. Sie steht allerdings nur dann zur Verfügung, wenn Sie das animierte Element im Aufgabenbereich ein Text ist.

Abbildg. 18.16 Die Registerkarte *Textanimation* bietet im oberen Listenfeld die rechts gezeigten sieben Optionen

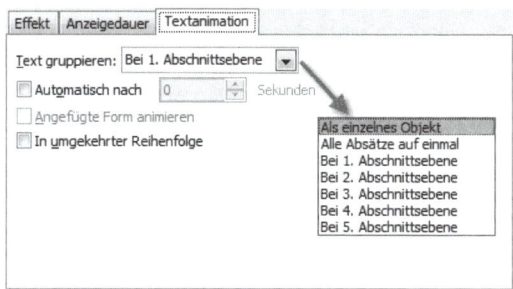

- Das Dropdown-Listenfeld *Text gruppieren* bietet Ihnen die Möglichkeit anzugeben, ob alle Absätze eines Textfeldes als eine Einheit animiert werden oder ob die Animation auf jeden Absatz einzeln angewendet werden soll. Diese Optionen für das Animieren der zur Gruppe gehörenden Elemente sind natürlich bei Diagrammen und SmartArts verschieden, wie Sie in Abbildung 18.17 sehen können.

Abbildg. 18.17 Bei Diagrammen und SmartArts gibt es andere Optionen für die Animation der Gruppenelemente

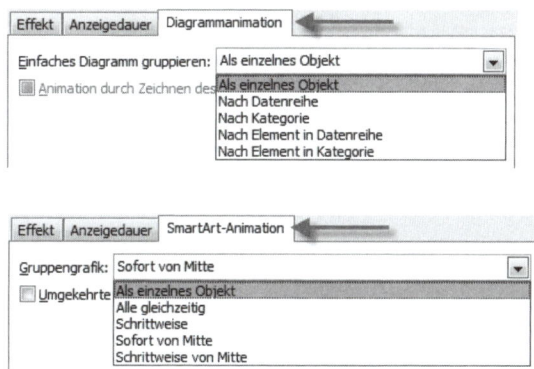

- Wenn Sie bei Texten die Absätze einzeln animieren lassen, können Sie durch Aktivieren des Kontrollkästchen *Automatisch nach* noch die Verzögerung der einzelnen Animationen zueinander in Sekunden einstellen. Dies ist nur dann sinnvoll, wenn Sie die Textpassagen nicht per Mausklick, sondern zeitgesteuert animieren wollen.

- Die Option *Angefügte Form animieren* ist dann verfügbar, wenn Sie eine Animation für einen Text definieren, der sich in einer Form – beispielsweise Rechteck oder Ellipse – befindet. Sie bewirkt, dass der Effekt nicht nur auf den Text oder das Objekt angewendet wird, sondern auf beide: Form und Text.

- Schließlich können Sie noch die Animationsreihenfolge der einzelnen Elemente des Textobjekts umdrehen, sodass die zuletzt anstehende Animation zuerst ausgeführt wird. Hierzu aktivieren Sie das Kontrollkästchen *In umgekehrter Reihenfolge*.

> **HINWEIS** Diese Option ist nicht zu verwechseln mit der Animationsreihenfolge der Objekte auf der Folie, die Sie im Aufgabenbereich einstellen können. Dort legen Sie sozusagen die globale Reihenfolge aller Animationen fest, während Sie hier nur die Reihenfolge der einzelnen Animationen innerhalb einer Gruppe festlegen. Sie ist beispielsweise dann sinnvoll, wenn Sie zum Schluss eines Wettbewerbs eine Auswertung vornehmen und bei der Bekanntgabe der Plätze diese von unten nach oben erscheinen lassen – von Platz 5 bis Platz 1 – und somit die Spannung steigern.

Optionen, mit denen Sie Animationseffekte individuell anpassen

Nach den Schilderungen zum Zuweisen von Animationseffekten erfahren Sie in diesem Abschnitt etwas über die »Feinheiten« im Umgang mit Effekten. Es geht um die Vielzahl von Effektoptionen, wann diese sinnvoll sind, wo Sie die Optionen finden, welche Sie nutzen können, was sie bewirken.

Zuvor animierte Objekte verblassen lassen oder komplett ausblenden

Bei Effekten aus den beiden Gruppen *Eingang* und *Hervorgehoben* haben Sie die Möglichkeit, die animierten Objekte nach der Animation verblassen zu lassen (abblenden) oder gar ganz von der Folie zu verbannen (ausblenden).

Abbildg. 18.18 Objekte nach der Animation per Farbe abblenden oder ganz ausblenden

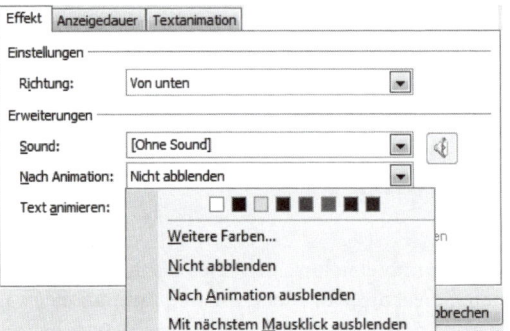

Die Optionen zum Ab- und Ausblenden eignen sich, um die Wahrnehmung des Publikums zu steuern, indem Sie den Fokus gezielt nur auf die aktuelle Information legen. Hier zwei Beispiele:

- Wenn Sie Informationen zeilen- oder absatzweise anzeigen, können Sie beim Erscheinen des nächsten Textes den vorhergehenden verblassen lassen. Das nennt sich Abblenden. Sie erreichen dies durch die Wahl einer Schriftfarbe, die sich nur schwach vom Hintergrund abhebt und die einem Absatz automatisch zugewiesen wird, wenn der nächste erscheint.

- Oder Sie lassen die vorhergehende Information komplett verschwinden, indem Sie eine der beiden Optionen zum Ausblenden nutzen. Mit der Option *Nach Animation ausblenden* verschwindet die Information sofort. Besser ist in den meisten Fällen die Option *Mit nächstem Mausklick ausblenden*, weil damit den Zuschauern mehr Zeit zum Lesen gelassen werden kann.

In beiden Fällen kann die vortragende Person das Interesse des Publikums gezielt auf die aktuelle Information lenken.

Abblenden oder Betonung?

Natürlich stellt sich hier die Frage, inwieweit sich die Funktion des Abblendens von der eines Betonungseffekts unterscheidet (etwa im Falle von Text der Effekt *Leuchten* oder eine der Farbänderungen).

Das Abblenden setzt den Fokus schon beim ersten Einblenden der Information stets auf die aktuelle Zeile oder den aktuellen Absatz.

Bei der Betonung wurde der Text schon eingeblendet oder bereits zur Kenntnis gebracht. Mit der Betonung werden, nachdem alle Inhalte bekannt sind, Elemente noch einmal einzeln hervorgehoben. Die Betonung eignet sich also für Wiederholungen. Zum Beispiel werden am Ende eines Meetings noch einmal die nächsten Aufgaben zusammengefasst, die zuvor entwickelt wurden. Dazu wird die Aufgabenliste angezeigt und dann Zeile für Zeile noch einmal durchgesprochen (Verantwortlichkeit, Termin usw.).

Rationell: Effekte im Master festlegen

In manchen Fällen ist es effektiver, Animationseffekte direkt im Master einzustellen.

- *Vorteil 1:* Damit wird für alle Folien der gleiche Effekt für Textaufzählungen gesichert.

- *Vorteil 2:* Mitarbeiter, die sich mit den Funktionen zum Animieren nicht auskennen, erhalten trotzdem perfekt animierte Folien.

HINWEIS Informationen zum Master und zu Änderungen am Master finden Sie in Kapitel 9.

Ob Animationseffekte im Folienmaster definiert sind, erkennen Sie im Aufgabenbereich *Benutzerdefinierte Animation* daran, dass Sie Effekte in der Liste scheinbar gar nicht markieren und ändern können, denn sie sind – wie in Abbildung 18.19 gezeigt – hellgrau dargestellt. Damit wird gezeigt, dass diese Effekte nicht direkt für diese Folie, sondern auf dem Master definiert wurden.

Abbildg. 18.19 Hier wurden direkt auf dem Master Animationseffekte für Aufzählungstexte festgelegt

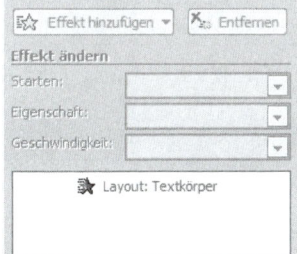

Effekte auf dem Master für die aktuelle Folie ändern

Für den Fall, dass Sie solche generellen Effekte auf dem Folienmaster für die aktuelle Folie bearbeiten wollen (beispielsweise Ändern der Animationsreihenfolge, der Richtung oder der Geschwindigkeit), müssen Sie die Effekte zunächst auf die Folie kopieren. Denn nur so lassen sie sich ändern und bearbeiten, und zwar unabhängig von den Einstellungen auf dem Master und ohne diesen zu beeinträchtigen. Und so geht's:

Abbildg. 18.20   Nach einem Klick auf *Effekte auf Folie kopieren* können Sie die Animationseffekte wie gewohnt bearbeiten

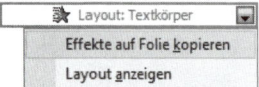

1. Markieren Sie den Effekteintrag in der Liste.
2. Klicken Sie auf den Dropdownpfeil am rechten Rand.
3. Wählen Sie im Dropdownmenü *Effekte auf Folie kopieren*.
4. Passen Sie nun für diese Folie den Effekt je nach Bedarf an.

Kurzübersicht *Benutzerdefinierte Animation*

Bevor es in den nächsten Abschnitten um zahlreiche Beispiele für Objektanimationen geht, finden Sie in Tabelle 18.3 die wichtigsten Befehle zur benutzerdefinierten Animation von Folienobjekten noch einmal zusammengefasst.

Tabelle 18.3   Zusammenfassung zur benutzerdefinierten Animation

Ziel	Aktion	Schaltfläche/Menü
Markieren mehrerer Einträge in der Liste der animierten Objekte	Um Effekte auszuwählen, die nicht aufeinanderfolgen, klicken Sie mit gedrückter `Strg`-Taste auf die einzelnen Effekte. Um Effekte auszuwählen, die aufeinanderfolgen, klicken Sie auf den ersten Effekt und dann mit gedrückter `⇧`-Taste auf den letzten Effekt.	
Zuweisen eines Effekts	Markieren Sie die Elemente auf der Folie, die einen Animationseffekt erhalten sollen. Klicken Sie im Aufgabenbereich auf die Schaltfläche *Effekt hinzufügen*.	▣☆ Effekt hinzufügen ▾
Entfernen eines Effekts	Wählen Sie im Aufgabenbereich in der Liste mit den Effekten den betreffenden Effekt aus. Klicken Sie im oberen Teil des Aufgabenbereichs auf die Schaltfläche *Entfernen*.	✖☆ Entfernen
Ändern eines Effekts	Klicken Sie im Aufgabenbereich in der Liste mit den Effekten den betreffenden Effekt an. Klicken Sie auf die Schaltfläche *Ändern*. Wählen Sie den gewünschten neuen Effekt aus. Der ursprüngliche Effekt wird *ersetzt*.	▣☆ Ändern ▾

Tabelle 18.3 Zusammenfassung zur benutzerdefinierten Animation *(Fortsetzung)*

Ziel	Aktion	Schaltfläche/Menü
Ändern der Starteinstellung für Effekte	Wählen Sie im Aufgabenbereich in der Liste mit den Effekten die betreffenden Effekte aus. Klicken Sie im Aufgabenbereich im Drop-down-Listenfeld *Starten* auf den gewünschten Starttyp.	Beim Klicken
Text wort- oder zeichenweise animieren	Klicken Sie in der Liste mit den Effekten auf den betreffenden Effekt (ggf. müssen Sie die reduzierte Liste erst aufklappen). Öffnen Sie das Dropdownmenü, klicken Sie auf *Effektopti-onen* und wählen Sie im Dropdown-Listenfeld *Text animieren* die Option *Wortweise* oder die Option *Zeichenweise* aus.	Alle gleichzeitig / Wortweise / Zeichenweise
Kombinieren von Text und Bildern	Legen Sie zunächst die Texteingangseffekte fest. Weisen Sie jedem Bild ebenfalls einen Eingangseffekt zu. Ziehen Sie nun nacheinander in der Anima-tionsliste die Bildeffekte mit gedrückter linker Maustaste unter die jeweiligen Texteffekte. Sie verändern so die Reihenfolge in der Liste mit den Effekten. Wollen Sie die Bilder immer an der gleichen Position zum jeweiligen Text anzeigen, weisen Sie jedem Bild anschließend noch einen Ausgangseffekt zu.	
Hinzufügen von Sound zu einem animierten Element	Klicken Sie in der Liste mit den Effekten auf den betreffenden Effekt und öffnen Sie das Dropdownmenü. Klicken Sie auf *Effektoptionen* und wählen Sie in der Liste *Sound* einen passenden Clip aus.	[Ohne Sound] / [Vorherigen Sound anhalten] / Applaus / Bombe / Brise / Explosion
Kopieren von Effekten aus dem Master auf die aktuelle Folie	Klicken Sie auf *Master: Titel* oder *Master: Kör-per*. Klicken Sie dann auf den Dropdownpfeil und wählen Sie *Effekte auf Folie kopieren*.	Layout: Textkörper / Effekte auf Folie kopieren / Layout anzeigen

Eingangseffekte: Informationen schrittweise einblenden

In den folgenden Abschnitten geht es darum, dass Sie nun selbst anhand konkreter Beispiele Schritt für Schritt nachvollziehen, mit welchen Befehlen Sie Texte und Objekte animieren und welche Optionen Sie dabei nutzen können. Die Beispiele in diesem Abschnitt sind bewusst einfach gehalten, der folgende Abschnitt bietet Ihnen dann Möglichkeiten zur Steigerung, indem beispielsweise mehrere Effekte kombiniert werden.

Animationseffekte und Präsentationsvorführung

Alle Beispiele finden Sie auf der CD zum Buch im Ordner *\Buch\Kap18* in der Datei *Kap_18_Animationseffekte.pptx* ab Folie 4.

Eingangseffekte für Texte und andere Objekte sind die am häufigsten verwendeten Animationen. PowerPoint bietet dafür 52 verschiedene Varianten an. Nachfolgend zwei Beispiele für das Animieren einer typischen Textfolie und einer Folie, in der der Text in eine SmartArt-Grafik eingebaut ist.

Abbildg. 18.21 Typische Textfolie: Der zu animierende Text besteht aus fünf Absätzen

---

Fünf Kursreihen bei den PowerPoint-Anwendertagen

- Zusammenarbeit zwischen PowerPoint und Excel

- Automatisieren von Präsentationen

- Visualisieren von Informationen

- Update auf PowerPoint 2007

- Präsentationen erfolgreich vortragen

Eingangseffekt für eine Textfolie

In Abbildung 18.21 sehen Sie eine typische Aufzählungsfolie, die unter dem Titel fünf Absätze enthält. Diese sollen während der Bildschirmpräsentation nacheinander bei Mausklick erscheinen. Gehen Sie wie folgt vor:

1. Markieren Sie den Textplatzhalter durch Klick auf den Rand.

 2. Blenden Sie den Aufgabenbereich *Benutzerdefinierte Animation* ein, indem Sie auf der Registerkarte *Animationen* auf *Benutzerdefinierte Animation* klicken.

3. Klicken Sie auf die Schaltfläche *Effekt hinzufügen*.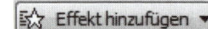

4. Wählen Sie den Eintrag *Eingang* und dann *Weitere Effekte*.

5. Klicken Sie im folgenden Dialogfeld in der Gruppe *Einfach* den Eintrag *Kurzer Blick* an und schließen Sie mit Klick auf die Schaltfläche *OK* ab.

 Die Übung zum Nachvollziehen und die fertige Lösung finden Sie auf den Folien 4 und 5 der Datei *Kap_18_Animationseffekte.pptx* im Ordner *\Buch\Kap18*.

Eingangseffekt für eine SmartArt-Grafik

Auf Folie 6 finden Sie die gleichen Informationen noch einmal, allerdings sind sie diesmal in einer SmartArt »verpackt«. Auch hier soll es darum gehen, dass die fünf Kursreihen nacheinander angezeigt werden.

Der Aufgabenbereich *Benutzerdefinierte Animation* ist noch eingeblendet, daher reicht es, wenn Sie das SmartArt-Objekt durch einen Klick auf den Rand markieren.

1. Klicken Sie auf *Effekt hinzufügen*.

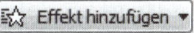

2. Wählen Sie *Eingang* und *Weitere Effekte*.

3. Klicken Sie im folgenden Dialogfeld in der Gruppe *Einfach* den Eintrag *Teilen* an und schließen Sie mit Klick auf die Schaltfläche *OK* ab.

4. Wählen Sie, so wie in Abbildung 18.22 gezeigt, bei *Richtung* den Eintrag *Horizontal aus* und bei *Geschwindigkeit* die Option *Schnell*.

Abbildg. 18.22   So sollen die Einstellungen im Aufgabenbereich *Benutzerdefinierte Animation* zunächst aussehen

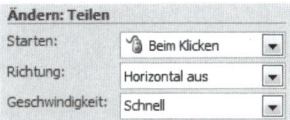

Wenn Sie nun im Aufgabenbereich unten auf die Schaltfläche *Wiedergabe* klicken, werden Sie feststellen, dass die fünf Objekte gleichzeitig erscheinen und nicht wie gewünscht nacheinander.

5. Klicken Sie deshalb in der Animationsliste auf den Dropdownpfeil des Effekts und wählen Sie in dem aufklappenden Menü den Befehl *Effektoptionen*.

6. Wechseln Sie in dem folgenden Dialogfeld zur Registerkarte *SmartArt-Animation* und wählen Sie dort im Dropdown-Listenfeld *Gruppengrafik* den Eintrag *Schrittweise*.

Abbildg. 18.23   Mit dieser Option sorgen Sie dafür, dass die fünf Objekte nacheinander erscheinen

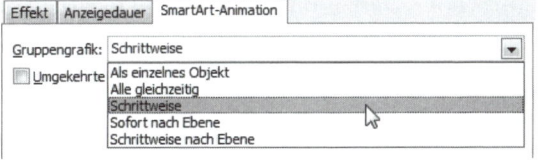

Die Übung zum Nachvollziehen und die fertige Lösung finden Sie auf den Folien 6 und 7 der Datei *Kap_18_Animationseffekte.pptx* im Ordner *\Buch\Kap18*.

Betonungseffekte: Bereits angezeigte Informationen per Animation hervorheben

Die folgenden beiden Beispiele zeigen, wie Sie mit Hervorhebungseffekten gezielt auf Informationen aufmerksam machen können, die bereits auf der Folie angezeigt werden. Mit dieser Technik können Vortragende ihrem Publikum zunächst die Gesamtheit der Informationen vorstellen und dann mittels Hervorhebung auf einzelne Informationen detailliert eingehen. Der Vorteil liegt auf der Hand: Die Zuschauer sehen zuerst das »große Ganze« und können so das Ausmaß einer Sache oder auch

Zusammenhänge besser erkennen. Das anschließende Eingehen auf Detailinformationen per Hervorhebungseffekt geschieht für die Zuschauer sozusagen in einer zweiten Erkenntnisphase.

> Der Einsatz von Hervorhebungseffekten bietet sich auch dann an,
>
> - wenn beim Publikum Vorbehalte gegen die Nutzung von Animationseffekten bestehen,
> - wenn zu viel Bewegung während der Präsentation vermieden werden soll oder
> - wenn nicht ausreichend Zeit für aufwendige Eingangseffekte verfügbar ist.
>
> Hervorhebungseffekte sind vergleichbar mit den Unterstreichungen oder Umrahmungen, die Vortragende früher per Filzstift auf ihre Folien gemalt haben, um auf bestimmte Informationen hinzuweisen. Daher dürfte wohl niemand etwas gegen den Einsatz dieser Gruppe von Effekten haben.

Auf einer Textfolie einen Absatz hervorheben

Im ersten Beispiel dient der Aufzählungstext aus Abbildung 18.21 als Ausgangsbasis. Die vierte Kursreihe, die zum Update auf PowerPoint 2007, soll betont werden. Diesmal geht es also nur um einen Absatz. Gehen Sie wie folgt vor:

1. Markieren Sie nur diesen Absatz auf der Übungsfolie 9.
2. Klicken Sie auf *Effekt hinzufügen*.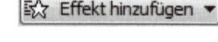
3. Wählen Sie *Hervorgehoben/Weitere Effekte*.
4. Klicken Sie im folgenden Dialogfeld in der Gruppe *Einfach* den Eintrag *Schriftfarbe ändern* an und schließen Sie mit Klick auf die Schaltfläche *OK* ab.
5. Wählen Sie im Aufgabenbereich *Benutzerdefinierte Animation* im Listenfeld *Schriftfarbe* – vgl. Abbildung 18.24 – eine ausreichend auffallende Farbe, beispielsweise Rot.

Abbildg. 18.24   Die Einstellungen für den Animationseffekt zur Hervorhebung des einzelnen Absatzes

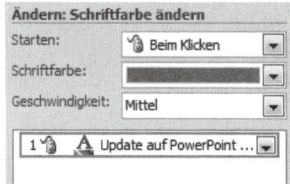

 Die Übung zum Nachvollziehen und die fertige Lösung finden Sie auf den Folien 9 und 10 der Datei *Kap_18_Animationseffekte.pptx* im Ordner *\Buch\Kap18*.

Natürlich können Sie auch zuerst alle fünf Absätze mit einem Eingangseffekt erscheinen lassen und anschließend einen einzelnen Absatz per Hervorhebungseffekt noch einmal betonen.

In einer SmartArt-Grafik ein einzelnes Element nachträglich hervorheben

Im folgenden Beispiel werden die gleichen Informationen in einer SmartArt namens *Pyramidenliste* angezeigt. Ziel ist, dass das Element »Update auf PowerPoint 2007« durch eine farbliche Änderung – wie in Abbildung 18.25 gezeigt – betont wird.

Abbildg. 18.25 Diesmal sind die Inhalte in Form einer Pyramidenliste dargestellt

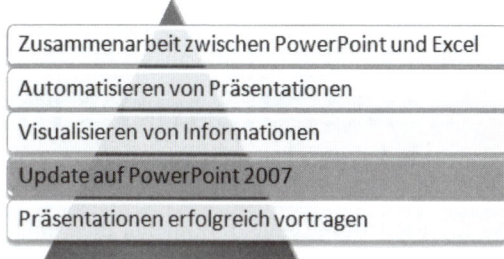

Fünf Kursreihen bei den PowerPoint-Anwendertagen

Zusammenarbeit zwischen PowerPoint und Excel

Automatisieren von Präsentationen

Visualisieren von Informationen

Update auf PowerPoint 2007

Präsentationen erfolgreich vortragen

1. Markieren Sie das SmartArt-Objekt durch Klick auf den Rand und wählen Sie dann die Befehlsfolge *Effekt hinzufügen/Hervorgehoben/Weitere Effekte*.

2. Klicken Sie auf *Füllfarbe ändern* und bestätigen Sie mit *OK*.

3. Ändern Sie anschließend im Aufgabenbereich *Benutzerdefinierte Animation* bei Bedarf im Feld *Füllfarbe* die Farbe.

4. Klicken Sie in der Animationsliste auf den Dropdownpfeil des eben zugewiesenen Betonungseffekts und wählen Sie in dem aufklappenden Menü den Befehl *Effektoptionen*.

5. Wechseln Sie im folgenden Dialogfeld zur Registerkarte *SmartArt-Animation* und wählen Sie dort im Dropdown-Listenfeld *Gruppengrafik* den Eintrag *Schrittweise*.

   Da nun alle Pyramidenelemente und nicht nur der Textblock zu PowerPoint 2007 von dem Betonungseffekt betroffen sind, müssen Sie die überflüssigen Effekte für die im Hintergrund liegende Pyramide und für vier der Textblöcke löschen.

6. Klicken Sie dazu im Aufgabenbereich auf den Doppelpfeil am linken Rand unterhalb des Eintrags für den Animationseffekt, um die Liste aufzuklappen. Das Ergebnis sollte jetzt wie in Abbildung 18.26 aussehen.

7. Markieren Sie den obersten Effekteintrag – das ist der für das gleichschenklige Dreieck im Hintergrund.

8. Erweitern Sie die Markierung auf die vier Textblöcke, die ebenfalls nicht animiert werden sollen, indem Sie diese mit gedrückter ⌐Strg⌐-Taste anklicken.

9. Klicken Sie im Aufgabenbereich auf die Schaltfläche *Entfernen*, um die unge- ☒₂₃ Entfernen wünschten Animationseffekte zu löschen. Anschließend steht im Aufgabenbereich *Benutzerdefinierte Animation* in der Liste der Animationseffekte nur noch ein Eintrag.

Alle Elemente des Hervorhebungseffekts sind in einer Liste zu sehen.
Unten links ist der Doppelpfeil, über den die Liste auf- und zugeklappt wird.

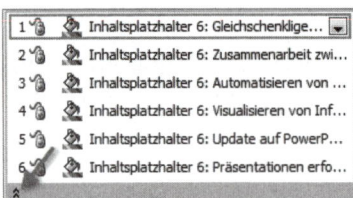

 Die Übung zum Nachvollziehen und die fertige Lösung finden Sie auf den Folien 11 und 12 der
Datei *Kap_18_Animationseffekte.pptx* im Ordner *\Buch\Kap18*.

Beenden-Effekte: Elemente, die nicht mehr gebraucht werden, ausblenden

Wenn etwas erledigt ist, ein Vorschlag abgelehnt wurde, eine Information nicht mehr aktuell ist, machen Sie das am besten deutlich, indem Sie das entsprechende Element von der Folie entfernen. Genau dafür sind die Effekte in der Kategorie *Beenden* geeignet.

Texte ausblenden am Beispiel einer Aufgabenliste

Aus einer Liste von Aufgaben sollen all die Aufgaben ausgeblendet werden, die bereits abgearbeitet sind. Zu den verbleibenden Aufgaben soll als Zusatzinformation angezeigt werden, wer für die Erledigung zuständig ist. In Abbildung 18.27 sehen Sie die Ausgangsfolie und das Ergebnis.

Abbildg. 18.27   Links die vollständige Aufgabenliste; rechts die verbleibenden Aufgaben plus Verantwortliche

Aufgaben für das Update auf 2007: Was bleibt zu tun?	Aufgaben für das Update auf 2007: Was bleibt zu tun?
• Neue Vorlagen erstellen	
• Prüfen, ob bestehende Add-Ins noch funktionieren	
• Add-Ins gegebenenfalls anpassen	• Add-Ins gegebenenfalls anpassen EP
• Anleitungen für häufig verwendete Befehle schreiben	
• Schulungsbedarf ermitteln	
• Gruppen für Schulungen einteilen	• Gruppen für Schulungen einteilen DS
• Schulungstermine festlegen	• Schulungstermine festlegen DS

 Die Übung finden Sie auf Folie 14 der Datei *Kap_18_Animationseffekte.pptx* im Ordner
\Buch\Kap18.

Zum Ausblenden der erledigten Aufgaben gehen Sie wie folgt vor:

1. Markieren Sie den Textplatzhalter per Klick auf den Rand.

2. Klicken Sie im Aufgabenbereich *Benutzerdefinierte Animation* auf die Schaltfläche *Effekt hinzufügen* und dann auf *Beenden/Weitere Effekte*.

3. Wählen Sie als Effekt *Verblassender Zoom* in der Gruppe *Spezial*. Im Aufgabenbereich müsste es jetzt wie in Abbildung 18.28 links gezeigt aussehen. Wenn Sie die Animation ablaufen lassen, werden Sie feststellen, dass im Moment noch alle Absätze ausgeblendet werden.

4. Um für die Absätze, die auf der Folie verbleiben sollen, den Beenden-Effekt zu entfernen, müssen Sie im Aufgabenbereich die Liste aller Absätze einblenden, so wie in Abbildung 18.28 rechts gezeigt. Dazu klicken Sie unterhalb des Eintrags auf den Doppelpfeil (vgl. Abbildung 18.28 links).

5. Nach dem Öffnen der Liste markieren Sie die Animationseinträge der Absätze, die nicht ausgeblendet werden sollen, und klicken dann im Aufgabenbereich *Benutzerdefinierte Animation* auf die Schaltfläche *Entfernen*.

Abbildg. 18.28 Links die zugeklappte und rechts die aufgeklappte Liste, aus der nun die Effekte der Einträge entfernt werden können, die auf der Folie verbleiben sollen

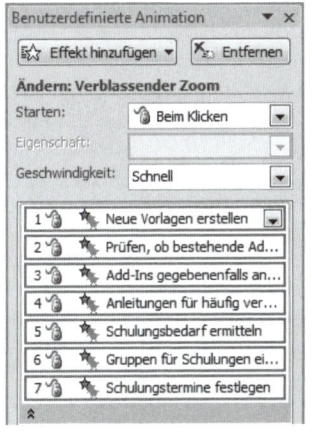

Dieses Zwischenergebnis finden Sie auf Folie 15 der Datei *Kap_18_Animationseffekte.pptx* im Ordner *\Buch\Kap18*.

6. Legen Sie abschließend drei Textfelder oder WordArt-Objekte für die Kennzeichnung der Verantwortlichkeiten rechts neben den verbleibenden Aufgaben an und weisen Sie diesen Objekten über die Befehlsfolge *Effekt hinzufügen/Eingang/Weitere Effekte* den Animationseffekt *Kurzer Blick* zu. Anschließend müsste die Liste der Animationseffekte so wie in Abbildung 18.29 aussehen.

Animationseffekte und
Präsentationsvorführung

Abbildg. 18.29 Nach dem Hinzufügen der Eingangseffekte zum Kennzeichnen der Verantwortlichkeiten sollte die Liste der Animationseffekte so aussehen

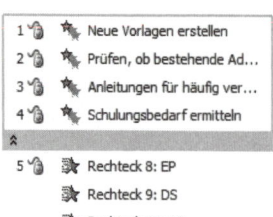

 Die fertige Lösung finden Sie auf Folie 16 der Datei *Kap_18_Animationseffekte.pptx* im Ordner *\Buch\Kap18*.

Elemente in einer SmartArt-Grafik per Animation ausblenden

Im folgenden Beispiel ist die Aufgabenliste in Form einer SmartArt-Grafik dargestellt. Wie Sie in Abbildung 18.30 sehen können, sollen auch hier aus der kompletten Liste links die erledigten Aufgaben ausgeblendet werden und während der Präsentation der im rechten Teil der Abbildung gezeigte Zustand erreicht werden.

 Das Beispiel zum Nachvollziehen finden Sie auf Folie 17 der Datei *Kap_18_Animationseffekte.pptx* im Ordner *\Buch\Kap18*.

Abbildg. 18.30 Links die komplette Aufgabenliste als SmartArt und rechts die Liste, in der nur noch die zu erledigenden Aufgaben angezeigt werden

Aufgaben für das Update auf 2007: Was bleibt zu tun?

1	Neue Vorlagen erstellen
2	Prüfen, ob bestehende Add-Ins noch funktionieren
3	Add-Ins gegebenenfalls anpassen
4	Anleitungen für häufig verwendete Befehle schreiben
5	Schulungsbedarf ermitteln
6	Gruppen für Schulungen einteilen
7	Schulungstermine festlegen

Aufgaben für das Update auf 2007: Was bleibt zu tun?

3	Add-Ins gegebenenfalls anpassen
6	Gruppen für Schulungen einteilen
7	Schulungstermine festlegen

1. Markieren Sie das SmartArt-Objekt durch Klick auf den Rand und wählen Sie dann die Befehlsfolge *Effekt hinzufügen/Beenden/Weitere Effekte*.
2. Wählen Sie den Effekt *Verschwinden* und bestätigen Sie mit *OK*.

3. Klicken Sie in der Animationsliste auf den Dropdownpfeil des eben zugewiesenen Beenden-Effekts und wählen Sie in dem aufklappenden Menü den Befehl *Effektoptionen*.

4. Wechseln Sie im folgenden Dialogfeld zur Registerkarte *SmartArt-Animation* und wählen Sie dort im Dropdown-Listenfeld *Gruppengrafik* den Eintrag *Schrittweise*.

   Im Ergebnis dessen verschwinden alle Elemente der SmartArt-Grafik nacheinander und nicht nur die Elemente für die erledigten Aufgaben. Daher müssen Sie für die Aufgaben, die auf der Folie verbleiben sollen, die Animation löschen.

5. Klicken Sie dazu auf den Doppelpfeil am linken Rand unterhalb des Eintrags für den Animationseffekt, um die Liste aufzuklappen.

6. Markieren Sie – so wie in Abbildung 18.31 gezeigt – von den 14 Einträgen in der Liste die sechs, für die Sie die Animation löschen wollen. Nutzen Sie die Taste Strg , um mehrere Einträge zu markieren. Klicken Sie abschließend auf die Schaltfläche *Entfernen*.

Abbildg. 18.31   Markieren Sie in der Liste der Animationseinträge mit gedrückter Strg -Taste alle die Einträge, die aus der Animationsfolge gelöscht werden sollen

 Diesen Zwischenstand vor dem Entfernen der Effekte finden Sie auf Folie 18 der Datei *Kap_18_Animationseffekte.pptx* im Ordner *\Buch\Kap18*.

Innerhalb der SmartArt-Grafik besteht jede Aufgabe aus zwei Elementen: links die Nummer und rechts der Aufgabentext. Damit beim Ausblenden Nummer und Text gleichzeitig und nicht nacheinander verschwinden, sorgen Sie jetzt für Simultanität, indem Sie die Startoption für die Einträge zu den Aufgabentexten von der Option *Beim Klicken* auf die Option *Mit Vorheriger* umstellen.

Animationseffekte und
Präsentationsvorführung

Die vier Einträge, die gleichzeitig mit dem darüber aufgelisteten Effekt animiert werden sollen

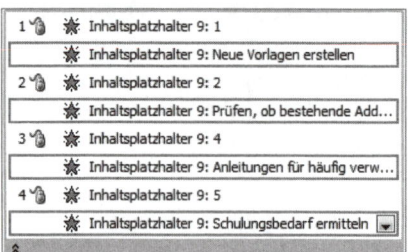

7. Markieren Sie dazu in der Liste der Animationseffekte – so wie in Abbildung 18.32 gezeigt – die Einträge, die nicht bei Mausklick, sondern gleichzeitig mit den Nummern verschwinden sollen, und stellen Sie dann oben im Dropdown-Listenfeld *Starten* die Option *Mit Vorheriger* ein.

Die fertige Lösung finden Sie auf Folie 19 der Datei *Kap_18_Animationseffekte.pptx* im Ordner *\Buch\Kap18*.

Datenpunkte in einem Diagramm per Animation ausblenden

Im folgenden Beispiel geht es darum, in einem Säulendiagramm die Umsatzentwicklung von LCD- und DLP-Beamern über einen Zeitraum von acht Jahren gegenüberzustellen. Zunächst einmal sollen alle Daten angezeigt werden, um dem Publikum einen Gesamtüberblick zu geben und den Trend hin zu DLP-Beamern deutlich zu machen. Diesen Überblick sehen Sie in Abbildung 18.33 links.

Im Anschluss daran soll der Fokus auf das Geschäft mit DLP-Geräten gelenkt werden. Dafür werden die Informationen zu LCD-Beamern nicht mehr gebraucht; diese sollen deshalb per Animation ausgeblendet werden – so wie in Abbildung 18.33 in der Mitte zu sehen.

Im nächsten Schritt sind für die Betrachtung der künftigen Umsätze mit DLP-Beamern die Daten der ersten vier Jahre nicht mehr erforderlich und sollen daher ebenfalls per Animation weggeblendet werden. Dieses Ergebnis sehen Sie im rechten Teil der Abbildung 18.33. Um eine solche bewusste Abfolge der Informationsaufbereitung zu realisieren, brauchen Sie nicht drei verschiedene Folien, sondern nur die Möglichkeiten der Animation.

Aus dem Säulendiagramm werden in zwei Etappen die überflüssigen Säulen ausgeblendet

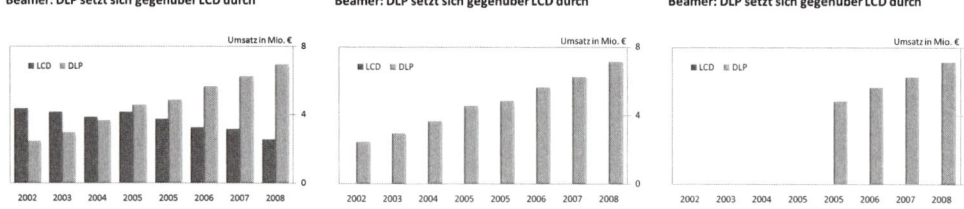

Zur Lösung dieser Aufgabe können Sie wieder eine Animation mit einem Beenden-Effekt nutzen – im vorliegenden Fall blenden Sie die überflüssigen Säulen mit dem Effekt *Wischen* (Richtung *Von oben*) aus dem Diagramm aus. So gehen Sie vor:

Nutzen Sie zum Nachvollziehen der Aufgabe das Diagramm im Originalzustand auf Folie 20 der Datei *Kap_18_Animationseffekte.pptx* im Ordner *\Buch\Kap18*.

Szenario 1: Die Datenreihe für LCD-Beamer per Animation ausblenden

Beginnen Sie mit der einfachen Variante, in der alle Säulen für LCD-Beamer ausgeblendet werden.

1. Markieren Sie das Diagramm und klicken Sie, falls der Aufgabenbereich *Benutzerdefinierte Animation* noch nicht angezeigt wird, auf der Registerkarte *Animationen* in der Gruppe *Animationen* auf *Benutzerdefinierte Animation*.

2. Klicken Sie im Aufgabenbereich *Benutzerdefinierte Animation* auf *Effekt hinzufügen/Beenden/ Weitere Effekte/Wischen* und bestätigen Sie mit *OK*.

3. Wählen Sie oben im Dropdown-Listenfeld *Richtung* die Option *Von oben*.

4. Da jetzt das Diagramm per Mausklick komplett ausgeblendet wird, müssen Sie wieder eine Option einstellen, die das schrittweise Animieren erlaubt. Klicken Sie dazu am rechten Rand des Eintrags für den Animationseffekt auf den Dropdownpfeil, um das Menü für die Effektoptionen aufzuklappen, und wählen Sie – so wie in Abbildung 18.34 gezeigt – den Befehl *Anzeigedauer*.

Abbildg. 18.34   Über die Effektoptionen das schrittweise Animieren einstellen

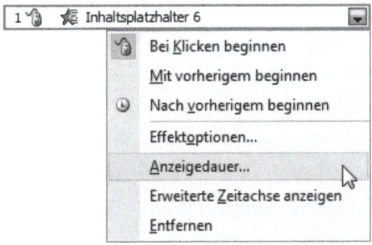

5. Wechseln Sie im Dialogfeld *Wischen* zur Registerkarte *Diagrammanimation* und aktivieren Sie – so wie in Abbildung 18.35 gezeigt – im Dropdown-Listenfeld *Einfaches Diagramm gruppieren* den Eintrag *Nach Datenreihe*.

Abbildg. 18.35   Mit der Option *Nach Datenreihe* können Sie per Mausklick alle Säulen der Gruppe LCD- und der Gruppe DLP-Beamer in einem Schritt noch unten wegblenden

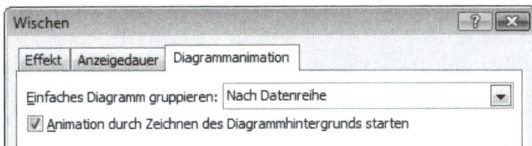

Im Aufgabenbereich *Benutzerdefinierte Animation* sind jetzt in der Liste der Animationseffekte drei Einträge vorhanden. Sie sehen dies im linken Teil von je ein Eintrag für jede Datenreihe und einer für den Hintergrund, also Legende, Achsen, Zeichnungsfläche etc.

Da für dieses Szenario nur die Reihe der Säulen zu LCD-Beamern ausgeblendet werden soll, löschen Sie die beiden anderen Einträge aus der Liste, indem Sie sie markieren und dann im Aufgaben-bereich auf die Schaltfläche *Entfernen* klicken. Anschließend sollte die Liste wie im rechten Teil von Abbildung 18.36 aussehen. Testen Sie das Ergebnis, indem Sie die Bildschirmpräsentation für diese Folie mit ⌂+F5 aufrufen.

Abbildg. 18.36   Die Einträge zum Ausblenden des Hintergrunds und der Datenreihe 2 löschen

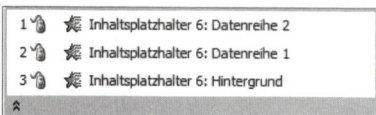
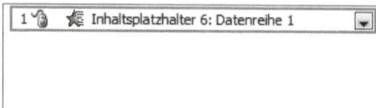

 Den Zwischenschritt und die Lösung für dieses Szenario finden Sie auf den Folien 21 und 22 der Datei *Kap_18_Animationseffekte.pptx* im Ordner *\Buch\Kap18*.

Szenario 2: Alle LCD- und einen Teil der DLP-Säulen per Animation ausblenden

Im folgenden Szenario sollen nach Anzeige des Gesamtdiagramms nur noch die Daten der letzten vier Jahre zu DLP-Beamern übrig bleiben, der Rest der Säulen soll ausgeblendet werden. Gehen Sie wie folgt vor:

 Nutzen Sie zum Nachvollziehen der Aufgabe das Diagramm im Originalzustand auf Folie 23 der Datei *Kap_18_Animationseffekte.pptx* im Ordner *\Buch\Kap18*.

1. Markieren Sie das Diagramm und klicken Sie, falls der Aufgabenbereich *Benutzerdefinierte Animation* nicht eingeblendet ist, auf der Registerkarte *Animationen* in der Gruppe *Animationen* auf *Benutzerdefinierte Animation*.

2. Klicken Sie im Aufgabenbereich *Benutzerdefinierte Animation* auf *Effekt hinzufügen/Beenden/ Weitere Effekte/Wischen* und bestätigen Sie mit *OK*.

3. Wählen Sie im Dropdown-Listenfeld *Richtung* die Option *Von oben*.

4. Klicken Sie am rechten Rand des Eintrags für den Animationseffekt auf den Dropdownpfeil und wählen Sie in dem aufklappenden Menü entweder den Befehl *Effektoptionen* oder den Befehl *Anzeigedauer*.

5. Wechseln Sie zur Registerkarte *Diagrammanimation* und wählen Sie – so wie in Abbildung 18.37 gezeigt – im Dropdown-Listenfeld *Einfaches Diagramm gruppieren* den Eintrag *Nach Element in Datenreihe*.

6. Entfernen Sie außerdem das Häkchen im Kontrollkästchen darunter. Damit stellen Sie sicher, dass der Diagrammhintergrund – im vorliegenden Fall Achsen und Zeichnungsfläche – erhalten bleibt, also nicht durch die Beenden-Animation ausgeblendet wird.

Abbildg. 18.37 Die Einstellung *Nach Element in Datenreihe* verschafft Ihnen die komplette Flexibilität bei der Auswahl der Datenpunkte, die animiert oder nicht animiert werden sollen

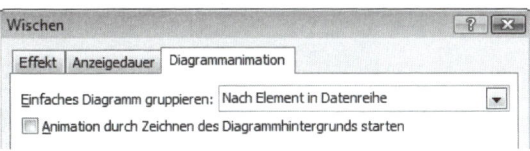

7. Entfernen Sie nun die Einträge aus der Liste der Animationseffekte, die nicht ausgeblendet werden sollen. Im vorliegenden Fall sind das *Punkt 5* bis *Punkt 8* der *Datenreihe 2*. Danach sollte die Liste so wie im linken Teil von Abbildung 18.38 aussehen.

8. Sorgen Sie im letzten Schritt dafür, dass die überflüssigen Säulen alle gleichzeitig ausgeblendet werden, wenn ein Mausklick erfolgt. Klicken Sie dazu in der Liste mit den Animationseffekten auf den zweiten Eintrag und dann mit gedrückter ⇧-Taste auf den letzten Eintrag. Damit markieren Sie den zusammenhängenden Block aller Einträge mit Ausnahme des ersten. Für den ersten Effekt soll der Mausklick als Startoption beibehalten bleiben, für den soeben markierten Block der anderen Effekte ändern Sie im Dropdown-Listenfeld *Starten* die Einstellung von *Beim Klicken* auf *Mit Vorheriger*. Die Liste der Animationseffekte sollte anschließend so wie im rechten Teil von Abbildung 18.38 aussehen.

Abbildg. 18.38 Durch das Ändern der Startoption von *Beim Klicken* auf *Mit Vorheriger* stellen Sie sicher, dass alle Säulen gleichzeitig nach unten weggeblendet werden

 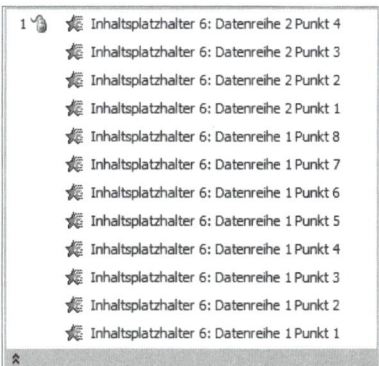

Mit diesen benutzerdefinierten Animationseinstellungen kann die vortragende Person während der Bildschirmpräsentation zum geeigneten Zeitpunkt mit nur einem Mausklick alle Säulen ausblenden, die für die aktuelle Betrachtung nur noch störend wären.

Fazit: An diesem Beispiel wird deutlich, dass Animationen keineswegs »Spielereien« sind, sondern vernünftig und bewusst eingesetzt die Informationsaufnahme und Entscheidungsvorbereitung optimal unterstützen können.

Den Zwischenschritt und die Lösung für dieses zweite Szenario finden Sie auf den Folien 24 und 25 der Datei *Kap_18_Animationseffekte.pptx* im Ordner *\Buch\Kap18*.

Animationspfade: Texte und Objekte auf speziellen Wegen bewegen

Nach den Animationslösungen mit Eingangs-, Betonungs- und Ausgangseffekten folgen nun einige Beispiele, in denen die Elemente auf Pfaden auf der oder über die Folie bewegt werden.

Eine Gruppe von Personen mit verschiedenen Interessen aufbauen

Im ersten – ganz einfachen – Beispiel zum Umgang mit Animationspfaden sollen die in Abbildung 18.39 gezeigten vier Figuren aus unterschiedlichen Richtungen auf die Folie gelangen. Die unterschiedlichen Richtungen sollen dabei die unterschiedlichen Interessen verdeutlichen.

Die Figuren werden dazu nacheinander auf einfachen Pfaden auf die Folie bewegt. Abschließend wird mit einem Eingangseffekt die Zielscheibe auf der Figur eingeblendet, die in dem Bild die Rolle der Zielperson übernehmen soll.

> **HINWEIS** Bei den vier Figuren handelt es sich übrigens um WordArt-Objekte, die mit einem Zeichen der Schrift Webdings erzeugt und danach formatiert wurden. Das entsprechende Zeichen finden Sie über die Registerkarte *Einfügen* der Multifunktionsleiste per Klick auf *Symbol* in der Gruppe *Text* und Auswahl der Schriftart *Webdings*.

Abbildg. 18.39 Die Figuren sollen mittels einfacher Pfade aus verschiedenen Richtungen auf die Folie gelangen

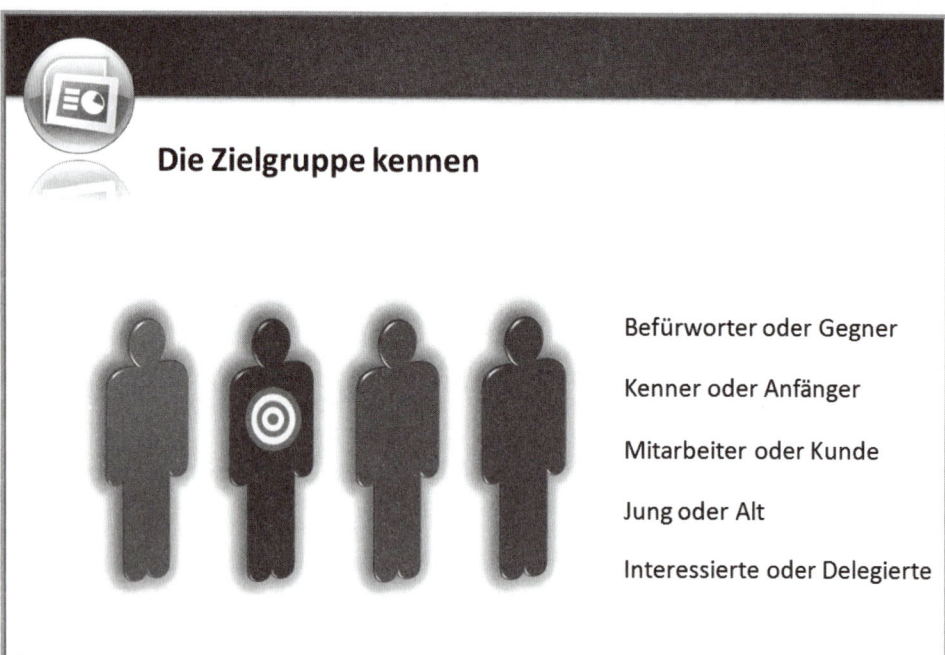

Damit die Figuren zu Beginn noch nicht auf der Folie zu sehen sind, werden sie – so wie in Abbildung 18.40 zu sehen – außerhalb angeordnet und gelangen dann mittels Animationspfad auf die Folie.

Wenn Sie diese Lösung mit Animationspfaden selbst aufbauen wollen, nutzen Sie Folie 27 der Datei *Kap_18_Animationseffekte.pptx* im Ordner *\Buch\Kap18*.

1. Markieren Sie dazu die erste Figur und verschieben Sie diese neben oder unter die Folie. Verfahren Sie mit den anderen Figuren ebenso. Wo die Objekte angeordnet sind, spielt dabei keine Rolle, denn erst durch die Animationspfade bestimmen Sie die spätere Anordnung der Figuren auf der Folie.

2. Markieren Sie dann die erste Figur außerhalb der Folie und klicken Sie im Aufgabenbereich *Benutzerdefinierte Animation* auf *Effekt hinzufügen/Animationspfade/Weitere Animationspfade* und dann in der Gruppe *Linien und Kurven* auf einen Effekt mit geeignetem Bewegungsverlauf. Im Beispiel der Folie 27 eignet sich für die rote Figur links von der Folie der Effekt *Diagonal nach oben rechts*.

3. Wiederholen Sie Schritt 2 für die drei anderen Figuren und wählen Sie abhängig von Ausgangs- und angestrebter Endposition den für den Bewegungsverlauf jeweils geeigneten Linieneffekt.

WICHTIG Jede der Figuren ist jetzt mit einer Linie versehen. Die grüne Pfeilspitze kennzeichnet den Beginn, die rote das Ende der Bewegung. Standardmäßig sind diese Pfeilspitzen immer in der Mitte des zu bewegenden Objekts angebracht. Damit zeigt die rote Pfeilspitze an, wo der Mittelpunkt des Objekts nach der Animation sein wird. Für unser Beispiel heißt dies, dass die roten Endpunkte in etwa auf einer horizontalen Linie liegen sollten, wenn die Figuren im Ergebnis der Animation auf der Folie auf gleicher Höhe angeordnet sein sollen.

4. Klicken Sie auf die Linie für den Animationspfad, um sie zu markieren, und ziehen Sie dann den roten Endpunkt zu der Position, die später Mittelpunkt der Figur sein soll, wenn sie auf der Folie angekommen ist.

5. Testen Sie das Ergebnis, indem Sie mit ⇧ + F5 die aktuelle Folie als Bildschirmpräsentation ablaufen lassen.

6. Korrigieren Sie ggf. die Position der roten Pfeilspitze durch nochmaliges Ziehen.

7. Wiederholen Sie die Schritte 4 bis 6 für die anderen Figuren.

8. Weisen Sie abschließend der Zielscheibe eine Eingangsanimation vor (geeignet wären beispielsweise die Effekte *Verblassen*, *Keil* oder *Rad mit 1 Speiche*).

TIPP Sie können natürlich die Figuren auch gleichzeitig aus verschiedenen Richtungen auf die Folie kommen lassen, indem Sie die Startoption für die Figuren 2 bis 4 von *Beim Klicken* auf *Mit Vorheriger* umstellen.

Bereits bei diesem ersten Beispiel konnten Sie sich davon überzeugen, dass die Möglichkeiten und die Wirkung von Animationspfaden durchaus beeindruckend sind, aber deren gezielte Verwendung auch mit einem bestimmten zeitlichen Aufwand einhergeht. Gerade wenn es darum geht, mehrere Objekte per Animationspfad in eine bestimmte Anordnung zu bringen, sind mehrmaliges Testen und Korrigieren angesagt. Im Abschnitt über fortgeschrittene Animationstechniken weiter hinten in diesem Kapitel können Sie zu der Problematik noch einen Profitipp nachlesen, der die Testphase deutlich abkürzt.

Abbildg. 18.40 Die Figuren gelangen der Reihenfolge nach (1 bis 4) über die gezeigten Pfade auf die Folie

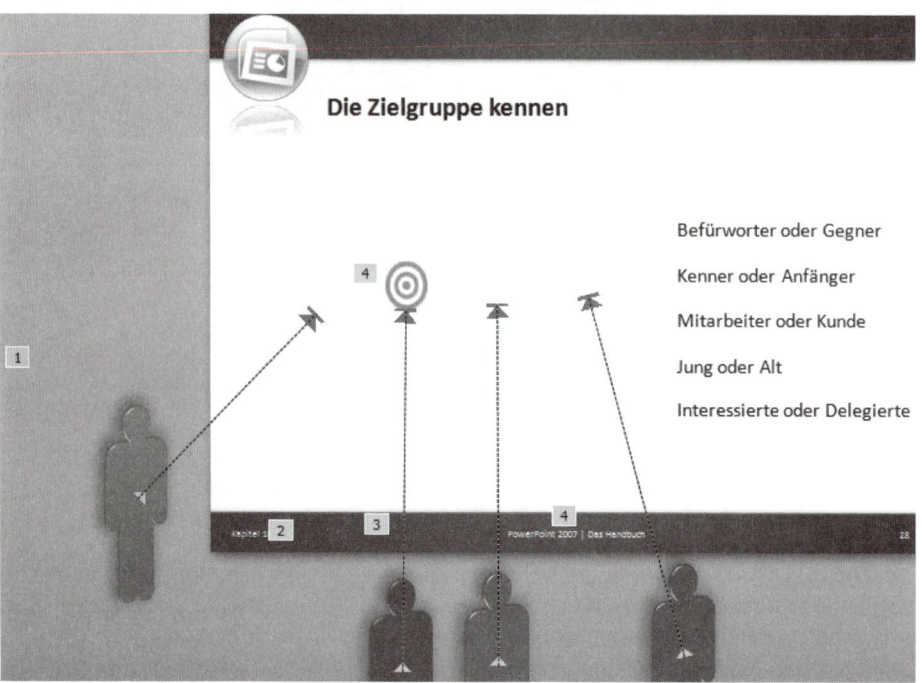

Zwei mögliche Lösungen für dieses Beispiel finden Sie auf den Folien 28 und 29 der Datei *Kap_18_Animationseffekte.pptx* im Ordner *\Buch\Kap18*.

Figuren per Animationspfad auf das Siegerpodest bringen

Nicht nur im Sport gibt es Sieger und Siegerehrungen. Auch in vielen anderen Bereichen des Lebens findet Wettbewerb statt und Gewinner werden geehrt. Daher ist das Bild der Siegerehrung in einer Präsentation durchaus angebracht, wenn es darum geht, die besten Außendienstmitarbeiter, die besten Entwickler, die sparsamsten Energieverbraucher etc. zu ehren.

Anstatt eine Textliste mit Platz eins bis drei anzulegen, lassen Sie die Sieger zum Podest »laufen« und »das Siegertreppchen erklimmen«. Abbildung 18.41 zeigt den Aufbau dieser Animationslösung: die Gewinner haben Aufstellung genommen und werden dann per Animationspfad auf die Stufen des Podestes bewegt. Und so geht's:

1. Markieren Sie alle drei Figuren.

2. Klicken Sie im Aufgabenbereich *Benutzerdefinierte Animation* auf *Effekt hinzufügen/Animationspfade/Weitere Animationspfade* und dann in der Gruppe *Linien und Kurven* auf den Effekt *Links*.

3. Heben Sie die Markierung durch Klick neben die Folie auf und passen Sie für jede der drei Figuren die Linie des Animationspfades so an, dass sich anschließend die roten Endpunkte über der Mitte der jeweils anvisierten Treppe des Podestes befinden.

Abbildg. 18.41   Oben die ursprüngliche Anordnung der Objekte und die erforderlichen Animationspfade, unten das Ergebnis nach der Animation

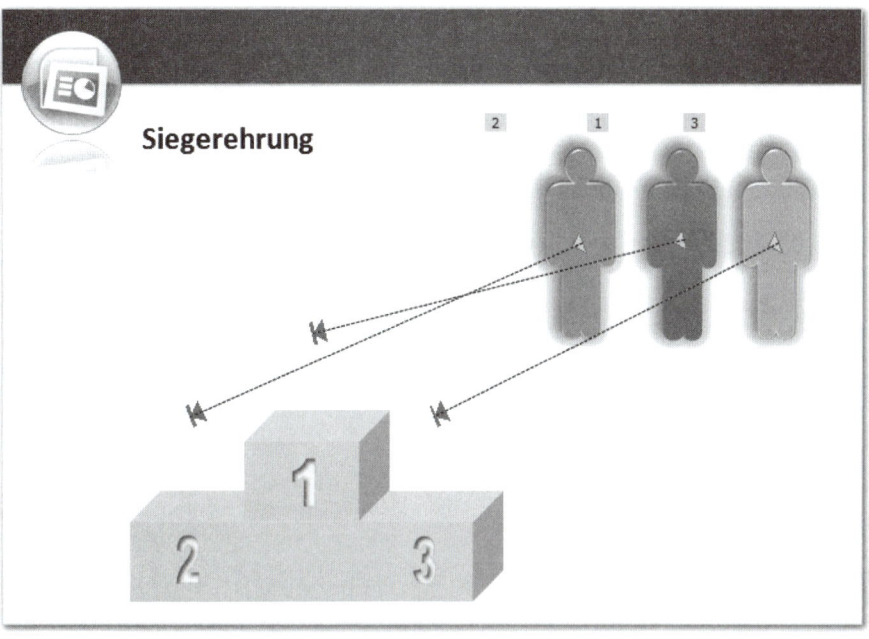

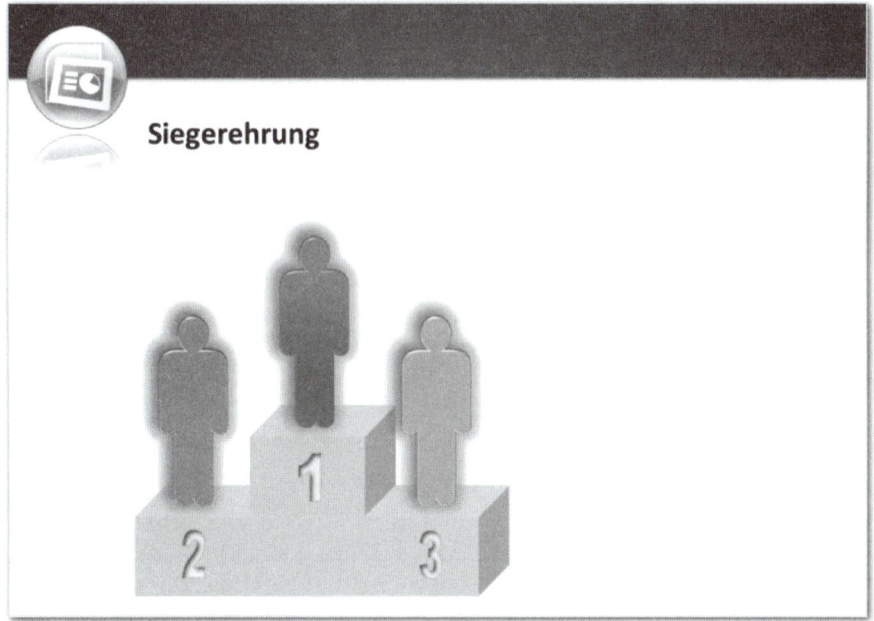

4. Testen Sie das Ergebnis in der Bildschirmpräsentation ($\boxed{\Diamond}$ + $\boxed{\text{F5}}$) und korrigieren Sie ggf. noch die Höhe der roten Endpunkte.

Die Ausgangsfolie ohne Animation und die animierte Lösung finden Sie auf den Folien 30 und 31 der Datei *Kap_18_Animationseffekte.pptx* im Ordner *\Buch\Kap18*.

Eine Tabelle animieren

Egal, ob Sie eine Tabelle in PowerPoint erstellt oder aus Word und Excel importiert haben: bei der Bildschirmpräsentation erscheint die Tabelle stets als komplettes Objekt. Es ist auch in PowerPoint 2007 nicht möglich, mithilfe einer Eingangsanimation die Informationen der Tabellen zeilen- oder spaltenweise nacheinander erscheinen zu lassen. Angesicht der Vielzahl der Informationen in Tabellen wäre es aber gerade da nützlich, wenn den Zuschauern die Daten zeilen- oder spaltenweise zur Kenntnis gebracht werden.

Der trickreiche Umweg

Da diese Funktion fehlt, müssen Sie einen kleinen Umweg beschreiten. Die Technik ist bei näherer Betrachtung relativ simpel:

- Lösen Sie das Tabellenobjekt in seine Einzelteile auf. So erhalten Sie eine Vielzahl von Linien, Formen und Textfeldern.
- Fassen Sie die Einzelelemente zu sinnvollen Gruppen zusammen; beispielsweise alle Zeilen- und Spaltenüberschriften zu einer Gruppe, dann die Daten in einer Zeile oder in einer Spalte zu je einer Gruppe usw. – je nachdem, welche Erscheinungsweise passend ist.
- Animieren Sie schließlich diese Gruppen.

Das Beispiel Schritt für Schritt

In der in Abbildung 18.42 gezeigten Tabelle sollen die zwölf Zahlen der zweiten bis vierten Zeile nacheinander pro Produkt – also zeilenweise – per Eingangsanimation erscheinen. Dazu gehen Sie wie folgt vor:

Abbildg. 18.42 Die zu animierende Tabelle

	1. Quartal	2. Quartal	3. Quartal	4. Quartal
Hardware	10.290	11.298	11.410	15.513
Software	15.187	14.562	13.987	17.882
Training	56.276	60.431	40.017	69.546

Die Ausgangsfolie ohne Animation finden Sie auf Folie 4 der Datei *Kap_18_Animationstechniken.pptx* im Ordner *\Buch\Kap18*.

Die Tabelle in eine Vektorgrafik umwandeln

1. Markieren Sie die Tabelle per Klick auf den Rand und schneiden Sie sie mit `Strg`+`X` aus.
2. Wechseln Sie zur Registerkarte *Start* der Multifunktionsleiste, klicken Sie ganz links in der Gruppe *Zwischenablage* auf den Pfeil der Schaltfläche *Einfügen* und dann auf *Inhalte einfügen*.
3. Wählen Sie im Dialogfeld *Inhalte einfügen* in der Liste den Eintrag *Bild (Erweiterte Metadatei)* und klicken Sie dann auf *OK*. Damit wird die Tabelle als Grafik im EMF-Format eingefügt.
4. Lassen Sie die nun als Grafik eingefügte Tabelle markiert und aktivieren Sie unter *Bildtools* die Registerkarte *Format*. Klicken Sie dort in der Befehlsgruppe *Anordnen* auf *Gruppieren/Gruppierung aufheben*.
5. Bestätigen Sie den in Abbildung 18.43 gezeigten Hinweis mit *Ja*.

Abbildg. 18.43 Diesen Hinweis quittieren Sie mit einem Klick auf *Ja*

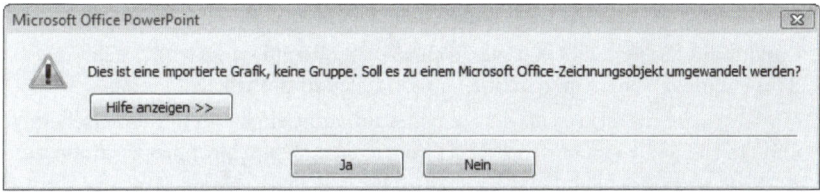

6. Aktivieren Sie jetzt unter *Zeichentools* wiederum die Registerkarte *Format* und lösen Sie die eingefügte Vektorgrafik über *Gruppierung/Gruppierung aufheben* in der Befehlsgruppe *Anordnen* auf.

   Nun können Sie die einzelnen Elemente zu neuen Gruppen zusammenfügen. Je nach gewünschter Animation fassen Sie dabei die Zahlen in einer Spalte oder einer Zeile zusammen und gruppieren diese. Im vorliegenden Fall sollen die Zahlen nach Produkt, also zeilenweise erscheinen. Demzufolge fassen Sie die vier Zahlen einer Zeile zu je einer Gruppe zusammen.
7. Klicken Sie dazu mit gedrückter `⇧`-Taste auf die vier Zahlen einer Zeile, um eine Mehrfachmarkierung zu bewirken. Wählen Sie dann auf der Registerkarte *Format* die Befehlsfolge *Gruppieren/Gruppieren*.
8. Wiederholen Sie Schritt 7 für die anderen beiden Zeilen.
9. Markieren Sie die drei Zeilenobjekte und weisen Sie ihnen über die Registerkarte *Animationen* und *Benutzerdefinierte Animation* den Eingangseffekt *Wischen* mit den Parametern *Beim Klicken* und *Von oben* zu.

Abbildg. 18.44 Die drei Zahlen stehen für die Animationseffekte der zeilenweise animierten Tabelle

	1. Quartal	2. Quartal	3. Quartal	4. Quartal
Hardware	10.290	11.298	11.410	15.513
Software	15.187	14.562	13.987	17.882
Training	56.276	60.431	40.017	69.546

Die Ausgangsfolie ohne Animation, die Schritte und die animierte Lösung finden Sie auf den Folien 4 bis 8 der Datei *Kap_18_Animationstechniken.pptx* im Ordner *\Buch\Kap18*.

Auch Excel- oder Word-Tabellen lassen sich auflösen

Mit dieser Vorgehensweise können Sie auch Tabellen, die Sie aus Word oder Excel importiert haben, in PowerPoint zeilen- oder spaltenweise animieren.

1. Markieren Sie die Tabelle und wählen Sie auf der Registerkarte *Bildtools/Format* in der Gruppe *Anordnen* die Befehlsfolge *Gruppieren/Gruppierung aufheben*.
2. Quittieren Sie die anschließend erscheinende Frage mit *Ja*.
3. Lösen Sie das so entstandene PowerPoint-Zeichnungsobjekt auf der Registerkarte *Zeichentools/ Format* in seine Einzelteile auf, indem Sie in der Gruppe *Anordnen* mehrfach die Befehlsfolge *Gruppieren/Gruppierung aufheben* wählen.

   Daraufhin wird jede Tabellenzelle in eine Form und ein separates Textfeld umgewandelt und alle Rahmenlinien werden zu einzelnen horizontalen und vertikalen Linien.
4. Markieren Sie die Elemente, die Sie per Animationseffekt zusammen erscheinen lassen wollen, und fassen Sie diese über den Befehl *Gruppieren* zu Objektgruppen zusammen.
5. Animieren Sie abschließend wie oben beschrieben diese Gruppen.

Beispiele für fortgeschrittene Animationstechniken

Wollen Sie sich noch tiefer in das Thema Animation einarbeiten, dann ist dieser letzte Abschnitt des Kapitels genau das Richtige. Lernen Sie Vorgehensweisen kennen, die es Ihnen erlauben, auch komplexe Animationsabläufe souverän zu steuern. Es geht speziell um die zwei folgenden Techniken:

- Die *Kombination* von verschiedenen Effekten. Beispielsweise kann sich eine Kugel auf einem Pfad bewegen *und* sich dabei gleichzeitig drehen.
- Die zeitliche *Synchronisation*. Sie ergibt sich oft als Folge der Kombination mehrerer Effekte. Erfahren Sie, wie Sie dabei die *erweiterte Zeitachse* nutzen.

Eine weitere wichtige Technik ist die der *Animationstrigger*. Sie erlaubt es, Informationen auf einer Folie zu einem Zeitpunkt einzublenden, der sich vorher nicht planen lässt. Effekte können also in beliebiger Abfolge gestartet werden. Die Funktion dafür heißt *Trigger*. Ein Beispiel dafür finden Sie in Kapitel 19.

Benutzerdefinierte Animationen: Aufwand und Wirkung

Der Aufwand für komplexe Animationen ist oft erheblich und es bedarf sowohl der Planung als auch der Vorstellungskraft. Beim Entwickeln solcher Animationslösungen sollten Sie ausreichend Zeit zum Testen einplanen. Es kann vorkommen, dass der Aufwand zum Animieren ein Drittel des Zeitbudgets für das Anfertigen der gesamten Präsentation einnimmt. Ähnlich wie bei der grafischen Gestaltung ist es ratsam, sich schon im Vorfeld im Kopf Ideen zurechtzulegen. ▶

Animationen dürfen beim Publikum keinesfalls als »Spielerei« ankommen. Sie müssen die Dramaturgie Ihres Vortrags und den »Lernprozess« bei den Zuschauern unterstützen. Humor und originelle Ideen sind dabei bestimmt gute Helfer. Wenn Sie so an das Erstellen von Animationen herangehen, werden Sie Erfolg haben und beim Publikum einen positiven Eindruck hinterlassen.

Voraussetzungen für den Umgang mit fortgeschrittenen Animationseffekten

Die folgenden Beschreibungen gehen davon aus, dass Sie die vorhergehenden Abschnitte in diesem Kapitel gelesen haben oder die Schritte zum Zuweisen und Anpassen der verschiedenen Animationseffekte bereits beherrschen.

Am besten wird es sein, wenn Sie jeweils die betreffenden Beispielfolien bei geöffnetem Aufgabenbereich *Benutzerdefinierte Animation* anzeigen und rechts in der Liste der Animationseffekte die einzelnen Einstellungen studieren.

WICHTIG Bei allen Beispielen wird vorausgesetzt, dass der Aufgabenbereich *Benutzerdefinierte Animation* eingeblendet ist. Das erreichen Sie über die Registerkarte *Animationen* und einen Klick auf die Schaltfläche *Benutzerdefinierte Animation* in der Befehlsgruppe *Animationen*.

Das Beispiel »Rollende Augen«

Im ersten Beispiel soll sich ein Augenpaar einmal auf einer Kreisbahn bewegen. Während dieser Kreisbewegung sollen die Pupillen zusätzlich »rollen«.

Sie können dieses Beispiel Schritt für Schritt nachvollziehen. Sie finden es auf der CD-ROM zum Buch im Ordner *\Buch\Kap18* in der Datei *Kap_18_Augen.pptx*.

Die Vorbereitung

Auf Folie 3 ist zunächst nur ein Auge zu sehen, das aus zwei Kreisen zusammengesetzt wurde. Für dieses eine Auge werden zunächst alle Animationseffekte und Einstellungen vorgenommen, erst danach wird es dupliziert, denn so ist garantiert die identische Bewegung des Augenpaares gesichert.

Schritt 1: Die Animation des Auges auf einer Kreisbahn erstellen

Hier die Anleitung:

1. Markieren Sie beide Kreise.
2. Klicken Sie im Aufgabenbereich *Benutzerdefinierte Animation* auf *Effekt hinzufügen*.
3. Wählen Sie *Animationspfade*.
4. Nach einem Klick auf *Weitere Animationspfade* wählen Sie den Effekt *Kreis*.

Das Zwischenergebnis im Aufgabenbereich *Benutzerdefinierte Animation* sollte nun so wie in Abbildung 18.45 aussehen.

Der Aufgabenbereich nach dem Festlegen der ersten Animation

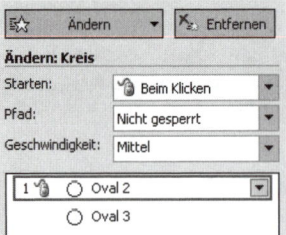

Schritt 2: Die Animation der Pupille und den zeitlichen Ablauf festlegen

Das bewerkstelligen Sie wie folgt:

1. Markieren Sie nur den kleinen Kreis.
2. Wählen Sie wieder *Effekt hinzufügen* und *Animationspfade*.
3. Klicken Sie dieses Mal auf *Benutzerdefinierten Pfad zeichnen* und dann auf *Freihandform* oder *Kurve*.
4. Zeichnen Sie nun, beginnend am Mittelpunkt der »Pupille«, entlang der Kreisbahn eine spiralförmige Linie im Uhrzeigersinn (je feiner die Spirale, desto schneller bewegen sich später die Pupillen). Wenn Sie *Kurve* gewählt haben, müssen Sie dabei nicht die ganze Zeit über die Maustaste gedrückt halten. Verwenden Sie folgende Technik: Klicken Sie auf den Anfangspunkt in der »Pupille«, lassen Sie die Maustaste los, bewegen Sie die Maus leicht nach unten, klicken Sie kurz für einen Richtungswechsel, bewegen Sie die Maus leicht nach oben, klicken Sie für einen Richtungswechsel usw.
5. Beenden Sie das Zeichnen der Freihandform oder Kurve mit einem Doppelklick.
6. Stellen Sie für den neuen Animationseffekt als Startoption *Mit Vorheriger* ein (siehe Abbildung 18.46).

Abbildg. 18.46 Objekt mit zwei Animationspfaden und Blick auf den Aufgabenbereich *Benutzerdefinierte Animation*

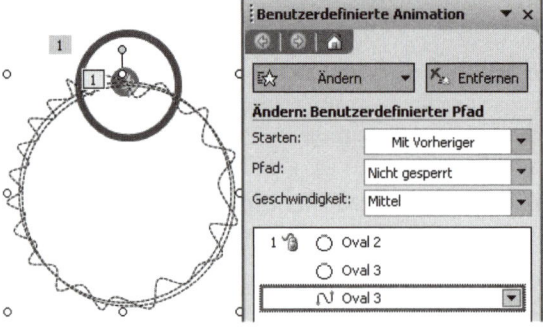

Schritt 3: Das Auge duplizieren

Die Animationseffekte und Einstellungen sind vorgenommen – machen Sie nun wie folgt aus einem Auge ein Augenpaar:

1. Markieren Sie beide Kreise.

2. Halten Sie $\boxed{\text{Strg}}$+$\boxed{\diamond}$ gedrückt und ziehen Sie mit gedrückter linker Maustaste die markierten Objekte nach rechts. Lassen Sie zuerst die Maustaste und erst dann die beiden Funktionstasten los.

3. Sorgen Sie abschließend noch dafür, dass auch alle duplizierten Animationseffekte die Startoption *Mit Vorheriger* erhalten.

Testen Sie nun das Ergebnis in der Bildschirmpräsentation mit $\boxed{\diamond}$+$\boxed{\text{F5}}$. Um die Wirkung der rollenden Augen noch zu erhöhen, wurde auf Folie 7 der Beispielpräsentation ein schwarzer Hintergrund gewählt. Ein Klick auf die Schaltfläche *Start* löst die Animation aus (auf diese Weise lernen Sie nebenbei schon einmal die Funktion *Trigger* kennen – mehr dazu in Kapitel 19).

Problem: Ein Objekt mit Animationspfad oder Ausgangseffekt erscheint gleich zu Beginn auf der Folie

Objekte auf einer Folie, die einen Animationspfad oder einen Ausgangseffekt besitzen, erscheinen schon bei Beginn der Bildschirmpräsentation auf der Folie. Der Effekt für den Animationspfad oder zum Beenden wird erst später wirksam (je nach Einstellung der Startoption erst *Beim Klicken* oder *Nach Vorheriger*). Meist soll jedoch das Objekt erst zu einem bestimmten Zeitpunkt der Klickreihenfolge auf der Folie erscheinen. Dann erst soll der Effekt mit dem Animationspfad oder mit dem Ausgang ablaufen.

Dazu ist eine Kombination mit einem Eingangseffekt erforderlich. Eingangseffekte lassen ein Objekt bis zur Animation »unsichtbar«. Die Pfade bewegen bereits sichtbare Objekte. Gleiches gilt für Effekte der Gruppe *Beenden*. Es sind also in diesen Fällen zwei unterschiedliche Arten von Animation erforderlich, die es zu kombinieren und zeitlich abzustimmen gilt.

Das Beispiel »Animierte Agenda«

Nach diesem eher abstrakten Beispiel, bei dem es vor allem um das Prinzip der Kombination mehrerer Animationseffekte ging, nun ein Beispiel, das Sie vielleicht schon in Ihrer nächsten Präsentation einsetzen werden.

Sie kennen das sicher: Zu Beginn einer Präsentation gibt die vortragende Person die Agenda bekannt, damit alle wissen, worum es geht und sich vielleicht auch schon auf einzelne Punkte besonders konzentrieren können. Meist ist diese Agenda auf einer schlichten Textfolie zu finden.

Brechen Sie mit dieser »Textfolien-Tradition« und legen Sie gleich zu Beginn mit einer animierten Agenda einen ersten Baustein für eine dynamische, die Zuschauer inspirierende und letztlich erfolgreiche Präsentation.

In Abbildung 18.47 sehen Sie die Agenda von links nach rechts in mehreren Stufen. Die Animation soll so aufgebaut werden, dass

- zunächst eine gepunktete Linie wie eine »Perlenschnur« von oben nach unten eingeblendet wird.

- Danach sollen auf der »Perlenschnur« attraktive, kreisrunde 3D-Aufzählungspunkte erscheinen und

- aus diesen soll nach rechts der Text für den jeweiligen Tagesordnungspunkt eingeblendet werden.

Abbildg. 18.47 Drei Stufen aus der Animation der Agenda

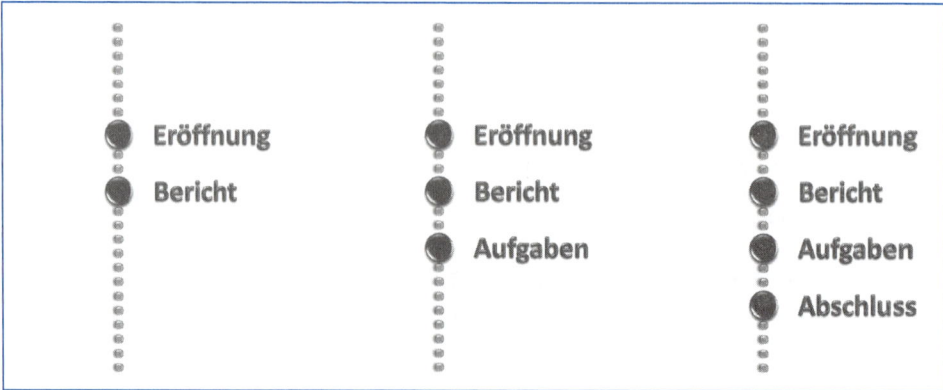

 Die Folie zum Nachbauen und die fertig animierte Agenda finden Sie auf Folie 10 und 11 der Datei *Kap_18_Animationstechniken.pptx* im Ordner *\Buch\Kap18*.

Die »Perlenschnur« aufbauen und animieren

Die »Perlenschnur« selbst ist ein WordArt-Objekt, das einfach aus einer Reihe von Punkten entstanden ist, mit dem in Abbildung 18.48 gezeigten WordArt-Format versehen (Registerkarte *Zeichentools/Format*) und schließlich um 90° gedreht wurde.

Abbildg. 18.48 Mit dem richtigen WordArt-Effekt zaubern Sie aus einfachen Punkten eine »Perlenschnur«

Animieren Sie die Objekte auf der Folie wie folgt:

1. Markieren Sie auf Folie 10 der Beispielpräsentation die »Perlenschnur« und weisen Sie ihr im Aufgabenbereich *Benutzerdefinierte Animation* per Klick auf die Schaltfläche *Effekt hinzufügen* die Eingangsanimation *Wischen* mit Richtung *Von oben* und mit der Geschwindigkeit *Schnell* zu.

2. Markieren Sie die auf der »Perlenschnur« liegenden vier kreisrunden Objekte (Mehrfachmarkierung mit gedrückter ⇧-Taste) und weisen Sie ihnen die Eingangsanimation *Absteigend* mit der Geschwindigkeit *Sehr schnell* zu.

3. Markieren Sie als Nächstes die vier Textfelder und wählen Sie diesmal den Eingangseffekt *Kurzer Blick* (*Von links* und *Schnell*).

4. Damit sich die Agenda mit nur einem Mausklick aufbaut, stellen Sie jetzt ein, dass alle Effekte nach dem Einblenden der »Perlenschnur« automatisch erscheinen. Markieren Sie dazu im Aufgabenbereich unten in der Liste alle Animationseffekte außer dem ersten und wählen Sie dann im Dropdown-Listenfeld *Starten* den Befehl *Nach Vorheriger*.

5. Sorgen Sie abschließend für die richtige Reihenfolge der Animationseffekte. Und zwar sollen die Texte stets direkt im Anschluss an den jeweiligen runden Punkt erscheinen. Ziehen Sie dazu in der Liste der Animationseffekte die Einträge für die Textfelder jeweils unter den Animationseffekt für die zugehörige Ellipse. Das Ergebnis sollte so wie in Abbildung 18.49 aussehen.

Abbildg. 18.49   Die fertige Animationsreihenfolge für die Agendafolie

 Das fertige Beispiel finden Sie im Ordner *Buch**Kap18* in der Datei *Kap_18_Animationstechniken.pptx* auf Folie 11.

Mehrere Objekte zeitgleich ausblenden

Im nächsten Beispiel sehen Sie, wie drei Objekte gleichzeitig die Folie verlassen. Zunächst müssen sie jedoch erst einmal auf der Folie erscheinen, und zwar nacheinander. Sowohl für die Eingangs- als auch für die Ausgangsanimationen soll der Effekt *Verblassen* zum Einsatz kommen.

Als erste Information soll der Text erscheinen, dann die begleitenden Bilder.

 Sie können auch dieses Beispiel Schritt für Schritt nachvollziehen. Sie finden es auf der CD im Ordner *Buch**Kap18* in der Datei *Kap_18_Animationstechniken.pptx* ab Folie 14.

Die drei Objekte, die nacheinander erscheinen und dann verschwinden sollen

Hier nun die Schritte:

1. Markieren Sie auf Folie 14 der Beispieldatei die drei Objekte.

2. Wählen Sie *Effekt hinzufügen/Eingang/Weitere Effekte/Verblassen*.

3. Legen Sie für alle drei Effekte die Startoption *Nach Vorheriger* sowie als Geschwindigkeit die Option *Schnell* fest. Die Animationseinstellungen sollten nun so wie in Abbildung 18.51 aussehen.

Abbildg. 18.51 Die Liste der Animationseffekte nach dem Zuweisen der Eingangsanimationen

4. Fügen Sie nun gleich noch die Beenden-Animation hinzu. Lassen Sie dazu die drei Objekte markiert und wählen Sie *Effekt hinzufügen*, aber diesmal *Beenden/Weitere Effekte* und in der Gruppe *Spezial* den Effekt *Verblassen*.

Abbildg. 18.52 Die Animationsmarkierungen auf der Folie und die Einstellungen der Animationseffekte im Aufgabenbereich *Benutzerdefinierte Animation*

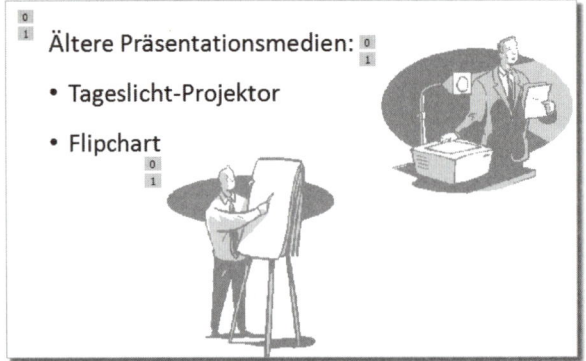

Das fertige Ergebnis sollte nun so wie in Abbildung 18.52 aussehen. Rechts in der Abbildung sehen Sie die Einstellungen im Aufgabenbereich *Benutzerdefinierte Animation*. Wie Sie anhand des Maussymbols sehen können, soll die Aktion zum gleichzeitigen Ausblenden der drei Objekte erst nach einem Mausklick erfolgen.

> **HINWEIS**   Wenn Sie für einen der Ausgangseffekte eine *Verzögerung* wählen oder die *Geschwindigkeit* ändern, müssen Sie die gleichen Einstellungen auch bei den anderen Ausgangseffekten vornehmen, damit die Zeitgleichheit gewährleistet bleibt.

Die Endfassung der animierten Lösung finden Sie auf Folie 16 der Beispieldatei *Kap_18_Animationstechniken.pptx* im Ordner *\Buch\Kap18*.

Texte und dazugehörende Bilder animieren – das Beispiel »Autobahn-Maut«

Das folgende Beispiel zeigt, dass Sie den Einstieg in ein Thema auch ganz bewusst über eine etwas ungewöhnliche, aber trotzdem passende Animation realisieren können.

Eigentlich könnte es eine ganz »normale« Textfolie sein, um aber auf die Wichtigkeit oder auf die Brisanz des Themas hinzuweisen, wird sie mit speziellen Animationen »aufgewertet«. Bei dem Thema, welche Autos noch zur Autobahn-Maut herangezogen werden könnten, bietet es sich an, auf fahrende Autos zurückzugreifen.

Abbildg. 18.53   Eine Textfolie bewusst oder auch provokativ animieren, um zum Nachdenken anzuregen

Neben einer verbalen Überspitzung bei den Texten soll die Wirkung durch eine ungewöhnliche Animationsfolge noch ergänzt werden.

Ziel ist, dass nach Erscheinen jeder Textzeile das passende Auto unter der Schrift hindurchfährt und dabei für den Text eine Ausweichbewegung nach oben erzeugt.

Damit erhält die Folie etwas Spektakuläres, wird besser im Gedächtnis bleiben und damit auch (hoffentlich) das Nachdenken fördern.

Das Beispiel zum Nachvollziehen finden Sie wiederum auf der CD zum Buch im Ordner \Buch\Kap18 in der Datei *Kap_18_Animationstechniken.pptx* auf Folie 18.

Die Animation aufbauen

1. Markieren Sie auf Folie 18 alle fünf Textfelder und legen Sie über die Befehlsfolge *Effekt hinzufügen/Eingang/Weitere Effekte* den Effekt *Lichtgeschwindigkeit* (Gruppe *Aufregend*) fest. Wählen Sie als Startoption *Nach Vorheriger* und bei *Geschwindigkeit* die Option *Schnell*.

2. Lassen Sie die Textfelder markiert und weisen Sie ihnen den *Hervorgehoben*-Effekt *Welle* (Gruppe *Aufregend*) zu. Bestimmen Sie als Startoption *Nach Vorheriger* und als *Geschwindigkeit* die Option *Schnell*.

3. Stellen Sie für die markierten *Welle*-Einträge über die Animationsoptionen auf der Registerkarte *Anzeigedauer* als *Verzögerung 0,5 Sekunden* ein.

Abbildg. 18.54   Für die Animationseffekte *Welle* eine Verzögerung einstellen

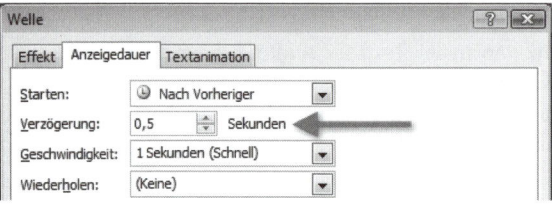

Abbildg. 18.55   Die Textfelder mit dem Betonungseffekt *Welle*. Der Text weicht also mit einer Wellenbewegung nach oben aus und mithilfe der Pfeile könnten Sie noch Richtung und Höhe dieser Bewegung beeinflussen.

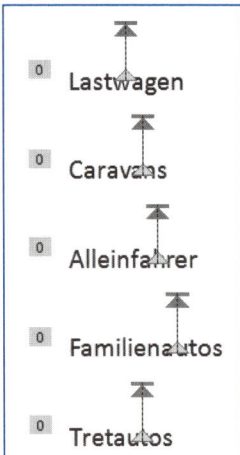

4. Markieren Sie nun die fünf Autobilder und weisen Sie ihnen den Eingangseffekt *Einfliegen* zu, und zwar mit der *Richtung Von links*, mit einer *Geschwindigkeit* von *3,5 Sekunden*, ohne Verzöge-

rung und mit der Startoption *Mit Vorheriger*. Die Geschwindigkeit stellen Sie wieder über die Animationsoptionen auf der Registerkarte *Anzeigedauer* ein.

5. Verschieben Sie nun die Einträge in der Liste der Animationseffekte so, dass für jedes Auto der Eingangseffekt für den Text, der *Hervorgehoben*-Effekt für den Text und dann der zeitgleich erfolgende Eingangseffekt für das Autobild jeweils untereinander stehen (siehe Abbildung 18.56 links).

Abbildg. 18.56   Die endgültige Liste der Animationseffekte und rechts ein Schnappschuss von der Animation

6. Sie könnten nun die Autos z.B. rechts neben die Folie schieben, damit sie die Folie verlassen. Einfacher ist es, die Autos rechts neben den Texten hinter einem Rechteck verschwinden zu lassen, das die Farbe des Hintergrunds hat.

7. Klicken Sie nun auf die Schaltfläche *Bildschirmpräsentation* und betrachten Sie das Ergebnis. In Abbildung 18.56 rechts sehen Sie einen Schnappschuss von der Animation für das letzte Textfeld.

Das Resultat finden Sie auf der CD zum Buch im Ordner *Buch\\Kap18* in der Datei *Kap_18_Animationstechniken.pptx* auf Folie 19.

Feintuning von Zeiteinstellungen: Die erweiterte Zeitachse nutzen

Bisher haben Sie zum Festlegen der zeitlichen Abfolge von Animationen im Aufgabenbereich *Benutzerdefinierte Animation* per Doppelklick auf einen Animationseffekt die Registerkarte *Anzeigedauer* mit ihren Optionen genutzt. In den meisten Fällen reicht diese Möglichkeit auch aus.

Vorteile der Funktion *Erweiterte Zeitachse*

Es steht jedoch zur zeitlichen Synchronisation noch eine andere Möglichkeit zur Verfügung, die weitaus flexibler ist: die *erweiterte Zeitachse*.

- Über sie legen Sie sehr komfortabel Abfolgen, bestimmte Anfangs- und Endzeiten sowie Verzögerungen fest. Ihr entscheidender Vorteil ist, dass Sie grafisch, also durch einfaches Ziehen mit der Maus, Start, Ende und Dauer von Animationen im Handumdrehen bearbeiten und anpassen.

- Noch ein Vorteil der Funktion *Erweiterte Zeitachse*: Auf ihr wird eine Effektdauer im Kontext mit anderen dargestellt. Sie gewinnen über die *QuickInfo* schnell Detailinformationen zu jedem Effekt und Sie können durch Ziehen mit gedrückter linker Maustaste die Zeiten anpassen.

Abbildg. 18.57 Über einen beliebigen Eintrag in der Liste der Animationseffekte
schalten Sie die erweiterte Zeitachse ein

Der Befehl *Erweiterte Zeitachse anzeigen*

Markieren Sie ein beliebiges Element in der Liste der Animationseffekte, klicken Sie – so wie in Abbildung 18.57 gezeigt – rechts auf den Dropdownpfeil des Effekts und wählen Sie *Erweiterte Zeitachse anzeigen*.

Die Abbildung 18.58 zeigt die erweiterte Zeitachse für sechs animierte Objekte auf einer Folie.

Abbildg. 18.58 Die erweiterte Zeitachse am Beispiel von sechs Animationen

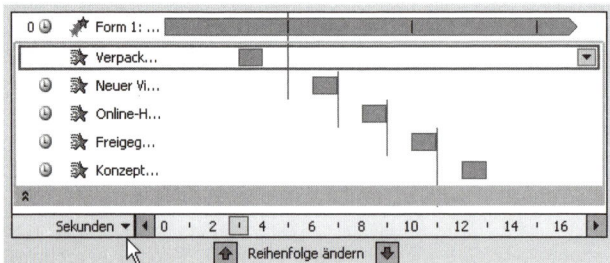

- Sie sehen zum einen die unterschiedlich langen Dauerfelder.

- Wenn Sie auf ein solches Dauerfeld zeigen, erhalten Sie die *QuickInfo* mit den Details zu Startzeit, Endzeit und Dauer.

- Per Klick auf die Schaltfläche *Sekunden* (unten links) können Sie – je nach Bedarf – kleinere oder größere Zeitschritte auf der Zeitachse rechts daneben anzeigen. Vergrößern Sie auf Zehntelsekunden oder verkleinern Sie auf Zeitintervalle von maximal zehn Minuten.

Auf der Zeitachse selbst befindet sich ein Bildlauffeld, mit dessen Hilfe Sie auf der Achse navigieren können.

Das Beispiel »Animierte Siegerehrung« – 2. Teil

Erinnern Sie sich noch an das Siegerpodest-Beispiel aus dem Abschnitt über Animationspfade in diesem Kapitel? Hier nun einige Variationen zu diesem Thema:

- Diesmal sind die Wege der Figuren zum Podest nicht so einfach und gradlinig,

- die Animation schließt jetzt auch das Besteigen des Podestes ein,

- außerdem werden Winken und Freudensprünge der Figuren durch das Bewegen einzelner »Körperteile« simuliert.

In Abbildung 18.59 sehen Sie die fertige Lösung für die erste Variation zum Thema. Darin ist zu erkennen, dass jetzt zu jeder Figur zwei Animationspfade gehören. Die Herausforderung besteht also darin, beide Effekte möglichst reibungslos ineinander übergehen zu lassen.

Die Liste der Animationseffekte im rechten Teil von Abbildung 18.59 zeigt, dass die Bewegung jeder Figur per Mausklick gestartet wird und der zweite Effekt sich automatisch an den ersten anschließt (Startoption *Nach Vorheriger*).

Abbildg. 18.59 Die zusammengesetzten Animationspfade für die drei Figuren und rechts daneben ein Blick auf die Animationsabfolge

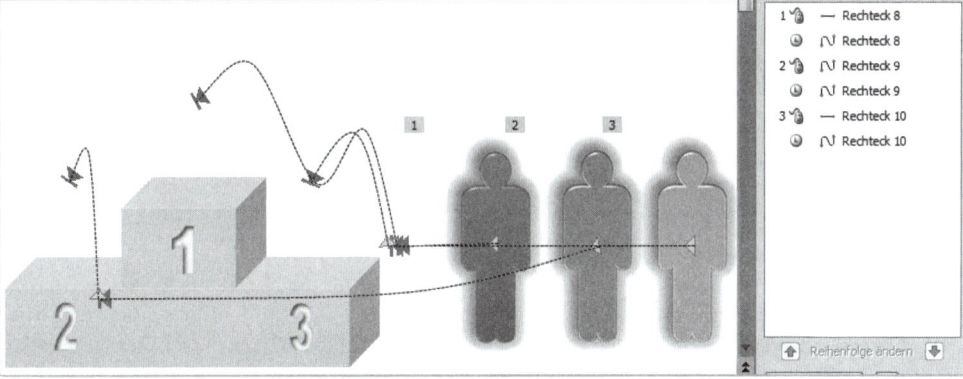

Auch dieses Beispiel können Sie gern wieder selbst nachvollziehen. Die dazu erforderliche Datei finden Sie auf der CD zum Buch im Ordner \Buch\Kap18 unter dem Namen *Kap_18_Siegerehrung.pptx*.

Die Animationsschritte für die erste Variante

In dieser Variante sollen sich die Figuren zum Podest bewegen – auf einem einfachen Animationspfad nach links – und dann das Podest besteigen. Somit muss sich an den ersten ein zweiter Animationspfad anschließen. Hier die Schritte für diese Animationslösung:

1. Markieren Sie die rote Figur und klicken Sie im Aufgabenbereich *Benutzerdefinierte Animation* auf *Effekt hinzufügen/Animationspfade/Weitere Animationspfade* und wählen Sie in der Gruppe *Linien und Kurven* den Effekt *Links*. Für die *Geschwindigkeit* legen Sie *Mittel* und als Startoption *Beim Klicken* fest.

2. Passen Sie die Länge des Animationspfades so an, dass die Figur *vor* Erreichen des Podestes zum Stehen kommt. Die Größenänderung des Animationspfades bewirken Sie, indem Sie mit gedrückter linker Maustaste an der rote Pfeilspitze nach links oder rechts ziehen.

3. Für den zweiten Animationspfad markieren Sie die Figur auf der Folie und wählen dann wieder *Effekt hinzufügen/Animationspfade*. Klicken Sie aber diesmal auf *Benutzerdefinierten Pfad zeichnen* und dann auf *Kurve*.

4. Bewegen Sie nun den Mauszeiger exakt über die rote Pfeilspitze, also über das Ende des ersten Pfades.

Abbildg. 18.60 Detailansicht der beiden Animationspfade für die erste Figur – der zweite Pfad beginnt genau am Ende des ersten

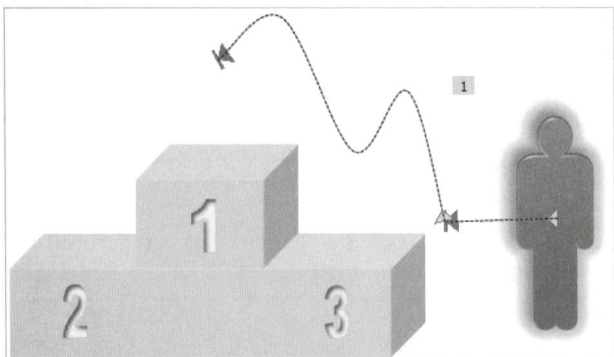

Bevor Sie jetzt die Kurve zeichnen, hier noch einmal zum besseren Verständnis die Details der Aufgabe: Die Figur muss zwei Stufen hochsteigen, also müssen zwei Aufwärtsbewegungen in der Kurve enthalten sein. Zwischendurch – jeweils beim Erreichen eines Treppchens – muss die Figur leicht nach unten sinken. Schauen Sie sich den Kurvenverlauf in Abbildung 18.60 noch einmal genau an. Und so geht's:

5. Klicken Sie über der roten Pfeilspitze einmal kurz, um die Kurve zu beginnen. Lassen Sie die Maustaste los und bewegen Sie die Maus steil nach links oben. Klicken Sie kurz, um einen Richtungswechsel einzuleiten, und bewegen Sie die Maus leicht nach links unten. Die Figur hat jetzt die erste Stufe des Podestes betreten.

6. Klicken Sie erneut kurz, und bewegen Sie die Maus erneut steil nach links oben. Jetzt ist die oberste Stufe erreicht. Klicken Sie ein letztes Mal und bewegen Sie die Maus leicht nach links unten – bis zur horizontalen Mitte der obersten Stufe des Podestes.

7. Schließen Sie die Kurvenzeichnung mit einem Doppelklick ab.

HINWEIS   Den Pfad für eine Kurve bestimmen Sie also, indem Sie bei jedem gewünschten Richtungswechsel einmal kurz die linke Maustaste drücken. Per Doppelklick beenden Sie eine Kurve.

---

8. Testen Sie nun das Ergebnis in der Bildschirmpräsentation mit ⌂ + F5 .

TIPP   Wenn die Figur am Ende der Animation zu hoch oder zu tief steht, können Sie das noch leicht korrigieren. Markieren Sie die Kurve und machen Sie diese durch Ziehen mit gedrückter linker Maustaste am oberen mittleren Größenänderungspunkt höher oder flacher. Sollte das nicht helfen, zeichnen Sie die Kurve einfach noch mal. Auch hier gilt: »Es ist noch kein Meister vom Himmel gefallen.«

Start und Ende reibungslos oder nicht?

Bei vielen, insbesondere bei zusammengesetzten, Bewegungen ist auch darauf zu achten, wie die einzelnen Schritte ineinander übergehen. Standardmäßig setzt PowerPoint für jeden Animationseffekt die Option *Reibungsloser Start* und *Reibungsloses Ende*. In Abbildung 18.61 sehen Sie beide Optionen in dem Dialogfeld. Das bedeutet, dass die Bewegung langsam beginnt, dann schneller wird und gegen Ende wieder langsamer wird.

Abbildg. 18.61   Über den Aufruf der Effektoptionen können Sie für einen Animationseffekt festlegen, ob Start und Ende reibungslos sein sollen oder nicht

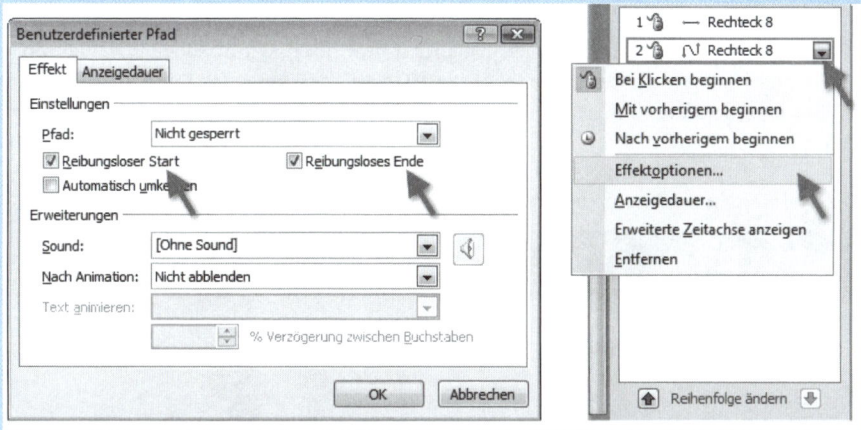

Im vorliegenden Fall wäre es aber besser, wenn der erste Animationseffekt – also der Animationspfad nach links – am Ende nicht abgebremst wird und der sofort anschließende zweite Effekt – also die selbst gezeichnete Kurve – ungebremst beginnt.

Deaktivieren Sie daher für den ersten Effekt die Option *Reibungsloses Ende* und für den zweiten Effekt die Option *Reibungsloser Start*. Damit wird die zusammengesetzte Bewegung gleichmäßig von Anfang bis Ende durchgeführt.

Animationseffekte und Präsentationsvorführung

Die beiden anderen Figuren animieren

Nachdem Sie die Technik für die erste Figur erfolgreich ausprobiert und umgesetzt haben, verfahren Sie nun in gleicher Weise mit den anderen Figuren.

Für Platz zwei und drei ist die Aufgabe etwas leichter, denn die Figuren müssen hier jeweils nur eine Stufe »erklimmen«.

Die fertige Lösung zu dieser Animationsaufgabe finden Sie auf Folie 7 der Beispieldatei *Kap_18_Siegerehrung.pptx* im Ordner *Buch**Kap18* der CD.

Zwischenfazit und drei weitere Variationen mit noch mehr Dynamik und Spannung

Der Praxisnutzen dieser Lösung ist natürlich nicht nur auf das Besteigen eines Siegerpodestes begrenzt. Mit den soeben erlernten Techniken können Sie beispielsweise auch den »Weg nach oben« per Animation darstellen, indem Sie eine Person per benutzerdefiniertem Animationspfad auf einer Treppe stufenweise nach oben bewegen. Sie können diese Technik für mehrere animierte Metaphern nutzen: Aufschwung, Karriere, Weiterentwicklung etc.

Wenn Sie noch mehr Dramatik und Realitätsnähe in die Animation bringen wollen, erreichen Sie das beispielsweise, indem Sie die Sieger nach vorn kommen lassen. Hier bringen Sie also noch räumliche Wirkung ins Spiel. Außerdem können Sie die Sieger nach dem Besteigen des Podestes noch »jubeln« lassen. Doch eins nach dem anderen, los geht es mit der in Abbildung 18.62 gezeigten Variante, bei der die Figuren aus der Tiefe des Raumes kommen.

Damit dieses Nach-vorne-Kommen möglichst realistisch wirkt, sollen die Figuren während der Bewegung zum Siegerpodest etwas größer werden. Daher muss der Animationspfad mit einem Vergrößerungseffekt kombiniert werden. Den finden Sie in der Effektekategorie *Hervorgehoben*. Und so geht's:

Abbildg. 18.62 Diesmal werden die Figuren von hinten nach vorn bewegt

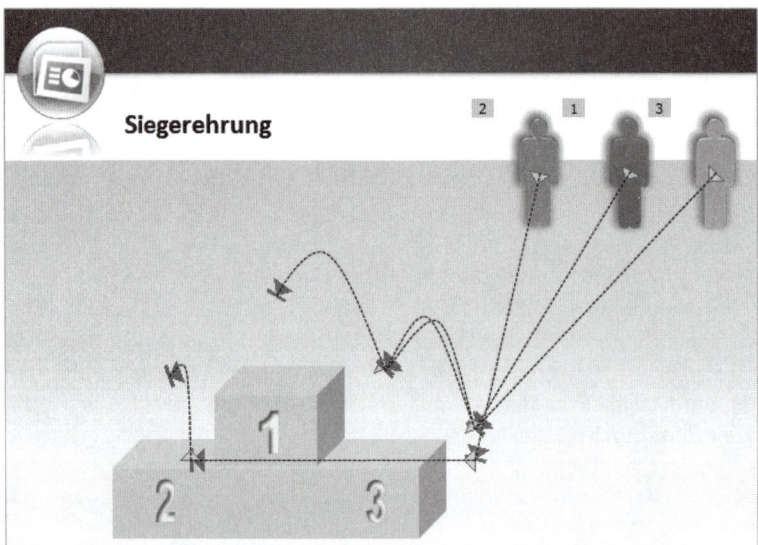

1. Markieren Sie die Figur für den Erstplatzierten und weisen Sie ebenso wie bei der vorherigen Variante einen einfachen Animationspfad zu. Für den Weg nach vorn zum Podest eignet sich wieder der Pfadeffekt *Links*. Korrigieren Sie anschließend durch Ziehen an der roten Pfeilspitze die Richtung. Legen Sie bei *Geschwindigkeit* die Einstellung *Mittel* fest.

2. Lassen Sie die Figur markiert und wählen Sie über die Befehlsfolge *Effekt hinzufügen/Hervorgehoben/Weitere Effekte* den Effekt *Vergrößern/Verkleinern*.

3. Stellen Sie bei *Größe* den Wert *150%* und bei *Geschwindigkeit* ebenfalls *Mittel* ein. Wichtig ist, dass Sie bei der Startoption *Mit Vorheriger* wählen, damit Pfad und Hervorgehoben-Effekt auch wirklich zeitgleich ablaufen. Deshalb sollte auch die Einstellung für die Geschwindigkeit bei beiden Effekten gleich sein.

4. Fügen Sie dann noch einen Pfad vom Typ *Kurve* hinzu. Er muss die gleichen Attribute wie in der vorangegangenen Variante aufweisen.

5. Der Weg des Zweitplazierten zum Podest ist etwas anders: anstelle der geraden Linie wird hier ein kleiner Bogen beschrieben, da die Figur vor dem Podest entlang bewegt werden muss, bevor sie das Siegertreppchen besteigt.

Die fertige Lösung zu dieser Animation finden Sie auf Folie 8 der Beispieldatei *Kap_18_Siegerehrung.pptx* im Ordner *\Buch\Kap18* der CD.

Der Weg zum Podest führt über einen roten Teppich

Die dritte Variante unterscheidet sich bei den Animationseinstellungen nicht von der vorherigen. Neu hinzugekommen ist – wie in Abbildung 18.63 zu sehen – nur der »rote Teppich«, über den sich die Figuren nun zum Siegertreppchen bewegen.

Abbildg. 18.63 Im Unterschied zur vorherigen Variante »laufen« die Sieger jetzt über einen roten Teppich

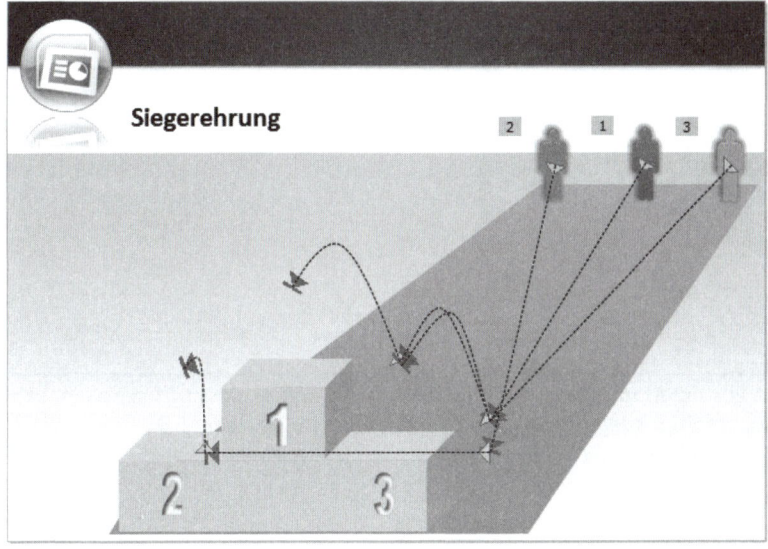

Animationseffekte und Präsentationsvorführung

Die fertige Lösung zu dieser Animationsvariante finden Sie auf Folie 9 der Beispieldatei *Kap_18_Siegerehrung.pptx* im Ordner *\Buch\Kap18* der CD.

Noch eine Variante: Jetzt mit jubelnden Siegern

Im letzten Beispiel zu diesem Thema wird die Animation recht komplex, da sich der Sieger nach dem Besteigen des Podestes noch bewegen soll, um damit seiner Freude Ausdruck zu verleihen. Konkret soll der Erstplatzierte winken und springen. Schauen Sie sich dazu die Lösung auf Folie 11 an.

Da die Figur zum Winken den Arm bewegen muss, ist es erforderlich, sie jetzt aus mehreren Objekten zusammenzusetzen, um ein Animieren einzelner Bestandteile zu ermöglichen.

Das Bewegen der Arme realisieren Sie mittels des Animationseffekts *Rotieren* in der Kategorie *Hervorgehoben*. Je nachdem, welcher Arm animiert wird, wählen Sie bei *Betrag* einen Wert von *180°* oder *30°*.

Natürlich kommen eine Reihe weiterer Effekte hinzu. Am einfachsten ist es, wenn Sie die Details im Aufgabenbereich *Benutzerdefinierte Animation* für Folie 11 und 12 studieren.

Abbildg. 18.64 Diese Variante berücksichtigt auch die Siegesfreude, die sich in weiteren Bewegungen äußert

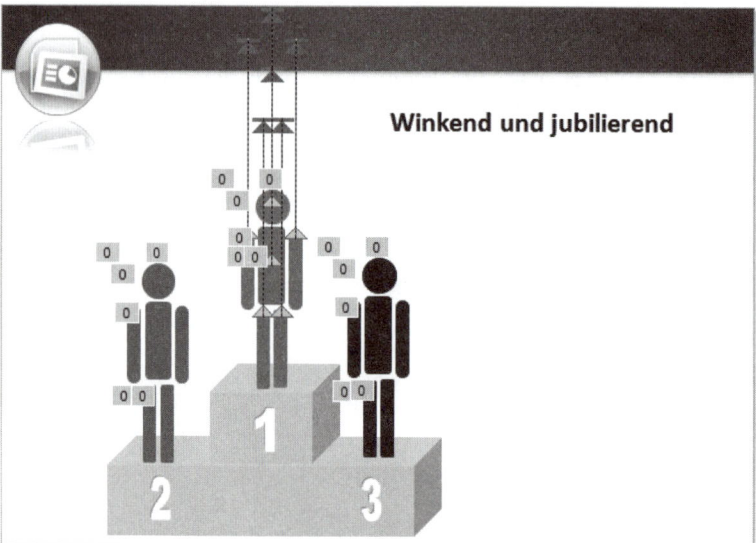

 Zwei fertige Lösungen mit dieser Animationsvariante finden Sie auf den Folien 11 und 12 der Beispieldatei *Kap_18_Siegerehrung.pptx* im Ordner *\Buch\Kap18* der CD.

Übersichtlich: Alle Animationseffekte zum praktischen Testen

Selbst Anwendern, die häufig mit Animationseffekten arbeiten, dürfte es schwerfallen, verlässliche Auskunft über die Unterschiede zwischen den einzelnen Effekten zu geben. Oder wüssten Sie auf Anhieb, was genau die beiden Eingangs- und Beenden-Effekte *Schlinge* und *Fegen* voneinander unterscheidet und welcher wann am besten einzusetzen ist?

Beim Animieren haben die meisten Anwender wohl ihr Repertoire an Lieblingseffekten oder häufig benutzten Effekten, auf das immer wieder zurückgegriffen wird. Jeder, der sich mit Animationseffekten schon einmal näher beschäftig hat, weiß, dass zehn Minuten ganz schnell vergangen sind, wenn man sich erst mal dazu hinreißen lässt, verschiedene Effekte zu erkunden und auszuprobieren. Das Schlimme: Nicht selten ist man nach den zehn Minuten auch noch nicht schlauer und die Qual der Wahl wird nur noch schwerer.

Wir haben daher alle Effekte aus drei der vier möglichen Kategorien in eine Präsentation eingebaut. Die drei Kategorien sind *Eingang*, *Hervorgehoben* und *Beenden*. Für jede der drei Kategorien gibt es einen Abschnitt in der Präsentation.

Starten Sie diese Beispieldatei nach dem Öffnen mit ｜F5｜ als Bildschirmpräsentation und testen Sie durch Klicken in die Rechtecke die Wirkung der einzelnen Animationseffekte. Auf jedem der Rechtecke liegt ein Trigger, sodass Sie einen Effekt auch mehrfach abspielen lassen können. Zum Weiterblättern benutzen Sie bitte die entsprechende Schaltfläche am unteren Folienrand.

Abbildg. 18.65 Klicken Sie in die Rechtecke, um den jeweiligen Animationseffekt abspielen zu lassen

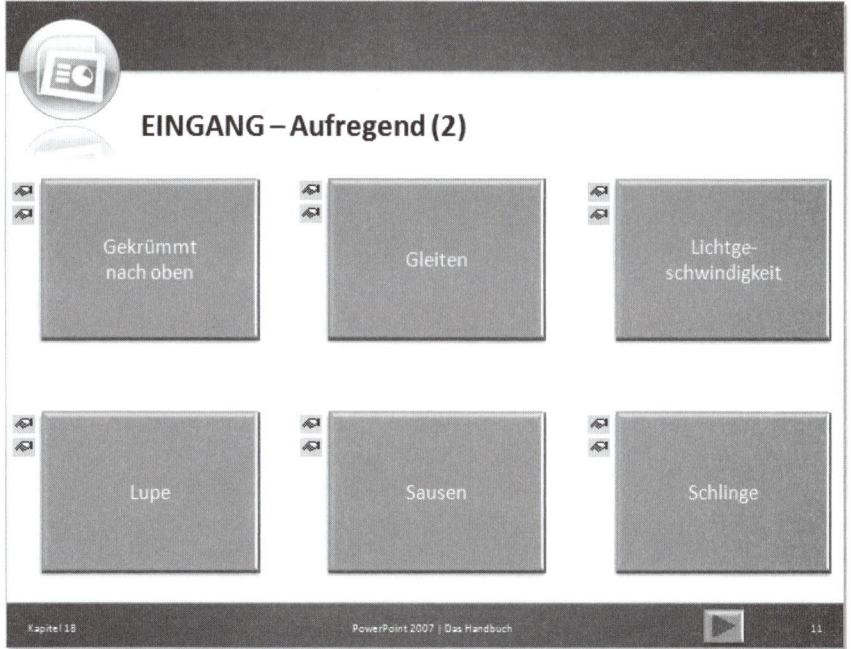

Animationseffekte und Präsentationsvorführung

Sie finden diese detaillierte Übersicht zur Wirkung der Animationseffekte in der Datei *Kap_18_Animationseffekte_Test.pptx* im Ordner *Buch\\Kap18* der CD.

Zusammenfassung

Das Zuweisen von Animationseffekten ist mit einem nicht zu unterschätzenden Zeitaufwand verbunden. Nicht selten werden mehrere Varianten ausprobiert, bevor die Entscheidung über die optimale Animation getroffen wird. All das erfordert außerdem eine gute Kenntnis der Möglichkeiten.

Damit Sie im Umgang mit Animationseffekten schnell zum Ziel kommen, hier noch einmal die Fundstellen der wichtigsten Themen aus diesem Kapitel:

Thema	Seite
Das System der Animationseffekte	502
Animationseffekte zuweisen: die Schritte	506
Erweiterte Optionen für Animationseffekte	516
Kurzübersicht benutzerdefinierte Animationseffekte	518
Beispiele für einfache Animationen	519
Beispiele für fortgeschrittene Techniken beim Animieren	532

Kapitel 19

Souverän und interaktiv: Bildschirmpräsentationen vorführen

In diesem Kapitel:

Animationseffekte und
Präsentationsvorführung

Die Folien sind erstellt und – wie im vorherigen Kapitel beschrieben – animiert, nun kann also »der große Augenblick« kommen: die Bildschirmpräsentation. Dabei werden Folienübergänge, Animationseffekte und Filme gezeigt, Sounds abgespielt und Hyperlinks und interaktive Schaltflächen sind anklickbar. Und das alles im Vollbild, ohne die störende Programmoberfläche.

Doch bevor es »ernst wird« und die Folien per Beamer oder am Monitor als Bildschirmpräsentation vor Publikum vorgeführt werden, sind noch zwei Dinge zu erledigen:

- Testen Sie, ob die Animationseffekte in der richtigen Reihenfolge und mit dem zum Inhalt passenden Tempo erfolgen. Lassen Sie dazu die Bildschirmpräsentation ein- oder zweimal ablaufen und sprechen Sie – zumindest leise – den Text, den der Vortragende »auf der Tonspur« sagen wird.

- Überlegen Sie, an welchen Stellen es sinnvoll und erforderlich ist, ganz bewusst Interaktion mit dem Publikum in den Vortrag einzubauen und zu welchen Folien/Informationen Rückfragen aus dem Kreis der Zuschauer kommen könnten. Planen Sie, wie Sie sich als Vortragender für diesen Dialog mit dem Publikum rüsten – beispielsweise durch

  - Zusatzfolien, die Sie im Anhang bereithalten und zu denen Sie dann direkt verzweigen oder

  - vorbereitete Flipchart-Blätter mit Definitionen, ein Tafelbild mit einer Übersicht, das Sie bei Bedarf aufklappen, einen kurzen Fragebogen, den Sie austeilen, ein Modell, das Sie zeigen und herumgehen lassen etc.

In diesem Kapitel erfahren Sie, wie Sie diese vorwiegend technische Seite einer Präsentation bewältigen, wie Sie also PowerPoint und die Präsentationsmedien so einsetzen, dass ein Vortrag erfolgreich sein kann.

Das gehört zum souveränen und interaktiven Präsentieren

Sie steuern eine Präsentation souverän und interaktiv, wenn Sie auch technisch in der Lage sind, situationsgerecht zu reagieren. Sie haben es sicher selbst schon Dutzende Male erlebt: Vortragende wissen nicht, wie sie

- die Präsentation elegant starten oder beenden,

- zu einer Folie verzweigen, die im Ablauf viel weiter vorn oder hinten ist,

- Folien überspringen, weil die Zeit knapp wird bzw. das Publikum die Inhalte schon kennt,

- die Präsentation vorübergehend anhalten oder ausblenden, um in direkten Dialog mit den Anwesenden zu treten,

- ein Frage-Antwort-Spiel in die Präsentation einbauen, um die Zuschauer zum Mitmachen zu bewegen,

- auf einer Folie etwas hervorheben,

- nur die für das Publikum relevanten Folien anzeigen und drucken.

Abbildg. 19.1   Technische Aufgaben, die auf den Vortragenden einstürmen

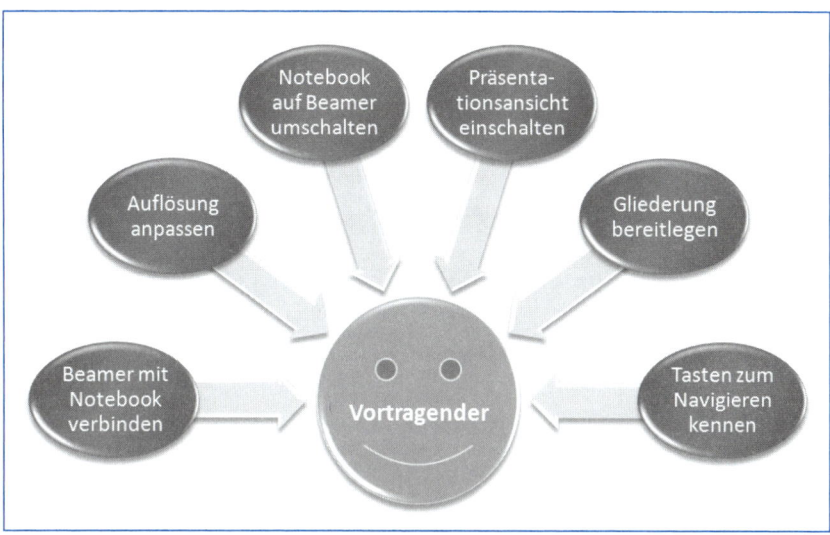

Sie sehen selbst: All das sind rein technische Faktoren. Doch sie entscheiden mit darüber, ob die sorgsam vorbereiteten Folien auch wirklich gut »präsentiert« werden. Daher gehören das bewusste Einrichten und das sichere Bedienen einer Bildschirmpräsentation genauso zum Handwerkszeug guter Vortragender wie solides Fachwissen oder überzeugende Rhetorik und Körpersprache.

Vier unterschiedliche Arten zum Vorführen einer Präsentation

PowerPoint bietet je nach Anlass und Zweck der Präsentation ganz verschiedene Formen zum Vorführen einer Bildschirmpräsentation. In Abbildung 19.2 sehen Sie vier Möglichkeiten.

Abbildg. 19.2   Das Vorführen einer Präsentation kann auf sehr unterschiedliche Arten erfolgen

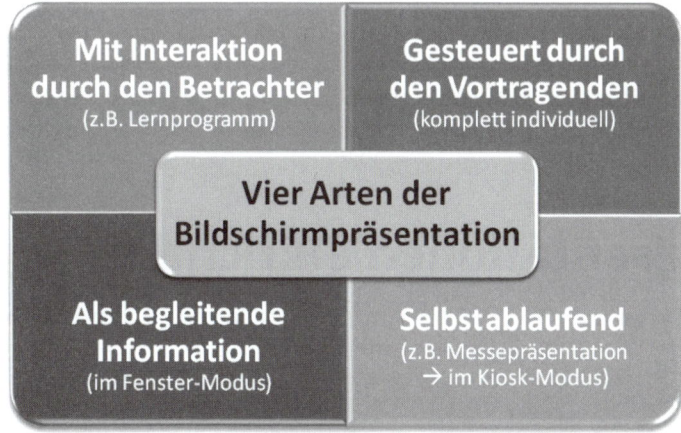

Welche Art ist für welchen Zweck geeignet?

Ausgehend von diesen vier Szenarien hält PowerPoint beim Einrichten einer Bildschirmpräsentation zahlreiche Einstellungen bereit, die selbst für routinierte Anwender seltsam und komplex klingen. Hier deshalb eine kurze Erläuterung der wichtigsten Begriffe und Befehle, die Sie in dem in Abbildung 19.3 gezeigten Dialogfeld vorfinden:

Abbildg. 19.3 Dieses Dialogfeld hat es aufgrund der Vielzahl der Optionen in sich

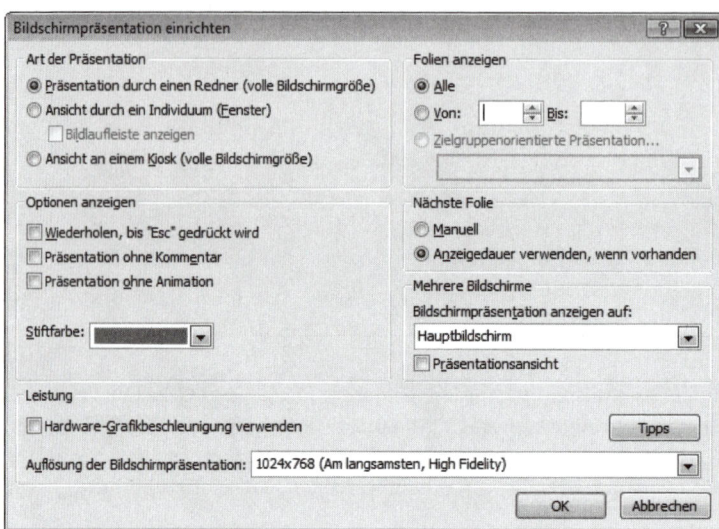

- Wenn eine Präsentation von einer Person direkt vor Publikum gehalten wird, wählen Sie *Präsentation durch einen Redner (volle Bildschirmgröße)*.

- Wenn es erforderlich ist, dass der Betrachter die Größe des Präsentationsfensters anpassen und so auch andere Dinge am Bildschirm ansteuern kann, klicken Sie auf *Ansicht durch ein Individuum (Fenster)*. Dieser Fenstermodus eignet sich beispielsweise, wenn Präsentationen von einer CD oder im Internet gesehen werden oder wenn beispielsweise ein Controller seine Daten in Excel zeigt und zugleich auf PowerPoint-Folien zusätzliche Informationen und Einschätzungen geben will.

- Sollen die Betrachter in der Lage sein, allein durch eine Präsentation zu blättern, aktivieren Sie zusätzlich das Kontrollkästchen *Bildlaufleiste anzeigen*, um die Navigation zu erleichtern.

- Soll eine Präsentation automatisch und in einer Endlosschleife abgespielt werden – typisches Beispiel wäre hier eine Messe –, wählen Sie die für selbstablaufende Präsentationen geeignete Option *Ansicht an einem Kiosk*.

Bildschirmpräsentationen einrichten

In vielen Fällen wird es gar nicht erforderlich sein, für das Vorführen von Folien als Bildschirmpräsentation erst noch spezielle Einstellungen vorzunehmen. Die vortragende Person öffnet einfach die Präsentationsdatei in PowerPoint und drückt die Taste F5 für den Start der Bildschirmpräsentation. Fertig.

Will der Vortragende aber zu seiner Unterstützung zusätzliche Informationen nur an seinem Bildschirm sehen und erweiterte Möglichkeiten zum Steuern der Bildschirmpräsentation haben, dann ist der Weg über das in Abbildung 19.3 gezeigte Dialogfeld unumgänglich. Das gilt natürlich auch, wenn Sie eine selbstablaufende und sich wiederholende Messepräsentation oder gar ein Lernprogramm mit PowerPoint vorbereiten.

Das Dialogfeld aufrufen

1. Zeigen Sie in der Multifunktionsleiste die Registerkarte *Bildschirmpräsentation* an.

2. Per Klick auf *Bildschirmpräs. einrichten* in der Befehlsgruppe *Einrichten* blenden Sie das in Abbildung 19.3 gezeigte Dialogfeld ein.

Bildschirmpräs.
einrichten

PROFITIPP

> Das Dialogfeld zeigen Sie auch an, indem Sie mit gedrückter ⇧-Taste auf die Schaltfläche *Bildschirmpräsentation* in der rechten unteren Ecke des Programmfensters klicken. Vorteil dieser Variante: Sie sparen sich den Schritt, in der Multifunktionsleiste erst die richtige Registerkarte auszuwählen.

Eine Bildschirmpräsentation im Fenstermodus

Voreingestellte Art der Vorführung ist *Präsentation durch einen Redner (volle Bildschirmgröße)*.

Gleich darunter befindet sich die Option *Ansicht durch ein Individuum (Fenster)*. Diese Bezeichnung ist nicht eben glücklich, denn auch bei der voreingestellten Option für volle Bildschirmgröße wird die Präsentation durch »ein Individuum« angeschaut. Entscheidend zum Verständnis der Option ist also die Ergänzung »Fenster« (im Gegensatz zu »volle Bildschirmgröße«).

Abbildg. 19.4 Den Fenstermodus im Dialogfeld festlegen

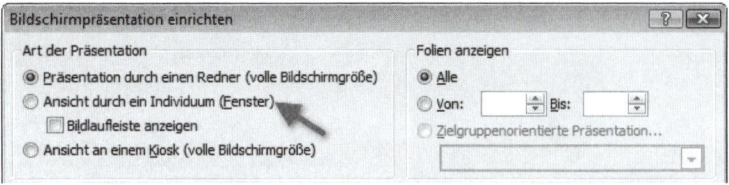

Den Fenstermodus nutzen

1. Wenn Sie den Fenstermodus gewählt und dann die Bildschirmpräsentation gestartet haben, klicken Sie in der rechten oberen Ecke des Fensters auf die Schaltfläche *Verkleinern*.

2. Ziehen Sie das Fenster dann auf die gewünschte Größe.

Animationseffekte und
Präsentationsvorführung

Beispiel für den Nutzen des Fenstermodus

Dass diese etwas unglücklich benannte Option trotzdem recht nützlich sein kann, sehen Sie in Abbildung 19.5. Ein durchaus typisches Szenario: PowerPoint und Excel werden gleichzeitig für die Vermittlung von Daten und Einschätzungen gebraucht. Im oberen Bild liegt die im Fenster laufende Bildschirmpräsentation vor Excel, im unteren Bild sind beide Programmfenster nebeneinander angeordnet.

Abbildg. 19.5 Zwei Beispiele für das Zusammenspiel von PowerPoint und Excel, das erst durch den Fenstermodus möglich wird

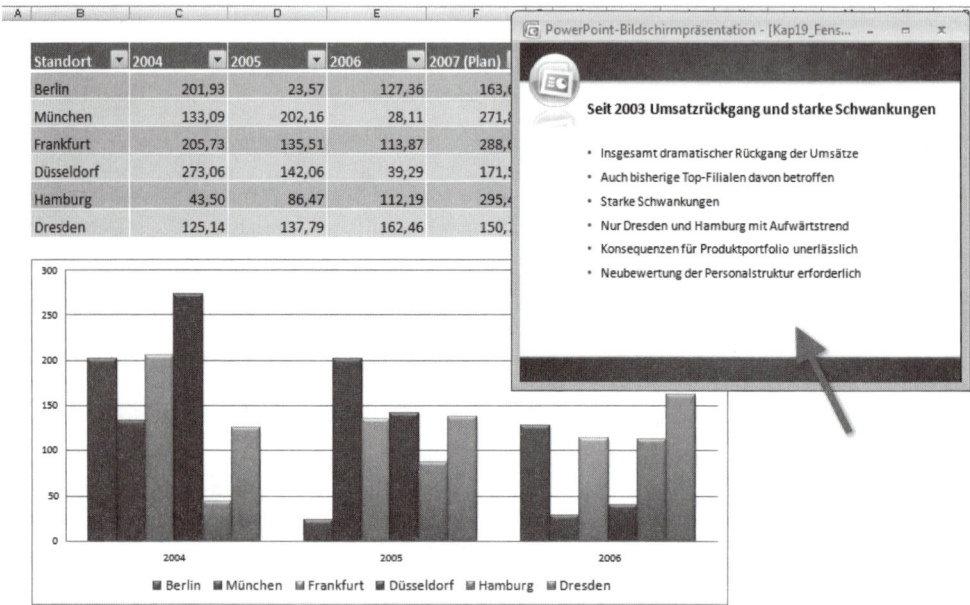

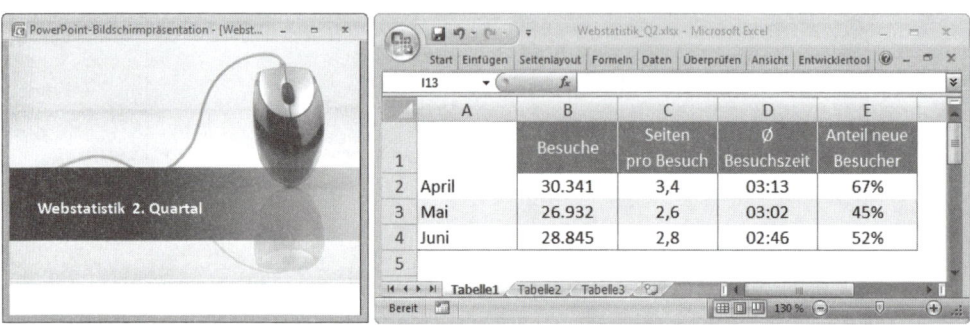

Fazit: Das Abspielen einer Bildschirmpräsentation im Fenstermodus ist dann von Vorteil, wenn die vorführende Person noch auf andere Elemente am Bildschirm zugreifen will.

Die Datei *Kap19_Fenster.pptx* ist ein Beispiel für eine Bildschirmpräsentation, die im Fenster-modus abgespielt wird. Sie finden sie im Ordner *\Buch\Kap19* auf der CD zum Buch.

Wenn Sie zusätzlich zur Option des Fenstermodus noch das Kontrollkästchen *Bildlaufleiste anzeigen* aktiviert haben, wird – wie in Abbildung 19.6 zu sehen – die Navigation und Orientierung noch einfacher. Sie scrollen an der Leiste und sehen gleich, zu welcher Folie Sie wechseln.

Abbildg. 19.6   Die Bildlaufleiste sorgt für leichtere Navigation und bessere Orientierung

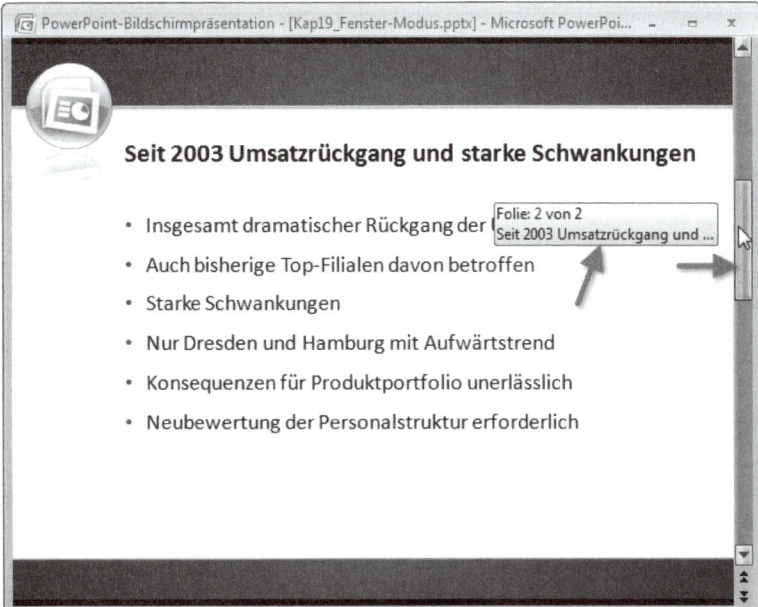

Selbstablaufende, zeitgesteuerte und Messepräsentationen

In einer Reihe von Fällen soll eine PowerPoint-Präsentation nicht durch einen Vortragenden gesteuert werden, sondern automatisch ablaufen. Typische Beispiele dafür sind Messepräsentationen oder Informationen, die im Eingangsbereich eines Unternehmens oder im Pausenbereich einer Veranstaltung gezeigt werden sollen. Dass zu einer selbstablaufenden Präsentation immer auch eine Zeitsteuerung gehört und wie Sie diese einrichten, erfahren Sie in diesem Abschnitt.

Den Kioskmodus einrichten und verwenden

Den Kioskmodus verwenden Sie, wenn eine Präsentation unbeaufsichtigt laufen soll – beispielsweise bei einer Messe oder in einem Schaufenster. Die Präsentation wird gestartet und läuft dann ununterbrochen weiter, bis die Taste Esc gedrückt wird.

Erläuterungen zur Zeitsteuerung lesen Sie weiter hinten in diesem Kapitel. Für die in einer Endlosschleife selbstablaufende und ungestörte Bildschirmpräsentation genügt es, wenn Sie den Kioskmodus wählen.

WICHTIG   Das Besondere des Kioskmodus besteht darin, dass alle sonst gebräuchlichen Möglichkeiten zur Navigation wie `Leertaste`, `↵`, `Bild↑`, `Bild↓` und selbst der Mausklick gesperrt sind.

Daraus folgt für eine Messepräsentation, dass Sie auf den Folien (oder im Folienmaster) unbedingt Schaltflächen für die Navigation einbauen müssen, damit Besucher ggf. in der Präsentation blättern können. Mehr dazu finden Sie weiter hinten in diesem Kapitel in den Abschnitten zur Navigation

Den Kioskmodus einrichten

Das Einschalten des Kioskmodus ist im Handumdrehen erledigt:

1. Klicken Sie auf der Registerkarte *Bildschirmpräsentation* auf *Bildschirmpräs. einrichten*.

2. Aktivieren Sie die Option *Ansicht an einem Kiosk (volle Bildschirmgröße)*. Damit wird zugleich das Kontrollkästchen *Wiederholen bis 'Esc' gedrückt wird* aktiviert und kann auch nicht deaktiviert werden.

Abbildg. 19.7   So richten Sie den Kioskmodus ein

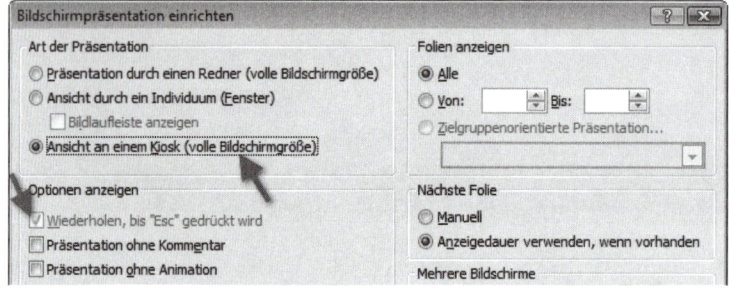

Die Datei *Kap19_Kiosk.pptx* ist ein Beispiel für eine Bildschirmpräsentation, die im Kioskmodus in einer Endlosschleife abgespielt wird. Sie finden sie im Ordner *\Buch\Kap19* auf der CD zum Buch.

Ebenso wichtig wie das Einbauen von interaktiven Schaltflächen zur Navigation ist bei Kioskpräsentationen das Festlegen von Zeiten für den Folienübergang. Damit bestimmen Sie, nach welcher Zeit automatisch von einer zur nächsten Folie gewechselt wird.

Automatische Bildschirmpräsentation mit Zeitsteuerung

Nun wissen Sie also, wie Sie Ihre Folien dynamischer wechseln. Bleibt noch zu klären, welche Einstellungen erforderlich sind, damit eine Präsentation ohne Ihr Zutun laufen kann. Typische Beispiele für solche Anforderungen sind neben Messepräsentationen beispielsweise auch Firmenvorstellungen, die im Eingangsbereich eines Unternehmens als Information für die Besucher gezeigt werden.

Für solche Fälle bietet PowerPoint die Möglichkeit, die Anzeige der Folien während der Bildschirmpräsentation zeitgesteuert ablaufen zu lassen. Sie können so die Präsentation auf eine exakte Laufzeit einrichten (zur Zeitsteuerung von Objekten lesen Sie mehr in Kapitel 18).

> **HINWEIS**   Natürlich können Sie die Zeitsteuerung auch dann nutzen, wenn Sie eine Präsentation für einen Vortrag anfertigen. Sie sollten dabei aber stets im Hinterkopf behalten, dass Sie sich oder den Vortragenden zum »Gefangenen« der Präsentation machen. Denn bei einer zeitgesteuerten Präsentation muss der Text passend zu den Folien, also synchron, vorgetragen werden. Eine Zwischenfrage aus dem Publikum kann dann schnell zur Stolperfalle und als störend empfunden werden.

Außerdem gibt es in PowerPoint die Möglichkeit, die Zeitsteuerung mit der herkömmlichen Schaltung per Mausklick zu kombinieren. Dabei können die einzelnen Objekte wie gewohnt per Klick geschaltet werden. Wenn der Klick nicht innerhalb der voreingestellten Zeit erfolgt, wird die Zeitschaltung aktiv und ruft die nächste Animation auf.

Abbildg. 19.8   Mit der Einstellung wird nach neun Sekunden die nächste Folie angezeigt, aber da das Weiterblättern per Mausklick ebenfalls möglich ist, kann damit bei Bedarf auch schneller gewechselt werden

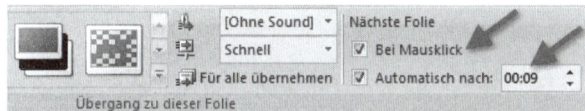

Die Zeitsteuerung festlegen

So gehen Sie vor, wenn Folien zeitgesteuert erscheinen sollen. Hier ein kleines Beispiel zum Nachvollziehen:

1. Öffnen Sie eine beliebige vorhandene Präsentation mit mindestens drei Folien oder legen Sie schnell eine solche Präsentation an.
2. Zeigen Sie die erste der drei Folien an.
3. Klicken Sie die Registerkarte *Animationen* an.
4. Aktivieren Sie so wie in Abbildung 19.8 gezeigt sowohl das Kontrollkästchen *Bei Mausklick* als auch das Kontrollkästchen *Automatisch nach*.
5. Stellen Sie rechts neben dem Kontrollkästchen *Automatisch nach* die Zeit (beispielsweise 10 Sekunden) ein.
6. Aktivieren Sie die zweite Folie, entfernen Sie das Häkchen im Kontrollkästchen *Bei Mausklick* und aktivieren Sie das Kontrollkästchen *Automatisch nach*. Stellen Sie hier die Zeit auf 6 Sekunden. Weisen Sie auch der dritten Folie eine bestimmte Zeit zu.
7. Wechseln Sie zurück zur ersten Folie. Klicken Sie am rechten unteren Programmfensterrand auf die Schaltfläche *Bildschirmpräsentation*, um die Präsentation zu starten.

Beachten Sie, dass Sie zwar den Übergang von der ersten zur zweiten Folie per Mausklick beschleunigen können, nicht jedoch den zwischen der zweiten und der dritten Folie. Klicken Sie während der Anzeigedauer der ersten Folie *nicht*, wird diese erst nach der voreingestellten Zeit weitergeschaltet.

PROFITIPP

> Wenn Sie vermeiden wollen, dass der Vortragende während der Bildschirmpräsentation durch versehentliches Klicken mit der Maus vorschnell zur nächsten Folie wechselt, setzen Sie bei dem in Abbildung 19.8 gezeigten Dialogfeld im Abschnitt *Nächste Folie* bei *Bei Mausklick* kein Häkchen.

Animationseffekte und Präsentationsvorführung

Die Zeit für die Bildschirmpräsentation testen

Wenn eine Präsentation Animationen enthält, ist das Testen der Zeiten für den Ablauf und die gewünschte Wirkung unerlässlich. Informationen dürfen nicht zu schnell aufeinanderfolgen, aber auch nicht mit zu großen Pausen. In beiden Fällen ermüdet das Publikum schneller.

Glücklicherweise bietet PowerPoint eine komfortable Funktion, mit der Sie die Ablaufzeit einzelner Folien und der gesamten Präsentation testen und steuern können.

Abbildg. 19.9   Per Klick auf diese Schaltfläche passen Sie den zeitlichen Ablauf der Folien an

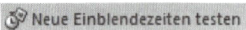

1. Mit einem Klick auf die Schaltfläche *Neue Einblendzeiten testen* in der Befehlsgruppe *Einrichten* auf der Registerkarte *Bildschirmpräsentation* starten Sie die Test-Vorführung.
2. Während der Bildschirmpräsentation wird jetzt in der linken oberen Ecke eine kleine Symbolleiste eingeblendet (siehe Abbildung 19.10), mit der Sie zur nächsten Animation bzw. Folie weiterschalten können und außerdem die abgelaufene Zeit für die aktuelle Folie und die gesamte Präsentation im Blick haben. Per Klick auf den Pfeil für *Weiter* steuern Sie das Tempo der Präsentation.

Abbildg. 19.10   Die Symbolleiste begleitet Sie beim Testen; die unten angezeigte Meldung gibt Ihnen die Wahlmöglichkeit, das Ergebnis des Testes anzunehmen oder nicht

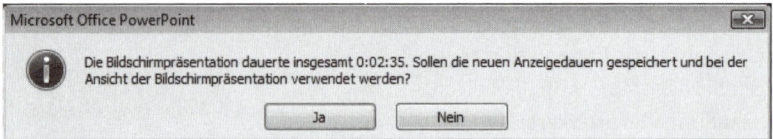

3. Am Ende des Testes wird eine Meldung angezeigt, wie lange die Vorführzeit insgesamt gedauert hat. Sie können diesen Wert speichern oder verwerfen.

Fazit: Ohne Zeitsteuerung keine selbstablaufende Präsentation

Beim Einbauen der Animationseffekte auf einer Folie müssen Sie sich nicht allzu sehr damit abmühen, wie lang die Pausen zwischen den einzelnen Informationen und Objekten sein sollen. Mit der Funktion zum Testen der Einblendzeiten legen Sie das deutlich komfortabler fest.

Erst nachdem für alle Folien feste Zeiten definiert wurden, kann eine Bildschirmpräsentation auch wirklich automatisch und in einer Endlosschleife vorgeführt werden.

PROFITIPP

Wenn es einmal schnell gehen soll und Sie Ihrem Chef oder einem Kollegen kurz den aktuellen Stand der Präsentation zeigen möchten, können Animationseffekte störend wirken. Spielen Sie in einem solchen Fall die Präsentation einfach ohne Animation ab. Aktivieren Sie einfach vorübergehend das Kontrollkästchen *Präsentation ohne Animation* im Dialogfeld *Bildschirmpräsentation einrichten*. Zuvor getestete und festgelegte Zeiten gehen dadurch nicht verloren.

Abbildg. 19.11 Die Animationseffekte vorübergehend ausschalten

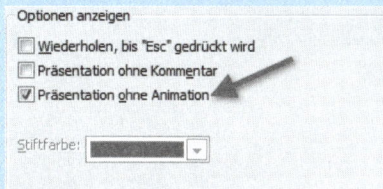

Der Sonderfall Messepräsentation

Für Präsentationen, die auf einer Messe eingesetzt werden, gelten die gleichen Anforderungen wie sie bereits für selbstablaufende Bildschirmpräsentation weiter oben genannt wurden:

- Die Präsentation muss automatisch, also ohne Redner ablaufen,

- dazu müssen die Folien zeitgesteuert nacheinander angezeigt werden,

- nach dem Ende der Präsentation muss sie automatisch wieder von vorn beginnen, also in einer Endlosschleife ablaufen.

Ein weiteres wichtiges Kriterium kommt für Messen noch hinzu:

- Die Manipulation durch Fremde muss möglichst ausgeschlossen werden.

Das heißt konkret, dass Tastatur und Maus verschlossen sein sollten und vom Computer nur der Bildschirm zu sehen ist.

Das Einrichten einer Messepräsentation erledigen Sie in dem bereits bekannten Dialogfeld *Bildschirmpräsentation einrichten*, in dem Sie *Ansicht an einem Kiosk (volle Bildschirmgröße)* wählen. Auf diese Weise wird die Präsentation fortlaufend wiederholt und Fremdeingriffe oder ungewollte Aktionen durch Benutzer werden verhindert.

Denn folgende Aktionen werden damit gesperrt:

- Alle Tasten zum Navigieren (beispielsweise [Bild↑], [Bild↓], [N], [P], [Leertaste], [↵]) werden deaktiviert.

- Tasten zum Umschalten des Bildschirms ([W] für Weiß, [B] für Schwarz) oder zum Anhalten der zeitgesteuerten Animation ([S] für Stoppen) und andere Tasten, die während einer Bildschirmpräsentation Funktionen auslösen, sind nicht mehr verfügbar.

- Mausklicks bleiben ohne Wirkung und beeinflussen den Ablauf der Bildschirmpräsentation nicht – es sei denn, es sind Mausklicks auf Hyperlinks oder Aktionsschaltflächen (mehr dazu gleich).

Außerdem wird bei Wahl der Kioskfunktion automatisch das Ablaufen in einer Endlosschleife festgelegt, das nur mit der [Esc]-Taste zu stoppen ist.

Animationseffekte und Präsentationsvorführung

Ihnen bleiben nur noch zwei Wege, die Präsentation zu beenden: die $\boxed{\text{Esc}}$-Taste oder – wenn vorhanden – der Klick auf eine interaktive Schaltfläche mit der Aktionseinstellung zum Beenden der Präsentation.

Abbildg. 19.12 Mit der Einstellung *Ansicht an einem Kiosk* schränken Sie die Bedienbarkeit der Bildschirmpräsentation wesentlich ein, Mausklicks werden ignoriert, selbst wenn auf der Registerkarte *Animationen* noch ein Häkchen gesetzt ist

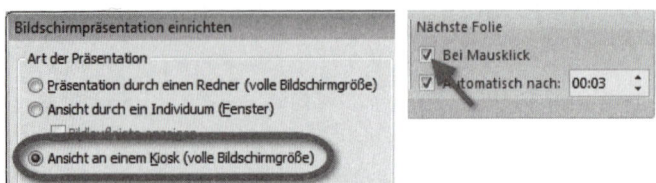

Messepräsentationen flexibel halten

Bei Messepräsentationen ist es ratsam, für Gespräche mit interessierten Besuchern als Reserve eine Reihe von Folien bereitzuhalten, die während der »normalen« Vorführung nicht gezeigt werden, aber für Nachfragen schnell abgerufen werden können. Dazu nutzen Sie die PowerPoint-Funktion, Folien gezielt von der Bildschirmpräsentation ausschließen zu können, die im nächsten Abschnitt beschrieben wird.

WICHTIG Der Aufruf von versteckten Folien in einer im Kioskmodus laufenden Messepräsentation ist nur über Hyperlinks oder Aktionsschaltflächen möglich, denn wie eben erläutert, reagiert die Präsentation auf Mausklicks nicht. Anleitungen zum Einbau und zur Bedienung von Hyperlinks und Aktionsschaltflächen finden Sie weiter hinten in diesem Kapitel im Abschnitt zum Thema Navigation.

Mit versteckten Folien arbeiten

Das Ausblenden einzelner Folien ist natürlich nicht nur auf Messepräsentationen beschränkt. Manchmal ist es nicht voraussehbar, ob und wann eine Folie mit bestimmten Informationen in der Präsentation gezeigt werden soll. Fügen Sie für diesen Fall am Ende der Präsentation die »Reservefolien« ein.

Einzelne Folien bei der Bildschirmpräsentation ausblenden

1. Wechseln Sie über die Registerkarte *Ansicht* in die *Foliensortierung*.
2. Markieren Sie die Folien, die nur bei Bedarf gezeigt werden sollen.
3. Wechseln Sie zur Registerkarte *Bildschirmpräsentation* und klicken Sie in der Befehlsgruppe *Einrichten* auf *Folie ausblenden*.

HINWEIS Wenn die Präsentation nicht im Kioskmodus läuft, können Sie für den Sprung zu einer »Reservefolie« nicht nur einen Hyperlink oder eine interaktive Schaltfläche verwenden. Einfacher ist es, Sie merken sich die Foliennummern. Während der Bildschirmpräsentation wechseln Sie dann schnell zu einer ausgeblendeten Folie, indem Sie die Nummer eingeben und anschließend die $\boxed{\leftarrow}$-Taste drücken. Im Kioskmodus funktioniert diese einfache Methode nicht, da alle Tasten deaktiviert sind.

Haben Sie sehr viele »Reservefolien«, dann ist es vielleicht besser, zu einem Hauptmenü in Ihrer Präsentation zu wechseln, von dem aus Sie bequem ganz bestimmte Folien der Präsentation aufrufen können. Kommt an den Messestand ein Techniker, dann zeigen Sie ihm die Folien mit den speziellen technischen Inhalten, kommt hingegen ein Einkäufer oder Entscheider, dann führen Sie die Folien vor, in denen es vor allem um die kaufmännischen Aspekte geht. Wie Sie solche zielgruppenspezifischen Präsentationen aufbauen, lesen Sie im folgenden Abschnitt.

Flexibel und zielgruppenorientiert: Benutzerdefinierte Präsentationen

Viele PowerPoint-Nutzer greifen auf Standardpräsentationen zurück, die je nach Anlass und Zielgruppe in leicht abgewandelter Form immer wieder gezeigt werden. Ein Beispiel: Außendienstmitarbeiter stellen aus einer Produktpräsentation für jeden ihrer Kunden eine spezielle Präsentation zusammen, die nur die Folien zu ausgewählten Produkten enthält. Für jeden Kunden wird dann die so zugeschnittene Variante als eigene Datei abgelegt. Das hat jedoch mindestens zwei Nachteile:

- Es erhöht den erforderlichen Speicherplatz und die Anzahl der Dateien.

- Sollen Standardfolien, die in jeder dieser Kopien vorkommen, später geändert werden, ist der Such- und Aktualisierungsaufwand recht hoch.

Eine Lösung bietet hier die Funktion *Benutzerdefinierte Bildschirmpräsentation* (in früheren Versionen *Zielgruppenorientierte Präsentation*). Mit ihr verwalten Sie nur eine Präsentation, können aber in dieser mehrere Unterpräsentationen für bestimmte Zuschauergruppen zusammenstellen.

Das Prinzip ist ganz einfach: Sie wählen in einer Präsentation aus dem Gesamtbestand der Folien nur diejenigen aus, die einem bestimmten Personenkreis oder zu einem bestimmten Anlass vorgeführt werden sollen, und vergeben für diesen Foliensatz einen aussagekräftigen Namen. Auf diese Weise können Sie innerhalb einer Präsentation verschiedene Versionen anlegen. Die Vorteile liegen auf der Hand:

- Sie sparen Speicherplatz, da Sie mit nur einer Datei arbeiten.

- Sie müssen für verschiedene Zielgruppen und Anlässe nicht jeweils eine Datei anlegen, diese später suchen und stets an deren Aktualisierung denken.

Fazit: Bei einer benutzerdefinierten Präsentation handelt es sich also um eine Art Unterpräsentation innerhalb einer Präsentation. Folien eines Vortrags werden so gruppiert und benannt, dass dieser Teil der Präsentation ideal für einen bestimmten Zuschauerkreis zugeschnitten ist.

Eine benutzerdefinierte Bildschirmpräsentation anlegen

Um in einer PowerPoint-Datei eine solche zielgruppenorientierte Präsentation anzulegen, gehen Sie wie folgt vor:

1. Öffnen Sie die Präsentation, in der Sie Unterpräsentationen anlegen wollen.

2. Wechseln Sie zur Registerkarte *Bildschirmpräsentation*.

3. Klicken Sie auf den kleinen Dropdownpfeil am rechten Rand der Schaltfläche *Benutzerdefinierte Bildschirmpräsentation*, dann auf *Zielgruppenorientierte Präsentationen* und im folgenden Dialogfeld auf *Neu*.

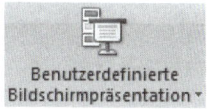

569

Neu ist nicht immer besser

Die Entwickler von Microsoft schaffen es immer wieder, durch eine Inflation der Begriffe für Verwirrung bei den Anwendern zu sorgen. Die in vorherigen Versionen verwendete Bezeichnung *Zielgruppenorientierte Präsentation* war zwar lang, traf aber den Kern der Sache und war somit für alle verständlich.

Die neue Benennung des gleichen Befehls mit *Benutzerdefinierte Bildschirmpräsentation* ist zunächst einmal weniger treffend. Denn was kann man sich schon unter einer Bildschirmpräsentation vorstellen, die benutzerdefiniert ist?

Noch gravierender aber ist die seltsame Platzierung des Befehls in der Befehlsgruppe *Bildschirmpräsentation starten*. Denn: Bevor Sie eine zielgruppenorientierte Präsentation starten können, müssen Sie diese erst einmal einrichten. Insofern gehört der Befehl in die rechts daneben liegende Befehlsgruppe *Einrichten*.

Der Höhepunkt der Inkonsequenz aber wird erreicht, wenn nach einem Klick auf den kleinen Dropdownpfeil der Schaltfläche *Benutzerdefinierte Bildschirmpräsentation* ein einziger Befehl erscheint – der heißt dann wieder *Zielgruppenorientierte Präsentationen*. Es fällt schwer, diese Logik zu verstehen.

---

4. Vergeben Sie im folgenden Dialogfeld einen aussagekräftigen Namen.

5. Markieren Sie links die Folien, die in der zielgruppenorientierten Präsentation erscheinen sollen, und klicken Sie auf *Hinzufügen*.

6. Beenden Sie den Vorgang mit Klick auf *OK* und auf *Schließen*.

Beispiel: Drei Zielgruppen mit einer Präsentation bedienen

Sie können das Anlegen benutzerdefinierter Präsentationen an dem folgenden Beispiel praktisch üben. Die Aufgabe besteht darin, eine Präsentation mit insgesamt 12 Folien für drei verschiedene Zielgruppen aufzubereiten: Techniker, Einkäufer und Entscheider.

Die Folien zum Nachvollziehen des Beispiels finden Sie im Ordner \Buch\Kap19 in der Datei *Kap19_Zielgruppe_0.pptx*.

---

1. Öffnen Sie die Präsentation von der CD und klicken Sie in der Multifunktionsleiste auf die Registerkarte *Bildschirmpräsentation*.

2. Rufen Sie in der Befehlsgruppe *Bildschirmpräsentation starten* über *Benutzerdefinierte Bildschirmpräsentation/Zielgruppenorientierte Präsentationen* das gleichnamige Dialogfeld auf.

3. Klicken Sie auf *Neu* und stellen Sie dann nacheinander die drei Unterpräsentationen für die einzelnen Zielgruppen zusammen. Orientieren Sie sich dazu an den Informationen in Abbildung 19.13.

Abbildg. 19.13 Aus den 12 Folien in der Präsentation werden für jede der drei Zielgruppen nur bestimmte ausgewählt

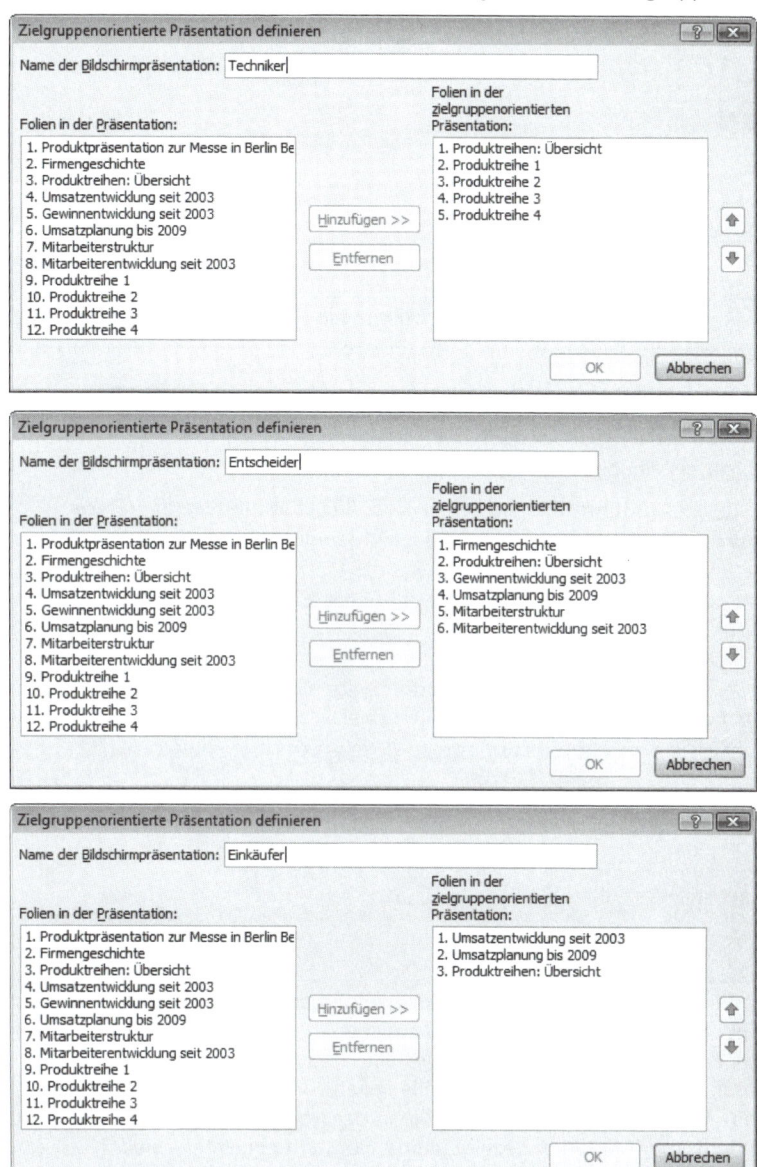

Wenn Sie die drei Unterpräsentationen angelegt haben, sehen Sie die Mühe Ihrer Arbeit belohnt, wenn Sie in der Befehlsgruppe *Bildschirmpräsentation starten* erneut auf *Benutzerdefinierte Bildschirmpräsentation* klicken. Wie in Abbildung 19.14 zu sehen, wurden die eben angelegten drei Unterpräsentationen in die Liste der Befehle aufgenommen. Die vortragende Person kann so schnell den speziellen Foliensatz für eine gewünschte Zielgruppe aufrufen. Mehr zum Aufrufen benutzerdefinierter Präsentationen lesen Sie im folgenden Abschnitt.

Animationseffekte und Präsentationsvorführung

Abbildg. 19.14 Die zuvor definierten zielgruppenorientierten Präsentationen
wurden der Liste hinzugefügt

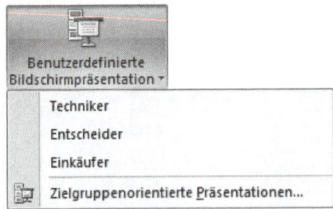

 Die fertige Lösung finden Sie im Ordner *\Buch\Kap19* in der Datei *Kap19_Zielgruppe_fertig.pptx*.

Eine benutzerdefinierte Bildschirmpräsentation vorführen

Nach dem Anlegen zielgruppenorientierter Präsentationen stehen Ihnen zum Vorführen mehrere
Möglichkeiten zur Verfügung.

■ Die erste Möglichkeit führt über die Befehlsfolge *Bildschirmpräsentation/Einrich-*
ten/Bildschirmprä. einrichten. In dem Dialogfeld können Sie festlegen, dass nur
bestimmte Folien gezeigt werden, indem Sie die Option *Zielgruppenorientierte*
Präsentation aktivieren und darunter in der Liste den Eintrag für den gewünsch-
ten Foliensatz anklicken.

Abbildg. 19.15 Im Dialogfeld *Bildschirmpräsentation einrichten* die Option *Zielgruppenorientierte*
Präsentation und den gewünschten Foliensatz auswählen

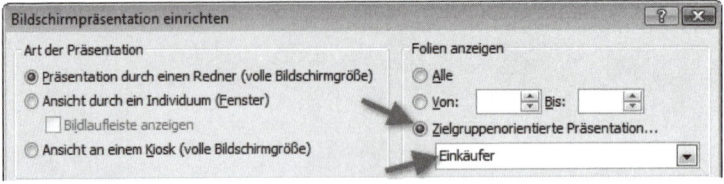

WICHTIG Wenn Sie diese Methode wählen, werden nur genau die so ausgewählten Folien in
der Bildschirmpräsentation gezeigt, egal, auf welche Art Sie die Bildschirmpräsentation starten.
Noch wichtiger ist: Geben Sie eine so voreingestellte Präsentation an andere Personen weiter, die
von dieser Einschränkung nichts wissen und alle Folien vorführen wollen, wird dies schnell zu Irritationen führen. Denn zwischen den Folien, die in der Normalansicht zu sehen sind, und denen,
die bei der Bildschirmpräsentation gezeigt werden, besteht ein Unterschied.

■ Die zweite Möglichkeit, gezielt nur einen bestimmten Foliensatz anzuzeigen, ist kürzer und flexibler – sie wurde weiter oben schon kurz erwähnt.
Klicken Sie auf der Registerkarte *Bildschirmpräsentation* in der Gruppe
Bildschirmpräsentation starten auf *Benutzerdefinierte Bildschirmpräsenta-*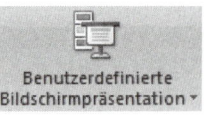
tion und wählen Sie dann den gewünschten Eintrag. Diese Methode ist nicht nur schneller, son-
dern vermeidet, dass Sie die oben genannte Einschränkung in der Präsentation speichern.

HINWEIS   Verschiedene Techniken zum Starten von Bildschirmpräsentationen werden weiter hinten in diesem Kapitel beschrieben. Dort lesen Sie auch Profitipps zum Vorführen zielgruppenorientierter Präsentationen.

Eine benutzerdefinierte Bildschirmpräsentation drucken

Mit der Funktion *Benutzerdefinierte Bildschirmpräsentation* lassen sich nicht nur gezielt bestimmte Foliensätze zeigen, sondern auch drucken.

Über die Befehlsfolge *Office-Schaltfläche/Drucken/Drucken* können Sie – wie in Abbildung 19.16 gezeigt – die Wahl der zu druckenden Folien über die Option *Zielgruppenorientierte Präsentation* schnell beeinflussen. Wählen Sie in der Liste einfach den Eintrag für den gewünschten Foliensatz aus.

Abbildg. 19.16 Mit der Option *Zielgruppenorientierte Präsentation* festlegen, dass nur ausgewählte Folien der Präsentation gedruckt werden

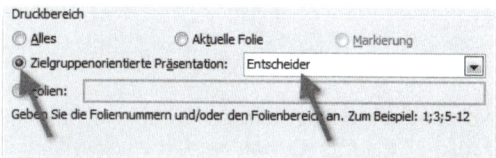

TIPP   Wenn Sie nur einmal eine bestimmte Gruppe von Folien aus einer Präsentation anzeigen wollen, müssen Sie deswegen nicht erst eine benutzerdefinierte Bildschirmpräsentation einrichten. Öffnen Sie einfach das Dialogfeld *Bildschirmpräsentation einrichten* (Registerkarte *Bildschirmpräsentation* und Klick auf *Bildschirmpräs. einrichten*) und geben Sie – wie in Abbildung 19.17 zu sehen – die erste Foliennummer im Feld *Von* und die letzte Foliennummer im Feld *Bis* ein. Diese »manuelle Alternative« können Sie für Präsentationen mit Redner, aber auch für selbstablaufende Präsentationen nutzen.

Abbildg. 19.17 Folienauswahl für die Bildschirmpräsentation diesmal manuell: nur die Folien 3 bis 9 sollen gezeigt werden

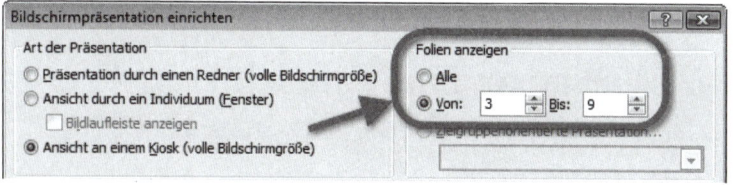

ACHTUNG   Wenn Sie die Auswahl wie im oben genannten Tipp auf eine bestimmte Gruppe von Folien einschränken, »merkt« PowerPoint sich das und speichert diese Einstellung in der Datei. In der Praxis bedeutet das: Lassen Sie oder ein anderer Anwender die Präsentation zu einem späteren Zeitpunkt als Bildschirmpräsentation ablaufen, wird wieder nur die begrenzte Folienauswahl angezeigt. Auch das kann schnell zu Irritationen führen. Daher ist es besser, die einschränkende Einstellung der zu zeigenden Folien sofort nach dem Vortrag wieder aufzuheben und auf die Option *Alle* zurückzusetzen.

Animationseffekte und
Präsentationsvorführung

Tipps zum Starten einer Bildschirmpräsentation

Unmittelbar vor Beginn einer Präsentation ist die Anspannung für die vorführende Person besonders hoch. Daher ist es wichtig, gerade den Start der Bildschirmpräsentation so einfach wie möglich zu organisieren. Die folgenden Techniken sollen Ihnen dabei Unterstützung geben.

Die Bildschirmpräsentation aus PowerPoint heraus starten

Hier zunächst die klassischen Wege, die wohl am häufigsten genutzt werden:

- Öffnen Sie die Präsentation, die Sie als Bildschirmpräsentation vorführen möchten.

- Drücken Sie die Taste ⟨F5⟩.

- Oder klicken Sie in der rechten unteren Ecke des PowerPoint-Fensters auf die Schaltfläche *Bildschirmpräsentation*.

- Oder wechseln Sie in der Multifunktionsleiste zur Registerkarte *Bildschirmpräsentation* und klicken Sie in der Befehlsgruppe *Bildschirmpräsentation starten* entweder auf *Von Beginn an* oder auf *Aus aktueller Folie*.

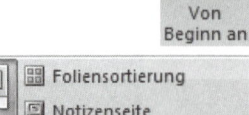

- Oder klicken Sie auf der Registerkarte *Ansicht* der Multifunktionsleiste in der Gruppe *Präsentationsansichten* auf *Bildschirmpräsentation*.

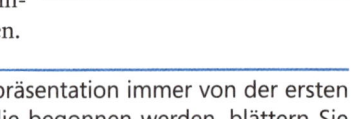

Natürlich funktioniert die erste Variante – die Taste ⟨F5⟩ – am einfachsten und schnellsten und sollte deshalb zum Standard werden.

> **HINWEIS**   Mit ⟨F5⟩ beginnt das Vorführen der Bildschirmpräsentation immer von der ersten Folie an. Soll nicht mit der ersten, sondern einer anderen Folie begonnen werden, blättern Sie zunächst zu der betreffenden Folie und starten dann die Bildschirmpräsentation mit ⟨⇧⟩+⟨F5⟩. Alternativ klicken Sie auf die oben erwähnte Schaltfläche *Aus aktueller Folie*.

Die clevere Variante: Eine Bildschirmpräsentation direkt vom Windows-Desktop aus starten

Wenn es schnell gehen soll und Sie gar nicht erst PowerPoint starten wollen, können Sie eine Präsentation auch direkt vom Desktop aus starten. So geht's:

1. Suchen Sie beispielsweise im Windows-Explorer die PowerPoint-Datei, die als Bildschirmpräsentation gezeigt werden soll.

2. Markieren Sie die Datei und drücken Sie zum Kopieren die Tastenkombination ⟨Strg⟩+⟨C⟩.

3. Wechseln Sie zum Windows-Desktop und klicken Sie mit der rechten Maustaste auf den Desktop.

4. Wählen Sie im Kontextmenü den Befehl *Verknüpfung hier erstellen* bzw. *Verknüpfung einfügen*.

Um nun sofort vom Desktop aus die Bildschirmpräsentation zu starten, klicken Sie mit der rechten Maustaste auf die Verknüpfung und wählen dann den Befehl *Anzeigen* (Windows XP) bzw. *Einblenden* (Windows Vista).

Abbildg. 19.18 Clever, weil zeitsparend: Eine Präsentation blitzschnell direkt vom Desktop aus starten

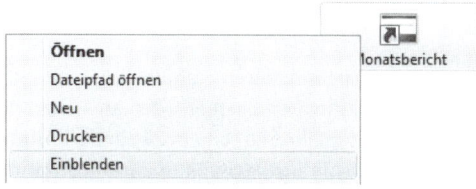

PROFITIPP

Wenn Sie die Präsentation nicht mit der Standarddateiendung *PPTX*, sondern als *PowerPoint-Bildschirmpräsentation* mit der Endung *PPSX* abspeichern, sind Sie noch einen Tick schneller. Dann genügt nämlich ein Doppelklick auf die auf dem Desktop liegende Verknüpfung, um sofort die Bildschirmpräsentation zu starten.

Zum Abspeichern einer Präsentation im Format *PPSX* klicken Sie auf die *Office-Schaltfläche*, dann auf *Speichern unter* und anschließend – wie in Abbildung 19.19 gezeigt – auf *PowerPoint-Bildschirmpräsentation*.

Abbildg. 19.19 Eine Präsentation gleich als selbststartende Bildschirmpräsentation speichern

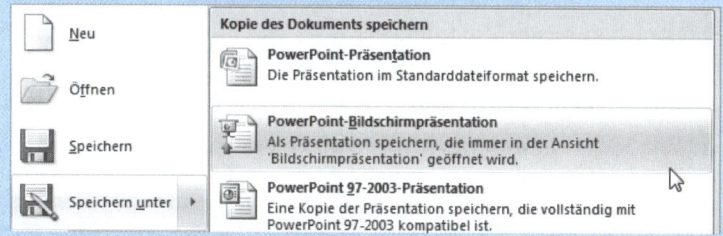

Empfehlenswert für Vortragende: Die Präsentationsansicht

Das Einrichten und das Starten der Bildschirmpräsentation sind erfolgreich bewältigt. Nun läuft die Bildschirmpräsentation und die vortragende Person ist mit den nächsten Herausforderungen konfrontiert. Hier einige typische Fragen, die Vortragenden während einer Präsentation durch den Kopf schießen:

- »Was wollte ich zur aktuellen Folie noch sagen?«

- »Kommt jetzt noch ein Absatz auf der Folie oder ist die Animation fertig?«

- »Womit geht es eigentlich auf der nächsten Folie weiter?«

- »Meyer fragt nach dem Marketingplan, auf welcher Folie war der doch gleich?«

- »Und jetzt noch die Frage, wie hoch zum Vergleich die Umsätze im vergangenen Jahr waren? Die hatte ich mir doch vorausschauend schon notiert, aber wo ist jetzt der Zettel?«

- »Wie viele Minuten sind schon vergangen?«

- »Wie viel Zeit habe ich noch?«

- »Wie viele Folien sind es eigentlich noch?«

Bestimmt könnten Sie diese Liste um weitere Fragen ergänzen. Sicher ist aber jetzt schon eines: Der Vortragende befindet sich in keiner komfortablen Situation, wenn er zu diesen Fragen keine Antworten findet. Und zwar schnell und einfach.

Die Lösung liegt in einer Funktion mit dem wenig spektakulären Namen *Präsentationsansicht*. Sie erlaubt es, dass die vortragende Person dem Publikum per Beamer oder an einem Monitor die Folien als Bildschirmpräsentation zeigt und gleichzeitig selbst auf einem zweiten Monitor (meist der Notebook-Bildschirm) nicht nur die aktuelle Folie, sondern weitaus mehr Informationen sieht – beispielsweise Notizen zu der Folie, die verstrichene Zeit, eine Vorschau der nächsten Folien, Möglichkeiten zur schnellen Foliennavigation etc.

Voraussetzungen für das Funktionieren der Präsentationsansicht

So schlicht wie der Name der Funktion, so komplex sind die Vorbereitungen, um sie zu nutzen. Ein wenig Beschäftigung mit der Technik Ihres Computers ist an der Stelle unerlässlich. Denn für die Verwendung der Präsentationsansicht – oft auch als »Referentenansicht« oder unter Technikern als »Dual View« bezeichnet – ist Folgendes zu beachten:

- Der für die Präsentation verwendete Computer muss die Anzeige auf mehreren Bildschirmen unterstützen.

- Bei Desktopcomputern ist dazu eine Grafikkarte erforderlich, die das kann.

- Bei modernen Notebooks ist die Unterstützung mehrerer Bildschirme meist schon integriert.

Schritt für Schritt: Die Präsentationsansicht einrichten

Ist das Vorhandensein der technischen Voraussetzungen geklärt, gehen Sie wie folgt vor:

- Schließen Sie an das Notebook den Beamer als zweiten Bildschirm oder an einen Computer einen zweiten Monitor an.

- Aktivieren Sie zunächst in Windows die Unterstützung für mehrere Bildschirme.

- Aktivieren Sie anschließend in PowerPoint die Präsentationsansicht.

Die Schritte in Windows Vista

1. Klicken Sie mit der rechten Maustaste auf eine freie Stelle des Windows-Desktops und wählen Sie im Kontextmenü *Anpassen*.

2. In der Systemsteuerung klicken Sie ganz unten auf *Anzeige*.

3. Klicken Sie im folgenden Dialogfeld *Anzeigeeinstellungen* auf das Bildschirmsymbol für den Bildschirm der Zuschauer (siehe Abbildung 19.20).

4. Aktivieren Sie das Kontrollkästchen *Desktop auf diesen Monitor erweitern*.

Der Monitor des Referenten ist also der primäre Monitor, der Beamer oder der Bildschirm für die Zuschauer der sekundäre Monitor.

Abbildg. 19.20   Die Anzeige auf einen zweiten Monitor erweitern

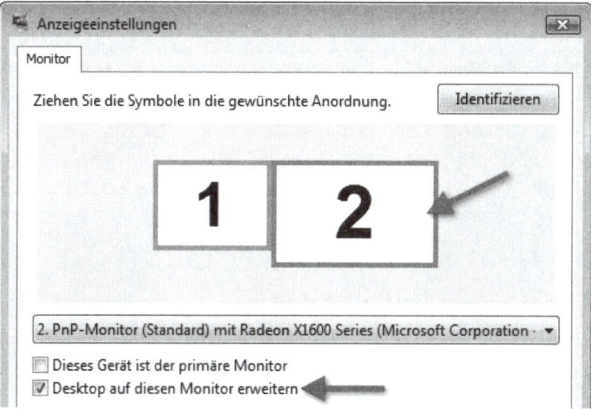

Die Schritte in Windows XP

1. Klicken Sie mit der rechten Maustaste auf eine freie Stelle des Windows-Desktops und wählen Sie im Kontextmenü *Eigenschaften*.

2. Wechseln Sie zur Registerkarte *Einstellungen*.

3. Klicken Sie auf das Symbol für den Bildschirm der Zuschauer und aktivieren Sie das Kontrollkästchen *Windows-Desktop auf diesem Monitor erweitern*.

Die Schritte in PowerPoint

Nach diesen eher ungewohnten Handgriffen ist der Rest in PowerPoint ein Kinderspiel.

■ Klicken Sie auf der Registerkarte *Bildschirmpräsentation* in der Gruppe *Bildschirme* – so wie in Abbildung 19.21 gezeigt – auf *Referentenansicht*.

Abbildg. 19.21   Setzen Sie ein Häkchen bei *Referentenansicht*

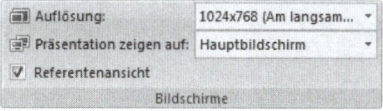

Alternativ dazu ist auch folgender Weg möglich:

1. Klicken Sie auf der Registerkarte *Bildschirmpräsentation* in der Gruppe *Einrichten* auf *Bildschirmpräs. einrichten*.

2. Aktivieren Sie im Dialogfeld *Bildschirmpräsentation einrichten* rechts im Feld *Mehrere Bildschirme* das Kontrollkästchen *Präsentationsansicht* (siehe Abbildung 19.22)

Abbildg. 19.22   Der Weg über das Dialogfeld *Bildschirmpräsentation einrichten*

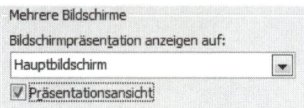

WICHTIG   Die Hinweise in der PowerPoint 2007-Hilfe zur Ansicht einer Präsentation auf zwei Monitoren waren zum Zeitpunkt, da dieses Buch geschrieben wurde, nicht korrekt. Sie sind eins zu eins aus einer Anleitung zu PowerPoint 2002 übernommen, aber in PowerPoint 2007 wurde die Präsentationsansicht an mehreren Stellen geändert. Daher werden Sie Befehle und Symbole, die in dem Hilfe-Artikel erwähnt und beschrieben werden, vergeblich suchen.

In der Präsentationsansicht arbeiten

Nach all diesen Vorbereitungen kann die vortragende Person nun von den Möglichkeiten der Ansicht auf zwei Ausgabemedien profitieren.

In Abbildung 19.23 können Sie sich von diesen Vorteilen selbst ein Bild machen:

Abbildg. 19.23   Blick auf die Referentenansicht

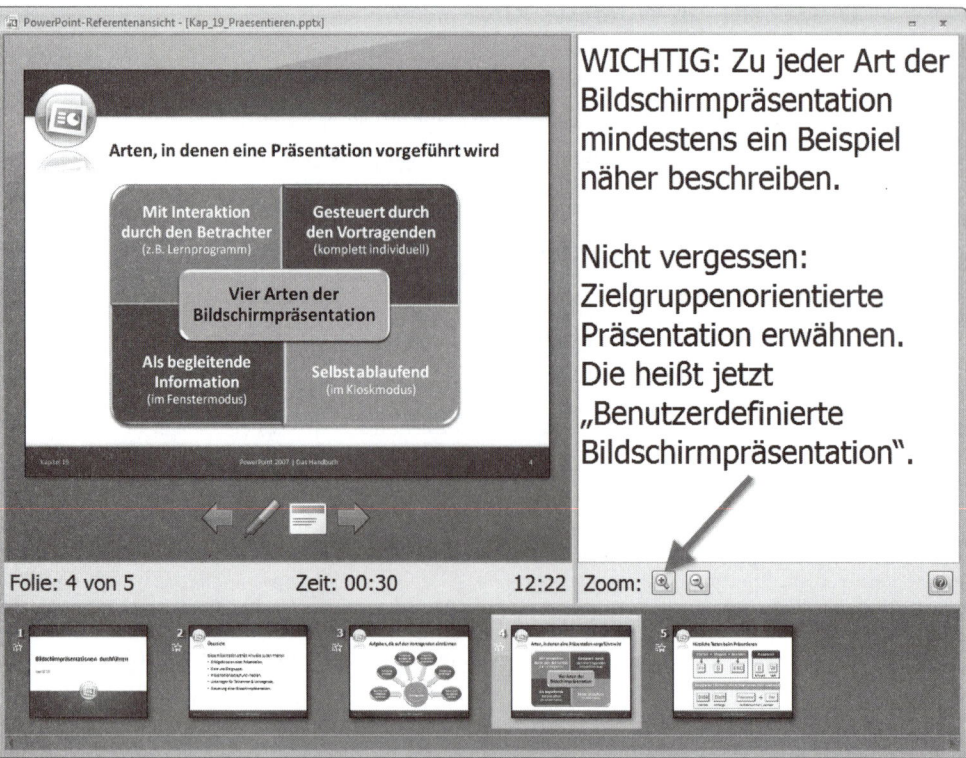

- Im unteren Fensterbereich sind alle Folien als Miniaturen abgebildet. Hier ist die von den Zuschauern unbemerkte Suche nach einer Folie und ein schneller Wechsel zu einer bestimmten Folie kein Problem mehr.

- Unmittelbar darüber erhält der Vortragende Informationen, die wichtig für seinen Zeitplan sind:

  - wie viele Folien wurden bereits gezeigt und wie viele sind es insgesamt

  - wie viel Zeit ist auf der aktuellen Folie und wie viel insgesamt vergangen

- Im Hauptteil des Referentenfensters ist die aktuelle Folie zu sehen und

- darunter zwei Pfeil-Schaltflächen zum schnellen Blättern,

- ein Stift-Symbol, über das sich die Art der Freihandanmerkungen wählen lässt – *Filzstift* und *Textmarker* sind zwei sinnvolle Werkzeuge, um während der Bildschirmpräsentation Informationen zu kennzeichnen oder hervorzuheben – sowie

- ein Symbol mit der wenig aussagekräftigen Bezeichnung *Bildschirmpräsentation*, über das der Vortragende bei umfangreichen Präsentationen mithilfe des Befehls *Gehe zu Folie* – siehe Abbildung 19.24 links – schnell zu einer bestimmten Folie wechseln kann. Über das gleiche Symbol und den Befehl *Bildschirm* kann die Präsentation vorübergehend auf Schwarz (*Präsentation ausblenden*) oder Weiß (*Weißer Bildschirm*) geschaltet werden (vgl. Abbildung 19.24 rechts).

- Im rechten Teil des Fensters schließlich sind die Notizen zu sehen. Nicht zu unterschätzen und sehr praktisch die Zoomfunktion, die es dem Vortragenden selbst in dunklen Räumen und auf einige Distanz zum Notebook erlaubt, seine Anmerkungen problemlos lesen zu können.

 Abbildg. 19.24 Der Name des Symbols zwischen den zwei blauen Pfeilen heißt zwar recht vage *Bildschirmpräsentation*, aber was sich dahinter verbirgt, ist sehr nützlich

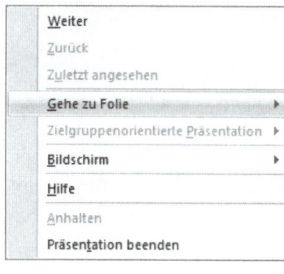

- Nicht vergessen werden soll die kleine Schaltfläche mit dem Fragezeichen. Gerade Vortragende sollten diese unbedingt VOR der Präsentation einmal anklicken und dort wichtige Tastenkürzel noch einmal kurz studieren.

TIPP   Es reicht auch, während der Bildschirmpräsentation einfach F1 zu drücken.

Animationseffekte und Präsentationsvorführung

Abbildg. 19.25 Wichtige Informationsquelle für Vortragende: Eine Übersicht »lebensnotwendiger« Tasten während einer Bildschirmpräsentation

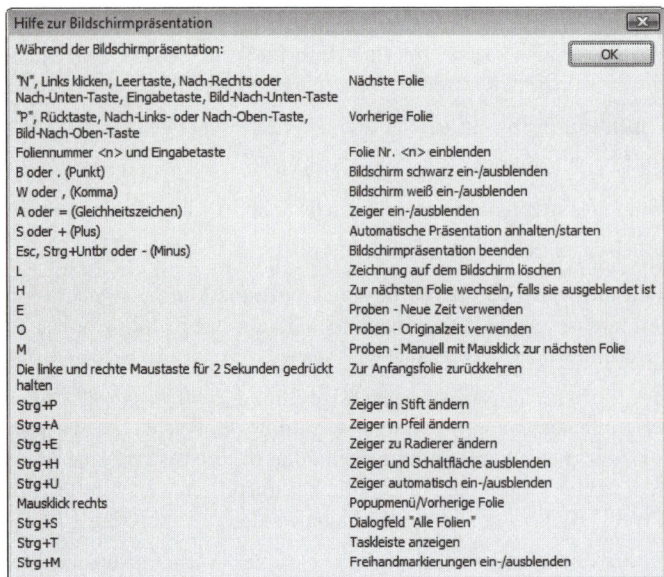

Die sieben wichtigsten Tasten für Bildschirmpräsentationen

Vortragende müssen natürlich nicht all die in Abbildung 19.25 gezeigten Tasten kennen, aber sieben sollten es in jedem Falle sein:

- $\boxed{\texttt{F5}}$ zum Starten und

- $\boxed{\texttt{Esc}}$ zum Beenden der Bildschirmpräsentation.

- $\boxed{\texttt{Bild↑}}$ und $\boxed{\texttt{Bild↓}}$ zum Vor- und Zurückblättern.

- $\boxed{\texttt{B}}$, um den Bildschirm bzw. die Projektionsfläche vorübergehend schwarz zu schalten und die Bildschirmpräsentation so zu unterbrechen – beispielsweise weil die Beantwortung einer Zwischenfrage ein paar Minuten in Anspruch nehmen wird. Mit der gleichen Taste wird die Vorführung wieder fortgesetzt.

- Foliennummer und $\boxed{\texttt{↵}}$, um zu einer bestimmten Folie zu wechseln.

- $\boxed{\texttt{S}}$, um eine Animation zu stoppen bzw. wieder fortzusetzen.

Interaktion statt Monolog: Die Werkzeuge

Die Bildschirmpräsentation läuft, Sie wissen auch, wie Sie in ihr navigieren. Doch das Wichtigste ist natürlich nach wie vor Ihr Publikum. Was tun Sie dafür, dass Ihre Zuhörer »dabeibleiben«? Wie gehen Sie vor, um einen Dialog aufrechtzuerhalten? Der muss nicht unbedingt gesprochen sein, Interaktion besteht manchmal nur aus Kopfnicken, ein anderes Mal aus Lachen, Lächeln oder anderen Formen der Zustimmung. Lesen Sie in diesem Abschnitt, welche Werkzeuge Ihnen PowerPoint für die bewusste Interaktion mit Ihrem Publikum bietet.

Folien während des Vorführens beschriften

Sie haben es gerade im Abschnitt zur Präsentationsansicht gelesen: Während der Bildschirmpräsentation können Sie die Folien mit Kreisen, Unterstreichungen, Pfeilen oder sonstigen Symbolen beschriften, um Punkte zu betonen oder Verbindungen hervorzuheben.

Stiftart und -farbe für Freihandanmerkungen wählen

Anstelle des Mauspfeils können Sie das Zeigegerät in einen *Kuli*, *Filzstift* oder *Textmarker* umwandeln und so für Freihandanmerkungen nutzen. Und so geht's:

1. Per Klick mit der rechten Maustaste auf die Folie während der Bildschirmpräsentation öffnen Sie das Kontextmenü (siehe Abbildung 19.26).

2. Dort wählen Sie das Hervorhebungswerkzeug und dessen Farbe aus.

WICHTIG   Die Liste *Stiftfarbe* steht nur zur Verfügung, wenn *Präsentation durch einen Redner (volle Bildschirmgröße)* ausgewählt ist.

Abbildg. 19.26   Per Klick mit der rechten Maustaste während der Bildschirmpräsentation im Kontextmenü die Stiftfarbe wählen

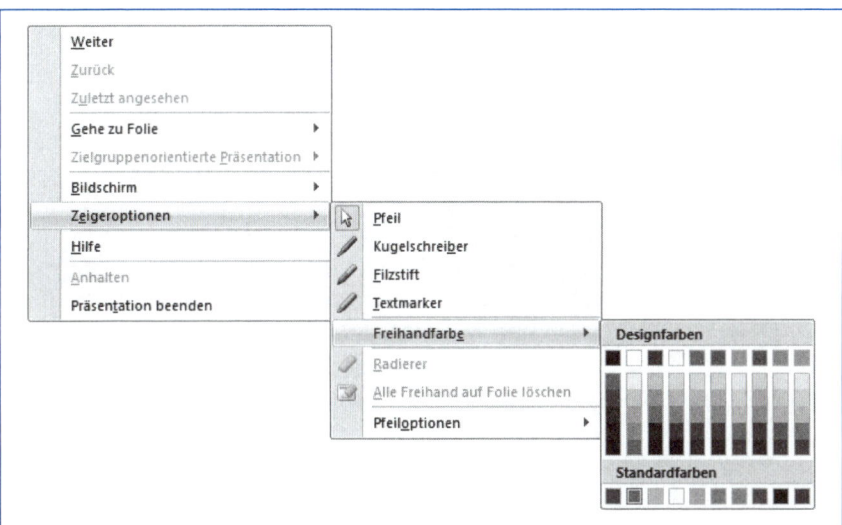

3. Ziehen Sie nun mit gedrückter linker Maustaste über die Folie, um zu schreiben oder zu zeichnen.

Freihandanmerkungen löschen

Das Löschen der Anmerkungen geht wesentlich einfacher als das Schreiben oder Zeichnen:

- Drücken Sie einfach während der Bildschirmpräsentation die Taste E (wie Erase), um alle Freihandanmerkungen wieder zu entfernen.

Animationen per Trigger starten

Mit der Trigger-Funktion bringen Sie Flexibilität und Interaktion in Ihre Präsentationen, da Sie Objekte nicht nach einer zuvor festgelegten Animationsreihenfolge, sondern situationsabhängig und in Abstimmung mit Ihren Zuschauern einblenden können.

Angenommen, Sie wollen auf einem Messestand eine Präsentation ablaufen lassen, in der die Besucher Zusatzinformationen je nach Bedarf selbstständig auswählen können: beispielsweise die Adresse einer Niederlassung oder Detailinformationen zu einem Produkt oder eine Preisliste. Hier sind Trigger die ideale Lösung. Trigger eignen sich immer dann, wenn im Vorfeld nicht klar ist, in welcher Reihenfolge (oder ob überhaupt) Informationen angezeigt werden sollen.

Der Begriff »Trigger«

Ein Trigger ist ein Auslöser für eine Animation, und zwar unabhängig von der Animationsreihenfolge. Der Trigger ermöglicht es, Animationseffekte für Objekte auf einer Folie während der Bildschirmpräsentation erst durch Klick auf ein bestimmtes Element auf der Folie zu starten.

Stellen Sie sich einen Trigger wie eine interaktive Schaltfläche vor (vgl. weiter hinten in diesem Kapitel). Ein Trigger ist wie eine Schaltfläche, aber der Klick führt nicht zu einer anderen Folie, sondern ruft Animationseffekte auf derselben Folie auf. Mit dem Einsatz eines Triggers sind Sie in der Lage, Informationen in beliebiger Reihenfolge, also je nach Situation, auf der Folie erscheinen oder hervorheben oder verschwinden zu lassen.

Einen Trigger anlegen

Voraussetzung für einen Trigger ist immer ein vorhandener Animationseffekt.

1. Öffnen Sie also den Aufgabenbereich *Benutzerdefinierte Animation* über die Registerkarte *Animationen* und Klick auf *Benutzerdefinierte Animation*.

2. Doppelklicken Sie im Aufgabenbereich *Benutzerdefinierte Animation* auf den Animationseffekt, für den Sie den Trigger definieren wollen, und zeigen Sie die Registerkarte *Anzeigedauer* an.

3. Klicken Sie auf die Schaltfläche *Trigger*.

4. Wählen Sie zuerst die Option *Effekt starten beim Klicken auf* und anschließend in der Liste das Objekt aus, das als Schaltfläche zum Auslösen des Animationseffekts dienen soll.

Abbildg. 19.27   Das Dialogfeld zum Aktivieren eines Triggers

Beispiel »Animierter Raumplan«

Am einfachsten ist es, wenn Sie die Funktion des Triggers einmal praktisch ausprobieren. Als Beispiel soll ein Raumplan dienen, in dem Details wie Bestuhlung, Präsentationsmedien sowie Elektrik (Lichtschalter und Steckdosen) bei Bedarf sichtbar gemacht werden können. Der Grundriss liegt vor (siehe Abbildung 19.28) und die Details werden als verschiedene Ebenen mithilfe von Triggern ein- und ausgeblendet. Eine Vorschau auf die fertige Lösung sehen Sie in Abbildung 19.29.

Sie können das Beispiel im Detail studieren. Auf der CD zum Buch finden Sie hierzu im Ordner *\Buch\Kap19* die Datei *Kap19_Raumplan_Trigger.pptx*.

Abbildg. 19.28 Die erste Folie enthält den Grundriss

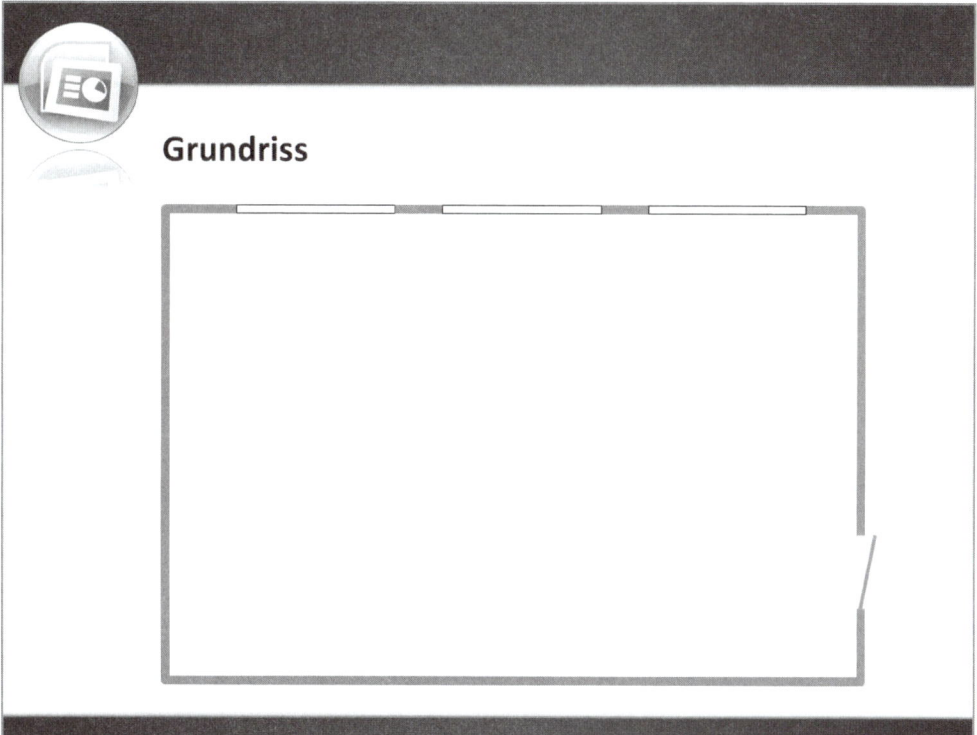

Und so geht's:

1. Legen Sie für den Grundriss und jede der drei Ebenen eine eigene Folie mit dem Folienlayout *Nur Titel* an. So sind die Animationen leichter zuzuweisen, da nicht alles übereinanderliegt.

2. Nutzen Sie die Führungslinien, um die Innenränder des Grundrisses zu markieren. Sie blenden die Führungslinien mit [Alt] + [F9] ein. Zum Anlegen einer zweiten horizontalen und vertikalen Führungslinie drücken Sie die Taste [Strg] und ziehen die vorhandene Linie an die gewünschte neue Stelle.

Abbildg. 19.29 Fertige Lösung: Im linken Teil sind die Trigger-Schaltflächen, über die die Ebenen für Elektrik, Präsentationsmedien und Bestuhlung ein- oder ausgeblendet werden können

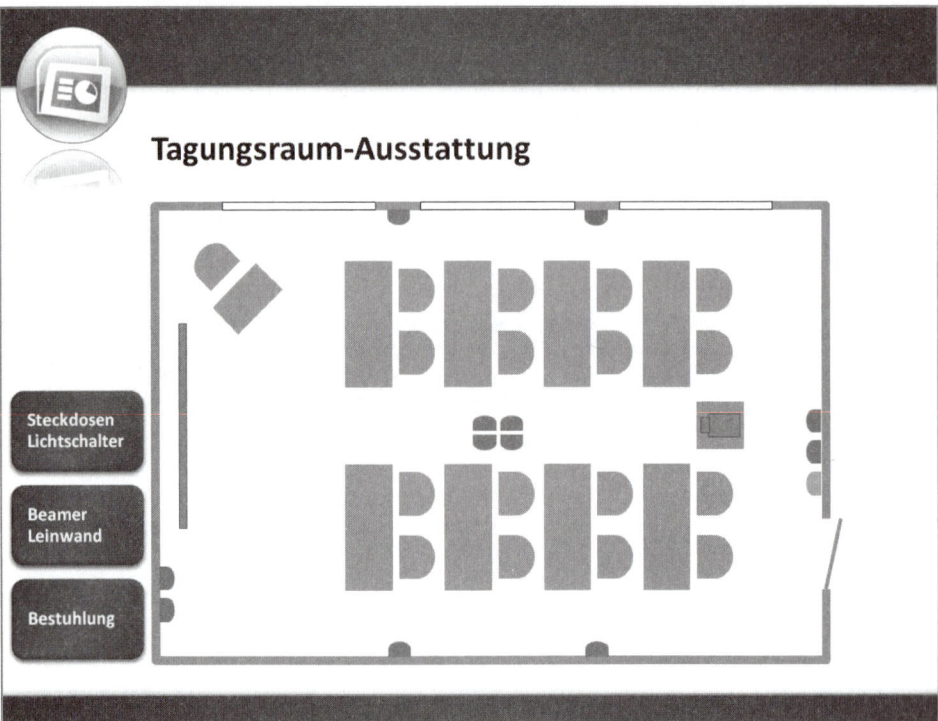

3. Fügen Sie auf der Folie für die Elektrik mit *Formen* die Steckdosen und Lichtschalter ein und richten Sie sie mittels der Führungslinien am Grundriss aus. Als *Form* empfiehlt sich aus der Gruppe *Flussdiagramm* die Option *Verzögerung*.

4. Gruppieren Sie anschließend die einzelnen Elemente für die Elektrik, damit sie später als ein Objekt animiert werden können und somit gleichzeitig erscheinen bzw. verschwinden.

5. Verfahren Sie ebenso mit den anderen zwei Ebenen, fertigen Sie also je eine Folie für die Präsentationsmedien (Beamer und Leinwand) und die Bestuhlung an. Die dafür erforderlichen Objekte können Sie wieder mit den Werkzeugen zeichnen, die Ihnen über die *Formen* zur Verfügung stehen.

6. Weisen Sie den drei Ebenen passende Animationseffekte zu – beispielsweise *Verblassen*. Wenn Sie die Ebenen später auf eine Folie kopieren, nehmen diese beim Kopieren ihre Animation mit. Den Eingangseffekt legen Sie über *Animationen/Benutzerdefinierte Animation/Effekt hinzufügen* fest. Wählen Sie den Eingangseffekt *Verblassen*.

7. Klicken Sie dann noch einmal auf *Effekt hinzufügen* und weisen Sie der gleichen Objektgruppe noch den Ausgangseffekt *Verblassen* zu.

Mit dem Festlegen der Objektgruppierung und dem Zuweisen der beiden Animationseffekte stellen Sie sicher, dass auf jeder der drei Folien die Objektgruppe (Ebene) auf Klick erscheint und wieder ausgeblendet werden kann.

Den Trigger einbauen

1. Nach diesen Vorbereitungen können Sie nun auf einer neuen Folie die Ebenen zusammenbauen. Fügen Sie dazu mit ⌈Strg⌉+⌈M⌉ eine neue Folie ein, wiederum mit dem Folienlayout *Nur Titel*.

2. Auf ihr bauen Sie nun die einzelnen Ebenen zusammen, indem Sie diese von den drei vorherigen Folien über die Zwischenablage übernehmen (kopieren mit ⌈Strg⌉+⌈C⌉ und einfügen mit ⌈Strg⌉+⌈V⌉).

   Jetzt kommt der eigentlich wichtige Arbeitsschritt, nämlich das Einrichten der Trigger, die jede der drei Ebenen ein- bzw. ausblenden:

3. Zeichnen Sie am linken Rand der Folie ein abgerundetes Rechteck. Weisen Sie ihm einen passenden dreidimensionalen Formeffekt zu, damit das Objekt einer Schaltfläche ähnelt, sich also ideal als Trigger eignet.

4. Kopieren Sie die Schaltfläche, indem Sie sie mit gedrückten Tasten ⌈Strg⌉+⌈⇧⌉ und gleichzeitig gedrückter linker Maustaste zweimal nach unten ziehen.

5. Beschriften Sie die Schaltflächen wie in Abbildung 19.29 gezeigt.

6. Klicken Sie auf der Folie die Objektgruppe *Bestuhlung* an. Daraufhin werden im Aufgabenbereich *Benutzerdefinierte Animation* die beiden zugehörigen Effekte markiert. Klicken Sie rechts auf den Pfeil und wählen Sie in dem aufklappenden Menü *Anzeigedauer*.

7. Ein Klick auf die Schaltfläche *Trigger* zeigt zwei weitere Optionen, von denen Sie die untere wählen: *Effekt starten beim Klick auf*. Im zugehörigen Dropdown-Listenfeld wählen Sie nun den Rahmen mit der Beschriftung *Bestuhlung* als Trigger aus.

8. Verfahren Sie analog, um auch die beiden anderen Ebenen per Klick auf die entsprechenden Rahmenschaltflächen erscheinen und wieder verschwinden zu lassen.

Abbildg. 19.30 Blick auf die fertige Lösung und den Aufgabenbereich *Benutzerdefinierte Animation*; die kleinen Handsymbole auf der Folie weisen auf die Trigger hin

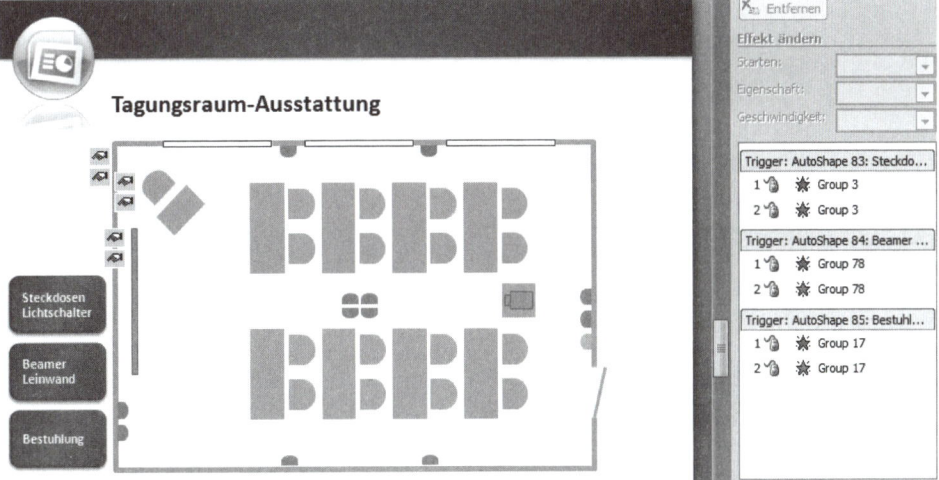

Sie finden diese Lösung auf der CD zum Buch im Ordner *Buch**Kap19* in der Datei *Kap19_Raumplan_Trigger.pptx* auf *Folie 7*. Eine weiterentwickelte Variante, in der es zwei Bestuhlungsvarianten gibt, die per Trigger aufgerufen werden können, sehen Sie auf *Folie 9*.

Tipps & Tricks im Umfeld der Interaktion

Navigationselemente in die Vorlage einbauen

Oft kommt es vor, dass auf allen Folien die gleichen Navigationselemente benötigt werden – beispielsweise immer am linken oder am unteren Rand der Folie die interaktiven Schaltflächen für den Wechsel zur nächsten, vorherigen, ersten und letzten Folie und zum Beenden der Bildschirmpräsentation. Wenn Sie das Einfügen der interaktiven Schaltflächen rationell gestalten wollen, wechseln Sie über die Befehlsfolge *Ansicht/Folienmaster* zum Folienmaster und fügen dort an der gewünschten Stelle die passenden Schaltflächen ein.

Folienaktivierung bei Mausklick ausschalten

Im Beispiel des Raumplans mit Trigger ist während der Bildschirmpräsentation noch ein Fehler: Wenn der Nutzer unbeabsichtigt auf eine andere Stelle neben den Schaltflächen klickt, wird die aktuelle Folie ausgeblendet und die nächste Folie angezeigt. Diesen Mangel können Sie aber wie folgt beheben:

1. Zeigen Sie dazu die Präsentation in der Ansicht *Foliensortierung* an.
2. Markieren Sie alle Folien, für die Sie das Weiterblättern per Mausklick verhindern wollen. Eine zusammenhängende Gruppe von Folien markieren Sie ganz schnell, indem Sie die erste Folie anklicken und mit gedrückter ⌖-Taste auf die letzte Folie klicken.
3. Wechseln Sie in der Multifunktionsleiste zur Registerkarte *Animationen*.
4. Deaktivieren Sie in der Gruppe *Übergang zu dieser Folie* ganz rechts das Kontrollkästchen *Bei Mausklick*.

Abbildg. 19.31 Das Kontrollkästchen *Bei Mausklick* muss leer sein, um versehentliches Weiterblättern zu vermeiden

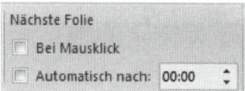

Jetzt ist die Navigation zwischen den Folien tatsächlich auf die Schaltflächen beschränkt, die Sie selbst eingebaut haben.

> **HINWEIS** Mit den Tasten `Bild ↑` und `Bild ↓` können Sie nach wie vor von Folie zu Folie blättern.

Hinweis der besonderen Art durch Laufschrift wie beim Nachrichtenticker

Hier noch eine Möglichkeit der (stillen) Interaktion mit Ihrem Publikum, die Sie schon vor oder während der Präsentation oder in der Pause nutzen können.

Sicher kennen Sie von Webseiten oder auch aus Nachrichtensendungen, dass sich bestimmte Informationen in einer Laufschrift über den Monitor bewegen. Dergleichen ist auch bei Bildschirmpräsentationen mit PowerPoint möglich.

Das Beispiel finden Sie auf der CD-ROM zu diesem Buch im Ordner \Buch\Kap19 in der Datei *Kap19_Laufschrift.pptx*.

Die Laufschrift bewegt sich am unteren Folienrand in einer Endlosschleife. Dies ist möglich, weil es für Animationseffekte über die Registerkarte *Anzeigedauer* die Option gibt, einen Effekt nicht nur mehrfach (wie beim Beispiel drehendes Logo), sondern mit *Bis zum Ende der Folie* wiederholen zu lassen. Dies ist die entscheidende Einstellung dieser Lösung, denn sie erlaubt es, dass die Laufschrift von Beginn bis Ende der Folie unabhängig von anderen Objektanimationen ablaufen kann.

Nutzen Sie beispielsweise eine solche Laufschrift für die Information, wann die Präsentation nach der Pause weitergeht oder wann die nächste Pause ist oder für die Ankündigung, dass dies die letzte Folie vor einer Pause ist.

Navigation in Präsentationen: Ein wenig Theorie

Aus dem Internet sind Sie es gewohnt, per Hyperlink schnell zu ergänzenden Informationen zu gelangen. Diese bequeme Art der Navigation können Sie auch in PowerPoint-Präsentationen einbauen, beispielsweise um von einer Inhaltsfolie aus zu einzelnen Kapiteln des Vortrags zu springen. Oder Sie geben eine Präsentation weiter und die Empfänger können mithilfe einer Navigation komfortabel auf die Inhalte zugreifen. Im folgenden Abschnitt finden Sie Tipps zur Planung von Präsentationen mit Navigationselementen und zum Einfügen von Hyperlinks und Aktionseinstellungen.

Die Theorie: So planen Sie die Navigation

Gerade bei umfangreichen Präsentationen ist es sinnvoll, bei der Planung der Präsentation auch schon die spätere Navigation zu berücksichtigen. Diese hängt von mehreren Faktoren ab:

- Wie sieht die *Struktur* der Präsentation aus? In welcher Reihenfolge sind die Informationen angeordnet – sind sie miteinander verbunden, bauen sie aufeinander auf?

- Wer ist die *Zielgruppe*? Und wer ist der *Präsentierende*? Werden Sie die Präsentation selbst erstellen und selbst vortragen – oder werden andere Personen die Folien benutzen?

- Wo ist der *Speicherort* der Informationen? Geht es nur um die Navigation zu Folien innerhalb einer Präsentation? Oder wollen Sie andere Präsentationen, Word-Dokumente, Excel-Tabellen oder Internetseiten von Ihrer Präsentation aus aufrufen?

Klar durchdacht: Die Struktur der Präsentation festlegen

Die Struktur der Präsentation und ihre Navigation beeinflussen sich gegenseitig. Eine Navigation kann folgendermaßen aufgebaut sein:

- *Hierarchisch:* Beispielsweise werden alle Detailinformationen zu einem Produkt von einer Folie aus erreicht, die als Hauptmenü dient.

- *Linear:* Der Inhalt soll und kann in einer vorgegebenen Reihenfolge gezeigt werden. Bei einem aus wenigen Folien bestehenden Bericht zum aktuellen Projektstand reicht es völlig aus, wenn Schaltflächen zum Blättern zwischen den Folien vorhanden sind.

- *Hierarchisch und linear kombiniert:* Innerhalb einer Präsentation gibt es mehrere Abschnitte. Diese werden eingangs vorgestellt und können von einer »Hauptmenüfolie« aus angesteuert werden. Innerhalb der Abschnitte werden die Informationen nach einer vorgegebenen Abfolge gezeigt.

- *Vernetzt:* Hier wäre als Beispiel ein Lernprogramm anzuführen, das die Möglichkeit bietet, zwischen den Lektionen frei zu springen und außerdem bei bestimmten Informationen in die Tiefe zu gehen.

Die Abbildung 19.32 und Abbildung 19.33 zeigen zwei unterschiedliche Präsentationsstrukturen.

Abbildg. 19.32 Eine lineare Präsentationsstruktur erfordert nur Navigationselemente, um zu benachbarten Folien zu gelangen, ...

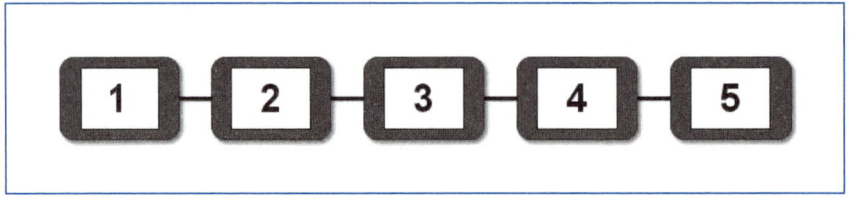

Abbildg. 19.33 ... während vernetzte Präsentationsstrukturen komplexere Hyperlink-Menüs erfordern können

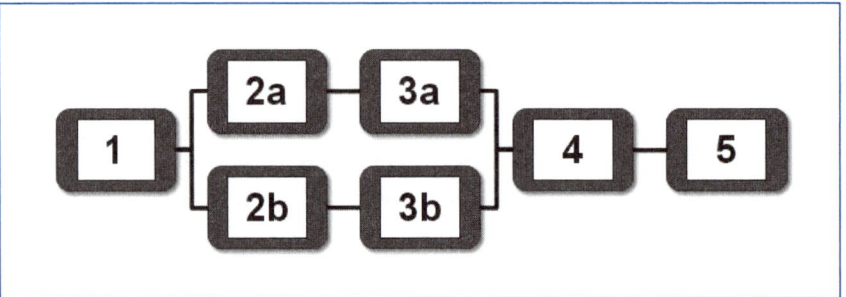

Genau gezielt: Zuschauer und Präsentierende berücksichtigen

Aussehen und Anzahl der Navigationselemente hängen sehr stark von den Personen ab, die beteiligt sind.

- Halten Sie die Präsentation selbst? Dann können Navigationselemente klein und unauffällig, eventuell sogar unsichtbar sein.

- Erstellen Sie eine Präsentation, die dann durch eine andere Person gehalten wird? Dann sollten Sie die Navigation und die Navigationselemente mit ihm bzw. ihr durchsprechen und einen Probelauf durchführen.

■ Wird sich ein Anwender allein und ohne Ihre Hilfe »durchklicken«? Dann müssen die Navigationsstruktur und Elemente wie Schaltflächen eindeutig und selbsterklärend sein.

> **TIPP**   Treffen Sie Vorkehrungen, um Fehlbedienungen zu vermeiden. Über *Bildschirmpräsentation/Bildschirmpräsentation einrichten* finden Sie die Option *Ansicht an einem Kiosk*. Wenn Sie diese Einstellung aktivieren, ist es nur noch mithilfe von Hyperlinks und Aktionseinstellungen möglich, weiterzuschalten. Die Tastatur wird deaktiviert, mit zwei Ausnahmen:

■ mit der Funktionstaste `F1` kann die Hilfe zur Bildschirmpräsentation aufgerufen werden,

■ mit der `Esc`-Taste kann die Präsentation abgebrochen werden.

Dies erleichtert das Erstellen und die Bedienung von selbstablaufenden Präsentationen beispielsweise auf Messeständen; Sie müssen aber auch daran denken, auf jeder Folie mindestens ein Navigationselement einzufügen.

Richtig abgespeichert: Zu anderen Speicherorten verlinken

Mit Hyperlinks können Sie aber nicht nur zu Folien innerhalb der Präsentation navigieren, sie ermöglichen es Ihnen auch, andere Dateien aufzurufen. Dabei spielt der Dateityp kaum eine Rolle:

■ Es kann sich um weitere Präsentationen handeln, wenn Sie z.B. die Präsentationen mehrerer Redner bei einer Veranstaltung nahtlos verlinken wollen.

■ Sie können Word-Dokumente, Excel-Tabellen oder PDF-Dateien aufrufen, um so beispielsweise dem Nutzer eines Produktkatalogs auf CD zusätzliche Informationen zur Verfügung zu stellen.

■ Und schließlich können Sie mit Aktionseinstellungen auch Programme starten oder Webseiten aufrufen.

> **HINWEIS**   Weitere Tipps zur Weitergabe von Präsentationen und ergänzenden Dateien auf CD finden Sie in Kapitel 22.

Navigation in Beispielen: Viel Praxis

Nach den theoretischen Vorüberlegungen folgen nun zwölf Beispiele zum Einsatz von Navigationselementen. Sie zeigen Ihnen das gesamte Spektrum der Navigation mit Hyperlinks und Aktionseinstellungen, sichtbaren und unsichtbaren Schaltflächen, Mausklicks und Mouseover, zielgruppenorientierten Präsentationen innerhalb einer Präsentation und Verknüpfungen zu externen Dateien.

 Navigation lässt sich am besten durch Ausprobieren und Nachmachen verstehen, deshalb finden Sie zu den Beispielen dieses Kapitels verschiedene Musterpräsentationen im Ordner *Buch**Kap19* auf der Buch-CD.

In Abbildung 19.34 sehen Sie verschiedene Typen von Hyperlinks, die in PowerPoint 2007 möglich sind:

■ Text-Hyperlinks im Fließtext

■ Textfelder mit Hyperlinks

Animationseffekte und Präsentationsvorführung

- Interaktive Schaltflächen

- Formen, Bilder und ClipArts als Hyperlinks

- SmartArt mit Hyperlinks

Abbildg. 19.34   Verschiedenste Objekte können als Auslöser für Hyperlinks dienen

Von einer Inhaltsverzeichnisfolie zu den einzelnen Abschnitten springen

In den ersten Beispielen geht es um einen Statusbericht: Vier Abschnittsfolien gliedern die Phasen der Berichterstattung.

TIPP   Erstellen Sie einmal die Grundstruktur des Statusberichts mit den Abschnittsfolien und die Inhaltsfolie mit den Hyperlinks. Fügen Sie zusätzlich andere Folien ein, die immer in ähnlicher Form benötigt werden, beispielsweise mit Tabellen oder Diagrammen. Speichern Sie diese Präsentation als Vorlage (*.potx). Öffnen Sie eine neue Präsentation auf der Grundlage dieser Vorlage (*Office-Schaltfläche* und dann *Neu*), wenn Sie den nächsten Statusbericht erstellen müssen, und ergänzen Sie die aktuellen Angaben. Auch wenn Sie nach dem Einfügen der Hyperlinks noch Folien einfügen, bleiben die Links zu den korrekten Folien erhalten.

Ein Inhaltsverzeichnis mit Textfeldern einfügen

Eine schnelle Möglichkeit, eine Inhaltsfolie zu erstellen, besteht darin, auf einer neuen Folie beliebige gleichartige Formen zu zeichnen, in die Sie die Überschriften der einzelnen Abschnitte kopieren. Diese Formen können Sie anschließend mit Hyperlinks versehen. So wird's gemacht:

Die fertige Lösung finden Sie auf den Folien 2 bis 4 in der Datei *Kap19_Navi_1.pptx* auf der CD zu diesem Buch im Ordner *\Buch\Kap19*.

1. Erstellen Sie zunächst Ihre Präsentation und fügen Sie vor den einzelnen Kapiteln Folien mit den Abschnittsüberschriften ein; viele Vorlagen enthalten hierfür ein spezielles Layout. Speichern Sie Ihre Präsentation.

HINWEIS Ihre Präsentation muss dazu noch nicht komplett fertig sein. Wichtig ist lediglich, dass die Abschnittsfolien als Hyperlinkziele vorhanden sind.

2. Fügen Sie an der gewünschten Stelle, üblicherweise als zweite Folie, eine leere Folie mit dem Layout *Nur Titel* ein. Tippen Sie in den Titelplatzhalter *Übersicht* o.Ä. ein.

3. Schalten Sie das linke Folienübersichtsfenster auf die Ansicht *Gliederung* um. Falls dort außer den Überschriften auch der Folientext sichtbar ist, markieren Sie alle Folien, klicken mit der rechten Maustaste auf eine beliebige Überschrift und wählen *Gliederung reduzieren*.

4. Markieren Sie in dieser Gliederung die Überschrift der ersten Übersichtsfolie und kopieren Sie sie mit Strg+C in die Zwischenablage. Klicken Sie in der Gliederung auf die Folie »Übersicht«, um dorthin zu wechseln, und fügen Sie auf der freien Fläche der Folie die kopierte Überschrift mit Strg+V ein. Ziehen Sie das dadurch eingefügte Textfeld ungefähr an die Stelle, an der dieser Eintrag später erscheinen soll. Durch dieses Kopieren der Folientitel ersparen Sie sich das Neu-Abtippen und vermeiden Fehler.

5. Wiederholen Sie den vorhergehenden Schritt für die weiteren Abschnittsüberschriften. Ordnen Sie das erste und das letzte Textfeld in der gewünschten Höhe an. Markieren Sie anschließend alle Textfelder, formatieren Sie sie alle gleichzeitig mit der gewünschten Schriftgröße und Farbe. Wechseln Sie dann zur Registerkarte *Zeichentools/Format* und ordnen Sie sie mit den Befehlen in der Gruppe *Anordnen* linksbündig und vertikal verteilt an.

6. Klicken Sie auf den Rand des ersten Textfeldes, um es als Ganzes zu markieren. (Sie erkennen dies an der durchgezogenen Rahmenlinie.)

TIPP Wenn Sie versehentlich nur den Text innerhalb des Textfeldes markiert haben, drücken Sie die Funktionstaste F2, um schnell auf die Markierung der gesamten Form umzuschalten.

Hyperlink

7. Wechseln Sie zur Registerkarte *Einfügen* und klicken Sie dort auf die Schaltfläche *Hyperlink*, um das Dialogfeld *Hyperlink einfügen* zu öffnen.

TIPP Sie erreichen das Dialogfeld *Hyperlink einfügen* auch über das Kontextmenü oder die Tastenkombination Strg+K.

8. Wählen Sie in der Spalte *Link zu* den Eintrag *Aktuelles Dokument*. Das Feld rechts daneben zeigt Ihnen nun eine Liste aller Folien, die schon in der Präsentation erstellt wurden. Wählen Sie dort die erste Abschnittsfolie, kontrollieren Sie in der Folienvorschau Ihre Auswahl und bestätigen Sie sie mit *OK*.

HINWEIS Der Folientitel wird nur dann neben der Foliennummer angezeigt, wenn Sie ihn in den Titelplatzhalter eingefügt haben. Text in Textfeldern wird nicht als Überschrift erkannt.

Animationseffekte und Präsentationsvorführung

ACHTUNG   Folientitel, zu denen Sie verlinken wollen, dürfen (ähnlich wie Dateinamen) *kein Komma* enthalten. Sie bekommen beim Einfügen des Hyperlinks keine Fehlermeldung, aber die Links funktionieren später nicht.

9. Wiederholen Sie die Schritte 7 und 8 und testen Sie Ihre Links. Wechseln Sie dazu in die Bildschirmpräsentationsansicht, Hyperlinks funktionieren in der Normalansicht nicht.

HINWEIS   Vielleicht kennen Sie aus vorhergehenden PowerPoint-Versionen die Schaltfläche *Inhaltsfolie erstellen*. Dieser Befehl existiert in PowerPoint 2007 nicht mehr. Sie könnten die Überschriften zwar auch in eine Textfolie kopieren, um ein ähnliches Ergebnis zu erzielen. Allerdings würden dann die Text-Hyperlinks unterstrichen (vgl. die erste Zeile in Abbildung 19.34), was ein sehr unruhiges Schriftbild ergibt.

Hyperlinks bearbeiten und entfernen

Beim Überarbeiten von Präsentationen wird es gelegentlich erforderlich sein, Hyperlinks zu ändern oder ganz zu entfernen. Setzen Sie dazu den Cursor in den Hyperlink, wechseln Sie zur Registerkarte *Einfügen* und rufen Sie über *Hyperlink* das Dialogfeld *Hyperlink einfügen* erneut auf. Gehen Sie wie oben für das Einfügen eines neuen Hyperlinks beschrieben vor, um das Hyperlinkziel zu ändern. Um den Hyperlink zu löschen, finden Sie rechts unten in diesem Dialogfeld die Schaltfläche *Hyperlink entfernen*.

Um den Hyperlink einer interaktiven Schaltfläche bzw. eine andere Aktion zu ändern oder zu löschen, ohne das Objekt selbst zu löschen, rufen Sie auf der Registerkarte *Einfügen* den Befehl *Aktion* auf. Die erforderlichen Schritte beim Ändern entsprechen denen beim Einfügen (siehe weiter hinten in diesem Kapitel). Zum Entfernen setzen Sie die Aktion auf *Keine*.

TIPP   Die Dialogfelder zum Bearbeiten und Entfernen von Hyperlinks erreichen Sie auch über das Kontextmenü, das Sie mit einem rechten Mausklick aufrufen.

Attraktive Inhaltsverzeichnisse mit Formen

Ähnlich wie im beschriebenen Beispiel können Sie statt des Textfeldes eine beliebige Form, beispielsweise ein längliches Rechteck, auf die Folie zeichnen. Kopieren Sie den Folientitel der ersten Abschnittsfolie hinein. Formatieren Sie die Form und den Text wie gewünscht. Duplizieren Sie diese Form mit $\boxed{\text{Strg}}$ + $\boxed{\text{D}}$ oder durch Ziehen mit der Maus bei gedrückter Tastenkombination $\boxed{\text{Strg}}$ + $\boxed{\text{⇧}}$. Erzeugen Sie so genauso viele Formen wie Sie Abschnittsfolien haben und ordnen Sie diese wie oben beschrieben an. Kopieren Sie dann die Abschnittstitel in die Formen.

TIPP   Der kopierte Text wird zunächst die Schriftformatierung annehmen, die für die Standardform festgelegt ist. Wenn diese nicht mit dem gewünschten Format übereinstimmt, klicken Sie *sofort* nach dem Einfügen auf das kleine Symbol, das neben oder unterhalb des eingefügten Textes erscheint und wählen Sie im Dropdownmenü den Befehl *Nur den Text übernehmen*, um diese Formatierung rückgängig zu machen.

Klicken Sie auch hier wieder auf den Rand der Form, um sie als Ganzes zu markieren, und weisen Sie die Hyperlinks wie oben beschrieben zu.

Abbildg. 19.35 Mit Formen und Hyperlinks erzeugen Sie schnell attraktive Inhaltsfolien

Die Alternative zur Textfolie: Inhaltsverzeichnis mit SmartArts

Die fertige Lösung finden Sie ebenfalls in der Datei *Kap19_Navi_1.pptx* auf der CD zu diesem Buch im Ordner *\Buch\Kap19*.

Noch schneller und einfacher können Sie attraktive Inhaltverzeichnisfolien erstellen, indem Sie die neuen SmartArts nutzen:

1. Auf einer neuen Folie erzeugen Sie mit *Einfügen/SmartArt* eine neue Grafik des gewünschten Layouts.
2. Öffnen Sie ggf. den Textbereich der SmartArt und kopieren Sie wie oben in Beispiel 1 beschrieben die Abschnittstitel als Aufzählungspunkte hinein.
3. Passen Sie die Formatierung der SmartArt – Farben, Effekte, Schrift, ggf. Abbildungen – falls erforderlich an.
4. Innerhalb der SmartArt können Sie die einzelnen Formen nicht mit Hyperlinks versehen. Markieren Sie deshalb die einzelnen Formen der SmartArt, indem Sie sie mit gedrückter ⬙-Taste anklicken.

ACHTUNG Falls Sie ein SmartArt-Layout mit Bildern gewählt haben, müssen Sie diese gesondert markieren, sie werden nicht automatisch mit der zugehörigen Form markiert.

5. Schneiden Sie die markierten Formen mit `Strg`+`X` aus. Markieren Sie den leeren SmartArt-Rahmen und löschen Sie ihn durch Drücken der `Entf`-Taste.

6. Auf der nun leeren Folie fügen Sie die Formen mit `Strg`+`V` wieder ein. Gruppieren Sie ggf. die Bilder mit der zugehörigen Form.

7. Klicken Sie die Form zweimal (kein Doppelklick!) in der Nähe des Randes an, um die Form innerhalb der Gruppierung zu markieren. Weisen Sie ihr wie in Beispiel 1 beschrieben den Hyperlink zu.

ACHTUNG In SmartArts ist der Text nicht Bestandteil der Form, sondern steht in einem mit ihr gruppierten Textfeld. Gruppierungen kann allerdings kein Hyperlink zugewiesen werden. Deshalb ist es erforderlich, wie oben beschrieben nur die Form zu markieren.

Abbildg. 19.36 Sie ersparen sich einige Formatierungsschritte, wenn Sie bei der Erstellung einer Übersichtsfolie von einer SmartArt ausgehen

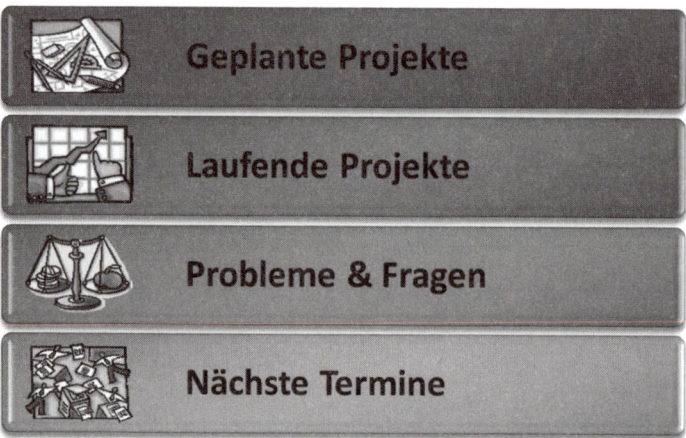

HINWEIS Mehr über SmartArts erfahren Sie in Kapitel 15.

Anschauliche Kapitel – Abschnitte mit Bildern verdeutlichen

Die fertige Lösung zu diesem Beispiel finden Sie in der Datei *Kap19_Navi_2.pptx* auf der CD zu diesem Buch im Ordner *\Buch\Kap19*.

Zusätzlich zu Texten wie in den vorangegangenen Beispielen können Sie natürlich die Abschnitte Ihrer Präsentation auch mit Bildern veranschaulichen. Dies bietet sich insbesondere in Kombination mit kurzen Abschnittsüberschriften an – in manchen Fällen werden Sie auch ganz auf Text verzichten können, wenn etwa die Abbildung eines Produkts selbsterklärend ist.

1. Suchen Sie zu jedem Abschnitt Ihrer Präsentation eine passende Abbildung aus.

> **TIPP** Wenn Sie eine Präsentation über Ihre Produkte halten, bietet es sich natürlich an, eigene Produktabbildungen zu verwenden. Falls Sie, insbesondere für abstraktere Themen, nicht über eine eigene Bilddatenbank verfügen, können Sie auf 150.000 kostenlose Fotos und ClipArts auf der Webseite *Microsoft Office Online, http://office.microsoft.com*, zurückgreifen. Achten Sie in jedem Falle darauf, dass die Abbildungen stilistisch zusammenpassen.

2. Fügen Sie eine neue Folie ein und platzieren Sie die Abbildungen in geeigneter Anordnung darauf. Je nach Anzahl bieten sich hierfür waagerechte oder senkrechte Bänder oder ein Rechteck an.

3. Formatieren Sie die Bilder passend zur Präsentation, die Registerkarte *Bildtools/Format* enthält dazu vielfältige Möglichkeiten. Anregungen hierzu finden Sie in Kapitel 8.

4. Erstellen Sie eine neue Folie für die Abschnittstitelfolien. Kopieren Sie das erste Bild von der Übersichtsfolie auf diese Folie. Verschieben Sie es an die richtige Stelle und passen Sie ggf. die Größe an. Schreiben Sie die Abschnittsüberschrift in den Titelplatzhalter.

> **TIPP** Wollen Sie auf der Folie keinen Titel anzeigen, schieben Sie den Platzhalter in den Leerraum oberhalb der Folie, so können Sie den Titel dennoch verwenden, um die Hyperlinks einfacher zuordnen zu können.

5. Verfahren Sie ebenso mit den weiteren Abschnittstiteln. Die Führungslinien erleichtern es Ihnen, das Bild immer an derselben Stelle zu positionieren.

> **TIPP** Sie können auch die erste Abschnittstitelfolie kopieren. Auf der Registerkarte *Bildtools/Format* finden Sie den Befehl *Bild ändern*, mit dem Sie das Bild austauschen können. Das neue Bild übernimmt dabei automatisch Position, Größe, Form und Effekte.

6. Zuletzt fügen Sie, wie weiter oben in Beispiel 1 beschrieben, die Hyperlinks hinzu.

> **TIPP** Die Spiegelung in Beispiel 3 erweitert das Bild und damit auch den Hyperlink nach unten, sodass Sie dem Text keinen gesonderten Hyperlink zuweisen müssen.

Animationseffekte und Präsentationsvorführung

Abbildg. 19.37 Bilder machen die Navigation anschaulich

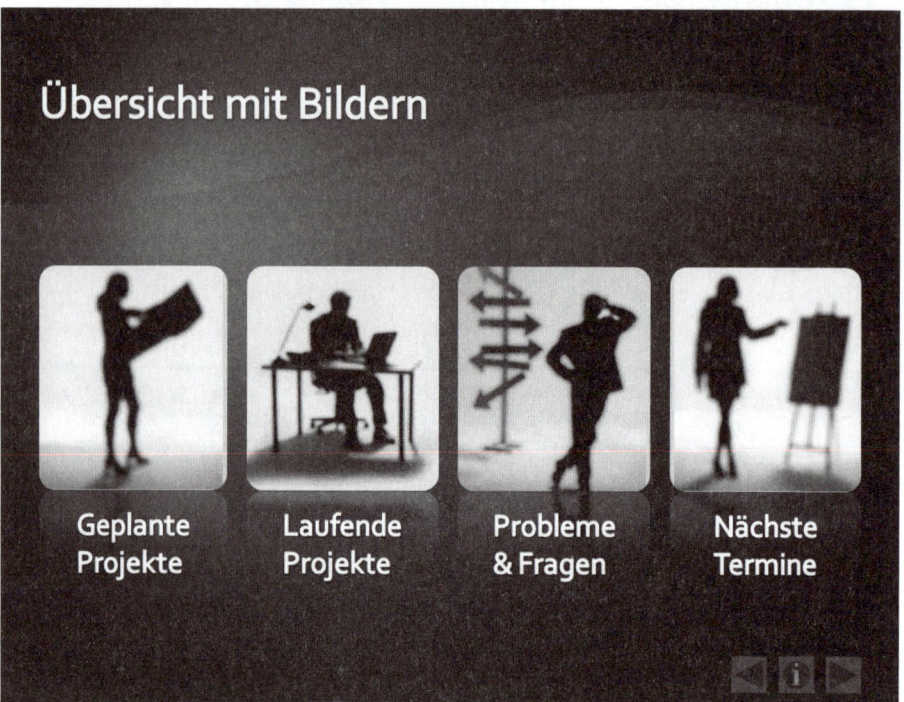

PROFITIPP

Trickreiches zum Thema QuickInfos

QuickInfos als Hinweistext: Insbesondere wenn Sie Bild-Hyperlinks in Präsentationen verwenden, die ein einzelner Zuschauer auf einem Monitor betrachtet, beispielsweise bei Messepräsentationen oder Produktkatalog-CDs, kann es nötig sein, Informationen über die Funktion des Hyperlinks hinzuzufügen. Dazu dienen die auch aus dem Internet bekannten QuickInfos.

Im Dialogfeld *Hyperlink zuweisen* finden Sie die Schaltfläche *QuickInfos* oben rechts. Damit öffnen Sie ein Dialogfeld, in dem Sie beliebigen Text eingeben können. Diesen Text können Sie bereits beim Einfügen des Hyperlinks festlegen, aber auch jederzeit später, indem Sie das Dialogfeld entweder über *Einfügen/Hyperlink* oder über *Hyperlink bearbeiten* im Kontextmenü erneut öffnen.

Hinweistexte ohne Hyperlinks: Wenn Sie einem Objekt eine QuickInfo als Hinweistext hinzufügen wollen, ohne durch einen Klick auf das Objekt eine Aktion auszulösen, geben Sie als Ziel des Links die Folie an, auf der Sie sich gerade befinden und geben den gewünschten Text unter *QuickInfo* ein. Während der Präsentation wird zwar die QuickInfo angezeigt, ein Klick auf das Objekt bleibt aber folgenlos.

Automatische QuickInfos verhindern: Bei Hyperlinks zu externen Dateien und Webseiten erscheint automatisch eine QuickInfo mit dem Dateipfad bzw. der Webadresse, wenn Sie keinen eigenen Text eingeben. Dies können Sie leider nicht ganz ausschalten, aber Sie können das QuickInfo-Feld auf ein Minimum reduzieren, indem Sie anstelle von Text ein *Leerzeichen* eintippen. ▷

PROFITIPP

Schriftgröße von QuickInfos: Die Schriftgröße von QuickInfos kann nicht verändert werden. Bei Beamer-Präsentationen sollten Sie deshalb möglichst darauf verzichten, QuickInfos zu verwenden, denn die kleine Schrift ist auf der Leinwand normalerweise nicht entzifferbar.

Abbildg. 19.38 QuickInfos können mit Speicherpfaden, Hinweistexten und Leerzeichen unterschiedlich gestaltet werden

Mit Schaltflächen durch die Präsentation blättern

Die fertige Lösung zu diesem Beispiel finden Sie in der Datei *Kap19_Navi_2.pptx* auf der CD zu diesem Buch im Ordner *\Buch\Kap19*.

In den vorangegangenen Beispielen haben Sie Verfahren kennengelernt, um von einer Übersichtsfolie zu Abschnittstiteln zu gelangen. Wie aber gelangt der Vortragende oder der Anwender von dort zurück zur Übersichtsfolie? Wie navigiert er bzw. sie zur nächsten oder vorherigen Folie? Dazu eignen sich die interaktiven Schaltflächen.

Diese bieten beim Vorführen von Bildschirmpräsentationen eine ganze Palette flexibel einsetzbarer Navigationselemente. Sie können sie schnell und ohne Programmierung einsetzen.

Abbildg. 19.39 Die interaktiven Schaltflächen finden Sie am unteren Rand des Formenkatalogs

Kurzübersicht zu den interaktiven Schaltflächen

Hier eine Übersicht zu den Symbolen der in Abbildung 19.39 gezeigten Symbolleiste *Interaktive Schaltflächen*.

Tabelle 19.1 Interaktive Schaltflächen und ihre Voreinstellungen

Interaktive Schaltfläche	Symbol	Voreinstellung
Anpassen	☐	Keine
Start	🏠	Wechsel zur ersten Folie
Hilfe	❓	Keine

Tabelle 19.1 Interaktive Schaltflächen und ihre Voreinstellungen *(Fortsetzung)*

Interaktive Schaltfläche	Symbol	Voreinstellung
Informationen		Keine
Zurück oder Vorherige(r)		Wechsel zur vorherigen Folie
Nächste(r) oder Weiter		Wechsel zur nächsten Folie
Anfang		Wechsel zur ersten Folie
Ende		Wechsel zur letzten Folie
Zurückkehren		Wechsel zur zuletzt angezeigten Folie
Dokument		Programm ausführen
Sound		Sound wiedergeben
Film		Keine

Effektiv: Interaktive Schaltflächen im Master einbauen

Um die Zahl der Hyperlinks in der Präsentation insgesamt gering zu halten, bietet es sich an, interaktive Schaltflächen nicht auf jeder Folie, sondern im Folienmaster einzufügen. Und so geht's:

1. Wechseln Sie auf der Registerkarte *Ansicht* per Klick auf *Folienmaster* zur Masteransicht. Zeigen Sie die Masterfolie an, indem Sie im linken Folienübersichtsfenster auf das größere Vorschaubild oberhalb der Layouts klicken.

HINWEIS Mehr Informationen über Folienmaster finden Sie in Kapitel 9.

2. Wechseln Sie zur Registerkarte *Start* und öffnen Sie dort in der Gruppe *Zeichnung* den Formenkatalog (Sie erreichen ihn auch von der Registerkarte *Einfügen* aus mit der Schaltfläche *Formen*). An seinem unteren Ende finden Sie die Kategorie *Interaktive Schaltflächen*. Klicken Sie auf die Schaltfläche mit dem »i«, das für »Information« steht, und ziehen Sie in der rechten unteren Ecke der Folie die interaktive Schaltfläche auf.

3. Wenn Sie die Maustaste loslassen, erscheint das Dialogfeld *Aktionseinstellungen*. Hier legen Sie fest, was während der Präsentation geschehen soll, wenn ein Anwender die interaktive Schaltfläche anklickt. Wählen Sie die Option *Hyperlink zu* und markieren Sie in der darunter befindlichen Liste den Eintrag *Folie* und anschließend in der Liste die Folie 2. Klicken Sie jeweils auf die Schaltfläche *OK*, um die Dialogfelder zu schließen.

4. Ebenso können Sie Schaltflächen für *Vorherige Folie* und *Nächste Folie* einfügen.

5. Kehren Sie mit *Folienmaster/Masteransicht schließen* zur Normalansicht zurück. Wechseln Sie zu Folie 2, starten Sie die Bildschirmpräsentation mit der Taste F5 und probieren Sie die neuen Schaltflächen aus.

Interaktive Schaltflächen ermöglichen komfortables Blättern in der Präsentation

Vielen interaktiven Schaltflächen sind Voreinstellungen zugeordnet. Diese werden als Featurebeschreibung in der QuickInfo angezeigt, wenn Sie mit der Maus einen Moment lang ohne zu klicken über dem Symbol im Formenkatalog verharren. Diese Voreinstellungen können Sie natürlich jederzeit mit anderen Funktionen überschreiben.

Die interaktiven Schaltflächen, die Sie aus dem Formenkatalog einfügen können, sind zunächst einmal rechteckig.

TIPP Um genau quadratische interaktive Schaltflächen zu zeichnen, halten Sie während des Zeichnens die ⬦-Taste gedrückt. Lassen Sie dann zuerst die linke Maustaste und erst danach die ⬦-Taste los.

Auf der Registerkarte *Zeichentools/Format* finden Sie in der Gruppe *Formen einfügen* den Befehl *Form bearbeiten/Form ändern*. Damit können Sie nachträglich die Form von interaktiven Schaltflächen in jede beliebige Form ändern. Die Hyperlink-Funktion und die Größe bleiben dabei erhalten, allerdings nicht die Symbole, die Auskunft über die Funktion geben.

TIPP Wenn Sie die Formen selbst beschriften wollen, können Sie natürlich auch auf Sonderzeichen wie Pfeile u.Ä. aus den Symbolschriftarten Wingdings, Webdings etc. zurückgreifen.

Darüber hinaus können Sie das *Aktionseinstellungen*-Dialogfeld auch über *Einfügen/Aktion* aufrufen und so für jedes beliebige Objekt die Optionen nutzen, die Aktionseinstellungen über die Hyperlink-Funktion hinaus bieten (vgl. dazu auch die Übersichtstabelle am Ende dieses Kapitels).

Flexible Navigation mit unsichtbaren Hyperlinks

 Die fertige Lösung zu diesem Beispiel finden Sie in der Datei *Kap19_Navi_3.pptx* auf der CD zu diesem Buch im Ordner *\Buch\Kap19*.

Navigationsschaltflächen zum Blättern in der Präsentation sind insbesondere bei selbstablaufenden Präsentationen nützlich. Bei Vorträgen durch einen Redner werden sie oft eher als störend empfunden. Mit einem Trick können Sie dennoch jederzeit zur Übersichtsfolie oder zu Backup-Folien springen: Nutzen Sie unsichtbare Schaltflächen.

Damit Sie sich die Position einer solchen Schaltfläche einerseits leicht merken können, andererseits nicht aus Versehen darauf klicken, ordnen Sie sie am besten in einer der Ecken an. Auf der Beispielfolie soll sie das Logo oben links in der Ecke überdecken. In diesem Falle kann nicht die Logografik selbst mit dem Hyperlink versehen werden, da sie Bestandteil der Hintergrundgrafik ist.

1. Da der unsichtbare Link auf allen Folien zur Verfügung stehen soll, wechseln Sie mit *Ansicht/Folienmaster* zur Masteransicht.

2. Zeichnen Sie eine Form, die das Logo abdeckt. Dies muss nicht dieselbe, deckungsgleiche Form sein, ein Oval ist in diesem Falle ebenso geeignet.

3. Um die Größe der Form besser anpassen zu können, füllen Sie sie über *Zeichentools/Format* mit dem Befehl *Füllfarbe/Weitere Füllfarben* zunächst mit einer halbtransparenten Farbe (Transparenz = ca. 50 %).

4. Weisen Sie dieser Form, solange sie noch sichtbar ist, einen Hyperlink zur gewünschten Folie zu.

5. Erst dann machen Sie sie unsichtbar, indem Sie die Transparenz auf 99 % einstellen und für die Formkontur *Keine Gliederung* (d.h. keine Kontur) auswählen.

6. Kehren Sie mit *Folienmaster/Masteransicht schließen* zur Bearbeitungsansicht zurück.

Abbildg. 19.41 Der Link über dem Logo ist für das Publikum unsichtbar, führt den Vortragenden aber jederzeit schnell zur Übersichtsfolie zurück

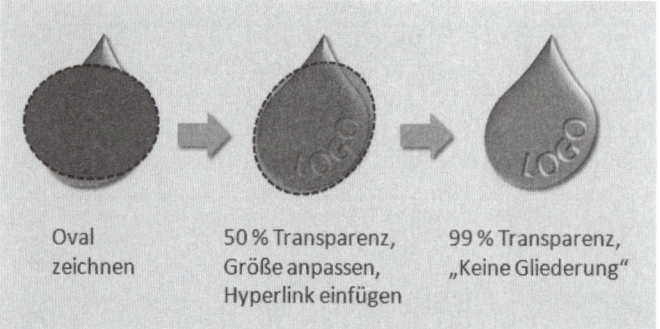

TIPP Testen Sie solche unsichtbaren Hyperlinks möglichst mit demselben Beamer, mit dem die Präsentation später vorgeführt werden soll. In seltenen Fällen ist der »unsichtbare« Hyperlink dennoch sichtbar. Dann sollten Sie die Form des Logos, z.B. mit einer Freihandform, exakter nachbilden.

Auch wenn Sie einzelne Wörter in einem Fließtext mit einem Hyperlink versehen wollen, ohne sie zu unterstreichen, können Sie unsichtbare Schaltflächen darüberlegen. Bei einer Textänderung müssen Sie allerdings daran denken, diese Flächen mit zu verschieben, sie können nicht mit dem Wort verknüpft werden.

Perfekte Standortbestimmung – einen Fortschrittsbalken nutzen

Die fertige Lösung zu diesem Beispiel finden Sie in der Datei *Kap19_Navi_3.pptx* auf der CD zu diesem Buch im Ordner *\Buch\Kap19*.

Bei der folgenden Variante besteht die Idee darin, einen Fortschrittsbalken nachzuahmen und so auf jeder Folie den aktuellen Status der gezeigten und der verbleibenden Folien anzuzeigen. Vortragende und Publikum sind so auf jeder Folie besser über den zeitlichen Ablauf der Präsentation informiert. Allerdings ist zu bezweifeln, ob diese Art der Anzeige der Motivation von Präsentierendem und Teilnehmern dienlich ist. Zuschauer werden auf diese Weise zu Schätzungen veranlasst, wie viel Zeit noch bis zum Ende der Präsentation verbleiben könnte. Der Redner fühlt sich möglicherweise unter Zeitdruck gesetzt, wenn er ständig die Anzahl der gezeigten Folien mit der verbleibenden Zeit abgleicht. Beide werden auf diese Weise von ihrer Aufmerksamkeit abgelenkt.

Hingegen hat ein solcher Fortschrittsbalken in einer Präsentation, die als Lernprogramm verwendet wird, durchaus ihre Vorteile. Hier ist von vornherein klar, dass sich der Lernende seine Zeit selbst einteilt. Insofern ist eine Auskunft über die bereits investierte und über die noch verbleibende Zeit durchaus sinnvoll.

Auch wenn Sie beispielsweise Teilnehmer im Sinne einer »Lernerfolgskontrolle« über die Inhalte Ihrer Präsentation zu einem »Quiz« einladen, bei dem von vornherein bekannt ist, dass es zehn Fragen geben wird, ist eine Lösung mit Fortschrittsanzeige durchaus positiv.

Im vorliegenden Beispiel besteht die Präsentation aus der Titelfolie plus zehn Textfolien und am unteren Rand der Folien kann abgelesen werden, wie viele davon bereits abgearbeitet wurden.

Abbildg. 19.42 Einen Fortschrittsbalken können Sie aus Formen schnell erstellen

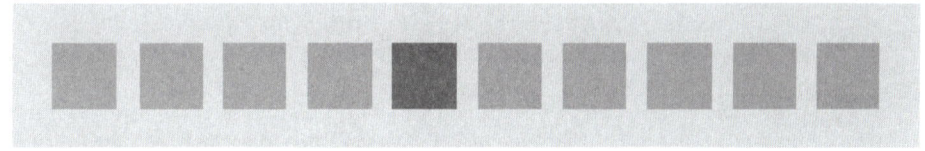

Die dabei verwendete Technik ist recht einfach: Der Fortschrittsbalken selbst besteht aus zehn grauen Rechtecken, die im Folienmaster abgelegt sind. Auf jede Folie wird dann ein Rechteck mit kräftigerer Farbe (hier: die mittelblaue Akzentfarbe 4) über die betreffende Stelle des Fortschrittsbalkens gelegt.

Der erforderliche Zeitaufwand für diese Lösung beträgt nicht mehr als zehn Minuten.

Überblick mit einer Navigationsleiste

Die fertige Lösung zu diesem Beispiel finden Sie in der Datei *Kap19_Navi_4.pptx* auf der CD zu diesem Buch im Ordner *\Buch\Kap19*.

Aus dem Windows-Explorer unter Vista und von vielen Internetseiten her kennen Sie Navigations-leisten, die die Struktur der Ordner bzw. der Webseite abbilden. Hier sind die hierarchischen Ebenen einzeln aufgereiht, sodass der Benutzer mit einem Mausklick zu einer höheren Ebene zurückkehren kann.

Abbildg. 19.43 Die Navigationsleiste in Windows Vista

> **HINWEIS** Solch eine Navigationsleiste wird in Anlehnung an den dafür gebräuchlichen eng-lischen Begriff »breadcrumbs« auch *Brotkrumen-Navigation* genannt. So wie Hänsel im Märchen Brotkrumen streute, um zurückzufinden, kann der Anwender sich entlang des Dateipfades zurückbewegen.

Auf PowerPoint-Folien können Sie dazu Textfelder verwenden.

1. Fügen Sie für jede Ebene ein eigenes Textfeld ein. In der Beispieldatei werden drei unterschied-lich gefärbte Master verwendet, um die Abschnitte der Präsentation zusätzlich zu verdeutlichen. In diesem Falle können Sie die oberen Navigationsebenen auf der Masterfolie unterbringen, um die Gesamtzahl der Hyperlinks zu reduzieren. Nur die letzte Ebene wird durch ein Textfeld auf der jeweiligen Folie repräsentiert.

2. Versehen Sie die einzelnen Textfelder mit Hyperlinks zum Beginn des jeweiligen Abschnitts.

   ■ Klicken Sie auf den Rand des Textfeldes, wenn das ganze Feld als Hyperlink verwendet wer-den soll. In diesem Fall wird der Text nicht automatisch unterstrichen und Sie können seine Farbe frei bestimmen.

   ■ Markieren Sie nur den Text innerhalb des Textfeldes, wenn er unterstrichen erscheinen soll, um den Hyperlink-Charakter zu verdeutlichen. Dabei wird nicht die Standardtextfarbe ver-wendet, sondern die elfte. Farbe der Designfarben für Hyperlinks. Wurde der Hyperlink bereits einmal angeklickt, erhält er die zwölfte Farbe für besuchte Hyperlinks.

Neu > **HINWEIS** Die Farben von Text-Hyperlinks können Sie nicht über die Schriftfarbe bestimmen. Um sie zu beeinflussen, müssen Sie über *Entwurf/Farben* die *Designfarben* bearbeiten (siehe Kapitel 9). Im Gegensatz zu früheren PowerPoint-Versionen werden dadurch die Farben von anderen Objekten nicht verändert.

Abbildg. 19.44 Eine Windows Vista nachempfundene Navigationsleiste aus Textfeldern auf einer PowerPoint-Folie

Bartholomäus-Dom

Deutsche Städte ▸ Frankfurt ▸ Dom

Diese Art der Navigation ist besonders geeignet für unbetreute Präsentationen, z.B. Lernprogramme und Messepräsentationen, denn sie verdeutlicht dem Zuschauer stets, an welcher Stelle der Präsen-tation er sich gerade befindet. Sie kann auch mit einem Menü am linken oder rechten Folienrand kombiniert werden (vgl. Beispiel 8 im folgenden Abschnitt).

Navigation wie im Internet – ein Menü am Folienrand

Die fertige Lösung zu diesem Beispiel finden Sie in der Datei *Kap19_Navi_5.pptx* auf der CD zu diesem Buch im Ordner *\Buch\Kap19*.

Unsere Sehgewohnheiten werden zunehmend durch das Internet bestimmt, auch in Hinsicht auf Präsentationsgestaltung. Oft sollen Folien deshalb ähnlich wie Internetseiten mit Schaltflächen *(Buttons)* am Folienrand zur Navigation ausgestattet sein. Insbesondere für Messe- und Schulungspräsentationen, durch die der Zuschauer eigenständig navigiert, ist dies eine gute Orientierungshilfe.

Der Gestaltung solch einer Navigation geht die Gestaltung der Präsentationsvorlage voraus (vgl. Kapitel 9). Um den zeichnerischen Aufwand und die Anzahl der Hyperlinks möglichst gering zu halten, werden die Schaltflächen am günstigsten im Folienmaster angeordnet. Bei wenigen Folien pro Kapitel können Sie die Hervorhebung des aktuellen Kapitels auf den einzelnen Folien vornehmen, bei umfangreichen Kapiteln bietet es sich an, pro Kapitel einen Master anzulegen. Die Grobplanung Ihrer Präsentation sollte zu diesem Zeitpunkt also schon so weit sein, dass die Zahl (und ggf. auch die Überschriften) der Kapitel feststeht.

Abbildg. 19.45 Buttons am Rand der Folie erleichtern dem Zuschauer die Orientierung

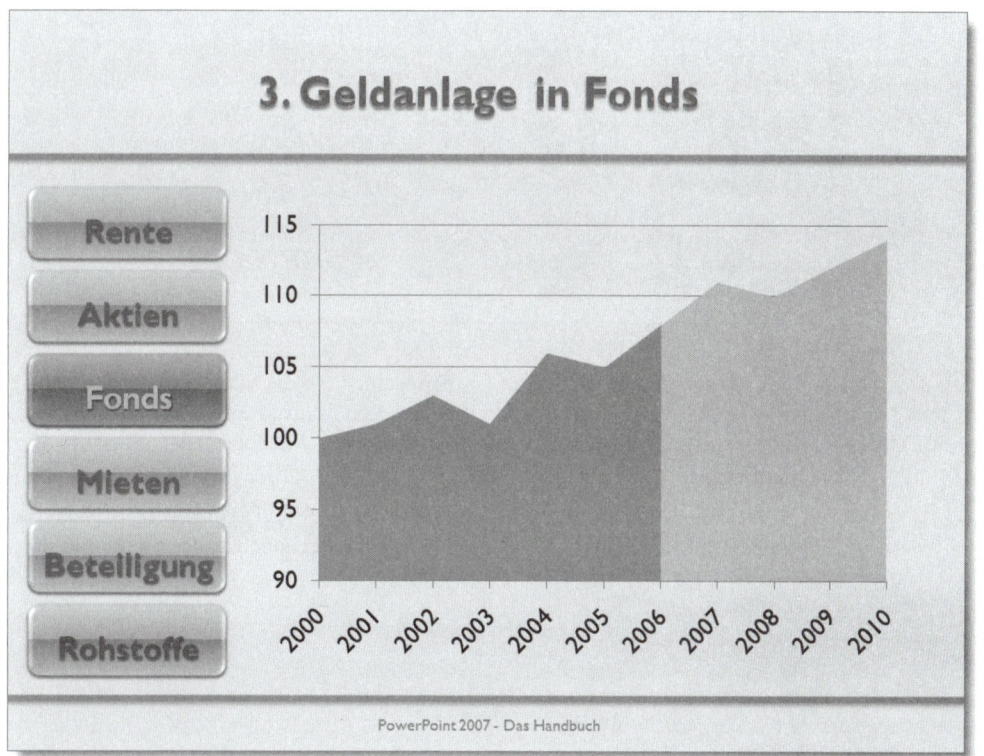

Legen Sie pro Kapitel eine Folie an; aus diesen entstehen später die jeweils ersten Folien der Kapitel, auf die die Hyperlinks der Navigation verweisen. Wechseln Sie dann über *Ansicht/Folienmaster* zur Masteransicht. Ziehen Sie auf der Masterfolie die linken Ränder des Inhaltsplatzhalters nach rechts, um Platz für die Schaltflächen zu schaffen. Zeichnen Sie die erste Schaltfläche und formatieren Sie sie passend zum Foliendesign. Beschriften Sie die Schaltfläche mit einem Mustertext und formatieren Sie auch diesen. Kopieren Sie diese erste Schaltfläche in der Ihren Kapiteln entsprechenden Anzahl. Ordnen Sie die Schaltflächen mit den Befehlen der Gruppe *Anordnen* auf der Registerkarte *Zeichentools/Format* untereinander und in gleichmäßigen Abständen an. Versehen Sie die Schaltflächen über *Einfügen/Hyperlink* mit Links zu den Anfangsfolien der Kapitel.

Wenn Sie die Hervorhebung des jeweils aktuellen Kapitels durch mehrere Master mit unterschiedlich gestalteten Schaltflächen vornehmen wollen, entscheiden Sie zunächst, welche Folienlayouts Sie voraussichtlich in Ihrer Präsentation brauchen werden, und löschen Sie die nicht benötigten, um die Gesamtzahl der Layouts übersichtlich zu halten. Klicken Sie dann den ersten Master mit der rechten Maustaste an und wählen Sie *Folienmaster duplizieren*. Wiederholen Sie dies, um die benötigte Anzahl an Folienmastern zu erzeugen. Die Hyperlinks werden dabei mit kopiert. Formatieren Sie die dem jeweiligen Kapitel entsprechende Schaltfläche wie gewünscht. In der Beispieldatei wurde hierzu eine dunklere Füllfarbe gewählt, Geeignet sind genauso gut andere Füll- oder Randeffekte (vgl. Abbildung 19.46), die zum Foliendesign passen.

Abbildg. 19.46 Verschiedene Möglichkeiten der Hervorhebung durch Farben, Muster, Randeffekte und Schatten

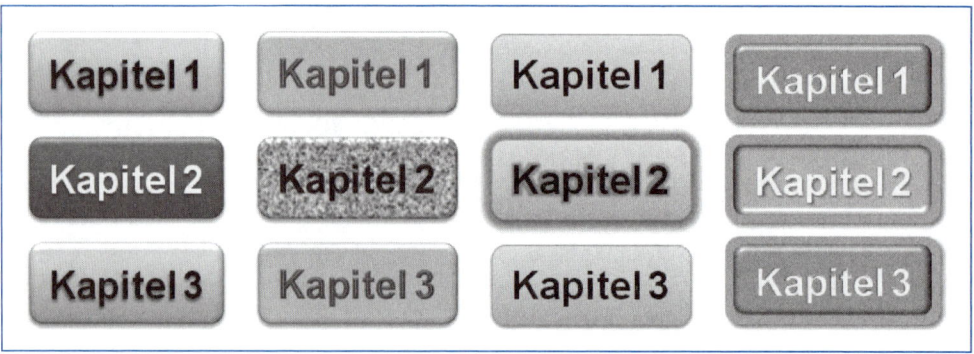

Um sie später besser unterscheiden zu können, sollten Sie die Masterfolien mit einem eindeutigen Namen versehen; klicken Sie sie hierzu mit der rechten Maustaste an und wählen Sie *Master umbenennen*. Diese Namen tauchen als Überschriften im Layout-Katalog wieder auf und erleichtern Ihnen so die Orientierung.

Wählen Sie anschließend beim Erstellen der Präsentation für die Folien der einzelnen Kapitel jeweils ein Layout in der passenden Gruppe aus, um so die Kapitel voneinander zu unterscheiden.

Die Namen der Master tauchen im Layout-Katalog als Überschriftsbalken auf

Ist Ihre Präsentation nicht sehr umfangreich, können Sie auch auf die Erstellung unterschiedlicher Master verzichten. Zeichnen Sie in diesem Fall eine Hervorhebung auf den einzelnen Folien über die Schaltflächen des Masters. Hier eignen sich sowohl Rahmen, die aus Formen mit breiter Formkontur ohne Fülleffekt entstehen, als auch entsprechend formatierte Schaltflächen, die diejenigen des Masters völlig verdecken. Beachten Sie, dass Sie in diesem Fall der Schaltfläche auf der Folie den Hyperlink neu zuweisen müssen, da der Hyperlink auf dem Master nicht angeklickt werden kann, wenn er verdeckt wird.

Per Navigation einzelne zielgruppenorientierte Präsentationen ansteuern

Das Prinzip haben Sie weiter oben in diesem Kapitel schon kennengelernt: Anstatt für jede Zielgruppe eine Präsentation anzulegen und zu pflegen, definieren Sie innerhalb eines Foliensatzes *zielgruppenspezifische Präsentationen*. Zwei unterschiedliche Ansätze sind dabei möglich:

- Wenn vor dem Start der Präsentation schon feststeht, dass Sie mehrere Präsentationen für zwei oder mehr Veranstaltungen benötigen, legen Sie entsprechend viele unterschiedliche zielgruppenorientierte Präsentationen fest und nehmen die Folien, die für alle gleich sind, in jede dieser Teilpräsentationen auf. Eine Folie kann Teil von beliebig vielen zielgruppenorientierten Präsentationen sein. Sie rufen dann nur die zutreffende Präsentation über die Registerkarte *Bildschirmpräsentation* auf. Dies wurde weiter oben bereits beschrieben.

- Manchmal entscheidet sich jedoch erst während der Veranstaltung, welche der Teilgruppen von Folien für das Publikum interessant sind, z.B. bei regionalen Schwerpunkten. Dann fügen Sie nach dem allgemeinen Teil eine Folie mit Hyperlinks zu den zielgruppenorientierten Präsentationen ein, von der aus Sie verzweigen können. Dieser zweite Fall soll nun erklärt werden.

Abbildg. 19.48 Zielgruppenorientierte Präsentationen können die ganze Präsentation umfassen...

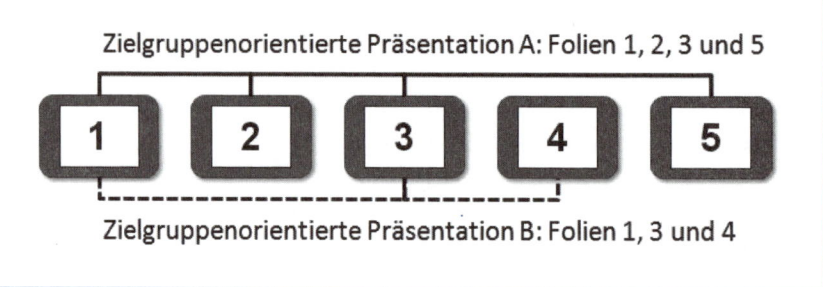

Abbildg. 19.49 ...oder mit Hyperlinks für einen Abschnitt der Präsentation aufgerufen werden

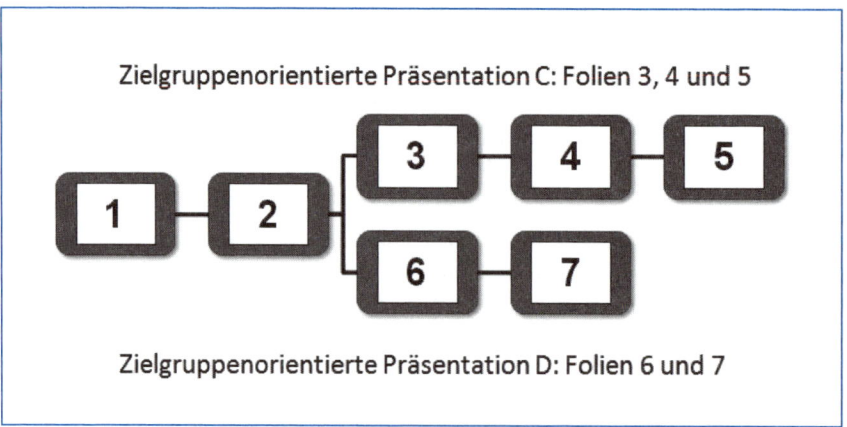

 Zwei fertige Lösungen zu diesem Thema finden Sie in den Dateien *Kap19_Navi_6a.pptx* und *Kap19_Navi_6b.pptx* auf der CD zu diesem Buch im Ordner *\Buch\Kap19*.

Abbildg. 19.50 Mithilfe des Dialogfeldes *Zielgruppenorientierte Präsentation definieren* erstellen Sie Unterpräsentationen schnell und komfortabel

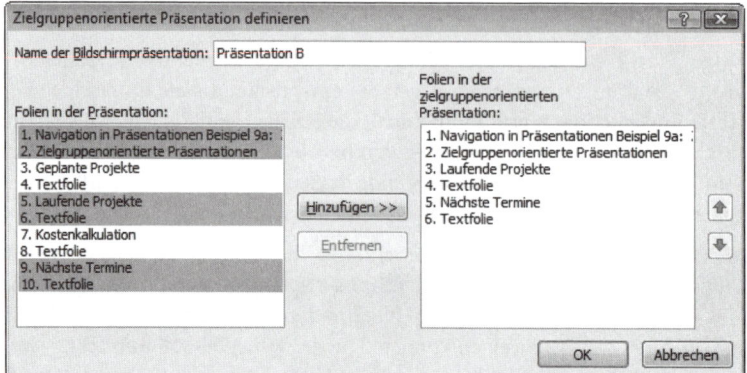

Zielgruppenorientierte Präsentationen per Hyperlink vorführen

Wenn Sie erst nach einem allgemeinen Teil zur zielgruppenorientierten Präsentation verzweigen wollen, fügen Sie an dieser Stelle eine Übersichtsfolie ein. Erstellen Sie darauf entsprechende Objekte, die als Hyperlinks dienen. Fügen Sie die Hyperlinks zu den Teilpräsentationen von der Registerkarte *Einfügen* aus wie folgt ein:

- Entweder klicken Sie auf *Hyperlink*, dann in der Spalte *Link zu* auf *Aktuelles Dokument* und wählen im mittleren Feld die gewünschte *Zielgruppenorientierte Präsentation* aus.

- Oder Sie klicken auf *Aktion*, wählen im Listenfeld *Hyperlink zu* den Eintrag *Zielgruppenorientierte Präsentation* und wählen dann die gewünschte Teilpräsentation in der daraufhin angezeigten Liste aus.

Beide Verfahren führen zum gleichen Ergebnis.

Zeigen statt klicken – Aktionseinstellungen mit Mouseover verbinden

Eine Navigation kann auch ohne Mausklick auskommen. In Abbildung 19.51 sehen Sie im linken Teil eine Landkarte Europas. Beim Bewegen der Maus über bestimmte Länder soll das Land hervorgehoben und die Information über die Anzahl der Filialen in dem betreffenden Land angezeigt werden (wie im rechten Teil der Abbildung). Die Werte werden hier also nicht in einem Diagramm dargestellt, sondern in einer Landkarte.

Abbildg. 19.51 Mit Mouseover navigieren

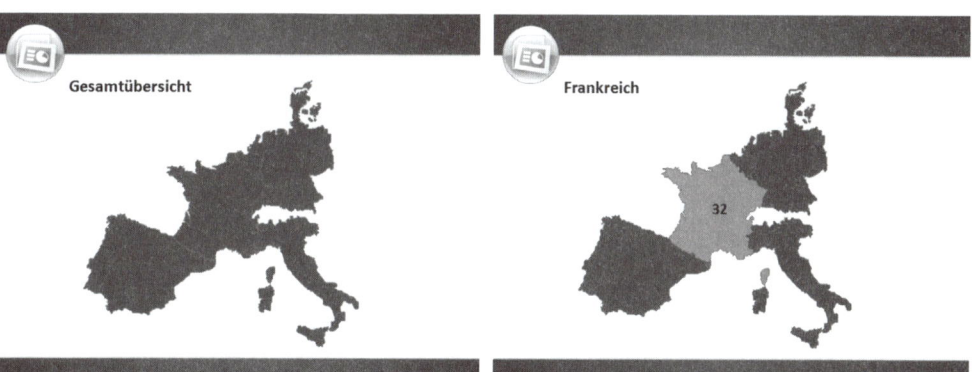

Für das Beispiel wurde eine Vektorgrafik mit der Karte Europas als Basis genommen. Die Landkarte konnte in ihre Bestandteile aufgelöst werden (Registerkarte *Zeichentools/Format*, Befehlsfolge *Gruppierung/Gruppierung aufheben*). Die einzelnen Länderflächen dienen als Hyperlinks und weisen zu unterschiedlich eingefärbten Kopien dieser Karte.

1. Zunächst werden vier weitere Folien mit der Landkarte gebraucht. Fertigen Sie deshalb von der Folie mit der Tastenkombination `Strg`+`⇧`+`D` vier Duplikate an. Tragen Sie als Überschriften die Ländernamen *Deutschland*, *Frankreich*, *Italien* und *Spanien* ein. Damit sind die Zielfolien für die Hyperlinks erstellt. Sorgen Sie auf jeder der Länderfolien dafür, dass in einem Textfeld die Zahl der Niederlassungen angezeigt wird.

2. Kehren Sie zu Übersichtsfolie 2 zurück, um die Flächen für die Interaktion zu erstellen: In diesem Fall können Sie die Hyperlinks den Ländern direkt zuweisen.

   Falls Sie die Landkarte nur als Bitmap-Grafik vorliegen haben, müssen Sie mit Hilfsflächen arbeiten: Ziehen Sie für eine schnelle Variante Rechtecke über den einzelnen Ländern auf. Formatieren Sie diese ohne Füll- und Linienfarbe. Wenn Sie mehr Zeit haben, rufen Sie auf der Registerkarte *Einfügen* den Befehl *Formen* auf und wählen aus dem Katalog die *Freihandform*. Zeichnen Sie dann mit diesem Werkzeug eine Konturlinie um das jeweilige Land.

3. Weisen Sie im nächsten Schritt den Formen die gewünschten Aktionseinstellungen zu. Markieren Sie beispielsweise Deutschland und rufen Sie auf der Registerkarte *Einfügen* den Befehl *Aktion* auf. Wechseln Sie zur Registerkarte *Mouseover* und wählen Sie im Dropdown-Listenfeld *Hyperlink zu* die Folie für Deutschland (also Folie 3). Wiederholen Sie den Vorgang für die übrigen drei Länder.

4. Markieren Sie nun alle vier transparenten Flächen und kopieren Sie diese mit $\boxed{\text{Strg}}$+$\boxed{\text{C}}$ in die Zwischenablage. Fügen Sie die so kopierten Elemente auf jeder der anderen vier Folien mit $\boxed{\text{Strg}}$+$\boxed{\text{V}}$ ein bzw. weisen Sie den Ländern auf den übrigen Folien ebenfalls Hyperlinks zu.

Die fertige Lösung zu diesem Beispiel finden Sie in der Datei *Kap19_Navi_7.pptx* auf der CD zu diesem Buch im Ordner *\Buch\Kap19*.

Für weiterführende Informationen in andere Dokumente verzweigen

Oft ist es wünschenswert, eine Präsentation mit weiteren Dokumenten zu ergänzen. So könnten von einem auf CD verteilten Produktkatalog beispielsweise Links zu Produktblättern führen, die als PDF vorliegen, oder zu einem in Word erstellten Bestellformular. Auch diese Dokumente können Sie bequem mit Hyperlinks aufrufen.

ACHTUNG Wenn Sie Dokumente in anderen Formaten als PowerPoint mit auf Ihre CD brennen, sollten Sie sicherstellen, dass die Empfänger diese auch öffnen können, z.B. indem Sie auf der CD oder auf dem Cover einen Download-Link zum Word-Viewer oder zum Adobe Reader bereitstellen.

Achten Sie auf der CD darauf, dass die Dateistruktur genau gleich ist, am besten kopieren Sie beim Erstellen und beim Brennen alle Dateien in denselben Ordner, damit anschließend die Hyperlinks noch funktionieren.

Auch hier steht Ihnen wieder die Wahl zwischen Hyperlinks und Aktionen offen:

- Entweder klicken Sie auf *Hyperlink*, dann in der Spalte *Link zu* auf *Datei oder Webseite* und wählen im mittleren Feld die gewünschte Datei aus.

- Oder Sie klicken auf *Aktion*, wählen im Dropdown-Listenfeld *Hyperlink zu* den Eintrag *Andere Datei* und wählen dann die gewünschte Datei aus.

Musterfolien zu diesem Beispiel finden Sie in der Datei *Kap19_Navi_8.pptx* auf der CD zu diesem Buch im Ordner *\Buch\Kap19*.

Der Nächste bitte – Präsentationen mit Links verketten

Bei Kongressen und ähnlichen Veranstaltungen erhalten Sie die Präsentationen der einzelnen Redner oft sehr spät und sollen diese dann untereinander verketten, um einen reibungslosen Ablauf zu garantieren. Die Präsentationen hintereinander in einer einzigen großen Präsentation zusammenzufügen ist aufgrund der daraus resultierenden Dateigröße und der zu berücksichtigenden unterschiedlichen Vorlagen meist nicht möglich.

Bereiten Sie in diesem Falle eine Abschlussfolie vor. Diese kann z.B. das Logo der Veranstaltung tragen und so auch als Pausenfolie zwischen den Rednern dienen. Wenn Sie das darauf zu sehende Bild nicht aus einzelnen Elementen aufbauen, sondern eine Grafik verwenden, die Sie in eine leere Folie einfügen, müssen Sie diese nach dem Einfügen nicht einmal anpassen, denn ein eventuell unterschiedliches Design der aufnehmenden Präsentation wird hierdurch abgedeckt.

TIPP Speichern Sie eine vorbereitete Folie mit dem Veranstaltungslogo als Grafik, z.B. JPG oder PNG. So fassen Sie die einzelnen Elemente, aus denen Ihre Folie aufgebaut ist, zu einer Datei zusammen, die vom Design unabhängig ist. Fügen Sie diese Grafik auf einer leeren Folie flächendeckend als Bild ein.

Öffnen Sie die Präsentation des Redners und scrollen Sie ganz zum Ende, öffnen Sie Ihre Abschlussfolienpräsentation gleichzeitig und kopieren Sie die vorbereitete Folie ans Ende des Vortrags. Nachdem Sie die Folie eingefügt haben, sind nur noch wenige Mausklicks erforderlich, um einen Hyperlink zum nächsten Vortrag einzufügen. Alternativ dazu können Sie auch eine Folie vorbereiten, die schon einen Hyperlink zu einer Übersichtspräsentation enthält, z.B. mit der Agenda der Veranstaltung.

 Musterfolien zu diesem Beispiel finden Sie in *Kap19_Navi_9.pptx* auf der CD zu diesem Buch. Folie 2 ist die Übersichtsfolie, zu der alle letzten Folien der Vorträge verlinken, Folie 3 ist die Abschlussfolie, die in allen Vorträgen eingefügt wird, hier schon mit einem vorbereiteten Hyperlink zur Übersichtsfolie.

Hyperlinks und interaktive Schaltflächen differenziert einsetzen

In einigen der Beispiele in den vorangegangenen Abschnitten wurden Hyperlinks verwendet, in anderen interaktive Schaltflächen mit Aktionseinstellungen. Dies wirft die Frage auf, worin der Unterschied zwischen beiden besteht und wann man besser Hyperlinks und wann Aktionen verwendet. Tabelle 19.2 gibt eine Übersicht.

Tabelle 19.2 Hyperlinks und Aktionen – ein Vergleich

Situation	Hyperlink	Aktion
Sprung zu einer bestimmten Folie innerhalb der Präsentation	+	+
Sprung zur vorhergehenden oder nächsten Folie	-	+
Sprung zum Anfang oder Ende der Präsentation	-	+
Sprung zurück zur zuletzt angesehenen Folie	-	+
Präsentation beenden	-	+
Hyperlink mit Hinweistext in QuickInfo	+	-
Hyperlink zu einer anderen Präsentation	+	+
Hyperlink zu einer anderen Datei, z.B. Word-Dokument oder PDF	+	+
Hyperlink zu einer Webseite	+	+
Mit einem Hyperlink eine leere Mail aufrufen	+	-
Ein Programm starten	-	+
Ein Makro ausführen	-	+
Beim Klick auf den Hyperlink einen Sound wiedergeben	-	+
Beim Klick auf den Hyperlink diesen kurz hervorheben	-	+
Einen Hyperlink oder eine Aktion ohne Klick nur durch Mausberührung (»Mouseover«) auslösen	-	+

Zusammenfassung

Ausgehend von den Szenarien, in denen Präsentationen zum Einsatz kommen, gibt es eine Reihe verschiedener Arten für das Vorführen von Bildschirmpräsentationen. Auch für die Fokussierung der Präsentationsinhalte auf unterschiedliche Zielgruppen hält PowerPoint geeignete Werkzeuge bereit.

In langen Präsentationen oder in Bildschirmpräsentation, die für Messen, als Selbstlernkurse oder als interaktive CD erstellt werden, ist Navigation unerlässlich. Sie ermöglicht Vortragenden und Zuschauern eine schnellere Orientierung. Richtig eingesetzt kann sie außerdem die Interaktion zwischen Vortragendem und Publikum erleichtern.

Nachfolgend die Fundstellen zu wichtigen Themen dieses Kapitels:

Thema	Seite
Arten der Bildschirmpräsentation	559
Bildschirmpräsentationen einrichten	560

Thema	Seite
Zielgruppenorientierte Präsentationen anlegen und vorführen	569
Tipps, um Bildschirmpräsentationen schnell zu starten	574
Die Präsentationsansicht nutzen	575
Interaktion in Präsentation einbauen	580
Navigation planen, theoretische Vorüberlegungen	587
Übersichtsfolien erstellen	590
Hyperlinks attraktiv gestalten	592
QuickInfos und ihre Möglichkeiten	596
Navigation mit Aktionen und interaktiven Schaltflächen	597
Unsichtbare Hyperlinks verwenden	599
Einen Fortschrittsbalken nutzen	601
Navigationsleisten wie im Internet einbauen	601
Navigation ohne Klicken durch Mouseover	607
Per Hyperlink zu ergänzenden Dokumenten verzweigen	608
Umfangreiche Präsentationsveranstaltungen steuern	609
Vergleich: Wann Hyperlinks und wann Aktionseinstellungen nutzen?	609

Hier noch ein Wegweiser, in welchen Dateien Sie die zahlreichen Beispiele aus diesem Kapitel finden:

Thema	Beispieldatei
Inhaltsverzeichnisfolie mit Text oder Formen	*Kap19_Navi_1.pptx*
Inhaltsverzeichnis aus SmartArt erstellen	*Kap19_Navi_1.pptx*
Übersicht mit Bildern verdeutlichen	*Kap19_Navi_2.pptx*
Schaltflächen zum Blättern	*Kap19_Navi_2.pptx*
Navigation mit unsichtbaren Hyperlinks	*Kap19_Navi_3.pptx*
Einen Fortschrittsbalken nutzen	*Kap19_Navi_3.pptx*
Überblick per Navigationsleiste	*Kap19_Navi_4.pptx*
Menü am Folienrand	*Kap19_Navi_5.pptx*
Zielgruppenorientierte Präsentationen mit und ohne Hyperlinks	*Kap19_Navi_6a.pptx und Kap19_Navi_6b.pptx*
Navigation mit Mouseover	*Kap19_Navi_7.pptx*
Per Hyperlink zu anderen Dokumenten verzweigen	*Kap19_Navi_8.pptx*
Präsentationen mit Links verketten	*Kap19_Navi_9.pptx*

Animationseffekte und Präsentationsvorführung

Teil E

Multimedia und fortgeschrittene Techniken

In diesem Teil:

Kapitel 20

Sound

Sounds aller Art – vom kurzen Geräusch, das eine Animation begleitet, über untermalende Musikstücke bis hin zum gesprochenen Begleittext – können eine Präsentation bereichern. Nach einigen Erläuterungen zu den technischen Voraussetzungen zeigen wir Ihnen in diesem Kapitel die verschiedenen Möglichkeiten, Sound in Ihre Präsentation einzufügen und abzuspielen. Aber auch, worauf Sie beim Einfügen von Sound achten sollten, damit alles reibungslos klappt.

Etwas Technik vorab

Bevor Sie Sounds in Ihre Präsentation einfügen, stellen Sie bitte sicher, dass Sie sie auch abspielen können. Dazu müssen zwei Voraussetzungen stimmen:

- Ihr Rechner muss die nötige Hardware mitbringen, also mit einer Soundkarte, Lautsprechern und eventuell einem Mikrofon ausgestattet sein.

- Die Sounddateien müssen ein unterstütztes Dateiformat haben und auf Ihrem Rechner muss die nötige Software installiert sein.

Hardware

Ein kleiner Systemlautsprecher war alles, was Computer bis etwa Mitte der 90er-Jahre mitbrachten, um Warntöne wiederzugeben. Inzwischen verfügt fast jeder neue Computer über eine eingebaute Soundkarte und meist auch über Lautsprecher. Computer entwickeln sich vom Arbeitsgerät zum Multimedia-Center, und diese Entwicklung schreitet sehr schnell voran. Dieses Buch kann Ihnen deshalb nur einige Grundlagen vorstellen.

HINWEIS Falls Sie die Anschaffung eines neuen Computers planen und auf gute Multimediafähigkeiten Wert legen oder Ihren vorhandenen Rechner mit einer neuen Soundkarte aufrüsten wollen, informieren Sie sich am besten in aktuellen Computerzeitschriften über neue, empfehlenswerte Modelle.

Soundkarte

Die Soundkarte übersetzt analoge Tonsignale in die digitalen Daten des Computers und wieder zurück. Moderne Rechner verfügen in der Regel über eine eingebaute Soundkarte und wenn Sie Office 2007 unter Windows Vista installiert haben und Ihr Rechner die Bezeichnung »Windows Vista Premium Ready PC« trägt, ist er auf jeden Fall in der Lage, Audiodateien abzuspielen. Den Grundansprüchen genügen diese Soundkarten normalerweise. Alle Karten haben mindestens zwei Anschlüsse für die Lautsprecherboxen und einen Anschluss für ein Mikrofon. Somit sind sowohl die Wiedergabe über Lautsprecher oder Kopfhörer als auch Aufnahmen über ein Mikrofon mit allen Karten möglich. Von der Soundkarte hängt es auch ab, ob Sie MIDI-Dateien verwenden können, da die Informationen in diesen Dateien erst in der Soundkarte in Musik umgewandelt werden.

Lautsprecher

Zusätzlich zur Soundkarte brauchen Sie Lautsprecher, damit der Sound wiedergegeben werden kann. Ein, manchmal zwei Lautsprecher sind ebenfalls in den meisten Rechnern bereits vorhanden. Aber sind sie auch laut genug? Die eingebauten Lautsprecher eines Laptops reichen nur aus, wenn eine einzelne Person oder eine kleine Gruppe eine Präsentation betrachtet. Auch wenn Ihr Beamer über eigene Lautsprecher verfügt, können Sie damit meistens nur kleine Räume in Wohnzimmergröße beschallen. Findet Ihre Präsentation vor einer größeren Gruppe von Zuhörern in einem größeren Konferenzraum statt, sollten Sie zusätzliche Lautsprecher einplanen, eventuell auch einen Verstärker. Stellt der Veranstalter die Technik zur Verfügung, sprechen Sie möglichst frühzeitig und detailliert ab, welche Möglichkeiten vorhanden sind.

Falls Sie planen, Lautsprecher zu kaufen, sollten Sie wissen, dass es zwei Typen von Lautsprechern gibt: Passiv-Lautsprecher, die auf einen Verstärker auf der Soundkarte angewiesen sind, und Aktiv-Lautsprecher, die sowohl einen eigenen Verstärker als auch eine eigene Stromversorgung mitbringen. Da die Lautsprecher bezüglich Typ und Leistungsspektrum zu Ihrer Soundkarte passen müssen, sollten Sie beim Kauf der Lautsprecher unbedingt die Daten Ihrer Soundkarte dabeihaben.

Dateiformate und Software

PowerPoint selbst verfügt nicht über die Fähigkeit, Multimediadateien abzuspielen. Es greift dabei auf die Programmierschnittstellen (»API«) des Betriebssystems des Computers zurück. Mit Windows Media Player oder anderen Abspielprogrammen, die Sie zusätzlich zu den Microsoft-Programmen installiert haben, kann es nicht zusammenarbeiten. Deshalb ist die Liste der Sounddateiformate, die Sie in PowerPoint einfügen können, beschränkt.

Dateiformate, die Sie in PowerPoint einfügen können

PowerPoint 2007 unterstützt sechs Sounddateiformate, darunter die vier am häufigsten vorkommenden Formate *WAV*, *MP3*, *WMA* und *MIDI*, die im Folgenden kurz vorgestellt werden sollen, sowie die in der Praxis eher selten verwendeten *AIFF* und *AU*. Eine Sonderform stellen Wiedergabelisten dar.

Der Standard: WAV

WAV ist eigentlich die Abkürzung für *Waveformdatei*, wird aber inzwischen nicht nur als Dateiendung, sondern auch als Name für das Dateiformat verwendet (ausgesprochen wie das englische »wave« = Welle). Das Format wurde von Microsoft und IBM entwickelt und ist einer der Standards für Audiodateien unter Windows. Es gibt eine Reihe von Unterformaten, die sich in der Komprimierung und Qualität unterscheiden.

HINWEIS   Das Unterformat *PCM* (Pulse Code Modulation) ist im Einsatz am vielseitigsten und lässt sich auf den meisten Computern korrekt wiedergeben. Seine Qualität ist mit einer Sampling-Rate von 44,1 kHz und einer Sampling-Genauigkeit von 16 Bit optimal auf das menschliche Hörvermögen abgestimmt. Musik-CDs werden mit dieser Qualität hergestellt. Die große Detailtreue des PCM-Verfahrens bezahlen wir allerdings mit einer enormen Dateigröße: 60 Sekunden Tonaufnahme belegen bis zu 10 MB. Die gleiche Datei im MP3-Format belegt unter 1 MB.

WAV-Dateien eignen sich sowohl für die Wiedergabe von Musik und gesprochenem Text als auch für jede Art von Geräusch (so sind z.B. alle Windows-Systemsounds WAV-Dateien).

Dennoch kann es bei diesem weit verbreiteten Dateiformat vorkommen, dass eine WAV-Datei nicht abgespielt werden kann. Oder dass Sie eine Präsentation einschließlich der Sounddatei weitergeben, der Empfänger den Ton aber nicht hören kann. Ursache dafür sind oft fehlende Codecs (siehe auch den folgenden Profitipp zu Codecs).

> **WICHTIG** Wurde die WAV-Datei mit einem Codec komprimiert, der nicht auf dem Computer vorliegt, können Sie die Datei nicht abspielen. (Einige Problemlösungsstrategien finden Sie am Ende dieses Kapitels.) Wenn Ihre PowerPoint-Präsentation auf vielen verschiedenen Computern abgespielt werden soll, verwenden Sie gängige Codecs oder verzichten ganz auf die Komprimierung.

Als einziges Dateiformat können Sie WAV-Dateien in PowerPoint-Präsentationen einbetten. Allerdings werden nur kleine Dateien bis 100 KB automatisch eingebettet (diese Dateigröße reicht nur für Geräusche von wenigen Sekunden Länge). Auch wenn Sie Folienübergänge und Animationen mit einem Sound versehen wollen, sind Sie auf dieses Dateiformat beschränkt.

PROFITIPP

Wissenswertes über Codecs

Bei der Aufnahme von Musik oder Sprache wird zunächst einmal eine große Menge an Audiodaten aufgenommen. Diese müssen komprimiert werden, um sie platzsparend zu speichern. Für die Wiedergabe über den Lautsprecher wird diese Datei wieder dekomprimiert. Diese Aufgabe übernehmen kleine Softwareprogramme, die Codecs. (Diese Bezeichnung ist ein Kunstwort aus »*Co*mpression« und »*Dec*ompression«.) Damit eine Datei abgespielt werden kann, müssen auf Ihrem Rechner dieselben Codecs installiert sein wie auf dem aufnehmenden Rechner. Es gibt mittlerweile eine unüberschaubare Anzahl verschiedener Codecs für Audio- und Videodateien und immer noch werden neue entwickelt, die bessere Kompression und Qualität versprechen. Einige gängige Codecs werden mit Windows bereits mitinstalliert und stehen somit auf jedem Computer zur Verfügung.

Probleme tauchen auf, wenn der bei der Produktion zum Komprimieren verwendete Codec auf Ihrem Rechner nicht vorhanden ist. Die Datei kann dann zwar in PowerPoint eingefügt werden, denn dabei wird nur die Dateiendung überprüft, Sie hören aber keinen Ton, weil das Abspielprogramm den passenden Codec zum Dekomprimieren nicht findet.

Einige mögliche Problemlösungen finden Sie am Ende dieses Kapitels. (Weitere Informationen zu Codecs und Multimedia finden Sie auch in Kapitel 21.)

Für Musikfans: MP3

Für Musikdateien weit verbreitet ist das Dateiformat *MP3*, nicht zuletzt aufgrund der Beliebtheit der tragbaren MP3-Player. Es entstand ursprünglich als Bestandteil des Videokomprimierungsverfahrens MPEG. Die Tonspuren von Videofilmen wurden mit sogenannten Audio-Layern komprimiert. Der Layer III war besonders gut geeignet, Musik oder Sprache ohne hörbare Verluste auf einen Bruchteil der ursprünglichen Dateigröße zusammenschrumpfen zu lassen. Im Laufe der Zeit hat sich *MPEG Layer III* als MP3 verselbstständigt.

Der Codec zur Erzeugung von MP3-Dateien wurde ursprünglich von der Fraunhofer-Gesellschaft entwickelt, die Patente auf Teilverfahren besitzt. Als freie Alternative dazu wird von vielen Musikbearbeitungsprogrammen der LAME-Codec verwendet. Diese Codecs verwenden ein verlustbehaftetes Kompressionsverfahren, indem sie für das menschliche Ohr normalerweise unhörbare Anteile entfernen. So wird erreicht, dass die Dateigröße von MP3-Dateien mit ca. 1 MB pro Minute nur ein Zehntel von WAV-Dateien beträgt.

MP3-Dateien werden beim Einfügen in PowerPoint-Präsentationen nicht eingebettet, sondern nur verknüpft; bei der Weitergabe der Präsentation muss die Audiodatei also ebenfalls weitergegeben werden.

Gut geschützt: WMA

Die Dateiendung *WMA* steht für *Windows Media Audio*. Dieses von Microsoft entwickelte Kompressionsverfahren basiert auf einem ähnlichen Prinzip wie die MP3-Kompression, indem unhörbare Töne gelöscht werden, um Speicherplatz zu sparen.

Im Gegensatz zu den übrigen in diesem Kapitel vorgestellten Audioformaten bietet WMA die Möglichkeit, einen Urheberschutz in die Datei zu integrieren (»DRM« = Digital Rights Management). Damit wird das Weitergeben und Abspielen auf anderen Computern eingeschränkt oder sogar ganz verhindert. Je nach erworbener Lizenz für das Musikstück dürfen Sie eine WMA-Datei auf einen externen MP3-Player kopieren oder nicht. Im Profitipp »Ein Wort zum Urheberrecht« weiter hinten in diesem Kapitel erfahren Sie mehr über diesen Schutz.

Im WMA-Format werden auch sogenannte Streaming-Dateien angeboten, die die Dateiendungen ASF oder WAX tragen. Dies sind kleine Dateien, die auf eine Musikdatei im Internet verweisen, die erst während des Abspielens heruntergeladen wird.

Auch WMA-Dateien werden mit der Präsentation nur verknüpft, denken Sie also daran, die Datei beim Weitergeben der Präsentation ebenfalls mitzugeben. Falls Sie ASF- oder WAX-Dateien verwenden, muss die Quelle, auf die sie verweisen, während der Präsentation zugänglich sein.

Instrumentalmusik: MIDI

MIDI ist die Abkürzung für *Musical Instrumental Digital Interface*; aus diesem Namen geht schon hervor, dass MIDI zur Steuerung elektronischer Musikinstrumente entwickelt wurde. Aber auch die Musikdateien, die beispielsweise mit einem Keyboard erzeugt wurden, tragen den Namen MIDI. Schlussendlich heißt auch die Schnittstelle auf der Soundkarte so.

MIDI basiert auf Tabellen, in denen jedes Instrument unter einer standardisierten Nummer zu finden ist. Mit der Instrumentennummer, der Lautstärke und der Tonfrequenz kann dann jede MIDI-fähige Soundkarte aus diesen Tabellen den zu spielenden Ton rekonstruieren. Ohne Angabe eines Instruments funktioniert die Wiedergabe nicht. MIDI kann deswegen keine menschlichen Stimmen oder Geräusche erzeugen.

Da MIDI-Dateien nur eine Beschreibung der Töne speichern, sind sie sehr klein bei hervorragender Qualität. Da sie synthetisch erzeugt werden, fehlt ihnen allerdings die Lebendigkeit eines live aufgezeichneten Orchesters. Sie können die Dateiendungen *.midi*, *.mid* oder *.rmi* tragen und werden ebenfalls nur verknüpft, nicht eingebettet.

Gebündelt: Wiedergabelisten

Auch wenn Wiedergabelisten nicht im strengen Sinne als Dateiformate für Audiodateien zu gelten haben, sollen sie doch kurz erwähnt werden. Windows Media Player erlaubt, Musikzusammenstellungen in sogenannten Wiedergabelisten abzuspeichern. Damit können Sie über lange Zeit Musikstück an Musikstück reihen, ohne die Dateien einzeln starten zu müssen. Es gibt zwei wichtige Dateiformate für Wiedergabelisten in Windows Media Player:

- *M3U:* Dieses Format verweist ausschließlich auf MP3-Dateien. In Windows Media Player 11 müssen Sie mit *Wiedergabeliste speichern unter* dieses Format ausdrücklich auswählen. Der Vorteil ist, dass in PowerPoint nur ein kleines Lautsprecher-Symbol eingefügt und die Musik abgespielt wird, ohne dass ein Player-Fenster angezeigt wird.

- *WPL:* Steht für Windows Player List; dies ist das Standardformat für Wiedergabelisten in Windows Media Player 11. Es kann in PowerPoint eingefügt werden, wird aber nicht unter den Standarddateitypen, sondern nur mit der Einstellung *Alle Dateien* angezeigt. Eingefügt wird ein Rechteck, in dem Windows Media Player mit einer zufällig gewählten Visualisierung ohne Bedienelemente startet.

WICHTIG   Alle Playlisten können Sie wie normale Sounddateien verwenden, solange Ihre PowerPoint-Datei nicht auf einen anderen Rechner kopiert oder verschoben wird. In den Wiedergabelisten stehen nur die Titel und der Speicherort der Musik, die Musikstücke selber werden nicht in den Listen gespeichert. Windows Media Player erhält also lediglich eine Anweisung, wo die entsprechenden Musikstücke zu suchen sind. Auf einem anderen Computer wird der Player nicht fündig werden und die Folie bleibt stumm.

Übersicht über die unterstützten Audioformate

Tabelle 20.1 gibt eine Übersicht, welche Audiodateiformate in PowerPoint eingefügt werden können (auf die Unterschiede zwischen eingebetteten und verknüpften Dateien wird weiter hinten in diesem Kapitel im Abschnitt »Eingebettet oder verknüpft?« noch detailliert eingegangen).

Tabelle 20.1   Übersicht über die Audioformate, die in PowerPoint 2007 eingefügt werden können

Dateiendungen	Dateiformat	Anmerkungen	Einbetten möglich?
.aiff, .aif, .aifc, .snd	Audio Interchange File Format	Von Apple entwickelt, wird als Standardaudioformat auf dem Mac eingesetzt. Da es sich um ein unkomprimiertes Format handelt, sind diese Dateien oft sehr groß.	nein
.au	Unix Audio	Wird verwendet, um Audiodateien für Unix-Computer zu erstellen	nein
.mp3	MPEG Audio Layer III	Weit verbreitetes, komprimiertes Audiodateiformat	nein
.wav	Waveformdatei	Standard für Audiodateien unter Windows	ja
.wma	Windows Media Audio	Von Microsoft entwickeltes Audioformat; kann Dateischutz enthalten	nein
.m3u, .wpl	Wiedergabelisten	Listen hintereinander abzuspielende Audiodateien auf, sodass diese nicht einzeln eingefügt werden müssen	nein

WICHTIG   Alle in dieser Tabelle nicht genannten Formate können *nicht* auf Folien eingefügt werden, sondern nur als Objekt verknüpft und mit dem entsprechenden Player wiedergegeben werden. Dazu gehören z.B. die für iPods verwendeten AAC-Dateien mit den Dateiendungen *.mp4, .m4p, .m4a* oder das lizenzfreie Ogg-Vorbis-Format *.ogg*.

Audiodateien in Präsentationen einfügen

Einige Überlegungen vorweg: Sounddateien sind schnell eingefügt und sie können eine Präsentation bereichern. So kann beispielsweise ein Musikstück Reisefotos untermalen, ein aufgezeichneter Kommentar kann eine Dokumentation erläutern, auf einem Messestand kann eine vertonte Präsentation die Aufmerksamkeit auf sich lenken. All dies sind Situationen, in denen normalerweise kein Redner persönlich anwesend ist. Wenn Sie dagegen Ihre Präsentation persönlich vorstellen, sollten Sie bedenken, dass Ihre Zuhörer immer nur einer Information ihre volle Aufmerksamkeit widmen können. Sie lenken also mit einer Hintergrundmusik unter Umständen ungewollt von Ihrem eigentlichen Vortrag ab. Ein aufgezeichneter Kommentar kann eine live vorgetragene Präsentation nie ganz ersetzen, ihm fehlt die Überzeugungskraft der Interaktion des Vortragenden mit seinem Publikum. Setzen Sie Sound also möglichst gezielt und sparsam ein.

Eingebettet oder verknüpft?

Der Begriff »einfügen« führt leider oft zu einem Missverständnis. Im Gegensatz etwa zu eingefügten Grafikdateien, die standardmäßig in die Präsentationsdatei eingebettet werden und so mit dieser ohne weitere Vorkehrungen weitergegeben werden können, werden die meisten Sounddateien *nicht* in der PowerPoint-Datei eingebettet und nicht automatisch mit ihr weitergegeben. Die Sounddatei wird mit der Präsentation verknüpft und muss als zusätzliche Datei ebenfalls weitergegeben werden. Der Vorteil des Verknüpfens ist, dass die eigentliche Präsentationsdatei so klein wie möglich bleibt. Der Nachteil ist, dass diese Verknüpfung beim Weitergeben oder auch nur Verschieben der Datei ungültig werden kann.

> **HINWEIS** Wenn Sie planen, die Präsentation weiterzugeben, sei es per Mail oder CD, oder sie auf einen anderen Rechner zu kopieren, ist es empfehlenswert, einen eigenen Ordner anzulegen, in dem Sie die Präsentation abspeichern und in den Sie sämtliche Multimediadateien kopieren, bevor Sie sie einfügen. So vermeiden Sie, dass später Probleme auftauchen. (Mehr dazu erfahren Sie in Kapitel 22.)

Eine Musikdatei auf einer Folie einfügen

Die folgende Anleitung geht vom Standardfall aus, dass die Sounddatei in der Präsentation als Verknüpfung eingefügt wird. Wenn Sie die Audiodatei in der Präsentation einbetten wollen, sollten Sie den Abschnitt »Sounddateien einbetten« beachten.

Als Vorbereitung sollten Sie die PowerPoint-Datei speichern und sie benennen. Dabei spielt es keine Rolle, ob Sie die Präsentation im PowerPoint 2007-eigenen Dateiformat oder im Kompatibilitätsmodus speichern.

1. Wechseln Sie zur Registerkarte *Einfügen*.

    Dort finden Sie rechts die Gruppe *Mediaclips*.

2. Rufen Sie den Befehl *Sound aus Datei* mit einem Klick auf das Lautsprecher-Symbol auf.

3. Wechseln Sie zum Ordner, in dem die Sounddatei gespeichert ist, klicken Sie sie an und bestätigen Sie die Auswahl mit *OK*. (Sie können auch auf den Dateinamen doppelklicken.)

4. Es erscheint eine Abfrage, bei der Sie entscheiden können, ob der Sound automatisch oder auf Mausklick starten soll (siehe Abbildung 20.1).

Abbildg. 20.1 Entscheiden Sie, ob Sie den Sound automatisch oder mit einem Mausklick starten wollen

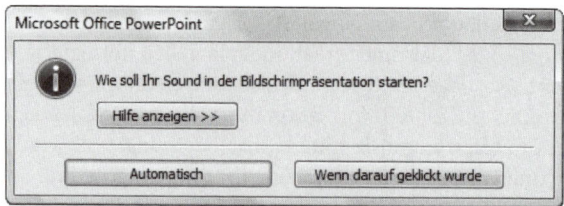

- Ein automatischer Start ist sinnvoll, wenn Sie mit einem Musikstück eine oder mehrere Folien untermalen wollen. Der Start des Sounds wird dabei wie eine automatische Animation behandelt. Hatten Sie vor dem Einfügen der Musik schon Objekte auf der Folie animiert, so beginnt die Musik erst nach dem Ablauf dieser Animationen. Möchten Sie, dass die Musik mit dem Erscheinen der Folie beginnt, können Sie die Animation im Aufgabenbereich *Benutzerdefinierte Animation* an den Anfang der Animationsliste verschieben (siehe weiter hinten in diesem Kapitel im Abschnitt »Automatisch abspielende Sounds steuern«).

- Ist die Audiodatei dagegen Gegenstand Ihres Vortrags, z.B. ein Lied, über das Sie sprechen, ein Zitat oder eine Vogelstimme, die Sie vorführen wollen, so haben Sie mehr Kontrolle darüber, wenn Sie sie mit einem Mausklick starten.

In der Mitte der Folie wird ein Lautsprecher-Symbol als Stellvertreter für die Audiodatei eingefügt. Falls Sie mehrere Sounds auf derselben Folie einfügen wollen, ist es empfehlenswert, das erste Symbol zunächst mit der Maus an eine andere Stelle auf der Folie zu ziehen, sonst würden die Symbole sich gegenseitig verdecken und Sie könnten nur das Symbol des zuletzt eingefügten Sounds anklicken. Wenn Sie dieses Lautsprecher-Symbol stört, dürfen Sie es nicht einfach löschen, denn damit wird gleichzeitig der Sound aus der Folie gelöscht.

TIPP Sie können das Lautsprecher-Symbol durch ein anderes Bild ersetzen; mehr dazu weiter hinten im Abschnitt »Das Sound-Symbol austauschen«. Oder Sie können es verbergen und die Audiodatei mit einem Klick auf ein beliebiges anderes Objekt starten; mehr dazu lesen Sie im Abschnitt »Sounds durch Klick auf ein Objekt starten«.

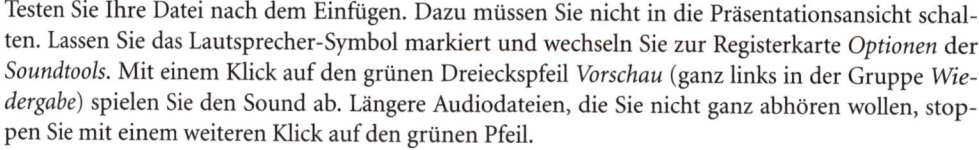

Testen Sie Ihre Datei nach dem Einfügen. Dazu müssen Sie nicht in die Präsentationsansicht schalten. Lassen Sie das Lautsprecher-Symbol markiert und wechseln Sie zur Registerkarte *Optionen* der *Soundtools*. Mit einem Klick auf den grünen Dreieckspfeil *Vorschau* (ganz links in der Gruppe *Wiedergabe*) spielen Sie den Sound ab. Längere Audiodateien, die Sie nicht ganz abhören wollen, stoppen Sie mit einem weiteren Klick auf den grünen Pfeil.

Sounddateien einbetten

Einzig WAV-Dateien können Sie wirklich in eine Präsentation einbetten. Standardmäßig liegt die Grenze, bis zu der Dateien eingebettet werden, bei 100 KB. Bei solch kleinen Dateien handelt es sich meist nur um kurze Geräusche oder sehr kurze Soundschnipsel. Wenn Ihre Sounddatei größer ist, und das ist bei Musikstücken fast regelmäßig der Fall, müssen Sie vor dem Einfügen diese Grenze wie folgt heraufsetzen:

1. Klicken Sie auf die *Office-Schaltfläche* und dann auf *PowerPoint-Optionen*.
2. Wählen Sie *Erweitert*; dort finden Sie als vorletzten Eintrag *Speichern*.
3. Neben *Sound mit Dateien verknüpfen, die größer sind als* geben Sie eine Dateigröße in Kilobyte an, die größer ist als die einzufügende WAV-Datei. Das Minimum liegt hier bei 1 KB (bei dieser Einstellung würde so gut wie kein Sound eingebettet), das Maximum bei 50.000 KB (= 50 MB).
4. Bestätigen Sie Ihre Einstellungen mit *OK*.

HINWEIS Natürlich vergrößert jeder eingebettete Sound die Dateigröße Ihrer Präsentation um die Dateigröße der Sounddatei. Bedenken Sie dies, wenn Sie Ihre Präsentation per Mail verschicken wollen, denn viele E-Mail-Provider beschränken die Mailgröße auf 2 bis 10 MB.

Mit verknüpften Sounddateien umgehen

Außer bei den oben genannten kleinen WAV-Dateien wird standardmäßig nur das Lautsprecher-Symbol auf der Folie eingefügt und der Pfad zum Speicherort der Sounddatei als Verknüpfung gespeichert. Die Sounddatei muss also beim Vorführen der Präsentation noch in demselben Ordner vorhanden sein, in dem sie beim Einfügen gespeichert war.

- Liegt die Audiodatei beim Einfügen in einem anderen Ordner als die Präsentation, wird der absolute Pfad, d.h. der komplette Dateipfad einschließlich des Laufwerkbuchstabens, gespeichert. Beim Weitergeben von Präsentationen führt dies regelmäßig zu Problemen, da der Quell- und der Zielrechner normalerweise nicht dieselbe Ordnerstruktur aufweisen und die Sounddatei deshalb nicht gefunden werden kann.

- Liegt die Audiodatei beim Einfügen in demselben Ordner wie die Präsentation, wird ein sogenannter relativer Pfad gespeichert. Das Programm sucht beim Abspielen ebenfalls in demselben Ordner nach der Sounddatei, egal wo sich dieser Ordner in der Ordnerstruktur befindet. Beim Weitergeben einer solchen Präsentation wird die Audiodatei also problemlos wiedergegeben, solange sie in demselben Ordner wie die Präsentation abgespeichert wird.

TIPP Mit *Verpacken für CD* (im Menü zur *Office-Schaltfläche*, Befehl *Veröffentlichen*) kann PowerPoint eine Präsentation für die Weitergabe vorbereiten und die Verknüpfungen für Sie ggf. korrigieren. (Mehr zum Weitergeben von Präsentationen erfahren Sie in Kapitel 22.)

Verknüpfte Sounds nachträglich einbetten

Wenn Sie einen Sound eingefügt haben und das Lautsprecher-Symbol markiert lassen, erscheint in der Multifunktionsleiste die kontextbezogene Registerkarte *Soundtools* mit der Registerkarte *Optionen*. Damit erfahren Sie einiges über die Eigenschaften der Audiodatei und können sie steuern.

Ob ein auf der Folie vorhandener Sound eingebettet oder verknüpft ist, stellen Sie so fest:

1. Markieren Sie den Sound, indem Sie ihn anklicken.
2. Klicken Sie in der Gruppe *Soundoptionen* auf das *Startprogramm für ein Dialogfeld*.
   Im Dialogfeld *Soundoptionen* wird als letzte Zeile der Speicherort der Datei angezeigt.

Abbildung 20.2 zeigt links das Dialogfeld einer eingebetteten Sounddatei: Unten finden Sie in eckigen Klammern die Angabe *In Präsentation enthalten*. Finden Sie an dieser Stelle eine Pfadangabe (wie rechts in der Abbildung), ist die Sounddatei nur verknüpft.

Abbildg. 20.2 Im Dialogfeld *Soundoptionen* sehen Sie, ob eine Sounddatei eingebettet oder verknüpft wurde

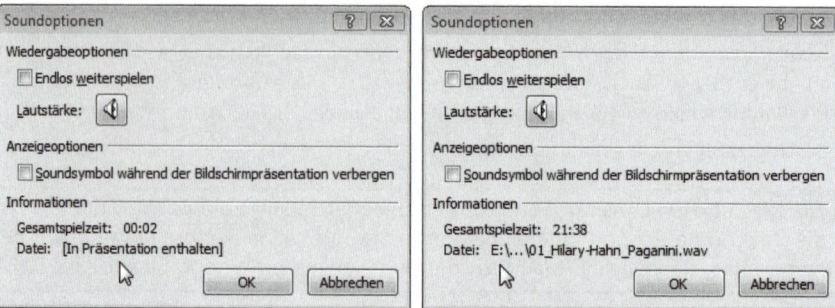

ACHTUNG In der Gruppe *Soundoptionen* zeigt *Max. Sounddateigröße* an, bis zu welcher Grenze WAV-Dateien eingebettet werden. Auch wenn Sie diesen Wert heraufsetzen, werden verknüpfte Dateien *nicht* nachträglich automatisch eingebettet.

Um einen verknüpften Sound einzubetten, müssen Sie ihn neu einfügen:

1. Löschen Sie das Lautsprecher-Symbol mit der ⌈Entf⌉-Taste.
2. Erhöhen Sie ggf. die maximale Sounddateigröße auf einen Wert, der größer als Ihre Audiodatei ist (die Dateigröße zeigt Windows-Explorer in der Ansicht *Details* an).
3. Fügen Sie die Datei wie weiter oben beschrieben neu ein.
4. Kontrollieren Sie in den Soundoptionen, dass die Sounddatei in der Präsentationsdatei enthalten ist.

Eingebettete Sounds extrahieren

Falls Sie eine Präsentation mit eingebettetem Sound vorliegen haben, aber nicht über die WAV-Datei verfügen, können Sie diese über den Umweg über das HTML-Format aus der PPT-Datei herauslösen.

HINWEIS Die HTML-Datei einer Webseite ist eine reine Textdatei. Alle eingefügten Objekte wie Grafiken und Sounds liegen als separate Objekte, üblicherweise in einem eigenen Ordner vor. Auf diesem Prinzip beruht auch das folgende Vorgehen.

1. *Speichern* Sie Ihre Präsentation als PPT- oder PPTX-Datei, falls Sie Änderungen vorgenommen haben.
2. Klicken Sie auf die *Office-Schaltfläche* und wählen Sie *Speichern unter/Andere Formate*.
3. Wählen Sie als *Dateityp* die Option *Webseite (*.htm, *.html)* aus.

   Dabei wird zusätzlich zur Datei mit der Dateierweiterung .html ein Ordner erzeugt, dessen Name dem Dateinamen entspricht.
4. Durchsuchen Sie diesen Ordner nach Dateien mit der Dateierweiterung .wav und kopieren Sie die gesuchte Sounddatei in einen anderen Ordner.
5. Die HTML-Datei können Sie anschließend wieder löschen, dabei wird der Ordner mit den Objekten ebenfalls gelöscht.

Weitere Sounds: Soundclips, Audio-CDs und Sprache

Die Befehlsschaltfläche *Sound* auf der Registerkarte *Einfügen* ist zweigeteilt. Mit einem Klick auf das Lautsprecher-Symbol fügen Sie eine auf Ihrem Rechner vorhandene Sounddatei schnell wie oben beschrieben ein. Ein Klick auf die untere Hälfte eröffnet Ihnen weitere Möglichkeiten:

- *Sound aus Datei* (entspricht dem Klick auf den Lautsprecher oben)
- *Sound aus Clip Organizer*
- *CD-Audiospur wiedergeben*
- *Sound aufzeichnen*

Sound aus dem Clip Organizer einfügen

Auf der Microsoft Office Online-Webseite, *http://office.microsoft.com/de-de/clipart/default.aspx*, finden Sie nicht nur ClipArt-Bilder (mehr dazu in Kapitel 13), sondern auch eine umfangreiche Sammlung von Geräuschen aller Art und einige Musikstücke. Auf diese können Sie direkt aus PowerPoint heraus zugreifen:

1. Wechseln Sie zur Registerkarte *Einfügen*.
2. Klicken Sie in der Gruppe *Mediaclips* auf den Pfeil der Schaltfläche *Sound*.
3. Wählen Sie *Sound aus Clip Organizer*.
4. Nun wird der Aufgabenbereich *ClipArt* geöffnet, als Ergebnis ist schon *Ausgewählte Mediadateitypen/Sounds* eingestellt, sodass nur Audiodateien angezeigt werden. Klicken Sie auf ein Vorschausymbol, um den entsprechenden Sound sofort auf der Folie einzufügen.

> **HINWEIS**   Um außer Ihren lokal gespeicherten ClipArts auch die ClipArt-Webseite zu durchsuchen, müssen Sie natürlich mit dem Internet verbunden sein. Unter *Suchen in* können Sie die Suche in Websammlungen auch gezielt ausschließen.

Der Aufgabenbereich zeigt zunächst einmal alle Soundclips, die im Clip Organizer auf Ihrem Rechner und auf der ClipArt-Webseite von Office Online gefunden wurden. Um diese Auswahl gezielt einzuschränken, geben Sie oben im Feld *Suchen nach* einen Suchbegriff ein (siehe Abbildung 20.3).

Abbildg. 20.3 Die Suche beispielsweise nach Tierstimmen ergibt eine große Auswahl

 Ein *Weltkugel-Symbol* in der linken unteren Ecke zeigt an, dass dieser Sound im Internet gefunden wurde.

TIPP Wenn Sie im Aufgabenbereich *ClipArt* auf die Vorschau klicken, wird der Sound-clip auf der aktuellen Folie eingefügt, er wird aber *nicht* im Clip Organizer auf Ihrem Rechner gespeichert. Wenn Sie zukünftig auch offline auf diese Audiodatei zugreifen wollen, wechseln Sie mit dem Link *ClipArt auf Office Online*, den Sie unten im Aufgabenbereich finden, zur ClipArt-Webseite. Geben Sie dort die Bezeichnung des Clips als Suchbegriff ein, klicken auf den Pfeil rechts neben *Suchen*, um nur *Sounds* zu suchen, und laden Sie anschließend die ClipArt-Datei herunter, wie in Kapitel 13 beschrieben.

Abbildg. 20.4 Mit den Optionen im Dropdownmenü *Suchen* suchen Sie gezielt nach Sounds auf Office Online

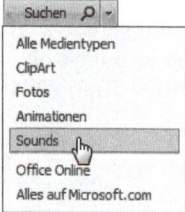

Auf Office Online finden Sie Sounds in zwei Dateiformaten:

- WAV-Dateien für kurze Geräusche
- MIDI-Dateien für Musikbeispiele

WICHTIG   Beide Dateiformate werden im Aufgabenbereich mit einem Vorschaubild symbolisiert, das den Schriftzug *WAV* enthält. Zeigen Sie mit dem Mauszeiger auf das Vorschaubild, um die QuickInfo einzublenden. Dort finden Sie neben der Bezeichnung der Datei und ihrer Dateigröße auch das Dateiformat.

Wenn Sie mit dem Mauszeiger über das Vorschaubild fahren, erscheint rechts daneben ein grauer Balken. Um eine Vorschau anzuhören, klicken Sie darauf und dann auf *Vorschau/Eigenschaften*. Hier können Sie auch den genauen Dateinamen feststellen, der normalerweise eine Kombination aus Buchstaben und Ziffern ist; bei dem in der QuickInfo angezeigten Text handelt es sich nur um eine Bezeichnung der Datei.

HINWEIS   Wenn Sie eine MIDI-Datei mit einem Klick auf das Vorschaubild einfügen, wird diese nur verknüpft. Die Sounddatei wird im Ordner *Temporary Internet Files* auf Ihrer Festplatte hinterlegt. Wenn Sie die Präsentation weitergeben wollen, sollten Sie entweder *Verpacken für CD* nutzen oder den Soundclip von Office Online herunterladen, die Datei auf Ihrem Rechner suchen, in den Präsentationsordner kopieren und über die Registerkarte *Einfügen,* Schaltfläche *Sound* hinzufügen. Nur so stellen Sie sicher, dass der Empfänger den Soundclip auch hören kann.

CD-Audiospur wiedergeben

Mit PowerPoint können Sie auch Musikstücke von CDs abspielen – vorausgesetzt, die Musik-CD befindet sich während des Vortrags im CD-ROM-Laufwerk. Das Musikstück wird nicht in die Präsentation kopiert, PowerPoint sucht während der Präsentation nach der CD. Da die meisten Rechner nur über ein CD-Laufwerk verfügen, bedeutet dies, dass Sie Ihre Präsentation nicht gleichzeitig von CD starten können, sie muss auf der Festplatte (oder einem Netzlaufwerk) gespeichert sein.

HINWEIS   Beim Abspielen von einer CD kann es zu Verzögerungen kommen. Nicht jedes CD-Laufwerk ist gleich schnell und der Computer greift nicht immer zum gleichen Zeitpunkt auf die CD zu. Eine zuverlässige Synchronisierung von Präsentation und Musik von der CD können Sie nicht erreichen.

Denken Sie an die Regelungen zum Urheberschutz. Wenn Sie eine CD kaufen, erwerben Sie damit nicht gleichzeitig das Recht zur öffentlichen Vorführung (siehe auch den Profitipp »Ein Wort zum Urheberrecht« weiter hinten in diesem Kapitel).

Um Ihrer Präsentation Musik von einer Audio-CD hinzuzufügen, legen Sie die CD zunächst in das CD-ROM-Laufwerk Ihres Computers ein. Falls daraufhin sofort die automatische Wiedergabe der CD startet, müssen Sie diese zuerst beenden. Sie können keinen Klang von der CD in PowerPoint einfügen, wenn die CD gerade abgespielt wird. Gehen Sie dann wie folgt vor:

1. Zeigen Sie die Folie an, auf der der Musiktitel beginnen soll.
2. Wechseln Sie zur Registerkarte *Einfügen.*
3. Klicken Sie auf den Pfeil der Schaltfläche *Sound* und wählen Sie *CD-Audiospur wiedergeben.*
4. Es öffnet sich ein Dialogfeld, in dem Sie mit *Beginnen bei Spur* und *Beenden bei Spur* festlegen können, ob nur ein oder mehrere aufeinanderfolgende Titel gespielt werden sollen (siehe Abbildung 20.5)

Multimedia und fortgeschrittene Techniken

Abbildg. 20.5 Mit dem Dialogfeld *CD-Audio einlegen* steuern Sie die Wiedergabe von Musik-CD-Titeln

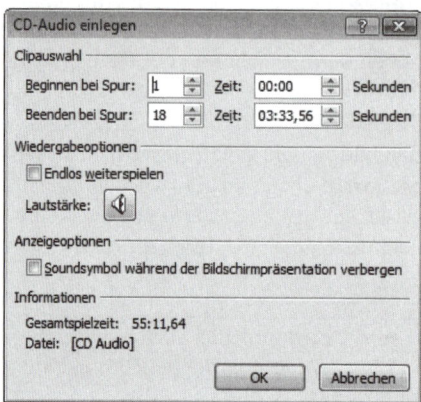

5. Im Feld *Zeit* können Sie sekundengenau angeben, wenn nur ein Ausschnitt aus dem Musikstück gespielt werden soll.

6. Bestätigen Sie Ihre Auswahl mit einem Klick auf *OK*. Auf der Folie wird nun ein CD-Symbol eingefügt

7. Auch in diesem Feld erscheint eine Abfrage, in der Sie entscheiden müssen, ob die CD automatisch oder per Mausklick gestartet werden soll.

Jetzt müssen Sie nur noch dafür Sorge tragen, dass die richtige Audio-CD auch während der Präsentation im Laufwerk des Computers zur Verfügung steht.

PROFITIPP

Ein Wort zum Urheberrecht

Nur selten ist Musik frei von Urheberrechten. Sie dürfen Musikstücke weder mit anderen tauschen noch aus dem Internet herunterladen, wenn nicht klar ist, dass Abgaben an die Musikindustrie gezahlt werden. In Tauschbörsen angebotene Musiktitel sind häufig geschützte Titel, deren Weitergabe und Annahme illegal ist. Nach dem Urheberrecht machen Sie sich strafbar, wenn Sie ohne Entrichtung von Gebühren solche Musikstücke aus dem Internet herunterladen.

Musikportale wie *music.msn.net*, Microsofts neues Angebot *www.zune.net* (zurzeit nur in den USA) oder auch *iTunes* vertreiben die Musiktitel in einem DRM-geschützten Format. Sie erwerben eine Lizenz für eine Musikdatei, die mehr oder weniger eingeschränkt sein kann. So kann der Lizenzgeber die Anzahl der Brennvorgänge oder auch die Nutzungsdauer beschränken. Leider sind die Angaben über Einschränkungen auf den Seiten der Musikportale oft recht versteckt.

Beim Transport auf einen anderen Rechner müssen Sie die DRM-Sicherungsdaten entweder mitsichern oder erneut anfordern. Damit sind die Einsatzmöglichkeiten der geschützten Dateien für eine Präsentation eingeschränkt. Auf dem eigenen Computer können Sie die Präsentation problemlos abspielen, weil Sie die Rechte an der Musikdatei haben. Auf einem anderen Computer wird es möglicherweise zu Fehlermeldungen kommen, begleitet von dem Versuch, die DRM-Informationen erneut herunterzuladen. Da das nicht unbeschränkt oft geht, wird die Musik nicht abspielen.

PROFITIPP

Damit Ihnen die Musik nicht verloren geht, wenn Sie einen neuen Computer kaufen, und Sie Ihre Musik auf mehreren eigenen Rechnern verwenden können, gibt es von Microsoft einen Assistenten für die Aktualisierung persönlicher Lizenzen. Informationen und den Download gibt es hier: *http://www.microsoft.com/windows/windowsmedia/de/wm7/drm/pluwiz.asp*

Sie dürfen Musik nur in einer Präsentation verwenden, wenn Ihnen das Recht dazu vom Produzenten oder Interpreten eingeräumt wurde. Eine Ausnahme bilden private Vorführungen in einem sehr kleinen Rahmen. Die Urlaubsbilder, die Sie abends einigen Freunden zeigen, dürfen Sie mit Musik untermalen. Die gleiche Show in der Schulaula zum Schulfest gilt als kinoähnliche Veranstaltung und darf nicht so ohne Weiteres mit Musikstücken untermalt werden. Mit einer Musik-CD erwerben Sie nicht das Recht zur öffentlichen Vorführung, z.B. auf einem Messestand, dafür fallen zusätzliche Gebühren an.

In Deutschland werden die Musikrechte von der GEMA, *http://www.gema.de,* verwaltet. Dort können Sie weitere Informationen erhalten und die Tarife für die Verwendung von Musikstücken erfahren.

Für den persönlichen Bedarf dürfen Sie Titel von Audio-CDs in WAV-, MP3- oder WMA-Dateien umwandeln (»rippen«). Dazu können Sie z.B. Windows Media Player verwenden. Dort stellen Sie über *Vom Medium kopieren/Weitere Optionen* das gewünschte Dateiformat, den Speicherort und ggf. die gewünschte Qualität ein und starten den Vorgang mit einem Klick auf die Schaltfläche *Kopieren starten*. Anschließend können Sie die Audiodatei wie weiter oben beschrieben einfügen und auch zusammen mit der Präsentation auf einer Daten-CD transportieren. Beachten Sie aber auch hier das Urheberrecht; Sie dürfen diese Dateien weder weitergeben noch öffentlich vorführen.

Sprachaufnahmen erstellen und verwenden

Am besten ist es natürlich, wenn Sie Ihre Präsentation live vortragen. Doch diese Möglichkeit besteht nicht immer (z.B. bei selbsttätig ablaufenden Messepräsentationen). Für die Zuschauer wird es dann viel interessanter, wenn die Präsentation für sich selbst »sprechen« kann. Das können Sie ganz einfach erreichen, indem Sie Kommentare zu Ihren Folien sprechen und diese mit der Präsentation abspeichern. Sie können auch nachträglich eine Präsentation vertonen und beispielsweise den Teilnehmern nach einem Seminar zur Verfügung stellen. In interaktiven Schulungspräsentationen ist der gesprochene Text eine sinnvolle Möglichkeit, um dem Anwender die Kommunikation mit dem Medium zu erleichtern.

Eine Sprachaufnahme muss nicht die komplette Präsentation begleiten, auch kurze gesprochene Zitate oder Sprach- bzw. Dialektbeispiele können eine Präsentation auflockern.

Erforderliche Technik und Vorbereitungen

Um Audiodateien für Ihre PowerPoint-Präsentation aufzunehmen, benötigen Sie neben der im Abschnitt »Etwas Technik vorab« schon erwähnten Soundkarte auch ein Mikrofon. Das kann ein separates Mikrofon sein, aber auch ein in ein Headset oder eine Webcam eingebautes. Bedenken Sie aber, dass die Qualität des Mikrofons erheblichen Einfluss auf die Qualität der Aufnahme hat.

Sie haben mehrere Möglichkeiten, Sound aufzunehmen:

- Den *Soundrecorder* aus PowerPoint heraus starten und Sprache aufnehmen und sofort in die Folie einfügen

■ Eine Bildschirmpräsentation in PowerPoint vorführen und währenddessen einen *Kommentar* dazu aufzeichnen

■ Eine Audiodatei mit dem Soundrecorder oder einem anderen Aufnahmeprogramm unabhängig von PowerPoint aufnehmen und anschließend in PowerPoint einfügen

Vorbereitungen

Bevor Sie Ihren Vortrag aufnehmen, sollten Sie ein Skript für die Aufnahme erstellen. Machen Sie einen Probedurchgang ohne Mikrofon und sprechen Sie den Text, den Sie später aufnehmen möchten. Schreiben Sie auf, wo Sie Pausen machen müssen und wie lange diese Pausen dauern sollen. Legen Sie eine Uhr mit Sekundenzeiger bereit.

Kontrollieren Sie zu Anfang in der Systemsteuerung, ob das Mikrofon als Eingabegerät aktiviert ist.

TIPP Achten Sie bei der Aufnahme darauf, dass keine Kleidung am Mikrofon reibt oder andere raschelnde Geräusche übertragen werden. Halten Sie bei Headset-Mikrofonen einen Abstand von ca. 3 cm zum Mund ein, um Ihre Atemgeräusche nicht mit aufzuzeichnen. Sorgen Sie für eine ruhige Atmosphäre – jedes Hintergrundgeräusch wird unweigerlich mit aufgenommen. Stellen Sie das Telefon ab, schließen Sie Fenster und Türen.

Sound aufzeichnen und gleichzeitig einfügen

Diese Möglichkeit ist zwar die schnellste, allerdings haben Sie hier keinerlei Einstellmöglichkeiten und erhalten deshalb in der Regel Audiodateien schlechterer Qualität. Außerdem wird die Aufzeichnung in der Bearbeitungsansicht der Folie gestartet, Sie haben also nicht die Gelegenheit, Ihren Kommentar mit Animationen zu synchronisieren.

1. Wechseln Sie in PowerPoint zur Registerkarte *Einfügen*.

2. Klicken Sie auf den Pfeil der *Sound*-Schaltfläche.

3. Wählen Sie *Sound aufzeichnen*.

4. Der Soundrecorder wird in einem kleinen Fenster gestartet, Sie können einen Namen für die Sounddatei vergeben und die Aufnahme mit einem Klick auf die Schaltfläche mit dem roten Punkt starten (siehe Abbildung 20.6).

Abbildg. 20.6 Den Recorder können Sie von PowerPoint aus starten

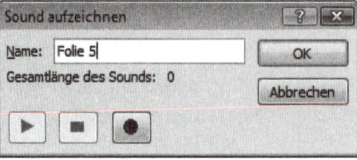

5. Stoppen Sie die Aufnahme mit einem Klick auf die Schaltfläche mit dem blauen Rechteck.

6. Testen Sie Ihre Aufnahme mit einem Klick auf das blaue Dreieck.

7. Wenn Sie zufrieden sind, speichern Sie die Sounddatei mit *OK*.

Die Aufnahme wird als WAV-Datei in die Folie eingebettet, die Größenbeschränkung für WAV-Dateien wird dabei nicht beachtet. Dies kann die Größe Ihrer Präsentation schnell anwachsen lassen. Sie haben nur über Umwege (siehe weiter hinten in diesem Kapitel im Abschnitt »Eingebettete Sounds extrahieren«) die Möglichkeit, Ihre Aufzeichnung als separate Datei abzuspeichern.

Einen Kommentar zur Bildschirmpräsentation aufzeichnen

Mehr Möglichkeiten, die Qualität der Aufnahme zu steuern, haben Sie, wenn Sie sie als Kommentar zur Bildschirmpräsentation aufzeichnen.

1. Wechseln Sie zur Registerkarte *Bildschirmpräsentation*.

2. In der Gruppe *Einrichten* klicken Sie auf *Kommentar aufzeichnen*.

Abbildg. 20.7   Das Dialogfeld *Kommentar aufzeichnen* bietet vielfältige Einstellmöglichkeiten

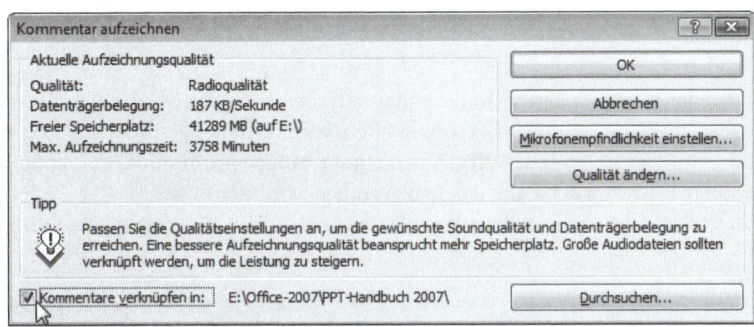

3. Wenn Sie eine längere Präsentation mit gesprochenem Kommentar versehen und diesen in die Datei einbetten, steigt die Dateigröße beträchtlich an. Kleiner bleibt die Datei, wenn Sie den Kommentar lediglich verknüpfen. Aktivieren Sie dazu unten links das Kontrollkästchen *Kommentare verknüpfen in*. Daneben sehen Sie den Speicherort, den PowerPoint für die Audiodatei vorschlägt; mit der Schaltfläche *Durchsuchen* können Sie ihn ändern. Auch hier empfiehlt es sich wieder, die Audiodatei in demselben Ordner wie die Präsentation zu speichern.

4. Kontrollieren Sie nun, ob die Mikrofonempfindlichkeit korrekt eingeregelt ist; klicken Sie dazu auf die Schaltfläche *Mikrofonempfindlichkeit einstellen*. Sprechen Sie probehalber mit Ihrer normalen Sprechlautstärke einen kurzen Satz ins Mikrofon – am einfachsten ist es, den vorgeschlagenen Satz vom Monitor abzulesen. Mit dem Schieberegler regulieren Sie die Empfindlichkeit so lange, bis der rote Teil des Balkens verschwunden ist und die Anzeige nur noch ausnahmsweise in den gelben Bereich pendelt. Bestätigen Sie diese Einstellungen mit *OK*.

5. Zum Schluss regeln Sie die Aufnahmequalität. Damit bestimmen Sie die endgültige Dateigröße für die Audiodatei. Klicken Sie dazu auf die Schaltfläche *Qualität ändern*. PowerPoint schlägt hier zunächst die schlechteste Qualität vor. Wählen Sie im Dropdown-Listenfeld *Name* ein voreingestelltes Schema aus oder stellen Sie die Aufnahmequalität unter *Attribute* detailliert ein. Hier heißt es, den richtigen Kompromiss zwischen Qualität und Dateigröße zu finden. In der Regel ist Radioqualität ausreichend; Details entnehmen Sie Tabelle 20.2 weiter hinten in diesem Kapitel. Bestätigen Sie auch diese Einstellungen mit *OK*.

6. Sobald Sie jetzt im Dialogfeld *Kommentar aufzeichnen* auf die Schaltfläche *OK* klicken, beginnt die Aufnahme mit dem Start der Bildschirmpräsentation. Wurde nicht die erste Folie angezeigt, entscheiden Sie jetzt, ob der Kommentar beginnend mit Folie 1 oder mit der aktuellen Folie aufgenommen werden soll.

7. Sprechen Sie für die erste Folie Ihren Text und schalten Sie dann zur nächsten Folie bzw. rufen Sie die folgende Animation auf. Die gesamte Bildschirmpräsentation wird so gehalten, als stünden Sie bereits vor Ihrem Publikum.

Multimedia und fortgeschrittene Techniken

8. Mit der letzten Folie endet die Aufzeichnung. Es wird eine Abfrage eingeblendet, ob mit dem Kommentar auch die Einblendezeiten für die Folien gespeichert werden sollen. Bejahen Sie diese Frage; nur dann werden die Folien automatisch weitergeschaltet.

HINWEIS   Sie können nicht zu ein- und derselben Folie zwei Kommentare aufnehmen. Wenn Sie während der Bildschirmpräsentation zu einer Folie zurückspringen, zu der Sie bereits einen Kommentar aufgezeichnet haben, und einen zweiten Text sprechen, wird der erste Text gelöscht. Legen Sie von den Folien, die Sie innerhalb Ihres Vortrags mehrfach benötigen, Kopien an und ziehen Sie diese Kopien an die jeweiligen Stellen in der Präsentation, an denen Sie noch einmal darauf zurückkommen möchten.

Auf den mit einem gesprochenen Kommentar versehenen Folien wird ein kleines Lautsprecher-Symbol angezeigt. Wenn Sie dieses Symbol löschen, wird auch der gesprochene Kommentar zu dieser Folie gelöscht. Das ist auch der Weg, einen einmal aufgenommenen Kommentar wieder zu entfernen: Löschen Sie von jeder Folie das Lautsprecher-Symbol mit der ⌈Entf⌋-Taste. Wenn Sie den Kommentar verknüpft haben, bleiben die aufgezeichneten WAV-Dateien dennoch im Ordner erhalten.

Qualität und Größe der Audiodatei bestimmen: Sampling-Rate, Sampling-Genauigkeit und Kanäle

Die Qualität einer Tondatei wird oft als *CD-*, *Radio-* oder *Telefonqualität* bezeichnet. Hochwertig ist dabei die CD-Qualität, minderwertig die Telefonqualität. Das kann sich jeder gut vorstellen: Die Musik-CD bringt den reinsten Hörgenuss, über eine Telefonleitung würden Sie sich sicher kein Konzert anhören wollen.

Bestimmt wird die Qualität eines Tonstücks hauptsächlich durch drei Komponenten:

- Die Häufigkeit, mit der das Tonsignal abgetastet wird,

- die Genauigkeit, mit der die Tonhöhe erfasst werden kann, und

- die Anzahl der Kanäle (Mono oder Stereo)

Die Häufigkeit oder Frequenz, mit der ein Tonsignal abgetastet wird, wird als *Sampling-Rate* bezeichnet. Sie gibt an, wie oft pro Sekunde der eingehende Ton gemessen wird; das Maß ist Kilohertz (kHz). Je höher die Sampling-Rate, je mehr Töne also gemessen werden, desto besser ist auch der Klang. Aber: Je höher die Sampling-Rate, desto mehr Speicherplatz wird auch benötigt. Für die Sprachausgabe reichen normalerweise 11 kHz aus, Musikstücke sollten besser mit 22 oder 44 kHz aufgenommen werden.

Neben der Häufigkeit der Messung ist es wichtig, wie genau die Tonhöhe bestimmt werden kann. Die *Sampling-Genauigkeit* wird in Bit angegeben. Je mehr Bit für die Tonhöhenmessung zur Verfügung stehen, desto feiner werden die Tonunterschiede registriert. Bei 8 Bit Genauigkeit stehen 256 Tonhöhenwerte zur Verfügung; bei 16 Bit sind es schon 65.536 Werte. Je größer die Bit-Zahl für die Sampling-Genauigkeit ist, desto besser ist die Qualität und desto größer wird die Datei.

Zum Schluss muss noch die Entscheidung zwischen *Mono und Stereo* gefällt werden. Sprachaufnahmen sind in Mono genauso gut wie in Stereo: Musikstücke sollten in Stereo aufgenommen und wiedergegeben werden. Mono belegt nur einen Kanal, Stereo zwei. Somit steigt auch wieder die Dateigröße an. ▶

Aus den drei Merkmalen Sampling-Rate, Sampling-Genauigkeit und Anzahl der Kanäle ergeben sich Qualität und Dateigröße. Die Größe einer im WAV-Format gespeicherten Audiodatei lässt sich einfach berechnen: Multiplizieren Sie die Spielzeit in Sekunden mit der Sampling-Rate in kHz und der Anzahl der Bytes für die Sampling-Genauigkeit sowie mit der Anzahl der Kanäle. Beispielsweise ergibt eine 60-Sekunden-Aufnahme in Stereo mit 16 Bit (das sind 2 Byte) und 44,1 kHz folgende Rechnung:

60 Sekunden * 44,1 kHz * 2 Byte * 2 Kanäle = 10,5 MB Dateigröße

Eine Reduzierung der Dateigröße erreichen Sie, wenn Sie anstelle von Stereo nur Mono verwenden oder die Sampling-Rate geringer halten oder die Sampling-Genauigkeit reduzieren. In Tabelle 20.2 sehen Sie die Dateigrößen für eine Minute Tonaufnahme in den verschiedenen Qualitäten.

Tabelle 20.2 Die Größe der Audiodatei ist abhängig von der Aufnahmequalität

Qualitäts-bezeichnung	Sampling-Rate	Sampling-Genauigkeit	Anzahl der Kanäle	Dateigröße für 1 Minute Ton
CD-Qualität	44,1 kHz	16 Bit	Stereo (2)	10,00 MB
Radioqualität	22,05 kHz	8 Bit	Mono (1)	1,26 MB
Telefonqualität	11,025 kHz	8 Bit	Mono (1)	0,60 MB

In der Beispieldatei *KAP20_Sound-Wiedergabe.pptx* auf der Buch-CD können Sie sich Beispiele für die unterschiedlichen Aufnahmequalitäten anhören.

Der aufgenommene Kommentar hat Vorrang vor automatischen Audiodateien, etwa Sounds zum Folienübergang; diese werden nicht mehr gespielt. Ob auf der Folie eingefügte Audiodateien als Hintergrundmusik in die Aufnahme eingemischt werden oder nur die Lautsprecherwiedergabe vom Mikrofon aufgenommen wird, hängt von Ihrer Soundkarte ab. Nicht jede Soundkarte unterstützt dieses nützliche Verhalten. Im Zweifelsfall sollten Sie die Sprache als von der Musik getrennte Tonspur aufzeichnen und mithilfe eines Audiobearbeitungsprogramms mixen.

Sie können Ihre Präsentation mit oder ohne den aufgezeichneten Kommentar vorführen. Normalerweise startet mit der Bildschirmpräsentation auch der gesprochene Text. Im Dialogfeld *Bildschirmpräsentation einrichten* (Schaltfläche *Bildschirmpräsentation einrichten* auf der Registerkarte *Bildschirmpräsentation*) können Sie das Kontrollkästchen *Präsentation ohne Kommentar* aktivieren, um die Präsentation ohne den Kommentar zu zeigen.

Sounddateien steuern

Das Abspielen von Multimediadateien in PowerPoint-Folien wird ähnlich wie eine Animation behandelt. So können Sie das Abspielen von Sounds steuern.

Automatisch abspielende Sounds steuern

Oft passiert es, dass man einen Sound erst einfügt, wenn schon animierte Objekte auf der Folie vorhanden sind. Der Sound wird dann erst nach der letzten Animation abgespielt. Um dies zu ändern, gehen Sie wie folgt vor:

1. Wechseln Sie zur Registerkarte *Animationen*.

2. In der Gruppe *Animationen* klicken Sie auf *Benutzerdefinierte Animation,* um den gleichnamigen Aufgabenbereich einzublenden.

3. Die Animation *Sound abspielen* erkennen Sie in der Liste der Animationen am weißen Dreieck und dem Dateinamen der Sounddatei.

Abbildg. 20.8 Das Abspielen eines Sounds wird wie eine Animation behandelt

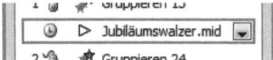

4. Klicken Sie diesen Eintrag an und verschieben Sie ihn mit gedrückter linker Maustaste an die gewünschte Stelle, z.B. an die erste Stelle der Liste, wenn der Sound mit dem Aufrufen der Folie gestartet werden soll.

Mit dem Dropdown-Listenfeld *Starten* können Sie festlegen, ob der Sound automatisch (Uhrsymbol) oder auf Mausklick gestartet werden soll. Wollen Sie nur diese Einstellung festlegen, brauchen Sie den Aufgabenbereich nicht. Auch auf der Registerkarte *Optionen* der *Soundtools* können Sie über das Dropdown-Listenfeld *Sound wiedergeben* zwischen diesen beiden Optionen hin- und herschalten.

Sound über mehrere Folien

Ist Ihr Musikstück lang genug, so können Sie auch mehrere Folien damit untermalen:

1. Fügen Sie den Sound auf der ersten dieser Folien ein.

2. Klicken Sie das eingefügte Symbol an und wechseln Sie zur nun eingeblendeten Registerkarte *Optionen* der *Soundtools.*

3. In der Gruppe *Soundoptionen* wählen Sie im Dropdown-Listenfeld *Sound wiedergeben* die Option *Folienübergreifende Wiedergabe* aus.

Hierbei wird der Maximalwert von *999 Folien* eingestellt. Sie könnten so also z.B. auch eine komplette Diashow mit einer Wiedergabeliste untermalen.

> **HINWEIS** Versuchen Sie bitte nicht, eine Diashow exakt mit der Begleitmusik zu synchronisieren. Wie schnell Multimediadateien und Folienübergänge ablaufen, ist sehr stark einerseits von der eingesetzten Hardware (z.B. Prozessor, Festplatte, CD-Laufwerk) und andererseits von gleichzeitig laufenden speicherintensiven Programmen (z.B. Virenscanner, Outlook, Grafikprogramme) abhängig. Was auf Ihrem Rechner funktioniert, wird auf einem fremden Rechner nicht in genau der gleichen Geschwindigkeit ablaufen.

Wollen Sie detailliert steuern, über wie viele Folien der eingefügte Sound spielen soll, nehmen Sie diese Einstellungen wie folgt vor:

1. Falls noch nicht geschehen, rufen Sie wie im vorigen Abschnitt beschrieben den Aufgabenbereich *Benutzerdefinierte Animation* auf. Doppelklicken Sie auf die Sounddatei in der Animationsliste, um das Dialogfeld *Wiedergabe Sound* zu öffnen.

2. Unter *Wiedergabe beenden* aktivieren Sie die dritte Option und geben ein, über wie viele Folien die Sounddatei abgespielt werden soll. Natürlich muss Ihre Sounddatei lang genug sein, um die entsprechende Anzahl von Folien zu untermalen.

Abbildg. 20.9   Das Musikstück spielt über zehn Folien

> **HINWEIS**   Wenn Sie einen Sound unterbrechen, sei es beim Weiterschalten zur nächsten Folie oder nach der eingestellten Anzahl von Folien, endet er oft abrupt. Mit den Mitteln von PowerPoint können Sie Musik nicht sanft ausblenden. Für diesen Effekt müssten Sie, falls gewünscht, der Datei vor dem Einfügen in einem Musikbearbeitungsprogramm, wie z.B. dem kostenlosen Audacity *(http://www.audacity.de)*, bearbeiten.

Das Sound-Symbol austauschen

Standardmäßig wird beim Einfügen eines Sounds erst einmal ein kleines Lautsprecher-Symbol auf der Folie eingefügt. Dies hat mehrere Nachteile: Es ist recht klein, sodass es sich schlecht anklicken lässt, und bei mehreren Sounds besteht Verwechslungsgefahr.

Neu   In PowerPoint 2007 haben Sie die Möglichkeit, dieses Lautsprecher-Symbol gegen ein beliebiges anderes Bild auszutauschen. Ihrer Fantasie sind dabei keine Grenzen gesetzt: Für eine Vogelstimme könnten Sie ein Foto des Vogels, für eine Instrumentalstück eine Abbildung des Instruments, bei der Vorstellung einer CD das CD-Cover etc. einfügen.

1. Klicken Sie auf das Lautsprecher-Symbol.
2. Wechseln Sie zur Registerkarte *Format* der *Bildtools*.
3. Wählen Sie in der Gruppe *Anpassen* den Befehl *Bild ändern*.
4. Wählen Sie das gewünschte Bild aus und bestätigen Sie mit *Einfügen*.

Dieses Bild können Sie nun wie jedes andere Bild weiterbearbeiten, z.B. vergrößern, verkleinern oder ihm eine Bildformatvorlage zuweisen.

Sounds durch Klick auf ein Objekt starten

Wenn Sie beim Einfügen des Sounds *Wenn darauf geklickt wurde* ausgewählt haben, taucht im Aufgabenbereich *Benutzerdefinierte Animation* über dem Sound ein grauer Balken mit der Aufschrift *Trigger* auf. Näheres zu Trigger-Animationen finden Sie in Kapitel 19. Kurz gefasst bedeutet ein Trigger, dass eine Animation (hier: das Abspielen des Sounds) unabhängig von der sonstigen Animationsreihenfolge durch Klick auf ein Objekt gestartet werden kann. Diesen Trigger können Sie auch nachträglich noch zuweisen oder ändern:

1. Blenden Sie über *Benutzerdefinierte Animation* auf der Registerkarte *Animationen* den zugehörigen Aufgabenbereich ein.

2. Klicken Sie dort den Eintrag des Sounds an.

3. Mit dem Dropdownpfeil am rechten Ende des Sounddateinamens öffnen Sie das Kontextmenü, in dem Sie *Anzeigedauer* wählen.

4. Wenn der Sound bisher automatisch abgespielt wurde, blenden Sie mit Klick auf die Schaltfläche *Trigger* die Trigger-Optionen ein. Sie haben nun folgende Möglichkeiten:

   - *Animation als Teil der Klickreihenfolge* entfernt den Trigger, der Sound wird nach der vorhergehenden Animation gestartet.

   - Wählen Sie im Dropdown-Listenfeld *Effekt starten beim Klicken auf* den Dateinamen der Sounddatei, um sie durch Klick auf das Soundsymbol selbst zu starten.

   - Zum Starten durch Klick auf ein anderes Objekt wählen Sie dieses im Dropdown-Listenfeld aus.

 Dem Sound können Sie über die Schaltfläche *Effekt hinzufügen* nicht nur die Soundaktion *Wiedergabe,* sondern auch *Pause* und/oder *Anhalten* zuweisen. So können Sie Ihre Musik fast wie mit dem Mediaplayer steuern. Die Möglichkeiten sind dabei vielfältig, einige Varianten sehen Sie in der Beispieldatei *KAP20_Sound-Wiedergabe.pptx* auf der CD.

Abbildg. 20.10   Mit selbst erstellten Schaltflächen und Triggern steuern Sie Sounds fast wie mit dem Mediaplayer

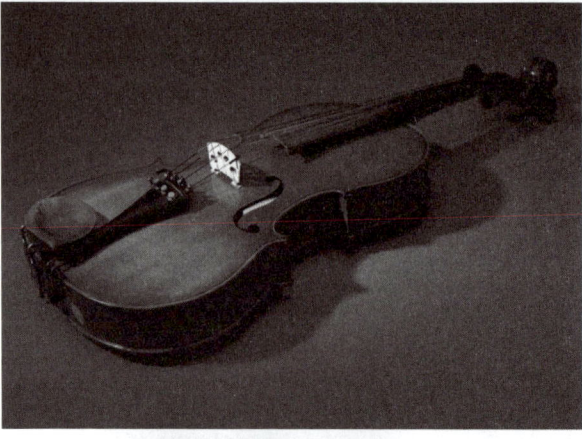

Wenn Probleme mit Sounds auftreten

Da Multimediadateien nur verknüpft werden und beim Abspielen auf Bestandteile des Betriebssystems zurückgreifen, kann es immer wieder vorkommen, dass sie nicht abgespielt werden. Wenn Sie Ihre Präsentation auf einem fremden Rechner vorführen wollen oder müssen, sollten Sie also genügend Zeit für einen Testlauf und Reparaturversuche einplanen.

Checkliste: Soundprobleme beheben

1. **Haben Sie die Sounddatei mit weitergegeben?**

   Tipps zur sicheren Weitergabe von Präsentationen einschließlich aller Multimediadateien finden Sie in Kapitel 22.

2. **Stimmen die Verknüpfungen noch?**

   Legen Sie Präsentation und Sounddatei am besten in denselben Ordner und verschieben Sie sie nur gemeinsam.

3. **Ist der Pfad zu lang?**

   Der Dateipfad inklusive Dateiname darf bei Multimediadateien nur 128 Zeichen betragen. Verschieben Sie Präsentation und Sound testweise in einen Ordner mit kurzem Namen, z.B. *C:\Test*.

4. **Enthalten Pfad- und/oder Dateiname Sonderzeichen oder Leerzeichen?**

   Verwenden Sie keine Sonderzeichen und vermeiden Sie nach Möglichkeit Leerzeichen. Unterstrich (_) oder Bindestrich (-) sind jedoch erlaubt.

5. **Ist der erforderliche Codec auf dem Rechner vorhanden?**

   Auch wenn ein Musikstück in Windows Media Player abgespielt wird, ist dies keine Garantie, dass PowerPoint den Codec auch verwenden kann; PowerPoint kann nicht auf alle Codecs zugreifen.

Codec-Probleme beheben

Wie schon zu Beginn dieses Kapitels erläutert, benötigt Ihr Computer den passenden *Codec*, um Sound wiederzugeben. Fehlt dieser, bleiben Ihre Lautsprecher stumm. Mit ein wenig Glück kann Windows Media Player den richtigen Codec für Sie finden und installieren. Voraussetzung dafür ist eine neuere Version von Windows Media Player (mindestens Version 9, zur Zeit der Drucklegung dieses Handbuches Anfang 2007 wird mit Windows Vista die Version 11 ausgeliefert) und ein Internetzugang. Beim Media Player darf das Herunterladen von Informationen aus dem Internet nicht geblockt sein: Klicken Sie auf den Dropdownpfeil unterhalb von *Aktuelle Wiedergabe*, dort auf *Weitere Optionen* und setzen Sie ein Häkchen bei *Codecs automatisch herunterladen*. Dann starten Sie die Audiodatei mit Windows Media Player. Das Programm wird versuchen, den erforderlichen Codec nachzuinstallieren. Versuchen Sie anschließend erneut, die Audiodatei in PowerPoint abzuspielen, oft (leider nicht immer) kann dann auch PowerPoint auf diesen Codec zugreifen.

Wenn dies nicht klappt, müssen Sie den verwendeten *Codec ermitteln*, mit der Liste der auf Ihrem Rechner installierten Codecs vergleichen und fehlende Codecs nachinstallieren. Dies bewirkt aber nur, dass die Datei anschließend auf Ihrem eigenen Rechner abgespielt werden kann. Wenn Sie die Datei weitergeben, kann es sein, dass sie auf dem fremden Rechner nicht abgespielt werden kann, weil dort der Codec ebenfalls nicht installiert ist. Eine andere Möglichkeit besteht deshalb darin, die Datei zu transcodieren, d.h., sie mit einem verbreiteten Codec neu abzuspeichern (siehe hierzu am Ende dieses Einschubs). ▸

Multimedia und fortgeschrittene Techniken

Folgende Audiocodecs werden mit Windows ausgeliefert und gehören zum Standardrepertoire eines Windows-Computers:

- ADPCM, Adaptive Delta Pulse Codec Modulation

- IMA ADPCMM, Interactive Media Association

- GSM, Groupe Special Mobile

- CCITT G.711 A-Law und u-Law

Sie können von PowerPoint aus feststellen, welche Codecs auf Ihrem Rechner installiert sind:

1. Klicken Sie auf die *Office-Schaltfläche* und dann auf *PowerPoint-Optionen*.
2. Wählen Sie *Ressourcen/Info/Systeminfo*.
3. Klicken Sie auf das Pluszeichen ⊞ vor *Komponenten* und dann auf das Pluszeichen ⊞ vor *Multimedia*.
4. Ein weiterer Klick auf die Kategorie *Audiocodecs* blendet eine Liste aller installierten Codecs mit Zusatzinformationen zu Hersteller, Speicherort und Version ein (siehe Abbildung 20.11).

Abbildg. 20.11 Liste der installierten Codecs in den Systeminformationen

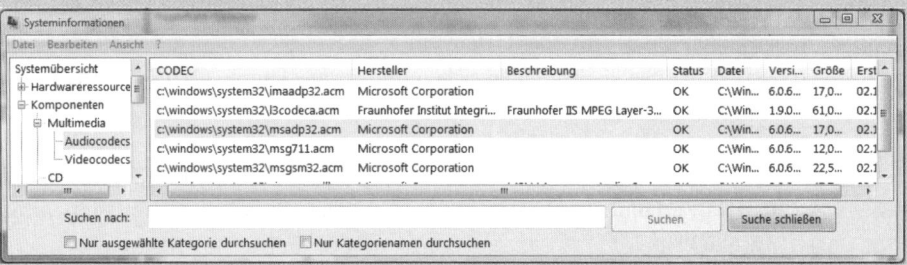

Schwieriger kann es sein, den genauen Codec einer bestimmten Audiodatei herauszufinden. Windows Media Player zeigt für einige Audiodateien über den Menübefehl *Datei/Eigenschaften* an, mit welchem Audiocodec diese Datei komprimiert wurde. Detailliertere Informationen können Sie mit den Freeware-Programmen Encspot (*http://www.guerillasoft.co.uk/encspot/download.html*) und Mr. QuestionMan (*http://www.burrrn.net*) herausfinden.

Viele Codecs können Sie kostenlos aus dem Internet herunterladen. Angesichts der Vielzahl der existierenden Codecs, zu denen fast täglich neue hinzukommen, kann hier keine Empfehlung für Downloadseiten gegeben werden. Codecs werden oft als Codec-Pakete angeboten; installieren Sie nach Möglichkeit nicht gleich das ganze Paket, sondern nur den einzelnen fehlenden Codec, denn wenn Sie zu viele Codecs installiert haben, können diese sich gegenseitig stören.

Testen Sie nach der Installation des Codecs erneut, ob sich die Audiodatei nun mit Windows Media Player und in PowerPoint abspielen lässt. Gelegentlich kann es vorkommen, dass ein Codec nicht mit dem Media Player kompatibel ist, dann bleibt Ihnen nur noch, eine Version des Sounds zu suchen, die einen anderen Codec verwendet.

Um bei der Weitergabe von Präsentationen mit Audiodateien Probleme mit exotischen Codecs auf anderen Rechnern zu vermeiden, können Sie die Audiodatei *transcodieren*. Dazu öffnen Sie die Datei mit einem Musikbearbeitungsprogramm, z.B. dem kostenlosen Audacity (*http://www.audacity.de*) und exportieren sie als WAV oder MP3. Löschen Sie dann die Schwierigkeiten verursachende Audiodatei aus der Präsentation und fügen Sie die neue Version der Datei ein.

Bitte beachten Sie auch die Hinweise im folgenden Kapitel zu Videodateien. Viele Vorgehensweisen und Problemlösungsstrategien sind bei den verschiedenen Multimediadateien ähnlich.

Zusammenfassung

Die Multimediafähigkeiten von PowerPoint testen viele Anwender zum ersten Mal, wenn sie Musikstücke oder kurze Soundsequenzen in eine Präsentation einfügen. Dabei stehen vielfältige Gestaltungsmöglichkeiten zur Verfügung. Es sind aber auch eine Reihe von Voraussetzungen zu beachten, damit die Präsentation reibungslos abläuft. In diesem Kapitel konnten Sie nicht nur das Wie, sondern auch das Warum kennenlernen. Nachfolgend noch einmal die wichtigsten Vorgehensweisen in einer Schnellübersicht.

Sounds auf einer Folie einfügen	Alle nötigen Befehle finden Sie auf der Registerkarte *Einfügen*. Mit Klick auf das Symbol der Schaltfläche *Sound* fügen Sie eine Audiodatei auf Ihrer Folie ein. Nach dem Einfügen können Sie die Startoptionen, ob *automatisch* oder auf *Mausklick*, festlegen.
Sounddateien in der Präsentation einbetten	Zwei Voraussetzungen müssen erfüllt sein: Erstens muss es sich um eine WAV-Datei handeln. Und zweitens müssen Sie vor dem Einfügen in den PowerPoint-Optionen die Grenze hochgesetzt haben, bis zu der Audiodateien eingebettet werden können.
So können Sie einen Kommentar aufzeichnen	Erweiterte Optionen bietet Ihnen auf der Registerkarte *Einfügen* das Dropdownmenü der Schaltfläche *Sound*. Wählen Sie hier *Sound aufzeichnen* aus. Mehr Möglichkeiten, die Qualität der aufgezeichneten Sprache zu steuern und mit der Präsentation zu synchronisieren, bietet Ihnen auf der Registerkarte *Bildschirmpräsentation* der Befehl *Kommentar aufzeichnen*.
Steuern Sie die Wiedergabe gezielt	Das Abspielen von Sounds, die Sie auf einer Folie eingefügt haben, wird wie eine Animation behandelt. Steuerungsmöglichkeiten finden Sie auf der Registerkarte *Animationen*. Hier können Sie Start und Dauer der Wiedergabe festlegen und mithilfe einer *Trigger-Animation* das Abspielen über Schaltflächen steuern. Wie Ihr Sound auf der Folie erscheint, können Sie beeinflussen. Wenn Sie das standardmäßig eingefügte Lautsprecher-Symbol anklicken, wird die Registerkarte *Format* der *Bildtools* eingeblendet, die Ihnen den Befehl *Bild ändern* zur Verfügung stellt.
Animationen und Folienübergänge mit Sounds untermalen	Geräusche oder Musik können auch Animationen oder Folienübergänge begleiten. Dazu werden sie nicht wie in diesem Kapitel beschrieben als Datei eingefügt, sondern über die Optionen der Animationen gesteuert. Detaillierte Informationen finden Sie deshalb in Kapitel 19.

Zur detaillierten Lektüre hier noch einmal wichtige Themen in diesem Kapitel:

Multimedia und fortgeschrittene Techniken

Kapitel 21

Video

Multimedia und fortgeschrittene Techniken

Videofilme und andere animierte Inhalte erfreuen sich im Internet großer Beliebtheit, und so kommt schnell der Wunsch auf, diese auch in PowerPoint-Präsentationen einzubinden. Der Einsatz von Videos in Präsentationen ist aber nicht nur auf unterhaltende Präsentationen beschränkt. So können Sie z.B. ein Grußwort des Unternehmensvorstands in eine Kundenpräsentation einfügen oder Zitate aus einer Umfrage nicht nur als Text, sondern als kurze Videostatements zeigen. Auch die Funktionsweise von Maschinen lässt sich als Real- oder Trickfilm oft besser und in kürzester Zeit veranschaulichen.

Wie andere Multimedia-Inhalte in PowerPoint-Folien ist aber auch der Einsatz von Videos begrenzt:

- Filme in annehmbarer Bildgröße erreichen schon bei wenigen Sekunden Länge etliche MByte Dateigröße. Der verwendete Computer muss leistungsfähig genug sein, um diese »ruckelfrei« abspielen zu können.

- Nicht alle Videodateiformate können in PowerPoint eingefügt werden; die geeigneten werden in diesem Kapitel im entsprechenden Abschnitt beschrieben.

- Videodateien werden nicht in der PowerPoint-Datei eingebettet, sondern nur mit ihr verknüpft. Planen Sie, die Präsentation weiterzugeben, müssen Sie Vorkehrungen treffen, dass die Verknüpfungen nicht ungültig werden, und müssen die Videodatei ebenfalls weitergeben (siehe Kapitel 22 und den Abschnitt »Videos in PowerPoint einfügen« in diesem Kapitel).

- Und nicht zuletzt dürfen Sie aus Copyright-Gründen nicht jeden Film öffentlich vorführen. (Mehr zum Thema Copyright finden Sie im vorangegangenen Kapitel 20). Dies gilt natürlich nicht für selbst gedrehte Videos.

Setzen Sie Videos und andere Multimedia-Elemente eher sparsam ein, beispielsweise für einen eindrucksvollen Einstieg oder als Highlight. Genauso wie mit zu vielen Animationen könnten Sie sonst leicht von Ihrer eigentlichen Aussage ablenken.

Einige technische Grundlagen

Videos werden nicht von PowerPoint selbst abgespielt, es greift dabei auf die in Ihrem Computer und Ihrem Betriebssystem vorhandene Hardware und Software zurück. Nur wenn diese Rahmenbedingungen stimmen, können Videos auf PowerPoint-Folien problemlos abgespielt werden. Daran sollten Sie auch beim Weitergeben von Präsentationen mit Videos denken, denn auf dem fremden Rechner müssen zum Abspielen ebenfalls diese Rahmenbedingungen erfüllt sein. In diesem Abschnitt finden Sie die Grundlagen zu Hardware, Software und Videodateiformaten. Noch mehr über das Weitergeben von Präsentationen erfahren Sie in Kapitel 22.

Hardware

Zum Betrachten von Videofilmen reicht eine ganz normale Grafikkarte aus, wie sie in jedem Computer installiert ist. Zusammen mit Windows Media Player haben Sie so bereits die Grundausstattung, um Filme anzuschauen.

Etwas anderes ist es, wenn Sie Videos auch bearbeiten wollen: Videobearbeitung und Videoschnitt stellen hohe Anforderungen an den Computer und seine Ausstattung. Ein Computer mit mindestens 600 MHz Taktrate und sehr viel freiem Speicherplatz auf der Festplatte muss in diesem Fall vorhanden sein. Videofilme belegen während der Bearbeitung extrem viel Platz und den muss Ihre Festplatte schnell zur Verfügung stellen können.

Software

Zum Wiedergeben von Videos und anderen Multimedia-Inhalten greift PowerPoint *nicht* auf Windows Media Player zurück (und auch nicht auf andere Abspielprogramme, die Sie zusätzlich zu den Microsoft-Programmen installiert haben), sondern auf die Programmierschnittstellen (»API«) des Betriebssystems des Computers. PowerPoint selbst verfügt nicht über die Fähigkeit, Multimediadateien abzuspielen. Dadurch können Sie nicht alle Dateiformate, die Sie mit dem Media Player abspielen können, in PowerPoint einfügen, sondern nur eine beschränkte Auswahl.

Videodateiformate

Videofilme werden mit unterschiedlichen Dateiendungen angeboten. Sie werden häufig auf die Dateiendungen *.avi*, *.wmv* oder *.mpg* stoßen. Leider sagt die Dateiendung nur bedingt etwas darüber aus, ob dieser Film auf jedem Computer problemlos abgespielt werden kann. In einer Datei mit der Endung *.avi* kann sich z.B. ein Film verbergen, der mit einem neuen MPEG4-Codec komprimiert wurde. Das Wissen um den verwendeten Codec ist für das problemlose Abspielen wichtig: Nur mit der zum Codec passenden Dekomprimierung kann der Film überhaupt abgespielt werden.

Im Unterschied zu Dateien anderer Programme spricht man bei Filmen nicht von einem »Dateiformat«, richtiger ist es, von einem »Dateicontainer« zu sprechen: Der Container enthält Video- und Audiodaten, die jeweils für sich mit einem bestimmten Verfahren komprimiert wurden. Wie ein richtiger Container ist auch eine Videodatei ein geschlossenes Gebilde, das über seinen Inhalt erst Auskunft gibt, wenn man es öffnet. Eine Datei mit der Endung *.doc* bzw. *.docx* enthält sicher ein Word-Dokument und kann mit dem Programm Microsoft Word geöffnet werden. Bei einer Filmdatei ist nur sicher, dass sie einen Film oder eine Animation enthält, der verwendete Codec ist aus der Dateiendung nicht sicher zu erschließen. Damit ist oft unsicher, ob die Filmdatei erkannt und abgespielt werden kann.

Liegt Ihnen eine Filmdatei mit der Dateiendung *.avi* vor, enthält dieser Container in vielen Fällen wirklich ein mit einem gebräuchlichen Codec komprimiertes AVI-Video. Fügen Sie diesen Film auf einer Folie ein (welche Schritte dazu erforderlich sind, lesen Sie weiter hinten in diesem Kapitel im Abschnitt »Videos in PowerPoint einfügen«). Probieren Sie aus, ob er sich abspielen lässt. Falls ja, und falls Sie die Präsentation nur auf Ihrem eigenen Rechner abspielen wollen (etwa weil Sie Ihren Laptop für Ihren Vortrag mitnehmen), müssen Sie sich um die Codecs nicht weiter sorgen. Wollen Sie aber die Präsentation auf CD mitnehmen oder gar hundertfach weitergeben, sollten Sie sicherstellen, dass das Video mit einem der weit verbreiteten Codecs komprimiert wurde – entweder, indem Sie sich dies vom Produzenten des Videos zusichern lassen, oder indem Sie es selbst, wie am Ende dieses Kapitels im Abschnitt »Wenn Probleme mit Videos auftreten« beschrieben, untersuchen.

HINWEIS   Für das Abspielen hat ein Video-Container mit unbekanntem Codec die unangenehme Konsequenz, dass ein vermeintliches Standardformat AVI auf dem einen Computer ohne Schwierigkeiten abgespielt wird, auf einem anderen jedoch nicht, weil ein seltener oder neuer Codec verwendet wurde. Ein MPG-Film kann mit unterschiedlichsten Versionen des MPEG-Codecs komprimiert worden sein, es könnte auch ein DivX-Codec oder etwas anderes verwendet worden sein. Die einzelnen Codecs werden weiter hinten in diesem Kapitel kurz beschrieben.

Multimedia und fortgeschrittene Techniken

Die Vielzahl der verwendeten Videocodecs ist noch größer als die Zahl der Audiocodecs. Und sie wächst täglich, weil die Ansprüche an die Videoqualität wachsen, weil bessere Hardware zur Wiedergabe zur Verfügung steht. Gleichzeitig werden ständig neue Videocodecs entwickelt, die noch kleinere Dateiformate ermöglichen. Die Entwickler und auch die Filmproduzenten, die diese neuen Codecs einsetzen, haben dabei normalerweise den Anwender im Sinn, der diese Filme mit einem Mediaplayer abspielt. Diese Programme haben oft die Fähigkeit, fehlende Codecs selbstständig aus dem Internet nachzuladen, wovon der Zuschauer oft gar nicht mal etwas merkt. PowerPoint aber greift nicht auf Windows Media Player oder gar auf Mediaplayer anderer Hersteller zurück, sondern auf die Programmierschnittstellen (»API«) des Betriebssystems des Computers (also Windows Vista oder Windows XP). Und mit diesem sind nicht alle Codecs kompatibel. Dann bleibt Ihnen die Möglichkeit, einen Mediaplayer aufzurufen und das Video in einem separaten Fenster abzuspielen (siehe weiter hinten in diesem Kapitel in den Abschnitten »Ein Video als Objekt einbinden« und »Einen Mediaplayer aufrufen«).

Falls Sie das Aussehen des Objekts mit Symbol und Dateinamen stört, können Sie die Objektaktion, ähnlich wie weiter hinten im Abschnitt »Videos in PowerPoint steuern« beschrieben, auch mit Trigger-Animationen steuern oder es in einem Videobearbeitungsprogramm umcodieren (siehe im Abschnitt »Wenn Probleme mit Videos auftreten – Videos umcodieren« am Ende dieses Kapitels).

PROFITIPP

Wissenswertes über Codecs

Codec ist ein Kunstwort aus *Co*mpression und *Dec*ompression. Ein Videofilm beinhaltet so große Datenmengen, dass er ohne Komprimierung nicht mehr zu verwenden wäre. Mit einer speziellen Software, dem Encoder, wird der Film komprimiert; im Grunde ist das nichts anderes als der altbekannte Vorgang des Zippens bei anderen Dateien. Um den Film später anschauen zu können, muss er mit dem Gegenstück, dem Decoder, dekomprimiert werden. Encoder und Decoder zusammen bilden den Codec.

Einige Komprimierungsverfahren eignen sich für Echtfarbenvideos, andere sind besser für Videos mit geringer Farbtiefe, wieder andere sind optimiert für Animationen. Spezialisiert auf Echtfarbenvideos sind die Codecs von *Cinepak (VfW)*. Animationen und Videos mit Farbtiefen von maximal 256 Farben packen Sie am besten mit *Microsoft RLE (VfW)* oder *Microsoft Video I (VfW)*. Der gängigste Code ist *MPEG*, der einen ähnlichen Standard in der Videokomprimierung darstellt wie JPEG für Bilder.

Für die Wiedergabe von Filmen in PowerPoint sind Codecs wichtig, die mit Video für Windows oder mit DirectX zusammenarbeiten. Ein nutzbarer Codec muss also den Codec *VfW* (Video für Windows) oder *DS* (DirectShow) tragen. Leider weisen nicht alle Codec-Vertreiber darauf hin, welche Art von Codec vorliegt.

Um den für eine bestimmte Videodatei verwendeten Codec herauszufinden, sind Sie auf Drittprogramme angewiesen. Weder Windows noch die Mediaplayer sind immer in der Lage, den Codec einer Videodatei zu erkennen und anzuzeigen. Am Ende dieses Kapitels finden Sie einige Programme, die den Codec von Videodateien aufzeigen. Die in Tabelle 21.1 aufgeführten Videocodecs gelten als sicher, was die Kompatibilität anbelangt, weil sie seit Windows 95b im System integriert sind. ▶

Tabelle 21.1 Gebräuchliche Videocodecs

Bezeichnung	Einsatzbereich
RLE Code Microsoft	Schnell, maximal 8 Bit Farbtiefe (256 Farben)
IV32 Indeo Codec R3.2 Intel	Besonders gut für bewegungsarme Filme
CVID Cinepak Codec Radius Inc.	Besonders gut für Farbdarstellungen
Video1 Microsoft	Schnell
MPEG1	Beinahe Fernsehqualität

Unkomprimierte AVIs sind überall abspielbar, denn sie benötigen keinen Codec zum Dekomprimieren. Aber sie eignen sich nur für sehr kurze Filmchen, denn diese Dateien sind unbestreitbar »riesig«.

Der Standard-Container: AVI

Audio Video Interleaved oder kurz AVI ist ein Microsoft-Standard für bewegte Bilder, der eine ähnliche Bedeutung erlangt hat wie Bitmap (BMP) für Bilddateien. Als fester Bestandteil von Windows ist AVI sehr weit verbreitet. Es stellt den kleinsten gemeinsamen Nenner der Video- und Animationsdarstellung zwischen verschiedenen Computern und verschiedenen Betriebssystemen dar.

Leider ist AVI nicht automatisch gleich AVI. Der Standard wird aufgeweicht durch die unterschiedlichen Codecs, die zur Komprimierung verwendet werden. Sind die AVI-Dateien mit den gebräuchlichsten Codecs aus Windows komprimiert, werden Sie kaum Probleme bei der Präsentation haben. Ungebräuchliche oder neu entwickelte Codecs müssen aber mitunter erst im Internet ausfindig gemacht und installiert werden. Das kann ein Problem sein, wenn die Präsentation auf unterschiedlichen Computern abgespielt werden soll.

Der Vielseitige: MPEG

Die von der *Moving Picture Experts Group* oder *MPEG* entwickelte Standardisierung für die Videokompression ist mittlerweile das verbreitetste Verfahren. Aber nicht alle Video-Container mit der Endung *.mpg* oder *.mpeg* haben gleiche Inhalte, denn es gibt drei verbreitete MPEG-Standards, die sich unterschiedlich gut für die Verwendung in PowerPoint-Präsentationen eignen.

HINWEIS MPEG-komprimierte Dateien müssen nicht die Dateiendung *.mpg* oder *.mpeg* tragen. Auch eine AVI- oder eine MOV-Datei kann mit einem MPEG-Codec komprimiert sein. MPEG-Dateien auf DVDs tragen üblicherweise die Endung *.vob*.

Das Videoformat MPEG gibt es in drei bedeutenden Versionen mit unterschiedlichen Einsatzgebieten; nicht mit allen kann PowerPoint umgehen:

- *MPEG1* wurde Anfang der 90er-Jahre ursprünglich für Video-CDs entwickelt und wird seit 1996 in Windows integriert. Es ist immer noch das sicherste Format, wenn Sie Filme in PowerPoint einfügen wollen.

- *MPEG2* ist die Weiterentwicklung des MPEG1-Formats für DVDs und digitales Fernsehen. Es wird nur abgespielt, wenn eine DVD-Player-Software installiert ist. Für Filme in PowerPoint ist dieses Format deswegen nicht ratsam.

■ *MPEG4* mit verbesserter Videokompression wurde ursprünglich entwickelt, um Video für mobile Systeme bei nur geringen Qualitätseinbußen zu unterstützen. Ein passender Codec für Windows muss vorhanden sein; Präsentationen mit MPEG-4-Videos werden nicht auf jedem Computer die Filme anzeigen.

PROFITIPP

Testen Sie, ob ein MPEG2-Decoder für das Abspielen von DVDs auf Ihrem Rechner installiert ist

Microsoft stellt dafür das *Video Decoder Checkup Utility* zur Verfügung, das Sie von der Microsoft-Website kostenlos herunterladen können. Suchen Sie im Microsoft Download Center (*http:/ /www.microsoft.com/downloads/search.aspx?displaylang=de*) nach *Video Decoder* (aktivieren Sie im Download Center das Kontrollkästchen *Auch Downloads für englischsprachige Versionen anzeigen*).

Dort können Sie bei Bedarf auch das *Codec Installation Package for Windows Media Player 7.1 or later* herunterladen, das den MPEG4-Codec für Windows enthält. Suchen Sie nach dem Stichwort *Codec Installation Package*. (Beide Downloads sind in englischer Sprache, können aber mit deutschen Windows- und Office-Versionen verwendet werden.)

Im Folgenden einige Details zu den einzelnen MPEG-Standards (wie Sie bei Bedarf herausfinden, welchen Standard und welchen Codec Sie vorliegen haben, lesen Sie am Ende dieses Kapitels im Abschnitt »Wenn Probleme mit Videos auftreten – Schritt 1: Den Codec eines Videos ermitteln«):

MPEG1

MPEG1 ist der älteste MPEG-Standard, der bereits seit 1996 von Windows unterstützt wird. Videos, die gemäß diesem Standard komprimiert wurden, werden in PowerPoint korrekt abgespielt und verursachen die wenigsten Probleme. Es werden allerdings nur Bildgrößen bis 768 x 576 Pixel unterstützt, die Bildqualität ähnelt dem JPEG-Format.

MPEG2

Schwerpunkt der Entwicklung von *MPEG2* war die Verwendung für hochauflösende Videoformate, wie sie bei einer DVD oder dem digitalen Fernsehen notwendig sind. Es werden deshalb auch größere Bildformate als beim Vorgänger MPEG1 unterstützt, allerdings wirkt sich dies natürlich auch auf die Dateigröße aus. Unter Windows XP wird der MPEG2-Decoder standardmäßig nicht unterstützt, es ist immer ein zusätzlicher, oft kostenpflichtiger, Decoder erforderlich. Passende Decoder werden installiert, wenn Sie eine DVD-Player-Software auf Ihrem Rechner installieren oder einen Zusatz zu Windows Media Player von einem Drittanbieter erwerben. Aber nicht auf alle installierten MPEG2-Codecs kann PowerPoint zurückgreifen, um sie zum Abspielen zu nutzen. Windows Vista-Rechner verfügen normalerweise schon über DVD-Unterstützung. Da Sie insbesondere beim Weitergeben der Präsentation nicht voraussetzen können, dass entsprechende DVD-Software auch auf dem Zielrechner vorhanden ist, ist bei Präsentationen, die auf verschiedenen Rechnern gezeigt werden sollen, von MPEG2 abzuraten.

MPEG4 und ähnliche Formate

Auf dem Standard *MPEG4 Part 2* basieren mehrere Codecs. Einer der bekanntesten und verbreitetsten ist *DivX* in seinen verschiedenen Versionen. DivX komprimiert Videodateien mit hervorragender Qualität auf eine erstaunlich kleine Dateigröße. Mit DivX codierte Dateien können auch die

Endung *.divx* tragen. Diese Endung wird von PowerPoint jedoch nicht als Filmdatei erkannt; versuchen Sie, die Datei in *.mpg* umzubenennen. DivX ist ein kommerzieller Codec; Informationen und eine Downloadmöglichkeit erhalten Sie auf den Webseiten von *http://www.divx.com/?lang=de*.

Mit DivX komprimierte Filmdateien werden in PowerPoint nur korrekt abgespielt, wenn die richtigen Codec-Versionen installiert sind. Fehlt der DivX-Codec, sehen Sie unter Umständen gar keinen Film oder Sie hören zwar den Ton der Filmdatei, sehen aber kein Bild.

Die gleiche Technik verbirgt sich hinter dem freien Codec *XviD*, der von freiwilligen Programmierern weiterentwickelt und mit ständig neuen Versionen ins Netz gestellt wird. Die offizielle Webseite lautet *http://www.xvid.org*.

Ein Allrounder-Codec ist *HDX4*, der auch alle anderen gängigen MPEG4-Codecs korrekt abspielen kann. Der Codec ist von der Firma gleichen Namens entwickelt worden und unter *http://www.hdx4.com* zu finden.

Nicht auf allen Computern sind MPEG4-Codecs installiert – Sie gehen ein Risiko ein, wenn Sie MPEG4-Videos innerhalb von PowerPoint verwenden. Die Wahrscheinlichkeit, dass diese Filme auf einem fremden Rechner nicht gezeigt werden können, ist sehr hoch.

Der Spezialist von Microsoft: WMV

Windows Media Video (WMV) ist eine Entwicklung aus dem Hause Microsoft. Das Format basiert auf einem MPEG4-Standard von Microsoft. Bildqualität und Kompressionsrate sind mit den Standards von MPEG4 oder DivX zu vergleichen.

Ein Einsatzbereich von WMV ist das Streaming von Videodateien im Internet. Streaming-Videos werden beispielsweise von Fernsehsendern angeboten. Diese Dateien muss Windows Media Player nicht erst komplett herunterladen, um sie zeigen zu können. Der Film startet bereits, sobald die ersten Sequenzen auf Ihrem Computer eingetroffen sind. Der Download der restlichen Daten läuft im Hintergrund weiter. Streaming-Dateien stellen einen kontinuierlichen Datenstrom dar, in den Sie sich einwählen. Solange Sie die Verbindung aufrechterhalten, empfangen Sie die Daten. Unterbrechen Sie die Verbindung, wird der Datenstrom sofort gekappt. Auf Ihrem Computer ist nichts gespeichert worden.

Insbesondere diese Windows Media Streaming-Dateien können auch mit den Dateiendungen *.asf*, *.asx* oder *.wmx* vorkommen.

Für WMV gibt es genauso wie für den AVI-Container mehrere Codecs, mit denen der Videofilm komprimiert werden kann:

- *MPEG 4 Version 1:* Eine MPEG4-Variante.
- *Windows Media Version 9:* Dies ist die aktuelle Version des Windows Media Codecs. Wenn Sie mit Windows Vista die Version 11 von Windows Media Player installiert haben, haben Sie auch diesen Codec automatisch auf Ihrem Rechner.
- *Windows Media Video Version 7 oder 8:* Insbesondere die ältere Version 7 ist am besten abwärtskompatibel. Damit komprimierte Videofilme laufen auch auf den meisten Mediaplayern und können deswegen in der Regel auch in PowerPoint gut gezeigt werden.

TIPP Auf älteren Rechnern und Betriebssystemen, auf denen die aktuelle Version von Windows Media Player nicht installiert ist (bzw. nicht installiert werden kann oder soll), kann das *Windows Media 9 Codec-Paket* nachinstalliert werden. Den kostenlosen Download und weitere Informationen finden Sie unter: *http://www.microsoft.com/windows/windowsmedia/de/format/ codecdownload.aspx*

WMV-Dateien können mit einem Kopierschutz durch *DRM* (Digital Rights Management) versehen werden. Solche geschützten Dateien können Sie nicht oder nur eingeschränkt auf anderen Rechnern abspielen.

Falls Sie Ihre Präsentation auch an Zuschauer mit Mac-Rechnern weitergeben wollen, sollten Sie auf das WMV-Format besser verzichten. Prinzipiell können WMV-Videos mit einem entsprechenden Player zwar auch dort abgespielt werden, dieser ist auf vielen Mac-Rechnern allerdings nicht installiert; hier ist MPEG die bessere Alternative.

Weitere Formate

Neben den drei genannten häufigen und mehr oder weniger gut in PowerPoint einsetzbaren Filmformaten AVI, WMV und MPG findet man im Internet noch weitere Filmformate.

Animierte GIF-Grafiken

Sucht man z.B. auf der ClipArt-Seite von Microsoft Office Online, so findet man dort keine echten Videos. Bei den Dateien, die dort als »Animationen« herunterladbar sind, handelt es sich um animierte GIF-Grafiken. Diese funktionieren zwar ähnlich wie Filme, indem durch schnell nacheinander gezeigte Bilder dem menschlichen Auge Bewegung vorgetäuscht wird, sie werden jedoch in PowerPoint wie Bilder behandelt und eingefügt. Ihre Bewegung wird erst in der Bildschirmpräsentationsansicht sichtbar.

RealMedia und QuickTime

RealMedia-Videos und die in der Mac-Welt weit verbreiteten *QuickTime-Movies* können Sie nicht in PowerPoint-Folien einfügen. Als Ausweichlösung können Sie sie als Objekt einfügen oder mit einem Hyperlink oder einer Aktionseinstellung aufrufen. Sie werden aber in jedem Falle mit ihrem eigenen Player, der natürlich installiert sein muss, in einem separaten Fenster gezeigt.

Flash-Dateien und Java-Applets

Auch die weit verbreiteten Flash-Animationen können nicht als Filme in PowerPoint eingefügt werden, hierzu ist ein Steuerelement erforderlich (siehe dazu Kapitel 23). Allerdings sind auch auf diesem Wege nur Flash-Dateien im SWF-Format verwendbar. Die auf YouTube beliebten Flash-Video-Dateien im FLV-Format können Sie nicht verwenden.

Genauso wenig werden Java-Applets von PowerPoint unterstützt. Als Ausweichlösung können Sie eine Webseite, die das Java-Applet aufruft, mithilfe eines Steuerelements einbinden. Um die Webseite im Webbrowser-Steuerelement aufzurufen, sind allerdings schon einige Zeilen VBA-Code erforderlich, sodass hier nicht auf Details eingegangen werden soll. Bedenken Sie aber auch hier, dass Java auf dem Zielcomputer installiert sein muss, wenn Sie die Präsentation weitergeben wollen.

Tabelle 21.2   Übersicht über häufige Videoformate, die in PowerPoint 2007 eingefügt werden können

Dateiendungen	Dateiformat	Anmerkungen
ASF	Advanced Streaming Format	Streaming-Datei, enthält synchronisierte Multimediadaten, um Audio- und Videoinhalte als Datenstrom über Netzwerke (auch Internet) zu übertragen
AVI	Audio Video Interleaved	Eines der am häufigsten verwendeten Formate, kann mit unterschiedlichen Codecs komprimierte Audio- und Videoinhalte in einer Datei enthalten
MPEG oder MPG	Moving Picture Experts Group	Standards für die Komprimierung von Video- und Audiodateien, verschiedene Versionen, MPEG1 lässt sich gut in PowerPoint einfügen, für MPEG2 und MPEG4 müssen passende Codecs installiert sein
WMV	Windows Media Video	Mithilfe des Windows Media-Videocodecs komprimiert, sehr kleine Dateien; auch als Streaming-Format
GIF	Animierte GIF-Datei	Serie von GIF-Bildern in einer Datei, eigentlich kein Videoformat, wird wie eine Grafik eingefügt

WICHTIG   Alle in Tabelle 21.2 *nicht* genannten Formate können *nicht* auf Folien eingefügt werden, sondern nur als Objekt verknüpft und mit dem entsprechenden Player (den Sie auf der Webseite des Herstellers herunterladen können) wiedergegeben werden. Dazu gehören z.B. QuickTime-Movies (aus dem Hause Apple) mit der Endung *.mov* oder *.qt* und RealMedia (vom Hersteller RealNetworks) mit der Endung *.rm*, *.ra* oder *.ram*.

Videos in PowerPoint einfügen

In diesem Abschnitt geht es zunächst um die Filmformate, die normalerweise problemlos in Power-Point eingefügt werden können: AVI, WMV und MPG. Wie Sie andere Filme von PowerPoint aus starten können, lesen Sie weiter hinten in diesem Kapitel im Abschnitt »Ein Video als Objekt einbinden«.

WICHTIG   Wenn im Folgenden davon die Rede ist, dass ein Video in PowerPoint *eingefügt* wird, so bedeutet dies nicht, dass der Film tatsächlich in die Präsentationsdatei eingebettet würde. Es wird lediglich ein Vorschaubild auf der Folie eingefügt und die Videodatei wird mit der Präsentation *verknüpft*. Wenn Sie also die Präsentation weitergeben, müssen Sie stets die Video-datei ebenfalls weitergeben. (Mehr zur Weitergabe von Präsentationen lesen Sie in Kapitel 22.)

Vorbereitungen vor dem Erstellen von Multimediapräsentationen

Damit die Verknüpfungen zu Videos und anderen Multimediadateien nicht unbrauchbar werden, sind einige Vorbereitungen ratsam. Diese sollten Sie ebenso treffen, wenn Sie noch gar nicht planen, Ihre Präsentation weiterzugeben, denn sie helfen Ihnen auch, falls Sie Ordner oder Dateien auf Ihrem eigenen Rechner verschieben müssen.

1. Legen Sie für Ihr Multimediaprojekt einen eigenen Ordner an, in dem Sie alle verwendeten Dateien sammeln.

   ■ Dieser Ordner sollte in der Dateistruktur auf Ihrem Laufwerk möglichst hoch angesiedelt sein. Halten Sie den Ordnernamen und den Dateinamen kurz, um dadurch den gesamten Pfad so kurz wie möglich zu halten. Pfad und Dateiname sollten zusammen nicht länger als 128 Zeichen sein.

   ■ Verwenden Sie keine Sonderzeichen und Leerzeichen in Pfad- und Dateinamen. Bindestriche (-) und Unterstriche (_) sind hingegen erlaubt.

   ■ Oft ist es empfehlenswert, je nach Netzwerkstabilität und -geschwindigkeit nicht auf einem Netzlaufwerk zu arbeiten, sondern in einem Ordner der lokalen Festplatte und erst nach Fertigstellung den kompletten Ordner auf das Netzwerk zu schieben.

2. Speichern Sie Ihre Präsentation in diesem Ordner ab. Dabei können Sie sowohl das PowerPoint 2007-eigene Dateiformat PPTX (oder PPTSX oder PPTM bzw. PPSM für Dateien mit Makros) als auch das mit den Versionen 97 bis 2003 kompatible PPT-Format (oder PPS) benutzen.

3. Kopieren Sie die Videodatei, die Sie einfügen wollen, in denselben Ordner. Diese Datei sollte in demselben Ordner wie die Präsentation liegen, legen Sie keine Unterordner dafür an.

Da Videos nie in die Präsentation eingebettet, sondern immer nur verknüpft werden, speichert PowerPoint den Pfad zum Video in der Präsentationsdatei ab. Dabei handelt es sich immer um einen sogenannten absoluten Pfad, der den Laufwerksbuchstaben und die Ordnernamen enthält. Zusätzlich sucht das Programm beim Start eines Videos aber in demselben Ordner, der die Präsentation enthält, nach diesem Video. Auf einem anderen Rechner, auf dem die Ordnernamen abweichend sind, kann das Video deshalb nur dann gefunden werden, wenn es in demselben Ordner wie die Präsentation liegt.

Verschiedene Möglichkeiten zum Einfügen von Videos

PowerPoint 2007 bietet Ihnen mehrere Möglichkeiten, ein Video einzufügen; welchen dieser Wege Sie bevorzugen, hängt von Ihrem persönlichen Arbeitsstil ab, das Ergebnis ist dasselbe.

■ Verwenden Sie eine Folie mit einem *Inhaltsplatzhalter*. Der Vorteil dieser Methode ist, dass das Video in der Mitte des Platzhalters eingefügt wird, also schon passend zu Ihrem Design platziert ist. (Im Gegensatz zu Grafikdateien wird dabei die Größe nicht an den Platzhalter angepasst.)

■ Fügen Sie das Video mithilfe der Schaltfläche *Film* (Registerkarte *Einfügen*) auf einer Folie mit beliebigem Layout ein. Diese Methode ist vorteilhaft, wenn Sie außer Ihrem Video weitere Elemente, z.B. erläuternden Text, auf der Folie einfügen wollen.

Ein Video im Inhaltsplatzhalter einfügen

Wenn Sie die Position Ihres Videos schnell an Ihr Foliendesign anpassen wollen, ist es am einfachsten, von einer Folie mit einem Inhaltsplatzhalter auszugehen.

1. Fügen Sie eine Folie ein, die über einen Inhaltsplatzhalter verfügt. Klicken Sie dazu auf der Registerkarte *Start* auf den Pfeil der Schaltfläche *Neue Folie* und wählen Sie z.B. eine Folie mit dem Layout *Titel und Text* oder *Zwei Inhalte* (siehe Abbildung 21.1).

Abbildg. 21.1 Das Layout *Titel und Inhalt* und die Layouts mit mehreren Spalten verfügen über Inhaltsplatzhalter

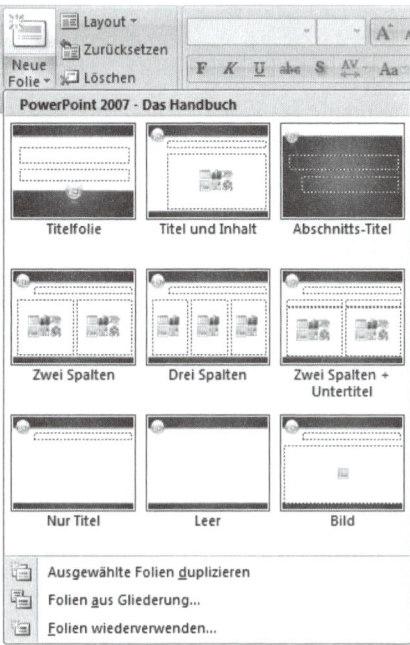

2. In der Mitte dieses Platzhalters befinden sich sechs Symbole; klicken Sie das rechte untere mit der Filmrolle an (siehe Abbildung 21.2).

Abbildg. 21.2 Der Inhaltsplatzhalter bietet Ihnen auch ein Symbol zum Einfügen von Filmen an

3. Navigieren Sie im Dialogfeld *Film einfügen* zu dem Ordner, in dem sich Ihr Video befindet. Wählen Sie die gewünschte Datei aus und bestätigen Sie diese Auswahl mit *OK*.

4. Es öffnet sich ein Dialogfeld, in dem Sie bestimmen können, wie der Film gestartet werden soll (siehe Abbildung 21.3).

Abbildg. 21.3 Entscheiden Sie, ob Sie das Video automatisch oder mit einem Mausklick starten wollen

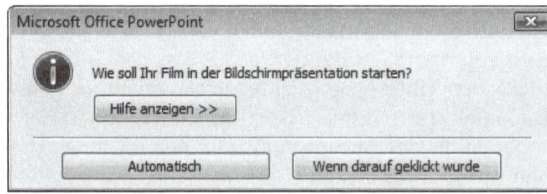

Multimedia und fortgeschrittene Techniken

- Bei Videos ist meist ein Start per Mausklick vorteilhaft. So haben Sie die Gelegenheit, einige einleitende Worte zum Film zu sagen und ihn erst dann zu starten. Ganz egal wie Sie sich entscheiden, können Sie den Start aber jederzeit nachträglich ändern (siehe den Abschnitt »Videos in PowerPoint steuern« weiter hinten in diesem Kapitel).

- Ein automatischer Start ist sinnvoll, wenn Sie das Video z.B. am Anfang Ihrer Präsentation als Einstimmung zeigen wollen. Der Start des Films wird dabei wie eine automatische Animation behandelt. Hatten Sie vor dem Einfügen schon Objekte auf der Folie animiert, so beginnt er erst nach dem Ablauf dieser Animationen. Diese Reihenfolge können Sie durch Verschieben des Eintrags im Aufgabenbereich *Benutzerdefinierte Animation* nachträglich noch ändern.

5. In der Mitte des Platzhalters erscheint nun das erste Bild des Films als Vorschaubild (lesen Sie im Abschnitt »Videos in PowerPoint steuern«, wie Sie dieses bei Bedarf ersetzen können). Die Größe entspricht dabei der Bildgröße des Film, sie wird (im Gegensatz zu Bildern) nicht an den Platzhalter angepasst.

6. Testen Sie Ihre Datei nach dem Einfügen. Dazu müssen Sie nicht in die Präsentationsansicht schalten. Lassen Sie das Vorschaubild markiert und wechseln Sie zur Registerkarte *Optionen* der *Filmtools*. Mit einem Klick auf die Schaltfläche *Vorschau* (ganz links in der Gruppe *Wiedergabe*) spielen Sie den Film ab. Längere Filme, die Sie nicht ganz ansehen wollen, stoppen Sie mit einem weiteren Klick auf die Schaltfläche.

Ein Video über die Schaltfläche *Film* einfügen

Wenn Sie die Position Ihres Videos frei bestimmen wollen oder wenn es später im Vollbildmodus wiedergegeben werden soll, können Sie es über die Schaltfläche *Film* einfügen.

1. Wechseln Sie zu der Folie, auf der Sie das Video einfügen wollen, oder fügen Sie eine neue Folie ein. Besonders geeignet ist hier das Layout *Nur Titel* oder das Layout *Leer*.

2. Wechseln Sie zur Registerkarte *Einfügen* und klicken Sie ganz rechts in der Gruppe *Mediaclips* auf die Schaltfläche *Film*.

3. Auch hier erscheint wieder das Dialogfeld *Film einfügen,* in dem Sie zu dem Ordner, in dem sich Ihr Video befindet, navigieren. Wählen Sie die gewünschte Datei aus und bestätigen Sie diese Auswahl mit *OK*.

4. Wählen Sie im folgenden Dialogfeld aus, wie Ihr Film gestartet werden soll (siehe dazu auch die Ausführungen in Schritt 4 des vorherigen Abschnitts »Ein Video im Inhaltsplatzhalter einfügen«).

5. Das Vorschaubild des Films wird genau in der Mitte der Folie eingefügt. Sie können es nun an die gewünschte Stelle verschieben.

> **TIPP** Sie können die *Filmgröße* bestimmen, indem Sie das Vorschaubild durch Ziehen an den Ecken verkleinern oder vergrößern. Bitte ziehen Sie nicht an den Anfassern in der Mitte der Seiten, um das Videobild nicht zu verzerren. Eine Vergrößerung auf mehr als ca. 125 % sollten Sie vermeiden, da darunter normalerweise die Bildqualität leidet. Eine exakte Skalierung können Sie vornehmen, indem Sie auf der Registerkarte *Format* der *Bildtools* in der Gruppe *Schriftgrad* (lassen Sie sich von dieser unglücklichen Übersetzung bitte nicht verwirren, gemeint ist *Größe*) rechts unten auf den kleinen Dialogfeldstarter-Pfeil klicken und im Dialogfeld *Größe und Position* einen exakten Prozentwert eingeben. In der Gruppe *Anpassen* erlaubt Ihnen der Befehl *Grafik zurücksetzen,* zur ursprünglichen Größe zurückzukehren.

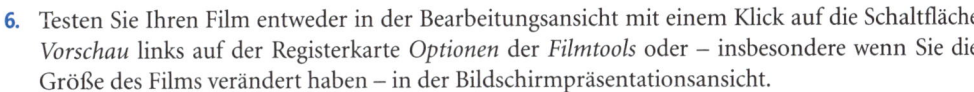

6. Testen Sie Ihren Film entweder in der Bearbeitungsansicht mit einem Klick auf die Schaltfläche *Vorschau* links auf der Registerkarte *Optionen* der *Filmtools* oder – insbesondere wenn Sie die Größe des Films verändert haben – in der Bildschirmpräsentationsansicht.

Ein Video als Objekt einbinden

Filme, die nicht in PowerPoint eingefügt werden können, sei es, weil sie ein nicht unterstütztes Format haben oder weil sie einen Codec verwenden, mit dem PowerPoint nicht zusammenarbeiten kann, können Sie über ein eingefügtes Objekt mit dem zuständigen Player anzeigen lassen. Voraussetzung ist, dass dieses Programm auch auf dem vorführenden Rechner installiert ist. Wenn Ihre Präsentation auf vielen verschiedenen Computern abgespielt werden soll, ist es besser, auf Player-Objekte zu verzichten. Sonst kann nur derjenige Betrachter Ihre Filme ansehen, der den gleichen Player installiert hat. Einen eigenen Player benötigen Sie unbedingt bei den Videodateiformaten *QuickTime* mit den Endungen *.mov* oder *.qt* sowie bei den Dateien des *RealMedia*-Players mit den Dateiendungen *.rm* und *.rmi*. Außerdem können Sie dieses Verfahren nutzen, um Windows Media Player als Programm zu verwenden. So gehen Sie vor:

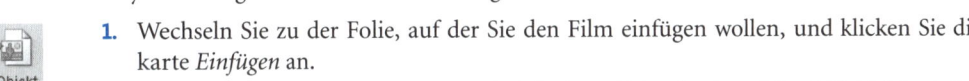

1. Wechseln Sie zu der Folie, auf der Sie den Film einfügen wollen, und klicken Sie die Registerkarte *Einfügen* an.

2. In der Gruppe *Text* finden Sie die Schaltfläche *Objekt*, die das Dialogfeld *Objekt einfügen* öffnet.

Abbildg. 21.4   Im Dialogfeld *Objekt einfügen* können Sie aus Ihrer Videodatei ein Objekt erstellen

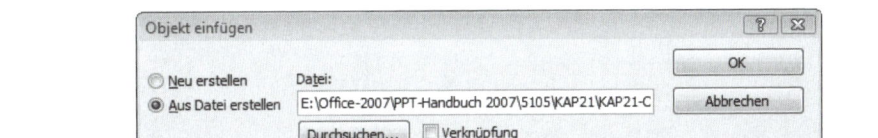

3. Wählen Sie dort links die Option *Aus Datei erstellen*. Suchen Sie mithilfe der Schaltfläche *Durchsuchen* nach Ihrem Film. Wählen Sie ihn mit *OK* aus und fügen Sie ihn mit einem weiteren *OK* ein.

   Die Videodatei wird als Symbol auf der Folie dargestellt (siehe Abbildung 21.5) und zeigt Ihnen gleichzeitig den Dateityp an. Die Filmdatei wird bei diesem Verfahren in die Präsentation eingebettet; dies kann dazu führen, dass die Dateigröße sehr stark anwächst.

Abbildg. 21.5   Ein Filmsymbol und der Dateiname symbolisieren das eingefügte Objekt
(hier eine WMV-Datei)

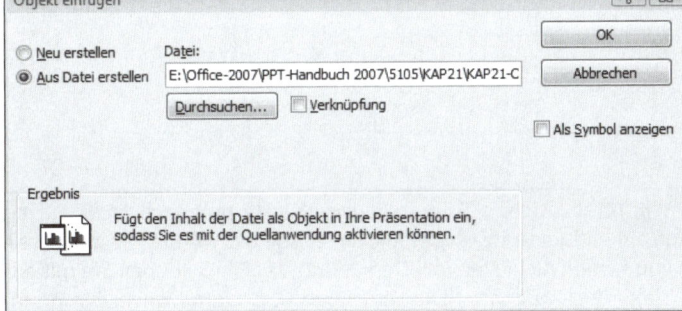

Multimedia und
fortgeschrittene Techniken

Aktion

4. Lassen Sie dieses Symbol markiert und klicken Sie nun ebenfalls auf der Registerkarte *Einfügen* in der Gruppe *Hyperlinks* auf *Aktion*.

5. Hier können Sie durch Wahl der entsprechenden Registerkarte entscheiden, ob Sie den Film mit einem *Mausklick* oder mit einem *Mouseover*, also schon beim Darüberfahren mit der Maus, starten wollen.

6. Aktivieren Sie das Optionsfeld *Objektaktion* (siehe Abbildung 21.6) und klicken Sie im Dropdown-Listenfeld auf *Activate Contents*.

Abbildg. 21.6   In den Aktionseinstellungen wählen Sie *Activate Contents*

HINWEIS   Das Kontrollkästchen *Sound wiedergeben* bezieht sich *nicht* auf den Sound des Films, sondern auf einen Sound, der beim Klicken ausgelöst würde. Diese Einstellung ist in der Regel beim Start von Filmen nicht sinnvoll. Den Sound des Films können Sie mit einer Filmoption stumm schalten (siehe den Abschnitt »Die Lautstärke verändern« weiter hinten in diesem Kapitel).

Während der Bildschirmpräsentation klicken Sie das Symbol für den Videofilm an. PowerPoint ruft den zuständigen Player für dieses Videoformat auf. Abhängig von Ihren Sicherheitseinstellungen erhalten Sie dabei unter Umständen eine Virenwarnung. Den Player müssen Sie ggf. noch mit einem Klick auf die entsprechende Schaltfläche starten.

HINWEIS   Der Player wird immer als separates Objekt vor der Folie gestartet, an welcher Stelle des Bildschirms er erscheint, richtet sich danach, wo er zuletzt ausgeführt wurde und ist ohne Programmierung nicht zu beeinflussen.

Falls Sie das Aussehen des Objekts mit Symbol und Dateiname stört, können Sie die Objektaktion, ähnlich wie weiter hinten in diesem Kapitel beschrieben (siehe den Abschnitt »Videos in PowerPoint steuern«) auch mit Trigger-Animationen steuern.

Einen Mediaplayer aufrufen

Ein anderer Weg führt über den Aufruf eines Mediaplayers als eigenständiges Programm. Dabei wird der Dateiname als Startoption mitgegeben, sodass der Player nicht als leeres Programmobjekt aufgerufen wird, sondern sofort mit dem Film startet. Sie können auf diesem Weg die Verwendung eines bestimmten Mediaplayers wie z.B. Windows Media Player erzwingen.

Sie können ein beliebiges Element zum Starten des Players verwenden; es eignen sich interaktive Schaltflächen, Formen oder Grafiken. Dieses Verfahren funktioniert sowohl mit dem Windows Media Player als auch mit dem Apple QuickTime-Player oder dem RealMedia-Player:

1. Wechseln Sie zu der gewünschten Folie und rufen Sie die Registerkarte *Einfügen* auf.

2. In der Gruppe *Illustrationen* wählen Sie entweder *Grafik*, z.B. um ein zuvor angefertigtes Standbild aus dem Film einzufügen, oder *Formen*, um eine beliebige Form oder eine interaktive Schaltfläche, beispielsweise die mit dem Videokamera-Symbol, zu zeichnen.

3. Wenn Sie eine interaktive Schaltfläche zeichnen, öffnet sich sofort das Dialogfeld *Aktionseinstellungen*, bei anderen Elementen ist ein zusätzlicher Klick auf die Schaltfläche *Aktion* (Gruppe *Hyperlinks*) erforderlich.

4. Aktivieren Sie dort die Option *Programm ausführen*. Klicken Sie auf die Schaltfläche *Durchsuchen* und wählen Sie die ausführbare Datei für den Player. Markieren Sie die EXE-Datei und bestätigen Sie Ihre Auswahl mit Klick auf die Schaltfläche *OK*.

5. Im Feld *Programm ausführen* steht jetzt der gesamte Pfad zur ausführbaren Datei des Players. Klicken Sie in dieses Feld und stellen Sie die Einfügemarke an das Ende der Zeile. Tippen Sie zunächst einen Leerschritt hinter den Pfad ein.

6. Geben Sie anschließend den Pfad und den Dateinamen der Videodatei ein (siehe Abbildung 21.7). Enthält der Pfad zur Videodatei nicht vermeidbare Leerzeichen, so setzen Sie den Pfad und Dateinamen komplett in Anführungszeichen. Bestätigen Sie die Angabe von Player und Videodatei mit einem Klick auf die Schaltfläche *OK*.

Abbildg. 21.7 In den Aktionseinstellungen müssen die kompletten Pfade eingetragen werden

WICHTIG Dieses Vorgehen ist nur empfehlenswert, wenn Sie denselben Computer, auf dem Sie die Präsentation erstellen, auch zum Präsentieren verwenden. Mit der Pfadangabe zu einem bestimmten Player legen Sie sich nicht nur auf den Player fest, sondern auch auf den Speicherort des Players! Findet PowerPoint den Player nicht am angegebenen Ort, quittiert dies das Programm mit einer Fehlermeldung.

Bevor der Player startet, werden Sie in einer Sicherheitsmeldung gefragt, ob Sie das Programm aktivieren wollen.

Videos von einer DVD verwenden

Filme von einer DVD haben ein eigenes Format – sie sind mit dem Codec MPEG2 oder in neuerer Zeit als MPEG4 bzw. DivX komprimiert. Die Dateiendung für die Filmdateien einer DVD ist *.vob* (Video Object).

Die DVD-Player-Software können Sie wie weiter vorn in diesem Kapitel beschrieben mit einer Aktionseinstellung starten. Tragen Sie hierzu den Programmnamen, ein Leerzeichen und den Pfad zur VOB-Datei im DVD-Laufwerk in das Feld *Programm ausführen* der Aktionseinstellungen ein. Die DVD muss beim Vorführen der Präsentation selbstverständlich im DVD-Laufwerk liegen.

PROFITIPP

Wie ist eine DVD aufgebaut?

Die Dateien auf einer Multimedia-DVD sind nach einer festgelegten Struktur abgelegt und benannt. Zwei Ordner sind Pflicht: *AUDIO_TS* und *VIDEO_TS*. Viele Player prüfen das Vorhandensein auch eines *AUDIO_TS*-Ordners, sodass eine Film-DVD häufig einen leeren Ordner vorweist.

Die Filmdateien befinden sich im Ordner *VIDEO_TS*.

- *IFO*-Dateien sind für die Steuerung notwendig. Sie geben Kapitelanfang und -ende an, informieren den Player über die Untertitel oder Audiospuren.

- *VOB* sind die eigentlichen Videodateien. In ihnen sind die Filme mit den Audiodaten gespeichert. Außerdem gehören die Untertitel und Navigationsbefehle dazu.

- *BUP*-Dateien sind ausschließlich Sicherungen der IFO-Dateien. Auf sie greifen die Player zurück, wenn die eigentliche IFO-Datei beschädigt ist.

Videos in PowerPoint steuern

PowerPoint 2007 bietet Ihnen vielfältige Möglichkeiten, Ihre Filme zu steuern. So können Sie die Startoptionen ändern, das Aussehen des Vorschaubildes auf der Folie beeinflussen und einige kleinere Optionen zum Verhalten des Films einstellen.

Die Startoptionen des Films ändern

Unabhängig davon, welche Startoption Sie beim Einfügen des Films gewählt haben, können Sie nachträglich die Art des Starts ändern.

1. Klicken Sie das Vorschaubild des Films auf der Folie an und wechseln Sie dann zur Registerkarte *Optionen* der *Filmtools*.

2. In der Gruppe *Filmoptionen* finden Sie das Dropdown-Listenfeld *Film wiedergeben* mit drei Optionen (siehe Abbildung 21.8):

   - *Automatisch:* Das heißt, der Film startet, sobald Sie zu der Folie wechseln, ohne dass Sie mit der Maus klicken müssen. Befinden sich animierte Objekte auf der Folie, startet er nach der vorhergehenden Animation.

   - *Wenn darauf geklickt wurde:* Dem Film wird eine Trigger-Animation hinzugefügt; er startet, sobald er angeklickt wird.

   - *Folienübergreifende Wiedergabe:* Der Film startet automatisch und läuft im Vordergrund weiter, auch wenn Sie zur nächsten Folie wechseln. Eine Option, die man nur selten benötigt, die aber beispielsweise Untertitel oder Kommentare zum Film ermöglicht.

Abbildg. 21.8   *Film wiedergeben* bietet Ihnen drei Möglichkeiten, den Start des Films festzulegen

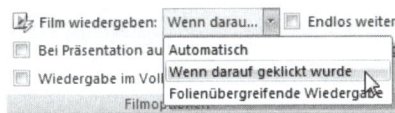

In jedem der drei Fälle wird dem Film eine Trigger-Animation hinzugefügt, sodass er angehalten wird, wenn Sie ihn anklicken. Dies ist praktisch, wenn Sie Kommentare zu einzelnen Filmszenen sprechen möchten oder den Film vor dem Ende abbrechen wollen.

Schaltflächen zum Steuern einfügen

Mithilfe von Animationen können Sie einen Film noch besser steuern. So können Sie z.B. bei einem auf der Folie eingefügten Film Schaltflächen für Wiedergabe, Pause und Anhalten einfügen, die wie die Bedienelemente eines Mediaplayers funktionieren.

1. Fügen Sie den Film auf der gewünschten Folie ein, lassen Sie dabei daneben oder darunter noch etwas Platz zum Einfügen von Schaltflächen.
2. Die Schaltflächen für die gewünschten Aktionen – möglich sind Wiedergabe, Pause und Anhalten – können Sie entweder selbst zeichnen oder als Grafik einfügen.

Mit den neuen Grafikeffekten von PowerPoint 2007 können Sie dekorative Bedienelemente mit professionellem Aussehen schnell selbst zeichnen. Einige Beispiele finden Sie auf der CD in der Beispieldatei zu diesem Kapitel.

Weitere Schaltflächen finden Sie als ClipArt auf der Webseite *Microsoft Office Online*. Suchen Sie nach dem Begriff *Schaltflächen*. Es gibt aber auch viele Anbieter im Internet, die Schaltflächen für Webseiten als kleine JPG-Dateien zum kostenlosen Download anbieten. Suchen Sie nach *Buttons*.

3. Rufen Sie auf der Registerkarte *Animationen* über *Benutzerdefinierte Animation* den gleichnamigen Aufgabenbereich auf. Löschen Sie dort die automatisch beim Einfügen des Films eingefügten Animationen.
4. Klicken Sie den Film auf der Folie an. Nach einem Klick auf *Effekt hinzufügen* stehen Ihnen zusätzlich die *Film-Aktionen* zur Auswahl zur Verfügung. Weisen Sie dem Film die gewünschte Aktion – *Wiedergabe, Pause* oder *Anhalten* – zu.

Abbildg. 21.9   *Film-Aktionen* werden wie benutzerdefinierte Animationen zugewiesen

5. Mit dem Dropdownpfeil rechts des Videodateinamens öffnen Sie das Dropdownmenü, in dem Sie *Anzeigedauer* wählen.

6. Blenden Sie mit Klick auf die Schaltfläche *Trigger* die Trigger-Optionen ein. Sie haben nun mehrere Möglichkeiten:

   ■ *Effekt starten beim Klicken auf* erlaubt Ihnen, das gewünschte Element zum Starten auszuwählen. Hier könnten Sie auch den Film selbst auswählen, um ihn durch Anklicken zu starten.

   ■ *Animation als Teil der Klickreihenfolge* entfernt den Trigger, falls er einmal nicht mehr erwünscht ist; der Film wird nach der vorhergehenden Animation gestartet.

Abbildg. 21.10 Selbst gezeichnete Schaltflächen steuern den Film über Trigger

Schwarze Startbilder vermeiden

Viele Filme werden mit einigen schwarzen Startbildern am Anfang produziert. Dies ist ein Überbleibsel des Vorspanns von Kinofilmen und ist bei Filmen, die im Mediaplayer gezeigt werden, durchaus sinnvoll, denn so beeinträchtigt das oft unvermeidliche Flackern beim Filmstart nicht den Film selbst. Bei Filmen, die in PowerPoint eingefügt werden, ist dies aber eher störend. Drei Möglichkeiten gibt es, dieses schwarze Rechteck auf der Folie zu verhindern:

■ Decken Sie den Film mit einer gleich großen Grafik ab. Das kann ein Rechteck in der Hintergrundfarbe oder Ihr Logo oder ein Standbild aus dem Film sein. Wie oben beschrieben legen Sie eine Trigger-Animation auf diese Grafik als Schaltfläche. Nach dem Starten des Films wird dieser automatisch im Vordergrund abgespielt.

Neu   ■ Ersetzen Sie das Startbild des Films. Diese Möglichkeit ist neu in PowerPoint 2007 und wesentlich eleganter als die zuvor genannte. Wenn Sie auf den Film klicken, wird die Registerkarte *Format* der *Bildtools* eingeblendet; dort finden Sie links in der Gruppe *Anpassen* die Option *Bild ändern*. Hiermit ersetzen Sie das Anfangsbild, das auf der Folie sichtbar ist, durch eine beliebige Grafik, z.B. Ihr Logo oder ein Standbild.

> **WICHTIG**   Achten Sie auf jeden Fall darauf, dass die Seitenverhältnisse von Bild und Film gleich sind, sonst wird Ihr Film verzerrt. Sie können also keine hochformatigen Bilder verwenden. Ein hochformatiges Bild können Sie aber mit einer dahintergelegten, querformatigen Rechteck-Form gruppieren, als Grafik speichern und dieses ergänzte Bild verwenden.

Abbildg. 21.11   Die Option *Bild ändern* ermöglicht es Ihnen, das schwarze Anfangsbild zu ersetzen

- Insbesondere wenn Sie erläuternden Text auf der Folie haben und ein Bild stören würde, können Sie auf der Registerkarte *Optionen* der *Filmtools* in der Gruppe *Filmoptionen* das Kontrollkästchen *Bei Präsentation ausblenden* aktivieren. Dies ist etwas missverständlich formuliert, denn während des Abspielens wird der Film durchaus eingeblendet. Achten Sie aber darauf, als Filmstart nicht *Wenn darauf geklickt wurde* zu wählen, sondern eine der anderen Startoptionen.

Weitere Filmoptionen

Auf der Registerkarte *Optionen* der *Filmtools* finden sich in der Gruppe *Filmoptionen* noch einige weitere nützliche Optionen:

Abbildg. 21.12   Die *Filmoptionen* bieten Ihnen Anpassungsmöglichkeiten mit wenigen Mausklicks

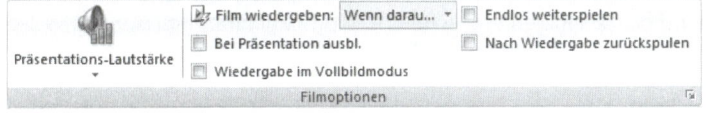

Wiedergabe im Vollbildmodus

Mit dem *Vollbildmodus* wird der Film, sobald er startet, auf Bildschirmgröße vergrößert; er kehrt nach Filmende automatisch in seine vorherige Größe zurück. Im Gegensatz zu einem einfach durch Ziehen auf Foliengröße vergrößerten Film versucht PowerPoint hier, die Qualität der Anzeige zu optimieren. Testen Sie aber unbedingt, ob die Qualität Ihres Films für den Vollbildmodus ausreicht. Empfehlenswert ist dies nur bei großen Filmen.

Endlos weiterspielen

Sind Anfangs- und Endbild des Films gleich, können Sie ihn mit der Option *Endlos weiterspielen* in einer Schleife ablaufen lassen. Interessant ist dies z.B. für technisch-naturwissenschaftliche Filme. So können Sie einen kurzen Film über einen Motor mehrfach wiederholen, um genügend Zeit zum Erklären der Abläufe zu haben. Oder Sie können mit dem Ultraschallfilm eines einzigen Herzschlags sekundenlang ein schlagendes Herz zeigen. Auch zur Demonstration von Bewegungsabläufen im Sport ist solch eine Endlosschleife sinnvoll.

Multimedia und fortgeschrittene Techniken

Nach Wiedergabe zurückspulen

Planen Sie, einen Film mehrfach zu zeigen, können Sie ihn mit der Option *Nach Wiedergabe zurückspulen* wieder auf das Anfangsbild zurücksetzen. Ansonsten würde das Schlussbild stehen bleiben.

Die Lautstärke verändern

Wollen Sie mehrere Filme zeigen, die in ihrer Lautstärke unterschiedlich sind, so können Sie die Lautstärke mit der Schaltfläche *Präsentations-Lautstärke* in drei Stufen anpassen. Interessant dürfte hier auch die Möglichkeit sein, einen Film ganz ohne Ton zu präsentieren.

Wenn Probleme mit Videos auftreten

Wie schon mehrfach in diesem Kapitel erwähnt, gibt es einige Stolperfallen beim Einfügen und Abspielen von Filmen. Dieser Abschnitt liefert Ihnen eine *Checkliste* zur Problembehebung. In vielen Fällen wird es dabei nötig sein, dass Sie sich intensiv mit der Technik befassen und die verwendeten Codecs herausfinden und den Film sogar umcodieren.

WICHTIG   Zur Zeit der Anfertigung dieses Kapitels (Anfang 2007) waren noch nicht alle erwähnten Hilfsprogramme unter Windows Vista lauffähig. Da Office 2007 aber in vielen Fällen unter Windows XP betrieben wird und von den Programmen im Laufe der Zeit Updates zu erwarten sind, erwähnen wir sie hier dennoch. Informieren Sie sich bitte vor der Verwendung dieser Programme auf der jeweiligen Webseite über Kompatibilität mit Ihrem Betriebssystem.

Checkliste: Videoprobleme beheben

Die folgenden Beschreibungen sollen Ihnen helfen, die Ursachen zu finden, wenn Ihr Video schlecht oder gar nicht abgespielt wird.

Das Video wird zwar abgespielt, aber es »ruckelt«

Insbesondere bei großen Filmen auf leistungsschwächeren Rechnern kann es vorkommen, dass das Videobild beim Abspielen ruckelt.

Lassen Sie in diesem Fall die komplette Präsentation einschließlich der Videos einmal durchlaufen. Der Beamer muss dazu nicht angeschlossen sein. Dabei lädt PowerPoint alle notwendigen Elemente bereits in den Arbeitsspeicher und kann anschließend schneller darauf zurückgreifen. Starten Sie danach noch einmal von vorne, ohne die Präsentation oder PowerPoint zwischendurch zu schließen.

Hilft auch das nicht, ist es oft die einzige Lösung, das Video über einen Link zu verknüpfen und in einem separaten Mediaplayer-Fenster abzuspielen (siehe weiter vorn in diesem Kapitel den Abschnitt »Einen Mediaplayer aufrufen«).

Video auf dem Laptop-Monitor, aber nicht auf dem Beamer

Insbesondere bei Laptops kommt es immer wieder vor, dass die Grafikkarte das Videobild nur auf dem primären Monitor, in der Regel der Laptop-Monitor, anzeigt und auf dem sekundären Monitor, in der Regel der Beamer, nur ein schwarzes Rechteck zu sehen ist. Sie haben drei Möglichkeiten, den Film dennoch auf dem Beamer anzuzeigen:

■ Machen Sie über *Systemsteuerung/Darstellung und Anpassung/Bildschirmauflösung anpassen* den Beamer für die Dauer der Präsentation zum primären Monitor. (Denken Sie daran, diese Reihenfolge wieder umzukehren, bevor Sie den Beamer vom Laptop trennen.)

■ Reduzieren Sie über *Systemsteuerung/Darstellung und Anpassung/Bildschirmauflösung anpassen/ Erweiterte Einstellungen/Problembehandlung* die Hardwarebeschleunigung. Dadurch wird der Film auf beiden Anzeigegeräten wiedergegeben, allerdings können große Filme anfangen zu ruckeln.

■ Schalten Sie die *Anzeige ausschließlich auf den Beamer* und deaktivieren Sie den Laptop-Monitor. Eine Tastenkombination ermöglicht es, zwischen Anzeige nur auf dem Laptop-Monitor, Anzeige auf Laptop und Beamer und Anzeige nur auf dem Beamer umzuschalten. Auf vielen Laptops ist dies `Fn`+`F4`; die entsprechende Funktionstaste ist normalerweise mit einem Monitor-Symbol gekennzeichnet; lesen Sie ggf. in dem Handbuch zu Ihrem Laptop nach. Ist die Anzeige einzig auf dem Beamer, wird dort in der Regel auch der Film wiedergegeben. Müssen Sie auf diese Möglichkeit zurückgreifen, schalten Sie am besten schon vor Ihrem Vortrag um, da der Umschaltvorgang meist mit störendem Flackern und sekundenlanger schwarzer Anzeige verbunden ist.

Weißes oder farbiges Rechteck statt des Videos

1. Ist der Pfad zu lang?

Insbesondere wenn statt des Films nur ein *weißes* (manchmal auch schwarzes) Rechteck angezeigt wird (wobei in manchen Fällen der Ton abgespielt wird), ist dies ein Hinweis auf einen zu langen Dateipfad. Er darf inklusive Dateiname bei Multimediadateien nur 128 Zeichen betragen. Verschieben Sie Präsentation und Video testweise in einen Ordner mit kurzem Pfadnamen, z.B. *C:\Test*.

2. Störender anderer Mediaplayer

Manche Mediaplayer von Drittanbietern, insbesondere manche DVD-Player, stören die Wiedergabe von Videos in PowerPoint. Dies macht sich durch ein *farbiges* (oft *grünes*) Rechteck statt des Videos bemerkbar. Versuchen Sie zunächst, Windows Media Player als Standardabspielsoftware für alle Videoformate zuzuweisen. Wenn dies nichts hilft, bleibt Ihnen meist nichts anderes übrig, als den fremden Mediaplayer komplett zu deinstallieren und nach einer Alternative zu suchen. DVD-Plugins für Windows Media Player verursachen dabei in der Regel weniger Probleme als Standalone-DVD-Abspielprogramme.

Das Video wird gar nicht angezeigt

1. Haben Sie die Videodatei mit weitergegeben?

Tipps zur sicheren Weitergabe von Präsentationen einschließlich aller Multimediadateien finden Sie in Kapitel 22.

2. Stimmen die Verknüpfungen noch?

Legen Sie Präsentation und Videodatei am besten in denselben Ordner und verschieben Sie sie nur gemeinsam. Oft können Sie Verknüpfungen vor dem Weitergeben mit *Verpacken für CD* korrigieren.

3. Enthalten Pfad- und/oder Dateiname Sonderzeichen oder Leerzeichen?

Verwenden Sie keine Sonderzeichen und vermeiden Sie nach Möglichkeit Leerzeichen. Unterstrich (_) oder Bindestrich (-) sind jedoch erlaubt.

4. Ist der erforderliche Codec auf dem Rechner vorhanden?

Während sich die ersten drei Punkte recht schnell überprüfen lassen, steht Ihnen hier oft langwierigere Arbeit bevor. Auch wenn ein Musikstück in Windows Media Player abgespielt wird, ist dies keine Garantie, dass PowerPoint den Codec auch verwenden kann; PowerPoint kann nicht auf alle Codecs zugreifen.

Wenn Sie Windows XP verwenden, sollten Sie zunächst versuchen, den neuesten, für Ihr Betriebssystem verfügbaren Windows Media Player oder zumindest das neueste Microsoft Codec Pack zu installieren. Beides finden Sie im Microsoft Download Center (*http://www.microsoft.com/downloads/search.aspx?displaylang=de*). Bei Windows Vista wird Windows Media Player 11 in der Regel schon mit installiert. PowerPoint arbeitet zwar nicht direkt mit Windows Media Player zusammen, kann aber auf dieselben Codecs zugreifen.

Schritt 1: Den Codec eines Videos ermitteln

Bei manchen AVI-Filmen können Sie unter *Windows XP* den verwendeten Codec im Windows-Explorer ermitteln, wenn Sie mit der rechten Maustaste auf den Dateinamen klicken und *Eigenschaften/Dateiinfo* wählen. *Windows Vista* zeigt dies leider nicht mehr an.

Sie können den Film in Windows Media Player öffnen und dann die Eigenschaften zur geöffneten Datei anzeigen lassen. Wenn Windows Media Player den Codec erkennen und verarbeiten kann, werden über *Datei/Eigenschaften* der Video- und der Audiocodec angezeigt.

Falls weder der Explorer noch Windows Media Player den Codec anzeigt, benötigen Sie ein Zusatzprogramm, das den Codec auslesen kann. Es gibt eine Reihe kostenloser Freeware-Programme, die das sehr gut erledigen. Das bekannteste ist *GSpot,* das den verwendeten Video für Windows-Filter und auch den DirectShow-Filter anzeigt. Sie können es unter folgender Adresse herunterladen: *http://www.headbands.com/gspot/* (Die Version 2.70 ist Vista-kompatibel.)

GSpot ist einfach zu bedienen. Unter *Options/Settings* können Sie eine Desktop-Verknüpfung erzeugen und GSpot im *Senden an*-Untermenü des Windows-Explorers eintragen lassen, um das Programm zu starten. Rechts oben im Feld *Video/Codec* wird das Kürzel für den Codec ausgegeben und daneben der Name des Codecs ausgeschrieben. Als *Status* gibt GSpot an, ob der erforderliche Codec installiert ist oder nicht.

Das deutschsprachige Programm *VideoInspector* aus dem Hause KC Software leistet ebenfalls gute Dienste. Sie können es unter folgender Adresse herunterladen: *http://www.kcsoftwares.com/ index.php?vtb* (Die Webseite ist in englischer Sprache verfasst, das Programm selbst enthält eine deutsche Version.)

Schritt 2: Auf dem Rechner installierte Codecs ermitteln

Sie können von PowerPoint aus feststellen, welche Codecs auf Ihrem Rechner installiert sind:

1. Klicken Sie auf die *Office-Schaltfläche* und dann auf *PowerPoint-Optionen.*
2. Wählen Sie *Ressourcen/Info/Systeminfo.*
3. Klicken Sie auf das Pluszeichen (+) vor *Komponenten* und dann auf das Pluszeichen (+) vor *Multimedia.*
4. Ein weiterer Klick auf die Kategorie *Videocodecs* blendet eine Liste aller installierten Codecs mit Zusatzinformationen zu Hersteller, Speicherort und Version ein. ▸

Schritt 3: Fehlende Codecs installieren

Es gibt im Internet eine Reihe von Codec-Sammlungen oder -Packs, die Sie herunterladen können. Empfehlenswert ist es, wenn Sie sich für die Installation nur einer Sammlung entscheiden. Das Installieren mehrerer unterschiedlicher Codec-Packs führt oft zu Unverträglichkeiten. Achten Sie auch darauf, dass das Codec-Pack nur frei verfügbare Codecs beinhaltet. Die Weitergabe kommerzieller Codecs in einem Codec-Pack kann illegal sein.

Codecs werden nach dem Download in der Regel mit einem eigenen Setup-Programm installiert. Einige der Filter-Manager, die oben vorgestellt wurden, erleichtern Ihnen auch das Installieren von Codecs und Filtern.

Testen Sie nach der Installation des Codecs erneut, ob sich die Videodatei nun mit dem Mediaplayer und in PowerPoint abspielen lässt. Gelegentlich kann es vorkommen, dass ein Codec nicht mit dem Mediaplayer kompatibel ist, dann bleibt Ihnen nur noch, das Video mit einem anderen Codec umzucodieren.

Videos umcodieren

Wenn die Installation eines Codecs nicht hilft oder wenn Sie eine Präsentation mit einem Film weitergeben wollen und nicht davon ausgehen können, dass der Empfänger denselben Codec installiert hat, bleibt Ihnen noch die Möglichkeit, den Film umzucodieren. Dies ist allerdings häufig mit Qualitätsverlusten verbunden und erfordert oft mehrere Versuche, um eine geeignete Einstellung zu finden.

Microsoft stellt den Windows Media Encoder 9 zur Verfügung, mit dem Sie Filme in WMV-Videos umwandeln können. Sie können ihn unter folgender Adresse kostenlos herunterladen: *http://www.microsoft.com/windows/windowsmedia/de/9series/encoder/default.asp*. Starten Sie ihn, indem Sie im Windows Vista-Startmenü nach *Encoder* suchen und *Windows Media Encoder* anklicken. Der Encoder öffnet sich mit einem Assistenten, in dem Sie *Eine Datei konvertieren* auswählen. Der Assistent führt Sie anschließend durch die weiteren Schritte. Allerdings können Sie hiermit nur *WMV*-Dateien erzeugen.

Mehr Flexibilität bezüglich der Ausgabeformate haben Sie mit Programmen von Drittanbietern. Empfehlenswert ist hier z.B. AVS Video Converter, den Sie unter folgender Adresse herunterladen können (nicht kostenlos, aber günstig): *http://www.avsmedia.com/de/videotools/download.aspx*. Er bietet Ihnen eine Vielzahl von Konvertierungsmöglichkeiten, z.B. können Sie damit MPEG1- und MPEG4-Dateien in das ältere MPEG1-Format umwandeln oder MOV-Dateien in Formate, die mit Windows Media Player abgespielt werden können. Welche Einstellungen geeignet sind, um einen Film mit möglichst wenig Qualitätsverlusten umzuwandeln, ist oft mit ein wenig Ausprobieren verbunden. Achten Sie in jedem Fall darauf, ein Profil zu wählen, das die PAL-Farbübertragung unterstützt (und nicht die amerikanische NTSC-Norm).

Zusammenfassung

Multimediapräsentationen mit eingebauten Videos können reizvoll sein und Ihren Vortrag bereichern. Damit alles reibungslos funktioniert, gibt es eine Reihe von Faktoren zu beachten. Sie konnten in diesem Kapitel nicht nur lesen, wie einzelne Funktionen bedient werden, sondern auch warum. Die wichtigsten Punkte finden Sie im Folgenden noch einmal zusammengefasst:

Technische Voraussetzungen	Nicht alle Videoformate werden von PowerPoint problemlos unterstützt, bevorzugen Sie deshalb die *Standardformate* AVI, WMV oder MPG (MPEG1)
Film auf einer Folie einfügen	Auf der Registerkarte *Einfügen* finden Sie den Befehl *Film*, mit dem Sie Videos in den Standardformaten auf Ihrer Folie einfügen können.
	Da Filme nur verknüpft und nicht eingebettet werden, müssen sie mit der Präsentation weitergegeben bzw. verschoben werden.
	Sollte dies nicht ausreichen, können Sie Filme auch als *Objekt* einfügen oder mit einer *Aktionseinstellung* verlinken.
Wiedergabe des Films steuern	Wenn Sie einen Film einfügen, werden die kontextbezogenen Registerkarten *Bildtools/Format* und *Filmtools/Optionen* eingeblendet, auf denen Sie verschiedene Optionen zum Steuern des Films finden.
	Weitere Möglichkeiten stehen Ihnen auf der Registerkarte *Benutzerdefinierte Animation/Film-Aktionen* zur Verfügung.

Zur detaillierten Lektüre hier noch einmal wichtige Themen in diesem Kapitel:

Kapitel 22

Präsentationen weitergeben

Multimedia und fortgeschrittene Techniken

665

Aus vielerlei Gründen kann es erforderlich und wünschenswert sein, eine Präsentation weiterzugeben. Sei es, dass Sie den Teilnehmern einer Veranstaltung die Gelegenheit geben wollen, die Präsentation später noch einmal anzuschauen, oder sei es für Personen, die bei einem Vortrag nicht anwesend sein konnten. Einige Unternehmen stellen ihre Schulungspräsentationen auf CD bereit, andere produzieren mithilfe von PowerPoint Marketing-CDs und -DVDs. Im privaten Bereich eignen sich Multimediapräsentationen als Geschenk oder Erinnerung an ein besonderes Ereignis. Somit spielen neben Handouts PowerPoint-Dateien zunehmend eine Rolle, die auf CD, DVD, USB-Stick oder per E-Mail weitergegeben werden.

Dabei tauchen vielerlei Fragen und Probleme auf. Wie kann man sicherstellen, dass die Präsentation auf einem anderen Rechner geöffnet werden kann? Was muss man bedenken, damit eingefügte Musik und Filme auf einem fremden Rechner abgespielt werden? Kann man eine Präsentation vor unbefugten Änderungen schützen? Können Empfänger, die kein PowerPoint haben, die Präsentation trotzdem ansehen? Gibt es Möglichkeiten, eine Präsentation vorzuführen, ohne dass ein Computer vorhanden sein muss?

Dieses Kapitel hilft Ihnen, auf diese und ähnliche Fragen eine Antwort zu erhalten. Es behandelt nicht nur die Weitergabe als PowerPoint-Präsentation, sondern auch das Umwandeln in andere Formate.

Präsentationen auf CD weitergeben

CD-ROMs eignen sich hervorragend als Speicher- und Transportmedium für Präsentationen. Wenn Sie wollen, können Sie Ihre Präsentation direkt aus PowerPoint heraus mit allen verknüpften Dateien (Video und Sound) und dem PowerPoint Viewer auf eine CD brennen.

Abbildg. 22.1   Das Menü zur *Office-Schaltfläche* erlaubt den Zugriff auf die Funktionen *Veröffentlichen* und *Verpacken für CD*

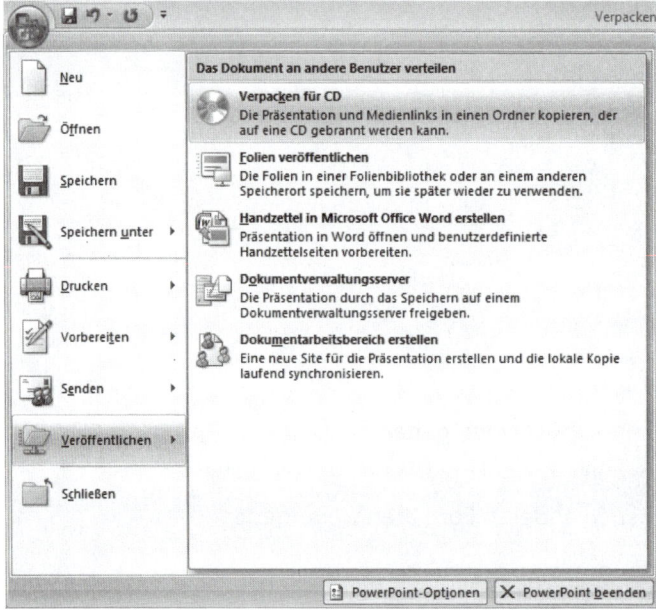

Präsentationen für CD verpacken

Bereits in PowerPoint 2003 wurde die Funktion *Verpacken für CD* eingeführt. Ein komfortabler Assistent kümmert sich darum, dass alle verknüpften Dateien, eingebetteten Schriften und bei Bedarf auch der PowerPoint Viewer (mehr dazu weiter hinten in diesem Kapitel) auf die CD-ROM gebracht werden.

Abbildg. 22.2 Das Dialogfeld *Verpacken für CD* bietet viele Einstellmöglichkeiten, auch in den *Optionen*

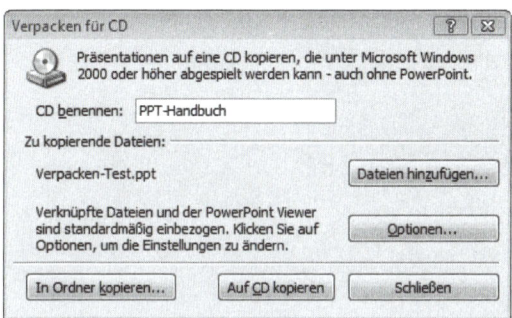

Sie haben die Wahl zwischen

- dem Brennen einer CD, die automatisch startet,

- einer CD, die der Anwender von Hand starten muss, sowie

- dem Packen in einen Ordner (einen Ordner verwenden Sie, wenn Sie die Präsentation mit allen Zusatzdateien per E-Mail versenden, auf einen USB-Stick kopieren oder mit einem Brennprogramm auf eine CD bzw. eine Daten-DVD brennen wollen)

Die technischen Voraussetzungen

Natürlich benötigen Sie zum Brennen einer CD einen CD-Brenner. In modernen Rechnern ist dieser bereits eingebaut. Ist in Ihrem Rechner kein Brenner verfügbar, bleibt Ihnen die Möglichkeit, die Dateien in einen Ordner zu kopieren. Diesen können Sie dann über ein Netzwerk oder mithilfe eines USB-Sticks auf einen Rechner mit Brenner transportieren und dort brennen.

PowerPoint 2007 nutzt zum Brennen von Dateien auf einen CD-Rohling eine Funktion von Windows Vista bzw. Windows XP. Wenn Sie eine ältere Windows-Version einsetzen, müssen Sie die Präsentation zuerst in einen Ordner packen und diesen anschließend mit einem externen CD-Brennprogramm auf CD brennen.

Sie können sowohl leere *CD-R-* als auch *CD-RW*-Rohlinge verwenden.

ACHTUNG   Bitte beachten Sie, dass bereits vorhandene Daten auf einer CD-RW überschrieben werden! Eine CD-RW fungiert als wiederbeschreibbarer Datenträger; sie ist nicht in jedem CD-Laufwerk lesbar. Als Medium für die Weitergabe oder den Transport auf einen anderen Computer ist sie deshalb nicht geeignet.

Auf DVD-Rohlinge können Sie nicht von PowerPoint aus brennen. Erstellen Sie Daten-DVDs mithilfe von Windows Vista oder einer speziellen Software.

Vorüberlegungen: Die richtigen Optionen wählen

Auch wenn es einmal schnell gehen muss: Wenn Sie keine unliebsamen Überraschungen erleben möchten, sollten Sie vor dem Brennen einer Präsentation auf CD unbedingt die Optionen kontrollieren.

Abbildg. 22.3
Die Optionen bieten mehrere Einstellmöglichkeiten für das Brennen auf CD

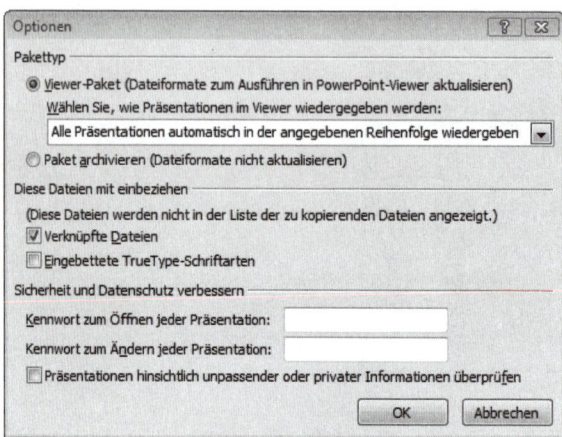

Die Einstellungen im Dialogfeld *Verpacken für CD* (siehe Abbildung 22.2) und in den Optionen (siehe Abbildung 22.3) bieten Ihnen viele Möglichkeiten, aber auch einige Fallstricke:

- Der Pakettyp, *Viewer-Paket* oder *Paket archivieren*, hat Einfluss auf das Dateiformat. Nur mit *Paket archivieren* (eine unglückliche Übersetzung, »Archiv-Paket« wäre eine bessere Bezeichnung) wird Ihre Präsentation als PPTX bzw. PPSX-Datei auf die CD gebrannt. Im *Viewer-Paket* wird sie in eine PowerPoint 97-2003-Präsentation konvertiert.

- Die neuen *Schriften*, die viele Designs von PowerPoint 2007 nutzen, werden standardmäßig nicht eingebettet. Falls sie auf dem Zielrechner nicht installiert sind, werden sie dort nicht richtig dargestellt.

- Ihre Präsentation enthält unter Umständen *vertrauliche Informationen* wie Kommentare, Autorennamen und andere Eintragungen in den Eigenschaften, die Sie vor der Weitergabe überprüfen sollten.

- Wenn Sie *mehrere Präsentationen* auf die CD bringen wollen, sollten Sie sie jetzt schon hinzufügen, Sie können *Verpacken für CD* später nicht erneut aufrufen, um die CD zu ergänzen. Allerdings können Sie mit Windows Vista oder einem Brennprogramm weitere Dateien hinzufügen.

Machen Sie sich deshalb in den folgenden Abschnitten erst einmal mit den Optionen vertraut, bevor Sie nach der Anleitung im Abschnitt »Vollautomatisch: Präsentationen direkt auf CD brennen« Ihre erste CD brennen.

Mit oder ohne Viewer?

Wissen Sie, welche PowerPoint-Version der- oder diejenige benutzt, an den/die sie die Präsentation weitergeben? Bei einer einzelnen Person lässt sich dies vielleicht noch schnell erfragen. Wenn Sie aber eine Präsentation an einen größeren Personenkreis verteilen, müssen Sie mit den unterschiedlichsten PowerPoint-Versionen von 97 bis 2007 rechnen und es werden vielleicht auch einige Personen dabei sein, die auf ihrem Rechner gar kein PowerPoint installiert haben. Für diesen Personenkreis gibt es den PowerPoint Viewer, mit dem Anwender älterer PowerPoint-Versionen oder ohne PowerPoint Präsentationen im neuen Office 2007-Format betrachten können. Sie können ihn entweder mit auf die CD brennen oder den Download empfehlen. Beides hat Vor- und Nachteile, die im Folgenden erläutert werden.

Wenn Sie das Dialogfeld *Optionen* von *Verpacken für CD* in PowerPoint 2007 öffnen, müssen Sie als Erstes entscheiden, ob Sie ein »Viewer-Paket« erstellen wollen oder ob Sie das »Paket archivieren« wollen. Dies hat erhebliche Auswirkungen auf das Dateiformat und somit die Bearbeitbarkeit der Präsentation auf der CD.

Wenn Sie bereits in PowerPoint 2003 mit der Funktion *Verpacken für CD* gearbeitet haben, werden Sie sich jetzt vielleicht fragen, welchen Unterschied es macht, ob der Viewer mit auf die CD gebrannt wird oder nicht. Hatten die Empfänger PowerPoint 2002 oder 2003, so konnten sie den Viewer auf der CD ignorieren und die Präsentation in PowerPoint starten oder bearbeiten.

Beim PowerPoint Viewer, der bei *Verpacken für CD* mit auf das Speichermedium gebrannt wird, handelt es sich *nicht* um einen neuen Viewer für PowerPoint 2007, sondern um den PowerPoint Viewer 2003. Denn nur dieser kann von CD gestartet werden. Deshalb werden alle PowerPoint-Dateien in einem Viewer-Paket in das Format für PowerPoint 97-2003 mit der Dateiendung *.ppt* bzw. *.pps* konvertiert. Ein Warnhinweis weist Sie beim Starten von *Verpacken für CD* darauf hin (siehe Abbildung 22.4). Sollen die Dateien in PowerPoint 2007 weiterbearbeitet werden, werden sie im Kompatibilitätsmodus geöffnet und müssen konvertiert werden, um wieder eine PPTX bzw. PPSX-Datei zu erhalten.

Abbildg. 22.4   Mit *Verpacken für CD* werden Ihre Präsentationen in das PowerPoint 97-2003-Format umgewandelt

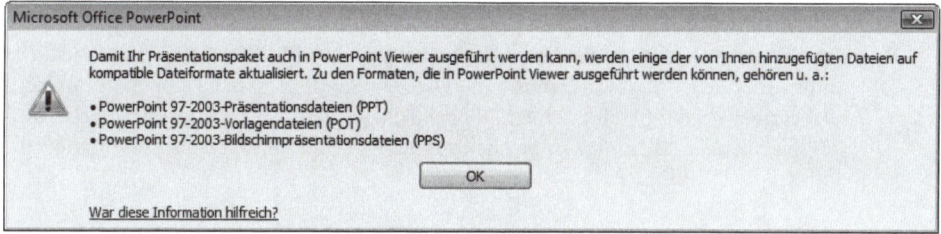

WICHTIG   Wenn Sie eine CD ohne Viewer brennen und die Empfänger auf ihren Rechnern kein PowerPoint installiert haben, können diese den PowerPoint Viewer 2007 kostenlos herunterladen und die Präsentation damit ansehen oder vorführen. Unter dieser URL finden Sie die neueste Version auf der Microsoft-Downloadseite: *http://www.microsoft.com/downloads/details.aspx ?displaylang=de&FamilyID=048dc840-14e1-467d-8dca-19d2a8fd7485*. Für PowerPoint für Mac gibt es nur einen Viewer für die Version 98, diesen finden Sie unter folgender URL zum Download: *http://www.microsoft.com/downloads/details.aspx?familyid=e25cb1e5-209c-4a58-b283-23e84b616477&displaylang=en*. Diese Links können Sie z.B. in einer Textdatei oder auf der CD-Hülle mit der CD weitergeben bzw. in einer E-Mail darauf hinweisen.

Sie finden die Installationsdatei für den PowerPoint Viewer 2007 auch auf der CD zu diesem Handbuch.

Multimedia und fortgeschrittene Techniken

Für die neue Office-Version wurde kein neuer Viewer programmiert. Beim PowerPoint Viewer 2007 handelt es sich um den PowerPoint Viewer 2003, der mit dem Compatibility Pack kombiniert wurde. Deshalb sind die Downloaddatei mit 25,8 MB und die installierten 15 Dateien mit 27,0 MB auch wesentlich größer als bei den vorherigen Viewer-Versionen. Durch die Kombination mit dem Compatibility Pack kann der PowerPoint Viewer 2007 nicht mehr von CD gestartet werden.

Der PowerPoint Viewer hat einige Einschränkungen:

- Der Viewer zeigt Diagrammanimationen nicht korrekt an. Anstelle der Animationen wird das Diagramm im Endzustand angezeigt.

- Er unterstützt nicht das Öffnen von Präsentationen mit Rechteverwaltungsinformationen (IRM).

- Er unterstützt nicht das Ausführen von Makros, Programmen oder das Öffnen von verknüpften oder eingebetteten Objekten.

- Er unterstützt nicht die Anzeige der folgenden in einer Präsentation verknüpften Grafikformate: EPS, PCT, EMZ, CDR, CGM, WPG und WMZ.

Wenn Sie sich entschieden haben, trotz der genannten Einschränkungen eine CD mit Viewer zu brennen, wählen Sie über das Dropdown-Listenfeld, wie die CD abgespielt werden soll.

- Vorgegeben ist *Alle Präsentationen automatisch in der angegebenen Reihenfolge wiedergeben*, sodass die CD ohne weitere Aktion des Zuschauers startet.

- Wählen Sie *Nur die erste Präsentation automatisch wiedergeben*, startet die erste Präsentationsdatei automatisch, die weiteren muss der Zuschauer von der CD öffnen.

- Soll der Anwender die Wahl haben, mit welcher Präsentation er beginnen möchte, klicken Sie auf *Dateiauswahl-Dialogfeld des Viewers automatisch öffnen*.

- Mit der letzten Option der Liste verhindern Sie, dass die CD von allein startet. Der Anwender muss über den Windows-Explorer die Dateien von der CD per Doppelklick öffnen. Ihm bleibt dabei noch die Wahl, ob er einen Doppelklick auf der Datei *pptview.exe* macht, um den Viewer zu starten, oder ob er mit Doppelklick auf der Präsentationsdatei die Präsentation in PowerPoint öffnet.

Schriften und verknüpfte Dateien mit einbeziehen

Wenn Sie eine der sechs neuen Office 2007-Schriften verwenden, die nicht zur Standardausstattung älterer Computer gehören, oder wenn Sie »exotische« Schriften verwendet haben, sollten Sie das Kontrollkästchen *Eingebettete TrueType-Schriftarten* aktivieren. Denken Sie auch an die Aufzählungszeichen: Schriftarten wie *Wingdings2* oder *Webdings* sind nicht unbedingt auf jedem Computer installiert. Damit Ihre Symbole nicht durch andere, unpassende Zeichen ersetzt werden, empfiehlt sich das Einbetten der Schriften. Schriftdateien werden auf der CD nicht angezeigt.

Alle Videos und die meisten Sounds werden nur mit der Präsentation verknüpft (eine Ausnahme bilden WAV-Dateien; siehe Kapitel 20 und 21). Wenn Sie solche Multimediadateien oder auch Grafiken bzw. andere Dateien wie Excel-Tabellen mit Ihrer Präsentation verknüpft haben, sollten Sie darauf achten, dass das Kontrollkästchen *Verknüpfte Dateien* aktiviert ist. Die Funktion *Verpacken für CD* kopiert dann die entsprechenden Dateien mit auf die CD und korrigiert Verknüpfungen, falls möglich. Dabei werden die Präsentation und alle verknüpften Dateien in denselben Ordner verschoben; ändern Sie diese Anordnung nachträglich nicht mehr. Das Verpacken stoppt bei einigen Programmen, wenn die verknüpften Dateien noch geöffnet sind. Sie sollten daher die verknüpften Dateien schließen, bevor Sie das Verpacken starten.

> Alle verknüpften Dateien wie z.B. Excel- oder Word-Dokumente werden vollständig auf den CD-Rohling kopiert und sind sichtbar. Der Empfänger der CD kann die Dateien von der CD öffnen und die gesamte Datei anschauen. Das kann zur ungewollten Weitergabe von Daten führen, wenn Sie beispielsweise aus einer Excel-Datei nur einen Tabellenausschnitt mit der Präsentation verknüpft haben. Obwohl in der Präsentation nur dieser Ausschnitt zu sehen ist, werden alle weiteren Tabellenblätter mit Einkaufspreisen oder Kalkulationsgrundlagen auf der CD mitgegeben. Kontrollieren Sie darum alle verknüpften Dateien darauf, ob sie solche Daten beinhalten. Wenn ja, können Sie diese Dateien vor dem Verpacken im Originalprogramm mit einem Lesekennwort schützen, sofern das Originalprogramm diese Funktion kennt. Alle Office-Programme können ihre Dateien mit Kennwörtern schützen. Von so geschützten Dateien kann der eingefügte Teil im Viewer oder in PowerPoint 2007 betrachtet werden, die komplette Datei lässt sich von der CD jedoch nur mit einem Kennwort öffnen.

Vertrauliche Informationen entfernen

Office 2007 bietet Ihnen einen Assistenten zum Entfernen vertraulicher Informationen wie Autorenname, Änderungen etc. Diesen Assistenten können Sie im Menü zur *Office-Schaltfläche* über *Vorbereiten/Dokument prüfen* gesondert aufrufen; Sie können ihn aber auch starten, bevor Ihre Dateien auf CD gebrannt werden, indem Sie in den Optionen das entsprechende Kontrollkästchen aktivieren: *Präsentationen hinsichtlich unpassender oder privater Informationen überprüfen.*

Vollautomatisch: Präsentationen direkt auf CD brennen

Haben Sie sich nach diesen Vorüberlegungen entschieden, Ihre Präsentation mithilfe des Befehls *Verpacken für CD* auf eine CD zu brennen, so stellen Sie zunächst Ihre Präsentation wie gewohnt fertig. Sie können Grafiken, Audio- und Videodateien einfügen oder verknüpfen. Der Assistent für das Verpacken ermittelt die verknüpften Dateien und speichert sie mit auf die CD. Gleichzeitig werden die Pfade angepasst, sodass die Präsentation auf jedem Computer die verknüpften Dateien findet. Gehen Sie wie folgt vor:

1. *Speichern* Sie Ihre Präsentation, um auch die letzten Änderungen zu erfassen. Lassen Sie die Präsentation nach dem Speichern geöffnet.

2. Legen Sie einen CD-Rohling in das Brennerlaufwerk ein.

3. Wenn alles bereit ist, klicken Sie auf die *Office-Schaltfläche* und rufen den Befehl *Veröffentlichen/Verpacken für CD* auf.

4. Vergeben Sie im Feld *CD benennen* einen Namen für die CD. Dieser Name wird später im Windows-Explorer für die CD angezeigt. (Dieser Name darf bis zu 16 Zeichen lang sein.)

5. Die aktuelle Präsentation wird in der Rubrik *Zu kopierende Dateien* aufgeführt (siehe Abbildung 22.2).

6. Um weitere Präsentationen auf die CD zu brennen, klicken Sie ggf. auf die Schaltfläche *Dateien hinzufügen.*

- Markieren Sie eine oder mehrere Präsentationen und bestätigen Sie Ihre Auswahl mit Klick auf die Schaltfläche *Hinzufügen*.

- Die Dateinamen werden anschließend im Listenfeld *Wiedergabereihenfolge* aufgelistet und nummeriert. In dieser Reihenfolge werden die Präsentationen später aufgerufen, wenn Sie eine automatisch startende CD erstellen. Mit den beiden Pfeilschaltflächen links neben dem Listenfeld können Sie die Abfolge verändern.

- Eine irrtümlich in die Liste aufgenommene Präsentation löschen Sie über Klick auf die Schaltfläche *Entfernen*.

- Hier können Sie nicht nur Präsentationen, sondern auch andere Dateien, die mit auf die CD gebrannt werden sollen, wie z.B. Word-Dokumente oder PDF-Dateien, hinzufügen. Diese werden mit kopiert, aber natürlich nicht mit dem PowerPoint Viewer geöffnet.

7. Als Voreinstellung werden alle verknüpften Dateien sowie der Viewer gepackt. Außerdem wird standardmäßig eine selbstablaufende CD erstellt. Klicken Sie auf die Schaltfläche *Optionen*, um hier die passenden Einstellungen für den Pakettyp vorzunehmen. (Ausführliche Erläuterungen zu diesen Einstellungen finden Sie im Abschnitt »Vorüberlegungen: Die richtigen Optionen wählen« weiter vorn in diesem Kapitel.)

8. Aktivieren Sie die betreffenden Kontrollkästchen für verknüpfte Dateien, TrueType-Schriftarten und vertrauliche Informationen (Details siehe oben). Denken Sie daran, die verknüpften Dateien zu schließen, bevor Sie das Verpacken starten.

9. Unter *Sicherheit und Datenschutz verbessern* können Sie Kennwörter für die Präsentation vergeben.

- Mit dem *Kennwort zum Öffnen jeder Präsentation* verhindern Sie unbefugtes Aufrufen der Präsentationen. Sowohl der Viewer als auch PowerPoint 2003 fragen das Kennwort ab.

- Das *Kennwort zum Ändern jeder Präsentation* erlaubt das Öffnen und Abspielen der Präsentation, aber keine Änderungen. Der Viewer fragt dieses Kennwort nicht ab. PowerPoint *2007* erlaubt ohne Kennwort das Öffnen und Betrachten der Datei, aber nicht das Abspeichern unter dem gleichen Namen.

- Der Kennwortschutz bezieht sich ausschließlich auf die Präsentationen, nicht auf die übrigen Dateien. Verknüpfte Excel- oder Word-Dokumente können in den jeweiligen Programmen ohne Kennwort geöffnet werden!

10. Bestätigen Sie die Festlegungen in den Optionen mit Klick auf die Schaltfläche *OK*. Sie kehren damit zurück zum Dialogfeld *Verpacken für CD*.

11. Vergewissern Sie sich, dass ein beschreibbarer CD-Rohling im Brennerlaufwerk eingelegt ist und starten Sie den Brennvorgang mit Klick auf die Schaltfläche *Auf CD kopieren*.

Der Assistent schreibt die erforderlichen Daten zuerst in einen temporären Bereich und brennt dann alles auf die eingelegte CD-ROM. Nach Abschluss des Brennvorgangs finden Sie auf der CD die Präsentationsdateien, alle verknüpften Dateien und die Dateien für den Viewer. Das Dialogfeld *Verpacken für CD* bleibt geöffnet; wenn Sie keine weitere CD erstellen wollen, sollten Sie es mit der entsprechenden Schaltfläche schließen.

> **TIPP**   Testen Sie die CD auf möglichst vielen unterschiedlichen Computersystemen, bevor Sie sie in größerer Stückzahl produzieren und an ein größeres Publikum weitergeben. Damit vermeiden Sie auch, dass Codec-Probleme auftreten, und können die verknüpften Multimediadateien notfalls noch ändern (siehe auch Kapitel 21).

PowerPoint Viewer starten

Eine Autorun-CD muss lediglich in das CD-ROM-Laufwerk eingelegt werden. Der Viewer startet sofort mit der ersten Präsentation. Allerdings darf der Anwender die Autoplay-Funktion seines CD-ROM-Laufwerks nicht deaktiviert haben. Ruft der Anwender den Viewer zum ersten Mal auf, muss eine Lizenzvereinbarung bestätigt werden.

Abbildg. 22.5 Der PowerPoint Viewer startet mit einem Dialogfeld, in dem Sie die anzuzeigende Datei auswählen können

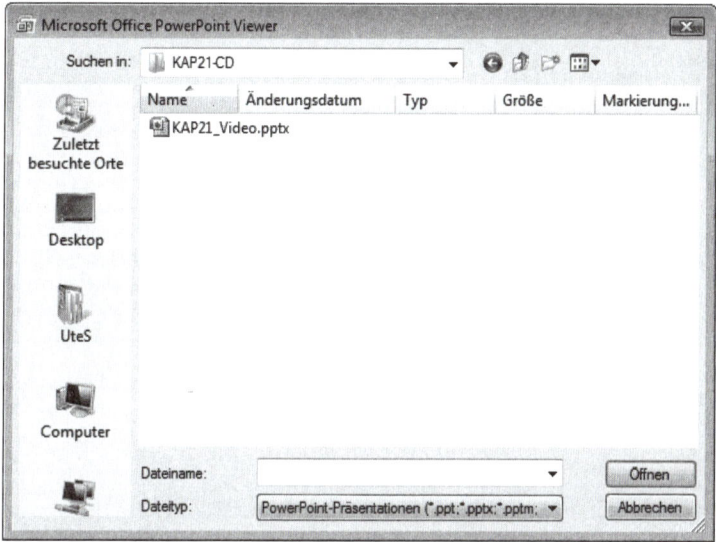

Der Viewer kann aber auch von Hand gestartet werden:

1. Suchen Sie auf der CD bzw. im Programmordner Ihrer Festplatte nach der Datei *pptview.exe* und doppelklicken Sie darauf.

2. Das Startbild des Viewers erscheint mit einem Dateiauswahl-Dialogfeld. Lassen Sie das Laufwerk und den Ordner anzeigen, in dem die Präsentation gespeichert ist, und markieren Sie die Datei (siehe Abbildung 22.5).

3. Anschließend können Sie mit Klick auf die Schaltfläche *Öffnen* die Präsentation starten.

Präsentationen in Ordner kopieren

Auch wenn Sie Präsentationen in einem Netzwerk zur Verfügung stellen, per Mail verschicken, auf einem USB-Stick mitnehmen oder auf einen Laptop kopieren wollen, ist der Befehl *Verpacken für CD* hilfreich. So können Sie die erforderlichen Dateien zusammenstellen, wenn Sie anschließend mit einem Brennprogramm viele Kopien der CD erzeugen wollen.

Folgen Sie den Schritten 1. bis 10. aus dem Abschnitt »Vollautomatisch: Präsentationen direkt auf CD brennen«. Wählen Sie in den Optionen ggf. *Paket archivieren*. Klicken Sie in Schritt 11. auf *In*

Ordner kopieren, geben Sie Ordnernamen und Speicherort an und starten Sie dann das Kopieren mit *OK*. Wenn der (Unter-)Ordner noch nicht vorhanden ist, wird er dabei angelegt.

ACHTUNG Schreiben Sie nie direkt auf mobile Datenträger wie USB-Sticks, da dieser Vorgang zu fehleranfällig ist. Verpacken Sie die Dateien in diesem Fall in einen Ordner auf Ihrer Festplatte und verschieben Sie sie auf den Wechseldatenträger.

Abbildg. 22.6 Wählen Sie den Ordner aus, in den Ihre Präsentation kopiert werden soll

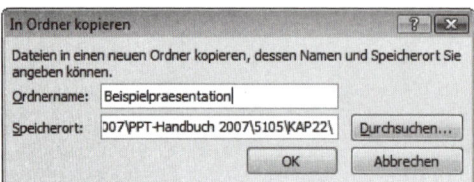

WICHTIG Für selbstablaufende CDs und DVDs dürfen Sie nur den *Inhalt* des Ordners auf die CD bzw. DVD brennen. Ziehen Sie *nicht* den Ordner auf die Oberfläche der CD/DVD, sondern öffnen Sie den Ordner und ziehen Sie nur die Dateien aus dem Ordner auf die CD. Die Dateien müssen auf der CD oder DVD unmittelbar auf der ersten Ebene liegen.

Um den Ordner per E-Mail zu versenden, ist es empfehlenswert, ihn vorher zu komprimieren. Dazu eignet sich jedes gängige Komprimierungsprogramm.

Feinarbeit: Die *Autorun.inf* bearbeiten

Die Datei *Autorun.inf* ist zuständig für den automatischen Start einer CD-ROM. Voraussetzung ist allerdings, dass beim Anwender die Autoplay-Funktion des Laufwerks nicht deaktiviert wurde. Darauf haben Sie jedoch keinen Einfluss. Sie können weder ermitteln, ob die Autoplay-Funktion aktiviert ist, noch können Sie einen Autostart auf dem PC des Empfängers der Präsentation erzwingen.

In der *Autorun.inf* wird der Viewer aufgerufen. Der Startparameter /L erlaubt die Angabe einer Playliste, die dann abgearbeitet wird. Typischerweise besteht die *Autorun.inf* aus einer einzigen Zeile mit folgendem Eintrag: *open=pptview.exe /L playlist.txt*

Weitere Startparameter für den Aufruf des Viewers sind:

- /S startet den Viewer ohne den Anfangsbildschirm mit dem Logo des Viewers.
- /P *präsentation.ppt* druckt die angegebene Präsentation aus, wobei *präsentation.ppt* durch den korrekten Namen der auszudruckenden Präsentation ersetzt werden muss.
- /D zeigt nach dem Ende der Präsentation das Dialogfeld zum Öffnen einer Datei an.
- /N## *präsentation.ppt* beginnt mit der Folie, deren Nummer Sie nach /N angeben. Für *präsentation.ppt* müssen Sie den Namen Ihrer Präsentation einsetzen. Beispielsweise möchten Sie die Präsentation *Organisation.ppt* mit der fünften Folie starten: *pptview.exe/N5 organisation.ppt*

Um die Wirkung der Startparameter mit dem Viewer zu testen, können Sie ihn über das Startmenü mit einem Parameter aufrufen:

1. Öffnen Sie das Windows-Startmenü und klicken Sie auf den Befehl *Ausführen* (in Windows Vista unter *Zubehör* zu finden).

2. Tippen Sie in das Textfeld den Pfad zur Datei *pptview.exe* ein. Gefolgt von einem Leerschritt kommt der Parameter */L* und wiederum nach einem Leerschritt der Dateiname *playlist.txt*.

3. Bestätigen Sie die Eingabe mit Klick auf die Schaltfläche *OK*.

Playlisten bearbeiten

In der Textdatei *playlist.txt* werden die Präsentationsnamen in der Reihenfolge aufgeführt, in der der Viewer sie abspielen soll. Die Reihenfolge entspricht der Auflistung der Dateinamen während des Vorgangs *Verpacken für CD*.

Die Datei *playlist.txt* kann mit einem Texteditor wie z.B. dem Programm *Editor* aus dem Windows-Zubehör geöffnet und bearbeitet werden. Sie können weitere Dateinamen einfügen; fügen Sie nach jedem Dateinamen mit ⏎ einen Absatz ein. Pfadangaben zu den Dateien erübrigen sich, wenn die Präsentation im gleichen Ordner gespeichert ist wie die Datei *playlist.txt*. Wurde die Präsentation in einem Unterordner gespeichert, schreiben Sie den kompletten Pfad mit Laufwerksbuchstaben des CD-Laufwerks oder den Namen des Unterordners in einer allgemein gültigen Schreibweise dazu. In Tabelle 22.1 sehen Sie Beispiele für eine verkürzte, allgemeine Schreibweise von Ordner- und Pfadangaben.

Tabelle 22.1 So geben Sie Ordner und Dateinamen in der Playliste an

Schreibweise von Ordner und Dateinamen	Auswirkung
quartal.ppt	Sucht die Datei in demselben Ordner, in dem auch die Datei *playlist.txt* gespeichert ist
\2007\quartal.ppt	Sucht die Datei in einem Unterordner *2007* auf dem aktuellen Laufwerk
.\2007\quartal.ppt	Sucht die Datei in einem Unterordner *2007* im aktuellen Ordner
..\2007\quartal.ppt	Sucht die Datei in einem Unterordner *2007* im übergeordneten Ordner

Präsentationen in anderen Formaten weitergeben

Auch in PowerPoint 2007 haben Sie *nicht* die Möglichkeit, direkt aus dem Programm heraus Ihre Präsentation in einen Film umzuwandeln.

Folgende kostenlose Programme ermöglichen es Ihnen, aus Ihrer Präsentation einen Film zu erstellen und diesen zu veröffentlichen:

- Windows Media Encoder
- Windows Movie Maker

Hinweise zum Download und zur Bedienung von Windows Media Encoder finden Sie am Ende von Kapitel 21. Mit Windows Media Encoder können Sie mit der Funktion *Capture Screen* Ihren Bildschirm mit der Präsentation einschließlich Animationen aufzeichnen. Diesen Film können Sie dann in Windows Movie Maker, der in Windows Vista gegenüber den Vorversionen erweitert und verbessert wurde, weiterbearbeiten.

Multimedia und fortgeschrittene Techniken

Falls Ihre Präsentation keine Animationen enthält, steht Ihnen sogar ein noch einfacherer Weg offen: Speichern Sie Ihre Präsentation als *JPG*-Bilder ab und fügen Sie diese Bilder mit Windows Movie Maker wie eine Bildershow als Film zusammen.

Abbildg. 22.7 Mit Windows Movie Maker können Sie Bilder oder Videos zu Filmen zusammenstellen

Mit Windows Movie Maker können Sie Ihren so erstellten Film anschließend als WMV-Datei veröffentlichen. Oder Sie greifen direkt auf den ebenfalls mit Windows Vista mitgelieferten Windows DVD Maker zurück, um eine DVD zu erstellen, die Sie auch ohne Computer auf einem DVD-Player abspielen können.

HINWEIS   Details zum Umgang mit den beiden genannten Programmen würden den Rahmen dieses Handbuches sprengen. Zu Windows Media Encoder finden Sie unter *http:// www.microsoft.com/windows/windowsmedia/DE/9series/encoder/default.asp* weitere Informationen.

Zu Windows Movie Maker und Windows DVD Maker finden Sie unter *http://www.microsoft.com/ germany/windows/products/windowsvista/features/experiences/memories/default.mspx* sowie im Handbuch zu Windows Vista weitere Informationen.

Wollen Sie dagegen Ihre Präsentationen in *Flash-Dateien* umwandeln, sollten Sie sich einmal das Programm *Camtasia Studio* von *TechSmith* anschauen. Es erlaubt ebenfalls die Aufzeichnung von Präsentationen in verschiedenen Filmformaten (u.a. AVI, MPG, WMV und MOV) und die komfortable Weiterbearbeitung von Filmen. Darüber hinaus ermöglicht es das Veröffentlichen in den Flash-Formaten SWF und FLV, inklusive HTML- und JavaScript-Dateien, mit denen diese auf einer Webseite eingebunden werden können. Weitere Informationen und eine 30-Tage-Testversion finden Sie im Internet unter *http://de.techsmith.com*.

HINWEIS Das Zusatzprogramm *Producer*, das Sie vielleicht aus vorherigen Versionen kennen, werden Sie vergeblich suchen. Es wurde von Microsoft eingestellt, es wird keine neue, mit Office 2007 kompatible Version mehr geben.

Zusammenfassung

Wenn Sie eine Präsentation weitergeben wollen, haben Sie die Wahl zwischen verschiedenen Speichermedien wie CD, DVD oder USB-Stick. Darüber hinaus können Sie Ihre Präsentation auf einem Netzlaufwerk zur Verfügung stellen oder per E-Mail versenden. Wenn Sie dem Empfänger das Betrachten so leicht wie möglich machen wollen und wenn Sie sicherstellen wollen, dass auch verknüpfte Dateien sicher angezeigt werden, können Sie die Funktion *Verpacken für CD* nutzen. Die Einstellmöglichkeiten, Vor- und Nachteile der verschiedenen Varianten werden in diesem Kapitel beschrieben. Darüber hinaus gibt es einen kurzen Ausblick auf andere Weitergabeformate.

Einige wichtige Abschnitte:

Thema	Seite
PowerPoint Viewer	668, 671
Schriften und verknüpfte Dateien	670
Präsentationen direkt auf CD brennen	671
Präsentationen auf einem Netzwerk oder USB-Stick	673
Präsentationen als Film oder Flash	675

Multimedia und fortgeschrittene Techniken

Kapitel 23

Weitere Techniken

Multimedia und
fortgeschrittene Techniken

Sie haben Ihre Präsentation weitgehend fertiggestellt. Nun gehen Sie die letzten Schritte an und fügen als besonderen Effekt vielleicht noch eine Flash-Animation ein, prüfen die Rechtschreibung und feilen hier und da an der Formulierung. Bevor Sie die Präsentation weitergeben, sollten Sie noch die Dateigröße optimieren, persönliche Daten entfernen und das optimale Dateiformat für die Weitergabe wählen. Um all diese Aufgaben geht es in diesem Kapitel.

Flash-Animationen einfügen

Eine Vielzahl von Filmen und technischen Animationen werden im Flash-Format angeboten. Solche Dateien erkennen Sie an der Dateiendung .swf. Flash-Animationen werden in PowerPoint nicht wie Filme behandelt, deshalb müssen Sie anders vorgehen als in Kapitel 21 beschrieben.

HINWEIS   Flash-Videodateien mit der Endung .flv, die verwendet werden, um Flash-Dateien über das Internet zu streamen, können in PowerPoint nicht eingefügt werden.

Die Vorbereitungen vor dem Einfügen einer Flash-Animation

Sie müssen drei Voreinstellungen vornehmen, um Flash-Objekte in Ihrer Präsentation wiedergeben zu können:

- Blenden Sie die Registerkarte *Entwicklertools* ein,
- aktivieren Sie die *ActiveX-Steuerelemente* und
- installieren Sie den *Adobe Flash Player*.

Die Entwicklerregisterkarte einblenden

Blenden Sie diese zusätzliche Registerkarte über die Befehlsfolge *Office-Schaltfläche/PowerPoint-Optionen* unter der Rubrik *Häufig verwendet* ein.

ActiveX-Steuerelemente aktivieren

ActiveX-Steuerelemente können Risiken bergen und Viren transportieren, wenn sie aus unsicherer Quelle stammen. Um diese Risiken zu minimieren, wurde in Office 2007 das Vertrauensstellungscenter eingeführt. Sie können wie folgt darauf zugreifen:

1. Klicken Sie auf die *Office-Schaltfläche* und dann auf *PowerPoint-Optionen*.
2. Wählen Sie links die Kategorie *Vertrauensstellungscenter* und klicken Sie dann auf die Schaltfläche *Einstellungen für das Vertrauensstellungscenter*.
3. In den *ActiveX-Einstellungen* aktivieren Sie die zweite oder dritte Option, um sichere ActiveX-Steuerelemente mit minimalen Einschränkungen zuzulassen.

HINWEIS   Die erste Option blockiert alle Steuerelemente, verhindert also das Abspielen von Flash, die letzte Option würde auch unsichere Steuerelemente zulassen. Bei Ihrer Auswahl sollten Sie bedenken, dass diese Einstellungen für *alle* Office-Programme gelten.

4. Schließen Sie die PowerPoint-Optionen, indem Sie zweimal mit *OK* bestätigen.

Alternativ dazu können Sie Ihre Präsentation in einem Ordner ablegen, der im Vertrauensstellungscenter als *Vertrauenswürdiger Speicherort* festgelegt wurde.

> **ACHTUNG**   Auch der Empfänger muss entweder ActiveX-Steuerelemente aktivieren oder das Dokument an einem vertrauenswürdigen Speicherort ablegen, um die Flash-Animation anzeigen zu können. Wurden auf dem Zielcomputer – wie es gerade in großen Unternehmen der Fall ist – die ActiveX-Steuerelemente deaktiviert, wird nur ein rotes X angezeigt.

Adobe Flash Player einrichten

Als dritte Voraussetzung muss das *Shockwave Flash-Objekt* auf ihrem Computer registriert sein. Da auch viele Webseiten auf Flash basieren, dürfte es auf den meisten Rechnern vorhanden sein.

> **HINWEIS**   Falls Sie das Shockwave Flash-Objekt nicht in der Liste der Steuerelemente finden, können Sie die neueste Version des *Flash-Players* kostenlos von der Adobe-Webseite herunterladen: *http://www.adobe.com/shockwave/download/download.cgi?P1_Prod_Version=ShockwaveFlash &Lang=German&P5_Language=German*

Eine Flash-Animation einbauen

Diese drei Voraussetzungen müssen Sie in der Regel nur einmal prüfen, das Einfügen des Flash-Objekts erfordert dann nur wenige Schritte:

1. Öffnen Sie die Registerkarte *Entwicklertools* und klicken Sie in der Gruppe *Steuerelemente* auf den Befehl *Weitere Steuerelemente*.

2. Scrollen Sie in der Liste der Steuerelemente bis zum *Shockwave Flash-Objekt* (siehe Abbildung 23.1), klicken Sie es an und bestätigen Ihre Auswahl mit *OK*.

Abbildg. 23.1   Um eine Flash-Datei einfügen zu können, müssen Sie zunächst ein Shockwave Flash-Objekt auf der Folie zeichnen

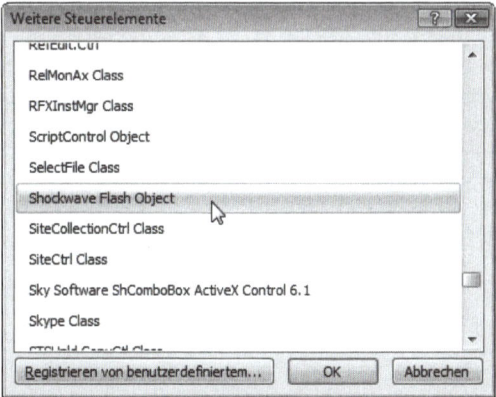

3. Der Mauszeiger verwandelt sich nun in ein Fadenkreuz, mit dem Sie das Flash-Steuerelement auf die Folie zeichnen können. Die Größe kann später noch korrigiert werden.

4. Klicken Sie das soeben gezeichnete Rechteck mit der rechten Maustaste an und wählen Sie *Eigenschaften*.

Abbildg. 23.2 Im Eigenschaften-Dialogfeld tragen Sie Pfad und Dateinamen ein

5. Im nun erscheinenden *Eigenschaften-Dialogfeld* müssen Sie nur wenige Einstellungen vornehmen (vgl. Abbildung 23.2).

   - Tragen Sie im Feld neben *Movie* den vollständigen Pfad zur Flash-Datei und den Namen inklusive der Dateiendung *.swf* ein.

   - Damit Sie die Flashdatei nicht gesondert mitschicken müssen, wenn Sie die Präsentation weitergeben, ändern Sie die Option *EmbedMovie* von *False* auf *True*. Damit betten Sie die Flash-Datei in die Präsentation ein, sie wird also zum Bestandteil der PowerPoint-Datei.

   - Optional können Sie, wenn Sie die genaue Größe des Flash-Videos kennen, unter *Height* und *Width* die Höhe und Breite in Pixeln angeben; Sie können die Größe aber auch »nach Augenmaß« mithilfe der Ziehpunkte bestimmen.

6. Testen Sie das Steuerelement in der Bildschirmpräsentationsansicht. Erst jetzt wird statt des Kreuzes, das Sie in der Bearbeitungsansicht sehen, die Flash-Animation angezeigt.

ACHTUNG Bedecken Sie nie die ganze Folie mit einem Steuerelement, sondern lassen Sie am Rand immer etwas Platz, auf den Sie klicken können, um zur nächsten Folie zu gelangen. Auch Navigationsschaltflächen müssen stets außerhalb des Flash-Objekts angeordnet werden, da dieses im Vordergrund abgespielt wird und alle anderen Objekte verdeckt.

Formeln und PDF-Dateien als Objekte einfügen

Wollen Sie wissenschaftliche Formeln auf Ihrer Folie einfügen oder PDF-Dateien anzeigen, so können Sie diese als *Objekt* einfügen.

Mathematische Gleichungen auf PowerPoint-Folien

Während Word in der Version 2007 über einen neuen Formeleditor zum Eingeben mathematischer Gleichungen verfügt, können Sie Formeln in PowerPoint nur als Objekt einfügen. Gehen Sie dazu wie folgt vor:

1. Rufen Sie die Registerkarte *Einfügen* auf und klicken Sie dort auf *Objekt*.
2. Wählen Sie als Objekttyp *Microsoft Formel-Editor 3.0*.
3. Geben Sie im Formel-Editor-Fenster mithilfe der Tastatur und der Symbolleisten Ihre Formel ein (siehe Abbildung 23.3).

Abbildg. 23.3   Der Formel-Editor stellt Ihnen die Zeichen zur Verfügung, die Sie für mathematische Gleichungen benötigen

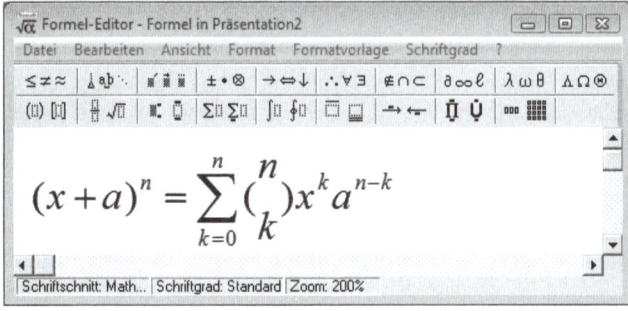

4. Kehren Sie mit *Datei/Beenden und Zurückkehren* zur Folie zurück, wobei gleichzeitig die Formel eingefügt wird.
5. Passen Sie die Größe durch Ziehen an einer Ecke des eingefügten Objekts an die Schriftgröße auf Ihrer Folie an. Falls Sie nachträglich noch Korrekturen vornehmen müssen, öffnen Sie den Formel-Editor erneut durch Doppelklick auf die Formel.

Abbildg. 23.4   Durch Ziehen am Rahmen kann das Formel-Objekt vergrößert oder verschoben werden

$$a^2 + b^2 = c^2$$

Multimedia und fortgeschrittene Techniken

Formeln mit dem Word 2007-Formel-Editor einfügen

Statt des Formel-Editors 3.0 können Sie auch den komfortableren und umfangreicheren neuen Formel-Editor in Word nutzen:

1. Rufen Sie in Word mit *Einfügen/Formel* die *Formeltools* auf (siehe Abbildung 23.5).

Abbildg. 23.5 Formeln können Sie in Word 2007 erstellen und in Ihre PowerPoint-Folie kopieren

2. Erstellen Sie mithilfe der Symbole die gewünschte Formel.

3. Markieren Sie die komplette Formel und kopieren Sie diese.

4. Fügen Sie die Formel in PowerPoint über die Registerkarte *Start* mit *Einfügen/Inhalte einfügen* als *Erweiterte Metadatei* (*.emf) auf der betreffenden Folie ein.

Sie können eine so eingefügte Gleichung in PowerPoint beliebig skalieren, allerdings nicht mehr weiterbearbeiten.

PDF-Dateien als Adobe Acrobat-Element einfügen

Oft liegen Dokumente, die während einer Präsentation gezeigt werden sollen, nur als PDF-Datei vor. Sie hätten nun die Möglichkeit, mit einem Hyperlink oder einer Aktion zum Acrobat Reader zu verlinken, um die PDF dort anzuzeigen. Aber bei einem Versand der Präsentation per E-Mail oder CD müssten Sie darauf achten, dass Sie auch die PDF-Datei weitergeben und diese im richtigen Ordner abgelegt ist. Um dabei eventuell auftretende Probleme zu vermeiden, ist es oft einfacher, die PDF-Datei als Objekt in die Präsentation einzubetten.

HINWEIS Als Voraussetzung dafür, dass das Adobe Acrobat-Objekt zur Auswahl zur Verfügung steht, muss der *Adobe Reader* auf dem Computer installiert sein. Sie können die neueste Version kostenlos von der Adobe-Webseite *http://www.adobe.com/de/products/acrobat/readstep2.html* herunterladen.

1. Rufen Sie die Registerkarte *Einfügen* auf und klicken Sie dort auf *Objekt*.

2. Wählen Sie als Objekttyp *Adobe Acrobat Document* (vgl. Abbildung 23.6).

3. Navigieren Sie im *Öffnen*-Dialogfeld zur gewünschten PDF-Datei und bestätigen Sie Ihre Auswahl mit *Öffnen*. Das daraufhin erscheinende Adobe Reader-Fenster mit der PDF-Datei können Sie wieder schließen.

4. Die erste Seite der PDF-Datei wird in einem Objektrahmen angezeigt (vgl. Abbildung 23.7).

5. Um während der Präsentation in der PDF-Datei blättern zu können, weisen Sie diesem Objekt eine *Objektaktion* zu. Lassen Sie dazu das PDF-Objekt markiert und wechseln Sie zur Registerkarte *Animation*.

Abbildg. 23.6   PDF-Dateien können Sie als Adobe Acrobat-Objekt in PowerPoint einfügen

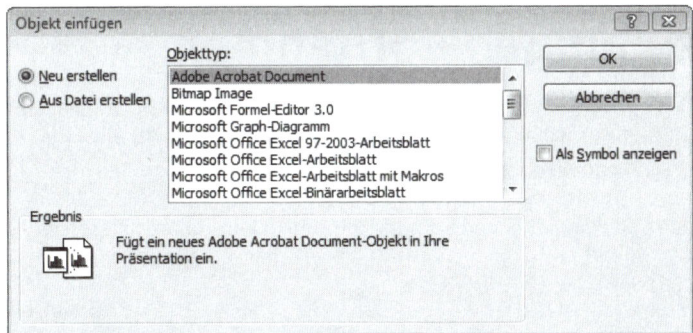

6. Wählen Sie *Effekt hinzufügen/Objektaktionen/Öffnen*.

7. Während der Bildschirmpräsentation können Sie nun die PDF-Datei per Mausklick im Adobe Reader öffnen. Passen Sie ggf. den *Start* der Animation an, um die Datei automatisch oder per Trigger zu öffnen.

Abbildg. 23.7   In der Bearbeitungsansicht wird die PDF-Datei mit einem Objektrahmen gekennzeichnet

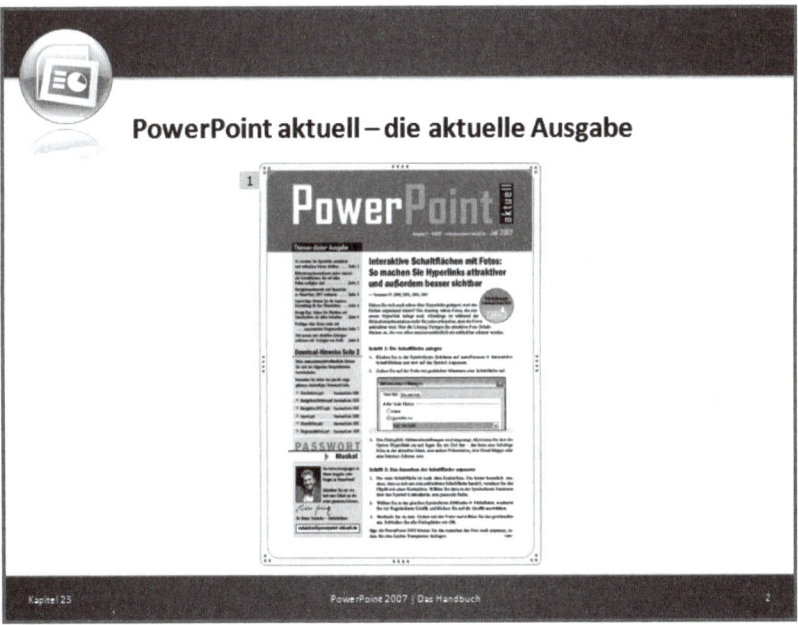

ACHTUNG   Wenn Sie eine PDF-Datei als Objekt in PowerPoint einfügen, wächst die Dateigröße der Präsentationsdatei etwa um die Größe der eingefügten Datei.

Rechtschreibprüfung und Spracheinstellungen vornehmen

Bevor Sie Ihre fertiggestellte Präsentation vorführen oder weitergeben, sollten Sie unbedingt die Rechtschreibung überprüft haben. Diese und andere Funktionen, die Sie zum Abschluss der Arbeit an einer Präsentation benötigen, finden Sie auf der Registerkarte *Überprüfen* (vgl. Abbildung 23.8).

Abbildg. 23.8 Auf der Registerkarte *Überprüfen* finden Sie nützliche Funktionen zur abschließenden Überarbeitung der Präsentation

Schon während der Texteingabe werden Ihre Texte von PowerPoint auf Tippfehler bzw. unbekannte Wörter hin überprüft. Dabei ist es gleichgültig, ob Sie momentan auf einer Folie schreiben, ob Sie Notizen in die Notizenseiten eingeben oder ob Sie in der Gliederungsansicht arbeiten. Nicht geprüft werden hingegen Texte aus eingebetteten Objekten wie Word-Texte und Excel-Tabellen.

Rechtschreibprüfung während der Texteingabe

Unbekannte Wörter kennzeichnet PowerPoint standardmäßig mit einer roten geschlängelten Linie unter dem Wort (vgl. Abbildung 23.9)

Die Kennzeichnung eines unbekannten Wortes kann erst erfolgen, wenn Sie die Eingabe des Wortes mit einem Leerschritt oder einem Satzzeichen beenden. Klicken Sie ein so gekennzeichnetes Wort mit der rechten Maustaste an, um die Korrekturvorschläge einzusehen. Wenn PowerPoint 2007 Alternativen anbietet, können Sie einen der Vorschläge per Mausklick in den Text übernehmen (vgl. Abbildung 23.9).

Abbildg. 23.9 Das Kontextmenü bietet Korrekturvorschläge aus dem Wörterbuch an

Calibri (T 22 A A A · Z · J

F K E E E A · E E E ·

- Jeder macht mal einen Feler

| Feller |
| Fehler |
| Felder |
| Efler |
| Feiler |
| Alle ignorieren |
| Hinzufügen zum Wörterbuch |
| Rechtschreibung... |
| Ausschneiden |
| Kopieren |
| Einfügen |

Ist das Wort richtig geschrieben, aber im Wörterbuch nicht vorhanden, können Sie es mit dem Befehl *Hinzufügen zum Wörterbuch* in die Sammlung aufnehmen. Diese Wortliste, das sogenannte *Benutzerwörterbuch,* wird von allen Microsoft Office System-Programmen gemeinsam genutzt.

PROFITIPP

Es passiert schnell, dass ein falsch geschriebenes Wort irrtümlich in das Benutzerwörterbuch übernommen wird. Sie können die Wortliste in Microsoft Word anzeigen lassen und auch korrigieren.

1. Starten Sie Word und rufen Sie über die *Office-Schaltfläche* die *Word-Optionen* auf.

2. Wählen Sie links die Kategorie *Dokumentprüfung* und klicken Sie dann auf die Schaltfläche *Benutzerwörterbücher.*

3. Mit der Schaltfläche *Wortliste bearbeiten* rufen Sie ein Dialogfeld auf, in dem Sie im Benutzerwörterbuch *CUSTOM.DIC (Standard)* Wörter hinzufügen oder löschen können.

Alternativ zu dem Weg über Word können Sie die Datei *CUSTOM.DIC* auch auf Ihrer Festplatte suchen und mit dem Windows-Editor öffnen. Achten Sie aber unbedingt darauf, dass die Datei wieder im *Nur-Text-Format* abgespeichert wird!

Wenn Sie ein unbekanntes Wort zwar nicht als falsch gekennzeichnet haben möchten, es aber auch nicht in das Wörterbuch übernehmen wollen, können Sie es mit dem Befehl *Alle ignorieren* für die aktuelle Datei als richtig kennzeichnen. Das Wort wird in dieser Datei nicht mehr als falsch markiert, aber in einer anderen Datei erneut gekennzeichnet. Ignorierte Wörter werden nicht in das Benutzerwörterbuch übertragen.

Schnell prüfen über die Statusleiste

Sie können die Rechtschreibprüfung auf der Registerkarte *Überprüfen* über die Schaltfläche *Rechtschreibung* starten oder auch mit der Taste (F7).

Alternativ bietet die *Statusleiste* eine sehr schnelle Möglichkeit, nacheinander alle nicht erkannten Wörter zu bearbeiten. Klicken Sie auf das Symbol der Rechtschreibprüfung am unteren Rand des Programmfensters. Die Markierung springt sofort auf das erste gekennzeichnete Wort der aktuellen Folie und bietet Ihnen das Kontextmenü zur Rechtschreibkorrektur an. Wählen Sie eine alternative Schreibweise, lassen Sie das Wort dem Benutzerwörterbuch hinzufügen oder ignorieren. Nach jeder Eingabe springt die Markierung zum nächsten als unbekannt gekennzeichneten Wort weiter.

Rechtschreiboptionen einstellen

Voreingestellt ist die permanente Prüfung der Rechtschreibung während der Eingabe. Sie können diese Einstellung über die *PowerPoint-Optionen* in der Kategorie *Dokumentprüfung* ändern (vgl. Abbildung 23.10).

Abbildg. 23.10 Optionen für die Rechtschreibprüfung einstellen

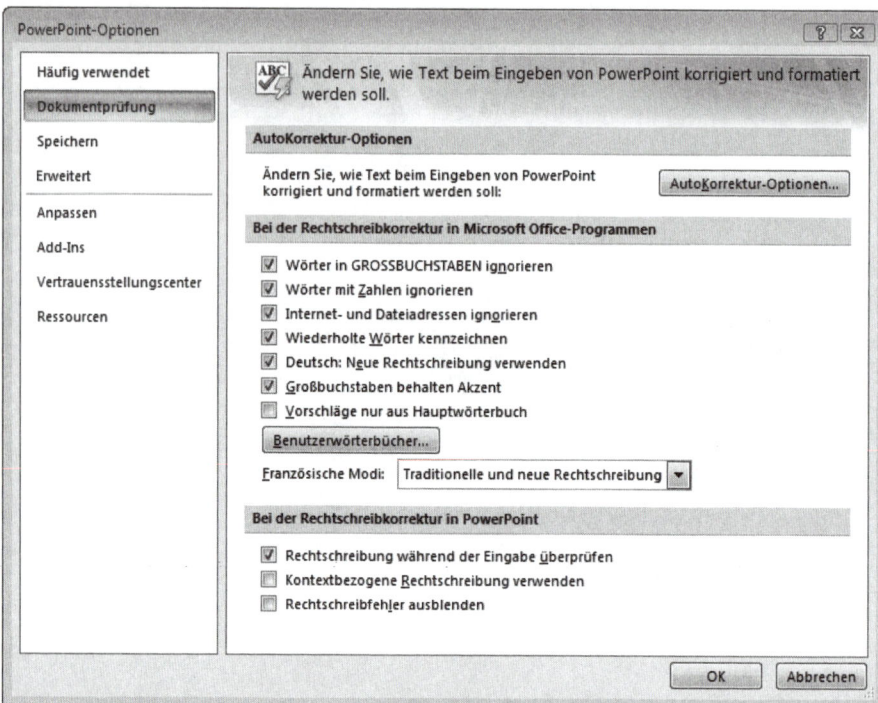

- *Rechtschreibung während der Eingabe überprüfen:* Standardmäßig aktiviert. Deaktivieren Sie diese Option nur, wenn PowerPoint sehr langsam reagiert.

- *Kontextbezogene Rechtschreibung verwenden:* Markiert Wörter, die es in der jeweiligen Sprache zwar gibt, die aber im Zusammenhang mit den benachbarten Wörtern keinen Sinn ergeben. Da diese Option viel Arbeitsspeicher benötigt, ist sie auf Rechnern mit weniger als 1 GB RAM standardmäßig deaktiviert, Sie sollten sie außerdem deaktivieren, wenn PowerPoint langsam reagiert.

- *Rechtschreibfehler ausblenden:* Standardmäßig deaktiviert und nur wählbar, wenn die erste Option aktiviert ist. Es ist nicht sinnvoll, die Rechtschreibung während der Eingabe prüfen zu lassen, ohne Fehler kennzeichnen zu lassen. Wenn Sie keine Kennzeichnung brauchen, schalten Sie besser die erste Option aus.

Die Optionen im oberen Teil sind weitgehend selbsterklärend. Hier finden Sie auch die Möglichkeit, ggf. die *neue deutsche Rechtschreibung* auszuschalten.

WICHTIG   Bitte beachten Sie, dass die hier vorgenommenen Einstellungen für alle Office-Programme gelten.

Sprache der Rechtschreibung wählen

Sprache

Auf der Registerkarte *Überprüfen* können Sie mit dem Befehl *Sprache* eine andere Sprache für die Rechtschreibprüfung einstellen. Voraussetzung ist, dass Sie die Sprachunterstützung für diese Sprache installiert haben. In der Liste der Sprachen erkennen Sie die installierten Sprachen an einem Häkchen links vor der Sprachbezeichnung (siehe Abbildung 23.11). Markieren Sie die gewünschte Sprache und bestätigen Sie Ihre Auswahl mit *OK*.

> **TIPP** Schneller geht die Spracheinstellung über die Statusleiste. Doppelklicken Sie auf der Anzeige *Deutsch (Deutschland)* bzw. den Namen der aktuellen Sprache (siehe Abbildung 23.11). Wählen Sie dann in der Liste eine Sprache aus und bestätigen Sie Ihre Auswahl mit *OK*.

Abbildg. 23.11 Die Spracheinstellung können Sie auch über die Statusleiste anpassen

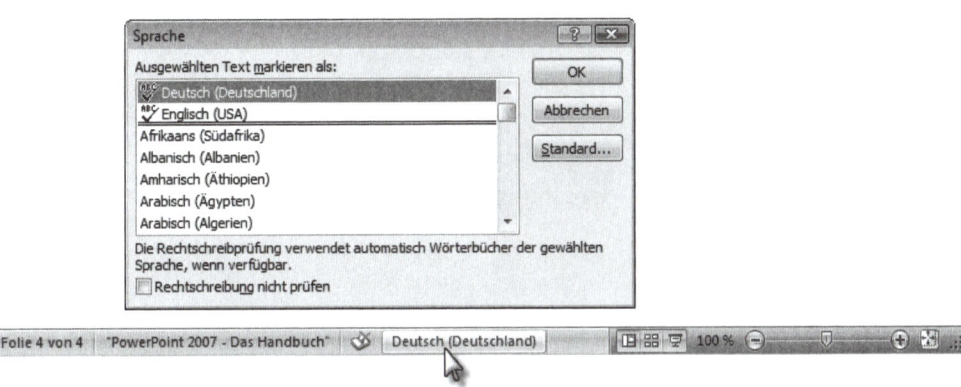

Die gewählte Sprache gilt immer für den markierten Platzhalter bzw. den markierten Textbereich. Auf einer Folie können daher mehrere Textfelder in unterschiedlichen Sprachen formatiert sein. Sie können die Sprache für die gesamte Folie umstellen, wenn Sie mit `Strg`+`A` alle Objekte auf der Folie markieren und dann die Sprache auswählen.

PROFITIPP

> Nachträglich lässt sich die Sprache leider nicht für die gesamte Präsentation komfortabel umstellen. Hilfreich ist es, zumindest die Texte der Folienplatzhalter Titel und Text schnell umzustellen.
>
> 1. Klicken Sie in der Normalansicht am linken Fensterrand auf die Registerkarte *Gliederung*.
> 2. Vergewissern Sie sich, dass eine der Folien markiert ist. Falls nicht, klicken Sie einmal in die Gliederungsdarstellung. Anschließend drücken Sie `Strg`+`A`, um alle Folien zu markieren.
> 3. Ändern Sie die Sprache entweder über *Überarbeiten/Sprache* oder durch Doppelklick auf das Sprachfeld in der Statusleiste am unteren Programmfensterrand.
>
> Die Sprache wird für alle Folientitel und die Textplatzhalter geändert. Selbst gezeichnete Textfelder oder beschriftete AutoFormen müssen Sie auf den einzelnen Folien markieren und manuell ändern.

Falls sich durch das Ändern der Sprache auch das Tastaturlayout verändert, also beispielsweise y und z vertauscht sind, rufen Sie per Klick auf die *Office-Schaltfläche* die *PowerPoint-Optionen* auf und deaktivieren unter *Erweitert* die Option *Tastatur automatisch an die Sprache des umgebenden Texts anpassen*.

Multimedia und fortgeschrittene Techniken

Die Recherchefunktionen nutzen

Bei der sprachlichen Überarbeitung der Präsentation, z.B. bei der Suche nach einem passenden Ausdruck, hilft Ihnen die Funktion *Recherchieren*. Sie können hier Synonyme zu einem Wort im Thesaurus suchen oder Begriffe übersetzen lassen.

1. Wechseln Sie zur Registerkarte *Überarbeiten* und klicken Sie dort auf die Schaltfläche *Recherchieren*.

2. Es öffnet sich rechts der Aufgabenbereich *Recherche* (siehe Abbildung 23.12). Geben Sie im oberen Feld den gesuchten Begriff ein und wählen Sie darunter, wo gesucht werden soll.

3. Starten Sie die Suche mit ⏎ oder einem Klick auf die grüne Pfeil-Schaltfläche.

> **HINWEIS** Die Recherchefunktion nutzt alle Wörterbucher auf Ihrem Computer, beispielsweise auch die Wörterbücher aus *Microsoft Encarta*. Für die Übersetzungen greift die Funktion teilweise auf Dienste aus dem Internet zurück.

Abbildg. 23.12 Der Aufgabenbereich *Recherchieren* sucht in allen Nachschlagewerken

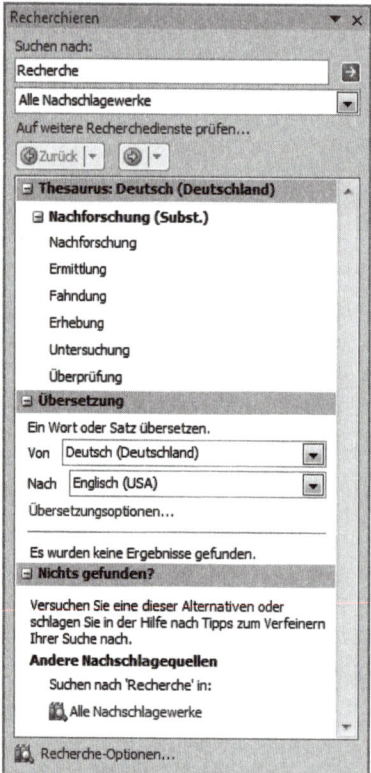

Suchen Sie nur nach einem Synonym, geht es schneller, wenn Sie das fragliche Wort mit der rechten Maustaste anklicken und den Befehl *Synonyme* im Kontextmenü wählen (siehe Abbildung 23.13). Klicken Sie einfach auf den passenden Begriff, um das markierte Wort zu ersetzen. Reichen die angezeigten Alternativen nicht aus, können Sie hierüber auch den Aufgabenbereich *Recherchieren*

mit dem *Thesaurus* aufrufen. Noch schneller geht es, wenn Sie die Tastenkombination ⬙ + F7 drücken.

Abbildg. 23.13   Nutzen Sie das Kontextmenü für die schnelle Suche nach Synonymen

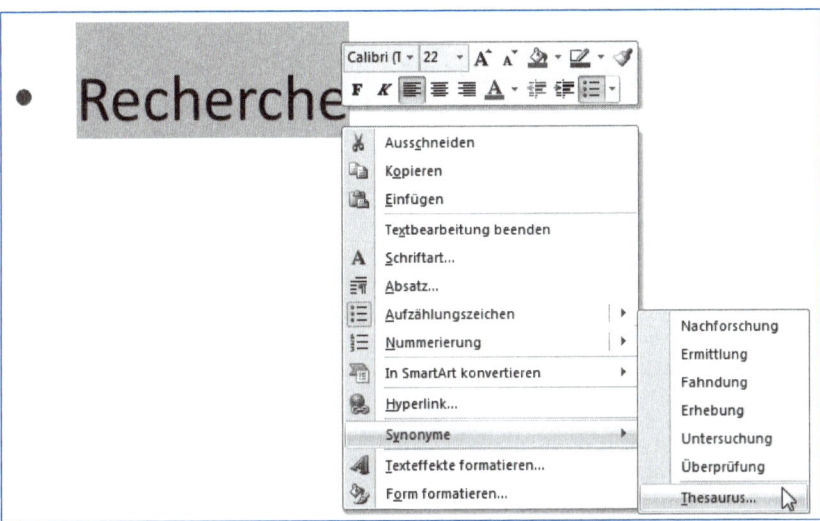

Gemeinsame Überarbeitung mit Kommentaren

Die gemeinsame Arbeit an einer Präsentation gestaltet sich oft schwierig, weil jedes Teammitglied nach einer Weile den Überblick über die Änderungen verliert, die andere gemacht haben. Power-Point 2007 bietet hier als Erleichterung für die Teamarbeit die *Kommentare* an.

Abbildg. 23.14   Auf der Registerkarte *Überarbeiten* verwalten Sie die Kommentare

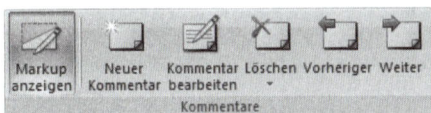

Kommentare eignen sich, um Teamkollegen auf Besonderheiten in der Präsentation aufmerksam zu machen, um Fragen zu stellen oder auf fehlende Inhalte hinzuweisen. Sie können die Kommentare natürlich auch für sich selbst schreiben, damit Sie wichtige Dinge nicht vergessen.

Blenden Sie die Registerkarte *Überarbeiten* ein. Anders als die Notizen werden die Kommentare unmittelbar auf der Folie eingefügt. Es ist deswegen wichtig, an welcher Stelle sich der Cursor gerade befindet. Setzen Sie den Cursor auf die Folie, die einen Kommentar enthalten soll, und klicken Sie das Textfeld oder die Grafik an, die Sie kommentieren möchten. Ist nichts markiert, wird der Kommentar in der oberen linken Ecke der Folie platziert.

Hier eine kurze Beschreibung der Befehle aus der Gruppe *Kommentare*:

- *Markup anzeigen* zeigt kleine Markierungen für die bisher schon vorhandenen Kommentare an.

- *Neuer Kommentar* fügt an der aktuellen Cursorposition ein Kommentarfenster mit der Angabe Ihres Namens und des aktuellen Datums ein. Schreiben Sie den Kommentar in das Feld. Sobald Sie außerhalb des Kommentarfeldes klicken, wird der Kommentar geschlossen und als kleines, fortlaufend nummeriertes Element angezeigt.

HINWEIS   Jeder Kommentar wird mit den Initialen des Erstellers und einer fortlaufenden Ziffer gekennzeichnet. Öffnen Sie den Kommentar, sehen Sie den ausgeschriebenen Namen, das Datum und die Uhrzeit der Eingabe des Kommentars. Initialen und Name können Sie in den *PowerPoint-Optionen* unter *Häufig verwendet/Microsoft Office-Kopie personalisieren* anpassen. PowerPoint weist jedem Bearbeiter eine andere Kommentarfarbe zu, auf die Sie keinen Einfluss haben.

- *Kommentar bearbeiten* ermöglicht Ihnen, Ihre Kommentare nachträglich zu überarbeiten. Auch mit einem Doppelklick auf das Markup gelangen Sie in den Bearbeitungsmodus. Mit einem Klick neben das Kommentarfeld beenden Sie das Bearbeiten wieder.

- *Löschen* ist eine zweigeteilte Schaltfläche, ein Klick auf die *obere* Hälfte mit dem Symbol löscht den aktuellen Kommentar, bei einem Klick auf den Pfeil in der *unteren* Hälfte stehen Ihnen zwei weitere Befehle zur Auswahl: *Alle Markups in der aktuellen Folie löschen* entfernt auf der gerade sichtbaren Folie sämtliche Kommentare. *Alle Markierungen in dieser Präsentation löschen* ist dafür zuständig, sämtliche Kommentare in der gesamten Präsentation zu entfernen.

- *Vorheriger* und *Weiter* helfen Ihnen, die übrigen Kommentare in der Präsentation zu finden und zu bearbeiten.

Unabhängig davon, ob die Markups für die Kommentare angezeigt werden oder nicht, werden Markups standardmäßig gedruckt. Ohne Markups drucken Sie die Folien, wenn Sie im Dialogfeld zur Befehlsfolge *Office-Schaltfläche/Drucken* die Option *Kommentare und Freihandmarkierungen drucken* deaktivieren. Sie finden die Option am unteren Rand des *Drucken*-Dialogfeldes.

Persönliche Informationen entfernen

Neu

Die Kommentare und manche Angaben in den Dateieigenschaften wollen Sie wahrscheinlich entfernen, bevor Sie die Präsentation an Personen außerhalb Ihres Unternehmens weitergeben. Während in der vorherigen Version dazu noch ein Add-In erforderlich war, haben Sie nun über die Befehlsfolge *Office-Schaltfläche/Vorbereiten/Dokument prüfen* die Möglichkeit, verborgene Informationen aus den Dateien entfernen zu lassen.

Abbildg. 23.15 Der Dokumentinspektor ermöglicht Ihnen die Kontrolle über verborgene Daten

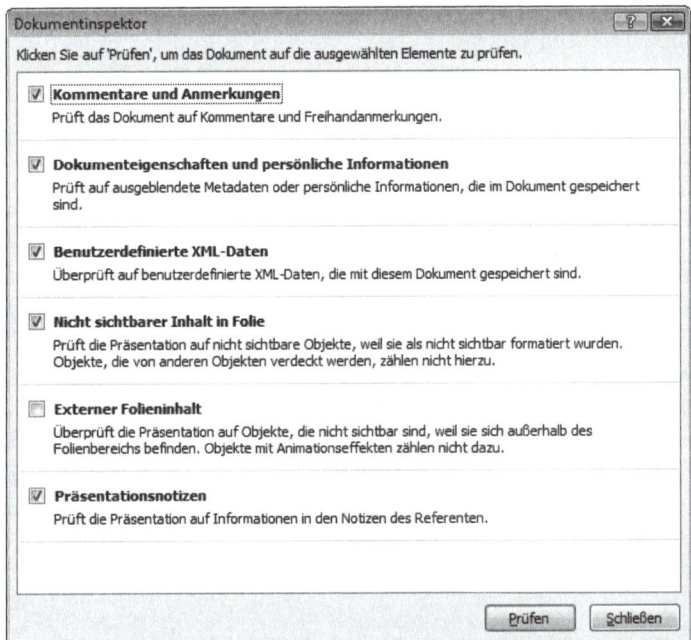

Folgende Informationen können mit dem Dokumentinspektor aus der Präsentation entfernt werden:

- *Kommentare und Anmerkungen* sucht einerseits nach eingefügten Kommentaren, andererseits nach Freihandanmerkungen, die während der Präsentation auf die Folie geschrieben wurden. Leider ist es nicht möglich, diese beiden Arten von Anmerkungen unabhängig voneinander zu entfernen.

- *Dokumenteigenschaften und persönliche Informationen* entfernt alle Dokumenteigenschaften. Während dies für Namen von früheren Autoren und Bearbeitern und Ihren eigenen Benutzernamen wahrscheinlich erwünscht ist, werden hiermit allerdings auch bereits vergebene Schlüsselwörter entfernt.

- *Benutzerdefinierte XML-Dateien* bezieht sich auf Informationen, die Sie eventuell durch Bearbeiten der PPTX-Datei in einem XML-Editor hinzugefügt haben.

- *Nicht sichtbarer Inhalt* in Folie entfernt alle Objekte, die Sie über *Start/Markieren/Auswahlbereich* ausgeblendet haben. Objekte, die nicht sichtbar sind, weil sie von anderen verdeckt werden, werden hiervon nicht erfasst.

- *Externer Folieninhalt* entfernt Objekte, die Sie in den Bereich außerhalb der Folie geschoben haben. Dies ist nützlich für Zeichnungsobjekte, die Sie versehentlich oder absichtlich außerhalb der Folie angeordnet haben. Haben Sie allerdings den Titelplatzhalter von der Folie geschoben, um ihn zwar nicht in der Präsentationsansicht, wohl aber in der Gliederung anzuzeigen, so wird auch dieser Inhalt entfernt. Animierte Objekte, die sich in die Folie hineinbewegen, werden nicht entfernt.

■ *Präsentationsnotizen* entfernt sämtlichen Inhalt der Notizfelder. Dies ist sinnvoll, falls Sie diese nur für Ihre eigenen Anmerkungen verwendet haben. Haben Sie dort Zusatzinformationen für den Betrachter untergebracht, sollten Sie diese Option unbedingt deaktivieren, bevor Sie die Überprüfung durchführen.

> **ACHTUNG** Informationen, die durch den *Dokumentinspektor* entfernt werden, können meist nicht wiederhergestellt werden. Es empfiehlt sich daher, mit *Speichern unter* im Menü zur *Office-Schaltfläche* eine Kopie der fertigen Präsentation anzulegen, damit Sie im Zweifelsfall auf Ihre Anmerkungen usw. zurückgreifen können.

Präsentationen abschließen und schützen

Haben Sie während der Arbeit an Ihrer Präsentation mehrfach Sicherheitskopien unter anderem Namen angelegt, wollen Sie wahrscheinlich die finale Version kennzeichnen und vor weiteren, absichtlichen oder versehentlichen Änderungen schützen. Hierzu stehen Ihnen zwei Möglichkeiten zur Verfügung:

■ Schutz der Datei mit *Kennwörtern* oder

■ Kennzeichnung der Datei als *abgeschlossen*

Eine Datei als abgeschlossen kennzeichnen

Neu Neu in PowerPoint 2007 ist die Möglichkeit, eine Datei als endgültige Version zu kennzeichnen, ohne sie gleichzeitig mit einem Kennwort zu versehen. Diese unterste Schutzstufe ist also keine Sicherheitsfunktion, sondern sie verhindert lediglich versehentliche Veränderungen. Außerdem kennzeichnen Sie so die zuletzt bearbeitete Version als finale Version.

Sie finden diese Einstellung, wenn Sie auf die *Office-Schaltfläche* und dann auf *Vorbereiten* und anschließend auf *Als abgeschlossen kennzeichnen* klicken. Auf demselben Wege kann diese Einstellung jederzeit und von jedem, der die Präsentation erhält, wieder aufgehoben werden.

> **ACHTUNG** Für mit Office 2007 noch nicht so vertraute Anwender ist diese Einstellung unter Umständen verwirrend. Die Präsentation lässt sich aus dem Explorer heraus oder mit *Office-Schaltfläche/Öffnen* wie jede andere Präsentation öffnen. Allerdings sind sämtliche Bearbeitungsbefehle deaktiviert und erscheinen »ausgegraut«. Der Hinweis, dass die Präsentation als abgeschlossen gekennzeichnet wurde, findet sich nur in einem winzigen Symbol in der Statusleiste am unteren Bildschirmrand oder wenn der Bearbeiter auf die *Office-Schaltfläche* und dann auf *Vorbereiten* klickt. Weisen Sie die Empfänger deshalb möglichst auf den Abgeschlossen-Status hin.

Da es sich um eine Eigenschaft handelt, die in Office 2007 neu ist, sind abgeschlossene Präsentationen, die in vorherigen PowerPoint-Versionen mithilfe des Compatibility Packs gespeichert werden, nicht schreibgeschützt.

Kennwörter vergeben

So wie die Sicherheitseinstellungen in Windows Vista erweitert wurden, sind auch die Schutzmöglichkeiten für Präsentationen in PowerPoint 2007 vielfältiger geworden. Sie können

- ein Kennwort zum *Ändern* vergeben,
- ein Kennwort zum *Öffnen* vergeben und
- die Präsentation mit *Digital Rights Management (DRM)* schützen.

Da für die letztgenannte Möglichkeit Dienstleistungen von Drittanbietern eingekauft werden müssen, soll darauf an dieser Stelle nicht eingegangen werden.

Allein die Vergabe eines Kennwortes würde eine Präsentation im PPTX-Format nicht vor Veränderungen schützen. Denn es handelt sich dabei um gezippte XML-Dateien, die unter Umgehung des Passwortes in einem Editor geöffnet, gelesen und bearbeitet werden können. Deshalb ist der Kennwortschutz in Office 2007 gleichzeitig mit einer erweiterten Verschlüsselung verbunden.

Wollen Sie eine Präsentation mit einem Kennwort zum Öffnen vor jeglichem unberechtigten Zugriff schützen, verwenden Sie über *Office-Schaltfläche/Vorbereiten* den Eintrag *Dokument verschlüsseln*. Hierbei werden Sie zweimal aufgefordert, das Kennwort einzugeben. Anschließend wird das Dokument gespeichert und verschlüsselt (aber noch nicht geschlossen).

Empfänger der Datei müssen erst das korrekte Kennwort eingeben, bevor sie die Datei öffnen können. Bei Bedarf kann anschließend auf dem gleichen Weg das Kennwort geändert oder entfernt werden.

Soll hingegen der Lesezugriff erlaubt werden und die Bearbeitung nur für einen eingeschränkten Personenkreis per Kennwort möglich sein, gehen Sie wie folgt vor:

1. Klicken Sie auf die *Office-Schaltfläche* und wählen Sie *Speichern unter*.
2. Links neben der Schaltfläche *Speichern* finden Sie im Menü zu *Tools* die *Allgemeinen Optionen*.
3. Hier können Sie nun ein Kennwort zum *Öffnen*, ein Kennwort zum *Ändern* oder *beide* vergeben.

ACHTUNG   Wählen Sie einerseits ein sicheres Kennwort, das Groß- und Kleinbuchstaben und Ziffern enthält und aus mindestens acht Zeichen besteht. Stellen Sie andererseits sicher, dass Sie das Kennwort nicht verlieren, es kann auch von Microsoft nicht wiederhergestellt werden.

Digitale Signaturen

Eine digitale Signatur stellt sicher, dass die Datei von dem Absender stammt, der sie signiert hat, und dass die Datei nicht geändert wurde. Sie kann mit einem Kennwortschutz kombiniert werden.

Voraussetzung ist, dass Sie über ein digitales Zertifikat verfügen. Rechtsgültige Zertifikate werden von kommerziellen Zertifizierungsstellen vergeben. Einige Firmen und Organisationen haben auch eine interne Zertifizierungsstelle. Persönliche Zertifikate können Sie über das Zusatzprogramm *Selfcert.exe* erstellen.

Sobald Sie ein digitales Zertifikat installiert haben, können Sie unter *Office-Schaltfläche/Vorbereiten* auf die Option *Digitale Signatur hinzufügen* klicken und eine Signatur mit diesem Zertifikat zu Ihrer PowerPoint-Datei hinzufügen.

Zusammenfassung

Dieses Kapitel beschreibt, wie Sie eine Präsentation aufwerten können – z.B. mit Flash-Animationen, Formeln und PDF-Dateien. Darüber hinaus stellt es die Schritte vor, die nach dem Fertigstellen der Folien vor dem Weitergeben der Präsentation nützlich und erforderlich sind.

Hier noch einmal die wichtigsten Fundstellen:

Thema	Seite
Flash-Animationen als Steuerelement einfügen	680
Formeln mit dem Formel-Editor und aus Word einfügen	683
Objekte, z.B. PDF-Dateien, einfügen	684
Die Rechtschreibung prüfen und die Sprache des Textes ändern	686
In Wörterbüchern und Lexika recherchieren	690
Präsentationen im Team bearbeiten und kommentieren	691
Datenschutz: Persönliche Informationen gezielt entfernen	692
Die finale Version einer Präsentation kennzeichnen	694
Die Präsentation mit Kennwörtern schützen	695

Teil F

PowerPoint, Office und Teamarbeit

In diesem Teil:

Kapitel 24

PowerPoint und Excel

Das Verhältnis von PowerPoint und Excel hat sich – wenn man diesen Vergleich aus den zwischenmenschlichen Beziehungen benutzen darf – mit der Version 2007 entscheidend verbessert. Das in die Jahre gekommene Microsoft Graph als Lieferant für Diagramme auf Folien hat sich zur Ruhe gesetzt und mit Excel endlich den würdigen Nachfolger bekommen. Und da dessen Diagrammmöglichkeiten noch einmal deutlich angehoben wurden, steht der Visualisierung von Zahlendaten mit Start aus PowerPoint heraus nichts mehr im Wege. Oft allerdings werden durch Anwender die Vorbereitungen bereits unter Excel getroffen (oder ergeben sich aus der täglichen Arbeit) und dann ist es notwendig, Informationen schnell aus dem einen Programm in das andere zu bringen. Dieses Kapitel widmet sich im ersten Teil Wegen und Möglichkeiten, die angesprochene Aufgabenstellung zügig und ohne Fehler zu bewerkstelligen.

Sehr oft wird von Anwendern die Forderung aufgestellt, während einer Präsentation »lebende« Zahlen ins Spiel zu bringen. Herkömmliche Arbeitsblätter können diese Aufgabe nicht meistern (wenn man von der Variante absieht, Dutzende von Szenarien für einen Vortrag erahnt und auf Folien vorbereitet zu haben). Hier kann die Spreadsheet-Webkomponente, die zumindest mit der Professional Version von Office installiert wird, Abhilfe schaffen. Excel fungiert dann als Datenlieferant. Den Details widmet sich der zweite, merklich kleinere Teil dieses Kapitels.

Import und Export, Quelle und Ziel

Wenn zwei Office-Programme Daten austauschen, kann dieser Austausch über die Zwischenablage (Ausgangspunkt ist dabei die Anwendung, die die Daten bereitstellt) oder über das Einfügen eines Objekts (Ausgangspunkt ist hierbei die Anwendung, die die Daten aufnimmt) erfolgen.

Es ist sicher vernünftig, immer dann von einem Import zu sprechen, wenn es gelingt, aus der laufenden Anwendung heraus anwendungsfremde Elemente einer Folie (oder allgemein: einem Dokument) hinzuzufügen. In PowerPoint geschieht das mithilfe einiger Befehle der Registerkarte *Einfügen* der Multifunktionsleiste, wobei das Einfügen »allgemeiner Objekte« (zu denen auch solche aus Excel oder Formeln des Formeleditors gehören) über den Befehl *Objekt* erfolgt, der in der Gruppe *Text* etwas deplatziert scheint. Die eingefügten Objekte werden oft als *OLE-Objekte* bezeichnet. Dabei steht OLE für *Object Linking and Embedding*. Und gerade dieser Einbettungsvorgang ist es, der später einen Doppelklick auf das eingebettete Objekt gestattet, um es unmittelbar in der fremden Umgebung mit den Mitteln zu bearbeiten, die für das Objekt installiert sind.

Der Export wird in aller Regel damit gestartet, dass Teile eines Dokuments einer Anwendung (Word-Text, Excel-Zellen u.a.) über den Befehl *Kopieren* (oder die Tastenkombination `Strg`+`C`) in die Zwischenablage gebracht werden und dort »auf ihren Einsatz warten«. Dann erfolgt durch den Bearbeiter der Wechsel in die andere Anwendung und der Inhalt der Zwischenablage wird über den Befehl *Einfügen* (oder die Tastenkombination `Strg`+`V`) an die beabsichtigte Stelle gebracht. Je nach Anwendung passiert jetzt ein Standardvorgang. Das heißt, das Ergebnis des Einfügens ist von Anwendung zu Anwendung unter Umständen verschieden. Office-Anwendungen fügen hier in aller Regel das Objekt im HTML-Format ein. Dieser Standardvorgang kann vom Anwender umgangen werden, indem er in der Anwendung nach der Möglichkeit sucht, den Inhalt der Zwischenablage in einer anderen Form einzufügen und dadurch ggf. wiederum ein Objekt einbettet. In PowerPoint finden Sie diese Funktion unter den Einfüge-Optionen der Schaltfläche *Einfügen* der Befehlsgruppe *Zwischenablage* (Registerkarte *Start*).

Die Begriffe *Quelle* und *Ziel* beziehen sich im engeren Sinne auf eine Verknüpfung bestehender Dokumente gleicher oder unterschiedlicher Anwendungen. Obwohl »oberflächlich« der gleiche Effekt wie beim Einbetten zu beobachten ist, wird hier durch das Dokument (das ist das *Ziel* oder der *Client*) intern eine Art Verweis auf die *Quelle* (auch *Server* genannt) gespeichert. Damit werden Veränderungen der Quelldatei je nach Einstellung automatisch oder auf manuelle Anforderung in der Zieldatei sichtbar. Nicht immer ist das Einfügen solch einer Verknüpfung in einer Anwendung vorgesehen, der Austausch innerhalb der Microsoft Office-Programme kennt allerdings kaum Grenzen.

> **TIPP** Die Verwendung von Verknüpfungen will stets gut geplant sein. Stellen Sie sich vor: Sie verknüpfen in eine PowerPoint-Folie (Ziel) den Bezug auf Teile einer Excel-Tabelle (Quelle), um wöchentliche Berichte erstellen und präsentieren zu können. Der Bearbeiter der Quelle ist ein anderer Mitarbeiter. Am Freitag schaffen Sie es nicht rechtzeitig, den Bericht für Dienstagmorgen fertigzustellen. Am Montagmittag würde eine Aktualisierung der Verknüpfung einen Zustand zeigen, der nicht der vom vergangenen Freitag sein muss! Deshalb ist es oft sinnvoll, die Berichte in einer Präsentationsvorlage zu erstellen, die den »lebenden« Bezug zur Excel-Quelle gespeichert hat. Die auf der Vorlage beruhende neue Präsentation wird zum geeigneten Zeitpunkt von der Quelle getrennt, indem die Verknüpfung aufgehoben wird (siehe Abbildung 24.1).

Verknüpfungen bearbeiten Sie im Nachhinein mit dem Befehl *Verknüpfungen mit Dateien bearbeiten*, der in der Befehlsliste des Befehls *Vorbereiten* im Menü zur *Office-Schaltfläche* erscheint (wenn es denn Verknüpfungen in der aktiven Präsentation gibt).

Abbildg. 24.1 Verknüpfungen verwalten – hier wird auch eingestellt, wie hinsichtlich der Aktualisierung verfahren werden soll

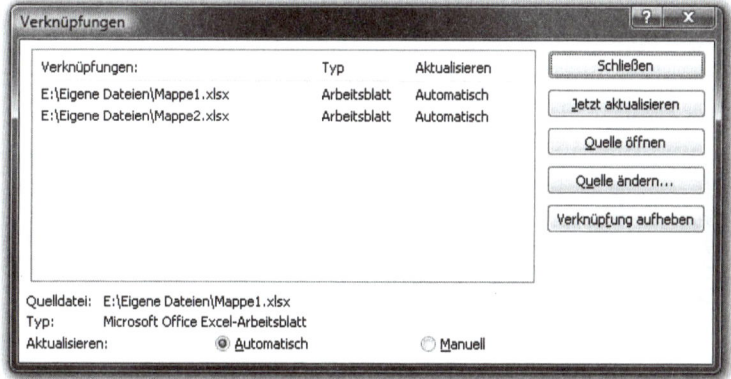

Export – von Excel nach PowerPoint

Häufig wird für den Datenaustausch die Zwischenablage benutzt. Beim Einfügen der Daten können Sie unter verschiedenen Möglichkeiten wählen.

Zwischenablage nutzen – der Normalfall

Dieser Vorgang ist der einfachste Weg des Informationsaustauschs, der Zellinhalte eines Arbeitsblattes ohne zusätzlichen Schreibaufwand (und damit unter Vermeidung von Fehlern) von Excel nach PowerPoint bringt. Sie markieren die gewünschten Zellen und wählen den Menübefehl *Kopieren* in der Gruppe *Zwischenablage* auf der Registerkarte *Start*. Dann wechseln Sie zu Ihrer Präsentation und fügen das »Gemerkte« über den Befehl *Einfügen* an der ausgewählten Stelle ein. Das Ergebnis ist eine (nahezu) Eins-zu-eins-Übertragung von Zahlen und Formatierungen in einer PowerPoint-Tabelle (Sie erkennen das an den kontextbezogenen Registerkarten der *Tabellentools* in der Multi-funktionsleiste). Fertig! Was ist geschehen? Der markierte Teil wurde im HTML-Format in die Zwischenablage gebracht und als solches Format auf der Folie abgelegt.

> **HINWEIS**   Tabellen auf Folien haben oft kaum etwas mit Visualisierung zu tun. Der Betrachter wird im Falle einer Tabelle gelegentlich mit einer unüberschaubaren Vielzahl von Informationen konfrontiert. Während der Vortragende spricht (er kennt diese Zahlen), versucht jeder der Zuschauer, die noch unbekannte Zahlenflut der Tabelle für sich zu erschließen. Folglich lässt an der Stelle die Aufmerksamkeit für den Vortragenden nach. Bedenken Sie dies, wenn Sie Tabellen auf Folien anzeigen wollen.

Außerdem wird beim Einfügen über die Zwischenablage die Formatierung beibehalten, also auch die Schriftgröße des Originals. In aller Regel ist das der Lesbarkeit nicht dienlich, Nachbesserung ist also notwendig.

Zwischenablage nutzen – Inhalte einfügen

Wollen Sie den Einfügen-Vorgang unter Ihre Kontrolle bringen, so gehen Sie im zweiten Schritt einen anderen Weg: Anstelle des »einfachen« Menübefehls *Einfügen* wählen Sie unter den Einfüge-Optionen *Inhalte einfügen* aus.

Die Bedeutung dieses Vorgangs wird nicht aus der Bezeichnung des Menübefehls selbst, sondern eigentlich erst aus dem folgenden Dialogfeld *Inhalte einfügen* (siehe Abbildung 24.2) deutlich.

Abbildg. 24.2   Dieses Dialogfeld klärt – anders als bei Word – nicht auf, weshalb beim gewöhnlichen Einfügen des Inhalts der Zwischenablage das HTML-Format benutzt wird. Es wird beim Erscheinen die Standardeinstellung »als Arbeitsmappe« suggeriert.

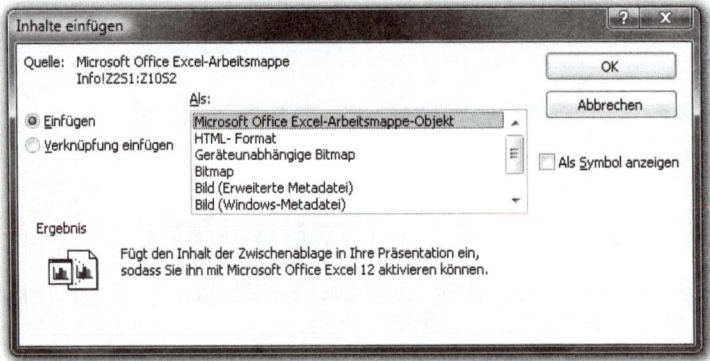

Schauen Sie sich das Dialogfeld aus Abbildung 24.2 einmal in Ruhe an. Die erste Entscheidung, die Sie treffen müssen, ist folgende: Soll der von Ihnen einzufügende Teil als Text (in Tabellenform oder innerhalb einer AutoForm) eingefügt bzw. als Objekt (Bild oder Arbeitsmappe mit sichtbarem Arbeitsblattausschnitt) eingebettet werden (das ist die Option *Einfügen* auf der linken Seite) und in

Zukunft ein eigenständiges, vom Original getrenntes »Leben« führen? Oder möchten Sie die Verbindung zum Original aufrechterhalten (das ist die Option *Verknüpfung einfügen*)?

Ist die Entscheidung für *Einfügen* gefallen, so stehen Sie noch vor der Wahl:

- Das Einfügen geschieht in Bildform mit einem noch auszuwählenden Grafikformat.

- Das Einfügen geschieht in Textform. Hier führt *HTML* zu einer PowerPoint-Tabelle unter Beibehaltung aller Formatierungen (also ggf. zu kleineren Schriftgrößen). *RTF* bildet den Text versuchsweise in einer durch Tabulatoren und Zeilenumbrüche geprägten Struktur innerhalb einer AutoForm nach und behält ähnliche farbliche Formatierungen, jedoch nicht Schriftgrößen bei. Unformatierter Text passt zwar die Schriftgröße der der AutoForm an, verliert aber die Farben und ersetzt diese durch Schwarz. Dieses Verhalten ist ganz anders als in Word und damit anders als in der Vorgängerversion von Office.

- Und schließlich: Das Einfügen geschieht als Excel-Arbeitsmappe-Objekt. Der später im Kontextmenü zu diesem Objekt gezeigte Eintrag *Arbeitsblatt-Objekt* ist nicht ganz richtig, denn es wird die gesamte Mappe in das Dokument eingefügt und der gewählte Arbeitsblattausschnitt zunächst angezeigt. Sie kontrollieren den angezeigten Ausschnitt etwa durch den Doppelklick auf das Objekt und anschließende Markierung der »Grenzen«. Im Falle des Verknüpfens ist die Wahl dieses Begriffs uninteressant, da der Doppelklick immer die Quelldatei in Excel öffnet.

Haben Sie sich für ein Verknüpfen entschieden, so besteht nur die Möglichkeit des Einfügens als Arbeitsmappe-Objekt.

Das Verknüpfen durch einen Hyperlink ist an dieser Stelle eine ganz andere Technik, die nichts einbettet, sondern nur den Verbindungsweg zum Original aufzeigt. Diesen sollten Sie, da er die gesamte Pfadangabe beinhaltet, durch einen entsprechenden anzuzeigenden Text anpassen (im Kontextmenü *Hyperlink bearbeiten* wählen).

HINWEIS   Das Einfügen selbst einer einzelnen Excel-Zelle bewirkt die Speicherung der gesamten Mappe in der Präsentation! Damit können Dokumente mit redundanten oder gar überflüssigen, nicht sichtbaren Informationen regelrecht »zum Platzen« gebracht werden. Das passiert nicht, wenn eine Verknüpfung zwischen Quelle und Ziel eingerichtet wird.

Sind Sie sich sicher, dass die Daten nicht mehr bearbeitet werden müssen, so verzichten Sie besser auf das Einfügen als Excel-Arbeitsmappe-Objekt und wählen eine der anderen Varianten.

Import und OLE-Objekte

Sicher wird es die seltene Ausnahme sein, Präsentationen oder deren Folien in Excel zu importieren. Aber umgekehrt ist das häufig der Fall: Zellinhalte oder Diagramme werden geholt.

Sie starten dazu auf einer Folie durch Klicken auf die Schaltfläche *Objekt* in der Gruppe *Text* auf der Registerkarte *Einfügen*.

Das anschließende Dialogfeld *Objekt einfügen* – Sie ahnen es – stellt Sie wieder vor eine Wahl:

- Einbetten durch Neuerstellung – dieser Vorgang verbirgt sich hinter der Option *Neu erstellen* (siehe Abbildung 24.3), die in der Tat das Neuerstellen eines einzelnen Arbeitsblattes (natürlich als Bestandteil einer Arbeitsmappe) erlaubt. Das Einfügen selbst bzw. der spätere Doppelklick auf ein so eingefügtes Objekt ruft Excel in der Umgebung von PowerPoint auf, passt die Multifunktionsleiste an (die *Office-Schaltfläche* wird durch zwei »klassische« PowerPoint-Menüs ersetzt) und lässt Sie dann wie gewohnt in Excel weiterarbeiten. Sie haben also auch die Möglichkeit, die eingebettete Mappe um neue Arbeitsblätter zu erweitern, die Sie für Nebenrechnungen, wechselnde Anzeige u.a. nutzen.

Abbildg. 24.3 Einbetten neuer Objekte. Hier handelt es sich nicht um einen Import von Informationen, da diese selbst in der Folie erstellt und integriert werden.

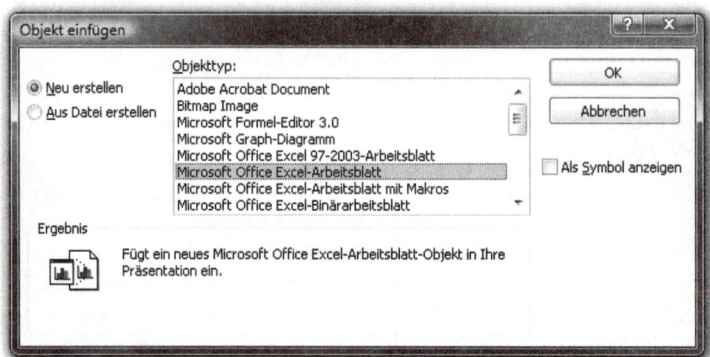

- Erstellung des Objekts aus einer vorhandenen Datei (Option *Aus Datei erstellen*; siehe Abbildung 24.3), was auf das Einbetten oder Verknüpfen der gewählten Mappe hinausläuft.

Abbildg. 24.4 Das ist der direkte Import von Excel-Daten mit der Option des Verknüpfens

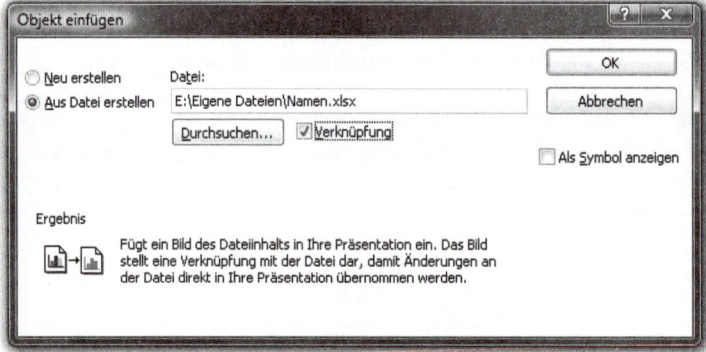

TIPP Der Vorgang der Übernahme von verknüpften Informationen aus bestehenden Arbeitsmappen auf diesem Wege ist in der Regel etwas unflexibel, da der anzuzeigende Arbeitsblattausschnitt nicht (wie das etwa bei Word möglich ist) durch Angabe eines anderen darzustellenden *Elements* korrigiert werden kann. Deshalb sollte einem Import an dieser Stelle der Export aus Excel heraus (über die Zwischenablage) vorgezogen werden.

Probieren Sie die Varianten an kleinen und übersichtlichen Beispielen Ihrer Wahl aus, damit Sie im »Ernstfall« mit »geschlossenen Augen« korrekt handeln können. Beachten Sie, dass das Kontextmenü zum Objekt die Einträge *Bearbeiten* und *Öffnen* enthält. Der Klick auf den zweiten Eintrag öffnet die Arbeitsmappe in Excel, bei einer Verknüpfung allerdings schreibgeschützt. Wählen Sie den ersten Befehl, so wird im Falle eines eingebetteten Objekts dieses in der Umgebung der Folie zur Bearbeitung angezeigt, ein verknüpftes Objekt wird wiederum schreibgeschützt in Excel geöffnet.

TIPP Beachten Sie, dass bei eingebetteten Objekten stets Excel das Aussehen in Power-Point bestimmt. Ändern Sie also dort alles Notwendige, wie etwa die Schriftgrößen. Beachten Sie auch die Verwendung einheitlicher Designs unter den Office-Partnern, um etwa die Farbauswahl und die Schrifttypen unkompliziert zu halten.

Oft stören die Gitternetzlinien der Excel-Tabellenausschnitte. Diese sind ebenfalls in Excel (entweder vor dem Import oder später durch Doppelklick auf das Arbeitsblatt-Objekt) unsichtbar zu machen.

Diagramme übergeben

Natürlich lassen sich auch Diagramme per Zwischenablage übertragen. Beim Kopieren und Einfügen wird sofort wieder ein »Excel-Diagramm« angelegt (was auch zu erwarten ist, wenn Excel als Standardeditor für Diagramme auftritt). Ein solches Diagramm behandeln Sie in der gewohnten Art.

Wollen Sie einen Import aus PowerPoint heraus versuchen, so haben Sie nach dem Klicken auf *Objekt* in der Gruppe *Text* auf der Registerkarte *Einfügen* die Wahl der Neuerstellung oder des tatsächlichen Imports (siehe Abbildung 24.5).

Abbildg. 24.5 Diesmal soll ein Diagramm als Objekt eingefügt werden

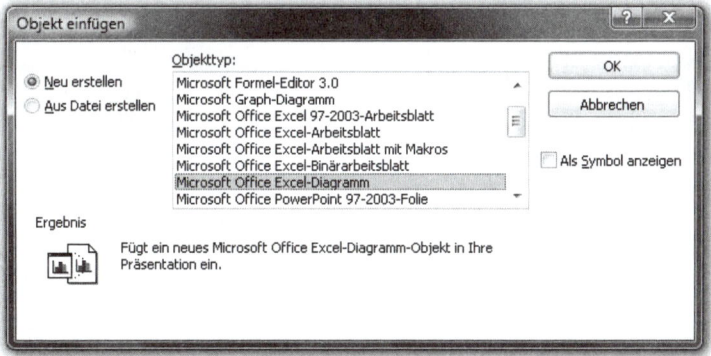

Im zweiten Fall (Erstellen aus einer vorhandenen Datei, unabhängig von einer möglichen Verknüpfung) müssen Sie vorher bzw. durch nachträgliche Bearbeitung des Objekts (Klicken mit der rechten Maustaste zum Öffnen des Kontextmenüs) dafür sorgen, dass sich das Diagramm auf einem gesonderten Blatt befindet, das »oben« liegt.

Bei der Neuerstellung kommt es zu einer Überraschung – PowerPoint verliert die Kontrolle über das Diagramm, das sich als Objekt so verhält, als ob eingebettete Zellen angezeigt würden (siehe Abbildung 24.6).

Abbildg. 24.6 | Diagrammobjekte von Excel in anderen Anwendungen – hier arbeitet eine sonst unsichtbare und wohl etwas ältere Vorlage, deren Ergebnis noch angepasst werden muss

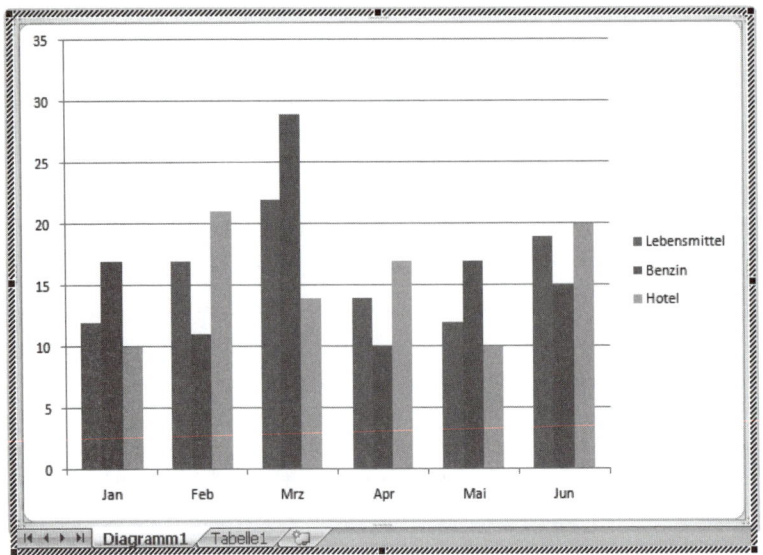

Ein Doppelklick auf das Objekt verrät später, dass es sich um ein Relikt aus Zeiten vor Office 2007 handelt und eine Konvertierung zur Nutzung der neuen Features empfohlen wird.

Spreadsheet-Webkomponente auf Folien

Obwohl Webkomponenten – wie es der Name möglicherweise vermuten lässt – nicht für Power-Point, sondern für HTML-Seiten entwickelt wurden, lassen sie sich gelegentlich gut in PowerPoint nutzen. Da Charts und PivotTables im Sinne der Webkomponenten mit Excel nur noch die Funktionalität gemeinsam haben, soll hier nur das Spreadsheet besprochen werden. Es erlaubt, Folien mit Interaktivität auszustatten, die das Rechnen mit Zahlen und Formeln während der Anzeige einer Präsentation ermöglichen. Quelle für mögliche Berechnungen kann Excel sein.

HINWEIS   Die drei genannten Komponenten stehen in der Version 11 zur Verfügung. Falls Sie nicht mit Ihrer Office-Installation bereitgestellt werden, nutzen Sie den Download von der Website von Microsoft.

Die Versionsnummer deutet an, dass die Webkomponenten seit Office 2003 nicht mehr weiter-entwickelt werden. Die Gründe liegen in Sicherheitsproblemen beim Einsatz in Internet Explorer. Excel Services auf SharePoint-Servern haben die Nachfolge angetreten.

Spreadsheet auf einer Folie platzieren

Voraussetzung ist, dass Sie die Multifunktionsleiste durch die Anzeige der Registerkarte *Entwicklertools* erweitert haben (*PowerPoint-Optionen*, Kategorie *Häufig verwendet*).

1. Die Schaltfläche *Weitere Steuerelemente* in der Gruppe *Steuerelemente* bringt Sie in ein Dialogfeld wie in Abbildung 24.7.

Abbildg. 24.7 Start zum Einfügen von Steuerelementen

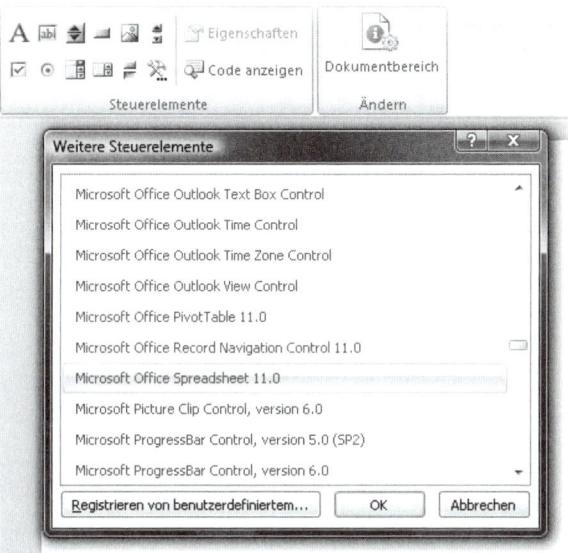

2. Suchen Sie dort nach *Microsoft Office Spreadsheet 11.0*. Nach Klicken auf *OK* können Sie mit der Maus die Abmessungen der Komponente auf der Folie ausziehen.

3. Starten Sie nun die Vorführung der Präsentation – auf der Folie befindet sich ein Gitternetz, das zum Rechnen einlädt.

Die Möglichkeiten der Komponente können in diesem Handbuch leider nicht besprochen werden, aber sie gleichen denen von Excel – was das Rechnen betrifft – nahezu aufs Haar. Probieren Sie einfach aus und lassen der Fantasie freien Lauf (Zahlen, Formeln, Formatierungen, Verhalten der Komponente usw.).

Excel-Daten importieren

Zur Vorbereitung Ihrer Präsentation (der Inhalt der Komponente wird mit der Präsentation gespeichert) haben Sie zwei Möglichkeiten:

■ Sie verwenden den Bearbeitungsmodus der Komponente, den Sie durch Klick mit der rechten Maustaste und der Nutzung des Befehls *Bearbeiten* aktivieren oder

■ Sie gehen über *Befehle und Optionen* dieses Menüs (siehe Abbildung 24.8).

Abbildg. 24.8   Anpassen der Webkomponente durch Nutzung der Menübefehle

Der letztgenannte Befehl erlaubt im Dialogfeld aus Abbildung 24.9 neben der Anpassung der Komponente auch das Festlegen ihres Vorabinhalts.

Abbildg. 24.9   Voreinstellungen vornehmen, dazu kann auch der Import von Inhalten zählen

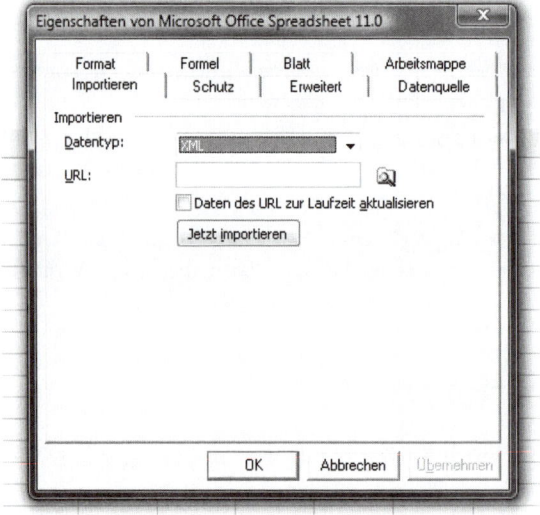

Und hier kommt wieder Excel ins Spiel. Bereiten Sie dort Daten vor (Zahlen, Formeln, Formatierungen) und speichern Sie diese nicht als Arbeitsmappe, sondern im Format *XML-Kalkulationstabelle 2003*.

HINWEIS Bei diesem Format handelt es sich um das XML-Format von Excel 2003, das nicht nur eine Tabelle, sondern die ganze Mappe (allerdings ohne Objekte und VBA-Projekte) so abspeichert, dass sie später wieder von Excel (ab Version 2003) »erkannt« wird und weiter bearbeitet werden kann.

Den Pfad zu einer solchen XML-Datei geben Sie als Quelle im Feld *URL* im Dialogfeld aus Abbildung 24.9 ein, wobei Sie noch festlegen können, dass die Daten beim Präsentieren der Folie aktuell gezogen werden (falls etwa jemand anders die Daten vorbereitet und laufend aktualisiert). Die Zuhörer (vielleicht einer Team-Beratung) werden beeindruckt sein.

Abbildg. 24.10 Live Zahlen auf Folien anpassen – der Wunsch vieler Anwender

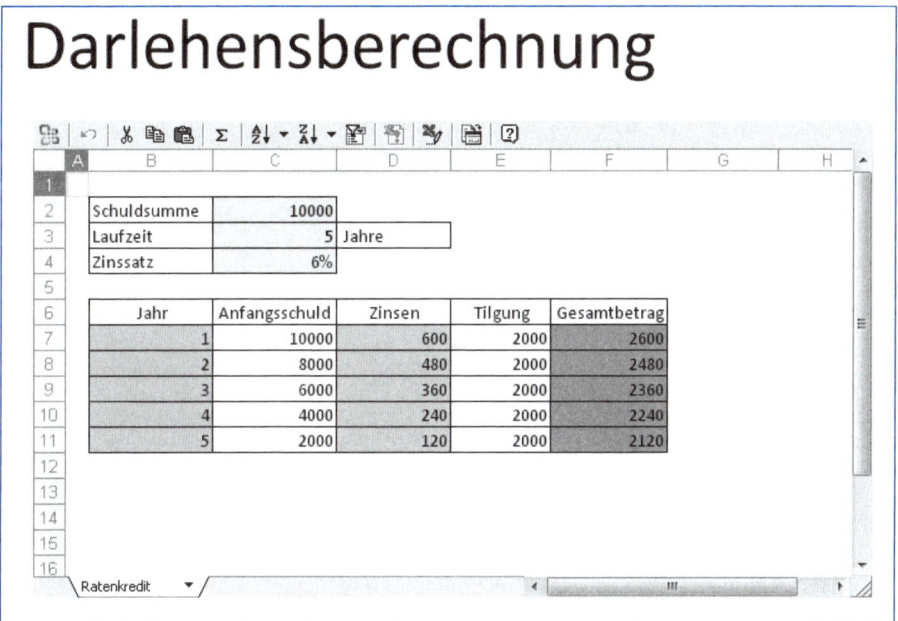

Zusammenfassung

In diesem Kapitel haben Sie gesehen, wie perfekt die Zusammenarbeit zwischen Excel und Power-Point funktioniert. Nicht ohne Grund wird also Office als Paket geschnürt, dessen Bestandteile sich gegenseitig ergänzen. Die folgende Tabelle zeigt Ihnen nochmals die Schwerpunkte des Zusammenwirkens.

Thema	Seite
Unterschiede und Gemeinsamkeiten: Im- und Export von Informationen	700
Genau unterscheiden: Quelle und Ziel von Daten	700
Informationen verknüpfen	701

Kapitel 25

PowerPoint und Word

Zwischen den Microsoft Office System-Programmen Word 2007, Excel 2007, PowerPoint 2007 und Outlook 2007 gibt es vielfältige Varianten für den Datenaustausch. Sie können Texte oder Tabellen aus der einen Anwendung kopieren und in die andere wieder einfügen. Einfüge-Optionen erleichtern Ihnen die Anpassung der Formate an das Zielprogramm.

Beim einfachen Einfügen besteht anschließend keine Verbindung mehr zwischen dem eingefügten Objekt und dem ursprünglichen Programm. Ein aus Word in PowerPoint eingefügter Text wird sich also nicht mehr aktualisieren, wenn Sie in Word eine Passage ändern.

Eine Verknüpfung hingegen hält eine ständige Verbindung zwischen dem ursprünglichen Programm und dem Zielprogramm aufrecht. Der eingefügte Word-Text auf der Folie ändert sich sofort, wenn Sie eine Passage in Word korrigieren. In diesem Beispiel fungiert Word 2007 als Quelle, es liefert die Daten. PowerPoint 2007 ist das Ziel und nimmt die Daten entgegen. Der Fachausdruck für die »Quelle« ist Serveranwendung und der für das »Ziel« Clientanwendung. Die Verbindung zwischen Quelle und Ziel ist einseitig. Textänderungen an der Quelle wirken sich am Ziel aus, umgekehrt nicht. Wenn Sie in PowerPoint den Text auf der Folie anpassen, wirkt sich das also nicht auf Ihr Word-Dokument aus.

Zwischen Word 2007 und PowerPoint 2007 gibt es mehrere besondere Fälle der Zusammenarbeit. Sie können eine PowerPoint-Präsentation an Word senden, um Handzettel und Notizen zu drucken. Umgekehrt können Sie eine Word-Gliederung an PowerPoint senden, um daraus eine Präsentation zu erstellen.

Aus einer Word-Gliederung eine Präsentation erzeugen

Eine erste Stoffsammlung für die Präsentation erstellen Sie komfortabler in Word als in PowerPoint. Es bietet sich daher an, die grobe Themengliederung erst einmal als Word-Dokument zu erstellen. Diese Datei dient als Basis für die Präsentation. Erwarten Sie aber nicht zu viel: Word liefert lediglich die Folientitel und die Aufzählungen. Längere Textpassagen mit Standardtext, Tabellen oder Grafiken werden nicht automatisch übertragen. Umfangreiche Nacharbeiten in PowerPoint bleiben Ihnen daher nicht erspart.

Gliederung in Word vorbereiten

PowerPoint 2007 übernimmt aus Word alle Textteile, die mit den Formatvorlagen *Überschrift1* bis *Überschrift9* formatiert wurden. Standardtext wird ebenso ignoriert wie Text, für den eine andere Formatvorlage gewählt wurde. Überschriften der ersten Ebene werden zum Folientitel, alle weiteren Überschriftebenen werden als gegliederte Texte in die Textplatzhalter der Folie geschrieben.

Wichtig ist daher eine durchdachte Gliederung des Word-Textes mit den Formatvorlagen *Überschrift1*, *Überschrift2* usw. Weisen Sie die Überschriftebenen in Word über die Schnellformatvorlage oder über Tastenkombinationen zu.

- Stellen Sie den Cursor in die Überschriftenzeile und klicken Sie auf der Registerkarte *Start* in der Gruppe *Formatvorlagen* auf den Formatvorlagenkatalog, um die Überschriftebenen 1 bis 3 zuzuweisen.

Abbildg. 25.1   Überschriften wählen Sie in Word aus dem Katalog der Formatvorlagen aus

- Oder verwenden Sie die Tastenkombinationen `Alt`+`1`, `Alt`+`2` bzw. `Alt`+`3` für die ersten drei Ebenen.

- Weitere Ebenen können Sie verwenden, wenn Sie den Aufgabenbereich *Formatvorlagen* öffnen (Registerkarte *Start*, in der Gruppe *Formatvorlagen* auf den nach rechts unten weisenden Pfeil klicken). Klicken Sie am unteren Ende auf *Optionen* und wählen Sie im Dropdown-Listenfeld *Anzuzeigende Formatvorlagen auswählen* den Eintrag *Alle Formatvorlagen*. Jetzt sehen Sie in der Liste die Überschriften 1 bis 9.

PowerPoint 2007 kann prinzipiell die ersten sechs Überschriftebenen als Gliederungspunkte übernehmen. Die erste Ebene wird zum Folientitel, die Ebenen zwei bis sechs bilden die Aufzählungsebenen im Textteil der Folie. Da PowerPoint nur fünf Aufzählungsebenen kennt, werden die Überschriften sieben bis neun in die fünfte Ebene eingeordnet.

TIPP   Es ist nicht empfehlenswert, zu viele Gliederungsebenen auf einer Folie zu verwenden. Beschränken Sie sich schon der Übersicht halber in Word auf maximal vier Ebenen.

Absätze, denen Sie in Word keine Überschriftformatvorlage zugewiesen haben, werden später nicht auf die PowerPoint-Folie übernommen. Weder Standardtext noch andere Textelemente tauchen in der Präsentation auf. Ungegliederte Texte, in denen gar keine Überschriftformatvorlagen verwendet wurden, versucht PowerPoint selbst zu strukturieren. Eingerückte Texte und Absätze mit Aufzählungszeichen werden dabei als Überschrift verstanden. Allerdings haben Sie keinen Einfluss auf das Geschehen, PowerPoint erarbeitet eine Präsentation nach seinen Regeln.

Speichern und schließen Sie den Word-Text. Es gibt nun zwei Wege, den Text in PowerPoint zu übernehmen:

- Wählen Sie in PowerPoint im Menü zur *Office-Schaltfläche* den Befehl *Öffnen*. Stellen Sie den Dateityp auf *Alle Dateien (*.*)* und markieren Sie die Word-Datei. Klicken Sie anschließend auf *Öffnen*.

- Alternativ können Sie in einer Präsentation auf der Registerkarte *Start* in der Gruppe *Folien* auf *Neue Folie* klicken und den Befehl *Folien aus Gliederung* verwenden. Markieren Sie die Word-Datei und klicken Sie auf *Einfügen*.

Im ersten Fall erzeugt PowerPoint eine komplett neue Präsentation aus der Gliederung, im zweiten Fall können Sie die neuen Folien in eine vorhandene Präsentation integrieren. In beiden Fällen werden die Formatierungen des Word-Textes nur teilweise übernommen.

■ Als Schriftart wird standardmäßig die Schrift *Times New Roman* zugewiesen. Weder die Schriftart aus Word noch aus der aktuellen PowerPoint-Präsentation kommt zur Anwendung.

■ Die Schriftgröße wird an die Schriftgröße der Präsentation angepasst.

■ Nur die Schriftfarbe wird aus Word übernommen.

TIPP Um die entstandenen Folien möglichst schnell auf das Format der Präsentation zu bringen, markieren Sie in der Normalansicht alle Folien auf der Registerkarte *Folien* links im Programmfenster. Wählen Sie dann auf der Registerkarte *Start* in der Gruppe *Folien* den Befehl *Zurücksetzen*.

Notizen und Handzettel nach Word 2007 exportieren

PowerPoint bietet mit Notizen und Handzetteln zwei Varianten zum Ausdrucken an, die sich für Teilnehmerunterlagen oder Dozentennotizen eignen. Mit Handzetteln oder Handouts drucken Sie eine oder mehrere Folien pro DIN-A4-Seite aus. Diese Unterlage ist für die Teilnehmer Ihres Vortrags geeignet. Sie finden die Möglichkeit, Handzettel zu drucken, im Dialogfeld *Drucken,* das Sie über den gleichnamigen Befehl im Menü zur *Office-Schaltfläche* öffnen.

Abbildg. 25.2   Wählen Sie zwischen einer bis neun Folien pro Seite für Handzettel

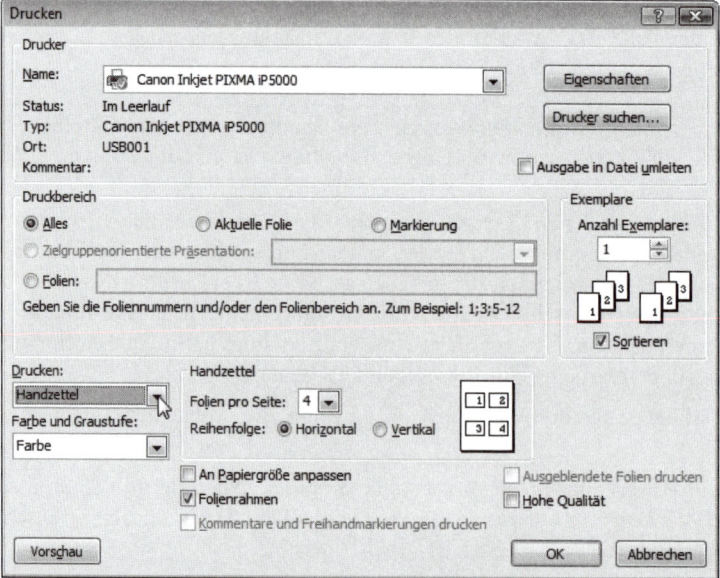

Wählen Sie im Dropdown-Listenfeld *Drucken* die Option *Handzettel* und bestimmen Sie anschließend die Anzahl der Folien pro Seite. Für den Vortragenden ist der Ausdruck als Übersicht nicht optimal, weil die Foliennummern nicht mitgedruckt werden.

Mehr Möglichkeiten bietet die Ansicht *Notizen* für den Vortragenden. Sie können passend zur Folie Zitate, genaue Formulierungen oder Zahlen aufschreiben und später ausdrucken. Sie haben während des Vortrags dann schnell alle relevanten Fakten zur Hand. Allerdings können Sie nicht zwischen Notizen für den Vortragenden und weiteren Notizen für die Zuschauer unterscheiden. Sie können auch nicht mehr als eine halbe DIN-A4-Seite Notizentext unterbringen. Im Ausdruck schneidet PowerPoint die überzähligen Zeilen ab.

In einer umfangreichen Präsentation wäre es darüber hinaus sinnvoll, die Foliennummer schnell auf dem Ausdruck sehen zu können. Sie können dann während der Bildschirmpräsentation rasch zu einer bestimmten Folie springen.

Alle diese Anwendungsfälle können Sie in der Zusammenarbeit mit Word lösen.

Abbildg. 25.3 Handzettel in Word werden in Form einer Tabelle mit drei Spalten erzeugt

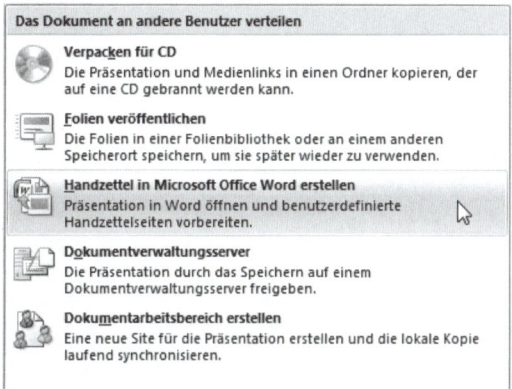

1. Rufen Sie im Menü zur *Office-Schaltfläche* den Befehl *Veröffentlichen/Handzettel in Microsoft Office Word erstellen* auf.
2. Entscheiden Sie im folgenden Dialogfeld, wie groß Sie die Folien ausdrucken möchten und ob die Foliennotizen übertragen werden sollen. Es gibt eine Variante, bei der drei Folien untereinander pro DIN-A4-Seite angeordnet werden, und eine, bei der die Folie eine halbe DIN-A4-Seite einnimmt.

   Bei umfangreichen Notizen ist es empfehlenswert, die Variante *Notizen unterhalb der Folien* zu wählen. Word 2007 übernimmt auch die Notizen, die über eine halbe DIN-A4-Seite hinausgehen und verteilt den Text ggf. auf mehrere Seiten. Erst danach wird die folgende Folie eingefügt.
3. Um die Folien im Word-Dokument auf dem gleichen Stand zu halten wie in der PowerPoint-Präsentation, aktivieren Sie die Option *Verknüpfung einfügen*.
4. Bestätigen Sie Ihre Auswahl mit Klick auf *OK*.

In Word baut sich nach einigen Sekunden ein neues Dokument auf, in das die Folien und eventuell auch die Notizen eingefügt werden. Wenn Sie die Variante *Notizen neben den Folien* oder *Leere Linien neben den Folien* gewählt haben, erstellt Word eine dreispaltige Tabelle. Die linke Spalte nimmt die Nummerierung der Folien auf, die mittlere Spalte enthält die Folien und die rechte Spalte entweder die Notizen oder die Leerzeilen.

Die Word-Tabelle können Sie wie jede Tabelle bearbeiten; Sie können die Spaltenbreite verändern, die Ausrichtung des Textes innerhalb der Spalte anpassen, eine andere Schriftart und/oder -größe wählen etc.

Das fertige Skript in Word bearbeiten

Das Tabellenlayout ist besonders gut als Skript für den Vortragenden geeignet. Allerdings sollten Sie die Tabelle anders formatieren:

- Ändern Sie die Schriftgröße. Bedenken Sie, dass Sie das Skript aus ein paar Schritt Entfernung oder bei schlechten Lichtverhältnissen noch lesen können müssen. Besonders die Foliennummern sollten daher größer als gewöhnlich sein. Markieren Sie die erste Spalte mit einem Klick oberhalb der Spalte und wählen Sie eine ausreichend große Schrift.

- Passen Sie die Spaltenbreite an. Die linke Spalte für die Foliennummer ist zu breit, ziehen Sie sie schmaler. Es muss nur die Ziffer für die Folie dort Platz haben.

Abbildg. 25.4   Word erstellt aus der Präsentation eine dreispaltige Tabelle, die Sie bequem nachbearbeiten können

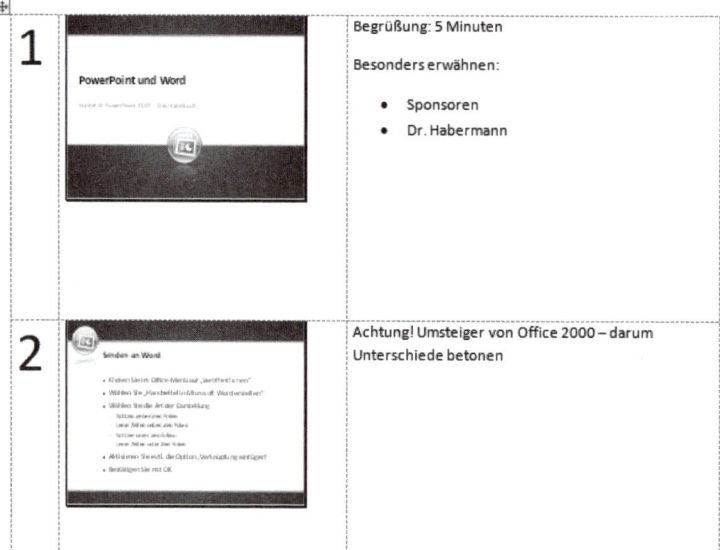

- Stellen, an denen Sie das Thema wechseln oder eine Pause planen, können Sie besonders markieren. Heben Sie die Zeile farbig hervor oder wählen Sie eine besonders kräftige Rahmenlinie. Sie können auch einen Seitenwechsel einfügen.

- Richten Sie eine Kopf- und/oder Fußzeile ein. Besonders wichtig ist die Seitennummerierung in der Form *Seite x von y*. Geraten die Blätter beim Vortrag durcheinander, können Sie die Reihenfolge schnell wiederherstellen.

PROFITIPP

Besonders flexibel durch Handzettel in Word

Ein gutes Handout für die Zuhörer besteht nicht nur aus den gedruckten Folien. Es ist sehr viel nutzbringender für Ihr Publikum, wenn Sie ein richtiges Skript erstellen. Nehmen Sie als Grundlage die Folien und Ihre Foliennotizen. Veröffentlichen Sie die Handzettel in Word.

- Bei umfangreichen Notizen wählen Sie die Option *Notizen unterhalb der Folien*, ansonsten aktivieren Sie *Notizen neben den Folien*.

- Aktivieren Sie *Verknüpfung einfügen*, damit sich die Folien im Word-Dokument immer aktualisieren.

- Bearbeiten Sie die Notizen in Word nach und ergänzen Sie sie um alle Informationen, die wichtig sind. Speichern Sie anschließend das Word-Dokument.

Sie haben jetzt neben der Präsentation ein eigenständiges Skript als Handzettel in Word. Dieses Skript ist auf die Bedürfnisse Ihrer Zuhörer abgestimmt. Änderungen an den Folien in Power-Point wirken sich sofort im Word-Dokument aus.

Da Sie die Folien mehrfach in Word veröffentlichen können, lassen sich auf diesem Wege viele verschiedene Zusammenstellungen erzeugen. Eine dient z.B. als Handzettel für die Teilnehmer, eine andere vielleicht als Kurzfassung für den Vortragenden.

Text und Tabellen aus Word einfügen

Bereits erfasste Texte müssen Sie nicht neu schreiben – Sie können alles aus dem Ursprungsprogramm kopieren und in PowerPoint einfügen. Aber überlegen Sie immer den Sinn eines solchen Vorgehens. Die Folie ist keinesfalls geeignet, längere Fließtexte oder umfangreiche Tabellen aufzunehmen. Die Informationsdichte solcher Texte ist viel zu hoch, um sie noch auf einen Blick erfassen zu können. Meistens ist es besser, den Text neu zu formulieren, ihn zusammenzufassen und Stichwörter zu formulieren. Tabellen sollten möglichst grafisch dargestellt und in Form von Diagrammen oder Schaubildern gezeigt werden.

Ohne Verknüpfung einfügen

Die einfachste Variante, Texte zu übernehmen, ist das Kopieren in Word und das anschließende Einfügen in PowerPoint. Dabei erzeugen Sie eine unabhängige Kopie des Textes auf der Folie. Änderungen, die Sie in Word später am Text vornehmen, werden nicht an PowerPoint weitergereicht.

1. Öffnen Sie das Word-Dokument, aus dem Sie Text übernehmen möchten. Markieren Sie den Text.

2. Klicken Sie auf der Registerkarte *Start* in der Gruppe *Zwischenablage* auf *Kopieren* oder drücken Sie die Tastenkombination `Strg`+`C`.

3. Rufen Sie PowerPoint auf und zeigen Sie die Folie an, auf der der Text eingefügt werden soll.

4. Klicken Sie auf der Registerkarte *Start* in der Gruppe *Zwischenablage* auf *Einfügen* oder drücken Sie die Tastenkombination `Strg`+`V`.

Der Text wird beim Einfügen unterschiedlich formatiert, je nach Ort des Einfügens: Fügen Sie den Text in einen Platzhalter für Aufzählungen an, werden die Vorgaben für diesen Platzhalter übernommen. Fügen Sie den Text nicht in einen Platzhalter, sondern auf einer leeren Folie ein, wird ein Textfeld erzeugt und die Standardschrift für Textfelder zugewiesen.

Abbildg. 25.5 Die *Einfügen-Optionen* erlauben das Einfügen mit der ursprünglichen Word-Formatierung

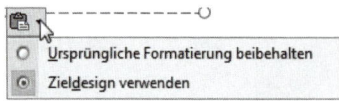

In beiden Fällen bietet sich direkt nach dem Einfügen eine Schaltfläche mit den *Einfügen-Optionen* an, die die Formatierung steuert. Klicken Sie auf die Schaltfläche und wählen Sie zwischen den beiden Möglichkeiten:

- *Ursprüngliche Formatierung beibehalten*: Der Text behält die Formate aus Word bei. Allerdings wird die Schriftgröße an PowerPoint angepasst.

- *Zieldesign verwenden*: Der Text aus Word erhält die Formate des Folienmasters oder des Textfeldes. Direkt zugewiesene Zeichenformate aus Word bleiben erhalten.

ACHTUNG   Überraschend verhält sich PowerPoint, wenn der kopierte Text in Word manuell formatiert wurde. Ein Absatz, der komplett kursiv oder fett formatiert wurde, zeigt sich nach dem Einfügen in PowerPoint als einzeiliges und entsprechend breites Textfeld in der Schriftgröße von Word. Besser ist es, formatierte Texte mit der Option *Inhalte einfügen*, die im Dropdownmenü der Schaltfläche *Einfügen* verfügbar ist, zu übertragen.

Inhalte einfügen verwenden

Besondere Möglichkeiten erhalten Sie, wenn Sie den kopierten Text nicht über die Schaltfläche *Einfügen* oder mit der Tastenkombination Strg+V einfügen, sondern den Weg über das Dropdownmenü der Schaltfläche *Einfügen* gehen (klicken Sie zum Öffnen des Menüs auf den Pfeil der Schaltfläche *Einfügen*). Sie sehen dort u.a. den Befehl *Inhalte einfügen*.

Abbildg. 25.6 Der Befehl *Inhalte einfügen* gibt Ihnen die Möglichkeit, zwischen unterschiedlichen Formaten zu wählen

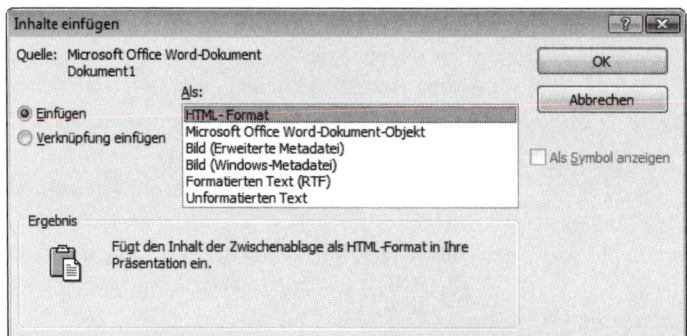

Je nach kopiertem Element sehen Sie leicht unterschiedliche Optionen. Für Texte sind das:

- *HTML-Format*: Beim Einfügen in einen Platzhalter werden die Zeichen- und Absatzformate aus Word beibehalten; lediglich die Schriftgröße wird an PowerPoint angepasst. Fügen Sie den Text auf einer leeren Folie ein, werden alle Zeichenformate und die Schriftgröße aus Word übernommen; Absatzformate werden gar nicht oder verändert übertragen (so werden aus Nummerierungen Aufzählungspunkte ohne Absatzeinzug).

- *Microsoft Office Word-Dokument-Objekt* fügt den Text als Word-Objekt mit originalem Word-Aussehen ein. Der Text kann in PowerPoint nicht mehr bearbeitet werden. Sobald Sie auf den Word-Text doppelklicken, öffnet sich Word in einem Programmfenster und Sie können den Text dort bearbeiten. Im Unterschied zu einem Microsoft Office Excel-Arbeitsblatt-Objekt wird ein Word-Dokument nicht als komplette Datei eingebettet. Sie sehen auch nach einem Doppelklick nur den kopierten und eingefügten Text, nicht das restliche Dokument.

- *Formatierter Text (RTF)* übernimmt die Zeichenformate mit Ausnahme der Schriftart, die auf einer leeren Folie zu *Times New Roman* umgewandelt wird. Aufzählungszeichen oder andere Absatzformate werden nicht übertragen. In einen Textplatzhalter eingefügt, übernimmt Power-Point die Zeichenformate mit Ausnahme der Schriftart und -größe. Die Schriftart wird ebenfalls zu *Times New Roman* umgewandelt, die Schriftgröße passt sich an die Vorgabe des Folienmasters an. Absatzformate werden teilweise übernommen: die Absatzausrichtung kommt korrekt an, Aufzählungsnummerierungen werden wie Aufzählungssymbole behandelt und lassen sich auf der Folie nicht fortführen. Der Text kann in PowerPoint bearbeitet werden.

- *Unformatierter Text* bringt lediglich den Text ohne Word-Formatierungen auf die Folie. Auf die Texte werden die Formate des Folienmasters angewendet. Auch dieser Text lässt sich in Power-Point bearbeiten.

- *Bild* erzeugt ein Bildformat. Der Text wird genau so gezeigt, wie er in Word formatiert war. So eingefügte Texte lassen sich nicht mehr bearbeiten.

Tabellen aus Word

Tabellen können Sie aus Word genauso kopieren wie einen Text und sie anschließend in eine Power-Point-Folie einfügen. Wählen Sie als Einfügestelle auf der Folie immer eine Stelle außerhalb der Textplatzhalter. Wenn Sie in den Textplatzhalter hineinklicken und die Tabelle einfügen, wird der Tabelleninhalt in Form von Fließtext eingefügt. Das Aussehen der Tabelle geht dabei verloren.

Am einfachsten ist das Einfügen einer Tabelle auf eine Folie des Layouts *Nur Titel*. Die Tabelle wird dabei mittig auf der Folie eingefügt und behält das Aussehen aus Word bei.

1. Markieren und kopieren Sie die Tabelle in Word z.B. mit `Strg`+`C`.

2. Wechseln Sie zu PowerPoint und fügen Sie eine neue Folie ein oder wählen Sie eine leere Folie. Wählen Sie das Folienlayout *Nur Titel*.

3. Vergewissern Sie sich, dass der Cursor weder im Titelplatzhalter noch in einem anderen Textplatzhalter steht und fügen Sie die Tabelle z.B. mit `Strg`+`V` ein.

Schriftarten und -größen bleiben ebenso erhalten wie Rahmenlinien und Spaltenbreiten. Die eingefügte Tabelle verhält sich wie eine Tabelle, die Sie in PowerPoint erstellt haben. Sie können sie in PowerPoint nachbearbeiten und formatieren.

Auch für Tabellen können Sie die weiter oben beschriebenen Optionen im Dropdownmenü *Einfügen* verwenden. Mit *Inhalte einfügen* stehen alle Möglichkeiten zur Verfügung. Dabei werden mit

HTML-Format und *Microsoft Office Word-Dokument-Objekt* alle Formate der Tabelle übernommen. Mit *Formatierten Text (RTF)* erhalten Sie eine tabulatorgetrennte Liste, die noch die Word-Schriften enthält. *Unformatierter Text* erstellt eine tabulatorgetrennte Liste ohne Formatierungen.

Mit Verknüpfung einfügen

Verknüpfungen bieten zwei wichtige Vorteile: Die Präsentation wird nicht mit großen Datenmengen belastet und die Pflege von Texten muss nur an einer Stelle erfolgen. Nachteilig wirken sich Verknüpfungen aus, wenn die Präsentation oder die verknüpften Dokumente verschoben werden. Auf einem fremden Computer stehen die Daten nicht mehr zur Verfügung.

Um eine Verknüpfung mit einer Word-Datei herzustellen, markieren und kopieren Sie den Text oder die Tabelle in Word, so wie Sie es beim normalen Kopieren gewohnt sind. Lediglich der Befehl für das Einfügen unterscheidet sich:

1. Speichern Sie die Word-Datei, die den Text enthält. Anderenfalls erhalten Sie eine Fehlermeldung, wenn Sie später aus PowerPoint heraus den verknüpften Word-Text ändern möchten.

2. Markieren Sie in Word den Text oder die Tabelle und kopieren Sie den markierten Ausschnitt z.B. mit Strg + C.

3. Wechseln Sie zu PowerPoint und klicken Sie auf die Folie, auf der die Verknüpfung eingefügt werden soll.

Verknüpfen Sie Dateien, wenn sich die Inhalte automatisch anpassen sollen

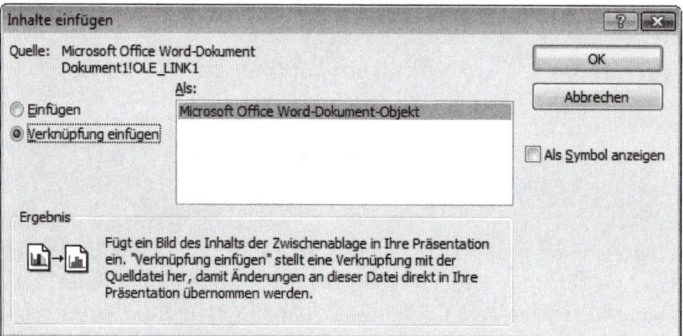

4. klicken Sie auf der Registerkarte *Start* in der Gruppe *Zwischenablage* auf den Pfeil der Schaltfläche *Einfügen*, wählen Sie *Inhalte einfügen* und aktivieren Sie dann die Option *Verknüpfung einfügen*.

5. Es gibt nur noch den Eintrag *Microsoft Office Word-Dokument-Objekt*; bestätigen Sie die Festlegung mit Klick auf *OK*.

Verknüpfte Objekte werden immer als neues Objekt auf der Folie eingefügt. Sie können den Text daher nicht in einen Textplatzhalter einfügen. Bearbeitet wird das verknüpfte Objekt ausschließlich in Word. Von der Folie aus können Sie das Word-Dokument mit Doppelklick auf das Objekt öffnen und bearbeiten. Alternativ ist das Bearbeiten auch möglich, wenn Sie die Datei direkt in Word öffnen und ändern. Änderungen am Word-Dokument wirken sich sofort auf den Text auf der Folie aus.

HINWEIS In einem größeren Netz wie in einer Firma kann es einen Moment dauern, bis Änderungen in der Word-Datei in der PowerPoint-Datei wirksam werden. Dann hilft es in der Regel, die Word-Datei zu speichern.

Beim Öffnen der PowerPoint-Präsentation wird ein Sicherheitshinweis eingeblendet, die auf die Verknüpfung hinweist und Ihnen die Möglichkeit gibt, die Daten jetzt zu aktualisieren. Sie können die Schaltfläche *Verknüpfungen aktualisieren* verwenden, damit Änderungen in der Word-Datei auch auf der Folie gezeigt werden. Entscheiden Sie sich für *Abbrechen*, wird der letzte bekannte Stand des Word-Textes auf der Folie gezeigt.

Abbildg. 25.8 Eine Sicherheitsmeldung macht Sie beim Öffnen einer Datei auf Verknüpfungen aufmerksam

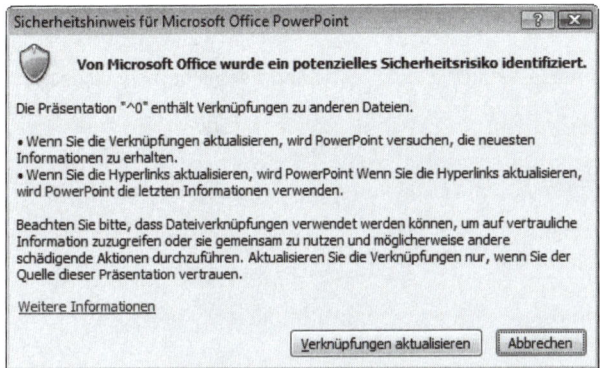

Liegt die Word-Datei nicht vor, weil sie gelöscht wurde oder weil die PowerPoint-Präsentation auf einem anderen Computer geöffnet wird, zeigt PowerPoint eine Fehlermeldung an. Sie weist darauf hin, dass verknüpfte Dateien nicht verfügbar sind. Das passiert auch, wenn die verknüpfte Word-Datei zwar ebenfalls auf den anderen Rechner kopiert wurde, aber PowerPoint die Datei dort nicht findet. Normalerweise merkt sich PowerPoint den kompletten Pfad zur verknüpften Datei und findet dann bei verändertem Laufwerksbuchstaben auf einem anderen Computer die Datei nicht mehr.

PROFITIPP Damit Dateiverknüpfungen auch nach dem Kopieren auf ein anderes Laufwerk oder nach dem Brennen auf eine CD noch funktionieren, gehen Sie so vor:

1. Speichern Sie die Word-Datei und die PowerPoint-Präsentation in den gleichen Ordner. Es ist wichtig, dass beide Dateien bereits vor dem Erstellen von Verknüpfungen gespeichert werden.

2. Erstellen Sie die Verknüpfung zwischen beiden Dateien und speichern Sie die Präsentation erneut.

3. Schließen Sie beide Dateien.

PowerPoint hat sich jetzt statt des kompletten Dateipfades nur den Namen der zu verknüpfenden Datei gemerkt und sucht im gleichen Ordner nach dem Word-Dokument, in dem auch die Präsentation gespeichert ist. Wenn Sie beide Dateien an einen neuen Ort verschieben oder kopieren, findet PowerPoint die verknüpfte Datei auch wieder.

Verknüpfte Dateien, die verschoben oder umbenannt wurden, können Sie neu zuweisen, wenn Sie die Verknüpfung bearbeiten.

Verknüpfungen bearbeiten und aufheben

Verknüpfungen werden beim Öffnen der Präsentation automatisch aktualisiert. Auch während der Arbeit kontrolliert PowerPoint in regelmäßigen Abständen, ob Änderungen in der verknüpften Datei vorliegen. Dieses normalerweise erwünschte Verhalten kann sehr lästig werden, wenn die Quelldatei nicht mehr zur Verfügung steht. Die vergebliche Suche nach der Quelldatei wird mit einer Fehlermeldung quittiert. Auch in einem Netzwerk kann die ständige Aktualisierung stören, weil die Verarbeitungsgeschwindigkeit darunter leidet. Sie können die Aktualisierungen daher vorübergehend auf *Manuell* stellen oder ganz aufheben.

Abbildg. 25.9 Verknüpfungen lassen sich aufheben, wenn die verknüpften Dateien nicht mehr zur Verfügung stehen

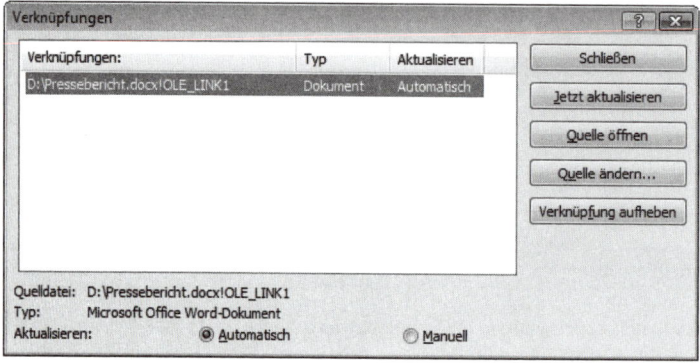

Klicken Sie zunächst im Menü zur *Office-Schaltfläche* auf *Vorbereiten/Verknüpfungen mit Dateien bearbeiten*. Markieren Sie dann die Verknüpfung, die Sie bearbeiten möchten.

- Aktivieren Sie die Option *Manuell*, um die Aktualisierungen ab sofort selbst anzustoßen.

- Wenn Sie Ihre Daten jetzt oder in Zukunft aktualisieren möchten, klicken Sie in diesem Dialogfeld auf *Jetzt aktualisieren*.

- Klicken Sie auf *Quelle ändern*, wenn die Quelldatei verschoben oder umbenannt wurde. Suchen Sie nach der Datei und klicken Sie dann auf *Öffnen*.

- Klicken Sie auf *Verknüpfung aufheben*, wenn die Quelle nicht mehr existiert. PowerPoint sucht dann nicht mehr danach und zeigt auf der Folie die letzten bekannten Daten an.

Das Aufheben der Verknüpfung ist z.B. dann sinnvoll, wenn Sie die Präsentationsdatei auf Ihr Notebook kopiert haben, die zugrunde liegenden Quelldaten aber auf dem Netzlaufwerk liegen, das Ihnen während der Präsentation nicht zur Verfügung steht. Auch vor dem E-Mail-Versand ist es empfehlenswert, die Verbindungen zu anderen Dateien zu »kappen«. Nach dem Aufheben der Verknüpfung wandelt PowerPoint den verknüpften Text in eine Grafik um.

Zusammenfassung

Viele Präsentationen werden mithilfe von Texten angefertigt, die zuvor in Word vorbereitet wurden. Um hier Zeit zu sparen, lohnt ein Blick in die Funktionsweise und die Möglichkeiten des Datenaustauschs zwischen beiden Programmen. Nachfolgend sind die drei wichtigsten Techniken in einer Kurzübersicht zusammengefasst.

Gliederung aus Word übernehmen

Erstellen Sie in Word eine Gliederung mit den Formatvorlagen *Überschrift1* bis *Überschrift6*. Speichern Sie die Word-Datei. In PowerPoint lässt sich die Word-Datei öffnen oder mit *Folien aus Gliederung* im Menü zur Schaltfläche *Neue Folie* einfügen.

Notizen und Handzettel an Word senden

Im Menü zur *Office-Schaltfläche* können Sie über das Untermenü *Veröffentlichen* Handzettel an Word senden und dabei entscheiden, ob Sie die Foliennotizen ebenfalls an Word senden möchten. Sie haben die Wahl zwischen einer und drei Folie pro DIN-A4-Seite.

Texte und Tabellen aus Word kopieren

Markieren und kopieren Sie einen Bereich in Word. In PowerPoint klicken Sie dann auf die Schaltfläche *Einfügen* oder wählen im Dropdownmenü zur Schaltfläche *Einfügen* den Befehl *Inhalte einfügen*. Über *Inhalte einfügen* können Sie auch Verknüpfungen zu Word-Texten herstellen.

Die wichtigsten Fundstellen zu den Inhalten dieses Kapitels entnehmen Sie der folgenden Tabelle:

Thema	Seite
Von der Word-Gliederung zur Präsentation	712
Export von Notizen und Handzetteln nach Word	714
Word-Texte und -Tabellen in Folien einfügen	717

Kapitel 26

PowerPoint und PDF/XPS

In diesem Kapitel:

Präsentationen vor Veränderungen schützen und weitergeben

PowerPoint-Präsentationen werden nicht nur für die Wiedergabe auf dem eigenen Notebook oder für den Ausdruck erstellt, sondern sehr häufig auch an einen mehr oder weniger großen und unbestimmten Empfängerkreis verteilt. Die Empfänger solcher Präsentationen sollen die Datei problemlos öffnen und drucken, jedoch nicht verändern können.

Schreibschutz, PDF oder XPS?

Zum Schutz vor Veränderungen bietet sich zunächst die Vergabe eines *Kennwortes zum Ändern der Datei* an (siehe Abbildung 26.1). Die Funktionalität der PowerPoint-Präsentation beim Drucken und insbesondere bei der Wiedergabe als Bildschirmpräsentation bleibt dabei erhalten.

Ohne Eingabe des richtigen Kennwortes kann die Präsentation nur schreibgeschützt geöffnet werden. Die Bearbeitung, Änderung oder Entnahme von Inhalten ist nicht möglich, da die Befehle *Kopieren*, *Ausschneiden* und *Speichern* bzw. *Speichern unter* nicht zur Verfügung stehen.

Abbildg. 26.1 Per Klick auf *Tools/Allgemeine Optionen* im Dialogfeld *Speichern unter* können Sie Ihre Präsentation durch ein Kennwort schützen

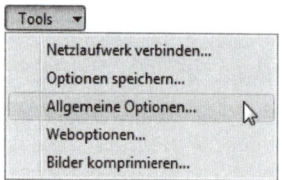

Sinnvoll ist die Verteilung kennwortgeschützter PowerPoint-Präsentationen,

- wenn die uneingeschränkte Wiedergabe der Präsentation als Bildschirmpräsentation mit Animationen und Multimedia für Sie wichtig ist und

- wenn Sie gleichzeitig davon ausgehen können, dass alle Empfänger der Präsentation über PowerPoint ab Version 2002 verfügen oder den PowerPoint Viewer 2007 bzw. 2003 installiert haben.

> **HINWEIS** Mit älteren PowerPoint-Versionen bis einschließlich Version 2000 können kennwortgeschützte Präsentationen nicht geöffnet werden.

> **TIPP** Detaillierte Informationen zum Speichern von PowerPoint-Präsentationen für ältere Programmversionen finden Sie in Kapitel 22.

Plattformunabhängige Darstellung als PDF

Wenn Sie die Empfänger Ihrer Präsentation nicht kennen und sicherstellen möchten, dass diese die Präsentation unabhängig von der verwendeten Hardware und Software öffnen und ausdrucken können, empfiehlt sich der Export als PDF.

Das von der Firma Adobe entwickelte Dateiformat PDF (Portable Document Format) kann mithilfe kostenloser Viewer-Software wie Adobe Reader auf jedem beliebigen Rechner geöffnet und ausgedruckt werden. Beim Speichern als PDF bleibt das in der ursprünglichen Datei erzeugte Layout erhalten, sodass der Empfänger einer PDF-Präsentation die Datei weitgehend so sieht, wie Sie sie erstellt haben. Eine Veränderung des Dokuments ist nicht ohne Weiteres möglich.

Die aktuelle Version 8 von Adobe Reader erhalten Sie kostenlos unter der folgenden Adresse: *www.adobe.com/de/products/reader*

Verwaltung von Zugriffsrechten per XPS

XPS (XML Paper Specification) ist ein neues, von Microsoft entwickeltes Dateiformat. Es stellt ebenfalls sicher, dass eine Datei bei der Online-Anzeige und beim Drucken das zugewiesene Format behält. XPS unterstützt digitale Signaturen und den zusätzlichen Schutz der Windows-Rechteverwaltung.

Um XPS-Dateien anzuzeigen und zu drucken, ist Internet Explorer in der Version 6 oder 7 zusammen mit der Installation von Microsoft .NET Framework 3.0 erforderlich. In Windows Vista ist die Unterstützung des XPS-Formats bereits integriert. Unter Windows XP und Windows Server 2003 müssen Sie .NET Framework 3.0 nachinstallieren.

Weitere Informationen zum XPS-Format und zur Installation von .NET Framework 3.0 finden Sie im Internet unter *www.microsoft.com/germany/siteservices/xps/default.mspx*.

Das Add-In *Als PDF oder XPS veröffentlichen* mit 2007 Microsoft Office System einsetzen

Neu

Mit 2007 Microsoft Office System können Sie PDF- und XPS-Dokumente ohne zusätzliche Software von Drittanbietern erzeugen. Sie benötigen dazu das Add-In *Als PDF oder XPS veröffentlichen*, das im Download Center von *Microsoft Office Online* kostenlos zur Verfügung steht. Am einfachsten starten Sie den Download aus PowerPoint heraus:

1. Rufen Sie über die *Office-Schaltfläche* das Untermenü zu *Speichern unter* auf und wählen Sie dort den Befehl *Add-Ins für andere Dateiformate suchen*.
2. PowerPoint öffnet daraufhin die PowerPoint-Hilfe, in der Sie Informationen zum Add-In und den Link zur Download-Adresse finden.
3. Wählen Sie im Download Center von *Microsoft Office Online* im Feld *Sprache ändern* die Sprachversion Ihrer Office-Installation und klicken Sie dann auf *Weiter*.
4. Nach einer Gültigkeitsprüfung Ihrer Office-Installation steht die Schaltfläche *Download* zur Verfügung. Speichern Sie die Datei zunächst auf Ihrer Festplatte.
5. Schließen Sie alle Programme und starten Sie per Doppelklick auf der Datei *SaveAsPDFandXPS.exe* die Installation des Add-Ins.
6. Nach dem Neustart von PowerPoint steht im Untermenü zum Befehl *Speichern unter* der Befehl *PDF oder XPS* zur Verfügung (siehe Abbildung 26.2). ▶

Abbildg. 26.2 Nach der Installation des Add-Ins ist der Befehl *Add-Ins für andere Dateiformate suchen* durch *PDF oder XPS* ersetzt

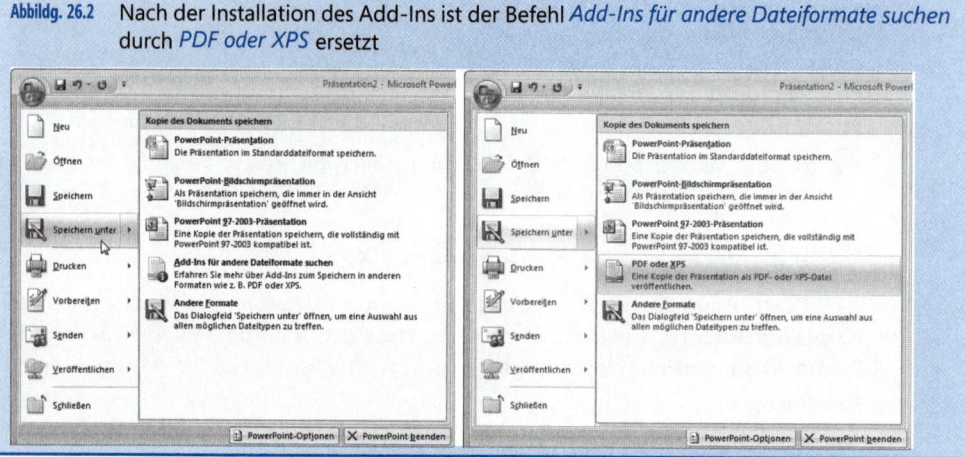

Als PDF speichern

Nach der Installation des Add-Ins gehen Sie zum Erstellen einer PDF-Datei wie folgt vor:

1. Klicken Sie auf die *Office-Schaltfläche* und wählen Sie unter *Speichern unter* den Befehl *PDF oder XPS*.

Abbildg. 26.3 Über die Wahl des *Dateityps* bestimmen Sie im Dialogfeld *Als PDF oder XPS veröffentlichen*, in welches Format die Präsentation konvertiert wird

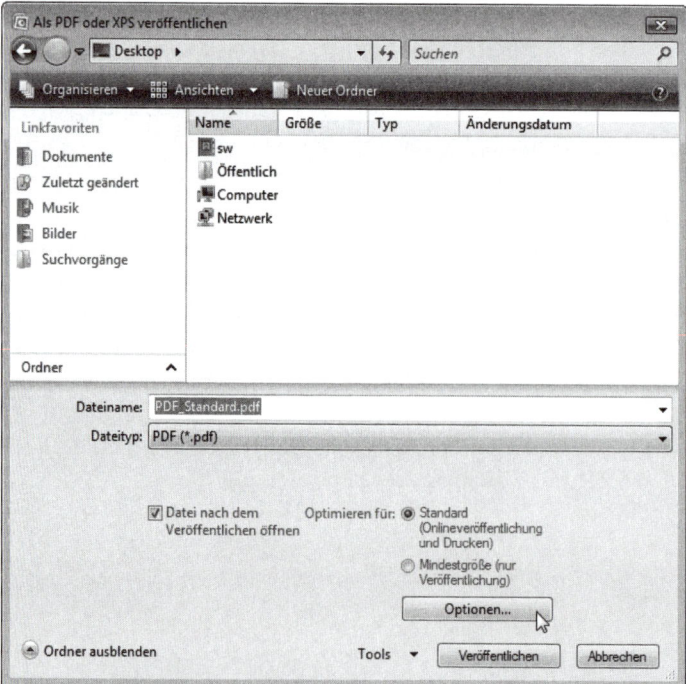

2. Stellen Sie im Dialogfeld *Als PDF oder XPS veröffentlichen* (siehe Abbildung 26.3) im Feld *Dateityp* die Option *PDF (*.pdf)* ein.

3. Setzen Sie ein Häkchen vor *Datei nach dem Veröffentlichen öffnen*, um das Ergebnis der Konvertierung zu überprüfen.

4. Wählen Sie die Option *Standard (Onlineveröffentlichung und Drucken)*, wenn die PDF-Datei eine möglichst gute Bildqualität aufweisen soll.

   Die Option *Mindestgröße (nur Veröffentlichung)* bewirkt gegenüber der Standardkonvertierung eine deutliche Reduzierung des Speicherbedarfs der PDF-Datei. Sie verursacht jedoch auch deutlich sichtbare Kompressionsspuren in Bildern und Grafiken.

5. Öffnen Sie anschließend das Dialogfeld *Optionen*. Hier können Sie wie beim Drucken wählen, welche Folien der Präsentation als *Folien*, *Handzettel*, *Gliederung* oder *Notizenseiten* in das PDF-Format konvertiert werden sollen (siehe Abbildung 26.4).

6. Bestätigen Sie Ihre Einstellungen im Dialogfeld *Optionen* mit *OK* und klicken Sie anschließend im Dialogfeld *Als PDF oder XPS veröffentlichen* auf *Veröffentlichen*.

ACHTUNG *PDF/A* in den *PDF-Optionen* in Abbildung 26.4 ist eine ISO-Norm, die zur Langzeitarchivierung elektronischer Dokumente entwickelt wurde und strenge Anforderungen daran stellt, wie die Inhalte einer PDF/A-Datei – auch Farben und Bilder – gespeichert sein müssen.

Grafikeffekte wie Softschatten werden nach der Konvertierung als PDF/A fehlerhaft dargestellt.

Abbildg. 26.4 Wie beim Drucken können Sie beim Speichern als PDF im Dropdown-Listenfeld *Was veröffentlichen* wählen, welche Folien der Präsentation als *Folien*, *Handzettel* usw. exportiert werden

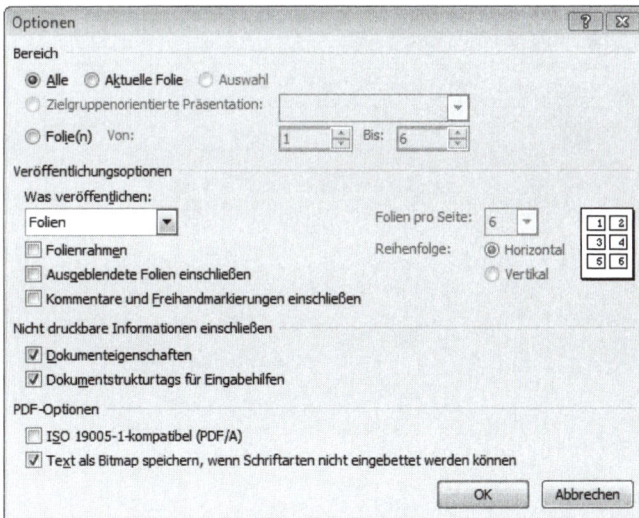

Als XPS speichern

Die Vorgehensweise beim Speichern einer PowerPoint-Datei im XPS-Format entspricht im Wesentlichen der beim Speichern als PDF.

1. Klicken Sie auf die *Office-Schaltfläche* und rufen Sie über *Speichern unter* wiederum *PDF oder XPS* auf.

2. Wählen Sie als Dateityp *XPS-Dokument (*.xps)*.

3. Reduzieren Sie ggf. die Dateigröße des XPS-Dokuments, indem Sie anstelle von *Standard* die Option *Mindestgröße* wählen.

4. Bestimmen Sie im Dialogfeld *Optionen*, welche Folien der Präsentation als *Folien, Handzettel, Gliederungsansicht* oder *Notizenseiten* exportiert werden sollen.

5. Aktivieren Sie ggf. die Option *Eingeschränkte Berechtigungen in XPS beibehalten*, wenn für die Präsentation eingeschränkte Zugriffsrechte festgelegt wurden.

Zusammenfassung

Bei der Weitergabe von Präsentationen stellt sich die Frage nach der plattformunabhängigen Anzeige einerseits und dem Schutz vor Veränderungen andererseits. Hier die wichtigsten Fundstellen zum Thema:

Thema	Seite
Die Gegenüberstellung von Schreibschutz, PDF und XPS finden Sie ab	726
Wie Sie PowerPoint PDF- und XPS-fähig machen, lesen Sie ab	727
Die Vorgehensweise beim Export ist beschrieben ab	728

Kapitel 27

PowerPoint und HTML

Dieses Kapitel beantwortet eine wichtige Frage zum modernen Austausch von Informationen: Wie und unter Beachtung welcher Restriktionen gelangen die mit PowerPoint erstellten Arbeitsergebnisse in eine webbasierte Umgebung, um so ohne zusätzlichen Aufwand anderen Personen die Möglichkeit zu geben, »aus der Distanz« Visualisierungen zu sehen, auch wenn sie PowerPoint selbst nicht einsetzen.

Eine zentrale Rolle spielen dabei HTML-Dateien, da diese mit einem in der Regel vorhandenen Webbrowser unter vertretbarem Zeitaufwand zur Ansicht gebracht werden können. Von dieser Art der Kommunikation unterscheidet sich die im nächsten Kapitel beschriebene Vorgehensweise zur Teamarbeit, die auf dem Vorhandensein eines unternehmensweiten SharePoint-Servers basiert und Privatanwender nur in Ausnahmefällen betreffen wird.

Speichern und Veröffentlichen im HTML-Format – zwei verschiedene Ziele

Ein Vorteil von Microsoft Office-Anwendungen – und damit auch von PowerPoint – beim Versuch, Dateien webtauglich zu machen, ist folgender: Der Anwender kann von der Kenntnis technischer und damit für ihn überflüssiger Details ferngehalten werden. Jedoch hilft der Überblick über wesentliche Grundlagen dieser Details

- die Arbeit effektiver zu gestalten,

- das Verhalten der Anwendungen zu verstehen,

- die korrekten Antworten auf Fragen (Optionen) in Dialogfeldern, Arbeitsbereichen und anderen Kommunikationsformen zielgerichtet zu finden und

- Fehler und damit Enttäuschungen zu vermeiden.

Ein paar Worte zu HTML

HTML ist die Abkürzung von *Hypertext Markup Language*. *Language* verweist auf den Umstand, dass es sich – streng genommen – um eine Programmiersprache handelt. Es ist allerdings eine, die von der Maschine genauso gelesen werden kann wie vom Menschen, der dazu vergleichsweise weniger Grundkenntnisse braucht als bei anderen Programmiersprachen. *Markup* ist der Hinweis darauf, dass es sich um eine Markierungs- oder auch Auszeichnungssprache handelt. Ihnen als PowerPoint-Anwender ist es – grob gesprochen – im Grunde egal, wie PowerPoint die von Ihnen eingebrachten Wörter, Absätze, Beschriftungen und deren Formatierungen für sich bereitstellt – es muss einfach nur funktionieren. Eine Variante dieses Funktionierens besteht darin, durch Markierungen, in HTML heißen diese Markierungen *Tags*, Anweisungen nach dem Muster

- jetzt kommt ein Aufzählungspunkt,

- er lautet »Punkt 1«,

- jetzt ist dieser zu Ende,

- nun ein Zeilenumbruch,

- jetzt ein eingerückter Text usw.

zu geben. Das Wort *Hypertext* verspricht, dass mehr möglich sein wird als nur das Formatieren von Text: Es gibt Möglichkeiten des Einbindens von Bildern, Verknüpfungen (Hyperlinks), Formularen, multimedialen Bausteinen, Office-Webkomponenten usw.

Server und Browser

Wie Sie vielleicht wissen, sind Server spezielle Rechner und deren Dienste, die die Übertragung von Dateien im Internet bzw. Intranet umsetzen. Neben dem Microsoft Internet Information Server (IIS), der mit verschiedenen Windows-Betriebssystemen ausgeliefert wird und bei Bedarf installiert werden kann, haben sich vor allem Server auf UNIX-Basis mit dem Namen *Apache* durchgesetzt. Server vom letzten Typ finden Sie vor allem im Internet, also auch als Träger von Websites, die dem privaten Bereich zuzuordnen sind. Der IIS wird wohl in sehr vielen Intranets anzutreffen sein.

Beide Server differieren hinsichtlich einiger formeller Dinge. So unterscheiden UNIX-Server beim Dateinamen zwischen Groß- und Kleinschreibung. Unter Windows werden Sie mit solchen Problemen nicht konfrontiert, jedoch können dort erstellte HTML-Seiten mit Bildquellen und Hyperlinks bei der Verwendung unter UNIX ungewollte und ggf. schwer identifizierbare Probleme bereiten. Dem begegnen Sie, indem Sie konsequent nur Kleinbuchstaben verwenden. Des Weiteren sollten Sie Leerzeichen durch Bindestriche ersetzen und auf den Einsatz der deutschen Umlaute verzichten. Es gibt noch weitere Unterschiede, die aber beim Einsatz von PowerPoint als »HTML-Editor« keine Rolle spielen und daher hier vernachlässigt werden können.

Auch hinsichtlich der Browser sollten Sie Sorgfalt walten lassen. Wenn Sie Netscape-Nutzer einbeziehen, so ist es wichtig zu wissen, dass Netscape Navigator keine ActiveX-Elemente unterstützt und Internet Explorer diese je nach Einstellung eventuell blockiert. Zu diesen Elementen zählen neben gewissen Schaltflächen (*Microsoft Forms*) auch die Office-Webkomponenten (das sind *Spreadsheet, Chart, PivotTable*). Sollten Sie an die Dynamisierung per Skript-Sprache denken, so »versteht« Netscape Navigator nur JavaScript, Internet Explorer kommt dagegen auch mit VBScript zurecht.

Nicht nur der Browser-Hersteller ist interessant, sondern auch die Browser-Version. So verstehen ältere Versionen *CSS* (*Cascading Style Sheets*, das ist in gewissem Sinne das HTML-Analogon zu Formatvorlagen unter Word) nicht oder nur in einer gewissen Anfangsstufe. Und der Umgang mit Framesseiten (das sind HTML-Seiten, die in rechteckige Blöcke aufgeteilt sind) ist auch nicht allen Browsern bekannt. Zur Veröffentlichung von PowerPoint-Präsentationen im HTML-Format sind aber Frames unabdingbare Voraussetzung.

Der lockere Übergang von »traditioneller« Arbeit (Briefe und Dokumentationen schreiben, Kalkulationstabellen erstellen, Vorträge durch Präsentationen unterstützen) zu einer modernen Form des Informationsaustauschs (Verteilung von Dokumenten mittels webbasierter Techniken) ist eines der starken Motive für die Anwendung des Office-Pakets. Es liegt auf der Hand: Doppelarbeit ist unnötig, Dokumente können meist ohne Qualitätsverlust sofort im HTML-Format abgelegt (gespeichert) werden. Word, Excel und PowerPoint sind in der Lage, die Dokumente so zu verwalten, wie Sie es in Ihrer Arbeit gewohnt sind.

Abweichungen vom oben genannten Motiv kann es geben, wenn Sie Teile der Dokumente oder die Dokumente selbst auf unterschiedlichen Servern und/oder für definierte Nutzer veröffentlichen wollen. PowerPoint unterstützt Sie auch bei diesem Vorhaben umfassend.

Office und HTML

Bereits mit Office 2000 trat ein bedeutsamer Wandel in der Behandlung der Office-Dokumente (Word-Dokumente, Excel-Arbeitsmappen, Excel-Tabellenblätter und deren Ausschnitte, Power-Point-Präsentationen) ein (der mit den derzeitigen Dateiformaten auf XML-Basis sicher einen vorläufigen Abschluss gefunden hat). Ab sofort konnten alle Dokumente im HTML-Format gespeichert werden, was einen (zuerst theoretischen) Verzicht auf proprietäre Dateiformate, wie sie in den Endungen *.doc*, *.xls* und *.ppt* zum Ausdruck kommen, ermöglicht. Gleichzeitig entstand aber Verwirrung: Wenn alles im HTML-Format gespeichert werden kann, dann ist es auch internettauglich?! Nein, dem ist nicht unbedingt so. Die Office-Anwendungen erzeugen zwar beim Speichern bzw. Veröffentlichen (der Unterschied zwischen *Speichern* und *Veröffentlichen* wird etwas weiter hinten in diesem Kapitel erläutert) einen HTML-Quellcode; dieser ist aber nur bedingt für eine Veröffentlichung im Internet geeignet. Das hat folgende Ursachen:

- Server, die nicht auf Windows-Basis arbeiten, haben eventuell Probleme mit den durch Windows vergebbaren Dateinamen (keine Unterscheidung zwischen Groß- und Kleinbuchstaben, Leer- und Sonderzeichen möglich).

- Nur Internet Explorer ab Version 4.01 ist in der Lage, die gespeicherten Dateien im Wesentlichen korrekt anzuzeigen.

- Der Umfang der Dateien bzw. deren Einzelteile beim Speichern ist in aller Regel größer, als dies »normaler« HTML-Code vermuten ließe. Das liegt daran, dass gesichert wird, dass die Office-Anwendungen »ihre Dateien wiedererkennen« und weiterhin editieren können.

Wenn es so viele Nachteile gibt, wo liegt dann eigentlich der Vorteil? Nun, die Vorteile sind:

- Anwender, die den Umgang mit Office-Anwendungen gewohnt sind, können ohne größeren Lernaufwand die Ergebnisse der täglichen Arbeit mit ein, zwei Handgriffen webtauglich machen.

- Die so entstehenden Ergebnisse sind ohne Doppelarbeit erreichbar. Also: Word-Dokumente, die gedruckt werden müssen, können auch im Web stehen, Excel-Tabellen, die zum Rechnen usw. eingerichtet werden, legen ihre Ergebnisse sofort offen, PowerPoint-Präsentationen, gedacht zur Diskussion vor Publikum, erscheinen auf jedem Arbeitsplatz.

- Der Einwand, dies alles ginge auch ohne HTML, trifft nur dann zu, wenn auf allen Arbeitsplatzrechnern auch alle Office-Anwendungen installiert sind und wenn die Verbindung ins Web lange Übertragungszeiten vermeidet.

- HTML ermöglicht über das *Hypertext Transfer Protocol* (das wird im Anfang einer Webadresse der Form *http://* deutlich) den komfortablen Austausch von Informationen im Intranet. Denken Sie vor allem an die Vorteile gegenüber einem dateibasierten Netz. Sie können alle Wege zu den Informationen textlich auf HTML-Seiten beschreiben und die Ziele verlinken (Hyperlinks in HTML-Dokumenten arbeiten prinzipiell so, wie Sie es bereits aus den Hyperlink-Möglichkeiten von Office kennen).

- Durch ein gemeinsames Dateiformat (HTML) ist es einfacher geworden, Informationsaustausch zu automatisieren.

Bereits mit Office 2000 hatte XML (*eXtensible Markup Language*) Einzug in die Dokumente von Word, Excel und PowerPoint gehalten. Dieser Einzug ist aber nicht offensichtlich, sondern zeigt sich erst beim Studium der Quelldokumente, die beim Speichern als »Webseite« entstehen. Von der

Sache her handelte es sich bei der Markierungssprache, die diese Office-Dokumente beschreibt, um XHTML (Extensible Hypertext Markup Language).

Die nun aktuelle Generation von Office-Dokumenten legt XML als Basis der Dateiformate fest (mehr dazu im letzten Kapitel dieses Buches). Trotz dieses Wechsels behält (X)HTML seine Bedeutung für die Veröffentlichung von Office-Dokumenten in webbasierten Umgebungen und der Betrachtung mithilfe von Internet Explorer und zum Austausch von Dokumentfragmenten und ihren Formatierungen über die Windows-Zwischenablage (Copy & Paste).

Weboptionen – die wichtige Vorbereitung

Beabsichtigen Sie, browsertaugliche Präsentationen zu erstellen (unabhängig von der weiteren Verwendung), so darf in keinem Fall der zweite Schritt vor dem ersten erfolgen. Der erste Schritt ist die Einstellung der Weboptionen. Sie erfolgt bis auf Ausnahmen (etwa die Zeichensatz-Codierung von Webseiten) sitzungsübergreifend. Das heißt, die Standardeinstellung muss nicht bei jeder Präsentation neu angepasst werden. Unter Umständen beeinflussen sich Weboptionen gegenseitig bzw. stellen sich in Abhängigkeit von der geöffneten Präsentation (die im HTML-Format vorliegen muss) selbstständig ein. Weboptionen wirken sich sowohl beim Speichern als auch beim Veröffentlichen aus.

Abbildg. 27.1   Start zur Einstellung der Weboptionen – deren Wirkung ist in jedem Fall zu testen

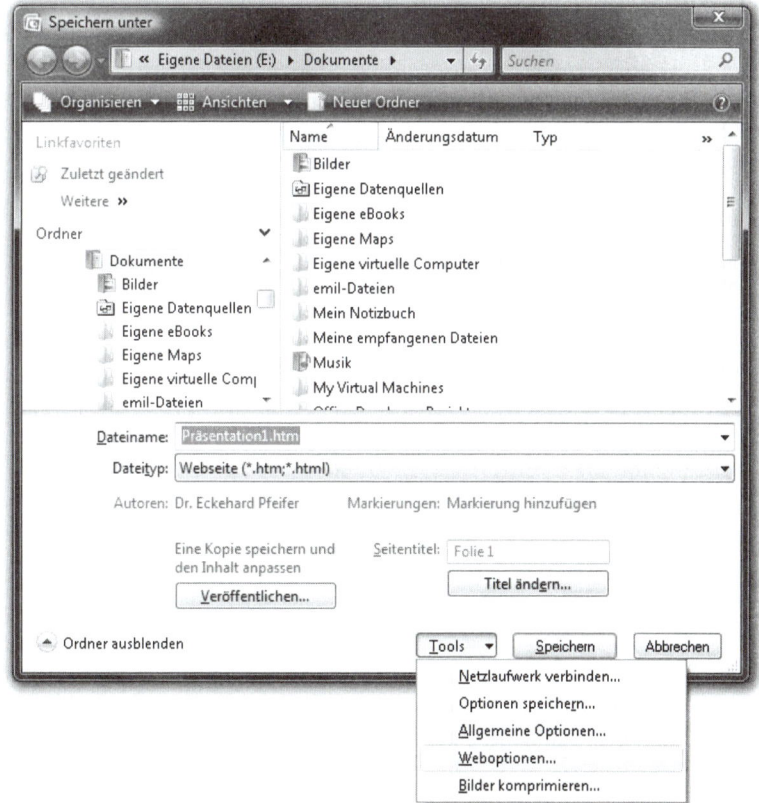

Zum Dialogfeld der Weboptionen (siehe Abbildung 27.2) gelangen Sie über das *Tools*-Dropdown-menü im Dialogfeld *Speichern unter* aus Abbildung 27.1 (dieses Dialogfeld erreichen Sie über den Befehl *Speichern unter/Andere Formate*).

Alternativ gelangen Sie zur Einstellung der Weboptionen über die Schaltfläche *Weboption* der Kate-gorie *Erweitert* in den *PowerPoint-Optionen*. Auch wenn Sie sich in dem in Abbildung 27.1 gezeigten Dialogfeld für *Veröffentlichen* entscheiden (ein Vorgang, der weiter hinten in diesem Kapitel noch genauer beschrieben wird), haben Sie die Möglichkeit des Einstellens der genannten Optionen.

Registerkarte *Allgemein*

Die erste Registerkarte (*Allgemein*) der Weboptionen präsentiert sich nach Installation von Power-Point wie in Abbildung 27.2 dargestellt. Speichern Sie die Datei im HTML-Format, so wird der Reihe nach dafür gesorgt, dass

- beim Anschauen der Präsentation in Internet Explorer am linken Rand ein Inhaltsverzeichnis aus den Folientiteln erzeugt wird (Folien ohne Titel erscheinen unter ihrer fortlaufenden Num-mer). Die Gestaltung dieses Inhaltsverzeichnisses kann mit der Einstellung der Farben (*Browser-farben* – das sind die Standardeinstellungen des verwendeten Browsers, *Präsentationsfarben* – Textfarbe oder Akzentfarbe, Schwarzer Text auf Weiß, Weißer Text auf Schwarz) variiert werden. Verzichten Sie auf das Inhaltsverzeichnis, so gelingt das Weiterschalten der Folien per Mausklick im Browser nicht. Bei mehreren Mastern (Designs) bezieht sich der Hinweis auf die Präsentati-onsfarben auf die des *ersten* Masters (Designs).

- *Animationen* im Browser umgesetzt werden. Hier ist Sorgfalt notwendig, da Folienübergänge und Textanimationen unter Umständen ruckartig erfolgen. Die Aktivierung dieses Kontrollkäst-chens ist aber notwendig, damit Präsentationen, die ohne Steuerelemente für die Foliennaviga-tion gespeichert wurden, selbstständig durchlaufen (vorausgesetzt, Sie haben den Folienwechsel nicht nur per Mausklick, sondern auch durch Zeitangaben vorgesehen).

Abbildg. 27.2 Erste Einstellungen, die sowohl beim Speichern als auch beim Veröffentlichen wirksam sind

- *Bilder* sich von der Größe her an die Größe des Browserfensters anpassen. Das befreit Sie bei der Gestaltung der Folien von der Rücksichtnahme auf unterschiedliche Bildschirmgrößen und der eingestellten Auflösung.

Registerkarte *Browser*

Aktivieren Sie die Registerkarte *Browser*, so erhalten Sie ein Dialogfeld entsprechend der Abbildung 27.3. Hier entscheiden Sie darüber, ob ein Betrachter Ihre Präsentation in der gewünschten Qualität zu Gesicht bekommt. Die Wahl der Browser reicht von Internet Explorer Version 6 bis zur Version 4 sowie einer Mischung aus Internet Explorer und Netscape Navigator in den Versionen 4 bzw. 3. Dabei ist Aufwärtskompatibilität gesichert, was Sie am jeweiligen Zusatz »oder höher« erkennen können. Also: Was in Version 4 funktioniert, sollte es auch unter Version 7 tun.

In Abhängigkeit von der gewählten Version stellen sich die Optionen im unteren Teil der Registerkarte selbst ein. Natürlich können Sie hier nochmals Hand anlegen und

- das Speichern von Bildern im Format *Portable Network Graphics* (*png*) erlauben oder nicht.

- die Grafikanzeige von ClipArts bzw. AutoFormen per VML (Vector Markup Language) zulassen. Gegenüber Bildformaten liegt der Vorteil darin, dass in der Regel keine zusätzlichen Dateien mit den Bildern entstehen und etwa die Änderung der Farben von AutoFormen unter Umständen automatisiert erfolgen kann, da die VML-Anweisung Bestandteil des Quelltextes wird.

- vorsichtshalber eine Version speichern, die auf jeweils ältere Browser zugeschnitten ist. Dabei ist es aber nicht so, dass zwei solche Dateigruppen entstehen, die sich einfach in beide Versionen trennen lassen. Vielmehr ist es Aufgabe des jeweiligen Browsers, die für ihn gedachten Dateien innerhalb des Bestands selbst zu finden.

- die Standardeinstellung für das Speichern von HTML-Dateien in einem sogenannten Webarchiv (Stichwort MHTML – eine besondere Form, die weiter hinten in diesem Kapitel erläutert werden soll) vereinbaren. Diese Option scheint aber, anders als in der Vorgängerversion, ohne Wirkung beim *Speichern*; beim *Veröffentlichen* wird diese Option gelegentlich, bei der *Webseitenvorschau* immer berücksichtigt. Einen besonderen Befehl *Als Webseite speichern*, der wie in Excel oder Word allerdings nicht Bestandteil der Multifunktionsleiste ist, gibt es in PowerPoint wohl nicht.

Sie werden feststellen, dass es bei der Wahl bzw. Abwahl einzelner Optionen zur sofortigen Anzeige des damit angesprochenen Zielbrowsers kommt.

VML ist ebenfalls ein »XML-Dialekt« – Vector Markup Language, geschaffen zum Erzeugen von Bildern und deren einfacher Manipulation (im positiven Sinne). Auch der Austausch einschließlich gewisser Anpassungen von Bildelementen zwischen Anwendungen kann aufgrund des einheitlichen Formats einfacher und vor allem auch durch Zusatzprogramme automatisiert erfolgen.

So erzeugt der im *body*-Teil der folgenden HTML-Seite enthaltene Code

```
<html xmlns:v="urn:schemas-microsoft-com:vml" xmlns="http://www.w3.org/TR/REC-html40">
    <head>
        <style>
            v\:* {behavior: url(#default#VML)}
        </style>
    </head>
    <body>
        <v:rect style='position:absolute;left:100pt;top:30pt;width:200pt;height:80pt; z-
index:1' fillcolor="green">
            <v:fill color2="black" rotate="t" angle="-135" focus="100%" type="gradient"/>
        </v:rect>
    </body>
</html>
```

ein Rechteck mit grün-schwarzem Farbverlauf in PowerPoint, Excel oder Word, wie Sie es durch Aufziehen einer AutoForm und der anschließenden Formatierung mittels zweifarbiger Fülleffekte sicher schon mehrfach erstellt haben. Anstatt nun ein Bild zu verwenden, das außerhalb der HTML-Seite etwa im GIF-Format vorliegt und durch den Browser geladen werden muss, interpretiert dieser nur den »Text«, um das Bild anzeigen zu können.

VML ist auch Bestandteil des OpenXML-Formats von Office.

Abbildg. 27.3   Die Qual der Wahl – welcher Browser ist der korrekte

Registerkarte *Dateien*

Hinter der Registerkarte *Dateien* verbirgt sich ein Dialogfeld wie in Abbildung 27.4 dargestellt. Sie entscheiden,

- *Hilfsdateien* – das sind Bilder und HTML-Seiten, aber auch Dateien, die PowerPoint zum Editieren der Präsentation (inkl. eventueller VBA-Projekte) benötigt – in einen speziellen Ordner zu speichern, den PowerPoint automatisch anlegt. Dieser Ordner heißt wie die Präsentation selbst, bekommt aber noch den Zusatz -*Dateien*.

- lange Dateinamen (unter Umständen wichtig für Server, die nicht den IIS verwenden) zuzulassen oder nicht. Haben Sie diese Option deaktiviert, so bekommen die oben genannten Hilfsordner keinen Namenszusatz.

- *Links*, das sind Verknüpfungen zu anderen Dokumenten wie etwa Excel-Tabellen, vor dem Speichern zu aktualisieren. Die Unterdrückung der Aktualisierung ist vor allem für berichtsartige Präsentationen interessant, die den Status quo einer Information zum gegebenen Stichtag festhalten sollen.

- anzuregen, dass Office-Anwendungen standardmäßig das Editieren übernehmen sollen und diese Entscheidung beim Start der Programme überprüft wird.

Abbildg. 27.4 Einige Entscheidungen treffen, die u.a. die Art und Weise der Speicherung im Dateisystem bestimmen

HINWEIS   In keinem Falle sollten Sie den Namen des Hilfsordners im Windows-Explorer verändern oder den Ordner verschieben. Auch die Dateien im Ordner sind hinsichtlich der Namensgebung »tabu«, was vor allem dann ärgerlich sein kann, wenn Sie Ordnung bei etwa enthaltenen Bilddateien schaffen wollen. Wie Windows das Paar *Datei-Ordner* behandelt, hängt von den Einstellungen im Windows- Explorer ab (*Ordneroptionen*, Registerkarte *Ansicht*; siehe Abbildung 27.5). In der Standardeinstellung wird beim Entfernen des Ordners mit dem Zusatz *Dateien* die zum Paar gehörende HTML-Seite ebenfalls gelöscht und umgekehrt und vor einem Umbenennen wird gewarnt. Ordner ohne Namenszusatz (keine langen Dateinamen zugelassen) verhalten sich nicht so.

Abbildg. 27.5 Den Ordner mit den Hilfsdateien lassen Sie am besten mit der »Hauptdatei« gemeinsam von Windows verwalten

Registerkarte *Bilder*

Verhältnismäßig kurz kann die Erläuterung der Registerkarte *Bilder* (siehe Abbildung 27.6) ausfallen. Hier geht es darum, in PowerPoint eingefügte Bilder so abzulegen, dass die Webtauglichkeit der Präsentation nicht durch eine zu hohe Pixeldichte (Auflösung) beeinträchtigt wird. Bildschirmauflösungen verlangen keine Fotoqualität und können so Dateien vertragen, die relativ »schlank« sind.

Außerdem ist diese Einstellung wichtig, wenn Sie auf der Registerkarte *Allgemein* die Entscheidung getroffen haben, Bilder nicht anpassbar zu speichern. Wenn Sie im Windows-Explorer die Bilddateien suchen, so stellen Sie fest, dass es browserabhängig zum Speichern verschiedener Bilddateien gleichen Motivs, aber unterschiedlicher Größe kommen kann. Hier macht wohl wie so oft nur Übung und Geduld den Meister, um das Optimum zu finden.

Abbildg. 27.6 Diese Einstellung verhindert, übermäßig große Bilddateien mit langen Übertragungszeiten ins Netz zu stellen

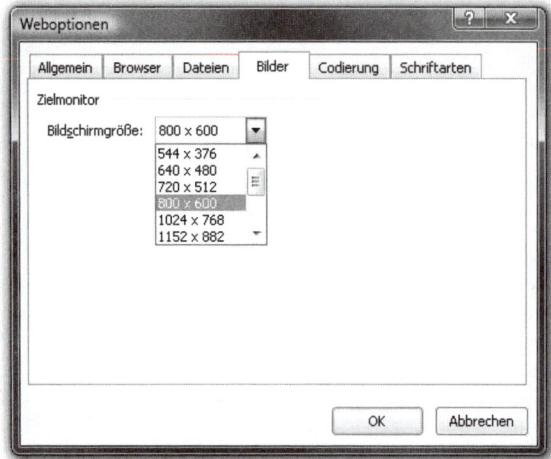

Registerkarte *Codierung*

Die Registerkarte *Codierung* (siehe Abbildung 27.7) ist verantwortlich für die korrekte Wahl des Zeichensatzes beim Speichern der HTML-Seite. Sicherlich haben Sie im Internet schon Seiten ausländischer Anbieter gesehen, deren Sprache nur deshalb schwer zu lesen ist, weil die Seiten etwa auf einem Rechner mit slawischen Zeichensätzen (Einstellung des Betriebssystems) erstellt wurden. Dabei wurde nicht beachtet, dass Browser nur unter Umständen die Codierung automatisch erkennen. Dem können Sie unter PowerPoint vorbeugen. Präsentationen bieten, falls sie bereits gespeichert wurden, ihre Codierung an (erstes Dropdown-Listenfeld des Dialogfeldes) und gestatten (im zweiten Dropdown-Listenfeld) mögliche Korrekturen. Probieren Sie im Bedarfsfall die Wirkung des Lade- und Speichervorgangs mit einer Testpräsentation Ihrer Wahl, die Umlaute enthält, aus. Beobachten Sie dann die Resistenz der HTML-Seiten, indem Sie in Internet Explorer die Codierungen wechseln.

Abbildg. 27.7 Korrekte Codierung – damit die Umlaute der deutschen Sprache auch in einem anderen Sprachraum korrekt angezeigt werden

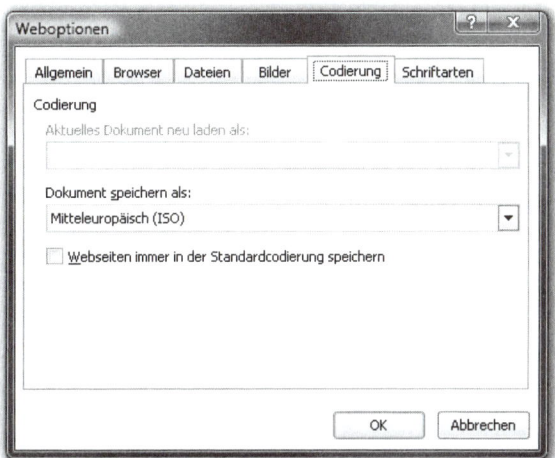

Registerkarte *Schriftarten*

Die Registerkarte *Schriftarten* der Weboptionen erinnert an die Einstellungen in Internet Explorer. Allerdings bleiben Änderungen der Einstellungen in diesem Dialogfeld ohne Wirkung auf die bearbeitete Präsentation. Auch gibt es keine Verbindung zum Schriftarten-Einstellungsdialogfeld in Internet Explorer.

Lassen Sie sich nicht durch die Vielzahl der Optionen verwirren. Denken Sie daran: Wichtig ist die Kenntnis des möglichen Servers und der eventuell eingesetzten Browser. Sind diese Dinge klar, so muss noch die Frage »Speichern oder Veröffentlichen« geklärt werden. Speichern sollte ein Vorgang sein, der eher dem lokalen Computer bzw. einem Platz im Intranet vorbehalten ist. Veröffentlichen ist vorrangig internetorientiert, kann aber auch im Intranet Anwendung finden.

Als Webseite speichern

Sicher warten Sie nach diesen vielen, aber notwendigen Vorbemerkungen ungeduldig darauf, Ihre erste Präsentation als »Webseite« zu speichern.

Der Vorgang, der durch die Befehlsfolge *Speichern unter/Andere Formate* mit Wahl des Dateityps *Webseite* eingeleitet wird, ist durch den letzten Begriff schlecht beschrieben. Wie Sie den obigen Informationen entnommen haben, kann es sich allenfalls bei einer einzigen Folie im Endergebnis um eine einzige Webseite handeln. Und PowerPoint spielt hier noch eine besondere Rolle im Office-Ensemble. Aus jeder Folie entsteht die jeweilige HTML-Seite, hinzu kommen Bilder auf den Folien, Dateien mit und zur Anzeige von Inhaltsverzeichnissen und Notizen, Styles-Dateien, Dateien mit Informationen zu Mastern, zu VBA-Projekten u.a.

Am besten testen Sie den Vorgang einmal praktisch:

1. Legen Sie eine neue Präsentation auf Basis einer der mitgelieferten Vorlagen an (beispielsweise die mit »wenig Liebe« erstellte und deshalb nicht besonders gelungene *Einführung in PowerPoint*).

2. Rufen Sie über das Menü zur *Office-Schaltfläche* den Befehl *Speichern unter/Andere Formate* auf. Sie sehen das in Abbildung 27.8 dargestellte Dialogfeld.

Abbildung 27.8:»Webseite« meint hier»im HTML-Format speichern«

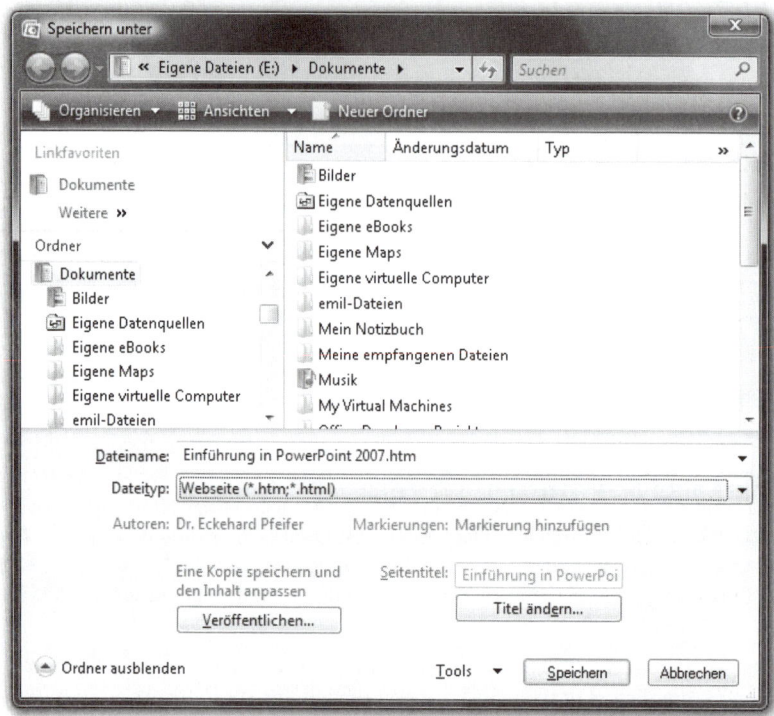

Der Titel der Präsentation (hier kurz, aber missverständlich *Seitentitel* genannt) ist nicht der Dateiname, sondern das, was in der Titelleiste des Browsers angezeigt wird. Die Änderung dieses Titels geschieht über die entsprechende Schaltfläche, eine Anpassung des HTML-Quellcodes der Datei »per Hand« ist also nicht notwendig.

Denken Sie daran, dass durch das Speichern nach endgültiger Wahl des Dateinamens im Falle von

■ *Webseite in einer Datei* (auch Webarchiv genannt) eine einzige Datei entsteht (von der Dateigröße her nicht ganz unabhängig von eingestellten Browser-Weboptionen), die von PowerPoint weiterhin editiert und im *Präsentationsmodus* vorgeführt werden kann. Gleichzeitig kann diese Präsentation in Internet Explorer ab Version 4.01 sofort angezeigt werden. Diese beiden Vorgänge (Editieren und Vorführen) entsprechen den Einträgen *Bearbeiten* und *Öffnen* des Kontextmenüs, das sich beim Klick mit der rechten Maustaste auf die Datei im Windows-Explorer zeigt.

■ *Webseite* eine Menge von Dateien entstehen. Für die Vorlage *Einführung in PowerPoint* sind das insgesamt zunächst 145 für Internet Explorer 4 und 93 für Internet Explorer 6. Diese Zahlen fallen geringer aus, wenn Sie auf Foliennavigation verzichten. Das Handling des Bearbeitens und Öffnens funktioniert wie im Falle der Webarchive.

HINWEIS   Anders als in der Vorgängerversion unterstützt PowerPoint 2007 das sogenannte Round-Tripping nicht mehr unmittelbar. Unter diesem Verhalten versteht man die absolute Äquivalenz einer als Webseite oder im PPT-Format gespeicherten Präsentation. Mit anderen Worten, es genügte, eine Präsentation im HTML-Format abzuspeichern, und es waren keinerlei Verhaltensunterschiede zum »Normalfall« (d.h. dem Speichern als PowerPoint-Datei) zu beobachten. Das werden aber die wenigsten Anwender getan haben.

Es scheint so, als ob als Webseiten gespeicherte Präsentationen auch unter PowerPoint 2007 weitestgehend das gleiche Verhalten wie PPTX/PPTM-Dateien haben. Während Sie beim Bearbeiten von PPT-Dateien (also Formate 97 bis 2003) auf die mögliche Konvertierung hingewiesen werden und der entsprechende Befehl *Konvertieren* im Menü zur *Office-Schaltfläche* vorhanden ist, fehlen dieser Hinweis und der Befehl für als Webseiten gespeicherte Präsentationen. Dennoch sollten Sie das HTML-Format nicht als Grundlage für Ihre Präsentationen nehmen, da deutlich längere Lade- und Speicherzeiten bei der Bearbeitung entstehen und die Vorteile des OpenXML-Dateiformats verloren gehen. Damit reduziert sich die Bedeutung des Speicherns als Webseite praktisch auf den Fall der Veröffentlichung.

Wenn Sie Ihre Präsentation im Browser anschauen wollen, können Sie das in PowerPoint mithilfe des Befehls *Webseitenvorschau* tun (dieser befindet sich allerdings nicht in der Multifunktionsleiste und muss durch Anpassen der Schnellzugriffsleiste zum Einsatz gebracht werden) oder aber den Doppelklick auf die Datei im Windows-Explorer versuchen. Nach einigen Änderungen (so werden etwa die Texte der hier verwendeten Abschnitte entgegen den Erwartungen nicht ins Inhaltsverzeichnis aufgenommen) sehen Sie etwa eine Darstellung wie in Abbildung 27.9.

Abbildg. 27.9   Webseitenvorschau; die angezeigten Dateien befinden sich in einem temporären Ordner, was eventuell Verwirrung erzeugt

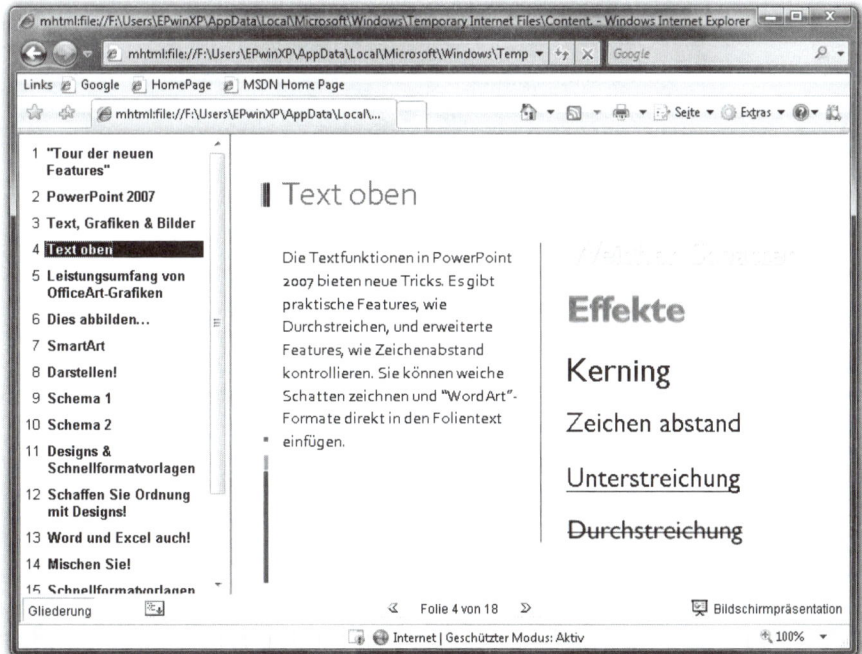

Das Navigieren im Browser ist nahezu selbsterklärend:

- Ein Klick auf das Inhaltsverzeichnis wechselt die Folie.

- Das Inhaltsverzeichnis kann mithilfe der Schaltfläche *Gliederung* ein- und ausgeblendet werden.

- Die Unterpunkte der Gliederung (das sind Bestandteile der Textplatzhalter, nicht die von zusätzlichen Textfeldern) können ein- und ausgeblendet werden.

- Folien können per Klick auf die Schaltflächen im unteren Teil vor- und zurückgeschaltet werden, die Animationen werden wiederholt.

- Mit der Schaltfläche *Bildschirmpräsentation* ist der Wechsel in den Vollbildmodus möglich. Die Präsentation läuft dennoch im Browser. Der Eindruck, es sei nun PowerPoint, trügt.

- Befinden sich auf einigen Notizseiten tatsächlich Notizen, so wird das automatisch erkannt und Platz für die Anzeige der Notizen gelassen. Mithilfe der Schaltfläche *Notizen* lassen sich die Anmerkungen aus- bzw. einblenden.

HINWEIS Haben Sie den Zugang zum Browser über den Weg *Webseitenvorschau* gewählt, so wird ein Duplikat Ihrer Präsentation in einem temporären Ordner angelegt. Wie Sie wissen, erneuert der Browser die Anzeige von HTML-Seiten nicht automatisch. Ändern Sie Ihre Präsentation, so werden diese Änderungen im eventuell noch geöffneten Browserfenster also nicht sichtbar. Ein Aktualisieren bleibt ohne Wirkung, selbst wenn Sie vorher speichern. Sie müssen die Webseitenvorschau per Menübefehl erneut aufrufen.

Dieser Hinweis muss anders formuliert werden, wenn Sie die Ansicht aus dem Windows-Explorer per Doppelklick aktivieren. Hier zeigt sich der aktuelle Stand nach Speicherung unter PowerPoint und Aktualisierung im Browser.

Durch die Speicherung im temporären Ordner kann es unter Umständen dazu kommen, dass Hyperlinks in andere Dokumente im Moment nicht funktionieren, da die Pfadangaben nicht korrekt sind. In solchen Fällen ist der Doppelklick im Windows-Explorer zum Testen zu nutzen.

Wird eine Präsentation im HTML-Format gespeichert, gehen alle Schutzeinstellungen, die in den *Allgemeinen Optionen* beim Speichern (Dropdownmenü *Tools*) festgelegt werden, verloren.

Eine Präsentation im Web mit Leseschutz zu versehen, geht nur über entsprechende Zugriffsbeschränkungen auf den Server. Ebenso ist der Schreibschutz dann aktiv, wenn die Rechte beim Zugriff auf den Webserver nur »lesende« sind.

Gelegentlich entsteht bei Anwendern der Wunsch nach einem Kopierschutz. Diesen gibt es im Fall einer Webdarstellung nicht. Haben Sie eine Präsentation im Web im HTML-Format gespeichert, so wird das Kopieren sogar noch dadurch vereinfacht, dass der Quellcode Informationen enthält, die zumindest Internet Explorer mitteilen, welches das erzeugende Programm war. Um dieses Verhalten außer Kraft zu setzen, sind aus dem entstehenden Quellcode alle Hinweise auf PowerPoint zu löschen. Dazu benutzen Sie den Texteditor von Windows oder einen anderen HTML-Editor. Das verhindert zwar nicht das Kopieren der Texte und Bilder der Präsentation, bringt aber entsprechenden Arbeitsaufwand mit sich, da nun der Quelltext jeder Folie kopiert werden muss. Da es aber noch mehrere unsichtbare Hilfsdateien gibt, ist das Ergebnis des Kopierens »als Präsentation« eher zweifelhaft.

Webarchive anlegen

Sie haben nun zwei Varianten zum Erzeugen von Webseiten kennengelernt: Webarchive (eine einzige Datei) oder zahlreiche Webseiten, ggf. in einem Hilfsordner gespeichert. Wie sollten Sie sich entscheiden?

Für Webseiten spricht in jedem Fall die Unabhängigkeit des Dateiformats und damit der Zugriff auf die Informationen an beliebigem Ort und »nur« mit einem Browser.

Für Webarchive spricht:

- Bewahrung von Übersichtlichkeit und vor Fehlern, die etwa beim unbeabsichtigten Löschen von »Hilfsdateien« (dieser Ausdruck ist so eigentlich nicht korrekt, denn es handelt sich um notwendige Bestandteile) entstehen können.

- Die unproblematische Übertragung der Dateien an andere Rechner und Personen mittels Diskette, CD, durch einfaches Kopieren im Netz oder einfach per E-Mail. Allerdings weigert sich Outlook, die Dateien als Archive zu akzeptieren: Das Archiv wird in seine Bestandteile aufgelöst, die Funktionsfähigkeit ist dadurch erst einmal aufgehoben. Als Workaround kann man die Datei in einen ZIP-komprimierten Ordner einpacken (Windows-Explorer, *Senden an*), was sogar weitere Komprimierungsvorteile bringt.

Gegen Webarchive spricht:

- Internet Explorer muss notwendigerweise vorhanden sein.

- Lange Dateien erzeugen lange Ladezeiten im Internet.

- Die einzelnen Bestandteile der Präsentation lassen sich nicht ohne Weiteres mit PowerPoint-fremden Mitteln (also anderen HTML-Editoren oder Bildbearbeitungsprogrammen) bearbeiten.

HTML-Präsentationen veröffentlichen

Veröffentlichen bedeutet immer das Erstellen einer Kopie und Trennung vom Original. Dies kann eine Kopie der gesamten Präsentation sein oder nur einzelner Teile (Folien, Zielgruppenorientierung). Ziel ist immer die Pflege in *einem* Original (lokal oder auch auf einem fremden Rechner). Dieses Original kann als PowerPoint-Datei, als HTML-Datei mit Hilfsdateien oder als MHTML-Datei vorliegen. Alle drei Dateiformate leisten hinsichtlich der Pflege unter PowerPoint das Gleiche, nur das Verhalten in einem Browser unterscheidet sich. Es spricht also nichts dagegen, Kopien dieser Datei in den genannten Formaten weiterzugeben. Sollen aber verschiedene Nutzer bedient werden, so ist für jeden ein Original zu erstellen. Deshalb (und aufgrund der neuen Dateiformate auf XML-Basis) heißt die Lösung *Veröffentlichen*.

Nehmen wir an, Sie pflegen eine Präsentation im Original und haben diese im PowerPoint-Format abgespeichert. Sie wollen nun zu verschiedenen Zeitpunkten und verschiedenen Anlässen die in der Präsentation vorhandenen Informationen in einem Intranet oder im Internet zur Verfügung stellen.

Wählen Sie dazu die folgenden Schritte:

1. Ist Ihre Präsentation fertiggestellt, wählen Sie im Menü zur *Office-Schaltfläche* den Befehl *Speichern unter/Andere Formate*.
2. Klicken Sie auf die Schaltfläche *Veröffentlichen* (siehe Abbildung 27.8), wird das Dialogfeld aus Abbildung 27.10 angezeigt.

PowerPoint, Office und Teamarbeit

Abbildg. 27.10 Veröffentlichen – nochmals sind Optionen auszuwählen

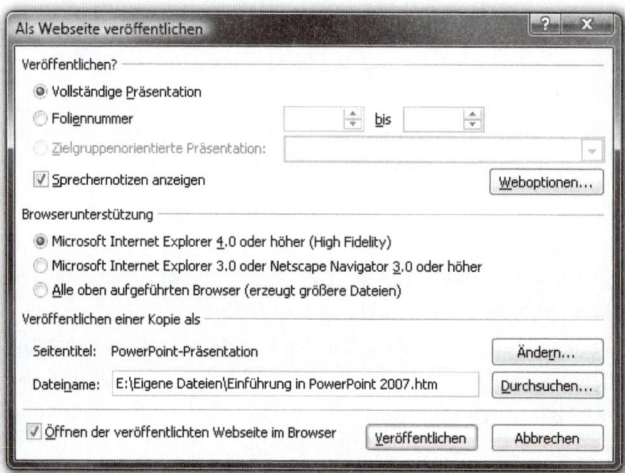

Das Dialogfeld ist weitestgehend selbsterklärend, hält aber einige Überraschungen bereit. Sie entscheiden sich zunächst für die zu veröffentlichenden Bestandteile (*Vollständige Präsentation, Foliennummer* von/bis bzw. *Zielgruppenorientierte Präsentation*). Dabei können Sie die für die Veröffentlichung wichtigen Weboptionen nochmals überprüfen bzw. korrigieren. Entscheiden Sie sich unter *Browserunterstützung* für die Browserversionen Nummer 3, so werden einige Weboptionen außer Kraft gesetzt:

- Sprechernotizen werden trotz oben aktivierter (gewählter) Option nicht angezeigt.

- Navigationsmöglichkeiten werden immer erstellt.

- Animationen werden nicht umgesetzt.

- Bilder haben eine feste Größe.

Die Ursache für dieses Verhalten liegt in der andersartigen Speicherung, die Netscape-Verträglichkeit sichert. **Achtung:** So veröffentlichte Präsentationen lassen sich nicht wieder in PowerPoint bearbeiten! Wählen Sie allerdings nicht die Netscape-Variante, so zeigt der Navigator auch nichts Vernünftiges an.

Sie haben im Dialogfeld die Möglichkeit der Wahl des Titels sowie des Speicherorts. Die mögliche Vorschau geschieht nicht aus einem temporären Verzeichnis heraus, sondern zeigt nach dem Veröffentlichen über die entsprechende Schaltfläche das Ergebnis selbst in Ihrem Standardbrowser.

HINWEIS Dieser Vorgang des Veröffentlichens hat nichts mit dem gleichnamigen Vorgang zu tun, den Sie mit dem Befehl im Menü zur *Office-Schaltfläche* einleiten.

Wie kommen die Veröffentlichungen ins Web?

Nach so vielen Versuchen auf dem Arbeitsplatzrechner harrt nur noch eine Frage der Beantwortung: Wie kommen die veröffentlichten Elemente ins Web?

Sie sollten dazu zwei Fälle betrachten: Intranet und Internet.

Im Intranet veröffentlichen

Im Intranet gibt es im Prinzip mindestens drei Varianten des Speicherns bzw. Veröffentlichens:

- Sie haben Zugriffsrechte, die dateibasiert orientiert sind und wählen den Speicherort beim Speichern bzw. Veröffentlichen einfach aus. Dabei werden dann von Ihnen ggf. Ihre Nutzerkennung sowie ein Passwort verlangt.
- Sie nutzen Microsoft Office FrontPage/SharePoint Designer zur Veröffentlichung, wenn der Webserver mit den FrontPage-Servererweiterungen versehen ist. Dazu legen Sie ein Web an, das die durch PowerPoint erstellten Dateien mit aufnimmt (oder nur aus diesen besteht), und veröffentlichen dieses Web mit den in diesen Programmen verfügbaren Mitteln.
- Sie verwenden die Speichermöglichkeiten von Office auf FTP-Sites (FTP steht für File Transfer Protocol). Dazu schreiben Sie in das Feld, das den Dateinamen aufnehmen soll, einfach *ftp://servername/pfad/dateiname* und geben bei Anforderung Ihren Benutzernamen sowie ggf. ein Passwort ein.

Im Internet veröffentlichen

Die Veröffentlichung im Internet ist abhängig vom Provider, den Sie nutzen. Dieser stellt unter Umständen ein FTP-Programm zur Verfügung. Im Internet finden Sie kostenlose Programme, die nach der Art des Windows-Explorers arbeiten. Hat Ihr Provider auf dem Server die FrontPage-Servererweiterungen installiert, so können Sie auch FrontPage-Webs zum Veröffentlichen (Upload) benutzen. Und schließlich haben Sie den Office-FTP-Zugang, wie im vorigen Abschnitt beschrieben.

> **HINWEIS** Im nächsten Kapitel erfahren Sie unter dem Aspekt der Teamarbeit mehr über Veröffentlichungen in einem Intranet.

HTML-Dateien auf PowerPoint-Folien

Sehr oft entsteht bei Anwendern die Frage, ob auch ein zum bisherigen »umgekehrter« Weg möglich ist: Können bestehende HTML-Seiten auf einer Folie angezeigt werden? Sieht man von dem Umstand ab, dass die anzuzeigende Datei eventuell nicht den Anforderungen entspricht, die an die Lesbarkeit von PowerPoint-Folien gestellt werden, so lautet die Antwort: Im Prinzip ja, aber nur durch einen Trick.

Voraussetzung ist, dass die Sicherheitseinstellungen von PowerPoint den Einsatz sogenannter ActiveX-Steuerelemente erlauben (Einstellungen im *Vertrauensstellungscenter* der *PowerPoint-Optionen*), dass Makros ausgeführt werden dürfen und dass Sie als Bearbeiter der Präsentation

Zugriff auf die *Entwicklertools*-Registerkarte der Multifunktionsleiste haben. Sind diese Voraussetzungen erfüllt, so führt folgende Schritt-für-Schritt-Anleitung zum Erfolg:

1. Wechseln Sie zur Registerkarte *Entwicklertools*.

2. Klicken Sie in der Gruppe *Steuerelemente* auf die Schaltfläche *Weitere Steuerelemente*.

3. Markieren Sie in der daraufhin erscheinenden Liste den Eintrag *Microsoft Web Browser* und bestätigen Sie mit *OK*.

4. Ziehen Sie das Steuerelement mit der Maus in der gewünschten Größe auf der Folie aus (beachten Sie dabei den Mauszeiger in Form eines kleinen Kreuzes).

5. Damit das Steuerelement im Moment der Anzeige die zu holende HTML-Seite herunterlädt (lokal oder von einem Server), muss noch etwas VBA-Code geschrieben werden. Dieser nutzt eine nicht dokumentierte Funktion, die hier zum Ziel führt. Dazu fügen Sie im VBA-Editor, den Sie ebenfalls über die genannte Registerkarte erreichen, in ein noch einzufügendes Modul den Code aus Listing 27.1 ein. Den Namen der Folie mit dem Steuerelement (hier *Slide2*) entnehmen Sie aus dem Projektexplorer des VBA-Projekts.

6. Lassen Sie sich Ihre Präsentation vorführen, um den gewünschten Erfolg zu kontrollieren.

Listing 27.1   Holen einer Webseite auf die Folie per VBA

```
Sub OnSlideShowPageChange(ssw As SlideShowWindow)
    On Error GoTo errh
    If ssw.View.Slide.Name = "Slide2" Then
        Slide2.WebBrowser1.Navigate http://www.dr-e-pfeifer.net
    End If
    Exit Sub
errh:
    'Fehlerbehandlung fehlt
End Sub
```

Zusammenfassung

Dieses Kapitel hat Sie mit dem HTML-Dateiformat von PowerPoint-Präsentationen bekannt gemacht. Sie haben Grundlegendes zu HTML in der Office-Geschichte erfahren, die Bedeutung der Weboptionen untersucht und den Unterschied zwischen Speichern und Veröffentlichen erkannt. Der letzte Abschnitt zeigt, dass auch einmal »HTML zu PowerPoint werden kann«.

Hier noch einmal die wesentlichen Fundstellen:

Thema	Seite
Die Bedeutung von Servern und Browsern	733
HTML, XHTML und XML in Microsoft Office	734
Weboptionen richtig einstellen	735
Qual der Wahl: Webseite oder Webarchiv	745
Dateipflege durch Veröffentlichung	745
Ablegen der Dateien im Web	747
HTML-Seiten auf einer Folie darstellen	747

Kapitel 28

PowerPoint im Team

In diesem Kapitel:

Bereits im vorherigen Kapitel konnten Sie sich einen ersten Eindruck davon verschaffen, dass es nicht sehr kompliziert ist, Informationen aus PowerPoint-Präsentationen mit anderen Anwendern zu teilen. Basis ist die Möglichkeit des Speicherns oder besser noch Veröffentlichens einer Präsentation im HTML-Format, der Platzierung des Ergebnisses auf einem Webserver und der Betrachtung im Browser.

Dieses Kapitel wird Sie weiter in die Welt der Teamarbeit eintauchen lassen. Es richtet sich vorrangig an Anwender in mittleren bis großen Unternehmen, die *Microsoft Office SharePoint Server* bereits installiert haben oder deren Verantwortliche vor einer entsprechenden Entscheidung stehen. Auch für »Einzelanwender« ist dieses Kapitel interessant, haben doch eine Reihe von Internetanbietern zumindest die Vorgängerversion des SharePoint Servers in ihren Angeboten und werden sicher bald mit der neuesten Version nachziehen.

Doch beginnen wir mit dem Klassiker im Team – E-Mail-Versand per Outlook.

Nutzung von E-Mails

Bevor Sie daran denken, eine Präsentation unmittelbar per E-Mail zu versenden, sollten Sie überlegen,

- ob der Empfänger glücklich über den Download mehrerer Megabyte ist und Sie deshalb enthaltene Bilder vor dem Versand komprimieren sollten (das Dateiformat von PowerPoint 2007 hält den »Rest der Präsentation« von sich aus schlanker als die Vorgängerversionen). Sie klicken dazu, nachdem Sie ein Bild ausgewählt haben, auf *Bilder komprimieren* in der Gruppe *Anpassen* auf der Registerkarte *Format* der *Bildtools*. In den zusammengehörenden Dialogfeldern aus Abbildung 28.1 nehmen Sie Ihre Anpassungen vor und kontrollieren das Ergebnis hinsichtlich Qualität und Dateigröße.

Abbildg. 28.1 Anpassen der Dateigröße für den Versand per E-Mail

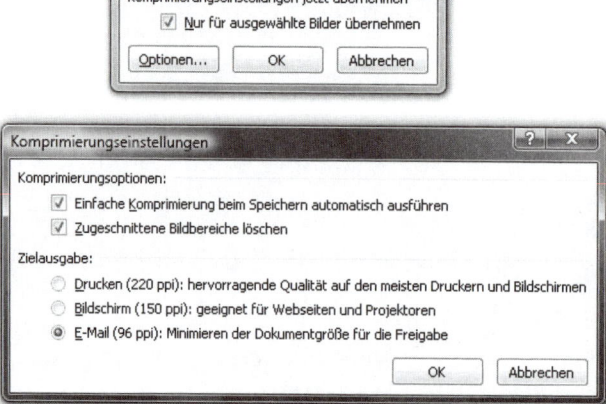

- ob Sie in Ihrer Präsentation Verknüpfungen (etwa zu Excel-Tabellen) haben, die sich beim Empfänger in aller Regel nicht aktualisieren lassen. Ausnahme: Sie verknüpfen zu Dateien, auf die Sie

und der Empfänger auf gleiche Weise in einem Netzwerk (etwa freigegebene Laufwerke) zugreifen.

■ ob Sie in Ihrer Präsentation Verknüpfungen zu Filmen und/oder Musiktiteln haben, die beim Versand ebenfalls mitgeschickt werden müssen, da sie in der Regel nicht in die Präsentation eingebettet sind.

PowerPoint kennt, anders als Excel oder Word, nur eine Art des E-Mail-Versands – eine Kopie des Dokuments (Präsentation) wird zur Anlage. Auf diesen Versand haben Sie auf zwei verschiedenen Wegen Zugriff:

■ Sie nutzen den Befehl *Senden/E-Mail* nach einem Klick auf die *Office-Schaltfläche* oder

■ Sie rufen über das Menü zur *Office-Schaltfläche* das Dialogfeld *PowerPoint-Optionen* und dort die Kategorie *Anpassen* auf. Dann finden Sie in der Liste der Befehle, die sich nicht in der Multifunktionsleiste befinden, den Befehl *E-Mail*. Fügen Sie diesen der Symbolleiste für den Schnellzugriff hinzu und nutzen Sie dann diese Schaltfläche.

Unabhängig davon, welchen der beiden Wege Sie gehen, öffnet sich Outlook (falls es das Standard-E-Mail-Programm ist), die Präsentation befindet sich in der Anlage und ein Betreff, der sich aus dem Dateinamen ergibt, wurde formuliert (siehe Abbildung 28.2).

Abbildg. 28.2 Nicht sehr spektakulär – der Versand via Outlook

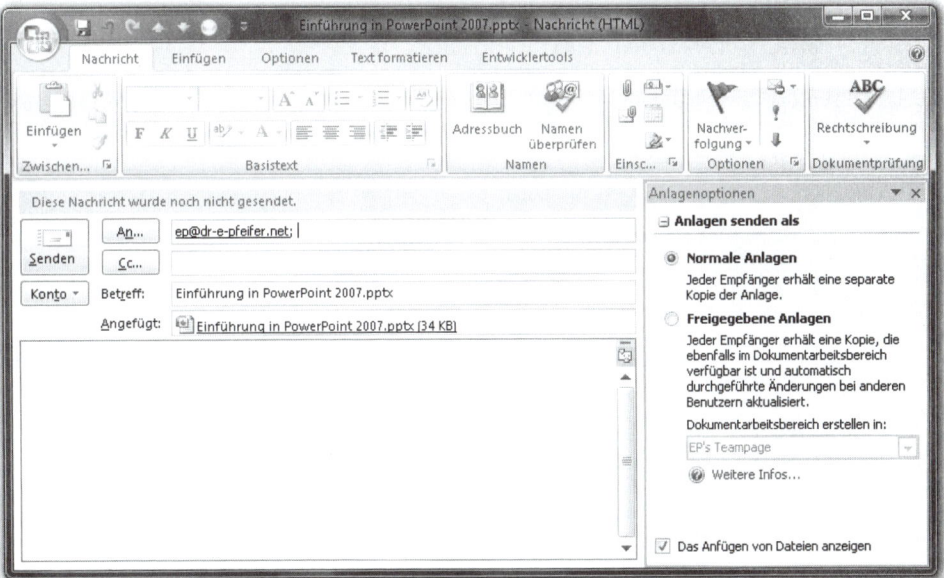

Der Empfänger sieht die Anlage in seinem Outlook 2007 in der in Abbildung 28.3 gezeigten Form und kann über die weitere Verfahrensweise sofort entscheiden.

Abbildg. 28.3 Problemloser Umgang mit PowerPoint-Anhängen in Outlook 2007

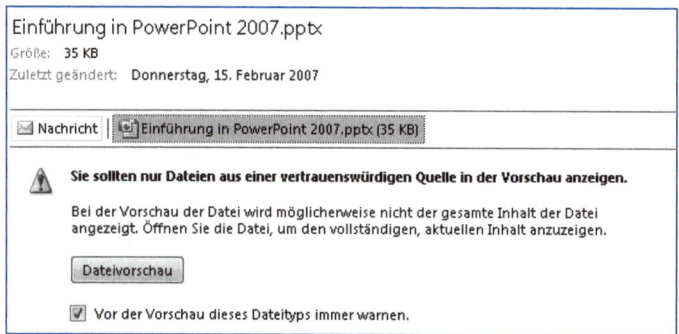

Entscheidet der Empfänger sich für die Dateivorschau, läuft die Präsentation im Vorführmodus nach einer vorherigen Umwandlungspause im Lesebereich des Outlook-Fensters. Die Vorführung ist perfekt:

- Die Folien lassen sich per Bildlaufleiste bzw. Klick steuern,

- Animationen werden angezeigt und

- ein Klick mit der rechten Maustaste erlaubt das Kopieren der angezeigten Folie (siehe Abbildung 28.4), um sie anschließend über *Einfügen/Inhalte einfügen* in eine andere Präsentation einzubringen oder als Bild weiterzuverwenden.

Abbildg. 28.4 Perfekt im Duett – Outlook und PowerPoint

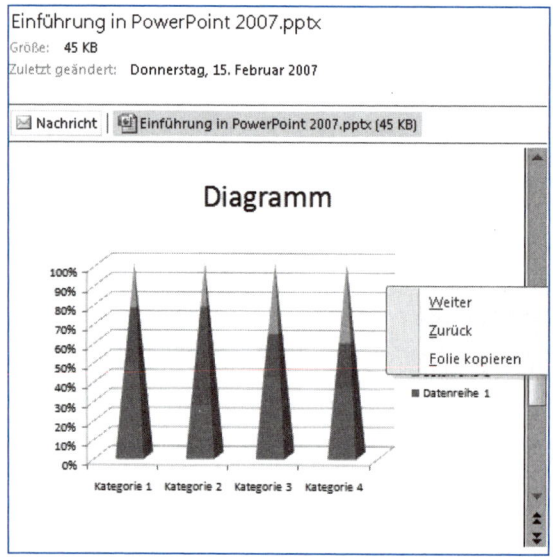

HINWEIS   Leider wurde die bisher mögliche Verfolgung von Überarbeitungen durch verschiedene Empfänger der Nachricht (Stichwort Aufgabenbereich *Revisionen*), die allerdings nicht den Komfort wie bei Word erreicht hatte, in der aktuellen PowerPoint-Version ersatzlos gestrichen. Ein Schritt, den man bei der immer bedeutungsvolleren Arbeit im Team und über Bürogrenzen hinweg nur schlecht nachvollziehen kann.

Wenn Sie in der Gruppe *Einschließen* (Registerkarte *Nachricht*) das zugehörige Dialogfeld aufrufen, wird dieses als Aufgabenbereich mit dem Titel *Anlagenoptionen* eingeblendet. Diese Optionen beziehen sich auf die Präsentation: Sie kann als »ganz normale« Anlage, aber auch als spezielle Anlage gesendet werden, die zwar jeder Empfänger bekommt, die aber auch gleichzeitig Bestandteil eines freigegebenen Arbeitsbereichs auf einer SharePoint-Website ist (mehr zu dieser Art des Informationsaustauschs finden Sie im Abschnitt »Document Sharing in freigegebenen Arbeitsbereichen« weiter hinten in diesem Kapitel). Ein entsprechender Begleittext wurde automatisch vorbereitet und kann natürlich auch angepasst werden (siehe Abbildung 28.5).

Abbildg. 28.5   Verteilung als Anlage und als »zentrales Dokument« zur Diskussion auf einer Website

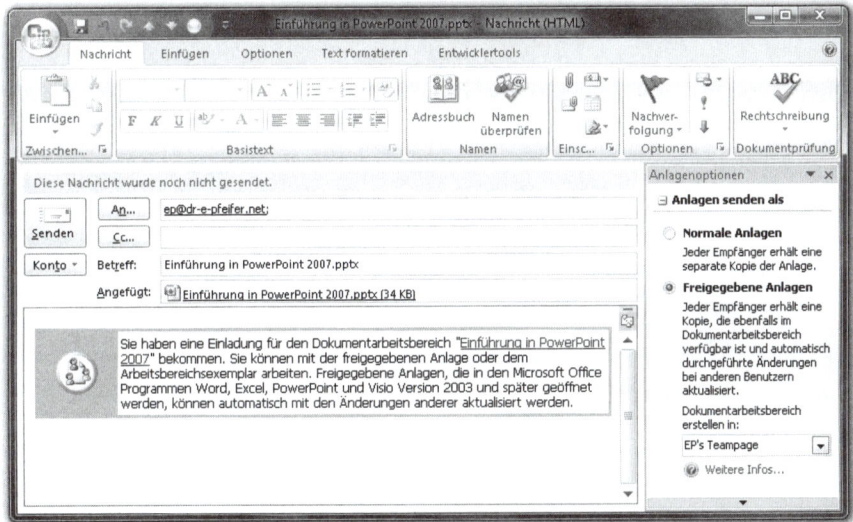

Ein kurzer Blick auf Microsoft Office SharePoint Server

Dieser und die folgenden drei Abschnitte wenden sich in erster Linie an Mitarbeiter mittlerer und größerer Unternehmen. Ursache dafür ist, dass der Heimnutzer in eher seltenen Fällen über die technischen Voraussetzungen zur Nutzung von Microsoft Office SharePoint Server 2007 verfügen. Und für Mitarbeiter kleinerer Unternehmen besteht aus organisatorischen Gründen nicht unbedingt die Notwendigkeit, aber auch nicht die zeitliche Reserve zur Vorbereitung, um die vorgestellten Methoden der gemeinsamen Dokumentnutzung anzuwenden. Den Aufstieg auf einen im Trend fahrenden Zug sollte allerdings niemand verpassen.

Die technischen Voraussetzungen

Da die neuen Möglichkeiten .NET-basiert funktionieren, ist es notwendig, auf dem als Server des Intranets fungierenden Computer (der zu Übungs- und Testzwecken auch der lokale Rechner des verantwortlichen Mitarbeiters sein kann) das Betriebssystem Windows Server 2003 SP 1 installiert zu haben. *Document Sharing* im weiter hinten beschriebenen Sinne setzt außerdem voraus, dass auf dem Server Internet Information Server 6.0 aktiviert und SharePoint Server mit dem darunter liegenden SQL Server installiert sind. Ein so ausgestatteter Computer muss sich außerdem in einer Domäne mit Active Directory befinden.

> **HINWEIS** Es gibt zahlreiche Internet-Provider, die zu verschiedenen Konditionen SharePoint Services der Vorgängerversion im Internet anbieten. Diese verfügen nicht in vollem Umfang über die weiter hinten in diesem Kapitel zu besprechende Funktionalität. Die weitere Entwicklung ist zum Zeitpunkt der Verfassung dieses Buches abzuwarten.

Die Teilnehmerstruktur im Überblick

Die Verwaltung des letzten Dienstes kann hier ebenso wenig wie die Anpassung der Seiten im Detail beschrieben werden. Wichtig ist, dass der Besitzer einer SharePoint-Website oder einer ihrer Unterwebsites jeden Benutzer, der im Active Directory der Domäne verzeichnet ist, einer der elf vordefinierten Gruppen mit Zugangsnamen und Passwort zuordnen kann (wobei weitere Gruppen nach individuellen Gesichtspunkten bzw. der Unternehmensstruktur entsprechend definiert werden können):

- Anzeigende Benutzer
- Autoren (Dokumentarbeitsbereiche)
- Benutzer für schnelles Bereitstellen
- Besitzer der Homepage
- Besucher der Homepage
- Designer
- Formatressourcenleser
- Genehmigende Personen
- Hierarchie-Manager
- Mitglieder von Homepage
- Personen mit eingeschränkten Leserechten

Von diesen Gruppen, die sich nach der Art und Weise der Teilnahme am Umgang mit einer Website unterscheiden (wie Vollzugriff, Hinzufügen, Bearbeiten, Löschen, Genehmigungen erteilen oder nur Lesen) sollen hier im Weiteren nur Autoren, Mitglieder und Besucher interessant sein.

Alle Nutzer einer SharePoint-Site sollten diese den vertrauenswürdigen Sites in ihrem Internet Explorer hinzugefügt haben, damit verschiedene Automatismen ohne störende Nachfragen bzw. überhaupt ablaufen können.

Präsentationen auf einem Dokumentverwaltungsserver

Bei dieser Art der Teamarbeit geht es um das Hinterlegen von Dokumenten auf einem Server mit der Absicht der effektiven Verwaltung im Team. Vor allem kann die oft schwer zu kontrollierende E-Mail-Flut mit Anhängen ein und derselben Präsentation in verschiedenen Entwicklungszuständen eingedämmt werden.

Die Veröffentlichung

Die Veröffentlichung beginnt durch Sie als »Ersteller« mit der Befehlsfolge *Veröffentlichen/Dokumentverwaltungsserver* im Menü zur *Office-Schaltfläche*. Haben Sie die erforderlichen Rechte der Speicherung in einem Verzeichnis der SharePoint-Site Ihrer Wahl (siehe Abbildung 28.6), so wird nach dem Speichern die Befehlsliste im Menü zur *Office-Schaltfläche* um die Befehle *Server* und *Workflows* ergänzt (siehe Abbildung 28.7). Administratoren der Site sollten diese so strukturieren, dass sich Ablageorte intuitiv ergeben.

Abbildg. 28.6   Beim Speichern auf dem Server ist eine gewisse Disziplin hinsichtlich der Wahl der Ablage notwendig

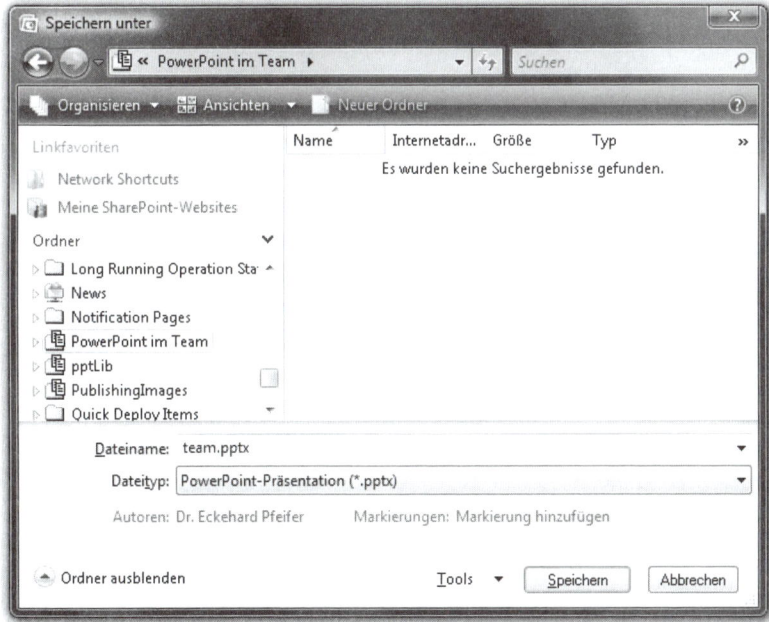

Der genannte Befehl *Server* stellt weitere Befehle zur Verfügung:

- *Auschecken:* Erstellen einer Kopie auf dem lokalen Rechner bei gleichzeitiger Bearbeitungssperre des Originals auf der SharePoint-Site

- *Versionsverlauf anzeigen:* Kontrolle über verschiedene Versionen des Dokuments auf dem Server (das setzt voraus, dass in dem entsprechenden Verzeichnis die Versionierung aktiviert und entsprechend eingestellt wurde)

- *Workflowaufgaben anzeigen:* Anzeige der dem aktuell angemeldeten Benutzer zugewiesenen Aufgaben im Zusammenhang mit dem Dokument, nicht Anzeige der Aufgaben anderer Personen

- *Dokumentverwaltungsinformationen:* Anzeige eines Aufgabenbereich, der dem aus Abbildung 28.14 entspricht

Abbildg. 28.7 Diese Befehle stehen nur für auf einem SharePoint Server veröffentlichte Präsentationen zur Verfügung

Mithilfe des Befehls *Workflows* kann der veröffentlichende Bearbeiter notwendige Schritte zur Behandlung des Dokuments im Team vorbereiten und verschiedene Aufgaben anderen Teammitgliedern zuweisen. Dabei geht es um zwei Schwerpunkte: *Feedback sammeln* und *Genehmigungen* einholen. Verschiedene Teammitglieder können in einem speziellen Dialogfeld konkret angesprochen werden, E-Mails werden automatisch nach der Festlegung der Details (Info zum Dokument, Termin, Bearbeiter auf Cc) an die betreffenden Personen verschickt – kurz: Der Workflow auf dem Server wird gestartet.

HINWEIS   Die Liste der Workflows, die zunächst vorgegeben ist, lässt sich durch Entwickler auf die konkreten Unternehmensanforderungen erweitern und anpassen.

Nach dem Ablegen der Präsentation auf dem Server bieten sich beim Besuch der entsprechenden Seite im Intranet – je nach Status des Besuchers – verschiedene Einstiegsmöglichkeiten an (siehe Abbildung 28.8):

Abbildg. 28.8 Besucher der Website haben – je nach ihrem Status – den Zugriff auf verschiedene Befehle im Umgang mit der Teampräsentation

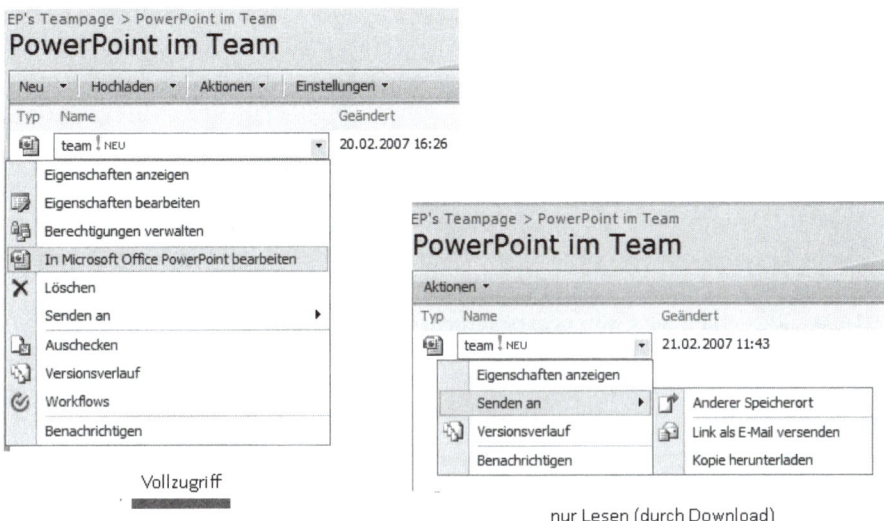

Auschecken und Einchecken

Das Aus- und Einchecken einer Präsentation kann sowohl aus PowerPoint heraus (Wiederöffnen der Präsentation) als auch von der Website aus geschehen (über den Link aus Abbildung 28.8). Dabei ist es wichtig, dass sich ein Betrachter anmeldet, der entsprechende Rechte hat. Eine Kopie der Präsentation wird bei diesem Vorgang entsprechend der vorgenommenen Einstellungen (*Power-Point-Optionen*, Kategorie *Speichern*, Option *Speicherort für Serverentwürfe*) auf dem lokalen Rechner gespeichert (Standardordner *Users\Benutzername\SharePoint-Entwürfe*). Während des Auscheckens ist eine Bearbeitung durch andere Teammitglieder nicht möglich. PowerPoint übernimmt beim Bearbeiten die entsprechende Koordinierung der jeweiligen Zustände der Präsentation. Das Auschecken kann verworfen bzw. durch erneutes Einchecken aufgehoben werden. Beim Einchecken kann die entstehende Version der Präsentation mit einem *Kommentar* versehen werden. Nach dem Einchecken ist die Präsentation im PowerPoint-Fenster schreibgeschützt, die Statusleiste weist auf den Umstand hin, dass eine Serverpräsentation angezeigt wird.

WICHTIG   Das Aus- und Einchecken sollte konsequent umgesetzt werden (dabei hilft eine entsprechende serverseitige Einstellung), um Konflikte mit den Bearbeitungen anderer berechtigter Teammitglieder zu vermeiden. Auch ist die Angabe von Kommentaren sehr sinnvoll, da komfortable visuelle Möglichkeiten des direkten Folienvergleichs fehlen.

Abbildg. 28.9 Nicht den Überblick zu verlieren ist hier nur durch Übung möglich – wo befindet sich welche Version?

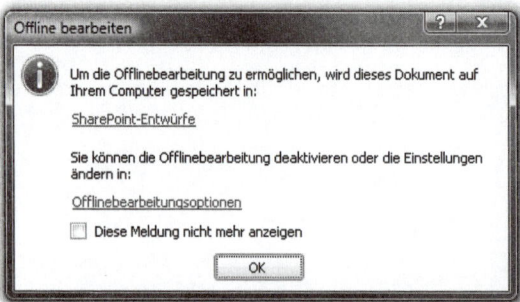

Versionsverlauf

Der Versionsverlauf kann von dem Mitarbeiter, der die Präsentation hochgeladen bzw. in Bearbeitung hat, bzw. von berechtigten Besuchern direkt von der Website eingesehen werden.

Abbildg. 28.10 Durch die Verwendung von Kommentaren bleibt die Sache übersichtlich

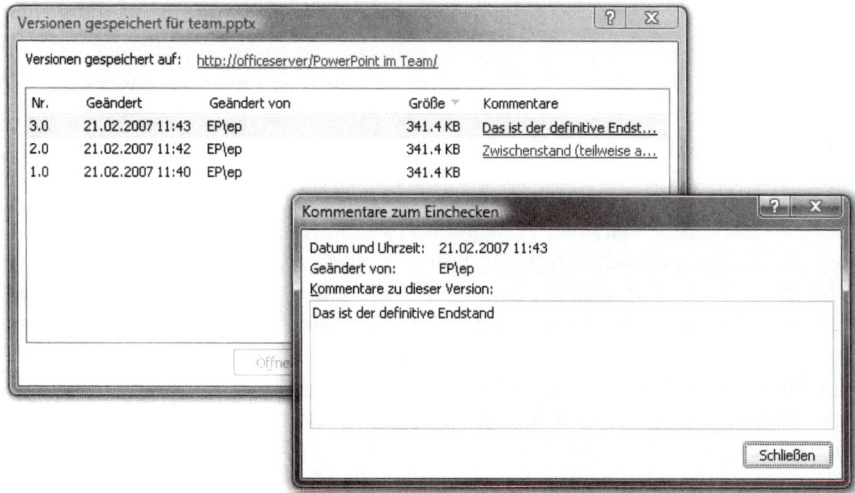

Außer der aktuellen Version können alle Versionen gelöscht werden. Auch ein Wiederherstellen einer früheren Version zur aktuellen Variante der Präsentation ist denkbar.

Workflows

Die bereits angedeuteten Workflows lassen sich, nachdem der Verfasser den Anstoß gegeben hat, auch von der Website her ansehen und bearbeiten, auch ein neuer Workflow ist denkbar. Vorausgesetzt, der Betrachter gehört einer autorisierten Gruppe von Mitgliedern an (siehe Abbildung 28.11).

Abbildg. 28.11 Ein starker Trumpf der SharePoint-Site – Workflows

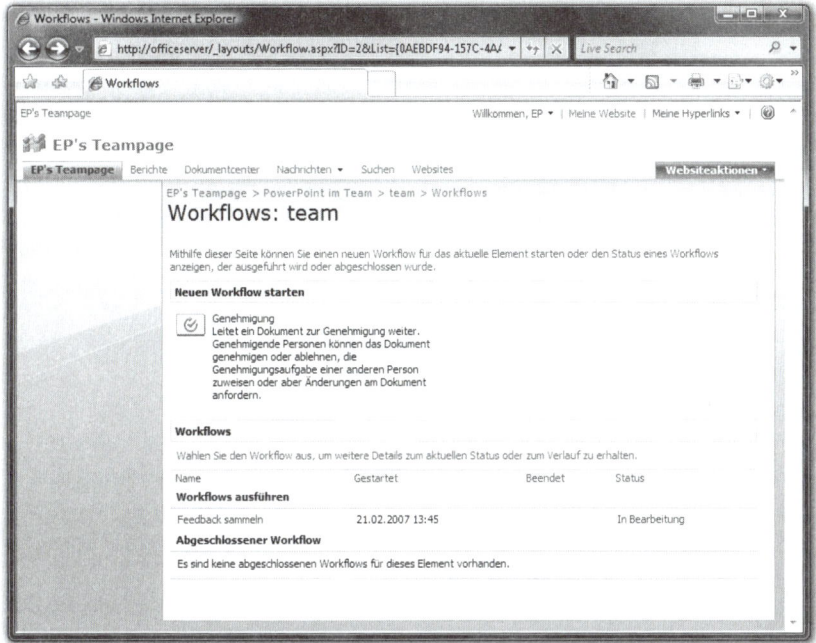

Dokumentverwaltungsinformationen

Bleibt noch der Befehl *Dokumentverwaltungsinformationen* aus Abbildung 28.7 zur Erläuterung übrig. Hinter diesem Wortungetüm verbirgt sich die Anzeige eines Aufgabenbereichs, wie er stark verkleinert in Abbildung 28.12 zu sehen ist.

Abbildg. 28.12 Schaltstelle in PowerPoint – Kommunikation mit dem Server

Da dieser Aufgabenbereich auch im nächsten Abschnitt eine zentrale Rolle spielen wird, hier eine Zusammenfassung seiner Aufgaben:

- Registerkarte *Status*: Die Bedeutung der Informationen über die aktuelle Präsentation zeigt sich vor allem in Verbindung mit den weiter hinten in diesem Kapitel zu beschreibenden Arbeitsbereichen.

- Registerkarte *Mitglieder*: Hier können Sie sehen, wer zum Team gehört und welche Teammitglieder online sind. E-Mails können von hier aus direkt versendet werden.

- Registerkarte *Aufgaben*: Hier sehen Sie eine Liste von Workflowaufgaben (sie befinden sich im entsprechenden Ordner der SharePoint-Site), Sie können Aufgaben hinzufügen, automatische Benachrichtigungen über anstehende Workflowaufgaben einrichten bzw. die Ihnen übertragenen Workflowaufgaben anschauen und bearbeiten.

- Registerkarte *Dokumente*: Auf dieser Registerkarte sehen Sie eine Liste der Dokumente im Verzeichnis. Hier ist der unmittelbare Upload-Kontakt für neue Dokumente in diesem Verzeichnis vorgesehen, den Sie nutzen können, ohne erst die Website besuchen zu müssen. Mögliche neue Ordner helfen bei der Strukturierung der Liste.

- Registerkarte *Hyperlinks*: Hier haben Sie die Möglichkeit, die Liste der Hyperlinks im Team anzusehen und können eigene Links hinzufügen. Hier wie auch auf der vorigen Registerkarte besteht wieder die Möglichkeit, automatische Benachrichtigungen einzurichten, die Sie über Änderungen der Liste durch andere Teammitglieder informieren.

> **HINWEIS**   Beachten Sie, dass im »Urzustand« der SharePoint-Site die Ordner für Aufgaben, Workflowaufgaben und Hyperlinks voneinander getrennt sind. Sie werden also nicht gemeinsam mit dem Ordner angezeigt, in dem sich veröffentlichte Präsentationen befinden. Dem können Sie dadurch Abhilfe schaffen (lassen), indem
>
> - verschiedene Webparts (so heißen standardisierte Bereiche auf den Webseiten – wie Aufgaben und Hyperlinks) die Ansicht des Ordners mit den Präsentationen ergänzen bzw.
>
> - freigegebene Arbeitsbereiche genutzt werden, die die konkrete Präsentation mit den gerade besprochenen Möglichkeiten des Aufgabenbereichs »umgeben«.

Document Sharing in freigegebenen Arbeitsbereichen

Freigegebene Arbeitsbereiche sind eine Erweiterung der oben beschriebenen Vorgehensweise zum Verwalten von Dokumenten. Zu den genannten Möglichkeiten kommt der Umstand, dass ein Dokument (hier eine Präsentation) nicht innerhalb einer Bibliothek von gleichartigen Dokumenten gespeichert wird, sondern auf einer Unterwebsite (*Arbeitsbereich* genannt), die weitere begleitende Dokumente, Hinweise auf Mitglieder einer Arbeitsgruppe mit unterschiedlichen Zugriffsrechten, Aufgaben, Termine, Bilder, Hyperlinks u.a. beinhalten kann. Und ein weiterer Unterschied: Während im oben beschriebenen Vorgehen die Präsentation »ihr Leben« im Wesentlichen auf dem Server verbringt, gibt es bei freigegebenen Arbeitsbereichen eine stabile Verbindung zwischen dem »Original« auf dem Desktop des Bearbeiters und der Kopie und deren Versionen im Arbeitsbereich der Website.

Einen Dokumentarbeitsbereich auf dem Server einrichten

Der Zugriff auf die Teamwebsite erfolgt aus PowerPoint heraus. Sie müssen also nicht die gewohnte Arbeitsumgebung verlassen, um Ihre Ergebnisse über Umwege datei- oder webbasiert bekannt zu machen. Insbesondere entfällt auch das eher aufwendige Verschicken per E-Mail, da Mitglieder der Arbeitsbereiche, die durch den Initiator des Dokumentarbeitsbereichs benannt werden, automatische Mitteilungen über Einrichtung und Änderungen erhalten. Und so können Sie vorgehen:

1. Erstellen Sie zunächst eine Präsentation Ihrer Wahl und speichern Sie diese lokal, also auf Ihrem Arbeitsrechner ab.

2. Lassen Sie den Aufgabenbereich *Dokumentverwaltung* über den Befehl *Veröffentlichen/Dokumentarbeitsbereich erstellen* im Menü zur *Office-Schaltfläche* anzeigen.

3. Vergeben Sie einen aussagekräftigen, aber kurzen Namen für den einzurichtenden Arbeitsbereich (Unterwebsite) und legen Sie die Zieladresse des SharePoint-Servers fest.

Abbildg. 28.13   Einfach – nach dem Speichern auf der Website des Teams veröffentlichen

Die URL mit dem Vorspann *http://* gefolgt vom Servernamen müssen Sie nur einmal eintragen, später meldet sich der Server in den entsprechenden Dialogfeldern mit einem Klarnamen, der auf die Teamsite verweist.

4. Klicken Sie auf *Erstellen*. Wenn Sie nicht als Domänenbenutzer erkannt werden, beantworten Sie eventuelle Nachfragen nach Benutzernamen und Passwort (das kann zwei Mal geschehen, einmal zum Upload und dann noch einmal beim anschließenden automatischen Verbinden zum Dokument).

Nach erfolgreicher Veröffentlichung werden alle Registerkarten des Aufgabenbereichs aktiv und es stellt sich ein Zustand nach Art von Abbildung 28.14 ein.

Abbildg. 28.14
Dokumente in freigegebenen Arbeitsbereichen ablegen – eine Sache von Sekunden. Danach stehen sie den Teammitgliedern zur Verfügung. Diese können Dokumente lesen und ggf. auch bearbeiten. Als Eigentümer behalten Sie vom Arbeitsplatz aus die volle Kontrolle.

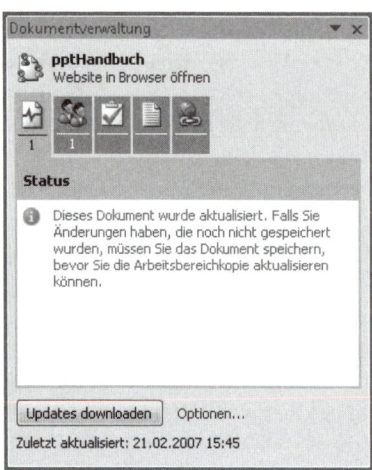

Die Kontrolle behalten

Den Überblick zu behalten ist sicher am Anfang nicht ganz einfach. Jedes Mal, wenn Sie die lokale Version Ihrer Präsentation öffnen, werden Sie nach Ihrem Aktualisierungswunsch hinsichtlich der Geschehnisse auf dem Server gefragt (siehe Abbildung 28.15).

Abbildg. 28.15
Am Anfang nicht einfach – was ist Original und was Kopie?

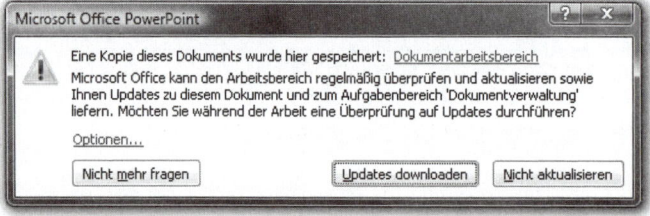

Verwenden Sie dann die Schaltfläche *Nicht aktualisieren*, wenn Sie nicht sofort einen Dokumentabgleich »lokale Kopie gegen Serverkopie« durchführen möchten. Sie können die Aktualisierung jederzeit mithilfe der Schaltfläche *Updates downloaden* im Aufgabenbereich nachholen. Auf der ersten Registerkarte werden Sie weiterhin an das notwendige Update erinnert.

Der Link *Optionen* in Abbildung 28.14 und Abbildung 28.15 bringt Sie zu einem Dialogfeld, in dem Sie sogenannte *Dienstoptionen* festlegen; das betrifft

- das Erscheinen des Aufgabenbereichs (gelegentlich auch Aufgabenleiste genannt) *Dokumentverwaltung* in Abhängigkeit von der zu öffnenden bzw. bereits geöffneten Präsentation und

- die Standardeinstellungen zu Aktualisierungen und Synchronisierungen des lokalen Dokuments mit der Kopie bzw. deren Versionen auf dem Server.

Abbildg. 28.16 Einstellen sogenannter Dienstoptionen – hierbei handelt es sich um den automatisierten Umgang mit Präsentationen, die in einem freigegebenen Arbeitsbereich veröffentlicht (also als Kopien abgelegt) wurden

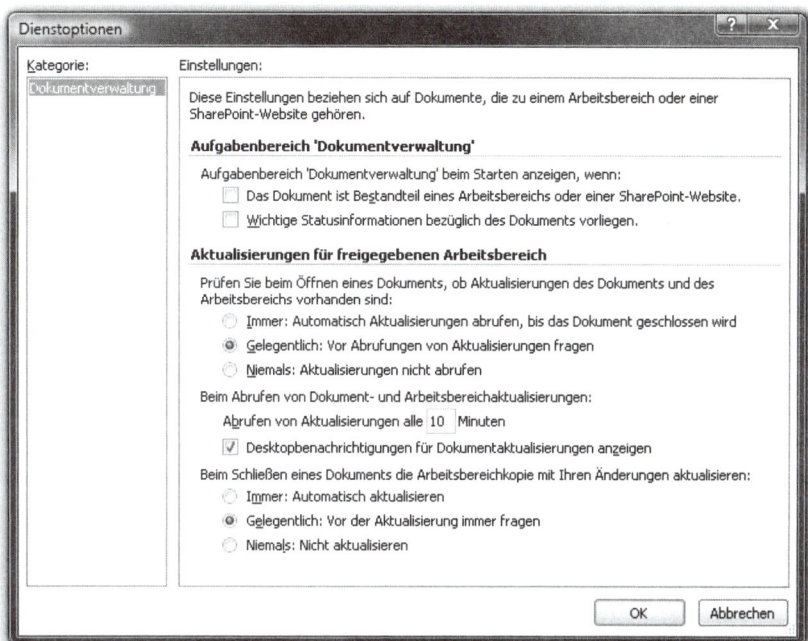

HINWEIS Nur derjenige, der den Dokumentarbeitsbereich eingerichtet hat, bekommt den Service der Aktualisierung angeboten. Auf bestehende Arbeitsbereiche hochgeladene zusätzliche (unterstützende) Dokumente sind vom Ersteller selbst zu beobachten.

Wird durch die Aktualisierung eine Veränderung festgestellt, so ergänzt sich der Aufgabenbereich um die entsprechende Information (siehe Abbildung 28.17).

Abbildg. 28.17 Die aktualisierte Kopie wird lokal erst auf Nachfrage geöffnet – überschreibt dann aber das lokale »Original«

Das Öffnen der Serverversion überschreibt die lokale Version ohne Nachfrage. Möglichkeiten für Vergleiche wie in Word gibt es nicht. Wurde Versionierung auf dem Server eingestellt, bleibt die Möglichkeit des Vergleichs der beiden letzten Versionen »per Hand«, indem die beiden Exemplare parallel in PowerPoint geöffnet werden.

Abbildg. 28.18 Noch nicht gelungen – der effektive Vergleich von Versionen

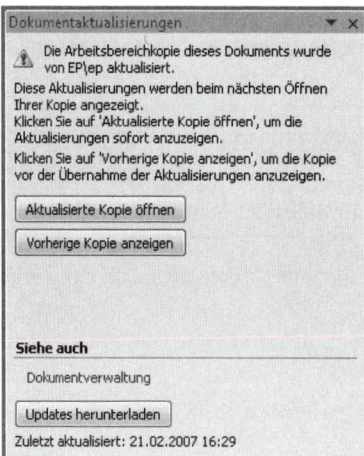

Schade, hier war PowerPoint in der Vorgängerversion schon etwas weiter.

Im Einzelnen bietet der Aufgabenbereich aus Abbildung 28.14 Folgendes an:

- Im oberen Teil: Öffnen der Website im Browser, Umbenennen des Titels, Einstellungen der Website ändern (eine Auswahl von SharePoint-Einstellungen zu Benutzern und Berechtigungen,

Aussehen und Verhalten, Galerien und Website-Verwaltung), die Trennung der lokalen Kopie vom Arbeitsbereich und das Löschen des Arbeitsbereichs selbst, also der gesamten Unterwebsite

- Registerkarte *Status*: Stand der Aktualisierungen hinsichtlich Download und Upload (beim Öffnen und Speichern der lokalen Datei)

- Registerkarte *Mitglieder*: Hierüber wird ermöglicht, neue Mitglieder (ohne PowerPoint zu verlassen) mit entsprechenden Berechtigungen ins Team aufzunehmen, diese bei dieser Gelegenheit automatisch mit einer E-Mail über den Zugang zum Arbeitsbereich zu informieren (siehe auch den ersten Abschnitt in diesem Kapitel) sowie E-Mails an alle Mitglieder des Arbeitsbereichs zu senden.

Abbildg. 28.19   Problemlos – Zusammenstellen des Teams

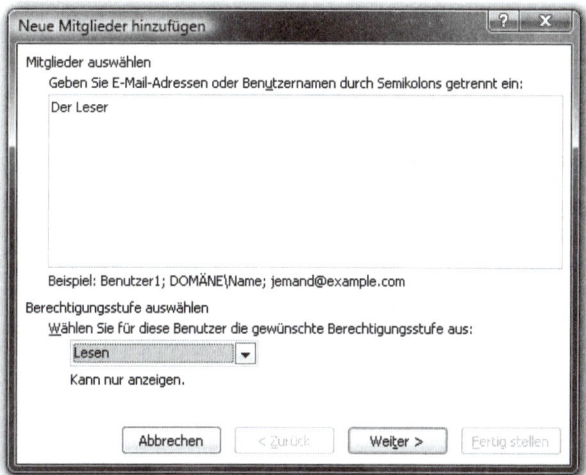

- Registerkarte *Aufgaben*: Ermöglicht das Hinzufügen von Aufgaben, wie sie aus Outlook bekannt sind, und das Beobachten von eigenen Workflowaufgaben, die sich, wohl anders als im vorhergehenden Abschnitt, nur über die Website starten lassen, jedoch mit den anderen Aufgaben in einer Liste stehen und gemeinsam mit dem Dokument auf einer Seite zu finden sind.

- Registerkarte *Dokumente*: Dient der Aufnahme und Verwaltung begleitender Dokumente zur »zentralen« Präsentation.

- Registerkarte *Hyperlinks*: Hier können Sie Links »nach draußen«, die den Diskussionsprozess unterstützen, eintragen lassen.

HINWEIS   Wenn Sie die Verbindung des lokalen Dokuments zum Server trennen, so verlieren Sie die Kontrolle über das Dokument auf dem Server. Sie sollten dann auf keinen Fall den Arbeitsbereich neu einrichten. Wenn Sie (wie die anderen Teammitglieder) per Internet Explorer auf das Serverdokument zugreifen und es anschließend *über* das Dokument auf Ihrem Rechner speichern, werden Sie nach einem möglichen Verbindungsaufbau gefragt, den Sie nur bestätigen müssen. Sie haben dann im Aufgabenbereich *Dokumentaktualisierungen* gewisse Möglichkeiten zum Feinabgleich, ein korrektes Zusammenführen wie in Word ist in dieser Situation in Power-Point (wie auch in Excel) offenbar nicht möglich.

Sich an der Diskussion beteiligen

Um sich an der Diskussion in einem Arbeitsbereich zu beteiligen, gehen Sie in Internet Explorer zur Startseite Ihrer Teamwebsite. Der Weg zum gegebenen Arbeitsbereich sollte dort im Navigationsbereich bzw. auf den Registerkarten zu finden sein, wenn dies nicht vom Besitzer verändert wurde. Mit Sicherheit kommen Sie mit Angabe der Adresse *http://Servername/Arbeitsbereichsname* zum Ziel. Haben Sie eine Mitteilung per Outlook über die Einrichtung der neuen Seite erhalten, wird in dieser auch ein Link auf die Seite mitgeschickt.

Je nach den Ihnen vergebenen Rechten können Sie Dokumente öffnen, ansehen und ggf. auch ändern. Die Speicherung erfolgt dann direkt auf dem Server.

Wollen Sie dem Arbeitsbereich andere Dokumente hinzufügen, so kann das durch direktes Hochladen bereits existierender Dokumente auf der *Dokumentarbeitsbereichs-Webseite* selbst erfolgen. Und das ist auch aus der jeweiligen Anwendung heraus im Dialogfeld *Speichern unter* möglich.

Abbildung 28.20 zeigt den Stand der Dinge an einem kleinen Beispiel.

Abbildg. 28.20 Dokumentarbeitsbereiche auf der Teamwebsite – neben Dokumenten lassen sich Ankündigungen, Aufgaben und aktuelle Hyperlinks anbringen

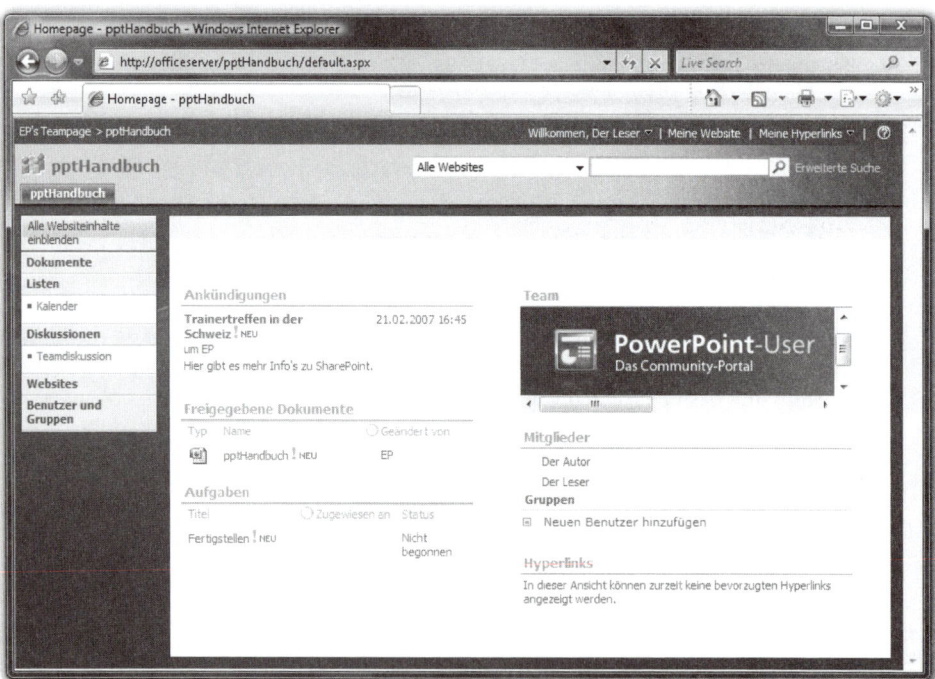

Folienbibliotheken im Netz

Das, was nun abschließend zum SharePoint-Server besprochen werden soll, wurde von vielen Entscheidern und Designern schon mehr als lange erwartet: Folien so im Unternehmen ablegen zu können, dass sie

- kategorisiert und katalogisiert werden können
- flexibel, weil veränderbar, und
- schnell auffindbar und damit wiederverwendbar sind.

Mit den Folienbibliotheken einer SharePoint-Site ist hier ein wichtiger Schritt getan, da Anwender, die bereits mit SharePoint im Team arbeiten, nicht neu orientiert werden müssen.

Folienbibliotheken anlegen

Der Start ist einfach. Ein autorisierter Nutzer (Eigentümer der Website oder eines ihrer Unterwebs) oder der Administrator der Website legt eine Folienbibliothek an. Dazu wechselt er zu einem Ordner seiner Wahl und erstellt dort (etwa in den *Dokumentbibliotheken*) eine neue *Folienbibliothek*. Das ist ein spezieller Verzeichnistyp, der Suchfunktionen und Wiederverwendbarkeit unterstützt. Eine »normale« *Dokumentbibliothek* ist für den angestrebten Zweck also ungeeignet.

Abbildg. 28.21   Folienbibliotheken sind schnell und unkompliziert angelegt

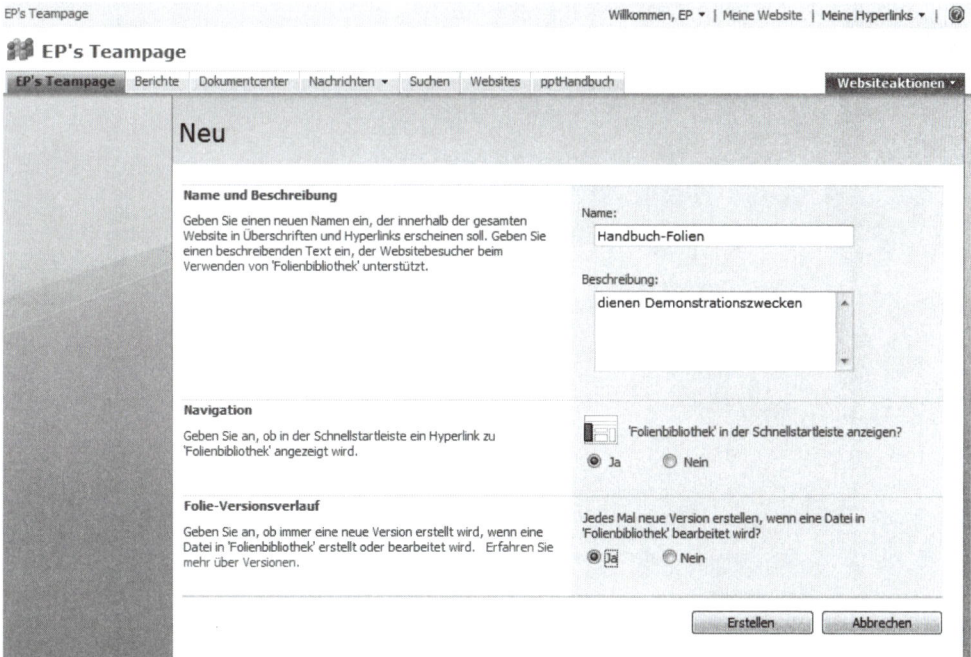

Auf der entsprechenden Dialogseite (siehe Abbildung 28.21) besteht die Möglichkeit,

- einen kurzen, aber aussagekräftigen Verzeichnisnamen anzugeben,

- eine Beschreibung für die Bibliothek zu hinterlegen,

- den Schnellzugriff auf die Bibliothek von der Website aus zu konfigurieren (beachten Sie, dass der Zugriff sehr unkompliziert aus PowerPoint heraus erfolgen kann) und

- zu entscheiden, ob Versionierung auf dem Server vorgenommen werden soll (das sollte vor allem dann in Betracht gezogen werden, wenn Folien bis zu ihrer permanenten Wiederverwendbarkeit einer gestalterischen Wandlung unterliegen).

Der Hauptzweck einer Folienbibliothek sollte nicht im Archivieren von Folien, sondern in der aktiven Wiederverwendung ohne Mehraufwand liegen.

Folien zu einer Bibliothek hinzufügen

Unmittelbar nachdem der Initiator der Bibliothek diese angelegt hat, kann er von der Website aus Folien hochladen. Dabei wählt er eine Präsentation aus, die durch PowerPoint nicht geöffnet wird, deren Folien aber in einem Dialogfeld in PowerPoint erscheinen (siehe Abbildung 28.22).

Abbildg. 28.22 Das zentrale Dialogfeld zur Bestückung einer Folienbibliothek

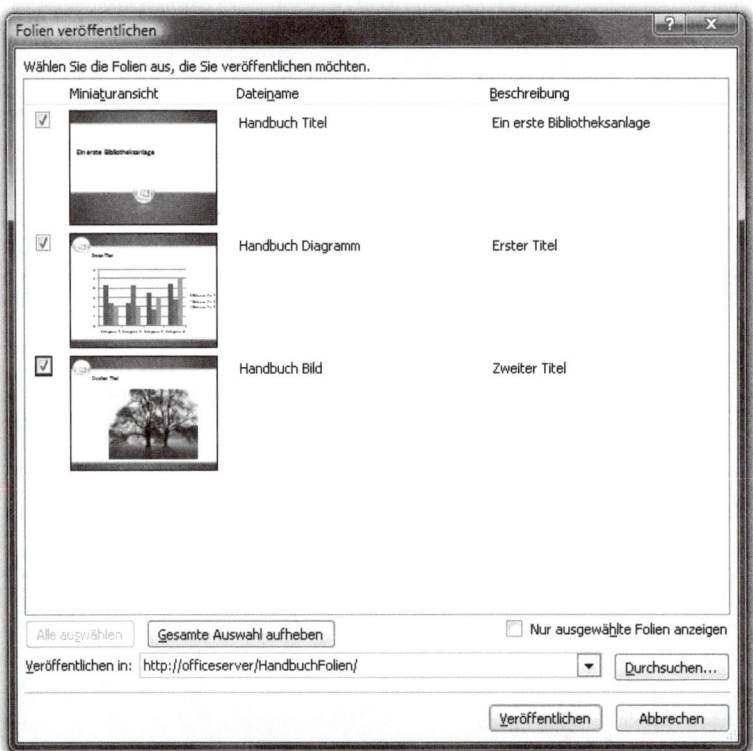

Dieses Dialogfeld erklärt sich von selbst, Sie sollten aber Folgendes beachten:

- Zur besseren Übersichtlichkeit lassen sich nur die Folien anzeigen, die ausgewählt wurden.

- Der Dateiname ist der, den die einzelne Folie auf dem Server bekommt. Hier werden zum Datei-namen aus PowerPoint zunächst wenig aussagekräftige Ziffernfolgen angehängt. Diese sollten Sie sofort im Dialogfeld durch etwas ersetzen, was später eine leichte Orientierung erlaubt.

- Die Beschreibung der Folien wird automatisch aus dem Folientitel (falls vorhanden) erstellt. Auch hier kann Nachbesserung angesagt sein.

Auf diese Weise füllt sich die Liste auf dem Server. Für Besucher ergibt sich, wiederum entsprechende Rechte vorausgesetzt, je nach diesen Rechten ein Bild wie in Abbildung 28.23.

Abbildg. 28.23 Zugriff auf Folien auf der Website

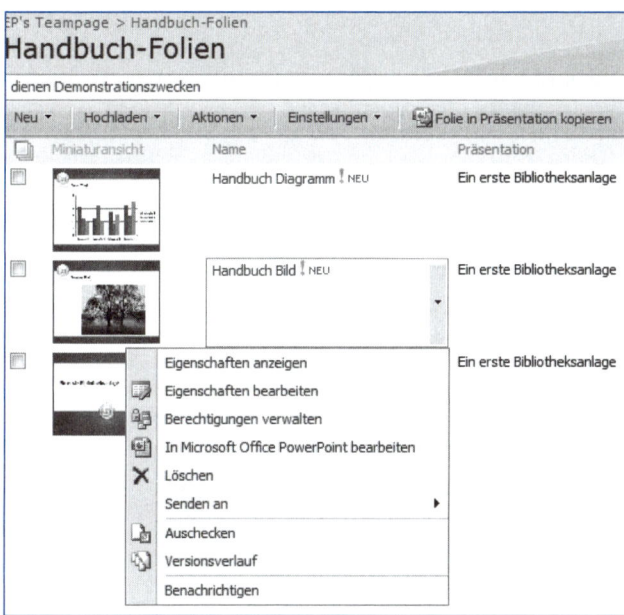

Sie erkennen die Ihnen aus den beiden vorigen Abschnitten vertrauten Möglichkeiten des Aus- und Eincheckens zur »ungestörten« Bearbeitung sowie die Versionskontrolle von Dokumenten.

Außerdem sehen Sie in der Symbolleiste der tabellarischen Übersicht folgende Befehle:

- *Neu*: Es kann ein Unterordner der Folienbibliothek angelegt werden.

- *Hochladen*: Das ist der eben beschriebene Weg zum Füllen der Bibliothek.

- Hinter *Aktionen* verbergen sich u.a.:

  - Ansicht der Ordners im Windows-Explorer mit der Möglichkeit des Einsatzes von Drag & Drop zum Verschieben und Kopieren von Folien

  - Ansicht des Ordners in Datenblattform (etwa zum Zwecke statistischer Auswertungen)

  - Benachrichtigungseinstellungen über Änderungen

  - Löschen von Folien

- Herstellen einer Verbindung mit Outlook, dadurch werden neue Elemente der Bibliothek sofort quasi als E-Mails gesendet und, wie Sie aus dem ersten Abschnitt wissen, auch im Lesebereich angezeigt. Die Elemente befinden sich allerdings nicht als lokale Kopien der Folien im Posteingang, sondern in einem speziellen Ordner *SharePoint-Listen* (eine sehr bemerkenswerte Idee, die auch für andere Listen funktioniert). Diese lokalen Kopien können auch gelöscht werden.

- Ähnliche Effekte werden erreicht, wenn die Elemente als RSS-Feeds abonniert werden. Hier arbeitet dann Internet Explorer mit Outlook Hand in Hand.

- *Einstellungen* ermöglicht, Spalten und daraus resultierende Ansichten zu erstellen sowie die Einstellungen der Folienbibliothek generell anzupassen (Berechtigungen, Versionierung, Workflow und vieles mehr)

- *Folie in Präsentation kopieren* fügt die gewählte Folie in eine Präsentation ein, wobei das Dialogfeld aus Abbildung 28.24 die Einstellung wichtiger Aspekte erlaubt:

  - Sie bestimmen die Präsentation, in die eingefügt werden soll,

  - entscheiden über das zu verwendende Design (das der abgelegten Folie oder das der Zielpräsentation) und

  - darüber, dass Sie hinsichtlich der Änderungen der Folie in der Bibliothek auf dem Laufenden bleiben (dazu mehr im nächsten Abschnitt).

Abbildg. 28.24 Einfügen von Folien aus einer Bibliothek – als ob diese aus einer gespeicherten Präsentation stammen

Der zweite Weg, die Folienbibliothek zu füllen, der sicher oft gegangen wird, ist der, dies aus PowerPoint heraus zu tun. Sie benutzen hierzu den Befehl *Veröffentlichen/Folien veröffentlichen* im Menü der *Office-Schaltfläche*. Dadurch gelangen Sie zu einem Dialogfeld, das genauso aussieht wie das in Abbildung 28.22 und sich natürlich auch genauso behandeln lässt wie weiter oben beschrieben. Unter Umständen müssen Sie die Pfadangaben im unteren Teil korrigieren, dabei hilft Ihnen aber das gewohnte Dialogfeld, das Windows über die Schaltfläche *Durchsuchen* beim Speichern und Öffnen bereitstellt.

Folien aus einer Bibliothek importieren

Ist eine Folienbibliothek durch Teammitglieder angelegt und gefüllt worden, haben Zugriffsberechtigte natürlich die Möglichkeit, die Folien in eigenen Präsentationen zu nutzen. Einen Weg hatten Sie im vorigen Abschnitt gesehen: der Import von der Website aus.

Der zweite Weg geht über die Optionen des Befehls *Neue Folie* in der Gruppe *Folien* (Registerkarte *Start* der Multifunktionsleiste). Dort finden Sie den Befehl *Folien wiederverwenden*, der zu einem Aufgabenbereich wie in Abbildung 28.25 führt.

Abbildg. 28.25 Folien wiederverwenden – auch aus Folienbibliotheken

Sie finden dort den Zugriff auf Folienbibliotheken, wobei nur beim ersten Zugriff der Weg zum Server gefunden werden muss – später nutzen Sie entsprechende Links, die PowerPoint einrichtet.

Der Inhalt der Folienbibliothek wird ebenfalls im Aufgabenbereich in Miniaturansichten gezeigt (siehe Abbildung 28.26).

Zunächst haben Sie, der besseren Übersicht wegen, die Möglichkeit, die Miniaturansichten zu gruppieren:

- nach dem Titel der Ursprungspräsentation

- nach dem Bearbeiter

- nach dem Datum der Erstellung

Möchten Sie die Folie etwas größer sehen, so fahren Sie einfach mit dem Mauszeiger darüber. Ein Klick fügt die Folie sofort ein – um hier ungewollte Effekte zu vermeiden, sollten Sie deshalb zuvor eingestellt haben, ob

- die ursprüngliche Formatierung beibehalten werden soll und

- ob über Folienänderungen informiert werden soll.

Folienauswahl zum Einfügen – vom Verhalten etwas gewöhnungsbedürftig

Ein Klick mit der rechten Maustaste auf ein Miniaturbild bringt neben dem Befehl zum Einfügen der Folie drei weitere interessante Befehle zur Auswahl:

- Design der Folie übernehmen (für die aktuelle Folie bzw. für alle Folien)
- Folie bearbeiten (was Sie auf den Server führt)

Was bedeutet nun die bereits zweifach erwähnte Information über Änderungen einer Folie? Die Antwort ist nicht überraschend: Haben Sie eine Folie aus einer Bibliothek eingefügt (es handelt sich nicht um ein Verknüpfen, sondern um das Duplikat), so sorgt die erwähnte Option dafür, dass Sie beim nächsten Öffnen der Präsentation über das Vorhandensein importierter Folien aus einer Bibliothek mit der Meldung aus Abbildung 28.27 informiert werden.

Die Verwendung von Folien aus einer Bibliothek kann in der Präsentation protokolliert werden

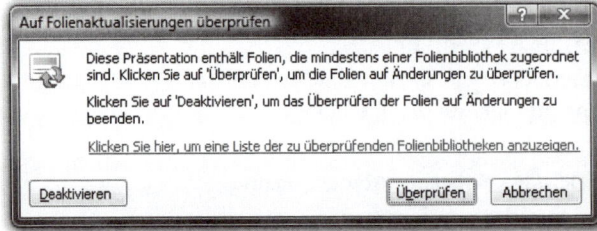

Sie haben dann die Wahl,

- die Überprüfung ab sofort und unwiderruflich zu deaktivieren, also die Verbindung zu Folienbibliotheken zu kappen,

- die Überprüfung einzuleiten oder

- den Vorgang abzubrechen.

Im Falle der Überprüfung gibt es zwei Möglichkeiten: Eine oder mehrere Folien in der Bibliothek
wurden durch Teammitglieder geändert oder alles ist im zuletzt importierten Zustand.

Im ersten Fall erscheint ein Dialogfeld wie in Abbildung 28.28, das den optischen Vergleich zulässt
und Sie vor die Entscheidung stellt, die Folie durch die neue Version zu ersetzen oder die neue Folie
zusätzlich in die Präsentation einzufügen (oder gar nichts zu tun).

Abbildg. 28.28 Optischer und damit noch nicht vollkommener Vergleich der Versionen in einer Folienbibliothek

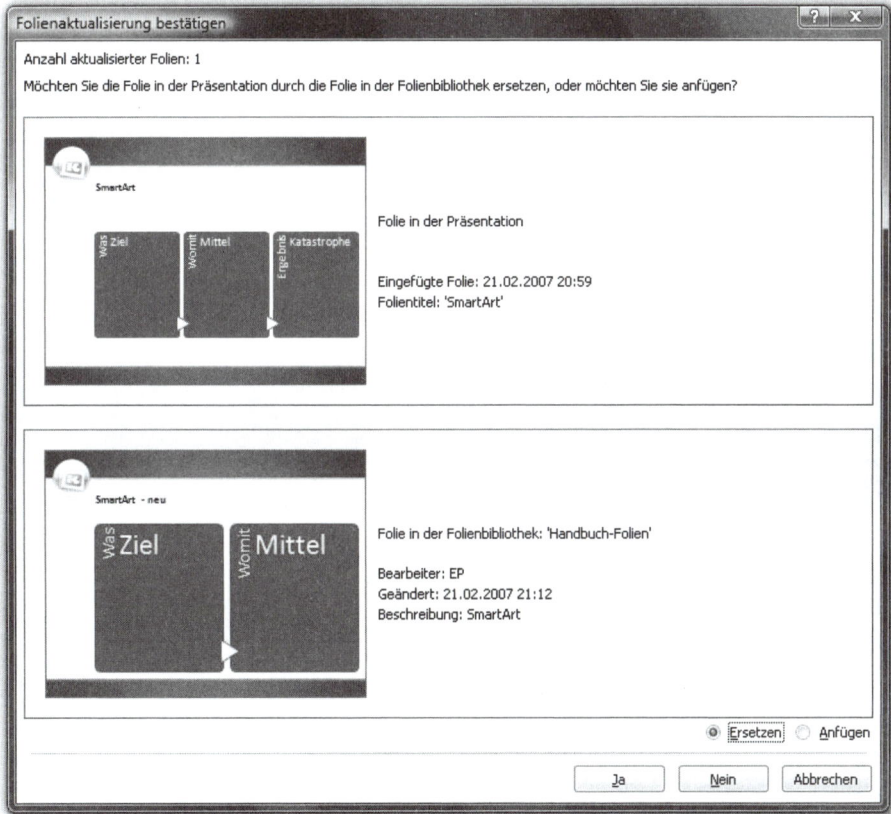

Der Verzicht auf sofortige Prüfung von Aktualisierungen kann jederzeit rückgängig gemacht werden, da ein Klick mit der rechten Maustaste auf das Miniaturbild einer Folie den Befehl *Auf Updates
überprüfen* verfügbar macht, der gleichbedeutend mit »auf Folienaktualisierungen überprüfen« ist.
Dieser Befehl gestattet dann die Wahl zwischen:

- die markierte Folie überprüfen

- alle Folien der Präsentation überprüfen
- die Überprüfung der markierten Folie dauerhaft beenden
- die Überprüfung aller Folien dauerhaft beenden

Folien in einer Bibliothek anpassen

Zum Anpassen von Folien ist (neben der eben erwähnten Möglichkeit beim Import von Folien vom Server) nicht viel zu sagen – Sie öffnen die Dateien, die letztlich die einzelnen Folien beinhalten, durch Besuch der Website oder aber Sie importieren die Folien und veröffentlichen sie unter gleichem Namen am gleichen Ort. Dazu können Sie auch mit der rechten Maustaste auf eine Folie in der Normalansicht oder der Foliensortierungsansicht klicken und im Kontextmenü den Befehl *Folien veröffentlichen* wählen.

Haben Sie bereits Folien aus einer Datei heraus veröffentlicht, so sorgt PowerPoint dafür, dass die Informationen über veröffentlichte Folien aus einer Präsentation in dieser hinterlegt werden und bietet das Dialogfeld aus Abbildung 28.22 in dem Zustand an, wie Sie es beim letzten Veröffentlichen verlassen haben.

Zusammenfassung

Dieses Kapitel hat Sie in die Möglichkeiten der Teamarbeit eingeführt. Vieles von dem, was Sie hier gesehen haben, trifft nicht nur auf PowerPoint, sondern auch auf Word oder Excel zu. Einen besonders großen Umfang nahmen dabei die Möglichkeiten von Microsoft Office SharePoint Server ein, nicht nur weil die damit verbundenen Funktionen eine tolle Angelegenheit sind, sondern weil sie die Technologie der Zukunft verkörpern.

Die folgende Tabelle hilft Ihnen bei der Detailsuche:

Thema	Seite
Komprimierte Bilder für E-Mails verwenden	750
Outlook als Verteiler	751
Outlook als Empfänger	752
Office SharePoint Server im Kurzüberblick	753
Start in die Dokumentverwaltung	755
Sperren durch Auschecken	757
Verlaufskontrolle durch Versionsverfolgung	758
Workflow-Grundlagen	758
Freigegebene Arbeitsbereiche einrichten	761
Verbindung zwischen lokalen Dokumenten und ihren Duplikaten auf dem Server halten	762
Folienbibliotheken – der Pool fürs Team	767

Teil G

Automatisierung und Programmierung

In diesem Teil:

Kapitel 29

Programmierung – der Einstieg

In diesem Kapitel:

Dieses Kapitel gibt Ihnen eine (zugegebenermaßen sehr knappe) Einführung in VBA – *Visual Basic for Applications*. Sie erfahren, wozu sogenannte Makros verwendet werden können, wie und wann Sie Makros an Schaltflächen anbinden sollten und Sie lernen die Bestandteile der VBA-Entwicklungsumgebung kennen.

Ein kurzer Blick auf Objekte mit Eigenschaften, Methoden und Ereignissen soll vor allem Ihre Neugier wecken, die Sie dann zu weiterführender Literatur zum Thema VBA führt.

Besonderes Augenmerk wurde auf den Umgang mit Sicherheitseinstellungen gelegt, da hier der Wissensbedarf oft groß ist.

Makros – wozu?

Was ist eigentlich ein »Makro«? Unter diesem Begriff kann man eine geordnete Sammlung von Befehlen zur Steuerung einer gegebenen Anwendung verstehen. Ziel ist es, die tägliche Arbeit von Routine freizuhalten, mühsame Handgriffe durch einen Automatismus zu ersetzen, Verlässlichkeit bei der Gestaltung oder Überprüfung von Dokumenten zu garantieren und vieles mehr. In weiter zurückliegender Vergangenheit wurden Makros in einer eigenen Sprache geschrieben (etwa Excel in der Version 4, Project in der Version 3 u.a.). Mit Office 97 wurde einheitlich *Visual Basic for Applications* (kurz *VBA*) in die Office-Anwendungen integriert. Nur Access kennt in der aktuellen Version neben VBA noch eine eigene Makrosprache. Allerdings wird VBA als Programmiersprache und ihre Einbindung in die Office-Anwendungen von Microsoft nicht mehr weiterentwickelt. Es findet eine schrittweise Ablösung durch Hilfsmittel außerhalb von Office statt, die vor allem die Sicherheitsanforderungen in größeren Unternehmen bedienen helfen.

Mit der Einführung von VBA ist der Begriff Makro (er steht abkürzend für Makrobefehl und kann sowohl mit dem Artikel »der« also auch »das« verwendet werden) »zu tiefgestapelt«: VBA ist eine vollwertige Programmiersprache, die über weite Strecken objektorientiert ist und den Anwendungen ein vollkommen »neues Leben« einhauchen kann. Dabei bietet dieser Zugang gerade auch dem in der Programmierung eher unerfahrenen Anwender viele Einstiegsmöglichkeiten, um seinen Office-Alltag interessanter und vor allem effektiver zu gestalten.

Dieses und das nächste Kapitel dieses Handbuches können keinen Ersatz für einen Programmierlehrgang bieten. Sie sollen Anregungen enthalten, die beispielhaft in die »Geheimnisse« vorzudringen helfen. Es wird also im Besonderen nicht die Sprache VBA selbst beschrieben, sondern der Umgang mit ihr.

Wie entstehen Makros?

In Word oder Excel entstehen Makros im einfachsten Fall durch das Aufzeichnen der Handlungsabläufe des Anwenders mithilfe eines sogenannten Makrorekorders. Dieser Rekorder war bislang auch Bestandteil von PowerPoint und ist in der vorliegenden Version ersatzlos gestrichen worden. Damit stehen PowerPoint-User nicht schlechter als die von Outlook oder Access, wo es einen solchen Rekorder noch nie gab. Durch die Abschaffung des Rekorders (die mancher Entwickler sehr bedauern mag, war der Rekorder doch eine dankbar angenommene Hilfe) wird allerdings auch etwas vermieden, was manchen Anwender zur Verzweiflung getrieben hat. Es gibt in PowerPoint einen Unterschied zwischen Entwurfs- und Präsentationsmodus, den Word oder Excel so nicht kennen. Damit konnte ein im Entwurf aufgezeichnetes Makro in der Regel während der Vorführung nicht funktionieren, die Vorführung selbst allerdings gar nicht erst aufgezeichnet werden. Durch den Wegfall des dennoch sehr hilfreichen Mittels bleibt jedem Anwender und Entwickler nur der »harte« Einstieg ins Programmieren, wenn PowerPoint in seiner Funktionalität irgendwie erweitert werden soll. Das betrifft den Entwurfsmodus wie den Präsentationsmodus, wobei es in den meisten Fällen der Entwurfsmodus ist, der eine Automatisierung verlangt.

Bevor Sie sich also an die Arbeit heranwagen oder diese delegieren wollen, sollten Sie drei Dinge klären:

- Welche Art von Aktion soll automatisiert werden?

- Unter welchen Umständen soll diese Automatisierung abrufbar und funktionstüchtig sein?

- Welche Hilfsmittel stehen zur Verfügung?

Die erste Frage wird anhand eines Beispiels beantwortet: Die in einer Präsentation befindlichen zielgruppenorientierten Präsentationen sollen extrahiert und als selbstständige Dateien abgespeichert werden.

Dieses Makro – und das ist die Antwort auf die zweite Frage – sollte immer, also unabhängig von der aktiven Präsentation, zur Verfügung stehen. Mit diesem Wunsch entstehen jedoch neue Probleme:

- Wo sind solche »globalen« Anweisungen aufzubewahren? Leider kennt PowerPoint hier nichts, was der aus Word bekannten *normal.dotm* oder der *personal.xlsb* aus Excel entspricht.

- Wie werden Makros durch Befehle in der Multifunktionsleiste bzw. solche in der Symbolleiste für den Schnellzugriff aktiviert? Für den ersten Fall gibt es für Anwender momentan gar keine elementare Lösung (eine Lösung für Entwickler wird im nächsten Kapitel beschrieben), die Platzierung in der Schnellzugriffsleiste ist ebenfalls mit Problemen verbunden, die allerdings nicht ganz so dramatisch wie in der Vergangenheit das Anbinden an Symbolleisten sind.

- Kann die Multifunktionsleiste situationsbezogen aufgebaut werden? Mit der Antwort »Ja« kommen Sie zwangsläufig zu (fortgeschrittenen) Entwicklerthemen, die sich (nicht nur) um den Schwerpunkt »Add-Ins entwerfen« drehen.

Am leichtesten ist die Beantwortung der dritten Frage: Es gibt zwei Einstiegsmöglichkeiten zu den Hilfsmitteln. Die erste besteht im Einblenden der Registerkarte *Entwicklertools* der Multifunktionsleiste (siehe Abbildung 29.1), was in den *PowerPoint-Optionen* in der Kategorie *Häufig verwendet* durch Aktivieren des entsprechenden Kontrollkästchens geschieht. Diese Einstellung ist dann Office-übergreifend und kann aus Word oder Excel heraus ebenso gesteuert werden. Die zweite Möglichkeit steht nur Entwicklern offen und bedeutet den Einsatz von Programmiertools, wie etwa *Visual Studio 2005* mit den *Visual Studio 2005 Tools for Office Second Edition*.

Abbildg. 29.1   Entwicklertools der Multifunktionsleiste

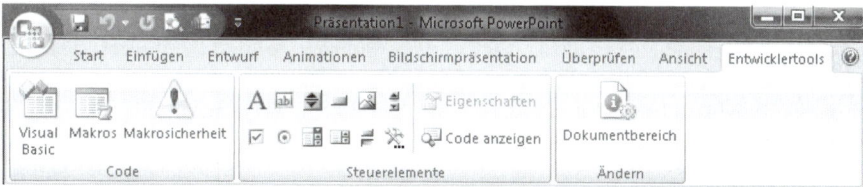

> **HINWEIS**   Der in früheren Versionen in diesem Zusammenhang ansprechbare *Microsoft Skript-Editor* hatte mit Makros nichts zu tun, er bezog sich auf die Möglichkeiten der Gestaltung dynamischer HTML-Seiten durch das Einfügen und Editieren von Skriptelementen. Diesen Editor gibt es unter PowerPoint, Excel oder Word nicht mehr.

Die *Entwicklertools* weisen Gemeinsamkeiten zu denen von Word oder Excel auf. Sie finden hier den Zugang zur *Visual Basic-Benutzeroberfläche*, dem Editor für VBA-Programme (Befehl *Visual Basic*), die Liste der im Moment zur Verfügung stehenden Makros (Befehl *Makros*) sowie den Zugang zur *Makrosicherheit* (gleichnamiger Befehl). Bei den Elementen der Gruppe *Steuerelemente* gibt es nicht nur optische Unterschiede, sondern auch wesentliche funktionelle: Die elf Office-Steuerelemente können nur im Vorführmodus mit Funktionalität ausgestattet werden, nicht jedoch im Entwurfsmodus (hier wird allerdings die Programmierung vorgenommen).

Die folgende Schritt-für-Schritt-Anleitung hilft Ihnen bei der Erstellung Ihres ersten Makros (das, Sie erinnern sich, zielgruppenorientierte Präsentationen aus der aktiven Präsentation extrahieren soll):

1. Erstellen Sie eine Präsentation, in der sich ein oder mehrere zielgruppenorientierte Teile befinden und speichern Sie diese als *PowerPoint-Präsentation mit Makros* (Dateierweiterung *.pptm*) ab. Nur Präsentationen mit dem Buchstaben »m« in der Dateiendung können Makros aufnehmen, womit schon ein Aspekt der Sicherheitseinstellungen angesprochen ist. Den Zugang zur Erstellung zielgruppenorientierter Präsentationen finden Sie auf der Registerkarte *Bildschirmpräsentation*, Gruppe *Bildschirmpräsentation starten*, Befehl *Benutzerdefinierte Bildschirmpräsentation*. Geben Sie der getroffenen Folienauswahl den Namen *Testgruppe*.

2. Wechseln Sie zur Visual Basic-Benutzeroberfläche. Dazu steht Ihnen der Befehl ganz links auf der Registerkarte *Entwicklertools* zur Verfügung oder Sie benutzen die Taste `Alt`+`F11`.

3. Anders als in Excel oder Word bietet Ihnen PowerPoint a priori nichts an, wo hinein Sie Programmcode schreiben könnten. Sie müssen sich dazu erst ein sogenanntes *Modul* im *VBA-Projekt* anlegen. Benutzen Sie hierfür den Menübefehl *Einfügen/Modul*. Es bietet sich ein Bild wie in Abbildung 29.2, wobei das Modul im Eigenschaftenfenster von *Modul1* in *modTest* umbenannt wurde (späterer Übersichtlichkeit wegen sollte man sich immer besondere Namen ausdenken). Außerdem entsteht die Befehlszeile *Option Explicit* nicht von allein, sondern durch eine Einstellung in den *Optionen* des VBA-Editors (Menü *Extras*), die die Deklaration von Variablen bei der Programmierung erzwingt. Zum Begriff der Deklaration später etwas mehr.

4. Ab jetzt ist »harte Handarbeit« angesagt. Sie beginnen den Quellcode im rechten Fenster nach der genannten Zeile mit

```
Sub ExtrahiereAlle()
```

Das Schlüsselwort *Sub* steht hier für *Prozedur* (Subroutine) und kürzt somit den Fachbegriff für Makro ab. Dieses Makro (diese Prozedur) heißt also *ExtrahiereAlle*. Bei der Namensvergabe sind einige Regeln zu beachten, von denen eine heißt: keine Leerzeichen. Regelverletzungen werden durch den Editor bereits vor der Ausführung (automatische Abarbeitung) des Makros signalisiert. Dem Schlüsselwort *Sub* muss irgendwann in einer neuen Zeile ein *End Sub* folgen, damit PowerPoint weiß, von wo nach wo sich die abzuarbeitenden Befehle im Quellcode erstrecken.

Ein erster Eindruck der Visual Basic-Benutzeroberfläche, die sich seit Office 2000 wenig geändert hat

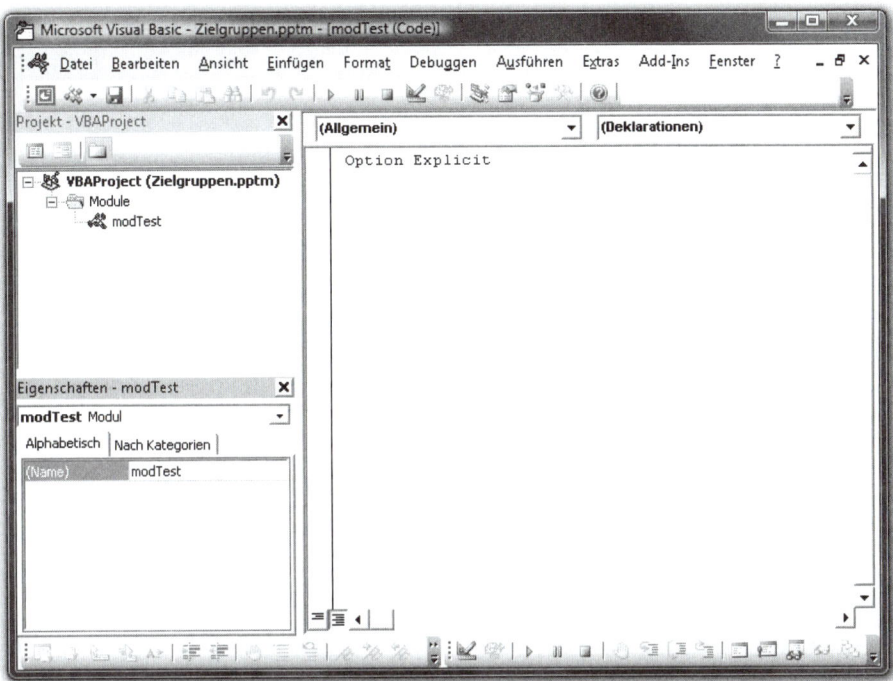

5. Als Nächstes deklarieren Sie die für den Ablauf notwendigen Variablen, wozu also die Gedanken über das, was das Makro tun soll, bereits gefasst worden sein müssen. Sollten Sie hier einmal etwas vergessen, ist das nicht schlimm, Makros sind jederzeit editierbar, also leicht zu ändern. Wir wollen zwei Präsentationen als Quelle und Ziel des Exports verwenden, des Weiteren Folien, die kopiert und von einer in die andere Präsentation gebracht werden müssen, einen Platzhalter für die benannten Teile sowie einige Hilfsvariablen:

```
Dim presQuelle As Presentation
Dim presZiel As Presentation
Dim sldInQuelle As Slide
Dim sldInZiel As SlideRange
Dim nss As NamedSlideShow
Dim strName As String
Dim i As Integer
```

6. Sie müssen dem Programm unbedingt mitteilen, welche Präsentation als Quelle dienen soll, nämlich die, die gerade »obenauf« liegt, also die aktive Präsentation:
   `Set presQuelle = ActivePresentation`

7. Sehr oft in der Programmierung wird, wenn es mehrere Objekte oder Variablen gleicher Art gibt, mithilfe sogenannter Schleifen die Liste dieser Objekte durchlaufen. Dabei werden die Schlüsselwörter *For* und *Next* eingesetzt. In unserem Fall sollen alle benannten Bildschirmpräsentationen gefunden und ausgewertet werden, was mit der folgenden Zeile eingeleitet wird:

```
For Each nss In presQuelle.SlideShowSettings.NamedSlideShows
```

8. Im Rahmen dieses Durchlaufs wird das jeweilige Ziel des Exports als neue, noch nicht vorhandene Präsentation eingerichtet, indem eine neue, leere Bildschirmpräsentation den durch PowerPoint bereits geöffneten Präsentationen hinzugefügt wird:

```
Set presZiel = Application.Presentations.Add
```

9. Wurde die als Quelle dienende Bildschirmpräsentation bereits gespeichert, kann deren Design, das durch die Entwurfsvorlage übergeben wurde, auch der durch den Export entstehenden zugewiesen werden:

```
presZiel.ApplyTemplate presQuelle.FullName
```

10. Alle Folien der gerade durchforsteten benannten Präsentation werden durchlaufen und in die neue Präsentation kopiert:

```
For i = 1 To nss.Count
    Set sldInQuelle = presQuelle.Slides.FindBySlideID(nss.SlideIDs(i))
    sldInQuelle.Copy
    Set sldInZiel = presZiel.Slides.Paste
```

11. Da mit der deklarierten Variablen *sldInZiel* die gerade im Export begriffene Folie noch in der »Hand des Entwicklers ruht«, kann diese Folie sogar ihr spezielles Design behalten (das ist der Fall der Verwendung »mehrerer Master«, der programmiertechnisch jedoch darauf hinausläuft, dass es nur einen Master gibt, der für jede Folie ein individuelles Design annehmen kann):

```
    sldInZiel.Design = presQuelle.Designs(sldInQuelle.Design.Index)
Next
```

12. Abschließend bereiten Sie die Speicherung der neuen Präsentation vor (der Name der Quelle findet dabei Verwendung) und speichern diese auch (durch Anhängen des Namens der zielgruppenorientierten Präsentation an den Namen der Präsentation ohne deren Dateiendung):

```
strName = presQuelle.FullName
presZiel.SaveAs Left(strName, Len(strName) - 5) & "-" & nss.Name
```

13. Nun noch der notwendige Abschluss, erst der der Schleife, dann der des Makros.

```
    Next
End Sub
```

14. Fertig. Nun muss getestet werden, ob das Makro auch das leistet, was von ihm erwartet wird. Dazu wechseln Sie wieder zur PowerPoint-Umgebung und speichern Ihre Bildschirmpräsentation. Damit wird auch das Modul mit dem darin befindlichen Makro gespeichert. Das ist eine Vorsichtsmaßnahme, falls etwas schiefgeht, behalten Sie Ihr Original. Sie benutzen den Befehl *Makros* in der Gruppe *Code* auf der Registerkarte *Entwicklertools* und bekommen die Liste der verfügbaren Makros angezeigt (siehe Abbildung 29.3). Klicken Sie auf *Ausführen*. Haben Sie nichts falsch gemacht und befindet sich in der Präsentation tatsächlich wenigstens eine benutzerdefinierte Bildschirmpräsentation, so wird sich der Bildschirm wandeln und die zuletzt extrahierte Präsentation obenauf liegen.

Abbildg. 29.3   Starten von Makros aus einem speziellen Dialogfeld

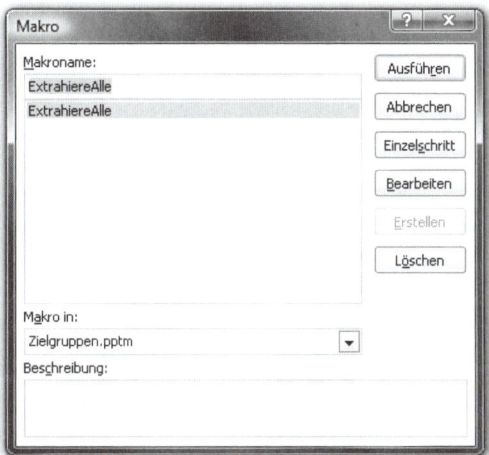

Noch ein paar Worte zum Dialogfeld aus Abbildung 29.3. Sie haben dort die folgenden Befehle:

- *Ausführen* zum Start des ausgewählten Makros

- *Abbrechen* zum Schließen des Dialogfeldes

- *Einzelschritt* zum schrittweisen Abarbeiten des Quellcodes, dazu wird automatisch zur Visual Basic-Benutzeroberfläche gewechselt, die aktuelle Befehlszeile gelb markiert und Sie können in Ruhe mit F8 die Befehle Zeile für Zeile abarbeiten

- *Bearbeiten* zum Wechsel zum VBA-Editor

- *Erstellen* eines Makros – hier wird durch Angabe eines noch nicht existierenden Namens der Rumpf der Prozedur mit diesem Namen in einem Modul angelegt, wobei die möglicherweise eingegebene Beschreibung als Kommentar erscheint (diesen erkennen Sie am vorangestellten Apostroph der Quellcodezeile)

- *Löschen* zum Entfernen des Quellcodes des markierten Makros

Das Dropdown-Listenfeld *Makro in* erlaubt es bei mehreren geöffneten Präsentationen, die darüber liegende Liste etwas einzuschränken.

 Möchten Sie den Quellcode nicht eintippen, so können Sie für einen ersten Versuch die im Ordner *Buch\Kap29\Zielgruppen* befindliche Präsentation mit ausführlich kommentiertem Quellcode verwenden.

Makros und Sicherheit

Nachdem alles reibungslos funktioniert hat, gönnen Sie sich eine Pause und speichern und schließen die Präsentation mit dem beschriebenen Makro. Wenn Sie sie wieder öffnen, wird das Vorhandensein der Makros als gefährliches Potenzial eingestuft, auch wenn Sie selbst der Urheber sind, die Informationsleiste aus Abbildung 29.4 gibt Auskunft.

Abbildg. 29.4 Die Informationsleiste in der Standardeinstellung – über die Deaktivierung von Makros wird informiert

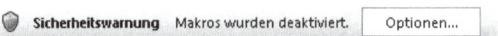

Mit dem Befehl *Optionen* haben Sie die Möglichkeit, die Verfahrensweise zu steuern: Sie können sich vor dem oder den Makros schützen oder die Ausführbarkeit zulassen.

Das Sicherheitskonzept von Office 2007 steht auf zwei Füßen:

- Makros werden aufgrund ihres Herausgebers unterschiedlich behandelt.
- Makros werden aufgrund des Speicherorts der Datei (Präsentation, Arbeitsmappe, Word-Dokument) unterschiedlich behandelt.

Vertrauenswürdige Speicherorte

Mit dem Befehl *Makrosicherheit* in der Gruppe *Code* auf der Registerkarte *Entwicklertools* oder über das Dialogfeld *PowerPoint-Optionen*, Kategorie *Vertrauensstellungscenter*, Schaltfläche *Einstellungen für das Vertrauensstellungscenter* finden Sie die Kategorie *Vertrauenswürdige Speicherorte*. Hier können Sie *die* Ordner Ihres Rechners (unter Umständen auch solche im Netzwerk) verwalten, deren Dateien (ggf. befinden sich diese in weiteren Unterordnern) Sie hinsichtlich der Makrosicherheit unabhängig vom Autor und der sonstigen Herkunft der Datei trauen. Speichern Sie also die oben beschriebene kleine Beispielpräsentation in einem solchen Ordner, unterbleibt das Erscheinen der Meldung aus Abbildung 29.4.

Vertrauenswürdige Herausgeber

In die Liste der Herausgeber, denen Sie vertrauen, werden solche Personen oder Unternehmen eingetragen, die die VBA-Projekte ihrer Präsentationen digital signiert haben.

> **HINWEIS** Im nächsten Kapitel erfahren Entwickler, wie sie ihre VBA-Projekte zu Testzwecken selbst signieren können.

Der Eintrag in die Liste erfolgt nicht automatisch, sondern wird beim Öffnen einer Datei mit signiertem VBA-Projekt angefragt. Die Beispieldatei hat eine Signatur des Autors, weshalb Sie die zugehörigen Schritte ausprobieren können. Dazu sollen Sie aber die Beispieldatei nicht in einem vertrauenswürdigen Ort ablegen.

Unter den Optionen der Informationsleiste erscheint beim erstmaligen Öffnen das Dialogfeld aus Abbildung 29.5, das gegenüber Dateien ohne Signatur etwas erweitert ist. Mit den Optionen des unteren Bereichs des Dialogfeldes bestimmen Sie, wie Sie mit dem Herausgeber hinsichtlich der Sicherheitseinstellungen umgehen wollen.

Abbildg. 29.5 Hinweis auf eine Signatur mit Optionen für das Vertrauensstellungscenter

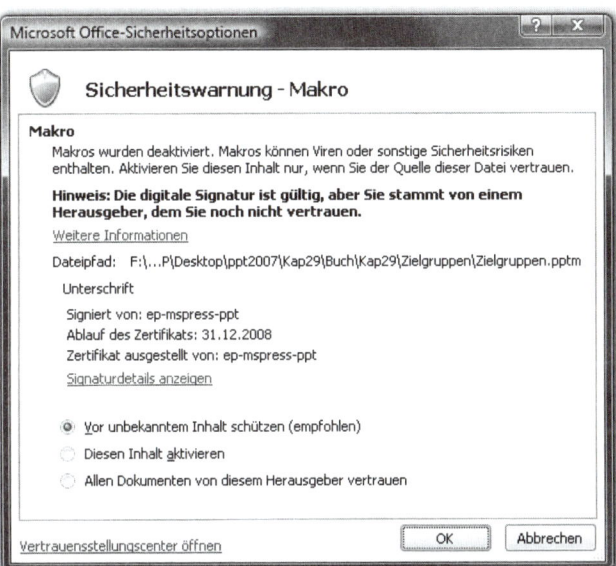

Sicherheitsstufen

Für Dateien mit Makros, die *nicht* an einem vertrauenswürdigen Speicherort liegen, gelten vier Stufen des Verfahrens, die Sie in der Kategorie *Einstellungen für Makros* des Vertrauensstellungscenters finden und durch Markieren der betreffenden Option zum Standard machen (die Reihenfolge ist hier etwas anders als im diesbezüglichen Dialogfeld gewählt worden, um die Stufen deutlicher zu beschreiben):

- Alle Makros werden ohne Benachrichtigung in der Informationsleiste deaktiviert.
- Alle Makros werden ohne Benachrichtigung in der Informationsleiste deaktiviert, es sei denn, sie stammen von einem vertrauenswürdigen Autor, dann erfolgt die automatische Aktivierung.
- Alle Makros werden mit Benachrichtigung deaktiviert (es besteht also die Möglichkeit der Aktivierung im Einzelfall), es sei denn, sie stammen von einem vertrauenswürdigen Autor, dann erfolgt die automatische Aktivierung.
- Alle Makros werden aktiviert.

Im ersten Fall werden also auch Makros deaktiviert, deren Herausgeber Sie vertrauen.

Makros und die Schnellzugriffsleiste

Ist Ihnen die oben beschriebene Methode zum Aufrufen von Makros etwas zu umständlich, so haben Sie die Möglichkeit, in der Symbolleiste für den Schnellzugriff eine Schaltfläche für ein Makro zu positionieren. Gehen Sie über *PowerPoint-Optionen/Anpasse*, so finden Sie im Dropdown-Listenfeld *Befehle auswählen* die Gruppe *Makros*. In dieser erscheint auch das von Ihnen weiter vorn in diesem Kapitel angelegte Makro, falls die betreffende Präsentation geöffnet ist (siehe Abbildung 29.6). Die Schaltfläche *Ändern* erlaubt die Änderung des Symbols und auch die des angezeigten Befehlsnamens.

Abbildg. 29.6 Anpassen der Symbolleiste für den Schnellzugriff mit eigenen Befehlen

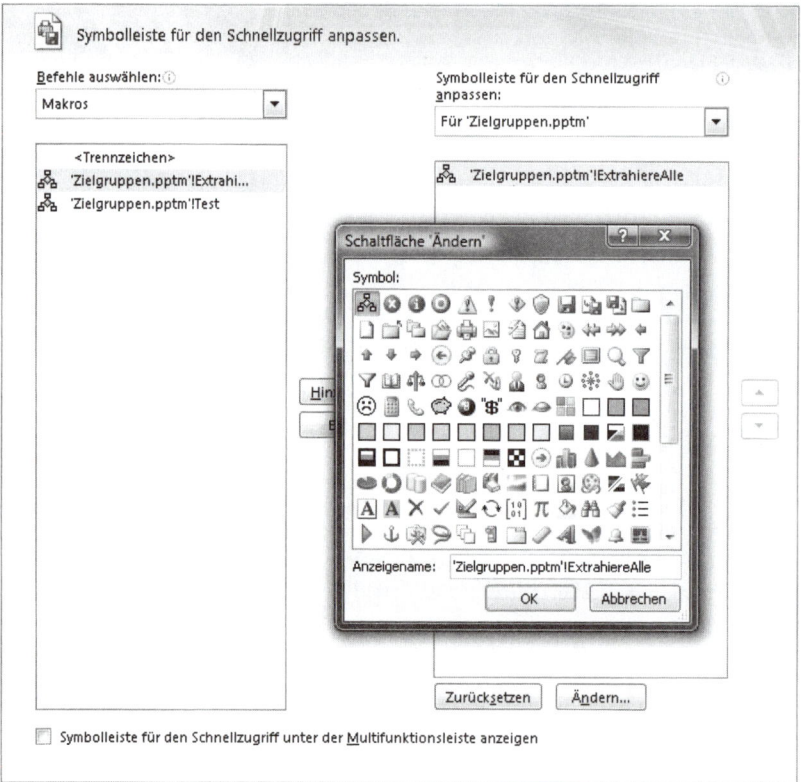

Nun ist es sicher im vorliegenden Beispiel nicht sinnvoll, das Makro nur der aktiven Präsentation zuzuordnen (wie in Abbildung 29.6 geschehen), da der Export benutzerdefinierter Bildschirmpräsentationen nicht immer aus ein und derselben Präsentation heraus erfolgen soll. Jedoch ist diese Art der Zuweisung eines Makros zu einer Schaltfläche etwas, was Word oder Excel schon lange kennen – Funktionalität einer Schaltfläche an eine Datei binden.

HINWEIS Die perfekte Gestaltung der Multifunktionsleiste bleibt allerdings Entwicklern vorbehalten, die Add-Ins erstellen. Etwas mehr dazu im nächsten Kapitel.

Schon immer gab es in PowerPoint Probleme mit dem Anbinden von Makros an Symbolleisten, die an eine Entwurfsvorlage gekoppelt werden sollten. Das liegt daran, dass PowerPoint immer versucht, die Präsentation mit dem Makro zu öffnen, um dieses auszuführen. Entwurfsvorlagen werden aber auf diesem Wege nicht geöffnet, also blieb bislang die Ausführung des Makros kommentarlos aus. PowerPoint 2007 bringt im Falle des eben beschriebenen Zuweisens des Makros zur »allgemeinen« Schnellzugriffsleiste nicht nur im Falle der Entwurfsvorlage die Meldung, dass das Makro nicht gefunden werden kann, sondern immer – die Anbindung von Befehlen beschränkt sich auf eine konkrete Datei. Das Manko der Entwurfsvorlagen bleibt also bestehen und kann nur durch Add-Ins, die dynamische Befehle in der Multifunktionsleiste mitbringen, umgangen werden.

Ein Blick hinter die Kulissen

Aufgrund der fehlenden Makroaufzeichnung können Sie nicht, wie etwa in Excel, beim Aufzeichnen von Makros stehen bleiben und müssen etwas tiefer ins Geschehen eindringen, wenn Sie PowerPoint zu weiterer Funktionalität befähigen wollen. Es gilt: Je besser Sie Ihr Programm beherrschen, desto einfacher ist es, dieses per Makros zu weiteren Leistungen zu führen. Vorkenntnisse in einer beliebigen Programmiersprache bzw. Erfahrungen beim Umgang mit Makros in Word oder Excel sind nicht unabdinglich, helfen aber am Anfang enorm.

Von der Klasse zum Objekt – Eigenschaften, Methoden, Ereignisse

Alles das, was in PowerPoint per VBA programmierbar ist, wurde in einem sogenannten *Objektmodell* hinterlegt. Dieses Objektmodell besitzt eine hierarchische Struktur: Die darin befindlichen *Objekte* spiegeln nahezu eins zu eins das wider, was der Anwender mit dem Programm »per Hand« erledigen kann. Hinterlegt sind die Objekte zunächst in »abstrakten« *Klassen*, die Instanzierung als Ergebnis einer Deklaration oder eines gleichwertigen Vorgangs erstellt aus der Klasse das Objekt. So bewirkt etwa der Befehl

```
Dim pptApp As Application
```

ein zur Verfügungstellen des in der Hierarchie obersten Objekts, der Anwendung selbst. Im Weiteren ist dann der Gebrauch von

```
Application.Presentations.Open "c:\meine-praes.pptx", msoTrue
```

gleichwertig zu

```
pptApp.Presentations.Open "c:\meine-praes.pptx", msoTrue
```

In beiden Fällen wird die genannte Präsentation schreibgeschützt geöffnet.

Das Objektmodell ist sehr umfangreich, obwohl es hinter dem von Excel oder Word stark zurückbleibt. Leider gab es im Moment der Abfassung dieses Kapitels keine schematische Übersicht über hierarchische Strukturen dieses Objektmodells in der Offline-Hilfe wie das in der Vorgängerversion der Fall war. Damit muss der Einsteiger, aber auch der erfahrene Programmierer sich durch alphabetische Listen wie in Abbildung 29.7 hangeln und sich selbst den Überblick erarbeiten.

Abbildg. 29.7 Gewöhnungsbedürftig – der Umgang mit der Offline-Hilfe

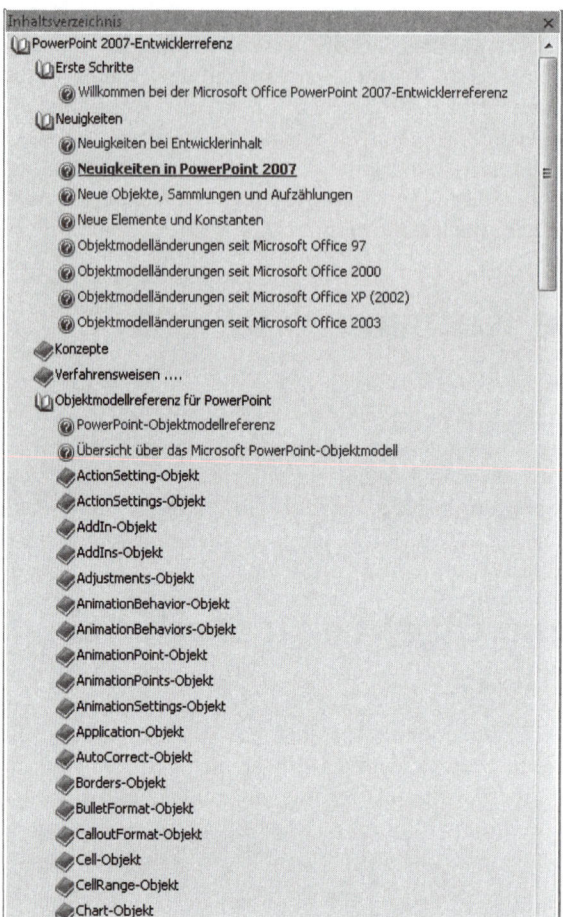

Abgesehen vom erwähnten Manko ist die Hilfe *die* Fundgrube, um bei der Erstellung von VBA-basierten Lösungen weiterzukommen.

Objekte zeichnen sich durch drei mögliche Zusätze aus: ihre *Eigenschaften*, *Methoden* und *Ereignisse*.

- *Eigenschaften* eines Objekts verstehen sich wie Eigenschaften des täglichen Lebens: Es gibt Menschen, die sind klein oder groß, dick oder dünn. Man kann aber noch tiefer splitten. Menschen haben eine Haarfarbe, diese kann z.B. blond oder braun sein. Sie haben eine Größe (Länge), die kann groß, mittel oder klein sein. Und sie haben einen Namen. In der Objektsprache würde das so aussehen:

```
Dim EinMann As Mensch
EinMann.Name = "Onkel Paul"
EinMann.Haarfarbe = "blond"
EinMann.Laenge= "mittel"
```

Der Punkt trennt das Objekt und die folgende Eigenschaft. Ein Gleichheitszeichen verlangt die Zuordnung eines Wertes.

Eigenschaften unter PowerPoint haben Sie bereits etwas weiter vorn im Einführungsbeispiel kennengelernt. So hat eine Präsentation (*Presentation*) einen Namen inklusive der Pfadangabe *FullName*. Oder eine Folie (*Slide*) hat ein durch den zugewiesenen Master bestimmtes Aussehen (*Design*).

Eigenschaften können ermittelt und, falls sie nicht schreibgeschützt sind (read only), auch gesetzt werden.

■ *Methoden* sind mögliche Aktivitäten, über die Objekte verfügen (können). Zum Beispiel kann ein Mensch mit der Hand winken, links, rechts, links usw.; der Code sieht dann vielleicht so aus:

```
If EinMann.KannWinken = True then
    EinMann.Winke "links"
    EinMann.Winke "rechts"
    EinMann.Winke "links"
End If
```

Auch hier trennt der Punkt den *Methodennamen* vom Objekt. Ein Gleichheitszeichen kommt nicht vor, dafür folgt eine gewisse Zahl von Parametern. Nicht alle Methoden erfordern Parameter und nicht alle möglichen Parameter müssen spezifiziert werden (sie sind dann standardmäßig belegt).

Die Zeile

```
Application.Presentations.Open "c:\meine-praes.pptx", msoTrue
```

ist eine Mischung aus Eigenschaften und Methoden. Das *Application*-Objekt hat die Eigenschaft *Presentations*. Das ist die Auflistung der aktuell geöffneten Präsentationen. Diese Auflistung kennt die Methode *Open*, um eine weitere Präsentation zu öffnen. Die Reihenfolge der Parameter ist wichtig, der erste nennt hier den Pfad zur zu öffnenden Präsentation, der zweite den Schreibschutzmodus. Wollen Sie Parameter nicht in der notwendigen Reihenfolge angeben, so können Sie benannte Argumente verwenden, also

```
Application.Presentations.Open ReadOnly:= msoTrue, FileName:="c:\meine-praes.pptx"
```

■ *Ereignisse* sind etwas, auf das Objekte reagieren können. Das Wie steht dann in einer sogenannten *Ereignisprozedur*. So kann in unserem Beispiel »Onkel Paul« etwa spüren, dass Regen fällt und daraufhin den Schirm aufspannen oder, je nach Windstärke, schnellstens einen trockenen Ort aufsuchen:

```
Sub OnkelPaulWirdNass(Windstaerke)
    If Windstaerke <6 Then
        OnkelPaul.NimmtSchirm "schnell", "offen"
    Else
        OnkelPaul.GehtNachHause "sehr schnell"
    End If
End Sub
```

Automatisierung und Programmierung

Unter PowerPoint kann nur das *Application*-Objekt auf Ereignisse reagieren. Dazu gehört z.B. das Öffnen oder Schließen einer Präsentation.

Vielleicht stellen Sie sich jetzt die Frage: Woher soll ich aber wissen, welche Objekte wie ausgestattet sind? Hier drei mögliche Antworten:

- Bitte immer auf *IntelliSense* (siehe nächster Abschnitt) beim Programmieren achten. Per Zwischenablage aus Beispiel- oder Musterdateien eingefügten Code durchaus »per Hand« inspizieren.

- Jede sich bietende Möglichkeit nutzen, um in der *Online-* und der *Offline-Hilfe* zu »schmökern«.

- Aktiv den *Objektkatalog*, der sich in der Entwicklungsumgebung befindet, in die Programmierung einbinden. Worum es sich dabei genau handelt, sehen Sie im nächsten Abschnitt.

Details der Visual Basic-Benutzeroberfläche

Wechseln Sie mit [Alt]+[F11] zur Entwicklungsumgebung und schauen sich dort etwas um.

Im linken Teil, dem sogenannten *Projekt-Explorer*, werden alle geöffneten Präsentationen mit ihren Projekten gelistet. Ist er beim ersten Mal nicht zu sehen, so drücken Sie [Strg]+[R] oder gehen über den entsprechenden Eintrag im Menü *Ansicht*. Im Ordner *Module* eines Projekts befindet sich nur dann mindestens ein Modul, wenn es dort angelegt wurde (Menü *Einfügen*). Ein Modul kann mehrere Makros (Prozeduren) aufnehmen.

Der *Quellcode*, das ist der Text, den Sie im rechten Teil sehen, lässt sich wie in jedem Editor intuitiv bearbeiten. Und so funktioniert auch der Einsatz der Windows-Zwischenablage, um Texte von einem Modul in ein anderes zu kopieren oder zu verschieben. Das hilft, Ordnung zu halten. Sehen Sie kein Textfeld, so drücken Sie [F7] oder wählen den Menübefehl *Ansicht/Code*.

Das oben besprochene Makro zum Exportieren bestimmter Folien wurde bereits kommentiert und ist gar nicht so schwer zu lesen. Vielleicht wundern Sie sich als Programmierneuling über die Art der Deklaration von Variablen mit dem Schlüsselwort *As* wie in

```
Dim presQuelle As Presentation
```

Neben internen Performancegründen für den Ablauf des Makros (der Prozedur) hat deren Autor ein Hilfsmittel in der Hand, das als IntelliSense bezeichnet wird. Achten Sie beim Eintippen der Codezeile

```
For Each nss In presQuelle.SlideShowSettings.NamedSlideShows
```

auf Folgendes: Nach dem Schreiben des Punktes hinter *presQuelle* öffnet sich ein Kontextmenü (siehe Abbildung 29.8), das verrät, wie es weitergehen kann.

Abbildg. 29.8   Durch IntelliSense – das ist kontextsensitives Programmieren – die richtige Auswahl treffen; an anderen Stellen ist es eine gelbe QuickInfo, die »Licht ins Dunkel« bringt

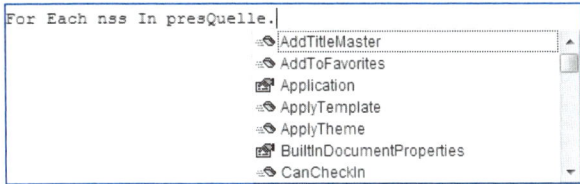

Die Entwicklungsumgebung kennt, neben der Menüleiste, vier weitere Symbolleisten: *Bearbeiten*, *Debuggen*, *Userform* und *Voreinstellung* (hier wäre *Standard* treffender übersetzt worden). Da alle wesentlichen Aktivitäten des Nutzers ebenso über die Menüleiste eingeleitet werden können, sei an dieser Stelle auf eine ausführliche Beschreibung der am häufigsten benötigten Schaltflächen in den Symbolleisten *Bearbeiten* (siehe Abbildung 29.9) und *Debuggen* (siehe Abbildung 29.10) verzichtet, einige Menübefehle werden im Weiteren erläutert.

Abbildg. 29.9   Schnelles Bearbeiten: Einzüge im Quellcode, Kommentare und Lesezeichen

Oft gebraucht werden:

- zum Bearbeiten die Schaltflächen, die den Einzug der Codezeilen regulieren, um ein übersichtliches »Schriftbild« zu erzeugen, die Schaltflächen zum Ein- und Auskommentieren von Zeilen und die Schaltfläche zum Setzen eines Haltepunktes

- zum Debuggen (darunter versteht man das schrittweise Abarbeiten des Quellcodes mit dem Ziel einer möglichen Fehlersuche oder einer anders motivierten Untersuchung der Ergebnisse der Codezeilen) die Schaltflächen zum Starten, Pausieren und Beenden des Programmlaufs, zum Ausführen von Einzelschrittanweisungen und zum Einblenden möglicher weiterer Fenster der Visual Basic-Benutzeroberfläche.

Abbildg. 29.10   Kontrollierter Programmablauf sowie Anzeige wichtiger Fenster

Durch Vergleich der Symbole und Beachtung der QuickInfos werden Sie sehr schnell die Bedeutung der Schaltflächen verstehen. Legen Sie sich vorbereitend die genannten Symbolleisten, die nach der Installation ausgeblendet sind, an den unteren Rand des Fensters der Entwicklungsumgebung.

TIPP   Kommentare im Quellcode dienen nicht nur der Beschreibung des Codes. Durch das sogenannte *Auskommentieren* (einen Apostroph davor setzen) erreichen Sie, dass diese Zeilen beim Abarbeiten des Programms nicht berücksichtigt werden, ohne etwa gelöscht werden zu müssen. Mithilfe der entsprechenden Schaltflächen in der Symbolleiste *Bearbeiten* ist »Aus- und Einkommentieren« eine Sache von Sekunden, da auch mehrere Zeilen gleichzeitig betroffen sein können.

Automatisierung und Programmierung

Befindet sich die Einfügemarke des Editors innerhalb der Zeilen einer Prozedur, die keine Parameter verlangt – also einem »klassischen Makro« –, so wird diese mit dem Menübefehl *Ausführen/Sub/ UserForm ausführen* oder der Taste ⎡F5⎤ sofort gestartet. Anderenfalls erscheint ein Dialogfeld und fragt nach dem Namen der zu startenden Prozedur.

Um den Programmablauf zu kontrollieren, haben Sie zwei Möglichkeiten: Sie starten ein Makro aus dem Dialogfeld *Makro* (siehe Abbildung 29.3), indem Sie sich für *Einzelschritt* entscheiden und/oder Sie setzen sogenannte *Haltepunkte* in den Quellcode (Menübefehl *Debuggen/Haltepunkt ein/aus* oder Taste ⎡F9⎤). In diesen Programmzeilen, die Sie am farbigen Punkt auf dem Rahmen erkennen, bleibt das Programm stehen. Und das so lange, bis Sie dessen Fortgang im Einzelschritt (Menübefehl *Debuggen/Einzelschritt* oder Taste ⎡F8⎤) oder insgesamt (Menübefehl *Debuggen/Prozedurschritt* oder Tastenkombination ⎡⇧⎤+⎡F8⎤) anstoßen.

Wollen Sie Ihr Programm nur auf syntaktische Korrektheit prüfen, so starten Sie den Kompiliervorgang (das ist das Lesen und Übersetzen Ihres Programms) über den Menübefehl *Debuggen/Kompilieren von Projektname*. Diese Überprüfung hinterlässt keine Spuren in einer geöffneten Präsentation.

Während das Programm hält, haben Sie weitere Möglichkeiten der Kontrolle und Steuerung.

- Ist der Halt wegen eines Fehlers aufgetreten, können Sie diesen in vielen Fällen korrigieren, ohne dass das Programm erneut gestartet werden muss. Die Haltezeile erkennen Sie an ihrer gelben Unterlegung. Natürlich können Sie auch Änderungen vornehmen, wenn das Programm wegen eines Haltepunktes stoppt.

- Im Direktfenster, das Sie über das Menü *Ansicht* öffnen, können Sie Eigenschaften von Objekten abfragen und unter Umständen auch setzen sowie die Belegung von Variablen kontrollieren. Eine Abfrage beginnt dabei stets mit einem Fragezeichen.

Abbildg. 29.11 Der *Direktbereich* bringt Informationen per Fragezeichen ans Licht. Hier wurde nach dem Titeltext der gerade in Bearbeitung befindlichen Folie gefragt.

```
'die Folien der benannten Präsentation werden durchlaufen
For i = 1 To nss.Count
    'an Hand der Id werden sie erkannt
    Set sldInQuelle = presQuelle.Slides.FindBySlideID(nss.SlideIDs(i))

    'kopiert
    sldInQuelle.Copy

    'ins Ziel eingefügt
    Set sldInZiel = presZiel.Slides.Paste

    'und mit dem aktuellen Design versehen
```

Direktbereich
```
?nss.Name
Testgruppe
?sldInQuelle.Shapes.Title.TextFrame.TextRange.Text
Zielgruppen
```

- Ein oft unterschätztes Hilfsmittel ist das *Überwachungsfenster*, das Sie ebenfalls im Menü *Ansicht* finden. Dieses Fenster öffnet Ihnen den Blick in die Objekte wie in ein »gläsernes Haus«. Mithilfe des Kontextmenüs lässt sich der Inhalt des Fensters steuern; zu überwachende Objekte können bei Programmhalt per Drag & Drop aus dem Quellcode in das Fenster gezogen werden. So erhalten Sie nicht nur Informationen über den Zustand der Objekte, sondern lernen nebenbei auch deren Eigenschaften kennen.

Überwachte Objekte im *Überwachungsfenster* – die Fundgrube für Informationen

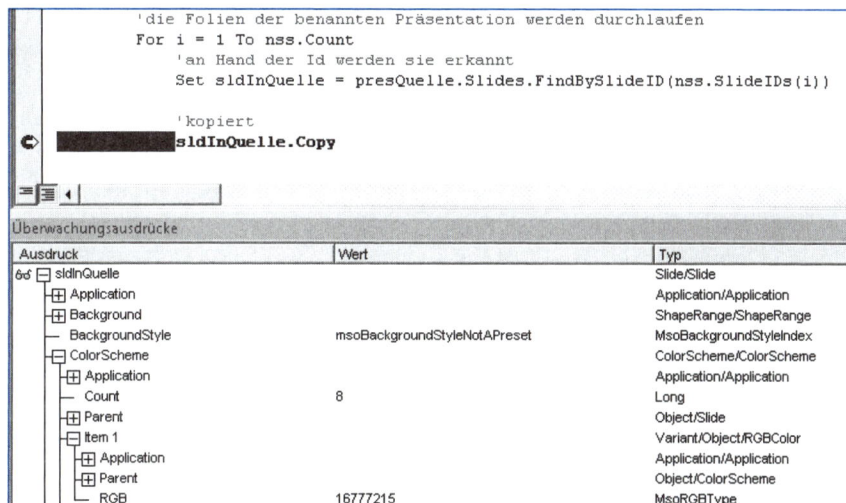

■ Eines der wichtigsten Hilfsmittel ist der *Objektkatalog*. Sie bringen ihn mit *Ansicht/Objektkatalog* in den Vordergrund. Es werden alle Objekte der eingebundenen Programmbibliotheken sowie der Eigenschaften, Methoden und Ereignisse gelistet. Ein Beispiel sehen Sie in Abbildung 29.13. Es zeigt einen Ausschnitt des *Application*-Objekts. Vertiefen Sie sich in die angezeigten Informationen, so werden die Parallelen zu PowerPoint als Programm deutlich. Haben Sie dieses im Griff, erschließen sich die VBA-Möglichkeiten fast von allein. Die Bedienung des Objektkatalogs (Auswahl der Bibliothek, Suche nach bestimmten Begriffen, Aufruf der eventuell vorhandenen Hilfedateien usw.) gestaltet sich intuitiv.

Der *Objektkatalog* – das Tor zu Objekten und ihren Eigenschaften, Methoden und Ereignissen. Wenn Sie genau hinsehen, erkennen Sie ihre Anwendung und deren Möglichkeiten.

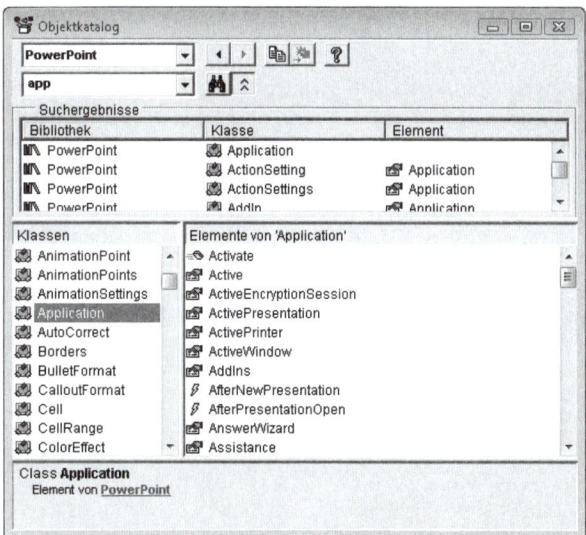

Entwurfs- und Präsentationsmodus – ein Unterschied

Es wurde eingangs schon erwähnt, dass der Unterschied zwischen den Modi der Anzeige einer Präsentation für die Programmierung nicht unerheblich ist. Durch die beabsichtigten Erweiterungen werden in beiden Fällen auch unterschiedliche Ziele verfolgt:

- Im Entwurfsmodus geht es darum, den Entwurf der Präsentation zu automatisieren. Dazu gehören

  - das Einlesen von Informationen aus Outlook oder Excel zur automatischen Gestaltung einer Präsentation,

  - das Exportieren von Informationen aus Folien in eine Datenbank,

  - das Importieren ausgewählter Folienvorlagen zur weiteren Anpassung,

  - das Importieren von Gestaltungselementen,

  - die Kontrolle des Corporate Design u.v.m.

  Nicht immer wird das allein durch VBA in speziellen PowerPoint-Add-Ins, sondern durch externe Programmierung von COM-Add-Ins erreicht werden. Mehr zu diesem Thema lesen Sie im nächsten Kapitel.

- Im Vorführmodus geht es darum, Effekte zu erzielen, die während des Präsentierens eintreten und mit PowerPoint-eigenen Mitteln nicht zu erreichen sind.

Zum letzten Punkt ein kleines Beispiel. PowerPoint gestattet es, durch Folien in ihrer Reihenfolge und durch Hyperlinks nicht nur »geradlinig« durch eine Präsentation zu führen, sondern dies durchaus in Reaktion auf ein mitwirkendes Publikum zu tun. Manchmal möchte der Vortragende allerdings Informationen auf einer Folie erst auf Zuruf oder spontan oder wiederholt, aber eben nicht im Zuge einer ablaufenden Animation anzeigen lassen. Hier kann VBA helfen.

Nehmen wir an, ein Bild auf einer Folie soll dann im Vorführmodus erscheinen, wenn der Betrachter mit der Maus über eine bestimmte Stelle fährt. Verlässt er das Bild mit der Maus, soll es wieder verschwinden. Statt eines Bildes ist auch das Ein- und Ausblenden eines Textfeldes mit erläuterndem Kommentar oder eines Zeichnungsobjekts denkbar. Diese Aufgabe lässt sich deshalb mit Mitteln der Animation nicht lösen, weil nicht bekannt ist, wann und wie oft der Betrachter das Bild (den Kommentar) zur Anzeige bringen will.

Und so gehen Sie vor:

- Bereiten Sie die Programmierung durch eine Folie mit Titel und Text vor.

- Verringern Sie die Breite des Textplatzhalters, sodass daneben ein Rechteck (sinnvollerweise durchsichtig und ohne Rand) aufgezogen werden kann.

- Geben Sie dem Rechteck für die Zeit der Entwicklung einen Rahmen. Dann ist es zum Testen sichtbar. Später formatieren Sie es rahmenlos.

- Platzieren Sie nun innerhalb des Rechtecks ein Bild Ihrer Wahl so, dass es zum umgebenden Rechteck einen Abstand von etwa 5 mm hat.

- Wechseln Sie nun zur Entwicklungsumgebung (Tastenkombination $\boxed{\text{Alt}}$+$\boxed{\text{F11}}$). Ein Modul ist noch nicht vorhanden und Sie müssen es über den Menübefehl *Einfügen/Modul* einfügen.

Objekte auf einer Folie finden sich in der *Shapes*-Auflistung wieder. Welches Shape aber beherbergt das Bild? Neu in PowerPoint 2007 gegenüber seinen hier sehr »anstrengenden« Vorgängern ist, dass Objekte auf Folien Namen haben, die sowohl für Animationszwecke als auch für Programmierzwecke gleich sind und vom Anwender frei definiert werden können. Sie tun das über den Befehl *Markieren* in der Gruppe *Bearbeiten* (Registerkarte *Start*) und wählen die Option *Auswahlbereich*. Der erscheinende Aufgabenbereich *Auswahl und Sichtbarkeit* zeigt eine Liste der Objekte auf der Folie, die Markierung in dieser Liste korrespondiert mit der auf der Folie. Benennen Sie das in Frage kommende Bild mit *myPicture* und setzen Sie es in der Reihenfolge vor das umgebende Rechteck.

In Listing 29.1 sehen Sie das fertige Makro (vorausgesetzt, das Bild befindet sich noch auf der ersten Folie).

Listing 29.1 Ein- und Ausblenden – ein Effekt, der auf der *Visible*-Eigenschaft beruht

```
Sub PictureOnOff()
    Dim sld As Slide
    Dim sh As Shape

    Set sld = ActivePresentation.Slides.FindBySlideID(256)
    Set sh = sld.Shapes("myPicture")

    sh.Visible = Not sh.Visible
End Sub
```

Die benötigte *SlideID* erfahren Sie im Direktfenster durch Eingabe von
`?ActivePresentation.Slides(n).SlideID`

wobei *n* die Nummer der Folie mit dem Bild ist. Diese Art des Zugriffs macht Sie unabhängig von Foliensortierung und -anzahl, da eine *SlideID* nur einmal innerhalb einer Präsentation vergeben wird.

Haben Sie dieses Makro in das vorbereitete Modul eingetragen, so kann es dem aufgezogenen Rechteck (nicht dem Bild!) im Entwurfsmodus mit der Befehlsfolge *Einfügen/Aktion/Hyperlinks* (alternativ: rechte Maustaste) auf der Registerkarte *Mouseover* des Dialogfeldes *Aktionseinstellungen* zugewiesen werden.

Sie finden das vorliegende Beispiel auf der Buch-CD im Ordner *Buch**Kap29**Bilder einblenden*. Die Datei heißt *bilder-einblenden.pptm*.

HINWEIS Drei Bemerkungen zu Listing 29.1:

■ Die Belegung von Objektvariablen geschieht nicht mit dem Gleichheitszeichen allein, es ist der *Set*-Befehl voranzustellen. Durch ordnungsgemäße Deklaration der Variablen (Schlüsselwort *As*) wirkt IntelliSense beim Programmieren.

■ Veränderungen durch VBA-Code während der Vorführung bleiben auch bei Rückkehr in den *Entwurfsmodus* erhalten. Mit anderen Worten: Haben Sie das Bild während der Vorführung eingeblendet und wollen Sie die Präsentation zu einem anderen Termin wiederholen, so sollten Sie das Bild vorher wieder ausblenden. Dazu nutzen Sie auch den eben genannten Aufgabenbereich.

■ Haben sich Fehler in eine Prozedur eingeschlichen, so erscheint während der Vorführung nicht immer eine Fehlermeldung. Die Prozedur wird dann einfach nicht weiter abgearbeitet. Das macht die Fehlersuche gelegentlich zur »Sisyphusarbeit«. Zur Fehlerbehandlung finden Sie einen weiteren Hinweis weiter hinten in diesem Kapitel.

Benutzerdefinierte Formulare einsetzen

Der Ablauf von PowerPoint-Präsentationen geschieht in der Regel linear – von Folie zu Folie. Das lässt sich zwar durch Aktionseinstellungen und Hyperlinks verändern, die Umsetzung gedanklicher nichtlinearer Abläufe mit Sprüngen und möglichen Verzweigungen erfordert jedoch in aller Regel einen hohen Aufwand bei der Foliengestaltung.

Oft ist ein (notfalls gekürztes) Inhaltsverzeichnis auf dem Folienmaster hilfreich, das in jeder Situation das Verlassen des linearen Weges erlaubt. Bedenken Sie jedoch, dass ein solches Verzeichnis Platz in Anspruch nimmt. Die folgende Lösung geht davon aus, dass einige wenige Schwerpunkte (Teile oder Verzeigungen in der Präsentation) durch Miniaturbilder der entsprechenden Folien angezeigt werden sollen. Diese Bilder verfügen über Hyperlinks, die den Sprung zur entsprechenden Folie umsetzen. Ein Formular hilft bei der Auswahl der zu erfassenden Folien und der Code sorgt für die automatische Einrichtung auf dem Master.

Erstellen Sie eine Präsentation Ihrer Wahl, die zwei, drei Schwerpunktthemen umfasst. Wenn Sie gerade keine passende Idee haben, geben Sie den Folien einfach Titel nach dem Muster: Folie 1, Folie 11, Folie 12 ..., Folie 2, Folie 21 usw.

Wechseln Sie mit ⟨Alt⟩+⟨F11⟩ zur Visual Basic-Benutzeroberfläche. Fügen Sie dort über *Einfügen/UserForm* ein leeres benutzerdefiniertes Formular (Standardname sollte beim ersten Mal *UserForm1* sein) in Ihr VBA-Projekt ein. Gleichzeitig mit dem Formular erscheint die *Werkzeugsammlung* mit möglichen Steuerelementen für Formulare (siehe Abbildung 29.14).

Abbildg. 29.14 Die *Werkzeugsammlung* für benutzerdefinierte Formulare

Die Toolbox (Werkzeugsammlung) nutzen Sie, um durch Aufziehen der Steuerelemente dem Formular ein Aussehen wie in Abbildung 29.15 zu geben.

Abbildg. 29.15 Dieses Formular wird die Folientitel einlesen, deren Auswahl erzeugt ein Inhaltsverzeichnis

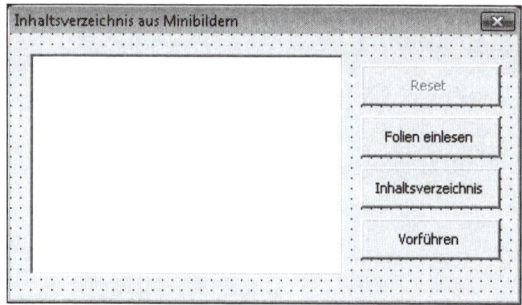

Auf diesem Formular befinden sich ein Listenfeld (Name: *lstSlides*) zur Aufnahme der Folientitel und vier Befehlsschaltflächen (*cmdReset* zum Entfernen der Miniaturbilder während der laufenden Sitzung, *cmdList* zum Einlesen der aktuellen Folientitel, *cmdCreateToc* zum Erzeugen des Inhaltsverzeichnisses sowie *cmdRun* zum Vorführen und Testen).

In Listing 29.2 sehen Sie die wesentlichen Code-Ausschnitte.

Listing 29.2 Eine Reihe von Prozeduren übernehmen die Steuerung des Programms, hier nur die wichtigsten

```
Private Sub cmdCreateToc_Click()
    Dim i As Integer
    SaveSlides
    strListSelectedSlides = ""
    For i = 0 To lstSlides.ListCount - 1
        If lstSlides.Selected(i) Then
            strListSelectedSlides = strListSelectedSlides & CStr(i + 1) & ";"
        End If
    Next
    LoadPictures
    MsgBox "fertig"
    cmdReset.Enabled = True
End Sub

Sub LoadPictures()
    'Deklarationen hier weglassen
    Set mst = ActivePresentation.SlideMaster
    n = ActivePresentation.Slides.Count
    intDistance = 0

    For i = 1 To n
        If InStr(1, strListSelectedSlides, CStr(i) & ";") > 0 Then
            Set shp = mst.Shapes.AddPicture(FileName:=strPath & "\Test\Folie" & i & _
            ".png", LinkToFile:=msoFalse, SaveWithDocument:=msoTrue, Left:=5, _
            Top:=120 + intDistance * 120, Width:=144, Height:=108)
            col.Add shp.Name
            intDistance = intDistance + 1
            strdummy = _
                ActivePresentation.Slides(i).Shapes.Title.TextFrame.TextRange.Text
            With shp.ActionSettings(ppMouseClick).Hyperlink
                .Address = ""
                .SubAddress = strdummy
```

Listing 29.2 Eine Reihe von Prozeduren übernehmen die Steuerung des Programms, hier nur die wichtigsten *(Fortsetzung)*

```
            .ScreenTip = strdummy
            .TextToDisplay = ""
        End With
     End If
  Next i
End Sub

Private Sub cmdReset_Click()
  Dim mst As Master
  Dim shp As Shape
  Dim i As Integer
  Set mst = ActivePresentation.SlideMaster
  For i = col.Count To 1 Step -1
     mst.Shapes(col.Item(i)).Delete
     col.Remove i
  Next
  cmdReset.Enabled = False
End Sub
```

Das Einlesen der Folientitel in das Listenfeld bringt keine Überraschungen, die Programmierung verläuft über eine Schleife, die alle Folien umfasst, sowie die *AddItem*-Methode. Das Speichern der Bilder der Folien in einem Ordner namens *Test*, der sich neben der aktuellen Präsentation befinden soll, geschieht in der Prozedur *SaveSlides* als Aufruf in *cmdCreateToc_Click*. Die im Listenfeld ausgewählten Folientitel führen zu den aktuellen Foliennummern. Diese werden zu einer Zeichenkette *strListSelectedSlides* zusammengefasst, wobei das Semikolon als Trennzeichen fungiert. Dadurch gelingt es, in der Prozedur *LoadPictures* diejenigen Bilder zu erfassen, die die entsprechenden Nummern bekommen haben. PowerPoint speichert die Bilder nämlich in fortlaufender Reihenfolge mit den Namen *Folie1.PNG*, *Folie2.PNG* usw.

Die Prozedur *LoadPictures* schaut in der Zeichenkette *strListSelectedSlides* nach den auszuwählenden Bildern, positioniert diese auf dem Master (die Positionen sind wie die Miniaturbildgrößen entsprechend des verwendeten Masterlayouts unter Umständen anzupassen) und weist ihnen den Hyperlink zur Folie zu. Haben Folien einen Titel, so ist dieser in die Eigenschaft *SubAddress* des *Hyperlink*-Objekts, das zu den *ActionSettings* eines Shapes gehört, aufnehmbar.

Die eingefügten Shapes werden in einer *Collection* mit dem Namen *col* gesammelt. Das erlaubt das automatische Entfernen des Inhaltsverzeichnisses vom Master für den Fall notwendiger Korrekturen in der laufenden Sitzung.

> **HINWEIS** Ein Hinweis zu Gültigkeitsbereichen von Variablen:
>
> - Per *Dim*-Anweisung in einer Prozedur deklarierte Variablen sind dem Programm auch nur innerhalb dieser Prozedur bekannt. Deshalb ist es möglich, Variablen mit gleichem Namen in mehreren Prozeduren gleichzeitig zu deklarieren (etwa die Laufvariable *i* in Schleifen).
> - Per *Dim*-Anweisung in einem Modul deklarierte Variablen (am Anfang und außerhalb von Prozeduren) sind dem Programm in diesem Modul bekannt. Sie können dort also auch von Prozedur zu Prozedur übergeben werden.
> - Per *Public*-Anweisung deklarierte Variablen sind modulübergreifend bekannt.

Die *Public*-Anweisung kann auch vor Prozeduren (*Sub*) stehen. Damit zeigt das entsprechende Modul die Prozedur nach außen. Prozeduren ohne diesen Zusatz sind jedoch auch öffentlich. Wollen Sie das Gegenteil erreichen, so kennzeichnen Sie Prozeduren als *Private*. Weitere Informationen hält die Offline-Hilfe für Sie bereit.

Private-Prozeduren in Modulen stehen nicht als Makros zur Verfügung. Makros müssen sich immer in Modulen (oder Folienklassenmodulen) befinden.

Den vollständigen Quellcode zu diesem Beispiel finden Sie auf der CD im Ordner *Buch\Kap29* *Formulare*. Der Name der Datei lautet *inhalt durch miniaturbilder.pptm*.

Steuerelemente auf Folien nutzen

Die Office-Steuerelemente der Gruppe *Steuerelemente* auf der Registerkarte *Entwicklertools* stehen in PowerPoint ebenso wie in Excel oder Word zu Ihrer Verfügung. Sie werden sie immer dann benutzen, wenn Sie Folien für den Vorführmodus mit zusätzlicher Interaktivität ausstatten möchten. Die Programmierung erfolgt in Analogie zu den Steuerelementen, die auf benutzerdefinierten Formularen Verwendung finden (es sind die gleichen Objekte). Die Technik hierzu haben Sie in den vorigen beiden Beispielen kennengelernt.

Das erste Beispiel, das Sie auf der Begleit-CD finden, zeigt eine Möglichkeit zur Verwendung von Bildlaufleisten für AutoFormen mit Text sowie den möglichen Einsatz eines *Textfeld*-Steuerelements, dem per Einstellung eine Bildlaufleiste zugewiesen werden kann. Das zweite Beispiel demonstriert den Zugriff auf Steuerelemente per Code. Auf Listings wird an dieser Stelle aus Platzgründen verzichtet.

Abbildg. 29.16 Steuerelemente für Interaktivität während der Vorführung

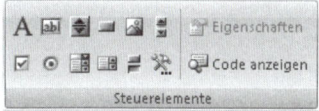

Steuerelemente werden in der Multifunktionsleiste (siehe Abbildung 29.16) ausgewählt und auf der Folie wie AutoFormen oder andere Objekte aufgezogen. Mit dem Befehl *Eigenschaften* wechseln Sie de facto zur Visual Basic-Benutzeroberfläche. Es wird allerdings nur deren Eigenschaftenfenster angezeigt und so gelingt die Einstellung der Steuerelemente per Hand. In der gleichen Gruppe sehen Sie den Befehl, der Sie zum Codefenster führt. In der Regel wird die *Click*-Ereignisprozedur angezeigt, eine Vielzahl weiterer Ereignisse steht je nach Steuerelement zur Verfügung. Auch hier hält die Offline-Hilfe die Details bereit.

Achten Sie darauf, dass nach der Platzierung eines Steuerelements die entsprechende Folie im *Projekt-Explorer* der Entwicklungsumgebung erscheint (*Slide1* usw.). Diese Klassenmodule können natürlich auch zur Programmierung benutzt werden. Und: Die Folien lassen sich im Programm unter ihrem Namen ansprechen. Dieser Name ändert sich nicht – damit umgehen Sie auch das Problem wechselnder Foliennummern.

Sie können auch andere, auch Office-fremde Steuerelemente auf Folien nutzen. Zwei davon haben Sie in Kapitel 27 und Kapitel 24 kennengelernt: das *Webbrowser*-Steuerelement zur Anzeige von HTML-Seiten oder PDF-Dateien sowie die Office Webkomponente *Spreadsheet*.

Wichtig – eine Fehlerbehandlung

Auf dieses Problem der Programmierung kann hier nur kurz mit dem Ziel der Anregung für weitere Studien eingegangen werden. Dabei geht es nicht um logische Fehler, die einem Programmierer nahezu zwangsläufig immer wieder unterlaufen, sondern um solche, die aus der Situation entstehen.

Die häufig bei Einsteigern zu findende Codezeile *On Error Resume Next* ist nicht zu empfehlen; Fehler werden auf diese Weise einfach ignoriert und das Programm mit der Zeile nach dem Fehler fortgesetzt. Damit verliert der Programmentwickler in der Regel die Kontrolle über das Programm und der Anwender steht schlimmstenfalls vor einem »Scherbenhaufen«.

Ausnahmen bestätigen auch hier wie immer die Regel.

Im Dialogfeld aus Abbildung 29.17, das in der Visual Basic-Benutzeroberfläche über *Extras/Optionen* aufgerufen wird, lässt sich einstellen, wie auf auftretende Fehler durch den Compiler reagiert werden soll (Registerkarte *Allgemein*). Vor allem zwei Einstellungen sind interessant: Das Programm soll anhalten, sobald ein Fehler auftaucht, unabhängig davon, ob Sie den möglichen Fehler »vorausgeahnt« haben und mit einer *On Error*-Anweisung vorbereitet sind. Oder das Programm soll nur dann anhalten, wenn ein Fehler auftaucht, der nicht mit einer *On Error*-Anweisung abgefangen wird.

Abbildg. 29.17 Compiler-Einstellungen zur Fehlerbehandlung

Fehler im genannten Sinne sind solche wie

- die Division durch null,

- die Zuweisung von Eigenschaften, die schreibgeschützt sind,

- die Verwendung von Befehlen, die nur in einer bestimmten Ansicht oder nur bei Auswahl bestimmter Objekte zulässig sind, etwa

  - eine aktive Präsentation wird angesprochen, obwohl keine geöffnet ist,

  - der Titel einer Folie soll verwendet werden, es gibt aber keinen Platzhalter, weil das leere Layout verwendet wurde,

  - der Text aller AutoFormen soll untersucht werden, es gibt aber welche ohne Text,

u.a.m. Es sind also nicht solche Fehler, die auf einem Irrtum des Programmierers beruhen (Farbe Grün statt Weiß, Linie vorhanden statt unsichtbar, Anzeige des Speichern-Dialogfeldes statt des Dialogfeldes zum Öffnen usw.).

Listing 29.3 zeigt die prinzipielle Struktur einer Fehlerbehandlung. Dabei wird untersucht, welcher Fehler aufgetreten ist, und mit einer selbst verfassten Meldung reagiert; nicht vorhersehbare Fehler melden den durch PowerPoint generierten Fehlertext.

Listing 29.3   Muster einer Fehlerbehandlung

```
Sub Test()
    Dim a As Integer
    'weitere Deklarationen
    On Error GoTo errh
    'tu was
    Exit Sub
errh:
    Select Case Err.Number
        Case 9
            MsgBox "Das Element ist vmtl. nicht in der Liste."
        Case Else
            MsgBox Err.Description
    End Select
End Sub
```

Dieses Listing verwendet zwei bemerkenswerte Dinge: eine Sprungmarke *errh*, die das Programm anspringt, wenn ein Fehler aufgetreten ist, und die *Select*-Anweisung zum Reagieren auf verschiedene Fehlernummern. Diese werden wie auch die Beschreibung (*Description*) mit dem *Err*-Objekt durchgegeben, eine Liste finden Sie in der Offline-Hilfe unter dem Stichwort *Auffangbare Fehler*.

Zusammenfassung

Dieses Kapitel hat Sie im Schnelldurchgang an VBA (Visual Basic for Applications) herangeführt. Dabei wurde nicht die Sprache selbst, sondern ein paar Besonderheiten in Bezug auf PowerPoint in den Mittelpunkt gestellt. Dem frischen Einsteiger konnte so nicht erspart werden, was er vielleicht gehofft hat – die Beschäftigung mit einer Programmiersprache, am besten natürlich VBA.

Wichtige Fundstellen des Kapitels hier noch einmal im Überblick:

Thema	Seite
Welche Aufgaben haben Makros?	778
Wo werden Makros angelegt?	778
Wie sieht ein Makro aus?	778
Wie werden Makros ausgeführt?	783
Was sind vertrauenswürdige Speicherorte?	784
Was sind vertrauenswürdige Herausgeber?	784
Welche Sicherheitseinstellungen gibt es noch?	785
Wie kann die Schnellzugriffsleiste so angepasst werden, dass Makros ausgeführt werden?	786
Was ist das Objektmodell von PowerPoint?	787
Welche Möglichkeiten bietet die Visual Basic-Benutzeroberfläche?	790
Was muss beim Entwurf von Makros in PowerPoint besonders beachtet werden?	794
Wie werden benutzerdefinierte Formulare erstellt?	796
Wie werden Steuerelemente auf Folien eingesetzt?	799
Was versteht man unter Fehlerbehandlung beim Schreiben von Makros?	800

PowerPoint für Entwickler

In diesem Kapitel:

Dieses Kapitel des Handbuches wendet sich an die Leser, die bereits über ein gerüttelt Maß an Programmiererfahrung (*Visual Basic for Applications* eingeschlossen) verfügen und die Besonderheiten von PowerPoint möglichst schnell und auf einen Blick kennenlernen möchten.

Der erste Teil ist XML (*eXtensible Markup Language*) gewidmet, da PowerPoint nach Excel und Word – die XML schon seit der Version XP bzw. 2003 in verschiedener Weise integrieren – nun ebenfalls auf dieser Markierungssprache fußt.

Die Kenntnis der Grundlagen von XML ist nicht nur zum Verständnis des neuen Dateiformats von Präsentationen und Entwurfsvorlagen hilfreich, sondern und vor allem wegen der eingeschränkten Möglichkeiten der Anpassung der Multifunktionsleiste durch Anwender. Was in diesem Bereich prinzipiell möglich ist, wird im zweiten Abschnitt beschrieben.

Der dritte Abschnitt widmet sich den Besonderheiten der Erstellung von PowerPoint-Add-Ins auf VBA-Basis, da es hier doch zu größeren Abweichungen im Vergleich zu Word oder Excel kommt.

Sicherheitsaspekte in Bezug auf Makros spielen unter Office 2007 eine große Rolle. Deshalb wird im letzten Abschnitt erläutert, wie VBA-Projekte für PowerPoint mit einem Entwicklerzertifikat signiert werden können, um so einen reibungsfreien »PowerPoint-Betrieb« im Unternehmen (aber auch beim Heimanwender) zu ermöglichen, der auf Sicherheit beim Einsatz automatisierter bzw. teilautomatisierter Lösungen nicht verzichtet.

Office Open XML – Dateiformat für PowerPoint

Die »stille Revolution«, die mit Version 2000 der Office-Suite einherging und die mit Office 2003 einen ersten Abschluss fand, ist sicher von nicht wenigen Anwendern übersehen worden: der Anfang der Ablösung proprietärer Dateiformate durch (X)HTML-basierte Dateien in Word, Excel, PowerPoint und das schrittweise Durchdringen der Anwendungen mit XML-basierten Informationen. Mit InfoPath wurde XML zur »Sprache der Formulare«, Access verstand diese Sprache, Excel und Word konnten mit Daten in dieser Sprache umgehen. Erste Schritte wurden getan, um Word-Dokumente und Excel-Arbeitsmappen mit gewissen Einschränkungen »nur« im XML-Format festzuhalten.

Mit Office 2007 scheint diese Entwicklung erst einmal abgeschlossen. Die Dateiformate von Word, Excel und PowerPoint sind ECMA-Standard und treten unter dem Namen *Office Open XML* auf. Die Multifunktionsleiste ist vollkommen »XML-gesteuert«. Benutzerdefinierte »XML-Dateninseln« erlauben den Austausch spezieller Informationen der Office-Anwendungen untereinander und über Office hinaus.

Anliegen dieses Handbuches kann es in keinem Fall sein, die etwa 6000 Seiten der Beschreibung der Dateiformate auch nur im Ansatz zu erläutern. Um jedoch den Anschluss nicht zu verpassen und mit XML-Daten umgehen zu können, ist es für immer mehr Anwender (und nicht nur Entwickler) notwendig geworden, sich zumindest mit den Grundlagen von XML zu beschäftigen. Dies wird in diesem Kapitel geschehen, soweit es für den Umgang mit PowerPoint notwendig ist.

Einführung XML

Literatur zum Thema XML gibt es inzwischen reichlich. Die Beschäftigung mit der Spezifikation des W3C-Konsortiums setzt großes Durchhaltevermögen voraus: *http://www.w3.org/TR/REC-xml*. Weshalb also nicht mit einem Beispiel beginnen, das den Ansatz erklärt, natürlich ohne den Anspruch, alle Fragen beantworten zu wollen.

Ein Beispiel

Stellen Sie sich folgende Situation vor: Sie sind zu einem größeren Treffen eingeladen, eine Teilnahmebestätigung ist erwünscht. Ist der Einladende an einer automatischen Verarbeitung von Zu- und Absagen interessiert, so ist sicher ein Formular, das der Eingeladene ausfüllt, ein guter Ansatz. Der prinzipielle Aufbau dieses Formulars als Träger der Information kann wie in Listing 30.1 aussehen, wobei eine einfache Textdatei (Endung *.xml*) die Aufbewahrung übernimmt.

Listing 30.1 Ein einfaches XML-Dokument – verfasst als Inhalt einer Textdatei

```
<?xml version="1.0" encoding="ISO-8859-1" ?>
<mitteilung>
    <an>Herrn Meier</an>
    <von>Herrn Müller></von>
    <betreff>Treffen 15.4.07</betreff>
    <text>Klappt nicht.</text>
</mitteilung>
```

Natürlich kann ein solch »trockener« Quellcode (Sie sehen, es muss eine Sprache sein, die dahintersteckt) niemanden zum Ausfüllen des Formulars begeistern. Aber Word, Excel, InfoPath und andere bieten eine passende (notfalls passend zu machende) und komfortable Oberfläche an.

Eine Frage wird mit Listing 30.1 im Grunde bereits beantwortet: Woher kommt der Name der Sprache? *XML* steht für *eXtensible Markup Language*. *Language* deutet auf eine Programmiersprache hin, *Markup* weist diese Sprache als Markierungs- oder Auszeichnungssprache aus. *Extensible* steht für die Erweiterbarkeit der Sprache. Anders als etwa bei HTML sind die Namen der *Tags* (das sind die Markierungen im Klammerpaar <>) weitestgehend frei wählbar.

> **HINWEIS** Der einfachste Editor zum Erstellen von XML-Dateien ist der Windows Editor (*notepad.exe*). Er bietet allerdings wenig Komfort. Mit Office liegen Word und Excel als Editoren vor, die es gestatten, Anwender unter nur geringem Schulungsaufwand mit der Erstellung (und Auswertung) unternehmensinterner XML-Informationen zu beauftragen. Wollen Sie noch etwas mehr Professionalität, so laden Sie sich XML Notepad 2007 von der Microsoft-Website herunter.

Wohlgeformt und gültig

Diese beiden Begriffe – »wohlgeformt« und »gültig« – stehen für syntaktische und semantische Korrektheit einer XML-Datei. Syntaktisch korrekt (wohlgeformt) heißt u.a.:

- Die erste Zeile der Datei gibt dem lesenden Werkzeug die Information, dass es sich um XML-Quellcode handelt. Der Zusatz *encoding* informiert über die vorzunehmende Sprachcodierung, damit etwa Umlaute auch als solche und vor allem korrekt identifiziert werden.

Automatisierung und Programmierung

- Die Stütze des Dokuments sind *Tags*. Auf der obersten Ebene befindet sich ein solches *Tag*, das auch als »Wurzelelement« bezeichnet wird (in Listing 30.1 ist das *<mitteilung>*).

- Jedes öffnende Tag (z.B. *<tagName>*) benötigt ein schließendes (z.B. *</tagName>*).

- Bei Namen für Tags ist zwischen Groß- und Kleinschreibung zu unterscheiden.

- Öffnende Tags dürfen nach ihrem Namen im <>-Klammerpaar Attribute besitzen, deren Werte notwendig in Anführungszeichen zu schreiben sind.

- *Tags* dürfen nicht ineinander greifen, d.h., die hierarchische Struktur ist relativ streng. Deshalb werden die *Tag*-Informationen auch als »Knoten« bezeichnet.

Durch solche und einige wenige weitere Regeln wird dafür gesorgt, dass XML-Dokumente zur Aufbewahrung auch solcher Informationen geeignet sind, die nicht notwendig in tabellarische Strukturen gebracht werden können.

Semantisch korrekt in diesem Sinne (also Gültigkeit) ist der genau definierte Inhalt des Dokuments. Nichts kann den Eingeladenen im obigen Beispiel davon abbringen, der Mitteilung eine Unterschrift in Form von

```
<unterschrift>Ihr Müller</unterschrift>
```

hinzuzufügen. Es sei denn, dies wäre durch gewisse Mechanismen ausgeschlossen. Ein solcher Mechanismus ist die Zuordnung von Regeln über *Document Type Definitions* (*DTD*) oder *XML Schema Definitions* (*XSD*, deren sich Office im Wesentlichen bedient), die sich im Dokument selbst, sinnvollerweise jedoch außerhalb von ihm in einer externen Datei befinden und die bei der Prüfung des Dokuments herangezogen werden.

Anzeige in Internet Explorer

Ist eine Datei mit der Endung *.xml* syntaktisch korrekt (wohlgeformt), so kann sie per Doppelklick in Internet Explorer angezeigt werden. Der Betrachter sieht dann die Struktur der Datei und ihren Inhalt, die Form ist jedoch eher eine sehr nüchterne. Internet Explorer ist zwar ein geeignetes Werkzeug zur Anzeige von wohlgeformten XML-Dateien, er prüft jedoch deren Gültigkeit nicht.

 Ein kleines Beispiel zum Experimentieren mit XML- und HTML-Dateien unter Verwendung von VBScript finden Sie im Ordner *\Buch\Kap30\XML\xml-beispiel* auf der CD zu diesem Buch.

Inhalt und Form trennen

Die Trennung von Inhalt und Form zur Darstellung von Daten auf einer HTML-Seite hat bereits eine lange Tradition. Diese beginnt mit *XML Data Islands*. Das sind XML-Informationen, die in einem *xml*-Tag eines HTML-Dokuments als Datenquelle untergebracht sind und etwa von Tabellen und ihren Spalten benutzt werden. Besser geeignet sind XML-Daten, die sich in externen Dokumenten befinden, da so die Datenpflege vereinfacht werden kann.

 In dem Ordner *\Buch\Kap30\XML\data-islands* finden Sie zwei Beispiele für eigene Untersuchungen.

Moderner und universell einsetzbar sind Formatierungsregeln, die durch die XML *Stylesheet Language* (*XSL*) aufgebaut und mithilfe von *XSL Transformations* (*XSLT*) umgesetzt werden.

So kann etwa Excel solche Informationen nutzen und durch Transformationen entstandenen HTML-Quelltext auf einem Arbeitsblatt anzeigen. Auch Word verfügt über diese Eigenschaft. Da aber beide Programme ihre Dateien im XML-Format verarbeiten, liegt es nahe, solche Informationen bereitzustellen, die gegebene XML-Daten in *SpreadsheetML* (das ist der »Excel-XML-Dialekt«) bzw. *WordprocessingML* (das ist der »Dialekt« von Word) entsprechend transformiert haben. Für PowerPoint ist der letzte Weg zwingend, die XML-Daten müssen zu *PresentationML* (das ist die Sprache, in der PowerPoint-Dateien vorliegen) umgewandelt werden. Da eine Präsentation, wie der nächste Abschnitt deutlich machen wird, nicht wie ein Word-Dokument »aus einem Guss« besteht, sind die Inhalte jeder einzelnen Folie auf diese Weise vorzubereiten. Dieser Prozess sprengt allerdings den Rahmen dieses Handbuches.

Beispiele zur Umwandlung von XML in HTML, die einen ersten Eindruck vermitteln können, befinden sich im Ordner *\Buch\Kap30\XML\xsl-Beispiel* auf der CD zum Buch, wobei Sie die Darstellung für Excel nachvollziehen können.

Die Struktur einer PowerPoint-Datei

Wie bereits erwähnt, umfasst die Spezifikation des Dateiformats für die Anwendungen Excel, Word und PowerPoint mit den darin enthaltenen Festlegungen zu Mediendateien, Zeichnungen, Diagrammen, Office-Designs etc. etwa 6000 Seiten. Um sich ein erstes Bild zu machen, können Sie eine Präsentation temporär mit der Dateiendung *.zip* versehen (dazu haben Sie im Windows-Explorer in den Ordneroptionen festgelegt, dass die Dateierweiterungen bekannter, d.h. registrierter Dateien, nicht ausgeblendet werden). Das so offengelegte komprimierte Archiv können Sie per Doppelklick öffnen und weiter inspizieren. Es entsteht ein Eindruck wie in Abbildung 30.1 im Duett mit Abbildung 30.2.

Abbildg. 30.1   Das »Innere« einer PowerPoint-Präsentation – »äußere Hülle«

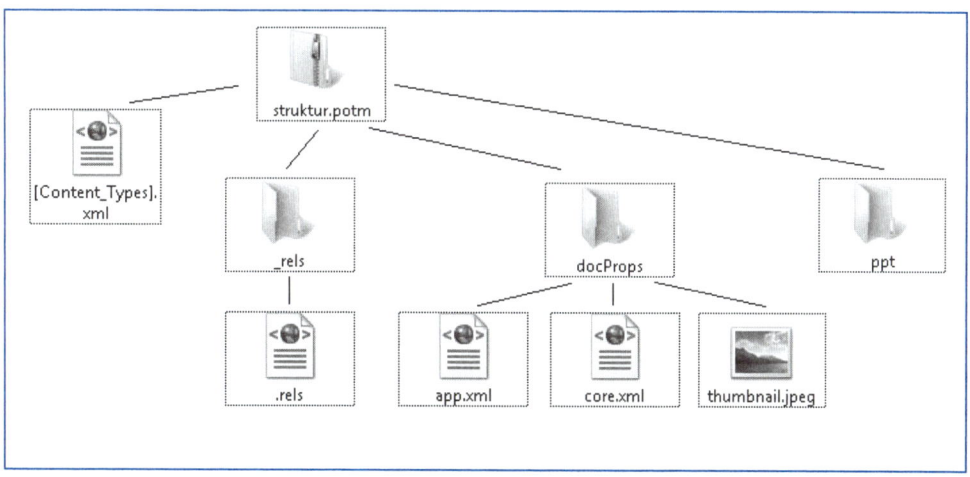

Abbildg. 30.2   Das »Innere« einer PowerPoint-Präsentation – »Kern«

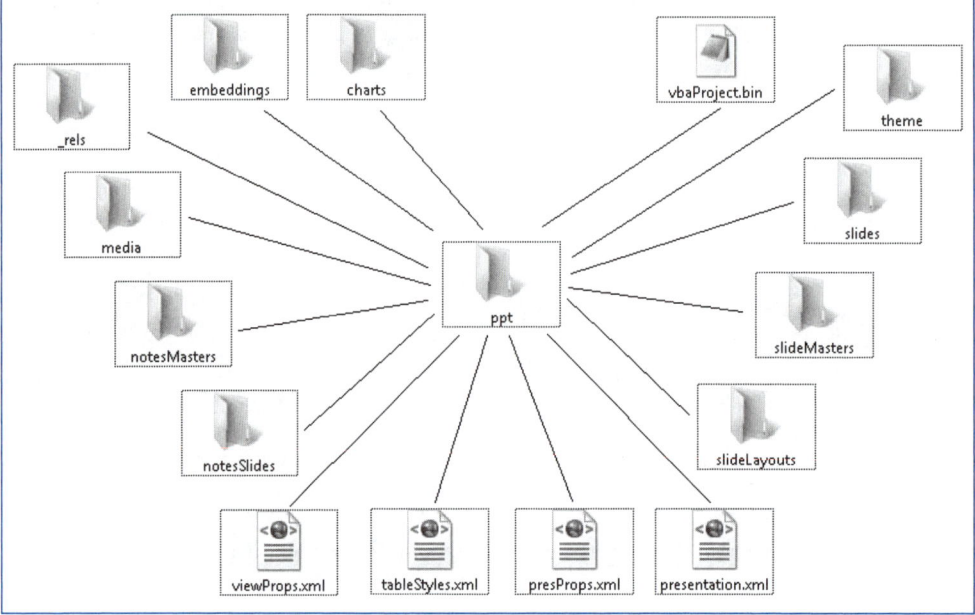

Um diese Abbildungen in etwa zu verstehen, sei Folgendes festgehalten:

- Die Datei *[Content_Types].xml* nimmt Informationen zu den Inhalten des Archivs auf. Diese werden u.a. bei der Veröffentlichung auf einem SharePoint Server ausgewertet.

- Dateien mit der Endung *.rels* beinhalten Informationen über die hierarchische Struktur des Archivs.

- Die Dateien des Ordners *docProps* beinhalten Informationen zum Programm bzw. zur Datei, u.a. die Informationen zum Benutzer, die dieser mithilfe des Dokumentinspektors entfernen lassen kann.

- Der Ordner *ppt* enthält die für eine Präsentation typischen Dateien (bei Word heißt dieser Ordner *word*, bei Excel *xl*).

- Der Ordner *theme* informiert über das verwendete Design der Mappe (einen solchen gibt es auch bei Word und Excel, Designs sind also Office-übergreifend einsetzbar), im Ordner *media* befinden sich eventuelle Bilder im Originalformat.

- Wurden Diagramme (Standardquelle ist Excel) eingefügt, so finden Sie deren Definition in *Charts*, die zugehörige Arbeitsmappe als Datenquelle in *Embeddings*.

Die Inhalte der anderen Ordner erklären sich durch deren Namen.

Der Aufbau erzeugt schlankere Dateien als in den Vorgängerversionen, lädt Dateien schneller, lässt »korrupte« Dateien zumindest in Abschnitten wiederherstellen. Entwickler können Daten, Informationen über Designs, ja den gesamten Aufbau einer Präsentation per Code aus anderen Programmen anstoßen, Informationen können genutzt oder verändert werden, ohne dass PowerPoint als Programm gestartet werden muss. Ausgangspunkt für solche Entwicklungen kann Visual Studio

2005 mit den Erweiterungen sein, die es gestatten, die genannten Archive wie »normale« Ordner zu manipulieren (im positiven Sinne).

Experimentieren Sie mit dem Archiv im Ordner *Buch\\Kap30\\XML\\openXML* auf der Begleit-CD.

Multifunktionsleiste anpassen

Die Frage, ob sich die neue Benutzeroberfläche leichter anpassen lässt als die der Vorgängerversionen von PowerPoint kann nicht mit Ja oder Nein beantwortet werden. »Normale« Anwender, und das will Microsoft festgestellt haben, haben in nur wenigen Situationen von der Gelegenheit Gebrauch gemacht, Menüs oder Symbolleisten nach ihren Vorstellungen einzurichten. Dafür haben Entwickler von Add-Ins und anderen Automatisierungslösungen in der Regel Symbolleisten angepasst bzw. sind mit zur Automatisierung gehörenden eigenen Symbolleisten ins Rennen gegangen. Die erste Gruppe wird also das starre Verhalten der Multifunktionsleiste nicht unbedingt als störend empfinden und die Symbolleiste für den Schnellzugriff als adäquates Mittel zur Personalisierung der Oberfläche akzeptieren. Die zweite Gruppe wird nach einem Lernprozess, der sich vor allem auf XML konzentriert, feststellen, dass es eigentlich noch nie so einfach war, die Oberfläche für einzelne Präsentationen (und dazu gehören auch Entwurfsvorlagen) bzw. die gesamte Anwendung (PowerPoint-Add-Ins und COM-Add-Ins) so zu gestalten, dass die Symbolleisten nicht unkontrolliert »herumhängen« oder über Funktionalität verfügen, die zur gegenwärtigen Situation nicht passt, und so manch andere Hürde, die dem Programmierer das Leben nicht gerade einfach machen, zu meistern.

Was passiert mit »alten« Modifizierungen von Menü- und Symbolleisten?

Die in der Vergangenheit mit viel Mühe erstellten Symbolleisten und Menüeinträge für Präsentationen und Add-Ins fallen mit der neuen Version nicht unter den Tisch. Vorausgesetzt, dass das VBA-Objektmodell die Funktionsfähigkeit schlechthin nicht in Frage stellt, werden auf einer speziellen Registerkarte der Multifunktionsleiste, der Registerkarte *Add-Ins*, bei Bedarf automatisch drei Befehlsgruppen eingerichtet: *Menübefehle*, *Symbolleistenbefehle* und *Benutzerdefinierte Symbolleisten*. Bei Letzteren ist allerdings im Code sicherzustellen, dass die Symbolleisten beim Erzeugen sichtbar gemacht werden (*Visible = True*). Aufgrund der beschränkten Abmessungen der Multifunktionsleiste kann es passieren, dass die Übersicht verloren geht, da einige der Befehle sich zunächst außerhalb des Bildschirms befinden. Aus diesem und in den folgenden Design-Tipps genannten Gründen wird es nicht selten dazu kommen müssen, die entsprechenden Codestellen zu überarbeiten.

Design-Tipps von Microsoft

Die folgenden Tipps sollten Sie beachten, bevor Sie an die konkrete Umsetzung gehen.

- Die Multifunktionsleiste beinhaltet Befehle, die den Inhalt eines Dokuments (Präsentation) betreffen. Neue Befehle, die eine Lösung charakterisieren und ebenfalls das konkrete Dokument betreffen, können in bereits bestehenden Gruppen, neuen Gruppen vorhandener Registerkarten bzw. neuen Registerkarten platziert werden.

- Sehr viele der möglichen neuen Befehle sollten sich von Anfang an in eine der bestehenden Registerkarten einordnen lassen. Eine neue Registerkarte sollte möglichst gefüllt sein. Liegt dazu zu wenig »Masse« vor, ist die *Add-Ins*-Registerkarte ein guter Ort der Platzierung der neuen Befehle in einer eigenen Gruppe. In Gruppen ist durch die Möglichkeit von Optionen hinter einem Befehl in der Regel viel Platz.

- Es sollten möglichst keine Konflikte erzeugt werden, die aus dem Prinzip »Wer zuletzt lacht, lacht am besten« entstehen. Deshalb sollte das Ausblenden von Befehlsgruppen bzw. sogar der gesamte Neuaufbau der Multifunktionsleiste durch Add-Ins gut überlegt sein. Das Wissen, dass Präsentationen bzw. Entwurfsvorlagen ihre eigene Multifunktionsleiste (die nicht per VBA-Code erzeugt wird) immer dann anzeigen, wenn sie aktiviert sind, ist bei diesen Überlegungen sehr hilfreich. Per VBA sollten Sie (etwa im *Auto_Open*-Ereignis von Add-Ins) Anpassungen der Multifunktionsleiste nach dem »klassischen« *CommandBar*-Prinzip (wenn überhaupt) nur dann vornehmen, wenn die Befehle anwendungsübergreifend, also nicht dokumentbezogen wirken.

- Vermeiden Sie Unruhe im Aufbau der Multifunktionsleiste, die durch situationsbedingte Dynamisierung entsteht. Vermeiden Sie Überraschungen, d.h., Dialogfelder oder ähnliche Konstrukte erscheinen nur auf Anforderung und nicht automatisch. Gruppen sind logisch strukturiert und Befehle kommen im Allgemeinen nicht mehrfach vor.

- Benutzen Sie Befehle (Menüs) im Menü zur *Office-Schaltfläche* nur, um die Anwendung bzw. deren Umgang mit einem Dokument zu steuern, nicht den Inhalt des Dokuments selbst. Es ist klar, dass hier die Grauzone gelegentlich auch breit sein kann, wie der Befehl *Vorbereiten/Verknüpfungen mit Dateien bearbeiten* (der wohl auch kein passendes Pendant in einem Kontextmenü hat) beweist.

- Nutzen Sie (das ist leider keine Angelegenheit für VBA-Entwickler) die Möglichkeit von Aufgabenbereichen (*Custom Task Panes* bzw. *Action Panes*) zur individuellen Steuerung von Dokumenten (in Analogie zu Aufgabenbereichen wie *Dokumentverwaltung* und *Recherchieren*).

XML-Grundlagen der Gestaltung der Multifunktionsleiste

Alles, was nicht in den drei genannten Gruppen der Registerkarte *Add-Ins* passieren soll, kann nicht mit VBA eingeleitet werden, sondern beruht auf einer Anpassung der Präsentation (Entwurfsvorlage, PowerPoint-Add-In) in deren Ordnerstruktur, wie es in Abbildung 30.3 angedeutet ist.

HINWEIS Entwickler, die Visual Studio 2005 mit den Visual Studio 2005 Tools for Office Second Edition oder den Nachfolger (beim Schreiben dieses Buches als Visual Studio Codename Orcas bezeichnet) benutzen, haben noch etwas andere Möglichkeiten als die im Folgenden erwähnten. Auch diese können in diesem Handbuch nicht beschrieben werden.

Abbildg. 30.3 Die Orte, an denen eine Anpassung der Multifunktionsleiste geschieht

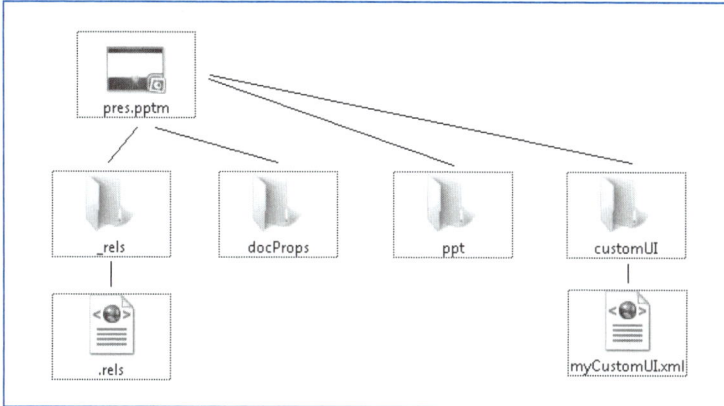

Es sind somit zwei Fragen zu beantworten:

- Wie kommt man ins Innere eines Dokuments?
- Was genau ist dort einzubringen?

Die erste Frage ist schnell geklärt: Wie bereits angedeutet, ändern Sie die Dateiendung von *.pptx* (*.pptm*) temporär auf *.zip* und doppelklicken im Windows-Explorer. Nun können Sie sich innerhalb der Datei durch die Ordner hangeln. Bereiten Sie außerhalb der Datei zunächst einen Ordner namens *customUI* vor, der in sich die (leere) Textdatei *myCustomUI.xml* beherbergt, und schieben Sie diesen per Drag & Drop ins ZIP-Archiv.

Im ZIP-Archiv finden Sie auf oberster Ebene einen Ordner namens *_rels*. Diesen öffnen Sie und ziehen die darin befindliche Datei *.rels* auf den Desktop. Doppelklicken Sie, so wird der Dateiinhalt in Internet Explorer angezeigt. Klicken Sie dort mit der rechten Maustaste und wählen *Quelltext anzeigen*, so können Sie die Datei im Windows Editor bearbeiten.

> **HINWEIS**   Natürlich können Sie die Datei auch mit jedem gängigen XML-Editor bearbeiten, ohne sie vorher in Internet Explorer anzeigen zu lassen. Einen dieser Editoren lernen Sie im nächsten Abschnitt kennen.

Fügen Sie eine weitere *Relation* ein, die PowerPoint erlaubt, den Zusammenhang innerhalb der Datei zu erkennen:

```
<Relationship
    Id="myRel"
    Type="http://schemas.microsoft.com/office/2006/relationships/ui/extensibility"
    Target="customUI/myCustomUI.xml" />
```

Die *Id* können Sie frei wählen, der *Type* ist feststehend und *Target* richtet sich nach der Datei, die Sie im bereits erstellten Ordner *customUI* ersetzen werden.

Schieben Sie die so angepasste und gespeicherte Datei wieder ins ZIP-Archiv, um die originale Datei zu ersetzen.

Das war der einfache erste Schritt. Für den zweiten nehmen Sie sich genannte Textdatei, Name und Endung *myCustomUI.xml*, vor. Den Namen vor der Dateiendung konnten Sie frei wählen, allerdings muss er mit Ihrem Eintrag in der Relationendatei übereinstimmen. Der Text der Datei soll zunächst wie in Listing 30.2 aussehen.

Listing 30.2   Eine erste Anpassung der Multifunktionsleiste um eine eigene Registerkarte

```xml
<?xml version="1.0"?>
<customUI xmlns="http://schemas.microsoft.com/office/2006/01/customui">
  <ribbon>
    <tabs>
      <tab id="myTab" label="Mein Register">
        <group label="Meine Gruppe" id="myGroup">
          <button idMso="VisualBasic" size="large" />
          <button idMso="MacroSecurity" size="normal" />
        </group>
      </tab>
    </tabs>
  </ribbon>
</customUI>
```

Was wird bewirkt? Die Multifunktionsleiste (englisch *ribbon*) erhält in der Auflistung der Registerkarte (englisch *tabs*) eine neue Registerkarte mit der Bezeichnung (englisch *label*) *Mein Register*. Auf dieser Registerkarte befindet sich eine Gruppe (englisch *group*) mit der Bezeichnung *Meine Gruppe*, die zwei Befehlsschaltflächen (englisch *button*) aufnimmt. Beide Schaltflächen gibt es bereits in PowerPoint, was Sie an deren Identität erkennen, die durch *idMso* spezifiziert wird (es ist der Aufruf der Visual Basic-Benutzeroberfläche sowie der Einstellungen zur Makrosicherheit). Jedes aufgeführte Element muss ein Identitätsattribut haben, wobei *id* auf benutzerdefinierte, *idMso* auf integrierte Elemente abzielt.

Woher weiß man, welche integrierten es gibt? Da ist zum einen die QuickInfo, die erscheint, wenn über die *PowerPoint-Optionen* Befehle zur Symbolleiste für den Schnellzugriff hinzugefügt werden sollen, zum anderen gibt es auf den Entwicklerseiten von Microsoft entsprechende Listen und andere Hilfsmittel.

Schieben Sie die so vorbereitete Datei in den Ordner *customUI* des ZIP-Archivs zurück, schließen Sie dieses wieder, entfernen Sie die Endung *.zip* und öffnen Sie die Datei mit PowerPoint: Die eingerichtete Registerkarte erscheint und verschwindet wieder, wenn eine andere Präsentation aktiv wird.

> **TIPP**   Das ständige Umbenennen der Archive ist nicht notwendig, wenn Sie im Windows-Explorer den Befehl *Explorer* einsetzen und dort unter den Standardprogrammen nach PowerPoint suchen. Später erscheint dieses dann in einer Liste der Programme, die zum Öffnen geeignet scheinen. Wenn Sie ein gleiches Vorgehen für Word oder Excel anstreben, erscheinen auch diese in der Liste unter dem Befehl *Explorer.*

Alle im Folgenden beschriebenen Dateien zur Anpassung der Multifunktionsleiste finden Sie im Ordner *\Buch\Kap30\Ribbon* der Begleit-CD.

XML Notepad 2007 – einer der unentbehrlichen Helfer

Trotz der genannten Kenntnisse über mögliche Bezeichner bleibt der Aufbau einer solchen Datei zur Anpassung der Multifunktionsleiste eine Herausforderung. Wie Sie aus dem Abschnitt über XML erfahren haben, müssen XML-Dateien, wenn ihr Gebrauch hieb- und stichfest sein soll, stets einem Schema folgen. Im vorliegenden Falle heißt die Schemadatei *customUI.xsd* und bezieht sich auf den Namensraum *http://schemas.microsoft.com/office/2006/01/customui*. Sie finden diese Datei, die, um Ihnen Hilfe zu sein, in keinem Falle geändert werden darf, ebenfalls auf der Begleit-CD. Um diese Datei zielgerichtet nutzen zu können, brauchen Sie einen XML-Editor, der in der Lage ist, XML-Dateien mit einem Schema zu verbinden und die Korrektheit der XML-Datei überwachen zu helfen. Wenn Sie nicht im Besitz von Visual Studio 2005 (es reicht die Web Developer Express Edition, jedoch nicht die Visual Basic Express Edition) sind, so sollten Sie das kostenlose XML Notepad 2007 bei Microsoft herunterladen und installieren.

> **TIPP** Wenn Sie mit dem Erstellen von XML-Datendateien in Word vertraut sind und die etwas unhandliche Art des Einsatzes von Attributen nicht scheuen, so können Sie auch dieses Office-Produkt benutzen. Excel eignet sich im Übrigen nicht, da das Schema dafür zu komplex ist.

Um eine Anpassung der Befehlsgruppe *Folien* wie in Abbildung 30.4 zu erreichen, erstellen Sie eine XML-Datei nach dem Muster von Listing 30.3.

Abbildg. 30.4 Angepasste Befehlsgruppe *Folien* der *Start*-Registerkarte

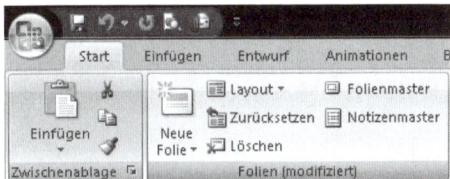

Listing 30.3 Die Gruppe *Folien* wird modifiziert

```xml
<?xml version="1.0"?>
<customUI xmlns="http://schemas.microsoft.com/office/2006/01/customui">
  <ribbon>
    <tabs>
      <tab idMso="TabHome">
        <group idMso="GroupSlides" visible="false">
        </group>
        <group label="Folien (modifiziert)" insertBeforeMso="GroupFont" id="myGroupSlides">
          <gallery idMso="SlideNewGallery" size="large" />
          <gallery idMso="SlideLayoutGallery" showLabel="true" />
          <button idMso="SlideReset" showLabel="true" />
          <button idMso="SlideDelete" showLabel="true"/>
          <toggleButton idMso="ViewSlideMasterView" showLabel="true"/>
          <toggleButton idMso="ViewNotesMasterView" showLabel="true"/>
        </group>
      </tab>
```

(Randnotiz:) Automatisierung und Programmierung

Listing 30.3 Die Gruppe *Folien* wird modifiziert *(Fortsetzung)*

```
      </tabs>
    </ribbon>
  </customUI>
```

Einige Details:

- *TabHome* ist die Identität der *Start*-Registerkarte,

- bei *GroupSlides* handelt es sich um die Befehlsgruppe *Folien*, diese wird mit *visible="false"* ausgeblendet und durch

- die benutzerdefinierte Gruppe *myGroupSlides* ersetzt.

- Diese Gruppe erhält die Aufschrift *Folien (modifiziert)* und wird vor der Gruppe mit den Befehlen zur *Schriftart (GroupFont)* platziert.

Abbildg. 30.5 Komfortables Erstellen durch Anbinden an das gültige Schema – XML Notepad 2007

- Zunächst erhält diese Gruppe die ursprünglichen Befehle, unter denen die *gallery*-Elemente, hier für *Neue Folie* und *Layout*, interessant sind.

- *showLabel* bzw. *showImage* sind Attribute, die das Aussehen (Text und/oder Icon) der Befehle beschreiben, *true* zeigt an, *false* nicht. Mit *size="normal"* bzw. *size="large"* lässt sich die Größe (16 mal 16 oder 32 mal 32) bestimmen.

- Die beiden Befehle zum Anzeigen von Folienmaster bzw. Notizenmaster werden der Gruppe »angehängt«.

In XML Notepad 2007 sieht das Gesamtbild der Datei wie in Abbildung 30.5 aus.

Callback-Prozeduren

Bleibt innerhalb dieser Einführung noch zu klären, wie Funktionalität nicht nur hinter integrierte, sondern auch individuelle Befehle kommt. Dazu bedient sich Office sogenannter Callback-Prozeduren, die für jedes der möglichen Elemente der Multifunktionsleiste (*button*, *label*, *splitButton*, *toggleButton*, *checkBox*, *comboBox* und einige andere) vorbereitet sind. Sehr oft wird das die zu nutzende Prozedur sein, die sich hinter dem Attribut *OnAction* der eben genannten Elemente verbirgt und somit als Nachfolger der *OnAction*-Eigenschaft »klassischer« Steuerelemente der Symbolleisten gelten kann.

Um einen eigenen Befehl mit Aktivität auszustatten, bereiten Sie etwas wie in Listing 30.4 vor und binden es so wie weiter oben beschrieben in die Präsentation ein.

Listing 30.4   Vorbereiten der *OnAction*-Callback-Prozedur

```xml
<?xml version="1.0"?>
<customUI xmlns="http://schemas.microsoft.com/office/2006/01/customui">
  <ribbon>
    <tabs>
      <tab id="myTab" label="Mein Register">
        <group label="Meine Gruppe" id="myGroup">
          <button id="myButton" label="Schaltfläche" tag="Schaltfläche" onAction="myMacro"
imageMso="HappyFace" showImage="true" />
        </group>
      </tab>
    </tabs>
  </ribbon>
</customUI>
```

Die Prozedur *myMacro* ist nun in ein Modul der Präsentation (deren Dateiendung zwingend den Buchstaben *m* am Ende hat) einzubringen, wobei es auf die genaue Signatur und natürlich einen schlüssigen Inhalt ankommt. Listing 30.5 zeigt nur einen exemplarischen Ansatz.

Listing 30.5   Die Callback-Prozedur im Falle von *OnAction*

```vb
Sub myMacro(cmd As IRibbonControl)
    MsgBox "Befehl mit Aufschrift '" & cmd.Tag & "' gedrückt"
End Sub
```

Automatisierung und Programmierung

Weiterführende Quellen

Sicher werden im Laufe der Zeit mehr Quellen zum Studium zur Verfügung stehen. Zum Zeitpunkt der Niederschrift dieses Abschnitts sind es nur einige wenige. Empfehlenswert sind dabei die Ausführungen von Frank Rice (*Customizing the Office (2007) Ribbon User Interface for Developers – Part 1 and 2*) auf den Internetseiten der MSDN.

Add-Ins – nützliche Ergänzungen

Dieses Kapitel gibt Ihnen einen schnellen Überblick zu Add-Ins, den frei erhältlichen, gekauften oder selbst entwickelten Bausteinen, die PowerPoint in seiner Arbeit erweitern und vervollständigen helfen. Sie erfahren, wie Add-Ins als Zusatz zum Programm aktiviert bzw. auch wieder deaktiviert werden. Sie lernen ferner, wie einfach es sein kann, VBA-Projekte von Präsentationen in Add-Ins zu überführen. Sie erfahren darüber hinaus auch von den Schwierigkeiten, die sich beim Programmieren, vor allem beim Testen von Add-Ins ergeben können. Und schließlich möchten wir Ihnen zeigen, wie Sie diesen Schwierigkeiten ggf. begegnen. Zu diesem Zweck lernen Sie sogenannte *Auto-Makros* kennen, die beim Laden und Entladen eines Add-Ins automatisch ablaufen und damit eine empfindliche Lücke des PowerPoint-Objektmodells schließen.

Der restliche Teil gibt einen kurzen Blick auf COM-Add-Ins und die mit Add-Ins verbundenen Sicherheitsaspekte frei.

PowerPoint-Add-Ins

PowerPoint-Add-Ins entstehen aus den VBA-Projekten von »normalen« Präsentationen mit Makros (*.pptm*), wenn diese Präsentationen als Add-Ins abgespeichert werden. Dazu wählen Sie im Dialogfeld *Speichern unter* (siehe Abbildung 30.6) den Dateityp *PowerPoint-Add-In (*.ppam)* aus.

Erstellen Sie selbst PowerPoint-Add-Ins, so müssen Sie stets auch die Präsentation speichern, die das VBA-Projekt beherbergt. PowerPoint-Add-Ins legen ihren Quellcode nicht zum Editieren offen! Es gibt nur eine Möglichkeit, den Quellcode zum *Debuggen* (also der gezielten Programmverfolgung) anzeigen zu lassen (mehr dazu etwas weiter hinten in diesem Abschnitt).

Natürlich wird nicht aus jedem VBA-Projekt nur durch Speichern ein PowerPoint-Add-In. VBA-Projekte enthalten oft Module; die darin vorhandenen Makros (Prozeduren ohne Parameter) lassen sich über den Befehl *Makros* auf der Registerkarte *Entwicklertools* ausführen. PowerPoint-Add-Ins offenbaren die in ihnen enthaltenen Makros jedoch nicht! Damit ist durch die Anpassung der Multifunktionsleiste der Zugriff auf die Automatismen der PowerPoint-Add-Ins vorzubereiten. Unterstützt werden kann der Ablauf des Weiteren durch Meldungs- und Eingabefelder sowie eingebaute benutzerdefinierte Formulare.

Abbildg. 30.6 PowerPoint-Add-Ins speichern – normalerweise wird der Standardordner vorgeschlagen, sobald Sie den Dateityp *PowerPoint-Add-In (*.ppam)* auswählen; doch auch jeder andere Ordner kann ausgewählt werden

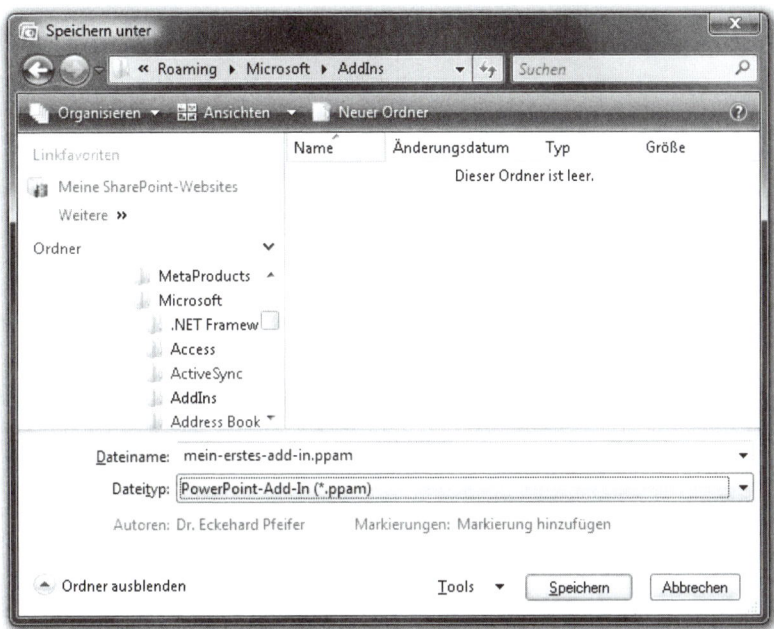

PowerPoint-Add-Ins laden und entladen

PowerPoint-Add-Ins werden standardmäßig im Ordner *AppData\Roaming\Microsoft\AddIns* des Benutzer-Ordners gespeichert. Dieser Speicherort ist jedoch nicht zwingend zu verwenden, gehört aber nach der Installation von PowerPoint zu den vertrauenswürdigen Speicherorten für Makros. Zugriff auf PowerPoint-Add-Ins erhalten Sie über die *PowerPoint-Optionen*, Kategorie *Add-Ins*. Dort finden Sie ganz unten ein Dropdown-Listenfeld, dessen Standardeinstellung die *COM-Add-Ins* betreffen. Klicken Sie zur Anzeige der Liste, so erscheint *PowerPoint-Add-Ins* als zweiter Eintrag. Mit *Gehe zu* gelangen Sie zum Dialogfeld aus Abbildung 30.7.

Zur Bedeutung der Schaltflächen:

- *Neu hinzufügen:* Hier haben Sie die Möglichkeit, auf dem Computer oder im Netz installierte PowerPoint-Add-Ins der Liste der verfügbaren Add-Ins hinzuzufügen.

- *Entfernen:* Entfernt markierte Elemente der Liste.

- *Laden:* Aktiviert das markierte Add-In (Häkchen setzen).

- *Entladen:* Deaktiviert das markierte Add-In (Häkchen entfernen).

- *Schließen:* Schließt das Dialogfeld.

Je nach PowerPoint-Add-In werden durch Laden (Entladen) die im Add-In vorgesehenen Aktionen ausgeführt. Diese stehen im Quellcode in den Prozeduren *Auto_Open* (*Auto_Close*).

PowerPoint-Add-Ins – per Dialogfeld entscheiden Sie über die Aufnahme in die Liste der verwendbaren Add-Ins: Durch das Häkchen im Kontrollkästchen bzw. die entsprechende Schaltfläche werden Add-Ins aktiv

Anders als etwa bei Excel wird durch Laden bzw. Entladen kein für die VBA-Programmierung verwertbares Ereignis ausgelöst.

Add-Ins selbst entwickeln

Wie eingangs erwähnt, entstehen PowerPoint-Add-Ins aus den VBA-Projekten »normaler« Präsentationen, indem Sie diese Präsentationen als PowerPoint-Add-In abspeichern. Daraus resultiert notwendig der folgende Arbeitsablauf:

1. Code in einer normalen Präsentation (die Folienzahl ist uninteressant) entwickeln, speichern und testen. Das Speichern vor dem Testen wird gern vergessen, hilft aber Zeit zu sparen, falls das Programm durch fehlerhafte Semantik abstürzt.

2. Die Präsentation als PowerPoint-Add-In speichern, dieses Add-In laden (Abbildung 30.7) und nochmals testen. Häufige Fehlerursache beim Testen ist der Bezug auf *ActivePresentation*, der in der Präsentation gut wirkt. Im Add-In kann er dann allerdings anders wirken, da das Add-In keine Präsentation verkörpert und demzufolge auch nicht aktiv sein kann.

3. Im Falle von Fehlern beim letzten Test ist das PowerPoint-Add-In zuerst zu entladen, da geladene Add-Ins nicht überspeichert werden können. Dann ist die ursprüngliche Präsentation zu öffnen (falls sie zwischenzeitlich geschlossen wurde), anschließend können die Korrekturen am Quellcode ausgeführt werden.

4. Nun ist wieder zuerst die Präsentation zu sichern und zu testen und dann als Add-In abzuspeichern. Dieses Add-In muss im Anschluss erneut geladen und getestet werden.

Unter diesen Umständen kann die Programmierung manchmal nur dadurch als erfreulich empfunden werden, dass das Ergebnis die notwendige Entschädigung liefert.

> **HINWEIS** Es ist prinzipiell möglich, den Quellcode von PowerPoint-Add-Ins in der VBA-Entwicklungsumgebung sichtbar zu machen. Verantwortlich hierfür ist ein Windows Registry-Eintrag. Doch Vorsicht bei Veränderungen der Registry: Diese sollte nur von erfahrenen Anwendern vorgenommen werden!

Im Schlüssel *HKEY_CURRENT_USER\Software\Microsoft\Office\12.0\PowerPoint\Options* ist ein neuer *DWORD*-Eintrag *DebugAddIns* mit Wert gleich *1* einzutragen. Auf der CD-ROM finden Sie im Ordner *\Buch\Kap30* die Datei *Add-Ins-debuggen.reg*, die per Doppelklick diesen Eintrag vornehmen kann.

Das Ergebnis: Sie können PowerPoint-Add-Ins mittels Haltepunkten und anderen Debug-Techniken im Programmablauf verfolgen. Sie können sogar Quellcode ändern, falls das Programm wegen eines Fehlers hält. Nur: Sie können die Änderungen nicht speichern. Und dies, obwohl der entsprechende Menüpunkt aktiv ist: Es passiert nichts, auch eine Meldung über den missglückten Speicherversuch bleibt aus. So hilft oft nur der Transport der Codeteile über die Zwischenablage von einem Projekt ins andere. Dabei ist hohe Konzentration nötig, da sich beide Projekte (das aus der Präsentation und das aus dem PowerPoint-Add-In) zum Verwechseln ähnlich sehen.

Die Auto-Makros von PowerPoint-Add-Ins

Auto-Makros stehen in PowerPoint *ausschließlich* für PowerPoint-Add-Ins zur Verfügung. Es sind deren zwei:

- *Auto_Open:* Dieses Makro (Prozedur ohne Parameter) wird nach dem Laden eines PowerPoint-Add-Ins automatisch ausgeführt. Es muss (und kann) nicht zur Manipulation der Multifunktionsleiste eingesetzt werden, da diese wie oben beschrieben in einer XML-Datei geschieht, die in der Präsentation und damit im PowerPoint-Add-In gespeichert wird (abgesehen davon, dass das Abbild klassischer Symbolleisten und Befehle auf der Registerkarte *Add-Ins* beabsichtigt ist). Auch kann es *Klassenmodule* instanzieren und somit die *Ereignisse* des *Application*-Objekts zur Verfügung stellen. Weitere Informationen hierzu gibt die Offline-Hilfe (Abschnitt *Vorgehensweise: Verwenden von Ereignissen mit dem Application-Objekt*).

- *Auto_Close:* Dieses Makro läuft unmittelbar vor dem Entladen eines Add-Ins ab. Damit können notwendige »Aufräumarbeiten« erledigt werden.

Bereiten Sie ein Beispiel vor, indem Sie in einer einfoligen Präsentation zur Visual Basic-Benutzeroberfläche (Alt + F11) wechseln und dort ein Modul (Name *modAuto*) sowie ein Klassenmodul (Name *clsEvents*) einrichten (Menü *Einfügen*). Der folgende Code dient der Demonstration der allgemeinen Vorgehensweise.

Im Modul *modAuto* bringen Sie unter:

```
Public cls As clsEvents

Sub Auto_Open()
    MsgBox "Angebunden"
    Set cls = New clsEvents
    Set cls.ppApp = Application
End Sub
Sub Auto_Close()
    MsgBox "Entladen"
End Sub
```

```
Sub CountAddIns()
    Dim intCount As Integer
    Dim ai As AddIn
    Dim strMessage As String

    intCount = 0
    For Each ai In Application.AddIns
        If ai.Loaded = msoTrue Then
            intCount = intCount + 1
        End If
    Next
    strMessage = "Zahl der vorhandenen Add-Ins: " & Application.AddIns.Count & vbCrLf
    strMessage = strMessage & "davon geladen: " & intCount
    MsgBox strMessage, vbInformation
End Sub
```

Nun fügen Sie der Präsentation die Anpassung der Multifunktionsleiste wie oben beschrieben hinzu, geben aber der Eigenschaft *OnAction*, die die Callback-Prozedur aufnimmt, den Wert *CountAddIns*.

Die *AddIns*-Auflistung, die die Kontrolle über die Add-Ins aus Abbildung 30.7 und mit ihren Mitgliedern den ausgewählten Zugriff auf ein einzelnes Add-In erlaubt, spielt die zentrale Rolle in der Prozedur.

Das Klassenmodul erhält wegen der Deklaration per *WithEvents* automatisch die Ereignisprozeduren des *Application*-Objekts. Das *Application*-Objekt steht wegen *Set cls.ppApp = Application* im *Auto_Open*-Makro automatisch zur Verfügung, sodass der Code

```
Public WithEvents ppApp As Application
Private Sub ppApp_NewPresentation(ByVal Pres As Presentation)
    Dim intResponse As Integer
    intResponse = MsgBox("Eine neue Präsentation wurde angelegt. " & _
        "Wollen Sie die Foliensortierungsansicht sehen?", vbYesNo + vbInformation)
    If intResponse = vbYes Then
        Pres.Windows(1).ViewType = ppViewSlideSorter
    Else
        Pres.Windows(1).ViewType = ppViewNormal
    End If
End Sub
```

der sich im eingerichteten Klassenmodul befindet, sofort arbeiten kann. Verwenden Sie ähnliche Konstruktionen in »normalen« Präsentationen, müssen Sie stets von Hand für einen analogen Ablauf sorgen.

Hier wird auf das Anlegen einer neuen Präsentation mit der Frage nach dem Wechsel der Ansicht reagiert (der sinnvoll sein kann, wenn zur Neuerstellung eine Entwurfsvorlage mit mehreren Folien verwendet wird).

COM-Add-Ins

COM-Add-Ins sind ebenfalls Bausteine, die die Funktionsfähigkeit von PowerPoint erweitern helfen. Bis Version XP konnten solche Add-Ins durch die *Developer Edition* von Office erstellt werden, gegenwärtig bleibt nur der Weg über *Visual Basic 6*, *Visual Basic 2005*, *Borland Delphi* oder eine andere gleichwertige Programmiersprache.

COM-Add-Ins sind übersetzte Laufzeitbibliotheken, die wie andere Programme (PowerPoint, Acrobat Reader usw.) durch Installationsprogramme installiert und ordentlich auf dem Zielrechner registriert werden müssen. Ihr Vorteil liegt in der höheren Arbeitsgeschwindigkeit und einem erhöhten Funktionsumfang (etwa Windows-Formulare zur Anzeige und Steuerung).

Normalerweise informiert ein COM-Add-In PowerPoint darüber, wann es geladen werden soll (beim Start von PowerPoint oder bei Bedarf). Information über geladene bzw. auch deaktivierte COM-Add-Ins erhält der Anwender wie auch die Informationen über PowerPoint-Add-Ins in der Kategorie *Add-Ins* der *PowerPoint-Optionen*.

> **HINWEIS** Gegenwärtig ist Visual Studio 2005 mit den Visual Studio 2005 Tools for Office erste Wahl zur Erstellung von COM-Add-Ins, da hier auch die Anpassung der Multifunktionsleiste auf komfortable Art (ohne das Eindringen in die Archive) möglich ist. Weiterführendes Wissen für Entwickler (auch im Bereich XML) enthält das »Microsoft Office 2003 – Das Entwicklerbuch«, ebenfalls Microsoft Press, ISBN 9783860636886, das sicher in absehbarer Zeit in einer überarbeiteten Neuauflage erscheinen wird.

Sicherheit und Add-Ins

Die Behandlung von Add-Ins hinsichtlich des in sie gesetzte Vertrauens geschieht ebenfalls im *Vertrauensstellungscenter* von PowerPoint, zu erreichen über die *PowerPoint-Optionen*, gleichnamige Kategorie. Bei dessen Anpassung finden Sie die Kategorie *Add-Ins* und ein Dialogfeld wie in Abbildung 30.8.

Abbildg. 30.8 Add-Ins vertrauen oder nicht

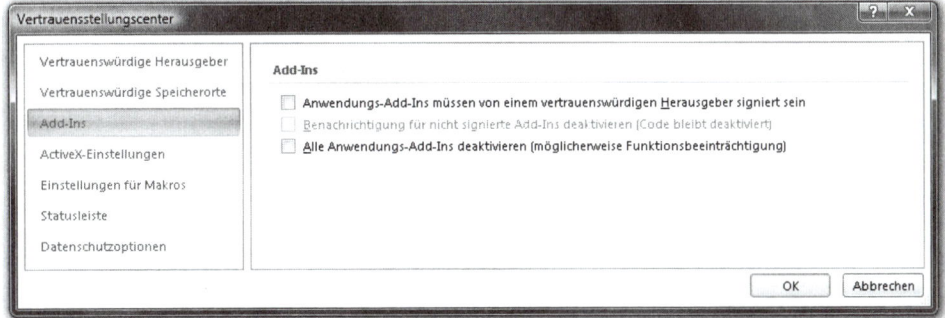

Aus diesem Dialogfeld geht hervor, dass nicht signierten Add-Ins nicht vertraut wird, selbst wenn diese sich an einem vertrauenswürdigen Speicherort befinden.

VBA-Projekte signieren

Office bietet die Möglichkeit einer »Selbstzertifizierung«. So erstellte Zertifikate sind natürlich nur bedingt vertrauenswürdig. Sie helfen, Angriffe von außen abzuwehren, sind aber an das Vertrauen in die sich selbst zertifizierende Person (und das kann jeder Mitarbeiter im Unternehmen sein) gebunden.

1. Der erste Schritt besteht im Aufruf des Programms *selfcert.exe*. Es befindet sich im Installationsverzeichnis von Office und kann über das Windows-Startmenü (*Alle Programme/Microsoft Office/Microsoft Office Tools/Digitales Zertifikat für VBA-Projekte*) erreicht werden.

Abbildg. 30.9   Start der Selbstzertifizierung zu Entwicklungszwecken

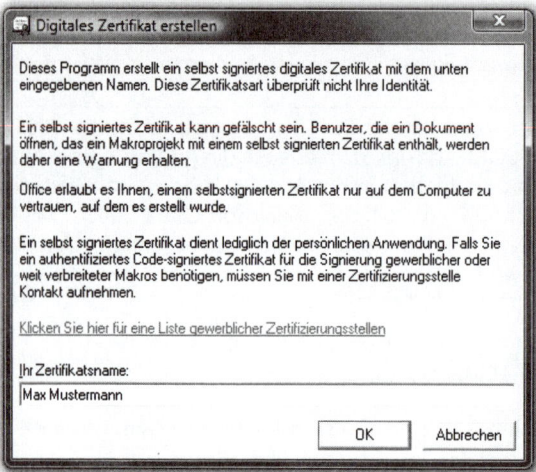

2. Im anschließenden Dialogfeld vergeben Sie einen aussagekräftigen Namen für das Zertifikat. Dieser kann neben dem Namen auch den Verwendungszweck beinhalten.

3. Lassen Sie das zu signierende VBA-Projekt in der Visual Basic-Benutzeroberfläche anzeigen. Sie finden dort auch den Menübefehl *Extras/Digitale Signatur*. Rufen Sie diesen auf, so sehen Sie den Status quo. In einem neuen Projekt wird *[Kein Zertifikat]* ausgewiesen. Die Schaltfläche *Wählen* öffnet eine Liste aller Zertifikate, die auf Ihrem Rechner zur Signatur zur Verfügung stehen. Allerdings wird das von Ihnen erstellte Zertifikat im Moment als nicht vertrauenswürdig eingestuft. Dies können Sie ändern:

4. Lassen Sie das Zertifikat anzeigen.

5. In dem darauf folgenden Dialogfeld wechseln Sie zur Registerkarte *Details*. Hier haben Sie die Möglichkeit, mithilfe eines Assistenten das Zertifikat in eine Datei zu kopieren. Deren Namen können Sie selbst bestimmen, die Endung lautet notwendig *.cer*. Auch der Speicherort ist frei wählbar, empfehlenswert ist der Windows-Desktop. So haben Sie bequemen Zugang zur Datei und können darauf doppelklicken.

6. Das Zertifikat wird daraufhin nochmals angezeigt und ein Hinweis auf fehlende Vertrauenswürdigkeit gegeben. Jetzt gibt es allerdings eine Schaltfläche mit der Beschriftung *Zertifikat installieren* auf der Registerkarte *Allgemein*. Klicken Sie auf diese Schaltfläche, so werden Sie durch den Installationsvorgang in den Stammspeicher geführt.

| TIPP | Durch die Weitergabe der CER-Datei, auch über ein Netzwerk, können so erstellte Zertifikate auf verschiedenen Rechnern installiert werden und VBA-Projekte später als vertrauenswürdig ausweisen. Achten Sie nochmals auf den Unterschied der Erstellung und der Installation von Zertifikaten. Ein installiertes Zertifikat kann natürlich auf dem fremden Rechner, auf dem es nicht erstellt, aber installiert wurde, nicht zum Signieren von Projekten verwendet werden. Und damit werden Änderungen an Projekten auf anderen Rechnern verhindert – sie verlieren beim Speichern ihre Signatur!

Nach der Installation steht das Zertifikat den Projektsignaturen als vertrauenswürdig zur Verfügung.

Zusammenfassung

Hier noch einmal die wesentlichen Fundstellen zu den in diesem Kapitel erörterten Themen auf einen Blick:

Automatisierung und Programmierung

Teil H

Anhang

Anhang A

Inhalt der Buch-CD

In diesem Anhang:

Die Beispieldateien der CD zum Buch

Die im Buch verwendeten Beispiele finden Sie im Ordner \Buch auf der Begleit-CD. Der Tabelle A.1 können Sie die jeweiligen Kapitel, den Speicherort und die Namen der Beispieldateien entnehmen.

Beachten Sie auch die Hinweise zur Handhabung der Beispiel- und Übungsdateien im jeweiligen Kapitel.

TIPP   Für die meisten Beispiele ist es von Vorteil, den jeweiligen Ordner von der CD auf die Festplatte Ihres Computers zu kopieren und die Schreibschutz-Attribute der Dateien aufzuheben. Markieren Sie dazu anschließend im Windows-Explorer die kopierte(n) Datei(en), klicken Sie mit der rechten Maustaste in die Markierung, wählen Sie im Kontextmenü den Befehl *Eigenschaften*, deaktivieren Sie das Kontrollkästchen für den *Schreibschutz* und klicken Sie dann auf die Schaltfläche *OK*.

Hier nun die Übersicht der in den Kapiteln des Buches benutzten Musterdateien:

Tabelle A.1   Übersicht über die Beispieldateien auf der CD zum Buch

Kapitel	Speicherort	Namen der Dateien
4	\Buch\Kap04	Kap04_Vorlage.potx Kap04_Anwendertage.pptx Meeting.jpg
5	\Buch\Kap05	Zitate.pptx Checkliste.ppsx
6	\Buch\Kap06	Kap06_Farbe.pptx Kap06_Layout.pptx
7	\Buch\Kap07	Schriftbilder.ppsx
8	\Buch\Kap08	Kap_8.pptx
9	\Buch\Kap09	KAP09_Entwicklungsschritte.pptx KAP09_Installierte-Designs.pptx KAP09_Trainertage-Design.zip Trainertage_PowerPoint.potx Trainertage_Vorlage.potx Trainertage-Logo.jpg
10	\Buch\Kap10	Kap_10_Planen.pptx
11	\Buch\Kap11	Textfolien.pptx
12	\Buch\Kap12	Fotoalbum.pptx Der Umgang mit Bildern.pptx
14	\Buch\Kap14	Kap14_Diagramme.pptx
15	\Buch\Kap15	Kap15_Formatvorlagen_Farben.pptx Kap15_Grafikformate+Effekte.pptx Kap15_Beispiele.pptx Notebook.jpg

Tabelle A.1   Übersicht über die Beispieldateien auf der CD zum Buch *(Fortsetzung)*

Kapitel	Speicherort	Namen der Dateien
16	\Buch\Kap16	Kap16_Effekte.pptx
		Kap16_Schaubilder.pptx
17	\Buch\Kap17	Folienwechsel.pptx
18	\Buch\Kap18	Kap18_Animationseffekte.pptx
		Kap18_Animationstechniken.pptx
		Kap_18_Augen.pptx
		Kap_18_Siegerehrung.pptx
		Kap_18_Animationseffekte_Test.pptx
19	\Buch\Kap19	Kap19_Fenster.pptx
		Kap19_Kiosk.pptx
		Kap19_Raumplan-Trigger.pptx
		Kap19_Vorfuehren.pptx
		Kap19_Zielgruppe_0.pptx
		Kap19_Zielgruppe_fertig.pptx
		Kap_19_Laufschrift.pptx
		Kap19_Navi_1.pptx
		Kap19_Navi_2.pptx
		Kap19_Navi_3.pptx
		Kap19_Navi_4.pptx
		Kap19_Navi_5.pptx
		Kap19_Navi_6a.pptx
		Kap19_Navi_6b.pptx
		Kap19_Navi_7.pptx
		Kap19_Navi_8.pptx
		Kap19_Navi_9.pptx
		Bestellformular.docx
		Produktinformation-1.pdf
		Produktinformation-2.pdf
20	\Buch\Kap20	KAP20_Sound-Wiedergabe.pptx
		Hahn.emf
		Hahn.wav
21	\Buch\Kap21	Kap21_Video.pptx
		Butterfly.wmv
		Otto-Motor.mpg
		Sprudelhof.wmv
22	\Buch\Kap22	PowerPointViewer_2007.exe
24	\Buch\Kap24	Renten- und Tilgungsrechnung.xml
		Spreadsheet.pptx
25	\Buch\Kap25	PowerPoint und Word.pptx
		Von der Gliederung zur Praesentation.docx
		Von der Gliederung zur Praesentation.pptx

Anhang

Kapitel	Speicherort	Namen der Dateien
27	\Buch\Kap27	HTML auf Folien.pptm vml.htm
29	\Buch\Kap29\Zielgruppen	Zielgruppen.pptm
	\Buch\Kap29\Formulare	inhalt durch miniaturbilder.pptm
	\Buch\Kap29\Bilder einblenden	bilder-einblenden.pptm
	\Buch\Kap29\Steuerelemente	Bildlaufleisten.pptm TypeOfDemo.pptm
30	\Buch\Kap30\XML	mehrere Unterordner
	\Buch\Kap30\Ribbon	mehrere Unterordner
	\Buch\Kap30\PPT-Add-In	mehrere Unterordner

Zusatz-Software auf der CD

Neben den im Ordner \Buch enthaltenen Musterdateien finden Sie auf der Buch-CD weitere Tools rund um die Themen PowerPoint und Präsentieren im Ordner \Zusatz.

■ Im Ordner \Zusatz\TechSmith finden Sie eine Demoversion von *Camtasia Studio 4*. Mit dem Programm können Sie alle Aktionen am Bildschirm als Video aufzeichnen. Damit ist es möglich, PowerPoint-Präsentationen vor der Weitergabe an andere Personen als Film aufzuzeichnen, der dann per CD oder im Internet verbreitet wird. Die Präsentation ist so vor nachträglichen Änderungen sicher. Nach der Installation von Camtasia Studio können Sie direkt aus Power-Point heraus eine Bildschirmpräsentation als Film aufzeichnen.

■ Im Ordner \Zusatz\PresentationLoad finden Sie zahlreiche Muster und Anregungen für gut gestaltete Folien. Diese wurden uns vom Download-Portal *PresentationLoad.de* zur Verfügung gestellt.

■ Der Ordner \Zusatz\PowerPoint-TV enthält zwei Sendungen von PowerPoint-TV als WMV-Datei. Highlights sind neben Tutorials zum Umgang mit PowerPoint ein Exkurs zum Thema Typografie sowie ein Interview mit dem Designer der neuen Schriften Calibri und Consolas.

■ Im Ordner \Zusatz\PowerPointAktuell finden Sie drei Ausgaben des monatlich erscheinenden Informationsdienstes »PowerPoint aktuell«.

Anhang B

Internet-Links rund um die Themen PowerPoint und Präsentieren

Anhang

Ein Verzeichnis mit Links zu wichtigen themenbezogenen Informationsseiten im Internet darf heute bei keinem Fachbuch fehlen. Auch wir wollen da keine Ausnahme machen. In der nachfolgenden Aufstellung finden Sie zahlreiche Links, die wir der schnelleren Übersicht wegen für Sie nach Kategorien geordnet haben.

Umgang mit PowerPoint

- *http://office.microsoft.com/de-de/powerpoint/FX100648951031.aspx*
  Hilfe und Anleitungen von Microsoft zu PowerPoint 2007

- *http://www.ppt-user.de/blogger*
  Deutschsprachiger Blog zu PowerPoint 2007 mit RSS-Feed

- *http://www.2007.ppt-faq.de*
  Die deutschsprachige PowerPoint 2007-Referenz im Internet mit Antworten auf häufig gestellte Fragen; zusammengestellt von Microsoft MVP Pia Bork

- *http://www.ppt-tv.de*
  PowerPoint-TV, der zweimal monatlich erscheinende Video-Podcast mit Tutorials, News und KlickTipps

- *http://www.rdpslides.com/pptfaq*
  Umfangreiche Sammlung an Tipps, Fehlerbeschreibungen und Tutorials mit RSS-Feed von Steve Rindsberg, PowerPoint-MVP

- *http://www.indezine.com*
  Nahezu unüberschaubare Sammlung an Artikeln, Tutorials und Links von Geetesh Bajaj, Power-Point-MVP

- *http://www.echosvoice.com/2007.htm*
  Tutorials von Echo Swinford, PowerPoint-MVP

- *http://www.ppt-user.de*
  Deutschsprachiges Community-Portal für PowerPoint-Anwender mit Newsletter, Tutorials, Downloads und Veranstaltungen

- *http://www.powerpointworkbench.com*
  Tutorials von Glen Millar, PowerPoint-MVP

- *http://www.powerpoint-aktuell.de*
  Deutschsprachige Monatszeitschrift zu PowerPoint

- *http://www.ellenfinkelstein.com*
  Artikel und Tutorials

- *http://www.tlccreative.com*
  Tutorials und Beispiele zum Download

- *http://www.perfectmedicalpresentations.com*
  Tutorials und Beispiele zum Download

- *http://bettyPowerPoint.blogspot.com*
  Blog zu PowerPoint

- *http://www.microsoft.com/office/community/de-de/default.mspx?dg=microsoft.public.de.german.powerpoint&lang=de&cr=DE*
  Deutschsprachige PowerPoint-Newsgroup von Microsoft

- *http://www.microsoft.com/typography/default.mspx*
  Sammlung typografischer Informationen und Tools von Microsoft

- *http://office.microsoft.com/de-de/downloads/CD100602001031.aspx*
  Downloads von Microsoft zu 2007 Microsoft Office System

Präsentationsgrafik und Fotomaterial

Präsentationsgrafiken und -vorlagen

- *http://www.presentationload.de*
  Premiuminhalte für die professionelle grafische Gestaltung von Präsentationen; Grafiken in 2D-
  und 3D-Qualität zur sofortigen Verwendung

- *http://www.powerframeworks.net*
  Sofort einsetzbare Grafikbausteine für Präsentationen

- *http://www.presentationpro.com*
  Grafiken, Vorlagen, Hintergrundmotive und Videos zu günstigen Konditionen

- *http://www.indezine.com/powerpoint/templates/freetemplates.html*
  Zahlreiche kostenlose sowie kostenpflichtige Vorlagen

Kostenlose Bildarchive

- *http://office.microsoft.com/de-de/clipart/default.aspx*
  Fotos, Illustrationen, Cliparts und Sounds auf Microsoft Office Online (Deutsch)

- *http://office.microsoft.com/en-us/clipart/default.aspx*
  Mehr als 150.000 Fotos, Illustrationen, Cliparts und Sounds auf der englischsprachigen Website
  von Microsoft Office Online

- *www.pixelquelle.de*
  Kostenlose Bilddatenbank mit über 30.000 lizenzfreien Fotos

- *http://www.fotodatenbank.org*
  Kostenlose, lizenzfreie Fotos für private und kommerzielle Anwendungen

Kostengünstige Bildarchive

- *www.istockphoto.com*
  Riesige Auswahl an hochwertigem, lizenzfreiem Bildmaterial; Fotos in präsentationsgeeigneten
  Auflösungen für 1 bis 3 credits (1 credit = 1 Dollar); Vektorgrafiken zu Landkarten und Symbo-
  len sowie Videos auch im Angebot

Anhang

- *www.fotolia.de*
  Lizenzfreies Bildmaterial ab 0,83 Euro pro Bild

- *www.imagepoint.biz*
  Hochwertige Bilder ab 20 Euro, allerdings nur in geringer Auflösung; höhere Auflösungen erheblich teurer

- *www.photos.com*
  Abonnementdienst für lizenzfreie Fotos; für Monatsgebühr von rund 75 Euro Zugriff auf bis zu 250 Fotos pro Tag

- *www.shutterstock.com*
  Weiterer Abonnementdienst; mit Monatsgebühr von 159 Euro Zugriff auf bis zu 25 Fotos pro Tag

- *http://www.meinfotobazar.at*
  Österreichische Online-Bilddatenbank; Fotos für den Einsatz in Präsentationen und Webseiten ab 12 Euro

Präsentationsmedien und -technik

- *http://www.av-views.de*
  Magazin für audiovisuelle Kommunikation und Präsentation mit Techniktipps rund um das Präsentieren

- *http://teamboard.de*
  Interaktives WhiteBoard; funktioniert wie ein überdimensionaler Touchscreen

- *http://www.avacademia.com*
  Aktuelle und kompetente Informationen rund um das Thema Beamer

- *http://www.beamershop24.net*
  Großes Beamer-Angebot plus Projektionsflächenberechnung

Tipps zum Präsentieren

- *http://www.stangl-taller.at*
  Präsentationstechnik und -psychologie, sehr umfangreich und fundiert

- *http://sociablemedia.typepad.com*
  Erfolgsautor Cliff Atkinson über wirkungsvolles Präsentieren

- *http://www.wilderpresentations.com*
  Tipps zum Präsentieren und Gestalten, plus Newsletter

Anhang C

Tastenkombinationen in PowerPoint 2007

Bei der Arbeit in Präsentationen

Strg + P	Drucken einer Präsentation
Strg + O	Öffnen einer Präsentation
Strg + S	Speichern einer Präsentation
F12	Aufrufen des Dialogfeldes *Speichern unter*
Strg + N	Erstellen einer neuen Präsentation
Strg + M	Einfügen einer neuen Folie
Strg + ⏎	Wechsel zum nächsten Textplatzhalter bzw. Einfügen einer neuen Folie nach dem letzten Platzhalter
Alt + F9	Gitternetzlinien ein- und ausblenden
⇧ + F9	Raster ein- und ausblenden
Strg + D	Duplikat eines markierten Objekts erstellen
Strg + ⇧ + D	Duplikat einer ausgewählten Folie erstellen
F5	Starten einer Bildschirmpräsentation von der ersten Folie an
⇧ + F5	Starten einer Bildschirmpräsentation von der aktuellen Folie an
Strg + Z	Rückgängigmachen eines Befehls
F4 oder Strg + Y	Wiederholen des letzten Befehls
Strg + K	Einfügen eines Hyperlinks (für markierte Objekte)
Strg + F	Suchen nach Text
Strg + H	Ersetzen von Text
F7	Rechtschreibprüfung
Strg + F1	Multifunktionsleiste ein- und ausblenden
Alt + F11	VBA-Editor starten

Zum Markieren

Strg + A	Alle Objekte markieren (Folien- oder Normalansicht) Alle Folien markieren (Foliensortierungsansicht) Gesamten Text markieren (Gliederungsansicht)
F2 oder Esc (in Textobjekten)	Textfeld bzw. Objekt als Ganzes markieren
Esc	Bei Objekten: Markierung des Objekts aufheben
⇥	Nächstes Objekt markieren
⇧ + ⇥	Vorheriges Objekt markieren

Zur Textformatierung

`Strg` + `⇧` + `P` oder `Strg` + `T`	Einblenden des Dialogfeldes zur Schriftformatierung
`Strg` + `ß`	Schrittweises Verringern des Schriftgrads
`Strg` + Akzentzeichen	Schrittweises Erhöhen des Schriftgrads
`⇧` + `F3`	Wechsel zwischen Groß-/Kleinschreibung
`Strg` + `⇧` + `F`	Fett
`Strg` + `⇧` + `U`	Unterstrichen
`Strg` + `⇧` + `I`	Kursiv
`Strg` + `+`	Tiefgestellt
`Strg` + `⇧` + `+`	Hochgestellt
`Strg` + `Leertaste`	Entfernen manueller Zeichenformatierungen
`Strg` + `L`	Linksbündig
`Strg` + `R`	Rechtsbündig
`Strg` + `E`	Zentriert
`Strg` + `J`	Blocksatz

Während einer Bildschirmpräsentation

`N` oder `↵` oder `Bild ↓` oder `→` oder `↓` oder `Leertaste`	Ausführen der nächsten Animation bzw. Wechsel zur nächsten Folie
`P` oder `Bild ↑` oder `←` oder `↑` oder `Rück`	Ausführen der vorangegangenen Animation oder Wechsel zur vorhergehenden Folie
Foliennummer eingeben und `↵`	Wechseln zur Folie *<Nummer>*
`B` oder `.`	Anzeigen eines schwarzen Bildschirms bzw. Zurückkehren vom schwarzen Bildschirm zur Bildschirmpräsentation
`W` oder `,`	Anzeigen eines leeren, weißen Bildschirms bzw. Zurückkehren vom leeren, weißen Bildschirm zur Bildschirmpräsentation
`S`	Anhalten einer automatischen Bildschirmpräsentation oder erneutes Starten
`Esc` oder `-`	Beenden einer Bildschirmpräsentation
`E`	Löschen von Notizen auf dem Bildschirm
`H`	Wechseln zur nächsten ausgeblendeten Folie
Beide Maustasten gedrückt halten	Zurückkehren zur ersten Folie
`Strg` + `P`	Wiedereinblenden eines verborgenen Zeigers und/oder Umwandeln des Zeigers in einen Stift
`Strg` + `A`	Wiedereinblenden eines verborgenen Zeigers und/oder Umwandeln des Zeigers in einen Pfeil

Anhang

Während einer Bildschirmpräsentation	
`Strg`+`H`	Sofortiges Ausblenden von Zeiger und Popup-Schaltfläche
`⇧`+`F10` (oder rechte Maustaste)	Anzeigen des Kontextmenüs
`⇆`	Wechsel zum ersten bzw. nächsten Hyperlink auf einer Folie
`⇧`+`⇆`	Wechsel zum letzten bzw. vorhergehenden Hyperlink auf einer Folie
`Strg`+`S`	Dialogfeld *Alle Folien* anzeigen
`Strg`+`T`	Taskleiste anzeigen

Praxisindex

Die Einträge in diesem Praxisindex verweisen auf Schritt-für-Schritt-Anleitungen zu spezifischen Arbeitsgängen.

Stichwortverzeichnis